Langenscheidt
Fachwörterbücher

Langenscheidt

Dictionary of Electrical Engineering and Electronics
Concise Edition
English

English – German
German – English

Fourth enlarged edition

by
Prof. Dr. sc. techn. Dr. h.c. Peter-Klaus Budig

Langenscheidt

Berlin · Madrid · Munich · Warsaw · Vienna · Zurich

Langenscheidt

Fachwörterbuch Kompakt
Elektrotechnik und Elektronik
Englisch

Englisch – Deutsch
Deutsch – Englisch

Vierte, erweiterte Auflage

von
Prof. Dr. sc. techn. Dr. h.c. Peter-Klaus Budig

Langenscheidt

Berlin · Madrid · München · Warschau · Wien · Zürich

Das Kompaktwörterbuch basiert auf den Langenscheidt Fachwörterbüchern Elektrotechnik und Elektronik, Englisch-Deutsch und Deutsch-Englisch, herausgegeben von Prof. Dr. sc. techn. Dr. h. c. Peter-Klaus Budig.

Bibliografische Information der Deutschen Nationalbibliothek
Die Deutsche Nationalbibliothek verzeichnet diese Publikation in der Deutschen Nationalbibliografie; detaillierte bibliografische Daten sind im Internet über http://dnb.ddb.de abrufbar.

Eingetragene (registrierte) Marken sowie Gebrauchsmuster und Patente sind in diesem Wörterbuch nicht ausdrücklich gekennzeichnet. Daraus kann nicht geschlossen werden, dass die betreffenden Bezeichnungen frei sind oder frei verwendet werden können.

Das Werk ist urheberrechtlich geschützt. Jede Verwendung außerhalb der Grenzen des Urheberrechtsgesetzes bedarf der vorherigen schriftlichen Zustimmung des Verlages. Dies gilt besonders für Übersetzungen, Vervielfältigungen, auch von Teilen des Werkes, Mikroverfilmungen, Bearbeitungen sonstiger Art sowie für die Einspeicherung in elektronische Systeme.

4., erweiterte Auflage
© 2012 Langenscheidt Fachverlag, ein Unternehmen der Langenscheidt KG, Berlin und München
Druck: Stürtz GmbH, Würzburg
Printed in Germany
ISBN 978-3-86117-337-3

Vorwort

Diese Kompaktausgabe, die aus dem großen Fachwörterbuch „Elektrotechnik und Elektronik" Englisch-Deutsch und Deutsch-Englisch entstanden ist, wurde aktualisiert und erweitert. Konzipiert ist das Kompakt-Wörterbuch insbesonders für Studenten der Elektrotechnik und Elektronik, anderer technischer Fachrichtungen aber auch Experten anderer Fachgebiete. Die elektrotechnischen und elektronischen Gebiete werden sehr für die Anwendung in solchen Finalprodukten wie Automobiltechnik, Haushalts- und Bürotechnik, Medizintechnik, Transport und Verkehr, Werkzeugmaschinen und Be- und Verarbeitungsmaschinen, Kommunikationstechnik, Rechentechnik und Datenverarbeitung, Luft-, See- und Raumfahrt von immer größerer Bedeutung. Die englische Sprache spielt in der Globalisierung eine wichtige Rolle in allen Bereichen von Wissenschaft und Technik. Es findet eine zunehmende Verflechtung der verschiedensten Ingenieurgebiete statt, der auch im Wortschatz der englischen Sprache Rechnung getragen werden muss.

Das vorliegende Werk umfasst die unten aufgeführten Gebiete. Besondere Schwerpunkte dieser Neubearbeitung sind fett hervorgehoben.

- Mikroelektronik
- **Rechentechnik und Datenverarbeitung**
- **Kommunikationstechnik, Hörfunk und Fernsehen**
- Elektroenergieerzeugung, -verteilung und -übertragung
- Elektrische Maschinen und Antriebe einschließlich Stromrichter
- Regelungstechnik
- Prozessautomatisierung
- **Automobilelektronik**
- Bau- und Raumakustik, Lasertechnik, Elektrochemie und Medizintechnik
- Qualitätssicherung und Qualitätskontrolle

Die Wortstellen sind in „Nestern" angeordnet, so dass z. B. alle Begriffe, die zum Stichwort „Laser" gehören, zusammengefasst sind. Es wurde darauf geachtet, vor allem solche Begriffe aufzunehmen, die zum Erwerb grundlegender Kenntnisse im Studium benötigt werden. Da die Bedeutungen der Begriffe oft auch vom Fachgebiet abhängen, sind Fachgebietskennzeichnungen angegeben. In einzelnen Fällen werden erklärende Anmerkungen gegeben.

Wegen des Charakters einer Kompaktausgabe war es erforderlich, eine Beschränkung bei der Auswahl der Begriffe vorzunehmen. Ist ein Begriff sowohl für das Substantiv als auch für das Verb interessant, so wird im Allgemeinen nur eine der beiden Formen aufgenommen, wenn sich die andere daraus ableiten lässt. Begriffe, die sich leicht aus mehreren Teilen zusammensetzen lassen, sind nicht aufgenommen worden.

Den Nutzern wünsche ich Erfolg bei der Arbeit. Dem Langenscheidt Fachverlag sei Dank für die gute Zusammenarbeit gesagt. Hinweise und Anregungen, die sich aus der Arbeit mit der Kompaktausgabe ergeben, nehmen Verlag und Autor gern entgegen. Richten Sie diese bitte an den Langenscheidt Fachverlag, Postfach 401120, 80711 München.

Peter-Klaus Budig

Preface

This is an updated and enlarged edition of the concise version distilled from the larger Dictionary of Electrical Engineering and Electronics (English–German and German–English). The concise dictionary is especially aimed at students of electrical engineering and electronics as well as specialists in other fields, technical and non-technical alike. Aspects of electrical engineering and electronics are playing a growing role in the products of industries such as automotive engineering, domestic appliances, office equipment, medical technology, transport, machine tools and processing machines, telecommunications, computers and data processing, aviation, seafaring and space flight. The English language is playing an important part in globalization in all aspects of science and technology, and its vocabulary needs to reflect the mounting connections between diverse fields of engineering.

This dictionary covers the areas listed below. When compiling this revised edition, particular attention was paid to the fields in bold type:

- Microelectronics
- **Computers and data processing**
- **Telecommunications, radio and television**
- Generation, distribution and transmission of electricity
- Electrical machines and drives, including power converters
- Control engineering
- Process automation
- **Automotive electronics**
- Building and room acoustics, laser technology, electrochemistry and medical technology
- Quality assurance and quality control

The entries have been arranged in 'nests', e.g. all the terms belonging to the keyword 'laser' appear together. It was decided to above all include those terms required to acquire a fundamental understanding of the subjects concerned in higher education. Since the meanings of words vary depending on the context in which they are used, the relevant subjects are indicated. Explanatory remarks have also been added in some cases.

The nature of a concise dictionary places additional restrictions on the selection of words. Terms which are of interest in connection with both the noun and the verb are mostly listed in just one form whenever the other can be derived from it. Terms which can easily be formed out of a number of components are not featured.

I wish those using this dictionary every success in their work. Moreover, I am indebted to publisher Langenscheidt Fachverlag for its support and assistance. The publisher and the author naturally welcome useful comments, ideas and suggestions about the concise edition. They should be posted to Langenscheidt Fachverlag, Postfach 401120, D-80711 München, Germany.

Peter-Klaus Budig

Benutzungshinweise • Directions for use

1. Beispiele für die alphabetische Ordnung
Examples of Alphabetization

look ahead *v*
look-up table
loop *v*
loop *(Substantiv)*
loop tape transmitter
loop test
looped circuit
lux
lux-second
luxmeter
man-machine communication
man-machine interface
man-made
mandatory standard

Abdruckverfahren
ABD-Technik
aberregen
A-bewertet
Abfallen
Abfallen der Empfindlichkeit
Abfallen / scharfes
abhören *v*
Abhören *n*
A/D-...
Adapter
A-Darstellung
Aufnahmetaste
Aufnahme- und Wiedergabekopf

2. Bedeutung der Zeichen • Meaning of symbols

/   Feld/elektromagnetisches = elektromagnetisches Feld
rated breakdown impulse voltage/100% = 100% rated breakdown impulse voltage

[ ]   freier [unbesetzter] Höhenschritt = freier Höhenschritt *oder* unbesetzter Höhenschritt
reactive power compensation [correction] = reactive power compensation *or* reactive power correction

( )   Kernmagnet-(Drehspul-)Messwerk = Kernmagnet-Messwerk *oder* Kernmagnet-Drehspul-Messwerk
repulsion(-induction) motor = repulsion motor *or* repulsion-induction motor

( )   Kursive Klammern enthalten Erklärungen
Italicized brackets contain explanations

*   kennzeichnet Begriffe aus Normen und Standards
marks standards specifications

•   kennzeichnet Wendungen
indicates phrases

3. Abkürzungen • Abbreviations

Abk.	Abkürzung / abbreviation
AE	amerikanisches Englisch / American usage
BE	britisches Englisch / British usage
f	Femininum / feminine noun
fpl	Femininum Plural / feminine plural
m	Maskulinum / masculine noun
mpl	Maskulinum Plural / masculine plural
n	Neutrum / neuter noun
npl	Neutrum Plural / neuter plural
pl	Plural / plural
s.	siehe / see
s. a.	siehe auch / see also
sl	Slang / slang
u. a.	unter anderem / among other things
v	Verb / verb
z. B.	zum Beispiel / for instance

Fachgebietskürzel • Subject-area labels

Ak	Elektroakustik / acoustics
An	Schaltanlagentechnik / switchgear engineering
Ap	elektrische Apparate / electrical apparatus
Ch	Elektrochemie / electrochemistry
Dat	Rechentechnik – Datenverarbeitung / computer engineering – data processing
Ee	Elektroenergieerzeugung, -übertragung und -verteilung / electric power generation, transmission and distribution
Et	theoretische Grundlagen der Elektrotechnik / fundamentals of electrical engineering
Fo	Funkortung / radiolocation
Fs	Fernsehtechnik / television engineering
Galv	Galvanotechnik / electroplating engineering
Hsp	Hochspannungstechnik – Isoliertechnik / high-voltage engineering – insulation engineering
Ko	Kommunikationstechnik / telecommunications engineering
Laser	Lasertechnik / laser engineering
Le	Leistungselektronik -Stromrichtertechnik / power electronics - converter engineering
Licht	Lichttechnik / lighting engineering
Ma	elektrische Maschinen und Antriebe / electrical machines and drives
Me	Elektronik – Mikroelektronik / electronics – microelectronics
Mess	Messtechnik / measurement technology
Nrt	Nachrichtentechnik / communications
Ph	Elektrophysik / electrophysics
Qu	Qualitätssicherung / quality assurance
Rt	Regelungstechnik / control engineering
Wä	Wärmetechnik / heat engineering

Internationale Normung ist weltweit akzeptiert und zielt auf eine Vereinheitlichung bei der Produkterstellung.
Die ISO-Norm 1951(2007) garantiert eine weltweit anerkannte Darstellung der Wörterbuch-Einträge und bürgt für Qualität.

Das Werk entspricht der neuen deutschen Rechtschreibung (Stand 1.8.2006).

Englisch – Deutsch

A

A and R display A- und R-Darstellung *f (Radar)*
A and R scope Radaranzeigegerät *n* vom Typ A und R
A plus Pluspol *m*
a priori estimate *(Rt)* Vorausabschätzung *f*
a priori probability *(Rt)* Wahrscheinlichkeit *f* a priori, vorgegebene [vorherberechenbare] Wahrscheinlichkeit *f*
a-Si *(Me)* amorphes Silicium *n*
A-weighted *(Ak)* A-bewertet
AA-size cell Mignon-Zelle *f (Batterie oder Akku; LR6, MN1500, AM3, 4906, HR6)*
abacination Augenblendung *f*, Blendung *f*
abampere absolutes Ampere *n (Einheit der Stromstärke des elektromagnetischen cgs-Systems)*
abbreviated address dialling *(Nrt)* verkürzte Adressenwahl *f*, Kurzwahl *f*
abbreviated calling *(Nrt)* Kurzwahl *f*
abbreviated dialling *(Nrt)* Kurzwahl *f*
A.B.C. telegraph Buchstabentelegraf *m*
abcoulomb absolutes Coulomb *n (Einheit der Ladung des elektromagnetischen cgs-Systems)*
abduct *v* ableiten *(z. B. Ladung, Wärme)*
aberrational bearing *(Fo)* missweisende Peilung *f*
abfarad absolutes Farad *n (Einheit der Kapazität des elektromagnetischen cgs-Systems)*
abhenry absolutes Henry *n (Einheit der Induktivität des elektromagnetischen cgs-Systems)*
abmho absolutes Siemens *n (amerikanische Einheit des Leitwertes des elektromagnetischen cgs--Systems)*

abnormal abnorm, anomal, regelwidrig; normwidrig
abnormal end *(Dat)* fehlerhaftes Programmende *n*
abnormal glow discharge anomale Glimmentladung *f*
abnormal service conditions anomale [besondere] Einsatzbedingungen *fpl (z. B. für Werkstoffe)*
abohm absolutes Ohm *n (Einheit des Widerstandes des elektromagnetischen cgs-Systems)*
abort *v (Nrt)* abbrechen
abortive call *(Nrt)* abgebrochener Anruf *m*
above-lying hydroelectric power station *(Ee)* oberirdisches Wasserkraftwerk *n*
abrasion Abreiben *n*; Abscheuerung *f*, Abnutzung *f (durch Abrieb)*; Verschleiß *m*, Reibungsverschleiß *m*
abrasion-proof abriebfest; verschleißfest
abrasion resistance Abriebwiderstand *m*, Abriebfestigkeit *f*, Abnutzungsbeständigkeit *f*; Verschleißfestigkeit *f*
abrasion wear Abriebabnutzung *f*, Schleifabnutzung *f*; Verschleiß *m* durch Schleifwirkung
abrasive abreibend, abschleifend
abrupt plötzlich; schroff; sprunghaft; steil
abrupt junction abrupter Übergang *m (Halbleiter)*
ABS s. anti-blocking system
abscissa (axis) Abszisse(nachse) *f*, x--Achse *f*
"absent subscriber" "Teilnehmer nicht anwesend"; abwesender Teilnehmer *m*
absolute acceleration Absolutbeschleunigung *f*, absolute Beschleunigung *f*
absolute address absolute Adresse *f*
absolute code *(Dat)* Maschinencode *m*

absolute

absolute cumulative frequency Summenhäufigkeit *f*
absolute determination Absolutbestimmung *f*
absolute humidity absolute Feuchtigkeit *f* [Luftfeuchtigkeit *f*]
absolute magnitude Absolutgröße *f*
absolute programming *(Dat)* Programmierung *f* in Maschinencode
absolute quantity Absolutgröße *f*
absolute reference system absolutes Bezugssystem *n*
absolute system of electrical units System *n* der absoluten elektrischen Einheiten
absolute value Absolutwert *m*, absoluter Wert *m* [Betrag *m*], Absolutbetrag *m*
absolute zero absoluter Nullpunkt *m* *(der Temperatur = -273,1 °C = 0°K)*
absolutely calibrated detector Absolutempfänger *m*
absorb *v* 1. absorbieren, aufsaugen, aufnehmen; annehmen, ansaugen *(z. B. Elektronen)*; 2. abfangen *(z. B. Stöße)*; 3. entnehmen *(z. B. Energie von einem Elektron)*; 4. verbrauchen *(z. B. Energie)*
absorb *v* **heat** Wärme aufnehmen
absorb *v* **moisture** Feuchtigkeit aufnehmen [absorbieren]
absorb *v* **power** Leistung aufnehmen [verbrauchen]
absorbed dose absorbierte Dosis *f*, Energiedosis *f*
absorbed radar signal *(Fo)* absorbiertes Radarsignal *n*
absorbed voltage verbrauchte Spannung *f*, Spannungsabfall *m*
absorber 1. Absorber *m*; nicht reflektierender Körper *m*, schwarzer Körper *m*; 2. Absorptionsmittel *n*
absorber circuit Absorptionskreis *m*, Saugkreis *m*
absorption 1. Absorption *f*, Aufnahme *f*, Aufnehmen *n*; 2. Aufsaugen *n*, Ansaugen *n*, Annehmen *n* *(z. B. von Elektronen, Gasen)*; 3. Entzug *m*; 4. Schwächung *f* *(Strahlen)*; 5. Dämpfung *f* *(Stoß)*
absorption band Absorptionsbande *f*, Absorptionsband *n*
absorption circuit Absorptionskreis *m*, Saugkreis *m*
absorption coil Löschspule *f*; Nullpunktdrossel *f*
absorption curve Absorptionskurve *f*, Aufnahmekurve *f*
absorption depth Absorptionstiefe *f*
absorption discontinuity Absorptionssprung *m*
absorption fading *(Nrt)* Absorptionsschwund *m*
absorption filter Absorptionsfilter *n*
absorption pattern Absorptionsstruktur *f*
absorption peak Absorptionsmaximum *n*
absorption transition *(Laser)* Absorptionsübergang *m*
absorption trap Absorptionsfalle *f*, Absorptionsfilter *n*
absorption-type refrigerator Absorptionskühlschrank *m*
absorptive attenuator absorbierendes Dämpfungsglied *n*
absorptivity Absorptionsvermögen *n*; Aufnahmevermögen *n*
abstatampere elektrostatische cgs- -Einheit des Stromes
abstatcoulomb elektrostatische cgs- -Einheit der Ladung
abstatfarad elektrostatische cgs-Einheit der Kapazität
abstatvolt elektrostatische cgs-Einheit der Spannung
abstract code Pseudocode *m*
abundance Überfluss *m*, Häufigkeit *f*
abundance curve Häufigkeitskurve *f*
abuse Bedienungsfehler *m*, falsche Behandlung *f*, falscher Gebrauch *m*
abvolt absolutes Volt *n* *(Einheit der Spannung des elektromagnetischen cgs-Systems)*
AC s. adaptive control
ac s. adaptive control
AC ammeter Wechselstrommesser *m*
AC amplitude Wechselstromamplitude *f*
AC arc Wechselstrom(licht)bogen *m*
AC arc welding Wechselstromlichtbogenschweißen *n*
AC bushing 1. Wechselspannungsdurchführung *f*; 2. Wechselstromdurchführung *f*
AC circuit Wechselstromkreis *m*
AC circuit-breaker Wechselstromleistungsschalter *m*
AC commutator motor

Wechselstromkommutatormotor *m*; Einphasenmotor *m*; Universalmotor *m*
AC component (of current) Wechselstromkomponente *f*, Wechselstromanteil *m*
AC converter Wechselstromumrichter *m*
AC-DC converter Wechselstrom--Gleichstrom-Stromrichter *m*, Wechselstrom-Gleichstrom-Umsetzer *m*, Wechselstrom-Gleichstrom--Wandler *m*; A/D-Umsetzer *m* (*bei digitalen Regelungen*)
AC-DC receiver Allstromempfänger *m*
AC-DC television receiver Allstromfernsehgerät *n*, Allstromfernsehempfänger *m*
AC-DC valve Allstromröhre *f*
AC dynamo Wechselstromgenerator *m*
AC electric locomotive Wechselstromlokomotive *f*
AC electro-heating appliance Elektrowärmeeinrichtung *f* für Wechselstrombetrieb
AC erasing head Wechselstromlöschkopf *m*
AC hum Netzbrummen *n*, Netzbrumm *m*
AC keying *(Nrt)* Wechselstromtastung *f*
AC mains Wechselstromnetz *n*
AC pick-up Wechselstromeinstreuung *f*
AC rectifier Wechselstromgleichrichter *m*
AC resistance 1. Wechselstromwiderstand *m*, Widerstand *m* im Wechselstromkreis; 2. innerer Röhrenwiderstand *m*, Innenwiderstand *m* (*einer Röhre*)
AC ringer *(Nrt)* Wechselstromwecker *m*
AC root-mean-square voltage rating Nennwert *m* des Effektivwerts der Wechselspannung
AC series(-wound) motor Wechselstromreihenschlussmotor *m*
AC shunt motor Wechselstromnebenschlussmotor *m*
AC supply 1. Wechselstromquelle *f*; Wechselstromnetz *n*; 2. Wechselstromnetzgerät *n*
AC voltage Wechselspannung *f*
AC welding equipment [set] Wechselstromschweißgerät *n*
AC winding Wechselstromwicklung *f*
ACC s. adaptive cruise control
accelerate *v* beschleunigen, die Geschwindigkeit erhöhen; hochlaufen (*Motor*)
accelerated aging beschleunigtes Altern *n* (*bei Alterungsprüfungen von Bauelementen und Anlagen*)
accelerated test Kurz(zeit)test *m*, Kurz(zeit)prüfung *f*
accelerating ability Beschleunigungsvermögen *n*
accelerating anode Beschleunigungsanode *f*
accelerating chamber Beschleunigungskammer *f*
accelerating contactor Anlassschütz *n*, Anlassschalter *m*
accelerating cycle Beschleunigungszyklus *m*
accelerating electrode Beschleunigungselektrode *f*
accelerating field Beschleunigungsfeld *n*, beschleunigendes Feld *n*
accelerating force Beschleunigungskraft *f* (*IEC 50-811*)
accelerating torque Beschleunigungsdrehmoment *n*
acceleration Beschleunigung *f*; Zeitraffung *f*
acceleration feedback *(Rt)* Rückführung *f* der Beschleunigung, Beschleunigungsrückführung *f*
acceleration generator Beschleunigungsaufnehmer *m*, Beschleunigungsgeber *m*
acceleration of free fall Erdbeschleunigung *f*
acceleration of gravity Schwerebeschleunigung *f*, Erdbeschleunigung *f*
acceleration sensor Beschleunigungsaufnehmer *m*, Beschleunigungsgeber *m*
acceleration spectral density spektrale Beschleunigungsdichte *f*, Beschleunigungsdichtespektrum *n*
acceleration torque Beschleunigungsmoment *n*
acceleration voltage Nachbeschleunigungsspannung *f*, Beschleunigungsspannung *f*, Anodenspannung *f* (*Elektronenstrahlröhre*)
accelerometer Beschleunigungsmesser *m*

accent

accent *(Ak)* Ton(fall) *m*, Betonung *f*, Akzent *m*

accentuate *v* akzentuieren, betonen, hervorheben

accentuation Akzentuierung *f*, Betonung *f*; Anhebung *f* (z. B. von Frequenzen oder Frequenzbändern)

accentuator *(Nrt)* selektiver Verstärker *m*; Netzwerk *n* zur Tonanhebung

accentuator filter Anhebungsfilter *n*

accept *v* empfangen, annehmen; akzeptieren; abnehmen (z. B. bei Abnahmeprüfungen); aufnehmen (z. B. Elektronen oder Signale)

accept *v* **data** Daten annehmen [verarbeiten]

acceptable quality level *(Qu)* vertretbares Qualitätsniveau, Gutgrenze *f*

acceptable use policy, AUP Benutzungsrichtlinie *f* (beschreibt die Grenzen des Erlaubten bei der Benutzung von Netzen)

acceptance 1. Annahme *f*, Aufnahme *f*; 2. *(Qu)* Abnahme *f*

acceptance angle Öffnungswinkel *m* (z. B. Sensoroptik); Einfallswinkel *m*

acceptance certificate *(Qu)* Abnahmebescheinigung *f*, Abnahmezertifikat *n*, Abnahmeerklärung *f*

acceptance design genehmigter Entwurf *m*

acceptance drawing Abnahmezeichnung *f*

acceptance sampling statistische Qualitätskontrolle *f*

acceptance test *(Qu)* Abnahme *f*, Prüfung *f*, Abnahmeprüfung *f*

acceptance test record *(Qu)* Abnahmeprotokoll *n*

acceptor 1. *(Me)* Akzeptor *m* (Elektronenfänger); 2. Senke *f*

acceptor circuit Saugkreis *m*, Serienresonanzkreis *m*, Reihenresonanzkreis *m*, Spannungsresonanzkreis *m*

acceptor doping Akzeptordotierung *f*

acceptor-handshake function *(Dat)* AH-Funktion *f*, Handshake(sende)funktion *f*

acceptor idle state Ruhezustand *m* der Informationssenke

access 1. *(Dat)* Zugriff *m*; Zugang *m*; 2. *(Nrt)* Anschluss *m*

access burst (GSM) *(Ko)* Erstzugriffsburst *m* (GSM-Standard; von 156,25 bit verkürzt auf 88 bit; zum Weiterreichen; 4 1bit midamble, 36 Datenbits)

access check Zugriffsprüfung *f*

access circuit *(Nrt)* Ansteuerungssatz *m*

access code 1. Zugriffscode *m*; 2. *(Nrt)* Zugangskennung *f*

access control list, ACL Zugriffskontrollliste *f* (zur Festlegung von Zugriffsbeschränkungen)

access profile Zugangsprofil *n*

access time Zugriffszeit *f*; Ablesezeit *f*

accessory 1. Zubehör *n*; Zusatzgerät *n*; 2. Garnitur *f*

accident 1. Zufall *m*; 2. Unfall *m*; 3. Störung *f*, Betriebsstörung *f*

accident hazard Unfallgefahr *f*

accident-proof unfallsicher

accidental 1. zufällig, stochastisch; 2. nebensächlich

accidental arc Störlichtbogen *m*

accidental breakdown Störungs(aus)fall *m*

accidental earth Erdschluss *m*

accidental error Zufallsfehler *m*, zufälliger Fehler *m*

accommodate *v* 1. anpassen, angleichen, in Übereinstimmung bringen; akkommodieren (Auge); 2. aufnehmen, unterbringen

accommodation 1. Anpassung *f*, Übereinstimmung *f*; Akkommodation *f* (des Auges); 2. Unterbringung *f* (z. B. in einem Gehäuse)

accompanying sound *(Fs)* Eigenton *m*

accordion *(Me)* Z-förmiger Anschlusskontakt *m*

account card Buchungskarte *f*, Kontenkarte *f*

account number Abrechnungsnummer *f*, Kontennummer *f*

accounting computer Abrechnungscomputer *m*, Buchungsrechner *m*

accumulate *v* 1. (auf)speichern; akkumulieren, (an)sammeln; anhäufen, anreichern; 2. sich summieren, auflaufen

accumulated count akkumulierte Zählung *f*

accumulated error Gesamtfehler m; akkumulierter Fehler m

accumulated pitch error Gesamtteilungsfehler m, Sammelteilungsfehler m *(z. B. Elektromaschinenbau, optisches Gitter)*

accumulating counter Additionszähler m, Addierzähler m, Summierzähler m

accumulating speed Addiergeschwindigkeit f, Summiergeschwindigkeit f

accumulation electrode Speicherelektrode f

accumulative error Sammelfehler m

accumulator 1. *(Et)* Akkumulator m, Akku m, Sammler m; 2. *(Dat)* (zentraler) Speicher m *(z. B. eines Rechenwerkes)*; Zwischenspeicher m

accuracy 1. Genauigkeit f, Richtigkeit f; 2. *(Rt)* Regelgenauigkeit f, Regelabweichung f; Messgenauigkeit f

accuracy class Genauigkeitsklasse f

accuracy of bearing *(Fo)* Peilgenauigkeit f

accuracy of size Maßgenauigkeit f

accurate position finder *(Fo)* Zielsuchgerät n

accurately known frequency settings definierte Frequenzeinstellungen fpl

acentric azentrisch, nicht zentrisch

achromatic achromatisch, unbunt *(im farbmetrisch vereinbarten Sinne)*

achromatic lens Achromat m(n), achromatische Linse f

acid bath *(Galv)* Säurebad n, saures Bad n

acid density Säuredichte f *(beim Akkumulator)*

acid-etched durch Ätzung mattiert

acid-free säurefrei

acid-proof säurefest, säurebeständig

acid test Säurebestimmung f, Säuremessung f *(z. B. durch potenziometrische Verfahren)*

acknowledge v receipt *(Nrt)* den Empfang bestätigen

acknowledge message *(Nrt)* Quittung f

acknowledge signal Bestätigungssignal n, Quittungssignal n

acknowledgement number Bestätigungsnummer f *(Element bei Quittungsprotokollen, z. B. TCP)*

acknowledging circuit Steuerquittungskreis m; Quittungskreis m

acknowledging contactor *(Ap)* Quittungsschalter m

ACL s. access control list

aclinic line Akline f *(magnetischer Äquator)*

ACMOS *(Me)* ACMOS n *(CMOS- -Technologie)*

acorn valve Knopfröhre f, Eichelröhre f, Kleinströhre f

acoustic Akustik f *(als raumakustische Eigenschaft)*

acoustic-absorbent silencer Absorptionsschalldämpfer m

acoustic absorption Schallabsorption f, Schallschluckung f

acoustic camera akustische Kamera f, Schallkamera f

acoustic clicks *(Nrt)* Knackgeräusche npl

acoustic delay line 1. akustische Verzögerungsleitung f; 2. *(Dat)* akustisches Laufzeitglied n

acoustic direction finder akustisches Peilgerät n

acoustic frequency Tonfrequenz f, Hörfrequenz f

acoustic horn Schalltrichter m, Trichter m

acoustic insolation Schallisolation f, Schalldämmung f

acoustic probe akustische Sonde f

acoustic seal akustische Abdichtung f

acoustic shielding akustische Abschirmung f

acoustic shock 1. akustischer Schock m, Knall m; 2. *(Nrt)* Knacken n, Knallgeräusch n

acoustic shock absorber *(Nrt)* Knackschutz m *(Knackschutzdiode, parallel zur Telefonhörkapsel)*

acoustic signal akustisches [hörbares] Signal n, Schallzeichen n

acoustic sounder Echolot n

acoustic velocity Schallgeschwindigkeit f, Schallschnelle f

acoustical akustisch

acoustical absorptivity

acoustical

acoustical Schallabsorptionsgrad *m*, Schallschluckgrad *m*
acoustical branch *(Laser)* akustischer Zweig *m* [Ast *m*]
acoustical insulation Schalldämmung *f*, Schallisolation *f*
acoustical ohm *Einheit des akustischen Standwertes; 1 acoustical ohm = 1* $\mu bar/cm^3 s^{-1}$
acoustical strain gauge akustischer Dehnungsmessstreifen *m*
acoustically compensated volume control gehörrichtige Lautstärkeregelung *f*
acoustically dead schalltot
acoustically live hallend, hallig
acoustics 1. Akustik *f*, Schallehre *f*; 2. Akustik *f*, raumakustische Eigenschaften *fpl*
acoustoelastic effect akustoelastischer Effekt *m* *(stressabhängige Variation der Geschwindigkeit von Ultraschallwellen)*
acquire *v* erfassen *(Daten)*
across-the-line starter Motorschalter *m* *(zum Direkteinschalten (Motor wird ohne Vorwiderstand oder Transformator durch Schalter an das Netz geschaltet)*
across-the-line starting *(Ma)* Anlauf *m* mit direktem Einschalten
act *v* 1. (ein)wirken; 2. arbeiten, funktionieren, laufen, in Betrieb sein
act in opposite phases phasenverkehrt wirken, in Phasenopposition arbeiten
actinoelectric aktinoelektrisch, lichtelektrisch, photoelektrisch
action Mechanik *f* *(Musikinstrument)*
action cycle Arbeitstakt *m*
action instruction Operationsbefehl *m*, Funktionsbefehl *m*
action spot Abtastpunkt *m*
action time *(Rt)* Operationszeit *f*, Funktionszeit *f*, Abtastzeit *f*
action-trigger *v* (den Betrieb) auslösen, die Wirkung auslösen
activate *v* 1. unter Strom setzen; an Spannung legen; 2. aktivieren; aktiv [radioaktiv] machen; anregen; 3. in Betrieb setzen, betätigen, auslösen
activated 1. geladen; 2. aktiviert; angeregt
activated carbon [charcoal] Aktivkohle *f*, aktivierte Kohle *f*, A-Kohle *f*; Adsorptionskohle *f*
activated mobile hand-held telephone *s.* activated mobile phone
activated mobile phone *(Ko)* angeschaltetes Handy *n*, in ein Netz eingebuchtes Handy *n*
activation Aktivierung *f*; Anregung *f*; Anschaltung *f*; Ansteuerung *f*, Anreizung *f* *(z. B. eines Gatters)*
activation energy Aktivierungsenergie *f*
activation heat Aktivierungswärme *f*
activation overvoltage Aktivierungsüberspannung *f*, Durchtrittsüberspannung *f* *(elektrochemische Kinetik)*
activator Aktivator *m*, Aktivierungsmittel *n*; Beschleuniger *m*
active 1. Strom führend; Spannung führend; belastet, unter Last; 2. aktiv, wirksam; 3. in Betrieb befindlich, arbeitend
active admittance Wirkleitwert *m*
active bearing method *(Fo)* aktives Peilverfahren *n*
active component 1. Wirkkomponente *f*; Wattkomponente *f*; 2. aktives Bauelement *n*
active current Wirkstrom *m*
active down-scaling *(Me)* aktive Verkleinerung *f* *(der Abmessungen eines Chips)*
active electrode aktive Elektrode *f*
active element 1. *(Ch, Galv)* aktives Element *n*; 2. *(Rt)* aktives Element [Glied] *n*
active energy Wirkenergie *f*, Wirkarbeit *f*
active input 1. (aufgenommene) Wirkleistung *f*; 2. Eingangsleistung *f*
active iron effektives Eisen *n* *(z. B. beim Trafo)*
active load Wirklast *f*
active loss Wirk(leistungs)verlust *m*
active output Wirkausgangsleistung *f*
active part Strom führender Teil *m*
active power Wirkleistung *f*
active power loss Wirk(leistungs)verlust *m*
active process *(Nrt)* aktiver Prozess *m* *(in CHILL nach Empfehlung Z.200; auch in einem Einprozessorsystem können sich mehrere Prozesse gleichzeitig, parallel, in aktiven*

adapter

Zuständen befinden; siehe auch: process state)

active program *(Dat)* Arbeitsprogramm n

active pull-down resistance aktiver Basisableitwiderstand m

active steering Aktivlenkung f *(elektronische Lenkradbeeinflussung)*

active volt-amperes Wirkleistung f

active voltage Wirkspannung f

activity 1. Aktivität f, Radioaktivität f; 2. *(Ch)* Aktivität f *(wirksame Konzentration)*; 3. Tätigkeit f, Wirksamkeit f; Erregbarkeit f

actual address aktuelle [wirkliche] Adresse f

actual air gap geometrischer Luftspalt m *(bei elektrischen Maschinen)*

actual deviation Istabweichung f

actual dimension Istmaß n, Istgröße f, tatsächliche [effektive] Größe f

actual efficiency Wirkleistung f, wirkliche [effektive] Leistung f, Nutzleistung f

actual energy Wirkenergie f

actual load Wirklast f, effektive Belastung f

actual loss Wirkdämpfung f

actual output Nutzleistung f, effektive Leistung f

actual performance *(Rt)* tatsächliches Verhalten n

actual power Wirkleistung f, tatsächliche Leistung f, Effektivleistung f

actual range *(Nrt)* tatsächliche Reichweite f

actual reliability *(Rt)* *Istzuverlässigkeit f *(aktuelles Ergebnis der Prüfung)*

actual residual resistance tatsächlicher Nullwiderstand m

actual resistance Wirkwiderstand m, Echtwiderstand m, tatsächlicher Widerstand m

actual speed Istdrehzahl f

actual value 1. Effektivwert m, tatsächlicher Wert m; 2. *(Rt)* Istwert m *(z. B. der Regelgröße)*; tatsächliche Größe f

actuating Betätigung f, Bedienung f *(z. B. eines Schalters)*; Auslösen n; Ansprechen n *(Relais)*

actuating angle Schaltwinkel m

actuating arm Antriebshebel m, Betätigungshebel m; Schaltarm m; Schalthebel m, Auslösehebel m

actuating cycle *(Ap)* Betätigungszyklus m

actuating rod Schaltstange f

actuating shaft Schalterwelle f

actuating signal 1. Auslösesignal n, Stellsignal n, Betätigungssignal n; 2. *(Rt)* Regelabweichung f *(Ausgangssignal des Vergleichsgliedes)*

actuating variable *(Rt)* Stellgröße f

actuating velocity Stellgeschwindigkeit f

actuator *(Ma)* Aktuator m, Antriebselement n

ad-hoc ad-hoc *(Netz-Betriebsweise ohne zentrale Elemente)*

adaptability Anpassungsfähigkeit f, Anpassungsvermögen n, Adaptationsvermögen n; Verwendbarkeit f, Anwendbarkeit f

adaptable anpassbar, anpassungsfähig; anwendbar

adaptation Adaptation f, Anpassung f, Selbstanpassung f; Anwendung f

adaptation algorithm *(Rt)* Adap(ta)tionsalgorithmus m

adapter 1. Zwischenstecker m, Zwischensockel m, Adapter m; Zwischenstück n; Anpassstück n, Einsatzstück n, Übergangsstück n; 2. Anpassungsglied n; Anpassungsschaltung f; 3. s. adapter transformer

adapter amplifier Anpassungsverstärker m

adapter board 1. *(Dat)* Anschlussbaugruppe f, Anpassbaugruppe f; 2. Adapterkarte f

adapter cable Anpassungskabel n, Adapterkabel n

adapter coupling Reduzierstück n *(beim Kabelübergang)*

adapter pin jack Steckkopplung f

adapter pin Aufnahmestift m, Steckkontakt m

adapter plug Kopplungsstecker m, Anpassstecker m, Zwischenstecker m, Übergangsstecker m

adapter screw Passschraube f *(Sicherung)*

adapter transformer Anpasstransformator m, Adapter m,

Glühübertrager *m (z. B. zur Widerstandsanpassung bei HF-Induktionserwärmungsanlagen)*; Zwischentransformator *m*

adaptive (sich) anpassend, anpassungsfähig; selbstanpassend, adaptiv

adaptive control adaptive [anpassungsfähige] Regelung *f*

adaptive controller adaptiver [anpassungsfähiger] Regler *m*

adaptive cruise control adaptiver Fahrtenregler *m (Automobiltechnik)*

adaptive differential pulse code modulation, CODEC *(Nrt)* ADPCM-CODEC *m*, CODEC *m* für die adaptive Differenz-Pulscodemodulation *(CODEC nach ITU-T-Empfehlung G.726; Ü-Rate: 40, 32, 24 oder 16 kbit/s oder nach G.721 mit Ü-Rate 32 kbit/s im DECT-Standard)*

adaptive frontlight system anpassbares Scheinwerfersystem *n (Scheinwerfer folgen bei Kurvenfahrt dem Richtungswechsel)*

adaptive logic *(Dat)* adaptive [selbstanpassende] Logik *f*

adaptive loop anpassungsfähiger Regelkreis *m*, adaptiver Kreis *m*

adaptive predictive coding, APC *(Nrt)* adaptive Prädiktionscodierung *f (angewendet beim ADPCM-CODEC)*

adaptive predictor *(Nrt)* adaptiver Prädiktor *m (bei ADPCM-Sprachcodierung)*

ADC s. automatic distance control

Adcock antenna *(Fo)* Doppeldipol-H-Antenne *f*

Adcock direction finder *(Fo)* Doppeldipol-Peiler *m*

add *v* 1. zufügen, zusetzen, (hin)zugeben; beimengen, beifügen; zuführen; 2. addieren, summieren

add-and-subtract relay Schrittschaltrelais *n* für beide Drehrichtungen

add carry *(Dat)* Additionsübertrag *m (z. B. beim Übergang von 9 nach 0)*

add counter Additionszähler *m*

add instruction Additionsbefehl *m*

add-on conference call, CONF *(Nrt)* Konferenz *f* mit bis zu 10 Teilnehmern *(Dienstmerkmal im Euro-ISDN)*

add time Additionszeit *f*

added-feature telephone *(Nrt)* Komforttelefon *n*, Komfortfernsprechapparat *m*, Telefon *n* mit Zusatzfunktionen

addend Addend *m*, (zweiter) Summand *m*

adder Adder *m*, Addierglied *n (Rechenmaschine)*

adding circuit Additionsschaltung *f*, Addierschaltung *f*

adding counter Additionszähler *m*

adding network *(Rt)* summierendes Netzwerk *n*, Summationsschaltung *f (für Signale)*

addition 1. Beimischung *f*, Beimengung *f*, Beigabe *f*, Zugabe *f*; Zusatz *m*, Zusatzmittel *n*; Anlagerung *f*; 2. Addition *f*, Zusammenzählen *n*

addition key Additionstaste *f*

additional amplifier Zusatzverstärker *m*

additional charge 1. *(Hsp)* Nachladung *f*, Zuladung *f*; 2. Aufschlag *m*, Zuschlag *m (z. B. bei Gebühren)*

additional hardware *(Dat)* zusätzliche Geräte *npl*

additional noise Nebengeräusch *n*, Störgeräusch *n*

additive *(Me)* Beimischung *f*, Zusatz *m*

address *(Dat)* Adresse *f*

address arithmetic Adressenrechnung *f*

address arithmetic organ Adressrechenwerk *n*

address assignment Adressenzuordnung *f*, Adressenzuweisung *f*

address bit Adressbit *n*

address bus Adress(en)bus *m*

address-bus width Adressbusbreite *f*

address call Adressaufruf *m*

address card Adressenkarte *f*

address class Adressklasse *f (Klassifizierung von IP-Netzen, heute historisch)*

address code Adresscode *m*

address-code modulation Adresscodemodulation *f*

address file Adressdatei *f*

address latch Adressspeicher *m*, Adressensignalspeicher *m*

address memory Adressenspeicher *m*

address prefix Adress-Präfix *m (Teil einer Netz-Adresse)*

address range Adressbereich *m*, Adressraum *m*

address selection
Adressenansteuerung *f*,
Adressen(aus)wahl *f*, Adressenaufruf *m*
address set-up Adressenvorbereitung *f*
address storage register
Adressenregister *n (Speicher)*
address store Adressenspeicher *m*
address unit Adressenwerk *n (Rechner)*
address wire Adressendraht *m*
addressable memory [store]
adressierbarer Speicher *m*
addressing Adressierung *f (z. B. eines Speichers)*
addressing mode Adressierungsart *f*
addressing module Adressblock *m*
adiabatic adiabatisch, ohne Wärmeaustausch (verlaufend), ohne Wärmeabgabe
adiabatic Adiabate *f*, adiabatische Kurve *f*
adjacency matrix Adjazenzmatrix *f (Graphentheorie)*
adjacent angle Nebenwinkel *m*, Supplementwinkel *m*
adjacent channel *(Nrt)* Nachbarkanal *m*; benachbarter Nachrichtenkanal *m*
adjacent chips benachbarte Chips *mpl*
adjacent frequency Nachbarfrequenz *f*
adjacent radio-frequency channel
benachbarter Funkkanal *m*
adjacent sound carrier
Nachbartonträger *m*
adjacent turns benachbarte Windungen *fpl*, Nachbarwindungen *fpl*
adjoint operator adjungierter Operator *m*
adjust *v* abgleichen, ausgleichen, angleichen, anpassen; justieren; einstellen, einrichten, einregeln, (ein)regulieren; ausrichten
adjust *v* **tuning control** *(Nrt)* verstimmen, abstimmen
adjustability Einstellbarkeit *f*, Regelbarkeit *f*; Verstellbarkeit *f*
adjustable einstellbar, regulierbar, regelbar; justierbar; veränderlich, verstellbar, nachstellbar
adjustable delay einstellbare Verzögerung *f*
adjustable duration einstellbarer Ablauf *m*
adjustable gain einstellbare Verstärkung *f*

adjustable in steps stufenweise einstellbar
adjustable inductor regelbare [veränderliche] Induktivität *f*, regelbare Drossel *f*, Drosselspule *f* mit variabler [regelbarer, einstellbarer] Induktivität
adjustable resistor Regelwiderstand *m*, einstellbarer Widerstand *m*, Einstellwiderstand *m*, Abgleichwiderstand *m*
adjustable-speed motor Motor *m* für Drehzahleinstellung, Motor *m* mit regelbarer Drehzahl
adjustable threshold einstellbarer Schwell(en)wert *m*
adjusted for synchronous operation
auf Gleichlauf abgeglichen
adjusted value Abgleichwert *m*
adjuster Einsteller *m*, Einstelleinrichtung *f*; Justiereinrichtung *f*
adjuster ratio Einstellverhältnis *n (z. B. Übersetzungsverhältnis des Transformators)*
adjusting Einstellung *f*, Regulierung *f*; Justierung *f*; Anpassung *f*; Ausgleich *m (z. B. nach der Methode der kleinsten Quadrate)*
adjusting command Einstellbefehl *m*, Stellbefehl *m*
adjusting device Justiervorrichtung *f*, Stellvorrichtung *f*, Einstellvorrichtung *f*
adjusting guidelines Einstellanleitung *f*
adjusting screw Stellschraube *f*, Einstellschraube *f*, Nachstellschraube *f*; Justierschraube *f*
adjusting voltage Einstellspannung *f*, Einregulierspannung *f*
adjustment Abgleich *m*, Abgleichung *f*, Ausgleich *m*, Anpassung *f*; Justierung *f*, Justage *f*; Abstimmung *f*; Einstellung *f*; Nachstellung *f*, Verstellung *f*, Einregulierung *f*, Regulierung *f*, Richtigstellung *f*, Korrektur *f*, Berichtigung *f*; Ausrichtung *f*
adjustment curve Eichkurve *f*
adjustment mark Einstellmarke *f*, Justiermarke *f*
adjustment procedure *(Nrt)*
Abgleichverfahren *n*
adjustment screw Justierschraube *f*
adjustment time Justierzeit *f*
administration operation and maintenance, AOM Verwaltung *f*, Betrieb *m* und Wartung *f*

administrator

administrator *(Dat, Rt)* Systemverwalter *m* eines Rechner-Netzwerks
admissible character zulässiges Zeichen *n*
admissible error 1. zulässiger Fehler *m*, Fehlertoleranz *f*; 2. *(Rt)* zulässige Regelabweichung *f*
admissible value zulässiger Wert *m* (z. B. der Regelabweichung)
admission Einlass *m*, Eintritt *m*, Zutritt *m*; Zufuhr *f*, Zulass *m*, Einströmung *f*
admission loss Eintrittsverlust *m*
admit *v* einlassen, zulassen; aufnehmen
admittance 1. Admittanz *f*, Scheinleitwert *m*; Wellenleitwert *m*; 2. *(Rt)* Admittanz *f* *(Teilübertragungsfunktion)*
admittance chart Leitwertdiagramm *n*
ADSL s. asymmetric digital subscriber line
ADSL modem *(Ko, Nrt)* Modem *n* für die schnelle Datenübertragung ins Internet über ADSL *(Anschluss am NT-Breitband-Anschluss des ADSL-Splitters, der Breitband-Anschluss-Einheit)*
adsorbed dipole double layer Adsorptionsdipoldoppelschicht *f*
adsorbent Adsorptionsmittel *n*, Adsorbens *n*
adsorption Adsorption *f*, Anlagerung *f*
advance *v* vorgehen, fortschreiten; fortschalten, vorrücken *(z. B. Zähler, Lochstreifen)*; vorstellen, weiterstellen
advance Vorgehen *n*, Vorrücken *n*; Vorlauf *m*, Vorschub *m*; Voreilung *f*
advance angle Voreil(ungs)winkel *m*
advance ignition Vorzündung *f*
advance interval Verweildauer *f*
advance winding Steuerwicklung *f*
advanced brake circuit technique modernste Schalttechnik *f*
advanced brake CMOS *(Me)* ACMOS *n*, fortgeschrittene CMOS-Technologie *f*
advanced brake keying speed erhöhte [beschleunigte] Tastgeschwindigkeit *f*, Abtaststeigerungstempo *n* *(Telegrafie)*
advanced brake-light device schnelles Bremslichterkennungsgerät *n*
advanced brake mobile phone system *(Nrt)* AMPS, Mobilfunksystem *n* der USA
advanced brake polysilicon self--aligned technology *(Me)* APSA-
-Technologie *f* *(zur Herstellung von Feldeffekttransistoren mit selbstjustierendem Polysiliciumgate)*
advanced brake solid-state technology modernste Festkörpertechnologie *f*
advanced encryption standard of the NIST, AES *(AE)* fortgeschrittener Verschlüsselungsstandard *m* *(Nachfolger von DES)*
advanced mobile telephone system, AMTS *(Ko)* Mobilfunksystem *n* in Japan *(im 900MHz-Bereich; Nachfolger: High Capacity Mobile Telephone System, HCMTS)*
advancement *(Dat)* Rangerhöhung *f*
advancing pawl Schaltklinke *f*
advice Meldung *f*, Bericht *m*; Rat *m*
advisory area Beratungsbezirk *m* (z. B. bei Fernsprecheinrichtungen)
aeq aeq, logische Funktion *f* GENAU DANN, WENN
aerate *v* (be)lüften
aerial oberirdisch; Ober... *(z. B. Leitungen)*; Luft... *(z. B. Kabel)*; Frei...
aerial Antenne *f*, Strahler *m*; Messantenne *f*
aerial amplifier Antennenverstärker *m*
aerial array Richtantenne *f*, Richtstrahler *m*; Antennengruppe *f*, Antennenkombination *f*; Richtantennengruppe *f*, Richtantennensystem *n*
aerial booster Antennenverstärker *m*
aerial coil Antennenspule *f*, Antennenankopplung *f*, Antennenkoppelspule *f*
aerial cross-talk Antennenübersprechen *n*
aerial duct Antennendurchführung *f*
aerial feed impedance Antennen(eingangs)impedanz *f*, Eingangswiderstand *m* der Antenne, Antennenscheinwiderstand *m* am Speisepunkt, Antennenspeisescheinwiderstand *m*
aerial field gain Antennengewinn *m*
aerial for measuring purpose Messantenne *f*
aerial jack Antennenbuchse *f*
aerial lead-in Antennenzuleitung *f*, Antenneneinführung *f*
aerial loss Verlustleistung *f* in der Antenne, Antennenverlust *m*

aerial noise Antennenrauschen n
aerial pick-up Antennenrauschen n
aerial receptacle Antennensteckdose f
aerial socket Antennenbuchse f
aerial switch Antennenschalter m
aerial tower Funkturm m, Antennenturm m; Antennenmast m
aerial tuning Antennenabstimmung f, Antennenabgleich m
aerial voltage Antennenspannung f
aerodrome surface surveillance (Fo) Flugfeldüberwachungssystem n, Flughafenüberwachungsradar n
aeronautical mobile radio satellite service (Ko) beweglicher Flugfunkdienst m über Satellit
aeronautical warning lights (Ko) Flughindernisbefeuerung f, Flughindernisfeuer n
aerospace Raumfahrt f
aerospace telemetry Raumfahrtfernmessung f, Messwert(fern)übertragung f im Kosmos
AES s. advanced encryption standard of the NIST
affine connection affiner Zusammenhang m, lineare Übertragung f
affinity spectrum (Ph) Rekombinationsspektrum n
afteracceleration Nachbeschleunigung f
afterage v nachaltern
aftercompensation Nachkompensation f
aftercooling Nachkühlung f
aftereffect Nachwirkung f
afterglow Nachglimmen n, Nachleuchten n
afterheat Nachwärme f
afterimage nachleuchtendes Bild n, Nachbild n
afterpotential Restpotenzial n, Nachpotenzial n
aftertreat v nachbehandeln
aftertreatment Nachbehandlung f
age v altern; (aus)härten; ablagern
age coating Alterungsniederschlag m (bei Lampen)
age hardening Alter(ung)shärtung f, Aushärtung f; künstliche Alterung f
aggregatable global unicast address aggregierbare globale Unicast--Adresse f
aggregate 1. Anhäufung f, Ansammlung f; 2. Maschinensatz m, Aggregat n, Gerät n
aging Alterung f, Altern n; Aushärten n
aging behaviour Alterungsverhalten n
aging curve Alterungskurve f
aging test Alterungsprüfung f, Alterungsversuch m
agree in phase v gleichphasig sein, in gleicher Phase sein
aided tracking Nachlaufsteuerung f (Radar)
Aiken code (Dat) Aiken-Code m, Aiken--Schlüssel m
aim(ing) of headlamps Scheinwerfereinstellung f
air v 1. (be)lüften, entlüften, ventilieren; 2. (AE) senden (Rundfunk)
air absorption Luftabsorption f
air attenuation (Ak) Luftdämpfung f, Dämpfung f in Luft
air-blast (circuit) breaker Druckluft(leistungs)schalter m, Expansionsschalter m
air break Trennstrecke f, Luftschaltstrecke f, Lufttrennstrecke f
air-break disconnector Lufttrenner m, Trenner m
air circuit-breaker Luftleistungsschalter m
air coil Luftspule f
air contactor Luftschütz n
air-cooled luftgekühlt, mit Luftkühlung
air-core eisenlos, mit Luftkern, ohne Eisenkern (Spule)
air discharge Luftentladung f; Luftdurchschlag m
air duct 1. Kühlschlitz m, Kühlkanal m; 2. Luftleitung f, Luftkanal m; Lüftungskanal m; Windkanal m
air friction Lufttreibung f, Luftwiderstand m
air gap Luftspalt m (bei elektrischen Maschinen); Luftstrecke f; Luftzwischenraum m, Aussparung f
air-gap mmf Luftspaltdurchflutung f
air-gap harmonics (Ma) Luftspaltharmonische fpl der Durchflutung
air-ground radio link (Ko) Bord-Boden--Funkverbindung f
air guide Luftführung f

air heater Lufterhitzer m, Luftvorwärmer m, Luvo
air-heater battery Lufterhitzerbatterie f
air heating Lufterhitzung f, Lufterwärmung f
air housing Luftführungsgehäuse n
air humidity Luftfeuchtigkeit f
air inlet 1. Lufteintritt m; 2. Lufteintrittsöffnung f
air-insulated luftisoliert
air insulation Luftisolierung f, Luftisolation f
air intake 1. Lufteintritt m; 2. Ansaugstutzen m
air magnetic circuit-breaker Magnetblasschalter m
air-pressure circuit-breaker Druckluftschalter m
air pump Luftpumpe f
air route beacon Flugstreckenfeuer n
air sound s. airborne sound
air space Luft(zwischen)raum m, Luftspalt m, Zwischenraum m, Hohlraum m, Luftkammer f
air-to-ground radio communication (Ko) Bord-Boden-Funkverbindung f
air tubular cooler Röhrenkühler m
airborne 1. luftübertragen; 2. im Flugzeug eingebaut; Bord...
airborne direction finder [finding equipment] Bordpeilgerät n, Bordpeiler m
airborne measuring system Bordmesssystem n
airborne radar Flugzeugradar n
airborne sound Luftschall m
airborne transmitter Bordsender m
aircraft aerial Flugzeugantenne f
aircraft detector Funkmessgerät n
aircraft intercommunication Bordfunk m
aircraft radio interphone system Bordsprechanlage f
aircraft radio transmitter Flugzeugsender m
aircraft radio transmitter-receiver Flugzeug-Sende-Empfangsgerät n
aircraft warning service Luftwarndienst m
airproof luftbeständig
AIRR s. integrated amplifier rectifier regulator
airtight luftdicht, luftundurchlässig, hermetisch; druckfest gekapselt

airtight luminaire hermetisch abgeschlossene Leuchte f
airway beacon Luftfahrtleuchtfeuer n, Flugstreckenfeuer n
alarm 1. Alarm m; 2. Alarmvorrichtung f, Alarmgerät n, Warneinrichtung f
alarm bus Alarm(sammel)schiene f
alarm circuit (Nrt) Alarmleitung f; Alarmstromkreis m
alarm contact Alarmkontakt m, Meldekontakt m
alarm message (Nrt) Fehlermeldung f
alarm readiness Alarmbereitschaft f
albedo (Licht) Rückstrahlungsvermögen n (von zerstreut reflektierenden Körpern); Hellbezugswert m, Albedo f
alert state Alarmzustand m
algebraic adder algebraischer Addierer m, algebraische Addiereinrichtung f
algorithm (Dat) Algorithmus m, Rechenschema n
alias name Alias-Name m (DNS-Eintrag)
aliased rückgefaltet, rückgespiegelt
aliasing (Dat) Rückspiegelung f, Rückfaltung f, Aliasing n
aliasing error Aliasing-Fehler m (durch nicht erfülltes Abtasttheorem)
align v 1. abgleichen, ausrichten, in eine Richtung [Linie] bringen; justieren; eintaumeln; eintrimmen; 2. eichen
aligner 1. Aligner m, Taktrichter m (Pulscodemodulation); Anpassungsgerät n; 2. (Me) Justiersystem n
alignment 1. Abgleich m, Abgleichung f, Anpassung f, Ausrichtung f, Orientierung f; Aufstellung f (in einer Linie); Justierung f; Eintaumeln n; Trimmen f; 2. Eichung f, Nacheichung f
alignment accuracy (Me) *Justiergenauigkeit f
alignment chart Nomogramm n, Nomograph m, Leitertafel f
alignment coil Abgleichspule f
alignment frequency Abgleichfrequenz f
alignment generator (Mess) Abgleichsender m, Empfängerprüfgenerator m, Prüfgenerator m
alignment pin Führungsstift m, Fixierstift m, Passstift m, Prison-Stift m, Prison-Bolzen m

alignment target *(Me)* Justiermarke *f (auf Wafer)*
alignment tool Abgleichbesteck *n*, Abgleichwerkzeug *n*
alive stromdurchflossen, Strom führend, Spannung führend, unter Spannung (befindlich), unter Spannung stehend
alkaline bath *(Galv)* alkalisches Bad *n*
alkaline battery Alkali-Batterie *f*
alkaline fuel cell alkalische Brennstoffzelle *f*
alkaline-manganese battery Alkali--Mangan-Batterie *f*
all-aluminium conductor Aluminiumleiter *m*
all-around efficiency Gesamtwirkungsgrad *m*
all-around search apparatus Rundsuchgerät *n*
all-bipolar integrated circuit bipolarer integrierter Schaltkreis *m (ausschließlich aus bipolaren Transistoren bestehend)*
all-digital rein digital
all-electronic vollelektronisch
all-insulated schutzisoliert, vollisoliert, berührungslose
all-mains set Gerät *n* mit Vollnetzanschluss [Netzanschluss]
all-pass amplifier Allpassverstärker *m*
all-plastic fitting Kunststoffleuchte *f*
all-rubber plug Vollgummistecker *m*
all-solid-state voll halbleiterbestückt
all-transistor(ized) volltransistorisiert
all Watt motor phasenkompensierter Motor *m*
all-wave receiver Allwellenempfänger *m*
alligator clip Krokodilklemme *f*
allocate *v* anweisen, zuordnen, zuweisen *(z. B. Speicherplätze)*; belegen
allocated frequency zugeteilte Sollfrequenz *f*
allocation Zuordnung *f (z. B. von Speicherplätzen)*; Zuweisung *f*, Platzauswahl *f*
allocation of frequency bands Zuordnung *f* der Funkfrequenzbereiche, Bezeichnung *f* der Frequenz- und Wellenbereiche *(nach der Vollzugsordnung für den Funkdienst und DIN40015)*

allocation table Verteilungsplan *m (für Frequenzen)*
allotter *(Nrt)* Anrufordner *m*, Rufordner *m*
allotting circuit *(Nrt)* Zubringerleitung *f*
allowable defects *(Me)* zulässige Defektzahl *f*
allowable deviation zulässige Abweichung *f*
allowable error zulässiger Fehler *m*
allowance zulässige Abweichung *f*, Toleranz *f*, Spielraum *m*; Maßabweichung *f*
alloy addition Legierungszusatz *m*
alloy-diffused diffusionslegiert, legierungsdiffundiert
alloy-diffused transistor Legierungsdiffusionstransistor *m*, legierungsdiffundierter Transistor *m*
alloying depth Legierungstiefe *f*
alloying effect Legierungseffekt *m*
almost periodic behaviour *(Rt)* quasiperiodischer Betriebszustand *m*
ALOHA system ALOHA-Verfahren *n (Funk-LAN mit TDMA, entwickelt und eingesetzt auf Hawaii; 0,18 Erl)*
alpha Alpha *n (Transistorverstärkung in Basisschaltung)*
alpha counter Alphazähler *m (Kernmesstechnik)*
alphabetic character alphabetisches Zeichen *n*
alphanumeric alphanumerisch
alphanumeric character alphanumerisches Zeichen *n*
alphanumeric display alphanumerische Anzeige *f*
alphanumeric LED display *(Ko)* alphanumerische LED-Anzeige *f*, alphanumerische Leuchtdiodenanzeige *f*
alphanumeric pager *(Ko)* Funkrufempfänger *m* mit alphanumerischer Anzeige
alterable gate array abänderbare Gatteranordnung *f*, umprogrammierbares Gate-Array *n* mit Speicher-Schaltelementen
alterable ROM (ver)änderbares ROM *n*, änderbarer Festwertspeicher [Nurlesespeicher] *m*
alternate *v* abwechseln, alternieren; wechseln *(z. B. Strom)*; (periodisch) verändern

alternate

alternate abwechselnd, alternierend, wechselweise (folgend)
alternate communication Halbduplexbetrieb *m (einer Signalübertragung)*
alternate operating *(Dat)* Halbduplex *m*
alternate routing *(Dat)* Umwegsteuerung *f*, Umweglenkung *f*; Umsteuerung *f*
alternate track Ersatzspur *f*
alternate voice/data (transmission) abwechselnde Übertragung *f* von Sprache und Daten
alternating and direct current Allstrom *m*
alternating arc Wechselstromlichtbogen *m*
alternating component Wechselanteil *m*
alternating (electric) current Wechselstrom *m*
alternating quantity Wechselgröße *f*
alternating spark-over voltage *(Ee)* Überschlagswechselspannung *f*; Ansprechwechselspannung *f*
alternation 1. Wechseln *n*, Alternieren *n*, Abwechseln *n*; 2. Stromwechsel *m*, Polwechsel *m*; Lastwechsel *m*; 3. Halbwelle *f*, Halbperiode(ndauer) *f*; 4. Disjunktion *f (logische Verknüpfung)*
alternations *(Ap)* Schaltspiele *npl*
alternative connection Fortschaltrelais *n*
alternative function Disjunktion *f*, ODER-Funktion *f (Schaltlogik)*
alternative route *(Nrt)* Ersatzweg *m*
alternator Synchrongenerator *m*, Wechselstromgenerator *m*, Wechselstrommaschine *f*, Drehstromgenerator *m*
alternator armature Generatoranker *m*
altigraph Höhenschreiber *m*
altimeter Höhenmesser *m*
alumina ceramic Aluminiumoxidkeramik *f*, Tonerdekeramik *f*
aluminite process Eloxalverfahren *n*
aluminium bonding pad *(Me)* Aluminium-Bondinsel *f*
aluminium cable Aluminiumkabel *n*
aluminium-cladding Aluminiumplattierung *f*, Aluminiummummantelung *f*

aluminium-coated aluminiert, aluminiumummantelt
aluminium conductor Aluminiumleiter *m*
aluminium foil Aluminiumfolie *f*, Blattaluminium *n*
aluminium plating Aluminieren *n*, galvanische Abscheidung *f* von Aluminiumüberzügen
aluminium sheath Aluminiummantel *m*
aluminium welding Aluminiumschweißen *n*
aluminization Aluminiumauftrag *m*, Überziehen *n* mit Aluminium
amateur radio station Amateurfunkstation *f*, Amateurfunkstelle *f (mit Lizenz und Stationskennzeichen gemäß AFuG)*
amateur station Amateurfunkstelle *f*
amber bernsteinfarben, gelb
amber filter Gelbfilter *n*
ambiance 1. Umgebung *f*; Umgebungseinfluss *m*; 2. *(Ak)* Raumwirkung *f*, Räumlichkeit *f*
ambient air umgebende Luft *f*, Umgebungsluft *f*
ambient conditions Umgebungsbedingungen *fpl*
ambient humidity Umgebungsfeuchtigkeit *f*
ambient noise *(Nrt)* Störgeräusch *n*, Nebengeräusch *n*, Umgebungsgeräusch *n*
ambiguity *(Rt)* Mehrdeutigkeit *f*, Zweideutigkeit *f*, Vieldeutigkeit *f*; Irrelevanz *f (belangloser Teil einer Information)*
ambiguous function mehrdeutige Funktion *f*
ambipolar ambipolar
American National Standardization Institute, Inc. Amerikanisches Institut für Normung [Standardisierung] *(vergleichbar mit DIN)*
American Standard Code for Information Interchange ASCII-Code *m (Codenorm für Informationsaustausch zwischen Geräten verschiedener Hersteller)*
amianthus *(Hsp)* Faserasbest *m*
ammeter Amperemeter *n*, Strommesser *m*
amorphous amorph, gestaltlos, nicht kristallin, strukturlos

amorphous semiconductor amorpher Halbleiter *m*, Glashalbleiter *m*

amortisseur Dämpferkäfig *m*, Anlaufkäfig *m* *(bei Synchronmaschinen)*

amortisseur bar Dämpfer(käfig)stab *m*, Anlaufkäfigstab *m*, Stab *m* einer Anlaufwicklung

amount Menge *f*; Betrag *m*, Summe *f*, Höhe *f*, Größe *f*, Anteil *m*, Gehalt *m*, Wert *m*; Ausmaß *n*

AMP-type terminal Steckklemme *f*

ampacity Strombelastbarkeit *f* *(Leiter, Kabel)*

amperage Stromstärke *f* *(in Ampere)*; Amperezahl *f*

ampere Ampere *n*, A *(SI-Grundeinheit der elektrischen Stromstärke)*

ampere bars Strombelag *m*, Ampereleiter *m*, Amperewindungen *fpl*

ampere meter Amperemeter *n*

ampere per metre Ampere *n* pro Meter, A/m *(SI-Einheit der magnetischen Feldstärke)*

ampere-second Amperesekunde *f*, As

ampere turn Amperewindung *f*

Ampere's law [principle] amperesches Gesetz *n*, Durchflutungsgesetz *n*

Ampere's rule amperesche Schwimmerregel *f*, Daumenregel *f*

amphoteric amphoter, zwitterhaft *(z. B. Halbleiter)*

amplidyne (generator) Amplidyne *f* *(Verstärkermaschine)*

amplification Verstärkung *f*, Leistungserhöhung *f*

amplification factor Verstärkungsfaktor *m* *(z. B. bei Elektronenröhren)*; Verstärkungsgrad *m*, Verstärkung *f*

amplification mode *(Me)* Verstärkungsmode *f*

amplification range Verstärkungsbereich *m*

amplified AC signal verstärktes Wechselspannungssignal *n*

amplifier (elektrischer) Verstärker *m*

amplifier chain Verstärkerkette *f*

amplifier gain Verstärkungsfaktor *m*, Verstärkung *f*

amplifier noise Verstärkerrauschen *n*, Verstärkergeräusch *n*

amplifier response Frequenzgang *m* des Verstärkers

amplify *v* verstärken

amplifying circuit 1. Verstärkerkreis *m*, Verstärkungsschaltung *f*; 2. *(Rt)* Verstärkungsglied *n*

amplifying exciter Erregerverstärker *m*

amplistat Magnetverstärker *m*, (spannungssteuernder) Transduktor *m*

amplitude 1. Amplitude *f*, Schwing(ungs)weite *f*, Ausschlagsweite *f*; Wellenhöhe *f*; 2. Scheitelwert *m*, Größtwert *m*; 3. Größe *f*, Weite *f*

amplitude control 1. Amplitudenregelung *f*; Amplitudensteuerung *f*; 2. Amplitudenregler *m*

amplitude delay Amplitudenverzögerung *f* *(als Maß der Trägheit)*

amplitude distortion Amplitudenverzerrung *f*, Klirrverzerrung *f*, nicht lineare Verzerrung *f*

amplitude distribution Amplitudenspektrum *n*

amplitude factor Scheitelfaktor *m*; Überschwingfaktor *m*

amplitude gain Amplitudenverstärkung *f*

amplitude keying *(Nrt)* Amplitudentastung *f*

amplitude locus Amplitudenortskurve *f*

amplitude margin *(Rt)* Amplitudenrand *m* *(Kenngröße zur Beurteilung der Stabilität)*

amplitude-modulated carrier *(Fs)* amplitudenmodulierter Träger *m*

amplitude modulation Amplitudenmodulation *f*, AM

amplitude probability distribution Amplitudenwahrscheinlichkeitsverteilung *f*

amplitude quantizing Amplitudenquantisierung *f* *(lineare oder nichtlineare Quantisierung; 16 - 8192 Stufen 4 - 13 Codebits)*

amplitude response Amplituden(frequenz)gang *m*, Amplitudenverlauf *m*, Amplitudentreue *f*

amplitude shift keying, ASK Trägeramplitudentastung *f*

amplitude swing Amplitudenhub *m*

amplitude term Amplitudenglied *n* *(einer Gleichung)*

AMTS s. advanced mobile telephone system

analogue Analogon n, Entsprechung f, entsprechender Ausdruck m

analogue channel (Nrt) analoger Kanal m, zeit- und wertkontinuierlicher Kanal m

analogue circuit Analogschaltkreis m

analogue computer 1. Analogrechner m, Analogrechenanlage f; 2. (Rt) Modellregelkreis m

analogue cordless telephone (Ko) analoges Schnurlostelefon n

analogue device analoges [analog wirkendes] Gerät n

analogue-digital computer Analog- -Digital-Rechner m, Hybridrechner m

analogue display analoge Darstellung f

analogue input Analogeingang m; Analogeingabe f

analogue output Analogausgang m; Analogausgabe f

analogue quantity Analogwert m, analoger Wert m

analogue radiotelephone (Ko) FM- -Funktelefon n, FM-Funksprechgerät n, Portable n

analogue recording Analogaufzeichnung f

analogue signal Analogsignal n, analoges Signal n

analogue subscriber line (Nrt) analoge Teilnehmerleitung f, analoge Teilnehmeranschlussleitung f

analogue telephone network (Nrt) analoges Fernsprechnetz n

analogue-to-analogue converter Analog-Analog-Wandler m

analogue-to-digital converter Analog- -Digital-Wandler m, A/D-Wandler m, A- -D-Umsetzer m

analogue-to-digital processor Analog- -Digital-Prozessor m, A/D-Prozessor m

analogue value Analogwert m (z. B. eines Hybridsignals)

analytical analytisch

analytical control analytische Regelung f

analyzer 1. Analysator m, elektronisches Vielfachmessgerät n, Prüfgerät n, Analysenmessgerät n; 2. (Dat) Modell n

anchor Anker m, Mastanker m

anchor pole Abspannmast m, Mast m

anchor tower Abspann(gitter)mast m, Stützmast m

ancillaries *Zubehör n

ancillary circuit Hilfsstromkreis m, Zusatzstromkreis m

ancillary device Zusatzgerät n

ancillary lamp 1. (An) Rückmeldelampe f, Stellungsanzeigelampe f, Rückmeldung f (Werkstattausdruck); 2. (Nrt) Wiederholungslampe f

AND v durch eine UND-Operation verknüpfen

AND UND n (logischer Operator)

AND function UND-Funktion f

AND gate 1. UND-Tor n, UND-Gatter n, UND-Schaltung f; 2. (Rt) UND-Glied n (Schaltlogik)

AND-NOR gate Gatter n für UND- -negiertes ODER

AND-NOT gate UND-NICHT-Schaltung f, UND-NICHT-Gatter n, invertiertes UND-Gatter n

AND-OR circuit UND-ODER-Schaltung f

angle Winkel m; Neigung f

angle coordinate Winkelkoordinate f

angle entry-plug Winkelstecker m

angle of beam 1. Öffnungswinkel m (bei Antennen); 2. (Licht) Strahl(ungs)winkel m; Leitstrahlwinkel m

angle of delay Zündverzug(swinkel) m

angle of overlap 1. Überlappungswinkel m; 2. (Le) Kommutierungswinkel m

angle of shade 1. Verschattungswinkel m (bei Antennen); 2. (Hsp) Schutzwinkel m

angle of slope Neigungswinkel m

angle of unbalance Unwuchtwinkel m, Winkel m der Unwucht

angle pulsation Winkelpendelung f (beim Polrad)

angle socket Winkeldose f

Ångström unit Ångström-Einheit f

angular acceleration Winkelbeschleunigung f, Drehbeschleunigung f, Radialbeschleunigung f

angular adjustment (Me) Winkeljustierung f

angular advance Winkelvoreilung f, Winkelvorlauf m

angular aperture 1. Winkelöffnung f; 2. Öffnungswinkel m (z. B. des Auges)

angular displacement Winkelverschiebung f, Winkelabweichung f, Winkeländerung f, Winkelunterschied m; Phasenverschiebung f

angular frequency Kreisfrequenz f, Winkelgeschwindigkeit f

angular momentum Drehimpuls m (z. B. von Elementarteilchen); Winkelimpuls m, Winkelmoment n

angular momentum quantum number (Laser) Quantenzahl f des resultierenden Drehimpulses

angular phase Phasenwinkel m

angular position 1. Winkelstellung f; 2. (Rt) Winkellage f (als Signal)

angular response Winkelabhängigkeit f

angular velocity Winkelgeschwindigkeit f; Kreisgeschwindigkeit f, Kreisfrequenz f

anion Anion n, negativ geladenes Ion n

anisotropic anisotrop

anisotropic etching (Me) anisotropes Ätzen n

anisotropism Anisotropie f

anisotropy Anisotropie f

anneal v (spannungsfrei) glühen; anlassen (Metall); tempern (Kunststoff, Glas)

annealed copper Weichkupfer n, weichgeglühtes Kupfer n

annealing 1. Glühen n, Spannungsfreiglühen n; Anlassen n (Metall); Tempern n (Kunststoff, Glas); 2. (Me) Ausheilen n

announce loudspeaker system Beschallungsanlage f, Lautsprecheranlage f

annular-coil Ringspule f, ringförmige Spule f

annular electrode Kreiselektrode f, Ringelektrode f, ringförmige Elektrode f

annular furnace Ringofen m

annunciator (Nrt) Fallklappenanlage f, Fallklappentafel f, Signaltafel f; Melder m, Schauzeichen n

anode Anode f, positive Elektrode f, Pluselektrode f; positiver Pol m (z. B. im elektrolytischen Bad)

anode aperture Blendenloch n, Lochblende f (Katodenstrahlröhre)

anode arc Anodenbogen m

anode breakdown voltage Anodenzündspannung f

anode bridge Anodenbrücke f

anode choke Anodendrossel f

anode current Anodenstrom m

anode current variation Anodenstromänderung f

anode dark space Anodendunkelraum m

anode drop Anodenfall m

anode fin Kühlrippe f an der Anode

anode glow Anodenglimmen n, Anodenglimmlicht n

anode keying Anodentastung f

anode layer anodische Schicht f, Anodenschicht f

anode peak current Anodenspitzenstrom m, Spitzenstrom m der Anode

anode rating zulässige Belastung f der Anode

anode rays Anodenstrahlen mpl

anode rest current Sperrstrom m, Reststrom m der Anode

anode sheath Anodenglimmhaut f

anode sputtering Anodenzerstäubung f

anode voltage drop Anodenspannungsabfall m, Anodenspannungsverlust m

anodic anodisch

anodic coating anodischer [anodisch hergestellter] Überzug m

anodic corrosion Stromkorrosion f, anodische Korrosion f

anodic effect Anodeneffekt m (bei der Schmelzelektrolyse)

anodic etching elektrolytisches [anodisches] Ätzen n

anodic region Anodenraum m

anodize v anodisieren, anodisch behandeln [oxidieren] (Oberflächen); eloxieren, elektrolytisch oxidieren

anodized aluminium housing eloxiertes Aluminiumgehäuse n

anodized layer anodisch erzeugte Schicht f [Oxidschicht] f

anodized MOSFET (Me) MOSFET m mit anodisch oxidierter Isolationsschicht

anomalous conductivity anomale Leitfähigkeit f

anomalous term anomaler [verschobener] Term m

ANR s. audio noise reduction

answer

answer v 1. *(Dat)* abfragen; 2. *(Nrt)* sich melden
answer-back code *(Nrt)* Namengebercode *m*
answer lamp Abfragelampe *f*
answer state Beginnzustand *m*
answering 1. Abfragen *n (Systembetrieb)*; 2. *(Nrt)* Anrufbeantwortung *f*
answering delay Meldeverzug *m*
antenna Antenne *f*
anti-ager Alterungsschutzmittel *n*, Alterungsschutz *m*
anti-aliasing filter Anti-Aliasing-Filter *n*, Filter *n* zur Vermeidung von Abtastverzerrungen, Abtastfilter *n*
anti-blocking system *(Ko)* ABS *n*, Antiblockiersystem *n*
anti-collision radar Abstandswarnradar *n*
anti-dazzling screen Blendschutzschirm *m*
anti-glare screen blendfreier Bildschirm [Schirm] *m*
anti-icing system Enteisungssystem *n (für Antennen)*
anti-interference aerial störungsarme [geräuscharme] Antenne *f*; Antenne *f* mit abgeschirmter Zuleitung
anti-interference capacitor Störschutzkondensator *m*, Störbefreiungskondensator *m*, Entstörungskondensator *m*
anti-jamming *(Nrt)* Gegenstörung *f*, Maßnahmen *fpl* gegen absichtliche Störung
anti-overshoot (device) Überschwingsperre *f*, Einrichtung *f* zur Reduktion des Überschwingens
anti-shake system Bildstabilisierungssystem *n (bei Digitalkameras; elektronisches mit DSP; mechanisch-optisches)*
anti-skid system *(Ko)* Anti--Blockiersystem *n*, ABS-System *n*
anti-slide system *(Ko)* Anti--Blockiersystem *n*, Anti-Rutschsystem *n*
anti-slide system with EBD *(Ko)* Anti--Blockiersystem *n* [Anti-Rutschsystem *n*] mit elektronischer Bremskraftverteilung
anti-slip brake Schleuderschutzbremsvorrichtung *f*, Schleuderschutzbremse *f*
anti-surge diode Löschdiode *f*
anti-tracking kriechstromfest
antiblocking controller *(Rt)* Antiblockierregler *m*
anticipation *(Rt)* Vorhalt *m (des Phasenwinkels)*
anticlockwise gegen den Uhrzeigersinn, linksdrehend, linksläufig
anticoincidence circuit Antikoinzidenzschaltung *f*
antifading schwundmindernd
antifading antenna schwundmindernde Antenne *f*
antiferroelectric antiferroelektrisch
antihunting circuit 1. Beruhigungskreis *m*, Dämpfungsschaltung *f*; Stabilisierungsschaltung *f*; Eigenschwingungsunterdrücker *m*; 2. *(Rt)* Beruhigungsschaltung *f*, Dämpfungsglied *n*
antilaser goggles Laserschutzbrille *f*
antilog(arithmic) converter Delogarithmierer *m*, Delogarithmierschaltung *f*
antimonial lead Hartblei *n*
antinode Schwingungsbauch *m*, Bauch *m (einer Schwingung)*; Wellenbauch *m*
antinoise geräuschdämpfend; lärmgemindert
antinoise capacitor Funkentstörkondensator *m*, Störschutzkondensator *m*
antiparallel connection [coupling] Antiparallelschaltung *f*, Gegenschaltung *f*
antiphase Gegenphase *f*
antipumping device Prellschutz *m (Relais)*
antiradar camouflage Antiradartarnung *f*
antireflection coating [film] 1. *(Licht)* Vergütung *f*, Antireflexbelag *m*, reflex(ver)mindernder Belag *m*, reflexvermindernde Schicht *f*; 2. *(Laser)* Antireflexionsschicht *f*
antireflective coated room reflexionsarmer Raum *m*, schalltoter Raum *m*, Antennenmessraum *m*
antiresonance Parallelresonanz *f*, Stromresonanz *f*

antiresonance circuit Sperrkreis *m*, Parallelresonanzkreis *m*
antiresonance frequency Eigenfrequenz *f* des Stromresonanzkreises [Parallelresonanzkreises], Stromresonanzfrequenz *f*
antiresonant coil Entzerrungsdrossel *f*
antistatic aerial Antenne *f* mit abgeschirmter Zuleitung, störungsarme Antenne *f*
antistatic coating Antistatikbelag *m*
antisymmetric behaviour antisymmetrisches Verhalten *n*
antivibration fitting *Schwingungsschutzarmatur *f* (für Freileitung)
anvil Amboss *m* (auch Gehörknöchel)
AOM s. administration operation and maintenance
APC (Nrt) s. adaptive predictive coding
aperiodic aperiodisch, nicht periodisch; (eigen)schwingungsfrei; (grenz)gedämpft
aperiodic component Gleichglied *n*; Gleichstromkomponente *f* im Stoßkurzschlussstrom, aperiodische Komponente *f*
aperiodic component of (a) short--circuit current Gleich(strom)glied *n* des Kurzschlussstroms, aperiodische Komponente *f* des Kurzschlussstroms
aperiodic damping aperiodische Dämpfung *f*, aperiodisches Abklingen *n* (z. B. eines Signals)
aperiodic quantity Gleichgröße *f*, aperiodische Komponente *f*
aperiodic time constant Zeitkonstante *f* des Gleichgliedes (beim Stoßkurzschlussstrom)
aperture 1. Öffnung *f*, Schlitz *m*, Blende *f*, Apertur *f*; 2. (Fs) Punktgröße *f*
aperture aberration Öffnungsfehler *m* (z. B. einer Linse)
aphonic schalltot, akustisch trocken
apostilb Apostilb *f* (SI-fremde Einheit der Leuchtdichte; 1 asb = $1/\pi \cdot cd/m^2$)
apparent scheinbar
apparent component Scheinkomponente *f*
apparent current Scheinstrom *m*
apparent power Scheinleistung *f*
apparent power factor Leistungsfaktor *m* der Scheinleistung, Scheinleistungsfaktor *m*
apparent power transmission ratio Scheinleistungsübersetzungsverhältnis *n* (Transformator)
apparent volt-amperes Scheinleistung *f*
appliance 1. *Betriebsmittel *n*; Vorrichtung *f*, Gerät *n*; 2. (elektrisches) Haushaltgerät *n*
appliance circuit-breaker Geräteschutzschalter *m*
appliance connector *Gerätestecker *m*
appliance cord Geräteschnur *f*
appliance coupler *Gerätestecker *m*, Gerätesteckvorrichtung *f*, Geräteanschluss *m*
appliance inlet Geräteeingang *m*
appliance outlet Geräteanschlusssteckdose *f*
appliance plug *Gerätestecker *m*
appliance terminal Geräteklemme *f*
application 1. Anwendung *f*, Verwendung *f*, Einsatz *m*, Gebrauch *m*; 2. Anwendbarkeit *f*; 3. Anwendungsgebiet *n*, Verwendungszweck *m*, Anwendungsbereich *m*, Einsatzmöglichkeit *f*
application description Anwendungsbeschreibung *f*
application layer Anwendungsschicht *f*, Verarbeitungsschicht *f* im ISO--Referenzmodell (Konkretisierung der eigentlichen Nachrichtenübertragung, Ausführung der Aufgabe)
application programming interface, API Anwendungs--Programmschnittstelle *f*
application server Applikations-Server *m* (Komponente u. a.)
application sharing gemeinsame Benutzung *f* von Dialoganwendungen (von verschiedenen, räumlich verteilten Arbeitsplätzen aus)
applied voltage (for a switching device) anstehende Spannung *f* (für ein Schaltgerät) (IEC 50-441)
apply v 1. anwenden, verwenden; 2. sich anwenden lassen, anwendbar sein; 3. anlegen (z. B. Spannung); 4. auflegen, auftragen, aufbringen (z. B. eine Schicht)
approach 1. Annäherung *f*,

approach

Nahekommen *n*, Näherung *f*; 2. Lösungsweg *m*, Lösung *f*, Herangehen *n*

approach control Flugsicherungsanflugkontrolle *f*, Anflugkontrolle *f*

approach lighting Warnbeleuchtung *f*, Annäherungsbeleuchtung *f*

approach of stabilization Stabilisierungsverfahren *n* (*bei einem Regelungssystem*)

approach radar Anflugradar *n*, Anflugradaranlage *f*

approved zugelassen, anerkannt (*z. B. den Schutzbestimmungen entsprechend*)

approved dispute-resolution service provider anerkannter Dienstleister *m* zur Beilegung von Streitfällen (*bei Ansprüchen auf Domänen-Namen - DNS*)

approximate *v* sich nähern; annähern, approximieren

approximate approximativ, angenähert; annähernd

approximate calculation Näherungsrechnung *f*

approximate value Näherungswert *m*, Richtwert *m*, Annäherungswert *m*

approximation 1. Approximation *f*, Annäherung *f*, Näherung *f*; 2. Annäherungswert *m*, Näherungswert *m*; Näherungslösung *f*

apron floodlight Vorfeldscheinwerfer *m*

arbiter Zuteiler *n* (*Bussystem*); Verwalter *m*

arbitrary willkürlich, beliebig

arbitrary function willkürliche Funktion *f*

arbitrary signal (*Rt*) willkürliches Signal *n*

arbitration Zuteilung *f* (*im Bussystem*)

arbitration bus Zuteilungsbus *m*

arbitration logic Entscheidungslogik *f* (*Programmierung*)

arbitrator Schiedsrichter *m* (*Zugriffssteuerung*)

arc *v* einen Lichtbogen [Bogen] bilden, funken

arc Lichtbogen *m*, Bogen *m*

arc-back Rückzündung *f*, Lichtbogendurchzünden *n*, Bogenrückschlag *m*

arc blow Blaswirkung *f* des Lichtbogens

arc brazing Lichtbogenlötung *f*, Bogenlöten *n*

arc break Funkenlöscher *m*, Lichtbogenlöscher *m*

arc chute Löschkammer *f*, Funkenkammer *f*; Lichtbogenlöschkammer *f* (*Löschrohrableiter*)

arc column Lichtbogensäule *f*, Plasmasäule *f*

arc cutting Lichtbogenschneiden *n*, Lichtbogentrennen *n*

arc discharge Lichtbogenentladung *f*

arc drop Lichtbogen(spannungs)abfall *m*

arc erosion Lichtbogenabbrand *m*

arc extinguishing Lichtbogenlöschung *f*

arc-extinguishing medium Lichtbogenlöschmittel *n* (*in Sicherungen*)

arc flicker Lichtbogenflackern *n*

arc gap Lichtbogenstrecke *f*

arc hissing Lichtbogenzischen *n*

arc ignition Lichtbogenzündung *f*

arc lamp Lichtbogenlampe *f*

arc melting furnace Lichtbogenschmelzofen *m*

arc migration Lichtbogenwanderung *f*

arc-over Überschlag *m*, Überschlagen *n* (*des Funkens*); Lichtbogenüberschlag *m*

arc plasma Lichtbogenplasma *n*, Plasmabogen *m*

arc plasma torch Lichtbogenplasmabrenner *m*

arc quenching Lichtbogenlöschung *f*

arc rectifier Lichtbogengleichrichter *m*, Quecksilbergleichrichter *m*, Lichtbogenventil *n*

arc spark Funke *m*, Lichtbogenfunke *m*

arc spot Brennfleck *m* (*Lichtbogen*)

arc stator Segmentstator *m* (*Linearmotor*)

arc stream burner Plasmabrenner *m*

arc suppression Lichtbogenunterdrückung *f*, Gitterabschaltung *f*, Gittersperrung *f*

arc-through Durchzündung *f*

arc welding Lichtbogenschweißen *n*

architectural acoustics Bauakustik *f*; Raumakustik *f*

arcing Lichtbogenbildung *f*, Überschlagen *n*, Lichtbogenüberschlag *m*

arcing air gap Lichtbogenschutzstrecke f, Lichtbogenstrecke f; Elektrodenabstand m
arcing back (Le) Rückzündung f
arcing chamber Löschkammer f (bei Löschrohrableitern)
arcing ground Erdschlusslichtbogen m, Erdschluss m über Lichtbogen, Lichtbogenerdschluss m
arcing horn Lichtbogenschutzarmatur f, Schutzhorn n, Lichtbogenschutzhorn n; Hornkreuz n (Freileitungsisolierung)
arcing i²t value Durchbrennenergie f, Durchbrennenergiewert m (einer Sicherung)
arcing-over Lichtbogenüberschlag m
ARDE s. aspect ratio dependent etching
area Area n (Netzbereich bei Routing-Protokollen)
area cathode Flächenkatode f
area code Ortsnetzkennzahl f (Selbstwählfernverkehr)
area scanner Flächenabtaster m
argon arc Argonlichtbogen m
argon-arc welding Argonarc-Schweißen n, (Argonarc-)Schutzgasschweißen n
arithmetic circuit arithmetische Schaltung f
arithmetic instruction Rechenbefehl m
arithmetic-logic unit (Dat) Arithmetik-Logik-Einheit f, ALE; Rechenwerk n (des Mikroprozessors); Rechen- und Steuerwerk n
arithmetic operation Rechenoperation f, arithmetische Operation f
arithmetic unit Recheneinheit f, Rechenwerk n
arm 1. Arm m (z. B. von Maschinen); 2. Zweig m, Abzweigung f (z. B. im Netzwerk); 3. Zeiger m
arm current (Le) *Zweigstrom m
arm fuse Zweigsicherung f (beim Wechselrichter)
arm fuse link Zweigsicherungseinsatz m
arm of an interferometer Interferometerzweig m, Teilstrahl m (im Interferometer)
arm reactor Zweigdrossel f (beim Wechselrichter)
armature (Ma) Anker m, Läufer m, Rotor m
armature bar Ankerstab m

armature coil Ankerspule f, Ankerwicklung f
armature conductor Ankerleiter m, Ankerstab m, Stab m
armature lamination Ankerblech n
armature leakage Ankerstreuung f
armature punching (gestanztes) Ankerblech n
armature wedge inserter Ankernutkeil--Einschiebemaschine f, Nutkeil--Einschiebemaschine f
armature winding Ankerwicklung f, Rotorwicklung f
armour v bewehren, armieren, panzern, mit Schutzhülle versehen (z. B. Kabel)
armour Bewehrung f, Armierung f, Panzerung f (von Kabeln)
armoured bewehrt, armiert, gepanzert (Kabel)
armoured cable bewehrtes [armiertes] Kabel n, Kabel n mit Bandage, Panzerkabel n
armoured switchgear gussgekapselte Schaltanlage f
Aron measuring circuit Aron-Schaltung f, 2-Wattmeter-Schaltung f, Zweiwattmeterschaltung f
array v (Me) anordnen
array 1. Anordnung f, Gruppe f; 2. (Dat) Feld n, Matrix f, Matrixfeld n
array chip (Me) Gruppen(schaltungs)plättchen n
array computer Vektorrechner m
array memory Speicherzelle f
array processor Feldprozessor m, Vektorrechner m
arrest v 1. anhalten, hemmen, blockieren; zum Stillstand bringen, abstellen; 2. ableiten (z. B. Blitz)
arrester Ableiter m, Überspannungsableiter m; Blitzschutz m
arrester discharge current (zulässiger) Ableiterstrom m
arrester disconnector Ableiterunterbrecher m, Ableiterschalter m, Überspannungsableitertrenner m
arrival angle Einfallswinkel m (von Wellen)
arrow Pfeil m, Richtungspfeil m
arrow diagram Netzplan m
arrow torch Lichtzeiger m (zur Projektion)

articulation

articulation 1. *(Ak, Nrt)* Sprachverständlichkeit *f*, Verständlichkeit *f*; 2. deutliche Aussprache *f*
articulation loss Verlust *m* der Sprachverständlichkeit, Verständlichkeitsverlust *m*
artificial 1. künstlich (erzeugt), synthetisch; 2. *(Ph)* erzwungen
artificial aging künstliche [beschleunigte] Alterung *f*; Vergütung *f*
artificial ear künstliches Ohr *n*, Kuppler *m*
artificial intelligence künstliche Intelligenz *f*, KI *f*
artificial neutral point künstlicher Sternpunkt *m* [Nullpunkt *m*]
artificial voice künstliche Stimme *f*, künstlicher Mund *m*
artificially aged künstlich gealtert
artificially grown künstlich gezüchtet *(z. B. Kristalle)*
artwork (grafische) Vorlage *f (Schaltkreisentwurf)*; Druckstock *m*, Druckvorlage *f*, Kopiervorlage *f (Leiterplattenfertigung)*
artwork drawing Druckstockzeichnung *f*
as-fired *(Me)* unbearbeitet
as-grown *(Me)* unbehandelt *(Originalkristall)*
as-sputtered *(Me)* aufgestäubt
ASC s. automatic stability control
ascending aufsteigend, ansteigend
ascending limb aufsteigender Ast *m* [Zweig *m*]
ascending main Steigeleitung *f*
ASCR s. asymmetric thyristor
ascribe *v* zuschreiben, zurückführen (auf)
ASIC *(Abk. für: application-oriented special integrated circuit)* ASIC *(ein Kundenschaltkreis)*
aspect Gesichtswinkel *m (Radar)*
aspect ratio dependent etching aspektverhältnisabhängiges Ätzen *n*
assemble *v* 1. *(Dat)* assemblieren; 2. zusammenbauen, montieren; aufstellen; bestücken
assemble *v* **subprogram** *(Dat)* das Teilprogramm einfügen [einsetzen]
assemble (mode) Anhängemodus *m*, Assemblemodus *m (Schnittmodus bei Aufzeichnung)*

assembled printed circuit board bestückte Leiterplatte *f*
assembler *(Dat)* Assembler *m*, Assemblerprogramm *n*, Übersetzungsprogramm *n*
assembly 1. Zusammenbau *m*, Zusammenstellung *f*, Montage *f*, Anordnung *f*, (technische) Einrichtung *f*; Bestückung *f*; 2. Bau(stein)gruppe *f*, Bausatz *m*, Montagegruppe *f*, Gruppe *f*, Baueinheit *f*, Apparatesatz *m*; 3. *Stromrichtersatz *m*
assembly debug program Assembler- -Fehlersuchprogramm *n*
assembly language Assemblersprache *f (maschinenorientierte Programmiersprache)*
assessed failure rate berechnete Ausfallrate *f*
assessed mean time between failures berechnete mittlere Ausfallzeit *f*
assessment 1. *(Qu)* Beurteilung *f*; 2. Schätzung *f*, Einschätzung *f*, Abschätzung *f*; Berechnung *f*
assign *v* anweisen, zuteilen, zuweisen *(z. B. Frequenzen)*; zuordnen
assigned frequency *(Nrt)* Verfügungsfrequenz *f*, Kennfrequenz *f*, zugeteilte Frequenz *f*, Sollfrequenz *f*
assignment Anweisung *f*, Zuweisung *f*, Zuordnung *f*; Bestimmung *f*; Belegung *f*
assistance code *(Nrt)* Hilfsplatzrufnummer *f*
assisted resonance (elektronische) Nachhallverlängerung *f*
assistive listening system *(AE)* Schwerhörigenanlage *f*
associate direction-finder station Nebenpeilstelle *f*
associative memory Assoziativspeicher *m*, inhaltsadressierter Speicher *m*
associative register assoziatives Register *n*
assumed field distribution angenommene Feldverteilung *f*
assumed mean life time *(Qu)* unterstellte mittlere Lebensdauer *f (eines Gerätes, einer Anlage)*
assurance test *(Me)* *Sicherheitstest *m*
assure *v (Qu)* garantieren
astable astabil, unstabil, nicht stabil
astable circuit nicht stabile Schaltung *f*

astable multivibrator astabiler [freischwingender] Multivibrator *m*
astable relay astabiles Relais *n*
astatism of n-order *(Rt)* I-Verhalten *n* [integrales Verhalten *n*] n-ter Ordnung
Astra digital radio, ADR *(Fs)* digitaler Radioempfang *m* über Astra-Satellit *(Satellitenanlage mit ADR-Empfänger)*
astronautics Raumfahrt *f*
asylum switch Schalter *m* unter Verschluss, verschlossener Schalter *m*
asymmeter Asymmeter *n* *(Gerät zur Anzeige von Unsymmetrie in Drehstromnetzen)*
asymmetric asymmetrisch, nicht symmetrisch, unsymmetrisch
asymmetric conductivity stromrichtungsabhängige Leitfähigkeit *f*; Gleichrichterwirkung *f*; unsymmetrische Strom-Spannungs--Kennlinie *f*
asymmetric digital subscriber line *(Ko, Nrt)* asymmetrisch digital betriebene Teilnehmeranschlussleitung *f*
asymmetric half-controlled bridge *(Le)* asymmetrische halbgesteuerte Brücke *f (Brückenschaltung)*
asymmetric load unsymmetrische Last *f*, Schieflast *f*
asymmetric reflector antenna *(Fs)* Hornparabolantenne *f*, asymmetrische Reflektorantenne *f*
asymmetric short-circuit current Stoßkurzschlussstrom *m*
asymmetric thyristor asymmetrischer Thyristor *m*
asymmetry aberration *(Me)* Asymmetriefehler *m*
asymptotic asymptotisch
asymptotic stability *(Rt)* asymptotische Stabilität *f (Zustand, bei dem das erwünschte Gleichgewicht erst nach unendlich langer Zeit erreicht wird)*
asymptotic voltage Dauerdurchschlagspannung *f*
asynchronous asynchron, nicht im Gleichlauf
asynchronous alternator Asynchrongenerator *m*
asynchronous communications interface adapter asynchroner [asynchron arbeitender] Übertragungsschnittstellenbaustein *m*, asynchroner Interfacebaustein [Interfaceadapter] *m*
asynchronous motor Asynchronmotor *m*
asynchronous operation asynchroner Betrieb *m*, Asynchronbetrieb *m (z. B. Rechner)*
asynchronous quenching asynchrone Unterdrückung *f (in nicht linearen Systemen)*
asynchronous response mode *(Nrt)* Spontanbetrieb *m*, asynchroner Betrieb *m*
asynchronous serial interface s. start--stop interface
at sign *(Ko)* Klammeraffe *m (@; Trennzeichen zwischen Benutzer--Namen und Domänen-Namen--Adresse -DNA- in E-Mail-Adressen)*
Athlon *(Dat)* Mikroprozessor-Typ *m (von Advanced Microdevices; vergleichbar Intel-Pentium)*
ATLAS *(Abk. für: abbreviated test language of avionic systems)* ATLAS *(eine Programmiersprache für die Luftfahrtelektronik)*
atmosphere Atmosphäre *f*; Lufthülle *f*; Luft *f*
atmospheric absorption atmosphärische Absorption *f*, Luftabsorption *f*
atmospheric attenuation *(Fs)* atmosphärische Dämpfung *f*
atmospheric discharge atmosphärische Entladung *f*
atmospheric disturbance atmosphärische Störung *f*
atmospheric electricity Luftelektrizität *f*, atmosphärische Elektrizität *f*, Wolkenelektrizität *f*
atmospheric interference atmosphärische Interferenz *f* [Störung *f*]
atmospheric loss *(Fs)* atmosphärische Dämpfung *f*
atmospheric suppressor Störsperre *f*
atom layer deposition Gasphasenabscheidung *f*
atomic attenuation coefficient *(Laser)* atomarer Dämpfungskoeffizient *m*
atomic battery Kernbatterie *f*, Atombatterie *f*
atomic bond atomare [homöopolare] Bindung *f*, Atombindung *f (Zustand)*

atomic

atomic bonding Atombindung *f (Vorgang)*
atomic charge Kernladung(szahl) *f*, Atomladung *f*
atomic core Atomkern *m*
atomic layer deposition Atomlagenabscheidung *f*
atomic nucleus Atomkern *m*
atomic power plant [station] Kernkraftwerk *n*, Atomkraftwerk *n*
atomic shell Elektronenhülle *f* des Atoms, Atomhülle *f*
atomize *v* 1. zerstäuben; versprühen, verspritzen; 2. atomisieren
attachment 1. Befestigung *f*, Anbringung *f*, Verbindung *f*; Anschließen *n*; 2. Anbaugerät *n*, Zusatzgerät *n*, Zubehörteil *n*; 3. *(Nrt)* Anschluss *m*; 4. Anhang *m (bei E-Mail, technisch realisiert mittels MIME)*
attachment lead Anschlussleitung *f*, Anschlussdraht *m*
attachment plug Anschlussstecker *m*, Stecker *m*
attachment yield *(Me)* Montageausbeute *f*
attack angle *(Ph)* Angriffswinkel *m*
attendance Wartung *f*, Bedienung *f*
attendant bell code Platzkennzahl *f*
attendant bell console Vermittlungsplatz *m*
attendant bell-off *(Nrt)* Weckerabschaltung *f*
attendant's set *(Nrt)* Abfragestelle *f*
attended station *(Nrt)* bemanntes Amt *n*
attenuate *v* dämpfen, (ab)schwächen, vermindern, verringern, reduzieren; verdünnen
attenuation 1. Dämpfung *f*, Schwächung *f*, Abschwächung *f*, Verminderung *f*, Reduzierung *f*; Auslöschung *f (z. B. bei Interferenz)*; 2. *(Rt)* Abklingen *n (eines Signals)*; 3. *(Nrt)* Längsdämpfung *f (Kabel)*
attenuation by hail *(Fs)* Dämpfung *f* durch Hagel
attenuation by rain *(Fs)* Dämpfung *f* durch Regen
attenuation characteristic Dämpfungsverlauf *m*, Dämpfungskennlinie *f*, Dämpfungsgang *m*; Amplitudenkennlinie *f (Teil der Frequenzkennlinien)*; Frequenzgang *m*
attenuation coefficient Dämpfungskonstante *f*, Schwächungskoeffizient *m*
attenuation constant 1. Dämpfungskonstante *f*, Dämpfungsmaß *n*; Kettendämpfung *f*; 2. Dämpfungsbelag *m*, Dämpfung *f* je Längeneinheit, spezifische Dämpfung *f (bei Leitungen)*
attenuation fading Dämpfungsschwund *m*
attenuation function Dämpfungsfunktion *f*, Schwächungsfunktion *f*
attenuation in suppressed band *(Nrt)* Sperrdämpfung *f*
attenuation in the pass-band Durchlassdämpfung *f*
attenuation loss Dämpfungsverlust *m*
attenuation per unit length Dämpfungskonstante *f*, Dämpfung *f* je Längeneinheit
attenuation response Dämpfungsfrequenzgang *m*, Frequenzgang *m*, Dämpfungsverlauf *m*, Amplitudenfrequenzgang *m*
attenuation unit Dämpfungsglied *n*
attenuator Dämpfungsglied *n*, Abschwächer *m*, Dämpfungsregler *m*; Spannungsteiler *m*; Lautstärkeregler *m*; Stellglied *n*
attracted disk electrometer absolutes Kelvin-Elektrometer *n*
attraction Anziehung *f*, Attraktion *f*
attractive force Anziehungskraft *f*
attune *v* abstimmen
auctioneering device *(Mess)* Grenzwertselektor *m*
audibility 1. Hörbarkeit *f*; 2. *(Nrt)* Verständlichkeit *f*
audibility acuity Hörschärfe *f*, Hörvermögen *n*
audibility threshold Hörschwelle *f*
audible hörbar, vernehmbar
audible acknowledgement signal *(Nrt)* Quittungston *m*
audible range akustische Reichweite *f*
audio hörfrequent; Hör..., Ton...
audio *elektroakustische Einrichtung oder elektroakustisches Gerät*
audio amplifier *(Fs)* NF-Verstärker *m*, Tonfrequenzverstärker *m*
audio bandwidth Tonfrequenzbandbreite *f (20Hz-20kHz)*

audio carrier Tonträger *m*
audio channel Tonkanal *m*
audio clip Audioclip *m*, kurze Audiodatei *f*
audio control room Tonregieraum *m*
audio dubbing Überspielen *n*; Nachvertonen *n*
audio frequency Tonfrequenz *f*, Hörfrequenz *f*, Niederfrequenz *f*, NF
audio-frequency response Niederfrequenzgang *m*, NF-Gang *m*, Tonfrequenzgang *m*
audio generator Ton(frequenz)generator *m*
audio magnetic tape recorder *(Ko)* Tonbandgerät *n*, Magnettongerät *n*, Kassettenrekorder *m*; Walkman® *m* (tragbar, mit Ohrhörer)
audio modem riser slot *(Dat)* Steckplatz *m* im Rechner *(v. a. für Audiokarten)*
audio monitoring Abhören *n*, Abhörkontrolle *f*
audio noise reduction (niederfrequente) Rauschminderung *f*
audio response Höreingabe und --ausgabe *f (Rechner)*
audio tape Tonband *n*, Magnetband *n* für Schallaufzeichnung
audio tape recorder Tonbandgerät *n*
audio track Tonspur *f*
audio warning unit Tonalarmgerät *n*, akustische Alarmeinrichtung *f*, akustisches Warngerät *n*
audion Audion *n*, Audionröhre *f*, Au
audit Audit *n*; Anhörung *f*; Prüfung *f*
auditory Hör..., Gehör...
auditory area Hörbereich *m (zwischen Hör- und Schmerzschwelle)*
auditory direction finder Horchgerät *n*, akustisches Ortungsgerät *n*
auditory sensation Hörempfindung *f*
augmented signal verstärktes Signal *n*, Zusatzsignal *n*
aural acoustic admittance Ohradmittanz *f*
aural acuity Hörschärfe *f*
aural carrier Tonträger *m*
aural monitoring Abhören *n*
auroral absorption Nordlichtabsorption *f*, Absorption *f* durch Nordlichterscheinungen
authentication Echtheitsprüfung *f*, Beglaubigung *f*, Authentifizierung *f (bei GSM mit SIM-Chip)*
auto-abstract Autoreferat *n*, maschinell hergestelltes Kurzreferat *n*
auto-adaptive control selbstanpassende Steuerung *f*; selbstanpassende Regelung *f*
auto-balancing Selbstabgleich *m*
auto-converter Umrichter *m*
auto-dialler *(Nrt)* Wählautomat *m*, Rufnummerngeber *m*
auto-manual switchboard *(Nrt)* halbautomatischer Vermittlungsschrank *m*, Klappenschrank *m*
auto-reclose relay Schnellwiedereinschaltrelais *n*, automatisches Wiedereinschaltrelais *n*, AWE-Relais *n*
auto-reclosing *(Ee)* selbsttätiges Wiedereinschalten *n*
auto-transfer Umlegung *f (eines Gespräches in Nebenstellenanlagen)*
auto-triggered automatisch getriggert
autoadapting control selbstanpassende Regelung *f*; selbstanpassende Steuerung *f*
autochanger Plattenwechsler *m*
autocollimating spectrograph Autokollimationsspektrograph *m*
autocollimator Autokollimationsfernrohr *n*
autocontrol unit Selbstregler *m*
autocorrection selbsttätige [automatische] Berichtigung *f*
autodoping *(Me)* Selbstdotierung *f*
autodyne *(Ma)* Autodyn *n*, Selbstüberlagerer *m*
autodyne receiver Überlagerungsempfänger *m*
autoelectronic emission Kaltemission *f*, Feldelektronenemission *f*
autofocussing selbstfokussierend
autoignition Selbstzündung *f*
automata graph *(Rt)* Automatengraph *m*
automated (voll)automatisiert
automated alignment system *(Me)* automatisches Justiersystem *n*
automated bonder *(Me)* automatischer Bonder *m*; automatisierter Bonder *m*
automatic automatisch, selbsttätig
automatic acceleration 1.

automatic

automatische Beschleunigung f; 2. *(Ap)* automatische Anfahrsteuerung f

automatic actuation automatische Betätigung f

automatic answering device *(Nrt)* automatischer Anrufbeantworter m

automatic answering terminal *(Nrt)* Endstelle f mit automatischer Anrufbeantwortung

automatic balancing Selbstabgleich m, selbsttätige Nulleinstellung f

automatic bias selbsttätige [automatische] Vorspannung f, selbsttätige Gittervorspannung f

automatic breaker selbsttätiger Unterbrecher m

automatic call-back on busy automatischer Rückruf m bei Besetzt

automatic call forwarding *(Ko, Nrt)* automatische Anrufweiterschaltung f, automatische AWS f, automatische Rufumleitung f *(im Festnetz und beim Handy; siehe auch: Euro-ISDN--Dienstmerkmale CFB, CFNR und CFU)*

automatic call repetition *(Nrt)* automatische Wahlwiederholung f

automatic call repetition key *(Nrt)* Wahlwiederholtaste f *(automatische Wiederwahl der zuletzt gewählten Nummer)*

automatic calling *(Nrt)* automatisches Wählen n

automatic character recognition automatische Zeichenerkennung f

automatic charge registering *(Nrt)* automatische Gebührenerfassung f

automatic circuit-breaker Selbst(aus)schalter m, Schutzschalter m, Sicherungsautomat m

automatic cleardown *(Nrt)* Zwangsauslösung f

automatic compensation *(Rt)* automatische Kompensation f, automatischer Ausgleich [Abgleich] m

automatic component assembly automatische Bauelement(e)montage f

automatic component-inserting equipment *(Me)* Einrichtung f für die automatische Bestückung mit Bauelementen

automatic circuit control (selbsttätige) Regelung f, Selbststeuerung f, automatische Steuerung f

automatic controller 1. selbsttätiger [automatischer] Regler m, Regelwerk n; automatisches Steuergerät n, Steuerwerk n; 2. Wächter m, Stromwächter m

automatic differential brake automatische Differentialbremse f

automatic direction finder automatisches Peilgerät n, automatischer Peiler m, Radiokompass m

automatic distance control *(Ko)* automatische Abstandskontrolle f

automatic feedback control (selbsttätige) Regelung f

automatic interruption Selbstunterbrechung f, selbsttätige Unterbrechung f

automatic language processing automatische Sprachverarbeitung f

automatic machine Automat m, automatische Einrichtung f

automatic meter reading *(Ee)* Datenfernauslese f

automatic mode Automatikbetrieb m

automatic offset correction (automatische) Beseitigung f der Regelabweichung, Offsetkorrektur f *(Wirkung eines Integralreglers)*

automatic opening automatische Abschaltung f *(Schaltungstechnik)*

automatic operation automatischer Betrieb m, automatische Arbeitsweise f [Betätigung f]

automatic parking brake automatische Parkbremse f

automatic pilot Selbststeueranlage f, Selbststeuergerät n, Selbststeuereinrichtung f

automatic processing automatische Verarbeitung f [Bearbeitung f]

automatic production automatische Fertigung f

automatic programming automatische Programmierung f, automatisches Programmieren n, Selbstprogrammierung f

automatic reclosing Kurzschlussfortschaltung f, automatische Wiedereinschaltung f, AWE(-Schaltung) f, Kurzunterbrechung f, Schnellwiedereinschaltung f

automatic reclosing circuit-breaker

auxiliary

automatic record level control automatische Aussteuerung f
automatic recording automatische Aufzeichnung f
automatic release Selbstauslösung f
automatic shut-down equipment Abschaltautomatik f
automatic speech encryption automatische Sprachverschlüsselung f
automatic speech recognition automatische Spracherkennung f
automatic stability control automatische Stabilitätsregelung f
automatic station automatische Station f
automatic substation automatisches [selbsttätiges] Unterwerk n, automatisches [bedienungsloses] Umspannwerk n
automatic telegraph Schnelltelegraf m
automatic tracking automatische Nachführung f *(Radar)*
automatic train operation automatische Funksteuerung f
automatic transmitter *(Nrt)* Lochstreifensender m, Maschinensender m, Maschinengeber m
automatic tuning automatische Scharfabstimmung f, selbsttätige Abstimmung f
automatic voltage regulator (automatischer) Spannungssteller m, Spannungsschnellregler m
automatic volume contraction Dynamikkompression f, automatische Dynamikverringerung f
automatic volume control automatische Aussteuerung(sregelung) f, Lautstärkeregelung f, selbsttätiger Schwundausgleich m
automatic warning system automatisches Warnsystem n
automatic welder Schweißautomat m
automatic winding machine Wickelautomat m
automatically controlled air conditioning automatisch gesteuerte Klimatisierung f
automatically controlled electrode boiler automatisch gesteuerter Elektrodendampfkessel m
automation Automatisierung(stechnik) f, Automation f
automation means Automatisierungsmittel npl
automotive electronics Kraftfahrzeugelektronik f
autonomous autonom; unabhängig *(von zeitlich veränderlichen Eingangssignalen)*; selbstständig (arbeitend)
autopilot Selbststeuergerät n, Autopilot m, Flugregler m
autopneumatic circuit-breaker Druckluftschalter m mit Selbstblasung
autoreverse *(Ko)* automatische Richtungsumkehr f, automatisches Abspielen n der anderen Bandseite *(bei Kassettenrekordern)*
autorewind *(Ko)* automatisches Rückspulen n *(bei Kassetten- -rekordern und Fotoapparaten)*
autorouting *(Me)* automatische Leitwegführung f
autoselect automatische Auswahl f *(z. B. für Geschwindigkeitsnorm bei Ethernet)*
autotracker automatisches Zielverfolgungsgerät n
autozero v den Nullpunkt automatisch einstellen, selbstständig nullen
autozeroing *(Me)* automatische Offsetkompensationstechnik f
auxiliaries *(Ee)* Eigenbedarfsanlage f
auxiliary zusätzlich; Zusatz..., Hilfs..., Behelfs..., Neben...
auxiliary *(Ak)* Hilfsweg m, Ausspielweg m
auxiliary accumulator Hilfsakkumulator m, zusätzlicher Akkumulator m
auxiliary anode Hilfsanode f, Nebenanode f
auxiliary arm *(Le)* Hilfszweig m *(IEC 50-551)*
auxiliary bus bar Hilfssammelschiene f
auxiliary cable Hilfskabel n
auxiliary control computer Bedienhilfsrechner m
auxiliary electrode Hilfselektrode f

auxiliary

auxiliary flash *(Licht)* Zusatzblitz *m*, Zweitblitz *m*
auxiliary fundamental unit *(Mess)* Basiseinheit *f (außer für Länge, Masse und Zeit)*
auxiliary generator Hilfsgenerator *m*; Hausgenerator *m*, Eigenbedarfsgenerator *m*
auxiliary jack *(Nrt)* Aushilfsklinke *f*, Wiederholungsklinke *f*
auxiliary lamp Hilfslampe *f (z. B. in der ulbrichtschen Kugel)*
auxiliary pole Wendepol *m*, Hilfspol *m*
auxiliary power supply Eigenbedarf *m*
auxiliary power transformer Eigenbedarfstrafo *m*
auxiliary quantity Hilfsgröße *f*
auxiliary relay Hilfsrelais *n*
auxiliary service *(Nrt)* Hilfsdienst *m*, Nebendienst *m*
auxiliary spark gap Hilfsfunkenstrecke *f*; Vorfunkenstrecke *f (in Ableitern)*
auxiliary storage Hilfsspeicher *m*, Nebenspeicher *m*, Reservespeicher *m*, Ergänzungsspeicher *m*
auxiliary turbine Eigenbedarfsturbine *f*, Hausturbine *f*
availability 1. Nutzbarkeit *f*, Verwendbarkeit *f*; Verfügbarkeit *f*; 2. Betriebsfähigkeit *f*, Betriebsbereitschaft *f*; 3. *(Nrt)* Erreichbarkeit *f (Netzgestaltung)*
availability rate Verfügbarkeitsrate *f*, Verfügbarkeit *f (z. B. eines Generators)*
availability store Verfügbarkeitsspeicher *m*
available verfügbar, abgebbar *(z. B. Leistung)*; nutzbar, verwendbar
available current Betriebsstrom *m*
available gain verfügbare Verstärkung *f*, verfügbarer Gewinn *m*
available short-circuit current Betriebskurzschlussstrom *m*
available space *(Dat)* verfügbarer [unbelegter] Speicherplatz *m*
avalanche Lawine *f*
avalanche breakdown Lawinendurchschlag *m*, Lawinendurchbruch *m*
avalanche diode Lawinendiode *f*, Avalanche-Diode *f*, Durchbruchdiode *f*
avalanche noise *(Me)* Lawinenrauschen *n*

avalanche rectifier Lawinengleichrichter *m*
avalanche transistor Lawinentransistor *m*
avalanche transit time Lawinenlaufzeit *f*
avalanche transit-time diode Lawinenlaufzeitdiode *f*, ATT-Diode *f*, Mesadiode *f (mit Lawinen- und Laufzeiteffekt)*
avalent nullwertig
average durchschnittlich, gemittelt
average Durchschnitt *m*, Mittel *n*, Mittelwert *m* • **at [on] average** im Durchschnitt, durchschnittlich
average current arithmetischer Strommittelwert *m*, mittlerer Strom *m*
average deviation mittlere Abweichung *f*
average error mittlerer Fehler *m*
average error rate mittlere Fehlerrate *f*, mittlere Fehlerquote *f*
average forward-current rating mittlerer Nenndurchlassstrom *m*
average gain coefficient mittlerer Verstärkungsfaktor *m (bei nicht linearer Regelung)*
average life mittlere Lebensdauer *f*
average on-state current Mittelwert *m* des Durchlassstroms *(Thyristor)*
average value (arithmetischer) Mittelwert *m*, Durchschnitt(swert) *m*; Erwartungswert *m (einer stochastischen Größe)*
average voltage mittlere Spannung *f*, arithmetischer Spannungsmittelwert *m*
average voltmeter Mittelwertvoltmeter *n*
averager Mittelwertbildner *m*
averaging Durchschnittsbestimmung *f*, Mittelung *f*, Mittelwertbildung *f*
averaging block *(Dat)* Baustein *m* zur Mittelwertbildung
averaging filter mittelwertbildendes Filter *n*
avoid *v* vermeiden, ausweichen
avoidance Meiden *n*, Vermeidung *f*
avometer *Universalmessgerät für Stromstärke, Spannung und Widerstand*
AWACS *(Abk. für: airborne warning and control system)* AWACS *(Luftraumüberwachungssystem)*

axial axial, achsrecht
axial blower Axialgebläse n
axial fan Axiallüfter m
axial lead (Me) Axialzuleitung f
axial-lead package (Me) Gehäuse n mit Axialzuleitungen
axial misalignment Axialversatz m (bei Glasfaserverbindungen)
axial mode axiale Mode f [Eigenschwingung f]
axial ray Axialstrahl m
axial response [sensitivity] axialer Übertragungsfaktor m, axiale Empfindlichkeit f
axial thrust Axialschub m
axial ventilation Axialbelüftung f
axis command Achsbefehl m (bei der NC-Steuerung einer Mehrachsmaschine)
axis-driven generator Achsgenerator m (IEC 50-811)
axle Achse f, Welle f
axle current Lagerstrom m
axle drive Achs(en)antrieb m
axle-hung motor Tatzlagermotor m, Motor m mit Achs(en)aufhängung
Ayrton shunt Mehrfachnebenwiderstand m, Ayrton-Widerstand m (für Galvanometer)
azimuth angle Richtungswinkel m
azimuth scale Azimutskala f, Windrose f (eingenordete 360°-Skala)

B

B-channel (Nrt) B-Kanal m, Nutzkanal m im ISDN (zwei Nutzkanäle B_1 und B_2 zu je 64 kbit/s im ISDN pro Teilnehmeranschluss)
B class modulator (Nrt) Gegentaktmodulator m im B-Betrieb
B-ISDN protocol reference model B--ISDN-Protokollreferenzmodell n (gemäß ITU-T-Empfehlung I.321)
B network (Ak) Bewertungsfilter n für die B-Kurve
B-weighting B-Bewertung f, Bewertung f mit der B-Kurve
babble (Nrt) Babbeln n, unverständliches Nebensprechen n, Störgeräusche npl
back-bias v rückwärts [in Sperrrichtung] vorspannen

back off v 1. zurückdrehen (z. B. einen Regler); kompensieren; 2. Gegenspannung anlegen (an)
back 1. Rückseite f (eines Gerätes); Untergrund m; 2. (Ma) Kupplungsseite f, Antriebsseite f, A-Seite f (z. B. eines Generators)
back-ampere turns Gegenamperewindungen fpl; Gegendurchflutung f
back bearing (Fo) Rückpeilung f, Fremdpeilung f
back contact (Ap) Ruhekontakt m
back current Rückstrom m, Nachstrom m
back direction of a rectifying contact Sperrrichtung f eines Gleichrichterkontaktes
back-door Hintertür f (undokumentierter Zugang zu einem System bzw. einer Software)
back edge Rückkante f, Schleppkante f (eines Impulses)
back electromotive force (Et) gegenelektromotorische Kraft f, Gegen-EMK f, Gegen(ur)spannung f
back e.m.f. (Et) gegenelektromotorische Kraft f, Gegen-EMK f, Gegen(ur)spannung f
back etching (Me) Rückseitenätzung f
back flash-over rückwärtiger Überschlag m
back pitch Wickelschritt m
back resistance (Me) Sperrwiderstand m
**back slash, ** (Dat) Links-Schrägstrich m (Trennzeichen an der PC--Befehlseingabeaufforderung C:\> und bei Verzeichnis-Namen in der Datei--Pfad-Angabe)
back-turn Gegenwindung f
back-up 1. Bereitschaftsausrüstung f, Reserve(ausrüstung) f; 2. Datensicherung f
back-up time (Dat) Pufferzeit f
back-up unit Ersatzgerät n
back voltage Gegenspannung f, Sperrspannung f, Rückwirkungsspannung f
back-wound coil Sturzwicklung f, gestürzte Wicklung f [Spule f], Sturzspule f (Transformator)
backfire Rückzündung f; Rückschlag m
backflow Gegenfluss m

background

background 1. Hintergrund *m*, Untergrund *m*; 2. *(Dat)* Nachrangigkeit *f*; 3. *(Dat)* Bereich *m* für Stapelverarbeitung; 4. *s.* background noise

background job *(Dat)* Stapeljob *m*

background noise Grundgeräusch *n*, Störgeräusch *n*, Eigenrauschen *n*, Störpegel *m*; Hintergrundgeräusch *n*, Untergrundrauschen *n*

background noise correction *(ISO)* *(Mess)* *(DIN)* Fremdgeräuschkorrektur *f*

background processing *(Dat)* Hintergrundverarbeitung *f*

backlash 1. toter Gang *m*; Spiel *n* (im Getriebe); mechanische Hysterese *f*; 2. Schwellwertabstand *m*

backlit display hintergrundbeleuchteter Flüssigkristallbildschirm *m*

backoff Backoff *n* (Zurückziehen z. B. bei Sendeversuchen)

backscattered rückwärts gestreut

backscattered electron Rückstreuelektron *n*

backscattered radiation Streustrahlung *f*, gestreute Strahlung *f*, Rückstrahlung *f*

backscattering Rückstreuung *f*

backside bonded *(Me)* rückseitengebondet

backspace *(Dat)* Rückwärtsschritt *m*

backstop Rücklaufsperre *f*

badge Anstecker *m*, Knopf *m* (Namensschild; Abzeichen für Tagungsteilnehmer)

baffle 1. Schutzschirm *m* (Ionenröhren); 2. *(Ak)* Schallwand *f*; 3. mechanisches Dämpfen *n*

bake *v* 1. brennen, einbrennen; trocknen (z. B. Lackschichten); 2. glühen (keramische Erzeugnisse)

bakelized paper Hartpapier *n*

baking Einbrennen *n*, Brennen *n* (z. B. von Lacken); Härten *n*, Härtung *f* (von Kunststoffen)

baking current Formierungsstrom *m*

balance *v* abgleichen, ins Gleichgewicht bringen, ausgleichen; im Gleichgewicht halten; symmetrieren (z. B. Gegentaktverstärker); abstimmen; angleichen, kompensieren; auswuchten; sich einspielen (z. B. Zeiger)

balance 1. Gleichgewicht *n*, Gleichgewichtslage *f*, Stabilität *f*; Abgleich(zustand) *m*; Ausgleich *m*, Kompensation *f*; Symmetrie *f* (von Gegentaktverstärkern); 2. *(Nrt)* Nachbildung *f*; 3. *(Ak)* Balance *f*; 4. *(Dat)* Bilanz *f*, Saldo *m*; 5. Waage *f*

balance attenuation Fehlerdämpfung *f*

balance capacitor Abgleichkondensator *m*

balance coil Ausgleichwicklung *f*, Ausgleichspule *f*, Ausgleichdrossel *f*, Saugdrossel *f*

balance galvanometer Nullinstrument *n*

balance generator Pendelgenerator *m*

balance point 1. Abgleichpunkt *m*; 2. *(Mess)* Abzweigpunkt *m*, Abgreifpunkt *m*

balance unit Abgleichgerät *n*

balanced abgeglichen, ausgeglichen; symmetriert, symmetrisch; stromlos *(Messbrücke)*; ausgewuchtet

balanced circuit symmetrische Schaltung *f*; symmetrischer Stromkreis *m*

balanced code symmetrischer Code *m*

balanced error *symmetrischer Fehler *m*

balanced load symmetrische Belastung *f* (im Dreiphasennetz)

balanced output symmetrischer [ausgeglichener] Ausgang *m*; symmetrische Ausgangsspannung *f*

balanced pair *(Nrt)* symmetrische Doppelader *f*

balanced 3-phase network symmetrisches Drehstromnetz *n*

balanced rotor *(Ma)* gewuchteter Rotor *m*

balanced signal symmetrisches Signal *n*, symmetrisches Signal *n*

balanced strip-line symmetrische Streifenleitung *f*

balanced two-port network *(Et)* erdsymmetrischer Zweipol *m*, erdsymmetrisches Zweitor *n*

balancer Symmetrierstufe *f*; Ausgleichvorrichtung *f*, Ausgleicher *m*

balancer-booster Ausgleichregler *m*, Ausgleichverstärker *m*

balancing 1. Abgleichen *n*, Abgleich *m*, Nullabgleich *m*; Symmetrierung *f*; Ausgleichen *n*, Kompensierung *f*;

Auswuchtung *f*; 2. *(Nrt)* Nachbildung *f*, Leitungsnachbildung *f*
balancing apparatus Nullinstrument *n*
balancing capacitor Ausgleichkondensator *m*, Neutralisationskondensator *m*
balancing circuit Abgleichschaltung *f*; Symmetrierschaltung *f*
balancing machine 1. Wuchtmaschine *f*; 2. Saldiermaschine *f*
balancing network 1. Ausgleichleitung *f*; künstliche Leitung *f*, Leitungsnachbildung *f*, Nachbildung *f*; 2. *(Nrt)* Nachbildungsimpedanz *f*
balancing unit Abgleicheinheit *f*, Abgleichgerät *n*
ball-bond *v (Me)* kugelbonden
ball anode Kugelanode *f*
ball eye Aufhängeöse *f (Freileitung)*
ball lightning Kugelblitz *m*
ball spark gap Kugelfunkenstrecke *f*
ballast 1. Ballast *m*; 2. *(Licht)* Vorschaltgerät *n*
ballast resistor Vorschaltwiderstand *m*, (selbstregelnder) Vorwiderstand *m*, Lastwiderstand *m*, Belastungswiderstand *m*, Ballastwiderstand *m*, Stabilisierungswiderstand *m*
ballistic factor *(Mess)* Überschwingung *f (als relative Größe)*
ballistic galvanometer ballistisches Galvanometer *n*, Stoßgalvanometer *n*
balun Symmetrierübertrager *m*; λ/2- -Umwegleitung *f*, Lambda/Halbe- -Umwegleitung *f*
banana jack Bananenbuchse *f*, Buchse *f* für Bananenstecker
banana pin [plug] Bananenstecker *m*
banana tube Bananenröhre *f (Farbbildröhre)*
band 1. Band *n*, Energieband *n*; Frequenzband *n*; 2. Bande *f*; 3. Gebiet *n*, Bereich *m (Spektrum)*
band compression Bandbreitenverkleinerung *f*
band edge 1. *(Me)* Bandkante *f*; 2. *(Nrt)* Bandgrenze *f*, Bereichsgrenze *f*
band elimination Bandunterdrückung *f*
band level Pegel *m* in einem Frequenzband, Bandpegel *m*
band-limited bandbegrenzt
band-limited signal bandbegrenztes Signal *n*, frequenzbeschränktes Signal *n (zur Vermeidung von Aliasing- -Fehlern bei der Abtastung; siehe auch: frequency-limited signal)*
band noise Band(pass)rauschen *n*
band pass Bandbreite *f*, Durchlassbreite *f*, Bandpass *m*
band-passed *(Ak)* frequenzbeschnitten, höhen- und tiefenbeschnitten
band pressure *(Ak)* Schalldruck *m* in einem Frequenzband, Bandschalldruck *m*
band scheme *(Me)* Bänderschema *n*, Bändermodell *n*
band-suppression filter Bandsperrfilter *n*, Bandsperre *f*
band switch 1. Bereich(s)schalter *m*, Wellen(um)schalter *m*, Empfangsbereichschalter *m*; 2. *(Dat)* Bandumschalter *m*
band wave filter Bandfilter *n*
bandage Bandage *f (Kabel)*
banding *(Ma)* Rotorbandage *f*, Bandage *f*
bandwidth Bandbreite *f*, Bandweite *f*; Durchlassbereich *m*
bandwidth control Bandbreite(n)regelung *f*
bandwidth delay product Bandbreite- -Verzögerungs-Produkt *n*
bandwidth length product *(Nrt)* Bandbreiten-Längen-Produkt *n (für Lichtwellenleiter: 200MHz x km bei 850nm; 500MHz x km bei 1300nm)*
bandwidth limitation Bandbreitenbegrenzung *f*, Bandbeschneidung *f*, Frequenzbandbeschneidung *f*
bang-bang control Zweipunktregelung *f*, Ein-aus-Regelung *f (Relais)*; Bang- -bang-Regelung *f (spezielle Erregerregelung beim Schlüpfen der Synchronmaschine)*
bank 1. Reihe(nanordnung) *f*, Satz *m*, Anordnung *f*, Gruppe *f*; 2. Kontaktbank *f*, Bank *f*; 3. Einheit *f* pro Phase *(Leiter)*
bank cable Bündelkabel *n*, Vielfachkabel *n (für Kontaktfeld)*; Zuteilungsvielfachkabel *n*
bank connection Bankschaltung *f (Transformator)*
bank-wound kapazitätsarm [in Stufen] gewickelt

bantam 42

bantam junior tube Kleinströhre f (für Hörapparate)
bar Schiene f, Leiter(stab) m, Stab m; Traverse f; Lamelle f (des Stromwenders elektrischer Maschinen); Stange f, Balken m; Strich m
bar code Strichcode m, Balkencode m
bar code generation Strichcode--Erzeugung f, Balkencode-Erzeugung f
bar code generator (Dat) Strichcode--Erzeugungsprogramm n, Balkencode--Erzeugungsprogramm n
bar code printer Strichcodedrucker m
bar code reading pencil Strichcode--Lesestift m, Balkencode-Lesestift m
bar code scanner Strichcode-Abtaster m, Strichcodeleser m, Balkencode--Abtaster m, Balkencodeleser m
bar code scanning pencil s. bar code reading pencil
bar graph Balkendiagramm n, Säulendiagramm n
bar voltage Segmentspannung f, Lamellenspannung f
bar winding Stabwicklung f
bare bloß, ungeschützt, blank (Draht)
bare cable blankes Kabel n
bare conductor blanker Leiter m
bare line wire blanker Leitungsdraht m, unisolierte Leitung f
bare printed circuit board unbestückte Leiterplatte f
Barkhausen vacuum tube formula (Nrt) barkhausensche Röhrenformel f, Barkhausen-Formel f
barometric sensor Druckaufnehmer m, Druckfühler m
barred code (Nrt) gesperrte Kennzahl f
barrel controller Steuerwalze f, Meisterwalze f
barrel switch Walzenschalter m
barretter Eisenwasserstoff(widerstands)röhre f, Eisen(wasserstoff)widerstand m, Bar(r)etter m
barrier 1. Barriere f, Schranke f, Sperre f, Grenze f; Potenzialwall m, Wall m; 2. (Me) Sperrschicht f, Grenzschicht f, Randschicht f; 3. Isolierung f, Wicklungsisolation f; Isoliersteg m, Isolierplättchen n; Isolierstoffschirm m
barrier cell (Me) Sperrschichtzelle f
barrier filter (Licht) Sperrfilter n

barrier frequency Grenzfrequenz f
barrier height (Me) Barrierenhöhe f; Höhe f der Potenzialschwelle, Sperrschichthöhe f Spannungsbarrierenisolation f, Barrierenisolation f
barrier injection transit-time diode (Me) BARITT-Diode f, Sperrschicht--Injektions-Laufzeitdiode f
barrier layer (Me) Sperrschicht f, Grenzschicht f, Randschicht f
barring (Nrt) Rufnummernsperre f
barristor Barristor m (Majoritätsladungsträger--Halbleiterbauelement)
base 1. Basis f, Grundlage f; 2. Fundament n, Grundplatte f; Unterteil n; 3. Sockel m, Fuß m (von Elektronenröhren); Fassung f, Halter m (von Sicherungen); Fußpunkt m (Mast); 4. Träger m, Unterlage f, Schichtträger m; 5. Grundmaterial n, Trägermaterial n, Trägerwerkstoff m; 6. (Ch) Base f; 7. Grundlinie f, Grundfläche f; Grundzahl f; 8. Basiswert m, Bezugswert m
base address (Dat) Basisadresse f
base class Basisklasse f (objektorientierte Programmierung: von einer Basisklasse werden andere Klassen abgeleitet)
base contact Basisanschluss m, Basiskontakt m
base controller Basisregler m
base doping (Me) Basisdotierung f
base-emitter saturation voltage (Le) Basis-Emittersättigungsspannung f
base layer Basisschicht f (Transistor)
base metal 1. Grundmetall n; Grundwerkstoff m (z. B. beim Schweißen); 2. unedles Metall n
base-mounted switch Aufbauschalter m
base number Basiszahl f
base pin Sockelstift m
base plate Grundplatte f, Basisplatte f
base station (Nrt) Feststation f beim Schnurlostelefon
base supply voltage (Le) Basisspeisespannung f
base ten system (Ak) Zehnersystem n, Reihe f mit der Basis Zehn (Filtermittenfrequenzen)
base terminal Basisanschluss m, Basisklemme f

base transit time Basislaufzeit f (Transistor)
base-type diffusion (Me) Basisdiffusion f
base unit 1. (Rt) Basiseinheit f, Grundbaugruppe f (einer Regeleinrichtung); 2. (Mess) Basiseinheit f, Grundeinheit f
baseband Basisband n, Basisfrequenzband n, Grundfrequenzband n
baseband modem Basisbandmodem n (Datenübertragungsmodem für das Basisband von 0 - 4 kHz)
baseboard Grundplatte f
baseboard layout Brettschaltung f
BASIC (Abk. für: beginner's all-purpose symbolic instruction code) BASIC (eine Programmiersprache)
basic access 1. (Dat) Basiszugriff m; einfacher Zugriff m; 2. (Nrt) Basisanschluss m
basic accuracy Grundgenauigkeit f
basic bit rate Grundbitrate f
basic call charge (Nrt) Grundgebühr f
basic channel Basiskanal m
basic circuit diagram Grundschaltbild n, Prinzipschaltbild n
basic clock (Dat) Grundtakt m
basic controller Basisregler m (Grundeinheit zur Lösung einer Automatisierungsaufgabe)
basic load rating Nennbelastung f, Nenngrundlast f
basic printed circuit board unbestückte Leiterplatte f
basic software (Dat) Grundsoftware f
basic statement (Dat) einfache Anweisung f, Grundanweisung f
basic system Grundsystem n
basic time Grundzeit f
basic time unit (Dat) Grundzeiteinheit f
basic transistor circuit Transistorgrundschaltung f
basic transmission loss Grunddämpfung f, Grundübertragungsdämpfung f
basic value Bezugswert m, Grundwert m
basilar membrane (Ak) Basilarmembran f
basing Sockelschaltung f (Elektronenröhren)
bass Bass(ton) m

bass boost(ing) Bassanhebung f, Tiefenanhebung f
bass compensator Tiefenentzerrer m, Bassentzerrung f (Einrichtung)
bass control Tieftonregler m, Tiefenregler m, Bassregler m
bass loudspeaker Tieftonlautsprecher m, Basslautsprecher m
bass response 1. (Ak) Basswiedergabe f; Tieftonempfindlichkeit f, Empfindlichkeit f bei tiefen Frequenzen; 2. (Ak) Übertragungsfaktor m bei tiefen Frequenzen
bat-handle switch Kippschalter m
batch 1. Los n; 2. (Dat) Stapel m
batch-bulk processing (Dat) abschnittweise [blockweise] Verarbeitung f (von Informationen)
batch mode (Dat) Stapelbetrieb m
batch process 1. (Dat) diskontinuierlicher Prozess m, Stapelprozess m; 2. Chargenprozess m, Chargenbetrieb m (z. B. satzweise Beschickung eines Elektroofens); 3. (Rt) zyklischer Vorgang m
batched compilation (Dat) Sammelübersetzung f
batching Gruppierung f, Gruppieren n; Abzählen n von Partien
bath current (Galv) Badstrom m
bathing-tub curve [diagram] Badewannenkurve f
battery 1. Batterie f, Sammler m, Akku(mulator) m; 2. Gruppe f, Serie f, Batterie f
battery and earth loop (Nrt) BEL f, Batterie- und Erdschleife f
battery box Batteriekasten m, Batteriebehälter m, Batteriegefäß n, Batteriegehäuse n, Elementbehälter m, Elementgefäß n
battery capacity Batteriekapazität f (in [Ah], [mAh])
battery clamp Batterieklemme f
battery lamp Taschenlampe f
battery-operated batteriebetrieben, batteriegespeist, mit Batterieantrieb, akkumulatorgespeist
battery operation Batteriebetrieb m, Akkumulatorbetrieb m
battery status indication Akkuzustandsanzeige f

battery 44

battery switch Batterieschalter m, Zellenschalter m
batwing aerial Schmetterlingsantenne f, Superturnstile-Antenne f
baud Baud n, Bd, B *(Einheit der Schrittgeschwindigkeit bei Informationsübertragung)*
bay 1. Fach n, Feld n, Gruppe f; Stockwerk n, Ebene f *(einer Antenne)*; 2. *(Nrt)* Bucht f, Gestell n
bay frame Gestellrahmen m
bay-type hydroelectric power station Buchtenkraftwerk n; Gezeitenkraftwerk n
bayonet base [cap] Bajonettsockel m
bayonet coupling Bajonettkupplung f
bayonet socket Bajonettfassung f
BB s. baseband
B2B s. business to business
B2C s. business to consumer
beacon 1. Leitstrahlsender m; 2. Funkfeuer n, Funkbake f; Leuchtfeuer n; Bake f; Verkehrsampel f
bead 1. Schmelzperle f, Perle f; Schweißraupe f; 2. Bördelrand m, Randwulst m(f)
beaded (projection) screen Perlwand f
beading Durchführungsperle f, Einschmelzperle f
beam Strahl m, Strahlenbündel n; Richtstrahl m, Leitstrahl m; Peilstrahl m
beam adjustment Strahljustierung f, Strahleinstellung f
beam aerial Richtantenne f, Richtstrahler m
beam divergence Strahl(en)divergenz f, Strahlstreuung f
beam divider 1. Strahlteiler m; 2. *(Licht)* Trennplatte f, Teilungsplatte f
beam guidance system Strahlführungssystem n *(Elektronenstrahlanlage)*
beam-lead bonder *(Me)* Beam-lead--Bonder m
beam lobe switching Keulenumtastung f *(Antenne)*
beam pattern Richtdiagramm n, Richtcharakteristik f
beam reception Richtempfang m
beam scanning Strahlabtastung f
beam spreading Strahlaufspreizung f, Strahlverbreiterung f *(Elektronenstrahl)*
beam trap Strahlenfalle f, Strahlverschlucker m *(Auffängerelektrode in Katodenröhren)*
beaming 1. Strahlen n, Ausstrahlen n; 2. Wellenbündelung f *(Antennen)*
bearer cable Tragseil n
bearing 1. Tragen n, Stützen n; 2. Lager n, Lagerung f, Auflager n; 3. Führungsschiene f, Führung(sbahn) f; 4. Peilung f, Funkpeilung f, Richtung f *(einer Peilung)*; Peilwinkel m • **to take a bearing** (an)peilen
bearing compass *(Fo)* Bordpeiler m, Bordpeilgerät n *(Schiff)*
bearing current Lagerstrom m
bearing data *(Nrt)* Richtungsdaten pl
bearing deviation indicator *(Fo)* Peilabweichungsanzeigegerät n, Sonar-Richtungsanzeiger m
bearing ray *(Fo)* Peilstrahl m
beat 1. Schwebung f *(bei der Interferenz von Wellen)*; Schwingung f; 2. Ausschlag m *(z. B. eines Zeigers)*
beat amplitude Schwebungsamplitude f
beat frequency Schwebungsfrequenz f, Überlagerungsfrequenz f
beat receiver Überlagerungsempfänger m
beat vibration Schwebung f
beating Schwebung f
beating effect Schwebungsvorgang m, Interferenzvorgang m
beavertail beam Biberschwanzstrahl m *(Antennen)*
beavertail lobe *(Fo)* Biberschwanzstrahlungskeule f *(Antenne)*
bed-lighting fitting Bettleuchte f
bedding 1. Einbettung f; Schichtung f; Lagerung f *(von Maschinen)*; 2. Zwischenschicht f *(Kabel)*
beep (hoher) Kurzton m
beeper *(Nrt)* akustischer Personenruf m, Nur-Ton-Rufempfänger m, Pieper m
begohm 1000 Meg(a)ohm, 10^9 Ohm
bell 1. Glocke f, Klingel f; 2. *(Nrt)* Wecker m; 3. Konus m *(einer Bildröhre)*; 4. Schallbecher m
bell indicator drop *(Nrt)* Weckerfallklappe f
bell insulator Glockenisolator m, Kappenisolator m
bell push Klingelknopf m
bellows Balg m, Faltenbalg m,

Federbalg m *(pneumatisches Messglied)*; Wellrohr n
belly Schwingungsbauch m
below-cut-off waveguide Sperrbereichshohlleiter m
belt Riemen m, Gurt m; Antriebsriemen m, Treibriemen m; Transportband n, Förderband n
belt conveyor Förderband n; Bandförderer m
belt drive Bandantrieb m, Riemenantrieb m
belt generator Bandgenerator m, Van-de-Graaff-Generator m
belt-leakage reactance *(Ma)* doppelt verkettete Streureaktanz f
belt speed Förderbandgeschwindigkeit f
belted (insulation) cable Mehrleitergürtelkabel n, Gürtelkabel n
bench-mounted instrument Arbeitsplatzgerät n, Tischgerät n
benchmark *(Me)* Justiermarke f
bend 1. Biegung f, Krümmung f, Kurve f, Bogen m, Knick m; 2. Knie(stück) n
bendable printed circuit *(Me)* flexible gedruckte Schaltung f
bending 1. Biegung f, Krümmung f, Knickung f; Beugung f *(von Strahlen)*; Durchbiegung f *(einer Linse)*; 2. *(Ma)* Verschalten n von Spulen
bending-change strength Biegewechselfestigkeit f
bending coil Beugungsspule f, Elektronenstrahlkrümmungsspule f, Krümmungsspule f
bending couple s. bending moment
bending load Biegebeanspruchung f
bending loss Krümmungsverlust m *(Lichtwellenleiter)*
bending moment Biegemoment n
bending of the armature Ankerdurchbiegung f *(Relais)*
bending wave *(Ak)* Biegewelle f
bent-cathode test *(Galv)* Prüfverfahren n mit gebogener Katode
Berkeley short-channel IGFET model *(Me)* Simulationsmodell n für MOS-Transistoren
Berkeley short software distribution, BSD Berkeley-Software-Distribution f *(eine an der Unversität Berkeley entwickelte Betriebssystemlinie, Basis: Unix)*

Berkeley software distribution Berkeley-Software-Distribution f *(eine an der Unversität Berkeley entwickelte Betriebssystemlinie, Basis: Unix)*
berry transformer Drehtransformator m
BESOI s. bond and etch-back silicon on insulator
best effort service Best-Effort-Dienst m *(Dienst ohne Liefergarantien)*
beta Beta n *(Transistorverstärkung in Emitterschaltung)*
beta-aluminium ceramic beta-Aluminiumkeramik f *(Elektrode einer Hochenergiebatterie)*
beta radiation Betastrahlung f
between-the-lens shutter *(Licht)* Zentralverschluss m
Beuken model Beuken-Modell n *(elektrisches RC-Netzwerk zur Lösung von Wärmeströmungsvorgängen)*
bevelling Abschrägung f, Abschrägen n, Abkanten f
beyond-the-horizon propagation transhorizontale Ausbreitung f *(von Wellen)*
bias 1. *(Mess)* systematische Abweichung f; 2. *Vorspannung f, Vorbelastung f, Gittervorspannung f; Vormagnetisierung f, Vorverzerrung f *(Photolithographie)*; 3. systematische Abweichung f; 4. Überhang m
bias cell Gitterbatterie f
bias current Vorspannungsstrom m; Vormagnetisierungsstrom m
bias error 1. *(Rt)* systematischer Fehler m; 2. *(Mess)* Unrichtigkeit f eines Messmittels
bias magnetization Vormagnetisierung f
bias point Arbeitspunkt m
bias rectifier Gittergleichrichter m
bias-sputtering Katodenzerstäubung f [Zerstäubung f] mit Vorspannung
bias voltage *Vorspannung f, Gittervorspannung f; Spannung f *(am Arbeitspunkt)*
bias winding Vormagnetisierungswicklung f, Polarisationswicklung f
biased 1. vorgespannt; 2. beeinflusst
biased automatic gain control selbsttätige verzögerte Schwundregelung f

biasing Vorspannen n; Vormagnetisierung f
biasing circuit (Me) Schaltung f zur Vorspannungserzeugung
biasing coil Vormagnetisierungswicklung f
biasing current Vormagnetisierungsstrom m, Vormagnetisierung f
biconical aerial Zweifachkonusantenne f, Doppelkonusantenne f
biconical horn Doppelkonushornantenne f, Doppelkonushornstrahler m
bid (Nrt) Anrufversuch m
bidirectional in zwei Richtungen (leitend), zweiseitig gerichtet
bidirectional bus bidirektionaler Bus m
bidirectional counter Zweirichtungszähler m, Vorwärts-Rückwärts-Zähler m, umkehrbarer Zähler m
bidirectional pulses Zweirichtungsimpulse mpl (aus positiven und negativen Impulsen bestehende Impulsfolge)
bidirectional triode thyristor Zweirichtungsthyristortriode f, bidirektionaler Thyristor m, Doppelwegthyristor m, Triac m, Symistor m (Halbleiterwechselstromschalter)
bifilar bifilar, zweifädig
bifilar winding Bifilarwicklung f, bifilare Wicklung f, Zweifadenwicklung f, Zweidrahtwicklung f, induktionsarme Wicklung f
bifurcate v (sich) gabeln, sich verzweigen; gabelförmig teilen
bifurcated contact Gabelkontakt m
big endian Big-Endian n (Bytereihenfolge in Rechnerarchitekturen, höchstwertiges Byte auf niedrigster Adresse)
bilateral bilateral, zweiseitig, doppelseitig
bilateral characteristic achtförmige Richtcharakteristik f, Achtercharakteristik f
billi capacitor Zylinderkondensator m, Kleinstkondensator m (Trimmer)
bilux bulb lamp Biluxlampe f
bimetal Bimetall n
bin Einbauabschnitt m, Einbaurahmen m

binary 1. (Dat) binär, dual; 2. (Ch) Zweistoff... (z. B. bei Leitermaterial)
binary adder Binär(ziffern)addierer m, Binäradder m, binäre Addiereinrichtung f
binary channel Binärkanal m, zweiwertiger Kanal m
binary character Binärzeichen n
binary code Binärcode m, Binärschlüssel m, binärer Code m
binary command binäres Steuersignal n [Signal n]
binary counter Binärzähler m, binärer Zähler m
binary digit Binärziffer f, binäre [duale] Ziffer f; binäre Einheit f, Binärelement n, Informationselement n, Bit n
binary digit sequence Binärfolge f, Binärzeichenfolge f
binary digital signal (Nrt) binäres Digitalsignal n, zweiwertiges Digitalsignal n, zweiwertiges diskretes Signal n
binary noise Binärstörung f (zufällige Störung, die nur zwei Werte annehmen kann)
binary notation Binärschreibweise f, binäre Darstellung f
binary number Binärzahl f, Dualzahl f, binäre [duale] Zahl f
binary point Binärkomma n, binäres Komma n, Komma n einer Binärzahl
binary recording Binäraufzeichnung f, binäres Aufzeichnen n (eines Signalverlaufes)
binary sequence s. binary digit sequence
binary system 1. Binärsystem n, Dualsystem n; binäres System n [Schaltsystem n]; 2. (Ch) Zweistoffsystem n
binary-to-decimal conversion Binär-Dezimal-Umwandlung f, Binär-Dezimal-Umsetzung f, Binär-Dezimal-Konvertierung f
binary-to-octal conversion Binär-Oktal-Umsetzung f
binaural (Ak) binaural, zweiohrig, beidohrig; stereophonisch
binding 1. Bindung f; 2. Bandage f (Kabel)
binding post Polklemme f, Klemmschraube f, Anschlussklemme f, Verbindungsklemme f

binding screw Anschlussschraube f
binocular binokular, zweiäugig, beidäugig
biological field effect biologischer Feldeffekt m *(elektromagnetische Feldwirkung auf lebende Zellen)*
biometrics Biometrie f *(Nutzung biologischer Merkmale zur Identifizierung von Personen)*
bionics Bionik f
biphase zweiphasig
biphase alternating current Zweiphasen(wechsel)strom m
biphase rectifier Zweipulsgleichrichter m
bipin cap Zweistiftsockel m
biplug Doppelstecker m, zweipoliger Stecker m
bipolar bipolar, zweipolig, doppelpolig, mit zwei Polen
bipolar anode bipolare Anode f
bipolar circuit *(Me)* Bipolarschaltung f
bipolar CMOS *(Me)* BICMOS-Schaltung f *(monolithische Verbindung von Bipolar- und CMOS-Strukturen)*
bipolar code Bipolarcode m (+/- Code; bei Gleichverteilung gleichstromfrei)
bipolar field-effect transistor Bipolar- -Feldeffekttransistor m, BIFET m
bipolar insulated-gate field-effect transistor bipolarer IGFET-Transistor m, BIGFET m
bipolar insulated MOS (technology) *(Me)* BIMOS m *(Mischtechnik von MOS- und Bipolartransistoren)*
bipolar violation Bipolaritätsverletzung f *(Störung bei AMI-Code)*
birdies *(Nrt)* Pfeifstellen fpl, Zwitschern n *(Störungen)*
birefringence (optische) Doppelbrechung f
bisect v halbieren, in zwei Teile teilen; sich teilen [gabeln]
bisector potential Mittelpotenzial n, mittlere Potenzialebene f
bistable bistabil
bistable circuit bistabile Schaltung f [Kippschaltung f], Schaltung f mit zwei stabilen Lagen, Flipflop-Schaltung f
bistable multivibrator bistabiler Multivibrator m, bistabile Kippschaltung f, Flipflop-Generator m, Flipflop n

bistable trigger bistabiler Trigger m, bistabile Kippschaltung f, Flipflop n
bit Bit n *(Maß für den Informationsgehalt)*; bit *(Kurzzeichen)*; Informationselement n, Wortelement n; Zweierschritt m, Zähleinheit f für Binärentscheidungen • **in bit mode** bitweise
bit allocation Bitzuweisung f, Bitzuordnung f
bit clock Bittakt m
bit counter Bitzähler m
bit map Bitmap f, Pixelbild n, Pixelgrafik f *(Dateiendung .bmp)*
bit map file *(Dat)* Grafikformat-Datei f *(Dateiendung .bmp)*
bit rate Bitrate f, Bit(übertragungs)geschwindigkeit f, Bit(folge)frequenz f
bit repetition rate Bitfolgefrequenz f
bit sequence Bitfolge f, Binär[zeichen]folge f
bit slice Bitscheibe f *(Mikroprozessorelement)*
bits per inch Bits npl pro Zoll *(Einheit für die Informationsdichte auf einem Datenträger)*
bits per second Bits npl pro Sekunde *(Einheit für den Informationsfluss)*
bivalent information zweiwertige Information f
black 1. schwarz; 2. strahlenabsorbierend
black-and-white television Schwarzweißfernsehen n
black band *(Ma)* Kommutierungsgrenzkurve f
black-body radiation schwarze Strahlung f, Hohlraumstrahlung f, Strahlung f des schwarzen Körpers
black-box method *(Rt)* Black-box- -Methode f *(Analyse mit dem Signalflussbild)*
black commutation *(Ma)* funkenfreie Kommutierung f
black-out 1. Verdunk(e)lung f; 2. *(Nrt)* Abschirmung f, Sperre f; Totalschwund m; 3. *(Ap)* Gesamtausfall m, Totalausfall m; 4. *(Fs)* Austastung f
black screen 1. Grauschirm m *(bei Antennen)*; 2. Grauscheibe f *(beim Fernseher)*

blank leer (z. B. Speicherzelle); unbespielt (z. B. Tonträger)
blank 1. Rohling m, Platine f, Block m; Ausschnitt m; 2. (Dat) Leerstelle f, ungelochte Stelle f; 3. Formular n, Vordruck m
blank board Leerplatte f, Standardplatte f (halb fertige durchkontaktierte Leiterplatte)
blank key Leertaste f, Leerzeichentaste f (Zwischenraumtaste)
blanketing (Nrt) Überdecken n eines Senders durch einen Störsender
blanking (Nrt, Fs) Austasten n, Dunkeltasten n, Abdunkelung f
blanking circuit (Rt) Abschaltkreis m (Ablaufsteuerung)
blanking distance kürzeste Messentfernung f (Ultraschall--Abstandssensor)
blast contact Konvektionsschalterkontakt m, Löschkammerkontakt m
bleed off v **the charge** (elektrische) Ladung abführen
bleeder Ableiter m, Ableitwiderstand m, Schutzwiderstand m
blend v 1. (ver)mischen, (ver)mengen; 2. verschmelzen, ineinander übergehen
blended colour Mischfarbe f
blending 1. Mischung f, Vermengung f; 2. Verschmelzung f
blimp schalldämmendes [schalldichtes] Gehäuse n, schalldämmende Verkleidung f
blind area (Fo) Schattengebiet n
blind current Blindstrom m
blind hole Blindloch n (Leiterplatten)
blind signature blinde Signatur f
blinker unit Blinkgeber m
blip (Fo) Echoanzeige f, Leuchtfleck m, Echozeichen n; Impulsanzeige f (auf Bildschirmen)
blister Blister m (Papier- oder Kunststoffgurt für die automatengerechte Verpackung von Bauelementen)
blob Lötperle f, Schweißperle f
block 1. Sperre f, Blockierung f; Anschlag m; 2. (Me) Baustein m; Block m; 3. (Dat) Datenblock m, Informationsblock m, Wörterblock m, Block m; Satz m (Einheit transportierter Informationsmenge); 4. (Rt) Übertragungsglied n (im Signalflussplan); 5. Leiste f, Klemmleiste f
block call Satzaufruf m
block cipher Blockverschlüsselung f, Datenblock-Verschlüsselung f (z. B. mit DES-Algorithmus)
block code Blockcode m
block diagram (Dat, Rt) Blockdiagramm n, Schemadiagramm n, Blockschaltbild n; Signalflussbild n; Blockschaltplan m (IEC 1082-1)
block mica Rohglimmer m, Naturglimmer m
block-oriented random-access memory blockweise adressiertes RAM n
block representation (Rt) Darstellung f als Signalflussbild
block scheme s. block diagram
block-search instruction Blocksuchbefehl m
block system Blocksignalisierung f
block-unit system (An) Blockbauweise f
blocking 1. Sperrung f, Blockierung f; Trennung f; Aussetzen n (z. B. eines Oszillators); 2. Aufkitten n, Rohkitten n (z. B. von Linsen auf Tragkörper)
blocking action Sperrwirkung f
blocking bias Sperrspannung f (Gleichrichter)
blocking characteristic Sperrkennlinie f
blocking circuit Verriegelungsschaltung f, Blockierungsschaltung f
blocking contact Sperrkontakt m, Trennkontakt m
blocking filter Sperrfilter n
blocking layer (Me) Sperrschicht f, Doppelschicht f
blocking relay (Rt) Halterelais n (bei Abtastungen)
blocking voltage Sperrspannung f, Blockierspannung f
bloom (Fs) Überstrahlen n, Überstrahlung f, Bildweichheit f
blow v 1. durchbrennen (Sicherung); 2. blasen
blow field (Ap) Blasfeld n
blow magnet Blasmagnet m (Schalter)
blow torch Lötlampe f
blow-up 1. (Dat) Programmabbruch m; 2. definierter Programmierstrom m (Speichertechnik)
blower Gebläse n

Blu-ray disk *(Fs)* DVD *f* hoher Speicherdichte *(25GByte)*
Bluescreen *(Dat)* leerer, blauer Bildschirm *m (bei Windows®)*; Rechner-Absturz *m*, Rechner-Fehler *m (mit Neustart durch Ctrl+Alt+Del zu beheben)*
bluetooth *(Dat)* Kurzstrecken--Funksystem *n* für drahtlose Übertragung *(bis 10 Meter und 2,4 GHz zum Geräteanschluss an Computer, wie Maus, Tastatur)*
bluetooth address *(Dat, Nrt)* Bluetooth--Adresse *f (Länge 48 Bit)*
Bluetooth SIG *s.* Bluetooth Special Interest Group
Bluetooth Special Interest Group *(Nrt)* Arbeitsgemeinschaft *f* von Herstellern und Anwendern von Bluetooth--Erzeugnissen *(www.bluetooth.org)*
blur Unschärfe *f*, verwischte Stelle *f*; undeutlicher [verwischter] Eindruck *m*
blur factor Klirrfaktor *m*
blurred voice verzerrte [undeutliche, unklare] Sprache *f*
blurring Unschärfe *f*, Undeutlichkeit *f*; Fleckigkeit *f (auf dem Bildschirm)*
BMP *s.* bit map file
board 1. Tafel *f*, Platte *f*; 2. Schalttafel *f*, Schaltfeld *n*; 3. Leiterplatte *f*, Leiterkarte *f*, Platte *f*, Platine *f*
Board of Trade ohm gesetzliches [Internationales] Ohm *n*
bobbin 1. Spule *f*, Wicklung *f*; Spulenkörper *m*, Spulenträger *m*, Wicklungsträger *m*, Wickelkern *m*; 2. *(Le)* Kondensatorwickel *m*
BOD *(Abk. für: break-over diode) (Le)* Kippdiode *f*
Bode diagram Bode-Diagramm *n*, Frequenzgangkennlinie *f*
body 1. Körper *m*; Stoff *m*, Substanz *f*; 2. *(Et)* Isolierteil *m(n)*; Halteteil *m(n)*; 3. Body *m (Teil einer E-Mail)*
body breakdown Volumendurchschlag *m*
body contact Körperkontakt *m (z. B. Autotüröffner)*
bodypack *(AE)* tragbarer Sender *m (an einer Person befestigt)*
boggle-mounted motor am Drehgestell befestigter Motor *m (IEC 50-811)*
boiler Kessel *m*, Boiler *m*, Kocher *m*, Erhitzer *m*; Dampfkessel *m*, Dampferzeuger *m*
boiler feed pump Kesselspeisepumpe *f*
boiling plate Kochplatte *f*
bold fett *(Fettdruck)*
bolt-type cathode Bolzenkatode *f (Elektronenkanone)*
bolted clamp Schraubenklemme *f*
bond *v* 1. *(Et)* verbinden, anschließen; 2. *(Me)* bonden, kontaktieren; 3. *(Ch)* binden; 4. aufkleben *(z. B. Dehnungsmessstreifen)*; verkleben, zusammenkitten
bond 1. *(Et)* Verbindung *f*; Strombrücke *f*; 2. *(Me)* Bondverbindung *f*, Bondstelle *f*; 3. *(Ch)* Bindung *f*; 4. Bindemittel *n*; Verbindungsstück *n*, Lasche *f*; Verklebung *f*
bond and etch-back silicon on insulator Waferbond- und Rückätzverfahren *n*
bond layer thickness Bondlagendicke *f*, Verbundlagendicke *f (Leiterplatten)*
bond pad Kontaktfläche *f (Halbleitertechnik)*
bonder 1. Erdverbindung *f*, Masseverbindung *f*; Erdungsschraube *f*; 2. *(Me)* Bondgerät *n*, Bonder *m*
bonding 1. Verbindung *f*, Anschluss *m*; 2. *(Me)* Bonden *n*, Kontaktieren *n*; 3. Kleben *n*, Haften *n*; Verbacken *n (Isolierlack)*; Aufkitten *n*, Rohkitten *n (z. B. von Linsen auf Tragkörper)*; 4. *(Ch)* Bindung *f*
bonding clip Erdungsschelle *f*; Abbindeklemme *f*, Verbindungsklemme *f*
bonding electron Valenzelektron *n*
bonding island Bondinsel *f*
book capacitor Klappkondensator *m*, Quetschkondensator *m*
booking *(Nrt)* Vormerken *n*
Boolean algebra *(Dat)* boolescher Verband *m*
boom 1. Mikrofongalgen *m*, Galgen *m*; Ausleger *m*; 2. *(Ak)* Brummen *n*, Dröhnen *n*
boomer Tieftonlautsprecher *m*
boominess unerwünschte Tiefenbetonung *f (im Lautsprecher)*
boomy speech *(Ak)* Sprache *f* mit stark angehobenen Tiefen
boost *v* verstärken *(z. B. Signal)*;

boost erhöhen (z. B. Druck, Spannung); steigern; aufladen (Batterie)
boost 1. Verstärkung f; Erhöhung f (z. B. des Druckes); 2. (Ak) Anhebung f; Zusatzspannung f
boost charge Schnellladung f (Batterie)
boost chopper (Le) Hochsetzsteller m (Gleichstromsteller)
boost converter Hochsetzsteller m
boost-cut control kombinierter Regler m zum Anheben und Absenken (z. B. von Höhen und Tiefen)
booster Verstärker m, Spannungsverstärker m, Spannungserhöher m; Zusatzgenerator m, Zusatzmaschine f, Beschleunigungsgenerator m
booster amplifier Zusatzverstärker m, Vorverstärker m, Booster-Verstärker m
boot Urladen f (eines Rechners)
booth Kabine f, Zelle f, Fernsprechzelle f; Warte f, Messstand m
BOOTP s. bootstrap protocol
bootstrap (Dat) Ladeprogramm n, Urladeprogramm n
bootstrap protocol Urlader-Protokoll n (zur Zuweisung einer IP-Adresse und weiterer Parameter, meist durch DHCP ersetzt)
borderline of stability Stabilitätsrand m, Stabilitätsgrenze f
borrow (Dat) negativer Übertrag m
BORSCHT functions (Abk. für: battery, overvoltage, ringing, signaling, coding, hybriding, testing) (Nrt) BORSCHT- -Funktionen fpl (englisches Kunstwort); Teilnehmeranschlussleitungs- schnittstellenfunktionen fpl (Speisung, Überspannungsschutz, Ruf, Signalisierung, Codierung, Gabel, Prüfung)
both-way 1. wechselseitig (betrieben); 2. (Nrt) doppeltgerichtet
bottle battery [cell] Flaschenelement n
bottom of slot (Ma) Nutgrund m
bottom plate 1. Grundplatte f, Bodenplatte f; 2. Unterbelag m (eines Dünnschichtkondensators)
bottom-up (Dat) Bottom-up n, Programmierung f von unten nach oben
boule Einkristallkörper m
bounce Prellen n, Kontaktprellen n
bounce duration Prelldauer f
bounce-free operation prellfreies Schalten n
bounced light indirekte Beleuchtung f
bound 1. Schranke f, Grenze f, Eingrenzung f; 2. Aufprall m, Rückprall m
bound ion Festion n (in Ionenaustauschern)
boundary 1. Grenze f, Grenzlinie f, Rand m; Abgrenzung f, Umfang m; 2. (Me) Grenzfläche f; Randschicht f
boundary scattering (Ph) Grenzflächenstreuung f
boundary value Randwert m, Grenzwert m
bounded by begrenzt durch (Linie, Fläche)
Bouwers' circuit Spannungsvervielfacherschaltung f (Greinacher-Schaltung mit Villard- -Grundstufe)
bow collector Bügelstromabnehmer m
bowl Schale f, Leuchtenschale f
box Kasten m, Behälter m, Gehäuse n; Kapsel f; Muffe f
box connector Gehäuseklemme f; Muffenklemme f
brace Bügel m, Halter m, Stütze f; Schelle f, Strebe f, Verstrebung f
bracing Versteifung f, Aussteifung f, Verstrebung f; Verankerung f; Abspannung f
bracing wire Abspanndraht m, Spanndraht m
bracket 1. Träger m, Unterlage f; Ausleger m (Konsole); Halterung f, Halter m; 2. (Et) Isolatorstütze f, Winkelstütze f; Strahlerkopf m (Antenne)
braiding 1. Umflechten n, Umflechtung f, Umklöppeln n; 2. Litzen fpl, Flechtwerk n
brainware Erkenntnisstand m, Know- how n
brake Bremse f, Bremsvorrichtung f
brake by wire elektronisches Bremsen n (Automobiltechnik)
brake circuit Bremskreis m
brake disc wiping Bremstippen n
brake hollow shaft Bremshohlwelle f
braking Bremsen n
braking by plugging Gegenstrombremsung f
branch 1. Verzweigung f, Abzweigung f,

Abzweig *m*, Ast *m*, Abzweigleitung *f*, Zweig *m* (z. B. eines Netzwerkes); 2. *(Dat)* Programmverzweigung *f*
branch address *(Dat)* Verzweigungsadresse *f*, Sprungadresse *f*
branch bar Abzweig(sammel)schiene *f*
branch box Abzweigdose *f*, Abzweigmuffe *f*
branch circuit Abzweigstromkreis *m*, Nebenstromkreis *m*, abgezweigter [angeschlossener] Stromkreis *m*
branch joint Abzweigklemme *f*, T--Klemme *f*
branch order *(Dat)* Nebenbefehl *m*, Abzweigbefehl *m*, Sprungbefehl *m*
branch point Abzweigpunkt *m*, Abzweigstelle *f*; Verzweigungspunkt *m* (riemannsche Fläche); Knoten *m* (Netzwerk)
branch program *(Dat)* Zweigprogramm *n*, Verzweigungsprogramm *n*
branch switchboard Verteiler(schalt)tafel *f*
branching Verzweigung *f*, Abzweigung *f*, Verästelung *f*
branching instruction *(Dat)* Verzweigungsbefehl *m*, Sprungbefehl *m*
branching jack 1. Parallelvielfachklinke *f*, Abzweigklinke *f*; 2. *(Nrt)* Mithörklinke *f*
braze Hartlötstelle *f*
braze welding Lötschweißen *n*, Schweißlöten *n*, Hartlötschweißen *n*
brazed joint Hartlötverbindung *f*, Lötverbindung *f*
breadboard 1. Brettschaltung *f*, Versuchsaufbau *m* (einer Schaltung); 2. Steckplatte *f*
breadboard model Versuchsaufbau *m*, Versuchsmodell *n*
breadboarding *(Me)* Versuchs(schaltungs)aufbau *m*, Versuchsausführung *f* (einer Schaltung)
breadcrumb navigation Brotkrumen--Navigation *f (Navigationshilfe auf Webseiten durch Aufzählung aller durchlaufenen Hierarchieebenen)*
breadth coefficient *(Ma)* Wickelfaktor *m*
break *v* 1. abschalten, ausschalten; unterbrechen, öffnen; 2. aussetzen *(Strom)*; 3. auseinanderlaufen *(Kurven)*

break 1. Unterbrechung *f*, Öffnen *n* *(Kontakt)*; 2. Drahtbruch *m*; 3. Trennstelle *f*, Trennstrecke *f*; 4. Knickstelle *f (einer Kurve)*; 5. Unterbrecher *m*, Stromwechsler *m*
break-before-make contact *(Ap)* Umschaltekontakt *m* [Wechselkontakt *m*] mit Unterbrechung, Wechsler *m* mit kurzzeitigem Öffnen beider Kreise
break contact 1. Ruhekontakt *m*, Unterbrecherkontakt *m*, Öffnungskontakt *m*, Trennkontakt *m*; 2. *(Rt)* Öffner *m (als logisches Glied)*
break jack Trennklinke *f*, Unterbrechungsklinke *f*
break key Unterbrechungstaste *f*
break point 1. Übergangspunkt *m*, kritischer Punkt *m*; 2. Knickpunkt *m (einer Kurve)*; 3. *(Dat)* Verzweigungspunkt *m*, Zwischenstopp *m (im Programm)*
break spark Abschaltfunke *m*, Öffnungsfunke *m*, Unterbrechungsfunke *m*
breakdown 1. Durchschlag *m*, Lichtbogendurchschlag *m (Isolation)*; Durchbruch *m (elektrische Spannung)*; 2. Unterbrechung *f*, Zusammenbruch *m (z. B. Übertragungsstrecke, elektromagnetisches Feld)*; 3. Ausfall *m*, Versagen *n*, Betriebsstörung *f*; Bruch *m*; 4. *(Ch)* Zersetzung *f*, Zerlegung *f*
breakdown strength Durchschlagfestigkeit *f*
breakdown torque Kippmoment *n*
breakdown voltage Durchschlagspannung *f*; Durchbruchspannung *f*; Zündspannung *f (einer Funkenstrecke)*
breaker Unterbrecher *m*, Schalter *m*
breaking 1. Abschaltvorgang *m*, Abschalten *n*, Unterbrechen *n*; 2. Aufbrechen *n*; Zerbrechen *n*
breaking torque *(Ma)* Bremsmoment *n*
breakover Überschlag *m*
breakthrough *(Le)* Durchzündung *f (IEC 50-551)*
bridge 1. *(Mess)* Brücke *f*, Messbrücke *f*; 2. *(Dat)* Netzverbinder *m (für zwei gleiche lokale Datennetze)*
bridge amplifier Messbrückenverstärker *m*, Brücken(anzeige)verstärker *m*

bridge branch Brückenzweig *m*
bridge camera *(Ko)* Digitalkamera *f* *(zwischen Kompakt- und Spiegelreflex-Kamera)*
bridge-connected in Nebenschluss, in Brückenschaltung, nebengeschlossen; überbrückt
bridge fuse Trennsicherung *f*, Lamellensicherung *f (in Steckdosen)*
bridge rectifier Brückengleichrichter *m*, Gleichrichterbrücke *f*, Gleichrichter *m* in Brückenschaltung, Graetz--Gleichrichterschaltung *f*, Graetz--Schaltung *f*
bridging Überbrücken *n*, Überbrückung *f*
bridging connector Verbindungsstück *n*, Überbrückungsstück *n*
bridging plug Kurzschlussstecker *m*, Kurzschlussstöpsel *m*
bright adaptation Hellanpassung *f (Optik)*
bright field Hellfeld *n (Optik)*
bright-field image *(Me)* Hellfeldabbildung *f*
bright finish *(Galv)* Glanzschicht *f*
bright-polished auf Hochglanz poliert
brightening 1. Aufhellen *n*; 2. *(Galv)* Glänzen *n*
brightness Helligkeit *f*; Leuchtkraft *f*
brightness contrast Helligkeitskontrast *m*
brightness match Helligkeitsvergleich *m*
brilliance 1. Helligkeit *f*; Leuchten *n*, Brillanz *f*, Glanz *m (z. B. von Farben)*; 2. *(Ak)* heller [strahlender] Klang *m*
British Association ohm Britisches Standardohm *n (0,9886 internationale Ohm)*
British Association unit B.A.U. *(alte englische Einheit des elektrischen Widerstandes; 1 B.A.U. = 0,9886 internationale Ohm)*
British Naval Connector Koaxkabelstecker *m*
British Standard Specification Britische Normvorschrift *f*, Britische Normen *fpl*
British thermal unit Btu, BTU *(englische Einheit für Arbeit, Energie und Wärmemenge; 1 Btu = 1055,06 J)*
broad 1. breit; 2. unscharf (abgestimmt) *(Rundfunk)*

broad band Breitband *n*, breites Frequenzband *n*
broad pulse 1. breiter Impuls *m*, Impuls *m* langer Dauer; 2. *(Fs)* Halbzeilenimpuls *m*
broad tuning Unscharfabstimmung *f*, breite Abstimmung *f*
broadband aerial Breitbandantenne *f*
broadband amplifier *(Fs)* breitbandiger Verstärker *m*, Breitbandverstärker *m*
broadband channel Breitbandkanal *m*
broadband filter Breitbandfilter *n*, Breitbandsperre *f*
broadband horn antenna Breitbandhornantenne *f*, Breitbandhornstrahler *m*
broadcast *v* durch Rundfunk übertragen, senden; verbreiten *(Nachricht)*
broadcast 1. Senden *n*, Übertragung *f (Fernsehen oder Rundfunk)*; 2. Sammelruf *m*; 3. Sendeprogramm *n*, Programm *n*
broadcast band Rundfunkband *n*
broadcast network Verteilnetz *n*
broadcast receiver Rundfunkempfänger *m*
broadcast television signal Fernseh[rundfunk]signal *n*
broadcasting Sendung *f*, Übertragung *f*
broadcasting channel Rundfunkkanal *m*
broadcasting network Rundfunknetz *n*
broadcasting reception Rundfunkempfang *m*
broadcasting satellite Rundfunksatellit *m*
broadcasting television Fernsehrundfunk *m*
broadly tuned unscharf abgestimmt
broker Broker *m (Dienstevermittler)*
browser *(Dat)* Betrachtersoftware *f (im Internet für Web-Seiten)*
Bruce aerial umgekehrte V-Antenne *f (nach Bruce)*
brush 1. *(Ma)* Bürste *f*, Schleifbürste *f*, Kontaktbürste *f*, Abtastbürste *f*; Stromabnehmer *m*; Kohlebürste *f*; 2. *(Ph)* Lichtbündel *n*, Strahlenbündel *n*
brush discharge Bürstenfeuer *n*; Büschelentladung *f*
brush spark Bürstenfeuer *n*
brush wear Bürstenverschleiß *m*
brushless bürstenlos, ohne Bürsten

BSD s. Berkeley software distribution
B.S.S. s. British Standard Specification
bubble 1. Blase f, Bläschen n; Gasblase f; Luftblase f; 2. Brodeln n (Funkempfangstechnik)
bubble chip (Me) Bubblechip m, Blasenchip m
bubble-jet (Dat) Tintenstrahldruckverfahren n, DOD--Verfahren n, Tintentröpfchen--Verfahren n
bubble-jet technique (Dat) thermisches Tintenstrahl-Druckverfahren n
bubble memory Magnetblasenspeicher m, Blasenspeicher m, Bubble--Speicher m
bubbling Blasenbildung f
buck chopper (Le) Tiefsetzsteller m (Gleichstromsteller)
buck converter Tiefsetzsteller m
bucking circuit Kompensations(strom)kreis m
buddy system (Dat) Buddy-System n (System zur Hauptspeicherverwaltung)
buffer 1. (Et) Puffer m, Entkoppler m; Trennkreis m, Trennstufe f; 2. (Dat) Puffer m, Pufferstufe f, Zwischenkreis m; Pufferspeicher m, Zwischenspeicher m; 3. Schwingungsdämpfer m, Stoßdämpfer m; 4. Polierscheibe f, Poliermaschine f
buffer circuit Pufferkreis m
buffer memory Pufferspeicher m, Zwischenspeicher m
buffer storage Pufferspeicher m, Zwischenspeicher m
buffer underrun proof (Dat) Technologie f zum Betrieb von CD/DVD-Brennern (Gewährleistung eines ununterbrochenen Datenstroms zur Erhöhung der Brenngeschwindigkeit)
buffer unit Puffereinheit f, Puffergerät n
buffered FET logic (Me) gepufferte FET--Logik f
buffing Polieren n
bug 1. (AE) (technische) Störung f, Panne f, Fehler m, (zeitweises) Versagen n; Programmfehler m; 2. Schnellsendetaste f
build-up Aufbau m; Einschwingung f, Einschwingvorgang m; Aufschaukeln n
build-up transient Einschwingvorgang m

building block Baustein m, Baueinheit f, Modul n
building brick Baustein m, Baueinheit f
building-up Einschwingen n, Anfachung f
built-in eingebaut; Einbau...
built-in loudspeaker (Ko) eingebauter Lautsprecher m
built-in microphone (Ko) eingebautes Mikrofon n
built-in motor Einbaumotor m
built-in unit Einbauteil n
built-up rotary switch Paket(nocken)schalter m
bulb Kolben m, Birne f, Ballon m; Gefäß n; Kugel f (beim Thermometer); Lampenkolben m, Röhrenkolben m; Glühlampe f
bulk absorption Volumenabsorption f
bulk acoustic wave Körperschallwelle f, akustische Festkörperwelle f
bulk avalanche thyristor Lawinenthyristor m
bulk breakdown Volumendurchschlag m, Volumendurchbruch m
bulk charge-coupled device (Me) BCCD, volumen(ladungs)gekoppeltes Bauelement n
bulk diffusion length Diffusionslänge f im Materialinneren
bulk micromechanics Volumenmikromechanik f
bulk oil circuit-breaker Kesselölschalter m
bulk scattering (Me) Volumenstreuung f
bulk store Groß(raum)speicher m, Massenspeicher m
bump v 1. (an)stoßen, zusammenstoßen; 2. (Me) Bondhügel aufbringen, mit Bondhügeln versehen
bump 1. (mechanischer) Stoß m, Einzelstoß m; 2. (Me) Kontakthöcker m, Bondhügel m, Bondinsel f, Bondstelle f; 3. (Dat) nicht adressierbarer Hilfsspeicher m
bunch discharge Büschelentladung f
bunched cable Bündelkabel n, Kabelbündel n
bunching Bündelung f, Ballung f, Häufung f; Phasenfokussierung f
bundle conductor Bündelleiter m, gebündelter Leiter m
burden Last f, Belastung f; Bürde f (beim Wandler)

burglar alarm Einbruchmelder m
burial ground Abfallgrube f, Abfalllager n *(für radioaktive Abfälle)*
buried cable Erdkabel n
buried channel MOSFET MOS-Feldeffekttransistor m mit vergrabenem Kanal
buried layer *(Me)* vergrabene Schicht f
buried laying Erdverlegung f *(Kabel)*
buried wiring 1. Leitungsverlegung f unter Putz, Unterputzverlegung f; 2. Erdverlegung f
burn-in 1. Einbrennen n *(z. B. von elektronischen Geräten)*; 2. Voralterungsprüfung f, Burn-in n *(Zuverlässigkeitsprüfung durch Betrieb bei erhöhter Temperatur)*
burner Brenner m *(z. B. an Lampen)*
burning hours Brennstunden fpl
burning-out Ausbrennen n
burnisher Kontaktreiniger m
burnt deposit *(Galv)* angebrannter Niederschlag m, verbrannter [poröser] Überzug m
burst 1. (plötzlicher) Ausbruch m; Stoß m, Entladungsstoß m, Burst m; 2. Signalpaket n; 3. *(Dat)* Bitbündel n; 4. *(Nrt)* impulsartiges Rauschen n, Rauschimpuls m; 5. s. electrostatic discharge; 6. Impulsbündel n *(bei der EMV-Messung)*
burst duration Stoßdauer f
burst-duty factor 1. *(Nrt)* Tastverhältnis n; 2. *(Ma)* Einschaltdauer f
burst test Berstprüfung f, Berstprobe f
bus 1. Sammelschiene f, Hauptleitung f, Hauptleitungsträger m; Verteilerschiene f; Stromschiene f; 2. *(Dat)* Bus m, Sammelleitung f
bus-bar Sammelschiene f
bus-bar box Sammelschienenkasten m
bus control Bussteuerung f
bus coupler circuit-breaker Sammelschienen-Kuppelschalter m
bus driver Bustreiber m
bus width *(Dat)* Busbreite f *(Pentium-PC 32bit-Adressbus; Großrechner 64bit-Adressbus)*
bushing 1. Durchführungshülse f, Einführung(stülle) f; 2. Durchführung f *(IEC 50-151)*; 3. Spannungsdurchführung f
bushing insulator Durchführungsisolator m

business calculating machine Bürorechenmaschine f, kommerzieller Rechner m
business call *(Nrt)* geschäftlicher Anruf m
business logic Geschäftslogik f *(Teil von IT-Systemen)*
business to business Unternehmen-zu-Unternehmen-Beziehung f
business to consumer Unternehmen-Kunde-Beziehung f
busy *(Nrt)* besetzt, belegt
busy back jack Besetztklinke f
busy hour Hauptverkehrsstunde f
busy lamp Besetztlampe f, Belegtlampe f
busy number besetzte Rufnummer f
busy test Besetztprüfung f
busy tone *(Nrt)* Besetztzeichen n, Teilnehmerbesetztton m *(unterbrochener kurzer Ton)*
butt contact Kuppenkontakt m, Druckkontakt m
butt joint Stumpfstoß m, stumpfer Stoß m, Stumpfverbindung f; Flachflanschverbindung f; Stirnflächenkopplung f *(Lichtwellenleiter)*
butt-weld v stumpfschweißen
butterfly circuit Schmetterlingskreis m
butting contact Stoßkontakt m *(gleichzeitiger Metallkontakt an Polysilicium- und Siliciumebene)*
button Knopf m; Schaltknopf m; Klingelknopf m; Druckknopf m; Taste f
button actuator Betätigungsknopf m
button cell Knopfzelle f
buttonhole microphone Knopflochmikrofon n, Kavaliermikrofon n
buzz track Geräuschspur f, Summstreifen m
buzzer Summer m, Unterbrecher m
buzzer indicator *(Nrt)* Summerschauzeichen n
bypack *(Dat)* Zusatz m *(zur Herstellung von Programmkompatibilität)*
bypass 1. Umgehung f; Umleitung f; 2. *(Et)* Nebenschluss m; Verzweigung f; Überbrückung f
bypass filter Überbrückungsfilter n, Umgehungsfilter n, Durchschaltefilter n
bypass line Umgehungsleitung f

bypass system Umgehungssystem n, Ableitung f (für Hochfrequenz)
byte (Dat) Byte n (Speichereinheit einer Folge von 8 Bit)
byte address Byteadresse f
byte clock Bytetakt m
byte processor Byteprozessor m, Wortprozessor m
byte-serial byteseriell
byte timing Bytetakt m
byzantine fault ungünstigste Fehlerkombination f

C

C s. computer programming language C
C++ (Dat) Programmiersprache f (Erweiterung der Programmiersprache C, objektorientiert)
C-chip C-Chip m (Mobilfunk-Modul, Mikrorechner im Automobil für Mobilfunktechnik)
C-net (Ko) C-Netz n, analoges Mobilfunknetz m im 450MHz-Band (ab 01.01.2001 außer Betrieb genommen)
C-size cell Baby-Zelle f (Batterie oder Akku; LR14, MN1400, 4014, AM2)
CA s. certification authority
cable 1. Kabel n, Leitungskabel n, Leitung f; 2. Drahtnachricht f, Kabel n, Telegramm n; 3. Seil n, Drahtseil n, Stahlseil n
cable access point Kabelanschlusspunkt m
cable accessories Kabelzubehör n, Kabelgarnitur f
cable box Kabelkasten m; Kabelmuffe f; Kabelendverschluss m
cable box bushing Durchführung f für Kabelanschluss
cable carrier system (Nrt) Trägerfrequenzsystem n auf Kabelleitungen
cable clip Kabelklemme f; Leitungsklemme f; Kabelschuh m; Kabelschelle f
cable code (Nrt) Kabelcode m, Leitungscode m
cable communication (Nrt) Kabelübertragung f
cable connecting terminal Kabel(anschluss)klemme f

cable connection Kabelverbindung f, Kabelanschluss m
cable connection box Kabelanschlusskasten m
cable connector Kabelverbinder m, Leitungsverbinder m
cable digital video broadcasting (Fs) digitales Kabelfernsehen n (siehe auch: DVB-T)
cable end box [piece, sleeve] Kabelendverschluss m
cable eye Kabelöse f
cable fastener Kabelbinder m
cable joint box Kabelanschlusskasten m, Kabelübergangskasten m, Kabelverbindungskasten m
cable jointing sleeve Kabelmuffe f; Verbindungsmuffe f; Abzweigmuffe f
cable lug Kabelschuh m, Kabelklemme f, Kabelöse f
cable make-up Kabelaufbau m
cable morse code Seekabelmorsecode m (Dreielementecode)
cable plug Kabelstecker m
cable pole Endmast m; Kabelmast m
cable screening Kabelabschirmung f
cable shield Kabelschirm m
cable sleeve Kabelmuffe f, Kabelverbinder m; Kabelverbindung f
cable socket Kabelstecker m; Kabelschuh m
cable television Kabelfernsehen n
cable television network (Fs) Kabelfernsehnetz n
cable terminal box Kabelendverschluss m; Kabelschrank m, Kabelverteiler m, Verteiler m
cabling 1. Verkab(e)lung f; Verdrahtung f; 2. Kabelsystem n
cabling machine Kabelverseilmaschine f
cache (Dat) schneller Zwischenspeicher m (zur Beschleunigung des Zugriffs auf Festplatte oder Arbeitsspeicher)
cache array routing protocol, CARP Protokoll n zur Koordinierung von Web-Caches
cache consistency Cache-Konsistenz f
cache-memory 1. Cachespeicher m, (schneller) Pufferspeicher m; 2. (Dat) Größe f (des rechnereigenen Zwischenspeichers), Cache f
cage Käfig m

cage 56

cage aerial Käfigantenne f, Reusenantenne f
cage motor Käfig(läufer)motor m
cage rotor Kurzschlussläufer m
calculate v (be)rechnen, ausrechnen, errechnen, kalkulieren
calculating machine Rechenmaschine f, Rechner m für einfache Operationen
calculating operation Rechenoperation f
calculator Rechenmaschine f, (einfacher) Rechner m, Rechenautomat m
calculator logic chip Rechner--Logikchip m
calibrate v (Mess) kalibrieren, graduieren, (ein)teilen; justieren; eichen
calibrated generator Eichgenerator m
calibrated spark gap Messfunkenstrecke f
calibration (Mess) Kalibrieren n, Graduieren n; Einmessen n; Eichung f (eichamtlich)
calibration accuracy Kalibriergenauigkeit f; Eichgenauigkeit f
calibration capacitor Eichkondensator m
calibration chart 1. Eichtabelle f, Eichblatt n; 2. Eichdiagramm n, Eichkurve f; 3. (Nrt) Funkbeschickungstabelle f
calibration check 1. Eichkontrolle f; 2. (Ak) Nachkalibrierung f, Kontrolleichung f
calibration curve 1. Eichkurve f; Einmesskurve f; 2. statische Kennlinie f, Fehlerkurve f
calibration instructions pl Kalibrieranweisung f
calibration level Eichpegel m
calibration resistor (Mess) Eichwiderstand m
calibration standard Prüfnormal n
call v anrufen, telefonieren
call v **back** zurückrufen, rückfragen
call v **up** anrufen
call 1. (Nrt) Anruf m, Ruf m; 2. (Dat) Unterprogrammaufruf m, Aufruf m, Ruf m
call acceptance Rufannahme f
call acceptance signal (Nrt) Rufannahmesignal n, Teilnehmer-

-Freizeichen n, Freizeichen n (unterbrochener langer Ton)
call address (Dat) Rufadresse f (für Unterprogramm)
call answering device (Nrt) Anrufbeantworter m
call bell Anrufwecker m
call charge rate (Nrt) Telefontarif m, Fernsprechtarif m, Tarif m für den Telefondienst
call charging indication Gebührenanzeige f
call command (Dat) Aufrufbefehl m, Rufbefehl m (für Unterprogramm)
call completion (Nrt) Verbindungsherstellung f
call counter Gesprächszähler m
call distribution system Anrufverteilungssystem n
call-in (Dat) Aufruf m
call number 1. Fernsprechnummer f, Rufnummer f, Anschlussnummer f; 2. (Dat) Programmkennzahl f
call pick-up Anrufübernahme f
call processing language Anruf--Verarbeitungssprache f
call queued (Nrt) Anruf m in Warteschleife
call repeat key (Nrt) Wahlwiederhohltaste f
call response Rufbeantwortung f
call tracing Rückwärtsverfolgen n, Fangen n (der rufenden Station)
call waiting Anklopfen n (Systembetrieb)
call word (Dat) Kennwort n (den Sprungbefehl enthaltendes Befehlswort)
calling Rufen n, Anrufen n
calling and clearing lamp Anruf- und Schlusslampe f
calling card (Nrt) Telefonkarte f, Geldkarte f zur Benutzung des Kartentelefons
calling cord Verbindungsschnur f
calling customer (Nrt) anrufender Teilnehmer m
calling jack Anrufklinke f
calling key Ruftaste f, Rufschalter m
calling plug (and cord) Verbindungsstöpsel m
calling rate 1. Anrufhäufigkeit f; Belegungen fpl pro Leitung; 2. Gesprächsgebühr f

calling signal *(Nrt)* CNG, Rufton m, Tonruf m, Anrufsignal n *(Wecker, Klingeltöne, wählbare Tonfolge oder Melodie)*
calling tone *(Nrt)* Rufton m, Tonruf m, Anrufsignal n
calling tone generator *(Nrt)* RSM f, Ruf- und Signalmaschine f *(erzeugt Hörtöne)*
caloric value m Brennwert
calorie Kalorie f *(SI-fremde Einheit für Arbeit, Energie und Wärmemenge; 1 cal = 4,1868 J)*
cam Nocken m
cambered wafer *(Me)* gewölbter Wafer m
camcorder Kamerarekorder m, Camcorder m *(Kamera zum Aufnehmen und Abspielen von Videofilmen)*
camera Kamera f; Fernsehkamera f
camera monitor Monitor m, Kamerakontrollgerät n
camera storage tube Kameraspeicherröhre f, Aufnahmespeicherröhre f
camera tube Bildaufnahmeröhre f, Fernsehaufnahmeröhre f, Aufnahmeröhre f; Fernsehsenderöhre f
camshaft switch Nockenschalter m
can Haube f, Kappe f; Gehäuse n; Becher m
can anode Topfanode f
CAN B Bus CAN-B-BUS m *(Bussystem im Automobil, 100 bis 500 kbit/s)*
CAN-C, CAN C BUS CAN-C-BUS m *(Bussystem im Automobil, 200 kbit/s bis 1 Mbit/s)*
canal Kanal m; Schacht m
canal hearing aid im Gehörgang zu tragendes Hörgerät n
canal rays Kanalstrahlen mpl
cancel v 1. auflösen; auslöschen; aufheben, annullieren, ungültig machen; 2. *(Nrt)* streichen *(Anmeldung)*
cancel character Aufhebungszeichen n
cancel command Löschbefehl m
cancel key s. cancellation key
cancellation Kürzung f, Streichung f; Aufhebung f, (gegenseitiges) Aufheben n; Unterdrückung f
cancellation key Löschtaste f, Rücknahmetaste f, Stornierungstaste f

candela Candela f, cd *(SI-Einheit der Lichtstärke)*
candela per square metre Candela f pro Quadratmeter, cd/m^2 *(SI-Einheit der Leuchtdichte)*
canning 1. Umhüllung f, Umkapselung f; 2. *(sl)* Tonaufnahme f, Tonkonserve f
canopy Schutzdach n, Regendach n; Leuchtendach n
cap 1. Kappe f, Haube f, Deckel m; Kapsel f; 2. Sockel m
cap-and-pin insulator Kappenisolator m, Stützisolator m
capability Fähigkeit f, Vermögen n; Leistungsfähigkeit f; Tauglichkeit f
capacitance Kapazität f, kapazitiver Widerstand m
capacitance of the p-n junction *(Me)* Sperrschichtkapazität f
capacitive kapazitiv
capacitive charge *(Me)* kapazitive Ladung f
capacitive pick-up kapazitiver Aufnehmer m [Geber m]
capacitivity Dielektrizitätskonstante f
capacitor Kondensator m
capacitor aerial Kondensatorantenne f
capacitor box Kondensatorgehäuse n
capacitor bushing Kondensatordurchführung f; gesteuerte Durchführung f, Durchführung f mit Potenzialsteuerung
capacitor bushing condenser (deprecated) Kondensatordurchführung f *(IEC 50-151)*
capacitor circuit-breaker Kondensatorschalter m
capacitor loudspeaker elektrostatischer Lautsprecher m, Kondensatorlautsprecher m
capacitor motor Kondensatormotor m
capacitor pick-up kapazitiver Aufnehmer m *[Tonabnehmer m]*
capacitor split-phase motor Kondensatormotor m
capacity 1. Kapazität f; Leistungsfähigkeit f, Leistungsvermögen n, Belastbarkeit f; 2. s. capacitance; 3. Vermögen n; Aufnahmefähigkeit f; 4. *(Dat)* Zahlenbereich m; maximale Stellenzahl f; Speicherfähigkeit f

capacity bridge Kapazitätsmessbrücke f

capacity ignition noises Zündstörungen fpl (in Hochfrequenzanlagen)

CAPI s. crypto API

capless bulb Glassockellampe f

capped mit Schutzüberzug versehen, bedeckt (GaAs-Mikroelektronik)

capping Überziehen n, Bedecken n, Einhüllen n (mit Schutzüberzug)

capping layer (Me) Verkappungsschicht f, Deckschicht f

capstan Antriebswelle f, Tonrolle f, Antriebsrolle f, Treibrolle f, Bandantriebsachse f (Magnetbandgerät)

capstan drive Tonrollenantrieb m

capstan motor Antriebsmotor m für die Tonrolle

capsule Kapsel f, kleines Gehäuse n; Dose f, Druckdose f; Membrandose f; Fernsprechkapsel f

capsule thyristor Scheibenthyristor m

capture 1. Einfangen n, Einfang m (z. B. von Elektronen); 2. Speicherung f (eines Momentanzustandes)

capture effect Mitnahmeeffekt m

car aerial Autoantenne f

car antenna (AE) (Ko) Autoantenne f, Fahrzeugantenne f

car electronics Kraftfahrzeugelektronik f

car installation kit (Ko) Autoeinbausatz m

car mounting (Ko) Fahrzeugeinbau m

car-park routing system Parkleitsystem n

car position finding (Fo, Ko) Standortbestimmung f von Fahrzeugen (siehe GPS)

car radio telephone (Ko) Autotelefon n, Mobiltelefon n

car telephone system C (Ko) Autotelefonnetz n C, Mobilfunk-Netz n C im 450 MHz-Bereich (analoges zellulares Mobilfunksystem; ab 01.01.01 außer Dienst genommen)

carbon contact pick dust microphone [transmitter] Kohlenstaubmikrofon n

carbon contact pick filament Kohlefaden m

carbon contact pick microphone Kohlemikrofon n

carbon contact pick-up Kohlemikrofontonabnehmer m, Aufnehmer m [Tonabnehmer m] nach dem Kohlemikrofonprinzip

card 1. (Dat) Karte f, Lochkarte f; 2. (Me) Platine f, Karte f

card code Kartencode m, Kartenschlüssel m, Lochkartencode m

card feed Kartenzuführung f

card memory Kartenspeicher m

card plug-in unit Karteneinschub m

card punch Kartenstanzer m, Kartenlocher m

card random-access memory Magnetkartenspeicher m (mit willkürlichem Zugriff)

card verifying Kartenprüfung f

cardboard (Hsp) Hartpapier n

cardiac fibrillation Herzflimmern n (E--Unfall)

cardiac pacemaker Herzschrittmacher m

carphone (Ko) Autotelefon n, Mobiltelefon n

carriage 1. Wagen m, Schlitten m; Laufwerk n; Fahrgestell n; 2. Transport m, Beförderung f

carrier 1. Träger m, Ladungsträger m; 2. s. carrier wave; 3. (Ma) Mitnehmer m; 4. Träger m, Trägersubstanz f (z. B. Harzträger)

carrier accumulation layer Trägeranreicherungsschicht f

carrier amplifier Träger(frequenz)verstärker m

carrier amplitude Trägeramplitude f, Amplitude f einer Trägerschwingung

carrier-current telegraphy Trägerfrequenztelegrafie f, TF--Telegrafie f, Träger(strom)telegrafie f, Wechselstromtelegrafie f, WT, Überlagerungstelegrafie f

carrier depletion Trägerverarmung f, Ladungsträgerverarmung f, Ladungsträgerverdrängung f

carrier-excited trägererregt, trägerfrequenzbetrieben (z. B. Schwingungsaufnehmer)

carrier frequency (Nrt) Trägerfrequenz f, TF

carrier-frequency band (Nrt) Trägerfrequenzband n, TF-Band n (4kHz Bandbreite)

carrier-frequency beat
Trägerfrequenzschwebung f
carrier generation Trägerbildung f,
Ladungsträgererzeugung f
carrier injection Trägerinjektion f
carrier link Trägerfrequenzverbindung f,
TF-Verbindung f
carrier storage Trägerspeicherung f
carrier suppression
Träger(frequenz)unterdrückung f
carrier telephony
Träger(frequenz)telefonie f
carrier-to-noise ratio Träger-Rausch-
-Abstand m
carrier trap Trägerfangstelle f,
Trägerfalle f
carrier wave Trägerwelle f
carry v 1. tragen, (unter)stützen; 2.
(mit)führen, befördern; übertragen
carry a current einen Strom tragen,
Strom führen
carry 1. (Dat) Übertrag m; 2.
Übertragung f
carry bit Übertragsbit n
carry flag Übertragskennzeichen n
carry flip-flop Übertrags-Flipflop n
carry-over Übertrag m
carry signal Übertragssignal
carrying capacity 1. Strombelastbarkeit
f, Belastbarkeit f, Belastungsfähigkeit
f; 2. Tragfähigkeit f, Tragvermögen n
cartridge 1. Patrone f; 2. Kassette f,
Magnetbandkassette f; 3.
Tonabnehmereinsatz m; Kapsel f
(Mikrofon)
cartridge disk Speicherwechselplatte f,
Wechselplatte f
cartridge tape Magnetbandkassette f
cartridge-type brush holder
Köcherbürstenhalter m
cartwheel aerial Radantenne f
cascade Kaskade f;
Hintereinanderschaltung f;
Kettenschaltung f, Reihenschaltung f;
Verstärkerstufe f
cascade amplifier Kaskadenverstärker
m, Stufenverstärker m,
Mehrstufenverstärker m
cascade printer Mehrfachdrucker m,
Mehrfachschreiber m
cascade rectifier
Kaskadengleichrichter m
cascaded gestaffelt, gestuft; in Kaskade
geschaltet

cascaded circuit Kaskadenschaltung f
cascaded operation (Me)
Kaskadenbetrieb m
case Gehäuse n, Behälter m, Kapsel f;
Papphülse f, Batteriekarton m
case hardening Einsatzhärtung f,
Oberflächenhärtung f (im Einsatz)
case temperature (Le)
Gehäusetemperatur f
casing Gehäuse n, Hülle f, Verkleidung f,
Ummantelung f; Schutzhülle f;
Mantelrohr n, Verrohrung f
casseiver Radiorekorder m,
Rundfunkgerät n mit Kassettenteil
cassette 1. Kassette f; 2. (Me)
Befestigung f, Halter m (für Substrat
oder Maske)
cassette deck Kassettendeck n
cassette player Kassettenabspielgerät
n
cassette recorder (Ko)
Kassettenrekorder m
(Tonkasettenaufnahme- und
Wiedergabegerät)
cassette storage Kassettenspeicher m
cassette tape Kassettenband f
cast 1. Guss m; 2. Gussstück n; Abguss
m; Form f, Modell n; 3. Farbstich m
cast resin Gießharz n
catch Anschlag m, Sperre f, Klinke f;
Verschluss m;
Arretier(ungs)vorrichtung f, Arretierung
f
catcher Auskoppelungsglied n,
Ankoppelungsglied n;
Ausgangsresonator m
catenary 1. Fahrleitung f; 2. Kettenlinie f
(Mathematik)
catenary wire Tragseil n (bei Leitungen)
cathode Katode f, negative Elektrode f,
Minuselektrode f; negativer Pol m,
Minuspol m
cathode arc Katodenbogen m
cathode arrester Katodenfallableiter m
cathode dark space
Katodendunkelraum m, hittorfscher
Dunkelraum m
cathode drop
Katoden(spannungs)abfall m,
Katodenfall m
cathode drop arrester
Katodenfallableiter m
cathode fall Katoden(ab)fall m
cathode glow Katodenglimmlicht n

cathode

cathode noise Katodenrauschen n
cathode point Lichtbogenfußpunkt m
cathode ray Katodenstrahl m, Elektronenstrahl m
cathode sputtering Katodenzerstäubung f
cathodic katodisch
cathodic activation katodische Aktivierung f
cathodic deposit Katodenniederschlag m
cathodolithography Elektronenstrahllithographie f
cation Kation n, positiv geladenes Ion n
cation exchange Kationenaustausch m
cation migration Kationenwanderung f
cation vacancy Kationenleerstelle f, Kationenfehlstelle f, Kationenlücke f
cause-and-effect relationship Ursache-Wirkung-Beziehung f
cauterization 1. Kauterisation f, Brennen n (Elektromedizin); 2. Abbeizen n, Ätzen n, Zerstörung f durch Laugeneinwirkung
cavern-type power station Kavernenkraftwerk n
cavity 1. Hohlraum m, Hohlkammer f, Höhlung f; Lufteinschluss m (z. B. in Isoliermaterial); 2. (Laser) Resonator m; 3. (Me) Aufnahmeraum m (für einen Chip); versenkter Bondraum m (im Chipträger)
cavity band pass Hohlraumbandpass m
cavity filter Hohlraumfilter n, Hohlraumresonatorfilter n, Topfkreisfilter n
cavity resonator Hohlraumresonator m, Topfkreis m, Schwingtopf m
CCD s. charge-coupled device
CCD array CCD-Anordnung f, CCD-Zeile f
CCD chip Ladungsspeicherchip m
CCD imager CCD-Bildaufnehmer m, CCD-Bildwandler m
CCITT Abkürzung aus: Comité Consultatif International Télégraphique et Téléphonique
CD burner Brenner m, CD-Brenner m
CD-player (Ko) CD-Abspielgerät n, CD-Spieler m, CD-Player m
CD-read/write-drive (Ko, Dat) CD-Lese-/Schreib-Laufwerk n, CD-Leser und -Brenner m (für Wiedergeben sowie Brennen und Speichern von Daten)
CD-ROM drive CD-Laufwerk n für PCs (für Wiedergabe von auf CDs gespeicherten Dateien)
CD-ROM preform (Ko) CD-ROM-Rohling m, beschreibbare CD-ROM f (optischer Audio- und Datenspeicher, Kapazität: 650 MByte, Durchmesser: 12 cm; mit CD-Brenner-Laufwerk am PC beschreibbar)
CDR Verrechnungs-Datensatz m (charging data record)
CEE-equipment plug (genormter) CEE-Kragengerätestecker m
ceiling 1. Decke f (eines Raumes); 2. Gipfelhöhe f (Flugwesen); 3. Wolkenhöhe f
ceiling fitting Deckenleuchte f
ceiling level 1. (Rt) Deckenspannung f; 2. höchstzulässiger [nicht zu überschreitender] Pegel m
ceiling lighting Deckenbeleuchtung f
ceiling voltage Spitzenspannung f, maximale [höchste] Spannung f, Deckenspannung f
cell 1. Zelle f, Element n; galvanische [elektrolytische] Zelle f; 2. Schaltungseinheit f, Schaltzelle f, Zelle f (in integrierten Schaltungen); 3. Speicherzelle f
cell array Zell(en)matrix f
cell connector Polbrücke f, Polverbindung f, Steg m; Schaltverbindung f
cell layout (Me) Zellen-Layout n
cell library Zellenbibliothek f (Schaltkreisentwurf)
cell-type tube Hochfrequenzschaltröhre f, HF-Schaltröhre f
cellular horn Trichter m des Hochtonlautsprechers
cellular layout Zellentwurf m (integrierte Schaltung)
cellular mobile radio (Ko) zellularer Mobilfunk m
CENELEC Kurzwort aus European Commission for Electrotechnical Standardization
cent (Ak) Cent n (1 Cent = 1/100 Halbton = Oktave/1200)
center-tapped mit Mittelanschluss m
centesimal degree Neugrad m

cermet

centigrade range Celsiusskalenbereich *m*
centigrade scale 100-Grad-Skale *f*, Zentesimaleinteilung *f* (des Thermometers)
centimetre-gram(me)-second unit Zentimeter-Gramm-Sekunde-Einheit *f*, CGS-Einheit *f*
centimetre waves Zentimeterwellen *fpl*
central 1. Zentrale *f*; 2. (Nrt) Amt *n*
central amplifier Zentralverstärker *m*
central bus Zentralbus *m*
central computer Zentralrechner *m*, Verarbeitungsrechner *m*
central conductor Mittelleiter *m*, Innenleiter *m*, Nullleiter *m*
central contact cap Steckfassung *f* mit Mittelkontakt
central control desk Hauptsteuerpult *n*; Regiepult *n*
central core Mittelkern *m*, Kern *m* (beim Transformator)
central data processor zentrale Datenverarbeitungseinheit *f*
central electrode (Hsp) Mittelelektrode *f*, Zündelektrode *f*
Central European Summer Time MESZ *f*, mitteleuropäische Sommerzeit *f* (GMT + 2h)
central office (Nrt) HVSt *f*, Hauptvermittlungsstelle *f*
central office line (Nrt) Amtsleitung *f* (vom Teilnehmer zum Amt; Teilnehmeranschlussleitung)
central office trunk (Nrt) Amtsfernleitung *f*, Amtsfernleitungsbündel *n* (zu anderen HVst, ZVst oder KVst des Fernnetzes)
central power station Kraftwerk *n*
central processing element zentrales Verarbeitungselement *n*, Prozessorelement *n*
central processing unit zentrale Verarbeitungseinheit *f*, Zentral(verarbeitungs)einheit *f*, ZVE
central processor Zentralprozessor *m*
central ray Hauptstrahl *m*; Mittelstrahl *m*
central unit (Dat) Zentraleinheit *f*
central wire Kernleiter *m* (Kabel)
centre Zentrum *n*, Mittelpunkt *m*; Kern *m*; Wirbelpunkt *m* (Gleichgewichtspunkt in der Phasenebene)
centre bar Mittelleiter *m*

centre-break disconnector [switch] Schalter *m* mit Mittelpunktslage (der Kontakte); Drehtrenner *m*
centre drive Zentralantrieb *m*; Achsantrieb *m*
centre point Mittelpunkt *m*; Sternpunkt *m*
centre tap Mittelanzapfung *f*, Mittelabgriff *m*, Mittelanschluss *m*
centre zero instrument Instrument *n* mit Nullpunkt in der Skalenmitte, Instrument *n* mit symmetrischer Skale
centrifugal zentrifugal; Fliehkraft...
centrifugal acceleration Fliehkraftbeschleunigung *f*
centrifugal drier Trockenschleuder *f*, Trockenzentrifuge *f*
centrifugal drum Schleudertrommel *f*
centring Zentrierung *f*
centring control (Fs) Bildstandregelung *f*
cepstrum (Ak) Cepstrum *n* (Spektrum eines Spektrums)
cepstrum vocoder spektraler Vocoder *m* (Sprachdecodierer)
ceramic keramisch; Keramik...
ceramic-based circuit gedruckte Schaltung *f* (nach der Einbrennmethode hergestellt)
ceramic-based circuit method Einbrennmethode *f* (keramische Technik zur Herstellung gedruckter Schaltungen)
ceramic board (Me) Keramikplatte *f*
ceramic bushing keramische Durchführung *f*, Keramikdurchführung *f*
ceramic chip carrier (Me) Keramik--Chipträger *m*
ceramic cover (Me) Keramikdeckel *m*
ceramic dual-in-line package keramisches DIL-Gehäuse *n*, keramisches Dual-in-Line-Gehäuse *n*
ceramic insulation Keramikisolation *f*
ceramic microphone keramisches [piezoelektrisches] Mikrofon *n*
ceramic package Keramikgehäuse *n*
ceramic printed circuit board Keramikleiterplatte *f*
ceramicon Keramikkondensator *m*, keramischer Kondensator *m*
cermet (Abk. für: ceramic-metal) 1. Metallkeramik(masse) *f*, Cermet *n*,

cermet

metallkeramischer Werkstoff *m*; 2. Metall-Keramik Technik *f*
cermet fuel *(Ee)* Cermet-Brennstoff *m*
certain triggering *(Le)* sichere Zündung *f*
certainty index *(Rt)* Sicherheitsindex *m*
certification authority, CA Zertifizierungsstelle *f*
CEST *s.* Central European Summer Time
CGI *s.* common gateway interface
CGS electromagnetic system (of units) *(Mess)* elektromagnetisches CGS-System *n*
CGS electrostatic system (of units) *(Mess)* elektrostatisches CGS-System *n*
chain 1. Kette *f*, Gliederkette *f*; Kettenleiter *m*
chain amplifier Kettenverstärker *m*
chain code Kettencode *m*
chain-dotted line Strichpunktlinie *f*
chain insulator Kettenisolator *m*, Isolatorkette *f*
chain winding *(Ma)* Korbwicklung *f*
chalkboard lighting Wandtafelbeleuchtung *f*
challenge *v (Fo)* abfragen
challenge handshake authentication protocol, CHAP Challenge--Handshake--Authentifizierungsprotokoll *n* (Protokoll zur Authentifizierung bei PPP, Challenge-Response-Verfahren ohne Übertragung des Klartext-Passworts)
challenge switch Kennungsschalter *m* (Radar)
chance 1. Möglichkeit *f*, Wahrscheinlichkeit *f*; 2. *(Rt)* Zufall *m* (als Störursache)
chance causes Zufallsursache *f*
chance failure Zufallsfehler *m*
chandelier Kronleuchter *m*, mehrarmige Deckenleuchte *f*
change Änderung *f*, Veränderung *f*, Wechsel *m*; Austausch *m*; Übergang *m*; Umschaltung *f*
change-back signal *(Nrt)* Rückschaltzeichen *n*
change coil instrument Wechselspulinstrument *n*
change lever Umschalthebel *m*, Schalthebel *m*
change-over 1. Umschalten *n*,

Umschaltung *f*; 2. Umstellung *f*; 3. Überblendung *f*
change-over break-before-make contact Wechsler *m* mit Unterbrechung
change-over make-before-break contact Wechsler *m* ohne Unterbrechung, Folgewechsler *m*
change-pole induction motor Asynchronmotor *m* mit Polumschaltung, polumschaltbarer Motor *m*
change-tune switch Wellen(bereichs)schalter *m*
changing light Wechselfeuer *n* (Leuchtfeuer)
channel 1. Kanal *m*, Rohr *n*, Schacht *m*; 2. *(Nrt)* Nachrichtenkanal *m*, Übertragungskanal *m*, Frequenzkanal *m*, Fernsehkanal *m*, Kanal *m*; 3. *(Dat)* Kanal *m*, Spur *f*
channel adapter Kanaladapter *m*, Kanalanschlussgerät *n*
channel address Kanaladresse *f*
channel capacity Kanalkapazität *f* (maximaler Nachrichtenfluss in einem Kanal bei optimaler Codierung); Informationskapazität *f* eines Kanals
channel carrier Kanalträger *m*
channel cross-talk Kanalnebensprechen *n*
channel current Kanalstrom *m*
channel current density *(Me)* Kanalstromdichte *f* (bei FET)
channel lights Wasserlandebahnfeuer *n*, Fahrwasserfeuer *n*
channel mobility *(Me)* Kanalbeweglichkeit *f*
channel scanning Kanalabtastung *f* (z. B. in der Fernmesstechnik)
channel separation 1. Kanalabstand *m*; 2. Kanaltrennung *f* (z. B. bei Stereotechnik)
channel spacing Kanalabstand *m*
channel stop 1. Kanalbegrenzung *f*, Kanalverhinderung *f*, Kanalstopp *m*, Channelstop *m*; 2. Kanalstopper *m*
channel width Kanalbreite *f*
character Zeichen *n*, Symbol *n* (Informationstheorie, Programmierung); Schriftzeichen *n*; Ziffer *f*, Zahl *f*
character alignment

character code Zeichencode *m*
character density *(Dat)* Zeichendichte *f* *(Anzahl der Zeichen pro Längeneinheit)*
character encoder Schriftdecodierer *m*
character generator Zeichengeber *m*, Zeichengenerator *m*
character light Kennfeuer *n*
character parity Zeichenparität *f*
character per second *(Dat)* Zeichenanzahl *f* pro Sekunde *(Kenngröße zur Beurteilung von Druckern)*
character printer Zeichendrucker *m*, Komplettdrucker *m* *(Typenraddrucker, "Daisywheel" im Gegensatz zum Matrixdrucker)*
character rate Zeichenrate *f*, Zeichengeschwindigkeit *f*
character recognition Zeichenerkennung *f*
character recognition error Zeichenerkennungsfehler *m*
character sequence Zeichenfolge *f*
character set Zeichenmenge *f*, Zeichenvorrat *m*, Zeichensatz *m*
character spacing Zeichenabstand *m*
characteristic 1. (charakteristisches) Merkmal *n*, Eigenschaft *f*; 2. Kennlinie *f*, Kurve *f*; 3. Kennziffer *f*
characteristic Boolean equation *(Dat)* charakteristische boolesche Gleichung *f* ($f(x) = 1$)
characteristic curve Kennlinie *f*
characteristic data Kenndaten *pl*
characteristic distortion *(Nrt)* charakteristische Verzerrung *f*, Regelverzerrung *f*
characteristic forward value Durchlasskennwert *m*
characteristic of a beacon Kennung *f* *(Verlauf der kennzeichnenden Lichterscheinung eines Leuchtfeuers)*
characteristic response *(Rt)* Übergangsverhalten *n*
characteristic under load Lastkennlinie *f*
characteristic value charakteristischer Wert *m*, Eigenwert *m*, Kennwert *m*
characteristic with dead band *(Rt)* Kennlinie *f* mit Totzone

characteristics Kenndaten *pl*, Kennziffern *fpl*; Kennlinien *fpl*
characters per line Zeichen *npl* pro Zeile
characters per second Zeichen *npl* pro Sekunde
charge 1. Ladung *f*, Auflading *f* *(z. B. einer Batterie)*; 2. Ladung *(eines Ions)*; 3. Charge *f*, Füllung *f*; 4. Gebühr *f*, Taxe *f*
charge bleeder Ladungsableiter *m*
charge carrier Ladungsträger *m*
charge carrier injection Ladungsträgerinjektion *f*, Ladungsträgereinlagerung *f*
charge carrier mobility Ladungsträgerbeweglichkeit *f*
charge control *(Me)* Ladungssteuerung *f*
charge-coupled device ladungs(träger)gekoppeltes Bauelement *n*, CCD-Element *n*, Ladungsspeicherbaustein *m*
charge-coupled memory Ladungsspeicher *m*, CCD-Speicher *m*
charge-coupled random-access memory CCD-RAM *n*, ladungsgekoppeltes RAM *n*
charge current Ladestrom *m*
charge generation Ladungserzeugung *f*
charge indicator 1. Ladungsanzeige(vorrichtung) *f*; 2. Spannungsprüfer *m*; 3. *(Nrt)* Gebührenanzeiger *m*
charge induced ladungsinduziert
charge pattern Ladungsverteilung *f*, Ladungsbild *n*
charge preamplifier ladungsempfindlicher Vorverstärker *m*
charge production Erzeugung *f* von Ladungen
charge reactance Einsatzreaktanz *f*
charge reaction Ladereaktion *f*, Ladevorgang *m*
charge resistance furnace Widerstandsspeicherofen *m*
charge response Ladungsempfindlichkeit *f*, Ladungsübertragungsfaktor *m*
charge storage Ladungsspeicherung *f*
charge time Chargenzeit *f*
charge transit time Ladungsträgerlaufzeit *f*
charge unit Gebühreneinheit *f*

chargeable 64

chargeable duration of calls *(Nrt)* gebührenpflichtige Gesprächsdauer f
charger (unit) Ladegerät n, Ladeeinrichtung f, Ladevorrichtung f
charging *(Me)* Laden n, Aufladen n, Ladevorgang m, Ladung f
charging area *(Nrt)* Gebührenzone f
charging circuit Ladeschaltung f, Ladekreis m
charging current Ladestrom m
charging current impulse [surge] Ladestromstoß m
charging curve Ladungskurve f
charging device Ladeeinrichtung f
charging factor Ladefaktor m
charging generator Ladegenerator m
charging machine Chargiermaschine f
charging of a surface Oberflächen(be)ladung f
charging period Ladezeit f
charging plug Ladestecker m
charging rack Ladegestell n
charging rectifier Ladegleichrichter m
charging socket Ladesteckdose f
charging station Ladestation f *(für Akkus)*
charging switch Ladeschalter m
charging unit *(Nrt)* Gebühreneinheit f
chart 1. Diagramm n; 2. Diagrammpapier n, Registrierstreifen m
chart clip Papierklemme f
chart drive Papierantrieb m
chart recorder Registrierschreiber m, Streifenschreiber m, Schreiber m
chatter effect Brummeffekt m *(des Kerns)*
chatter mark Rattermarke f
chatter-proof prellsicher *(Schalter)*
check v 1. kontrollieren, (über)prüfen, nachprüfen, nachmessen; 2. hemmen, aufhalten, (ab)bremsen; 3. platzen, rissig werden *(z. B. Isolierlacke)*
check v **up** (nach)prüfen; nachzählen
check 1. Kontrolle f, Überprüfung f, Nachprüfung f, Prüfung f, Probe f; 2. Kontrollversuch m
check-back Überprüfung f *(der auf Band eingeschriebenen Information)*; Rückmeldung f; Rückprüfung f
check-back input Rückmeldeeingang m
check bit Prüfbit n, Kontrollbit n

check character Prüfzeichen n, Kontrollzeichen n
check circuit Prüfschaltung f, Kontrollschaltung f
check command Prüfbefehl m
check digit Prüfziffer f, Kontrollziffer f
check sample Probestück n, Prüfmuster n, Prüfling m
checked punching *(Dat)* geprüfte Lochung f
checking 1. Kontrollieren n, Prüfen n; Überwachung f; Nachmessung f; 2. Rissbildung f *(in Isolieranstrichen)*
checking device Prüfeinrichtung f, Kontrolleinrichtung f
checking feature Prüfeinrichtung f
checking subroutine Prüfunterprogramm n
checkout Kontrolle f; Gesamtprüfung f
checkpoint Kontrollpunkt m
cheese antenna Radarantenne f mit scheibenförmigem Parabolreflektor, Segmentantenne f
chemical conversion coating chemische Konversionsschicht f, chemisch aufgebrachte Beschichtung f *(als Schutz oder Dekoration)*
chemical deposition chemisches [stromloses] Abscheiden n; chemische Verspiegelung f *(bei gedruckten Schaltungen)*
chemical diffusion chemische Diffusion f *(auf Grund eines elektrochemischen Potenzialgefälles)*
chemical FET CHEMFET m, Chemo--FET m *(mit chemischer Membran als Gate)*
chemical-resistant chemikalienfest, chemikalienbeständig
chevron Winkelmuster n *(Bubble--Speicher)*
chief ray Hauptstrahl m
child lock *(Ko)* Kindersicherung f
CHILL *(Abk. für: CCITT high level language)* *(Nrt)* CCITT-Hochsprache f
chip *(Me)* Chip m
chip architecture Chiparchitektur f
chip bonding Chipbonden n, Chipbefestigung f
chip bump Chipbondhügel m
chip-card telephone Kartentelefon n
chip carrier Chipträger m
chip layout Chiplayout n, Chipentwurf m
chip pad Chipbondinsel f

chip yield Chip-Ausbeute f, Mikroelektronikbausteinausbeute f (im Chiptester)
chipboard Spanplatte f, Holzspanplatte f
choice 1. Wahl f, Auswahl f; 2. (Nrt) Suchstellung f
choice device Auswahlgerät n, Auswählgerät n
choke 1. Drossel(spule) f; 2. Sperre f; 3. Drosselventil n
choke coil Drossel(spule) f; Schutzdrossel f; Antennenableitdrossel f
choke connector Drosselflansch m
choke modulator Drosselmodulator m
choking Verdrosselung f
chopped arc abgeschnittener Lichtbogen m [Bogen m]
chopped coil Drossel(spule) f
chopped direct current zerhackter [gepulster] Gleichstrom m
chopped lightning impulse abgeschnittene Blitzstoßspannung f (IEC 50-604)
chopped strands mat (Hsp) Glasseidenmatte f
chopped wave abgeschnittene Welle f
chopper Chopper m, Zerhacker m, Unterbrecher m; elektromechanischer Modulator m [Zerhacker m]; elektronischer Zerhacker m, Pulser m, Pulssteller m
chopper amplifier Zerhackerverstärker m
chopper frequency Zerhackerfrequenz f
chord 1. Sehne f (Mathematik); 2. (Ak) Akkord m
chord method Sehnenverfahren n (zur Bestimmung der Dicke galvanischer Überzüge)
chord winding (Ma) Sehnenwicklung f
chroma 1. Farbenreinheit f; 2. Farb(en)intensität f (Sättigung einer Farbe im Munsell-System)
chroma control (Fs) Farbtonregler m
chromaticity Farbart f, Reizart f (eines Farbreizes)
chromaticity flicker Farbwertflimmern n
chrominance (Fs) Chrominanz f, Farbwert m
chrominance carrier Farbträger m

chrominance subcarrier Farbwertsubträger m
chromizing Inchromieren n, Diffusionschromieren n
chronopher (Nrt) Zeitzeichengeber m
CIE colour plane CIE-Farbtafel f (CIE = Commission Internationale d'Eclairage)
CIE distribution coefficients Normspektralwerte mpl (im CIE--System)
CIM s. common information model
cinch connector Cinchstecker m
cinch plug (Ko) Cinch-Stecker m, Stereo-Audio- und Video-Stecker m amerikanischer Norm
cinema digital sound digitale Tonaufzeichnung f auf Kinofilm
cinema screen Projektionsfläche f; Kinoleinwand f
cipher 1. Ziffer f; 2. Chiffre f, Schlüssel m
cipher sequence Schlüsselfolge f, Schlüsselwort n
ciphered message verschlüsselte Nachricht f, verschlüsselte Mitteilung n
ciphered signal (Nrt) chiffriertes Signal n, verschlüsseltes Signal n
ciphering key Chiffrierschlüssel m, Schlüsselwort n (auch Verschlüsselungsverfahren, Schlüssel)
ciphering machine Chiffriergerät n, Verschlüsselungsmaschine f (veraltet, z. B. Enigma; heute mit PC-Programm oder CRYPDEC-IC)
circle Kreis m
circle diagram Ortskurve f; Kreisdiagramm n
circle of confusion (Licht) Zerstreuungskreis m, Unschärfenkreis m
circuit Stromkreis m, Kreis m; Schaltung f
circuit algebra Schalt(ungs)algebra f
circuit angle (Le) Phasenwinkel m
circuit area (Me) Schaltungsfläche f, Schaltkreisfläche f
circuit board Leiterplatte f, Schaltungsplatte f, Schaltkarte f
circuit-breaker Leistungsschalter m; Schalter m, Ausschalter m, Unterbrecher m, Stromunterbrecher m
circuit breaking Abschaltung f, Abschaltvorgang m
circuit-breaking transient

Ausgleichsvorgang *m*, Einschwingen *n* *(beim Ausschalten)*
circuit-breaking transient current maximaler Wert *m* des Ausschaltstroms, Ausschaltstromstoß *m*
circuit closer Einschalter *m*, Stromschließer *m*
circuit commutated recovery time *(Le)* Freiwerdezeit *f*
circuit commutated turn-off time *(Le)* Abschaltzeit *f*
circuit crest working off-state voltage Durchlassscheitelsperrspannung *f*
circuit crest working reverse voltage Rückwärtsscheitelsperrspannung *f*
circuit damping Kreisdämpfung *f*
circuit design Schaltungsentwurf *m*, Schaltungsaufbau *m (z. B. bei Leiterplatten)*
circuit diagram Schaltplan *m*, Schaltbild *n*, Schaltschema *n*; Stromlauf *m*, Stromlaufzeichnung *f*
circuit interrupter Leistungstrenner *m*
circuit interruption by grid control *(Le)* Kurzschlusslöschung *f*
circuit layout Schaltungsauslegung *f*, Schaltkreisanordnung *f*, Schaltplan *m*
circuit noise level Leitungsrauschpegel *m*; Geräuschpegel *m*
circuit non-repetitive peak off-state voltage (nicht periodische) Vorwärtsspitzensperrspannung *f*
circuit non-repetitive peak reverse voltage (nicht periodische) Rückwärtsspitzensperrspannung *f*
circuit off-state interval Vorwärtssperrzeit *f*
circuit on standby Ruhestromschaltung *f*
circuit repetitive peak off-state voltage periodische Vorwärtsspitzensperrspannung *f*
circuit repetitive peak reverse voltage periodische Rückwärtsspitzensperrspannung *f*
circuit reverse blocking interval Rückwärtssperrzeit *f*
circuit reverse blocking class Spannungsreihe *f (bei Wandlern)*
circuit wiring Schaltungsverdrahtung *f*, Verdrahtung *f*
circuit with lumped elements Schaltung *f* mit konzentrierten Elementen
circuital vector field Wirbel(strom)feld *n*
circuitron *(Me)* zweiseitig gedruckte Schaltung *f*
circuitry Schaltungsanordnung *f*, Schaltungsaufbau *m*, Schalt(ungs)system *n*, Schaltungstechnik *f*
circular 1. kreisförmig, (kreis)rund; 2. umlaufend, zirkulierend; 3. periodisch (wiederkehrend)
circular acceleration Drehbeschleunigung *f*, Winkelbeschleunigung *f*
circular connector Rundstecker *m*
circular current Kreisstrom *m*
circular guide runder Hohlleiter *m*
circular loudspeaker Rundlautsprecher *m*
circular plug Rundstecker *m*
circular scan(ning) Spiralabtastung *f*, Kreisabtastung *f*
circular waveguide Rundhohlleiter *m*, runder Hohlleiter *m*
circular waveguide mode *(Nrt)* Rundhohlleiter-Mode *f*
circulating current Kreisstrom *m* *(Stromrichter)*
circulating-current-free kreisstromfrei
circulation Kreislauf *m*, Zirkulation *f*, Umlauf *m*; Umwälzung *f*
circulation frequency Umlauffrequenz *f*
circulator Zirkulator *m*, Richtungsgabel *f (Funkmesstechnik)*
circumaural ohrumschließend, zirkumaural *(z. B. Kopfhörer)*
citation index *(Dat)* Zitierregister *n*
citizens band *(Nrt)* Jedermannband *n*, CB-Band *n*
citizens band radio CB-Funk *m*, Jedermann-Funk *m*, Bürger-Funk *m* *(im Funkfrequenzbereich um 27MHz)*
citizens waveband s. citizens band
clad plattiert, überzogen *(z. B. mit Metall)*; umhüllt
clad printed circuit board kaschierte Leiterplatte *f*
cladding 1. Plattierung *f*, Überzug *m*; Umhüllung *f*; (optischer) Mantel *m* *(eines Lichtwellenleiters);* 2. Plattieren *n*, Überziehen *n*
cladding deposition Mantelabscheidung *f*

cladding material Plattierungswerkstoff m, Überzugsmaterial n; Mantelmaterial n
clamp Klemme f, Klammer f, Klemmschelle f, Schelle f; Haken m, Greifhaken m
clamp ammeter Anklemmamperemeter n, Zangenamperemeter n
clamp cable lug Klemmkabelschuh m
clamp fitting Klemmband n, Schelle f
clamp terminal Klemmanschluss m, Schellenanschluss m, Anschlussklemme f, Steckklemme f
clamped amplifier Klemmverstärker m
clamper 1. Klemmeinrichtung f; 2. Halteglied n (bei Signalabtastung)
clamping Einspannen n; Festklemmen n; Klemmung f
clamping bolt Befestigungsbolzen m, Klemmschraube f
clamping circuit 1. Klemmschaltung f, Blockierschaltung f, Clamping--Schaltung f; 2. (Dat) Randwertschaltung f
clapper (An) Klappanker m
class 1. Klasse f, Art f; 2. Güteklasse f, Qualität f
class of customers Abnehmergruppe f
class of insulation (Hsp, Ma) Isolierstoffklasse f, Isolationsklasse f
classification Klassifizierung f; Klassifikation f, Einteilung f (in Klassen); Eingruppierung f; Sortierung f
classification code Klassifizierungskennzeichen n
classification unit 1. Sortiereinheit f; 2. Sortiergerät n
classificator (Dat) Klassifikator m
classified directory Branchenfernsprechbuch n
clean 1. rein, sauber; 2. deutlich, klar
clean break funkenfreie Abschaltung f
clean room (Me) staubfreier Raum m, Clean-room m
clear v 1. entstören; 2. trennen, unterbrechen; 3. (zu)rückstellen (z. B. einen Zähler); 4. löschen (z. B. Speicher); 5. reinigen, säubern (z. B. Röhren)
clear 1. klar, deutlich; 2. (Nrt) unbesetzt; 3. gelöscht (Speicher)
clear-all key Gesamtlöschtaste f
clear-down (Nrt) Freischalten n

clear input Löscheingang m
clear instruction Auslöschbefehl m, Löschbefehl m
clear request (Nrt) Auslöseanforderung f
clear-write cycle Lösch-Schreib-Takt m (Speicher)
clearance 1. Abstand m, Zwischenraum m; Spielraum m, Spiel n; Luft f; 2. lichte [freie] Höhe f; lichte Weite f; 3. (Ap) Luftstrecke f; 4. (Hsp) Schlagweite f • **no clearance** (Nrt) keine Auslösung
clearing (Nrt) Schlusszeichengabe f; Freischalten n
clearing circuit (Nrt) Freimeldestromkreis m
clearing lamp (Nrt) Schlusslampe f
clearing of a short circuit Behebung f [Abschaltung f] eines Kurzschlusses
clearing of earth fault Erdschlussbeseitigung f
clearing relay (Nrt) Schluss(zeichen)relais n
clearing time Abschaltzeit f, Abschmelzzeit f, Ausschaltzeit f (Sicherung)
cleat insulator Klemmisolator m, Isolierklemme f
CLI s. command-line interface
click 1. Knacken n, Knackton m, Klicken n, Klick m; 2. Verriegelung f; Schaltklinke f
click suppressor (Nrt) Knackschutz m
client (Dat) Verbindungsprogramm n (zur Verbindung von einem Computer- zu einem Server-Programm)
client adapter, CA Client Adapter m (u. a. für WLAN-Adapter in Mobilgeräten verwendet)
client stub Klientenstummel m (klientenseitiger Teil bei RPC--Mechanismen)
climatic category Klimaprüfklasse f
climatic chamber Klimakammer f
clip Klammer f, Klemme f; Leitungsschelle f, Schelle f; Kabelschuh m
clip contact Klemmkontakt m
clipped connection Klemmverbindung f
clipper Begrenzer m; Signalbegrenzer m
clipper circuit Amplitudenbegrenzungskreis m, Abschneideschaltung f, Begrenzungsschaltung f
clipping 1. Beschneiden n; Begrenzung

clipping f (z. B. von Signalen); 2. *(Nrt)* Wortkürzung f, Wortverstümmelung f
clipping voltage *(Le)* Abschneidespannung f
clock 1. Taktgeber m, Zeitgeber m, Taktimpuls m; 2. *(Nrt)* Taktgenerator m, Standardimpulsgenerator m
clock amplifier Taktverstärker m
clock circuit *(Nrt)* Taktschaltung f
clock cycle Takt(zyklus) m, Taktzeit f, Takt m
clock frequency Takt(geber)frequenz f, Zeitgeberfrequenz f
clock generation Takterzeugung f
clock rate Taktfrequenz f, Steuerfrequenz f, Taktimpulsfolge f
clock track Takt(markier)spur f
clocked CMOS circuit *(Me)* getaktete CMOS-Schaltungstechnik f
clocked complementary MOS getaktete CMOS-Schaltung f, C^{2}MOS
clocked system getaktetes System n, taktgesteuertes System n
clocking Zeitaufzeichnung f
clockwise im Uhrzeigersinn (drehend); rechtsdrehend, rechtsläufig
close approach gute Annäherung f *(Lösungsweg)*
close-open operation verzögerungsfreies Ein-aus-Schalten n [Ein- und Ausschalten n]
close pick-up Nahbesprechung f *(eines Mikrofons)*
close scanning *(Fs)* Feinabtastung f
close-talking microphone Mikrofon n für Nahbesprechung
closed air circuit (ab)geschlossener Luftkreislauf m
closed-air circuit-cooled machine *(Ma)* umluftgekühlte Maschine f
closed box Kompaktbox f *(Lautsprecher)*
closed circuit 1. geschlossener [eingeschalteter] Stromkreis m, Ruhestromkreis m; 2. *(Rt)* geschlossener Regelkreis m; 3. *(Nrt)* Vorabhörweg m; 4. geschlossener Kreislauf m
closed-coil armature Anker m mit in sich geschlossener Wicklung, geschlossene Ringwicklung f, Gleichstromwicklung f
closed loop 1. geschlossene Masche f; geschlossene [endlose] Schleife f; 2. *(Rt)* (geschlossener) Regelkreis m; geschlossener Zyklus m *(im Signalflussplan)*
closed-loop control Regelung f *(durch Regelkreis)*
closed-loop gain 1. Verstärkung f mit Gegenkopplung, Verstärkungsfaktor m bei Gegenkopplung; 2. *(Rt)* Kreisverstärkung f
closed-loop pole Pol m des (geschlossenen) Regelkreises *(einer Übertragungsfunktion)*
closed program *(Dat)* abgeschlossenes Programm n
closed subroutine (ab)geschlossenes Unterprogramm n, geschlossenes Teilprogramm n
closer Schließer m, Schließkontakt m
closing Schließen n, Einschalten n
closing circuit Einschaltstromkreis m
closing coil Einschaltspule f, Schließspule f
closing delay Einschaltverzug m
closing time Einschaltzeit f, Schließzeit f
closure 1. Schließen n *(z. B. eines Kontakts)*; 2. Verschlussvorrichtung f, Verschluss m; 3. Schluss m, Abschluss m
clothes-dryer Haushaltwäschetrockner m, Wäschetrockner m
cloud 1. Wolke f; 2. Trübung f
clouded signals verdeckte Zeichen npl *(beabsichtigte Funkstörung)*
clue word Schlüsselwort n, Schlagwort n
cluster 1. Schwarm m, Cluster m, Anhäufung f *(z. B. von Molekülen)*; 2. Gruppe f; Gästegruppe f; 3. Thyristor m *(aus mehreren Scheiben)*
clustered error *(Nrt)* totaler Störeinbruch m
clutter *(Fo)* Störung f, Störflecke mpl
clutter generation *(Fo)* Düppel[streifen]störung f, Störechoerzeugung f *(Lametta- -Abwurf' zur Radarstörung)*
clutter signal Störungszeichen n
CLX s. commercial internet exchange
CMIP s. common management information protocol
CMOS *(Abk. für: complementary metal- -oxidesemiconductor)*komplementärer Metall-Oxid-Halbleiter m, CMOS
CMOS circuit CMOS-Schaltkreis m

coding

CMOS-on-sapphire circuit *(Me)* CMOS-Schaltkreis m auf Saphirsubstrat
CNG s. calling tone
CO s. central office
co-channel Gleichkanal
co-channel interference *(Nrt, Fs)* Kanalstörung f
co-tree komplementärer Baum m
coarse adjustment Grobeinstellung f
coarse-adjustment switch Grobstufenschalter m
coarse fit Grobpassung f
coarse positioning Grobpositionieren n
coarse scanning Grobabtastung f
coarse tuning Grobabstimmung f, ungefähre Einstellung f
coast radio station Küstenfunkstelle f
coated beschichtet; ummantelt; vergütet *(Optik)*
coated fibre ummantelte Faser f [Lichtleitfaser f], Lichtleiter m mit Schutzmantel
coated filament beschichteter Feindraht m
coater *(Me)* Beschichtungsanlage f
coating 1. Überziehen n; Beschichten n; Ummanteln n; Anstreichen n; 2. Überzug m; Schicht f; Anstrich m; Schutzmantel m *(z. B. eines Lichtwellenleiters)*; 3. Beschichtungsmaterial n
coating compound 1. Beschichtungsmasse f, Deckmasse f, Deckmaterial n; 2. Vergussmasse f
coaxial koaxial, gleichachsig, konzentrisch
coaxial arc koaxialer Lichtbogen m
coaxial cable Koax(ial)kabel n
coaxial carrier system *(Nrt)* koaxiales Trägerfrequenzsystem n, Koaxial-TF--System n
coaxial circuit konzentrische Leitung f
coaxial connector Koaxialstecker m, Koaxialanschluss m, Steckverbinder m mit Koaxialanschluss, konzentrischer Stecker m
coaxial jack Koaxialbuchse f
coaxial line link *(Nrt)* koaxiale Verbindungsleitung f, koaxiale Trägerfrequenzgrundleitung f [TF--Grundleitung f]
coaxial line with solid dielectric Koaxialkabel n mit Vollisolierung

coaxial pad koaxiales Dämpfungsglied n
coaxial pair Koaxialpaar n
coaxial socket Koaxialbuchse f
cockpit lighting Kanzelbeleuchtung f *(Flugzeug)*
cocktail-party effect Cocktailparty--Effekt m *(Fähigkeit, sich beim zweiohrigen Hören auf eine unter vielen Schallquellen zu konzentrieren)*
code 1. *(Nrt)* Code m, Schlüssel m, *(speziell)* Telegrammschlüssel m; 2. *(Dat)* Code m *(als eindeutige Zuordnung der Zeichen eines Zeichenvorrats)*
code character Codezeichen n
code converter 1. *(Dat)* Code(um)wandler m, Codeumsetzer m, Codekonverter n; 2. *(Nrt)* Schrittumsetzer m
code light Kennfeuer n
code obfuscation Code-Verdunkelung f *(z. B. zur Erschwerung des Reverse--Engineerings)*
code plug Codestecker m
code recognition Codeerkennung f
code word Codewort n, Schlüsselwort n
CODEC *(Nrt)* s. adaptive differential pulse code modulation
coded command line codierte Befehlszeile f
coded decimal digit codierte [verschlüsselte] Dezimalziffer f
coded decimal notation codierte Dezimalschreibweise [Dezimaldarstellung] f
coded disk Codescheibe f
coded TV-signal *(Fs)* codiertes Videosignal n, verschlüsseltes Videosignal n, codiertes Fernsehsignal n *(Bezahl-Fernsehen, Pay-TV; Decoder nur gegen Gebühr; Premiere-Kanal)*
codemark Postleitzahl f
codeposition *(Galv)* gemeinsame Abscheidung f, Mitabscheidung f
coder 1. Codierer m, Codiereinrichtung f, Verschlüsselungsgerät n; 2. *(Nrt)* Übersetzer m, Umrechner m; 3. Programmierer m, Programmbearbeiter m
coding Codierung f, Verschlüsselung f, Codieren n, Verschlüsseln n
coding check Codeprüfung f
coding dial Verschlüsselungsskale f

coding

coding pin Codierbolzen *m*
coding plug Codierstecker *m*
coding scheme, CS *(Ko)* Codierungsschema *n*, Übertragungsfehler-Sicherungsschema
coding set Codier(ungs)einrichtung *f*
coefficient Koeffizient *m*, Beiwert *m*, Kennzahl *f*
coercive koerzitiv
coercive electric field elektrische Koerzitivkraft *f (eines Ferroelektrikums)*
coercive force [intensity] s. coercivity
coercivity Koerzitivkraft *f*, Koerzitivfeldstärke *f*
cogeneration plant *(Ee)* Heizkraftwerk *n*
cogging Hängenbleiben *n (beim Hochlauf)*
cogging thrust Rastkraft *f (beim Linearmotor)*
cogging torque Rastmoment *n*, Sattelmoment *n (abhängig von Nutzahlverhältnis und Nutschrägung)*
coherer Fritter *m*, Frittröhre *f*
coil *v* 1. *(Et)* wickeln, (be)spulen; 2. s. coil up
coil-load *v* pupinisieren, bespulen
coil *v* **up** aufspulen, aufwickeln, aufrollen
coil 1. Spule *f*; Windung *f*; 2. Rohrspirale *f*, Schlange *f*
coil aerial Rahmenantenne *f*
coil alignment Spulenabgleich *m*
coil end Spulenkopf *m*, Wickelkopf *m*
coil flux Spulenfluss *m*
coil form Spulenrahmen *m*, Wickelkörper *m*
coil former Spulenkörper *m*
coil forming machine Spulenformmaschine *f*, Spulenwickelmaschine *f*
coil galvanometer Spulengalvanometer *n*
coil-loaded *(Nrt)* bespult, pupinisiert
coil-loaded cable *(Nrt)* bespultes Kabel *n*, Spulenkabel *n*, Pupinkabel *n*
coil-loaded circuit *(Nrt)* bespulte Leitung *f*, Pupinleitung *f*
coil loading *(Nrt)* Bespulung *f*, Pupinisierung *f*, Pupinverfahren *n*
coil loss Kupferverlust *m*
coil pitch Nutschritt *m (bei der Wicklung elektrischer Maschinen)*; Spulenweite *f (in Nutteilungen)*
coil press Spulenpresse *f*

coil Q [quality] Gütefaktor *m* einer Spule, Spulengüte *f*
coil rack Spulengestell *n*
coil reactance Spulenblindwiderstand *m*
coil resistance Spulenwiderstand *m*
coil section Spulenabschnitt *m*, Spulenfeld *n*
coil set Spulensatz *m*
coil shape factor Spulenformfaktor *m*
coil shell Spulenkörper *m*
coil side Spulenseite *f*, Spulenschenkel *m*
coil-side corona shielding Spulen(seiten)glimmschutz *m*
coil-side separator Nutstreifen *m (Isolation zwischen verschiedenen Spulen einer Nut)*
coil sides per slot Spulenseiten *fpl* pro Nut
coil space factor Nutfüllfaktor *m*
coil spacing Spulenentfernung *f*, Spulenabstand *m*
coil span Spulenweite *f*
coil spring Spiralfeder *f*, Rollfeder *f*
coil-spring brush holder Rollfederbürstenhalter *m*
coil width Spulenweite *f*
coiled cable Wendelkabel *n*
coiled coil Doppelwendel *f*
coin box Münzbehälter *m*
coin box telephone Münztelefon *n*, Münzfernsprecher *m*
coin television Münzfernsehen *n*
coincidence 1. Koinzidenz *f*, Zusammentreffen *n*; Übereinstimmung *f*; 2. *(Ak)* Spuranpassung *f*
coincidence circuit 1. Koinzidenzschaltung *f*, Koinzidenzverknüpfung *f*; 2. UND--Schaltung *f*, Torschaltung *f (Schaltlogik)*
coincidence cut-off frequency *(Ak)* Grenzfrequenz *f* für Spuranpassung
coincidence microphone Koinzidenzmikrofon *n*, Mikrofon *n* für (reine) Intensitätsstereofonie
coincident-current memory Koinzidenzspeicher *m*
cold alignment Abgleich *m* im kalten Zustand *(Elektronenstrahlschweißen)*
cold booting Kaltstart *m (Rechner)*
cold-cathode fluorescent tube, CCFL Kaltkatodenleuchtstoffröhre *f*

cold junction Kaltlötstelle f
cold-light filter Kaltlichtfilter n
cold-light lamp Kaltlichtlampe f
cold-light reflector Kaltlichtspiegel m
cold moulding Kaltpressen n (von Kunststoff)
cold neutron langsames Neutron n
cold pouring compound Kaltvergussmasse f
cold power Leistung f im kalten Zustand
cold solder joint kalte Lötstelle f, Kaltlötstelle f
cold welding Kaltschweißung f, Kaltschweißen n
collapse v 1. zusammenbrechen, einstürzen; 2. zusammenlegbar sein
collapsible cladding Andrückhülle f
collar Manschette f (z. B. einer Röhre); Kragen m, Ring m
collation Konjunktion f, UND-Verknüpfung f (Schaltalgebra)
collator (Dat) Kartenmischer m, Mischer m
collecting bar Sammelschiene f, Stromwenderlamelle f
collecting electrode Auffangelektrode f, Fangelektrode f
collecting screen Auffangschirm m
collection 1. Aufsammeln n, Einsammeln n; 2. Sammlung f; Ansammlung f, Anhäufung f
collective lens Sammellinse f, Konvexlinse f
collective number (Nrt) Sammelnummer f
collective oscillation kollektive Schwingung f
collectively shielded cable gemeinsam geschirmtes Kabel n
collector 1. Kollektor m, Stromwender m, Kommutator m; 2. Sammelelektrode f (Röhre)
collector bar 1. Schleiferschiene f (eines Potenziometers); 2. s. commutator bar
collector-base voltage (Le) Kollektor--Basisspannung f
collector breakdown Kollektordurchbruch m
collector circuit Kollektorkreis m (Transistor)
collector contact (Me) Kollektorkontakt m
collector contact area (Me) Kollektorkontaktfläche f

collector-coupled kollektorgekoppelt
collector-coupled logic kollektorgekoppelte Logik f
collector-coupled transistor logic kollektorgekoppelte Transistorlogik f
collector coupling (Me) Kollektorkopplung f
collector current Kollektorstrom m
collector current spreading (Me) Kollektorstromausbreitung f
collector cut-off current (Me) Kollektorsperrstrom m, Kollektorreststrom m
collector cut-off current at reverse biased emitter-base diode (Le) Kollektorstrom m bei in Sperrrichtung vorgespannter Emitter-Basis-Diode
collector-emitter breakdown (Le) Kollektor-Emitter--Durchbruchspannung f
collector-emitter cut-off current Kollektor-Emitter-Reststrom m
collector junction (Me) Kollektorübergang m
collector motor Kollektormotor m, Stromwendermotor m, Kommutatormotor m
collector ring Schleifring m
collector shoe Kontaktschuh m
collector triggering Triggern n am Kollektor
collector wire Fahrdraht m, Schleifleitung f
collimate v (Licht) kollimieren, bündeln, sammeln
collimated beam Parallelstrahl m, telezentrischer Strahl m
collimator Kollimator m (Optik)
collinear kollinear, auf einer [derselben] geraden Linie befindlich
collision Zusammenstoß m, Kollision f, Stoß m
collision domain Kollisions-Domäne f (Netzbereich, innerhalb dessen Kollisionen vorkommen können)
collision excitation Stoßanregung f
collision frequency Stoßhäufigkeit f, Stoßfrequenz f
collision probability Stoßwahrscheinlichkeit f
collision sensor Crash-Sensor m (Kfz)
colon Doppelpunkt m (Programmierung)
colorant Farbstoff m
colorimetric shift Farbverzerrung f

colorimetry 72

(durch Änderung der beleuchtenden Lichtart)
colorimetry Kolorimetrie f, Farbmessung f, Farbmetrik f
colour v 1. färben; sich verfärben; 2. *(Ak)* verfälschen *(Klangfarbe)*
colour 1. Farbe f; 2. Farbeffekt m, Farbwirkung f; 3. *(Ak)* Tonfärbung f, Klangfarbe f
colour bar code Farbbalkencode m
colour code Farbkennzeichen n, Farbcode m *(z. B. auf Widerständen zur Kennzeichnung der Verlustleistung)*
colour coding Farbkennzeichnung f
colour cross-talk *(Fs)* Farbübersprechen n
colour decoder Farbdecoder m
colour depth *(Dat)* Farbtiefe f *(darstellbare Farbstufen; 1 Bit = schwarz-weiß; 8 Bit bis 48 Bit = farbig; 24 Bit = true colour, 2^{24} darstellbare Farben)*
colour discrimination Farbenunterscheidung f, Farbunterscheidungsvermögen n, Farbtonunterschiedsempfindlichkeit f
colour encoder Farbcodierer m, Farbcoder m
colour modulator *(Fs)* Farbmodulator m
colour monitor Farbmonitor m; Farbsichtgerät n
colour perception Farbwahrnehmung f
colour picture screen *(Fs)* Farbschirm m, Schirm m einer Farbbildröhre
colour printer Farbdrucker m
colour response Farbempfindlichkeit f, spektrale Empfindlichkeit f *(Fernsehaufnahmeröhre)*
colour subcarrier *(Fs)* Farbträger m *(mit Farbkennzeichnung modulierter Hilfsträger)*
colour television Farbfernsehen n
colour television set *(Fs)* Farbfernsehgerät n, Farbfernsehempfänger m, Farbfernseher m
Colpitts circuit Colpitts-Schaltung f *(Oszillatorschaltung mit Spannungsteilung an der Schwingkreiskapazität)*
column 1. Säule f; Pfeiler m, Stütze f; 2. *(Dat)* Spalte f *(Lochkarte, Matrix)*; Rubrik f, Kolonne f; Schreibstelle f

column circuit-breaker Säulenschalter m *(Hochspannungsleistungsschalter)*
comb diaphragm *(Licht)* Kammblende f
combination Kombination f, Verbindung f, Verknüpfung f, Vereinigung f
combination bar *(Nrt)* Sendewählschiene f; Wählerschiene f
combination board Kombinationsplatte f *(Mehrlagenleiterplatte)*
combinational circuit Schaltnetz n
combinatory circuit *(Dat)* Schaltnetz n
combined cable gemischtpaariges Kabel n
combined heat and power coupling Kraft-Wärme-Kopplung f
combined point-to-point control Punktsteuerung f
combined power and heating station *(Ee)* Heizkraftwerk n
combined television-telephone service Fernsehgegensprechen n, Fernsehsprechdienst m
combiner Antennenweiche f
comfort access schlüsselloser Zugriff m *(z. B. beim Automobil)*
command 1. Befehl m, Steuerbefehl m; 2. *(Dat)* Befehl m, Anweisung f
command acquisition Befehlserfassung f
command conversion Befehlsumsetzung f
command input Befehlseingabe f
command-line interface, CLI Kommandozeilen-Schnittstelle f
command output Befehlsausgabe f
command reference Bezugsgröße f, Vergleichsgröße f
command string Befehls(zeichen)folge f
commanded position Solllage f
comment *(Dat)* Bemerkung n, Kommentar m *(Befehlscodierung)*
commentary circuit *(Nrt)* Kommentarleitung f
commercial application kommerzielle Anwendung(smöglichkeit) f
commercial data processing kommerzielle Datenverarbeitung f
commercial internet exchange, CIX kommerzieller Internet--Kopplungspunkt m *(Verbindungspunkt mehrerer Internet-Provider)*
commercial television kommerzielles Fernsehen n, Werbefernsehen n

commissioning Inbetriebnahme f (EN 61082)
commissioning test Inbetriebnahmeprüfung f
commitment unit Quittierungseinheit f
common abbreviated number gemeinsame Kurzrufnummer f
common aerial Gemeinschaftsantenne f
common-base circuit (Le) Basisschaltung f (Transistorschaltung)
common collector (Me) gemeinsamer Kollektor m, Kollektorschaltung f
common-collector circuit 1. (Me) Kollektor(basis)schaltung f; 2. (Nrt) zentralgesteuertes Schaltsystem [Vermittlungssystem] n
common-collector current gain Stromverstärkung f in Kollektorschaltung, Basis-Kollektor--Stromverstärkung f
common-collector configuration Schaltung f mit gemeinsamem Kollektor
common emitter (Me) gemeinsamer Emitter m, Basis-Emitter m
common-emitter configuration Schaltung f mit gemeinsamem Emitter
common gateway interface, CGI standardisiertes Gateway-Interface n (Schnittstelle für die Anbindung von externen Programmen an Webserver)
common information model, CIM allgemeines Informationsmodell n (ISO/OSI-Management)
common logarithm Zehnerlogarithmus m, briggscher Logarithmus m (lg, log_{10})
common management information protocol allgemeines Protokoll n für Management-Informationen (ISO/OSI--Management)
common-mode gleichlaufend, gleichphasig, vielfach
common mode Gleichtakt m
common-mode feedback Gleichtaktrückkopplung f
common-mode interference 1. Gleichtaktstörung f; 2. Störsignalüberlagerung f (zwischen Messkreis und Erde)
common-mode RFI suppression choke (Le) stromkompensierte Funkentstördrossel f

common mode voltage (Et) Gleichtaktspannung f, asymmetrische Spannung f
common turn-off switch (Le) gemeinsamer Ausschalter m
common wave Gleichwelle f
communication 1. Übertragung f, Nachrichtenübermittlung f, Mitteilung f; Informationsaustausch m; Verbindung f; Verkehr m; 2. Nachricht f, Mitteilung f
communication band Übertragungsband n
communication device Fernmeldegerät n
communication headgear Hör-Sprech--Garnitur f
communication interface Kommunikationsschnittstelle f
communication link Nachrichtenverbindung f
communication processor Datenübertragungsrechner m
communication protocol Kommunikationsprotokoll n (Regeln für Verbindungen im Rechnernetz)
communication rail system Direkteinspritzsystem n (Automobiltechnik)
communication satellite Nachrichtensatellit m
communication server Verbindungsabnehmer m
communication signal (Rt) Nutzsignal n (Gegensatz: Störsignal)
communication technique Nachrichtentechnik f
communication tower Fernmeldeturm m
communications 1. Nachrichtenübertragung f, Telekommunikation f, Nachrichtentechnik f; Fernmeldewesen n; 2. Datenübertragung f
communications bus C-Bus m, Nachrichtenbus m
communications electronics Nachrichtenelektronik f
communications satellite Nachrichtensatellit m
community Zuständigkeitsbereich m (Netzmanagement)

community aerial [antenna] Gemeinschaftsantenne *f*

commutate *v* kommutieren, wenden, umpolen *(Strom)*

commutating angle *(Le)* Überlappungswinkel *m*, Kommutierungswinkel *m*

commutating capacitor Löschkondensator *m*

commutating circuit Kommutierungskreis *m*, Löschkreis *m*, Kommutierungsschaltung *f*

commutating field Wende(pol)feld *n*, Kommutierungsfeld *n*

commutating pole Wendepol *m*

commutation 1. *(Le, Ma)* Kommutierung *f*, Stromwendung *f*; Umschaltung *f*; 2. Stromübernahme *f*; 3. Vertauschung *f* *(Mathematik)*

commutation angle *(Le)* Überlappungswinkel *m*, Kommutierungswinkel *m*

commutation capacitor *(Le)* Kommutierungskondensator *m*

commutation circuit *(Le)* Kommutierungskreis *m*

commutator Kommutator *m*, Stromwender *m*, Kollektor *m*

commutator armature Kommutatorläufer *m*, Stromwenderanker *m*

commutator bar Stromwendersegment *n*, Stromwendersteg *m*, Stromwenderlamelle *f*

commutator brush Stromwenderbürste *f*

commutator brush holder Bürstenhalter *m*

commutator flashing Rundfeuer *n*

commutator lug Stromwenderfahne *f*, Anschlussöse *f*

commutator machine Stromwendermaschine *f*

commutator mica Stromwenderglimmer *m*, Kollektorglimmer *m*, Kommutator--Mikanit *m*

commutator pitch Stromwenderteilung *f*, Stromwenderschritt *m*

commutator sparking Bürstenfeuer *n*

compact automatic retrieval device kompakte Einrichtung *f* zum Wiederauffinden von Informationen, CARD

compact cassette Kompaktkassette *f*

compact computer Kompaktrechner *m*

compact disk Compact-Disk *f*, CD *f*, CD-Platte *f*, Kompaktspeicherplatte *f*, Digital(schall)platte *f*

Compact Flash Card *(Ko)* wechselbare Speicherkarte *f (für Digtalkameras; nicht flüchtig, 8 Mbyte - 1 GByte)*

companding 1. Kompandierung *f (Amplitudenmodulation)*; 2. *(Ak)* Dynamikregelung *f*, Pressung--Dehnung *f (der Dynamik)*

comparator Vergleicher *m*, Komparator *m*, Differenzverstärker *m*, Vergleichseinrichtung *f*, Vergleichsvorrichtung *f*

comparator check *(Dat)* Vergleichsprüfung *f*

comparator circuit Vergleichsschaltung *f*

comparing element *(Rt)* Signalvergleicher *m*, Vergleichsglied *n*

comparison Vergleich *m*

comparison circuit *(Rt)* Vergleichsglied *n (für Signale)*; Komparator *m*

comparison test Vergleichsprüfung *f*, Vergleichsmessung *f*

compartment Sektor *m*, Abschnitt *m*, Fach *n*

Compass *n* chinesisches Satelliten--Navigationssystem, ab 2008

compatibility Kompatibilität *f*, Anpassungsfähigkeit *f*, Verträglichkeit *f (z. B. von Systemen)*

compatible kompatibel, anpassungsfähig, verträglich; widerspruchsfrei *(Mathematik)*

compatible current-sinking logic kompatible Stromsenkenlogik *f*, stromziehende austauschbare Logik *f*

compatible current-sourcing logic stromliefernde austauschbare Logik *f*

compelled signalling *(Nrt)* erzwungene Zeichengabe *f*

compensated amplifier Kompensationsverstärker *m*

compensated circuit Ausgleichskreis *m*

compensated induction motor kompensierter Induktionsmotor *m* [Asynchronmotor *m*]

compensated winding Kompensationswicklung *f*, Ausgleichswicklung *f*

compensating Kompensierung f, Ausgleichen n
compensating ampere-turns Kompensationsdurchflutung f
compensating network 1. Kompensationsschaltung f, Korrekturnetzwerk n; 2. (Rt) Korrekturglied n, Stabilisierungseinrichtung f (in Regelkreisen)
compensating unit Korrekturglied n (zur Verbesserung der Dynamik von Regeleinrichtungen)
compensation 1. Kompensation f, Ausgleich m; 2. (Nrt) Enttrübung f; 3. Ersatz m
compensation doping (Me) Kompensationsdotierung f
compensation element Korrekturglied n (für Signale)
compensation method Kompensationsmethode f, Kompensationsverfahren n
compensation network Stabilisierungseinrichtung f (in Regelkreisen)
compensation of current Stromausgleich m
compensation of distortion Kompensation f der Verzerrung, Verzerrungsausgleich m
compensator 1. Kompensator m, Ausgleichsvorrichtung f, Ausgleicher m; 2. Entzerrer m
competition model (Rt) Konkurrenzmodell n
competitive strategy (Rt) Konkurrenzstrategie f
compiler (Dat) Compiler m (Übersetzungsprogramm)
compiling (Dat) Programmübersetzung f, Programmwandlung f
complement Komplement n, Ergänzung f, Vervollständigung f; Zahlenkomplement n
complement code Komplementcode m
complement on b b-Komplement n (z. B. Zehnerkomplement im Dezimalsystem)
complement on (b-1) (b-1)--Komplement n (z. B. Einerkomplement im Dezimalsystem)
complementary komplementär, ergänzend

complementary code Ergänzungscode m
complementary metal-oxide semiconductor komplementärer Metall-Oxid-Halbleiter m, CMOS
complementary pair of transistors (Me) komplementäres Transistorpaar n (p- und n-Transistor)
complementary-symmetry MOS komplementärsymmetrischer [komplementärsymmetrisch aufgebauter] MOS m
complementary unijunction transistor komplementärer Unijunction--Transistor m
complete absorption vollständige Absorption f
complete radiator schwarzer Strahler m
complete screening vollständige Abschirmung f
completed chip (Me) fertiger Chip m
completely immersed bushing vollständig eingebettete Durchführung f (beide Enden sind in einem Medium eingebettet)
completion Beendigung f, Abschluss m
completion flag (Dat) Beendigungsanzeiger m
compliance (Ak) Federung f, Nachgiebigkeit f
compliance test Vergleichstest m (z. B. zur Bestimmung des Wirkungsgrades)
comply v (with) nachkommen, erfüllen (z. B. Schutzbestimmungen)
component 1. Komponente f, Bestandteil m; 2. Bauelement n, Bauteil n; Einzelteil n; 3. (Rt) Regelkreisglied n
component board Bauelementplatte f
component circuit diagram Teileschaltplan m
component coding (Fs) Komponentencodierung f
component conductor Teilleiter m (z. B. eines Röbel-Leiters)
component current Teilstrom m
component hole Bestückungsloch n (Leiterplatten)
component inserting machine Bauelementbestückungsmaschine f
component layout Bauelementanordnung f
component part 1. Bauelement n,

component

Baugruppe f, Bauteil n, Einzelteil n; 2. Bestandteil m, Zubehörteil n

component producer
Bauelementehersteller m

component reliability
Bauelementzuverlässigkeit f

component terminal (Me)
Bauelementeanschluss m

components on (continuous) tape
gegürtete Bauelemente npl

composite zusammengesetzt, gemischt

composite attenuation (Nrt)
Betriebsdämpfung f

composite board verpresste Mehrlagenleiterplatte f

composite bushing zusammengesetzte Durchführung f, Mehrrohrdurchführung f (Hauptisolation aus mehreren Dielektrika)

composite circuit (Nrt)
Simultanverbindung f, Simultananschaltung f

composite coding (Fs) Farbcodierung f

composite conductor (Ma) Röbel-Stab m

composite-loaded (Nrt) viererpupinisiert

composite power semiconductor device (Le) zusammengesetzte Leistungshalbleiterschaltung f, Leistungshalbleiterbaustein m, Leistungshalbleitermodul n

composite signal (Fs) vollständiges Bildsignal n, Bild-Austast-Synchronsignal n, BAS-Signal n

composite video signal (Fs)
Bildaustastsynchronsignal n, zusammengesetztes Videosignal n

composite wire zusammengesetzter Draht m

compound Kompound n, Kompoundmasse f; Kabelmasse f; Vergussmasse f

compound action 1. Summenwirkung f; 2. (Rt) kombiniertes Verhalten n (z. B. eines PI-Gliedes)

compound arc Lichtbogen m zwischen mehr als zwei Elektroden

compound motor Doppelschlussmotor m, Verbundmotor m, Kompoundmotor m

compound winding
Doppelschlusswicklung f, Verbundwicklung f

compound-wound mit Doppelschluss

compound-wound current transformer Stromwandler m mit Zusatzmagnetisierung

compressed file komprimierte Datei f, gepackte Datei f (durch PC--Packprogramme; auch beim X.42--Modem angewendet)

compression 1. Kompression f, Verdichtung f, Zusammendrücken n; 2. Druck m; 3. (Ak) Pressung f, Dynamikpressung f, Dynamikkompression f

compression connector
Pressverbinder m

compression-type refrigerator
Kompressionskühlschrank m

compression-type vibrator (Nrt)
Dickenschwinger m

compressor 1. Kompressor m, Verdichter m, Druckpumpe f; Drucklufterzeuger m; 2. (Ak) Presser m, Dynamikpresser m; 3. Regelschaltung f

compressor loop (Ak) Regelschleife f (Pegelregelung)

computability Berechenbarkeit f

computational rechentechnisch

computational fluid dynamics
Berechnungsmethode f für Fluiddynamik

computational grid Rechen-Grid n (Grid zur Verteilung von Rechenleistung)

computational process
Datenverarbeitungsprozess m

computer Rechner m, Computer m, Rechenautomat m

computer-aided rechnergestützt, rechnerunterstützt, computergestützt

computer-aided car routing (Ko)
rechnergestützte Routenplanung f

computer and communications integration Integration f von Nachrichten- und Rechnertechnik, Informationstechnik f, IT (z. B. PC mit Internet-Zugang über ISDN; Kommunikationstechnik, rechnerintegriert)

computer application
Rechneranwendung f, Rechnereinsatz m

computer architecture Rechnerarchitektur f

computer-assisted rechnergestützt, rechnerunterstützt, computergestützt

computer bar code Rechnerbalkencode m

computer check routine Rechnerprüfprogramm n

computer circuit Rechnerschaltung f, Rechenschaltung f

computer code Rechnercode m, Maschinencode m

computer communications network Rechner(verbund)netz n, Computerkommunikationsnetz n *(LAN, Ethernet, Internet)*

computer compatibility Rechnerkompatibilität f, Austauschbarkeit f [Anpassungsfähigkeit f] eines Rechners

computer-controlled rechnergesteuert, durch Rechner gesteuert, computergesteuert

computer criminality Computerkriminalität f

computer emergency response team, CERT Computer-Notfallteam n

computer graphics Computergrafik f, grafische Datenverarbeitung f

computer language Rechnersprache f, Maschinensprache f

computer link Rechnerkopplung f

computer memory Speicher m (eines Rechners)

computer message Rechnertelegramm n

computer-operated rechnerbetrieben; rechnergestützt

computer-oriented language rechnerorientierte [maschinenorientierte] Sprache f, Maschinensprache f

computer program Rechnerprogramm n

computer programming language C, C Rechner-Programmiersprache f C *(UNIX und LINUX sind in C geschrieben)*

computer remote control Rechnerfernsteuerung f

computer security Computersicherheit f

computer virus Computer-Virus m

computerized rechnergestützt, computergestützt; rechnergeführt, auf Rechnerbasis [Computerbasis]; rechnerbestückt

computerized numerical control rechnergestützte [rechnerintegrierte] numerische Steuerung f, numerische Steuerung f mit Computer

computing algorithm Rechneralgorithmus m, Rechenalgorithmus m

computing amplifier Rechenverstärker m

computing circuit Rechnerschaltung f, Rechenschaltung f

computing device Recheneinrichtung f

computing element 1. Rechenelement n; Baustein m für Analogrechner; 2. Rechengerät n *(als Teil einer Automatisierungseinrichtung)*

computing error Rechenfehler m

computing speed Rechengeschwindigkeit f, Arbeitsgeschwindigkeit f *(des Rechners)*

concatenated control *(Rt)* kaskadengeschaltete Steuerung f

concatenated data verkettete Daten pl

concatenation 1. *(Dat)* Verketten n, Verkettung f; 2. Kaskadenschaltung f *(zur Drehzahlstellung für Asynchronmotoren)*

concealed installation [wiring] Leitungsverlegung f unter Putz, Unterputzverlegung f

concentrate v konzentrieren; anreichern; verdichten

concentrate v **winding** konzentrierte Wicklung f, Spulenwicklung f

concentration Konzentration f; Bündelung f *(von Strahlen)*

concentration coil Sammelspule f

concentration of holes Löcherkonzentration f

concentration switch *(Nrt)* Sammelschalter m

concentrator *(Wä, Nrt)* Konzentrator m; Verdichter m

concentrator circuit *(Nrt)* Leitungskonzentrator m

concentric konzentrisch, koaxial, zentriert

concentric cable konzentrisches [koaxiales] Kabel n, Koax(ial)kabel n

concentric 78

concentric coil 1. Zylinderspule *f*; 2. *(Ma)* konzentrische Spule *f*; Spule *f* ungleicher Weite
concentric connector konzentrischer Stecker *m*
concentric plug and socket konzentrische Steckverbindung *f*, Koaxsteckverbindung *f*
concentric slip ring Schleifring *m*
concentric winding konzentrische Spulenwicklung *f* [Röhrenwicklung *f*, Zylinderwicklung *f*]
concentricity 1. Rundlauf *m*; 2. Konzentrizität *f*
concurrent motion Simultanbewegung *f*
concurrent operation *(Dat)* Parallelbetrieb *m*, gleichzeitiges Arbeiten *n*
concurrent processing *(Dat)* gleichzeitige [verzahnte] Verarbeitung *f*
condensation click *(Ak)* positiver Druckimpuls *m*, Klick *m* in positiver Richtung
condensation of data Datenverdichtung *f*
condense *v* **data** Daten verdichten
condenser 1. s. capacitor; 2. Kondensator *m*, Verflüssiger *m*; 3. Kondensor *m* *(Optik)*
condenser microphone Kondensatormikrofon *n*
condensing power plant Kondensationsdampfkraftwerk *n*
condition *v* 1. bedingen; 2. klimatisieren *(mittels Klimaanlage)*; 3. verarbeiten, bearbeiten *(z. B. Signale)*
condition code bit Anzeigebit *n*
condition flag Bedingungskennzeichen *n*, Bedingungsmarke *f*
condition monitoring Zustandsüberwachung *f*
condition word Anzeigewort *n*
conditional branch bedingter Abzweig *m*
conditional breakpoint 1. *(Rt)* Verzweigungspunkt *m* *(im Regelkreis)*; 2. *(Dat)* bedingte Programmunterbrechung *f*, bedingter Halt *m*
conditional breakpoint instruction bedingter Stoppbefehl *m*
conditional jump bedingter Sprung *m*

conditional probability bedingte Wahrscheinlichkeit *f*
conditional repetition bedingte Wiederholung *f*
conditional residual (short-)circuit current bedingter Restkurzschlussstrom [Kurzschlussstrom] *m*
conditional short-circuit current of a circuit or a switching device bedingter Nennkurzschlussstrom *m* *(eines Stromkreises oder Schaltgerätes; IEC 50-441)*
conditioned air klimatisierte Luft *f*
conditioning network Anpassungsnetzwerk *n*
conditions for trials Prüfregeln *fpl*, Prüfnormalien *pl*
conduct *v* leiten, als Leiter wirken; führen
conductance Konduktanz *f*, Wirkleitwert *m*; reeller [ohmscher] Leitwert *m*
conductance band *(Me)* Leitungsband *n*
conductance per unit length Wirkleitwert *m* je Längeneinheit
conductance standard Leitwertnormal *n*
conducted disturbance *leitungsgebundene Störung *f*
conductible leitfähig
conducting leitend, Strom führend
conducting angle Durchlasszeit *f*, Durchlasswinkel *m* *(Zeit, in der ein Ventil Strom führend ist)*
conducting capacity Leitfähigkeit *f*
conducting period Brenndauer *f*, Brennzeit *f*; Durchlasszeit *f*; Stromflusswinkel *m*
conducting state Durchlasszustand *m*, leitender Zustand *m*
conducting-state current Durchlassstrom *m*
conducting track Leiterbahn *f*
conducting varnish Leitlack *m*
conducting voltage Durchlassspannung *f*; Brennspannung *f* *(Röhren)*
conducting voltage-current characteristic Durchlasskennlinie *f* *(z. B. eines Halbleiters)*
conducting wire Leitungsdraht *m*, Leitung *f*, stromführender Draht *m*

conduction Leitung *f*, Stromleitung *f*; Fortleitung *f*
conduction band Leitungsband *n (des Energiebändermodells)*
conduction band curvature Leitungsbandkrümmung *f*
conduction current Leitungsstrom *m*, Leiterstrom *m*
conduction electron Leitungselektron *n*, Valenzelektron *n*
conduction period Durchlasszeit *f*
conduction time *(Le)* Brenndauer *f*
conduction type Leitungstyp *m*
conductive leitend, leitfähig
conductive coupling galvanische [ohmsche] Kopplung *f*
conductive foil Leitfolie *f*
conductive ink leitfähige Tinte *f*, Leitlack *m*
conductive lacquer Leitlack *m*, leitfähiger Lack *m*
conductive pattern Leitbild *n*, Leiterstruktur *f (eines Schaltkreises)*
conductive tape (halb)leitendes Band *n*
conductivity (spezifische elektrische) Leitfähigkeit *f*
conductivity band Leitfähigkeitsband *n*
conductivity-modulation field-effect transistor Feldeffekttransistor *m* mit Leitfähigkeitsmodulation, COMFET
conductometer Konduktometer *n*, Leitfähigkeitsmesser *m*, Leitwertmesser *m*
conductor Leiter *m (für Strom oder Wärme)*; Leitungsdraht *m*, Ader *f (Kabel)*; Leit(er)bahn *f*, Leiterzug *m (auf Leiterplatten)*
conductor arrangement *(Ee)* Mastkopfbild *n*, Leiteranordnung *f* am Mast
conductor assembly 1. Leiteranordnung *f*; 2. Leiterbündel *n*
conductor bundle Bündelleiter *m*, Leiterbündel *n*
conductor galloping Leitertanzen *n*, Leiterspringen *n*
conductor joint Leitungsverbinder *m*
conductor loop Leiterschleife *f*
conductor pattern Leitermuster *n*, Leitungsmuster *n*, Leiterbild *n (gedruckte Schaltung)*
conductor screen Leiterschirm *m (beim Kabel)*

conductor sequence R-S-T Leiterfolge *f* R-S-T
conductor shielding Leiterarmierung *f*
conductor spacing Leiter(bahn)abstand *m*, Leiterzugabstand *m*
conductor-to-conductor spacing Abstand *m* von Leiterzug zu Leiterzug
conductor track Leit(er)bahn *f*, Leiterzug *m (auf Leiterplatten)*
conductor vibration damper *(Ee)* Schwingungsdämpfer *m (in Übertragungsleitungen)*; Leiterschwingungsschutz *m*
conduit 1. Röhre *f*, Rohrleitung *f*, Kanal *m*; 2. *(Et)* Schutzrohr *n*, Isolierrohr *n*, Kabelrohr *n*; Kabelkanal *m*
conduit box Abzweigdose *f*, Dose *f*; Klemmkasten *m*, Verteilerkasten *m*
conduit brick Kabelkanalformstein *m*
conduit cable Röhrenkabel *n*
conduit cleat [clip] Rohrschelle *f*
conduit conductor rail *(Ee)* Schlitzkanalstromschiene *f*
conduit coupling Muffe *f*, Rohrmuffe *f*, Rohrverbindungsstück *n*
conduit elbow Bogen *m*, Winkelstück *n (für Rohrverbindungen)*
conduit fittings Rohrgarnitur *f*
conduit tee T-Stück *n (Rohrverbindung)*
conduit wire Einziehdraht *m*
cone 1. Kegel *m*, Konus *m*; Lichtkonus *m*; 2. Kolben *m (einer Katodenstrahlröhre)*
cone aerial Konusantenne *f*
cone loudspeaker Konuslautsprecher *m*
cone of protection Schutzkegel *m (z. B. Blitzschutz)*
CONF *(Nrt)* s. add-on conference call
conference call *(Nrt)* Sammelgespräch *n*
conference circuit Konferenzschaltung *f*
confidence index Sicherheitsindex *m (Statistik)*
confidence interval 1. Vertrauensbereich *m*, Vertrauensintervall *n (Statistik)*; 2. *(Mess)* Betrag *m* des Vertrauensbereiches
confidence monitoring Abhörkontrolle *f* bei [nach] der Aufnahme *(ab 01.01.2001 außer Betrieb genommen)*
configuration 1. Konfiguration *f*,

conformity

Anordnung f, Aufbau m; Form f; Struktur f; 2. (An) Mastkopfbild n
conformity Übereinstimmung f (z. B. einer Kurve mit ihrem theoretischen Verlauf)
confusion disk (Licht) Zerstreuungskreis m, Unschärfekreis m
congestion counting (Nrt) Zählung f der Besetzt- und Verlustfälle
congruence circuit (Rt) Kongruenzschaltung f
conical aerial Konusantenne f
conical beam kegelförmiger Strahl m
conical-horn aerial Trichterstrahler m, Hornstrahler m
conjugate attenuation constant konjugiert-komplexe Dämpfung f
conjugate axis Nebenachse f (einer Hyperbel)
conjugate complex konjugiert-komplex
conjugate complex number konjugiert-komplexe Zahl f
conjunction Konjunktion f, UND--Verknüpfung f (Schaltlogik)
connect v verbinden, anschließen; (ein)schalten; anklemmen; Verbindung [Kontakt] herstellen; koppeln
connect v **directly** galvanisch verbinden
connected in delta [mesh] in Dreieck geschaltet, dreieckgeschaltet
connected in parallel parallel geschaltet
connected in series in Reihe geschaltet
connected in star in Stern geschaltet
connected subscriber (Nrt) Gesprächspartner m, verbundener Teilnehmer m
connecting bar Anschlussschiene f
connecting block Anschlussblock m, Anschlussleiste f, Schaltleiste f, Klemmleiste f
connecting bolt Anschlussschraube f
connecting box Anschlussdose f, Klemmdose f
connecting cord Anschlussschnur f, Verbindungsschnur f; Geräteanschlussschnur f
connecting link Verbindungslasche f, Verbindungsglied n, Bindeglied n
connecting lug Anschlussfahne f
connecting pad (Me) Anschlusskontakt m, Anschlussinsel f
connecting pin Anschlussstift m, Verbindungsstift m; Verbindungsnippel m (z. B. zum Anstücken von Graphitelektroden)
connecting plug Verbindungsstöpsel m, Verbindungsstecker m
connecting socket Anschlussbuchse f
connecting terminal Anschlussklemme f, Anschluss m
connecting terminal plate Klemmbrett n
connecting wire Anschlussdraht m, Verbindungsdraht m; Schaltdraht m; Verbindungsleitung f
connection 1. (elektrische) Verbindung f, Anschluss m, Verknüpfung f; Schaltung f; Anschalten n; 2. (Rt) Verkettung f
connection accessories Anschlusszubehör n
connection angle Zuschaltwinkel m (beim Synchronisieren)
connection box Anschlussdose f, Klemmdose f
connection check Anschlussprüfung f
connection cord Anschlussschnur f
connection diagram Schaltplan m, Schaltbild n, Verbindungsplan m, Verdrahtungsplan m
connection lug Anschlussfahne f
connection point 1. Anschlusspunkt m, Anschlussstelle f; 2. (Nrt) Verzweigungspunkt m
connection strip Klemmleiste f
connection test signal (Nrt) Durchschalteprüfsignal n
connectionless anschlussfrei
connective instruction (Dat) Verknüpfungsbefehl m
connectivity Vernetzungsmöglichkeit f
connector 1. Stecker m, Steckverbinder m, Verbinder m; Steckverbindung f; Gerätestecker m; 2. Anschlussteil n, Anschlussstück n; 3. (An) Leitungsverbinder m; Konnektor m (Flussdiagramm); 4. (Nrt) Anschaltesatz m; Leitungswähler m; 5. (Dat) USB-Steckverbinder m (zum Anschluss von PC-Zubehör an den USB-PC-Bus)
connector assembly Steckverbindung f
connector bar Verbindungsschiene f (Batterie)
connector-compatible steckerkompatibel

connector contact Steckkontakt *m*
connector-housing Steckergehäuse *n*
connector identifier Steckerbezeichnung *f*
connector jack Steckerbuchse *f*
connector pad *(Me)* Anschlusskontaktstelle *f*
connector pair Steckverbindung *f*, Steckverbinderpaar *n*, Steckerpaar *n*
connector pin Steckverbinderstift *m*, Anschlussstift *m*, Kontaktstift *m*
connector plug Stiftstecker *m*, Steckverbinderstift *m*, Stecker *m* *(einer Steckverbindung)*
connector socket Steckdose *f*
conscious error *(Mess)* bewusst zugelassener Fehler *m*
consecutive number laufende Nummer *f*
consecutive scanning *(Fs)* einfacher Raster *m*
consequent pole Folgepol *m*, Folgepunkt *m*
conservator Ausdehnungsgefäß *n* (für Öl) *(Transformator)*
conserved-charge battery trockengeladene Batterie *f*
consistency check *(Dat)* Übereinstimmungskontrolle *f*, Logikkontrolle *f*
console Schaltpult *n*, Steuerpult *n*; Bedieneinheit *f*
constant Konstante *f*
constant access mode, CAM konstanter Zugriffsmodus *m (WLAN--Betriebsweise)*
constant air-gap flux operation *(Ma)* Betrieb *m* mit konstantem Luftspalt
constant-bandwidth filter Filter *n* mit konstanter (absoluter) Bandbreite
constant current Konstantstrom *m*, konstanter Strom *m*
constant-current charging Konstantstromladung *f*, Ladung *f* bei konstantem Strom *(Batterie)*
constant-current DC-link converter Stromzwischenkreisstromrichter *m*, I--Stromrichter *m*
constant-current diagram Konstantstromdiagramm *n*
constant-current source Konstantstromquelle *f*
constant-current welding Konstantstromschweißung *f*

constant load Dauerbelastung *f*, gleichförmige [konstante] Belastung *f*
constant magnet Dauermagnet *m*
constant magnetic field magnetisches Gleichfeld *n*
constant power Dauerleistung *f*, konstante Leistung *f*
constant-speed drive drehzahlkonstanter Antrieb *m*
constant-speed motor Konstantdrehzahlmotor *m*, Motor *m* mit konstanter Drehzahl
constant-time element *(Ap)* UMZ--Relais *n*, Zeitelement *n*
constant-torque motor Konstantdrehmomentmotor *m*, Motor *m* mit konstantem Moment
constant voltage Konstantspannung *f*, konstante Spannung *f*
constant voltage charging Ladung *f* bei konstanter Spannung *(Batterie)*
constant-voltage DC link Gleichspannungszwischenkreis *m*
constant-voltage DC link converter Konstantspannungsstromrichter *m*, U--Stromrichter *m*
constant-voltage source Konstantspannungsquelle *f*, Urspannungsquelle *f*
constant-voltage welding Konstantspannungsschweißen *n*
constant volts/hertz operation Betrieb *m* mit konstantem Spannungs--Frequenz-Verhältnis
constrained erzwungen; eingespannt, eingezwängt
constrained-current operation Stromeinprägung *f*
constraint Begrenzung *f (z. B. eines Signals)*
constraints (einengende) Randbedingungen *fpl*
constricted discharge eingeschnürte Entladung *f*
constricted spark gap verengte Funkenstrecke *f*
constriction point Kontraktionspunkt *m* *(z. B. eines Elektronenstrahls)*
construction 1. Konstruktion *f*; Aufbau *m*, Bau *m*; 2. Bauweise *f*, Bauart *f*; Bauausführung *f*; 3. Bauwerk *n*, Anlage *f*
construction in progress im Bau befindliche Anlage *f*

constructor Konstruktor *m* *(objektorientierte Programmierung: spezielle Methode einer Klasse zum Erzeugen eines Objekts)*
consumable electrode Abschmelzelektrode *f*, sich selbst verzehrende Elektrode *f*
consumer Verbraucher *m*, Abnehmer *m*
consumer electronics Unterhaltungselektronik *f*
consumer to consumer, C2C Kunde-zu-Kunde-Beziehung *f*
consumer unit Verbrauchereinheit *f*
consumption Verbrauch *m*, Leistungsaufnahme *f*, Verzehrung *f*, Aufzehrung *f*; Abbrand *m* *(z. B. Elektroden)*
contact *v* sich berühren, in Verbindung stehen, Kontakt haben; in Kontakt bringen; kontaktieren
contact *v* **print** kontaktkopieren, kontaktbelichten
contact 1. Kontakt *m*, Berührung *f*, Anschluss *m*, (leitende) Verbindung *f*; 2. Kontaktstück *n*, Schaltstück *n*, Kontaktelement *n*
contact alignment *(Me)* Kontaktjustierung *f*
contact arm Kontaktarm *m*
contact blade Kontaktmesser *n*, Messerkontakt *m*, Schaltmesser *n*
contact bounce time Prelldauer *f*
contact bouncing Kontaktprellen *n*
contact box Kontaktdose *f*
contact breaker Stromunterbrecher *m*, Unterbrecher *m*, Ausschalter *m*
contact-breaking spark Abschaltfunken *m*
contact clip Kontaktklammer *f*
contact cluster Tulpenkontakt *m*
contact current-breaking capacity Abschaltvermögen *n*
contact current-carrying rating Nennkontaktstrom *m*
contact current-closing rating Nenneinschaltvermögen *n*
contact drop Kontaktspannungsabfall *m*, Spannungsabfall *m* am Kontakt
contact electricity 1. Kontaktelektrizität *f*; 2. *(Ap)* Kontaktspannung *f*, Voltapotenzial *n*
contact force Kontaktkraft *f*
contact gap Kontaktabstand *m*, Kontakthub *m*, Schaltweg *m*

contact interrupting rating Nennabschaltleistung *f*
contact laminating Schichtstoffherstellung *f* unter niedrigem Druck *(Isoliermaterial)*
contact lever Kontakthebel *m*
contact life Lebensdauer *f* der Kontakte *(z. B. vom Relais)*; Schaltstückklebensdauer *f*
contact noise Kontaktrauschen *n*; Kontaktgeräusch *n*
contact pad *(Me)* Kontaktinsel *f*
contact piece Kontaktstück *n*; Schaltstück *n*
contact pin Kontaktstift *m*, Steckerstift *m*
contact piston Kontaktkolben *m*
contact printing Kontaktkopierung *f*, Kontaktkopierverfahren *n*, Belichtung *f* im Kontaktverfahren
contact rail Kontaktschiene *f*, Stromschiene *f*
contact resistance welding Kontaktwiderstandsschweißen *n*
contact scanning Kontaktabtastung *f*, berührende Abtastung *f*
contact series (elektrochemische) Spannungsreihe *f*
contact shoe *(Ap)* Schleifschuh *m* *(Stangenstromabnehmer)*
contact slipper Gleitschuh *m*
contact tag Kontaktstift *m*; Kontaktfahne *f*
contact tip Kontaktspitze *f*, Kontaktstück *n*
contact track Kontaktstreifen *m* *(gedruckte Schaltung)*
contact travel 1. *(An)* Kontaktweg *m*; 2. *(Ap)* Schaltweg *m*, Hub *m*
contact unit Kontaktsatz *m*
contact welding Kontakt(ver)schweißen *n*
contact wire *(Ee)* Fahrdraht *m*; Schleifleitung *f*
contacting low-voltage switchgear (kontaktgebendes) Niederspannungsschaltgerät *n*
contactless kontaktlos, berührungsfrei, berührungslos
contactor Kontaktgeber *m*, Einschalter *m*; Schaltschütz *n*, Schütz *n*
contactor controller Schützsteuerschalter *m*,

Schützsteuerwalze f, Schützfahrschalter m

contactor relay Schützrelais n *(elektromagnetisch mit bestimmter Spulenspannung betätigtes Befehlsgerät)*; Schaltrelais n

container Zellengefäß n, Zellenkasten m *(Batterie)*

contaminant Verunreinigungsstoff m, Verunreinigung f, Fremdstoff m; Fremdkörper m

contaminate v verunreinigen, verschmutzen, kontaminieren

contaminate v **with noise** *(Rt)* einer Störung aussetzen

contaminated kontaminiert, belastet, verunreinigt; radioaktiv verseucht

contaminating signal *(Nrt)* Schmutzsignal n *(z. B. Verzerrungen)*; Rauschsignal n

contamination Verunreinigung f, Verschmutzung f, Kontamination f

contamination flash-over Fremdschichtüberschlag m

contention mode *(Nrt, Dat)* Konkurrenzbetrieb m, konkurrierender Betrieb m, Gleichberechtigungsbetrieb m

contents directory *(Dat)* Inhaltsverzeichnis n

context Kontext m, (sprachlicher) Zusammenhang m

contiguous 1. benachbart, angrenzend; 2. stufig [in Stufen] umschaltbar

Continental code internationales Morsealphabet n

continuation lead Verlängerungsleitung f

continuity 1. Kontinuität f, Stetigkeit f, stetiger Verlauf m; ununterbrochener Zusammenhang m; 2. Programmablauf m; 3. Zwischenansage f *(Rundfunk)*

continuity failure *(Nrt)* Durchgangsfehler m, Durchgangsunterbrechung f

continuous-action laser kontinuierlich arbeitender Laser m, Dauerlaser m

continuous analyzer ununterbrochen arbeitender Analysator m

continuous approximation stetige Annäherung f

continuous band analyzer stetig durchstimmbarer Analysator m

continuous base current Basis--Gleichstrom m *(z. B. des Transistors)*

continuous control kontinuierliche [stetige] Regelung f *(Gegensatz: Impulsregelung)*

continuous current 1. Dauerstrom m; 2. Gleichstrom m

continuous-curve distance-time protection *(An)* Distanzschutz m mit steiler [stetiger] Auslösekennlinie, Distanzschutz m mit stetiger Kennlinie

continuous DC forward current Dauergleichstrom m

continuous direct off-state current Gleichsperrspannung f

continuous direct on-state current Dauergleichstrom m

continuous direct reverse voltage Gleichstrom-Sperrspannung f, V_R

continuous discharge Dauerentladung f

continuous duty Dauerbetrieb m *(mit konstanter Belastung)*

continuous-duty cycle Dauerbetriebsspiel n

continuous-duty operation Dauerbetrieb m

continuous-duty rating Nenndauerleistung f

continuous forward current Dauerdurchlassstrom m

continuous hunting *(Nrt)* Dauerwahl f, ununterbrochener Wählerlauf m, Durchdreher m

continuous-ink-jet, CIJ *(Dat)* kontinuierlicher Tintenstrahl m

continuous input kontinuierliche Eingabe f, Dauereingabe f; Dauereingang m

continuous input current Dauereingangsstrom m

continuous load rating Nenndauerleistung f

continuous loading *(Nrt)* Krarupisierung f *(Kabel)*

continuous memory Permanentspeicher m

continuous multi-cycle duty Durchlaufschaltbetrieb m

continuous off-state current Restgleichstrom m in Durchlassrichtung *(z. B. beim gesperrten Thyristor)*

continuous off-state voltage

Gleichspannung f im gesperrten [nicht geschalteten] Zustand, Blockierspannung f
continuous on-state current Durchlassstrom m
continuous operating voltage Dauerspannung f
continuous operation duty Durchlaufbetrieb m
continuous operation duty-type with electric braking Durchlaufbetrieb m mit Aussetzbelastung und elektrischer Bremsung, ununterbrochener Betrieb m mit Anlauf und Bremsung
continuous operation duty-type with related load/speed changes Durchlaufbetrieb m mit veränderlicher Drehzahl
continuous operation with intermittent loading Dauerbetrieb m mit Aussetzbelastung
continuous operation with short-time loading Dauerbetrieb m mit Kurzzeitbelastung
continuous output 1. Dauerleistung f; 2. kontinuierlicher [konstanter] Ausgang m
continuous power rating *Nennbelastbarkeit f
continuous power supply unterbrechungslose Stromversorgung f
continuous rated current Nennstrom m bei Dauerbetrieb
continuous rating Dauer(nenn)leistung f, Nenndauerlast f
continuous sound Dauerton m
continuous spacing current (Nrt) Dauertrennstrom m
continuous stall torque Dauerstillstandsmoment n
continuous test Dauerbelastungsprobe f, Prüfung f bei Dauerbelastung
continuous turned-over winding Sturzwicklung f
continuous-voltage rise test Gleichspannungsüberspannungs- prüfung f, Überspannungsprüfung f
continuous wave ungedämpfte Welle f
continuous-wave jammer (Fo) Dauerstrichstörsender m
continuous-wave modulation Dauerstrichmodulation f

continuous-wave power Dauerstrichleistung f
continuous-wave radar Dauerstrichradar n
continuously adjustable stetig einstellbar
continuously charge-coupled RAM C_3RAM n, Direktzugriffsspeicher m mit kontinuierlicher Ladungskopplung
continuously controllable stetig regelbar
continuously distributed gleichmäßig [stetig] verteilt
continuously loaded krarupisiert (Leitung)
continuously operating kontinuierlich arbeitend, stetig wirkend
continuously rated für Dauerbelastung bemessen, mit Dauerbelastbarkeit
continuously rated load Dauernennlast f
contouring control (system) Bahnsteuerung f
contraction at the anode anodische Kontraktion f
contraction connection Schrumpfverbindung f
contraction crack Schrumpfriss m
contradirectional communication kontradirektionaler Verkehr m
contrarotating gegenläufig
contrarotating capstan gegenläufige Antriebsrolle f [Bandantriebsachse f]
contrast 1. Kontrast m; 2. (Nrt) Dynamik f
contrast control 1. Kontrastausgleich m, Kontrastregelung f; 2. (Nrt) Dynamikregelung f
contrast hue bezogene Farbe f (Farbe, die durch Kontrast entsteht)
contrast range Kontrastumfang m
contrast rendering [rendition] Kontrastwiedergabe f
contrast threshold Kontrastschwelle f
control 1. Regelung f, Regulierung f; Regelvorgang m; Steuerung f; 2. Kontrolle f, Überwachung f; 3. Regler m, Regelvorrichtung f, Bedien(ungs)element n
control accuracy Regelgenauigkeit f
control action 1. Regelwirkung f, Steuerwirkung f; 2. Regelvorgang m
control address Steueradresse f
control amplifier Steuerverstärker m

control and display equipment Bedieneinrichtung f
control apparatus 1. Regelvorrichtung f; 2. Kontrollapparat m
control ball Steuerkugel f, Maus f
control bit Kontrollbit n; Steuerbit n
control bit pattern Steuerbitmuster n
control board 1. Steuertafel f; Schalttafel f; Kontrolltafel f; Regelungspult n; Steuerungspult n; 2. *(Me)* Steuerplatine f, Steuerkarte f
control cable 1. Steuerkabel n; Hilfskabel n; 2. Betätigungskabel n; Bowdenzug m
control characteristic 1. Regelcharakteristik f, Regelkennlinie f; Steuerkennlinie f; 2. Zündkennlinie f *(Ignitron)*
control circuit 1. Regelkreis m; Steuer(strom)kreis m, Steuer(ungs)schaltung f; Prüfstromkreis m; 2. Wirkungsfluss m *(Weg der regelungstechnisch wirksamen Signale)*; 3. Meldeleitung f
control command Steuerbefehl m; Steuersignal n, Befehlssignal n
control computer Steuerrechner m; Prozessrechner m
control connection Steuerverbindung f
control desk Steuerpult n; Schaltpult n; Bedienungspult n; Überwachungspult n, Kontrollpult n
control display Überwachungsanzeige f
control electronics Steuerelektronik f; Ansteuerelektronik f
control frequency response *(Rt)* Führungsfrequenzgang m
control gear 1. *Steuergerät n; 2. Steuergetriebe n, Stellgetriebe n; 3. *Schaltgerät n
control input 1. Steuereingang m; 2. *(Rt)* Führungsgröße f, Sollwert m
control integrated power system reglerintegriertes Leistungsmodul n *(z. B. bei Waschmaschinenantrieben zur Energieeinsparung)*
control key Steuertaste f; Funktionstaste f
control logic Steuerlogik f
control loop 1. Regelkreis m; 2. Rückkopplungsschleife f
control loudspeaker Kontrolllautsprecher m, Abhörlautsprecher m
control magnet Richtmagnet m, Steuermagnet m
control mark Kontrollmarke f, Bandmarke f
control offset Regelabweichung f
control panel Steuertafel f; Schalttafel f; Bedienungstafel f, Bedienungsfeld n
control point Bezugspunkt m *(der Regelung)*; Sollwert m *(der Regelung)*
control processor Steuerprozessor m
control program Steuerprogramm n
control puncher Prüflocher m *(Lochkarte)*
control push button *(Ap)* Steuerknopftaster m, Knopftaster m
control rate Regelgeschwindigkeit f
control read-only memory Steuerungs(festwert)speicher m, Steuer-ROM n
control response Regelverhalten n
control sequence Befehlsfolge f, Befehlsablauf m; Programmablauf m; Steuerungsablauf m
control track Steuerspur f *(z. B. bei Tonaufzeichnung)*
control unit 1. Regler m, Regelgerät n; Steuerwerk n, Steuereinheit f; Kommandowerk n, Leitwerk n *(Rechenanlage)*; 2. Kontrollgerät n
control valve 1. Regelventil n; Steuerventil n, Steuerschieber m; 2. Steuerröhre f
control vector Steuervektor m *(Zustandsgleichung)*; Stellgrößenvektor m *(Mehrgrößensystem)*
control word Steuerwort n, Leitwort n
controllability 1. *(Rt)* *Steuerbarkeit f, Regelbarkeit f; 2. Kontrollierbarkeit f
controllable 1. *(Rt)* regelbar; steuerbar; 2. kontrollierbar
controlled airspace *(Nrt)* überwachter Luftraum m
controlled avalanche gesteuerter Lawinendurchbruch m
controlled-carrier modulation HAPUG-Modulation f, Modulation f nach Harbich, Pungs und Gerth
controlled-carrier modulation transmitter fremdgesteuerter Sender m
controlled communication *(Nrt)* Leitverkehr m
controlled mercury-arc rectifier

controlled   86

gesteuerter Quecksilberdampfgleichrichter *m*
controlled rectifier (gitter)gesteuerter Gleichrichter *m*; Kipptriode *f*, Vierschichttriode *f*
controlled transmitter fremdgesteuerter Sender *m*
controlled value [variable] Regelgröße *f*
controller 1. Regler *m*, Regelgerät *n*; Steuereinheit *f*; Steuergerät *n*; 2. Programmschalter *m*; Steuerschalter *m*; 3. *(Ma)* Kontroller *m*, Fahrschalter *m*, Walzenschalter *m*; Steuerwalze *f*
controller action Reglerverhalten *n*, Verhalten *n* des Reglers
controller area network CAN-Feldbus *m*, Feldbusnorm *f (Multi-Master--Prinzip, entwickelt für den ursprünglichen Einsatz im Kraftfahrzeug)*
controller down time Reglerausfallzeit *f*
controller response Reglerverhalten *n*
controlling 1. Regelung *f*; Steuerung *f*; 2. Kontrolle *f*
controlling contact Überwachungskontakt *m*
controlling device 1. Steuereinrichtung *f*; 2. Kontrolleinrichtung *f*
controlling element Regelorgan *n*; Steuerelement *n*, Steuerglied *n (des Regelkreises)*
controlling exchange *(Nrt)* betriebsführendes Amt *n*
controlling magnet Richtmagnet *m*, Stellmagnet *m*, Steuermagnet *m*
controlling torque Einstellmoment *n*
convection circuit-breaker Konvektionsschalter *m*
convenience receptacle Steckdose *f*, Gerätesteckdose *f (z. B. für Haushaltgeräte)*
converging lens Sammellinse *f*, Konvexlinse *f*
conversation meter *(Nrt)* Gesprächszähler *m*
conversation time *(Nrt)* Gesprächszeit *f*, Sprechzeit *f*
conversational *(Dat)* im Dialogbetrieb arbeitend, dialogfähig
conversational language *(Dat)* Dialogsprache *f*
converse piezoelectric effect Elektrostriktion *f*, reziproker piezoelektrischer Effekt *m*
conversion *(Dat)* Konvertierung *f*, Wandlung *f*, Umsetzung *f*
conversion adapter Umformadapter *m*, *Zwischenstecker *m (für unterschiedliche Steckerarten/ Normen)*
conversion clock Umsetzungstaktgeber *m*
conversion loss Mischverlust *m (Röhren)*; Umwandlungsverlust *m (Transformatoren, Energieumwandlungsprozesse)*
conversion program *(Dat)* Konvertierungsprogramm *n*
conversion rate Umsetz(ungs)geschwindigkeit *f (z. B. Codierung)*
conversion unit *(Dat)* Umsetzereinheit *f*, Konvertereinheit *f*, Mischer *m*
converter 1. *(Et)* Umformer *m*; *Stromrichter *m*, Umrichter *m*, Wandler *m*; selbstschwingende Mischröhre *f*; 2. *(Dat)* Konverter *m*, Wandler *m*, Umsetzer *m*, Umcodierer *m*; 3. *(Fo, Fs)* Mischstufe *f*; 4. *(Rt)* Signalwandler *m*
converter brake inverter Stromrichterbremsumrichter *m*
converter circuit-breaker Stromrichterschalter *m*
converter motor Stromrichtermotor *m*
converter unit Umsetzer *m*, Wandler *m*, Umwandler *m*; Stromrichtereinheit *f*
converter valve *Stromrichterventil *n*
convertible connector Umrüststecker *m*, Umrüststeckverbinder *m*
convertible static compensator, CSC *(Ee)* variabler statischer Blindleistungskompensator *m*
convex lens Konvexlinse *f*, Sammellinse *f*
convex programming *(Dat)* konvexe Programmierung *f*
convey *v* **current from** Strom abführen von
convey *v* **current to** Strom zuführen zu
conveyor 1. Förderanlage *f*; Beförderungseinrichtung *f*; 2. *s.* conveyor belt
conveyor belt Förderband *n*, Transportband *n*
conveyorized manufacture

Durchlaufverfahren *n* (Lackdrahtherstellung)
convolutional coding Faltungscodierung *f*, rekurrente Codierung *f*
cooker Kocher *m*, Kochgerät *n*
cookie Cookie *n* (*Informationseinheit zur Zustandsspeicherung in Web-Klienten*)
cooking plate Kochplatte *f*
cool *v* (ab)kühlen; abkühlen lassen
cool *v* **back** rückkühlen
cool-light lamp Kaltlichtlampe *f*
coolant Kühlmittel *n*, Kühlflüssigkeit *f*
cooled-anode transmitting valve Senderöhre *f* mit Anodenkühlung
cooler Kühler *m*
cooling Kühlung *f*, Abkühlung *f*
cooling air Kühlluft *f*
cooling baffle Luftleitblech *n* (*z. B. für Kühlluft*)
cooling body Kühlkörper *m*
cooling chamber Kühlraum *m*, Kühlkammer *f*
cooling device Kühlgerät *n*
cooling duct Kühlschlitz *m*, Luftschlitz *m*; Kühlkanal *m*
cooling fan Kühlgebläse *n*, Lüfter *m*, Ventilator *m*
cooling fin Kühlrippe *f*, Kühllamelle *f*
cooling jacket Kühlmantel *m*
cooling medium Kühlmittel *n*, Kältemittel *n*
cooling rib Kühlrippe *f*
cooling trap Kühlfalle *f*
coordinate displacement Koordinatenverschiebung *f*
coordinate in space Raumkoordinate *f*
coordinate plotter Koordinatenschreiber *m*
coordinate space Koordinatenraum *m*
coordinate-type (AC) potentiometer (*Mess*) komplexer Kompensator *m*
coordinated insulation abgestufte [koordinierte] Isolation *f*
coordinating spark gap abgestimmte Schutzfunkenstrecke *f*
coordination algorithm (*Rt*) Koordinationsalgorithmus *m*
coordination circuit Dispatcherleitung *f*
coordinator (*Nrt*) Zuordner *m*
cophasal gleichphasig, in gleicher Phasenlage

copier (*Ak*) Kopiergerät *n*, Überspielgerät *n*
COPLAMOS technology (*Me*) COPLAMOS-Technologie *f* (*n-MOS mit selbstjustierenden, lokal oxidierten Inseln*)
copper alloy Kupferlegierung *f*
copper brazing Hartlöten *n* von Kupfer, Kupferhartlöten *n*
copper-clad kupferplattiert, kupferbeschichtet, kupferkaschiert, mit Kupfermantel
copper-clad laminated paper kupferkaschiertes Hartpapier *n*
copper damper (*Ma*) Wirbelstromdämpfer *m*
copper drag(ging) Kupferschieben *n* (*bei Stromwendern*)
copper gauze Kupfergewebe *n*
copper laminated plastic kupferkaschierter Kunststoff *m*
copper litz wire Kupferlitze *f*
copper loss Kupferverlust *m*, Stromwärmeverlust *m*, I²R-Verlust *m*; Wicklungsverlust *m*
copper oxide rectifier Kupfer(I)-oxid-Gleichrichter *m*, Kuproxgleichrichter *m*
copper-plated verkupfert, kupferüberzogen
copper screening Kupferabschirmung *f*
copper strand Kupferlitze *f*
copper-strip earth conductor Banderder *m* (*aus Kupfer*)
coppering (*Galv*) Verkupferung *f*, Verkupfern *n*
copy *v* 1. kopieren, nachbilden; 2. (*Dat*) kopieren, übertragen; umspeichern, umschreiben
copy mask (*Me*) Arbeitsmaske *f* (*Duplikat*)
copying telegraph Kopiertelegraf *m*
cord 1. *Leitung *f*; 2. Schnur *f*, Verbindungsschnur *f*; Leitungsschnur *f*, Anschlussschnur *f*; Verlängerungsschnur *f*
cord and plug Steckerschnur *f*
cord circuit (*Nrt*) Schnurstromkreis *m*
cord connector Schnurstecker *m*
cord fastener Zugentlastung *f* (*Vorrichtung*)
cordless schnurlos; ohne Netzanschluss
cordless headphones (*Ko*) schnurlose Kopfhörer *mpl*

cordless optical mouse *(Dat)* kabellose Computermaus
cordless stereo headphone system *(Ko)* kabelloses Stereo-Kopfhörer--System *n (infrarot oder Funk)*
cordless telephone Funktelefon *n*, schnurloses [drahtloses] Telefon *n*
cordwood module Cordwood-Modul *m (Mikroschaltungstechnik)*
core 1. Kern *m*; Spulenkern *m*; Magnetkern *m*; 2. Ader *f*, Leiter *m*, Seele *f (Kabel)*; 3. *s.* core memory
core area 1. *(Nrt)* Kernbereich *m (Netzgestaltung)*; 2. *(Ma)* Kernquerschnitt *m*
core burning Eisenbrand *m*
core duct Luftschlitz *m (im Rotor)*
core dump *(Dat)* Ausspeicherung *f*
core insulation Leiterisolation *f (bei Kabeln)*
core lamination Kernblech *n*, Transformatorblech *n*, gestanztes Trafoblech *n*
core length Eisenlänge *f*, Eisenbreite *f*
core loss Ummagnetisierungsverlust *m* im Eisenkern, Eisenverlust *m*
core-magnet moving-coil mechanism Kernmagnet(drehspul)messwerk *n*
core memory Kernspeicher *m*, Magnetkernspeicher *m*
core number Aderzahl *f*
core package *(Ma)* Teilblechpaket *n (zwischen zwei Luftschlitzen)*
core plate Kernblech *n (Transformator)*
core punching (gestanztes) Kernblech *n*
core router Kernnetz-Router *m*
core screen Kernschirm *m*
core storage Kernspeicherung *f*
core storage capacity Kernspeicherkapazität *f*
core store Kernspeicher *m*, Magnetkernspeicher *m*
core tooth Zahn *m* (im Blechpaket)
core-type induction furnace Induktionsofen *m* (mit Eisenkern), Niederfrequenzofen *m*
cored mit Kern (versehen)
coreless kernlos, ohne Kern, eisenlos
coreless coil kernlose Spule *f*
coreless high-frequency induction furnace kernloser Hochfrequenzinduktionsofen *m*
cork gasket Korkdichtung *f*
corkscrew aerial Wendelantenne *f*

corner cutting *(Fs)* Abschattierung *f*
corner frequency Eckfrequenz *f*, Knickfrequenz *f*, 45°-Frequenz *f*
corner joint Eckstoß *m (Transformator)*
cornering brake control Kurvenfahrtbremsregler *m*
cornice lighting Voutenbeleuchtung *f*
corona 1. Korona *f*; 2. Koronaeffekt *m*, Koronaentladung *f*; 3. *(Hsp)* Teilentladung *f*
corona brushing Sprühentladung *f*
corona charge *(Hsp)* Korona(impuls)ladung *f*; Teilentladungsimpulsladung *f*
corona discharge Koronaentladung *f (häufig als Sammelbegriff für alle Teilentladungen verwendet)*
corona effect Koronaeffekt *m*; Koronaentladung *f*
corona grading Glimmschutz *m*
corona inception Koronaeinsatz *m*
corona interference voltage Koronastörspannung *f*
corona shielding Koronaschutz *m*
corona-starting voltage Koronaeinsatzspannung *f*
coronaphone Koronaphon *n (zur Ortung von Funkstörungen)*
corpuscular anode rays Anodenstrahlen *mpl*
correct execution genaue Ausführung *f (z. B. eines Regelungsvorganges)*
correct match richtige Anpassung *f*
corrected code word korrigiertes Codewort *n*
corrected radio bearing korrigierte [wahre] Funkpeilung *f*
correcting *(Ak)* Entzerrung *f*
correcting circuit *(Nrt)* Entzerrerschaltung *f*
correcting device Entzerrer *m*
correcting displacement *(Rt)* Stellhub *m (Stellglied)*
correcting motor Verstellmotor *m*
correcting range *(Rt)* Stellbereich *m*
correcting variable *(Rt)* Stellgröße *f*
correction 1. Berichtigung *f*, Korrektur *f*, Fehlerbeseitigung *f*; 2. *(Mess)* Korrektion *f*; Entzerrung *f (z. B. eines Signals)*; Zeichenkorrektur *f (Telegrafie)*; Ausgleich *f*
correction bit Korrekturbit *n*
correction filter Korrekturfilter *n*

correction lag (Rt) Totzeit f (z. B. zur Korrektur eines Signals)
correction of non-linear distortions Linearisierung f, Korrektur f der nicht linearen Verzerrung
correction of phase Phasenentzerrung f
correction plane Auswuchtebene f
corrective action Korrekturwirkung f (des Reglers)
corrective motion Nachstellbewegung f, Stellbewegung f
corrective network Ausgleichsschaltung f
corrector circuit Korrektionskreis m, Entzerrerschaltung f
correlation Korrelation f, Wechselbeziehung f, statistischer Zusammenhang m
correlation computer Korrelationsrechner m, Rechner m zur Berechnung von Korrelationsfunktionen
correlation decoding (Nrt) Korrelationsdecodierung f (von Synchronisationswörtern: z. B. Barker-Code im ISDN; von CDMA-Kanälen im UMTS)
correlation function Korrelationsfunktion f
correlation function expansion Erweiterung f der Korrelationsfunktion
corrodible korrodierbar, korrosionsanfällig, korrosionsunbeständig; ätzbar
corrosion Korrosion f, Anfressung f; Rosten n
corrosion behaviour Korrosionsverhalten n
corrosion current Korrosionsstrom m
corrosion fatigue Korrosionsermüdung f, Ermüdungskorrosion f
corrosion-proof korrosionssicher (z. B. Konstruktionen)
corrosion protection Korrosionsschutz m
corrosion-resistant korrosionsbeständig, korrosionsfest
corrosive korrosiv, korrodierend (wirkend), angreifend
corrosive (agent) Korrosionsmittel n, korrosives [aggressives] Medium n; Ätzmittel n
corrugate v riffeln, rillen, wellen

corrugated conduit gewelltes Elektroinstallationsrohr n
corrugation Riffelung f; Welligkeit f
cosine diagram Zweikreisdiagramm n, Peilacht f
cosine-squared impulse (Nrt) Cosinusquadratimpuls m, $\cos^2$-Impuls m
cosiness curve (Licht) Behaglichkeitskurve f
cosmic noise kosmisches Rauschen n
cosmic radiation Höhenstrahlung f, kosmische Strahlung f
cosputter v zusammen [miteinander] zerstäuben
cost function Kostenfunktion f (Kybernetik)
cost-performance ratio Kosten--Leistungs-Verhältnis n
cotter pin Vorsteckstift m
cotton binder Kennfaden m (für Kabel)
coulomb Coulomb n, C (SI-Einheit der Elektrizitätsmenge oder der elektrischen Ladung; 1 C = 1 As)
Coulomb damping Coulomb--Dämpfung f, Reibungsdämpfung f
Coulomb force Coulomb-Kraft f, coulombsche Kraft f
Coulomb friction coulombsche [trockene] Reibung f (Reibungskraft im Wesentlichen konstant)
count v zählen; (be)rechnen
count v **down** rückwärts [abwärts] zählen
count v **forwards [up]** vorwärts [aufwärts] zählen
count 1. Zählung f; Berechnung f; Registrierung f; 2. Zähl(er)stand m, Zähleranzeige f; 3. Zählstoß m
count-down Rückwärtszählen n, Count--Down m
count period Zählperiode f
count rate Zählrate f, Zählgeschwindigkeit f
count-up counter Vorwärtszähler m
counter Zähler m; Zählwerk n; Zähleinrichtung f; Zählgerät n; Zählrohr n (z. B. für Radioaktivität)
counter-ampere turns Gegenamperewindungen fpl
counter compounding Gegenkompoundierung f
counter overflow Zählerüberlauf m
counter preset Zählervoreinstellung f

counter reset(ting) Zählerrückstellung f, Rückstellung f [Nullstellung f] eines Zählers
counter word Zählwort n
counter-wound gegenläufig gewickelt
counteracting force Gegenkraft f
counterclockwise gegen den Uhrzeigersinn, im Gegenuhrzeigersinn, linksläufig
counterconnection Gegenschaltung f
countercurrent Gegenstrom m
countercurrent braking *(Ma)* Gegenstrombremsung f
counterdoping *(Me)* Gegendotierung f
counterelectromotive force gegenelektromotorische Kraft f, Gegen-EMK f, Gegenurspannung f
counterglow Gegenschein m
counterplug Gegenstecker m
counterpoise 1. künstliche Erde f, Gegengewicht f *(Antennen)*; 2. Erdseil n, Bodenseil n *(Freileitung)*; 3. *(Ma)* Gegengewicht n
counterpressure Gegendruck m
counterrotation Gegendrehung f, Gegenlauf m
countertorque Gegen(dreh)moment n
countervoltage Gegenspannung f
counting address register zählendes Adressenregister n
counting chain Zählkette f
counting circuit Zähl(er)schaltung f, Zählkreis m; Rechenschaltung f
counting code Zählcode m
counting down Rückwärtszählen n
counting frequency Zählfrequenz f
counting module Zählerbaustein m *(für digital anzeigende elektronische Messgeräte)*
counting rate Zählrate f, Zählgeschwindigkeit f, Zählfrequenz f
counting sequence Zählfolge f
counting speed Zählgeschwindigkeit f
counting tube read-out Zählrohranzeige f
counting unit Zähler m
counting up Vorwärtszählen n
country code *(Nrt)* Landeskennzahl f
coupled 1. *(Et)* (an)gekoppelt, verkoppelt; 2. *(Ma)* gekuppelt
coupled axle drive Mehrachsantrieb m, Radsatzantrieb m
coupled reperforator and tape reader *(Nrt)* vollautomatischer Lochstreifensender m
coupled switch (mechanisch) gekuppelter Schalter m, Kupplungsschalter m
coupled wave gekoppelte Welle f
coupler 1. Steckvorrichtung f, Gerätesteckvorrichtung f, Kopplung f; 2. Stecker m, Gerätestecker m; 3. Koppler m, Kopplungsspule f; 4. *(Ak)* Kuppler m
coupler connector [plug] Kopplungsstecker m, Gerätestecker m; Kupplungsstecker m
coupler socket Gerätesteckdose f
coupling 1. *(Et)* Kopplung f, Ankopplung f, Verbindung f; 2. *(Ma)* Kupplung f; 3. Verbindungsstück n, Kupplungsstück n, Anschlussstück n; Flansch m
coupling attenuation Koppeldämpfung f
coupling between gates *(Me)* Kopplung f zwischen Elektroden [Gittern, Gates]
coupling capacitor Kopplungskondensator m *(z. B. bei Teilentladungsmessungen)*
coupling cavity *(Laser)* angekoppelter Resonator m
coupling circuit-breaker Kuppelschalter m *(Leistungsschalter)*
coupling coefficient Kopplungskoeffizient m, Kopplungsbeiwert m
coupling device *Steckverbindung f
coupling loss Dämpfung f *(bei Lichteinkopplung oder -auskopplung auftretender Effekt eines Lichtleiters)*
coupling multiple *(Nrt)* Koppelfeld n
coupling sleeve Kupplungsmuffe f *(Kabel)*; Verbindungsmuffe f
coupling transformer Koppeltransformator m, Anpassungstransformator m
course-indicating beacon *(Fo)* Kursanzeigebake f
course line Kurslinie f, Kurs m
course-line computer Kursrechner m
course-line deviation Kursabweichung f
covalent bond kovalente [unpolare, homöopolare] Bindung f, Elektronenpaarbindung f, Atombindung f

cover v 1. bedecken; überziehen, umhüllen, ummanteln; umwickeln, umspinnen; 2. erfassen; umfassen, einschließen; 3. *(Nrt, Fo, Mess)* überstreichen, bestreichen *(einen Bereich)*; 4. *(Licht)* ausleuchten

cover Deckel m, Verschluss m, Abdeckung f; Kappe f; Überzug m, Verkleidung f, Mantel m; Schutzhaube f; Deckschicht f

cover film Schutzschicht f

coverage 1. Erfassen n; Umschließen n; Bedeckung f; 2. *(Nrt)* Versorgung f; Reichweite f *(z. B. eines Radars)*; 3. (erfasster) Bereich m; 4. *(Mess)* Umfang m

covercoat Deckmasse f; Überzug m; Abdeckisolierfolie f

covered area *(Fs)* Versorgungsgebiet n, Ausleuchtgebiet n

covered cable umhülltes Kabel n

covered wire umsponnener Draht m

covering 1. Bedeckung f, Umhüllung f, Ummantelung f; Außenmantel m *(Kabel)*; 2. *(Hsp)* Umwicklung f; Umspinnung f; Anstrich m; Belag m, Überzug m; Deckschicht f, Schutzdecke f

covering ply Decklage f *(Leiterplatten)*

coverlay adhesive Kleberdeckschicht f *(Leiterplatten)*

covibration Resonanzschwingung f

cowl heating Haubenheizung f *(z. B. Heizhaube mit Strahlheizkörper)*

CPL s. call processing language

CR s. cassette recorder

crack 1. Spalt m, Riss m, Bruch m; 2. Knacken n; Krach m, Knall m

crack detector Rissprüfer m, Rissdetektor m

crack wave Sprungwelle f

cracker *(Dat)* Cracker m *(Person, die illegale Aktionen an Software vornimmt, z. B. Entfernen des Kopierschutzes; im Gegensatz zum Hacker)*

cracking Reißen n; Rissbildung f

crackling *(Ak)* Kratzgeräusche npl, Knallgeräusche npl

crane controller Kransteuerschalter m

crane drive Kranantrieb m

crank Kurbel f

cranked coil *(Ma)* gekröpfte Spule f

crashes Krachgeräusche npl, atmosphärische Störungen fpl *(Rundfunk)*

crate-controller Steuerstufe f *(beim CAMAC-System)*

crawling speed *(Ma)* Schleichdrehzahl f

crawling torque Schleichdrehmoment n

crazing Haarrissbildung f *(z. B. bei Isolierkeramik)*

credible contingency *(Ee)* beherrschbarer Störungsfall m *(Störung, die nicht zu einer Unterbrechung der Stromversorgung führt)*

creep v kriechen *(Strom, Werkstoffe)*; sich dehnen *(in Längsrichtung)*; wandern

creep 1. Kriechen n *(des Stromes)*; Fließen n; 2. Kriechdehnung f; 3. *(Mess)* Zählerleerlauf m; 4. *(Ma)* Mikroschlupf m

creep current Kriechstrom m

creep distance Kriechstrecke f, Kriechweg m

creep path Kriech(strom)weg m

creepage Kriechen n *(des Stromes)*

creepage design Gleitfunkenanordnung f

creepage spark Gleitfunke m

creeping Kriechen n

creeping current Kriechstrom m

creeping discharge Gleitfunke m

creeping distance Kriechstrecke f *(IEC 50-151)*

creeping path Kriech(strom)weg m

creeping wave Kriechwelle f

crest 1. Höchstwert m, Scheitel(wert) m; Spitze f; Schwingungsbauch m; Wellenberg m; 2. Krone f, Gipfel m

crest factor *Scheitelfaktor m, Spitzenwertfaktor m

crest flash-over Scheitelüberschlag m

crest reverse voltage Spitzensperrspannung f

crest value Scheitelwert m, Spitzenwert m, Größtwert m

crest voltage Spitzenspannung f, Scheitelspannung f; Scheitelspannungswert m

crest voltmeter Spitzenspannungsmesser m, Scheitelspannungsmesser m, Scheitelwertmesser m

crest-working forward voltage *(Le)*

crest-working Vorwärtsscheitelsperrspannung f (Diode)

crest-working line voltage (Le) Netzspannungsscheitelwert m

crest working off-state voltage Betriebsspitzensperrspannung f

crest-working reverse voltage (Le) Nennsperrspannung f (Diode); Scheitelsperrspannung f (Thyristor)

crimped connection (Ee) Quetschverbindung f

crimped contact gequetschter Kontakt m, Quetschkontakt m

crimped joint Sickenverbindung f; Quetschverbindung f

crimping equipment Kerbausrüstung f, Quetschausrüstung f (zum Quetschen von Kerbkabelschuhen)

criterion for stability Stabilitätskriterium n

criterion function (Rt) Gütefunktion f

critical adjustment Scharfeinstellung f

critical angle (of reflection) Grenzwinkel m der Totalreflexion

critical current kritischer Strom m (Supraleitung)

critical distance (Ak) Hallradius m

critical focussing Scharfeinstellung f

critical frequency Grenzfrequenz f; kritische Frequenz f

critical magnetic field kritisches Magnetfeld n (Supraleitung)

critical nucleus kritischer Keim m (Kristallwachstum)

critical rate of rise kritischer Anstiegswert m

critical rate of rise of off-state current (Le) kritische Sperrstromsteilheit f [Stromsteilheit f]

critical rate of rise of off-state voltage (Le) kritische Sperrspannungssteilheit f [Spannungssteilheit f]

critical rate of rise of reapplied voltage (Le) kritischer Anstieg m der wiederkehrenden Spannung

critical short-circuit current kritischer Kurzschlussstrom m

critical speed kritische Drehzahl f

critical speed of resistance braking (Ma) kleinste Geschwindigkeit f der Widerstandsbremse (für Selbsterregung)

critical stability (Rt) Stabilitätsrand m, Grenze f des Stabilitätsbereiches (z. B. der Kennwerte eines Regelungssystems)

critical stress Knickspannung f

critical welding current Schweißgrenzstromstärke f

critically damped kritisch gedämpft

crocodile clip Krokodilklemme f

cross 1. Kreuzung f; Kreuzungsstelle f, Kreuzungspunkt m; 2. (Et) Leitungsberührung f, Leitungsschluss m; 3. Kreuzstück n

cross assembler Cross-Assembler m (Übersetzungsprogramm)

cross bearing (Fo) Kreuzpeilung f

cross coil Kreuzspule f

cross-coil antenna (Fo) Kreuzrahmenantenne f, Goniometerantenne f

cross-coil direction finder (Fo) Kreuzrahmenpeiler m, Goniometerpeiler m

cross compiler Cross-Compiler m, Cross-Übersetzer m

cross connector Verzweigungsstecker m

cross core Kreuzkern m

cross-correlation Querbeziehung f, Kreuzkorrelation f (z. B. zweier stochastischer Signale)

cross-fade Überblenden n

cross field Querfeld n

cross fire Induktionsstörung f des Fernsprechverkehrs (durch Telegrafie)

cross hairs Fadenkreuz n

cross modulation Kreuzmodulation f, nicht lineares Nebensprechen n

cross noise Störgeräusch n durch Übersprechen

cross-over 1. Kreuzungspunkt m; Überkreuzung f (z. B. von Leitern); Weiche f; Achsenschnitt m, Nulldurchgang m; 2. (Me) Übergang m

cross-over frequency Grenzfrequenz f (z. B. einer elektrischen Weiche); Übergangsfrequenz f, Überschneidungsfrequenz f; Isotropiefrequenz f (Flüssigkristalle)

cross software Cross-Software f (Entwicklungs- und Testprogrammpaket)

cross-talk attenuation Übersprechdämpfung f, Nebensprechdämpfung f

cross-talk interference Übersprechstörung *f*
cross-talk-proof nebensprechfrei, ohne Übersprechen
crossed-coil aerial Kreuzrahmenantenne *f*
crossed-coil instrument Kreuzspulinstrument *n*
crossing Kreuzung *f (von Leitungen)*; Überführung *f*; Schnittpunkt *m (von Kurven)*
crosstalk *(Nrt)* Übersprechen *n*, Nebensprechen *n*, Gegennebensprechen *n*
crowbar *(Le)* Kurzschließer *m*
crowding effect *(Me)* Einschnüreffekt *m*
crucible Tiegel *m*, Schmelztiegel *m*
crucible furnace Tiegelofen *m*
crude electrolyte Rohelektrolyt *m*
crushing load *(Ph)* Überlast *f*; Bruchlast *f*
cryoelectric memory kryoelektrischer Speicher *m*
cryoelectronics Kryoelektronik *f*
cryogenic amplifier Tieftemperaturverstärker *m*
cryogenic store Kryo(gen)speicher *m*, Supraleitungsspeicher *m*
cryogenics 1. Kryogenik *f*, Tieftemperaturforschung *f*; 2. Kryotechnik *f*, Tieftemperaturtechnik *f*
cryosar Kryosar *m (Tieftemperatur--Halbleiterbauelement)*
cryosistor Kryosistor *m (Tieftemperatur--Halbleiterbauelement)*
cryostat Kryostat *m*; Kälteregler *m*
cryotron Kryotron *n (Tieftemperaturschalter)*
crypto API, CAPI *(Dat)* verschlüsselbare Anwendungsprogramm-Schnittstelle *f*
cryptoanalysis Entschlüsselungsanalyse *f*
cryptographic device *(Nrt)* Verschlüsselungsgerät *n*
cryptography Kryptografie *f*, Verschlüsselungstechnik *f*
cryptosystem Verschlüsselungssystem *n*
crystal 1. Kristall *m*; 2. Quarz *m*
crystal-binding energy Kristallbindungsenergie *f*
crystal boundary Kristallgrenzfläche *f*
crystal-calibrated quarzgeeicht
crystal clock Quarzuhr *f*, quarzgesteuerte Uhr *f*, quarzstabiler Taktgeber *m*
crystal-clock integrated circuit Uhrenschaltkreis *m*
crystal-controlled frequency quarzgesteuerte Frequenz *f*
crystal defect Kristallbaufehler *m*, Gitterdefekt *m*, Kristallstörung *f*
crystal demodulator Quarzdemodulator *m*
crystal diode Kristalldiode *f*
crystal doping Kristalldotierung *f*
crystal field effect Kristallfeldeffekt *m*
crystal gate Quarzfilter *n*
crystal grain Kristallkorn *n*
crystal growing Kristallzüchtung *f*
crystal lattice Kristallgitter *n*
crystal loudspeaker Kristallautsprecher *m*, piezoelektrischer Lautsprecher *m*
crystal microphone Kristallmikrofon *n*
crystal needle Kristallnadel *f*
crystal nucleus Kristallkeim *m*
crystal oscillator Kristalloszillator *m*, Quarzstufe *f*, Quarzoszillator *m*, Schwingquarz *m*
crystal pick-up Kristalltonabnehmer *m*
crystal receiver Kristallempfänger *m*
crystal rectifier Kristallgleichrichter *m*, Kristalldiode *f*
crystal video rectifier Bildkristallgleichrichter *m*
crystal wafer Kristallscheibchen *n*; Wafer *m*
crystallographic defect *(Me)* Kristallgitterdefekt *m*
CSMA/CD Abkürzung aus: *carrier sense multiple access/collision detection*
CSMA/CD bus CSMA/CD-Bus *m (stochastisches Zugriffsverfahren bei der Datenübertragung)*
CT set schnurloser Telefonapparat *m*
cubic aerial Würfelantenne *f*
cubic distortion kubische Verzerrung *f*
cubicle 1. Schaltschrank *m*, Schrank *m*, Gehäuse *n*; 2. Schaltzelle *f*; Schaltanlage *f (Einheit)*; 3. Kabine *f*, Zelle *f*
cue 1. Regiesignal *n*; Stichwort *n*; 2. *(Nrt)* Achtungssignal *n*; 3. *s.* cueing
cue mix Rückspielsignal *n (z. B. Orchesterpart bei Solistenaufnahme)*
cue review Mithören *n* [Mitsehen *n*] bei schnellem Vor- oder Rücklauf
cue track Markierspur *f*

cueing Suchlauf m (mit Mithören), Mithören n [Mitsehen n] beim schnellen Vorlauf
cumulative kumulativ, sich anhäufend, sich steigernd; sich addierend
cumulative distribution Summenhäufigkeitsverteilung f
cumulative error Summenfehler m, integrierender Fehler m
cumulative grid rectifier gittergesteuerter Gleichrichter m [Stromrichter m]
cup v sich (um die Längsachse) wellen (z. B. Tonband, Film)
cup (Ma) Schale f, Becher m
cup core Topfkern m
cup electrode Becherelektrode f
cup insulator Glockenisolator m
curb transmitter Curbsender m (Telegrafie)
curbing Curbsenden n (Telegrafie)
cure v 1. trocknen; (aus)härten (Kunststoffe); vulkanisieren (Gummi); 2. beseitigen, beheben (Fehler)
curie Curie n, Ci (SI-fremde Einheit der Radioaktivität)
curing Aushärten n, Härten n, Aushärtung f (von Kunststoffen); Vulkanisation f (von Gummi)
curing process Aushärtungsprozess m
curing zone Härtezone f
curl 1. Kräuseln n, Ringeln n (des Bandes); 2. Schlinge f, Windung f; 3. Wirbel m; Quirl m (Maß der Wirbelgröße); Rotation f (eines Vektors)
curl v aufrollen; (spiralförmig) winden; sich kräuseln, wellig werden
curl field Wirbelfeld n
current 1. (Et) Strom m; Stromstärke f; 2. Strom m, Strömung f, Fluss m
current amplification Stromverstärkung f
current amplifier Stromverstärker m
current balance 1. Stromwaage f, Amperewaage f (nach Kelvin); 2. Geber m mit Differenzialwicklung; 3. Stromabgleich m, Stromausgleich m
current balance circuit-breaker *Fehlerstromschutzschalter m
current bar Stromschiene f
current branch Stromzweig m
current-carrying Strom führend, stromdurchflossen, unter Strom

current-carrying path (Me) Stromleitpfad m
current change Stromänderung f
current charge Strombelag m
current circuit Stromkreis m; Strompfad m
current converter Stromrichter m
current coverage (Ma) Strombelag m
current cut-out *Sicherungsautomat m
current delay angle (Le) Verzögerungswinkel m, Einschaltverzögerungswinkel m (Triac)
current density Stromdichte f (im Leiter)
current displacement Stromverdrängung f
current distribution Stromverteilung f; Stromlinienverteilung f
current drain Stromentnahme f
current-fed stromgekoppelt
current feed Stromspeisung f, Stromkopplung f (Antennen)
current feedback Stromrückkopplung f
current flow Stromfluss m, Stromdurchgang m, Strombahn f, Stromverlauf m
current gain Stromverstärkung f
current gate Stromtor n
current hogging injection logic CHIL-Technik f (Kombination von I^2L- und CHL-Technik)
current hogging logic CHL-Technik f (Schaltkreistechnik mit Lateralinjektion)
current injection logic Strominjektionslogik f, CIL (extrem schnelle Logik mit Josephson--Brücken)
current leakage path Kriechweg m, Kriechstrecke f, Ableitweg m
current limitation Strombegrenzung f
current loop Stromschleife f, Strombauch m
current-mode logic Stromschaltlogik f, stromgeschaltete [stromgesteuerte] Logik f, CML
current node Stromknoten m, Stromverzweigungspunkt m
current noise Stromrauschen f
current-operated strombetrieben, strombetätigt
current-operated earth-leakage circuit-breaker (Ap) Fehlerstromschutzschalter m
current-operated earth-leakage protection

Fehlerstromschutzschaltung f, FI--Schutzschaltung f
current path Strombahn f, Strompfad m, Stromweg m, Stromverlauf m
current phase-balance protection *(Ap)* Stromdifferenzialschutz m
current pick-up Stromabnehmer m
current-potential curve *(Galv)* Strom--Potenzial-Kurve f, SPK, Strom--Spannungs-Kurve f, I/U-Kennlinie f
current-propagation earth resistance Stoßausbreitungswiderstand m *(Stromstoß)*
current rating Nennstromstärke f, Nennstrom m, Stromnennwert m, Nennstrombereich m
current rectifier Stromgleichrichter m
current ripples Stromwellen fpl, Oberwellen fpl im Strom
current rise Stromanstieg m
current rush Stromstoß m; Rush-Strom m, Rush-Effekt m des Stroms
current source DC-link converter Strom-Zwischenkreis-Stromrichter m
current supply 1. Stromversorgung f, Stromzuführung f, Stromlieferung f, Stromzufuhr f, Speisung f; 2. Stromquelle f
current surge Stromstoß m
current sweep generator Stromkippgerät n *(Ablenkgerät)*
current threshold Stomschwellenwert m
current-to-frequency converter Strom-Frequenz-Wandler m, frequenzanaloger Stromwandler m
current-voltage characteristic [curve] Strom-Spannungs-Kennlinie f, Strom--Spannungs-Charakteristik f, Strom--Spannungs-Kurve f, I/U-Kennlinie f
currentless stromlos, ohne Strom
cursive kursiv *(Kursivschrift, Kursivdruck)*
cursor Cursor m, Laufmarke f, Markierer m, Positionsanzeiger m, Zeiger m
cursor ball *(Dat)* Cursor-Kugel f *(alternativ zum Touchpad bei Laptops)*
curtain 1. Vorhang m; 2. *(Nrt)* Strahlerwand f
curtain shield Schutzschild n *(z. B. durch Airbag im Auto)*
curve follower Kurvenschreiber m
curve of error Fehlerkurve f

curve of magnetization Magnetisierungskurve f
curve plotter Kurvenschreiber m, schreibendes Registriergerät n
curve scanner Kurvenabtaster m
curves for impedance loci Impedanzortskurven fpl, Widerstandsortskurven fpl
cushion v 1. abfedern, dämpfen; (aus)polstern; 2. *(Ak)* unterdrücken, dämpfen *(Geräusche)*
cushion 1. Kissen n, Polster n; 2. Puffer m, Dämpfer m; 3. Gummizwischenlage f (z. B. für Räder)
custom-built nach Kundenwünschen angefertigt, nach Bestellung hergestellt
custom-chip design *(Me)* Kundenwunschentwurf m für Chips
custom circuit Kundenschaltkreis m, kundenspezifischer Schaltkreis m, Schaltung f nach Kundenwunsch
custom design Entwurf m [Gestaltung f] nach Kundenwunsch
custom-design circuit kundenspezifischer Schaltkreis m
custom(-design) integrated circuit kundenspezifischer integrierter Schaltkreis m, Kunden-IC m
custom software *(Dat)* Anwendersoftware f
customer Abnehmer m, Verbraucher m *(von Energie)*
customer access *(Nrt)* Teilnehmerzugang m
customer charge Abnehmergebühr f, Verrechnungsgebühr f
customer dialling *(Nrt)* Teilnehmerwahl f
customer specific integrated circuit, CSIC kundenspezifische integrierte Schaltung f
customized wiring Verdrahtung f nach Kundenwunsch
cut v 1. (zer)schneiden, trennen *(Kristalle)*; ausschneiden; einschneiden, eingravieren; schneiden, cuttern *(Film, Magnetband)*; 2. absenken *(z. B. Frequenzbereich)*
cut v **down** verringern, reduzieren *(z. B. Spannung)*; (ver)kürzen
cut v **in** einschalten *(z. B. Motor, Batterie)*

cut v off abschalten, ausschalten, unterbrechen *(Strom)*

cut v out 1. abschalten, ausschalten; 2. *(Ma)* auskuppeln

cut 1. Schnitt *m (Film, Kristall)*; 2. *(Fs)* scharfe [harte] Überblendung *f*; 3. Durchbruch *m*, Öffnung *f*; 4. Schnittfläche *f*; 5. Absenkung *f (z. B. eines Frequenzbereichs)*

cut-and-peel method [technique] Schneid- und Abziehmethode *f*, Schneidabziehverfahren *n (Leiterplattenherstellung)*

cut-and-try method Versuchsmethode *f*, empirisches Verfahren *n*

cut-in *(Nrt)* Zwischenschaltung *f*; Eintreten *n*, Aufschalten *n*

cut-off 1. *(Et)* Abschaltung *f*, Ausschaltung *f*, Sperrung *f*; 2. *(Nrt)* Trennung *f*, Unterbrechung *f*; 3. Beschneidung *f*, Abschneiden *n*; Begrenzung *f*; 4. Ansprechgrenze *f (Relais)*

cut-off current Ausschaltspitzenstrom *m*, Abschaltstrom *m (z. B. einer Sicherung)*

cut-off key Trenntaste *f*, Unterbrechungstaste *f*

cut-off relay Abschaltrelais *n*, Löschrelais *n*, Unterbrechungsrelais *n*, Ausschaltrelais *n*

cut-off signal *(Nrt)* Trennzeichen *n*

cut-off state Sperrzustand *m*

cut-off voltage Endspannung *f*, Entladeschlussspannung *f*, Entladegrenzspannung *f (Batterie)*; Einsatzspannung *f*, kritische Anodenspannung *f (Elektronenröhren)*

cut-off wavelength of rectangular waveguides *(Nrt)* Grenzwellenlänge *f* von Rechteck-Hohlleitern *(für die H_{mo}--Welle im Rechteck-Hohlleiter b x h ist $_c$ = 2 b/m)*

cut-out 1. Ausschalter *m*, (selbsttätiger) Unterbrecher *m*; Sicherungsautomat *m*, Sicherung *f*; 2. Unterbrechung *f*; 3. Ausschnitt *m*, Öffnung *f*

Cutler feed *(Nrt)* Schlitzspeisung *f*

cutting 1. Schneidvorgang *m*, Schneiden *n*; 2. Schnitt *m (Film)*; 3. *(Fs)* scharfe Überblendung *f*

cyberia *(Dat)* romantische Netzwelt *f (Name für den "digitalen Kontinent")*

cybernetic machine kybernetische Maschine *f*

cybernetics Kybernetik *f*

cyberspace *(Dat)* Kunstwelt *f* aus Computern

cyborg *(Dat)* Mischung *f* aus Mensch und Maschine *(Kunstwort aus "cybernetic" und "organism")*

cycle v sich periodisch [zyklisch] abspielen, periodisch verlaufen; periodisch wiederholen [betätigen]

cycle 1. Kreis(lauf) *m*, Zyklus *m*; Kreisprozess *m*; 2. *(Et)* Periode *f*, Schwingungsperiode *f*; 3. *(Dat)* Zyklus *m*, Schleife *f*; 4. Arbeitstakt *m*, Arbeitsgang *m*, Arbeitsspiel *n*; Takt *m*; Ablauf *m*; 5. s. cycle per second

cycle duration Periodendauer *f*, Periodenlänge *f*

cycle per second Schwingung *f* pro Sekunde, Hertz *n*, Hz

cycle rate Umlaufgeschwindigkeit *f*

cycle reset *(Dat)* Zykluszählerrückstellung *f*, Zyklusrücksetzung *f*

cycle time 1. Taktzeit *f*; 2. *(Dat)* Zykluszeit *f*

cyclic zyklisch; periodisch

cyclic check bits *(Dat)* zyklische Prüfbits *npl*

cyclic code zyklischer Code *m*

cyclic field Wirbelfeld *n*

cyclic frequency Kreisfrequenz *f*

cyclic magnetization Ummagnetisierung *f*; zyklische Magnetisierung *f*

cyclic operation periodischer Ablauf *m*

cycloconverter Direktumrichter *m*

cyclotron Zyklotron *n*

cyclotron angular frequency Zyklotronkreisfrequenz *f*

cyclotron beam energy Zyklotronstrahlenergie *f*

cyclotron frequency Zyklotronfrequenz *f*

cylindrical aerial Zylinderantenne *f*

cylindrical cell Stabbatterie *f*, Stabelement *n*

cylindrical coil Zylinderspule *f*, zylindrische Spule *f*

cylindrical parabolic reflector antenna *(Fo, Fs)* Zylinderparabolspiegelantenne *f*

cylindrical rotor machine *(Ma)* Trommelläufermaschine *f*
cylindrical waveguide zylindrischer Hohlleiter *m*
cylindrical winding Zylinderwicklung *f*
cymometer Wellenmesser *m*
cymoscope Wellendetektor *m*, Wellenanzeiger *m*
Czochralski crystal growth *(Me)* Kristallzüchtung *f* [Kristallwachstum *n*] nach dem Czochralski-Verfahren
Czochralski-pulled crystal nach dem Czochralski-Verfahren gezogener Kristall *m*

D

D action *(Rt)* D-Verhalten *n*, Differenzialverhalten *n*, differenzierendes Verhalten *n*
D-connected motor Motor *m* in Dreieckschaltung
D-layer D-Schicht *f*, D--Ionosphärenschicht *f* (70-90km Höhe)
D-net *(Ko)* D-Netz® *n*, digitales Mobilfunknetz *n* im 900MHz-Band
D-net by German Telekom® *(Ko)* T-D1® *n*, D-Netz® *n* der Deutschen Telekom®, D1-Mobilfunknetz *n* (GSM--Mobilfunknetz im 900 MHz-Bereich; Betreiber Deutsche Telekom®)
D-type flipflop D-Flipflop *n*, Verzögerungsflipflop *n*
Dahlander pole-changing circuit Dahlander-Schaltung *f*
daily load *(An)* Tagesbelastung *f*
daily noise dose *(Ak)* Tageslärmdosis *f*
daily sound exposure *(Ak)* *Tagesschallexposition *f*, Tageslärmdosis *f*
daily sound exposure level *(Ak)* *Tagesschallexpositionspegel *m*, Tageslärmdosispegel *m*
daisywheel printer Typenraddrucker *m*
dam crest Dammkrone *f*, Krone *f* *(Talsperre)*
damage-free beschädigungsfrei
damage risk Gefahr *f* einer Schädigung
damage-risk criterion Schädlichkeitskriterium *n*
damp *v* 1. *(Et, Ph)* dämpfen *(z. B. Schwingungen)*; (ab)schwächen; abklingen; 2. befeuchten, anfeuchten, benetzen
damp heat feuchte Wärme *f* *(Klimabeanspruchung)*
damp heat test Prüfung *f* bei feuchter Wärme
damp-proof feuchtigkeitssicher, feuchtigkeitsbeständig
damp-proof socket Feuchtraumfassung *f*; Feuchtraumsteckdose *f*
damp-protecting case feuchtigkeitssicheres [gegen Feuchtigkeit schützendes] Gehäuse *n*
damper Dämpfungseinrichtung *f*, Dämpfungsvorrichtung *f*; Dämpfer *m* *(Bauelement)*; Schalldämpfer *m*
damper diode *(Fs)* Zeilendiode *f*, Dämpfungsdiode *f*
damper-stabilized durch Dämpfung stabilisiert
damper winding Dämpferwicklung *f*, Dämpfungswicklung *f*
damping Dämpfung *f*; Abklingen *n* *(von Schwingungen)*
damping capacitor *Dämpfungskondensator *m*
damping circuit Dämpfungskreis *m*, Dämpfungsschaltung *f*
damping coefficient Dämpfungskoeffizient *m*, Dämpfungszahl *f*
damping coil Dämpferspule *f*
damping constant Dämpfungskonstante *f*, D; Abklingkonstante *f*
damping curve Dämpfungskurve *f*; Abklingkurve *f*
damping decrement Dämpfungsdekrement *n*, Schwingungsdekrement *n*
damping diode 1. *(Me)* Schutzdiode *f*, Dämpfungsdiode *f*; 2. *(Fs)* Zeilendiode *f*
damping factor 1. Dämpfungsfaktor *m*, logarithmisches Dekrement *n*, Dämpfungsexponent *m*; Abklingkonstante *f*; 2. *(Mess) (AE)* Überschwingung *f*
damping period Beruhigungszeit *f* *(Messinstrument)*; Abklingperiode *f* *(Schwingungen)*
damping term *(Rt)* Dämpfungsglied *n* *(in einer Gleichung)*

danger

danger arrow Warnungspfeil m, Hochspannungswarnpfeil m
danger switch Gefahrenschalter m
daraf *amerikanische Einheit für die reziproke Kapazität oder die kapazitive Leitfähigkeit von Elektrolytlösungen;* 1 daraf = 1 V/C
dark adaptation *(Licht)* Dunkeladaptation f
dark burn Ermüdung f *(eines Leuchtstoffes)*
dark conductivity *(Me)* Dunkelleitfähigkeit f
dark current Dunkelstrom m
dark discharge Dunkelentladung f, stille Entladung f
dark field Dunkelfeld n
dark-field image Dunkelfeldbild n
dark resistance Dunkelwiderstand m *(z. B. eines photoelektrischen Empfängers)*
dark space Dunkelraum m
dark trace tube Sichtspeicherröhre f mit Dunkelschrift, Dunkelschriftröhre f, Farbschriftröhre f
Darlington circuit Darlington-Schaltung f
Darlington power transistor Darlington-Leistungstransistor m
dash 1. Strich m; Morsestrich m; 2. s. dashboard
dash-controlled vom Armaturenbrett aus geregelt [regelbar]
dash-dotted line strichpunktierte Linie f, Strichpunktlinie f
dashboard Instrumentenbrett n, Armaturenbrett n *(Kraftfahrzeug)*
data Daten pl; Angaben fpl, Werte mpl, Zahlenwerte mpl, Messwerte mpl, Parameter mpl
data accepted line Datenquittungsleitung f
data acquisition Datenerfassung f; Messwerterfassung f
data address Datenadresse f, Operandenadresse f
data array Datenfeld n
data bank Datenbank f
data base 1. *(Dat)* Datenbank f; 2. *(Nrt)* Datenbasis f
data bit Informationsbit n, Nutzbit n
data burst Datenbündel n, Datenpaket n
data bus Datenbus m, Daten(bus)leitung f

data bus connector *(Dat)* DB-Stecker m, Datenbus-Stecker m *(z. B. DB-9--Stecker mit 9 Pins, weiblich und männlich)*
data byte Datenbyte n
data carrier Datenträger m
data checking Datenprüfung f
data circuit Datenleitung f
data coding Datencodierung f, Datenverschlüsselung f
data communication Datenübertragung f
data communication channel Datenübermittlungskanal m, Datenübertragungskanal m
data communication network Datennetz n, Datenübertragungsnetz n
data converter Datenumsetzer m, Datenwandler m
data display 1. Datenanzeige f; 2. Datensichtgerät n
data distributor Datenverteiler m
data elements and interchange formats *(Nrt)* ISO 8601, Formatstandard m für Datums- und Zeitangabe
data encryption standard Chiffresystem des National Bureau of Standards, USA
data entry terminal Dateneingabeterminal n, Dateneingabestation f
data exchange Datenaustausch m
data field Datenfeld n
data file Datei f
data flow Datenfluss m
data gathering Datenerfassung f, Datengewinnung f
data highway Datenringleitung f, Daten(sammel)leitung f, Datenbahn f
data in-out Daten-Eingabe-Ausgabe f, Dateneingabe f und -ausgabe f
data input Dateneingabe f
data integrity Datensicherheit f
data interface Datenschnittstelle f
data I/O s. data in-out
data link Datenübertragungsstrecke f, Datenübermittlungsabschnitt m; Datenverbindung f
data logger Datenerfassungsgerät n, Datenlogger m
data management Datenverwaltung f
data medium Datenträger m

data memory Datenspeicher m
data modem (Nrt) Datenmodem n (hierzu Serie von V.-Empfehlungen der ITU-T)
data network Datennetz n
data output Datenausgabe f
data packet Datenpaket n
data packet switching (Nrt) Datenpaketvermittlung f (hierzu ITU-T--Empfehlung X.25)
data packet transmission (Nrt) Datenpaketübertragung f (hierzu ITU-T-Empfehlung X.25)
data path Datenweg m, Datenbus m
data plotter Datenschreiber m
data privacy Datenschutz m
data processing Datenverarbeitung f; Nachrichtenverarbeitung f; Messwertverarbeitung f
data processor Datenprozessor m, Datenverarbeitungsanlage f
data protection Datenschutz m, Datensicherung f
data rate Datengeschwindigkeit f
data receiver Datenempfänger m
data recording Datenaufzeichnung f, Datenregistrierung f
data remote transfer Datenfernübertragung f
data retrieval Datenrückgewinnung f, Datenwiedergewinnung f
data save routine Datenrettungsprogramm n
data security Datensicherheit f
data selector (unit) Datensortiergerät n
data set Datensatz m, (geordnete) Datenmenge f, Datei f
data set size Dateigröße f
data sorter Datensortiergerät n
data source Daten(signal)quelle f, Datensender m
data storage 1. Datenspeicherung f; 2. Datenspeicher m
data stream Datenstrom m, Datenfluss m
data structure Datenstruktur f
data terminal Datenausgabe(stelle) f, Datenstation f
data traffic Datenverkehr m
data transducer Datenwandler m
data transfer Datenübertragung f, Datentransfer m
data transmission Datenübertragung f

data transmission rate Datenübertragungsgeschwindigkeit f
data transmitter Datensender m; Messwertsender m
data unit Dateneinheit f
data word Datenwort n
Davis-Gibson filter (Licht) Davis--Gibson-Filter n
day call (Nrt) am Tage erfolgendes Gespräch n, tagsüber geführtes Gespräch n
day charge Tagesgebühr f, Tagestarif m
day load Tagesbelastung f (Energienetz)
dazzle v blenden
db s. 1. decibel; 2. dual band
d.b. s. decibel
dB below full scale dB [Dezibel n] unter [bezogen auf] Vollausschlag
dB-mobile (Ko) Zweiband-Handy n (Handy für den Betrieb im D- und E-Netz; für das 900 MHz- und 1800 MHz-Band der GSM-Netze verwendbar)
dB relative to 1mW, dBm dB bezogen auf 1mW (absoluter Pegel; 30dBm = 1 Watt)
DBC s. dynamic brake control
dBm dB [Dezibel n] bezogen auf 1 mW (absolutes Pegelmaß)
dBu dB [Dezibel n] bezogen auf 0,775 V (absolutes Pegelmaß)
dBV dB [Dezibel n] bezogen auf 1 V (absolutes Pegelmaß)
DC Gleichstrom m
dc [d.c., d-c] Gleichstrom m
DC-AC Allstrom m
DC-AC chopper Zerhacker m, Pulssteller m
DC-AC converter Gleichstrom--Wechselstrom-Umsetzter m, Stromrichter m (bei digitalen Regelungen)
DC-AC inverter Wechselrichter m
DC-AC power inversion Leistungswechselrichtung f
DC arc plasma welding Gleichstrom--Lichtbogenplasmaschweißen n
DC armature Gleichstromanker m
DC base current (Le) Basis-Gleichstrom m
DC bias Gleichstromvormagnetisierung f
DC braking Gleichstrombremsung f (Drehstrommotor)

DC bridge Gleichstrom(mess)brücke f
DC bushing Gleichspannungsdurchführung f, Gleichstromdurchführung f
DC chopper Gleichstromsteller m, Chopper m
DC collector current *(Le)* Kollektorgleichstrom m
DC collector peak current *(Le)* Kollektorspitzengleichstrom m
DC commutating machine Gleichstromwendermaschine f
DC component 1. Gleichstromkomponente f, Gleichstromanteil m, Gleichwert m; Gleichspannungskomponente f; 2. *(Fs)* mittlere Bildhelligkeit f
DC drift Gleichstromdrift f *(Oszillator)*
DC drive Gleichstromantrieb m
DC emitter current Emittergleichstrom m
DC field Gleichfeld n
DC-forward current transfer ratio in common emitter configuration *(Le)* Kollektor-Basis-Gleichstromverhältnis n
DC free *(Nrt)* gleichstromfrei, laufende Summe Null
DC grid modulation Gittergleichstrommodulation f
DC grid voltage Gittergleichspannung f
DC keying *(Nrt)* Gleichstromtastung f
DC link Gleichstromzwischenkreis m
DC link converter Gleichstromzwischenkreisstromrichter m
DC link reactor Zwischenkreisdrossel f *(beim Wechselrichter)*
DC machine Gleichstrommaschine f *(Generator oder Motor für Gleichstrombetrieb)*
DC motor Gleichstrommotor m
DC relay Gleichstromrelais n
DC resistance Gleichstromwiderstand m, ohmscher Widerstand m
DC restoration 1. *(Fs)* Schwarzsteuerung f, Schwarzwerthaltung f; 2. *(Nrt)* Gleichstromwiedergewinnung f
DC series-wound motor Gleichstromreihenschlussmotor m
DC shunt-wound motor Gleichstromnebenschlussmotor m
DC spark-over voltage Ansprechgleichspannung f
DC sputtering Gleichstromsputtern n
DC tachogenerator Gleichstromtachometerdynamomaschine f
DC telegraphy Gleichstromtelegrafie f, GT
DC-to-AC converter Wechselrichter m
DC traction motor Gleichstrombahnmotor m
DC transmission 1. *(Fs)* Übertragung f mit Gleichstromanteil; 2. *(Nrt)* Übermittlung f von Gleichstromzeichen; 3. *(Ee)* Gleichstromübertragung f
DC value *(Rt)* Gleichglied n *(als Teil eines periodischen Signals)*
DC voltage Gleichspannung f
DC winding Gleichstromwicklung f
DDA s. direct drive assemblies
DDL s. direct drive linear
DDR s. direct drive rotary
DDS s. digital data storage
de-attenuation *(Nrt)* Entdämpfung f
de-emphasis 1. Entzerrung f, Deemphasis f; 2. *(Nrt)* Nachentzerrung f; 3. *(Ak)* Wiedergabeentzerrung f
de-energized ohne Leistungsabgabe; ohne Leistungsaufnahme; abgeschaltet
de-esser *(sl)* Zischlautbegrenzer m *(Tontechnik)*
de-excitation Aberregung f, Abklingen n einer Erregung
deactivated mobile phone *(Ko)* abgeschaltetes Handy n *(aber noch empfangsbereit für SMS)*
dead 1. stromlos, spannungslos, tot; 2. *(Ak)* trocken; 3. matt, glanzlos *(z. B. metallische Oberflächen)*
dead angle toter Winkel m
dead band tote Zone f, Totzone f
dead-beat aperiodisch (gedämpft, ausschwingend), überschwingungsfrei, eigenschwingungsfrei, beruhigt
dead beat control *(Rt)* Dead-Beat--Regelung f, Regelung f mit endlicher Einstellzeit
dead centre toter Punkt m, Totpunkt m
dead-centre position Mittelstellung f *(z. B. der Bürsten)*

dead conductor stromloser [spannungsloser] Leiter *m*
dead end stromloses Ende *n*
dead hole blindes Loch *n*, Sackloch *n* *(Leiterplatten)*
dead line abgeschaltete [tote, stromlose] Leitung *f*
dead-man's handle *(Ap)* Sicherheitsfahrschalter *m*, Totmannknopf *m*
dead short (circuit) metallischer [vollständiger] Kurzschluss *m*
dead spot *(Nrt, Fo)* Funkschatten *m*, Empfangsloch *n*; tote Zone *f*, toter Punkt *m*
dead studio schalltotes Studio *n*, Studio *n* mit sehr kurzer Nachhallzeit, Studio *n* ohne Nachhall
dead-tank oil circuit-breaker Kesselölschalter *m*, Öl(kessel)schalter *m*
dead time 1. *(Rt)* Totzeit *f*, Laufzeit *f*, Zeitverzögerung *f (z. B. bei der Signalübertragung)*; 2. Sperrzeit *f*, Totzeit *f (Zähler)*; 3. Abklingzeit *f*
dead volume Totvolumen *n*
deaden *v* 1. dämpfen, (ab)schwächen; 2. *(Ak)* schalldicht machen; entdröhnen; 3. mattieren *(Metalle)*
deadener Schalldämpfer *m*; Schwingungsdämpfer *m*
deadening *(Ak)* Schalldämpfung *f*; Entdröhnung *f*
deaeration Entlüftung *f*; Entgasung *f (z. B. von Gießmassen)*
deafen *v* 1. taub machen *(Lärm)*; 2. (ab)dämpfen; schalldicht machen
debias *v* die Vorspannung aufheben [vermindern]
debiasing Aufhebung *f* [Verminderung *f*] der Vorspannung
debouncing Entprellung *f (von Kontakten)*
debug *v* 1. *(AE)* Fehler [Störstellen] beseitigen, entstören; 2. *(Dat)* ausprüfen; suchen
debugger *(Dat)* Testhilfeprogramm *n*, Debugger *m*, Fehlersuchprogramm *n*, Fehlersuch- und Fehlerkorrekturprogramm *n*, Fehlersuchpaket *n*
debugging 1. *(AE)* Stör(ungs)beseitigung *f*, Entstörung *f*;

2. *(Dat)* Fehlersuche *f*; Fehlerbeseitigung *f*
decadic dekadisch; Dezimal...
decay *v* abklingen, abnehmen
decay characteristic Abklingcharakteristik *f*, Abklingkurve *f*; Nachleuchtcharakteristik *f*
decay period Abklingperiode *f*
decay probability Zerfallswahrscheinlichkeit *f*
decay rate 1. Abklingrate *f*; 2. Zerfallsrate *f*
decay time 1. Abfallzeit *f*; Abklingzeit *f*, Abklingdauer *f*, Ausschwingdauer *f*; 2. Zerfallszeit *f*
decaying current abklingender Strom *m*; Ausschwingstrom *m*
decelerate *v* abbremsen
decelerating electrode *(Fs)* Verzögerungselektrode *f*, Bremselektrode *f*
deceleration Verzögerung *f*, Verlangsamung *f*, negative Beschleunigung *f*; Bremsung *f*, Abbremsung *f*
decibel *(Ak)* Dezibel *n*, dB *(Pegelmaß)*
decibel-log frequency (logarithmische) Amplitudenkennlinie *f*
decimal alignment Dezimalkommaausrichtung *f*
decimal-binary dezimalbinär
decimal code Dezimalcode *m*
decimal conversion Dezimalkonvertierung *f*
decimal counter Dezimalzähler *m*
decimal digit Dezimalziffer *f*
decimal floating point dezimales Gleitkomma *n*, Gleitkomma *n* in einer dezimalen Zahl
decimal number Dezimalzahl *f*
decimal output Dezimalausgabe *f*
decimal point Dezimalkomma *n*, (dezimales) Komma *n*
decimal power Zehnerpotenz *f*
decimal read-out dezimales Ausgangssignal *n*
decimal scaler Dezimalzähler *m*
decimal step Dezimalschritt *m*
decimal system Dezimalsystem *n*, Zehnersystem *n*
decimal-to-binary conversion Dezimal-Binär-Umwandlung *f*, Dezimal-Binär-Konvertierung *f*, Dezimal-Binär-Umsetzung *f*

decipher   102

decipher v dechiffrieren, entziffern
deciphering Dechiffrierung f, Entschlüsselung f
deck 1. Schalterdeck n; 2. Laufwerk n (*Magnetbandgerät*); 3. (*Dat*) Kartensatz m, Kartenstapel m
declaration Vereinbarung f (*Programmierung*)
declinometer Deklinationsmessgerät n, Neigungsmesser m
decode v decodieren, entschlüsseln, dechiffrieren
decoder 1. Decod(ier)er m, Entschlüsselungsgerät n, Decodiergerät n; 2. (*Nrt*) Übersetzer m, Umrechner
decoding Decodierung f, Entschlüsselung f, Dechiffrierung f
decompose v 1. zerlegen (z. B. in Harmonische); spalten; 2. (*Ch*) zersetzen, abbauen; sich zersetzen, zerfallen
decomposition 1. Zerlegung f; 2. (*Ch*) Zersetzung f, Auflösung f, Zerfall m, Abbau m
decomposition cell Zersetzungszelle f
decomposition product Zersetzungsprodukt n, Zerfallsprodukt n
decompounded motor Gegenverbundmotor m
decorative lamp Zierlampe f
decouple v entkoppeln
decoupling Entkopplung f
decrease v **exponentially** exponentiell abnehmen [abfallen]
decreasing time function abklingende Zeitfunktion f
decrement Dekrement n, Abnahme f, Verringerung f (z. B. der Amplitude)
decrement factor Dämpfungsfaktor m (z. B. in Schwingungsdifferenzialgleichungen)
decrypt v entschlüsseln, entziffern, dechiffrieren, decodieren
decryption Entschlüsselung f, Dechiffrierung f
DECT s. digital European cordless telephony
DECT frequency range deciphering Dechiffrierung f, Entschlüsselung f
dedicate v zuordnen
deep 1. (*Ak*) tief, volltönend; 2. tief (liegend); 3. dunkel, satt (*Farbe*)

deep-bar effect (*Ma*) Stromverdrängung f in Tiefnuten [Nuten]
deep-bar rotor Tiefnutläufer m
deep-base element (*Me*) Tiefbasiselement n
deep-freezer Tiefkühltruhe f, Tiefkühlschrank m
deep-penetration electrode tief eingebrannte Elektrode f
deep-sea cable Tiefseekabel n
deep sluice Grundablass m (*Kraftwerk*)
deep ultra violet UV-Laser m (*für hochauflösende Halbleitermaskenbelichtung*)
deep-water submerged repeater (*Nrt*) Tiefseeverstärker m
default vorgegebener Wert m, Vorgabe f
default router Standard-Router m
defect 1. Fehler m, Mangel m, Defekt m; 2. (*Me*) Kristallbaufehler m, Fehlstelle f, Störstelle f
defect band (*Me*) Störstellenband n
defect conduction (*Me*) Störstellenleitung f
defect conductor (*Me*) Störstellenhalbleiter m
defect electron (*Me*) Defektelektron n, Loch n
defect lattice Defektgitter n, gestörtes Gitter n (*Kristall*)
defect semiconductor Störstellenhalbleiter m, Mangelhalbleiter m
defer v **a call** (*Nrt*) eine Anmeldung zurückstellen
definite definit, bestimmt; abgegrenzt
definite integral bestimmtes Integral n
definite time-lag unabhängig verzögert
definite time-lag circuit-breaker (*Ap*) Schalter m mit Zeitverzögerungsauslösung; Zeitverzögerungsschalter m, Verzögerungsschalter m
definite time-lag overcurrent release (*Ap*) zeitabhängige Überstromauslösung f
definite time-lag relay unabhängiges Zeitrelais n, UMZ-Relais n
definite-time overcurrent-time protection m (*Ee*) UMZ-Schutz m (*unabhängiger Maximalstrom- -Zeitschutz*)
definition 1. (*Fs*) Schärfe f, Bildschärfe f, Zeichenschärfe f, Bildauflösung f; 2.

delayed

(Ak) Klarheit f, Transparenz f, Durchsichtigkeit f (eines Tones); 3. (Qu) Begriff m

definition of image (Fs) Rasterfeinheit f

deflect v ablenken (Strahl); auslenken; ausschlagen (Zeiger); sich durchbiegen

deflecting baffle Schallwand f (des Lautsprechers)

deflecting coil Ablenkspule f

deflecting current Ablenkstrom m

deflecting electrode Ablenkelektrode f, Ablenkplatte f (Elektronenstrahlröhre)

deflection Ablenkung f (Elektronenstrahl); Auslenkung f; Ausschlag m (Zeiger); Abweichung f; Durchbiegung f

deflection tube Elektronenröhre f mit Ablenkungssteuerung

deflection uniformity factor Ablenklinearität f

deflection unit Ablenkeinheit f

deflection voltage Ablenkspannung f

deflection yoke Ablenkjoch n

deflector 1. Ablenkblech n, Ablenkplatte f; Leitblech n; 2. (Licht) Glimmerscheibe f

degauss v entmagnetisieren

degaussing Entmagnetisierung f

degenerate v entarten

degenerative amplifier Rückkopplungsverstärker m

degenerative circuit Gegenkopplungsschaltung f

degenerative feedback Gegenkopplung f, negative Rückkopplung f; (negative) Rückführung f

degrade v 1. degradieren, herabsetzen, (ver)mindern, verschlechtern, beeinträchtigen; 2. (Ch) zerlegen, abbauen

degree Grad m

degree absolute s. kelvin

degree Celsius [centigrade] Grad m Celsius, °C

degree Fahrenheit Grad m Fahrenheit, °F

degree Kelvin s. kelvin

degree of asymmetry Größe f der Gleichstromkomponente (im Stoßkurzschlussstrom)

degree of freedom Freiheitsgrad m

degree of humidity Feuchtigkeitsgrad m

degree of inherent distortion (Nrt) Eigenverzerrungsgrad m

degree of modulation Modulationsgrad m, Aussteuerungsgrad m

degree of sound absorption Schallabsorptionsgrad m

degree of uniformity Gleichförmigkeitsgrad m

dehumidifier 1. Trockenmittel n; 2. Trockenadapter m (für Mikrofone)

dehumidify v Feuchtigkeit entziehen, trocknen

deice v enteisen, von Eis(ansatz) befreien

deionization Entionisierung f, Deionisation f

deionization circuit-breaker Leistungsschalter m mit magnetischer Bogenlöschung, Deionisationsschalter m

delay v verzögern; verschieben, aufschieben

delay 1. Verzögerung f; Verschiebung f; 2. Laufzeit f, Gruppenlaufzeit f; 3. (Nrt) Wartezeit f; 4. (Rt) Totzeit f • **without delay** verzögerungsfrei

delay action verzögertes Ansprechen n

delay-action fuse träge Sicherung f

delay-action time Auslösezeit f

delay amplifier Rechenverstärker m mit Verzögerungsglied

delay equalizer Laufzeitentzerrer m

delay flip-flop Verzögerungsflipflop n

delay flop monostabile Kippschaltung f

delay fuse träge Sicherung f

delay line Verzögerungsleitung f

delay network Verzögerungsschaltung f

delay of release Auslösezeit f (Relais)

delay one-shot monostabiler Multivibrator m

delay relay Verzögerungsrelais n

delay switch Verzögerungsschalter m

delay time Verzögerungszeit f (bei der Signalübertragung); Verzugszeit f

delay unit Verzögerungseinheit f, Verzögerungsglied n

delayed access verzögerter Zugriff m

delayed action Verzögerung f, verzögertes Arbeiten n

delayed bit Verzögerungsbit n (Maschinenfehler--Unterbrechungscode)

delayed commutation *(Ma, Le)* verzögerte Stromwendung *f* [Kommutierung *f*]

delayed feedback *(Rt)* Rückführung *f* mit Totzeit, verzögerte Rückführung *f*

delayed phase shift verzögerte Phasenverschiebung *f*

delayed transfer *(Nrt)* verzögerte Durchschaltung *f*

delete *v (Dat)* löschen, streichen; tilgen, entfernen

delete character *(Dat)* Löschzeichen *n*

deletion *(Dat)* Löschung *f*

delimiter Begrenzer *m*

delivery status notification, DSN Empfangsbestätigung *f (bei E-Mail)*

deload *v (Nrt)* entspulen, entpupinisieren *(Kabel)*

Delon rectifier Delon-Gleichrichter *m (mechanischer Gleichrichter)*

delta arrangement Dreieckanordnung *f*

delta clock *(Dat)* Deltatakt *m*

delta-connected im Dreieck geschaltet, dreieckgeschaltet

delta-connected device Betriebsmittel *n* in Dreieckschaltung *(IEC 50-151)*

delta connection Dreieckschaltung *f*

delta-function spectrum Dirac-Impuls-Spektrum *n*, Stoßspektrum *n*, δ-Funktions-Spektrum *n*, Deltafunktions-Spektrum *n ("weißes" Spektrum)*

delta network Masche *f (aus drei Zweigen bestehend)*

delta-wye connection Stern-Dreieck-Schaltung *f*

demagnetization Entmagnetisierung *f*

demagnetize *v* entmagnetisieren

demand Bedarf *m*; Belastung *f (z. B. Netzbelastung, Leistungsbedarf des Netzes)*

demand meter *(Mess)* Höchstverbrauchszähler *m*, Spitzenzähler *m*, Maximumzähler *m*

demodulate *v* demodulieren, entmodeln, gleichrichten *(im Empfänger)*

demodulating equipment Demodulationseinrichtung *f*

demodulation Demodulation *f*, Entmodelung *f*, Gleichrichtung *f (im Empfänger)*

demodulator Demodulator *m*, Gleichrichter *m (im Empfänger)*; Hochfrequenzgleichrichter *m*

demount *v* zerlegen, ausbauen, herausnehmen

demultiplex *v (Nrt)* entschachteln

demultiplexer *(Nrt)* Demultiplexer *m*

denial of service, DoS absichtliche Störung des Betriebs von Ressourcen *z. B. durch Überlastung*

denied verneint, negiert

denoise *v* Rauschen [Störgeräusche] beseitigen

dense 1. dicht, kompakt; 2. gedeckt *(Lichter im Negativ)*; 3. blasenfrei *(Schweißnaht)*

density 1. Dichte *f*, D *(Masse pro Volumeneinheit)*; 2. *(Et)* Dichte *f (bei Strömungsfeldern)*; 3. Schwärzung(sdichte) *f*, optische Dichte *f*; 4. Aufzeichnungsdichte *f (bei Disketten)*

denude *v* abisolieren, Isolierung entfernen

denuded zone *(Me)* störungsfreie Zone *f*

dependability test Zuverlässigkeitsprüfung *f*

dependable zuverlässig, verlässlich; betriebssicher

dependent contact Hilfskontakt *m*, Sekundärkontakt *m*

dependent station *(Nrt)* Unteramt *n*; ferngespeistes Amt *n*, ferngespeiste Verstärkerstelle *f*

dependent time-lag relay abhängiges Zeitrelais *n*, zeitabhängiges Relais *n*

dephased phasenverschoben, außer Phase

deplete *v* verarmen *(z. B. an Ladungsträgern)*; erschöpfen; entleeren, räumen; abreichern *(Kerntechnik)*

depletion Verarmung *f*; Erschöpfung *f*; Entleerung *f*; Abreicherung *f*

depletion boundary Verarmungsrandschicht *f*

depletion MISFET Verarmungs-MISFET *m*

depletion mode transistor Transistor *m* mit Verarmungswirkung

depletion-type field-effect transistor Verarmungsfeldeffekttransistor *m*, selbstleitender Feldeffekttransistor *m*

depolarization Depolarisation *f*

depolarizer Depolarisator *m*

design

depolarizing effect depolarisierende Wirkung f
deposit v sich (ab)setzen, sich abscheiden [niederschlagen]; ablagern; aufbringen, abscheiden
deposit Ablagerung f, Niederschlag m; (galvanische) Abscheidung f, Überzug m, Schicht f
deposit metal *(Galv)* Beschichtungsmetall n
deposit sputtering *(Me)* Beschichten n durch Sputtern
deposit tracking *(Hsp)* Kriechwegbildung f durch leitende Ablagerungen
deposited carbon resistor Kohleschichtwiderstand m
deposition 1. Ablagerung f; (galvanische) Abscheidung f, Beschichtung f; 2. *(Me)* Aufdampfung f; 3. s. deposit
deposition mask Aufdampfmaske f; Ablagerungsmaske f
deposition rate Aufdampfrate f; Ablagerungsrate f
depth adjustment Tiefeneinstellung f
depth of current penetration Eindringtiefe f
depth of diffusion *(Me)* Diffusionstiefe f
depth of focus Schärfentiefe f *(im Bildraum)*
depth of heating Erwärmungstiefe f *(z. B. bei der Induktionshärtung)*
depth of modulation *Modulationsgrad m, Modulationstiefe f, Aussteuerungsgrad m
depth of penetration Eindringtiefe f, Einwirktiefe f; Einbrenntiefe f *(Elektronenstrahl)*
derating Unterlastung f, Lastminderung f, Lastdrosselung f *(zur Vermeidung von Fehlern und Ausfällen)*
dereflection Entspieglung f
deregulation (of electricity markets) *(Ee)* Liberalisierung f [Deregulierung f] *(der Elektroenergiemärkte)*
Deri motor Deri-Motor m *(Art des Repulsionsmotors)*
derivation block *(Rt)* D-Glied n, Vorhaltglied n
derivative Ableitung f, abgeleitete Funktion f, Differenzialquotient m
derivative action *(Rt)* D-Verhalten n, Differenzialverhalten n, differenzierendes Verhalten n, Vorhaltwirkung f
derivative-action control D-Regelung f, Differenzialregelung f, differenzierende Regelung f, Vorhaltregelung f
derivative controller D-Regler m, Differenzialregler m
derivative factor Vorhaltzeitkonstante f *(Proportional-Differenzial-Regler)*
derivative unit *(Rt)* Differenzierer m *(Ausgangsgröße ist proportional dem dx/dt der Eingangsgröße x)*
derive v 1. ableiten, herleiten *(Mathematik)*; 2. *(Et)* abzweigen; ableiten
derived circuit Abzweig(ungs)stromkreis m, abgezweigter Stromkreis
dermal resistance Widerstand m bei Stromverdrängung [Auftreten des Skineffekts]
descending limb of hysteresis loop absteigender Ast m der Hystereseschleife
describing function Beschreibungsfunktion f, harmonisch linearisierter Übertragungsfaktor m
descum and etch bias Ätzvorverzerrung f *(bei der Photolithographie)*
deselect character *(Dat)* Auswahlzeichen n
desiccator 1. Exsikkator m; Trockenschrank m; 2. Trocknungsmittel n
design v entwerfen, skizzieren; konstruieren
design 1. Entwurf m, Skizze f, Plan m; Konstruktion f; Konzeption f *(einer Regelung)*; 2. Bauform f, Baumuster n, Ausführung f; Aufbau m
design aid Entwurfshilfsmittel n, Entwurfshilfe f
design file Entwurfsdatensatz m, Designdatei f
design guidelines pl Auslegungsrichtlinie f
design parameter Entwurfsparameter m, Konstruktionsparameter m
design pattern Entwurfsmuster n *(beim Softwareentwurf)*
design rule Entwurfsregel f
design rule check *(Me)* Entwurfsregelkontrolle f

design specifications *pl* Entwurfsspezifikationen *fpl*
design tool Entwurfshilfsmittel *n*
designated router ausgewählter Router *m (Router mit besonderer Stellung in Routingprotokollen)*
desired current Sollstrom *m*
desired reliability Sollzuverlässigkeit *f (Prüfungsanforderung)*
desired speed Sollgeschwindigkeit *f*
desired state Sollzustand *m (Systemanalyse)*
desired value Sollwert *m*, vorgeschriebener Wert *m*
desk Schaltpult *n*
desk calculation machine, desk calculator Tischrechenmaschine *f*, Tischrechner *m*
desk jet colour-printer Tintenstrahl-Farbdrucker-Tischgerät *n*
desk set *(Nrt)* Tischapparat *m*, Tischgerät *n*
destabilizing stabilitätsmindernd, stabilitätsverschlechternd; entstabilisierend
destination address *(Dat)* Zieladresse *f*
destination office *(Nrt)* Bestimmungsamt *n*
destructive cursor löschende Positionsmarke *f*, löschender Cursor *m*
detach *v* herauslösen, (ab)lösen; abbauen, abnehmen, abmontieren
detachable key switch Schlüsselschalter *m*, Abzweigschalter *m* mit Aufsteckgriff
detailed record of charges *(Nrt)* Einzelgebührennachweis *m*
detect *v* 1. feststellen, nachweisen; 2. gleichrichten, demodulieren
detectability Erkennbarkeit *f*, Nachweisbarkeit *f*
detecting element 1. Messfühler *m*, Messwertgeber *m*; 2. *(Rt)* Suchfilter *m*
detection Erkennung *f*, Feststellung *f*, Nachweis *m*
detection of amplitude modulation *(Fs)* AM-Demodulation *f*
detection punch Kennlochung *f*
detection range *(Fo)* Peilbereich *m*, Suchbereich *m*; Beobachtungsbereich *m*, Erfassungsbereich *m*
detector 1. Detektor *m*, Hochfrequenzgleichrichter *m*, Signalgleichrichter *m*; 2. Nachweisgerät *n*, Suchgerät *n*, Spürgerät *n*; 3. Anzeiger *m*, Anzeigevorrichtung *f*; Messfühler *m*, Strahlungsempfänger *m*; Lichtempfänger *m*
detent *(Nrt)* Klinke *f*
detent f-stop Rastblende *f*
deterioration behaviour Zerstörungsverhalten *n*
determination Determination *f*, Bestimmung *f*; Feststellung *f*, Ermittlung *f*
determination of bearings Standortbestimmung *f*
detune *v* verstimmen
detuning Verstimmung *f*
deuterium lamp Deuteriumlampe *f*
developer Entwickler *m (Fotografie)*
development Entwicklung *f*; Abwicklung *f (Geometrie)*
development engineer Entwicklungsingenieur *m*
development software Entwicklungssoftware *f*
development system *(Dat)* Entwicklungssystem *n (für Softwareentwicklung)*
deviate *v* abweichen; ablenken, ableiten; aussteuern
deviation 1. Abweichung *f*, Abmaß *n*; Ablenkung *f*; Ausschlag *m*, Auslenkung *f (des Zeigers)*; 2. *(Rt)* Regelabweichung *f*; 3. *(Nrt)* Hub *m*, Frequenzhub *m*
deviation prism Ablenkprisma *n*
deviation ratio 1. Abweichungsverhältnis *n*; 2. Hubverhältnis *n (Frequenzmodulation)*; 3. *(Rt)* dynamischer Regelfaktor *m (Kennwert für die Regelgenauigkeit)*
device 1. Vorrichtung *f*, Einrichtung *f*; Gerät *n*, Apparat *m*; 2. *(Et, Me)* Bauelement *n*; Glied *n*, Block *m*
device address Geräteadresse *f*
device driver *(Dat)* Gerätetreiber *m*, Treiberprogramm *n* für PC-Geräte
device terminal Gerätekontakt *m*
dew point Taupunkt *m*
dew water Wasserbelag *m (bei Taupunktunterschreitung)*
dewatering centrifuge Trockenschleuder *f*
dextrogyrate *s.* dextrorotatory

dielectric

dextrogyric s. dextrorotatory
dextrorotatory rechtsdrehend
DF s. 1. distortion factor; 2. direction finding; 3. describing function
DFS s. distributed file system
di-fan aerial Doppelfächerantenne f
diagnose v diagnostizieren; beurteilen, bestimmen
diagnose v faults Fehler erkennen
diagnosis *(Dat, Mess)* Fehlerdiagnose f, Fehlersuche f
diagnostic program *(Dat, Mess)* Fehlersuchprogramm n, Diagnoseprogramm n
diagram Diagramm n, grafische Darstellung f, Schaubild n, Kurvenbild n; Schema n, Rechenschema n
dial v 1. *(Nrt)* wählen *(eine Nummer)*; die Nummernscheibe betätigen; 2. anzeigen *(auf einer Skale)*; 3. einstellen *(z. B. Sender)*
dial v in *(Nrt)* einwählen, hineinwählen
dial v keypad *(Nrt)* Wähltastatur f
dial v through *(Nrt)* durchwählen
dial v up einloggen *(in ein Datennetz)*
dial 1. *(Nrt)* Nummernschalter m, Wähl(er)scheibe f, Nummernscheibe f; 2. Skale f, Skalenscheibe f, Skalenblatt n
dial digit *(Nrt)* Wahlziffer f
dial hum *(Nrt)* Amtszeichen n
dial range Skalenbereich m
dial tone *(Nrt)* Amtszeichen n, Wählton m
dialled trunk call Selbstwählferngespräch n
dialogue Dialog m
dialup *(Dat, Nrt)* Einwahl f
diametral winding Durchmesserwicklung f
diamond aerial Rhombusantenne f
diamond winding Spulenwicklung f
diaphanometer Diaphanometer n *(Gerät zur Bestimmung der Lichtdurchlässigkeit)*
diaphragm 1. Diaphragma n, Scheidewand f; 2. *(Ak)* Membran f; 3. Blende f, Aperturblende f *(Optik)*
diaphragm grille Mikrofongitter n
diaphragm loudspeaker Membranlautsprecher m
diaphragm motor Membranmotor m *(Pneumatik)*

diaphragmless microphone membranloses Mikrofon n
diapositive Diapositiv n, Dia n
diascope Diaskop n
diathermancy Wärmedurchlässigkeit f, Infrarotdurchlässigkeit f, Diathermansie f
diathermic wärmedurchlässig, infrarotdurchlässig, diatherman
diathermic apparatus Diathermiegerät n *(Elektromedizin)*
diathermic surgery Hochfrequenzchirurgie f, HF-Chirurgie f
dibit Doppelbit n
dice v 1. in Würfel schneiden; zerteilen; 2. *(Me)* vereinzeln, in Chips zerlegen, in Plättchen zerteilen
dichroic 1. dichroitisch, doppelfarbig *(Kristall)*; 2. s. dichromatic
dichroic filter Kaltlichtfilter n
dichromate cell Dichromatelement n
dichromatic dichromatisch, zweifarbig, doppelfarbig
dictaphone *(Ko)* Diktafon n, Sprachrekorder m mit Mikrokassette, Diktiergerät n
dictating device Diktiergerät n
dictation machine Diktiergerät n
dictionary online *(Ko)* Internet-Wörterbuch n, Online-Wörterbuch n
die v aussetzen, stehen bleiben *(Motor)*
die 1. *(Me)* Chip m, Plättchen n, Scheibchen n; Chip m *(Bauelement)*; 2. Matrize f, Form f; Düse f *(für Kunststoff)*; 3. Zieheisen n *(Draht)*; 4. Siliciumplättchen n im Chip
die-away time Abklingzeit f; Ausschwingzeit f
die bonding *(Me)* Chipbonden n
die cast 1. Druckgussstück n *(Metall)*; 2. Spritzgussstück n *(Kunststoff)*
die casting 1. Druckguss m *(Metall)*; Spritzguss m *(Kunststoff)*; 2. Druckgussteil n *(aus Metall)*; Spritzgussteil n *aus Kunststoff)*
die (sort) yield *(Me)* Chipausbeute f *(von einer Scheibe)*
dielectric dielektrisch, nicht leitend
dielectric Dielektrikum n, Nichtleiter m; Dielektrikum n, Isolier(werk)stoff m *(Kondensator)*
dielectric breakdown dielektrischer

Durchschlag *m*, Spannungsdurchschlag *m*
dielectric conductor dielektrischer Leiter *m*
dielectric constant Dielektrizitätskonstante *f*, DK, dielektrische Konstante *f*
dielectric current Verschiebestrom *m*, Verschiebungsstrom *m*, dielektrischer Strom *m*
dielectric data reader dielektrischer Datenleser *m*
dielectric field dielektrisches Feld *n*
dielectric flux density dielektrische Flussdichte *f*, Verschiebungsflussdichte *f*, elektrische Induktion *f*
dielectric furnace Ofen *m* für dielektrische Erwärmung
dielectric gauge kapazitiver Messfühler *m*, Messwandler *m* (*mit Dielektrikumänderung*)
dielectric layer dielektrische Schicht *f*, dielektrischer Belag *m*
dielectric test Spannungsprüfung *f*, Isolationsprüfung *f*, dielektrische Prüfung *f*
dielectrically insulated integrated circuit dielektrisch isolierte integrierte Schaltung *f*
dielectricity Dielektrizität *f*
diesel-electric drive dieselelektrischer Antrieb *m*
difference amplifier Differenzverstärker *m*, Differenzialverstärker *m*
difference current Differenzstrom *m*
difference equation Differenz(en)gleichung *f* (*z. B. bei abgetasteten Systemen*)
difference in phase Phasenunterschied *m*, Phasenverschiebung *f*
differential 1. Differenzial *n*, Ableitung *f* (*Mathematik*); 2. Ausgleichgetriebe *n*, Differenzial *n*
differential amplifier Differenzverstärker *m*, Differenzialverstärker *m*
differential capacitor Differenzialkondensator *m*, Differenzkondensator *m*
differential compound excitation Gegenverbunderregung *f*
differential compound winding Gegenverbundwicklung *f*
differential compound-wound dynamo Gegenverbundgenerator *m*
differential compound-wound motor Gegenverbundmotor *m*
differential-current relay Differenzstromrelais *n*
differential duplex system Differenzialgegenverkehrssystem *n*
differential element 1. Differenzialglied *n*; 2. Komparator *m*
differential equation Differenzialgleichung *f*
differential forward resistance (*Me*) differenzieller Durchlasswiderstand *m*
differential gain Differenzverstärkung *f*, differenzielle Verstärkung *f*
differential mode voltage (*Et*) Gegentaktspannung *f*, symmetrische Spannung *f*
differential phase modulation (*Nrt*) Differenzphasenumtastung *f*
differential pick-up (*Rt*) Differenzialgeber *m*
differential relay Differenzial(schutz)relais *n*; Fehlerrelais *n*
differential voltmeter Differenzspannungsmesser *m*
differentiate *v* with respect to **x** nach x differenzieren
differentiating circuit Differenzierschaltung *f*, differenzierende Schaltung *f*
differentiator 1. Differenziergerät *n*, Differenziereinrichtung *f*; 2. differenzierendes Glied *n*, D-Glied *n*
diffract *v* beugen (*Strahlen, Wellen*)
diffracting grooves Gitterfurchen *fpl*, Gitterlinien *fpl*
diffraction Beugung *f* (*von Strahlen, Wellen*)
diffraction angle Beugungswinkel *m*
diffraction picture Beugungsbild *n*
diffractometry Beugungsmessung *f*
diffusant Diffusant *m*, Diffusionsmittel *n*
diffuse *v* 1. diffundieren; zerstreuen; 2. diffundieren lassen
diffuse diffus; unscharf; gestreut, zerstreut
diffuse double layer diffuse Doppelschicht *f*
diffuse edge Randaufflockerung *f*, Randverschmierung *f*

digital

diffuse field *(Ak)* diffuses Feld *n* [Schallfeld *n*, Hallfeld *n*]
diffuse sound diffuser Schall *m*
diffuse sound field diffuses Schallfeld *n*, Hallfeld *n*
diffused-alloy process Diffusionslegierungsverfahren *n*
diffused-alloy transistor Diffusionslegierungstransistor *m*, diffundiert-legierter Transistor *m*
diffused base alloy technique *(Me)* Diffusionslegierungsverfahren *n*
diffused base transistor Transistor *m* mit diffundierter Basis
diffused junction *(Me)* diffundierter Übergang *m*
diffused-junction transistor Diffusionsflächentransistor *m*, Transistor *m* mit diffundiertem (pn-)Übergang
diffused layer diffundierte Schicht *f*, Diffusionsschicht *f*
diffusion 1. *(Ph, Me)* Diffusion *f*; 2. *(Licht)* Zerstreuung *f*, Ausbreitung *f*, Streuung *f*
diffusion barrier Diffusionsbarriere *f*
diffusion capacitance Diffusionskapazität *f*
diffusion layer Diffusionsschicht *f*
diffusion length Diffusionslänge *f*
diffusion process Diffusionsverfahren *n*; Diffusionsvorgang *m*
digit 1. Ziffer *f*; Stelle *f*; 2. *(Nrt)* Digitalelement *n*
digit circuit *(Nrt)* Wahlsatz *m*
digit display Ziffernanzeige *f*, numerische Anzeige *f*
digit drum Zifferntrommel *f*
digit key Zifferntaste *f*
digit keyboard numerische Tastatur *f*, Zifferntastatur *f*
digit reading system Stellenauslesesystem *n*
digit receiver *(Nrt)* Ziffernempfänger *m*
digit time *(Dat)* Ziffernzeit *f*
digit time-slot *(Nrt)* Digitzeitlage *f*
digit transfer *(Nrt)* Ziffernübermittlung *f*
digital digital; Ziffern...
digital access 1. *(Dat)* Digitalzugriff *m*; 2. *(Nrt)* Digitalanschluss *m*
digital-analogue conversion Digital-Analog-Umsetzung *f*, Digital-Analog-Wandlung *f*

digital-analogue converter s. digital-to-analogue converter
digital-analogue data conversion Digital-Analog-Datenumsetzung *f*, Digital-Analog-Datenumwandlung *f*
digital-analogue interface Digital-Analog-Schnittstelle
digital audio record *(Ko)* digitale Tonaufnahme *f* (auf DAT, MD oder CD)
digital audio tape digitale Schallspeicherung *f* (auf Band), DAT
digital broadcast system *(Fs)* digitales Rundfunksystem *n*
digital call answering device digitaler Anrufbeantworter *m*
digital camcorder *(Ko)* Digital-Camcorder *m*, digitaler Videocamerarecorder *m*, digitale Videokamera *f*
digital camera *(Ko)* Digitalkamera *f*, digitale Kamera *f*
digital channel Digitalkanal *m*, PCM-Kanal *m*, digitaler Übertragungskanal *m*, Datenkanal *m*, zeit- und wertdiskreter Kanal *m*
digital cipher system digitales Verschlüsselungssystem *n*
digital circuit Digitalschaltung *f*
digital clock Digitaluhr *f*, Uhr *f* mit Ziffernanzeige
digital code Zifferncode *m*
digital coding digitale Codierung *f*
digital communication network [system] digitales Nachrichtennetz *n*
digital compact cassette digitale Kompaktkassette *f*
digital computer Digitalrechner *m*, digitale [numerische] Rechenanlage *f*
digital control digitale Regelung *f*, Digitalregelung *f*
digital controller Digitalregler *m*
digital conversion equipment Digitalumsetzer *m*, Codeumsetzer *m*
digital converter Digitalwandler *m*
digital cordless telephone *(Nrt)* digitales Schnurlostelefon *n*
digital counter Digitalzähler *m*, Ziffernzähler *m*
digital data Digitaldaten *pl*, digitale Daten *pl* (die nur aus Zeichen bestehen)
digital data link Digitaldatenverbindung *f*
digital data processing digitale

Datenverarbeitung f; digitale Messwertverarbeitung f
digital data processing system digitales Rechensystem n
digital data processor Digitaldatenverarbeitungsanlage f
digital data storage, DDS digitale Datenspeicherung f *(Standard für Magnetbandverfahren)*
digital data terminal digitales Datenendgerät n
digital data transmission digitale Datenübertragung f
digital deciphering digitale Entschlüsselung f
digital decoding digitale Decodierung f
digital decryption digitale Entschlüsselung f
digital differential analyzer Digital-Differenzialanalysator m, Zifferninegrieranlage f
digital display Digitalanzeige f, Zifferanzeige f, Zahlenwertanzeige f
digital display unit Zifferanzeigeeinheit f; Digitalanzeigegerät n, Ziffersichtgerät n
digital encryption digitale Verschlüsselung f, digitale Chiffrierung f
digital European cordless telephony europäischer Übertragungsstandard m für digitale schnurlose Telefone m
digital fibre-optic system digitales Lichtwellenleitersystem n
digital frequency meter Digitalfrequenzmesser m
digital head Magnetkopf m *(für Digitalaufzeichnung)*
digital image *(Fs, Ko)* digitales Bild n
digital image processing digitale Bildverarbeitung f, digitale Bildbearbeitung f
digital indicating tube digitale Zifferanzeigeröhre f
digital interface digitale Schnittstelle f
digital interference digitale Störung f
digital keyboard Zifferntastenfeld n
digital library digitale Bibliothek f
digital light processor digitaler Lichtprozessor m
digital line *(Nrt)* Digitalanschluss m
digital linear tape, DLT digital linear beschriebenes Band n *(Standard für Magnetbandverfahren)*

digital link *(Nrt)* digitale Verbindung f
digital logic digitale Logik f
digital master digitale Uraufzeichnung f
digital memory Digitalspeicher m, Zifferspeicher m
digital millenium copyright act, DMCA Gesetz zum digitalen Urheberrecht n *(Gesetz in den USA mit weitreichenden Auswirkungen)*
digital module Digitalbaustein m, in Digitaltechnik ausgeführte Einheitsbaugruppe f
digital network *(Nrt)* Digitalnetz n, digitales Netz n
digital output digitale Ausgabe f, Zifferausgabe f, Digitalausgabe f; digitaler Ausgang m, digitale Ausgangsinformation f
digital pager *(Ko)* digitaler Meldeempfänger m, DME m, Funkrufempfänger m, Pieper m
digital picture *(Fs, Ko)* digitales Bild n
digital printer Digitaldrucker m, Digitalschreiber m; Messwertdrucker m
digital processor Digital(signal)prozessor m, Signalprozessor m
digital radio broadcasting digitaler Hörrundfunk m
digital radio mondiale, DRM *(Ko)* DRM-Radio m, Digital-Rundfunk m
digital radiotelephone network digitales Funkfernsprechnetz n, D-Netz® n
digital read-out Digitalanzeige f, Zifferanzeige f; Digitalablesung f
digital recorder 1. Ziffernschreiber m; 2. digitales Aufzeichnungsgerät n
digital recording Digitalaufzeichnung f, digitale Aufzeichnung f
digital representation Digitaldarstellung f, digitale Darstellung f, Zifferndarstellung f
digital resolution digitale Auflösung f
digital satellite broadcasting, DSB *(Fs, Ko)* DSB, digitaler Satellitenrundfunk m
digital scale *(Mess)* Zifferskale f
digital shaft encoder Digitaldrehgeber m
digital signal 1. digitales Signal n [Zeichen]; 2. *(Nrt)* Wählzeichen n

digital signature algorithm, DSA Algorithmus *m* für die digitale Signatur
digital signature standard, DSS Standard *m* für die digitale Signatur
digital sound digital aufgezeichneter Ton *m*, digitale Tonaufzeichnung *f*
digital storage Digitalspeicherung *f*, Ziffernspeicherung *f*
digital subscriber line for 16000 kbit/s *(Nrt, Ko)* DSL 16000 *(nach ADSL2+- -Standard; bis zu 25 Mbit/s downstream; bis zu 3,5 Mbit/s upstream; s.a.: ADSL)*
digital technique Digitaltechnik *f*
digital telephone digitaler Fernsprechapparat *m*, ISDN- -Telefonapparat *m*
digital television *(Fs)* Digitalfernsehen *n*
digital timer digitales Zeitmessgerät *n*; digitaler Zeitgeber *m*
digital-to-analogue conversion Digital- -Analog-Wandlung *f*, D/A-Wandlung *f*, D-A-Umsetzung *f*
digital-to-analogue converter Digital- -Analog-Wandler *m*, D/A-Wandler *m*, D-A-Umsetzer *m*
digital transmission Digitalsignalübertragung *f*
digital tube Zählröhre *f*
digital voltmeter Digitalvoltmeter *n*, digitaler Spannungsmesser *m*
digital watermarking digitales Wasserzeichen *n (Technik zum Urheberschaftsnachweis bei digitalen Dokumenten)*
digital zoom *(Ko)* digitale Brennweitenveränderung *f*
digitally connected PBX *(Nrt)* Nebenstellenanlage *f* mit Digitalanschluss
digitization Digitalisierung *f*, digitale Umsetzung *f*
digitize *v* digital [mit Ziffern] darstellen, digit(alis)ieren, digital umsetzen
digitizer Digitalisiergerät *n*
diinterstitial *(Me)* Doppelzwischengitterplatz *m*
DIL *s.* dual-in-line package
dim *v* 1. verdunkeln; 2. *(Licht)* abblenden; sich verdunkeln
dim 1. undeutlich, verschwommen; 2. *(Licht)* schwach, trüb
dimension 1. Dimension *f*; Abmessung *f*, Maß *n*; Größe(nordnung) *f*; 2. Dimension *f (einer physikalischen Größe)*
dimensionless dimensionslos
diminution of brightness Helligkeitsverringerung *f*
dimmed abgeblendet
dimmer Dimmer *m*, Helligkeitsregler *m*, Lichtsteuergerät *n*; Verdunkelungsvorrichtung *f*; Abblendvorrichtung *f*
DIMOS transistor *s.* double-implanted MOS transistor
diode Diode *f*
diode AND gate Dioden-UND-Gatter *n*
diode array Diodengruppe *f*, Diodenanordnung *f*
diode characteristic Diodenkennlinie *f*
diode circuit Diodenschaltung *f*, Diodenkreis *m*
diode fuse Diodensicherung *f*
diode gate Diodengatter *n*
diode noise Diodenrauschen *n*
diode NOR circuit Dioden-NOR- -Schaltung *f*
diode OR gate Dioden-ODER-Gatter *n*
diode rectifier Diodengleichrichter *m*, Gleichrichterdiode *f*, ungesteuerter Gleichrichter *m*
diode resistor Diodenwiderstand *m*
diode ring modulator Diodenringmodulator *m*
diode-thyristor module Dioden- -Thyristor-Modul *m*
diode transistor logic Dioden- -Transistor-Logik *f*, DTL
diode-triode Dioden-Triode *f*
diode voltage Diodenspannung *f*
diotic zweiohrig, beidohrig
DIP *s.* dual-in-line package
dip *v* 1. (ein)tauchen; 2. abblenden *(z. B. Scheinwerfer)*
dip 1. Tauchen *n*, Eintauchen *n*; 2. Einsattelung *f*; Sattelpunkt *m (Drehmomentsattel)*; 3. Tauchbad *n*; Eintauchflüssigkeit *f*
dip coating Tauchbeschichten *n*, Beschichten *n* durch Tauchen; Tauchlackieren *n*
dip galvanizing Feuerverzinken *n*
dip soldering bath Tauchlötbad *n*
diplex operation *(Nrt)* Diplexbetrieb *m*, Diplexverkehr *m*
diplexer Diplexer *m*, Frequenzweiche *f*
dipolar dipolar, zweipolig

dipole

dipole 1. Dipol *m*, Zweipol *m*; 2. Dipolantenne *f*, Dipol *m*
dipole layer Dipolschicht *f*
dipped electrode Tauchelektrode *f*, getauchte Elektrode *f* [Schweißelektrode *f*]
dipping Eintauchen *n*, Tauchen *n*
dipping varnish Tauchlack *m*
Dirac delta function diracsche Funktion *f* [Delta-Funktion *f*], Stoßfunktion *f*
direct access 1. *(Dat)* Direktzugriff *m*; 2. *(Nrt)* Direktanschluss *m*
direct access memory Speicher *m* mit Direktzugriff
direct addressable core memory direkt adressierbarer Kernspeicher *m*
direct addressing 1. *(Dat)* Direktadressierung *f*, direkte Adressierung *f*; 2. *(Nrt)* Direktansprechen *n*
direct axis Längsachluss *f*, d-Achse *f*
direct-axis armature reactance *(An)* Hauptfeldlängsreaktanz *f*
direct-axis component of synchronous generated voltage *(Ma)* Längsanteil *m* der Polradspannung
direct-axis reactance Längsreaktanz *f*
direct-axis subtransient reactance subtransiente Längsreaktanz *f*
direct-axis synchronous impedance synchrone Längsimpedanz *f* [Impedanz *f*]
direct-axis synchronous reactance synchrone Längsreaktanz *f*
direct-axis transient reactance transiente Längsreaktanz *f*
direct bearing *(Nrt)* unmittelbare Peilung *f*, Seitenpeilung *f*
direct broadcasting satellite system, DBS system *(Fs)* Rundfunksatellitensystem *n* für Direktempfang
direct call *(Nrt)* Direktruf *m*
direct code Direktcode *m*, direkter Code *m*
direct commutation *(Le)* direktes Kommutieren *n*
direct component 1. *(Licht)* direkte [direkt einfallende] Komponente *f*; 2. *(Et, Rt)* Gleichanteil *m*
direct connection 1. galvanische Verbindung *f*; 2. *(Nrt)* direkte [unmittelbare] Verbindung *f*

direct-cooled direktgekühlt, innengekühlt
direct current Gleichstrom *m*
direct-current alternating-current Allstrom *m*
direct data capture direkte Datenerfassung *f*
direct detection Geradeausempfang *m* *(ohne Frequenzumsetzung)*
direct dialling *(Nrt)* direkte [Schritt haltende] Wahl *f*
direct digital control direkte digitale Regelung *f*; direkte Rechnersteuerung *f (eines Prozesses)*; DDC
direct digital interface direkte digitale Schnittstelle *f*
direct drive 1. direkter Antrieb *m*; Achsmotorantrieb *m*; 2. Direktansteuerung *f (Flüssigkristallanzeige)*
direct drive assemblies, DDA Zubehör *n* für Direktantriebe
direct drive linear, DDL linearer Direktantrieb *m*
direct-drive motor direkter Antriebsmotor *m*
direct drive rotary, DDR rotierender Direktantrieb *m*
direct electric heating direkte elektrische Heizung *f* [Beheizung *f*]
direct electromotive force, direct emf Gleichstrom-EMK *f*
direct frequency modulation unmittelbare Frequenzmodulation *f*
direct heating direkte Heizung *f*, unmittelbare Beheizung *f*
direct indication Direktanzeige *f*, direkte Anzeige *f (Messgerät)*
direct induction heating direkte Induktionserwärmung *f*
direct injection box Symmetrier(anschluss)kästchen *n*, DI-Box *(für Audiosignale)*
direct instruction Direktbefehl *m*
direct lighting direkte Beleuchtung *f*
direct lightning strike direkter Blitzeinschlag *m* (IEC 50-604)
direct memory access direkter Speicherzugriff *m*
direct numerical control direkte numerische Steuerung *f*, numerische Direktsteuerung *f*, Rechnerdirektsteuerung *f*
direct-on-line starter direkt in das Netz

disappointing

geschalteter Motorschutzschalter *m*, Anlassschalter *m*
direct-on-line starting *(Ma)* Anlauf *m* mit direktem Einschalten
direct over-current release Primärstromauslöser *m* *(IEC 50-441)*
direct pick-up Originalaufnahme *f*; Originalfernsehaufnahme *f*
direct plug connector direkter Steckverbinder *m*
direct program *(Dat)* Geradeausprogramm *n*
direct resistance furnace direkter Widerstandsofen *m*, Ofen *m* zur direkten Widerstandserwärmung
direct scanning *(Fs)* punktförmige Abtastung *f (bei Dauerbeleuchtung des Aufnahmeobjekts)*
direct service area *(Nrt)* Nahbereich *m*, starrer Bereich *m*
direct sound Direktschall *m*
direct stroke direkter [unmittelbarer] Blitzschlag *m*
direct stroke protection Blitzschutz *m*
direct view tube Direktsichtbildröhre *f*
direct voltage Gleichspannung *f*
directing light Richtfeuer *n*
direction coupler Richtkoppler *m*
direction finder Peilgerät *n*, Funkpeiler *m*, Peilempfänger *m*
direction finding Peilung *f*, Funkpeilung *f*
direction indicator Richtungsanzeiger *m*; Fahrtrichtungsanzeiger *m*
direction indicator lamp Fahrtrichtungsanzeiger *m*
directional aerial Richtantenne *f*, Richtstrahler *m*
directional beam Richtstrahl *m*
directional hearing aid richtungsgerechte Hörhilfe *f*
directional microphone Mikrofon *n* mit Richtwirkung, Richtmikrofon *n*
directional overcurrent inverse-time relay equipment Überstromzeitschutz *m (Relais)*
directional overcurrent protection *(An)* richtungsabhängiger [gerichteter] Überstromschutz *m*
directional overcurrent relay Überstromrichtungsrelais *n*, (richtungs)abhängiges Überstromrelais *n*

directional power protection *(Ap)* Leistungsrichtungsschutz *m*
directional radio Richtfunk *m*
directional relay Richtungsrelais *n*, Rückstromrelais *n*
directional response *(Ak)* Richtungsempfindlichkeit *f*
directional response pattern *(Ak)* Richtcharakteristik *f*
directive Betriebsanweisung *f*, Übersetzungsanweisung *f*
directive beam reception Richtempfang *m*, gerichteter Empfang *m*
directive pattern Richtdiagramm *n*
directive signalling beacon Leitstrahlsender *m*, Bake *f*
directivity 1. Richtwirkung *f*, Richtfähigkeit *f*, Richtvermögen *f (Antenne)*; 2. Richtverhältnis *n*
directly addressable direkt adressierbar
directly cooled direkt gekühlt, leitergekühlt
directly fed aerial direktgespeiste Antenne *f*
directly heated cathode direktgeheizte Katode *f*
director 1. Wellenrichter *m*, Direktor *m (Antenne)*; 2. *(Nrt)* Speicher *m*
directory 1. *(Dat)* Verzeichnis *n*, Inhaltsverzeichnis *n*, Adressenverzeichnis *n*; 2. *(Dat)* Verzeichnis *n*, Datei-Verzeichnis *n*, Programm-Verzeichnis *n*, Ordner *m (siehe auch: folder)*; 3. Fernsprechbuch *n*, Telefonbuch *n*
directory inquiries service Fernsprechauskunftsdienst *m*
directory number Teilnehmerrufnummer *f*
directory system agent, DSA Verzeichnis-Systemagent *m*
directory user agent, DUA Verzeichnis- -Benutzeragent *m*
dirty situation verschmutzter Zustand *m (mit elektrisch leitfähiger Verschmutzung)*
disabling contact Sperrkontakt *m*, Abschaltkontakt *m*
disappearing filament pyrometer Glühfadenpyrometer *n*
disappointing performance Abnutzungsverhalten *n*

disassembler (Dat) Disassembler m, Rückassembler m, Rückübersetzungsprogramm n

disc s. disk

discharge v 1. (Et) entladen; sich entladen; 2. ablassen, ausströmen lassen; ablaufen, ausströmen

discharge 1. (elektrische) Entladung f; 2. Ablassen n; Ablaufen n, Ausströmen n

discharge afterglow Entladungsnachglimmen n

discharge current 1. Entladungsstrom m, Entladestrom m; 2. (An) Ableitstrom m

discharge current (of an arrester) Ableitstoßstrom m (eines Überspannungsableiters) (IEC 50-604)

discharge delay Entladeverzug m

discharge destruction Funkenerosion f

discharge detection (Hsp) Entladungsnachweis m

discharge gap Entladungsstrecke f, Funkenstrecke f

discharge lamp Entladungslampe f

discharge path Entladungsweg m, Entladungsstrecke f

discharge pattern Entladungsbild n, Entladungsform f, Entladungsspur f

discharge resistor Entladewiderstand m (Bauelement)

discharge sequence Entladungsfolge f

discharge space Entladungsraum m

discharge spark Entladungsfunke m

discharge standard Entladungsnormal n, Teilentladungsnormal n

discharge switch Batterieschalter m, Zellenschalter m

discharge time Entladungszeit f

discharge tube Entladungsröhre f; Entladungsgefäß n

discharge tube rectifier Röhrengleichrichter m

discharge valve Auslassventil n, Ausflussventil n

discharge voltage Entladungsspannung f

discharge voltage of an arrester (AE) (Hsp) Ableiterrestspannung f, Restspannung f eines Ableiters

discharger 1. Entladeröhre f; 2. Parallelfunkenstrecke f

discharging Entladen n, Entladung f

discharging carrier Entladungsträger m

discharging current Entladestrom m

disclosure Offenlegung f

discone aerial Breitbandrundstrahler m aus Scheiben-Konus-Kombination, Scheibenkonusantenne f

disconnect v 1. (Et) trennen, unterbrechen; abschalten, ausschalten; freischalten (z. B. Register); 2. (Ma) (aus)lösen; ausrücken (Kupplung)

disconnect signal (Nrt) Auslösezeichen n, Schlusszeichen n

disconnected mode (Nrt) Wartebetrieb m

disconnecting contact Abschaltkontakt m

disconnecting link (Ap) Auslöseglied n; Trennschalter m, Trennlasche f

disconnecting magnet Abschaltmagnet m

disconnecting switch Trennschalter m, Trenner m

disconnection Trennung f, Unterbrechung f; Abschalten n, Ausschaltung f; Auftrennung f (Systemanalyse)

disconnector Trenner m, Unterbrecher m

disconnector fuse Trennsicherung f

discontinue v aussetzen, unterbrechen; nicht fortsetzen, einstellen

discontinuity 1. Diskontinuität f, Unstetigkeit f; Ungleichmäßigkeit f; 2. Sprungstelle f, Unstetigkeitsstelle f, Stoßstelle f (Mikrowellentechnik); 3. Unterbrechung f (z. B. des Stromkreises)

discontinuous diskontinuierlich, unstetig, unterbrochen; ungleichmäßig; sprunghaft

discontinuous control unstetige Regelung f, Impulsregelung f

discontinuous operation Aussetzbetrieb m

discontinuous process (Rt) diskontinuierlicher Prozess m, Stückgutprozess m

discord 1. (Ak) Dissonanz f, Missklang m; 2. Nichtübereinstimmung f

discounter Verkäufer m von Markenartikeln zu günstigen Preisen

discrepancy switch (An) Quittierschalter m

discrete 1. diskret, einzeln; 2. diskret, unstetig

discrete component diskretes Bauelement n [Element n], Einzelbauelement n
discrete data digitale Daten pl *(die nur aus Zeichen bestehen)*
discrete-interval binary noise *(Rt)* zweiwertiges Störsignal, das zu diskreten Zeitpunkten seinen Wert ändert
discrete signal 1. diskretes Signal n; 2. digitales Signal n
discrete-time control zeitdiskrete [diskontinuierliche] Steuerung f
discretization *(Me)* Diskretisierung f
discriminate v 1. unterscheiden, einzeln erkennen; 2. sich (voneinander) unterscheiden
discriminating circuit-breaker Rückstromschalter m
discrimination Unterscheidung f; Unterscheidungsvermögen n; Trennschärfe f
discriminator 1. Diskriminator m, Demodulator m für Frequenzmodulation; 2. *(Mess)* Zählerumschaltwerk n
disengage v 1. lösen, befreien; 2. *(Ma)* loskuppeln, ausklinken, ausrücken; rückfallen *(Relais)*
disengageable abkuppelbar, auskuppelbar, ausklinkbar
disengaged 1. entkuppelt, ausgeklinkt; 2. *(Nrt)* frei, nicht besetzt, unbesetzt *(Leitung)*
dishwasher Geschirrwaschmaschine f, Geschirrspülmaschine f
dishwashing machine Geschirrwaschmaschine f, Geschirrspülmaschine f
disintegration Auflösung f, Zerfall m; Zersetzung f; Aufspaltung f; Entmischung f *(in einer Gasentladung)*
disintegration constant Zerfallskonstante f
disjunction 1. Trennung f *(einer Leitung)*; 2. Disjunktion f, einschließendes [inklusives] ODER n
disjunction operation Disjunktionsoperation f *(logische Operation)*
disk 1. Scheibe f, Platte f; 2. Schallplatte f; 3. *(Dat)* Magnetplatte f; 4. *(Nrt)* Wählscheibe f
disk aerial *(BE) (Fs)* Parabolantenne f, Parabolreflektorantenne f, Parabolspiegel m *(schüssel')*
disk antenna *(AE) (Fs)* Parabolantenne f, Parabolreflektorantenne f, Parabolspiegel m *(schüssel')*
disk armature Scheibenläufer m, Scheibenanker m
disk brake motor Bremsmotor m mit Scheibenbremse
disk capacitor 1. Scheibenkondensator m; 2. *(Hsp)* Plattenkondensator m
disk data storage Datenspeicherung f auf Platten
disk flywheel Schwungscheibe f, Schwungrad n
disk memory Plattenspeicher m, Magnetplattenspeicher m
disk motor Scheibenmotor m
disk recorder Schallplattenaufnahmegerät n, Gerät n zur Aufzeichnung auf Platten
disk track *(Dat)* Plattenspur f
disk tray *(Ak)* CD-Schublade f, CD--Halter m
diskette Diskette f, flexible Magnet(speicher)platte f, Floppydisk f, Floppy Disk f, Folienspeicher m
dislocate v versetzen *(im Kristallgitter)*; verdrängen, verschieben
dislocation Versetzung f, Dislokation f *(im Kristallgitter)*
dismantling Demontage f, Abbruch m; Abmanteln n *(von Kabeln)*
dismount v demontieren, zerlegen; abmontieren, abbauen
dispatch 1. Beförderung f, Abfertigung f; 2. Depesche f; Telegramm n
dispatching priority *(Dat)* Auswählpriorität f
disperse v 1. zerstreuen, verbreiten; zerstreut werden; dispergieren, fein verteilen *(Stoffe)*; 2. (spektral) zerlegen *(Licht)*
disperse v **into a spectrum** spektral zerlegen
dispersion 1. Zerstreuung f, Verbreitung f, Ausbreitung f; 2. *(Ph)* Dispersion f, Streuung f, Zerstreuung f *(z. B. von Farben)*; (spektrale) Zerlegung f *(des Lichts)*; Dispergieren n, Feinverteilen n *(Stoffe)*; 3. Dispersion f, disperses System n
dispersion coefficient 1.

Streukoeffizient *m*, Streufaktor *m*; 2. Dispersionskoeffizient *m*
dispersive lens Zerstreuungslinse *f*, Konkavlinse *f*
displace *v* 1. versetzen, verschieben, verlagern; verdrängen; 2. *(Ak)* auslenken
displaced in phase phasenverschoben
displacement 1. Versetzung *f*, Verschiebung *f*, Verlagerung *f*, Verrückung *f*; 2. Verdrängung *f* (z. B. Strom); 3. Verschiebungsflussdichte *f*; 4. *(Ak)* Ausschlag *m*, Auslenkung *f*; 5. *(Dat)* Distanzadresse *f*
displacement current Verschiebungsstrom *m*
displacement factor 1. Verschiebungsfaktor *m*; 2. *(An)* Leistungsfaktor *m* der Grundwelle
displacement of phase Phasenverschiebung *f*
displacement pick-up *(Ak)* Wegaufnehmer *m*
displacement-type armature motor Verschiebeankermotor *m*
display *v* sichtbar machen, (optisch) anzeigen; (grafisch) darstellen
display 1. (optische) Anzeige *f*, Sichtanzeige *f*, Darstellung *f*; 2. Anzeigeeinrichtung *f*, Display *n*, Bildschirm *m*, Datensichtgerät *n*
display board Anzeigetafel *f*, Signaltafel *f*
display device *(Dat)* Sichtgerät *n*, Anzeigeeinrichtung *f*, Wiedergabeeinrichtung *f*
display program Ausgabeprogramm *n*
display screen Anzeigeschirm *m*, Bildschirm *m*
display terminal Datensichtgerät *n*
display tube Anzeigebildröhre *f*, Bildröhre *f*
display unit Sichtgerät *n*, Anzeigegerät *n*, Bildgerät *n*; Bildschirmausgabeeinheit *f*, Anzeigeeinheit *f*
disruptive breakdown Durchschlag *m*, Durchschlagen *n*
disruptive discharge Durchbruch *m*, Durchschlag *m*
dissector *(Fs)* Bildzerleger *m*
dissipate *v* zerstreuen, zerteilen; abführen, ableiten (z. B. Wärme); verbrauchen *(Leistung)*; umwandeln *(Energie)*; verschwenden
dissipation 1. Zerstreuung *f*; Ableitung *f*; Verbrauch *m* (z. B. von Energie); Verlust *m*; Vergeudung *f*; 2. Verlustleistung *f*
dissipation heat Verlustwärme *f*
dissipation of losses *(Ee)* Abführung *f* der Verluste
dissipation power Verlustleistung *f*
dissolve *v* 1. (auf)lösen; sich auflösen; 2. überblenden
dissolve *v* **out** herauslösen
dissolve Überblendung *f* (eines Films)
dissolvent Lösungsmittel *n*
dissymmetrical network unsymmetrisches Netzwerk *n*
dissymmetry Asymmetrie *f*, Unsymmetrie *f*
distance between electrodes Elektrodenabstand *m*
distance between frequencies Frequenzabstand *m*
distance dialling *(Nrt)* Fernwahl *f*
distance measurement 1. Entfernungsmessung *f*; 2. Fernmessung *f*
distance relay Distanzrelais *n*
distant control *s.* remote control
distant early warning radar Frühwarnradar *n*
distant effect Fernwirkung *f*
distinguished name, DN ausgezeichneter Name *m* (zur eindeutigen Kennzeichnung eines Ortes in einem Verzeichnisbaum)
distort *v* *(Et)* verzerren; verzeichnen *(Optik)*
distorted communication gestörte Sprechverbindung *f*
distortion 1. Verformung *f*; 2. *(Et)* Verzerrung *f*; Störung *f*; Verzeichnung *f* *(Optik)*
distortion bridge Klirrfaktormessbrücke *f*, Oberwellenmesser *m*, Oberschwingungsmessgerät *n*
distortion factor Klirrfaktor *m*, Verzerrungsfaktor *m* *(Oberwellengehalt)*
distortion response Fequenzgang *m* der Verzerrung
distortionless unverzerrt, verzerrungsfrei

distress call 1. Seenotruf *m*; 2. *(Nrt)* Notruf *m*, Notgespräch *n*
distress call transmitter *(Fo)* Schiffsnotsender *m*, Notrufsender *m*
distribute *v* **electric energy** elektrische Energie verteilen
distributed amplifier Kettenverstärker *m*
distributed communications architecture verteilte Netzwerkarchitektur *f*
distributed computing environment, DCE verteilte Rechenumgebung *f* (*ein Standard für die Zusammenarbeit in verteilten Systemen*)
distributed data processing verteilte Datenverarbeitung *f*
distributed denial of service, DDoS verteilter Dienstentzug *m* (*absichtliche Störung des Betriebs von Ressourcen von vielen Punkten aus*)
distributed file system, DFS verteiltes Filesystem *n* (*Komponente von DCE*)
distributed management task force, DMTF Arbeitsgruppe *f* für verteiltes Management
distributed system verteiltes System *n*
distributed winding verteilte Wicklung *f*
distributed-wound verteilt gewickelt, mit verteilter Wicklung
distributing bus-bar Verteilerschiene *f*, Verteilungsschiene *f*
distributing bus cabinet Verteilerschrank *m*
distributing bus rods Abgänge *mpl*, Abgangsgestänge *n*
distribution Verteilung *f*; Verzweigung *f*
distribution board *Verteiler *m*, Verteiler(schalt)tafel *f*
distribution box Verteilerkasten *m*, Verteilerdose *f*, Abzweigdose *f*, Dose *f*
distribution cable Verteilungskabel *n*, Verzweigungskabel *n*
distribution centre 1. *(Et)* Hauptverteilung *f*; 2. *(Nrt)* Verteileramt *n*
distribution factor 1. *(Ma)* Spulengruppenwickelfaktor *m*; 2. Verteilungsfaktor *m* (*Strahlenschutz*)
distribution management system, DMS *(Ee)* Lastverteilungssystem *n*
distribution panel Verteilertafel *f*
distribution point Verzweiger *m*, Verteilungspunkt *m*

distribution pole Verteilermast *m*
distribution substation Ortsnetz(umspann)station *f*, Trafostation *f*, Unterstation *f*
distribution switchboard Verteilungsschalttafel *f*
distribution switchgear Verteilungsschaltgerät *n*
distributive law *(Dat)* distributives Gesetz *n* (*a OP1 (b OP2 c) = (a OP2 b) OP1 (a OP2 c)*)
distributor 1. Verteiler *m*; Verzweiger *m*; 2. *(Nrt)* Kanalverteiler *m*; 3. Leitapparat *m* (*Turbine*)
disturb signal Störsignal *n*
disturbance 1. Störung *f*; Funkstörung *f*; 2. *(Rt)* Störgröße *f*
disturbance elimination Entstörung *f*
disturbance frequency Störfrequenz *f*
disturbance level Störpegel *m*
disturbed channel *(Nrt)* gestörter Kanal *m*
dither *(Ak)* überlagertes Hilfssignal *n*, Dithersignal *n*
diurnal variation Tagesgang *m*
divacancy *(Me)* Doppelleerstelle *f*
divergence angle Divergenzwinkel *m*, Streuungswinkel *m* (*z. B. eines Laserstrahls*)
divergence loss Streuverlust *m*, Abnahme *f* durch Divergenz
divergent electric field divergentes [inhomogenes] Feld *n*
divergent lens Zerstreuungslinse *f*, Konkavlinse *f*
diversity Verschiedenheit *f*, Ungleichheit *f*; Mannigfaltigkeit *f*
divert *v* **a call** *(Nrt)* ein Gespräch umleiten
divided circuit verzweigter Stromkreis *m*
divider 1. Teiler *m*, Spannungsteiler *m*; 2. *(Dat)* Dividiereinrichtung *f*
dividing box Kabelendverschluss *m*
dividing network Frequenzweiche *f*
division 1. Division *f*, Teilung *f*; 2. Verteilung *f*; Einteilung *f*; 3. *(Mess)* Unterteilung *f*, Skalenteilung *f*; 4. Teilstrich *m*, Skalenstrich *m*
division circuit Divisionsschaltung *f*
division unit Dividierglied *n*, Divisionsglied *n* (*Bauelement*)
divisor Divisor *m*, Teiler *m* (*Mathematik*)
DLT *s.* digital linear tape

DMCA s. digital millenium copyright act
DMOS *(Abk. für: double-diffused metal-oxide semiconductor)* Doppeldiffusions-Metalloxidhalbleiter *m*, doppeldiffundierter Metalloxidhalbleiter *m*, Doppeldiffusions-MOS, DMOS
DMOS field-effect transistor DMOS-Feldeffekttransistor *m*, DMOS-FET *m*
DMTF s. distributed management task force
DN s. distinguished name
DNS security, DNSSEC DNS-Sicherheit *f*
DNSSEC s. DNS security
do-nothing instruction *(Dat)* Nulloperationsbefehl *m*, Leerbefehl *m*
dockingstation *(Dat, Ko)* Andockstation *f (für Laptops, Notebooks, PDAs, Digitalkameras; zur Netzverbindung oder Stromversorgung)*
document data processing Belegdatenverarbeitung *f*
documentation *(Dat)* Dokumentation *f*, Dokumentierung *f*, Beleg *m*, Unterlagen *fpl*
docuterm Dokumentname *m*
doghouse *(sl)* Antennenabstimmhäuschen *n*
domain 1. Bezirk *m*; Domäne *f*; Bereich *m (einer Funktion)*; 2. ferromagnetischer [weißscher] Bezirk *m*
domain address E-Mail-Adresse *f (für eindeutige Anschrift eines Teilnehmers im Internet)*
domestic für den Hausgebrauch bestimmt; Haushalt(s)...
domestic air conditioning Haushaltklimatisierung *f*
domestic appliance Haushaltgerät *n*
domestic appliance electronics Haushaltelektronik *f*, Konsumgüterelektronik *f*
domestic connection *(Nrt)* Inlandsverbindung *f*
domestic distribution board Hausverteilertafel *f*, Hausverteilung *f*
domestic installation Haus(halt)installation *f*, Wohnungsinstallation *f*
domestic lighting Heimbeleuchtung *f*
domestic power plant Hauszentrale *f (Kraftanlage)*

domestic refrigerator Haushaltkühlschrank *m*
domestic telephone Haustelefon *n*, Hausfernsprecher *m*
donator s. donor
donor *(Me)* Donator *m (Elektronenspender)*
donor density Donatordichte *f*
donor element Donatorelement *n*
donor impurity Donatorverunreinigung *f*
donor migration Donatorwanderung *f*
donor site Donatorplatz *m*, Donatorstelle *f*
donutron Magnetron *n* mit Doppelkäfig
door bell Türklingel *f*, Türglocke *f*
doorknob tube Knopfröhre *f*, Kleinströhre *f*
dopant *(Me)* Dotand *m*, Dotierungssubstanz *f*, Dotierungsmittel *n*
dopant atom Dotierdatom *n*
dopant concentration Dotandenkonzentration *f*
dopant depth Dotierungstiefe *f*
dope v 1. *(Me)* dotieren; 2. *(Ch)* Additive beigeben, mit Zusätzen versehen *(z. B. Isolierstoffe)*
dope 1. *(Me)* Dotier(ungs)mittel *n*; 2. *(Ch)* Zusatzstoff *m*, Dope-Mittel *n*
doping *(Me)* Dotieren *n*, Dotierung *f*
doping metal Dotierungsmetall *n*
doping profile Dotierungsprofil *n*
doping technique Dotierungstechnik *f*
Doppler broadening Doppler-Verbreiterung *f*
Doppler effect Dopplereffekt *m*
Doppler navigation system Doppler-Navigationssystem *n*
Doppler radar Radar *n* mit Dopplereffekt, Dopplerradar *n*
Dorno region Dorno-Bereich *m (Wellenlängenbereich von 280,4 bis 313,2 nm)*
dot 1. Punkt *m*; Fleck *m*; Bildpunkt *m*; Morsepunkt *m*; 2. Punktelektrode *f*; 3. Schmelzperle *f*, Perle *f*
dot-bar generator *(Fs)* Punkte-Balken-Generator *m*
dot-dash mode Punkt-Strich-Verfahren *n*
dot frequency 1. Bildpunktfrequenz *f*; 2. Telegrafierfrequenz *f*
dot generator *(Fs)* Bildpunktgenerator *m*, Punktgenerator *m*

dot matrix printer Punktmatrixdrucker m

dot printer Nadeldrucker m

dotted decimal notation Dezimalnotation f mit Punkten *(typische Schreibweise für IP--Adressen, z. B. 192.168.1.2)*

dotted line punktierte Linie f

double acceptor *(Me)* Doppelakzeptor m

double-acting doppelt wirkend

double-action switch zweiseitig wirkender Schalter m, Zweitaktschalter m

double barrier layer *(Me)* Doppelsperrschicht f

double bell(-shaped) insulator Doppelglockenisolator m, Doppelglocke f

double-break switch Schalter m mit Doppelunterbrechung, zweipoliger Schalter m

double bus Doppelsammelschiene f, doppelte Sammelschiene f

double-cage motor Doppelkäfigmotor m

double-casing machine Maschine f mit Mantelkühlung

double cassette deck Doppelkassettendeck n *(Rekorder)*

double-diffused metal-oxide semiconductor Doppeldiffusions--Metalloxidhalbleiter m, doppeldiffundierter Metalloxidhalbleiter m, Doppeldiffusions-MOS m, DMOS

double earth fault Doppelerdschluss m, Erdschluss m zweier Phasen

double-ended machine Maschine f mit zwei Wellenenden

double-fed asynchronous machine zweiseitig gespeiste Asynchronmaschine f

double-fed polyphase shunt commutator motor ständergespeister Mehrphasennebenschlussmotor m

double half-barrier level crossing Bahnübergang m mit doppelten Halbschranken

double heterodyne receiver *(Fs)* Doppelsuper(heterodynempfänger) m, Doppelüberlagerungsempfänger m

double-hump resonance curve Resonanzkurve f mit zwei Maxima

double image *(Fs)* Doppelbild n, Geisterbild n, Echobild n

double-implanted MOS transistor doppelt implantierter MOS-Transistor m, DIMOS-Transistor m

double-layer winding Zweischichtwicklung f

double line-to-earth fault zweipoliger Erdkurzschluss m, Kurzschluss m mit Erdberührung

double plug Doppelstecker m

double-plugged cord Schnur f mit zwei Steckern, Verbindungskabel n

double-pole zweipolig

double-rotor(-type) induction regulator Doppeldrehregler m

double sampling 1. *(Qu)* Doppelstichprobe(nentnahme) f; 2. *(Rt)* Doppelabtastung f

double-shielded doppelt abgeschirmt

double-sideband modulation *(Nrt)* Zweiseitenbandmodulation f

double-sided cooled zweiseitig gekühlt

double-sided drive zweiseitiger Antrieb m *(z. B. zweiseitige Anordnung des magnetischen Kreises bei Linearmotoren)*

double-sided printed circuit doppelseitige [zweiseitige] gedruckte Schaltung f

double-sided printed circuit [wiring] board doppelseitige [zweiseitige] Leiterplatte f, Zweiebenenleiterplatte f

double-sided wafer processing *(Me)* doppelseitige Waferbearbeitung f

double-silk-covered doppelt [zweifach] seideumsponnen *(Draht)*

double-slot cage Doppelnutkäfig m *(Kurzschlusskäfig)*

double squirrel-cage motor Doppelkäfigmotor m, Doppelnutmotor m, Spezialnutmotor m

double-throw circuit-breaker Umschalter m

double-throw contact Umschalt(e)kontakt m, Wechsler m

double-throw switch Umschalter m, Wechselschalter m

double-wound bifilar gewickelt *(Spule)*

doubler Verdoppler m, Doppler m, Frequenzverdoppler m

doublet 1. *(Et)* Elementardipol m; Dipol

m, Dipolantenne *f*; hertzscher Dipol *m*, HD; 2. *(Ph)* Dublett *n*, Doppellinie *f* *(Spektrum)*; 3. Doppelquelle *f*, Dipolquelle *f*
doubly balanced modulator *(Nrt)* Ringmodulator *m*
dovetail key Schwalbenschwanzkeil *m*, Nutverschlusskeil *m*
dowel pin Aufnahmestift *m*, Passstift *m* *(Leiterplatten)*
down conductor Ableiter *m*, Ableitung *f*
down counter Rückwärtszähler *m*, Abwärtszähler *m*
down-loading Herunterladen *n*, Fernladen *n* *(aus einer Datenbank oder einem Netz)*
down-scaling *(Me)* Herunterskalieren *n*, maßstäbliche Verkleinerung *f*
download *(Ko)* Download *m*, Herunterladung *f*; Heruntergeladenes *n* *(aus dem Internet)*
download rate *(Ko)* Übertragungsrate *f* beim Herunterladen aus dem Internet
downstream stromabwärts *(nachgeschaltete Einheit)*
downward compatible *(Dat)* abwärts kompatibel, abwärts verträglich
DQPSK *(Abk. für: differential quadrature phase shift keying)* *(Nrt)* Differenz--Quadratur-Phasentastung *f*, Differenz-Vierphasenumtastung *f*
draft *(Dat)* Entwurf *m*, Entwurfszeichnung *f*
drag 1. Schleppen *n*, Zerren *n*; 2. Bremse *f*, Hemmung *f*; Bremsschuh *m*; 3. Luftwiderstand *m*, Strömungswiderstand *m*; Schleppwiderstand *m*
drag coefficient Widerstandsbeiwert *m*
drag-cup generator [tachometer] Ferraris-Tachodynamo *m*, Wechselspannungs-Tachogenerator *m*, Ferraris-Generator *m*
drag torque Leerlaufdrehmoment *n*
drag-type tachometer Wirbelstromtachometer *m*
drag-up generator Wechselspannungs--Tachogenerator *m*, Ferraris-Generator *m (als Tachogeber)*
drain *v* ablassen, ableiten; entleeren; leer laufen; ablaufen
drain 1. Ablass *m*, Ableitung *f*, Abflussöffnung *f*; 2. *(Me)* Drain *m*,

Senke *f*, Abzugselektrode *f (eines Feldeffekttransistors)*
drain-gate breakdown voltage Drain--Gate-Durchbruchspannung *f*
drain junction Sperrschicht *f* im Draingebiet
drain saturation current Drainsättigungsstrom *m*
drain-source breakdown voltage Drain-Source-Durchbruchspannung *f*
drain-source on-state voltage Drain--Source-Durchlassspannung *f*
drain-source turn-on resistance Drain--Source-Einschaltwiderstand *m*
drain-source voltage Drain-Source--Spannung *f*
drain voltage Drainspannung *f*, Senkenspannung *f*
drainage coil Saugdrossel *f*, Erdungsdrossel *f*
draw-down time Abarbeitungszeit *f (eines Speichers)*
draw-out unit herausziehbare Steckeinheit *f*
drawing 1. Ziehen *n (z. B. Kristalle)*; 2. Zeichnen *n*
drift 1. Drift *f*, Abweichen *n*, Weglaufen *n*; 2. (allmähliche) Abweichung *f (vom Nullpunkt)*; 3. *(Ak)* Schlupf *m*
drift compensation Driftkompensation *f*
drift current Driftstrom *m*
drift effect Mitnahmeeffekt *m*
drifting wheel Treibrad *n*
drip melting process Tropfenschmelzen *n (Elektronenstrahlschmelzen)*
drip-proof tropfwassergeschützt; tropfwasserdicht
drip-tight tropfwasserdicht
dripping electrode Tropfelektrode *f*
drive *v* 1. *(Et)* (aus)steuern *(z. B. Röhren)*; 2. *(Ma)* ansteuern; (an)treiben; betreiben
drive *v* **a current** (einen) Strom antreibe
drive 1. *(Et)* Aussteuerung *f*, Steuerung Ansteuerung *f*; 2. *(Ma)* Antrieb *m*, Trie *m*; 3. *(Dat)* Laufwerk *n*
drive amplifier Treiberverstärker *m*
drive by wire elektronisch Fahren *n (Kfz--Technik)*
drive circuit Treiberschaltung *f*, Treibkreis *m*
drive control Antriebsregelung *f*
drive engineering Antriebstechnik *f*

drive motor Antriebsmotor m
drive slide control (Ko) Antriebsschlupfregelung f
driver 1. Teiber m, Ansteuerelement n; Steuersender m; 2. (Dat) Steuerprogramm n (zum Ingangsetzen anderer Programme)
driver amplifier Treiberverstärker m
driver circuit Treiberschaltung f, Ansteuerschaltkreis m
driver stage Treiberstufe f
driver transistor Treibertransistor m
driver tube Treiberröhre f
driver unit 1. Antriebssystem n (z. B. bei Lautsprechern); 2. Steuersender m
driving 1. (Ma) Antrieb m; 2. (Et) Steuerung f, Ansteuerung f; Aussteuern n (Röhren)
driving axle Triebachse f, Antriebswelle f
driving circuit 1. Antriebsstromkreis m; Treiberschaltung f; 2. (Rt) Ansteuerkreis m
driving force Triebkraft f
driving gate (Me) steuerndes Gatter n, Steuergitter n
driving light Fernlicht n (Kfz--Scheinwerfer)
driving torque Antriebsdrehmoment n, antreibendes Drehmoment n (bei Messinstrumenten)
driving watchdog Antriebsschutzgerät n

DRM s. digital radio mondiale
droop 1. Abfallen n, Absinken n; 2. Dachabfall m, Dachschräge f (Rechteckimpuls); 3. (Rt) Regelabweichung f (beim P-Regler)
drop v 1. (ab)fallen, sinken, abnehmen (z. B. Spannung, Temperatur); 2. tropfen, tröpfeln
drop v **off** abfallen, abnehmen (Spannung)
drop v **out** ausfallen; abfallen (Relais)
drop 1. Abfall m, Abfallen n, Sinken n (z. B. der Spannung, der Temperatur); 2. Tropfen m
drop-off Abfall m
drop-out 1. Abfallen n (Relais); Fehlstelle f (Bandaufzeichnung); 2. (Dat) Signalausfall m, Ausfall m, "Dropout" m
dropping electrode Tropfelektrode f, tropfende Elektrode f
dropping loop Fallbügel m

drum Trommel f; Zylinder m; Walze f
drum address (Dat) Trommeladresse f
drum armature Trommelanker m
drum controller (Ap) Walzenschalter m, Walzenschaltwerk n
drum diameter Trommeldurchmesser m
drum machine (Ak) Rhythmusmaschine f, elektronisches Schlagzeug n
drum memory (Dat) Trommelspeicher m, Magnettrommelspeicher m
drum pad (Ak) Trommelfläche f (von elektronischem Schlagzeug)
drum winding Trommelwicklung f
dry 1. trocken; 2. (sl) unbearbeitet (Signal); 3. stromlos
dry battery Trockenbatterie f
dry cell Trockenelement n
dry core cable Papierluftraumkabel n
dry-disk rectifier Trocken(scheiben)gleichrichter m, Plattengleichrichter m
dry etching Trockenätzen n
dry film resist Abdeckfolie f, Trockenfilmresist m (Leiterplattenherstellung)
dry friction trockene [coulombsche] Reibung f
dry impulse-withstand voltage (Hsp) Stehstoßspannung f (trocken)
dry impulse-withstand voltage test Stehstoßspannungsprüfung f (im trockenen Zustand)
dry joint kalte Lötstelle f, Kaltlötstelle f, Kaltlötung f
dry one-minute power-frequency withstand voltage test (Hsp) Einminuten-50-Hz--Stehspannungsprüfung f (im trockenen Zustand)
dry rectifier Trockengleichrichter m
dry run Leerversuch m, Leerlaufprüfung f; Testlauf m (eines Programms)
dry short-duration power-frequency withstand voltage test (Hsp) Kurzzeit-Wechselspannungs--Stehspannungsprüfung f (im trockenen Zustand)
DSB s. digital satellite broadcasting
DSC s. dynamic stability control
DSN s. delivery status notification
DTC s. dynamic traction control
DUA s. directory user agent
dual dual, zweifach, doppelt
dual access (Dat) Doppelzugriff m

dual aerial Zweifachantenne f
dual band, db (Ko) für zwei Frequenzbänder (z. B. bei Handys für D- und E-Netz; 900MHz- und 1800MHz-Band)
dual-band mobile (Ko) Dual-Band-Handy n, Zweiband-Handy n, Handy f für das D- und E-Netz (für das 900 MHz- und 1800 MHz-Band der GSM--Netze verwendbar)
dual board Doppelleiterplatte f, Doppelplatine f
dual cable Doppelkabel n
dual circuit Dualschaltung f
dual control duale Steuerung f, Doppelsteuerung f, Steuerung f mit Binärsignalen; duale Regelung f, Zweifachregelung f, Regelung f mit Binärsignalen
dual diode Doppeldiode f
dual flip-flop Doppel-Flipflop n
dual implant (Me) Doppelimplantat n, Doppelimplantiertes n
dual-in-line package Dual-in-Line--Gehäuse n, DIP-Gehäuse n, Dual-in--Line-Verkappung f (Verkappung mit zwei Reihen Anschlusskontakten)
dual-in-line plastic package Dual-in--Line-Kunststoffgehäuse n
dual mode mobile (Ko) Handy n; Schnurlostelefon n zum Festnetz
dual-slope A-D converter Zweirampen-A-D-Wandler m, A/D--Wandler m nach dem Zweirampenprinzip
dual system Dualsystem n, Binärsystem n
dual transistor Doppeltransistor m
duality principle Dualitätsprinzip n
dub Tonbandkopie f, Kopie f
dubbing (Ak) Nachsynchronisation f; Überspielen n, Kopieren n; Tonmischung f
ducking (Ak) (sl) Ducking n (Herunterregeln eines Hauptsignals durch ein Nebensignal)
duct 1. Rohr n; Kabel(schutz)rohr n; Kanal m, Schacht m (z. B. für Heizung, Lüftung); Kabelkanal m; 2. (Ma) Luftkanal m
duct capacitor Durchführungskondensator m
duct-ventilated rohrgekühlt

dull 1. (Ak) dunkel, dumpf (Klangfarbe); 2. (Licht) kontrastlos, flau
dull colour matte Farbe f
dullness Dumpfheit f (Ton); Mattheit f (Farbe)
dummy 1. (Dat) Füllzeichen n, Leersignal n, Blindsignal n; 2. Dummy m, Nachbildung f; 3. funktionslose Leiterbahn f
dummy cell Leerzelle f
dummy coil tote Spule f
dummy head (Ak) Kunstkopf m (Stereo)
dummy instruction (Dat) Leerbefehl m, Scheinbefehl m, Blindbefehl m
dump v umspeichern (Informationen)
dump (Dat) Speicherabzug m, Speicherauszug m
duo-cone loudspeaker Doppelkonuslautsprecher m
duodiode Doppeldiode f, Duodiode f
duplex s. duplex communication
duplex adding machine Duplexaddiermaschine f
duplex channel Duplexkanal m, Gegensprechkanal m
duplex circuit Duplexverbindung f, Duplexleitung f
duplex communication (Nrt) Duplexverkehr m, Doppelverkehr m
duplex radiotelephony Gegensprechfunkverkehr m (auf zwei Kanälen)
duplexer (Fo) Sende-Empfangs-Weiche f, Duplexgerät n
duplicate circuitry doppelte Schaltkreise mpl
duplication (Dat) Dopplung f, Doppeln n, Duplizieren n; Kopieren n; Kopie f
duration coding (Nrt) Pulslängencodierung f
duration of lifetime Lebensdauer f
duration of test Prüfzeit f, Versuchsdauer f
dust core Massekern m, Hochfrequenzeisenkern m, HF--Eisenkern m
dust filter Staubfilter n
dust flow-type electrostatic generator elektrostatischer Staubgenerator m (zur Gleichspannungserzeugung)
dust-free staubfrei
dust-proof staubdicht, staubgeschützt staubsicher
dust-seal Staub(ab)dichtung f

dust-tight s. dust-proof
DUT (Abk. für: device under test) (Ap) Prüfling m
duty 1. Nutzleistung f, Wirkleistung f, Auslastung f (von Maschinen); 2. (Et) Betriebsweise f, Betriebsart f
duty classification (Ap) Betriebsart f
duty cycle 1. (Rt, Ma, Ap) Arbeitszyklus m, Arbeitsspiel n, Betriebsspiel n, Spiel n; 2. Tastverhältnis n (Magnetron); 3. Schaltfolge f
duty factor relative Einschaltdauer f
DVB-C (Abk. für: digital radio and video broadcasting by cable) (Fs) digitales Fernsehen n und Rundfunk über Kabel
dwell time 1. Verweilzeit f; 2. (Le) Ruhezeit f, Auszeit f
DX 1. s. duplex; 2. (Nrt) Weitverkehrs...; 3. (Amateurabkürzung:) auf große Entfernung
dyadic system dyadisches System n, Zweiersystem n (zur Darstellung von Werten)
dye 1. Farbstoff m, Färbemittel n; 2. Färbung f, Tönung f
dye laser Farb(stoff)laser m
dying-away (Ak) Ausschwingen n
dying-down time Ausschwingzeit f, Abklingzeit f
dynamic dynamisch
dynamic accuracy dynamische Genauigkeit f
dynamic behaviour (Rt) dynamisches Verhalten n, Zeitverhalten n
dynamic brake control, DBC dynamische Bremsregelung f, dynamische Bremsregelung f (beim Automobil)
dynamic brake exciter (Ma) Bremserregermaschine f
dynamic characteristic dynamische Kennlinie f, Arbeitskennlinie f, Kennlinie f des dynamischen Verhaltens
dynamic CMOS dynamische CMOS--Schaltung f, dynamischer CMOS m
dynamic earphone dynamischer Kopfhörer m
dynamic equilibrium dynamisches Gleichgewicht n (z. B. bei Dauerschwingungen)
dynamic error (Rt) vorübergehende Regelabweichung f; dynamischer Fehler m

dynamic filter dynamisches Filter n
dynamic microphone dynamisches Mikrofon n
dynamic noise limiter dynamischer Rauschbegrenzer m
dynamic performance (Rt) dynamisches Verhalten n, Zeitverhalten n
dynamic pick-up Drehspultonabnehmer m, (elektro)dynamischer Tonabnehmer m, dynamischer Aufnehmer m
dynamic RAM dynamischer RAM--Speicher m, dynamisches RAM n, DRAM n (Speicher mit periodischem Wiedereinlesen der Daten)
dynamic response (Rt) Übergangsverhalten n (eines Gliedes zwischen zwei stationären Zuständen); Zeitverhalten n
dynamic shift register dynamisches Schieberegister n
dynamic span (Ak) Dynamikumfang m, Pegelumfang m
dynamic stability dynamische Stabilität f (z. B. bei automatischer Spannungsregelung)
dynamic stability control, DSC dynamische Stabilitätsregelung f
dynamic state dynamischer Zustand m
dynamic storage dynamische Speicherung f
dynamic traction control, DTC dynamische Traktionsregelung f
dynamically balanced dynamisch gewuchtet
dynamicizer Parallel-Serien-Konverter m, Parallel-Serien-Wandler m
dynamics Dynamik f
dynamo Gleichstrommaschine f, Gleichstromgenerator m, Dynamomaschine f, Dynamo m
dynamometer Dynamometer n, Kraftmesser m, Drehmomentmesser m; Belastungsgenerator m
dynatron Dynatron n (Elektronenröhre)
dyne Dyn n, dyn (SI-fremde Einheit der Kraft; 1 Dyn = 10^{-5} Newton)
dynistor (Me) Dynistor m (Halbleiter--Vierschichtdiode)
dynode Dynode f

E

e appendix *(Ko)* E-Mail-Anhang *m (mit der E-Mail als Anhang übertragene Datei)*
E-bike Fahrrad *n* mit Elektro-Hilfsmotor
e-cash *(Dat)* elektronisches Bargeld *n (im Internet)*
e-commerce *s.* electronic commerce
E-gas elektronisches Gaspedal *n (Automobiltechnik)*
e indication by mobile *(Ko)* E-Mail--Benachrichtigung *f* durch Handy *(SMS durch Internet-Betreiber)*
E-layer *s.* 1. Heaviside layer; 2. ionospheric E-layer
E-Mail *s.* electronic mail
e-mail *s.* electronic mail
e-mail address *(Ko)* E-Mail-Adresse *f (z. B.: fachverlag@langenscheidt.de)*
e-paper display elektronisches Papierdisplay *n*
e-zine *(Dat)* elektronische Zeitschrift *f (Kunstwort aus "electronic" und "magazine"; in Form von e-Mails oder Internetseiten)*
ear 1. Öhr *n*, Öse *f*, Lasche *f*; 2. *(Et)* Aufhängebock *m*, Aufhängestück *n (für Fahrzeugoberleitungen)* • **by ear** nach Gehör
ear canal Gehörgang *m*
ear cap Hör(er)muschel *f*, Muschel *f*
ear clip Ohrbügel *m (beim Hörgerät)*
ear response characteristic *(Nrt)* Ohrempfindlichkeitskurve *f*, Ohrkurve *n (Ohrfrequenzgang, Ohrfilterkurve)*
earbuds *pl (sl)* Einsteckhörer *mpl*
eardrum *(Ak)* Trommelfell *n*
EAROM *s.* electrically alterable read-only memory
earphone Kopfhörer *m*
earth *v* erden
earth 1. Erde *f*, *Masse *f*; 2. Erdleitung *f*, *Erdung *f*, Erdschluss *m*; 3. Erde *f*, Erdboden *m*
earth bar Erdungs(sammel)schiene *f*, Erdschiene *f*
earth bus *Erd(ungs)sammelleitung *f*, *Erdungs(sammel)schiene *f*
earth circuit Erdstromkreis *m*, Erdschleife *f*
earth clamp *Erdklemme *f*
earth conductor 1. *Erdleiter *m*; Erdungsleitung *f (IEC 50-604)*; 2. *(Ee)* *Erdseil *n*
earth-connected geerdet; mit (der) Erde verbunden
earth contact Erdkontakt *m*
earth continuity Durchgangsleitfähigkeit *f*
earth current Erdschlussstrom *m*; *Erdstrom *m*
earth electrode Erder *m (IEC 50-604)*; *Erd(ungs)elektrode *f*
earth fault 1. *Erdschluss *m*; 2. Erder *m (IEC 50-604)*
earth indicator Erdschlussanzeiger *m*, Erdschlussprüfer *m*
earth insulation Erdisolation *f*
earth jack *Erdbuchse *f*
earth lead Erdleitung *f*
earth-leakage current Kriechstrom *m* gegen Erde
earth-leakage relay Erdschlussrelais *n*
earth plate *Erderplatte *f*, Erdungsblech *n*, *Plattenerder *m*; Erdelektrode *f*, Erder *m*
earth potential Erdpotenzial *n*, Nullpotenzial *n*
earth protection Erdschlussschutz *m*
earth relay Erdschlussrelais *n*
earth rod *Erdungsrohr *n*, Rohrerder *m*, *Staberder *m*
earth sheath Erdungsmantel *m*
earth-space communication *(Nrt)* Übertragung *f* zwischen Erde und Weltraum
earth terminal connection Erdanschlussklemme *f*, Erd(leiter)anschluss *m*
earth-to-satellite communications Nachrichtenverkehr *m* zwischen Erde und Satellit
earth-to-satellite link *(Ko)* Erde-Satellit--Verbindung *f*, Aufwärtsverbindung *f*
earth wire 1. *Erdleiter *m*; 2. *(Ee)* *Erdseil *n (oben)*
earthed geerdet
earthed neutral Nullpunkt *m*, geerdeter Sternpunkt *m*; geerdeter Mittelleiter *n* [Nullleiter *m*]
earthed neutral conductor geerdeter Nullleiter *m*
earthing *Erdung *f*, Masseanschluss *m*
earthing contact-type plug *Schukostecker *m*, Stecker *m* mit Schutzkontakt

earthing key *(Nrt)* Erdtaste f
earthing screw *(Ap)* Erdungsschraube f
earthing socket Erdungsbuchse f
earthing strip Erdungsband n
EBD s. electronic braking force distribution
ec motor elektronisch kommutierter Gleichstrommotor m
echelon 1. *(Licht)* Echelon n, (michelsonsches) Stufengitter n
echo 1. *(Ak)* Echo n, Nachhall m, Widerhall m; 2. *(Fs)* Echo n, Echobild n, Geisterbild n; Schattenbild n *(Radar)*; 3. Echo n *(reflektiertes Signal)*
echo current Echostrom m
echo delay time *(Nrt)* Echolaufzeit f
echo depth sounding Echolotung f
echo interference *(Nrt)* Echostörung f
echo interval *(Nrt)* Echointervall n; Echolaufzeit f
echo recognition Echoerkennung f
echo room Hallraum m
echo sounder Echolot n
echo suppressor Echosperre f
echoless chamber reflexionsfreier Raum m, schalltoter Raum m
economical lamp Sparlampe f
ECU s. engine control system
eddies Wirbelströme mpl
eddy Wirbel m, Strudel m
eddy current Wirbelstrom m
eddy-current loss Wirbelstromverlust m
edge Kante f, Rand m; Saum m; Flanke f *(eines Impulses)*; Ende n *(eines Linearmotors)*
edge board *(Me)* Leiterkarte f, Platine f
edge-board connector *(Me)* Steckerleiste f, direkter Steckverbinder m
edge connector 1. Randstiftleiste f, Stiftsockel m; 2. Steckerleiste f *(bei Leiterplatten)*
edge definition 1. *(Me)* Kantenschärfe f; Leiterzugschärfe f *(Leiterplatten)*; Linienschärfe f; 2. *(Fs)* Randschärfe f
edge dip soldering Kantentauchlöten n
edge effect Kanteneffekt m
edge router Router m am Rand eines Netzes
edge socket connector Buchsenleiste f *(für Leiterplatten)*
edge steepness Flankensteilheit f *(von Pulsen)*
edge track *(Ak)* Randspur f

edge winding Hochkantwicklung f
EDI s. electronic data interchange
Edison accumulator [cell] Edison--Akkumulator m
Edison lamp-holder socket Edison--Fassung f
Edison screw Edison-Gewinde n
Edison screw cap Edison-Sockel m, Schraubsockel m, Gewindesockel m
edit v schneiden, montieren; editieren, redigieren, aufbereiten *(z. B. Informationen, Aufzeichnungen)*
editing Schnitt m, Montage f; Editierung f
editing of tape Bandschnitt m, Schnitt m, Bandmontage f
editor Bearbeitungsprogramm n, Aufbereitungsprogramm n, Editor m
eff 1 high efficiency motor Hochenergiesparmotor m eff 1
eff 2 improved efficiency motor verbesserter Energiesparmotor m eff 2
eff 3 standard efficiency motor Motor m mit Standard-Wirkungsgrad
effect light Effektscheinwerfer m
effect lighting Effektbeleuchtung f
effective effektiv, wirksam; nutzbar
effective AC resistance Wechselstromwirkwiderstand m
effective aperture wirksames [effektives] Öffnungsverhältnis n, freie Öffnung f *(z. B. eines Objektivs)*
effective attenuation Betriebsdämpfung f; Wirkdämpfung f
effective capacity 1. *(Ma)* Nutzleistung f, Wirkleistung f; 2. *(Et)* wirksame Kapazität f
effective component Wirkkomponente f
effective conductance Wirkleitwert m
effective current Effektivwert m des Stromes, Effektivstrom m
effective output Nennleistung f
effective power Wirkleistung f, effektive Leistung f; Nutzleistung f, Nutzeffekt m
effective range 1. *(Rt)* wirksamer Bereich m *(eines Signals)*; Stellbereich m; 2. *(Nrt)* wirksame Reichweite f; 3. *(Mess)* (effektiver) Messbereich m
effective rating Effektivnennleistung f
effective resistivity wirksamer spezifischer Widerstand m, spezifischer Wirkwiderstand m
effective voltage Effektivspannung f,

effectiveness

effektive Spannung f, Effektivwert m der Spannung

effectiveness criterion Gütekriterium n (einer Regeleinrichtung)

effector 1. (Rt) Effektor m, Stellglied n, Stellorgan n; 2. (Ak) Effektgerät n

efficiency Wirkungsgrad m

efficiency factor 1. Wirkungsgrad m, Gütegrad m; 2. Wirkungsfaktor m, Ausnutzungsfaktor m (z. B. bei Stoßanlagen); 3. (Ak) Übertragungsfaktor m

EFM s. Ethernet in the first mile

egg(-shaped) insulator Isolierei n, Eiisolator m, Nussisolator m

EGNOS s. European geostationary overlay service

EHAMT s. electrohydraulic automatic shift

EHD TV s. enhanced definition TV

e.h.f. s. extremely high frequency

e.h.p. s. electrical horsepower

eht [e.h.t., EHT] s. extra-high tension

ehv [e.h.v., EHV] s. extra-high voltage

EIA s. electronic industries association

Eikmeyer coil (Ma) Schablonenspule f

EITHER-OR proposition ENTWEDER--ODER-Aussage f, zweiwertige Aussage f (logische Operation)

either-way communication (Nrt) wechselseitiger Informationsfluss m

eject v emittieren, ausstoßen (Teilchen); auslösen; auswerfen, ausstoßen

eject button Auswurftaste f

ejection Emission f; Ausstoß m (z. B. von Teilchen); Auslösung f; Auswerfen n, Ausstoßen n

elapse time (Et) Zeitfolge f, Ablaufzeit f

elapsed hour meter Betriebsstundenzähler m

elastic feedback (Rt) nachgebende Rückführung f (beim PI-Regler)

elastic lag elastisches Nachkriechen n, elastische Nachwirkung f (z. B. bei Spannbändern)

elastic scattering elastische Streuung f

elastic suspension federnde Aufhängung f

electric elektrisch

electric accounting machine Buchungsmaschine f, Abrechnungsmaschine f

electric air heater elektrischer Lufterhitzer m

electric arc (elektrischer) Lichtbogen m

electric automobile Elektromobil n, Elektroauto n

electric baking oven Elektrobackofen m, elektrischer Backofen m

electric battery vehicle Batteriefahrzeug n

electric blanket Heizdecke f

electric boiler Elektrokessel m, Elektroboiler m; Elektrokocher m

electric boiling pan elektrischer Kochkessel m

electric boiling plate elektrische Kochplatte f, Elektrokochplatte f

electric bus Elektrobus m, O-Bus m

electric cableway elektrische Seilbahn f

electric carpet Heizteppich m

electric cash-register elektrische Registrierkasse f

electric charge elektrische Ladung f, Elektrizitätsmenge f (SI-Einheit: Coulomb)

electric circuit (elektrischer) Stromkreis m, Kreis m

electric clothes dryer *Elektrokleidertrockner m

electric coffee-mill *elektrische Kaffeemühle f

electric conductance elektrischer Leitwert m (SI-Einheit: Siemens)

electric conductivity elektrische Leitfähigkeit f, Leitvermögen n

electric conductor elektrischer Leiter m, Stromleiter m

electric connection elektrischer Anschluss m

electric contact elektrischer Kontakt m

electric controller elektrischer Regler m

electric cooker Elektro(haushalts)herd m

electric coupler plug Netzstecker m

electric coupler receptacle Gerätebuchse f

electric coupler socket Steckdose f

electric current (elektrischer) Strom m

electric deep-fat fryer *Elektrofrittierer m

electric dipole elektrischer Dipol m

electric discharge elektrische Entladung f

electric displacement elektrische Verschiebung f

electric domestic appliances elektrische Haus(halt)geräte npl

electric double layer elektrische Doppelschicht f, Ladungsdoppelschicht f
electric drill elektrische Bohrmaschine f, Elektrobohrer m
electric drive Elektroantrieb m
electric dryer elektrischer Trockenofen [Trockenschrank] m
electric dust separator elektrischer Staubabscheider m
electric efficiency elektrischer Wirkungsgrad m
electric energy Elektroenergie f, elektrische Energie f; elektrische Arbeit f
electric excitation elektrische Erregung f
electric eye magisches Auge n
electric fence elektrischer Zaun m [Weidezaun m]
electric field elektrisches Feld n
electric filter elektrisches Filter n *(Hochfrequenztechnik)*
electric fire Heizsonne f, elektrischer Strahler m
electric flux Verschiebungsfluss m, (elektrische) Verschiebung f
electric flux current Verschiebungsstrom m
electric food-processor *elektrische Küchenmaschine f
electric food-waste disposer *elektrischer Zerkleinerer m für Nahrungsmittelabfälle
electric fryer [frying-pan] *elektrische Bratpfanne f, Elektrobratpfanne f
electric furnace Elektroofen m, elektrischer [elektrisch beheizter] Ofen m
electric generator Generator m, Stromerzeuger m
electric grill Elektrogrill m, Elektrogrillgerät n
electric guitar Elektrogitarre f, E-Gitarre f
electric hair-clipper *Elektrohaarschneider m
electric hair drier Heißluftdusche f, Föhn m
electric hearth Elektroherd m
electric heat Elektrowärme f
electric heater Elektroofen m, Elektroheizkörper m; elektrisches Heizaggregat n, elektrische Heizeinrichtung f
electric hooter [horn] Hupe f, Signalhupe f *(Kraftfahrzeug)*
electric hot-cupboard *Elektrowärmeschrank m
electric household appliances elektrische Haushalt(s)geräte npl
electric ignition elektrische Zündung f
electric infrared dryer elektrischer Infrarottrockner m
electric instantaneous water-heater *Elektrodurchlauferhitzer m
electric integrating meter *Elektrizitätszähler m
electric iron elektrisches Bügeleisen n
electric kitchen machine *Elektroküchenmaschine f
electric locomotive Elektrolok(omotive) f, E-Lok f
electric loss elektrische Verluste mpl, Energieverlust m
electric meter Elektrizitätszähler m, Zähler m
electric motor drive Elektromotorantrieb m, Antrieb m mit Elektromotor
electric pin-and-socket coupler elektrische Steckverbindung f
electric plant elektrische Anlage f
electric polarity elektrische Polarität f
electric power elektrische Leistung f
electric power engineering Starkstromtechnik f
electric power generation Stromerzeugung f
electric power station Kraftwerk n, Elektrizitätswerk n
electric power substation Umspannwerk n; Elektrounterstation f, Unterverteilerstation f
electric power transmission Elektroenergieübertragung f
electric propulsion Elektroantrieb m
electric punch elektrischer Locher m, Magnetlocher m
electric quantity 1. Elektrizitätsmenge f, Ladung f; 2. elektrische Größe f
electric radiation heater elektrisches Strahlungsheizgerät n, Radiator m
electric razor Elektrorasierapparat m, Elektrorasierer m, Trockenrasierer m
electric regenerative braking Nutzbremsung f

electric roaster *Elektrobratgerät n
electric shock elektrischer Schlag m; *gefährliche Körperverletzung f
electric spark elektrischer Funke m
electric station Kraftwerk n, Elektrizitätswerk n
electric steam boiler Elektrodampfkessel m
electric steam-cooker *Elektrodampfkocher m
electric strength Spannungsfestigkeit f, Durchschlagfestigkeit f, dielektrische Festigkeit f
electric supply Stromversorgung f, Elektroenergieversorgung f
electric suspension monorail Elektrohängebahn f
electric table cooker elektrische Tischkochplatte f
electric tape Isolierband n
electric thermal storage heater elektrischer Wärmespeicher(ofen) m
electric toaster elektrischer Brotröster m
electric tooth-brush *Elektrozahnbürste f
electric torch Taschenlampe f, Stabtaschenlampe f
electric towel-rail *Elektrohandtuchtrockner m
electric toy *Elektrospielzeug n
electric traction elektrische Zugförderung f, Elektrotraktion f
electric transmission elektrische Übertragung f (Kraft)
electric truck Elektrokarren m, Elektrofahrzeug n
electric valve elektrisches Ventil n
electric voltage elektrische Spannung f
electric waffle iron elektrisches Waffeleisen n
electric warming-plate *Elektrowärmplatte f
electric washer [washing-machine] *Elektrowaschmaschine f, elektrische Waschmaschine f
electric water boiler [heater] Warmwasserbereiter m; Heißwasserspeicher m
electric welder Elektroschweißmaschine f
electrical elektrisch
electrical appliances Elektrogeräte npl

electrical breakdown elektrischer Durchschlag m
electrical clearance (Hsp) Schutzabstand m (zur Fahrleitung)
electrical connection 1. elektrischer Anschluss m; 2. galvanische Verbindung f
electrical contact elektrischer Kontakt m
electrical coupler elektrische Kupplung f (Stecker und Steckdose)
electrical engineer Elektroingenieur m
electrical engineering Elektrotechnik f
electrical horsepower Einheit der Leistung im englischen Einheitensystem; 1 e.h.p. = 746 Watt
electrical ignition system elektrische Zündvorrichtung f
electrical image Ladungsbild n, Potenzialbild n, Spiegelbild n der Ladung
electrical lawn-mover *Elektrorasenmäher m
electrical line theory Leitungstheorie f, Theorie f elektrischer Leitungen
electrical multiple unit f elektrische Triebwagengarnitur f, Elektrotriebzug m
electrical power network Elektrizitätsversorgungsnetz n (IEC 50-601)
electrical protection elektrischer Schutz m
electrical rating elektrischer Nennwert m
electrical stirring elektrisches Rühren (z. B. von Schmelzbädern)
electrical tape Isolierband n
electrical technology Elektrotechnik f
electrical withstand elektrisches Stehvermögen n
electrically active substance elektrisch wirksamer Stoff m
electrically alterable read-only memory elektrisch (ver)änderlicher Festwertspeicher m, elektrisch änderbares ROM n, EAROM(--Speicher) m
electrically erasable FAMOS elektrisch löschbarer FAMOS-Halbleiterspeicher m
electrically erasable programmable read-only memory elektrisch

löschbarer programmierbarer Festwertspeicher *m*, EEPROM *n*
electrically erasable read-only memory elektrisch löschbarer Festwertspeicher *m*, elektrisch löschbares ROM *n*, EEROM *n*
electrically neutral elektroneutral
electrically programmable elektrisch programmierbar
electrically programmable logic array elektrisch programmierbares Logikfeld *n*
electrically programmable read-only memory elektrisch programmierbarer Festwertspeicher *m*
electrician Elektriker *m*, Elektromechaniker *m*; Elektromonteur *m*, Elektroinstallateur *m*
electricity Elektrizität *f*
electricity by friction Reibungselektrizität *f*
electrification 1. Elektrifizierung *f (z. B. Umstellung auf elektrischen Betrieb, Ausstattung mit elektrischen Maschinen)*; 2. Elektrisierung *f*, Aufladung *f (z. B. eines Gases)*
electrified 1. elektrifiziert; 2. elektrisiert, elektrisch geladen
electrified track elektrifizierte Strecke *f*
electrify *v* 1. elektrifizieren, elektrisch betreiben; 2. elektrisieren, (elektrisch) laden, aufladen
electro-ophthalmia Verblitzung *f (IEC 50-604)*
electroacoustic elektroakustisch
electroacoustics Elektroakustik *f*
electroactive steering elektroaktive Lenkung *f (im Kfz)*
electrobiology Elektrobiologie *f*
electrobrighten *v* elektrolytisch glänzen, elektrochemisch polieren
electrocardiogram Elektrokardiogramm *n*
electrochemical elektrochemisch
electrochemical cell galvanisches [elektrochemisches] Element *n*, galvanische Zelle *f*
electrochemical corrosion elektrochemische [elektrolytische] Korrosion *f*
electrochemical migration elektrochemische Ionenwanderung *f (auf Grund eines elektrochemischen Potenzialgefälles)*

electrochemical series (elektrochemische) Spannungsreihe *f*
electrochemical valve 1. elektrochemisches Ventil *n*; 2. Elektrolytgleichrichter *m*
electrocoating elektrophoretische Beschichtung *f*, Elektrotauchlackieren *n*
electroconducting glass elektrisch leitendes Glas *n*
electrocorrosion Streustromkorrosion *f*, Korrosion *f* durch Streuströme
electrocrystallization Elektrokristallisation *f (Kristallbildung bei der elektrochemischen Abscheidung von Metallen)*
electrocution elektrischer Schlag *m* mit Todesfolge, Elektrotod *m*, Tötung *f* durch elektrischen Strom
electrode Elektrode *f*
electrode admittance 1. Elektrodenscheinleitwert *m*, Elektrodenadmittanz *f*; 2. Steilheit *f (Elektronenröhre)*
electrode alternating-current resistance Wechselstromwiderstand *m* der Elektrode
electrode assembly 1. Elektrodenanordnung *f*, Elektrodenaufbau *m*, Elektrodenmontage *f*; 2. Elektrodenbaugruppe *f*
electrode bias Elektrodenvorspannung *f*
electrode break(ing) Elektrodenbruch *m*
electrode burn-off Elektrodenabbrand *m*
electrode bushing Elektrodendurchführung *f (z. B. im Lichtbogenofen)*
electrode clamp Elektrodenfassung *f*, Elektrodenhalter *m*
electrode coating Elektrodenüberzug *m*
electrode control Elektrodensteuerung *f*; Elektrodenregelung *f (Elektrodenofen)*
electrode couple Elektrodenpaar *n*, Elektrodenkombination *f*
electrode current Elektrodenstrom *m (Elektronenröhren)*
electrode drop Elektrodenspannungsabfall *m*

electrode

electrode gap Elektrodenabstand *m*
electrode heating Elektrodenerwärmung *f*, Erwärmung *f* der Elektrode
electrode loss Elektrodenverlust *m*
electrode metal Elektrodenmetall *n*
electrode potential (relatives) Elektrodenpotenzial *n*, Elektrodenbezugsspannung *f*
electrode radiator Kühlflügel *m*
electrode response time Elektrodenansprechzeit *f*
electrode separation Elektrodenabstand *m*; Elektrodentrennung *f (Schalter)*
electrode shape Elektrodenform *f*, Elektrodengestalt *f*
electrode soldering Löten *n* unter Verwendung von Elektroden
electrode spacing Elektrodenabstand *m*
electrode tip Elektrodenspitze *f*
electrode velocity Elektrodengeschwindigkeit *f*
electrode voltage Elektrodenspannung *f*; Elektrodenpotenzial *n (gegen Katode)*
electrodeposit *v* elektrochemisch [galvanisch] abscheiden
electrodeposit elektrochemisch [galvanisch] hergestellte Schutzschicht *f*, galvanisch aufgebrachte Schicht *f*
electrodeposition elektrochemisches [galvanisches] Abscheiden *n*, galvanisches Auftragen *n*
electrodesiccation elektrische Trocknung *f*
electrodynamic elektrodynamisch
electrodynamic force elektrodynamische Kraft *f*
electrodynamic loudspeaker (elektro)dynamischer Lautsprecher *m*
electrodynamic microphone (elektro)dynamisches Mikrofon *n*
electrodynamic pick-up (elektro)dynamischer Tonabnehmer *m*, (elektro)dynamischer Aufnehmer *m*
electrodynamic relay elektrodynamisches Relais *n*
electrodynamic vibration pick-up (elektro)dynamischer Schwingungsaufnehmer *m*
electrodynamic wattmeter elektrodynamisches Wattmeter *n*, elektrodynamischer Leistungsmesser *m*
electroerosive machining elektroerosive Metallbearbeitung *f*
electroetch *v* elektrolytisch [galvanisch] ätzen
electroforming 1. Galvanoplastik *f*; 2. Verformung *f* durch Funkenentladung
electrogalvanizing galvanische Verzinkung *f*, elektrochemisches Verzinken *n*
electroheating *Elektrowärme *f*
electrohydraulic automatic shift elektrohydraulisches Schaltgetriebe *n (Automobiltechnik)*
electrohydraulic component *(Rt)* elektrohydraulisches Übertragungsglied *n*
electrohydrodynamic effect elektrohydrodynamischer Effekt *m*
electroless plating stromlose Plattierung *f*, (reduktive) chemische Abscheidung *f*; Tauchplattierung *f*
electroluminescence Elektrolumineszenz *f*
electroluminescence display Elektrolumineszenz-Anzeige *f*, Elektrolumineszenz-Display *n*
electroluminescent diode Elektrolumineszenzdiode *f*
electrolysis Elektrolyse *f*
electrolysis cell elektrolytische Zelle *f*, Elektrolyse(n)zelle *f*
electrolyte 1. Elektrolyt *m*; Elektrolytlösung *f*; 2. *(Galv)* Bad *n*, Badflüssigkeit *f*
electrolytic elektrolytisch; Elektrolyt...; Elektrolyse...; elektrochemisch *(bei Stromzufuhr)*
electrolytic arrester Elektrolytableiter *m*
electrolytic bath 1. Elektrolysebad *n (Behälter)*; 2. Elektrolyt *m*
electrolytic bleaching elektrolytisches Bleichen *n* [Entfärben *n*]
electrolytic capacitor Elektrolytkondensator *m*, Elko *m*
electrolytic cell elektrolytische Zelle *f*, Elektrolyse(n)zelle *f*
electrolytic cleaner elektrolytisches Reinigungsbad *n*, Reinigungselektrolyt *m*
electrolytic conductivity (spezifische) elektrolytische Leitfähigkeit *f*

electrolytic conductor elektrolytischer Leiter *m*, Elektrolyt *m*, Leiter *m* 2. Klasse

electrolytic copper Elektrolytkupfer *n*, elektrolytisches Kupfer *n*, E-Kupfer *n*

electrolytic corrosion elektrochemische [elektrolytische] Korrosion *f*

electrolytic etching elektrolytisches Ätzen *n*, Elektroätzen *n*

electrolytic furnace Schmelzflusselektrolysezelle *f*

electrolytic interrupter Elektrolytunterbrecher *m*, elektrolytischer Unterbrecher *m*

electrolytic iron Elektrolyteisen *n*, E--Eisen *n*

electrolytic lead Elektrolytblei *n*, E-Blei *n*

electrolytic oxidation elektrolytische [anodische] Oxidation *f*; Eloxieren *n*

electrolytic parting elektrolytische Metallscheidung *f*

electrolytic photocell elektrolytische Photozelle *f*

electrolytic pickling elektrolytisches Beizen *n*

electrolytic polarization elektrolytische Polarisation *f*

electrolytic polishing *s.* electropolishing

electrolytic printing elektrolytisches Drucken *n*

electrolytic recording elektrolytisches Aufzeichnen *n*

electrolytic removal elektrolytische Abtragung *f*

electrolytic separation elektrolytische Trennung *f*

electrolytic surge arrester Elektrolyt(überspannungs)ableiter *m*

electrolytic tank [trough] elektrolytischer Trog *m*

electrolyze *v* elektrolysieren, elektrolytisch [durch Elektrolyse] zersetzen

electrolyzer Elektrolyseapparatur *f*

electromagnet Elektromagnet *m*

electromagnetic elektromagnetisch

electromagnetic brake elektromagnetische Bremse *f*

electromagnetic clutch elektromagnetische Kupplung *f*

electromagnetic compatibility elektromagnetische Verträglichkeit *f*, EMV *(Teil der Störfestigkeit)*

electromagnetic compatibility of equipment law EMVG *f*, Gesetz *n* über die elektromagnetische Verträglichkeit von Geräten *(BGBl.I 47/95 vom 08.09.1995)*

electromagnetic coupling elektromagnetische Kopplung *f*, Magnetkopplung *f*

electromagnetic damping elektromagnetische Dämpfung *f*, Wirbelstromdämpfung *f*

electromagnetic data store elektromagnetischer Datenspeicher *m*

electromagnetic delay line elektromagnetische Verzögerungsleitung *f*

electromagnetic disturbance 1. elektromagnetische Störung *f*; 2. elektromagnetische Störgröße *f*

electromagnetic emission elektromagnetische Emission *f* [Abstrahlung *f*, Ausstrahlung *f*]

electromagnetic energy elektromagnetische Energie *f*

electromagnetic enviroment elektromagnetische Umgebung *f*

electromagnetic field elektromagnetisches Feld *n*

electromagnetic force elektromagnetische Kraft *f*

electromagnetic hum elektromagnetisches Brummen *n*; Brummspannung *f*

electromagnetic induction elektromagnetische Induktion *f*

electromagnetic instrument Dreheisen(mess)instrument *n*, Weicheiseninstrument *n*

electromagnetic interference elektromagnetische Beeinflussung *f*, elektromagnetische Störung *f*

electromagnetic lens elektromagnetische Linse *f*

electromagnetic levitation remelting elektromagnetisches Schwebeumschmelzen *n*

electromagnetic linkage elektromagnetische Verkettung *f* [Kopplung *f*]

electromagnetic locking *(Ap)* elektromagnetische [elektrische]

electromagnetic

Verriegelung f; elektromagnetische Verblockung f
electromagnetic loudspeaker (elektro)magnetischer Lautsprecher m
electromagnetic microphone (elektro)magnetisches Mikrofon n
electromagnetic pick-up (elektro)magnetischer Aufnehmer m; (elektro)magnetischer Tonabnehmer m
electromagnetic pump elektromagnetische Pumpe f
electromagnetic radiation elektromagnetische Strahlung f
electromagnetic rail brake elektromagnetische Zugbremse f
electromagnetic release *(Ap)* elektromagnetische [elektrische] Auslösung f
electromagnetic screen elektromagnetischer Schirm m *(gegen äußere Wechselfelder)*
electromagnetic shielding elektromagnetische Abschirmung f
electromagnetic stirrer elektromagnetisches Rührwerk n *(z. B. für Schmelzen)*
electromagnetic storage elektromagnetische Speicherung f
electromagnetic system of units elektromagnetisches Einheitensystem n [CGS-System n]
electromagnetic trip [tripping device] elektromagnetischer Auslöser m
electromagnetic wave elektromagnetische Welle f
electromagnetism Elektromagnetismus m
electromechanic automatic shift elektromechanisches Schaltgetriebe n
electromechanical elektromechanisch
electromechanical drive elektromechanischer Antrieb m
electromechanical force elektromechanische Kraft f
electromechanical recorder elektromechanischer Schreiber m
electromechanical relay elektromechanisches Relais n
electromechanics Elektromechanik f
electrometallization Elektrometallisierung f *(Herstellung metallischer Überzüge auf nicht leitendem Material)*

electromobile Elektromobil n, Elektroauto n
electromotive elektromotorisch
electromotive force (elektrische) Urspannung f, elektromotorische Kraft f, EMK
electromotive series (elektrochemische) Spannungsreihe f
electron Elektron n
electron accelerator Elektronenbeschleuniger m
electron acceptor Elektronenakzeptor m, Elektronenaufnehmer m, Elektronenverbraucher m
electron avalanche Elektronenlawine f
electron beam Elektronenstrahl m, Elektronenbündel n
electron-beam mask *(Me)* elektronenlithographisch hergestellte Maske f
electron-beam resist *(Me)* elektronenstrahlempfindliches Resist n
electron-beam spot Elektronenstrahlfleck m, Elektronenstrahlpunkt m
electron-beam technology Elektronenstrahltechnik f
electron-beam testing Elektronenstrahlprüfung f
electron-beam welding Elektronenstrahlschweißen n
electron-bombardment heating Beheizung f [Erhitzen n] durch Elektronenbeschuss
electron charge-(to-)mass ratio spezifische Ladung f des Elektrons
electron cloud Elektronenwolke f
electron collector Auffangelektrode f *(Ultrahochfrequenztechnik)*
electron collision Elektronen(zusammen)stoß m
electron conduction Elektronenleitung f
electron-coupled elektronengekoppelt
electron current Elektronenstrom m
electron discharge tube Entladungsröhre f
electron donor Elektronendonator m, Elektronenspender m
electron drift Elektronendrift f, Elektronenwanderung f
electron emission Elektronenemission f, Elektronenaustritt m,

electron Elektronenauslösung f, Elektronenverdampfung f
electron emitter Elektronenemitter m, Elektronenstrahler m
electron energy level Elektronenenergieniveau n
electron focussing Elektronenfokussierung f, Elektronenbündelung f
electron gas Elektronengas n
electron gun Elektronen(strahl)kanone f, Elektronenstrahlerzeuger m
electron hole *(Me)* Defektelektron n, (positives) Loch n
electron-hole pair Elektron-Loch-Paar n, Elektron-Defektelektron-Paar n, Exziton n
electron-hole recombination Elektron--Loch-Rekombination f
electron-ion collision Elektron-Ion--Stoß m, Elektronen-Ionen--Zusammenstoß m
electron-irradiated elektronenbestrahlt
electron jump Elektronensprung m
electron lens Elektronenlinse f
electron level Elektronenniveau n, Elektronenterm m
electron lifetime Elektronenlebensdauer f
electron mass Elektronenmasse f, Masse f des Elektrons
electron migration Elektronenwanderung f
electron mirror Elektronenspiegel m *(Röhren)*
electron mirror image converter Elektronenspiegelbildwandler m *(Bild--Bild-Wandlerröhre)*
electron motion Elektronenbewegung f
electron multiplier tube Sekundäremissionsvervielfacher m, Sekundärelektronenvervielfacher m, SEV, Photo(elektronen)vervielfacherröhre f
electron-nuclear double resonance Elektron-Kern-Doppelresonanz f
electron occupancy [occupation] Elektronenbesetzung f
electron-optical elektronenoptisch
electron optics Elektronenoptik f
electron pair Elektronenpaar n
electron path Elektronenbahn f
electron penetration depth Elektroneneindringtiefe f

electron-phonon coupling Elektron--Phonon-Kopplung f
electron-phonon interaction Elektron--Phonon-Wechselwirkung f
electron plasma Elektronenplasma n
electron spin Elektronenspin m, Spin m
electron spin resonance (paramagnetische) Elektronenspinresonanz f, PER
electron trapping Elektroneneinfang m
electron tube Elektronenröhre f
electron volt Elektronenvolt n, eV
electron wave magnetron Elektronenwellenmagnetfeldröhre f
electronegative elektronegativ, negativ elektrisch geladen
electronic elektronisch; Elektronen...
electronic analogue computer elektronischer Analogrechner m
electronic book *(Ko)* elektronisches Buch n, E-Book n *(Display mit Datenspeicher und Zugangsmöglichkeit zu Online--Bibliotheken)*
electronic brake prefill elektronischer Bremsbackenanschlag m
electronic braking distribution elektronische Bremskraftverteilung f
electronic braking force distribution, EBD *(Ko)* elektronische Bremskraftverteilung f *(bei ABS)*
electronic camera elektronische Kamera f
electronic clock elektronische Uhr f, Quarzuhr f
electronic commerce, e-commerce elektronischer Geschäftsverkehr m
electronic component elektronisches Bauelement n
electronic computer elektronischer Rechner m, elektronische Rechenanlage f, Elektronenrechner m
electronic conductor Elektronenleiter m, Leiter m 1. Klasse
electronic damper control elektronische Stoßdämpferregelung f
electronic data interchange, EDI elektronischer Datenaustausch m
electronic data printer elektronischer Datenschreiber m
electronic data processing elektronische Datenverarbeitung f, EDV
electronic data processing equipment

elektronische Datenverarbeitungsanlage f
electronic device elektronisches Gerät n
electronic digital computer elektronischer Digitalrechner m
electronic direct-current motor drive elektronischer Gleichstromantrieb m
electronic energy Elektronenenergie f
electronic engineering Elektronik f
electronic exchange *(Nrt)* elektronisches Amt n, elektronische Vermittlungsstelle f
electronic excitation Elektronenanregung f
electronic flash Elektronenblitz m
electronic hash elektronisches Störsignal n
electronic image *(Fs)* elektronisches Bild n, Elektronenbild n
electronic imaging elektronische Abbildung f
electronic industries association, EIA Verband m der Elektronik-Industrie *(Industrie- und Standardisierungsorganisation, USA)*
electronic intelligence elektronische Aufklärung f
electronic logic elektronische Logik f
electronic mail *(Dat)* E-Mail f, elektronische Mitteilung f, elektronische Post f *(zwischen Computern in einem Netz)*
electronic mail service Textspeicherdienst m
electronic mailbox elektronischer Briefkasten m
electronic map *(Ko)* elektronische Landkarte f *(auf CD gespeicherte elektronische Landkarte zur PC--gestützten Routenplanung)*
electronic path Elektronenbahn f
electronic pocket dictionary elektronisches Taschenwörterbuch n, Sprachtaschenrechner m *(Hexaglot: LanguageMan Handheld)*
electronic polarization Elektronenpolarisation f
electronic power converter elektronischer Energiewandler m
electronic recorder elektronischer Schreiber m
electronic rectifier elektrolytischer Gleichrichter m, Elektronenröhrengleichrichter m
electronic speech analysis elektronische Sprachanalyse f
electronic stability program, ESP *(Ko)* elektronisches Stabilitätsprogamm n *(zur Stabilisierung des Fahrzeuges bei Kurvenfahrten; eingeführt von Mercedes für die A-Klasse nach Elch--Test)*
electronic time-lag relay elektronisches Zeitrelais n
electronic torch Plasmabrenner m, Elektronenfackel f
electronic vacancy Elektronenleerstelle f
electronic valve Elektronenröhre f
electronic X-Y recorder elektronischer Koordinatenschreiber m
electronically controlled elektronisch gesteuert; elektronisch geregelt
electronically controlled brake system elektronisch gesteuertes Bremssystem n
electronically excited elektronisch angeregt
electronics Elektronik f
electrooptical elektrooptisch
electrooptical crystal elektrooptischer Kristall m
electrooptical Kerr effect (elektrooptischer) Kerr-Effekt m *(elektrische Doppelbrechung)*
electrooptical rotation Kerr-Drehung f
electrooptics Elektrooptik f *(Lehre von den elektrooptischen Effekten)*
electropercussive welding Perkussionsschweißen n, Widerstandsstoßschweißung f
electrophoresis Elektrophorese f
electrophorus Elektrophor m
electrophotoluminescence Elektrophotolumineszenz f
electrophysiology Elektrophysiologie f
electroplate elektrochemisch [galvanisch] hergestellte Schicht f, galvanischer Überzug m
electroplating Elektroplattieren n, Galvanisieren n, elektrochemisches [galvanisches] Beschichten n; Galvanostegie f
electropolishing elektrolytisches Polieren n, Elektropolieren n, anodisches Glänzen n

electropositive elektropositiv, positiv elektrisch geladen
electropower steering elektrische Leistungslenkung f *(im Kfz)*
electrostatic elektrostatisch
electrostatic actuator *(Ak)* elektrostatisches Eichgitter n; elektrostatische Eichelektrode f
electrostatic belt generator elektrostatischer Bandgenerator m, Van-de-Graaff-Generator m
electrostatic charge elektrostatische Ladung f [Aufladung f]
electrostatic discharge *(Et)* *elektrostatische Entladung f
electrostatic displacement elektrostatische Verschiebung f
electrostatic earphone elektrostatischer Kopfhörer m
electrostatic electron lens elektrostatische Elektronenlinse f
electrostatic focussing elektrostatische Elektronenbündelung f
electrostatic force elektrostatische Kraft f
electrostatic generator Influenzmaschine f, elektrostatischer Generator m
electrostatic hum pick-up elektrostatische Brummschleife f
electrostatic lens elektrostatische Linse f
electrostatic loudspeaker elektrostatischer Lautsprecher m, Kondensatorlautsprecher m
electrostatic memory elektrostatischer Speicher m
electrostatic microphone *Kondensatormikrofon n, elektrostatisches Mikrofon n
electrostatic receiver *(Nrt)* Kondensatorfernhörer m
electrostatic recording elektrostatisches Aufzeichnen n
electrostatic screen elektrostatischer [kapazitiver] Schirm m, faradayscher Käfig m
electrostatic shield elektrostatische Abschirmung f
electrostatic softening elektrostatische Erweichung f *(Steifigkeitsbeeinflussung bei Federn)*
electrostatic storage elektrostatische Speicherung f
electrostatic transmitter Kondensatormikrofon n
electrostatic unit elektrostatische Einheit f *(des CGS-Systems)*
electrostatics Elektrostatik f
electrostriction Elektrostriktion f
electrotechnic(al) elektrotechnisch
electrotechnician Elektrotechniker m
electrotechnics Elektrotechnik f
electrotechnology Elektrotechnik f
electrothermal elektrothermisch
electrovalence 1. Ionenbindung f, elektrovalente [heteropolare] Bindung f; 2. Elektrovalenz f, elektrochemische Wertigkeit f
electrovalency 1. Ionenbindung f, elektrovalente [heteropolare] Bindung f; 2. Elektrovalenz f, elektrochemische Wertigkeit f
electrovalent bond s. electrovalence 1.
electroviscous effect elektroviskoser [viskoelektrischer] Effekt m
electroweld v elektrisch schweißen
element 1. Element n *(Batterie)*; Einheit f *(einer Dipolanordnung)*; 2. Baustein m, Bauelement n, Bauteil n; Schaltelement n, Schaltorgan n
elementary elementar, grundlegend
elementary cell Elementarzelle f
elementary charge Elementarladung f
elementary doublet Elementardipol m
elementary electric [electronic] charge elektrische Elementarladung f, elektrisches Elementarquantum n, e, Elektronenladung f
elementary interval Schritt m *(Telegrafierschritt)*
elementary lattice cell Elementargitterzelle f
elementary particle Elementarteilchen n
elementary plane wave ebene Elementarwelle f
elementary principle Grundprinzip n
elementary quantum Elementarquantum n
elementary unit 1. Grundeinheit f, Basiseinheit f *(eines Einheitensystems)*; 2. *(Ak)* Elementarintervall n
elementary wave Elementarwelle f

elevate v 1. erhöhen, steigern; 2. heben, hochheben
elevated aerial Hochantenne f (ausfahrbar)
elevated bump (Me) erhöhter Bondhügel m
elevated reservoir Hochspeicher m, oberes Speicherbecken n (Wasserkraftwerk)
elevation 1. Erhöhung f, Steigerung f; 2. Heben n; 3. Höhe f (Grad der Erhöhung); Höhenwinkel m
elevation of boiling point Siedepunktserhöhung f
elevator Aufzug m, Fahrstuhl m
eliminate v eliminieren, beseitigen, beheben; entfernen; ausscheiden
ellipsoidal core aerial Ellipsoidkernantenne f
ellipsoidal mirror [reflector] Ellipsoidspiegel m
elongated filament gestreckter Glühfaden m
EMAT s. electromechanic automatic shift
embedded computer interner Rechner m
embedded resistance eingebetteter Widerstand m (z. B. bei Elektrowärmegeräten)
embedded system einbezogenes System n, eingeschlossenes System n
embossing Prägen n, Prägung f (des Leiterbildes von gedruckten Schaltungen)
EMC s. electromagnetic compatibility
emergency aerial Hilfsantenne f, Behelfsantenne f, Notantenne f
emergency battery Notbatterie f, Ersatzbatterie f
emergency brake Notbremse f
emergency bus bar Notsammelschiene f, Hilfssammelschiene f
emergency cable Hilfskabel n
emergency call Notruf m
emergency case Notfall m
emergency generator Notstromgenerator m
emergency lighting Notbeleuchtung f
emergency load shedding (An) Lastabwurf m, Lastabschaltung f bei Störungen [Überlastungen]
emergency number Notrufnummer f

emergency-off switch Notausschalter m
emergency power plant 1. Notstromanlage f; 2. (Nrt) Netzersatzanlage f
emergency power supply (Ee) Notstromversorgung f, unterbrechungsfreie Stromversorgung f, USV
emergency standby Notstrom-Standby n, Netzersatz m
emf [e.m.f., EMF, E.M.F.] s. electromotive force
EMI s. electromagnetic interference
emission Emission f, Ausstrahlung f, Strahlung f, Abstrahlung f; Aussenden n
emission capability Emissionsfähigkeit f, Emissionsvermögen n, Emissionsgrad m, Strahlungsvermögen n; Strahlungsleistung f
emission characteristic Emissionskennlinie f, Ausstrahlungskurve f
emission continuum Emissionskontinuum n
emission current Emissionsstrom m
emission level Emissionspegel m, Abstrahlpegel m
emission limit Emissionsgrenzwert m, Abstrahlgrenzwert m
emission line Emissionslinie f
emission sound pressure level (ISO) (Ak) Emissions-Schalldruckpegel m (DIN)
emission spectrum Emissionsspektrum n
emission velocity (Me) Austrittsgeschwindigkeit f
emissive emittierend, austrahlend, aussendend
emissive power Strahlungsleistung f, Emissionsvermögen n
emissivity Emissionsvermögen n
emit v emittieren, ausstrahlen, abstrahlen; aussenden
emit v **electrons** Elektronen emittieren
emitter 1. (Me) Emitter m, Emissionselektrode f (Transistor); 2. Strahlungsquelle f, Strahler m; Geber m
emitter area Emitterfläche f

emitter barrier Emittergrenzschicht f, Emittersperrschicht f
emitter-base junction Emitter-Basis--Übergang m
emitter-base voltage Emitter-Basis--Spannung f
emitter circuit Emitterkreis m
emitter current Emitterstrom m
emitter depth Emittertiefe f
emitter dot Emitterperle f
emitter electrode Emitterelektrode f
emitter-emitter-coupled logic Emitter--Emitter-gekoppelte Logik f
emitter junction Emitterübergang m
emitter layer Emitterschicht f
emitter voltage Emitterspannung f
emphasis *(Ak)* Anhebung f *(von Tonfrequenzbereichen)*; Hervorhebung f, Betonung f
emphasize v betonen; anheben *(z. B. Tonfrequenzbereiche)*
empty band leeres [unbesetztes] Energieband n
empty condition Leerzustand m *(z. B. eines Zählers)*
empty space potential Hohlraumpotential n
empty spool Leerspule f
empty state freier Zustand m, leerer Platz m *(im Energiebändermodell)*
emulator *(Dat)* Emulator m *(Mikrorechnernachbildungsprogramm)*
en bloc dialling *(Nrt)* Blockwahl f
en bloc signalling *(Nrt)* blockweise Zeichengabe f
en route radar Streckenradar n
enable v freigeben, aktivieren
enabling key Steuerstromtaste f
enamel Lack m
enamel-insulated wire Emaille(lack)draht m, Lackdraht m, emaillierter Draht m
enamel varnish Emaillelack m
enamelled emailliert; lackiert
enamelled artificial-silk covered wire Kunstseidenlackdraht m
enamelled bulb *(Licht)* emaillierter Kolben m
enamelled copper wire Kupferlackdraht m
enamelled double-cotton-covered copper wire zweimal mit Baumwolle umsponnener Kupferlackdraht m

enamelled reflector *(Licht)* Emaillereflektor m
enamelled round copper wire lackisolierter runder Kupferdraht m
enamelled round winding wire runder Lackdraht m
enamelled wire Lackdraht m
encapsulate v (ein)kapseln, verkapseln; einbetten; einschließen
encapsulated (ein)gekapselt; geschlossen *(z. B. elektrische Maschine)*
encapsulating security payload, ESP verkapselte Sicherheits-Nutzlast f *(Element von IPSec)*
encapsulation *Vergusskapselung f; Einkapselung f, Kapselung f
encase v einschließen *(in ein Gehäuse)*; umschließen, umhüllen, mit Gehäuse versehen
encased capacitor Becherkondensator m
encipher v chiffrieren, verschlüsseln
enciphered facsimile communications *(Nrt)* verschlüsselter Faksimileverkehr m
enciphering Verschlüsseln n
enclose v einschließen, umschließen, (ein)kapseln
enclosed arc eingeschlossener Lichtbogen m
enclosed bus gekapselte Schiene f
enclosed electrode eingekapselte Elektrode f
enclosed fuse Sicherungspatrone f, Patronensicherung f, geschlossene [gekapselte] Sicherung f
enclosed motor geschlossener [gekapselter] Motor m
enclosed self-ventilated machine gekapselte selbstbelüftete Maschine f
enclosed separately ventilated machine gekapselte fremdbelüftete Maschine f
enclosure 1. Gehäuse n, Hülle f, Kapsel f; 2. Umhüllung f, Kapselung f
encode v codieren, kodieren, verschlüsseln
encoder Codiergerät n, Codierer m, Coder m, Verschlüsselungsgerät n, Verschlüssler m
encoding Codierung f, Verschlüsselung f
encrypt v verschlüsseln, chiffrieren

encrypted message verschlüsselte Mitteilung f, verschlüsselte Nachricht f
encryption/decryption device *(Nrt)* CRYPDEC m, Ver- und Entschlüsselungseinrichtung f
end anode Endanode f
end cap Abschlusskappe f, Kappe f *(Widerstand)*
end finger *(Ma)* Druckfinger m
end impedance Endimpedanz f
end mark Endemarke f
end of packet, EOP Paketende n *(Paketende-Zeichen, z. B. beim USB)*
end of tape Bandende n, Streifenende n
end-of-tape marker Bandendemarke f
end of track Spurende n
end of transmission Ende n der Übertragung
end office *(Nrt)* Endamt n
end plate Endplatte f, Druckplatte f
end point Randpunkt m; Endpunkt m *(z. B. von Phasenbahnen)*
end pole *(Ee)* Abspannmast m; Endgestänge n *(Freileitung)*
end program Endprogramm n, Beendigungsprogramm n *(bei NC--Steuerung)*
end ring Kurzschlussring m
end scale value Skalenendwert m
end shield *(Ma)* Lagerschild m
end-turns *(Ma)* Wickelkopf m
end user, EU Endanwender m, Endverbraucher m
end winding Spulenkopf m, Stirnkopf m, Stirnverbindung f
end-winding support Wickelkopfträger m
endless form *(Dat)* Leporelloformular n, Endlosformular n
endless tape endloses Band n
endurance Dauer f, Lebensdauer f
endurance test *Lebensdauertest m
energize v erregen, speisen *(mit Energie)*; unter Strom [Spannung] setzen
energizing circuit Erregerkreis m
energizing coil Erregerspule f
energizing current Erregerstrom m, Speisestrom m
energy 1. Energie f; 2. Arbeit f, Arbeitsvermögen n
energy absorption Energieaufnahme f, Energieverbrauch m, Energieabsorption f

energy band Energieband n
energy barrier Energiebarriere f, Energieschwelle f, Energieberg m
energy component Energieanteil m, Wirkkomponente f
energy consumption Energieverbrauch m
energy content Energieinhalt m, Energiegehalt m
energy conversion Energieumwandlung f
energy demand Energiebedarf m
energy density Energiedichte f
energy distribution Energieverteilung f
energy efficiency energetischer Wirkungsgrad m; Energieausbeute f
energy efficiency improvement Verbesserung f der Energieeffektivität
energy exchange Energieaustausch m
energy flow Energiefluss m, Energiestrom m, Energieströmung f
energy gap Bandabstand m, Energielücke f, verbotene Zone f *(im Energiebändermodell)*
energy input zugeführte Energie f, Eingangsenergie f
energy level Energieniveau n, Energiestufe f, Energiezustand m *(Atom, Ion)*
energy loss Energieverlust m
energy meter Strom(verbrauchs)zähler m, Elektrizitätszähler m, Wattstundenzähler m, Kilowattstundenzähler m
energy operator *(Laser)* Energieoperator m
energy output abgegebene Energie f, Ausgangsenergie f
energy quantum Energiequant(um) n
energy requirement Energiebedarf m
energy reserve Energievorrat m
energy resources Energiequellen fpl, Energievorräte mpl, Energiereserven fpl *(z. B. eines Landes)*
energy-saving lamp Energiesparlampe f, Sparlampe f
energy service provider, ESP *(Ee)* Energiedienstleistungsanbieter m
energy source Energiequelle f
energy store Energiespeicher m
energy threshold Energieschwelle f, Schwellenenergie f
energy transfer Energieübertragung f, Energieüberführung f

energy unit Energieeinheit f

engage v eingreifen, kuppeln, einschalten, einrücken, in Eingriff bringen; eingreifen, in Eingriff sein

engaged 1. (Nrt) besetzt, belegt (Leitung); 2. (Ma) eingerückt, im Eingriff

engaged lamp Besetztlampe f, Besetztanzeige(lampe) f

engaged on trunk call fernbesetzt

engaged signal (Nrt) Besetztzeichen n, Besetztton m (kurz kurz)

engine Maschine f; Motor m

engine control system Motorsteuergerät n (Automobiltechnik)

engine torque Maschinendrehmoment n

engineering compromise technischer Kompromiss m (z. B. zwischen Genauigkeit und Schnelligkeit einer Regelung)

engineering cybernetics technische Kybernetik f

engineering data technische Daten pl; technische Unterlagen fpl

engineering notation (Dat) technische Darstellung f (z. B. Potenzen von 10^3, 10^6, 10^9)

engineering unit technische Maßeinheit f

engrave v (ein)gravieren, einschneiden, stechen

enhanced definition TV, EHD TV (Fs) Fernsehen n mit erhöhter Auflösung, höher auflösendes Fernsehen n

enhanced full rate, EFR, EHF (Ko) verbesserte Sprachcodierung f für GSM-Phase2 volle Ü-Rate (nach GSM-Standard; siehe ACELP)

Enhanced Messaging Service (Ko) erweiterter SMS-Standard m (bis zu 40800 Zeichen, identisch mit 255 SMS; z. Zt. nur 3 bis 5 x 160 Zeichen mit Φ LONG # vor jedem SMS)

enhanced modified READ code, MRCII (Nrt) verbesserter modifizierter READ-Code m (Codierung bei Fax--Geräten der Gruppe 4 für ISDN; 64 kbit/s; ITU-T-Empfehlung T.6)

enhancement-depletion inverter ED--Inverter m, Anreicherungs--Verarmungs-Inverter m; Last- und Verarmungstransistor m

enhancement layer (Me) Anreicherungsschicht f

enhancement MOS transistor Anreicherungs-MOS-Transistor m

enhancement N-channel silicon MOS--transistor Siliciumanreicherungs-n--Kanal-MOS-Transistor m

enhancement P-channel silicon MOS--transistor Siliciumanreicherungs-p--Kanal-MOS-Transistor m

enhancement-type field-effect transistor selbstsperrender Feldeffekttransistor m

enter v einfügen, einsetzen, einführen; eingeben (z. B. Daten); eintreten, eingehen

enter v **the line** (Nrt) in die Leitung gehen

enter instruction (Dat) Eingangsbefehl m

enter key 1. (Dat) Eingabetaste f; 2. (Nrt) Übernahmetaste f

entertainment electronics Unterhaltungselektronik f

entity Grundelement n

entropy 1. (Ph) Entropie f, S; 2. (Dat) Entropie f, mittlerer Informationsgehalt m

entry (Dat) Eingang m; Eingabe f; Eingangsbefehl m

entry command Einsprungbefehl m

"ENTRY" (Abk. für: identify entry point symbol) "Kennzeichen Entry-Adresse"

envelop v einhüllen; umhüllen, ummanteln

envelope 1. Hüllkurve f, Umhüllende f, Einhüllende f (Mathematik); 2. Kolben m (Röhrenkolben); 3. Umhüllung f, Ummantelung f; 4. Umschlag m (bei E--Mail)

envelope curve Hüllkurve f

envelope velocity Gruppengeschwindigkeit f

environment Umgebung f; Umwelt f

environmental chamber Klimakammer f

environmental conditions Umgebungsbedingungen fpl; Umweltbedingungen fpl

environmental correction (ISO) (Mess) Umgebungskorrektur f (DIN)

environmental influence Umwelteinfluss m

environmental protection
Umgebungsschutz *m*; Klimaschutz *m*
environmental temperature
Umgebungstemperatur *f*
environmental test Prüfung *f* auf Umgebungseinflüsse; Umwelteinflussprüfung *f*
epidiascope Epidiaskop *n*
episcope Episkop *n* (*Bildwerfer für nicht durchscheinende Bilder*)
episcope lamp Episkoplampe *f*
epitaxial epitaxial, epitaktisch; Epitaxial..., Epitaxie... (*Kristallographie*)
epitaxial diffused transistor
Epitaxiediffusionstransistor *m*
epitaxial doping Epitaxiedotierung *f*
epitaxial growth Epitaxialwachstum *n*, epitaxiales Aufwachsen *n* (*z. B. einer einkristallinen Schicht*)
epitaxy Epitaxie *f* (*Aufwachsen von einkristallinen Schichten*)
epitaxy thickness Dicke *f* der Epitaxieschicht
epoxy case Epoxidharzgehäuse *n*
epoxy coating Epoxid(harz)überzug *m*
epoxy glass laminate Epoxid--Glas(faser)laminat *n* (*für Leiterplatten*)
epoxy glass-reinforced copper-clad laminate glasfaserverstärktes kupferkaschiertes Epoxidlaminat *n*
EPROM *s.* erasable programmable read-only memory
equal-area criterion Flächenkriterium *f* (*Stabilität*)
equal-distribution Gleichverteilung *f*, gleichwahrscheinliche Verteilung *f*
equal-energy 1. energiegleich; 2. (*Ak*) *energieäquivalent
equal-phase gleichphasig, konphas
equal-probability distribution
Gleichverteilung *f* (*Wahrscheinlichkeitstheorie*)
equalization 1. Ausgleich *m*, Ausgleichen *n*, Abgleichung *f*; 2. (*Et*) Entzerrung *f*; Frequenzgangausgleich *m*
equalization weight Ausgleichsgewicht *n*
equalize *v* 1. ausgleichen, kompensieren; abgleichen; 2. (*Et*) entzerren
equalize *v* **the temperature** die Temperatur ausgleichen

equalizer 1. (*Ma*) Ausgleichsverbinder *m*, Ausgleicher *m*; 2. (*Rt*) Korrekturfilter *n*; 3. (*Ak*) Entzerrer *m*, Frequenzgangentzerrer *m*; Spektrumsformer *m*
equalizing charge Ausgleichsladung *f*
equalizing coil Drossel *f* mit Mittelpunktsanzapfung
equalizing connection
Ausgleichsverbindung *f*
equalizing current Ausgleichsstrom *m*
equalizing filter (*Ak*) Entzerrer *m*
equalizing ring Ausgleichsring *m*
equally distributed errors
gleichverteilte Fehler *mpl* (*nicht gebündelte Fehler, unabhängige Fehler*)
equals key Ergebnistaste *n*, Ist-gleich--Taste *f*
equatorial synchronous orbit (*Ko*) äquatoriale synchrone Umlaufbahn *f*
equidistant scale (*Mess*) Skale *f* mit konstantem Abstand der Teilungsmarken
equifrequent gleichfrequent
equilibrate *v* 1. ausbalancieren, ins Gleichgewicht bringen, auswuchten; 2. (*Et*) abgleichen
equilibration 1. Ausbalancieren *n*, Auswuchten *n*; Gleichgewichtseinstellung *f*; 2. (*Et*) Abgleichen *n*
equilibrium cell tension
Gleichgewichtszellspannung *f*
equilibrium condition
Gleichgewichtszustand *m*; Gleichgewichtsbedingung *f*
equilibrium point Gleichgewichtspunkt *m*
equilibrium position
Gleichgewichtslage *f*; Ruhelage *f*
equilibrium state
Gleichgewichtszustand *m*, stabiler Zustand *m*
equilibrium tension
Gleichgewichtsspannung *f*
equiphase gleichphasig
equipment Ausrüstung *f*, Ausstattung *f*; Einrichtung *f*, Anlage *f*; Apparatur *f*; Gerät *n*; Zubehör *n*
equipotential äquipotenzial, spannungsgleich, die gleiche Spannung führend, von gleichem Potenzial

equipotential bonding system Potenzialausgleichsanlage f, Potenzialausgleichssystem n

equipotential cathode Äquipotenzialkatode f, indirekt geheizte Katode f

equipotential line Äquipotenziallinie f, Niveaulinie f

equipotential surface Äquipotenzialfläche f, Niveaufläche f

equipotentiality *Potenzialgleichheit f

equiripple mit konstanter Welligkeit

equisignal line *(Fo)* Leitstrahllinie f

equivalence Äquivalenz f *(Logikschaltung)*

equivalence circuit Äquivalenzschaltung f

equivalent 1. äquivalent, gleichwertig

equivalent 1. Äquivalent n; 2. *(Nrt)* Restdämpfung f

equivalent air volume Ersatzvolumen n *(Mikrofon)*

equivalent bit rate äquivalente Bit(übertragungs)geschwindigkeit f

equivalent circuit Analogstromkreis m, analoge Schaltung f; Ersatzschaltung f, Ersatzstromkreis m, Ersatzschaltbild n

equivalent electric circuit elektrische Ersatzschaltung f, Ersatzschaltbild n

equivalent element *(Rt)* Ersatzglied n

equivalent four-pole äquivalenter Vierpol m

equivalent four-wire system Zweidrahtgetrenntlagesystem n

equivalent ionic conductivity Ionenäquivalentleitfähigkeit f, Ionenäquivalentleitvermögen n

equivalent line Leitungsnachbildung f

equivalent linearization *(Rt)* äquivalente [harmonische] Linearisierung f *(bei stochastischen Signalen)*

equivalent loudness subjektive Lautstärke f *(durch subjektiven Hörvergleich ermittelt)*

equivalent π circuit π-Ersatzschaltbild n, π-Ersatzschaltung f

equivalent sound (pressure) level Ersatzschalldruckpegel m *(Mikrofon)*

equivalent T (circuit) T-Ersatzschaltbild n, T-Ersatzschaltung f

equivalent T-network T-Ersatzschaltbild n, T-Ersatzschaltung f

equivalent volume *Ersatzvolumen n *(einer Mikrofonkapsel)*

equivocation Äquivokation f *(Informationstheorie)*

erasability Löschbarkeit f

erasable digital read and write compact disk löschbare, les- und beschreibbare Digitalplatte f

erasable memory löschbarer Speicher m

erasable programmable read-only memory löschbarer und (wieder)programmierbarer Festwertspeicher m, lösch- und programmierbares ROM n, EPROM(-Speicher) m, löschbares PROM n

erasable PROM s. erasable programmable read-only memory

erasable read-only memory löschbarer Festwertspeicher m, löschbares ROM n, EROM(-Speicher) m

erasable ROM löschbarer Festwertspeicher m, löschbares ROM n, EROM(-Speicher) m

erasable storage löschbare Speicherung f

erase v löschen *(Speicher, Bandaufzeichnung);* auslöschen, tilgen

erase bit Löschziffer f, Löschbit n

erase character Lösch(ungs)zeichen n

erase head Löschkopf m

erase key Löschtaste f, Irrungstaste f

erase signal Löschsignal n, Löschimpuls m

erase time 1. Löschzeit f; 2. Entfärbezeit f *(Farbbildröhre)*

erasing current Löschstrom m

erasing facility Löscheinrichtung f

erasing head Löschkopf m

erasing speed Löschgeschwindigkeit f

erasing time Löschzeit f

erfc *(Abk. für: complementary error function)* komplementäres Fehlerintegral n

erg Erg n *(SI-fremde Einheit für Arbeit, Energie und Wärmemenge; 1 erg = 10^{-7} J)*

ergometer Energiemesser m, Leistungsmesser m

erlang *(Nrt)* Erlang n, Erl *(Einheit für Verkehrswerte)*

Erlang hour (unity of traffic amount Y) *(Nrt)* Erlangstunde f *(Einheit der Verkehrsmenge Y),* Erlh

erode v erodieren, abtragen; anfressen
erosion Erosion f, Abtragung f
erratic 1. erratisch, unregelmäßig (z. B. Bewegung); 2. (Rt) stochastisch, aleatorisch, zufällig
erroneous block (Dat) fehlerhaft empfangener Block m
erroneous indication Fehlanzeige f, fehlerhafte Anzeige f
error 1. Fehler m, Abweichung f, Ungenauigkeit f; 2. (Rt) Regelabweichung f
error amplifier (Rt) Verstärker m der Regelabweichung
error-checking code (Nrt) Fehlerprüfcode m
error control 1. Fehlerüberwachung f, Fehlerprüfung f; 2. Fehlersicherung f, Datensicherung f
error-correcting bit Fehlerkorrekturbit n
error-correcting character Fehlerkorrekturzeichen n
error-correcting code selbstkorrigierender [Fehler korrigierender] Code m, Fehlerkorrekturcode m, Sicherheitscode m
error correction Fehlerkorrektur f
error curve Fehlerkurve f
error detection Fehlerfeststellung f, Fehlererkennung f, Fehlernachweis m
error detection character Fehlererkennungszeichen n, Prüfzeichen n
error detector Fehlermessglied n; Vergleichsglied n (in Regelkreisen)
error diagnostics Fehlerdiagnose f
error distribution Fehlerverteilung f
error domain *Fehlerbereich m
error function Fehlerfunktion f, Fehlerintegral n
error-handling routine Fehlerbearbeitungsroutine f
error indicator Fehleranzeiger m, Fehleranzeigegerät n
error interrupt Fehlerunterbrechung f, Rechenunterbrechung f bei Fehler
error message Fehlermeldung f, Fehlernachricht f
error pattern Fehlermuster n, Fehlerzeichen n
error performance Fehlerverhalten n
error probability Fehlerwahrscheinlichkeit f

error propagation Fehlerfortpflanzung f
error range Fehlerbereich m
error rate Fehlerrate f, Fehlerhäufigkeit f, Fehlerdichte f, Fehlerquote f
error ratio (dynamischer) Regelfaktor m (Kennwert für die Regelgenauigkeit)
error recognition Fehlerkennung f
error recovery Fehlerbehandlung f, Fehlerbehebung f
error signal Fehlersignal n, Störsignal n
error source Fehlerquelle f
ESC s. 1. escape key; 2. escape character
escape 1. Ausströmen n, Austritt m; 2. (Nrt) Umschaltung f
escape character, ESC 1. (Dat) Umschaltzeichen n; Fluchtzeichen n, Zeichenfolge f (zum Abmelden aus fremden Rechnern); Escape-Taste f (links oben auf Computertastatur; bewirkt Programmabbruch); 2. (Nrt) Codeumschaltung f, ESC (beim ITA Nr.2 zur Erweiterung des 5-Bit--Zeichensatzes auf 55 Zeichen; Bu/Zi--Umschaltung)
escape key (Dat) Escape-Taste f (links oben auf Computertastatur; bewirkt Programmabbruch)
escape sequence (Nrt) Umschaltfolge f
escape velocity Austrittsgeschwindigkeit f
escapement mechanism Rücklaufhemmung f (z. B. bei Elektrizitätszählern)
ESP s. energy service provider
establish v **a connection** (Nrt) eine Verbindung herstellen
ester gum Esterharz n
estimated error geschätzte Abweichung f, geschätzter Fehler m
estimation Schätzung f
estimation of state (Rt) Zustandsschätzung f
estimation unit (Rt) Auswerteglied n
etch v (an)ätzen; beizen
etch v **off** ausätzen, abätzen
etch-polish v ätzpolieren
etch-back Hinterätzen n (Leiterplatten)
etch pattern Ätzmuster n
etch resist Ätzschutzlack m, Ätzmaske f
etchant Ätzmittel n, Ätzlösung f; Beize f
etched circuit geätzte Schaltung f
etched depth Ätztiefe f

etched printed circuit board geätzte Leiterplatte f
etching Ätzung f, Ätzen n; Beizen n
etching process Ätzprozess m
Ethernet in the first mile, EFM Ethernet n für die erste Meile *(Verfahren zur Reichweitenerhöhung bei Ethernet)*
Ethernet network technology for LAN *(Nrt)* Netzwerktechnik f für lokale Datennetze *(Standard-Ethernet: 10 Mbit/s; Highspeed-Ethernet: 100 Mbit/s; Bussystem mit CSMA/CD)*
EU s. end user
Europe card Europaplatte f, Europakarte f *(genormte Leiterplatte)*
European geostationary overlay service Europäischer Geostationärer Überlagerungsdienst m
European Power Exchange *(Ee)* Strombörse f in Leipzig
European Space Agency *(Ko)* Europäische Raumfahrtgesellschaft f
European standard ISDN *(Nrt)* Euro--ISDN n, in Europa standardisiertes ISDN n *(benutzt Signalisierungsprotokoll DSS1)*
European Telecommunications Satellite Organization EUTELSAT, Organisation f der Europäischen TK--Verwaltungen *(Betreiber von Fernseh- und Fernmeldesatelliten, ECS)*
Eustachian tube *(Ak)* eustachische Röhre f, Ohrtrompete f
eutectic bonding eutektisches Bonden n
EUTELSAT *(Ko)* s. European Telecommunications Satellite Organization
EUV s. extreme ultra violet
evacuating equipment Vakuum(pump)anlage f
evacuation Evakuierung f, Evakuieren n
evacuation chamber Evakuierungskammer f
evanescent signal abklingendes Signal n
evaporant Verdampfungsgut n, Verdampfungssubstanz f
evaporate v verdampfen; verdunsten; verdampfen (lassen); aufdampfen, bedampfen
evaporated bump *(Me)* aufgedampfter Bondhügel m
evaporation Verdampfung f, Verdunstung f; Aufdampfen n, Bedampfung f
evaporation cooling Verdampfungskühlung f; Verdunstungskühlung f
evaporation energy Verdampfungsenergie f
evaporation rate Verdampfungsgeschwindigkeit f, Verdampfungsrate f; Aufdampfrate f
evaporative cooling Verdampfungskühlung f; Verdunstungskühlung f
evaporative heat Verdampfungswärme f
evaporative power Verdampfungsleistung f
even cooling gleichmäßige Kühlung [Abkühlung f]
even function gerade [symmetrische] Funktion f
even harmonic geradzahlige Harmonische f [Oberschwingung f]
even number gerade Zahl f
even/odd check Paritätsprüfung f, Geradzahligkeitsprüfung f
event Ereignis n, Einzelereignis n, Vorgang m
event counter Ereigniszähler m
event handler Ereignisbehandler m *(Element von Softwarearchitekturen)*
event mark Zeitmarke f
event recorder Ereignisspeicher m, Signalspeicher m
event result ereignisbezogener Wert m
event triggering Triggerung f des Vorganges
evolutionary algorithm *(Rt)* evolutionärer Algorithmus m *(z. B. zur Parameteroptimierung)*
EX-OR v eine Exclusiv-Oder-Operation durchführen
exceedance level *(Ak)* Überschreitungspegel m
exception request Ausnahmeanforderung f
excessive noise figure zusätzliche Rauschzahl f
exchange v 1. auswechseln, austauschen, umtauschen; 2. *(Dat)* umspeichern
exchange 1. Auswechs(e)lung f, Austausch m; 2. *(Nrt)* Vermittlung f, Zentrale f, Fernsprechamt n, Amt n

- **"exchange barred"** *(Nrt)* "nicht amtsberechtigt"
- **exchange battery** *(Nrt)* Amtsbatterie f
- **exchange call** *(Nrt)* Amtsgespräch n, Amtsanruf m
- **exchange integral** Austauschintegral n
- **exchange interaction** Austauschwechselwirkung f
- **exchange jack** *(Nrt)* Amtsklinke f
- **exchange line** *(Nrt)* Amtsleitung f
- **exchange noise** *(Nrt)* Amtsgeräusch n
- **exchange of ions** Ionenaustausch m
- **exchange rate** *(Ak)* Äquivalenzparameter m; Halbierungsparameter m *(Dauerschallpegel)*
- **exchangeability** Austauschbarkeit f, Auswechselbarkeit f
- **exchangeability of contacts** Auswechselbarkeit f von Kontakten
- **exchangeable image file format, EXIF** *(Ko)* Digitalkamera-Bildformat n
- **excitability** Anregbarkeit f; Erregbarkeit f
- **excitation** Anregung f; Erregung f; Aussteuerung f; Steuerung f *(von Sendestufen)*
- **excitation amplifier** Erregungsverstärker m
- **excitation band** Anregungsband n
- **excitation coil** Erregerspule f
- **excitation current** Erregerstrom m
- **excitation efficiency** Anregungswirkungsgrad m
- **excitation electrode** Zündelektrode f
- **excite** v anregen; erregen; aussteuern; (an)treiben
- **excited atom** angeregtes Atom n
- **excited cavity** angeregter Hohlraum m
- **excited ion** angeregtes Ion n
- **excited nuclear state** angeregter Kernzustand m
- **excited state** angeregter Zustand m, Anregungszustand m
- **exciter** 1. Erreger m, Erregermaschine f; 2. *(Nrt)* Steuersender m; 3. (aktiver) Strahler m *(Antenne)*; 4. Treiber m *(Elektronenröhrentechnik)*
- **exciter ceiling voltage** Erregerdeckenspannung f
- **exciter circuit** Erregerkreis m
- **exciter field** Erregerfeld n
- **exciter field rheostat** Erregerfeldwiderstand m, Feldregler m
- **exciter loss** Verlust m [Verluste mpl] in der Erregermaschine, Erregerverlust m [Erregerverluste mpl]
- **exciter response** Erregerverhalten n; Erregungsgeschwindigkeit f
- **exciter voltage-time response** Erregerspannungszeitverhalten n
- **exciting anode** Erregeranode f, Zündanode f, Hilfsanode f
- **exciting circuit** Erregerkreis m
- **exciting coil** Erregerspule f
- **exciting current** Erregerstrom m, Magnetisierungsstrom m
- **exciting spark gap** Erregerfunkenstrecke f, Auslösefunkenstrecke f, Triggerfunkenstrecke f
- **exciting voltage** 1. Erregerspannung f; Anregungsspannung f; 2. Gitterspannung f, Aussteuerspannung f
- **exciting winding** Erregerwicklung f, Feldwicklung f
- **exciton** Exziton n, Exciton n, Elektron--Defektelektron-Paar n
- **excitron** Exzitron n, Excitron n
- **exclusion** Exklusion f, (logische) Ausschließung f, Ausschluss m *(Schaltalgebra)*; Inhibition f *(boolesche Verknüpfung)*
- **excursion** Ausschlag m; Auslenkung f *(z. B. eines Strahls)*; Hub m *(z. B. eines Kolbens)*
- **executable address** Ausführungsadresse f *(Anfangsadresse)*
- **executable code** Maschinencode m, ladefähiger Code m
- **execute** v ausführen, durchführen, verrichten
- **execute** v **an instruction** *(Dat)* einen Befehl ausführen
- **executing device** *(Rt)* Stellglied n
- **execution** Ausführung f, Durchführung f
- **execution of a program** *(Dat)* Abarbeitung f eines Programms
- **execution of an instruction** *(Dat)* Ausführung f eines Befehls
- **execution time** Ausführungszeit f, Operationszeit f
- **execution unit** *(Dat)* Ausführungseinheit f
- **executive device** *(Rt)* Stellglied n

exemption from charges *(Nrt)* Gebührenbefreiung *f*
exhaust *v* 1. luftleer machen, absaugen, auspumpen, evakuieren; auspuffen, abblasen *(z. B. Gas)*; entweichen, ausströmen *(z. B. Dampf)*; 2. erschöpfen, verbrauchen, aufbrauchen
exhaust 1. Ausströmen *n*; 2. Abgasanlage *f*; Auspuff *m*; 3. s. exhauster
exhaust air Abluft *f*
exhaust gas Abgas *n*; Auspuffgas *n*
exhaust noise Ausblasegeräusch *n*; Auspuffgeräusch *n*
exhaust steam Abdampf *m*
exhaust-steam turbine Abdampfturbine *f*
exhausted erschöpft, verbraucht; entladen *(Batterie)*
exhauster Exhaustor *m*, Entlüfter *m*, Saug(zug)lüfter *m*, Absaugventil *n*
exhaustion 1. Entlüftung *f*, Absaugen *n*, Evakuierung *f*; Ausströmen *n*; 2. Erschöpfung *f*, Aufbrauchen *n*
exhaustion layer *(Me)* Entleerungsschicht *f*, Erschöpfungsschicht *f*, Verarmungsschicht *f*
EXIF s. exchangeable image file format
existence conditions Existenzbedingungen *fpl*
exit Austritt *m*, Auslass *m*, Ausgang *m*
exit command Ausgangsbefehl *m*
exit instruction *(Dat)* Befehl *m* für Programmstopp
exit of electrons Elektronenaustritt *m*
exit speed Austrittsgeschwindigkeit *f*
exit window Austrittsluke *f*, Bildluke *f* *(Optik)*
Exner(s) electrometer Exner--Elektrometer *n*
exothermic exotherm, wärmeliefernd, energieabgebend
exothermic reaction exotherme Reaktion *f*
expand *v* 1. ausdehnen, expandieren, erweitern; entspannen, sich ausdehnen; 2. dehnen, auseinanderziehen *(z. B. Skale)*; 3. entwickeln *(Mathematik)*; 4. (ver)schäumen *(Kunststoffe)*
expanded-centre plan display *(Fo)* Rundsichtdarstellung *f* mit Mittelpunktsvergrößerung
expanded (measurement) uncertainty *(ISO) (Mess)* erweiterte Messunsicherheit *f* (DIN)
expander Dynamikdehner *m*, Dehner *m*
expansion 1. Ausdehnung *f*, Expansion *f*; Dehnung *f*, Entspannung *f*; 2. *(Ak)* Dynamikerweiterung *f*; 3. Entwicklung *f* *(Mathematik)*; 4. Schäumen *n*, Verschäumen *n* *(von Kunststoffen)*
expansion circuit-breaker Expansionsschalter *m*
expansion coefficient Ausdehnungskoeffizient *m*, Ausdehnungszahl *f*
expansion crack Dehnungsriss *m*
expenditure Aufwand *m*
expenditure of energy [power] Energieaufwand *m*
experienced data Erfahrungswerte *mpl*
experiment Experiment *n*, Versuch *m*, Prüfung *f* *(praktische Ausführung)*
experimental experimentell; Experimental..., Versuchs...
experimental area Versuchsgelände *n*, Versuchsfläche *f*
experimental laboratory Versuchslabor(atorium) *n*, Prüflabor(atorium) *n*
experimental method Versuchsmethode *f*, Versuchsweg *m*
experimental plant Versuchsanlage *f*; Experimentiereinrichtung *f*
experimental room Versuchsraum *m*, Prüfraum *m*
experimental set-up Versuchsanordnung *f*; Messanordnung *f*, Messeinrichtung *f*
expert system *(Dat)* Expertensystem *n* *(Rechner- und Datenverarbeitungssystem)*
expiration Verfall *m*
explicit addressing explizite Adressierung *f*
exploratory head movements *(Ak)* Peil- und Lauschbewegungen *fpl* *(zur Schallortung)*
exploring Abtastung *f*, Bildfeldzerlegung *f*
exploring aperture Abtastöffnung *f*
explosion chamber Schaltkammer *f*, Löschkammer *f* *(beim Leistungsschalter)*

explosion-proof explosionssicher, explosionsgeschützt; druckfest

explosion protection Explosionsschutz *m*

explosion-tested schlagwettergeprüft

exponential averaging exponentielle Mittelwertbildung *f* [Mittelung *f*]

exponential character exponentieller Verlauf *m*

exponential curve Exponentialkurve *f*

exponential damped exponentiell gedämpft

exponential distribution Exponentialverteilung *f*, exponentielle Verteilung *f*

exponential function Exponentialfunktion *f*, e-Funktion *f*

exposable belichtbar

expose *v* 1. belichten, exponieren *(Foto)*; 2. aussetzen *(z. B. einer Strahlung)*; 3. freilegen

exposure 1. Belichtung *f*, Exposition *f (Foto)*; 2. Exponierung *f*, Aussetzen *n (z. B. einer Strahlung)*

exposure-alignment system *(Me)* Justier- und Belichtungsanlage *f*

exposure chamber *(Me)* Belichtungskammer *f*

exposure dose Bestrahlungsdosis *f*

exposure duration 1. Belichtungsdauer *f*; 2. *(Ak)* Einwirkdauer *f*

exposure error Belichtungsfehler *m*

exposure intensity *(Ak)* Lärmintensität *f*, Intensität *f* der Einwirkung

exposure level Lärmpegel *m*; Dosispegel *m*

exposure rate Bestrahlungsstärke *f*

express *v* in code codiert ausdrücken

express call *(Nrt)* dringendes Gespräch *n*

expression Ausdruck *m*

expulsion fuse Löschrohrsicherung *f*

expulsion tube Löschrohr *n*

expulsion-type arrester Löschrohrableiter *m*

extend *v* a line eine Leitung verlängern [weiterführen]

extended-area call *(Nrt)* Nahwählverbindung *f*

extended-area service *(Nrt)* Fernverkehrsdienst *m* zu Ortsgebühren

extended binary-coded decimal interchange code erweiterter Achtbit- -Binär-Dezimal-Code *m*, EBCDIC- -Code *m* (8-Bit-Code für alphanumerische Zeichen)

extended drain DMOS DMOS *m* [doppeldiffundierter MOS *m*] mit erweitertem Draingebiet

Extended Graphics Array, EGA, XGA Bildschirmgrafik *f* mit 1024 x 768 Pixel (4:3)

extended instructions erweiterter Befehlssatz *m* (z. B. bei Mikrorechnern für die Steuerung von Arithmetikprozessoren)

extended operation 1. erweiterte Bedienung *f*; Befehlssatzerweiterung *f*; 2. erweiterter Arbeitsablauf *m*

extended service set, ESS erweiterte Betriebsart *f (WLAN-Betriebsart mit Kooperation mehrerer Accesspoints in einer Infrastruktur)*

extended time test Dauerversuch *m*, Langzeitversuch *m*

extender board *(Me)* Adapter *m*

extending wall lamp Scherenarmwandleuchte *f*

extensible erweiterbar

extension 1. Ausdehnen *n*, Ausdehnung *f*, Erweiterung *f*; Verlängerung *f*; 2. *(Nrt)* Nebenstelle *f*; 3. Verlängerungsschnur *f*

extension arm Ausleger *m*

extension cable Verlängerungskabel *n*

extension cord Verlängerungsschnur *f*

extension element Ausdehnungselement *n*

extension set *(Nrt)* Neben(stellen)apparat *m*, Nebenanschluss *m*

extension shaft Verlängerungswelle *f*

extension subscriber *(Nrt)* Nebenstellenteilnehmer *m*

extensive reflector breitstrahlender Reflektor *m*

extensometer Dehnungsmesser *m*

exterior aerial Außenantenne *f*

external äußerer, außen (befindlich); Außen...; äußerlich

external air heater außen angeordneter Lufterhitzer *m (z. B. außerhalb des Ofenraums)*

external-anode valve Außenanodenröhre *f*

external bridge resistor äußerer Brückenwiderstand *m*

external circuit äußerer Stromkreis m [Kreis m] *(bei Teilentladungsmessungen)*; Belastungsstromkreis m
external clocking externe Takterzeugung f [Taktung f]
external command externer Befehl m *(Rechner)*
external conductor Außenleiter m, Mantelleiter m
external connection cap Außenanschlusskappe f
external data processing externe Datenverarbeitung f
external discharge äußere Teilentladung f, Koronaentladung f
external fan Außenlüfter m
external feedback äußere Rückführung f *(Regelkreis)*
external field äußeres [fremdes] Feld n
external forced cooling Außenkühlung f
external gas-pressure cable *Gasaußendruckkabel n
external idle time *(Dat)* externe Leerlaufzeit f *(fehlende Aufgaben)*
external insulation äußere Isolation f
external interrupt externe Unterbrechung f
external layer Außenlage f *(Leiterplatte)*
external load *(Rt)* Belastung f von außen *(Störgröße)*
external logic äußere Logik f
external meatus *(Ak)* Gehörgang m
external memory Externspeicher m, Fremdspeicher m, äußerer [externer] Speicher m
external modulation Fremdmodulation f
external noise Fremdrauschen n; Fremdgeräusch n
external overvoltage äußere Überspannung f *(IEC 50-604)*
external program *(Dat)* äußeres [externes] Programm n
external-rotor motor Außenläufermotor m
external track Außenleiterzug m *(Leiterplatten)*
external ventilation *(Ma)* Fremdbelüftung f
external voltage äußere Spannung f; Fremdspannung f
external work äußere Arbeit f

externally commutated *(Le)* natürlich kommutiert
extinction Extinktion f, Löschung f, Auslöschung f
extinction angle Löschwinkel m *(IEC 50-551)*
extinction current Löschstrom m *(minimaler Strom zur Aufrechterhaltung einer Gasentladung)*
extinction of the arc Lichtbogenlöschung f
extinction potential Löschspannung f
extinguish v (aus)löschen, erlöschen
extinguisher Löscher m
extinguishing Löschung f, Auslöschen n
extra 1. Zuschlag m; Zugabe f *(Toleranz)*; 2. *(Nrt)* Stör(zeichen)strom m
extra bit Zusatzbit n
extra-galactic radio-source außergalaktische Radioquelle f
extra-high tension Höchstspannung f
extra-high voltage Höchstspannung f
extra loss Zusatzverlust m
extra-low voltage Kleinspannung f
extra-low voltage lighting Kleinspannungsbeleuchtung f
extra masking step *(Me)* zusätzlicher Maskierungsschritt m
extract v 1. extrahieren, herausziehen; gewinnen; 2. *(Ch)* ausziehen, auslaugen; 3. ausblenden *(Informationen)*
extract instruction *(Dat)* Ausblendbefehl m
extraction Extraktion f, Herausziehen n, Auszug m; Gewinnung f; Rückgewinnung f *(z. B. von Informationen)*
extraction grid *(Me)* Sauggitter n, Raumladungsgitter n
extraction of root Wurzelziehen n, Radizieren n
extractor Ausziehvorrichtung f
extraneous disturbance äußere Störung f
extraneous field Streufeld n
extraneous light Fremdlicht n
extraneous noise Fremdgeräusch n; Störgeräusch n
extraneous signal *(Rt)* Störsignal n *(Umwelteinfluss)*
extraneous voltage Fremdspannung f
extranet Extranet n

extraordinary 148

extraordinary magnetoresistance effect *(Ph)* EMR-Effekt *m*, extraordinärer Magnetowiderstandseffekt *m*

extremal control Extremwertregelung *f*

extreme ultra violet, EUV Feinststrahl--UV-Laser *m (für höchstauflösende Halbleitermaskenbelichtung)*

extremely high frequency Höchstfrequenz *f (Frequenzen über 30 Mhz)*

extrinsic 1. äußerlich; von außen wirkend; 2. *(Me)* nicht eigenleitend, störstellenleitend

extrinsic conduction *(Me)* Störstellenleitung *f*, Fremdleitung *f*

extrinsic semiconductor Stör(stellen)halbleiter *m*, Fremd(halb)leiter *m*

eye bolt Tragöse *f*, Ösenbolzen *m*

eye-shape diagram *(Nrt)* Augendiagramm *n*, Augenöffnungsdiagramm *n (Impulsfolgedarstellung auf dem Oszillografenbildschirm)*

eyeball averaging visuelle Mittelung *f (z. B. bei Zeigerausschlag)*

eyeglass hearing aid Hörbrille *f*

eyelet Öse *f*, Masche *f*, Lötauge *f*

eyeletting machine Lötösenmaschine *f (Leiterplattenherstellung)*

eyepiece Okular *n*

eyepiece diaphragm Okularblende *f*

F

F-layer F-Schicht *f*, F--Ionosphärenschicht *f (200 - 500 km Höhe; HF-Reflexion im KW-Bereich, Fernausbreitung; $f_c = 20$ MHz (Tag), $f_c = 2$ MHz (Nacht))*

Fab Halbleiterfertigungseinrichtung *f*

fabric Gewebe *n*, Stoff *m*

fabric-base laminate Hartgewebe *n*

fabric-reinforced laminate Hartgewebe *n*

facade sound level *(Ak)* Außenschallpegel *m (vor der Hauswand)*; Schalldämmmaß *n*

face 1. Vorderseite *f*, Stirnfläche *f*; Frontplatte *f*; 2. Schirm *m*, Bildschirm *m (einer Elektronenstrahlröhre)*; 3. Fläche *f (Geometrie)*

face bonding Oberflächenbonden *n*, Oberflächenanschluss *m*

face-up bonding (technique) Face-up--Verbindungstechnik *f*, Face-up--Bonden *n (Kontaktierungsverfahren mit der Kontaktseite nach oben)*

face value Nominalwert *m*, richtiger Wert *m (einer Messgröße)*

faceplate 1. Frontplatte *f*; 2. Schirmträger *m (einer Katodenstrahlröhre)*

faceplate controller Flachbahnsteuerschalter *m*, Flachbahnkontroller *m*

facility 1. Einrichtung *f*; Anlage *f*; 2. *(Nrt)* Leistungsmerkmal *n*, Dienstmerkmal *n*

facsimile 1. *(Nrt)* Faksimile *n*; 2. *s.* facsimile transmission

facsimile communication Fernkopieren *n*

facsimile telegram Faksimiletelegramm *n*

facsimile transmission Faksimileübertragung *f*, Bildübertragung *f*, Fernkopieren *n*

factory acceptance testing Abnahmeprüfung *f* im Herstellerwerk

factory calibration *(Mess)* Ersteichung *f*, Neueichung *f*

factory-programmable read-only memory vom Hersteller(werk) programmierbarer Festwertspeicher *m*, FROM(-Speicher) *m*

factory-programmed memory vom Hersteller programmierter Speicher *m*

factory test Abnahmeprüfung *f*

fade *v* 1. schwinden, Schwund haben, schwächer werden *(Funkwellen)*; 2. verblassen *(Farbe)*

fade *v* **away** *(Ak)* abklingen

fade *v* **down** ausblenden *(Ton)*; abschwächen *(Funkwellen)*

fade *v* **in** aufblenden, einblenden *(Film, Ton)*

fade *v* **out** abblenden, ausblenden *(Film, Ton)*; abklingen

fading 1. *(Nrt)* Fading *n*, Schwund *m*, Schwinden *n*; Abschwächung *f*, Schwächung *f*; 2. *(Fs, Ak, Nrt)* Überblendung *f*

fading channel *(Nrt, Ko)* Schwundkanal *m*, Kanal *m* mit Schwunderscheinungen *(durch*

Schwundausgleich oder Kanalwechsel reduzierbar)
fading depth *(Ko)* Schwundtiefe *f*
fading effect Fadingeffekt *m*, Schwund(effekt) *m*
fading outage Schwundausfall *m*, Totalschwund *m*, Funkloch *n*
fading wave Schwundwelle *f*, abklingende Welle *f*
fail-safe störungssicher, fehlersicher, betriebssicher; zuverlässig; eigensicher
failsoft *(Dat)* Wiederherstellungsprozedur *f*
failure *Ausfall *m (z. B. in E-Anlagen)*
fall v in step in Tritt fallen, in Gleichlauf [Synchronismus] kommen
fall v out of step außer Tritt fallen, aus dem Gleichlauf [Synchronismus] geraten
fall below the dewpoint Taupunktunterschreitung *f*
fall delay time Ausschaltverzögerungszeit *f*; Abfallverzögerungszeit *f (Relais)*
fall time Abfallzeit *f*, Fallzeit *f*
falling delay Abfallverzögerung *f*
falling in step Intrittfallen *n*
falling-off Abfall *m*
falling out of step Außertrittfallen *n*
false anode Schutzanode *f*
false calling rate *(Nrt)* Fehlanrufrate *f*, Fehlanrufhäufigkeit *f*
false firing Fehlzündung *f (z. B. beim Thyristor)*
false of tone value Tonwertverfälschung *f*
false release falsche Auslösung *f*
false signal Fehlzeichen *n*, falsches Zeichen *n*, Falschsignal *n*
false tripping Falschauslösung *f*
fan v 1. belüften; 2. fächerförmig ausbreiten
fan 1. Ventilator *m*; Lüfter *m*; Gebläse *n*; 2. Leitrad *n (Turbine)*; 3. Fächer *m*
fan aerial Fächerantenne *f*, Biberschwanzantenne *f*
fan bonnet Lüfterhaube *f*
fan characteristic Lüfterkennlinie *f*
fan-cooled fremdbelüftet; luftgekühlt
fan heater Heizlüfter *m*
fan motor Ventilatormotor *m*
fan reflector Faltreflektor *m*
fan unit Lüfteraggregat *n*

far-end cross-talk Gegennebensprechen *n*, Fernnebensprechen *n*
far sound field akustisches Fernfeld *n*
farad Farad *n*, F *(SI-Einheit der elektrischen Kapazität)*
Faraday cage faradayscher Käfig *m*, Faraday-Käfig *m*, Abschirmkäfig *m*
Faraday constant Faraday-Konstante *f*, faradaysche Zahl *f*, F *(F = 96 487 C · mol^{-1})*
fast *(Ak)* *schnell, fast, F *(Zeitbewertung)*
fast access *(Dat)* Schnellzugriff *m*
fast breeder schneller Brüter *m* [Brutreaktor *m*]
fast computer schneller Rechner *m*, Schnellrechner *m*
fast control Schnellregelung *f*
Fast Ethernet *(Nrt)* schnelles Ethernet *n*, Hochgeschwindigkeits-Ethernet *n (Übertragungsrate im schnellen Ethernet: 100Mbit/s)*
fast forward schneller Vorlauf *m*
fast Fourier transformation *(Rt)* schnelle Fouriertransformation *f*, FFT *f*
fast frequency hopping, FFH *(Ko)* schnelles Frequenzsprungverfahren *n (eine Variante zur Bandbreitespreizung bei UMTS)*
fast frequency shift keying, FFSK *(Nrt)* schnelle Frequenzumtastung *f (entspricht MSK)*
fast fuse flinke Sicherung *f*
fast-recovery power diode schnelle Leistungsdiode *f*
fast response 1. schnelles Ansprechen *n (z. B. Relais)*; 2. *(Ak)* Zeitbewertung *f* "schnell"
fast reverse [rewind] schneller Rücklauf *m (Magnetband)*
fast rise time kurze Anstiegszeit *f*
fast-switching diode schnelle Diode *f*
fast transients Überspannungen *fpl* kurzer Stirndauer *(im Nanosekundenbereich)*
fatigue v ermüden *(z. B. Werkstoffe, Teile)*; (stark) beanspruchen
fatigue Ermüdung *f*
fatigue crack Ermüdungsriss *m*, Dauerbruch *m*
fatigue failure Ermüdungsbruch *m*, Dauerbruch *m*
fatigue life Lebensdauer *f*

fatigue 150

fatigue of materials Werkstoffermüdung f
fatigue-proof ermüdungssicher
fatigue strength Dauerschwingfestigkeit f, Zeitschwingfestigkeit f
fatigue test Ermüdungsversuch m, Dauerversuch m, Dauererprobung f
fault 1. Defekt m, Fehler m, Störung f; Kurzschluss m; *Fehlzustand m, Fehlerzustand m (in E-Anlagen); 2. Störstelle f; Isolationsfehler m
fault current Fehlerstrom m; Erdschlussstrom m; Körperschlussstrom m
fault detector Fehleranzeiger m
fault impedance Fehlerimpedanz f
fault indication Fehleranzeige f
fault location test Fehlerortung(sprüfung) f, Fehlerortmessung f
fault power Kurzschlussleistung f (Netz)
fault protection Fehlerschutz m
fault rate Ausfallrate f, Fehlerrate f
fault recognition (Nrt) Fehlererkennung f (von Übertragungsfehlern)
fault simulation Fehlernachbildung f, Fehlersimulation f
fault time Ausfallzeit f; Störungszeit f
fault-tolerant line code (Nrt) redundanter Leitungscode m, fehlerunempfindlicher Leitungscode m (Code mit zusätzlichen Bits zur Fehlersicherung; nützliche Redundanz)
fault-voltage circuit-breaker Fehlerspannungsschutzschalter m; Fehlerspannungsauslöser m
faulty connection fehlerhafte Verbindung f
faulty operation Fehlbedienung f, Fehlbetätigung f, Fehlschaltung f
faulty soldered joint kalte Lötstelle f
faulty wiring Verschaltung f
fax v (tele)faxen, fernkopieren
fax equipment (Nrt) Faxgerät n, Fernkopierer m, Faksimile-Gerät n
fax over IP, FoIP (Ko) Fax-Übertragung f über das Internet (entsprechend ITU-T-Empfehlung T.38)
fax terminal adapter (Nrt) TA a/b, Terminal-Adapter m
FC s. fibre channel
FC-arbitrated loop, FC-AL FC mit koordinierter Schleife m (Betriebsart für FC-SANs)
FDM (Abk. für: frequency division multiplex system) Frequenzteilungssystem n, Frequenzmultiplex(system) n
feasibility conditions Realisierungsbedingungen fpl, Bedingungen fpl für die technische Realisierbarkeit
feasible system (technisch) realisierbares System n
feature 1. Merkmal n, Charakteristikum n, Leistungsmerkmal n; 2. Grundelement n, Strukturelement n (beim Schaltungsentwurf)
feature detection Merkmalserkennung f
fed-in winding (Ma) Träufelwicklung f
feed v speisen, zuführen; anlegen (z. B. Spannung); vorschieben (z. B. Registrierstreifen)
feed Speisung f, Zuleitung f, Zuführung f; Vorschub m
feed control Vorschubregelung f
feed point Speisepunkt m
feed rate Vorschubgeschwindigkeit f
feed reel Abwickelspule f, Abwickelteller m (Magnetband)
feed spool Abwickelspule f (Magnetband)
feed wire Zuführungsdraht m
feedback v rückkoppeln, zurückführen (z. B. Signale)
feedback Rückkopplung f, Rückführung f; Rückmeldung f
feedback amplifier Rückkopplungsverstärker m, rückgekoppelter Verstärker m
feedback audion Rückkopplungsaudion n, einstufiger Geradeausempfänger m mit Rückkopplung (siehe auch: regenerative receiver)
feedback binary decade Rückstellbinärdekade f
feedback circuit 1. Rückkopplungsschaltung f, Rückführ(ungs)schaltung f, Rückführungskreis m; 2. (Nrt) Einspielkreis m
feedback control Rückkopplungsregelung f; (selbsttätige) Regelung f mit Rückführung

feedback eliminator *(Ak)* Gerät *n* zur Unterdrückung der Pfeifneigung [akustischen Rückkopplung]
feedback loop Rückkopplungsschleife *f*; Rückführschleife *f*, Rückführkreis *m*
feedback repeater *(Nrt)* Gegenkopplungsverstärker *m*
feeder 1. Speiseleitung *f*, Speisekabel *n*, Versorgungsleitung *f*, Energieleitung *f*; Antennenzuleitung *f*; 2. Vorschubeinrichtung *f* (*z. B. für Lochstreifen*)
feeder bar Sammelschiene *f*, Speiseschiene *f*
feedforward Mitkopplung *f*, positive Rückkopplung *f*
feeding Speisung *f*, Zuleitung *f*, Zuführung *f*; Vorschub *m*; Beschickung *f*
feedthrough Übersprechen *n*
female connector Buchse *f*
Fermi approximation Fermi-Näherung *f*
Ferraris motor Zweiphasen(induktions)motor *m*, Ferraris-Motor *m*
ferrichrome tape Eisen-Chrom-Band *n*, Ferrichromband *n*
ferrite 1. Ferrit *m*, α-Eisen *n*; 2. Ferrit *m* (*keramischer Magnetwerkstoff*)
ferrite aerial Ferritantenne *f*
ferrite core Ferritkern *m*
ferrite ring core Ferritringkern *m*
ferrite rod Ferritstab *m*
ferrite store Ferritspeicher *m*
ferrite switch Ferritschalter *m*
ferro-nickel accumulator Eisen-Nickel-Sammler *m*, Eisen-Nickel-Akkumulator *m*
ferrodynamic instrument ferrodynamisches [eisengeschlossenes elektrodynamisches] Instrument *n*, Dreheiseninstrument *n*
ferroelectric random access memory ferroelektrisches RAM *n* (*nichtflüchtiger Speicher*)
ferroelectricity Ferroelektrizität *f*
ferromagnetic ferromagnetisch
ferromagnetic ferromagnetisch
ferromagnetic circuit ferromagnetischer Kreis *m*
ferromagnetic memory ferromagnetischer Speicher *m*
ferromagnetism Ferromagnetismus *m*

ferrule Quetschhülse *f*
FET (*Abk. für: field-effect transistor*) FET *m*, Feldeffekttransistor *m*
fetch Abruf *m*, Aufruf *m*, Holen *n* (*eines Befehls*)
FFI *s.* friend-foe identification
FFT (*Abk. für: fast Fourier transformation*) *(Rt)* schnelle Fouriertransformation *f*, FFT *f*
fibre 1. Faser *f*, Fiber *f*; Glasfaser *f*, Lichtleitfaser *f*, Licht(wellen)leiter *m*, LWL, LL; 2. Faserstoff *m*
fibre cladding *(Ko)* Lichtwellenleiterummantelung *f* (*optischer Mantel*)
fibre board Faserplatte *f*, Leichtbauplatte *f*, Dämmplatte *f* (*Raumakustik*)
fibre channel, FC Lichtleiter-Kanal *m* (*ein Übertragungsstandard für Speichernetzwerke*)
fibre communication link *(Nrt)* Lichtwellenleiter-Übertragungsstrecke *f*
fibre link Licht(wellen)leiter-Verbindung *f*
fibre loss *(Nrt, Fs)* Glasfaserdämpfung *f*, LWL-Dämpfung *f*
fibre mode Lichtmode *f*, Mode *f* (*in einem Lichtwellenleiter*)
fibre-optic bus Licht(wellen)leiterbus *m*
fibre sensor Fasersensor *m*, Licht(wellen)leitersensor *m*, Lichtleitermessfühler *m*
fibre to the amplifier, FTTA *(Fs, Ko)* Glasfaser *f* bis zum Verstärker
fibre to the home Glasfaseranschluss *m*
fibreguide jumper optisches Verbindungskabel *n*
fibrillating current Flimmerstrom *m* (*IEC 50-604*)
fidelity 1. genaue Übereinstimmung *f* (*mit dem Original*); Genauigkeit *f*; 2. *(Ak)* Wiedergabetreue *f*
field 1. Feld *n* (*elektrisch oder magnetisch*); 2. Feldgröße *f*; 3. *(Fs)* Teilbild *n*, Teilraster *m*, Halbbild *n*; 4. *(Dat)* Speicherfeld *n*, Datenfeld *n*; Lochkartenfeld *n*; 5. Gebiet *n*; Fachgebiet *n*; Anwendungsgebiet *n*; Einsatzgebiet *n*
field calibration Kalibrierung *f* unter Betriebsbedingungen, Nacheichung *f* am Einsatzort
field check *s.* field test

field coil Feldspule f, Erregerspule f, Erregerwicklung f
field duration (Fs) Halbbilddauer f
field engineer Serviceingenieur m
field form factor Formfaktor m, Feldformfaktor m (Luftspaltfeld)
field-free feldfrei
field frequency (Fs) Teilbildfrequenz f, Halbbildfrequenz f, Bildfrequenz f, Vertikalfrequenz f
field impedance Wellenwiderstand m des freien Raumes, Feldwellenwiderstand m ($Z_f = E/H = \sqrt{\mu/\varepsilon}$; $Z_{fo} = \sqrt{\mu_o/\varepsilon_o} = 377$ Ohm)
field of gravity Gravitationsfeld n, Schwerefeld n
field orientation (Ma, Rt) Feldorientierung f
field-oriented control (Ma, Rt) feldorientierte Regelung f, Vektorregelung f (Regelung von Drehstrommaschinen)
field-oriented isolation type feldorientierter Isolationstyp m (Kristall)
field pattern Feldbild n, Feldverlauf m, Verlauf m der Feldlinien; Strahlungsdiagramm n, Feldstärkendiagramm n (Antenne)
field penetration Eindringen n des (elektrischen) Feldes
field-programmable gate array (Me) frei programmierbares Verknüpfungsfeld n
field-programmable logic array vom Anwender programmierbare Logikmatrix f, anwenderprogrammierbares Logikfeld n
field television camera Fernsehkamera f für Außenaufnahmen, Außenaufnahmekamera f
field terminal 1. Feldanschluss m, Erregerwicklungsanschluss m; 2. Messstelle f vor Ort
field test Feldtest m, Prüfung f unter realen Einsatzbedingungen, Messung f an Ort und Stelle; Eignungsprüfung f, Betriebsprüfung f
field vector Feldvektor m
field weakening (Ma) Feldschwächung f
field winding Feldwicklung f, Hauptfeldwicklung f, Erregerwicklung f
FIFO Abkürzung aus: first in first out

FIFO principle FIFO-Prinzip n, Durchlaufprinzip n, Durchrückprinzip n (Speicherprinzip, bei dem die zuerst eingegebenen Informationen als erste wieder ausgelesen werden)
figure 1. Zahl f, Ziffer f; Symbol n; 2. Abbildung f, Bild n; Diagramm n, Schaubild n; 3. Gestalt f, Form f
figure distortion Zeichenverzerrung f
figure-eight pattern (Fo) achtförmige Richtcharakteristik f, Achtercharakteristik f, Achterdiagramm n
figure wheel Zahlenscheibe f
filament Faden m; Heizfaden m, Heizdraht m (Röhren); Leuchtdraht m, Glühfaden m, Wendel f (Glühlampe)
filament image Wendelbild n
filament probe Fadensonde f
filament ribbon Heizband n (Röhren)
filament suspension Fadenaufhängung f; Spannband n (für Messwerklagerung)
file v einordnen, ablegen; archivieren
file 1. Verzeichnis n, Liste f; Kartei f; 2. (Dat) Datensatz m, Datei f, File m; 3. Speicherabteilung f, Speichergruppe f
file handle Filehandle n (programminterner Identifikator für eine in Benutzung befindliche Datei)
file layout Dateiaufbau m
file memory Großraumspeicher m, Speicher m mit großer Kapazität
file processing Dateiverarbeitung f
file serving Dateibereitstellung f (durch Dateiübertragung) (vom Datei-Server in einem Rechnernetz)
file sharing gemeinsamer Filezugriff m
file storage Massenspeicher m
file transfer Dateiübertragung f, Filetransfer m (aus dem Internet oder vom File Server)
filesharing (Ko) Dateientausch m, Dateinutzung f (durch Herunterladen = download aus dem Internet oder vom file server)
filing system Datenablagesystem n, Archivierungssystem n, Fileablagerungssystem n, Filesystem n
filler 1. (Dat, Nrt) Füllzeichen n; 2. Füllstoff m, Füllmaterial n
film 1. Film m, (dünne) Schicht f, Häutchen n, Überzug m; 2. Film m

film record Filmaufzeichnung f
film resistor Schichtwiderstand m, Filmistor m
film storage Dünnschichtspeicherung f
film-type resistor *(Me)* Schichtwiderstand m
FILO s. first in last out
filter v 1. filtern *(Optik)*; 2. *(Et)* sieben, filtern
filter 1. Filter n(m); 2. *(Rt)* Signalfilter n; 3. *(Et)* Sieb(glied) n, Siebkette f, elektrische Weiche f
filter attenuation band Sperrbereich m *(eines Filters)*
filter bandwidth Filterbandbreite f
filter choke Siebdrossel f, Filterdrossel f, Glättungsdrossel f
filter circuit Siebschaltung f, Filterkreis m, Filterschaltung f, Glättungsschaltung f
filter curve Filterkurve f
filter discrimination Trennschärfe f [Selektivität f] eines Filters
filter reactor *Siebdrossel f
filter resistor Siebwiderstand m
filter response 1. Filterfrequenzgang m; 2. Filterantwort f
filter term *(Nrt)* Filterglied n, Filterkettenglied n (T-Glied oder Π-Glied)
filtering 1. Filtern n; 2. *(Et)* Siebung f; Aussiebung f (z. B. von Signalteilen)
filtering unit Siebglied n
fin Rippe f, Kühlrippe f; Wärmeableitblech n
final amplification Endverstärkung f
final amplifier Endverstärker m
final character *(Nrt)* Endezeichen n, Schlusszeichen n
final current stationärer Strom m, Strom m im Endzustand, Endstrom m
final etching *(Galv)* Scharfätzung f, Tiefätzung f
final screen Endbildschirm m
final selector *(Nrt)* Leitungswähler m
final stage Endstufe f
final state Endzustand m
final test Endprüfung f
final value 1. Endwert m; 2. *(Rt)* Beharrungswert m, Wert m am stationären Endzustand
final yield *(Me)* Endausbeute f
finder *(Nrt)* Anrufsucher m, Suchschalter m, Suchwähler m

finding 1. Suchen n; 2. *(Nrt)* Anrufsuchen n
fine adjustment Feineinstellung f, genaue Einstellung f
fine crack Haarriss m
fine groove Mikrorille f *(Schallplatte)*
fine scanning Feinabtastung f
fine tuning Feinabstimmung f, Nachstimmung f, Scharfabstimmung f
fine-wire bonding *(Me)* Drahtbonden n
finger *(Ma)* Druckfinger m
finger-type contact Fingerkontakt m
fingerprint 1. Fingerabdruck m *(Hash--Wert über Schlüssel oder Zertifikat)*; 2. *(Hsp)* Fingerprint m *(Teilentladungsmuster zur Identifikation typischer Fehler von Isolierungen)*
finish v die Oberfläche behandeln
finish 1. Oberflächenbeschaffenheit f, Oberflächengüte f; 2. Oberflächenbehandlung f; Oberflächenschutz m, Deckanstrich m; 3. Anstrichstoff m, Deckfarbe f
finishing coat Deckschicht f, Deckanstrich m, Anstrich m
finite-automata theory Theorie f der endlichen Automaten
finite bus Sammelschiene f mit endlicher Kurzschlussleistung
finite difference method Finitdifferenzmethode f, FDM
finite element method Finite-Elemente--Methode f
finite number endliche Zahl f
finite state machine, FSM endlicher Automat m
finned heat sink Rippenkühlkörper m
fire v 1. feuern, (be)heizen *(Kessel)*; 2. zünden; auslösen *(z. B. Stromrichter)*; 3. brennen *(Keramik)*
fire alarm Feuermelder m, Feuermeldeanlage f
fire-control radar Feuerleitradar n *(Artillerie)*
fire-resistant, fire-resisting feuerbeständig; feuerhemmend
fire-retardant feuerhemmend, feuerdämmend
firedamp-proof explosionsgeschützt, explosionssicher; schlagwettergeschützt
firedamp protection Schlagwetterschutz m

fireproof feuerfest, feuersicher, feuerbeständig

firewall Firewall *m*

firing 1. Heizen *n*, Beheizen *n*, Heizung *f*; 2. Zünden *n*, Zündung *f*; Auslösung *f*; 3. Brennen *n* (*z. B. Keramik*)

firing angle Zündwinkel *m*

firing circuit Zündkreis *m*, Zündschaltung *f*

firing wire Zündkabel *n*

firmware (*Dat*) spezielles Programm *n* (*spezifische, anwendungsbezogene Software*)

first anode Voranode *f*, Sauganode *f*

first approximation erste Näherung *f*

first harmonic Grundschwingung *f*, Grundfrequenz *f*, erste Harmonische *f*

first in last out, FILO Zuerst-rein-zuletzt-raus-Speicher *m*, Zuerst-rein-zuletzt-raus-Speicher-Organisation *f* (*FILO ist gleichbedeutend mit LIFO*)

fishbone aerial Wellenantenne *f* mit waagerechten [kapazitiv angekoppelten] Querstabantennen, Tannenbaumantenne *f*

fisheye navigation Fischaugen-Navigation *f* (*Navigationshilfe auf Webseiten durch Auflistung aller Alternativen in den verschiedenen Ebenen*)

fission (*Ph*) Spaltung *f*, Aufspaltung *f*

fissure Spalt *m*, (feiner) Riss *m*

fit *v* 1. ausrüsten, ausstatten; 2. einpassen, anpassen; einbauen; aufstellen, montieren

fit *v* **together** zusammenfügen, ineinanderpassen (*Steckverbindung*)

fit *v* **with** versehen mit

fitting 1. Einpassen *n*, Anpassen *n*; Montage *f*, Installation *f*; 2. Zubehör(teil) *n*; Fitting *n(m)*; Armatur *f*; 3. Beleuchtungskörper *m*, Leuchte *f*

five-address instruction Fünfadressenbefehl *m*

five-place read-out fünfstellige Anzeige *f*

five-place resolution fünfstellige Auflösung *f*

FIX-n (*Dat*) FIX-n *n* (*n-Stellen genau nach dem Komma*)

fixed aerial Festantenne *f*

fixed bearing Festlager *m* (*DIN 6790*)

fixed-block format (*Dat*) Festblockformat *n*, Eingabeformat *n* mit fester Satzlänge

fixed-cycle operation Taktgeberbetrieb *m*, Zeitgeberbetrieb *m*

fixed echo elimination (Fo) Festzielunterdrückung *f* (*bei Radarempfang; siehe auch: MTI*)

fixed field 1. (*Et*) feststehendes [ruhendes] Feld *n*; 2. festes Feld *n*, Feld *n* fester Länge (*Lochkarte*)

fixed frequency Festfrequenz *f*, feste Frequenz *f*

fixed grid bias feste Gittervorspannung *f*

fixed-handle circuit-breaker Schalter *m* ohne Freiauslösung

fixed-head disk Festkopfplatte *f*

fixed light Festfeuer *n*; festes Lichtsignal *n*

fixed mark (*Me*) Festmarke *f*

fixed motor connection fester Motoranschluss *m*

fixed network (*Nrt*) Festnetz *n*, fest verkabeltes Netz *n*, Fernsprechnetz *n* (*im Gegensatz zum Mobilfunknetz*)

fixed network subscriber (*Nrt*) Festnetzteilnehmer *m*, ortsfester Fernsprechteilnehmer *m* (*im Gegensatz zum Mobilfunkteilnehmer*)

fixed-point number (*Dat*) Festkommazahl *f*

fixed-point operation Festkommabetrieb *m*, Festkommaoperation *f*

fixed radio station (orts)feste Funkstelle *f*

fixed time sequence feste [bestimmte] Zeitfolge *f*

fixed value Festwert *m*

fixed wire-wound resistor fester Drahtwiderstand *m*

fixed wiring (*Me*) Festverdrahtung *f*

fixing flange Befestigungsflansch *m*

flag 1. Markierungszeichen *n*; 2. (*Dat*) Flag *n*, Kennzeichen *n*, Markierungszeichen *n*; Steuerzeichen *n*; 3. (*Nrt*) Begrenzungszeichen *n*, Rahmenbegrenzung *f*, Blockbegrenzung *f*; 4. Lichtabdeckschirm *m*, Linsenschirm *m* (*z. B. für Fernsehkameras*)

flag bit Markierungsbit *n*, Kennbit *n* (*Informationsbit*)

flex

flag flip-flop *(Dat)* Kennzeichen-Flipflop *n*, Zustandsanzeige-Flipflop *n*
flag register Flagregister *n*, Kennzeichenregister *n*
flame 1. Flamme *f*; 2. *(Dat)* beleidigende elektronische Post *f*, Beschimpfung *f*
flame protection Schlagwetterschutz *m*
flame-resistant flammfest, flammwidrig
flame-retardant flammenhemmend
flame-tight switchgear schlagwettergeschützte Schalteinrichtung *f*
flameproof 1. feuersicher; flammsicher, flamm(en)fest, schwer entflammbar; 2. explosionssicher, explosionsgeschützt, ex-geschützt; schlagwettergeschützt
flammable entflammbar, entzündbar
flange Flansch *m*
flange connector Flanschstecker *m*, Flanschsteckverbinder *m*
flanger Flanger *m*, Effektpedal *n*, Effektsteller *m* (bei elektronischen Musikinstrumenten)
flanking channel Nachbarkanal *m*, benachbarter Kanal *m*
flare 1. Aufflackern *n*; Flimmern *n*; 2. Streulicht *n* (in optischen Systemen); Überstrahlung *f*, vagabundierendes Licht *n*; Reflexe *mpl*
flared radiating guide Hohlleiter *m* mit Leitblechen (Mikrowellentechnik)
flash *v* aufleuchten, (auf)blitzen; aufflammen; blinken (Signale); feuern (elektrische Maschinen)
flash *v* **over** *(Et)* überschlagen, überspringen
flash 1. Aufleuchten *n*, Aufblitzen *n*; 2. Blitz *m*, Blitzlicht *n*; 3. Einblendung *f* (Funk); 4. *(Fs)* kurzzeitige Bildstörung *f*; 5. Hauchgalvanisierung *f*; Decküberzug *m* (Leiterplattenherstellung)
flash cube Blitz(lampen)würfel *m*
flash current Kurzschlussstrom *m* (Batterie)
flash duration Blitzdauer *f*, Leuchtdauer *f*
flash gun Blitzgerät *n*
flash holder Lampenstab *m*
flash key *(Nrt)* Flashtaste *f*
flash lamp Blitz(licht)lampe *f*
flash-light *s.* flashlight

flash memory Flash-Speicher *m* (nichtflüchtiger Speicher)
flash-over Überschlag *m*, Funkenüberschlag *m*, Rundfeuer *n*
flash release Blitzlichtauslöser *m*
flash signal Blitzfeuer *n* (Sonderform des Leuchtfeuers)
flash unit Blitzgerät *n*
flash welding Abschmelzschweißen *n*, Abbrennschweißen *n*
flasher automatischer Blinklichtschalter *m*
flasher lamp 1. Blitzleuchte *f*; 2. Blinkleuchte *f* (Kfz)
flashing light signal Blinksignal *n*
flashlight 1. Blitzlicht *n*; 2. Taschenlampe *f*
flashlight pointer Lichtzeiger *m* (zur Projektion)
flat 1. flach; eben; 2. matt, stumpf (Farbton); kontrastlos, flau (Fotografie); 3. erschöpft (Batterie)
flat anode Flachanode *f*
flat-bed colour-scanner Flachbett- -Farbabtaster *m*
flat cable Flachkabel *n*, Bandkabel *n*
flat coil Scheibenspule *f*, Flachspule *f*
flat display panel flacher Bildschirm *m*
flat pack Flachgehäuse *n*
flat-pack sealer Flachgehäuseverschlussmaschine *f*
flat plug-connector system Flachsteckverbindersystem *n*
flat screen *(Fs)* Flachbildschirm *m*, TFT- -Bildschirm *m*, flaches Display *n* (neben TV auch bei PC und Laptop; siehe auch: TFT LCD)
flat-square screen *(Fs)* flacher Rechteckbildschirm *m*, Rechteckflachbildröhre *f*
flat television panel flacher Fernsehbildschirm *m*
flat-top sampling Abtastung *f* mit Rechteckimpuls (Abtastimpulse haben flaches Dach; Gegensatz: natürliche Abtastung mit Impulsdach wie Signalverlauf)
flat tuning Grobabstimmung *f*, unscharfe Abstimmung *f* [Einstellung *f*]
flat-type battery Flachbatterie *f*
flatrate Flatrate *f* (zeit- und mengenunabhängige Tarifierung)
flex Litze *f*, Anschlussschnur *f*, Verbindungsschnur *f*

flexible armoured cable bewehrtes flexibles Kabel *n*
flexible bus bar Seilsammelschiene *f*
flexible carrier *(Me)* flexibler Träger *m*
flexible cord Verbindungsschnur *f*, Anschlussschnur *f*; Pendelschnur *f* (für Leuchten)
flexible printed circuit board flexible Leiterplatte *f*, Leiterkarte *f*
flick contactor Wischkontakt *m*, Wischrelais *n*
flicker *v* flackern; flattern; flimmern
flicker effect Flickereffekt *m*, Flackereffekt *m*; Flimmereffekt *m*
flicker-free TV *(Fs)* 100-Hz-Technik *f* (flimmerfreies Bild durch höhere Bildwiederholfrequenz)
flickering lamp Flimmerlampe *f*
flight control system Flugleitsystem *n*
flight track Flugbahn *f*
flip *v* (um)kippen *(Multivibrator)*
flip chip Flip-Chip *m* (Bauelement mit nach unten gerichteter aktiver Seite)
flip-flop Flipflop *n*, bistabiler Multivibrator *m*, bistabiler Trigger *m*, bistabile Kippschaltung *f*
flit-plug Wanderstecker *m*
floating 1. erdfrei, ungeerdet; 2. schwimmend; schwebend
floating action *(Rt)* (angenähertes) Integralverhalten *n*, I-Verhalten *n*
floating address *(Dat)* gleitende Adresse *f*
floating avalanche-injection MOS transistor FAMOS-Transistor *m*, FAMOST *m*
floating control *(Rt)* Integralregelung *f*, I-Regelung *f*, Regelung *f* mit I-Regler, astatische Regelung *f*
floating-gate avalanche-injection metal-oxide semiconductor Floating-Gate-Lawineninjektion- -Metall-Oxid-Halbleiter *m*, FAMOS
floating-gate avalanche(-injection) MOS transistor FAMOS-Transistor *m*, FAMOST *m*
floating-gate transistor Floating-Gate- -Transistor *m*, Schwebegatetransistor *m*, Transistor *m* mit isolierter Steuerelektrode
floating-gate-tunnel-oxide, MOSFET *(Me)* Speicher-MOS Transistor *m* (mit isoliertem Gate und Tunneloxid)

floating grid Gitter *n* ohne Potenzial, offenes Gitter *n* (Vakuumröhre)
floating-ground erdfrei, massefrei
floating point *(Dat)* Gleitkomma *n*, gleitendes Komma *n*
floating-point operations per second Gleitkommaoperationen *fpl* [Operationen *fpl*] je Sekunde (Maß für Rechnerleistung)
floating speed *(Rt)* Stellzeit *f* (I-Regler)
flooding Überflutung *f* (Routingprinzip, Grenzfall)
floodlight 1. Flutlicht *n*; Scheinwerferlicht *n*; 2. Scheinwerfer *m*
floppy disk Floppydisk *f*, Floppy-Disk *f*, Diskette *f*, flexible Magnet(speicher)platte *f*, Folienspeicher *m*
flow acoustics Strömungsakustik *f*
flow chart Flussdiagramm *n*, Flussplan *m*, Ablaufdiagramm *n*; Datenflussplan *m*, Rechenplan *m*
flow diagram Ablaufdiagramm *n*, Flussdiagramm *n*, Flussbild *n*
flow label Flussmarkierung *f* (für CoS/QoS)
flow pattern 1. Feldbild *n*, Stromlinienbild *n*, Strömungsbild *n*; 2. Flussbild *n*; Ablaufschema *n*
flow soldering Schwalllöten *n*, Fließlöten *n*
fluctuation Schwankung *f*, (zeitliches) Schwanken *n*
fluid Fluid *n*, fließendes Medium *n*
fluid-borne sound flüssigkeitsübertragener Schall *m*, Schall *m* in Flüssigkeit
fluid friction Flüssigkeitsreibung *f*
fluorescence Fluoreszenz *f*
fluorescent fluoreszierend; Fluoreszenz...; Leucht...
fluorescent display Fluoreszenzanzeige *f*
fluorescent lamp Leuchtstofflampe *f*
fluorescent screen Leuchtschirm *m*, Fluoreszenzschirm *m*
flush circuit eingelegte Schaltung *f* (Leiterplatte)
flush device box Unterputzdose *f*
flush-mounting instrument Einbauinstrument *n*
flush printed circuit board Leiterplatte mit eingelegtem [eingepresstem] Leiterbild

flush-type instrument
Einbauinstrument n; versenkbares Instrument n

flushable antenna *(Ko)* versenkbare Antenne f

flutter 1. Flattern n, Unruhe f; Vibrieren n; 2. *(Ak)* (schnelle) Tonhöhenschwankungen fpl

flutter and wow *(Ak)* Jaulen n (Gleichlaufschwankungen z. B. beim Magnettongerät)

flux 1. Fließen n, Fluss m; 2. *(Et, Ph)* (magnetischer) Fluss m, Strom m; 3. Flussmittel n, Schmelzmittel n; Lötmittel n

flux axis Flussachse f

flux density magnetische Flussdichte f, Induktion f

flux displacement Flussverdrängung f

flux distribution Fluss(linien)verteilung f

flux guide Flusspfad m, Magnetkreis m

flux interlinking (magnetische) Flussverkettung f

flux leakage (magnetische) Kraftlinienstreuung f

fluxed electrode Tauchelektrode f (mit Flussmittel)

flyback Rücklauf m, Strahlrücklauf m (Elektronenstrahlröhre)

flying head gleitender Magnetkopf m

flying lead freie Zuleitung f, Anschlussleitung f

flywheel Schwungrad n, Schwungscheibe f

FM [F.M., f.m., f-m] s. frequency modulation

FM broadcasting *(Fs)* FM-Rundfunk m

FM carrier recording Frequenzmodulationsaufzeichnung f

FM-demodulation *(Fs)* FM-Demodulation f

FM Doppler radar FM-Doppler-Radar n

FM interference Frequenzmodulationsstörung f

FM radar FM-Radar n, frequenzmoduliertes Radar n

FM receiver Frequenzmodulationsempfänger m

FM recording Frequenzmodulationsaufzeichnung f, FM-Aufzeichnung f

FM tape recorder Frequenzmodulationsmagnetbandgerät n, FM-Magnetbandgerät n

focus v fokussieren, bündeln, (punkt)scharf einstellen, im Brennpunkt vereinigen; sich scharf einstellen

focus 1. Brennpunkt m, Fokus m; 2. *(Rt)* Strudelpunkt m *(Phasenebene)* • **in focus** scharf [richtig] eingestellt

focus adjustment Scharfeinstellung f *(Elektronenstrahl)*

focussed beam gebündelter (und gerichteter) Strahl m

focussing Fokussieren n, Fokussierung f, Bündelung f, Scharfabbildung f, Scharfeinstellung f

fog 1. Nebel m; 2. Schleier m (z. B. auf Filmen)

fog bell Nebel(alarm)glocke f

fog head-light *(Ko)* Nebelscheinwerfer m

fog lamp Nebellampe f; Nebelscheinwerfer m

fog light Nebelscheinwerfer m

fog rear-light *(Ko)* Nebel-Rücklicht n (starke rote Heckleuchte)

foil Folie f; Blättchen n

foil capacitor Folienkondensator m

FoIP s. fax over IP

fold-over *(Fs)* Faltenbildung f (der Zeilen); Geisterbild n

foldback *(sl)* Rückspielsignal n (z. B. Orchesterpart bei Solistenaufnahme)

folded dipole gefalteter Dipol m, Schleifendipol m

folder *(Dat)* Ordner m, Datei-Ordner m, Programm-Ordner m, Verzeichnis n

folding reflector *(Licht)* Faltreflektor m, Fächerreflektor m, zusammenschiebbarer Reflektor m

follow current Folgestrom m, Nachstrom m; Ableitstrom m *(Ableiter)*

follow drive Folgeantrieb m

follower 1. Folger m; Folgeregler m, Nachlaufregler m; 2. Folgestufe f, Verstärker m

following *(Fo)* Zielverfolgung f

font *(Dat)* Schriftart f, Darstellung f

food freezer Tiefkühltruhe f, Tiefkühlschrank m

foolproof betriebssicher, narrensicher

foot control Fußsteuerung f, Fußschaltung f

foot-lambert *englische Einheit der Leuchtdichte;* 1 foot lambert = $1/\pi$ cd/m^2

footage indicator Papierlängenanzeiger m *(Längenangabe in Fuß)*
footcandle englische Einheit der Beleuchtungsstärke; *1 fc = 10,76 lx*
footcandle meter s. illumination photometer
footfall *(Ak)* Gehgeräusch n, Geräusch n von Schritten *(Studiotechnik)*
footfall noise Gehgeräusch n
forbidden band verbotenes Band n
force v 1. (er)zwingen, gewaltsam anregen; (an)treiben; 2. *(Dat)* eingreifen *(in den Programmablauf)*
force balance Kraftausgleich m, Kraftkompensation f
force of attraction Anziehungskraft f
force of gravity Schwerkraft f
force-ventilated motor *(Ma)* fremdbelüfteter Motor m
forced-air circulation Luftumwälzung f, erzwungener Luftumlauf m
forced commutation 1. *(Ma)* beschleunigte Stromwendung f; 2. *(Le)* erzwungene Kommutierung f, Zwangskommutierung f
forced excitation erzwungene Erregung f; Stoßerregung f
forced response 1. erzwungene Reaktion f; erzwungenes [forciertes] Ansprechen n; 2. *(Rt)* erzwungener [stationärer] Teil m des Ausgangssignals
forced-ventilated fremdbelüftet
foreign agent Agent m im Fremdnetz *(Komponente bei MobileIP)*
foreign electrolyte Fremdelektrolyt m
forestaller Quittungsschalter m
forestalling switch Quittungsschalter m
forging induction heater Induktionsschmiedeerwärmungsanlage f
fork connection Sechsphasen(gabel)schaltung f
form v formieren *(z. B. Akkumulatoren)*
form 1. Form f, Gestalt f; 2. Formular n, Vordruck m; 3. Spulenkörper m
form factor Formfaktor m
form-wound coil *(Ma)* Formspule f; schablonengewickelte Spule f
formal error formaler Fehler m
format v *(Dat)* formatieren
format *(Dat)* Format n *(Datenanordnung)*
format conversion Formatwandlung f

format identifier Formatkennzeichnung f
formatted *(Dat)* formatiert, formatgebunden
former Spulenkörper m, Wickelkörper m
formula translation *(Dat)* Formelübersetzung f
formulation language *(Dat)* Formulierungssprache f
FORTRAN FORTRAN *(Programmiersprache)*
forward-acting regulator Vorwärtsregler m
forward-bias v in Durchlassrichtung [Vorwärtsrichtung] vorspannen
forward bias Durchlassvorspannung f, Vorwärtsvorspannung f
forward blocking voltage *(Le)* Vorwärtsblockierspannung f
forward breakdown Durchschlag m in Vorwärtsrichtung *(IEC 50-551)*
forward breakover voltage positive Kippspannung f, Zündspannung f
forward case *(Me)* Durchlassfall m
forward channel Vorwärtskanal m
forward characteristic Durchlasskennlinie f; Strom--Spannungs-Kennlinie f in Durchlassrichtung
forward circuit Vorwärtsglied n *(Schaltung zwischen Eingang und Ausgang des Regelkreises)*
forward conductance Durchlassleitwert m, Flussleitwert m
forward current Durchlassstrom m, Vorwärtsstrom m, Strom m in Durchlassrichtung, Flussstrom m
forward direct off-state voltage positive Gleichsperrspannung f
forward gate current Durchlassgitterstrom m; Gitterstrom m in Durchlassrichtung; Gitterstrom m im eingeschalteten Zustand *(Thyristor)*
forward gate voltage Gitterspannung f in Durchlassrichtung, Durchlassgittervorspannung f *(Thyristor)*
forward masking *(Ak)* nachwirkende Verdeckung f *(von Schall)*
forward power loss Verlust m in Durchlassrichtung, Durchlassverlust m; Durchlassverlustleistung f
forward recovery time Durchlassverzögerungszeit f, Durchlassverzug m *(bei*

Halbleiterdioden); Durchlasserholzeit *f*, Vorwärtserholungszeit *f*

forward resistance Durchlasswiderstand *m*, Flusswiderstand *m*

forward sequence number Sendefolgenummer *f*

forward signal 1. *(Rt)* Vorwärtssignal *n*, Signal *n* im Vorwärtszweig *(Regelkreis)*; 2. *(Nrt)* Schaltkennzeichen *n* vorwärts, Vorwärtskennzeichen *n*, Vorwärtssignal *n*

forward voltage Durchlassspannung *f*, Vorwärtsspannung *f*, positive Spannung *f*

forward voltage drop Durchlassspannungsabfall *m*, Spannungsabfall *m* in Durchlassrichtung

forwarding on mobile subscriber no reply *(Ko)* Rufumleitung *f* bei Rufnichtentgegennahme *(z. B. Weiterleitung auf Sprachbox; Anrufbeantworterfunktion beim Handy)*

Foucault current Wirbelstrom *m*, Foucault-Strom *m*

foundation Fundament *n*, Unterbau *m* *(für Maschinen)*; Grundlage *f*, Basis *f*

four-address instruction Vieradressenbefehl *m*

four-arm bridge vierarmige Brücke *f*

four-arm network Vierpol *m*

four-digit display vierstellige Anzeige *f*

four-letter code Vierbuchstabencode *m*

four-phase system Vierphasensystem *n*

four-pole (circuit) Vierpol *m*

four-quadrant converter *Vierquadrant(en)stromrichter *m*

four-quadrant drive *(Ma)* Vierquadrantenantrieb *m*

four-track vierspurig *(Magnetband)*

four-track tape Vierspur(magnet)band *n*

four-wire vieradrig; Vierdraht...

four-wire exchange *(Nrt)* Vierdrahtvermittlung *f*, Fernamtsvermittlung *f*

four-wire system *(Nrt)* V-System *n*, Vierdraht-System *n* *(in der Trägerfrequenztechnik)*

Fourier analysis Fourier-Analyse *f*, fouriersche Zerlegung *f*, harmonische Analyse *f*

Fourier analyzer Fourier-Analysator *m*,

Fourieranalysator *m*, harmonischer Analysator *m* *(Gerät zur Zerlegung periodischer Vorgänge in Sinusschwingungen)*

Fourier transform *(Nrt)* Fourier--Transformierte *f* einer Zeitfunktion

FPS *s.* frames per second

fractional horsepower machine Kleinmaschine *f (Leistung < 750 W)*

fractional number Bruchzahl *f*, Bruch *m*

fractional octave band *(Ak)* Teiloktave *f*, Teiloktavbereich *m*

fractional-pitch winding Sehnenwicklung *f*

fractional representation *(Dat)* Darstellung *f* in Bruchform

fractional-slot winding *(Ma)* Bruchlochwicklung *f*

fractional winding Sehnenwicklung *f*

fragment header Fragment-Kopf *m* *(enthält die Informationen zur Fragmentierungssteuerung, z. B. bei IPv6)*

frame *v* zu einem Datenblock zusammenfassen

frame 1. Rahmen *m*; Leitungsrahmen *m*; 2. *(Et)* Stator *m*; 3. *(Fs)* Halbbild *n*, Teilbild *n*; Bild *n* (Display); 4. Gestell *n*, Gerüst *n* *(z. B. Schaltgerüst)*; Sockel *m*; Montageplatte *f*; 5. Datenblock *m*

frame aerial Rahmenantenne *f*

frame blanking *(Fs)* Halbbildaustastung *f*

frame check sequence, FCS Prüfbitfolge *f*

frame coil *(Fs)* Bild(ablenk)spule *f*

frame connector Steckerleiste *f*

frame-cooled mantelgekühlt

frame flyback *(Fs)* Bildrücklauf *m*

frame frequency *(Fs)* Bild(wechsel)frequenz *f*, Rasterwechselfrequenz *f*

frame length Rahmenlänge *f*

frame monitoring tube *(Fs)* Halbbildkontrollröhre *f*

frame-mounted motor *(Ma)* Gestellmotor *m*

frame slip *(Fs)* Bildschlupf *m*

frame structure Rahmenstruktur *f*, Rahmenaufbau *m* *(bei PCM-Multiplex)*

frame sweep voltage *(Fs)* Bildkippspannung *f*

frame synchronization *(Nrt)* Rahmensynchronisation *f*, PCM-

frame 160

Rahmensynchronisation *f (durch Rahmenkennungswort im Zeitschlitz 0 nach Empfehlung G.704)*
frame time Rahmenzeit *f (Zeit für die Durchführung einer kompletten Rechenoperation)*
frame yoke *(Ma)* Ständerjoch *n*, Jochgestell *n*, Polgestell *n*
frameless gehäuselos
frames per second, FPS Bilder *npl* pro Sekunde *(Maß bei der Wiedergabe von Videosequenzen)*
framing *(Fs)* Bild(strich)einstellung *f*
framing word *(Nrt)* Rahmenkennungswort *n*, PCM--Rahmenkennungswort *n*, RKW *n (im PCM 30-Rahmen im Zeitschlitz 0 nach Empfehlung G.704)*
free *v* befreien, freilassen, freisetzen; ablösen *(z. B. Elektronen)*
free 1. frei; ungehindert; 2. *(Nrt)* unbesetzt
free-air installed cable Freiluftkabel *n*
free angle connector Kabelwinkelstecker *m*
free charge freie [ableitbare] Ladung *f*
free component 1. freie Komponente *f*; 2. *(Rt)* flüchtiger Anteil *m (eines Signals)*
free-field test Freifeldprüfung *f*, Freifeldmessung *f*
free from distortion verzerrungsfrei; verzeichnungsfrei
free-handle circuit-breaker Schalter *m* mit Freiauslösung
free-line signal *(Nrt)* Freizeichen *n*; Freischauzeichen *n*, Frei-Lampe *f*
free-moving freibeweglich
free path freie Weglänge *f*
free-programmable controller freiprogrammierbarer Regler *m*
free push button freier [unbelegter] Druckknopf *m (Drucktastenvorsatz)*
free-running freilaufend; selbsterregt
free-running circuit Freilaufkreis *m*; freischwingende Schaltung *f*
free-running frequency Freilauffrequenz *f*
free subscriber *(Nrt)* freier Teilnehmer *m (nicht besetzt; Freizeichen)*
free-tripping Freiauslösung *f*
free-wheeling arm Freilaufzweig *m (IEC 50-551)*

free-wheeling operation *(Le)* Freilaufbetrieb *m*
freely programmable *(Dat)* frei programmierbar
freephone number *(Nrt)* gebührenfreie Rufnummer *f*
freephone service *(Nrt)* Gebührenübernahme *f* durch B--Teilnehmer
freeware *(Dat)* kostenlose [weiterverbreitbare] Software *f*
freewheel *(Ma)* Freilauf *m*
freeze *v* 1. gefrieren, (ein)frieren, frosten; erstarren, fest [starr] werden; 2. *(Ma)* sich festfressen; 3. halten *(Anzeigewert, Messwert)*
freezer Gefrierapparat *m*; Gefrierschrank *m*; Tiefkühltruhe *f*
freezing Gefrieren *n*; Erstarrung *f*, Erstarren *n*
freezing point Gefrierpunkt *m*, Gefriertemperatur *f*; Erstarrungspunkt *m (einer Schmelze)*
frequency 1. Frequenz *f*, Schwingungszahl *f*, Periodenzahl *f*; 2. Häufigkeit *f*
frequency accuracy Frequenzgenauigkeit *f*
frequency allocation Frequenzzuteilung *f*, Frequenzzuweisung *f*, Frequenzverteilung *f*
frequency allocation plan Frequenzverteilungsplan *m (Festlegungen in Verordnungen zum TKG: FreqZutV, FreqBZBV)*
frequency-amplitude modulation Frequenz-Amplituden-Modulation *f*
frequency analysis *(Rt)* Frequenz(gang)analyse *f*
frequency band Frequenzband *n*
frequency-band allocation Frequenzbandzuweisung *f (durch WARC)*
frequency-band selection Bandauswahl *f*, Frequenzbandauswahl *f*
frequency-band usage *(Ko)* Frequenzbandverwendung *f*
frequency bandwidth Frequenzbandbreite *f*
frequency bridge Frequenzmessbrücke *f*
frequency calibration Frequenzeichung *f*

frequency comparator
Frequenzvergleicher *m*,
Frequenzkomparator *m*

frequency compensation
Frequenzausgleich *m*,
Frequenzkompensation *f*

frequency control 1. Frequenzregelung
f; Frequenzsteuerung *f*; 2.
Frequenzüberwachung *f*

frequency converter
Frequenzumsetzer *m*,
Frequenzumformer *m*,
Frequenzwandler *m*, Umrichter *m*

frequency converter stage
Frequenzumsetzerstufe *f* (TF-Technik);
Mischstufe *f* (Überlagerungsempfang)

frequency correction burst (Ko)
Frequenzkorrekturburst *m* (zur
Frequenz- und Takt-Synchronisation;
142 bit; ohne midamble)

frequency counter 1. Frequenzzähler
m, Frequenzmesser *m*
(Impulszählverfahren); 2.
Häufigkeitszähler *m* (statistische
Gütekontrolle)

frequency cross-over Frequenzweiche
f

frequency cross-talk
Frequenzübersprechen *n*

frequency demodulation (Fs)
Frequenzdemodulation *f*

frequency deviation
Frequenzabweichung *f*; Frequenzhub
m

frequency discriminator Demodulator
m für Frequenzmodulation,
Frequenzmodulationsdetektor *m*

frequency distance Frequenzabstand
m

frequency distortion
Frequenzverzerrung *f*,
Amplitudenfrequenzverzerrung *f*,
lineare Verzerrung *f*;
Dämpfungsverzerrung *f*

frequency divider Frequenzteiler *m*,
Frequenzuntersetzer *m*

frequency doubling
Frequenzverdopplung *f*

frequency drift Frequenzdrift *f*,
Weglaufen *n* der Frequenz

frequency generation
Frequenzerzeugung *f*,
Frequenzaufbereitung *f*

frequency hopping, FH
Frequenzsprungverfahren *n*
(automatischer, codierter
Frequenzwechsel zur Verschleierung)

frequency-modulated
frequenzmoduliert

frequency-modulated carrier (Fs)
frequenzmodulierter Träger *m*

frequency-modulated transmitter (Fs)
FM-Sender *m*, frequenzmodulierter
Sender *m*

frequency modulation
Frequenzmodulation *f*, FM

frequency multiplexing
Frequenzmultiplexverfahren *n* (siehe
FDM)

frequency offset Frequenzversatz *m*,
Frequenzverschiebung *f*

frequency-phase characteristic (Rt)
Frequenzphasenkennlinie *f*

frequency range of hearing
Hörfrequenzbereich *m*

frequency response 1.
Frequenzverhalten *n*, Frequenzgang
m, Frequenzkennlinie *f*,
Frequenzcharakteristik *f*; 2. (Ak)
Übertragungsfrequenzgang *m*,
Frequenzwiedergabe *f*; 3. (Licht)
Kontrastübertragung *f*

frequency scanning receiver
Frequenzbandüberwachungs-
empfänger *m* Wobbelempfänger *m*
(Panoramaempfänger mit grafischer
Anzeige des Empfangsspektrums;
siehe auch: panoramic receiver)

frequency shift 1.
Frequenzverschiebung *f*; 2. Tasthub *m*

frequency shift keying
Frequenzumtastung *f*

frequency spacing Frequenzabstand *m*

frequency sweep Frequenzhub *m*,
Frequenzdurchlauf *m*

frequency tuning Frequenzabstimmung
f

frequency-weighted (Ak)
frequenzbewertet

frequently asked questions *pl*, **FAQ**
häufig gestellte Fragen *fpl*

friction Reibung *f*, Friktion *f*

friction clutch Reib(ungs)kupplung *f*

friction drive Friktionstrieb *m*,
Reibradantrieb *m*

frictional damping Reibungsdämpfung
f

friend-foe identification, FFI *(Fo)* Freund-Feind-Erkennung *f*

fringing Randeinschnürung *f (in Transistoren)*

fritting Frittung *f*, Fritteffekt *m*

frog *(Ee)* Fahrdrahtweiche *f* mit angenäherten Oberleitungen

FROM s. 1. factory-programmable read-only memory; 2. fusible read-only memory

front Front *f (z. B. von Wellen)*; Frontseite *f*, Stirnseite *f*, Vorderseite *f*

front gap *(Ak)* Nutzspalt *m (Tonkopf)*

front illumination Fassadenanstrahlung *f*

front lens Frontlinse *f*

front panel Frontplatte *f*, Vorderplatte *f*, Vorderwand *f*

front pitch Schaltschritt *m (bei Wicklungen)*

front plate Frontplatte *f*

front time Stirnzeit *f (z. B. einer Stoßspannungswelle)*

front-to-back ratio *(Nrt)* Ausblendungsverhältnis *n*, Vor-Rück--Verhältnis *n*

frontal bone *(Ak)* Stirnbein *n (am Warzenfortsatz und Einleitungspunkt für Knochenleitungshörer)*

frost *(Licht)* Mattglasschirm *m*

frosted(-glass) bulb Mattglaskolben *m*, mattierter Kolben *m*

frostproof frostbeständig

FRXD Abkürzung aus: fully automatic reperforator transmitter distributor

fry *v* prasseln, knistern *(Störgeräusche)*

frying arc zischender Lichtbogen *m*

fuel battery Brennstoffbatterie *f*

fuelcell vehicle Brennstoffzellenfahrzeug *n*

full accessibility *(Nrt)* volle Erreichbarkeit *f (bei Koppelfeldern)*

full adder Volladierer *m*

full-automatic vollautomatisch

full bridge circuit *(Me)* Vollbrückenschaltung *f*

full load Vollast *f*, Vollbelastung *f*

full-load short-circuit ratio Nennkurzschlussverhältnis *n*

full-pitch winding Durchmesserwicklung *f*

full rate traffic channel *(Ko)* Verkehrskanal *m* mit voller Übertragungsrate *(22,8 kbit/s im GSM)*

full scale 1. *(Mess)* Skalenvollausschlag *m*, Vollausschlag *m*; 2. *(Dat)* Vollaussteuerung *f*; 3. natürliche Größe *f*

full screen *(Fs)* ganzer Bildschirm

full track Vollspur *f (Tonband)*

full-wave rectifier Vollweggleichrichter *m*, Doppelweggleichrichter *m*, Zweiweggleichrichter *m*

full word ganzes Wort *n (Speichertechnik)*

fully bright deposit *(Galv)* Hochglanzschicht *f*

fully controlled vollgesteuert

fully enclosed (ganz) gekapselt

fully exchange access *(Nrt)* volle Amtszugangsberechtigung *f*, volle Amtsberechtigung *f*

fully restricted subscriber *(Nrt)* nicht amtsberechtigter Teilnehmer *m*

fully routed call attempt *(Nrt)* erfolgreicher Anrufversuch *m*

fully-safe cap-holder fit *Sockelfassung *f* mit Berührungsschutz

function angle elektrischer Drehwinkel *m (Potenziometer)*

function button Funktionstaste *f*, Funktionsknopf *m*

function code *(Dat)* Funktionscode *m*, Operationscode *m*

function digits *(Dat)* funktionelle Ziffern *fpl*

function key Funktionstaste *f*

function plotter Funktionsschreiber *m*

function range Funktionsbereich *m*

function sharing *(Nrt)* Funktionsteilung *f*

function stroke elektrischer Hub *m (Potenziometer)*

function switch 1. Funktionsschalter *m (Schalter in einem Stromkreis)*; 2. Kontrollschalter *m*

function table program Funktionstabellenprogramm *n*

functional area Funktionsfläche *f*

functional block Funktionsblock *m*

functional box Funktionselement *n*, Funktionsblock *m*

functional check Funktionsprüfung *f*

functional diagram 1. Funktionsdiagramm *n*; 2. logisches Diagramm *n*, logischer Plan *m*

functional earth Funktionserde *f*

functional module Funktionsbaugruppe

functional test Betriebsprüfung f, Funktionsprüfung f
functional unit Funktionseinheit f, Basiseinheit f, Funktionsmodul n, funktionelle Einheitsbaugruppe f
fundamental active power Grundwellenwirkleistung f
fundamental circuit Grundstromkreis m, Grundschaltung f
fundamental frequency Grundfrequenz f
fundamental frequency attenuation Grundwellendämpfung f
fundamental harmonic Grundwelle f *(eines periodischen Signals)*; Grundschwingung f
fundamental matrix *(Rt)* Fundamentalmatrix f, Zustandsübergangsmatrix f
fundamental mode Grundtyp m *(einer Welle)*; Grundschwingung f, Grundschwingungsmode f, Grundwelle f
fundamental oscillation Grundschwingung f, Fundamentalschwingung f, Grundwelle f, erste Harmonische f
fundamental power factor *Grundschwingungsleistungsfaktor m
fundamental translation of lattice *(Laser)* Gittertranslation f
fundamental unit Basiseinheit f
fundamental wave Grundwelle f
fuse v 1. (ab)sichern; 2. (ab)schmelzen, verschmelzen; durchschmelzen *(Sicherung)*
fuse 1. Sicherung f, Schmelzsicherung f; 2. Zünder m
fuse base Fassung f, Sockel m, Unterteil n *(einer Sicherung)*
fuse box Sicherungskasten m
fuse carrier Sicherungsgriff m *(Rohrpatronensicherung)*; Schraubkopf m *(Stöpselsicherung)*
fuse cartridge Sicherungspatrone f, Sicherungseinsatz m
fuse characteristic Sicherungskennlinie f
fuse link Schmelzeinsatz m, Sicherungselement n
fuse socket Sicherungssockel m
fuse strip Sicherungsleiste f

fuse switch Sicherungsschalter m, Schalter m mit Schmelzsicherung
fuse time-current characteristic Stromkennlinie f [Auslösekennlinie f] der Sicherung
fuse wire Schmelzdraht m, Sicherungsdraht m, Abschmelzdraht m
fused fibre splice Glasfaserschweißstelle f, LWL--Schweißstelle f
fusegear Sicherungseinrichtungen fpl
fusible schmelzbar
fusible alloy leicht schmelzbare Legierung f, Schmelzlegierung f
fusible arc-welding electrode Abschmelzelektrode f für das Lichtbogenschweißen
fusible cut-out Schmelzsicherung f, Abschmelzsicherung f
fusible read-only memory Festwertspeicher m mit Schmelzbrücken, durch Schmelzverbindung programmierbares ROM n, Schmelzsicherungsfestwertspeicher m
fusing 1. Absichern n, Absicherung f; 2. Schmelzen n, Abschmelzen n; Durchbrennen n *(Sicherung)*
fusion Schmelzen n; Verschmelzung f; Schmelzvorgang m
fusion channel Schmelzkanal m
fusion point Schmelzpunkt m, Erweichungspunkt m
fusion welding Schmelzschweißung f
fusion zone Schmelzzone f
future public land mobile telecommunications system, FPLMTS *(Ko)* zukünftiges öffentliches mobiles Telekommunikationssystem n
fuzzy unscharf, verschwommen, undeutlich, fuzzy
fuzzy control *(Rt)* Fuzzy-Regelung f
fuzzy controller *(Rt)* Fuzzy-Regler m
fuzzy picture unscharfes Bild n
fuzzy set *(Dat, Rt)* unscharfe Menge f, Fuzzy-Menge f
fuzzy system *(Dat, Rt)* unscharfes System n, Fuzzy-System n

G

g g *(SI-fremde Einheit der Beschleunigung; 1 g = 9,81 m/s^{-2})*
GaAs Galliumarsenid *n* *(Halbleiterwerkstoff)*
gain 1. Gewinn *m*, Zunahme *f*; 2. Verstärkung *f*, Leistungsverstärkung *f*, Leistungsgewinn *m*; Antennengewinn *m*; Pegelanstieg *m*; 3. Verstärkungsgrad *m*, Verstärkungsfaktor *m*; 4. Übertragungsfaktor *m*
gain before feedback Rückkopplungsschwelle *f*, maximal mögliche Verstärkung *f* *(ohne Rückkopplungspfeifen)*
gain boundary *(Rt)* Beschränkung *f* des Übertragungsfaktors
gain characteristic Verstärkungskurve *f*; Übertragungskennlinie *f*
gain constant *(Rt)* Verstärkungsfaktor *m*
gain control Verstärkungsregelung *f*
gain-controlled amplification geregelte Verstärkung *f*
gain cross-over frequency *(Rt)* Schnittfrequenz *f* *(bei grafischen Frequenzgangverfahren)*
gain enhancement-mode field-effect transistor Feldeffekttransistor *m* mit Verstärkereffekt, GEMFET *m*
gain loss Verstärkungsabfall *m*, Verstärkungsverlust *m*
Galileo *europäisches Satellitennavigationssystem, ab 2012 in Betrieb*
galvanic galvanisch
galvanic battery galvanische Batterie *f*, Primärbatterie *f*
galvanic cell galvanische Zelle *f*, galvanisches Element *n*
galvanize *v* 1. verzinken, feuerverzinken *(Eisen, Kupfer)*; 2. mit galvanischem Strom behandeln
galvanometer Galvanometer *n*
gamma Gammawert *m*, Kontrastfaktor *m* *(einer Fotografie)*
gamma distribution Gammaverteilung *f*
gang-bonded *(Me)* simultan gebondet
gang switch Mehrfachschalter *m*, Paket(nocken)schalter *m*, Gruppenschalter *m*
gang-tuned gleichlaufend abgestimmt

ganging mechanischer Gleichlauf *m*; mechanische Kupplung *f* *(Kondensator)*
gap 1. Spalte *f*, Lücke *f*, Fuge *f*, Spalt *m*, Luftspalt *m*; 2. *(Me)* Energielücke *f*, verbotenes Energieband *n* [Band *n*]; 3. *(Rt)* Unstetigkeit *f* *(einer Funktion)*; 4. s. spark gap
gap arrester Funkenableiter *m*, Hörnerableiter *m*
gap breakdown voltage Spaltdurchbruchspannung *f*
gap clearance Spaltbreite *f*, Luftspaltbreite *f*, Luftspalt *m*
gap coding *(Nrt)* Pausencodierung *f*
gapless arrester *(Ee)* funkenstreckenloser Überspannungsableiter *m*
gas 1. Gas *n*; 2. Kühlmedium *n*
gas-and-oil-actuated relay Buchholzrelais *n*
gas-blast circuit-breaker Gasstromschalter *m*, Druckgasschalter *m*
gas-blast switch Pressgasschalter *m*, Druckgasschalter *m*
gas bubble Gasblase *f*, Gasbläschen *n*
gas by wire elektronische Motorsteuerung *f*, elektronische Beschleunigungseinrichtung *f* *(Automobiltechnik)*
gas-cooled gasgekühlt
gas discharge Gasentladung *f*
gas filling Gasfüllung *f*
gas-free gasfrei
gas-insulated substation gasisolierte Schaltanlage *f*, SF$_6$-Schaltanlage *f*
gas-isolated cable line gasisolierte Kabelstrecke *f*
gas jet Gasstrahl *m*
gas pocket gasgefüllter Hohlraum *m*, Gaseinschluss *m* *(z. B. im Kabel)*
gas rectifier Gasgleichrichter *m*
gas-tight gasdicht, gasundurchlässig
gas tube Gasröhre *f* *(Ionenröhre)*
gate *v* 1. einblenden, durchlassen *(z. B Impuls)*; 2. gattern, durch ein Gatter verknüpfen; 3. ansteuern *(Elektronenröhre)*
gate *v* **out** ausblenden *(durch Torung)*
gate 1. *(Me)* Gate *n*, Gateelektrode *f*, To n, Torelektrode *f*, Steuerelektrode *f*, Steuerkontakt *m*, g-Pol *m*; 2. Torschaltung *f*, Durchlassschaltung *f*;

Gatter n *(logische Schaltung)*; 3. Ventil n, Absperrventil n *(pneumatischer Regler)*; 4. Gitter n, Sperre f *(Vakuumröhren, Gasentladungsröhren)*

gate array Gate-Array n, Gatteranordnung f, Schaltkreis m mit vom Kunden verbindbaren Logikgattern; Master-Slice n

gate-array circuit Schaltkreis m [Kundenschaltkreis m] mit Gatteranordnung

gate characteristics Gitterkennlinie f, Zündkennlinie f

gate circuit Torschaltung f, Torkreis m, Gateschaltung f, Gatterschaltung f; Auftastschaltung f

gate-controlled rise time Ansteuerungszeit f *(beim Einschalten eines Thyristors)*; Durchschaltzeit f, Einschaltzeit f

gate-controlled turn-off time *(Le)* Ausschaltzeit f *(Thyristor)*

gate-controlled turn-on time *(Le)* Zündzeit f *(Thyristor)*

gate drive unit *(Le)* Ansteuereinheit f *(für IGBT und GTO)*

gate power Steuerleistung f *(z. B. beim Thyristor)*

gate terminal Toranschluss m, Gateanschluss m, Steueranschluss m

gate trigger current (kleinster) Gateeinschaltstrom m, Gitterschaltstrom m, Zündstrom m

gate-triggering *(Le)* Gitteransteuerung f

gate turn-off current Gitterabschaltstrom m

gate turn-off thyristor (vom Gate her) abschaltbarer Thyristor m, gitterabschaltbarer Thyristor m, GTO--Thyristor m

gate turn-off voltage Gitterabschaltspannung f

gate turn-on Gittereinschaltung f

gating 1. Ausblenden n, Austasten n *(Zeitsignale)*; 2. *(Fs)* Impulssperrung f, Strahlsperrung f

gating circuit Torschaltung f, Gateschaltung f, Gitterkreis m

gating pulse Auftast(im)puls m, Tastimpuls m

gating sequence *(Le)* Zündfolge f

gating signal Zündsignal n

gating unit Torbaustein m, Torelement n

gating valve Torröhre f

gauge 1. Eichmaß n, Normalmaß n, Maß n; 2. Messgerät n, Messer m; Messelement n, Messfühler m; Druckmesser m, Manometer n; 3. Pegel m; 4. Eichung f; 5. Drahtdurchmesser m

gauss Gauß n *(SI-fremde Einheit der magnetischen Induktion; 1 G = 10-4 T)*

Gauss error distribution curve gaußsche Fehler(verteilungs)kurve f, Gauß-Kurve f

Gaussian bell distribution gaußsche Verteilung f [Normalverteilung f], Gauß--Verteilung f, normale Dispersion f

Gaussian bell function gaußsche Verteilungsfunktion f, Gauß--Verteilungsfunktion f

Gaussian bell random process gaußscher Zufallsprozess m [Zufallsvorgang m]

Gaussian bell-shaped curve gaußsche Glockenkurve f *(Kurve mit Verlauf wie die Gauß-Verteilungsdichte:* $y = 1/\sqrt{2\pi\delta^2} \exp(-x^2/2\delta^2)$*)*

Gaussian bell theorem gaußscher Satz m *(Vektoranalysis)*

Gc/s *Abkürzung aus: gigacycles per second*

gear Getriebe n, Zahnradgetriebe n; Untersetzungsgetriebe n, Untersetzung f

gear box Getriebe(gehäuse) n, Getriebekasten m; Radschutzkasten m; Schaltgetriebe n

gear ratio Übersetzungsverhältnis n, Übersetzung f *(des Getriebes)*

gear reduction Untersetzung f

geared motor Getriebemotor m

geek *(Dat)* Computerfreak m, Internetfan m

GEMFET s. gain enhancement-mode field-effect transistor

general call *(Nrt)* Ruf m [Anruf m] an alle

general chain code *(Dat)* allgemeiner Kettencode m

general communication wave *(Nrt)* allgemeine Verkehrswelle f

general coverage *(Nrt)* Allwellenempfang m

general data register allgemeines Datenregister n

general interpretative program *(Dat)* allgemeines interpretierendes Programm n

general 166

general packet radio service 3+1, GPRS 3+1 *(Ko)* Paketdatenübertragungsdienst *n* für Handys in GSM-Netzen (mit 3 Download-Zeitschlitzen + 1 Upload--Zeitschlitz) *(bei Handy mit Laptop--Verbindung damit schneller Laptop--Zugang zum Internet)*

general-purpose interface bus universeller Interfacebus *m* [Geräteinterfacebus *m*]

general storage [store] Hauptspeicher *m*

general theory of relativity allgemeine Relativitätstheorie *f*

generalized Nyquist-Cauchy criterion (verallgemeinertes) Stabilitätskriterium *n* nach Nyquist-Cauchy, Nyquist--Chauchy-Kriterium *n*

generate *v* erzeugen; bilden; entwickeln; entstehen

generating capacity (installierte) Leistung *f*

generating routine *(Dat)* erzeugendes Programm *n*

generating station Kraftwerk *n*, Elektrizitätswerk *n*

generator 1. Generator *m*, Stromerzeuger *m*; 2. Schwingungsgenerator *m*, Schwingungserreger *m*; 3. Generator *m* *(Programm, das Anweisungen generiert)*

generator bus bar Generatorsammelschiene *f*

generator output Generatorleistung *f*

generator reference arrow system *n* *(Ee)* Erzeuger-Zählpfeilsystem *n*, EZS

generator set Generatorsatz *m*

generator terminal Generatorklemme *f*

generic encapsulation protocol, GRE generisches Verkapselungs-Protokoll *n* *(zum Verpacken beliebiger anderer Protokolle in IP)*

generic security services application programming interface, GSS-API generisches API *n* für Sicherheitsdienste

gentex *(Abk. für: general telegraphy exchange)* *(Nrt)* Gentex, allgemeine Telegrafievermittlung *f*

geoelectric geoelektrisch

geographic information system

Flächeninformationssystem *n (z. B. in der Energieversorgung)*

geophone *(Fs, Nrt)* Grubenfunktelefon *n*, Bergwerks-Funktelefon *n*

geostationary Earth orbit, GEO *(Ko)* geostationäre Erdumlaufbahn *f*

geostationary meteorological satellite, GMS *(Ko)* geostationärer Wettersatellit *m*

geostationary orbit *(Ko)* geostationäre Umlaufbahn *f* *(äquatoriale Umlaufbahn in 35800km Höhe)*

geostationary satellite *(Ko)* geostationärer Satellit *m*

geostationary satellite orbit, GSO *(Ko)* geostationäre Satelliten-Umlaufbahn *f* *(äquatoriale Umlaufbahn in 35800 km Höhe)*

German global position service Deutscher satellitengestützter Positionsdienst *m*

germanium alloy transistor Germaniumlegierungstransistor *m*

germanium detector Germaniumempfänger *m*

germanium diode Germaniumdiode *f*

germanium rectifier Germaniumgleichrichter *m*

germicidal lamp Entkeimungslampe *f*

get through *v (Nrt)* Anschluss [Verbindung] bekommen, verbunden werden

getter *v* gettern

getter Getter(stoff) *m*, Fangstoff *m*, Auffangstoff *m*

geyser Durchlauferhitzer *m*

GGF s. Global Grid Forum

GGPS s. German global position service

ghost *(Fs)* Geisterbild *n*, Doppelbild *n*, unscharfes Bild *n*

giant aerial Großantenne *f*

giant molecule Riesenmolekül *n*

giant pulse *(Laser)* Riesenimpuls *m*

giant-scale integration *(Me)* Höchstintegration *f*, GSI, Rieseninstegration *f*

gigacycle *Gigahertz *n*

gild *v* vergolden

gill Rippe *f*, Kühlring *m*, Rippenring *m*, Rohrrippe *f (Heizkörper)*

Giorgi system (of units) giorgisches Einheitensystem *n* [Maßsystem *n*], MKSA-System *n*, Meter-Kilogramm--Sekunde-Ampere-System *n*,

absolutes elektrisches Einheitensystem *n*
GIS s. geographic information system
glare *v* (grell) leuchten, strahlen; blenden
glare *(Licht)* blendendes Licht *n*; Blendung *f*; Überstrahlung *f*
glare angle Blendwinkel *m*
glare limitation Blendungsbegrenzung *f*
glare protection Blendschutz *m*
glare shield Blendschutz *m*
glare source Blend(licht)quelle *f*
glareless lighting blendungsfreie Beleuchtung *f*
glass base Glassockel *m*; Glasunterlage *f*
glass-encapsulated verglast, glasgekapselt
glass fibre Glasfaser *f*, Glasfiber *f* (z. B. als Lichtwellenleiter)
glass-fibre-reinforced glasfaserverstärkt
glass filament Glasfaden *m*
glass-insulated glasisoliert
glass insulating film Glasisolierschicht *f*
glass insulator Glasisolator *m*
glass lamp emitter Lampenstrahler *m* mit Glaskolben *(z. B. Infrarotstrahler)*
glass-metal type valve Glas-Metall--Röhre *f*
glass scale Glasmaßstab *m*
glass substrate Glasträger *m*, Glasunterlage *f*, Glassubstrat *n*
glaze 1. Glasur *f*, Überglasung *f*, glasige Oberfläche *f (Isolierkeramik)*; 2. Glätte *f*, Glanz *m*
glide path beacon Gleitwegbake *f*
gliding contact Gleitkontakt *m*
glitch Störimpuls *m*; unerwünschter Signalsprung *m*
glitches Spannungsspitzen *fpl (Störimpulse)*
global area network *(Nrt)* globales Netz *n*
Global Grid Forum, GGF globales Grid--Forum *n*
global hyperbolic navigation system at VLF, OMEGA *(Fo)* OMEGA, globales Hyperbelnavigationsverfahren bei 10 kHz *n (globale Reichweite durch Längstwellenausbreitung zwischen Erde und D-Schicht; 8 Sender)*
Global Navigation Satellite System, GLONASS *(Fo)* gobales Satelliten--Navigationssystem *n (siehe auch: GPS)*
global network *(Nrt)* weltweites Netz *n*, globales Netz *n*
global network navigator *(Dat)* Suchmaschine *f* im Internet
global positioning system Satellitenortungssystem *n (zur Positionierung beweglicher Objekte)*; weltweites Positioniersystem *n*
global system for mobile communication weltweites System *n* für mobilen Funkverkehr *(Europäischer Standard)*
global telecommunications system, GTS *(Ko)* weltweites Telekommunikationssystem *n*
GLONASS *russisches Satellitennavigationssystem n*
glow *v* glühen, glimmen; leuchten
glow Glühen *n*, Glimmen *n*; Glut *f*
glow after discharge Nachglühen *n (Gasentladung)*
glow cathode Glühkatode *f*
glow current Glimmstrom *m*
glow discharge Glimmentladung *f*, Glimmen *n*, Glühkatodenentladung *f*
glow lamp Glimmlampe *f*
glow light Glimmlicht *n*
glow starter (switch) Glimmstarter *m*, Glimmzünder *m (für Leuchtstofflampen)*
glow-to-arc transition *(Licht)* Übergang *m* von der Glimmentladung zur Bogenentladung
glow tube Glimm(entladungs)röhre *f*
GMT s. Greenwich Meridian Time
GNN s. global network navigator
GNSS s. Global Navigation Satellite System
GNU privacy guard, GPG GNU--Datenschutzsystem *n (Implementierung von Sicherheitsfunktionen für E-Mail)*
gobo Schallschirm *m*, seitliche Abschirmung *f (Mikrofon)*
gold alloy plating galvanische Abscheidung *f* von Goldlegierungen
gold-bonded goldkontaktiert
gold doping Golddotierung *f*
gold plating (galvanisches) Vergolden *n*; Goldplattierung *f*
goniometer *(Ak)* Goniometer *n*, Stereosichtgerät *n*

good service area *(Nrt)* Bereich *m* guten Empfangs
governor Regler *m (ohne Hilfsenergie)*
governor-controlled reglergesteuert
GPG s. GNU privacy guard
GPIB s. general-purpose interface bus
GPS s. global positioning system
graded base transistor Transistor *m* mit graduierter [inhomogen dotierter] Basis, Drifttransistor *m*
graded p-n junction allmählicher pn-Übergang *m*
gradient Gradient *m*, Gefälle *n*; Steigung *f*
grading 1. Abstufung *f*, Stufung *f*; 2. *(Nrt)* Staffelung *f*; Mischung *f*; 3. Klassieren *n*, Trennen *n (nach der Korngröße)*
grading apparatus Sortierapparat *m*, Sortiergerät *n*
grading diagram *(Nrt)* Gruppenverbindungsplan *m*, Staffelungsplan *m*
grading ring Abschirmring *m (Isolator)*
grading screen Schirm *m* zur Potenzialsteuerung
grading shield Steuerschirm *m (Potenzialsteuerung)*
graduated arc Bogenskale *f*
Graetz rectifier Gleichrichter *m* in Graetz-Schaltung
grain 1. Korn *n*; Kristallkorn *n*; 2. Körnung *f*
grain boundary Korngrenze *f*
grain growth Kornwachstum *n*
grain orientation Kornorientierung *f*
grain-oriented kornorientiert
Gramme ring grammescher Ring *m*
gramophone Grammofon *n*, Plattenspieler *m*
granular carbon Kohlegrieß *m (Mikrofonkohle)*
granulated carbon Kohlegrieß *m*, Kohlekörner *npl*
graph 1. grafische Darstellung *f*; Diagramm *n (IEC 1082-1)*; Kurve *f*, Kurvenbild *n*; 2. Graph *m (z. B. zur Darstellung von Signalflüssen)*
graph code Graphencode *m (Flussdiagramm)*
graph plotter Kurvenschreiber *m*, Registriergerät *n*, X-Y-Schreiber *m*
grapher Schreiber *m*, Aufzeichnungsgerät *n*

graphic analyzation grafische Analyse *f (z. B. von Widerstandsdefekten)*
graphic character icon *(Ko)* Emoticon *n*, Bild *n* aus ASCII-Zeichen *(z. B. smiley :-)*; für Handy-SMS, E-Mails und Internet-Chat)
graphic computer input grafische Eingabe *f* für Rechner; Bildeingabe *f*
graphic data system grafisches Datensystem *n*
graphic display grafische Anzeige *f*
graphic presentation grafische Darstellung *f*
graphic recording grafische Registrierung *f*
graphic symbol Schaltzeichen *n (z. B. in Stromlaufplänen)*
graphical user interface, GUI grafische Benutzeroberfläche *f*, GUI *(Bildschirm-Bedienungsoberfläche, vom Betriebssystem geliefert; z. B. MS Windows®)*
graphics card *(Dat)* Grafikkarte *f (mit PCI und DVI oder HDMI)*
graphics interchange format, GIF *(Ko)* Grafikaustauschformat *n*, komprimiertes Bilddateiformat *n (komprimiertes Grafik-Format)*
graphite arc Graphitbogen *m*, Euler-Bogen *m*
graphite brush Graphitbürste *f*
graphite carrier *(Me)* Graphitträger *m*
graphite crucible Graphittiegel *m*
graphite electrode Graphitelektrode *f*
graphite melting pot Graphitschmelztiegel *m*
grass Gras *n (Radarstörung)*
grating Beugungsgitter *n*, (optisches) Gitter *n*; Strichplatte *f*
grating imperfection Gitterteilungsfehler *m*
Gray code *(Dat)* Gray-Code *m*
Green function greensche Funktion *f*
greenhouse effect Treibhauseffekt *m*
greenhouse gas Treibhausgas *n*
Greenwich Meridian Time Ortszeit *f* des Meridian von Greenwich, Welt-Zeit *f*, westeuropäische Zeit *f*, WEZ
Greinacher circuit Greinacher-Vervielfacherschaltung *f*
grey absorber Graufilter *n*, Neutralfilter *n*
grey body grauer Strahler *m* [Körper *m*] Graustrahler *m*

grid 1. Gitter n *(Elektronenröhre)*; Intensitätsgitter n *(Klystron)*; 2. *(Ee)* Verbundnetz n; 3. Raster m, Gitternetz n; 4. Schutzgitter n, Rost m
grid bias Gittervorspannung f
grid blocking Gitterblockierung f, Gitterverriegelung f
grid cap Gitteranschluss m, Gitterkappe f *(Röhren)*
grid circuit Gitterkreis m
grid control Gittersteuerung f *(IEC 50-551)*
grid current Gitterstrom m
grid electrode Gitterelektrode f *(Akkumulator)*
grid hum Gitterbrumm m, Gitterbrummen n
grid keying Gittertastung f
grid modulation Gitter(spannungs)modulation f
grid pin Gitterstift m
grid pitch Ganghöhe f [Steigung f] eines Gitters
grid plate Gitterplatte f *(Sammler)*
grid potential Gitterspannung f, Gitterpotenzial n
grid rectifier Gittergleichrichter m
grid security infrastructure, GSI Grid-Sicherheits-Infrastrukur f
grid system 1. *(Ee)* Verbundsystem n; 2. Rastersystem n *(gedruckte Schaltung)*
grid voltage Gitterspannung f, Gitterpotenzial n
gridiron *(An)* Sammelschienennetz n
grille Schutzgitter n, Schutzverkleidung f *(z. B. für Lautsprecher, Mikrofon)*
grind v 1. mahlen, zerkleinern *(z. B. Füllstoffe für Gießharze)*; 2. schleifen
grip Öse f
grommet 1. (isolierte) Durchführung f, Durchführungshülse f; 2. Öse f, Schlaufe f, Befestigungsöse f; 3. Gummidichtung f, Gummidichtungsring m
groove 1. Rinne f, Nut f; Rille f *(z. B. einer Schallplatte)*; 2. Furche f, Gitterfurche f, Gitterstrich f *(Beugungsgitter)*; 3. Isolatoreinkerbung f *(zur Leiterbefestigung)*; 4. Wellenfalle f *(Mikrowellentechnik)*
groove face Rillenoberfläche f; Furchenfläche f

groove sealing-cotter Nutverschlusskeil m
groove spacing 1. Rillenabstand m, Füllgrad m *(Schallplatte)*; 2. Furchenabstand m *(Gitter)*; 3. (optische) Gitterkonstante f
ground v *(AE) (Me)* erden
ground 1. Boden m; Grund m; Erde f, Erdoberfläche f; 2. *(Et) (AE)* Erde f, Masse f; Erdleitung f, Erdung f, Erdschluss m
ground absorption Bodenabsorption f, Erdbodenabsorption f
ground-air radio link *(Fs, Ko)* Boden-Bord-Funkverbindung f
ground antenna *(Fo)* Erdantenne f, Bodenantenne f *(z. B. für das OMEGA-Navigationsverfahren)*
ground attenuation Bodendämpfung f
ground-based direction finder Bodenpeilgerät n
ground conductor *(AE)* Erdungsleitung f *(IEC 50-604)*
ground control *(Fo, Ko)* Bodenstation f, Bodenüberwachungsstation f
ground-controlled interception Bodenkontroll- und Bodenleitradar n
ground noise Eigenrauschen n, Grundgeräusch m
ground-plane aerial Groundplane-Antenne f, horizontal polarisierte Antenne f, Vertikalstrahler m
ground pressure pick-up Bodendruckgeber m
ground radar set Bodenradargerät n
ground ray *(Nrt)* Bodenwelle f
ground screen Reflektorschirm m *(z. B. bei Spulenantennen)*
ground station Bodenstation f, Bodenfunkstelle f
ground telegraphy Erdtelegrafie f
ground term Grundterm m *(Atom)*
ground wave 1. *(Nrt)* Bodenwelle f, direkter Strahl m; 2. *(Fo)* Direkteinstrahlung f
ground-wave range Bodenwellenreichweite f
ground-wave reception Bodenwellenempfang m
ground-wave transmission *(Fs)* Bodenwellenübertragung f
grounded geerdet
grounded-anode amplifier Anoden(basis)verstärker m

grounded-base circuit Basisschaltung f
grounded-collector amplifier Kollektor(basis)verstärker m
grounded-emitter circuit Emitter(basis)schaltung f
grounded-gate amplifier Gateverstärker m, Gatebasisverstärker m
group 1. Gruppe f; 2. (Nrt) Primärgruppe f, Bündel n
group address Gruppenadresse f (Multicast-Adresse)
group affiliation (Nrt) Bündelzuordnung f
group carrier Gruppenträger m
group code Gruppencode m
group communication Gruppenkommunikation f
group delay Gruppenlaufzeit f, Gruppenverzögerung f; Laufzeitverlängerung f
group drive Gruppenantrieb m
group filter Gruppenfilter n
group link (Nrt) Gruppenverbindung f
group number Sammelrufnummer f
group III-V semiconductor AIII-BV--Halbleiter m
group switch Gruppenschalter m
group velocity Gruppengeschwindigkeit f
groupware Groupware f (Software und Systeme zur Unterstützung der Zusammenarbeit in Gruppen)
grow v 1. (auf)wachsen, entstehen; ziehen, züchten (Kristalle); 2. wachsen, ansteigen
growing (Me) Wachsen n; Züchten n, Züchtung f (Kristalle)
grown gezüchtet (Kristall)
grown junction transistor gezogener Flächentransistor m [Transistor m]
growth 1. Wachstum n (z. B. von Kristallen); 2. Wachsen n, Zunahme f, Anstieg m
GSI s. grid security infrastructure
GSM 900 (Ko) digitales Mobilfunknetz n im 900 MHz-Bereich (nach GSM--Standard); D-Netz® f
guard v sichern, schützen; mit Schutzvorrichtung(en) versehen
guard Schutzvorrichtung f, Schutz m; Schutzschild m, Schutzgitter n (z. B. einer Leuchte)

guard band Schutzband n, Sicherheitsband n (zwischen Frequenzbändern)
guard bit Schutzbit n
guard circuit 1. Schutzstromkreis m; 2. (Nrt) Überwachungsleitung f
guard digit (Dat) Schutzziffer f, Prüfbit n
guard electrode Schutzelektrode f
guard resistor Schutzwiderstand m
guard ring (elektrostatischer) Schutzring m, Schutzringelektrode f, Hilfselektrode f
guard wire Schutzdraht m
guarding effect Abschirmwirkung f
guidance Leitung f; Lenkung f, Führung f; Steuerung f
guidance system Leitsystem n, Führungssystem n
guide 1. Leiteinrichtung f, Führung(svorrichtung) f; 2. Hohlleiter m, Wellenleiter m
guide beam Leitstrahl m
guide bearing Führungslager n
guide card (Dat) Indexkarte f, Leitkarte f
guided missile ferngelenkter [gesteuerter] Flugkörper m
guideline (Qu) Leitfaden m
guilt ware (Dat) Schuld-Software f, nicht bezahlte Shareware f
gun 1. Strahler m, Kanone f; 2. Strahlsystem n (Katodenstrahlröhre)
guy v abspannen, verspannen (Maste)
guy Halteseil n, Führungsseil n; Abspannseil n, Spannseil n, Ankerseil n (eines Mastes)
guy anchor Abspannanker m (Freileitungsmast)
guy cable Abspannseil n, Ankerseil n
guy insulator Pardunenisolator m
gyrator (Me) Gyrator m

H

H-network symmetrisches T-Glied n, Vierpol m in H-Schaltung, H-Glied n
H-type cable Einleiter-H-Kabel n, Höchstädter-Kabel n
H$_{10}$-wave (Nrt) H$_{10}$-Welle f, H$_{10}$-Mode m (niedrigster Wellentyp im Rechteck--Hohlleiter mit λ_{max} = 2b ; b = Breite; meistverbreitet)
HAC s. hearing-aid compatibility
hail-induced attenuation (Fs)

hair crack Haarriss *m*
half adder Halbaddierer *m*
half-cell Halbzelle *f*, Halbelement *n* (Batterie)
half current Partialstrom *m*, Halbstrom *m*
half-cycle Halbperiode *f*; Halbwelle *f*, Halbzyklus *m*
half-duplex Halbduplex *m*
half-duplex radiocommunication (Nrt) Halbduplex-(Sprech-)Funkverkehr *m* (Handapparate, Fax, PC-Daten- und Internet-Zugang)
half-element Halbzelle *f* (Sammler)
half-integer halbzahlig
half-integral halbzahlig
half-open slot halb offene Nut *f*
half-plane Halbebene *f*
half power cut-off frequency Grenzfrequenz *f* für 3 dB Abfall
half rate (Ko) halbe Übertragungsrate *f* (noch nicht eingeführte Mobilfunksprachübertragung mit 4,97 kbit/s mit CELP-Codierung)
half rate traffic channel (Ko) Verkehrskanal *m* mit halber Übertragungsrate (14,4 kbit/s im GSM Übertragungsrate; damit doppelte Kanalzahl möglich)
half-space Halbraum *m*
half-track Halbspur *f* (Tonband)
half-wave 1. Halbwelle *f*; 2. Halbstufe *f* (Polarographie)
half-wave dipole (Fs) Schleifendipol *m*, Faltdipol *m* ($R_t=300\Omega$); λ/2-Dipol *m*, Lambda-Halbe-Dipol *m* (Breite λ/2; $R_t=75\Omega$)
half-wave rectification Halbwellengleichrichtung *f*, Einweggleichrichtung *f*
Hall angle Hall-Winkel *m*
Hall effect Hall-Effekt *m*
Hall probe Hall-Sonde *f*
Hall voltage Hall-Spannung *f*, Hall--Urspannung *f*
halt Halt *m*, Stillstand *m*; Haltepunkt *m*
ham (sl) Funkamateur *m*, Radioamateur *m*
hammer break wagnerscher Hammer *m*, Hammerunterbrecher *m*
hand-actuated handbetätigt
hand cable Handkabel *n*

hand-carried transceiver (Ko) Handfunksprechgerät *n*
hand control Handregelung *f*, Handsteuerung *f*, Regelung *f* [Steuerung *f*] von Hand
hand-held radio telephone (Ko) Handfunktelefon *n*, Handfunkfernsprecher *m*, Handy *n* (für ehemaliges analoges C- oder digitales D- und E-Netz)
hand-keyed handgetastet (Telegrafie)
hand-powered handgetrieben, handbedient
hand receiver Handempfänger *m*
hand rule Handregel *f*, Dreifingerregel *f*
handheld cordless telephone Handfunktelefon *n*, Hand--Funktelefon *n*
handle Handgriff *m*, Griff *m*; Kurbel *f*
handling noise Störgeräusch *n* durch Bewegung (Mikrofon)
handset Handgerät *n*; Handapparat *m*; Telefonhörer *m*
handset dialling (Nrt, Ko) Wählen *n* am Handapparat
handset profile Freispracheinrichtung *f*
handsfree set (Nrt) Freispracheinrichtung *f*, Freisprechgarnitur *f* (für Handy oder Call-Center-Operator; bestehend aus Mikrofon und Kopf- oder Ohrhörer)
handshake (Dat) Quittierung *f*
handwriting recognition Handschrifterkennung *f* (Informationsverarbeitung)
handwritten information handgeschriebene Informationen *fpl*
handy-talkie Kleinstfunksprechgerät *n*, tragbares Sende-Empfangs-Gerät *n*
hard 1. hart; 2. (Ak) nicht reflektierend, schallhart; 3. energiereich, durchdringend (Strahlen)
hard disk Festplatte *f* (starre, nicht flexible Magnetplatte im Gegensatz zur Diskette)
hard disk drive, HDD Festplattenlaufwerk *n* für PCs (für Speicherung und Wiedergabe von Dateien auf der Festplatte)
hard keying Harttastung *f* (Telegrafie)
hard lead Hartblei *n*
hard of hearing system Schwerhörigenanlage *f*

hard   172

hard plating 1. Hartverchromen *n*; 2. Hartvernickeln *n*
hard solder Hartlot *n*
hard superconductor harter Supraleiter *m*
hardboard Hartpappe *f*; Hartfaserplatte *f*
harden *v* härten; aushärten (*z. B. Kunststoffe*); erhärten; abbinden (*z. B. Beton*)
hardener Härter *m*; Härtemittel *n*, Härtungszusatz *m*
hardness 1. Härte *f*; Härtezahl *f*, Härtegrad *m*; 2. Güte *f* des Vakuums (*Röhren*)
hardware 1. (*Dat*) Hardware *f*, Gerätetechnik *f*, Geräte *npl*; 2. Kleinteile *npl*; Metallteile *npl* (*z. B. Armaturen*)
hardware compatible hardwarekompatibel, gerätekompatibel
hardware device Bauteil *n* (*EN 61082*)
hardware failure Gerätefehler *m*
hardware floating-point arithmetic verdrahtete Gleitkommaarithmetik *f*
hardware unit Geräteeinheit *f*
harmonic harmonisch
harmonic 1. (*Et*) *Oberschwingung *f*, Harmonische *f*; 2. harmonische Komponente *f*, Fourier-Komponente *f*
harmonic absorber Filterkreis *m*, Filter *n*
harmonic analysis harmonische Analyse *f*, Fourier-Analyse *f*, Oberwellenanalyse *f*; Frequenzanalyse *f*
harmonic analyzer harmonischer Analysator *m*, Fourier-Analysator *m*, Oberwellenanalysator *m*
harmonic filter Oberwellenfilter *n*, Oberwellensieb *n*, Oberschwingungsfilter *n*
harmonic interference Oberwellenstörung *f*, Oberschwingungsstörung *f*
harmonic interference suppression Oberwellenfunkentstörung *f*
harmonic response diagram Ortskurve *f* des Frequenzganges
harmonic suppression (*Le*) Oberschwingungsunterdrückung *f*
harmonic suppression circuit Siebkreis *m* (*Sender*)

harmonic torque Oberwellendrehmoment *n*
harmonics Oberschwingungen *fpl*
harmonized standard abgestimmter Standard *m*
harness Kabelbaum *m*; Kabelsatz *m*
hash Störsignale *npl*
hazard *Gefahr *f* (*in elektrischen Anlagen*)
HCI s. human-computer interaction
HD VDM s. high-density versatile multilayer disc
HDD s. hard disk drive
head 1. Kopfteil *n*, Kopf *m*; 2. Druckhöhe *f*; Säule(nhöhe) *f* (*z. B. Wasser oder Quecksilber*); 3. Fallhöhe *f*, Gefälle *n* (*Wasserkraftwerk*)
head amplifier Vorverstärker *m*, Kopfverstärker *m*
head telephone set (*Nrt*) Kopfsprechgarnitur *f* (*für Freisprechen*)
header 1. Kappe *f*, Deckel *m*; Gehäuse *n*; Sockel *m* (*Transistor*); 2. (*Dat*) Dateianfangssatz *m*, Kopfsatz *m*; Briefkopf *m* (*Teil einer E-Mail*)
header statement Kopfanweisung *f*
headlight Scheinwerfer *m*; Fernlicht *n*
headphone Kopfhörer *m*, Hörer *m*
headrace 1. Obergraben *m* (*Kraftwerk*); 2. Fallwasser *n*
hearing Hören *n*, Hörvermögen *n*; Gehör *n*
hearing aid Hörhilfe *f*, Hörapparat *m*
hearing-aid compatibility, HAC (*Ko*) Hörgerätkompatibilität *f*
hearing impaired system Schwerhörigenanlage *f*
hearth Herd *m*
heat *v* erwärmen; beheizen; sich erwärmen, warm [heiß] werden
heat 1. (*Ph*) Wärme *f*; 2. *s*. heating
heat accumulator Wärmespeicher *m*
heat breakdown Wärmedurchschlag *m*, Durchschlag *m* durch Erhitzung
heat coil 1. Heizspule *f*, Heizwicklung *f*; Hitzdrahtspule *f*; 2. Feinsicherungseinsatz *m*
heat conduction Wärmeleitung *f*
heat current Wärmestrom *m*, Wärmefluss *m*
heat drop Wärmegefälle *n*
heat emission Wärmeausstrahlung *f*, Wärmeabgabe *f* (*durch Strahlung*)
heat engine Wärmekraftmaschine *f*

heat flux Wärmefluss *m*
heat gradient Wärmegefälle *n*
heat input Wärmezufuhr *f*
heat-insulating wärmedämmend, wärmeisolierend
heat-insulating jacket Wärmeschutz *m*, Isoliermantel *m*
heat insulator Wärmedämmstoff *m*, Wärmeisolator *m*, Wärmeschutzmittel *n*
heat output Wärmeabgabe *f*; Wärmeleistung *f*, Wärmeausbeute *f*
heat-proof wärmebeständig, warmfest, wärmefest, hitzebeständig, hitzefest; temperaturbeständig
heat-protecting filter Wärme(schutz)filter *n*
heat-radiating wärmestrahlend
heat recovery Wärmerückgewinnung *f*, Weiternutzung *f* von Wärme, Abwärmeverwertung *f*
heat regeneration Wärmerückgewinnung *f*
heat sink Wärmesenke *f*; Wärmeableitvorrichtung *f*, Wärmeabfuhrelement *n*; Kühlvorrichtung *f*, Kühlkörper *m* (*z. B. für Transistoren oder Dioden*)
heat source Wärmequelle *f*
heat storage Wärmespeicherung *f*
heat treatment Wärmebehandlung *f*, Warmbehandlung *f*, thermische Behandlung *f*; Temperung *f*, Vergütung *f*
heat unit Wärme(mengen)einheit *f*
heater Heizkörper *m*, Heizvorrichtung *f*; Erhitzer *m*, Ofen *m*; Heizfaden *m* (*Katode*); Heizelement *n*, Heizleiter *m*
heater coil Heizspule *f*; Heizspirale *f*, Heizschlange *f*; Heizwendel *f* (*Röhren*)
heater plug Glühkerze *f* (*für Dieselmotoren*)
heating Heizen *n*, Heizung *f*, Aufheizung *f*; Erhitzung *f*; Erwärmung *f*
heating filament Heizfaden *m*, Heizdraht *m*, Glühdraht *m*
heating test Erwärmungsprüfung *f*, Erwärmungsversuch *m*
heavily damped stark gedämpft [bedämpft]
heavy anode Massivanode *f*
heavy current Starkstrom *m*
heavy-current engineering Starkstromtechnik *f*

heavy-loaded (*Nrt*) schwer besputt (*Kabel*)
Heaviside layer E-Schicht *f*, E--Ionosphärenschicht *f*, Heaviside--Schicht *f* (*100 - 130 km Höhe; LF- und MF-Reflexion; f_c = 3 MHz am Tag, f_c = 0,3 MHz in der Nacht*)
height finder (*Fo*) Höhenmessgerät *n*, Höhenmessradar *n*
height finding radar Höhenmessradar *n*, Höhenbestimmungsradar *n*
helical aerial Wendelantenne *f*, Spiralantenne *f*
helical line 1. Schraubenlinie *f*; 2. Wendelleitung *f*
helical motor Schraubgewinde(reluktanz)motor *m*
helipot (*Mess*) Mehrgangpotenziometer *n*
helium discharge tube Heliumentladungsröhre *f*
helix Wendel *f*; Schraubenlinie *f*
helix parametric amplifier parametrischer Verstärker *m* in Wendelform
hemi-anechoic room schalltoter [reflexionsfreier] Raum *m* mit reflektierendem Boden
henry Henry *n*, H (*SI-Einheit der Induktivität*)
hermaphrodite connector Zwitterstecker *m*, Zwittersteckverbinder *m*
hermetic motor Kühlschrankmotor *m*
hermetically closed [sealed] hermetisch abgeschlossen [dicht], luftdicht verschlossen
hertz Hertz *n*, Hz (*SI-Einheit der Frequenz*)
heterodyne *v* überlagern
heterodyne analyzer Überlagerungsanalysator *m*, Analysator *m* für konstante absolute Bandbreite
heterodyne receiver Überlagerungsempfänger *m*, Superhet *m*
heterojunction (*Me*) Heteroübergang *m*
heteropolar 1. (*Et*) heteropolar, wechselpolig; 2. (*Ch*) heteropolar
heterostatic circuit [method] heterostatische Schaltung *f*, Quadrantenschaltung *f* (*bei elektrostatischen Instrumenten*)

hexadecimal-coded

hexadecimal-coded nibble hexadezimal codiertes Vierfachbit n (z. B. 1001 ≙ 9, 1110 ≙ E)

hexadecimal-coded octet hexadezimal codiertes Achtfachbit n, hexadezimal codiertes Oktett n (z. B. 1010 0001 ≙ A1)

hexadecimal number hexadezimale Zahl f (0 bis 9, A, B, C, D, E, F; 0000 bis 1111; 0 bis 15)

hexagonal coil sechseckige Spule f

hexaphase sechsphasig

hexode Hexode f, Sechspolröhre f

Heyland diagram Heyland-Diagramm n, Kreisdiagramm n der Asynchronmaschine

hf [h.f., HF, H.F.] s. high frequency

HF band (Fs) Kurzwellenbereich m, Kurzwellenband n (3 MHz - 30 MHz)

HF carrier (Nrt) Träger m, HF-Träger m (sinusförmiges HF-Signal)

HF channel Kurzwellenkanal m

HF communication Kurzwellenverbindung f

HF radio link Kurzwellenfunkverbindung f

HF receiver Kurzwellenempfänger m

HFDF s. high-frequency direction finder

high H-Zustand m, High, Ein, Ein--Zustand m (logischer Zustand H)

high aerial Hochantenne f

high aspect ratio microsystem Mikrostruktur f mit hohem Aspektverhältnis

high rate digital subscriber line, HDSL (Nrt) Teilnehmeranschlussleitung f für hohe Bitraten, digitale Teilnehmerleitung f mit hoher Bitrate (siehe auch: ADSL modem)

high-current transistor Hochstromtransistor m

high-density versatile multilayer disc, HD VMD (Fs, Ko) DVD f hoher Speicherdichte (Kapazität bis zu 100GB; Konkurrenzformat zu Blu-ray und HD-DVD)

high deposition rate hohe Abscheiderate f

high direct voltage Gleichstromhochspannung f

high-energy energiereich, hochenergetisch

high fidelity (Ak) High Fidelity f, Hi-Fi, hohe Klangtreue f [Wiedergabetreue f]

high-frequency hochfrequent; Hochfrequenz..., HF-...

high frequency Hochfrequenz f, HF, Radiofrequenz f

high-frequency direction finder, HFDF (Fo) Kurzwellenpeilgerät n

high-frequency engineering Hochfrequenztechnik f

high-frequency power amplifier HF--Leistungsverstärker m, Kurzwellenleistungsverstärker m

high-frequency radio link Kurzwellenfunkverbindung f

high-frequency receiver Kurzwellenempfänger m

high-frequency signal HF-Signal n, Hochfrequenz-Signal n

high-frequency stage HF-Stufe f, Hochfrequenzstufe f

high-frequency tube generator Hochfrequenzröhrengenerator m

high-frequency welding Hochfrequenzschweißen n

high-fusing hochschmelzend

high level H-Pegel m (logischer Pegel)

high-level language (Dat) Hochsprache f, höhere Programmiersprache f

high-level logic Hochpegellogik f, Logik f mit hohem Störabstand, störsichere Logik(schaltung) f

high-level radio-frequency signal Hochleistungsfunksignal n, Funksignal n mit hohem Pegel

high-level real-time language (Nrt) CHILL, Echtzeit-Hochsprache f

high-level signal Großsignal n, Signal n mit hohem Pegel, High-Signal n

high-level transistor-transistor logic circuit störsichere TTL-Schaltung f

high-pass (Ak) Hochpass m, Hochpassfilter n

high-performance battery Hochenergiebatterie f

high-performance capacitor Hochleistungskondensator m

high performance computing, HPC Hochleistungsrechnen n

high performance parallel interface, HIPPI Hochleistungs-Parallelinterface n

high-power thyristor Hochleistungsthyristor m

high-power transistor
Leistungstransistor *m*
high-pressure arc discharge
Hochdruckbogenentladung *f*
high-pressure boiler Hochdruckkessel *m*
high quality *(Ko)* HQ, Hochqualitäts... *(z. B. HQ-VHS-Kassette)*
high resolution hohes Auflösungsvermögen *n*
high-resolution analogue-to-digital conversion *(Ko)* hochauflösende Analog/Digital-Wandlung *f (bis 24 bit/ Abtastwert; für hochwertige Musik, Präzisions-Messtechnik)*
high-speed circuit 1. *(Dat)* Hochgeschwindigkeitsschaltkreis *m*, High-Speed-Schaltkreis *m*; 2. *(Nrt)* Übertragungsweg *m* für hohe Geschwindigkeiten
high-speed circuit-breaker Schnellschalter *m*
high-speed computer Schnellrechenanlage *f*, Schnellrechner *m*, schneller Rechner *m*
high-speed cutting, HSC Hochgeschwindigkeitsbearbeitung *f (spangebende Bearbeitung)*
high-speed data communication *(Nrt)* Hochgeschwindigkeits--Datenkommunikation *f*
high-speed electric traction Hochgeschwindigkeitselektrotraktion *f*, Hochgeschwindigkeitselektrozug-förderung *f*
high-speed Ethernet *(Nrt)* schnelles Ethernet *n*, Hochgeschwindigkeits--Ethernet *n (schnelles Ethernet: 100 Mbit/s)*
high-speed mobile data, HSMD *(Ko)* Datenübertragungssystem *n* für GSM--Netze *(wie HSCSD, nur von e-plus)*
high-speed reader Schnelllesegerät *n*, Schnellleser *m*
high-speed recorder Schnellschreiber *m*
high-speed storage system Schnellspeichersystem *n*
high-stability hochstabil
high tension Hochspannung *f*
high-tension winding Hochspannungswicklung *f*
high-value(d) resistor Hochohmwiderstand *m*, hochohmiger Widerstand *m*
high voltage Hochspannung *f*
high-voltage accelerator Hochspannungsbeschleuniger *m*
high-voltage laboratory Hochspannungslabor(atorium) *n*
high-voltage switchgear Hochspannungsschaltgerät *n*, Hochspannungsschalteinrichtung *f*, Hochspannungsschaltanlage *f*
high-voltage test Hochspannungsprüfung *f*, Spannungsprüfung *f*
high-voltage test technique Hochspannungsprüfverfahren *n*
higher harmonic höhere Harmonische *f*, Harmonische *f* höherer Ordnung, (harmonische) Oberschwingung *f*
highlights hellste Bildpunkte *mpl*; Spitzlichter *npl*, (helle) Lichter *npl*
highly accelerated electron stark beschleunigtes Elektron *n*
highly damped stark gedämpft [bedämpft]
highly purified hochgereinigt
highs 1. hohe Frequenzen *fpl*; 2. *(Ak)* Höhen *fpl*
highway *(Nrt)* Sammelschiene *f*, Vielfachleitung *f*, Multiplexweg *m*, Highway *m*
hill-and-dale recording *(Ak)* Aufzeichnung *f* in Tiefenschrift, Tiefenschrift *f*
hill-descent control Gefälleregelung *f*
hill-hold control Rückrollkontrolle *f (im Automobil)*
hillock *(Me)* Ätzhügel *m*
hiss Zischen *n*, Rauschen *n (z. B. des Mikrofons)*
hit *(Dat)* Treffer *m*
HLL *s.* 1. high-level language; 2. high--level logic
hoax virus Virus-Ente *f (vermeintlicher Virus, Schaden besteht oft in unnützer Verbreitung der Warnung)*
hoist 1. Hebezeug *n*; 2. Aufzug *m*
hoist overspeed device Aufzugs(über)drehzahlmess-einrichtung *f*
hold *v* 1. (fest)halten; 2. *(Dat)* belegt halten; 3. *(Nrt)* fangen *(Teilnehmer)*; 4. beibehalten, einhalten

hold

hold 1. Halt *m*; 2. Speicherung *f (eines Momentanzustandes)*
hold circuit 1. Haltekreis *m*; 2. *(Rt)* Halteglied *n (Abtastregelung)*
hold current Haltestrom *m*
hold-in contact Haltekontakt *m*
hold key Haltetaste *f*
hold latch 1. Halteklaue *f*; 2. Haltespeicher *m*
hold state *(Nrt)* Halte-Zustand *m*, angehaltener Prozess *m*
hold winding Haltewicklung *f*, Haltespule *f*
holder thread Fassungsgewinde *n*
holding 1. Halten *n*; Festhalten *n*; 2. *(Nrt)* Belegung *f*
holding action *(Rt)* Haltewirkung *f*, Wirkung *f* des Haltegliedes
holding circuit 1. Haltestromkreis *m*, Halteschaltung *f*; 2. *(Nrt)* Warteschaltung *f*
holding code signal *(Nrt)* Belegungskennzeichen *n*
holding coil Haltespule *f*
holding magnet Haltemagnet *m*
holding time 1. Haltezeit *f*, Verweilzeit *f*; 2. *(Nrt, Dat)* Belegungszeit *f*, Belegungsdauer *f*; Speicherzeit *f (Sichtspeicherröhre)*
holdover key Haltetaste *f*
hole 1. Loch *n*, Öffnung *f*; 2. *(Dat)* Lochung *f*, Stanzstelle *f*; Durchführung *f*; 3. *(Me)* Loch *n*, Defektelektron *n (beweglicher positiver Ladungsträger)*
hole capture *(Me)* Löchereinfang *m*, Locheinfang *m*
hole conduction *(Me)* Löcherleitung *f*, Defekt(elektronen)leitung *f*, Mangelleitung *f*, p-Leitung *f*
hole current *(Me)* Löcherstrom *m*, Defektelektronenstrom *m*
hole-electron pair *(Me)* Loch-Elektron-Paar *n*, Defektelektron-Elektron-Paar *n*
hole mobility *(Me)* Löcherbeweglichkeit *f*, Defektelektronenbeweglichkeit *f*
hole punching *(Dat)* Lochstanzen *n*
hole storage 1. *(Dat)* Lochspeicherung *f*; 2. *(Me)* Löcherspeicherung *f*
hole trap *(Me)* Löcherfangstelle *f*, Löcherfalle *f*, Lochfalle *f*
Hollerith card Hollerith-Karte *f*, Hollerith-Lochkarte *f*
hollow anode Hohlanode *f*
hollow cathode Hohlkatode *f*
hollow conductor Hohlleiter *m*, Hohlrohr *n*; Hohlseil *n*
hollow shaft Hohlwelle *f*
hollow-shaft motor drive Hohlwellenantrieb *m*, Ankerhohlwellenantrieb *m*
hollow waveguide Hohl(rohr)leiter *m*, Hohlraum(wellen)leiter *m*, Hohl(rohr)leitung *f*
hologram Hologramm *n*
home Ausgangsstellung *f*, Grundstellung *f*
home address Spuradresse *f*, Ausgangsadresse *f*
home agent Agent *m* im Heimatnetz *(Komponente bei MobileIP)*
home computer Heimcomputer *m*
home data base *(Ko)* Heimatdatenbank *f*
home security system Haussicherheitssystem *n (Einbruchsüberwachung)*
home video Amateurvideo *n*
homepage *(Dat)* vorgegebene erste Seite *f*, Startseite *f (zum Aufruf des WWW-Browsers)*
homocentric pencil homozentrisches Strahlenbündel *n*
homogeneous-base transistor Transistor *m* mit homogener Basis
homogeneous Boolean equation *(Dat)* homogene Boolesche Gleichung *f (rechte Seite ist konstant)*
homojunction *(Me)* Homoübergang *m*
homologation *f* Abnahme, Zulassung
homopolar 1. *(Et)* unipolar, gleichpolig; 2. *(Ch)* homöopolar, kovalent
homopolar generator Unipolargenerator *m*, Gleichpolgenerator *m*
homopolar synchronous machine Gleichpolsynchronmaschine *f*, Synchronmaschine *f* mit Klauenpolen
honey pot Honigtopf *m (Verfahren bei der Computersicherheit, Bereitstellung eines leichten Zieles zum Studium von Angriffsmechanismen und zur Ablenkung)*
honeycomb coil Spule *f* mit Wabenwicklung, Honigwabenspule *f*, Kreuzwickelspule *f*, Wabenspule *f*
honeycomb structure *(Ko)* Honigwabenstruktur *f*, Rautenstruktur

hood-type furnace Haubenofen *m*
hook *(Nrt)* Haken *m*, Gabel *f (für Hörer beim Telefonapparat, mit Gabel- -Umschalter; beim POT)*
hook and eye Haken *m* und Öse *f (für Isolatoraufhängungen)*
hoop drop relay Fallbügel *m*, Fallbügelrelais *n*, Fallbügelregler *m*
hop Sprung *m (Funkwellen)*
horizontal amplifier Horizontal(ablenk)verstärker *m*, Verstärker *m* für waagerechte Ablenkung
horizontal directivity diagram *(Fo)* horizontales Richtdiagramm *n*
horizontal flyback *(Fs)* Zeilenrücklauf *m*
horizontal frequency *(Fs)* Zeilen(ablenk)frequenz *f*
horizontal parity check *(Dat)* horizontale Paritätskontrolle *f* [Gleichheitskontrolle *f*]
horizontal scanning Horizontalabtastung *f*
horizontal sweep *(Fs)* Horizontalablenkung *f*, Zeilenablenkung *f*
horn 1. Horn *n*, Lautsprechertrichter *m*, Schalltrichter *m*; 2. *s.* horn aerial
horn aerial Hornantenne *f*, Hornstrahler *m*, Trichterantenne *f*
horn antenna feed *(Fo, Ko)* Hornspeisestrahler
horn-break switch Streckenschalter *m* mit Hornkontakten *(elektrische Zugförderung)*
horsepower Pferdestärke *f*, PS *(SI- -fremde Einheit der Leistung von Kraft- und Arbeitsmaschinen; 1 PS = 735,498 W)*
horseshoe bearing Segmentdrucklager *n*
hose Schlauchleitung *f*, Schlauch *m*, Anschlussleitung *f (bei wassergekühlten Maschinen)*
hose-proof strahlwassergeschützt
host Zentralrechner *m*
host computer Wirtsrechner *m*
hot 1. heiß; 2. Spannung führend, unter Spannung stehend; 3. hochaktiv, stark radioaktiv
hot cathode Glühkatode *f*, Heizkatode *f*

hot-cathode discharge Glühkatodenentladung *f*
hot junction Heißlötstelle *f*, heiße Lötstelle *f*
hot plate Kochplatte *f*, Heizplatte *f*, Kocher *m*; Wärmeplatte *f*
hot probe Glühsonde *f*
hot quenching Warmbadhärten *n*, Thermalhärten *n*
hot reserve 1. einschaltbereite Reserve *f (Kraftwerk)*; 2. heiße Redundanz *f*
hot spot 1. Wärmepunkt *m*, Wärmestaustelle *f*, Heißpunkt *m*, heiße Stelle *f*; 2. intensiver Lichtfleck *m*, Ort *m* hoher Strahlungsdichte
hot standby *(Dat)* heißes [dauernd bereitstehendes] Ersatzsystem *n*; heiße Reserve *f*
hot start Warmstart *m*
hotlines *(Nrt)* Service-Rufnummern *fpl* für schnelle Hilfe
hotlist *(Dat)* Sammlung *f* von Lesezeichen [Links] auf Homepage
hour meter Zeitzähler *m*, Betriebsstundenzähler *m*
house cable Innenkabel *n*
house-service installation Eigenbedarfs(schalt)anlage *f*
house-service requirement Eigenbedarf *m*
house telephone Haustelefon *n*, Hausfernsprecher *m*
house turbine Hausturbine *f*, Eigenbedarfsturbine *f*
house turbogenerator Hausturbogenerator *m*, Eigenbedarfsgenerator *m*
house wiring Hausinstallation *f*
housed mit Gehäuse, eingehaust
housing 1. Unterbringung *f*; 2. Gehäuse *n*
howl *v* heulen, jaulen, pfeifen
howler *(Nrt)* Heuler *m*; *(sl)* (elektrischer) Summer *m*
HSC *s.* high-speed cutting
hub *(Ma)* Ring *m*, Kranz *m*, Rotorring *m*
hub station *(Nrt)* Zentralstation *f*, Hubstation *f* *("Nabe" bei speichenförmigem oder sternfömigem Netz)*
hula-hoop aerial Ringantenne *f*, Ringdipol *m*
hum Brumm *m*, Brummen *n*, Brummton *m*; Netzbrummen *n*

hum suppression *(Fs)* Netzfrequenzunterdrückung f, Brumm-Unterdrückung f, Entbrummung f
human-computer interaction, HCI Mensch-Maschine-Interaktion f
human error subjektiver Fehler m
humidity control Feuchtigkeitsregelung f
humming Brummen n
hunt v 1. *(Nrt)* (ab)suchen; 2. pendeln *(z. B. um einen Mittelwert)*; 3. (über)schwingen; 4. rütteln, rattern *(Maschine)*
hunter *(Nrt)* Wähler m mit freier Wahl
hunting 1. *(Nrt)* Suchen n, Freisuchen n, freie Wahl f; 2. Pendeln n, Pendelung f, Einpendeln n; Selbstausgleich m; 3. Regelschwingung f; 4. selbsterregtes Schwingen n, Aufschaukeln n; 5. *(Fs)* Bildverschiebung f
HV s. high voltage
h.v. s. high voltage
hybrid 1. Verzweigung(sstelle) f, Verzweigungspunkt m; 2. *(Nrt)* Gabelschaltung f
hybrid balance *(Nrt)* Gabelabgleich m
hybrid circuit Hybridschaltung f
hybrid coil *(Nrt)* Differenzialübertrager m
hybrid computer Hybridrechner m
hybrid computer structure hybride Rechnerstruktur f
hybrid control Hybridregelung f *(Digital--Analog-Regelung)*
hybrid digital-analogue circuit gemischte [hybride] Digital-Analog--Schaltung f
hybrid-digital conversion Hybrid--Digital-Umsetzung f
hybrid four-terminal network Hybridvierpol m
hybrid four-wire terminating set *(Nrt)* Gabelschaltung f
hybrid LED display diskrete [hybride] LED-Anzeige f
hybrid matrix Hybridmatrix f
hybrid network Hybridnetz n
hybrid relay Hybridrelais n
hybrid separation *(Nrt)* Frequenzgleichlage f, Frequenzgleichlageverfahren n
hybrid set Hybridgerät n
hybrid signal Hybridsignal n
hybrid switching *(Nrt)* Gabelschaltung f
hybrid terminal *(Nrt)* Gabelpunkt m
hybrid termination *(Nrt)* Gabel f mit Nachbildung
hybrid transformer *(Nrt)* Differenzialübertrager m, Brückenübertrager m
hybrid transformer loss *(Nrt)* Gabelübergangsdämpfung f
hybrid transition *(Nrt)* Gabelübergang m
hybrid unit Hybrideinheit f
hybrid waves gemischte Wellen fpl, Hybridwellen fpl
hydraulic actuator hydraulisches Stellglied n
hydraulic brake hydraulische Bremse f, Öldruckbremse f
hydraulic capsule Flüssigkeitsdruckmessdose f
hydraulic control hydraulische Steuerung f
hydraulic damping Flüssigkeitsdämpfung f
hydraulic drive hydraulischer Antrieb m
hydraulic friction hydraulische Reibung f, Flüssigkeitsreibung f
hydraulic motor Hydraulikmotor m, hydraulischer [hydrostatischer] Motor m, Hydromotor m
hydraulic pilot valve hydraulisches Steuerventil n
hydraulic piston drive hydraulischer Kolbenantrieb m
hydraulic power actuator hydraulisches Stellglied n, hydraulischer Stellmotor m
hydraulic pressure hydraulischer Druck m, Flüssigkeitsdruck m
hydraulic pressure supply hydraulische Druckzufuhr f
hydraulic pump Hydraulikpumpe f, hydraulische Pumpe f, Druckpumpe f
hydraulic ram hydraulischer Kolben m
hydraulic servo hydraulische Servoregelung f [Regeleinrichtung f]
hydraulic servo valve hydraulisches Steuerventil n [Servoventil n]
hydraulic servomotor hydraulischer Stellmotor m
hydraulic transmission 1. hydraulisches [hydrostatisches] Getriebe n, Flüssigkeitsgetriebe n; 2. hydraulische Übertragung f *(z. B. eines Signals)*

hydraulic valve hydraulisches Ventil *n*
hydraulic valve piston hydraulischer Steuerschieber *m* [Ventilschieber *m*]
hydroacoustics Hydroakustik *f*
hydrocarbon film Kohlenwasserstofffilm *m*
hydrodynamic hydrodynamisch, flüssigkeitsdynamisch
hydrodynamic flow hydrodynamische Strömung *f*
hydroelectric hydroelektrisch
hydroelectric cell Nasselement *n*, hydroelektrisches Element *n*
hydroelectric generating set Wasserkraftmaschinensatz *m*, hydraulische Generatorgruppe *f*, Hydrogenerator *m*, Wasserkraftgenerator *m*
hydroelectric power plant [station] Wasserkraftwerk *n*
hydrogen acceptor Wasserstoffakzeptor *m*
hydrogen arc Wasserstoff(licht)bogen *m*
hydrogen bond Wasserstoff(brücken)bindung *f*
hydrogen bridge Wasserstoffbrücke *f*
hydrogen chloride gas Chlorwasserstoffgas *n*
hydrogen content Wasserstoffgehalt *m*
hydrogen cooler Wasserstoffkühler *m*
hydrogen discharge Wasserstoffentladung *f*
hydrogen discharge lamp s. hydrogen lamp
hydrogen donor Wasserstoffdonator *m*
hydrogen electrode Wasserstoffelektrode *f*
hydrogen gas electrode Wasserstoffelektrode *f*
hydrogen lamp Wasserstoff(entladungs)lampe *f*
hydrogen overvoltage Wasserstoffüberspannung *f*
hydrogen-oxygen (fuel) cell Wasserstoff-Sauerstoff-Zelle *f*, Knallgaselement *n*
hydrogen-resisting wasserstoffbeständig
hydrogen spark gap Wasserstofffunkenstrecke *f*
hydrogen voltameter Wasserstoffcoulometer *n*, Wasserstoffvoltameter *n*
hydrogen welding Wasserstoffschweißen *n*
hydrogenerator Wasserkraftgenerator *m*, Hydrogenerator *m*
hydromagnetic magnetohydrodynamisch, hydromagnetisch
hydrophilic wasserannehmend
hydrophobic wasserabweisend
hydrophone Hydrophon *n*, Unterwasserschallempfänger *m*; Unterwassermikrofon *n*
hydroquinone electrode Hydrochinonelektrode *f*
hydroturbine Wasserturbine *f*
hydrox fuel cell s. hydrogen-oxygen (fuel) cell
hyperbolic exciton hyperbolisches Exziton *n*
hyperbolic position finding *(Fo)* Hyperbelortung *f*, Decca-Verfahren *n*
hyperbolic radio navigation *(Fo)* Hyperbel-Navigation *f* (z. B. OMEGA--Navigationssystem, DECCA-Verfahren und LORAN)
hyperbolic radio position finding *(Fo)* Hyperbel-Funkortung *f*, Hyperbel--Navigation *f* (siehe auch: hyperbolic radio navigation)
hyperbolic system *(Fo)* Differenzentfernungsmessverfahren *n*
hyperfine quantum number Gesamtdrehimpulsquantenzahl *f* (Atom oder Molekül)
hyperframe *(Ko)* Hyperrahmen *m* (besteht nach GSM-Standard aus 2048 Superrahmen)
hyperfrequency electroheating appliance Höchstfrequenz--Elektrowärmeeinrichtung *f*
hyperfrequency engineering Höchstfrequenztechnik *f*
hyperfrequency waves Höchstfrequenzwellen *fpl*
hypersonic Überschall..., Hyperschall...
hypersonic speed (hohe) Überschallgeschwindigkeit *f*, Hyperschallgeschwindigkeit *f*
hyperspace *(Dat)* mathematischer Überraum *m* (mit mehr als drei Dimensionen); gedachter Raum *m* (zwischen den Links, die Dokumente des WWW überbrücken)
hypersynchronous übersynchron

hypertext markup language document, HTML document *(Ko)* Dokument *n* in der Internet--Programmiersprache HTML
hysteresis Hysterese *f*, Hysteresis *f*, Zurückbleiben *n*
hysteresis characteristic Hysteresekennlinie *f*
hysteresis constant Hysteresekonstante *f*, Hysteresiskonstante *f*, Steinmetz--Konstante *f*
hysteresis curve Hysteresiskurve *f*
hysteresis cycle *s.* hysteresis loop
hysteresis energy Hysteresearbeit *f*, Hystereseenergie *f*; Ummagnetisierungsarbeit *f*
hysteresis index Hystereseexponent *m*
hysteresis loop Hystereseschleife *f*; Magnetisierungsschleife *f*
hysteresis loss Hystereseverlust *m*, Nachwirkungsverlust *m*; Ummagnetisierungsverlust *m*
hysteresis meter Hysteresemesser *m*
hysteretic hystereseartig; Hysterese..., Hysteresis...
hysteretic loss *s.* hysteresis loss
Hz *Hertz *n*, Hz *(SI-Einheit der Frequenz)*

I

I-scope Radaranzeigegerät *n* vom Typ I
IASI *s.* infrared atmospheric meteorological satellite
ICI distribution coefficients *s.* CIE distribution coefficients
icon *(Ko)* Piktogramm *n*, Icon *n*, Symbol *n*, Bildschirm-Symbol *n*
iconoscope Ikonoskop *n*, Bildspeicherröhre *f*
idealized characteristic idealisierte Kennlinie *f*
identical particle collision Stoß *m* identischer Teilchen
identification 1. Identifizierung *f*, Erkennung *f*; 2. *(Nrt, Fo)* Kennung *f* *(Signal)*; 3. *(Rt)* Kennwertermittlung *f*; 4. Gleichsetzung *f*
identification beacon Erkennungsfeuer *n*, Erkennungsfunkbake *f*
identification character Kennzeichen *n*
identification light Kennfeuer *n*

identification signal Kenn(ungs)signal *n*, Kennung *f*
identifier gap Zwischenraum *m* *(Floppydisk)*
identify *v* 1. identifizieren, erkennen; 2. gleichsetzen (mit); 3. bestimmen, nachweisen
identity gate *(Me)* Identitätsgatter *n*
I.D.F. *s.* intermediate distribution frame
idiostatic circuit idiostatische Schaltung *f* *(bei elektrostatischen Instrumenten)*
idle *v* leer laufen
idle 1. in Ruhe, außer Betrieb, stillstehend, leer(laufend); 2. *(Et)* wattlos; Blind...; 3. *(Nrt)* unbesetzt; frei
idle bar *(Et)* Blindstab *m*
idle character Leerzeichen *n*
idle-character key Leerzeichentaste *f*, Zwischenraumtaste *f*
idle coil Blindspule *f*, blinde Spule *f*
idle component Blindkomponente *f*
idle condition 1. Leerlaufzustand *m*; 2. *(Nrt)* Freizustand *m*
idle current Leerlaufstrom *m*; Blindstrom *m*, wattloser Strom *m*
idle power Blindleistung *f*
idle running Leerlauf *m*
idling Leerlauf *m*
idling factor *m* Leerlauffaktor
IEC *s.* International Electrotechnical Commission
IEC recommendation IEC-Empfehlung *f*
i.f. [**i-f, IF, I.F.**] *s.* intermediate frequency
ignite *v* zünden; anzünden; (sich) entzünden
igniter Zünder *m*, Zündvorrichtung *f*
ignition Zündung *f*; Entzündung *f*
ignition analyzer Zündungskontrolloszillograph *m*
ignition anode Zündanode *f*, Hilfsanode *f*, Erregeranode *f*
ignition cable Zündkabel *n*
ignition coil Zündspule *f*
ignition gap Zündstrecke *f*
ignition key *(Ko)* Zündschlüssel *m*
ignition lock *(Ko)* Zündschloss *n*
ignition pulse Zündimpuls *m*, Zündstoß *m*; Auslöseimpuls *m*
ignition spark Zündfunke *m*
ignitor Zündstift *m*, Ignitor *m* *(Gasentladungsröhre)*

ignitron Ignitron n, Ignitronröhre f, Zündstiftröhre f
ignore v ignorieren, nicht beachten; auslassen; überlesen *(Informationsverarbeitung)*
ignore instruction Negierbefehl m, Befehl m "Nicht verarbeiten"
illuminance Beleuchtungsstärke f
illuminant 1. Leuchtkörper m, Lichtquelle f; 2. Lichtart f
illuminated arrow pointer Lichtzeiger m
illuminated dial Leuchtskale f
illuminated display Leuchtanzeige f
illumination Beleuchtung f, Ausleuchtung f; Beleuchtungsstärke f
illumination current Hellstrom m
illumination photometer Beleuchtungs(stärke)messer m, Luxmeter n
illuminator Beleuchtungsgerät n, Beleuchtungsapparat m
image v abbilden
image 1. Bild n, Abbildung f; Spiegelbild n; Schirmbild n; 2. symbolische [bildliche] Darstellung f
image aerial Spiegelbildantenne f, imaginäre Antenne f, Bildantenne f
image array Bildmatrix f, Bildanordnung f
image brightness Bildhelligkeit f
image carrier Bildträger m
image changer Bildwandler m
image coding Bildcodierung f
image communication *(Nrt)* Bildkommunikation f
image compression Bildkompression f, Bilddatenkompression f
image converter Bildwandler m
image converter tube Bildwandlerröhre f
image deflection Bildablenkung f
image distortion Bildverzerrung f
image frequency rejection *(Fs)* Spiegelfrequenzunterdrückung f *(durch hohe ZF und gute Vorselektion)*
image iconoscope Bildspeicherröhre f
image of interference Interferenzbild n
image orthicon Superorthikon n, Zwischenbildorthikon n *(speichernde Bildaufnahmeröhre)*
image quality Bildgüte f
image ray Bildstrahl m
image recognition Bilderkennung f
image sharpness Bildschärfe f

image storage Bildspeicherung f
image storing tube Bildspeicherröhre f, Ikonoskop n
image transmission Bildübertragung f
imaginary component Imaginärkomponente m, Imaginärteil m *($\Im\{Z\}$ einer komplexen Größe $Z = X + jY$)*
imaginary part Y, Imaginärteil m, Imaginärkomponente f gegenüber elektromagnetischen Störungen *($\Im\{Z\}$ einer komplexen Größe $Z = X+jY$)*
immediate access *(Dat)* Sofortzugriff m, Schnellzugriff m
immediate-access store Schnellspeicher m, Speicher m mit kurzer Zugriffszeit
immediate addressing *(Dat)* unmittelbare Adressierung f
immediate command Sofortkommando n
immediate instruction *(Dat)* Direktbefehl m
immersion-coil regulator Tauchspulenregler m
immersion cooling Tauchkühlung f
immersion electrode Tauchelektrode f
immersion etching equipment Tauchätzeinrichtung f *(Leiterplatten)*
immersion plating *(Galv)* Eintauchplattierung f, Abscheiden n im Tauchverfahren *(stromlos)*
immittance Immittanz f *(Scheinwiderstand und Scheinleitwert)*
immunity Störfestigkeit f
impact acceleration Stoßbeschleunigung f
impact avalanche and transit-time diode Lawinenlaufzeitdiode f, IMPATT--Diode f
impact avalanche transit time Lawinenlaufzeit f
impact insulation class Trittschallschutzklasse f, Trittschallschutzmaß n
impact-ionize v stoßionisieren
impact noise *(Ak)* Trittschall m
impact printer *(Dat)* Anschlag-Drucker m *(mechanischer Drucker; Nadel-, Typenrad-, Kugelkopf-Drucker)*
impact sound *(Ak)* Trittschall m
impact strength Schlagfestigkeit f, Kerbschlagfestigkeit f; Schlagzähigkeit f

impedance

impedance Impedanz *f*, Scheinwiderstand *m*, Wechselstromwiderstand *m*
impedance drop Kurzschlussspannung *f (Transformator, Drossel)*
impedance earthed neutral system Netz *n* mit Impedanz-Neutralpunkterdung
impedance measuring bridge Scheinwiderstandsmessbrücke *f*
impedance protection Impedanzschutz *m*, Distanzschutz *m*
impedance triangle Widerstandsdreieck *n*; Kurzschlussdreieck *n*
impedance voltage Kurzschlussspannung *f*, Nennkurzschlussspannung *f (Transformator)*
impedance voltage test Kurzschlussspannungsprüfung *f (Transformator)*
imperfect contact schlechter Kontakt *m*
imperfect crystal Realkristall *m*, realer [nicht idealer, gestörter] Kristall *m*
implant *(Me)* Implantationsstoff *m*, Implantat *n*; Implantation *f*
implantation doping *(Me)* Implantationsdotierung *f*
implanted layer *(Me)* implantierte Schicht *f*
implementation *(Dat)* Implementierung *f*, (praktische) Ausführung *f*
impregnant Imprägniermittel *n*, Dichtmittel *n*
impregnation Imprägnierung *f*, Tränkung *f*, Durchtränkung *f*
impress *v* aufdrücken, einprägen, anlegen (z. B. eine Spannung); beaufschlagen (mit einer Spannung)
impressed circuit tiefgelegte Schaltung *f (gedruckte Schaltung)*
impulse 1. *(Et)* Impuls *m*, Stromstoß *m*, Spannungsstoß *m*; 2. *(Ph)* Impuls *m*, Kraftimpuls *m*; 3. *(Ak)* Impulsbewertung *f*, Zeitbewertung *f* "Impuls"
impulse breakdown Stoß(spannungs)durchschlag *m*, Durchschlag *m* bei Stoßspannung, Stoßdurchbruch *m*
impulse breakdown voltage Stoßdurchschlagspannung *f*
impulse circuit Impulsstromkreis *m*, Stoß(strom)kreis *m*, Stoßspannungskreis *m*
impulse contact Impulskontakt *m*, Wischkontakt *m*
impulse counter Impulszähler *m* (z. B. bei Teilentladungsmessungen)
impulse dialling *(Nrt)* IWV *n*, Impulswahlverfahren *n*
impulse discharge Impulsentladung *f*, Stoßentladung *f*
impulse distortion Impulsverzerrung *f*, Impulsverformung *f*
impulse flash-over Stoß(spannungs)überschlag *m*
impulse high-tension generator Hochspannungsimpulsgenerator *m*
impulse response 1. Impulsantwort(funktion) *f*, Stoßantwort(funktion) *f*; 2. Impulsübergangsfunktion *f*, Impulsübertragungsfunktion *f*; 3. Stoßverhalten *n*, Verhalten *n* gegenüber Stoßspannung; 4. *(Ak)* Zeitbewertung *f* "Impuls"
impulse sequence Impulsfolge *f*, Pulsfolge *f*
impulse spark-over Stoßspannungsüberschlag *m*
impulse test Stoßversuch *m*, Stoßspannungsprüfung *f*
impulse train Impulsfolge *f*, Impulsreihe *f*, Pulskette *f*
impulse voltage Stoßspannung *f*
impulse voltage test Stoßspannungsprüfung *f*
impulse wave Stoßwelle *f*
impulse welding Impulsschweißen *n*
impulse withstand voltage Stehstoßspannung *f*
impurity 1. Verunreinigung *f*, Beimengung *f*, Fremdbestandteil *m*; 2 *(Me)* Fremdstoff *m*, Störstoff *m*, (atomare) Störstelle *f*, Fremdstörstelle *f*, Fremdatom *n* (in einem Kristall)
impurity atom Fremdatom *n*, Verunreinigungsatom *n*, Störstellenatom *n*
impurity band Stör(stellen)band *n*
impurity conduction Störstellenleitung *f*
impurity-doped verunreinigungsdotiert
impurity ion Fremdion *n*, Störstellenion *n*
IN Eingabebefehl *m (Programmierung)*

in-band gain *(Me)* Verstärkung *f* innerhalb des Durchlassbandes
in bit mode bitweise
in-built eingebaut
in byte mode byteweise
in-circuit schaltungsintegriert, systemintern
in-dialling *(Nrt)* Einwählen *n*
in-house network *(Nrt)* Hausnetz *n*, Hauskommunikationsnetz *n (Alarm, Videoüberwachung, ISDN-Anschluss mit CT-Station)*
in-line 1. in Reihe geschaltet; 2. mitlaufend; 3. einzeilig
in-line counter Einzeilenzähler *m*
in-line data processing mitlaufende [schrittpaltende] Datenverarbeitung *f*
in-line digital presentation einzeilige Zifferndarstellung *f*
in-line display einzeilige Anzeige *f*
in-line subroutine offenes Unterprogramm *n*
in opposition in Gegenphase
in-phase phasengleich, in Phase, gleichphasig, konphas, phasenrichtig
in-phase (voltage) regulation *f (Ee)* Längsregelung *f*
in-phase (voltage) regulator *(Ee)* Längsregler *m*
in-plant power station *(Ee)* Eigenkraftwerk *n*
incoming ankommend, eingehend
incoming call *(Nrt)* ankommendes Gespräch *n*
in quadrature um π/2 phasenverschoben
in-rush current Einschaltstromstoß *m*
in-rush current limiter Einschaltstrombegrenzer *m*
in-service in Betrieb, in Dienst
in situ am Einsatzort; vor Ort
in-situ testing Vor-Ort-Prüfung *f*
in-slot signalling *(Nrt)* Kennzeichenübertragung *f* durch verteilte Signalkanäle, Signalisierung *f* [Zeichengabe *f*] innerhalb der Zeitlagen
in-wheel motor Radnabenmotor *m (beim Automobil)*
inaudibility Unhörbarkeit *f*
incandescent body Glühkörper *m*
incandescent cathode Glühkatode *f*, Heizkatode *f*
incandescent column Leuchtsäule *f*; Leuchtplasma *n*
incandescent filament Glühfaden *m*, Glühwendel *f*

incandescent lamp Glühlampe *f*
inception stress Anfangsfeldstärke *f*, Einsatzfeldstärke *f (bei TE-Prozessen)*
inching kurzes (wiederholtes) Einschalten *n*, Tastbetrieb *m*, Tippbetrieb *m*
incidence Einfall *m*; Auftreffen *n*, Auffallen *n*
incident einfallend *(z. B. Licht)*; auftreffend
incident Störungsanlass *m (in E--Anlagen)*
incidental radiation devices zufälliger Störstrahler *m*
inclination of picture Bildschiefe *f*
inclination of satellite-orbit *(Ko)* Satellitenumlaufbahnneigung *f (ASTRA 19, 2° Ost; EUTELSAT 13° Ost)*
include status aktiver Zustand *m*
inclusion 1. Einschluss *m*, Inklusion *f*, Einlagerung *f (z. B. in einem Kristall)*; 2. Implikation *f (boolesche Verknüpfung)*
inclusive disjunction Disjunktion *f (Schaltalgebra)*
inclusive OR Disjunktion *f (Schaltalgebra)*; inklusives [eingeschlossenes] ODER *n*
incoming ankommend, eingehend
incoming call *(Nrt)* ankommendes Gespräch *n*
incoming channel ankommender Kanal *m*
incoming data eingehende Daten *pl*
incoming message ankommende Nachricht *f*
incoming position *(Nrt)* Eingangsplatz *m*, Ankunftsplatz *m*, Verbindungsplatz *m*
incoming power ankomme Leistung *f*
incoming signal Eingangssignal *n*, Empfangssignal *n*
incoming toll call *(Nrt)* ankommendes Ferngespräch *n*
incoming trunk call *(Nrt)* ankommendes Ferngespräch *n*
incompatibility Inkompatibilität *f*, Unverträglichkeit *f*, Unvereinbarkeit *f*; Widerspruch *m*
incomplete breakdown Teildurchschlag *m*
increase *v* **as a square of** quadratisch steigen mit

increased

increased safety *(Ma, An)* erhöhte Sicherheit f *(Ex-Schutz)*
increment 1. Zuwachs m, Anwachsen n, Zunahme f; 2. Inkrement n, (positives) Differenzial n *(Mathematik)*
increment size Schrittgröße f
increment store Zuwachsspeicher m
incremental zunehmend, anwachsend; Zusatz..., Zuwachs...; differenziell
incremental display Punktanzeige f, Anzeige f durch Punktreihe
incremental inductance differenzielle Induktivität f, Wechselstrominduktivität f
indepedence of frequency Frequenzunabhängigkeit f
independent actuating variable *(Rt)* unabhängige Einflussgröße f *(z. B. Führungsgröße oder Störgröße)*
independent discharge selbstständige Entladung f
independent power supply *(An)* Eigenversorgung f *(Energie)*
independent program unabhängiges Programm n
independent sideband multichannel system *(Nrt)* Mehrkanalsystem n mit unabhängigen Seitenbändern
independent sideband transmission *(Nrt)* Zweikanal-Einseitenband- -Verfahren n
independent trip unabhängige Auslösung f; Hilfsstromauslösung f
independent variable unabhängige Variable f [Veränderliche f]
index 1. Index m, Kennziffer f; 2. Zeiger m, Anzeiger m; Anzeigevorrichtung f *(Zeiger und Skalenmarke)*; 3. Inhaltsverzeichnis n, Register n
index dot Einstellpunkt m, Einstellmarke f
index graduation Teilstrich m *(Skale)*
index ring Teilscheibe f
index-sequential access mode *(Dat)* indexsequenzieller Zugriff m
index value *(Rt)* Sollwert m
index word *(Dat)* Stichwort n, Schlüsselwort n
indicating accuracy Anzeigegenauigkeit f
indicating circuit Anzeigeschaltung f
indicating control switch Quittungssteuerschalter m

indicating device Anzeigeeinrichtung f, Anzeigegerät n
indicating gap Anzeigefunkenstrecke f *(Ableiter)*
indicating lamp Meldeleuchte f, Anzeigelampe f
indicating range Anzeigebereich m
indicating scale Anzeigeskale f
indicating tube Anzeigeröhre f
indication Anzeige f
indicator 1. Indikator m, Anzeiger m; Anzeigeeinrichtung f, Anzeigegerät n, Sichtgerät n; Anzeigetafel f; Schauzeichen n; 2. *(Nrt)* Fallklappe f
indicator panel Anzeigetafel f, Meldetafel f
indicator relay Melderelais n
indicator release wire Auslösedraht m *(einer Sicherung)*
indicator tube Anzeigeröhre f
indicial admittance [conductance] Kennleitwert m
indiffusion Eindiffusion f, Eindiffundieren n
indirect AC converter *(Le)* Pulswechselrichter m
indirect address *(Dat)* indirekte Adresse f
indirect arc furnace Lichtbogenofen m mit indirekter Heizung
indirect commutation *(Le)* erzwungene Kommutierung f
indirect control Regelung f mit Hilfsenergie, indirekte Regelung f
indirect DC converter *(Le)* indirekter Gleichstromsteller m [Chopper m]
indirect lighting fitting Leuchte f für indirekte Beleuchtung
indirect rectifier *(Le)* Pulswechselrichter m
indirect release indirekter Auslöser m
indirect transition *(Me)* indirekter Übergang m
indirectly controlled telephone system indirekt gesteuertes Fernsprechsystem n
indirectly controlled variable *(Rt)* Hilfsregelgröße f
indirectly cooled indirekt gekühlt
indistinct code character undeutliches Morsezeichen n
indistor Indistor m *(LC-Glied)*
indisturbability Unstörbarkeit f *(Systemanalyse)*

individual axle drive locomotive
Lokomotive f mit Einzelradsatzantrieb
individual beam einzelner Strahl m
individual call Einzel(an)ruf m
individual drive Einzelantrieb m
individual unit Einzelgerät n
indoor Innenraum..., Innen..., Zimmer...
indoor aerial Innenantenne f, Zimmerantenne f
indoor bushing Innenraumdurchführung f
indoor-immersed bushing Innenraumdurchführung f *(einseitig eingebettet)*
indoor installation Innenraumaufstellung f
indoor lighting Innen(raum)beleuchtung f
indoor mounting Innenraumaufstellung f
indoor noise *(Ak)* Lärm m in Gebäuden
indoor operation *(Ko)* Innenraumbetrieb m *(z. B. von CTs)*
indoor radio propagation *(Ko)* Wellenausbreitung f in Gebäuden, Funkausbreitungsverhältnisse npl in Gebäuden *(Reichweite ist abhängig von Sendeleistung und Frequenz; bedeutsam für Handy und Schnurlos--Telefon, CT)*
indoor switchgear *(An)* Innenraumschaltgerät n
indoor wall bushing Innenraumwanddurchführung f
induce v induzieren, hervorrufen, auslösen
induced beam splitting induzierte Strahlenteilung f
induced current Induktionsstrom m, induzierter Strom m
induced voltage induzierte Spannung f, Induktionsspannung f
inductance 1. Induktivität f, induktiver Blindwiderstand m; 2. Selbstinduktivität f; 3. s. inductance coil
inductance box Induktivitätskasten m, Induktivitätssatz m *(für Messzwecke)*
inductance coil Induktionsspule f, Drosselspule f, Induktivität f
inductance coupling induktive Kopplung f
inductance strain gauge induktiver Dehnungsmessstreifen m

induction (elektromagnetische) Induktion f, Induzieren n; Spannungserzeugung f *(erstes maxwellsches Gesetz)*
induction brazing Induktionslöten n
induction channel furnace Induktionsrinnenofen m
induction coil 1. Induktionsspule f; Induktorwicklung f; 2. Funkeninduktor m
induction heater Induktionsheizgerät n
induction loudspeaker (elektro)magnetischer Lautsprecher m, Freischwinger m
induction motor Induktionsmotor m, Asynchronmotor m
induction pump Induktionspumpe f *(z. B. zum Transport flüssiger Metalle)*
induction resistance welding induktives Widerstandsschweißen n
induction ring heater Induktionsringerhitzer m
induction spark Induktionsfunke m
induction tachogenerator Induktionstachogenerator m
inductive induktiv
inductive capacity Dielektrizitätskonstante f
inductive displacement pick-up induktiver Wegaufnehmer m
inductive disturbance induktive Störung f
inductive earthing induktive Erdung f [Sternpunkterdung f], Drosselerdung f, Sternpunkterdung f über eine Drosselspule
inductive feedback induktive Rückkopplung f
inductive impedance induktiver Scheinwiderstand m, Scheinwiderstand m mit induktivem Anteil
inductive interference induktive Störbeeinflussung f
inductive loop Induktionsschleife f
inductive reactance induktiver Widerstand m; Induktanz f, induktiver Blindwiderstand m
inductive shunt induktiver Nebenschluss m [Shunt m]
inductive stabilizer induktiver Vorwiderstand m *(z. B. für Leuchtstofflampen)*
inductive stirrer induktives Rührwerk n

inductive voltage drop induktiver Spannungsabfall *m*
inductivity 1. Induktivität *f*; 2. Spule *f*
inductor 1. Induktionsspule *f*, Drossel(spule) *f*; 2. Induktor *m*, Induktionsheizspule *f*
inductor alternator Turbogenerator *m*
inductor machine Klauenpolmaschine *f*
inductor-type synchronous generator Turbogenerator *m*, Vollpolgenerator *m*
indusistor Indusistor *m* (Transistorschaltung)
industrial alternating current technischer Wechselstrom *m*
industrial consumer Industrieabnehmer *m* (Energie)
industrial frequency technische [normale] Frequenz *f*
industrial power station Industriekraftwerk *n*
industrial radio interference Störung *f* durch Elektrogeräte
ineffective call (Nrt) nicht zustandegekommene Verbindung *f*
inert inert, unwirksam, inaktiv; (reaktions)träge
inert atmosphere Schutz(gas)atmosphäre *f*
inertia Trägheit *f*, Beharrungsvermögen *n*, Beharrung *f*
infant mortality Frühausfall *m* (von Bauelementen)
inferred zero unterdrückter Nullpunkt *m*
infinite adjacent automaton unendlicher Automat *m*
infinite adjacent bus bar steife Netzsammelschiene *f*
infinite adjacent-channel rejection völlige Auslöschung *f* benachbarter Störer (bei Empfängern)
infinite adjacent impulse response filter rekursives Filter *n*, Filter *n* mit Signalrückführung, IIR-Filter *n*
infinite adjacent number unendliche Zahl *f*
infinitely adjustable stufenlos (ein)stellbar
infinity adjustment Unendlicheinstellung *f*
influence 1. (Et) Influenz *f*; 2. Einwirkung *f*, Einfluss *m*
influence machine Influenzmaschine *f*
influence variable (Rt) Einflussgröße *f*
informatics Informatik *f*

information Information *f*, Daten *pl*; Nachrichten *fpl*; Angaben *fpl*, Unterlagen *fpl*
information age Informationszeitalter *n* (durch Internet)
information bit Informationsbit *n*, binäre Informationseinheit *f*
information carrier Informationsträger *m*
information carrying bit (Nrt) informationstragendes Bit *n*, Nutzbit *n*, Datenbit *n*, Informationsbit *n*
information community Informationsgesellschaft *f* (Nachfolger der Konsumgesellschaft)
information content Informationsgehalt *m*, Informationsinhalt *m*, Informationsumfang *m*
information desk (Nrt) Auskunft(sstelle) *f*
information drain Informationssenke *f*
information gain Informationsgewinn *m*
information gathering Informationserfassung *f*, Informationsgewinnung *f*, Informationssammlung *f*
information highway Datenautobahn *f*, Hochgeschwindigkeitsdatennetz *n*
information loss Informationsverlust *m*
information processing Informationsverarbeitung *f*; Datenverarbeitung *f*
information processing centre Rechenzentrum *n*
information quantity Informationsmenge *f*
information rate 1. Informationsgeschwindigkeit *f*; 2. Informationsrate *f*, Informationsmenge *f* je Zeiteinheit
information recording Informationsaufzeichnung *f*
information retrieval Informationswiedergewinnung *f*
information sampling system Informationsabtastsystem *n*
information search Informationssuche *f*, Informationsrecherche *f*
information society Informationsgesellschaft *f* (von Norbert Wiener 1948 geprägter Begriff für die Gesellschaft des 21. Jahrhunderts)
information source Informationsquelle

information technology praktische [angewandte] Informatik f
information technology security evaluation criteria, ITSEC Evaluierungskriterien fpl für die IT--Sicherheit
information transfer [transmission] Informationsübertragung f; Nachrichtenübertragung f
information word Informationswort n, Rechnerwort n, Maschinenwort n
infrared Infrarot n, Ultrarot n; Infrarotbereich m, Infrarotgebiet n
infrared absorption Infrarotabsorption f, IR-Absorption f
infrared atmospheric meteorological satellite, IASI meteorologischer Wettersatellit m (Wetterstation)
infrared cardoor opener/closer (Ko) Infrarot-Autotüröffner m (im Autoschlüssel eingebauter codierter Infrarot-Impulssender)
infrared data association, IrDA Interessenverband m für Infrarot--Datenübertragung (Standardisierungsgremium und Standards zu optischen Schnittstellen für kurze Entfernungen)
infrared detector Infrarotdetektor m, IR-Detektor m, Infrarotstrahlungsmesser m
infrared emitter Infrarotstrahler m, IR--Strahler m
infrared furnace Infrarotstrahlungsofen m
infrared image converter Infrarotbildwandler m, IR-Bildwandler m
infrared interface (Ko) optische Schnittstelle f, Infrarotschnittstelle f (bei Handys und Digitalkameras zum PC bzw. Laptop)
infrared oven Infrarotofen m
infrared photography Infrarotfotografie f
infrared pick-up tube Infrarotbildabtaströhre f, Infrarotaufnahmeröhre f
infrared quenching Löschung f durch Infrarotbestrahlung, Infrarottilgung f (der Photoleitfähigkeit)
infrared radar Infrarotradar n
infrared remote control (Ko) Infrarot--Fernbedienung f (für Radio, Fernseher, VCR)
infrared response Infrarotempfindlichkeit f
infrared search system Infrarotsuchsystem n
infrared-sensitive infrarotempfindlich
infrared soldering Infrarotlöten n
infrared transmission (Nrt) Infrarotlichtübertragung f, IR--Lichtübertragung f, Übertragung f durch Infrarotlicht, Infrarotübertragung f
infrasonic infraakustisch, untertonfrequent, unter dem Hörbereich; Infraschall...
infrasonics Infraschall m
infrasound Infraschall m
inherent acceleration natürliche Beschleunigung f (bei elektrischen Antrieben)
inherent capacitance Eigenkapazität f
inherent characteristic Eigencharakteristik f
inherent distortion Eigenverzerrung f; Apparateverzerrung f
inherent harmonics Eigenharmonische f (z. B. bei Stromrichtern)
inherent noise Eigenrauschen n, Eigengeräusch n
inherent reliability Entwurfszuverlässigkeit f (rechnerisch ermittelter Wert ohne Fertigungsfehler)
inherent safety Eigensicherheit f
inherent stability (Rt) Eigenstabilität f (eines Gliedes)
inherent value Eigenwert m
inheritance Vererbung f (Ableitungsverfahren bei der objektorientierten Programmierung)
inherited error (Dat) mitgeschleppter Fehler m
inhibit v 1. hemmen, hindern, zurückhalten, unterbinden, inhibieren; 2. (Dat) sperren
inhibiting circuit Sperrschaltung f, Sperrgatter n, Inhibitionsschaltung f
inhibition gate (Me) Sperrgatter n
inhibitor 1. Inhibitor m, Hemmstoff m; negativer Katalysator m; Stabilisator m; 2. Sperrglied n
inhomogeneous field inhomogenes Feld n

initial anfänglich, ursprünglich; Anfangs..., Ausgangs...; Null...
initial acceleration Anfangsbeschleunigung f
initial address *(Dat)* Anfangsadresse f, Startadresse f
initial adjustment 1. Anfangseinstellung f; 2. Null(punkt)einstellung f
initial alignment *(Rt)* Anfangsabgleich m, Anfangseinstellung f (z. B. einer Nachformeinrichtung)
initial command Anfangsbefehl m, Startbefehl m
initial dialling delay *(Nrt)* Wählbeginndauer f
initial graphics exchange specification *(Dat)* genormtes Datenformat n (für den Datenaustausch unterschiedlicher CAD/CAM-Systeme); Schnittstelle f IGES (zum hersteller- und anwendungsunabhängigen Austausch grafischer Daten)
initial impulse Anfangsimpuls m
initial nucleus Kristallisationskeim m, Kristallisationskern m
initial permeability Anfangspermeabilität f
initial phase Anfangsphase f
initial short-circuit alternating current Anfangskurzschlusswechselstrom m
initial symmetrical short-circuit alternating current subtransienter Kurzschlusswechselstrom m
initial symmetrical three-phase short-circuit current Stoßkurzschlusswechselstrom m (im Drehstromnetz)
initial torque Anzugs(dreh)moment n, Anlaufdrehmoment n, Startdrehmoment n
initial transient recovery voltage Anfangsverlauf m der Wiederkehrspannung
initial voltage response Anfangserregungsgeschwindigkeit f (bei Erregeranordnungen)
initialization *(Dat)* Initialisieren n, Vorbereitungsprozess m, Einleitungsprozess m
initiation Einsatz m, Einsetzen n, Beginn m; Einleitung f, Auslösung f
injection 1. *(Me)* Injektion f (von Minoritätsladungsträgern); 2. Einschleusen n, Einschießen n, Einspritzen n, Einbringen n (Teilchenbeschleunigung)
injector 1. Injektor m, Injektionsgerät n; 2. Einspritzdüse f
injector Einspritzer m *(Automobiltechnik)*
injure v beschädigen, verletzen
ink cartridge Tintenpatrone f
ink-jet colour-printer Farb--Tintenstrahldrucker m
ink-jet printer Tintenstrahldrucker m
ink-jet printing Tintenstrahldrucken n
ink recorder Tintenschreiber m
ink writer Tintenschreiber m, Farbschreiber m
inlet duct Zuführungskanal m (Kühlluft)
inlet-duct-ventilated über Kühlkanal belüftet
inlet plug Gerätestecker m
inner bremsstrahlung innere Bremsstrahlung f
inner layer Innenlage f *(Spule)*; Zwischenlage f (gedruckte Schaltung)
inner lead bonder *(Me)* Innenbonder m, Innenzuleitung f
inner loop innerer Regelkreis m (in einem System); innerer Zyklus m (eines Programms)
inner pad Innenlötauge n (Leiterplatte)
inoperative nicht in Betrieb (befindlich), abgeschaltet; unwirksam
input 1. *(Et)* zugeführte Leistung f, Eingangsleistung f; Antriebsleistung f; aufgenommene Leistung f, Aufnahme f; 2. *(Dat)* Eingabe f, Input m; 3. Eingang m (z. B. eines Geräts); 4. *(Rt)* Eingangsgröße f; Eingangssignal n
input adapter Eingangsadapter m; Adapter m für Beschleunigungsaufnehmer
input admittance Eingangsadmittanz f, Eingangsscheinleitwert m
input block *(Dat)* Eingabeblock m, Eingabeeinheit f
input code Eingabecode m
input data Eingabedaten pl
input data strobe Eingangsdatenabtastimpuls m, Eingangsdatenstrobe m
input device Eingabegerät n, Eingabewerk n
input file Eingabedatei f
input-offset current

Eingangsstromnullabweichung f, Eingangs-Offsetstrom m, Eingangs-Fehlstrom m
input-offset voltage Eingangsspannungsnullabweichung f
input-output device Eingabe-Ausgabe-Gerät n, Ein- und Ausgabegerät n, E/A-Gerät n
input-output unit Eingabe-Ausgabe-Einheit f, E/A-Einheit f
input queuing Eingangspufferung f
input socket Eingangsbuchse f
input terminal Eingangsklemme f
input unit Eingabeeinheit f, Eingabeblock m
inquiry 1. (Nrt) Rückfrage f, Nachfrage f; 2. (Dat) Abfrage f
inrush current Einschaltstoßstrom m
insensitive time Totzeit f, Sperrzeit f
insert 1. Einfügung f, Einsatz m, Einschaltung f; 2. Einsatzstück n, Einlage f (Steckverbindung); Einfügungsstück n (Kabel); 3. Einschleifpunkt m (für externes Signal)
insert mode Einfügen n (Schnittmodus bei Aufzeichnung)
insert socket Einbaufassung f (Steckverbindung)
insertion 1. Einfügen n, Einfügung f, Einsetzen n, Einsetzung f; 2. (Me) Zwischenschaltung f, Einschaltung f; 3. Einsatz m, Zusatz m
insertion loss 1. Steckverlust m (Kontakt); 2. (Nrt) Ausschaltverlust m; Einfügungsdämpfung f, Einfügungsverlust m; 3. (Ak) Pegelminderung f (durch eine zwischengeschaltete schall- oder schwingungsdämpfende Einrichtung)
insolation Sonneneinstrahlung f, Sonnenbestrahlung f, Einstrahlung f
inspect v untersuchen, prüfen; besichtigen
inspection (Qu) Untersuchung f, Prüfung f, Durchsicht f; Inspektion f; Aufsicht f
inspection checklist Prüf-Checkliste f
inspection interval (Qu) Prüfintervall n, Prüfzyklus m
inspection opening Mannloch n
inspection record Prüfprotokoll n, Prüfbericht m
install v installieren, aufstellen,

einrichten, anbringen; (ver)legen (eine Leitung)
install v **a line** eine Leitung (ver)legen
install program Installationsprogramm n, Einrichtprogramm n (Setup-Programm zur Programminstallation am PC)
installation 1. Installation f, Aufstellung f, Montage f, Einrichtung f, Einbau m; 2. (installierte) Anlage f, Betriebseinrichtung f, (technische) Ausrüstung f
installation box *Installationsdose f
installation engineering Installationstechnik f
instant digital read-out sofortige Digitalanzeige f
instant digital read response sofortiges Ansprechen n
instantaneous augenblicklich, momentan
instantaneous acceleration Momentanbeschleunigung f
instantaneous breakdown Sofortdurchschlag m
instantaneous change-over switch Momentanumschalter m
instantaneous current Augenblicksstrom m, Momentanstrom m, Augenblickswert m des Stromes
instantaneous display Momentananzeige f, sofortige Anzeige f
instantaneous fuse flinke Sicherung f
instantaneous release unverzögerter Auslöser m
instantaneous short-circuit current dynamischer Grenzstrom m, Stoßkurzschlussstrom m
instantaneous total value of the on-state voltage flüchtiger Wert m der eingeschalteten Spannung
instantaneous trip Schnellauslöser m
instantaneous value 1. Augenblickswert m; Momentanwert m; 2. (Rt) Istwert m
instantaneous voltage Augenblicksspannung f, Momentanspannung f, Augenblickswert m der Spannung
Institute of Radio Engineers (Ko) IRE, Verband m der Radioingenieure (gegründet 1912; Vorläufer des IEEE, gegründet 1963)

instruction

instruction 1. Anweisung f, Gebrauchsanweisung f, Vorschrift f; 2. *(Dat, Rt)* Befehl m

instruction counter Befehlszähler m, Adressenzähler m

instruction decoder Befehlsdecodierschaltung f

instruction file Befehlsdatei f

instruction register Befehlsregister n

instruction sequence Befehlssequenz f, Befehlsfolge f

instruction set Befehlssatz m, Befehlsliste f, Befehlsvorrat m

instruction word Befehlswort n

instrument Instrument n, Apparat m, Gerät n, Vorrichtung f; Messinstrument n, Messgerät n

instrument autotransformer *(Et)* Messwandler m *(in Sparschaltung)*

instrument board Instrumententafel f, Instrumentenbrett n; Schalttafel f; Armaturenbrett n

instrument landing system glidepath *(Fo)* ILS-Gleitweganlage f, Gleitweganlage f des Instrumentenlandesystems *(bis 1995 vom ICAO standardisiert; danach TRSB)*

instrumental accuracy Instrumentengenauigkeit f, Gerätegenauigkeit f

instrumentation Ausrüstung f, [Bestückung f] mit Geräten, Geräteausstattung f

insufficient light indicator Unterschreitungslichtanzeiger m *(Warnsignal für unzureichendes Licht)*

insulant 1. *(Et)* Isoliermaterial n; Isolierstoff m *(IEC 50-151)*; 2. *(Ak, Wä)* Dämmstoff m

insulate v 1. *(Ak, Wä)* isolieren, dämmen; 2. s. isolate 1.

insulated-base transistor Transistor m mit isolierter Basis, IBT

insulated-gate bipolar transistor Bipolartransistor m mit isoliertem Gate

insulated-gate field-effect transistor Feldeffekttransistor m mit isolierter Gate-Elektrode [Torelektrode], Feldeffekttransistor m mit isoliertem Tor, IGFET m

insulating isolierend, Isolier...; nicht leitend; dielektrisch

insulating barrier isolierende Randschicht f

insulating material Isoliermaterial n, Isolierstoff m; Dämmstoff m *(Schall, Wärme)*

insulating strength Isolierfestigkeit f

insulating tape Isolierband n, Isolierstreifen m

insulating varnish Isolierlack m, Tränklack m

insulation 1. *(Ak, Wä)* Dämmung f, Isolierung f; Kapselung f; 2. *(Et)* Isoliermaterial n, Isolierstoff m

insulation breakdown test Durchschlagsversuch m, Durchschlagprüfung f

insulation class *(Et)* Wärmebeständigkeitsklasse f, Isolationsklasse f

insulation co-ordination Isolationskoordination f *(IEC 50-604)*

insulation conduit fitting *Isolierrohrformstück n

insulation material 1. *(Ak)* Dämmstoff m; 2. *(Et)* Isoliermaterial n, Isolierstoff m

insulation test Isolationsprüfung f

insulator 1. Isolator m, Nichtleiter m; 2. Isolator m, Isolierkörper m

insulator arc-over Isolatorüberschlag m

insulator arcing horn Isolatorschutzarmatur f

intake 1. Einlass m, Eintritt m; 2. Aufnahme f *(z. B. von Energie)*; 3. Ansaugen n; 4. Einlassöffnung f

integer-slot winding Ganzlochwicklung f

integral Integral n

integral action *(Rt)* Integralverhalten n, I-Verhalten n, integrierendes Verhalten n, Verhalten n eines I-Gliedes

integral-action controller Integralregler m, I-Regler m, integrierender Regler m

integral control *(Rt)* Integralregelung f, I-Regelung f, integrale Regelung f, Regelung f mit I-Regler

integral control action Integralverhalten n, integrierendes Verhalten n, I-Verhalten n *(eines Reglers)*

integral horsepower machine kleine elektrische Maschine mit einer Leistung von einigen kW

integral-slot winding *(Ma)* Ganzlochwicklung *f*

integrated amplifier-accelerometer Beschleunigungsaufnehmer *m* mit eingebautem Verstärker

integrated amplifier digital exchange *(Nrt)* Vermittlung *f* für ISDN

integrated amplifier digital transmission and switching network *(Nrt)* integriertes digitales Übertragungs- und Vermittlungsnetz *n*

integrated amplifier electronics integrierte Elektronik *f*

integrated amplifier gate bipolar transistor Bipolartransistor *m* mit integriertem Gate, IGBT

integrated amplifier gate-commutated thyristor *(Le)* integrierter gatekommutierter Thyristor *m*, IGCT

integrated amplifier information processing integrierte Informationsverarbeitung *f*

integrated amplifier injection logic integrierte Injektionslogik *f*, IIL, I²L

integrated amplifier injection logic circuit I²L-Schaltung *f*; I²L-Schaltkreis *m*

integrated amplifier logic circuit integrierte logische Schaltung *f*, integrierte Logikschaltung *f*; integrierter logischer Schaltkreis *m*

integrated amplifier mica aufgeschlossener Glimmer *m*

integrated amplifier monolithic circuit *(Me)* Festkörperschaltkreis *m*

integrated amplifier power module *(Le)* integrierter Leistungsbaustein *m*, integriertes Leistungsmodul *n*

integrated amplifier rectifier regulator Gleichrichterregler *m* *(für Batterieladung, Automobiltechnik)*

integrated amplifier routing and bridging, IRB integriertes Routing *n* und Bridging *n*

integrated amplifier services *(Nrt)* Diensteintegration *f*, integrierte Dienste *f*, zusammengefasste Dienste *f* *(Sprach-, Daten-, Text-, Fax-, Bild--Dienste und Mehrwert-Dienste; im ISDN)*

integrated amplifier services digital network *(Nrt)* dienstintegriertes Digitalnetz *n*, ISDN

integrated amplifier services user part *(Nrt)* ISDN-Anwenderteil *m* des Zeichengabesystems Nr. 7

integrated amplifier solid-state circuit integrierte Festkörperschaltung *f*

integrated amplifier touch pad integriertes Berührungsmauskissen *n* *(bei tragbaren PCs, Laptops; statt Maus-Kissen mit Maus)*

integrated electronics piezo electric piezoelektrisch mit integrierter Elektronik *(z. B. Schwingungsaufnehmer)*

integrated services *(Nrt)* Diensteintegration *f*, integrierte Dienste *f*, zusammengefasste Dienste *f*

integrated touch pad integriertes Berührungsmauskissen *n*

integrating amplifier Integrierverstärker *m*, Integrationsverstärker *m*

integrating circuit integrierende Schaltung *f*, Integrierschaltung *f*, Integrationsschaltung *f*, integrierendes Netzwerk *n*

integrating unit Integrationsglied *n*, Integrierglied *n*

integrator 1. Integrator *m*; 2. integrierendes Glied *n*, I-Glied *n*

integrity check, IC Integritätstest *m* *(Element z. B. beim WLAN-Protokoll)*

intelligent control intelligente Regelung *f*

intelligent network *(Nrt)* IN *n*, intelligentes Netz *n* *(Bereitstellung von Telefon-Mehrwertdiensten)*

intelligibility Verständlichkeit *f*, Deutlichkeit *f*

intelligible verständlich, deutlich

intelligible cross-talk verständliches Nebensprechen *n*

INTELSAT *(Ko)* s. International Telecommunication Satellite Organization

intensifier Verstärker *m*

intensitometer Intensimeter *n*, Dosimeter *n* *(Messung von Röntgenstrahlung)*

intensity amplifier Helligkeitsverstärker *m*

intensity microphone Intensitätsmikrofon *n*

intentional electromagnetic interference beabsichtigte

elektromagnetische Störung f *(eines Störsenders)*
inter-arrival time *(Nrt)* Anrufabstand m
inter-die error *(Me)* Fehler m zwischen den Einzelchips
inter-harmonic *(Et)* Zwischenharmonische f
inter-record gap Satzlücke f, Blockabstand m *(Speicher)*
interaction Wechselwirkung f, gegenseitige Beeinflussung f, wechselseitige Einwirkung f, Zusammenwirken n
interaction cross-talk coupling Zwischensprechkopplung f
interaction space Einwirkungsraum m *(Wanderfeldröhre)*
interactive communication interaktive Kommunikation f
interactive display system interaktives Display-System n, Bildschirm m mit Maus, Bildschirm m mit Sensortasten
interactive TV *(Ko)* interaktives Fernsehen n, Dialogfernsehen n
interband Zwischenband n
interblock gap [space] Blocklücke f, Blockzwischenraum m, Blockabstand m *(Magnetband)*
interbus *(Dat, Ko)* Interbus f *(international standardisierter Feldbus der Automatisierungstechnik nach IEC 61158 und DIN 19258 zur Echtzeit--Übertragung von Prozessdaten)*
intercarrier Zwischenträger m
intercarrier channel *(Nrt)* Zwischenträgerkanal m
intercarrier frequency *(Fs)* Differenzträgerfrequenz f
intercarrier interference Differenzträgerstörung f
intercast *(Dat)* Kombination f von TV und Internet *(Kunstwort aus "internet" und "broadcast")*
intercept v 1. abfangen, auffangen; abhören; aufhalten; 2. unterbrechen; 3. *(Nrt)* sperren
intercept announcement *(Nrt)* Bescheidansage f
intercept tone Hinweiston m
intercepting *(Nrt)* Bescheidansage f
intercepting circuit Abfangkreis m *(Laufzeitröhren)*
intercepting station Abhörstelle f

intercepting trunk *(Nrt)* Bescheidleitung f
interception 1. Abfangen n, Auffangen n *(Nachrichten)*; Abhören n; 2. Unterbrechung f
interception-proof *(Nrt)* abhörsicher, abfangsicher *(durch Verschlüsselung oder frequency hopping)*
interception-proof telephone *(Nrt)* abhörsicheres Telefon n
interception service *(Nrt)* Funküberwachungsdienst m, (Funk--)Abhördienst m *(Abhören von Satelliten-, Richtfunk- und Mobilfunk--Verbindungen)*
interchange Austausch m, Auswechslung f; Vertauschung f
interchange power f *(Ee)* Austauschleistung
interchannel cross interference *(Nrt)* Nachbarkanalstörung f
interchannel cross modulation *(Fs)* Kreuzmodulation f
interchannel cross-talk Übersprechen n zwischen den Kanälen, Kanalnebensprechen n
intercom Freisprecheinrichtung f
intercom system *(Nrt)* Nebenstellenanlage f mit Direktzugriff
intercommunicate v in Verbindung bringen; in Verbindung stehen, miteinander verkehren
intercommunication *(Nrt)* (gegenseitige) Verbindung f; Nachrichtenverbindung f; gegenseitiger Verkehr m, Wechselverkehr m
interconnect Zwischenverbindung f, Zwischenträger m
interconnect resistance Verbindungs(leitungs)widerstand m
interconnected capacitance Verbindungskapazität f
interconnected computer network system Rechnerverbundnetz n
interconnected star Zickzacktransformator m
interconnecting 1. Zusammenschalte n, Verbinden n; 2. *(Nrt)* Mischen n
interconnection 1. Verbindung f, Schaltverbindung f; Zusammenschaltung f; Zwischenschaltung f; Kopplung f, Verkopplung f; 2. *(Rt)* Vermaschung

3. *(Ee)* Netzverbund *m*; Verbundnetz *n* *(Verbindung von Energieversorgungsnetzen)*
interconnection layer *(Me)* Verbindungsleitungsschicht *f*
interconnection line Verbindungsleitung *f*, Kopplungsleitung *f*, Koppelleitung *f*
interconnection wiring Verdrahtung *f*, Schaltungsverdrahtung *f*, Verschaltung *f*
intercontinental connection *(Nrt)* interkontinentale Verbindung *f*
intercouple *v* untereinander verbinden; zusammenschalten
intercrystalline corrosion interkristalline Korrosion *f*, Korngrenzenkorrosion *f*
interdialling *(Nrt)* Zwischenwahl *f*
interdigital interval *(Nrt)* Zwischenwahlzeit *f*
interdigitate *v* (fingerartig) ineinandergreifen; verflochten sein; miteinander verflechten
interelectrode Zwischenelektrode *f* (z. B. beim Plasmabrenner)
interelement protection Schutzgradkennzeichen *n*
interexchange traffic Externverkehr *m*
interface *v* anschließen; anpassen
interface 1. Grenzfläche *f*, Berührungsfläche *f*; Zwischenschicht *f*; 2. *(Me)* Schnittstelle *f*, elektronische Anpassungsschaltung *f*, Interface *n*; 3. Anschlussbedingung *f* • **"interface clear"** "Schnittstellenfunktion zurücksetzen"
interface adapter Schnittstellenadapter *m*
interface card *(Nrt)* Schnittstellenkarte *f* *(z. B. PC-ISDN-Anschlusskarte)*
interface chip *(Me)* Interface-Chip *m*, Anpassungschip *m*
interface circuit Schnittstellenschaltung *f*, Anpassungsschaltung *f*
interface compatibility Schnittstellenkompatibilität *f*, Schnittstellenverträglichkeit *f*
interface connections *(Nrt)* Schnittstellenverbindungen *fpl*, Schnittstellensteckverbindungen *fpl*
interface description Schnittstellenbeschreibung *f*
interface driver Schnittstellentreiber *m*

interface module Schnittstellenbaustein *m*; Interfacemodul *n*, Interfacebaustein *m*
interface unit Interfacebaustein *m*, Anschlusseinheit *f*
interfacing kit Schnittstellenbausatz *m*
interfere *v* interferieren, sich überlagern; stören, störend einwirken
interfered signal *(Nrt)* gestörtes Signal *n*
interference 1. *(Et, Ph)* Interferenz *f*, Überlagerung *f*; 2. Störung *f*, Behinderung *f*
interference avoidance Störungsvermeidung *f*
interference characteristic Störcharakteristik *f*
interference current Störstrom *m*
interference effect Störeinfluss *m*
interference fading Interferenzschwund *m*
interference field strength Störfeldstärke *f*
interference filter 1. Interferenz(licht)filter *n*; 2. Störschutzfilter *m*
interference-free störfrei
interference guard band Sicherheitsband *n*, Sicherheitsabstand *m* *(zwischen Frequenzbändern)*
interference immunity Stör(spannungs)festigkeit *f*; Funkstörfestigkeit *f*
interference pick-up *(Nrt)* Störaufnahme *f*
interference-prone störanfällig
interference-proof störungssicher, entstört
interference pulse Stör(im)puls *m*
interference suppression Störungsunterdrückung *f*, Entstörung *f*
interfering wave überlagerte Welle *f*, störende Welle *f*
interferogram Interferogramm *n*
interferometer Interferometer *n*, Interferenzmessgerät *n*
interferometric acoustic sensor Glasfasermikrofon *n*, Fasermikrofon *n* *(in Mach-Zehnder--Interferometeranordnung)*
interferometric fibre-optic hydrophone Glasfaser--Unterwassermikrofon *n* *(in Mach--Zehnder-Interferometeranordnung)*

interior 194

interior communication system inneres Nachrichtensystem *n*
interlace *v* einflechten, verflechten *(z. B. Speicheradressen)*; verschachteln; vernetzen
interlaced recording verschachtelte Aufzeichnung *f*
interlaminar bonding Schichtverband *m (Kunststoffe)*
interlayer Zwischenschicht *f*, Zwischenlage *f*, Einlageschicht *f*
interleaving Codespreizung *f*
interlinked current verketteter Strom *m*
interlinking Verkettung *f*, Verbindung *f (von Systemen)*
interlock 1. Sperre *f*, Sperrung *f*; Verriegelung *f*; Block(ier)ung *f*; Verblockung *f*; 2. *(Dat)* Synchronisiereinrichtung *f*, Synchronisierungsorgan *n*
interlock circuit *s.* interlocking circuit
interlocked distance system Mitnahme-Distanzschutzsystem *n* mit Auslöse- und Sperrsignalübertragung
interlocking Verriegeln *n*; Blockierung *f*; Verblockung *f*
interlocking circuit Verriegelungsschaltung *f*, Verriegelungsstromkreis *m*; Blockierungsstromkreis *m*
interlocking contact Verriegelungskontakt *m (elektrische Verriegelung)*
interlocking switch Verriegelungsschalter *m*
intermediate adapter Zwischenadapter *m*, Zwischenstecker *m*
intermediate band Zwischenband *n*
intermediate call *(Nrt)* Rückfrage *f*
intermediate carrier Zwischenträger *m*
intermediate distribution frame *(Nrt)* Zwischenverteiler *m*
intermediate field Zwischenfeld *n*
intermediate frequency Zwischenfrequenz *f*, ZF
intermediate-high-voltage line *(Ee)* Mittelspannungsleitung *f*
intermediate image Zwischenbild *n*
intermediate layer Zwischenschicht *f*; Zwischenlage *f*
intermediate-line-type arrester Freileitungsableiter *m*
intermediate office *(Nrt)* Zwischenamt *n*

intermediate storage Zwischenspeicherung *f (von Daten)*
intermediate store Zwischenspeicher *m*, Pufferspeicher *m*
intermeshing Vermaschung *f*
intermittent 1. intermittierend, mit Unterbrechung (auftretend), unterbrochen, aussetzend, diskontinuierlich; 2. *(Rt)* unstetig
intermittent action diskontinuierliche [unstetige] Wirkung *f*; Aussetzbetrieb *m*
intermittent contact Wackelkontakt *m*, intermittierender Kontakt *m*
intermittent discharge aussetzende [intermittierende] Entladung *f*
intermittent-duty rating Nennaussetzbetrieb *m*
intermittent earth (fault) aussetzender [intermittierender] Erdschluss *m*
intermittent interference zeitweilige Störung *f*
intermittent light intermittierendes Licht *n*; Blinklicht *n*, intermittierendes Lichtsignal *n*
intermittent load(ing) aussetzende Belastung *f*, Aussetzbelastung *f*, Aussetzlast *f*
intermittent operation Aussetz(er)betrieb *m*, aussetzender [intermittierender, diskontinuierlicher, periodischer] Betrieb *m*, Impulsbetrieb *m*
intermittent periodic duty periodisch aussetzender Betrieb *m*, Durchlaufbetrieb *m* mit Kurzzeitbelastung
intermittent short circuit aussetzender [intermittierender] Kurzschluss *m*
intermodulation Intermodulation *f*, Kreuzmodulation *f*, Zwischenmodulation *f*
intermodulation distortion Verzerrung *f* durch Zwischenmodulation, Intermodulationsverzerrung *f*
intern turn isolation *(Ma)* Lagenisolation *f*, Isolation *f* zwischen den Windungen
internal capacitance 1. Elektrodenkapazität *f*, Kapazität *f* zwischen den Elektroden *(Röhren)*; Wicklungskapazität *f (Spulen)*; 2. *(Rt)* Eigenkapazität *f*
internal circuit 1. innere Schaltung *f*;

innerer Stromkreis *m*; 2. innere Schleife *f (eines Systems)*
internal clock innerer [zentraler] Taktgeber *m*
internal fan Innenlüfter *m*
internal feedback innere Rückwirkung *f (Transistor)*
internal friction Eigenreibung *f*
internal impedance Innenwiderstand *m*
internal impedance drop innerer Spannungsabfall *m*
internal installation Inneninstallation *f*
internal insulation innere Isolation *f (z. B. beim Transformator)*
internal memory interner [eingebauter, innerer] Speicher *m*, Internspeicher *m*, Arbeitsspeicher *m*
internal noise Eigenrauschen *n*
internal state variable Zustandsgröße *f*, Zwischengröße *f*
internal telephone system Haustelefonanlage *f*
international bank account number *(Dat)* IBAN, Internationale Bankkontonummer *f (nach ISO 13616; max. Länge 34 Stellen (in Deutschland 22 Stellen); 2 Buchstaben Ländercode (DE = Deutschland); 2 Ziffern Prüfziffer; 8 Ziffern Bankleitzahl (BLZ); 10 Ziffern Kontonummer)*
international call *(Nrt)* Auslandsgespräch *n*
international candle(power) *s.* candela
international distress frequency internationale Seenotfrequenz *f*
international electrical system of units internationales elektrisches Einheitensystem *n*
International Electrotechnical Commission Internationale Elektrotechnische Kommission *f*, IEC
international long-distance exchange *(Nrt)* internationales Fernamt *n*, Auslandskopfamt *n*
international manned space station, ISS *(Ko)* internationale bemannte Raumstation *f (Orbit-Höhe 400 km; Umlaufdauer 90min)*
international prefix number *(Nrt)* internationale Landeskennzahl *f*, internationale Vorwahlnummer *f (Deutschland: 0049; +49...)*
international protection Schutzart *f (internationaler Standard)*

international roaming *(Ko)* internationales Roaming *n (bei Mobilfunk; automatisches Weiterreichen us im Ausland)*
international space station, ISS *(Ko)* internationale bemannte Raumstation *f (Orbit-Höhe 400 km; Umlaufdauer 90min)*
international standard book number code ISBN-Code *m*, internationale Standardbuchnummer *f* als Strichcode *(10-ziffrige Spezialform von EAN-13 mit Vorzahl 9 78)*
International Standardization Organization Internationale Organisation *f* für Normung, ISO *f (entwickelt und empfiehlt international anerkannte Normen)*
International Telecommunication Satellite Organization, INTELSAT internationale Organisation *f* zur Bereitstellung von ortsfesten Diensten aller Art *(Betreiber von Fernseh- und Fernmeldesatelliten)*
International Telecommunication Union Internationaler Fernmeldeverein *m*
international telephone country code, ITCC *(Nrt)* internationaler Telefon--Ländercode *m*, Landeskennzahl *f*, internationale Vorwahlnummer *f (Deutschland: 049; +49...)*
international telephone network *(Nrt)* internationales Telefonnetz *n*, Auslandstelefonnetz *n*
International Union for Electric Heat Internationale Elektrowärme-Union *f*
internet *(Dat, Nrt)* Internet *n (ein andere Netze verbindendes Netz)*
internet 2 Internetversion *f (geplant)*
internet access *(Ko)* Internet-Zugang *m (über Festnetz oder Handy)*
internet access provider *(Dat)* Provider *m (s.d.)*
internet architecture board, IAB Aufsichtsgremium *n* für Fragen der Internet-Architektur
internet assigned numbers authority, IANA Behörde *f* für die Vergabe von Nummerierungen im Internet
internet cache protocol, ICP Internet-Cache-Protokoll *n (zur Koordinierung mehrerer Web-Caches)*
internet camera *(Ko)* digitale Video-

Kamera f mit USB-PC-Anschluss, WebCam f
internet control message protocol, ICMP Protokoll n für Internet-Steuernachrichten
internet corporation for assigned names and numbers, ICANN Internet-Gesellschaft f für die Vergabe von Namen und Nummern
internet dictionary (Ko) Internet-Wörterbuch n, Online-Wörterbuch n
internet explorer (Dat) Browser m von Microsoft (Konkurrenzprodukt zum Netscape Navigator)
internet highway Datenautobahn f (in USA geprägter Begriff)
internet protocol (Dat) Netzwerkprotokoll n (fast immer in Kombination IP verwaltet Transport der Informationseinheiten im Netz; Zustellung am Zielort erfolgt durch TCP)
internet provider (Ko) Internet-Anbieter m (z. B.: t-online, AOL)
internet research task force, IRTF Arbeitsgruppe f für Forschungsaufgaben zum Internet
internet security association and key management protocol, ISAKMP Protokoll n für Sicherheits-Assoziationen und Schlüsselmanagement (Bestandteil von IPSec)
internet service provider Internet-Dienstanbieter m
internet worm (Dat) Internet-Wurm m (schädliches selbst vervielfältigendes Programm, vergleichbar mit PC-Virus)
interoffice connection (Nrt) Verbindung f zwischen Ämtern
interphase Zwischenphase f; Phasengrenze f, Phasengrenzfläche f
interphase reactor (Le) *Zwischenkreisdrossel f, Ausgleichsdrossel f
interphone system Gegensprechanlage f, Sprechanlage f
interpole Wendepol m
interpreter (Dat) interpretierendes [interpretatives] Programm n; Zuordner m; Übersetzer m
interrogate v (Dat) abfragen
interrogation (Dat) Abfragen n, Abfrage f

interrogation pulse Abfrageimpuls m
interrogation register Abfrageregister n, Abfrageregister n
interrogator 1. Abfragesender m; 2. (Nrt) Abfragegerät n
interrupt v unterbrechen, trennen, ausschalten
interrupt (Dat) Unterbrechung f, Interrupt m(n), Programmunterbrechung f
interrupt command Unterbrechungsbefehl m, Interruptbefehl m
interrupt key Unterbrechertaste f
interrupt mask (Me) Unterbrechungsmaske f
interrupt response Unterbrechungsantwort f, Interruptbeantwortung f
interrupt routine Unterbrechungsprogramm n, Eingriffsprogramm n, Interruptprogramm n
interrupted unterbrochen
interrupted direct current zerhackter Gleichstrom m
interrupter Unterbrecher m; Ausschalter m
interrupting Unterbrechen n, Trennen n
interruption 1. Unterbrechung f, Trennung f; 2. Störung f, Betriebsstörung f
interscan range Zwischenabtastbereich m
intersheath Zwischenmantel m (Kabel)
interstage attenuator Zwischenabschwächer m
interstation interference Störung f durch benachbarte Sender (im Frequenzband)
interstice 1. Zwischenraum m, Lücke f, Spalt m; 2. Zwischengitterplatz m, Zwischengitterlage f (Kristall)
interstitial atom Zwischengitteratom n
interstitial defect Zwischengitterdefekt m
interstitial diffusion Zwischengitterdiffusion f
interstitial impurity Zwischengitterstörstelle f
intersubstrate connection (Me) Verbindung f zwischen Substraten
interswitchboard line (Nrt) Querverbindung f

intersymbol interference *(Nrt)* Nahnebensprechen *n*, Nebensprechen *n*
intertripped distance system Mitnahme-Distanzschutzsystem *n* mit Auslösesignalübertragung
interturn fault Windungsschluss *m (IEC 50-604)*
intertwisted conductor verwürgter Leiter *m*
interval Intervall *n*; Zwischenraum *m*, Abstand *m*; Pause *f*; Unterbrechung *f*
interval signal Pausenzeichen *n*
intervalley scattering Zwischentalstreuung *f*, "Intervalley"- -Streuung *f*
intervalve coupling Röhrenkopplung *f*, Kopplung *f* zwischen Röhren
intervening node *(Nrt)* Vermittlungsknoten *m*
intervention Eingriff *m*, Eingreifen *n*
interwinding capacitance *(Et)* Wicklungskapazität *f*
interwinding insulation Isolation *f* zwischen Wicklungen
intraband telegraphy Einlagerungstelegrafie *f*, Telegrafie *f* im Sprachband
intranet Intranet *n (firmeninternes Netz)*
intraoffice call *(Nrt)* internes Gespräch *n*
intraplant data transmission Datenübertragung *f* innerhalb eines Betriebes
intrapool transmission Übertragung *f* innerhalb eines Netzes
intrinsic 1. eigentlich, wirklich; Eigen...; inner...; 2. *(Me)* eigenleitend, gittereigen, materialeigen; Eigen(leitungs)...
intrinsic accuracy Eigengenauigkeit *f*
intrinsic angular momentum Eigendrehimpuls *m*, Spin *m*
intrinsic barrier transistor Transistor *m* mit eigenleitender Zwischenschicht, pnip-Transistor *m*, Eigenleiterschicht- -Transistor *m*
intrinsic conduction Eigenleitung *f*
intrinsic error Grundfehler *m* eines Messinstruments
intrinsic layer eigenleitende Sperrschicht *f*, Eigenleitungsschicht *f*, i-Schicht *f*
intrinsic mobility *(Me)* Eigenbeweglichkeit *f*

intrinsic safety Eigensicherheit *f*
intrinsic semiconductor Eigenhalbleiter *m*
intrinsic value Eigenwert *m*
intro check *(Ak)* Anspielbetrieb *m*, Anspielautomatik *f*, Titelanspielautomatik *f*
intro-scan *(Ak)* Anspielbetrieb *m*, Anspielautomatik *f*, Titelanspielautomatik *f*
introducer Vorstellender *m* *(Zertifizierer für einen öffentlichen Schlüssel bei Public-Key-Kryptographie)*
introduction *(Me)* Einbau *m* *(von Störstellen)*
intrusion 1. Eindringen *n*; Aufdrängen *n*; 2. *(Nrt)* Aufschaltung *f*, Aufschalten *n*
intrusion detection system, IDS System *n* zur Erkennung des unbefugten Eindringens
invalid card ungültige Karte *f*
invalid code ungültiger [verstümmelter] Code *m*
inverse amplification factor Durchgriff *m (Elektronenröhren)*
inverse characteristic *(Me)* Sperrkennlinie *f*
inverse converter *(Rt)* Rückwandler *m*, Rückumformer *m*
inverse diode Sperrdiode *f*; Freilaufdiode *f*
inverse feedback Gegenkopplung *f*
inverse gate Invertiergatter *n*, Inversionsschaltung *f*, Negatorschaltung *f*, NICHT-Schaltung *f*
inverse period *(Le)* Sperrzeit *f* *(bei negativer Anodenspannung)*
inverse Polish notation *(Dat)* umgekehrte [inverse] polnische Notation *f*
inverse reactance Gegenreaktanz *f*
inverse time lag abhängige [inverse] Zeitverzögerung *f*
inverse time-lag overcurrent release zeitabhängig verzögerter Überstromauslöser *m*
inverse voltage 1. Rückspannung *f*; Fehlphasenspannung *f*; 2. *(Me)* Sperrspannung *f*
inverse voltage feedback Spannungsgegenkopplung *f*
inversion 1. Inversion *f*; Umkehrung *f*; 2. *(Nrt)* Zeichenwechsel *m*

inversion 198

inversion charge *(Me)* Inversionsladung f
inversion circuit Umkehrschaltung f; NICHT-UND-Schaltung f *(Schaltlogik)*
inversion layer *(Me)* Inversionsschicht f
inversion lens Bildumkehrlinse f
invert gate Inverter m, NICHT-Glied n *(Schaltlogik)*
inverted circuit umgekehrte Schaltung f
inverted cross-talk *(Nrt)* unverständliches Nebensprechen n, Babbeln n
inverted image umgekehrtes Bild n
inverted rectifier Wechselrichter m
inverted sideband *(Nrt)* invertiertes Seitenband n, Kehrlage f
inverter 1. *(Le)* Wechselrichter m, Gleichstrom-Wechselstrom-Konverter m; 2. *(Nrt)* Inverter m
invisible unsichtbar
invitation monitoring *(Nrt)* Mithöraufforderung f
invoice typewriter Fakturiermaschine f
invoicing machine Fakturiermaschine f
inward position *(Nrt)* Verbindungsplatz m
ion Ion n
ion acceleration Ionenbeschleunigung f
ion avalanche Trägerlawine f, Ionenlawine f
ion beam Ionenstrahl m
ion-conducting ionenleitend
ion etching *(Me)* Ionenätzung f
ion implant(ation) Ionenimplantation f, Ioneneinbau m, Ioneneinpflanzung f
ion-ion recombination Ion-Ion-Rekombination f *(Rekombination von positiven und negativen Ionen)*
ion-sensitive field-effect transistor ionensensitiver Feldeffekttransistor m
ion vacancy Ionenleerstelle f, Ionenfehlstelle f, Ionenlücke f
ion yield Ionenausbeute f
ionic ionisch, Ionen...
ionic bond Ionenbindung f, heteropolare Bindung f
ionic charge Ionenladung f
ionic defect Ionenstörung f
ionic impurity Ionenstörstelle f, Fremdion n
ionic semiconductor *(Le)* Ionenhalbleiter m
ionic solid Ionenfestkörper m

ionic valence [valency] Ionenwertigkeit f, Elektrovalenz f, heteropolare Valenz f
ionization Ionisation f, Ionisierung f
ionization breakdown voltage Ionisationsspannung f
ionization current Ionisationsstrom m, Ionisierungsstrom m
ionization degree Ionisationsgrad m
ionization energy Ionisationsenergie f, Ionisierungsenergie f
ionization extinction voltage Ionisationslöschspannung f, Löschspannung f
ionization loss(es) Ionisationsverluste mpl
ionization noise Ionisationsrauschen n
ionization pulse Ionisationsimpuls m, Ionisationsstoß m
ionization rate Ionisationsrate f, Ionisierungsgeschwindigkeit f
ionize v ionisieren
ionosphere Ionosphäre f, ionisierte obere Luftschichten fpl, Ionosphärenschichten fpl *(durch solare UV- und Röntgenstrahlung; D-, E-, F-Schicht)*
ionospheric disturbance ionosphärische Störung f, Ionosphärenstörung f
ionospheric E-layer *(Fs)* E-Ionosphärenschicht f, Heaviside-Schicht (90-130km Höhe; f_c = 0,3MHz, Nacht; f_c = 3MHz, Tag; LW-und MW-Reflexion)
ionospheric echo Ionosphärenecho n
ionospheric path Ausbreitungsweg m in der Ionosphäre
ionospheric reflection ionosphärische Reflexion f
ionospheric scatter ionosphärische Streuung f, Streuung f an der Ionosphäre
IP s. 1. interelement protection; 2. international protection; 3. internet protocol
ips Abkürzung aus: inch per second
ipsilateral gleichseitig, auf der gleichen Seite (befindlich)
IR s. 1. infrared; 2. instruction register
IR drop ohmscher Spannungsabfall m
IRASER Infrarotlaser m, Iraser m
iraser Infrarotlaser m, Iraser m
Iridium *(Ko, Nrt)* globales Satelliten-Telefonnetz n *(66 (ursprünglich 77)*

Iridium-Low-Earth-Orbit-Satelliten; Datenrate 2400 Baud; senden und empfangen mit Iridium-Handy)
iris v die Blende betätigen *(einer Kamera)*
iris Blende f, Irisblende f
iron 1. Eisen n; 2. Bügeleisen n; 3. Lötkolben m
iron core Eisenkern m
iron curve Magnetisierungskurve f des Eisens
iron-dust core Eisenpulverkern m, Massekern m
iron-free eisenlos, eisenfrei; ohne Eisenkern
iron loss Eisenverluste mpl, Ummagnetisierungsverluste mpl, Verluste mpl im Eisenkreis
iron-needle instrument Eisennadelinstrument n, Eisennadelmessgerät n
iron-nickel accumulator Edison-Akkumulator m
iron-strip earth conductor Banderder m *(aus Eisen)*
ironing machine Bügelmaschine f, Bügelpresse f
irradiance 1. Strahlungs(fluss)dichte f; 2. Bestrahlungsstärke f
irradiate v 1. bestrahlen; belichten *(z. B. Film)*; 2. ausstrahlen; strahlen; leuchten
irradiation 1. Bestrahlung f, Bestrahlen n; Einstrahlung f; Belichtung f *(Fotografie)*; 2. Ausstrahlen n; Strahlen n; Leuchten n
irradiation by solar rays Sonnenbestrahlung f
irrational number irrationale Zahl f *(kein Bruch ganzer Zahlen; z. B. $\sqrt{2}$)*
irregular distortion Verzerrung f durch Zufallsgrößen
irrelevance Irrelevanz f, Bedeutungslosigkeit f
irreversibility Irreversibilität f, Nichtumkehrbarkeit f
irreversible irreversibel, nicht umkehrbar
irrotational wirbelfrei, drehungsfrei, rotationsfrei
ISDN *(Abk. für: integrated services digital network) (Nrt)* ISDN, dienstintegriertes Digitalnetz n

ISDN access *(Nrt)* ISDN-Anschluss m, ISDN-Zugang m
ISDN basic access, ISDN BA *(Nrt)* ISDN-Basisanschluss m *(2 B-Kanäle zu je 64kbit/s + 1 16kbit/s-D-Kanal an der S_O-Schnittstelle; ITU-T-Empfehlung I.420)*
ISDN-controller (wireless) *(Nrt)* kabelloser ISDN-PC-Anschluss m mit Funk-USB-Stecker *(mit Bluetooth-Funktechnologie)*
ISDN-plug *(Nrt)* ISDN-Stecker m, Western Bell-Stecker m, RJ- 45--Stecker m *(8polig, AVM)*
ISDN video telephone *(Nrt)* ISDN--Videotelefon n, ISDN-Bildtelefon n *(nach ITU-T-Empfehlung H.261 und H.320)*
ISDN X-interface *(Nrt)* ISDN-X--Schnittstelle f *(analoge 8-polige Ein-/Ausgabe-Schnittstelle am ISDN--Fernsprechapparat)*
ISDN Y-interface *(Nrt)* ISDN-Y--Schnittstelle f *(digitale 4-polige Ausgabeschnittstelle am ISDN--Fernsprechapparat)*
island effect *(Me)* Inseleffekt m
island network *(Nrt)* Inselnetzwerk n
ISO *(Abk. für: International Standardization Organization)* Internationale Organisation für Normung, ISO f *(entwickelt und empfiehlt international anerkannte Normen)*
ISO-code ISO-Code m für 6, 7 und 8 Bits *(der 7-Bit-Code wurde als DIN übernommen)*
ISO-multilayer-system ISO--Schichtenmodell n, OSI--Referenzmodell n *(für die Vereinheitlichung von Schnittstellen und Protokollen; legt in sieben Schichten die Informationsübertragung fest)*
isocandela curve Isocandelakurve f, Kurve f gleicher Lichtstärke
isochromatic gleichfarbig, isochrom
isochromes Farbgleichen fpl *(Linien gleichen Farbanteils)*
isochronous isochron, in gleichen Zeitabständen
isodynamic lines Linien fpl gleicher Horizontalfeldstärke
isoelectric isoelektrisch

isoelectronic

isoelectronic isoelektronisch
isoenergetic isoenergetisch
isolatable isolierbar
isolate v 1. *(Et)* isolieren, vom Stromkreis trennen; unterbrechen *(einen Stromkreis)*; abschalten; 2. *(Ak, Wä)* isolieren, dämmen
isolated bond *(Me)* isolierte [einzelne] Bindstelle f
isolated neutral system *(An)* *Netz n mit isoliertem Neutralpunkt
isolated operation *(An)* Inselbetrieb m
isolated-phase bus bar *(An)* (einphasig) gekapselter Sammelschienenkanal m
isolating air gap *(An)* Lufttrennstrecke f
isolating link Trennschalter m
isolating time Abschaltzeit f
isolation 1. (elektrische) Isolierung f, *Isolation f, Trennung f *(von Stromkreises)*; Unterbrechung f *(eines Stromkreises)*; 2. *(Ak, Wä)* Isolierung f, Dämmung f; Kapselung f; Abdichtung f
isolation amplifier Trennverstärker m
isolation transformer Trenntransformator m, Trenntrafo m
isolator Isolator m
isoluminance curve Isostilbe f, Kurve f gleicher Leuchtdichte
isomeric shift Isomerieverschiebung f
isophone *(Ak)* Kurve f gleicher Lautheit, Kurve f gleichen Lautstärkepegels, Isophone f
isoplanar integrated injection logic isoplanare integrierte Injektionslogik f, I³L
isopolar isopolar, gleichpolar
isopotential isopotentiell, äquipotenzial
isotope Isotop n
isotopic isotopisch); Isotop(en)...
isotropic isotrop(isch)
isotropic etching *(Me)* isotropes Ätzen n
isotropic lattice isotropes Gitter n
I2t characteristic I2t-Kennlinie f *(IEC 50-441)*
I2t value *(Le)* Lastintegral n, Stromwärmewert m
italics kursiv *(Kursivschrift, Kursivdruck)*
item 1. Betrachtungseinheit f *(z. B. eine Anlage)*; 2. *(Dat)* Posten m; Datenelement n; Informationseinheit f; 3. Betriebsmittel n *(EN 61082)*
iteration *(Dat)* Iteration f, Wiederholung f *(des Programmschrittes)*

iterative iterativ, (sich) wiederholend
iterative addition iteratives [schrittweises] Addieren n
iterative attenuation Kettendämpfung f
iterative impedance Kettenwiderstand m, Kettenimpedanz f; Wellenwiderstand m *(Kettenleiter)*
iterative matrix Kettenmatrix f
iterative method Iterationsmethode f, iterative Methode f, Iterationsverfahren n; Kettenmethode f
iterative propagation constant [factor] Kettenausbreitungsmaß n, Kettenlaufzeitmaß n
ITU-T-recommendation for 56 kbit/s- -modem *(Nrt)* V.90, ITU-T-Standard m für 56kbit/s-Modem
ITU-T-recommendation for data transmission V.24, ITU-T-Empfehlung f zur Datenübertragung *(serielle RS- -232-Schnittstelle nach DIN)*
ITU-T-recommendation for interface between data-terminal and PSPDN X.25, Schnittstelle f zwischen DEE und DÜE
ITU-Telecommunications Internationaler Fernmeldevereinberatender Ausschuss m für Telekommunikationsdienste *(bis 1993 CCITT)*

J

jack 1. Dose f; Buchse f; 2. *(Nrt)* Klinke f, Abfrageklinke f
jack bolt Prisonierstift m
jack field *(Nrt)* Klinkenfeld n
jack lamp Stecklampe f
jack plug *(Nrt)* Klinkenstecker m, Klinkenstöpsel m
jack strip *(Nrt)* Klinkenstreifen m
jacket Schutzmantel m, Ummantelung f *(z. B. für Lichtleitfasern)*
jacketed optical fibre ummantelte Glasfaser f, ummantelter Lichtwellenleiter m
jam v 1. stören *(Rundfunk)*; 2. sich verklemmen, blockieren *(Maschine)*
jam 1. Klemmen n, Blockieren n, Verklemmung f; 2. *(Dat)* Kartenstau m
jammed signal *(Nrt)* absichtlich gestörtes Signal n

jammer Störsender m, Störfunkstelle f, Störer m
jamming 1. Störung f (durch Störsender); (beabsichtigte) Störsendung f; 2. Klemmen n, Festklemmen n, Blockieren n
jar Zellengefäß n, Zellenkasten m (Batterie)
Java Java n (Programmiersprache)
Java applet Java-Applet n (im Web--Browser ausgeführte Java--Komponente)
Java bean Java-Bean f (Java--Komponente, die gewisse Standard--Schnittstellen aufweist)
Java development kit, JDK Java--Entwicklungsumgebung f
Java server pages pl, **JSP** Java--Serverseiten fpl (serverseitige Technik zur Einbettung von Java in HTML/XML)
jaw Backe f, Klemmbacke f; Schneide f (des Monochromatorspalts)
JDK s. Java development kit
jerk Ruck m (Ableitung der Beschleunigung)
jet 1. Strahl m; 2. Düse f, Strahldüse f; Strahlrohr n
jet deflector Strahlablenker m, Strahlablenkungseinrichtung f
jet nozzle Düse f, Strahldüse f
jet pipe Strahlrohr n
jewel bearing Edelsteinlagerung f, Steinlager n (z. B. in Messinstrumenten)
JIT s. just-in-time compiler
jitter 1. Zittern n, Wackeln n; Jitter m, zeitliche Instabilität f, Impulsphasenverzerrung f, Signalschwankung f; 2. (Fs) Bildinstabilität f, Synchronisationsfehler m; 3. (Ak) Tonhöheschwankung f
jitter accumulation (Nrt) Jitterakkumulation f
jitter cancellation (Nrt) Jitterbeseitigung f
jitter propagation (Nrt) Jitterausbreitung f, Jitterfortpflanzung f
jitter reduction (Nrt) Jitterreduzierung f, Jitterverringerung f
jitter suppression (Nrt) Jitterunterdrückung f (Benutzerumgebung u. a. für Linux)

job (Dat) Job m, Auftrag(sablauf) m (eines Computersystems)
jog v eine Aufzeichnung mit veränderter Geschwindigkeit (vor- und rückwärts) wiedergeben (zur Schnittstellensuche)
jog Sprung m, Versetzungssprung m (Kristallgitter)
jogging Tastbetrieb m, Tippbetrieb m
join v (Nrt) verbinden, eine Verbindung herstellen
joined distribution Verbundverteilung f, Verteilung f zweier Variabler
joint 1. Verbindung(sstelle) f; Klebestelle f; Lötstelle f; 2. Knotenpunkt m
joint access (Nrt) Sperrübertragung f
joint box Kabelmuffe f; Verbindungsdose f; Abzweigkasten m
joint probability Verbundwahrscheinlichkeit f (zweier stochastischer Variabler)
joint probability density Verbundwahrscheinlichkeitsdichte f
joint probability distribution Verbundwahrscheinlichkeitsverteilung f, Wahrscheinlichkeitsverteilung f zweier stochastischer Variabler
joint soldering Verbindungslöten n
jointer Kabellöten n
jointing chamber Lötgrube f, Lötbrunnen m
jointing manhole Kabelschacht m, Kabelbrunnen m
jointing sleeve Verbindungshülse f, Drahtverbindungshülse f
joule Joule n, J (SI-Einheit für Arbeit, Energie und Wärmemenge); Wattsekunde f, Ws, Newtonmeter n, Nm
Joule effect Joule-Effekt m (Magnetostriktion)
joystick (Ap) Schwenkhebel m; Steuersäule f; Steuerknüppel m
juice (sl) Strom m, "Saft" m
jump 1. Sprung m, Übergang m; 2. Unstetigkeit f (Mathematik); 3. (Dat) Sprungbefehl m, Sprunganweisung f
jump condition Sprungbedingung f
jump function Sprungfunktion f
jump instruction Sprungbefehl m, Verzweigungsbefehl m
jump response Sprungantwort f
jump to subroutine Sprung m zum Unterprogramm
jump wire connection Lötbrücke f

jumper Verbindungsdraht *m*, Überbrückungsdraht *m*; fliegender Anschluss *m* *(provisorische Leitung)*; Kurzschlussbrücke *f*

jumper wire 1. Schaltader *f*; 2. *(Nrt)* Schaltdraht *m*, Verteilerschaltdraht *m*, Rangierdraht *m*

jumpering (kurze) Schaltdrahtverbindung *f*

junction 1. Verbindung *f*, Zusammenfügen *n*; 2. Verbindung(sstelle) *f*; Lötstelle *f*; Verzweigung(sstelle) *f* *(Wellenleiter)*; Knoten(punkt) *m* *(Netzwerk)*; 3. Verbindung(sleitung) *f*; 4. *(Me)* (pn-)Übergang *m*, Grenzschicht *f*

junction box 1. Abzweigdose *f*, Abzweigkasten *m*, Dose *f*, Verteilerdose *f*, Verteiler *f*; 2. *(Mess)* Anschlusskopf *m* *(eines elektrischen Thermoelementes)*

junction breakdown *Sperrschichtdurchschlag *m*

junction depth *(Me)* Übergangstiefe *f*

junction diode Flächendiode *f*

junction field-effect transistor Sperrschichtfeldeffekttransistor *m*

junction impurity concentration *(Me)* Störstellenkonzentration *f* am Übergang

junction-isolate *v* *(Me)* durch pn-Übergang isolieren

junction isolation *(Me)* Sperrschichtisolation *f*

junction of optical cable Lichtwellenleiter-Kabelverbindung *f*, Lichtleitkabelverbindung *f*

junction point *(An)* Anschlusspunkt *m*, Knotenpunkt *m* *(Maschennetz)*; Verbindungspunkt *m*

junction temperature 1. *(Me)* Sperrschichttemperatur *f*; 2. Verbindungstemperatur *f*, Temperatur *f* der Kontaktstelle, Kontakt(stellen)temperatur *f* *(Thermoelement)*

junction traffic *(Nrt)* Nahverkehr *m*

junction transistor Flächentransistor *m*, Schicht(kristall)transistor *m*

junction unipolar transistor Sperrschichtunipolartransistor *m*

junction voltage *(Me)* Sperrschichtspannung *f*, Übergangsspannung *f*

just-in-time compiler, JIT benutzungssynchroner Compiler *m* *(Übersetzung parallel zur Ausführung, bei Java und Skriptsprachen oft verwendet)*

justification *(Nrt)* Pulsstuffing *n*, Pulsstopfen *n*

justifying digit *(Nrt)* Stuffingzeichen *n*, Stopfbit *n*

jute Jute *f*

jute-insulated cable juteisoliertes Kabel *n*

K

K-desktop environment, KDE K-Desktop-Umgebung *f*

K frame *(Ee)* Hirschhornmast *m* *(Freileitung mit höher hängendem Leiter)*

K scope K-Schirm *m*, Radaranzeigegerät *n* vom Typ K

k-stage shift register k-stufiges Schieberegister *n*

Ka-band radar *(Fo)* Ka-Band-Radar *n*, Millimeterwellen-Radar *n* *(hohe Auflösung durch kleine Wellenlänge; 27 - 40 GHz)*

Kanji *(Dat)* Zeichensatz *m* für japanische Tastaturen

KB *s.* kilo byte

kcps *s.* kilocycle per second

kc/s *s.* kilocycle per second

keep-alive arc *(Licht)* Hilfsentladung *f*

keepalive timer Keepalive-Timer *m* *(Mechanismus zur Feststellung von Verbindungsabbrüchen, z. B. bei TCP)*

keeper Magnetanker *m*

kelvin Kelvin *n*, K *(SI-Einheit der thermodynamischen Temperatur und Temperaturdifferenz)*

kerf loss Schnittverluste *mpl* *(Dynamoblech)*

Kerr cell Kerr-Zelle *f*, Kerr-Kondensator *m*

Kerr effect (elektrooptischer) Kerr-Effekt *m* *(elektrische Doppelbrechung)*

key *v* 1. *(Nrt)* geben, tasten, morsen; 2. verkeilen, festkeilen

key *v* **in** eintasten

key *v* **off** austasten

key 1. Taste *f*, Handtaste *f*, Drucktaste *f*; 2. Schlüssel *m*; Codeschlüssel *m*,

Chiffrierschlüssel m; 3. Keil m, Splint m; Passfeder f; 4. (Ak) Tonart f
key button Tastenknopf m
key distribution center, KDC Schlüssel-Verteilungszentrum n (für kryptographische Schlüssel)
key escrow Schlüsselhinterlegung f (Hinterlegung einer Kopie von kryptographischen Schlüsseln zur Verwendung bei Verlust der Originalschlüssel oder durch staatliche Stellen)
key hold (sl) Sperrung f [Deaktivierung f] der Tasten
key holder (Ap) Schalterfassung f
key instruction Anfangsbefehl m, Anfangsinstruktion f
key lock Tastensperre f
key management (Nrt) Schlüsselverwaltung f (Erzeugung, Verwaltung und sichere Verteilung von Schlüsselworten)
key-operated telephone set (Nrt) Tastwahlfernsprecher m, Tastwahl--Fernsprechapparat m, Tastwahl--Telefonapparat m
key order Anfangsbefehl m, Anfangsinstruktion f
key ring Schlüsselring m
key set Tastensatz m
key size Schlüsselgröße f, Schlüsselwortlänge f
key station (AE) Hauptsender m (Rundfunk)
key telephone set Tastentelefon n
key-to-address transformation (Dat) Umwandlung f eines Schlüssels in eine Adresse
key word s. keyword
keyboard Tastatur f, Tastenfeld n; Einstelltafel f
keyboard dialling (Nrt) Tastaturwahl f, Tastwahl f
keyboard instrument Tasteninstrument n
keyboard printer Drucker m mit Tastatur
keyboard switch Tastaturschalter m
keyed 1. getastet; 2. mit Tasten [Klappen] versehen; 3. chiffriert, mit Schlüssel versehen; 4. festgekeilt versplintet
keyed carrier (Nrt) getasteter Träger m, Telegrafie f (Modulationsart A1A, A1B)

keyed signal (Nrt) verschlüsseltes Signal n
keyhole (An) Schlüsselloch n
keying 1. Tasten n, Tastung f; 2. Verkeilen n
keying and reading (Nrt) Eintasten n und Abtasten n
keying circuit 1. Tastkreis m; 2. (Nrt) Tastleitung f
keying ratio Tastverhältnis n
keying valve Taströhre f
keyless ringing (Nrt) automatischer [selbsttätiger] Ruf m
keypad Handtastatur f
keyword Kennwort n, Schlüsselwort n, Stichwort n
keyword generation Schlüsselworterzeugung f (Zufallsfolgen)
keyword length Schlüsselwortlänge f, Schlüsselgröße f
kilo byte, KB Kilobyte n, KB n (1024 Byte)
kilocycle per second Kilohertz n, kHz (SI-Einheit der Frequenz)
kilovoltampere Kilovoltampere n, kVA (Einheit der Scheinleistung)
kilowatt Kilowatt n, kW (SI-Einheit der Leistung)
kilowatt-hour meter Kilowattstundenzähler m, Wirkverbrauchszähler m, Elektrizitätszähler m, Energiezähler m
Kirchhoff's current law erstes kirchhoffsches Gesetz n, Verzweigungspunktregel f, Stromteilerregel f
kit Ausrüstung f, Bausatz m; Werkzeugtasche f
klirr factor Klirrfaktor m
knee voltage Kniespannung f
knife blade contact Messerkontakt m
knob Knopf m, Bedienungsknopf m, Drehknopf m

L

label 1. Kennzeichen n, Zeichen n; 2. *(Dat)* Identitäts(kenn)zeichen n, Kennsatz m; 3. *(Nrt)* Nachrichtenkopf m; 4. Bezeichnungsschild n

label switching Label-Switching n *(Nutzung von Markierungen/Labels als Weiterleitungskriterium)*

labelling *(Dat)* Kennzeichnung f, Benennung f

labyrinth seal ring Labyrinthdichtung f, Wellendichtung f

lack Mangel m, Fehlen n

lacquer Lack m, Überzugslack m; Lackfarbe f

lacquered wire Lackdraht m

ladder attenuator Ketten(spannungs)teiler m

ladder filter *(Nrt)* Abzweigfilter n, Filtergliederkette f, Filterkette f aus T- und/oder Π-Gliedern

laddic Laddic n *(leiterförmige Anordnung von Ferritkernen)*

lag 1. Nacheilen n, Nacheilung f; (zeitliche) Verzögerung f, Zeitverzögerung f; Verschiebung f *(einer Phase)*; 2. *(Wä, Ak)* Dämmstoff m

lag angle Nacheilungswinkel m, Verzögerungswinkel m

lag circuit Verzögerungsschaltung f

lag element *(Rt)* Verzögerungsglied n, Laufzeitglied n

lag filter Weichtastfilter n *(bei Telegrafie A1A, A1B)*

lag time Laufzeit f, Verzögerungszeit f *(Laufzeitspeicher)*

lag unit Verzögerungsglied n

lagging 1. Verzögerung f; Nacheilung f; 2. *(Wä, Ak)* Verkleidung f; Isolierung f; Wärmeschutzisolierung f

lagging angle Polradwinkel m

lagging current nacheilender Strom m

lagging load induktive Belastung f, induktive [nacheilende] Last f

lagging phase nacheilende Phase f

lagging power factor induktiver [nacheilender] Leistungsfaktor m

lambert Lambert n, L, la *(SI-fremde Einheit der Leuchtdichte; 1 L = 0,318 · 10^4 cd/m²)*

lamella 1. Lamelle f, Blättchen n, Schicht f; 2. *(Ma)* gestanztes Dynamoblech n [Elektroblech n, Blech n]

lamellar geschichtet, lamellenartig (angeordnet)

lamina 1. Blättchen n, Plättchen n; (dünne) Schicht f; Folie f *(Kunststoff)*; 2. *(Ma)* gestanztes Dynamoblech n [Elektroblech n, Blech n]

laminar laminar, aus Blättchen (bestehend); geschichtet; Laminar..., Schichten...

laminar insulation geschichtete Isolation f

laminate v 1. laminieren, beschichten; kaschieren; 2. zusammenpressen, Schicht(press)stoffe herstellen; 3. in Schichten aufspalten; sich in Schichten aufspalten

laminated 1. laminiert, beschichtet; 2. lamelliert, geschichtet; mehrschichtig; geblecht *(z. B. Eisenkerne)*

laminated brush Schichtbürste f

laminated conductor geschichteter Leiter m, Schichtleiter m

laminated core Blechkern m, Schichtkern m, geblechter [geschichteter] Kern m

laminated fabric Hartgewebe n

laminated iron core Eisenblechkern m

laminated mica Spaltglimmer m

laminated paper Hartpapier n, Schichtpresspapier n

laminated pressboard *Blockspan m *(elektrisches Isoliermaterial)*

lamination 1. Laminieren n, Beschichten n; 2. Schichtbildung f, Lamellierung f; Blechung f *(z. B. von Eisenkernen)*

lamp Lampe f; Glühlampe f

lamp base Lampensockel m, Sockel m

lamp bulb Lampenkolben m

lamp cap Lampenfassung f, Lampensockel m, Sockel m

lamp filament Lampendraht m, Lampenwendel f

lamp holder Lampenfassung f

lamp housing Lampengehäuse n

lamp indication Lampenanzeige f

lamp panel Lampenfeld n

lamp shade Lampenschirm m

lamp socket Lampenfassung f, Lampensockel m

LAN interface *(Nrt)* LAN-Schnittstelle f, Schnittstelle f zum lokalen Datennetz

land 1. Steg *m*, Grat *m* (Schallplatte); 2. Lötauge *n*, Kontaktsteg *m*, Steg *m* (in gedruckten Leiterbahnen)
land line (Nrt) drahtgebundener Übertragungsweg *m*
land link (Nrt) Landverbindung *f*
land station Landfunkstelle *f*
landing Landen *n* (Berührung des Magnetkopfes mit der Magnetspur)
landing-area floodlight Landebahnleuchte *f*
landing beacon (Ko) Landefunkfeuer *n*, Landefunkbake *f* (siehe VOR)
landing beam Landestrahl *m*
landless hole lötaugenloses Loch *n* (Leiterplatte)
lane assistant Spurhaltehilfe *f* (beim Auto)
lane departure warning Spurüberwachung *f*
lane identification Streifenidentifizierung *f*, Streifenkennung *f* (Navigation)
language Sprache *f*; Maschinensprache *f*, Maschinencode *m*
language digit (Nrt) Sprachkennziffer *f*
language pocket computer elektronisches Taschenwörterbuch *n*, Sprachtaschenrechner *m* (Hexaglot; LanguageMan Handheld)
lap v 1. sich überlappen; 2. läppen (Oberflächenbearbeitung)
lap Überlappung *f* (z. B. in der Isolierwickeltechnik)
lap joint verschachtelte Verbindung *f* (Trafoschenkel)
lap winding Schleifenwicklung *f*
lapel microphone Knopflochmikrofon *n*
lapping Überdecken *n*, Überlappung *f*
lapse Zeitablauf *m*, zeitlicher Ablauf *m*, Zeitverlauf *m*
large aperture antenna (Fo) Antenne *f* mit großer Apertur [Öffnungsfläche] (Rotationsparaboloid- -Reflektorantenne mit großem Durchmesser, Bodenstationsantenne)
large computer Großrechner *m*
large consumer Großabnehmer *m*, Großverbraucher *m* (Energie)
large-scale in großem Umfang; Groß...; Massen...; großtechnisch
large-scale integrated circuit (Me) hochintegrierter [großintegrierter] Schaltkreis *m*, LSI-Schaltkreis *m*, Schaltkreis *m* mit hoher Integrationsdichte, Großintegrationsschaltung *f*
large-scale integration (Me) hoher Integrationsgrad *m*, Großintegration *f*, LSI
large-screen display Großbildschirmanzeige *f*
large signal Großsignal *n*
large-sized groß(formatig)
laryngophone Kehlkopfmikrofon *n*
larynx microphone Kehlkopfmikrofon *n*
laser (Abk. für: light amplification by stimulated emission of radiation) Laser *m* (Lichtverstärkung durch induzierte Emission von Strahlung)
laser beam Laserstrahl *m*
laser-beam etching Laserstrahlätzung *f*
laser beam projector Beamer *m*, Laser- -Projektor *m* (an Laptop anschließbar)
laser colour-printer Laser-Farbdrucker *m*
laser cutting Lasertrennen *n*
laser diode Laserdiode *f*
laser drilling Laserbohren *n*
laser head Laserkopf *m*
laser irradiation Laserbestrahlung *f*
laser light pointer (Ko) Laser- -Lichtzeiger *m* (battery operated)
laser machining Laserbearbeitung *f*
laser printer Laserdrucker *m*
laser processing Laserbearbeitung *f*
laser radar Laserradar *n*, Lichtradar *n*
laser range finder Laserentfernungsmessgerät *n*, Laserentfernungsmesser *m*
laser ranging (Fo) Laser- -Entfernungsmessung *f*
laser telemetry (Fo) Laser- -Entfernungsmessung *f*
laser tube Laserröhre *f*
laser welder Laserschweißgerät *n*
last number recall (Nrt) Rufwiederholung *f*, Wahlwiederholung *f*
last number redial, LR (Nrt) automatische Wahlwiederholung *f*
latch v einklinken; verriegeln; sich verriegeln, einrasten
latch 1. Klinke *f*, Schaltschloss *n*, Sperre *f*; Verriegelung *f*; 2. Auffangspeicher *m*, Zwischenspeicher *m*, Pufferspeicher *m*, Latch *n*; Haltespeicher *m*
latch circuit Verriegelungsschaltung *f*

latch flip-flop Latchflipflop n, Auffang-Flipflop n, Zwischenspeicherflipflop n, Pufferflipflop n

latch-up Durchschalten n *(eines Thyristors, führt zur Zerstörung)*

latency Verzögerungszeit f, Wartezeit f

lateral adjustment seitliche Verstellung f, Seitenverstellung f

lateral discharge Nebenentladung f

lateral guidance Leitstrahl m für die Horizontalnavigation (Vertikalleitebene)

lateral integrated gate bipolar transistor lateraler Bipolartransistor m

lateral pnp-transistor lateraler pnp-Transistor m

lattice Gitter n; Kristallgitter n

lattice impurity atomare Gitterstörstelle f, Fremdstörstelle f

lattice mast Gittermast m

lattice mismatch *(Me)* Fehlanpassung f der Kristallgitter

lattice tower Gittermast m

lattice-wound coil kreuzgewickelte [gekreuzt gewickelte] Spule f, Spule f mit Wabenwicklung

launched light abgehendes Licht n, (in einen Lichtwellenleiter) eingekoppeltes Licht n

lay out v 1. verlegen, auslegen *(Kabel)*; 2. entwerfen; aufreißen *(Zeichnung)*

layer 1. Lage f, Schicht f *(z. B. Wicklung, Isolierung)*; 2. Strahlerebene f *(Antenne)*

layer cathode Schichtkatode f, Mehrschichtkatode f

layer winding Lagenwicklung f, Schichtenwicklung f

layered geschichtet, in Schichten (angeordnet)

layout 1. Anordnung f; Plan m; Entwurf m; 2. *(Et)* Schaltungsanordnung f; 3. *(Me)* Layout n, Auslegung f; 4. Ausstattung f; Ausrüstung f; Aufbau m

LCD s. liquid-crystal display

lead v 1. führen, leiten; 2. voreilen

lead 1. Leitung f, Zuleitung f; Leiterstift m, Sockelstift m; 2. Voreilung f; 3. Vorhalt m; 4. Blei m

lead(-acid) accumulator Bleiakkumulator m, Bleisammler m

lead angle Voreilwinkel m

lead box Klemmkasten m

lead cable Blei(mantel)kabel n

lead clamp Verbindungsklemme f

lead element *(Rt)* Vorhaltglied n

lead-in wire Zuleitungsdraht m, Einführungsdraht m; Durchführung f *(z. B. einer Röhre)*

lead-lag circuit Duoschaltung f *(z. B. von Leuchtstofflampen)*

lead-out groove Auslaufrille f, Ausschlußrille f *(Schallplatte)*

lead spacing *(Me)* Leiterbahnabstand m

lead strip *(Me)* Trägerstreifen m

lead time Einführungszeit f; Vorbereitungszeit f *(z. B. für numerisch gesteuerte Maschinen)*

leaded chip carrier *(Me)* Chipträger m mit Anschlüssen

leader cable Leitkabel n

leading 1. Führung f, Leitung f; 2. Voreilen n, Voreilung f

leading address *(Dat)* Leitadresse f, Schlüsseladresse f

leading angle voreilender Phasenwinkel m

leading bit *(Dat)* führendes Bit n

leading edge 1. Vorderflanke f, Anstiegskante f *(Impuls)*; 2. Vorderkante f

leading-in Leitungseinführung f

leading light Leitfeuer n

leading phase voreilende Phase f, Führungsphase f

leading power factor kapazitiver [voreilender] Leistungsfaktor m

leading reactive current kapazitiver [voreilender] Blindstrom m

leafnode Blattknoten m *(Endknoten einer Baumstruktur, z. B. bei Netzen bzw. Netzdiensten)*

leak v 1. ableiten *(Strom)*; kriechen; streuen; durchschlagen; undicht sein; 2. lecken, undicht sein

leak 1. Ableitung f; Streuung f *(Verluststrom)*; Leck n, undichte [durchlässige] Stelle f

leak circuit Erdungskreis m

leak coil Überbrückungsspule f, Querspule f

leakage 1. Streuung f, Lecken n; Ausströmen n; Abfließen n, Abfluss m *(z. B. von Ladungen)*; Ableitung f; 2. Leckverlust m, Streu(ungs)verlust m, Stromverlust m; 3. Leck n, Leckstelle f Undichtigkeit f

leakage air gap Streuspalt m *(Magnet)*

leakage coefficient Streufaktor m, Streukoeffizient m
leakage conductance Streuleitwert m
leakage current 1. Fehlerstrom m; Ableitstrom m, Leckstrom m, Irrstrom m; Kriechstrom m; Isolationsstrom m, Verluststrom m; 2. Rückstrom m, vagabundierender Strom m
leakage factor Streufaktor m, Verlustfaktor m
leakage field Streufeld n
leakage flux (magnetischer) Streufluss m
leakage impedance Streuimpedanz f
leakage inductance Streuinduktivität f
leakage path Kriechweg m, Kriechstrecke f; Leckpfad m; Nebenschluss m; Streupfad m, Streuweg m
leakage reactance Streureaktanz f
leakance Ableitung f (Querleitwert); dielektrische Leitfähigkeit f (Leitung, Isolator)
leakproof dicht, abgedichtet; lecksicher
lease v vermieten (z. B. Kommunikationsleitungen); mieten, leasen
leased circuit service (Nrt) Mietleitungsdienst m
least negative value kleinster negativer Wert m
least positive value kleinster positiver Wert m
least significant bit niederwertigstes Bit n, Bit n mit niedrigstem Stellenwert
least-square deviation kleinste quadratische Abweichung f
least-square error (Nrt) kleinstes Fehlerquadrat n
least-square prediction error (Nrt) kleinster quadratischer Vorhersagefehler m (Optimierungskriterium bei den Prädiktionscodierungen)
leaving edge of brush ablaufende Bürstenkante f
LED (Abk. für: light-emitting diode) LED f, Leuchtdiode f, Lumineszenzdiode f
left-hand polarized wave linksdrehend polarisierte Welle f
left-hand rule Linke-Hand-Regel f, Dreifingerregel f der linken Hand
leg 1. Schenkel m; Zweig m, Schaltungszweig m; 2. Gerätefuß m, Fuß m
legacy Altlast f (Bestand vorhandener Programme)
lens 1. Linse f; 2. Objektiv n (Kamera)
lens aperture Objektivöffnung f, Blendenöffnung f
LEO s. low Earth orbit
let-go-threshold current *Loslass(schwellen)strom m (elektrische Durchströmung)
letter shift Buchstabenumschaltung f, Buchstabenwechsel m
lettering 1. Beschriften n; 2. Beschriftung f, Aufschrift f
level 1. Niveau n, Pegel m; Höhe f, Stand m, Standhöhe f, Füllstand m; 2. Energieniveau n, Term n; 3. Nivellier(instrument) n
level adjustment Pegeleinregelung f, Einpegeln n
level hunting (Nrt) Freiwahl f [Wahl f] über verschiedene Höhenschritte
level monitor 1. Füllstandswächter m; 2. (Ak) Aussteuerungskontrollinstrument n
level-time exchange rate Äquivalenzparameter m, Halbierungsparameter m (Dauerschallpegel)
level tracing receiver Pegelbildempfänger m
level tube Röhrenlibelle f; Wasserwaage f
level voltage (Nrt) Pegelspannung f, Vergleichsspannung f
level width Breite f des Energieniveaus, Niveaubreite f
lever Hebel m
lever control Hebelsteuerung f
lever key (Nrt) Kippschalter m
lever switch Hebelschalter m, Griffschalter m
levitation melting (induktives) Schwebeschmelzen n
levorotation Linksdrehung f
lf [l.f., LF, L.F.] s. low frequency
LF s. line feed
liberate v electrons Elektronen freisetzen [befreien]
library of data (Dat) Datenbibliothek f
library of program Programmbibliothek f

library of subroutines Unterprogrammbibliothek f
library track Hinweisspur f
lid-operated switch Deckelschalter m
LIDAR s. light-detecting and ranging
life Lebensdauer f; Betriebsdauer f; Brenndauer f (z. B. einer Lampe)
life cycle (Qu) Lebensdauer f, Nutzungsdauer f
life endurance test Lebensdauererprobung f
lifetime Lebensdauer f; Betriebsdauer f
LIFO last-in-first-out
lift v (off) abheben, ablösen; sich abheben
lift 1. Heben n; Hub m; 2. Hubhöhe f, Förderhöhe f; 3. Auftrieb m; 4. Hebezeug n; Fördergerät n; Aufzug m, Lift m, Fahrstuhl m
lift control Aufzugssteuerung f, Fahrstuhlsteuerung f
lift of key Tastenhub m
lift-off Abheben n, Abhebung f
liftening eye Hebeöse f
light v beleuchten; erleuchten; befeuern
light 1. Licht n, sichtbare Strahlung f, sichtbares Licht n; 2. Lichtquelle f; Beleuchtungskörper m; 3. Lichtsignal n, optisches Signal n
light-activated programmable unijunction transistor programmierbarer lichtaktivierter Unijunction-Transistor m, Photo-Unijunction-Transistor m
light-activated silicon-controlled rectifier lichtgeschalteter Thyristor m, Photothyristor m
light amplification and ranging (Fo) Lidar n, Lichtradar n, Laserradar n, optisches Radar n
light buoy Leuchtboje f
light-current engineering Schwachstromtechnik f
light-detecting and ranging Lichterkennungs- und Abstandssystem n (Automobiltechnik)
light dimmer Abblendschalter m
light-duty arrester Schwachstromableiter m
light-emitting diode Leuchtdiode f, Lumineszenzdiode f, LED f
light excitation Lichtanregung f
light firing Lichtzündung f
light fitting Beleuchtungskörper m

light flash Lichtblitz m
light guide Lichtleiter m; Lichtleitstab m
light-proof 1. lichtundurchlässig, lichtdicht; 2. lichtgeschützt
light ray Lichtstrahl m
light screen Lichtschirm m
light-sensitive lichtempfindlich
light-sensitive cell lichtempfindliche Zelle f
light source Lichtquelle f
light spill Lichtaustritt m (am Projektor)
light switch Lichtschalter m
light wave communications pl (Nrt) optische Nachrichtentechnik f
lighting Beleuchtung f
lighting circuit Lichtstromkreis m
lighting engineering Lichttechnik f, Beleuchtungstechnik f
lighting filament Glühfaden m (einer Lampe)
lighting fitting Leuchte f, Beleuchtungskörper m
lighting switch Lichtschalter m
lightly damped schwach bedämpft [gedämpft]
lightning Blitz m
lightning arrester Überspannungsableiter m, Ableiter m; *Blitzableiter m, Blitzschutz m
lightning discharge Blitzentladung f, atmosphärische Entladung f; Blitzschlag m
lightning flash Blitz m, Blitzstrahl m
lightning impulse Blitzstoßspannung f (IEC 50-604)
lightning protection potential equalization Blitzschutzpotentialausgleich m
lightning protection system Blitzschutzsystem n
lightning pulse enviroment Blitzschlagumgebung f
lightning stroke Blitz(ein)schlag m, Lichtblitz m
lightning surge Blitzüberspannung f, Blitzwelle f; Gewitterüberspannung f
limb 1. Zweig m (einer Doppelleitung); 2. Schenkel m (Magnetkern); Kern m (Magnetspule)
limit 1. Grenze f, Begrenzung f, Rand m 2. Grenzmaß n; Toleranz f; 3. Grenzwert m (Mathematik)
limit contact Grenzkontakt m (z. B. bei Steuerungen)

limit control *(Rt)* Grenzwertregelung *f*
limit frequency Grenzfrequenz *f*
limit switch End(aus)schalter *m*, Grenz(wert)schalter *m*; Grenztaster *m*
limited availability *(Nrt)* unvollkommene [begrenzte] Erreichbarkeit *f*
limiter Begrenzer *m*; Signalbegrenzer *m*
limiting action Begrenzungswirkung *f*
limiting characteristic Begrenzungskennlinie *f*
limiting circuit Begrenzerschaltung *f*
limiting current Grenzstrom *m*
limiting error *(Mess)* Fehlergrenze *f*, Fehlerklasse *f*; Maximalfehler *m*, Höchstfehler *m*
limiting forward peak repetitive on--state current höchstzulässiger periodischer Spitzendurchlassstrom *m*
limiting frequency Grenzfrequenz *f*
limiting repetitive peak reverse voltage maximale negative periodische Spitzensperrspannung *f*
limiting reverse direct-current voltage maximale Gleichsperrspannung *f*
limiting temperature Grenztemperatur *f*
LIN-BUS LIN-BUS *m* *(Bussystem im Automobil, 20 kbit/s)*
line 1. (elektrische) Leitung *f*; 2. Zeile *f*, Bildzeile *f*; 3. Linie *f*; Strich *m*
line attenuation Leitungsdämpfung *f*, Leitungsverlust *m*
line balancing error loss *(Nrt)* Gabelunsymmetrieverlust *m*, Leitungsnachbildungsfehlerverlust *m*, Leitungsnachbildungsfehlerdämpfung *f*
line balancing network *(Nrt)* Leitungsnachbildung *f* *(für die Gabelschaltung)*
line bar Stromschiene *f*
line breaker Fahrleitungsschalter *m*; Linienschütz *n*
line broadcasting *(Fs)* Drahtfunk *m* *(hochfrequente Übertragung eines Rundfunkprogramms über Telefon--Leitungen im LW-Bereich)*
line busy *(Nrt)* "Leitung besetzt"
line circuit 1. Signalstromkreis *m*; 2. *(Nrt)* Teilnehmerschaltung *f*
line circuit-breaker Leitungsschalter *m*, Überstromschalter *m*
line commutation *(Le)* Netzführung *f*
line contactor Netzschütz *n*
line cord Netz(anschluss)schnur *f*

line defect *(Me)* Liniendefekt *m*, linienhafte [eindimensionale] Störstelle *f*
line digit rate *(Nrt, Dat)* Schrittgeschwindigkeit *f*
line disconnector Netztrennschalter *m*
line divider *(Fs)* Frequenzteiler *m*, Zeilenfrequenzteiler *m*
line driver 1. *(Dat)* Leitungswähler *m*; 2. Leitungstreiber *m*, Kabeltreiber *m*
line fault Netzausfall *m*; Leitungsstörung *f*
line fault analyser *(Nrt)* Leitungsfehlersuchgerät *n*, Leitungsprüfer *m*
line feed, LF Zeilenvorschub *m*
line finder Anrufsucher *m*
line flyback Zeilenrücklauf *m*
line frequency 1. Netzfrequenz *f*; 2. *(Fs)* Zeilen(wechsel)frequenz *f*, Horizontalfrequenz *f*
line input Leitungseingang *m*, (externer) Hochpegeleingang *m*
line interface Leitungsschnittstelle *f*
line jump *(Fs)* Zeilensprung *m*
line lag Leitungsverzögerung *f*
line lamp *(Nrt)* Anruflampe *f*
line length 1. Zeilenlänge *f*; 2. Leitungslänge *f*, Baulänge *f*
line lock-out *(Nrt)* Abwurf *m* auf Teilnehmerschaltung; Freischalten *n* der Verbindung *(bei Dauerschleife)*
line microphone Linienmikrofon *n*, lineares Mikrofon *n* *(mit scharfer Richtwirkung)*
line-of-sight connection *(Fs)* LOS--Verbindung *f*, Sichtverbindung *f*, Verbindung *f* mit optischer Sicht
line-of-sight microwave link *(Nrt)* Richtfunkverbindung *f* mit optischer Sicht, quasioptische Richtfunkverbindung *f*
line-of-sight radio link *(Ko)* Funkverbindung *f* bei optischer Sicht
line-of-sight reception *(Ko)* Empfang *m* bei optischer Sicht
line-of-sight transmission LOS--Übertragung *f*, Übertragung *f* innerhalb der Sichtweite
line offset *(Fs)* Zeilenoffset *m* *(Versatz)*
line-operated netzbetrieben
line-out Leitungsausgang *m*; (externer) Hochpegelausgang *m*

line output Leitungsausgang m; (externer) Hochpegelausgang m
line radio Drahtfunk m
line reactor *Netzdrossel f
line repeater (Nrt) Leitungsverstärker m
line scan circuit Zeilenkippschaltung f
line skip Zeilensprung m
line slip (Fs) Zeilenschlupf m
line suppression (Fs) Zeilenunterdrückung f
line surge (Nrt) Spannungsstoß m auf der Leitung
line sweep 1. Horizontalablenkung f; 2. (Fs) Zeilenablenkung f, Zeilenkipp m
line telegraphy Drahttelegrafie f
line terminal 1. Leitungsklemme f; Strangklemme f; 2. Leitungsanschluss m
line-to-earth fault Erd(kurz)schluss m
line-to-line fault zweipoliger Kurzschluss m, Kurzschluss m Leiter gegen Leiter
line-to-line voltage *Außenleiterspannung f, (veraltet) verkettete Spannung f
line-to-neutral voltage Phasenspannung f
line triggering Freileitungsauslösung f
line voltage Netzspannung f; verkettete Spannung f, Leiterspannung f
line wire Leitungsdraht m
linear acceleration Linearbeschleunigung f, geradlinige Beschleunigung f
linear accelerator Linearbeschleuniger m
linear aerial Linearantenne f
linear array lineares Antennensystem n, lineare Antennenanordnung f [Dipolanordnung f]
linear drive Linearantrieb m
linear element (Et) lineares Bauteil n [Stromkreiselement n]
linear induction motor Induktionslinearmotor m, Asynchronlinearmotor m
linear integrated circuit linearer integrierter Schaltkreis m
linear low-pass filter linearer Tiefpass m
linear motor Linearmotor m, Wanderfeldmotor m
linear PCM 1. (Nrt) s. linear pulse code modulation; 2. (Ko) unkompandierte PCM f, lineare PCM f (PCM mit 13bit und mehr und höherer Abtastfrequenz für hochwertige Musik-CDs)
linear pulse code modulation lineare Pulscodemodulation f
linear range 1. Reichweite f (von Teilchen); 2. Linearitätsbereich m
linear rectification lineare Gleichrichtung f
linear response linearer Frequenzgang m
linear scanning zeilenweise Abtastung f, zeilenweises Abtasten n
linear traction motor Linear-Fahrmotor m (IEC 50-811)
linearity Linearität f (es gilt das Additions-Theorem $f(x+y) = f(x)+f(y)$)
linearization Linearisierung f
linearly polarized linear polarisiert (z. B. Licht, Welle)
linearly polarized wave horizontal polarisierte Welle f
lines of constant hue Linien fpl gleichen Farbtons
lingering period Verweilzeit f
lining Auskleidung f, Ausmauerung f; Futter n
link v verbinden, anschließen; verketten
link 1. Verbindung f, Glied n, Kontaktglied n; Verbindungsstück n; Schmelzeinsatz m (Sicherung); 2. (Dat) Zwischenglied n, Verknüpfungszeichen n, Verbindungsbefehl m; 3. (Rt) Verkettung f, Übertragungsglied n; 4. (Nrt) Zwischenleitung f; 5. (Le) Zwischenkreis m; 6. Link m
link box (An) Verteilerkasten m
link cable (Nrt) Querkabel n (zwischen zwei Verzweigern); Verbindungskabel n
link coil Zwischenkreisspule f
link control (Nrt) Verbindungssteuerung f, Übertragungssteuerung f
link editor (Dat) Programmverbinder m, Bindeeditor m, Bindeprogramm n, Binder m, Linker m
link layer 1. Verbindungsschicht f; 2. Sicherungsschicht f im ISO--Referenzmodell (Festlegung für fehlergesicherte Übertragung)
link protocol Übertragungsvorschrift f

link state, LS Link-Zustand m *(im Hinblick auf Nutzbarkeit für Routing)*
linkage 1. Verbindung f, Verkettung f, Verknüpfung f; 2. *(Dat)* Verbindung f, Konnektor m *(im Programmablaufplan)*
linkage coefficient Koppelfaktor m
linked subroutine *(Dat)* zusammenhängendes Unterprogramm n
linker s. link editor
linking sequence *(Dat)* Anschlussfolge f
Linux *(Dat)* Linux-Betriebssystem n als vereinfachte Variante von Unix *(Kunstwort aus dem Vornamen des Entwicklers, Linus, und Unix)*
lip 1. Schnittkante f; 2. Lippe f
lipstick tube Kleinströhre f
liquid flüssig; Flüssigkeits...
liquid coolant Flüssigkeitskühlmittel n
liquid-cooled flüssigkeitsgekühlt
liquid crystal Flüssigkristall m
liquid-crystal display Flüssigkristallanzeige f, FKA, LCD
liquid insulating material flüssiger Isolierstoff m
liquid-metal cooling Flüssigmetallkühlung f, Kühlung f mit flüssigem Metall
liquid-tight flüssigkeitsdicht
list Liste f, Tabelle f, tabellarische Aufstellung f, Verzeichnis n
list printer Listendrucker m
list processing *(Dat)* Listenverarbeitung f, Listenabarbeitung f
listed frequency *(Nrt)* Sollfrequenz f
listen v (zu)hören, anhören
listener 1. Hörer m *(Rundfunk)*; 2. *(Nrt)* Datenempfänger m
listener idle state *(Dat)* Ruhezustand m *(der Listenerfunktion)*
listening area *(Ak)* Hörfläche f
listening device Horchgerät n
listening jack *(Nrt)* Mithörklinke f
listening key *(Nrt)* Mithörschalter m
listening protection *(Nrt)* Abhörsicherheit f
listing *(Dat)* Auflisten n; Protokollierung f; Liste f, Protokoll n
lithium battery Lithium-Batterie f
lithium ion accumulator *(Ko)* Li-Ion--Akku m, Lithium-Ionen-Akkumulator m
lithographic technology *(Me)* lithographische Technik f

litz (wire) Litze f, Litzendraht m, Hochfrequenzlitze f
litzendraht (wire) Litze f, Litzendraht m, Hochfrequenzlitze f
live 1. Strom führend, Spannung führend, unter Spannung stehend, eingeschaltet; [Strom] 2. direkt, unmittelbar übertragen, live; Direkt..., Original... *(Rundfunk, Fernsehen)*
live broadcast Direktübertragung f, Originalsendung f
live circuit Strom führender Kreis m
live end dead end *(Ak)* raumakustisches Konzept n *(mit hoher Reflexion auf einer, und hoher Absorption auf der anderen Seite)*
live part spannungsführendes Teil n; aktives Teil n *(einer Schaltung)*
live performance Originaldarbietung f, Liveveranstaltung f *(ohne Playback)*
live room *(Ak)* halliger Raum m
live studio Studio n mit Nachhall
live test Test m unter Einsatzbedingungen
live transmission *(Fs)* Originalübertragung f, Direktübertragung f, Life-Übertragung f *(bei Rundfunk und Fernsehen; keine Aufzeichnung)*
live wire Strom führende Leitung f
live working Arbeiten f an unter Spannung stehender Teilen *(IEC 50-604, Ergänzung)*
LNB for analogue and digital channels *(Fs)* Universal-LNB m für analoge und digitale Kanäle
load v 1. *(Et)* belasten; 2. *(Dat)* laden, eingeben, speichern; 3. aufladen; auffüllen; auflegen; einlegen *(Kassette)*
load-coil v *(Nrt)* bespulen
load v **down** herunterladen *(von Dateien aus dem Internet oder vom File Server)*
load v **with PC-OS** *(Dat)* den Rechner mit dem Betriebssystem laden, den Rechner urladen, den Rechner hochfahren', booten'
load 1. *(Et)* Last f, Belastung f; 2. Ladung f, Beladung f, Beschickung f; 3. Belastungswiderstand m, Lastwiderstand m; 4. Beanspruchung f
load angle Lastwinkel m
load balance Belastungsausgleich m, Lastausgleich m

load 212

load balancer Lastausgleicher *m (z. B. für Lastverteilung auf mehrere Web-Server)*
load characteristic Belastungskennlinie *f*, Belastungsdiagramm *n*, Lastkennlinie *f*, Lastcharakteristik *f*; Arbeitskennlinie *f*
load coil Lastspule *f*, Heizspule *f*
load-commutated converter lastkommutierter Stromrichter *m*
load-commutated inverter lastkommutierung Wechselrichter *m*
load-compensated diode-transistor logic lastkompensierte diodengekoppelte Transistorlogikschaltung *f*, Dioden-Transistor-Logik *f* mit Lastkompensation
load condition Belastungsbedingung *f*, Lastbedingung *f*
load dump Lastabwurf *m*
load duration Belastungsdauer *f*
load end Empfangsseite *f*, Ausgangsseite *f*, Verbraucherseite *f*, Ausgang *m*, Ende *n (einer Ausgangsleitung)*
load factor Belastungsfaktor *m*, Lastfaktor *m*
load flow *(An)* Lastfluss *m*, Leistungsfluss *m*
load inertia Trägheit *f* der Belastung *(Störgröße)*
load-interrupter switch Lasttrennschalter *m*
load life Lebensdauer *f* bei (voller) Belastung *(z. B. von Messgeräten)*
load limit Belastungsgrenze *f*, Lastgrenze *f*
load line 1. Belastungs(kenn)linie *f*; 2. Widerstandskennlinie *f*, Widerstandsgerade *f (bei Elektronenröhren)*
load losses Lastverluste *mpl (beim Generator oder Transformator)*
load peak Belastungsspitze *f*, Lastspitze *f*
load period Belastungsdauer *f*, Belastungszeit *f*
load recovery Lastrückkehr *f*
load reference arrow system *n (Ee)* Verbraucher-Zählpfeilsystem, VZS
load regulator Belastungsregler *m*, Leistungsregler *m*
load rejection Lastabwurf *m*

load switch Lastschalter *m*
load terminal Lastklemme *f*
load test Belastungsversuch *m*
load torque Belastungsmoment *n*
load transistor *(Me)* Lasttransistor *m*
loaded 1. belastet; 2. beladen
loader 1. Lader *m*, Ladeprogramm *n (Hilfsprogramm zum Hauptprogrammeinlesen)*; 2. Lader *m*, Bespielgerät *n*
loading 1. *(Et)* Belastung *f*; 2. *(Nrt)* Pupinisierung *f*, Bespulung *f*; 3. (mechanische) Belastung *f*, Beanspruchung *f*; Auslastung *f*; 4. Beladung *f*, Laden *n (z. B. eines Speichers)*
loading coil *(Nrt)* Pupinspule *f*, Belastungsspule *f*
loading effect 1. *(Rt)* Lasteinfluss *m (Störgröße)*; 2. *(Mess)* Rückwirkung *f (durch Belastung bei Spannungsmessgeräten mit kleinem Innenwiderstand)*
loading error 1. Belastungsfehler *m*, Fehler *m* bei Belastung; 2. Einspeicherungsfehler *m*
loading routine Ladeprogramm *n*, Einspeicherungsprogramm *n*
loading scheme *(Nrt)* Bespulungsplan *m*, Spulenplan *m*
loading unit *(Nrt)* Spulensatz *m*
lobe Keule *f*, Zipfel *m*, Strahlungszipfel *m*, Strahlungslappen *m (im Richtdiagramm)*
local area Ortsnetzbereich *m*
local area code *(Nrt)* Ortsvorwahl *f*, Ortskennziffer *f*
local area data network Daten-LAN *n*, lokales Datennetz *n*
local battery *(Nrt)* Ortsbatterie *f*, OB, Lokalbatterie *f*
local buffer store örtlicher Pufferspeicher *m*
local cable Ortskabel *n*
local call *(Nrt)* Ortsgespräch *n*
local charge-rate *(Nrt)* Ortsgebühr *f*, Ortstarif *m*, Ortsgesprächsgebühr *f*
local communication *(Nrt)* Ortsverkehr *m*
local computer network lokales Rechnernetz *n*
local connection *(Nrt)* Ortsverbindung *f*
local end *(Nrt)* Endstelle *f*; Endeinrichtung *f*

local exchange *(Nrt)* Ortsvermittlungsstelle f, Ortsamt n
local fading Nahschwund m
local jack *(Nrt)* Teilnehmerabfrageklinke f
local line *(Nrt)* Ortsleitung f
local maintenance Wartung f vor Ort
local mode 1. *(Nrt)* Ortsbetrieb m, Lokalbetrieb m; 2. *(Dat)* Ortsbetrieb m, Nahbetrieb m
local oxidation complementary metal-oxide semiconductor örtlich oxidierter CMOS m [komplementärer MOS m]
local oxidation of metal-oxide semiconductor Punktoxidation f von MOS-Halbleitern, LOCMOS *(Maskentechnik)*
local oxidation of silicon Punktoxidation f [lokale Oxidation f] von Silicium, LOCOS *(Maskentechnik)*
local oxidation of silicon-on-sapphire *(Me)* Punktoxidation f von SOS-Strukturen, LOSOS *(Maskentechnik)*
local rate *(Nrt)* Ortsgebühr f, Ortstarif m, Ortsgesprächsgebühr f
local receiver Ortsempfänger m
local subscriber *(Nrt)* Ortsteilnehmer m
local telephone directory örtliches Fernsprechteilnehmerverzeichnis n, Ortstelefonbuch n
local television *(Fs)* Regionalfernsehen n, Regionalfernsehprogramm n
localizer Leitstrahlsender m, Landekurssender m
locally busy *(Nrt)* ortsbesetzt
locate v 1. orten, örtlich festlegen; die örtliche Lage feststellen, auffinden; 2. die Grenzen festsetzen, abgrenzen; 3. anordnen, einrichten
location 1. Ort m, Standort m, Stelle f, Lage f, Platz m; 2. *(Dat)* Speicherstelle f, Speicherplatz m; Adresse f; 3. Lokalisierung f, örtliche Festlegung f; Positionierung f; Auffinden n
location counter *(Dat)* Zuordnungszähler m, Adresspegelzähler m
location finder Ortungsgerät n
locator *(Fo)* Anflugfunkfeuer n, Landekursbake f
locator beacon *(Fo)* Anflugfunkfeuer n, Landekursbake f

lock v sperren, hemmen; blockieren; verriegeln
lock Sperre f, Sperrvorrichtung f; Schloss n, Verschluss m; Verriegelung f
lock byte *(Dat)* Sperrbyte n
lock chamber *(Me)* Schleusenkammer f
lock knob Einrastknopf m
lock word Sperrwort n
lockable oscillator Mitnahmeoszillator m
locked against rotation gegen Drehung [Verdrehung] gesichert
locked groove Auslaufrille f, Ausschaltrille f *(Schallplatte)*
locked loop Regelschleife f
locked oscillator Mitnahmeoszillator m
locked position verriegelte Stellung f
locked-rotor current Anlaufstrom m
locked-rotor torque Anzugsmoment n
locking button Sperrtaste f
locking circuit 1. Haltestromkreis m; 2. Synchronisierschaltung f
locking-in Synchronisation f, Gleichlaufsteuerung f
locus 1. Ort m; geometrischer Ort m; 2. Ortskurve f
locus diagram Ortskurvendiagramm n
log v aufzeichnen, registrieren *(Daten)*
log v **in** *(Ko)* einloggen, sich anmelden, einbuchen
log v **off** *(Me)* abmelden; sich abmelden
log v **on** anmelden; sich anmelden
log v **out** *(Ko)* ausloggen, sich abmelden, ausbuchen
log *(Dat)* Protokoll n
log-in time *(Ko)* Einbuchungszeit f, Einloggzeit f *(in ein Netz, Mobilfunk-Netz oder Internet)*
log-off Abmeldung f
log-on Anmeldung f
log-out Zustandsaufzeichnung f *(für Diagnose)*
logarithmic amplifier logarithmischer Verstärker m, Logarithmierverstärker m
logarithmic amplitude characteristic logarithmische Amplitudenkennlinie f
logged-in mobile *(Ko)* eingebuchtes Handy n
logger Mitschreibeinrichtung f, Messwertschreiber m, Registriereinrichtung f
logging Registrierung f

logic Logik f *(Schaltung)*
logic analyzer Logikanalysator m
logic array Logikanordnung f, Logikfeld n; Verknüpfungsschaltung f
logic function Schaltfunktion f, logische Funktion f
logic gate Logikgatter n
logic inverter circuit logische Inverterschaltung f
logic product boolesches [logisches] Produkt n, Konjunktion f
logic unit Logikeinheit f, Logikbaustein m
logical logisch
logical AND circuit UND-Schaltung f, Koinzidenzschaltung f
logical element logisches Element n, Logikelement n, Schaltglied n, Verknüpfungsglied n
logical function logische Funktion f, Schaltfunktion f
logical instruction logischer Befehl m, Verknüpfungsbefehl m *(für logische Operationen)*
logical OR circuit ODER-Schaltung f, Mischgatter n
logical system logisches System n
logical unit logisches Glied n
login Login n
loktal base Loktalsockel m
lone electron Einzelelektron n
long-arc xenon lamp Xenonlangbogenlampe f
long-base range finder Breitbasisentfernungsmesser m
long-carriage printer Breitwagendrucker m
long dash Dauerstrich m *(Telegrafie)*
long-distance data transmission *(Nrt)* DFÜ f, Datenfernübertragung f über das öffentliche (Daten-)Netz *(oder mit Modem oder über ISDN)*
long-distance dialling *(Nrt)* Selbstwählfernverkehr m, SWF, Fernwahl f
long-distance line *(Ee)* Fernleitung f
long-distance office *(Nrt)* Fernamt n
long-haul communication *(Nrt)* Langstreckenverbindung f
long-haul link *(Nrt)* Weitverkehrsverbindung f
long-haul network *(Nrt)* Weitverkehrsnetz n
long-haul traffic *(Nrt)* Fernverkehr m

long-haul trunk *(Nrt)* Fernleitung f
long medium short waves LMK, Lang-, Mittel- und Kurzwellen fpl
long-persistence oscilloscope lange nachleuchtendes Oszilloskop n, Oszilloskop n mit langer Nachleuchtdauer
long-pitch winding Wicklung f mit Schrittverlängerung
long play *(Ko)* LP, Videoaufzeichnung f mit niedriger Geschwindigkeit *(erhöht die Kassettenaufzeichnungszeit beim VCR um Faktor 2)*
long-play disc *(Ko)* LP-Platte f, Langspielplatte f
long play mode Langspielbetrieb m
long-playing record Langspielplatte f, LP
long-playing tape Langspielband n
long-range navigation (system) *(Fo)* Langstreckennavigation f, Weitstreckennavigation f, Loran f
long-range radar, LRR Langstreckenradar n, weit reichendes Radargerät n; Fernbereich-Radar n
long-range reception Fernempfang m
long-reach Ethernet, LRE Ethernet n für große Entfernungen
long-run test Langzeit(stand)versuch m, Zeitstandprüfung f, Dauerstandversuch m
long-slot directional coupler Langschlitzrichtkoppler m *(UHF--Technik)*
long-stator linear motor Langstatorlinearmotor m
long-time behaviour Langzeitverhalten n
long-time breakdown test Langzeitdurchschlagspannungsprüfung f, Dauerspannungsprüfung f
long-wave propagation *(Fs)* Langwellenausbreitung f, Bodenwellenausbreitung f *(im Lang- und Mittelwellen-Bereich)*
longitudinal arrangement Längsaufstellung f
longitudinal axis Längsachse f
longitudinal mode longitudinale Mode f, longitudinale Eigenschwingung f
longitudinal rib Längsrippe f *(Heizkörper)*
longitudinal sound wave longitudinale Schallwelle f

longitudinal video tape recorder Videorekorder *m* für Längsspuraufzeichnung *(mit feststehendem Kopf)*

longitudinal wave Längswelle *f*, Longitudinalwelle *f*

longitudinally magnetized längsmagnetisiert

look ahead *v* voraussehen

look-up table Verweistabelle *f*

loop *v* 1. zu einem (geschlossenen) Stromkreis zusammenschalten; 2. *(Nrt)* schleifen, zur Schleife schalten

loop 1. Schleife *f*, Leitungsschleife *f*; 2. *(Rt)* Masche *f*, (geschlossener) Regelkreis *m*; 3. Rahmenantenne *f*, Rahmen *m*; 4. *(Ee)* Ringleitung *f*; 5. Wellenbauch *m*, Schwingungsbauch *m*; 6. Kreis(lauf) *m*; Zyklus *m* *(Programm)*

loop aerial Rahmenantenne *f*

loop attenuation Schleifendämpfung *f*

loop communication network Ringnetz *n*

loop current *(Le)* Kreisstrom *m*

loop disconnect pulsing *(Nrt)* Impulswahlverfahren *n*, Nummernscheibenwahl *f* *(durch Schleifenunterbrechung bei einem nsi--Nummernscheiben-Impulskontakt)*

loop end *(Ma)* Wickelkopf *m*

loop gain 1. Schleifenverstärkung *f*; 2. *(Rt)* Kreisverstärkung *f*

loop stop Schleifenstopp *m* *(Programm)*

loop tape transmitter Lochstreifensender *m* mit Kulissenführung *(für zweimaliges Abtasten des Lochstreifens)*

loop test Schleifenverfahren *n* *(z. B. bei Fehlerortbestimmung)*

looped circuit Leitungsschleife *f*

loose connection [contact] Wackelkontakt *m*

loosely coupled lose gekoppelt

Lorentz force Lorentz-Kraft *f*, (elektrodynamische) magnetische Kraft *f*

lose *v* **electrons** Elektronen abgeben

loss 1. Verlust *m*; 2. Verlustleistung *f*; 3. Dämpfung *f*

loss angle Verlustwinkel *m* *(des Dielektrikums)*

loss current to earth Erdschlussstrom *m*, Ableitstrom *m* gegen Erde

loss factor (dielektrischer) Verlust(faktor) *m*, Verlustziffer *f*

loss of carrier *(Fs)* Trägerverlust *m*

loss of phase lock *(Fs, Ko)* Phasensynchronisationsverlust *m*

loss ratio *(Et)* Verlustverhältnis *n*

lossy verlustbehaftet

lot-by-lot inspection *(Qu)* losweise Prüfung *f*

loud pedal Fortepedal *n*, rechtes Pedal *n* *(Klavier, Keyboard)*

loudness 1. Lautheit *f* *(in Sone)*; 2. Lautstärke *f*, Tonstärke *f* *(in Phon)*

loudspeaker Lautsprecher *m*

loudspeaker baffle Schallwand *f*

loudspeaker horn Lautsprechertrichter *m*, Schalltrichter *m*

loudspeaker voice coil Lautsprecherschwingspule *f*, Schwingspule *f*

loudspeaking Lautsprechen *n*

louvre 1. Luftschlitz *m*, Kühlschlitz *m*, Ventilationsöffnung *f*; Jalousie *f*; 2. Schalloch *n*, Schallöffnung *f*; 3. *(Licht)* Raster *m*, Lichtraster *m*

louvred cover Schutzhaube *f* mit Luftschlitzen

low *(Dat)* Low-Zustand *m*, Low, Nullzustand *m* *(logischer Zustand L)*

low-access memory Schnellspeicher *m*, Speicher *m* mit geringer Zugriffszeit

low calling-rate subscriber *(Nrt)* Wenigtelefonierer *m*

low-contrast image kontrastarmes Bild *n*

low cut *(Ak)* Tiefenabsenkung *f*, Tiefenbeschneidung *f*

low Earth orbit, LEO *(Ko)* LEO, niedrige Erdumlaufbahn *f*

low Earth orbit satellite *(Ko)* Satellit *m* mit erdnaher Umlaufbahn, LEO-Satellit *m*

low Earth orbiter niedrig umlaufender Satellit *m*

low-energy power circuit Schwachstromleistungskreis *m*

low frequency Niederfrequenz *f*, NF

low-frequency acceleration pick-up Niederfrequenzbeschleunigungsmesser *m*

low-frequency amplifier *(Fs)* NF--Verstärker *m*, Tonfrequenzverstärker *m*

low-frequency

low-frequency choke
Niederfrequenzdrossel *f*

low-frequency cut-off untere
Grenzfrequenz *f* [Frequenzgrenze *f*]

low-frequency dialling *(Nrt)*
Unterlagerungsfernwahl *f*

low-frequency engineering
Niederfrequenztechnik *f*

low-frequency loudspeaker *(Ko)*
Tieftonlautsprecher *m*

low-frequency signal *(Fs, Nrt)* NF-
-Signal *n*, Niederfrequenzsignal *n*,
Audio-Signal *n*, Ton-Signal *n*,
Tonfrequenz-Signal *n*
*(Niederfrequenzsignal; Bandbreite 20
Hz - 20 kHz)*

low-frequency waveform generator
NF-Generator *m*, Tongenerator *m*

low-g accelerometer *(Ak)*
Beschleunigungsaufnehmer *m* hoher
Empfindlichkeit, Aufnehmer *m* für
kleine Beschleunigungen

low-gain system System *m* mit
niedrigem Verstärkungsfaktor

low-impedance niederohmig;
impedanzarm

low level L-Pegel *m*, logischer Pegel,
Null-Pegel *m*

low-level amplifier
Kleinsignalverstärker *m*

low-loss verlustarm, mit niedriger
Dämpfung

low-noise rauscharm; störungsarm;
geräuscharm

low noise (pre)amplifier *(Nrt)* LNA,
rauscharmer (Vor-)Verstärker *m* *(für
Satellitenempfangsantennenanlagen)*

low-noise valve rauscharme Röhre *f*

low-note accentuation *(Ak)*
Tiefenhebung *f*, Bassanhebung *f*

low-note response *(Ak)*
Tiefenwiedergabe *f*, Frequenzgang *m*
bei tiefen Frequenzen

low-order digit Ziffer *f* mit niedrigem
Stellenwert

low-passed *(Ak)* höhenbeschnitten

low power kleine Leistung *f*

low-power radio-frequency signal
schwaches Hochfrequenzsignal *n*

low-power Schottky TTL
leistungsarme Schottky-TTL *f*,
leistungsarme Schottky-Transistor-
-Transistor-Logik *f* *(mit gegenüber TTL
stark vermindertem Leistungsbedarf)*

low-pressure boiler Niederdruckkessel *m*

low-pressure CVD [chemical vapour deposition] Tiefdruck-CVD *f*,
Tiefdruck-CVD-Verfahren *n*

low sideband unteres Seitenband *n*

low-speed analogue-to-digital converter langsamer Analog-Digital-
-Wandler *m*

low-speed counter langsamer Zähler *m*, Zähler *m* für niedrige Drehzahlen

low temperature tiefe [niedrige]
Temperatur *f*, Tieftemperatur *f*

low-temperature engineering
Tieftemperaturtechnik *f*

low-temperature oven
Niedertemperaturofen *m*

low-temperature range [region]
Tieftemperaturbereich *m*, niedriger
Temperaturbereich *m*

low-volt release
Unterspannungsauslösung *f*

low voltage Niederspannung *f*;
Kleinspannung *f*

low-voltage battery charger *(Ko)*
Niederspannungsladegerät *n*, Akku-
-Ladegerät *n*

low-voltage circuit-breaker
Niederspannungslastschalter *m*,
Niederspannungsleistungsschalter *m*

low-voltage fast thyristor schneller
Niederspannungsthyristor *m*

low-voltage fuse
Niederspannungssicherung *f*

low-voltage installation
Niederspannungsanlage *f*

low-voltage metal-clad switchboard unit metallgekapselte
Niederspannungsschalteinheit *f*
[Niederspannungsschaltanlage *f*]

low-voltage power station
Niederspannungskraftwerk *n*

low-voltage switch
Niederspannungsschalter *m*

low-voltage switchgear
Niederspannungsschaltgerät *n*;
Niederspannungsschaltanlage *f*

low-voltage transformer
Niederspannungstransformator *m*

low-voltage wiring
Niederspannungsinstallation *f*

lower band frequenzniedrigeres
[unteres] Band *n*

lower beam Tiefstrahl *m (bei asymmetrischem Abblendlicht)*
lower box Unterkasten *m*
lower canal Unterkanal *m (Kraftwerk)*
lower coil side Unterlage *f*, Unterschicht *f (von Wicklungen elektrischer Maschinen)*
lower sideband unteres Seitenband *n*
lowest frequency Grundfrequenz *f*
lowest-order niedrigstwertig
lows 1. tiefe Frequenzen *fpl*; 2. *(Ak)* Tiefen *fpl*
LR *s.* last number redial
LRE *s.* long-reach Ethernet
LRR *s.* long-range radar
lucent 1. *s.* luminous; 2. transparent
lug Öse *f*; Fahne *f*, Lötfahne *f*; Kabelschuh *m*
lumen Lumen *n*, lm *(SI-Einheit des Lichtstroms)*
lumen-second Lumensekunde *f*, lms *(SI-Einheit der Lichtmenge)*
luminaire Leuchte *f*, Beleuchtungskörper *m*
luminance Leuchtdichte *f*, Flächenhelle *f*
luminance flicker Helligkeitsflimmern *n*
luminance temperature schwarze Temperatur *f*, Teilstrahlungstemperatur *f (eines strahlenden Körpers)*
luminance threshold Helligkeitsschwelle *f*
luminescence Lumineszenz *f*, (kaltes) Leuchten *n*
luminescence diode Lumineszenzdiode *f*
luminescence semiconductor Lumineszenzhalbleiter *m*
luminescent dial 1. Leuchtskale *f*; 2. *(Nrt)* Leuchtwählscheibe *f*
luminescent diode Lumineszenzdiode *f*
luminescent screen Leuchtschirm *m*, Lumineszenzschirm *m*
luminophor Luminophor *m*, Leuchtstoff *m*, Lumineszenzstoff *m*
luminosity Leuchtkraft *f*, Leuchtstärke *f*; Helligkeit *f*
luminosity contrast Helligkeitskontrast *m*
luminosity factor Helligkeitsgrad *m*
luminous leuchtend; Leucht...
luminous advertising Leuchtreklame *f*
luminous board Leuchttafel *f*

luminous dial Leuchtskale *f*; Leuchtzifferblatt *n*
luminous field Leuchtfeld *n*
luminous fluctuation Lichtwechsel *m*; Lichtschwankung *f*
luminous flux Lichtstrom *m*, Lichtfluss *m*
luminous flux density Lichtstromdichte *f*
luminous ripple Lichtwelligkeit *f*
luminous screen Leuchtschirm *m*
luminous spectrum Lichtspektrum *n*, sichtbares Spektrum *n*
luminous spot Leuchtpunkt *m*, Lichtfleck *m*; Lichtzeiger *m (auf Messinstrumenten)*
lump-loaded *(Nrt)* punktförmig belastet
lumped konzentriert, punktförmig
lumped circuit Stromkreis *m* mit konzentrierten Schaltelementen
lumped component konzentriertes Bauelement *n*
lumped element konzentriertes Schaltelement *n*
lumped-element filter Filter *n* mit konzentrierten Elementen
lumped network Netzwerk *n* mit konzentrierten Schaltelementen
lumped parameter konzentrierter Parameter *m*; Parameter *m* eines (abgegrenzten) Bauelements
lumped-parameter system System *n* mit konzentrierten Parametern
lux Lux *n*, lx *(SI-Einheit der Beleuchtungsstärke)*
lux-second Luxsekunde *f*, lxs *(SI-Einheit der Belichtung)*
luxmeter Luxmeter *n*, Beleuchtungs(stärke)messer *m*

M

MAC address translation, MAT MAC-Adressübersetzung *f (eine Technik, die z. B. im Zusammenhang mit Lastverteilungsmechanismen bei Servern eingesetzt werden kann)*
machinable data carrier maschinell verarbeitbarer Datenträger *m*
machine address Maschinenadresse *f (Programmierung)*
machine code Maschinencode *m*
machine drive Maschinenantrieb *m*

machine instruction *(Dat)* Maschinenbefehl *m*

machine intelligence künstliche Intelligenz *f*, KI *f*

machine language *(Dat)* Maschinensprache *f*, Maschinencode *m*

machine-oriented *(Dat)* maschinenorientiert

machine-oriented messaging, MOM Nachrichtenaustausch *m* zwischen Maschinen *(ein Anwendungsparadigma für XML)*

machine-readable maschinenlesbar

machine tool Werkzeugmaschine *f*

machine translation *(Dat)* Maschinenübersetzung *f*, maschinelle Übersetzung *f* [Sprachübersetzung *f*]

machine winding Maschinenwicklung *f*, Wicklung *f*

machine word *(Dat)* Maschinenwort *n*

Macintosh operating system *(Dat)* Betriebssystem *n* mit grafischer Benutzeroberfläche der Firma Apple

macro *(Dat)* Makro *n*, Macro *n* *(Zusammenfassung von Befehlen einer Programmiersprache)*

macroassembler *(Dat)* Makroassembler *m*

macrocell *(Dat)* Makrozelle *f*

macrocode *(Dat)* Makrocode *m*

macrocoding *(Dat)* Makrocodierung *f*

macrolanguage *(Dat)* Makrosprache *f*

madistor Madistor *m*, Magnet(o)diode *f* *(Halbleiterdiode)*

MADT s. microalloy-diffused transistor

magic eye (indicator) magisches Auge *n*, Abstimmzeigeröhre *f*

magler Magnetschwebefahrzeug *n*

magnet Magnet *m*

magnet coil Magnet(isierungs)spule *f*, Feldspule *f*

magnet frame Magnetjoch *n*, Magnetgestell *n*

magnet gap Luftspalt *m* (Magnet)

magnet leg [limb] Magnetschenkel *m*

magnet pole Magnetpol *m*, magnetischer Pol *m*

magnet-type loudspeaker magnetischer Lautsprecher *m*

magnet wheel Läuferrad *n*

magnet winding Magnetwicklung *f*, Erregerwicklung *f*

magnet yoke Magnetjoch *n*

magnetic magnetisch; Magnet...

magnetic ageing *(Qu)* magnetische Alterung *f*

magnetic amplifier magnetischer Verstärker *m*, Magnetverstärker *m*, Transduktor *m*

magnetic attraction magnetische Anziehung(skraft) *f*

magnetic axis magnetische Achse *f*, Magnetachse *f*, Polachse *f*

magnetic bearing 1. magnetische [missweisende] Peilung *f*; 2. Magnetlager *n*

magnetic bias Vormagnetisierung *f*

magnetic blow-out 1. magnetische Beblasung *f* [Blasung *f*], magnetische Bogenlöschung *f*; 2. (magnetische) Blaseinrichtung *f*, Blasmagnet *m*

magnetic blow-out arrester Funkenableiter *m* mit magnetischer Blasung, magnetisch beblasener Funkenableiter *m*

magnetic blow-out circuit-breaker Schalter *m* mit magnetischer Blasung

magnetic card Magnetkarte *f*

magnetic cell *(Me)* Magnetspeicherelement *n*

magnetic charge magnetische Ladung *f*

magnetic chuck Haftmagnet *m*

magnetic clutch magnetische Kupplung *f*, Magnetkupplung *f*

magnetic coil Funkenlöschspule *f*

magnetic conductivity magnetische Leitfähigkeit *f*

magnetic core Magnetkern *m*

magnetic cushion Magnetkissen *n*

magnetic cut-out Magnetschütz *n*

magnetic delay Verzögerung *f* (elektrischer Signale) durch magnetische Speicherung

magnetic disk Magnetplatte *f*, Magnetscheibe *f*

magnetic domain storage magnetischer Domänenspeicher *m*, Domänentransportspeicher *m*

magnetic drag *(Ma)* magnetischer Schweif *m* *(Linearmotor)*

magnetic drum Magnettrommel *f*, Speichertrommel *f*

magnetic energy storage magnetische Energiespeicherung *f*

magnetic field magnetisches Feld *n*, Magnetfeld *n*, H-Feld *n*

magnetic field probe magnetische Sonde f, Magnetsonde f
magnetic field strength magnetische Feldstärke f
magnetic flux magnetischer Fluss m [Kraftfluss m], Induktionsfluss m, Magnetfluss m
magnetic flux density (magnetische) Induktion f, magnetische Flussdichte f [Kraftflussdichte f], Magnetfelddichte f
magnetic flux line magnetische Feldlinie f
magnetic force magnetische Kraft f [Feldstärke f], Magnetkraft f
magnetic friction clutch *(Ap)* magnetische Reib(ungs)kupplung f
magnetic head Magnetkopf m
magnetic hum Magnetbrummen n
magnetic hysteresis loop Magnetisierungsschleife f, Hystereseschleife f
magnetic indicator for lightning currents Stahlstäbchen n zur Blitzstrommessung
magnetic induction magnetische Induktion f [Flussdichte f, Kraftflussdichte f], Magnetfelddichte f
magnetic ink magnetische Tinte f, Magnettinte f
magnetic joint Stoßstelle f im Magnetkreis
magnetic leakage magnetische Streuung f, Streuung f des magnetischen Kraftflusses
magnetic leakage factor *(Et)* magnetischer Streufaktor m
magnetic leakage flux (magnetischer) Streufluss m
magnetic levitation magnetische Schwebung f, Magnetschwebung f
magnetic line of force magnetische Kraftlinie f [Feldlinie f], Magnetfeldlinie f
magnetic loss magnetischer Verlust m, Magnetisierungsverlust m
magnetic north pole magnetischer Nordpol m
magnetic overload relay magnetisches Überstromrelais n
magnetic permeability magnetische Permeabilität f
magnetic pick-up magnetischer Geber m; magnetischer Aufnehmer m [Tonabnehmer m]

magnetic picture recording magnetische Bildaufzeichnung f
magnetic pinch effect magnetischer Pincheffekt m; Einschnüreffekt m *(Plasma)*
magnetic potentiometer magnetischer Spannungsmesser m; Kompensatorfeldstärkemesser m
magnetic powder core magnetischer Pulverkern m
magnetic printer Magnet(schrift)drucker m
magnetic pull magnetischer Zug m
magnetic quenching magnetische Löschung f
magnetic recording magnetische Aufzeichnung f, Magnetbandaufzeichnung f; Tonbandaufzeichnung f
magnetic recording head magnetischer Aufzeichnungskopf m
magnetic recording tape Magnetband n
magnetic recording technique Magnetaufzeichnungsverfahren n
magnetic release magnetische Auslösung f
magnetic saturation magnetische Sättigung f, Eisensättigung f
magnetic screening effect magnetischer Abschirmeffekt m, magnetische Schirmwirkung f
magnetic separator Magnetabscheider m
magnetic sheet steel Elektroblech n
magnetic skin effect Flussverdrängung f
magnetic sound recorder [recording equipment] Magnettongerät n
magnetic store Magnetspeicher m
magnetic stray field (magnetisches) Streufeld n, Magnetstreufeld n
magnetic strip Magnetstreifen m
magnetic tape Magnetband n; Magnettonband n
magnetic tape addressing Magnetbandadressierung f
magnetic tape recorder Magnetbandaufnahmegerät n; Tonbandgerät n, Magnettongerät n
magnetic tape recording Magnetbandaufnahme f; Tonbandaufnahme f, Aufzeichnung f auf Tonband

magnetic   220

magnetic tape track Magnetbandspur f
magnetic tape video recording *(Fs)* Videobandaufzeichnung f, Magnetband-Fernsehaufzeichnung f, Magnetbandaufzeichnung f, MAZ
magnetic thin-film memory magnetischer Dünnschichtspeicher m
magnetic track Magnetspur f
magnetic wire recording Drahttonaufnahme f
magnetic yoke magnetischer Rückschluss m, magnetische Rückleitung f
magnetically anisotropic substance *(Et)* magnetisch anisotrope Substanz f
magnetically blown magnetisch beblasen
magnetically hard material *(Et)* magnetisch harter Werkstoff m
magnetically screened [shielded] magnetisch (ab)geschirmt
magnetically soft material *(Et)* magnetisch weicher Werkstoff m
magnetize v magnetisieren
magnetizing coil Magnetisierungsspule f, Feldspule f
magnetizing current Magnetisierungsstrom m
magnetizing force Magnetisierungskraft f, Magnetisierungsstärke f; magnetische Feldstärke f
magneto 1. Magnetzünder m, Zündmagnet m; 2. magnetelektrischer [permanenterregter] Generator m; Kurbelinduktor m
magneto e.m.f. Magneto-EMK f
magneto FET magnetfeldabhängiger Feldeffekttransistor m
magneto ignition Magnetzündung f
magneto ohmmeter Kurbelinduktor m für Widerstandsmessung *(z. B. einer Isolation)*
magnetohydrodynamic magnetohydrodynamisch, hydromagnetisch
magnetohydrodynamic power station MHD-Kraftwerk n
magnetohydrodynamics Magnetohydrodynamik f, Hydromagnetik f
magnetomotive magnetomotorisch
magnetomotive force Durchflutung f, magnetische Urspannung f,
Umlaufspannung f, *(veraltet)* magnetomotorische Kraft f, MMK
magnetoresistance magnetischer Widerstand m; magnetische Widerstandsänderung f, Magnetoresistenz f, Widerstandsänderung f im Magnetfeld
magnetostriction Magnetostriktion f
magnetostriction gauge Dehnmessstreifen-Messgerät n, DMS--Messgerät n
magnetostriction loudspeaker magnetostriktiver Lautsprecher m
magnetostriction microphone magnetostriktives Mikrofon n
magnetostriction strain gauge magnetostriktiv wirkender Dehnungsmessstreifen m
magnetostrictive magnetostriktiv
magnetostrictive delay line magnetostriktive Verzögerungsleitung f
magnetron Magnetron n, Magnetfeldröhre f, Hohlraummagnetron n
magnification 1. Vergrößerung f *(Optik)*; 2. s. magnification factor 2.
magnification error Vergrößerungsfehler m
magnification factor 1. Vergrößerungsfaktor m *(Optik)*; 2. *(Et)* Gütefaktor m, Verstärkung f *(Funktechnik)*
magnification ratio 1. Vergrößerung(szahl) f *(Optik)*; 2. *(Licht)* Verstärkungsfaktor m, Leuchtenwirkungsgrad m
magnifier 1. Lupe f, Vergrößerungsglas n; 2. *(Et)* Verstärker m
magnitude 1. Größe f; Größenordnung f; 2. Wert m, Betrag m; 3. *(Et)* Stärke f; Intensität f
magnitude of alternating current Wechselstromgröße f, Wechselstromwert m
magnitude of an impulse Impulsstärke f
magslip Drehmelder m, Drehfeldgeber m
mail-bomb *(Dat)* "Bombardieren" n *(eines Mail-Servers oder einer Mailbox mit einer Flut von nutzlosen E-Mails bis zum System-Zusammenbruch)*
mail exchanger, MX Mail-Exchanger n

mailbox Briefkasten *m* *(Datenkommunikation)*
mailbox icon *(Ko)* Mailbox-Symbol *n*, "Sie haben Post!"-Anzeige *f* *(amerikanischer Briefkasten mit aufgerichteter Fahne)*
main Hauptleitung *f*; Hauptrohr *n*; Hauptkabel *n*
main accumulating register *(Dat)* Hauptspeicherwerk *n*
main amplifier Hauptverstärker *m*, Endverstärker *m*
main arm *(Le)* Hauptzweig *m*
main board Hauptplatine *f*
main bus bar Hauptsammelschiene *f*
main cable Hauptkabel *n*
main capacitance Hauptkapazität *f* *(bei Freileitungen)*
main control loop *(Rt)* Hauptregelkreis *m*
main discharge Hauptentladung *f*
main distribution frame Hauptverteiler *m*, Vh
main earthing busbar Haupterdungsschiene *f*
main flux *(Ma)* Hauptpolfluss *m*
main lobe Hauptlappen *m*, Hauptkeule *f* *(Richtdiagramm)*
main lobe of radiation Hauptstrahlungszipfel *m*
main memory Hauptspeicher *m*
main network *(Nrt)* Hauptkabelnetz *n*
main phase Hauptphase *f*
main pole Hauptpol *m*
main processor Hauptprozessor *m*, Leitprozessor *m*
main program Hauptprogramm *n*, Leitprogramm *n*, Steuerprogramm *n*
main secondary winding sekundäre Hauptwicklung *f*
main set *(Nrt)* Hauptapparat *m*
main storage [store] Hauptspeicher *m*, Arbeitsspeicher *m*, interner Speicher *m*
main sweep Hauptsägezahnspannung *f* *(eines Oszilloskops)*
main tap *Hauptanschluss *m*
main telephone exchange *(Nrt)* HVst *n*, Hauptvermittlungsstelle *f*, Hauptamt *n*, Hauptfernsprechamt *n*
main terminal Hauptanschlussklemme *f*, Netzklemme *f*
main transmitter Hauptsender *m*

main transmitting direction Hauptstrahlrichtung *f* *(eines Senders)*
main winding Hauptwicklung *f*
mains (elektrisches) Netz *n*, Stromversorgungsnetz *n*, Lichtnetz *n*
mains-borne interference Netzstörung *f*
mains connection Netzverbindung *f*, Netzanschluss *m*
mains-fed netzgespeist
mains frequency Netzfrequenz *f*
mains hum Netzbrumm *m*, Netzbrummen *n*
mains-independent netzunabhängig
mains leakage Leitungsverlust *m*
mains noise Netzgeräusch *n*, Netzrauschen *n*, Netzton *m*
mains-operated netzgespeist, netzbetrieben, mit Netzanschluss
mains operation Netzbetrieb *m*
mains plug Netzstecker *m*
mains ripple Netzbrumm *m*
mains-stabilized netzstabilisiert
mains switch Netzschalter *m*
maintain *v* **at a potential** auf einem Potenzial halten
maintainability performance Instandhaltungseignung *f*, Wartbarkeit *f*
maintenance instructions *pl* Wartungsanleitung *f*, Instandhaltungsanleitung *f*
maintenance manual Wartungshandbuch *n*, Serviceanleitung *f*
maintenance schedule Wartungsplan *m*
major cycle *(Dat)* Hauptzyklus *m*, Hauptperiode *f*, Großperiode *f*
major feedback *(Rt)* Hauptrückführung *f*
major insulation Hauptisolation *f* *(z. B. bei Transformatoren)*
majority carrier Majoritäts(ladungs)träger *m*, Mehrheitsträger *m*
make *v* 1. *(Et)* schließen *(Kontakt, Stromkreis)*; einschalten; 2. herstellen, erzeugen
make *v* **dead** stromlos machen
make and break 1. Unterbrecher *m*; 2. Schließen *n* und Unterbrechen *n*
make-and-break cycle Schaltschritt *m*
make-and-break igniter Abreißzünder *m*

make-and-break

make-and-break ignition Abreißzündung f
make-before-break contact unterbrechungsloser Wechselkontakt m, Folgeumschalter m
make-before-break switch unterbrechungsloser Wechselschalter m, Überlappungsschalter m
make time Einschaltverzögerung f, Einschaltverzug m, Ansprechverzug m (Relais); Einschaltzeit f, Schließzeit f (Kontakt)
make-to-break ratio (Rt) Tastverhältnis n
make transient Einschwingung f beim Einschalten
Makimoto's Wave Makimoto's Welle f (Gestzmäßigkeit der Halbleiterentwicklung)
male connector Stecker m
male plug Steckerstift m
malfunction Störung f, Versagen n; Funktionsstörung f, Fehlfunktion f; Ausfall m
malicious call (Nrt) unerwünschter Anruf m, böswilliger Anruf m
malicious call tracing (Nrt) Verfolgen n böswilliger Anrufe
maloperation Fehlschaltung f
man-in-the-middle attack, MitM Man-in-the-Middle-Angriff m (ein Angreifer kann die Kommunikation im Netz mithören und modifizieren)
man-machine communication Mensch-Maschine-Kommunikation f
man-machine interface Mensch-Maschine-Schnittstelle f
man-made künstlich hergestellt; synthetisch
man-made noise source industrielle Störquelle f, industrielle Funkstörungsquelle f
man-made radio noise industrielle Funkstörung f
management application PDU, MA PDU Management-Anwendungs-PDU f
management information base, MIB Management-Informationsbasis f
management station Management-Station f
mandatory access control verbindliche Zugriffskontrolle f
mandatory standard verbindlicher Standard m
manhole Mannloch n, Einstiegloch n, Einsteigöffnung f, Einstieg m; Kabelschacht m, Kabelbrunnen m
manipulation detection code, MDC Code m zur Erkennung von Manipulationen
manned space flight bemannte Raumfahrt f
manned space travel bemannte Raumfahrt f
manned spacecraft (Ko) bemanntes Raumfahrzeug n
manual access (Dat) manueller Zugriff m
manual circuit (Nrt) handbediente Leitung f
manual control Handsteuerung f; Handregelung f, Regelung f von Hand
manual data input Hand(daten)eingabe f, Dateneingabe f von Hand
manual drive Handantrieb m
manual exchange (Nrt) Handvermittlung(sstelle) f, VStH, Handamt n, Handzentrale f
manual focus, MF (Ko) Scharfstellung f von Hand (Gegenteil: Autofokus)
manual keyboard Handtastatur f
manual-operated handbetätigt
manual switch Handschalter m
manual system Handsystem n, handbedientes Fernsprechsystem n
manual telephone set Fernsprechapparat m für Handvermittlungsanschluss
manually operated circuit (Nrt) handbediente [handbetriebene] Leitung f
manually operated circuit-breaker Handausschalter m
manufacturing instruction Bauanweisung f
map v abbilden; übertragen (Schaltkreisentwurf); aufnehmen, eintragen (auf einer Karte)
map Karte f; Plan m
mapped memory Bildspeicher m
margin angle (Ma) Grenzpolradwinkel m
margin of commutation (Le) Sicherheitswinkel m
marginal check(ing) Randwertkontrolle f, Randwertprüfung f, Grenzwertprüfung f; Toleranzprüfung

marginal testing s. marginal check(ing)
marginal track Randspur f
marine anticollision radar (Fo) Schiffskollisionsschutzradar n
marine generator Schiffsgenerator m
marine radar Schiffsradar n
marine radio call Seefunkgespräch n, Seefunktelefonat n
marine radio service Seefunkdienst m
marine radio station Seefunkstation f, Seefunkstelle f
maritime... See..., Schiffs... (s. a. marine...)
mark Markierung f, Markierzeichen n, Marke f, Zeichen n
mark frequency (Nrt) Zeichenschrittfrequenz f
mark inversion (Nrt) Zeichenumkehrung f
mark pulse (Nrt) Trennimpuls m, Markierimpuls m
mark reader (Dat) Markierungsleser m, Zeichenleser m
mark scanning (Dat) (optische) Zeichenabtastung f
mark-to-space ratio Impulstastverhältnis n, Tastverhältnis n, Impulslängenverhältnis n; Zeichen-Zwischenraum-Verhältnis n (bei Streifencode)
mark wave (Nrt) Zeichenwelle f
marker 1. Markierer m; 2. Marke f; Kabelmerkstein m
marker beacon Funkfeuer n mit Kennung; Markierungsbake f
marker lamp Markierungslampe f (z. B. Schlussleuchte, Kopfleuchte)
marker light Positionslicht n
marking 1. Markierung f, Kennzeichnung f; 2. (Nrt) Zeichengebung f
MARS s. mobile accident recording system
maser (Abk. für: microwave amplification by stimulated emission of radiation) Maser m (Verstärkung von Mikrowellen durch induzierte Emission von Strahlung)
mask v 1. maskieren, (mit einer Maske) abdecken; überdecken; 2. (Ak) verdecken (Schall)
mask v **out** ausblenden (z. B. unerwünschte Daten)
mask 1. (Dat) Maske f; Abdeckmaske f (z. B. bei einem Bitmuster); 2. (Me) Maske f, Diffusionsmaske f; Schablone f; Photoschablone f, Kopiermaske f
mask addressing Maskenadressierung f
mask-programmable read-only memory maskenprogrammierbarer Festwertspeicher m, maskenprogrammierbares ROM n
mask programming Maskenprogrammierung f
maskable interrupt (Dat) maskierbare Unterbrechung f
maskable interrupt request maskierbare Interruptanforderung f
masking 1. Abdeckung f; 2. (Me) Maskierung f; 3. (Ak) Verdeckung f (des Schalls)
mass acceleration Massenbeschleunigung f
mass connection *Masseanschluss m, Masseverbindung f, Verbindung f mit Masse [Erde]
mass moment of inertia *Massenträgheitsmoment n
mass storage (device) Massenspeicher m, Großspeicher m
mast m 1. Mast m; Leitungsmast m; Telegrafenmast m; Antennenmast m; Laternenmast m
mast radiator Maststrahler m
mast-stayed radiator selbstschwingender [abgespannter] Antennenmast m
master 1. Original n; Kopierschablone f; 2. (Ak) Master m, fertig bearbeitete Aufzeichnung f; Vaterplatte f (Schallplattenmatrize); 3. Hauptgerät n, steuerndes Gerät n; 4. Einstellnormale f
master card (Dat) Hauptkarte f, Meisterkarte f, Stammkarte f, Leitkarte f
master circuit-breaker Haupttrennschalter m
master clock Hauptuhr f, Mutteruhr f; Zeitgeber m, Taktgeber m
master computer Hauptrechner m, Leitrechner m
master contactor Hauptschütz n
master control unit Steuerteil n
master controller 1. Meisterschalter m, Hauptsteuerschalter m; 2. (Ap) Fahr-

master   224

Steuerschalter m; Meisterwalze f; 3. (Rt) Leitregler m, Führungsregler m
master copy (Dat) Erstschrift f
master diskette Mutterdiskette f (mit gelieferter Software)
master drawing Originalzeichnung f; Fotovorlage f
master drive Gebermaschine f, Bezugsmotor m
master key Haupttaste f
master level Gesamtpegel m
master program (Dat) Hauptprogramm n, Leitprogramm n, Steuerprogramm n, Organisationsprogramm n
master-slave configuration (Dat) Master-Slave-Anordnung f
master slice Master-Slice n, Standardscheibe f, (vorgefertigter) Universalschaltkreis m
master station 1. (Dat) Hauptstation f; 2. (Nrt) Sendestation f
master substation (Ee) Leitstation f, Leitumspannwerk n
master switch Meisterschalter m, Hauptschalter m, Generalschalter m
master tape 1. Leitband n, Hauptband n; 2. Urband n
mat metal mattes Metall n (z. B. als Reflektor)
mat-surface mit mattierter Oberfläche, matt
match v 1. anpassen, angleichen; zusammenpassen, übereinstimmen (mit); 2. paaren (z. B. Dioden); 3. vergleichen, abstimmen (z. B. Photometerfelder)
match byte Vergleichsbyte n
matched filter 1. signalangepasstes [abgestimmtes] Filter n, Kammfilter n; 2. (Rt) Zuordnungsfilter n
matched pair ratio (Le) Paarungsbedingung f
matched receiver angepasster Empfänger
matching Anpassung f; Angleichung f
matching attenuation Anpassungsdämpfung f
matching plate Anpassungsblende f (Wellenleiter)
matching section Anpassungsleitung f
matching unit Anpasseinheit f
mated connectors gekoppelte Stecker mpl
Mathematical Theory of

Communication (Nrt) mathematische Theorie f der Informationsübertragung, shannonsche Informationstheorie f
mating Eingreifen n, Ineinandergreifen n; Kontaktgabe f
mating connector Gegenanschluss m, Gegenstecker m, Gegensteckverbinder m
mating plug passender Stecker m
matrix 1. (Dat) Matrix f; 2. Matrize f (z. B. für Bausteine); 3. Grundmaterial n, Grundsubstanz f
matrix converter Matrixstromrichter m
matrix display Matrixanzeige f
matrix encoder (Nrt) Matrixcodierer m
matrix of holes Lochraster m
matrix printer Matrixdrucker m, Mosaikdrucker m
matrix printing Matrixdruck m
maximum allowable rate of rise of forward on-state current höchstzulässige Stromanstiegsgeschwindigkeit f
maximum asymmetric three-phase short-circuit current dreiphasiger Stoßkurzschlussstrom m
maximum circuit-breaker Überstromschalter m
maximum current circuit-breaker Maximalschalter m
maximum current relay Maximal(strom)relais n, Überstromrelais n
maximum demand Maximalbelastung f, Höchstbedarf m, Bedarfsspitze f, Lastspitze f, Spitzenlast f
maximum deviation (Rt) größte Regelabweichung f, Überschwingweite f
maximum forward r.m.s. on-state current höchstzulässiger effektiver Durchlassstrom m
maximum gate trigger current oberer Zündstrom m
maximum gate trigger voltage obere Zündspannung f
maximum non-repetitive peak on-state surge current (Le) höchstzulässiger nicht periodischer Stoßstrom m
maximum non-repetitive peak reverse voltage (Le) höchstzulässige nicht periodische Stoßspitzensperrspannung f

maximum overshoot Überschwing(ungs)weite f
maximum peak forward non-repetitive surge current *(Le)* höchstzulässiger nicht periodischer Stoßstrom m
maximum ratings Grenzwerte mpl, Grenzdaten pl; Höchstbetriebswerte mpl, Höchstnennwerte mpl
maximum reliability höchste Zuverlässigkeit f, Höchstzuverlässigkeit f
maximum repetitive peak off-state voltage höchstzulässige positive periodische Spitzensperrspannung f
maximum repetitive peak reverse voltage höchstzulässige negative periodische Spitzensperrspannung f
maximum response axis Achse f größter Empfindlichkeit (z. B. von Mikrofon)
maximum reverse r.m.s. voltage maximale (effektive) Sperrspannung f
maximum r.m.s. on-state current (höchstzulässiger) effektiver Durchlassstrom m; maximaler Effektivwert m des Durchlassstroms
maximum segment lifetime, MSL maximale Lebensdauer f eines Segments *(Parameter bei TCP)*
maximum segment size, MSS maximale Segmentgröße f *(Parameter bei TCP)*
maximum switching impulse protective level *(Hsp)* Nennbegrenzungsschaltspannung f
maxwell Maxwell n, M, Mx *(veraltete Einheit des magnetischen Flusses; 1 M = 10-8 Wb)*
Maxwell theory of light maxwellsche elektromagnetische Lichttheorie f, elektromagnetische Theorie f des Lichts (von Maxwell)
MAYDAY *(Nrt)* MAYDAY *(internationales Notrufzeichen)*
MD-dictaphone *(Ko)* MiniDisc-Diktiergerät n *(tragbarer Rekorder mit hoher Aufzeichnungs- und Wiedergabequalität; ca. 70min Aufzeichnungsdauer stereo; schnelle Wiedergabe ohne Tonhöhenveränderung; Sprachsteuerung; automatische Datum- und Uhrzeit-Aufnahme)*

mean access time *(Nrt)* mittlere Zugriffszeit f *(bei Mehrfachzugriff)*
mean active maintenance time mittlere Instandhaltungsdauer f
mean activity coefficient mittlerer Aktivitätskoeffizient m
mean on-state current *(Le)* Nenndurchlassstrom m
mean on-state power loss mittlere Durchlassverlustleistung f [Durchgangsverlustleistung f]
mean penetration depth mittlere Eindringtiefe f
mean square error mittlerer quadratischer Fehler m, mittleres Fehlerquadrat n
mean square value quadratischer Mittelwert m
mean time between failures *(Qu)* mittlerer Ausfallabstand m, mittlere ausfallfreie Betriebszeit f, MTBF-Zeit f
mean time between undetected failures mittlere [durchschnittliche] Zeit f zwischen unentdeckten Fehlern
mean voltage between segments *(Ma)* mittlere Lamellenspannung f
meander CCD CCD-Bildaufnahmeelement n mit mäanderförmigen Kanalstrukturen
measled multilayer printed circuit board gemaserte Mehrlagenleiterplatte f
measurability Messbarkeit f
measurement Messung f, Messen n; Abmessung f
measurement accuracy Messgenauigkeit f
measurement components Messgeräteteile npl
measurement data Messdaten pl
measurement engineering Messtechnik f
measurement kit Messkoffer m
measurement range Messbereich m
measurement surface Messfläche f
measurement system Mess(geräte)system n
measurement unit 1. Maßeinheit f; 2. Messeinheit f *(Vorrichtung)*
measurement voltage divider Messspannungsteiler m
measuring accuracy Messgenauigkeit f
measuring earth terminal Messerdleiteranschluss m

measuring

measuring electrode Messelektrode *f*
measuring error Messfehler *m*
measuring frequency Messfrequenz *f*
measuring head Messkopf *m*
measuring probe Messsonde *f*, Sonde *f*; Messfühler *m*
measuring range 1. Messbereich *m*; 2. Skalenbereich *m*
measuring rectifier Messgleichrichter *m*
measuring set Messgerät *n*; Messanordnung *f*
measuring technique Messverfahren *n*, Messmethode *f*, Messtechnik *f*
measuring uncertainty *Messunsicherheit *f*
measuring unit Messglied *n*; Messteil *m*, Messeinheit *f (einer technischen Einrichtung)*
mechanical adding device *(Dat)* Summiertrieb *m*, Summentrieb *m*, mechanische Addiereinrichtung *f*
mechanical inertia mechanische Trägheit *f*
mechanical-operated controller *(Rt)* mechanischer Regler *m*
mechanical potentiometer mechanischer Kompensator *m*
mechanical recorder 1. mechanischer Schreiber *m*, mechanisches Registriergerät *n* [Aufzeichnungsgerät *n*]; 2. *(Ak)* Nadeltonschreibgerät *n*
mechanical recording head *(Ak)* Schneiddose *f*
mechanical recording method *(Ak)* Nadeltonverfahren *n*
mechanical rectifier 1. mechanischer Gleichrichter *m*; 2. *(Hsp)* Nadelgleichrichter *m*
mechanical scanning mechanische Abtastung *f*
mechanical short-time current rating *(AE)* dynamischer Grenzstrom *m (bei Stromwandlern)*
mechanism 1. Mechanismus *m*, mechanische Einrichtung *f* [Vorrichtung *f*]; 2. Wirkungsweise *f*, (mechanische) Arbeitsweise *f*
mechanoelectrical mechanisch--elektrisch, elektromechanisch
mechanoelectronic mechanisch--elektrisch
mechatronics Mechatronik *f (Kunstwort aus Mechanik und Elektronik)*

media transfer protocol, MTP *(Ko)* Datenübertragungsprotokoll *n* zwischen PCs und Endgeräten *(auch Handys und Kameras)*
mediaplayer *(Dat)* Mediaplayer *m*, PC--Programm *n* zur Wiedergabe von Audio- und Video-Dateien
medium 1. Medium *n*, Träger *m*; Speichermedium *n*; Datenträger *m*; 2. Mittel *n*, Durchschnitt *m*
medium-heavy-loaded line mittelschwer besputlte Leitung *f*
medium-high-voltage line Mittelspannungsleitung *f*
medium-power transistor Mittelleistungstransistor *m*, Transistor *m* mittlerer Leistung
medium-scale integrated circuit mittelintegrierter Schaltkreis *m*, MSI--Schaltkreis *m*, Schaltkreis *m* mit mittlerer Integrationsdichte, Mittelintegrationsschaltung *f*
medium-scale integration mittlerer Integrationsgrad *m*, Mittelintegration *f*, MSI
medium wave Mittelwelle *f*
megacycle Megahertz *n*, MHz
megacycles per second Megahertz *n*, MHz
megaphone Sprachrohr *n*, Megaphon *n*
megawatt range Megawattbereich *m*, MW-Bereich *m*
megohmmeter Megohmmeter *n*, Isolationsprüfer *m*, Isolationsmesser *m*, Isolationsmessgerät *n*
mel *(Ak)* Mel *n*, mel *(Kennwort für frequenzabhängige empirisch ermittelte Tonhöhenempfindungen)*
melting current Schmelzstrom *m*
member Glied *n*; Teil *n*; Organ *n*; Bauglied *n*, Bauteil *n*
membrane-actuating mechanism Membranstellglied *n*
membrane valve Membranventil *n*
memory *(Dat)* (interner) Speicher *m*
memory address Speicheradresse *f*
memory bus Speicherbus *m*
memory capacity Speicherkapazität *f*, Speichervermögen *n*
memory card Speicherkarte *f*
memory card reader *(Dat, Ko)* Speicherkartenleser *m (PC--Peripherie-Baugruppe zum Lesen vo*

memory card slot *(Ko)* Speicherkartenschlitz *m*
memory check bit Speicherprüfbit *n*
memory circuit Speicherschaltung *f*, Speicherkreis *m*
memory content Speicherinhalt *m*
memory current Speicherstrom *m*
memory cycle Speicherzyklus *m*
memory cycle time Zykluszeit *f* des Speichers
memory effect Gedächtniseffekt *m*; Nachwirkungseffekt *m*
memory extension Speichererweiterung *f*
memory location Speicherplatz *m*
memory space Speicherplatz *m*
memory tube Speicherröhre *f*
memory unit Speichereinheit *f*
memory with short access time Speicher *m* mit kurzer Zugriffszeit
menu Menü *n* (auf dem Bildschirm ausgegebene Zusammenstellung von Programmfunktionen zur Benutzerführung)
mercury arc Quecksilber(licht)bogen *m*
mercury-arc converter Quecksilberdampfstromrichter *m*
mercury-arc inverter Quecksilberdampfwechselrichter *m*
mercury-arc lamp Quecksilberdampflampe *f*
mercury-arc rectifier Quecksilberdampfgleichrichter *m*, Quecksilberdampfröhre *f*
mercury cell Quecksilber(normal)element *n*; Quecksilberbatterie *f*
mercury contact Quecksilberkontakt *m*
mercury line Quecksilberlinie *f* (Spektrum)
mercury memory Quecksilberspeicher *m*
mercury-tungsten lamp Quecksilber-Wolframdraht-Lampe *f*, Mischlichtlampe *f*
mercury vapour lamp Quecksilberdampflampe *f*
mercury vapour tube Quecksilberdampf(entladungs)röhre *f*
merged transistor logic gemischte Transistorlogik *f*

MESFET s. metal silicon field-effect transistor
mesh 1. *(Et)* Masche *f*; Maschenschaltung *f*; 2. Ineinandergreifen *n*, Eingriff *m (z. B. von Zahnrädern)* • **round a mesh** in einer Masche, auf dem Umlaufweg um eine Masche, auf einem Umlauf
mesh anode Maschenanode *f*
mesh-connected im Dreieck geschaltet, dreieckgeschaltet
mesh connection Maschenschaltung *f*, Dreieckschaltung *f*
mesh earth electrode Maschenerder *m*
mesh layout *(Nrt)* Maschennetz *n*
mesh voltage verkettete Spannung *f*, Dreieckspannung *f*
message 1. *(Nrt)* Mitteilung *f*, Nachricht *f*; Meldung *f*; Funkspruch *m*; Telegramm *n*, Fernschreiben *n*; 2. *(Dat)* Information *f*
message accounting *(Nrt)* Gebührenzählung *f*, Gebührenerfassung *f*
message centre Nachrichtenstelle *f*
message character Textzeichen *n*
message digest, MD Message-Digest *n (Konzentrat-Funktion einer Nachricht, z. B. MD5)*
message error *(Nrt)* Übermittlungsfehler *m*, Übertragungsfehler *m*
message header Kopfzeilen *fpl (bei E-Mail-Nachrichten, HTTP usw.)*
message integrity code, MIC Integritäts-Prüfcode *m* für Nachrichten
message rate Einzelgesprächsgebühr *f*, Gesprächsgebühr *f*
message-rate system Einzelgesprächsgebührensystem *n*
message retrieval *(Dat)* Wiederauffinden *n* einer Stelle *(in einer Aufzeichnung)*
message store, MS Mitteilungsspeicher *m*
message transition delay Telegrammlaufzeit *f*
message transmission Textübermittlung *f*
message unit Gesprächseinheit *f*
messenger cable Führungskabel *n*, Leitkabel *n*, Tragkabel *n*, Kabeltragseil *n*
meta language *(Dat)* Metasprache *f*, Zwischensprache *f*

metafile Bilddatei *f*
metal absorber *(Me)* Metallabsorber *m*
metal arc Metalllichtbogen *m*, Lichtbogen *m* zwischen Metallelektroden
metal-arc welding Metall- -Lichtbogenschweißen *n*, Lichtbogenschweißen *n*
metal-ceramic metallkeramisch
metal-clad 1. metallisch gekapselt, metallgekapselt, gussgekapselt, stahlblechgekapselt *(Gerät)*; 2. metallkaschiert, metallüberzogen, metallplattiert
metal-clad switchgear metallgekapseltes Schaltgerät *n*
metal coating 1. Metallüberzug *m*, Metallschicht *f*; 2. Metallisieren *n (Tauchverfahren)*
metal core printed circuit board Metallkernleiterplatte *f*
metal-enclosed *metallgekapselt
metal-enclosed switchgear gekapselte [gussgekapselte] Schaltanlage *f*
metal graphite Metallgraphit *m (für Schleifkohlen)*
metal graphite brush Metallgraphitbürste *f*
metal-nitride-oxide semiconductor field-effect transistor MNOS- -Feldeffekttransistor *m*, MNOSFET *m*
metal-organic chemical vapour deposition metallorganische chemische Bedampfung *f*, Abscheidung *f* metallorganischer Verbindungen aus der Dampfphase
metal-oxide arrester *(Hsp)* Metalloxidableiter *m*
metal-oxide-silicon field-effect transistor Metall-Oxid-Silicium- -Feldeffekttransistor *m*
metal-oxide surge arrester *Metalloxidableiter
metal screen Metallschirm *m*
metal-semiconductor barrier Metall- -Halbleiter-Barriere *f*, Metall-Halbleiter- -Sperrschicht *f*
metal-semiconductor field-effect transistor Metall-Halbleiter- -Feldeffekttransistor *m*
metal silicon field-effect transistor Metall-Silicium-Feldeffekttransistor *m*, MESFET *m*
metallic arc s. metal arc

metallic connection galvanische Verbindung *f*
metallic electron emitter Elektronen emittierendes Metall *n*
metallic filament incandescent lamp Metallfadenglühlampe *f*
metallic pattern Metallisierungsmuster *n*
metallic powder Metallpulver *n*
metallic rectifier Trockengleichrichter *m*
metallic waveguide metallischer Hohlleiter *m*
metallized brush metallisierte Bürste *f*
meteorological observation satellite *(Ko)* Satellit *m* zur Wetterbeobachtung, Wettersatellit *m (sendet Bilder von Wolkenbildungen über der Erdoberfläche)*
meteorological radar *(Fo)* Wetterradar *n (zeigt Reflexionen an Regenwolken und Turbulenzen an)*
meteorological satellite s. meteorological observation satellite
meteorological sonde *(Ko)* Wettersonde *f*, Radiosonde *f (zur Höhenmessung meteorologischer Daten)*
meter Messinstrument *n*, Messgerät *n*; Zähler *m*, Zählwerk *n*; Elektroenergieverbrauchszähler *m*
meter amplifier Mess(gerät)verstärker *m*
meter change-over clock Zählerschaltuhr *f*
meter deflection Zeigerausschlag *m*, Instrumentenausschlag *m*
meter error Instrumentenfehler *m*, Gerätefehler *m*
meter key 1. Instrumententaste *f*; 2. *(Nr* Zählertaste *f*
meter pointer Instrumentenzeiger *m*, Zeiger *m*
meter rectifier Messgleichrichter *m*
meter relay 1. Zählrelais *n*, Messrelais *r* 2. Kontaktgeberzähler *m*, Senderzähler *m*
meter scale 1. Messskale *f*; 2. Messbereich *m*
meter service provider, MSP *(Ee)* Messdienstleistungsanbieter *m*
meter switch Messbereichumschalter *m*, Messbereichsschalter *m*
metering Messung *f*, Messen *n*; Zählu *f*, Zählen *n*

microoptoelectromechanical

method of approximation Approximationsmethode f, Näherungsmethode f, Näherungsverfahren n
method of comparison *(Qu)* *Vergleichsverfahren n
method of connection Schaltungsart f
method of tracking Pendelangleichungsverfahren n *(Lautheitsmessung)*
metric motor Motor m mit metrischen Maßen [Abmessungen]
mev [m.e.v., Mev] Abkürzung aus: *mega-electron volt*
MF s. manual focus
mfd Abkürzung aus: *microfarad*
mfd. Abkürzung aus: *microfarad*
MFLOP s. *million floating-point operations per second*
mh Abkürzung aus: *millihenry*
mH Abkürzung aus: *millihenry*
mho Siemens n, S *(amerikanische Einheit des elektrischen Leitwertes)*
MIC s. 1. *microcomputer*; 2. *microwave integrated circuit*; 3. *microphone*; 4. *message integrity code*
mica Glimmer m
mica flake Glimmerflitter m
mica folium Mikafolium n, Micafolium n *(Isolationsmaterial)*
mica paper Glimmerpapier n, Mikapapier n
mica plate Glimmerplättchen n, Glimmerblättchen n
mica punching machine Glimmerstanzmaschine f
mica strip Glimmerstreifen m
mica tape Glimmerband n, Mikaband n
micanite Mikanit n, Pressglimmer m, Kunstglimmer m
micanite paper Mikanitpapier n
microalloy-diffused transistor Mikrolegierungsdiffusionstransistor m
microbending Mikrobiegung f, Mikrokrümmung f
microbending loss Lichtverlust m [Lichtdämpfung f] durch Mikrobiegung
microcassette *(Ko)* Mikrokassette f *(60min Aufzeichnungsdauer; kleine Kassette für Diktiergeräte)*
microcassette recorder, MCR *(Ko)* Mikrokassettenrekorder m, Diktiergerät n
microchip *(Me)* Mikrochip m

microcircuit Mikroschaltung f, mikroelektronische Schaltung f
microcode Mikro(befehls)code m
microcode assembler Mikroassembler m, Assembler m für Mikrorechner
microcomputer Mikrorechner m, Mikrocomputer m
microcomputer kit Mikrorechnerbausatz m
microcomputer software Mikrorechnersoftware f, Mikrocomputerprogramme npl
microcontroller unit, MCU Mikrosteuerrechner m, Einchip-µP m
microdisk Microfloppydisk f, Mikrodiskette f, 3½"-Diskette f *(3½" Durchmesser; zweiseitig; 1,44 MByte Kapazität; DIN EN 28860)*
microdiskette Mikrodiskette f *(3,25- -Zoll-Diskette)*
microelectrical discharge machining funkenerosive Bearbeitung f in Mikrobereich
microelectronic mikroelektronisch
microelectronic component [device] Mikroelektronikbaustein m, mikroelektronisches Bauelement n
microelectronic mechanical system mikromechanisches Elektroniksystem n
microelectronics Mikroelektronik f
microfab Fabrik f für Mikrostrukturen
microfabrication Mikrobearbeitung f, Herstellung f von Strukturen im Mikrometerbereich, Mikrostrukturherstellung f
microfilm output Mikrofilmausgabe f
microfilm reader Mikrofilmlesegerät n
microflow Mikroströmung f
microgroove Mikrorille f
microimaging Mikrobilderzeugung f
micromachining Mikrobearbeitung f
micromechanics Mikromechanik f
micrometer spark gap Mikrometerfunkenstrecke f
micromicroammeter Pikoamperemeter n *(für Messungen bis 10-9 A)*
micromirror Mikrospiegel m
micromodule Mikromodul(baustein) m, Mikroschaltungsbaustein m, Kompaktbaustein m
micromoulding Mikrospritzgießen n
microoptoelectromechanical system

mikro-optoelektromechanisches System *n*
microphone Mikrofon *n*, Mikrophon *n*
microphone boom Mikrofongalgen *m*
microphone button Mikrofontaste *f*
microphone cable Mikrofonkabel *n*
microphone capsule Mikrofonkapsel *f*, Sprechkapsel *f*
microphone clip Mikrofonhalterung *f*, Mikrofonhalteklammer *f*
microphone housing Mikrofongehäuse *n*
microphone jack Mikrofonbuchse *f*
microphone key Sprechtaste *f*
microphone location Mikrofonort *m*
microphone mouthpiece Einsprechöffnung *f* [Mundstück *n*] des Mikrofons
microphone noise Mikrofongeräusch *n*, Mikrofonrauschen *n*
microphone socket Mikrofonbuchse *f*
microphone suspension Mikrofonaufhängung *f*
microphonic carbon Mikrofonkohle *f*
microplasma Mikroplasma *n*
microplasma welding Mikroplasmaschweißen *n*
microprobe Mikrosonde *f*
microprocessor *(Dat)* Mikroprozessor *m*, MP
microprocessor card Mikroprozessorkarte *f*
microprocessor chip Mikroprozessor--Chip *n*, Mikroprozessorschaltkreis *m*, microprocessor IC *m*, µP-Chip, µP-IC
microprocessor control unit Mikroprozessorsteuereinheit *f*
microprocessor host loader Mikroprozessorwirtseingeber *m*, Mikroprozessorwirtslader *m*
microprocessor language assembler Mikroprozessorsprachassembler *m*
microprocessor language editor Mikroprozessorspracheditor *m*
microprocessor unit Mikroprozessorbaustein *m*, Mikroprozessoreinheit *f*
microprogrammable mikroprogrammierbar
microreactor Mikroreaktor *m*
microreciprocal degree *(Licht)* Mired *n* *(Einheit der reziproken Farbtemperatur)*

Microsoft MS, Microsoft *(US-Firma für PC- und Internetsoftware)*
Microsoft-DOS, MS-DOS plattenresidentes PC-Betriebssystem *n* von Microsoft *(abgelöst durch Windows® 3.1, Windows® 95, Windows® 98, Windows® 2000 Professional NT, Windows® XP)*
microstep motor *(Ma)* Mikroschrittmotor *m*
microstrip Mikrostrip *m*, Mikrostreifen(leiter) *m*, Bandleiter *m*, Streifenleiter *m*
microstrip antenna Mikrostreifenleiterantenne *f*
microstructure Mikrostruktur *f*, Feinstruktur *f*, Mikrogefüge *n*, Feingefüge *n*
microswitch Mikroschalter *m*; Kleintaster *m*
microsystem Mikrosystem *n*
microtelephone Handapparat *m*
microtransducer Mikroübertrager *m*
microwave Mikrowelle *f*, Höchstfrequenzwelle *f* (300 bis 30000 MHz)
microwave cooker Mikrowellenherd *m*
microwave diode Mikrowellendiode *f*
microwave drying Mikrowellentrocknung *f*
microwave electronics Mikrowellenelektronik *f*
microwave field-effect transistor Mikrowellenfeldeffekttransistor *m*, Mikrowellen-FET *m*
microwave freeze-dryer Mikrowellengefriertrockner *m*
microwave frequency Mikrowellenfrequenz *f*
microwave fusion welding Mikrowellenschmelzschweißen *n*
microwave heating Mikrowellenerwärmung *f*
microwave heating installation Mikrowellenerwärmungsanlage *f*
microwave integrated circuit Mikrowellenschaltkreis *m*, integrierte Mikrowellenschaltung *f*
microwave link Verbindungsfunkstrecke *f*, Richtfunksichtverbindung *f*
microwave link antenna Richtfunkantenne *f*, Mikrowellenantenne *f*

microwave printed circuit gedruckte Mikrowellenschaltung f
microwave transmission (Nrt) Mikrowellenübertragung f, Richtfunkübertragung f
microwave valve Mikrowellenröhre f
microwelding Mikroschweißung f
mid-band Bandmitte f
mid-band frequency Bandmittenfrequenz f, Mittenfrequenz f
mid-tap coil Spule f mit Mittelanzapfung
midamble (Ko) Midambel f, Trainingssequenz f (zur Laufzeitentzerrung und Synchronisation der GSM-Bursts; 26 Bit und 64 Bit)
middle marker beacon Haupteinflugzeichen n, Mittelmarker m
middle wire Mittelleiter m
middleware Middleware f (Software zur Programmentwicklung für nicht kompatible Rechner, z. B. Emulatoren)
midpoint *Mittelpunkt m (E-Netz)
midpoint tap Mittelpunktsanzapfung f, Mittelabgriff m
Mie scattering Mie-Streuung f
mike (sl) Mikrofon n
military satellite (Ko) militärischer Satellit m
milliammeter Milliamperemeter n
millimetre wave Millimeterwelle f (λ = 1 bis 10 mm)
million floating instructions per second (Dat) Million f Befehle [Instruktionen] pro Sekunde, MIPS
million floating-point operations per second (Dat) Million f Gleitkommaoperationen pro Sekunde (Maß für Rechnerleistung)
million instructions per second (Dat) Million Befehle mpl [Instruktionen fpl] je Sekunde, MIPS
mimic [connection, system] diagram Blindschaltbild n
mine jeep Gruben(elektro)fahrzeug n
mine lamp Grubenlampe f; Grubenleuchte f
mini disc (Ko) MD, MiniDisc f (magnetooptischer digitaler Audio-Speicher; 64 mm Durchmesser; 80min Spieldauer mit ATRAC-Datenreduktion; 4-fach mit MDLongPlay)

mini-pad circuit lötaugenlose Schaltung f (bei Leiterplatten)
miniature base s. miniature cap
miniature cap Miniatursockel m, Zwergsockel m (Lampe)
miniature circuit Miniaturschaltkreis m, Miniaturschaltung f
miniature circuit-breaker Miniaturschalter m; *Leitungsschutzschalter m
miniature electronics Miniaturelektronik f
miniature fuse Feinsicherung f
miniature lamp Klein(st)lampe f, Zwerg(glüh)lampe f
miniature microphone Miniaturmikrofon n
miniature tape recorder Miniaturmagnetbandgerät n
miniature tube Kleinströhre f, Zwergröhre f, Liliputröhre f
miniature welding head Miniaturschweißkopf m
minicartridge Minikassette f
minicomputer Kleinrechner m, Minirechner m
minidiskette Minidiskette f (5,25-Zoll--Diskette)
minimum current Minimalstrom m
minimum current density Minimalstromdichte f
minimum limit Kleinstmaß n
minimum noise Rauschminimum n
minimum reset time Mindestrückstellzeit f
minimum safe output Mindestleistung f, Mindestlast f (Kraftwerk)
minirack Miniaturgestell n
minority carrier (Me) Minoritäts(ladungs)träger m, Minderheits(ladungs)träger m
minority carrier current Minoritätsträgerstrom m
minority carrier density Minoritätsträgerdichte f
minority carrier device Minoritätsträgerbauelement n
minority carrier injection Minoritätsträgerinjektion f
minority carrier storage Minoritätsträgerspeicherung f
minority carrier transit time Minoritätsträgerlaufzeit f

minority carrier velocity Minoritätsträgergeschwindigkeit f
minority electron Minoritätselektron n
MIPS s. million instructions per second
mirror antenna Spiegelantenne f, Reflektorantenne f
mirror-backed scale Spiegelskale f (bei Messgeräten)
mirror configuration Spiegelanordnung f
mirror drum Spiegeltrommel f
mirror galvanometer Spiegelgalvanometer n
mirror image Spiegelbild n
mirrored bulb verspiegelter Kolben m
MIS 1. (Abkürzung aus:) metal-insulator-semiconductor; 2. (Abkürzung aus:) management information system
MIS circuit MIS-Schaltkreis m, Metall-Isolator-Halbleiter-Schaltkreis m
MIS field-effect transistor Metall-Isolator-(Halbleiter-)Feldeffekttransistor m, MISFET m
miscalculation Rechenfehler m
misdirect v falsch adressieren
misentry falsche Eingabe f
misfire Zündversager m, Zündausfall m, Fehlzündung f
mismatch Fehlanpassung f, falsche Anpassung f
mistune v verstimmen, falsch abstimmen
mitred corner Gehrungsecke f (Transformator)
mixed-base notation (Dat) Zifferndarstellung f mit gemischter Basis
mixed light Mischlicht n
mixed light lamp Verbundlampe f
mixed lighting Mischlichtbeleuchtung f
mixed mode of operation (Nrt) Mixed-Mode-Betrieb m
mixed network (Nrt) Verbundnetz n
mixed oxide Mischoxid n
mixed-oxide glass Mischoxidglas n
mixed phase Mischphase f
mixed potential Mischpotenzial n (z. B. einer mehrfachen Elektrode)
mixed reflection gemischte Reflexion f
mixed semiconductor gemischter Halbleiter m, Mischhalbleiter m
mixed service (Nrt) gemischter Betrieb m
mixed software Softwarekombination f

mixed traffic (Nrt) gemischter Verkehr m
mixed transmission (Licht) gemischte Transmission f
mixed(-type) voltage divider gemischter Spannungsteiler m, R-C--Teiler m
mixer 1. Mischstufe f; 2. Mischgerät n, Mischeinrichtung f; Mischpult n; 3. (Rt) Mischglied n
mixer circuit Mischkreis m, Mischschaltung f
mixing Mischen n, Mischung f
mixing circuit Mischschaltung f
mixing unit Mischeinheit f
m.k.s.a. system s. Giorgi system (of units)
MKSA system s. Giorgi system (of units)
mmf (Abk. für: magnetomotive force) Durchflutung f, magnetische Urspannung f, Umlaufspannung f, (veraltet) magnetomotorische Kraft f, MMK
MMS s. multimedia message service
mnemonic address (Dat) mnemotechnische [mnemonische] Adresse f
mnemonics (Dat) Mnemonik f, Mnemotechnik f
mobile Mobiltelefon n, Handy n
mobile accident recording system, MARS mobiles Unfallaufnahmesystem n
mobile audio baffle (Ak) transportable Schallwand f
mobile banking (Ko) elektronischer Bankverkehr m über Handy, Handybanking über das Internet n (bei Mobilfunk mit Internetzugang)
mobile belt-clip (Ko) Handy-Gürtelclip m
mobile-carrier scattering Streuung f a beweglichen Trägern [Ladungsträgern
mobile charge bewegliche Ladung f
mobile charging shell (Ko) Ladeschale für Handys und Mobilteile von Schnurlos-Telefonen (für letztere meis in Basisstation integriert)
mobile code mobiler Code m
mobile communications by satellite (Ko, Nrt) Mobilkommunikation f über Satelliten, Satellitenmobilkommunikation f
mobile country code (Ko) Ländercod m für Mobilfunknetze

mobile current carrier beweglicher Stromträger *m*
mobile data communication (by T--Mobil®) *(Ko)* Modacom®, mobiles Datenfunknetz *n (von T-Mobil® der DT--AG)*
mobile DTV *(Fs, Ko)* MDTV, Mobilfernsehen *n (über HSDPA)*
mobile homebanking *(Ko)* elektronischer Bankverkehr *m* über Handy, Handybanking *n* über das Internet *(bei Mobilfunk mit Internetzugang)*
mobile mailbox *(Ko)* Mobilbox *f* (für ausgeschaltete Handys), Sprachbox *f*, persönlicher Mobilfunkanrufbeantworter *m (Aktivierung durch Anrufumleitung auf Mobilboxnummer 3311 ; 2min Aufnahmezeit; Signalisierung des Füllzustandes an Handy)*
mobile phone car-mounting *(Ko)* Handy-Autohalterung *f*
mobile phone credit card *(Ko)* Handy--Telefonguthaben-Karte *f*, Xtra Cash *(aufladbares Guthaben für Handys ohne Vertrag)*
mobile phone dictionary *(Ko)* Handy--Wörterbuch *n (via SMS)*
mobile phone user *(Ko)* Handy--Benutzer *m*, Mobilfunkteilnehmer *m*
mobile positioning *(Ko)* Standortbestimmung *f* von Handys
mobile radar equipment *(Fo)* mobiles Radargerät *n*
mobile radio Mobilfunk *m*
mobile radio call *(Ko)* Anruf *m* über Handy, Handy-Anruf *m*
mobile radio subscriber *(Ko)* Mobilfunkteilnehmer *n*, Handybenutzer *m*
mobile satellite service, MSS *(Ko)* MSS, mobiler Satellitenfunkdienst *m*, satellitengestützter Mobilfunkdienst *m*
mobile satellite system *(Ko)* mobiles Satellitenfunksystem *n*
mobile SMS dictionary *(Ko)* Handy--Wörterbuch *n (via SMS--Kurzmitteilung; Langenscheidt: D2--Netz, Nr.: 5000)*
mobile station *(Ko)* MS, Mobilstation *f*
mobile subscriber number *(Ko)* Mobilfunkteilnehmernummer *n*, Handynummer *f*

mobile substation 1. *(Ee)* fahrbares Unterwerk *n*; 2. s. mobile unit
mobile telephone credit card *(Ko)* Handy-Telefonguthaben-Karte *f (aufladbares Guthaben für Handys ohne Vertrag; D1: Xtra Cash)*
mobile telephone network C *(Ko)* Autotelefonnetz *n* C im 450 MHz--Bereich *(analoges zellulares Mobilfunksystem; ab 01.01.01 außer Dienst genommen)*
mobile telephone station bewegliche Sprechstelle *f*
mobile transmitter fahrbarer Übertrager *m*
mobile TV *(Fs, Ko)* Fernsehen *n* über Handy
mobile unit *(Nrt)* Übertragungswagen *m*, Ü-Wagen *m*
mobile user *(Ko)* Mobilfunkteilnehmer *m*, Handybenutzer *m*
mobile with integrated digital camera *(Ko)* Foto-Handy *n*
mobility Beweglichkeit *f*, Mobilität *f (z. B. von Ladungsträgern)*
mobility-controlled beweglichkeitsgesteuert, beweglichkeitsgeregelt
mode 1. Schwingungstyp *m*, Schwingungsart *f*, Schwingungsmodus *m*, Modus *m*, Mode *f(m)*; Wellentyp *m*, Wellenart *f*; 2. Modus *m*, Betriebsart *f*, Betriebsweise *f*, Wirkungsweise *f*, Funktionsweise *f*, Arbeitsweise *f*; 3. Mode *m*, Modalwert *m*, Gipfelwert *m*, Scheitelwert *m*, Wert *m* (größter Häufigkeit) *(Statistik)*
mode changer Mode(n)wandler *m*, Wellen(typ)wandler *m*, Wellentypumformer *m*
mode conversion Moden(um)wandlung *f*, Wellentypumwandlung *f*, Wellentypumformung *f*
mode distortion Modenverzerrung *f*, Modenverlängerung *f (Lichtwellenleiter)*
mode hopping Modensprung *m*
mode interaction Modenwechselwirkung *f*
mode shift Frequenzgleiten *n*, Frequenzinstabilität *f*; Umspringen *n*, Überspringen *n*
mode shutter *(Laser)* Modenblende *f*
mode structure Modenstruktur *f*

mode transducer [transformer] Modenwandler *m*, Wellentypumformer *m*
model-based modellgestützt
model circuit Modellschaltbild *n*
model computer Modellrechner *m*
model control system Modellregelkreis *m*
model error Modellfehler *m*
model statement Modellansatz *m* *(Systemanalyse)*
model study [test] Modellversuch *m*
modem Modem *m(n)*, Modulator- -Demodulator *m*
modified frequency modulation modifizierte Frequenzmodulation *f*
modifier *(Dat)* Umsteuergröße *f*, Änderungsgröße *f*
modifier bit Änderungsbit *n*
modular modular; Modul..., Baustein...; nach dem Baukastenprinzip aufgebaut
modular case Bauseingehäuse *n*
modular circuit Modulschaltung *f*
modular design Baukastenentwurf *m*, modulare Bauart *f*, Bausteintechnik *f*
modular framework Einheitsbausteinkonstruktion *f*
modular programming modulare Programmierung *f*
modular system Bausteinsystem *n*, Modulsystem *n*
modular unit Baustein *m*, Modulbauelement *n*
modulate *v* 1. modulieren, modeln, abstufen; aussteuern; 2. modulgerecht bauen
modulated amplifier modulierter Verstärker *m*, Modulationsstufe *f*
modulated carrier *(Fs)* modulierter Träger *m*, moduliertes HF-Signal *n*
modulated light range finder Entfernungsmesser *m* mit moduliertem Licht
modulating characteristic Modulationskennlinie *f*
modulating equipment Modulationseinrichtung *f*, Umsetzereinrichtung *f*
modulating frequency Modulationsfrequenz *f*
modulation Modulation *f*, Modelung *f*; Aussteuerung *f*

modulation bandwidth Modulationsbandbreite *f*
modulation depth Modulationstiefe *f*, Modulationsgrad *m*
modulation distortion Modulationsverzerrung *f*, Modulationsklirrfaktor *m*
modulation-frequency response Modulationsfrequenzgang *m*
modulation in opposition Gegenmodulation *f*
modulation pattern *(Le)* Pulsmuster *n*
modulation percentage Aussteuerungsgrad *m*
modulation rate *(Nrt)* Schrittgeschwindigkeit *f*, Telegrafiergeschwindigkeit *f*; Tastgeschwindigkeit *f*
modulator 1. Modulator *m*, Modler *m*; 2. *(Nrt)* Kanalumsetzer *m*; 3. s. modulator electrode
modulator-demodulator Modulator- -Demodulator *m*, Modem *m*
modulator electrode Modulationselektrode *f*, Steuerelektrode *f*, Steuerzylinder *m*, Wehnelt-Elektrode *f*, Wehnelt-Zylinder *m*
module 1. Modul *n*, (elektronischer) Baustein *m*; Baugruppe *f*, Baueinheit *f*, Bauelement *n*, Modulbauelement *n*; 2. *(Dat)* Modul *n*, Programmbaustein *m*
module card Modulkarte *f*, Einheitskarte *f*
module component Modulbaustein *m*
module library *(Dat)* Modulbibliothek *f*
moiré effect Moiré-Effekt *m*, Moiré- -Muster *n* (Interferenz)
moiré (interference) pattern Moiré- -Interferenzbild *n*, Moiré-Bild *n*
moisture control Feuchtigkeitsregelung *f*, Feuchteregelung *f*
moisture-proof feuchtigkeitsbeständig, feuchtigkeitsfest; feuchtigkeitsgeschützt, feuchtigkeitssicher
moisture-proof socket Feuchtraumfassung *f*; Feuchtraumsteckdose *f*
moisture-proof switchgear feuchtigkeitsgeschütztes Schaltgerät *n*
moisture protection varnish Feuchtigkeitsschutzlack *m*

moisture-resistant feuchtigkeitsfest, feuchtigkeitsbeständig
moisture-tight feuchtigkeitsdicht, feuchtigkeitsgeschützt
molecular molekular; Molekül..., Molekular...
molecular attraction molekulare Anziehung f
molecular-beam epitaxy Molekularstrahlepitaxie f
molecular engineering Molekulartechnik f
molecular velocity Molekulargeschwindigkeit f, Molekülgeschwindigkeit f
molecular vibration Molekülschwingung f
molested subscriber (Nrt) belästigter Teilnehmer m
MOM s. machine-oriented messaging
moment (Ph) Moment n; Drehmoment n
moment of force Kraftmoment n, Moment n
moment of inertia Trägheitsmoment n
momentary momentan, augenblicklich; vorübergehend
momentary value Augenblickswert m
momentum Impuls m, Bewegungsgröße f (Mechanik)
momentum density function Impulsdichtefunktion f
momentum determination Impulsbestimmung f
monaural (Ak) einohrig, monaural, einkanalig (z. B. Schallplatte)
monitor v 1. überwachen, kontrollieren, überprüfen; 2. (Nrt) mithören, abhören
monitor 1. Monitor m, Kontrollgerät n, Kontrollempfänger m, Überwachungsgerät n; 2. Warngerät n; 3. (Nrt) Mithöreinrichtung f
monitor amplifier Kontrollverstärker m
monitor desk (Nrt) Überwachungspult n
monitor earphone Kontrollkopfhörer m
monitor equipment 1. Überwachungseinrichtung f; 2. (Nrt) Mithöreinrichtung f, Abhöreinrichtung f
monitor jack (Nrt) Mithörklinke f
monitor loudspeaker Kontrolllautsprecher m
monitor oscilloscope Kontrolloszilloskop n
monitor printer (Dat) Monitordrucker m, Kontrolldrucker m

monitor program (Dat) Monitorprogramm n, Überwachungsprogramm n
monitor room Abhörraum m
monitor routine (Dat) Hauptprogramm n, Steuerprogramm n, Leitprogramm n, Organisationsprogramm n
monitor tube Kontrollbildröhre f
monitoring 1. Überwachen n, Überwachung f (z. B. mittels eines Messgliedes); Kontrolle f; 2. (Nrt) Mithören n, Abhören n
monitoring amplifier Kontrollverstärker m; Abhörverstärker m
monitoring board (Nrt) Mithörschrank m
monitoring box Abhörbox f
monitoring button (Nrt) Mithörtaste f
monitoring control (Nrt) Mithörregler m
monitoring desk Überwachungspult n, Kontrollpult n, Regelpult n, Mischpult n
monitoring equipment s. monitor equipment
monitoring feedback (Rt) Hauptrückführung f (zum Regler); äußere Rückführung
monitoring jack (Nrt) Mithörklinke f
monitoring key (Nrt) Mithörschalter m, Mithörtaste f
monitoring loudspeaker Kontrolllautsprecher m; Abhörlautsprecher m
monitoring picture Kontrollbild n
monitoring program Überwachungsprogramm n
monitoring (radio) receiver Monitor m, Kontrollempfänger m, Überwachungsempfänger m
monitoring reception Kontrollempfang m
monitor's position Kontrollplatz m
monkey chatter (interference) Affengekreisch n, Störung f des Nachbarkanals
mono-reception (Ko) Mono-Empfang m (Empfang mit einem Tonkanal)
monoboard computer Einplatinenrechner m
monochip technique (Me) Monochiptechnik f, Einchiptechnik f
monochrome channel Schwarzweißkanal m
monochrome receiver (Fs) Schwarzweißempfänger m

monochrome signal
Schwarzweißsignal n

monochrome television
Schwarzweißfernsehen n

monoflop Monoflop n(m), monostabile Kippschaltung f, Univibrator m

monolithic chip (Me) Festkörperchip m

monomode optical fibre transmission system (Nrt) Einmoden-Lichtwellenleiter-Übertragungssystem n, Monomode-Lichtwellenleiter-Übertragungssystem n

monophase einphasig

monophonic (Ak) monophon

monopolar unipolar, einpolig

monopole Monopol m (elektrisch oder magnetisch)

monopole antenna (Fs) Mastantenne f, Maststrahler m, Monopol m (isoliert abgespannter Rohrmast)

monopulse einpulsig

monopulse radar (Fo) Monopulsradar n (jeweils 2 überlappende Antennenkeulen für Azimuth und Elevation)

monorail 1. Einbahnschiene f; 2. Einschienenbahn f

monorail track circuit einschienig isolierter Gleisstromkreis m

monoscope Monoskop n, Testbildröhre f, Bildgeberröhre f mit fester Testfigur (Bildsignalwandlerröhre)

monostable circuit monostabile Schaltung f

monostable multivibrator monostabile Kippschaltung f, monostabiler Multivibrator m

Montsinger(s) law Montsinger-Regel f, Lebensdauergesetz n (z. B. für Isolierstoffe)

Moore's law (Me) mooresches Gesetz n (jährliche Verdopplung der Zahl der Transistoren pro Chip)

morse v morsen, Morsezeichen geben

Morse alphabet Morsealphabet n

Morse character Morsezeichen n

Morse dash Morsestrich m

Morse dot Morsepunkt m

Morse key Morsetaste f

mortality curve Ausfallkurve f (z. B. einer Lampentype)

mortality rate Ausfallrate f

MOS (Abk. für: metal-oxide semiconductor) MOS, Metalloxidhalbleiter m, Metall-Oxid-Halbleiter m

MOS-controlled thyristor (Le) spannungsgesteuerter Thyristor m

MOS field-effect transistor Metall-Oxid-Halbleiter-Feldeffekttransistorm, MOS-Feldeffekttransistor m, MOSFET m

MOS-gated thyristor (Le) Thyristor m mit MOS-Steuerelektrode, MOS-Thyristor m

MOS transistor Metall-Oxid-Halbleiter-Transistor m, MOS-Transistor m, MOST

most significant bit (Dat) höchstwertiges Bit n, Bit n mit höchstem Stellenwert

most significant digit höchstwertige Ziffer f

mother Mutter(platte) f (Schallplattenherstellung)

motherboard Mutter(leiter)platte f, Rückverdrahtungsplatte f

motion control (Rt) Bewegungssteuerung f

motion-picture camera Film(aufnahme)kamera f, Laufbildkamera f

motive force [power] Antriebskraft f

motive power tariff Krafttarif m

motor Motor m, Elektromotor m

motor armature Motoranker m

motor capacitor *Motorkondensator m (für Hilfsphase)

motor casing Motorgehäuse m

motor coach elektrischer Triebwagen m

motor connection box (An) Motoranschlusskasten m

motor cut-out switch Motor(aus)schalter m

motor direct on-line starter Motordirektstarter m

motor drive Motorantrieb m

motor frame Motorgehäuse n; Stator m

motor-generator set Umformersatz m Umformergruppe f

motor-generator type welding machine Schweißumformer m

motor housing Motorgehäuse m

motor-inrush current (Ma) Motoreinschaltstromstoß m

motor output rating (Ma) Motornennleistung f

motor part Motorteil m

motor rating *(Ma)* Motorbemessungsdaten *pl*; Motor(nenn)leistung *f*
motor reduction unit Motorgetriebe *n*
motor reverser Motorumsteuergerät *n*
motor rumble Laufgeräusch *n (z. B. des Plattenspielers)*
motor sliding-torque control (Motor-)Schleppmomentregelung *f*
motor slip *(Ma)* Motorschlupf *m*
motor speed Motordrehzahl *f*
motor-speed control Motorsteuerung *f*, Drehzahlregelung *f* des Motors
motor stage Motorstufe *f (z. B. in einem Übertragungssystem)*
motor starter Motoranlasser *m*, Anlasser *m*
motor starting relay *Motorstartrelais *n*
motor-starting switch Anwurfschalter *m*, Motoranlassschalter *m*
motor support Grundplatte *f (des Motors)*
motor terminals *(Ma)* Motorklemmen *fpl*
motor torque Motordrehmoment *n*
motor train unit (elektrische) Triebwageneinheit *f*
motor-type brake magnet Motorbremslüfter *m*
motor-welding set Schweißumformer *m*
motor with compound characteristic Motor *m* mit Doppelschlussverhalten
motor with series characteristic Motor *m* mit Reihenschlusskennlinie [Reihenschlussverhalten]
motor with shunt characteristic Motor *m* mit Nebenschlusskennlinie [Nebenschlussverhalten]
moulded article Pressteil *n*, Formteil *n*
moulded housing Press(stoff)gehäuse *n*
moulded-on accessory umspritztes Bauteil *n*
mount 1. Fassung *f*; Halterung *f*; Einbaugestell *n*; 2. s. mounting 1.
mounted resonant frequency *(Ak)* Resonanzfrequenz *f* im eingebauten Zustand
mounting 1. Aufbau *m*, Einbau *m*, Montage *f*; 2. Halterung *f*, Befestigung *f (Vorrichtung)*
mouse *(Dat)* Maus *f (Handeingabegerät)*
mouse driver *(Dat)* Maustreiber *m*, Treiberprogramm *n* für die Computermaus

mouse pad Computer-Maus-Kissen *n*, Gummiunterlage *f* für die Computermaus
mouth of horn Trichteröffnung *f*, Trichtermund *m*
mouthpiece of microphone [transmitter] Mikrofontrichter *m*, Sprechtrichter *m*
movement coil Messwerkspule *f*
moving beweglich; sich bewegend; einstellbar
moving arc diskontinuierlich wandernder Lichtbogen *m*
moving armature beweglicher Anker *m*
moving coil Schwingspule *f*, Sprechspule *f*, Tauchspule *f (Lautsprecher)*; Drehspule *f (Messgerät)*
moving-coil pick-up Drehspultonabnehmer *m*, (elektro-)dynamischer Tonabnehmer *m*, dynamischer Aufnehmer *m*
moving-coil transformer *(Ma)* Drehtransformator *m*
moving-coil voltmeter Drehspulvoltmeter *n*, Drehspulspannungsmesser *m*
moving-coil winding *(Ma)* Drehspule *f*
moving contact spring Steuerkontaktfeder *f*
moving-domain memory Speicher *m* mit bewegten Domänen
moving field Wanderfeld *n*, bewegliches Feld *n*
moving force Antriebskraft *f*, Triebkraft *f*
moving-iron instrument Dreheisen(mess)instrument *n*, Dreheisengerät *n*, Weicheisen(mess)gerät *n*
moving-iron loudspeaker elektromagnetischer Lautsprecher *m*
moving-iron microphone elektromagnetisches Mikrofon *n*
moving-iron voltmeter Dreheisenvoltmeter *n*, Weicheisenvoltmeter *n*
moving magnet Drehmagnet *m*
moving secondary bewegliches Sekundärteil *n (Linearmotor)*
moving-target indication radar Festzeichenunterdrückungsradar *n*
moving-target indicator Festzeichenunterdrücker *m*, Festzeichenlöscher *m (Radar)*

mozilla 238

mozilla Codename *m* des Netscape Navigators
mozilla address Multicast-Adresse *f*
mpx filter MPX-Filter *n*, Stereoseitenbandfilter *n*
MS s. message store
m.t.b.f. s. mean time between failures
MTBF s. mean time between failures
MTP s. media transfer protocol
mu factor Verstärkungsfaktor *m* *(Elektronenröhre)*
multi-call Vielfachanruf *m*
multi-joint box Verbindungs- und Verteilerdose *f*
multi-PBX *(Nrt)* Mehrfachnebenstellenanlage *f*
multi-playback Mehrfachplayback *n*
multi-ply mehrschichtig, mehrlagig
multi-quadrant drive *(Ma)* Mehrquadrantenantrieb *m*
multi-timbral mit mehreren Klangfarben
multi-turn mehrgängig *(Wicklung)*
multi-utility provider *(Ee)* Multi-Utility--Anbieter *m* *(Anbieter verschiedener Energieformen und -dienstleistungen)*
multiaddress call *(Nrt)* Mehradressenruf *m*
multiaddressing device *(Nrt)* Rundsendeeinrichtung *f*
multiaperture core Mehrlochkern *m*
multiband aerial Mehrbandantenne *f*
multibeam oscilloscope Mehrstrahloszillograph *m*, Mehrstrahloszilloskop *n*
multicast Multicast *n* *(Netz--Adressierung)*
multicellular loudspeaker Vielzellenlautsprecher *m*
multichamber electron-beam furnace Mehrkammerelektronenstrahlofen *m*
multichannel amplifier Mehrkanalverstärker *m*, Vielkanalverstärker *m*
multichannel analyzer Mehrkanalanalysator *m*, Vielkanalanalysator *m*
multichannel carrier telegraph system Vielkanalwechselstromtelegrafiesystem *n*, Vielkanal-WT-System *n*
multichannel carrier telephone system Mehrfachträgerfrequenzfernsprecheinrichtung *f*, Vielfach-TF--Sprecheinrichtung *f*

multichannel communication system Mehrkanalfernmeldesystem *n*
multichannel loudspeaker Mehrkanallautsprecheranlage *f*; Lautsprecherkombination *f*
multichannel system Vielkanalsystem *n*
multichannel tape recorder Mehrkanalmagnetbandgerät *n*
multichannel telegraph Mehrfachtelegraf *m*
multichannel telephony Mehrkanalfernsprechen *n*
multichannel television Mehrkanalfernsehen *n*
multichip *(Me)* Multichip *m*
multichip array Mehrchipverband *m*
multichip integrated circuit Vielchipelement *n*, integrierter Schaltkreis *m* mit mehreren Chips
multichip package Mehrchipgehäuse *n*
multicoil relay Mehrspulenrelais *n*, Vielspulenrelais *n*
multicomponent plasma Mehrkomponentenplasma *n*
multicomputer system Mehrrechnersystem *n*
multiconductor cable Mehrleiterkabel *n*, vieladriges [mehradriges] Kabel *n*
multiconnection endpoint identifier *(Nrt)* Zielpunktkennung *f*
multicontact gang switch Stufenvielfachschalter *m* *(zur Wellenumschaltung)*
multicontact plug Mehrfachstecker *m*, Mehrfachsteckverbinder *m* *(Kontaktleiste)*
multicontact socket mehrpolige Steckdose *f*
multicore mehradrig, vieladrig
multidigit mehrstellig, vielstellig
multidisk clutch Mehrscheibenkupplung *f*, Lamellenkupplung *f*
multielectrode furnace Mehrelektrodenofen *m*
multielectrode system Mehrelektrodensystem *n*
multielectrode valve Mehrelektrodenröhre *f*, Vielelektrodenröhre *f*, Mehrgitterröhre
multiemitter transistor Mehrfachemittertransistor *m*, Vielfachemittertransistor *m*

multiendpoint connection (Nrt) Mehrpunktverbindung f

multifibre cable Mehrfaserkabel n, Vielfaserkabel n

multifilter Mehrfachfilter n; Filterbank f

multiframe Vielfachrahmen m, Überrahmen m (Pulscodemodulation)

multifrequency code, MFC (Nrt) MFC, Mehrfrequenzcode m (Telefonwahlverfahren mit Mehrfrequenzcode; je eine Frequenz von 697, 770, 852, 941 Hz und 1209, 1336, 1477, 1633 Hz ergibt 4 x 4 = 16 Codes; siehe auch: dual tone multifrequency dialling)

multifrequency heterodyne generator Schwebungssummer m, Überlagerungssummer m

multifrequency key pad Mehrfrequenz--Tastenwahlblock m

multifrequency shift keying Mehrfachfrequenzumtastung f

multifrequency signalling system Mehrfrequenzsignalgabesystem n

multifunction device Mehr(fach)funktionselement n

multigun cathode-ray tube Mehrstrahl(elektronen)röhre f

multihandset operation (Ko) Mehrfachmobilteilbetrieb m (Betrieb mehrerer Mobilteile eines Schnurlostelefons an einer Basisstation)

multihomed host Host m mit Verbindung zu mehreren Netzen

multilayer Mehrfachschicht f, Vielfachschicht f

multilayer board Mehrlagenleiterplatte f, MLL, Vielschicht(leiter)platte f

multilayer circuit Mehrschichtschaltung f

multilayer coating Mehrfachbeschichtung f

multilayer coil Mehrlagenspule f, mehrlagige Spule f

multilayer interconnection Vielschichtverbindung f, Mehretagenverbindung f

multilayer printed circuit board Mehrlagenleiterplatte f, MML, Vielschicht(leiter)platte f

multilayer printed circuit daughterboard Mehrlagenleiterplattensteckkarte f

multilayer technique Mehrschichttechnik f, Technik f der Mehrlagenschaltung [Mehrschichtschaltung]

multilayer winding Mehrschichtenwicklung f, Mehrlagenwicklung f

multilevel action (Rt) Mehrpunktverhalten n (Wirkung eines Mehrpunktgliedes)

multilight chain *Lichtkette f

multiline spectrum Viellinienspektrum n

multilink procedure Mehrfach--Übermittlungsverfahren n

multiloop vermascht

multimedia multimedial; Multimedia...

multimedia Multimedia n

multimedia message service Dienst m zur Übertragung multimedialer Informationen (Weiterentwicklung der SMS-Technik)

multimeter Mehrfachinstrument n, Mehrfach(mess)gerät n, Vielfachinstrument n, Vielfachmesser m; Universalmessgerät n

multimicroprocessor system Multimikroprozessorsystem n, Mehrmikroprozessorsystem n

multimode operation 1. Betrieb m mit mehreren Arbeitsweisen; 2. (Laser) Multimodenbetrieb m

multimotor drive Mehrmotorenantrieb m

multioffice exchange (Nrt) Fernamt n mit mehreren Unterämtern

multipair cable vielpaariges Kabel n

multiparty call (Nrt) Gruppenanruf m

multipath mehrwegig

multipath distortion (Nrt) Mehrwegeverzerrung f, Verzerrung f durch Mehrwegeübertragung

multipath effect (Fs) Geisterbild n, Echobild n

multipath reception Mehrwegeempfang m, Mehrfachempfang m

multiphase mehrphasig

multiphase circuit Mehrphasenschaltung f

multiphone system (Nrt) Sammelgesprächseinrichtung f

multiphonon process Phononenvielfachprozess m

multipin

multipin plug mehrpoliger Stecker *m* [Steckverbinder *m*] *(Steckerleiste)*
multiple access *(Dat)* Mehrfachzugriff *m*, Vielfachzugriff *m*
multiple-access methods *pl (Nrt)* Mehrfachzugriffsmethoden *fpl*, Vielfachzugriffsverfahren *npl (TD-, FD- und CD-Mehrfachzugriff)*
multiple-access principles *(Nrt)* Mehrfachzugriffsprinzipien *npl*, Vielfachzugriffsverfahren *npl (TD-, FD- und CD-Mehrfachzugriff)*
multiple address *(Dat)* Mehrfachadresse *f*
multiple answering equipment *(Nrt)* Vielfachabfrageeinrichtung *f*, Abfragevielfach *n*, Vielfachschaltung *f*
multiple assignment *(Nrt)* Mehrfachzuweisung *f*
multiple-beam interference Mehrstrahlinterferenz *f*, Mehrfachinterferenz *f*
multiple-beam oscillograph Mehrstrahloszillograph *m*, Mehrstrahloszilloskop *n*
multiple bus *(Dat)* Mehrfachbus *m*, Vielfachbus *m*; Mehrfachsammelschiene *f*
multiple cable joint *(Nrt)* Verzweigungsmuffe *f*, Abzweigmuffe *f*
multiple cabling *(Nrt)* Vielfachverkab(e)lung *f*
multiple-cage rotor winding *(Ma)* Mehrfachrotorkäfigwicklung *f*
multiple computing system Mehrfach-Prozessrechensystem *n (auch redundantes System)*
multiple connection *(Nrt)* Vielfachschaltung *f*
multiple contact Vielfachkontakt *m*, Mehrfachkontakt *m*
multiple-contact switch mehrpoliger Schalter *m*, Stufenschalter *m*, Zellenschalter *m*
multiple-electrode spot welding Vielfachpunktschweißen *n*
multiple excitation Mehrfacherregung *f*, Mehrfachanregung *f*
multiple exposure Mehrfachbelichtung *f*
multiple feeder Mehrfachzuleitung *f*
multiple image *(Fs)* Geisterbild *n*
multiple jack *(Nrt)* Verbindungsklinke *f*, Vielfachklinke *f*
multiple-line printing *(Dat)* Mehrzeilendruck *m*
multiple loudspeaker Lautsprecherkombination *f*
multiple modulation Mehrfachmodulation *f*
multiple multipole circuit-breaker Mehrfach-Vielpolschalter *m*
multiple outlet plug Mehrfachstecker *m*
multiple p-n junction device *(Me)* Element *n* mit mehreren pn-Übergängen
multiple parallel winding mehrgängige Schleifenwicklung *f* [Parallelwicklung *f*]
multiple plug Mehrfachstecker *m*; Messerleiste *f*, Kontaktleiste *f*
multiple pole *s.* multipole
multiple-pulse generator Mehrfachimpulsgenerator *m*
multiple reception *(Nrt)* Vielfachempfang *m*, Mehrfachempfang *m*
multiple socket-outlet *Mehrfachsteckdose *f*
multiple spark gap Mehrfachfunkenstrecke *f*, Vielfachfunkenstrecke *f*, Serienfunkenstrecke *f*
multiple speaker Lautsprecherkombination *f*
multiple-speed motor Motor *m* für mehrere Drehzahlen; Motor *m* mit mehreren Drehzahlstufen, polumschaltbarer Motor *m*
multiple strokes Mehrfachblitze *mpl*
multiple subscriber number, MSN *(Nrt)* Mehrfachrufnummer *f*, Mehrfach-Teilnehmerrufnummer *f (Rufnummer eines ISDN-Mehrgeräte-Anschlusses; max.:10)*
multiple switch Mehrfachschalter *m*, Kombinationsschalter *m*, mehrstufige Anlassschalter *m*
multiple switchboard *(Nrt)* Vielfachschrank *m*
multiple system 1. mehrschleifiges [vermaschtes] System *n (Regelungssystem)*; 2. monopolare Schaltung *f (elektrolytische Raffination)*
multiple teeing *(Nrt)* Vielfachschaltung
multiple telegraph Mehrfachtelegraf *m*
multiple-track mehrspurig, vielspurig
multiple transistor structure Vielfachtransistorstruktur *f*

multiple wafer processing *(Me)* Mehrfachwaferbearbeitung *f*

multiple winding Mehrfachwicklung *f*, mehrgängige Schleifenwicklung *f*

multiple-wire mehrdrähtig

multiple wires *(Nrt)* Vielfachverdrahtung *f*

multiplex *v (Nrt)* gleichzeitig senden *(über einen Draht oder eine Welle)*; in Mehrfachschaltung betreiben; in mehrere Kanäle unterteilen *(einen Übertragungskanal)*; vielfach ausnutzen *(Leitungen)*

multiplex mehrfach, vielfach; Mehr(fach)..., Multiplex...

multiplex carrier-current telephony Mehrkanalträgerfrequenztelefonie *f*

multiplex parallel winding mehrgängige Schleifenwicklung *f*

multiplex reception Mehrfachempfang *m*

multiplex technique *(Nrt)* Multiplextechnik *f*

multiplex transmission Mehrfachübertragung *f*, Mehrfachverkehr *m*

multiplex wave winding mehrgängige Wellenwicklung *f*, Reihenparallelwicklung *f*

multiplex winding mehrgängige Wicklung *f*

multiplexed D channel *(Nrt)* Multiplex--D-Kanal *m*

multiplexer 1. *(Dat)* Multiplexer *m*; Multiplexgerät *n*, Mehrfachkoppler *m*; 2. *(Nrt)* Mehrfachkoppler *m*, Antennenweiche *f*; 3. *(Mess)* Messstellenumschalter *m*

multiplexing *(Nrt, Dat)* Multiplexbetrieb *m*, Mehrfachbetrieb *m*; Mehrkanalbetrieb *m*

multiplication 1. *(Et)* Vervielfachung *f*; Verstärkung *f*; 2. Multiplikation *f* *(Mathematik)*

multiplicator output Multiplikatorausgang *m*

multiplier 1. Vervielfacher *m*; Verstärker *m*; 2. Multiplikator *m*

multiplier chain Vervielfacherschaltung *f*

multiplier gain Verstärkungsfaktor *m* des Vervielfachers

multiplier phototube Photovervielfacherröhre *f*, Sekundärelektronenvervielfacher *m*, SEV, photoelektronischer Vervielfacher *m*, Photomultiplier *m*

multiplier stage Vervielfacherstufe *f*

multiplier tube *s.* multiplier phototube

multiply *v* 1. *(Et)* vervielfachen; verstärken; 2. *(Nrt)* vielfachschalten; 3. multiplizieren

multiply charged mehrfach geladen

multiplying device Multipliziereinrichtung *f*

multiplying operator Multiplikationsoperator *m (ALGOL 60)*

multipoint access Mehrfachanschluss *m*

multipoint conference system Mehrpunkt-Konferenzsystem *n*

multipoint connector Vielfachstecker *m*, Vielfachsteckverbinder *m*, Mehrfachstecker *m*, Mehrfachsteckverbinder *m*, Steckverbinderleiste *f*, Steckkontaktleiste *f*, Steckerleiste *f*

multipoint interface *(Nrt)* Mehrgeräteanschluss *m (ISDN--Basisanschluss: 3 Rufnummern und 2 Leitungen)*

multipoint link *(Nrt)* Mehrfachverbindung *f*

multipoint plug Mehrfachsteckverbinder *m*, Messerleiste *f*

multipolar mehrpolig, vielpolig, multipolar

multipole Mehrpol *m*, Multipol *m*, Vielpol *m*

multipole connector mehrpoliger Stecker *m*

multipole fuse mehrpolige Sicherung *f*

multipole switch mehrpoliger Schalter *m*

multiport Mehrfachanschluss *m*

multiposition controller *(Rt)* Mehrpunktregler *m*, diskreter Regler *m*

multiprobe manipulator Mehrsondenmanipulator *m*

multiprocessing *(Dat)* Mehrfachverarbeitung *f*, Vielfachverarbeitung *f*, Multiprocessing *n*

multiprocessor Multiprozessor *m*, Mehr(fach)prozessor *m*

multiprogramming *(Dat)* Mehrfachprogrammierung *f*

multipurpose Mehrzweck..., Vielzweck..., Universal...
multipurpose computer Mehrzweckrechner *m*, Universalrechner *m*
multipurpose fitting Mehrzweckleuchte *f*
multiquadrant drive Mehrquadrantenantrieb *m*
multirange instrument [meter] Mehrbereich(s)instrument *n*
multirange receiver Allwellenempfänger *m*
multirod dipole aerial Mehrstabdipolantenne *f*
multisection filter (circuit) Mehrkreisfilter *n*
multisegment magnetron Mehrkammermagnetron *n*, Vielkammermagnetron *n*
multiservice network *(Nrt)* Mehrdienstenetz *n*
multislot magnetron Mehrschlitzmagnetron *n*, Vielschlitzmagnetron *n*
multispeed motor Motor *m* für mehrere Geschwindigkeiten
multistage amplifier mehrstufiger Verstärker *m*, Mehrstufenverstärker *m*, Mehrfachverstärker *m*
multistrand conductor mehrdrähtiger Leiter *m*
multitasking Mehraufgabenbetrieb *m*, Multitask-Betrieb *m*
multiterminal mehrpolig, mit Vielfachanschluss (versehen), mit Mehrfachanschluss (versehen)
multiterminal HVDC system Mehrstationen-Hochspannungs- -Gleichstrom-System *n*
multiterminal installation Mehrfach- -Endgeräteanschluss *m*
multitrack recording Mehrspuraufzeichnung *f*
multituned circuit receiver Mehrkreisempfänger *m*
multiturn coil Spule *f* mit mehreren Windungen
multivalued mehrwertig; mehrdeutig, vieldeutig
multivalued logic mehrwertige Logik *f* (Steuerung)
multivariable control Mehrfachregelung *f* (System mit mehreren Regelgrößen)
multivibrator Multivibrator *m*, astabile Kippschaltung *f*, Kippschwinger *m*
multiwafer cartridge *(Me)* Mehrwafermagazin *n*
multiway adapter *Mehrfachadapter *m*
multiway socket outlet Mehrfachsteckdose *f*
multiwire mehradrig, vieladrig
multiwire circuit board Mehrdrahtleiterplatte *f*, Mehrdrahtschaltungsplatte *f*, Multiwireleiterplatte *f*
multiwire control Mehrdrahtsteuerung *f*
multiwire interconnection board Mehrdrahtverbindungsplatte *f*
multiwire line Mehrfachleitung *f*, Vielfachleitung *f*
multiwire technique Multiwire-Technik *f*, Mehrdrahtverdrahtung *f*
multiwiring freie [wilde] Verdrahtung *f*
multiword instruction *(Dat)* Mehrwortbefehl *m*
municipal lighting Stadtbeleuchtung *f*
muon Myon *n*, My-Meson *n*
mush *(Nrt)* Störung *f*, Interferenz *f*
mushroom control push button Pilztaster *m*
mushroom insulator Pilzisolator *m*, Feuchtraumisolator *m*
mushroom push button Pilztastvorsatz *m*
mushroom-shaped insulator pilzförmiger Isolator *m*
mushy signal *(Nrt)* undeutliches Signal *n*
music circuit Rundfunkleitung *f*, Rundfunkübertragungsverbindung *f*
music fidelity Musikwiedergabetreue *f*
music on hold *(Nrt)* Wartemusik *f*, Wartemelodie *f* (in Vorzimmer- und Nebenstellenanlagen bei Halten wegen Besetzt)
music power output *Musikleistung *f*, Musikausgangsleistung *f*
musical hold device Warteansagegerät *n*
mutator Umrichter *m*
mute Dämpfer *m*, Schalldämpfer *m*
mute mode Stummschaltung *f*
mute switch Stummtaste *f*, Stummschalter *m*, Räuspertaste *f*
mutilate *v* *(Nrt)* entstellen, verstümmeln (z. B. Sprache)

mutilated character (Nrt) verstümmeltes Zeichen n
mutilation (Nrt) Entstellung f, Verstümmelung f
mutilation of syllables Silbenabschneidung f
muting Stummtastung f (z. B. beim Abstimmen); Rauschsperre f
mutual gegenseitig, wechselseitig
mutual attraction gegenseitige Anziehung f
mutual coil Koppelspule f
mutual conductance Steilheit f
mutual coupling transformatorische Kopplung f
mutual inductance Gegeninduktivität f, gegenseitige Induktivität f, Wechselinduktivität f, Gegeninduktionskoeffizient m
mutual induction Gegeninduktion f, gegenseitige Induktion f, Wechselinduktion f
mutual inductivity s. mutual inductance
mutual inductor Gegeninduktivität f (Spule)
mutual interaction Wechselwirkung f, wechselseitige [gegenseitige] Beeinflussung f
mutual interference gegenseitige Störung f
mutual repulsion gegenseitige Abstoßung f
mutually screened gegeneinander abgeschirmt
myriametre [myriametric] wave Myriameterwelle f, Längstwelle f ($\lambda >$ 10000 m)

N

n-channel field-effect transistor n--Kanal-Feldeffekttransistor m
n-conducting n-leitend, überschussleitend (Halbleiter)
n-nary code n-wertiger Code m
n-nary digital channel n-wertiger Digitalkanal m
n-p-n transistor npn-Transistor m
n-pin plug n-poliger Steckverbinder m
n-type conduction n-Leitung f, Überschussleitung f
n-wave (Ak) N-Welle f (Überschallknall)
nagware (Dat) Nörgel-Software f (Shareware, die an Bezahlung oder Registrierung erinnert)
name key Zieltaste f
name plate Leistungsschild n, Typenschild n
nameserver, NS Nameserver m
namespace management Management n des Namensraums
NAND NAND n, NICHT-UND n, negiertes UND n (Schaltalgebra)
nano electromechanical system elektromagnetisches Nanometersystem n (folgt MEMS)
nanosecond pulse Nanosekundenimpuls m, Impuls m im Nanosekundenbereich
narrow acceptance-angle microphone scharf bündelndes Richtmikrofon f
narrow acceptance-band schmalbandig; Schmalband...
narrow acceptance-band FM (Ko) Schmalband-FM f, FM f mit kleinem Modulationsindex ($B_{FM} = 2(+1)B_{NF} \approx B_{AM}$; angewendet im analogen Mobilfunknetz C, seit 01.01.01 außer Betrieb)
narrow acceptance-band reception Schmalbandempfang m
narrow acceptance-band response Schmalbandverhalten n
narrow-band FM (Ko) Schmalband-FM f, FM f mit kleinem Modulationsindex
national call (Nrt) Inlandsgespräch n
national directory assistance (Nrt) nationale Telefonauskunft f (Nr.: 11833, gebührenpflichtig)
natural aging natürliche Alterung f
natural air cooling natürliche Luftkühlung f, Selbst(luft)kühlung f
natural circulating water cooling Thermoumlaufkühlung f
natural convection natürliche [nicht erzwungene] Konvektion f
natural-cooled selbstgekühlt
natural electromagnetic field natürliches elektromagnetisches Feld n
natural frequency Eigenfrequenz f
natural mica Naturglimmer m, Rohglimmer m
natural noise Eigenrauschen n
natural number natürliche Zahl f (ganze positive Zahl außer Null)

natural 244

natural period of vibration Periode(ndauer) f der Eigenschwingung, Eigenschwingungsdauer f, Eigenschwingungszeit f
natural sampling (Nrt) natürliche Abtastung f (Abtastung mit Schalter ohne Speicherung, Impulsdach wie Signalverlauf)
natural ventilation natürliche Belüftung f
natural vibration Eigenschwingung f
naval communication Seenachrichtenverbindung f
naval radio station Seefunkstelle f, Seefunkstation f
navigation computer Navigationsrechner m
navigational guidance system Navigationsleitsystem n
navigational system (Fo, Ko) Navigationssystem n (Routenplaner mit Positionsbestimmungssystem, GPS, Bildschirmanzeige und Sprachausgabe)
NC curve s. noise criterion curve
NC rating (Ak) NC-Bewertung f, Bewertung f [Lärmbewertung f] mit NC-Kurven
near-cathode region Katodennähe f
near-Earth orbit (Ko) erdnahe Umlaufbahn f
near-Earth space station (Ko) erdnahe Raumstation f (ISS in 400 km Höhe)
near echo Nahecho n
near-end cross-talk (Nrt) Nahnebensprechen n
near fading Nahschwund m
near singing Pfeifneigung f
near sound field akustisches Nahfeld n
near zone Nahbereich m (Antenne)
necklace microphone Kehlkopfmikrofon n
needle 1. Nadel f; Grammophonnadel f; Magnetnadel f; 2. Zeiger m (Messgerät); 3. Kristallnadel f, nadelförmiger Kristall m
needle galvanometer Nadelgalvanometer n
needle gap Nadelfunkenstrecke f, Spitzenfunkenstrecke f
needle printer (Dat) Nadeldrucker m
needle scratch Nadelgeräusch n, Abspielgeräusch n

negation Verneinung f, Negation f
negative (elektrisch) negativ, negativ geladen
negative 1. Negativ n (Fotografie); 2. s. negative matrix; 3. s. negative pole
negative anode potential Bremsspannung f (Elektronenröhren)
negative component (Et) Gegenkomponente f
negative current feedback Stromgegenkopplung f
negative electricity negative Elektrizität f
negative electrode negative Elektrode f, Minuselektrode f, Katode f
negative feedback 1. Gegenkopplung f, negative Rückkopplung f; 2. Rückführung f (im Regelkreis)
negative feedback factor Gegenkopplungsfaktor m
negative feedback ratio Gegenkopplungsgrad m
negative grid bias negative Gittervorspannung f
negative image negatives Bild n
negative in sign mit negativem Vorzeichen
negative ion negatives [negativ geladenes] Ion n, Anion n
negative justification (Nrt) negatives Stopfen n, Negativstopfen n
negative matrix (Galv) Negativ n (Form); Patrize f
negative modulation (Fs) Negativmodulation f, Umkehrmodulation f
negative number negative Zahl f
negative off-state current (Le) negativer Sperrstrom m (Thyristor)
negative phase-sequence system Gegensystem n, gegenläufiges System n
negative polarity negative Polarität f
negative pole Minuspol m, negativer Pol m
negative-resistance computing element Rechenelement n mit negativem Widerstand
negative-sequence (Et) gegenläufig
negative sequence Gegensystem n (bei der Darstellung von Drehfeldern mittels symmetrischer Komponenten)
negative temperature coefficient

negativer Temperaturkoeffizient m, NTC
negative terminal negative Klemme f, Minusklemme f, negativer Pol m
negative voltage feedback 1. Spannungsgegenkopplung f; 2. *(Rt)* negative Spannungsrückführung f
negative wire Minusleiter m, Minusverbindung f
negator Negator m, Nicht-Schaltung f, Negationsschaltung f *(Schaltalgebra)*
neon energy level Neonenergieniveau n
neper Neper n, Np *(Pegelmaß; 1 Np = 8,686 dB)*
nested geschachtelt, verschachtelt *(z. B. Programmierung)*
nested interrupt verschachtelter Interrupt m
nesting Verschachtelung f, Schachtelung f *(z. B. von Unterprogrammen)*
net Netz n *(z. B. Kommunikationsnetz)*
net attenuation Restdämpfung f
net communication Netzverkehr m
net head Nettofallhöhe f, nutzbare Fallhöhe f, Ausbaufallhöhe f *(Wasserkraftwerk)*
net interchange Netz(energie)austausch m
net interchange deviation Abweichung f des Netz(energie)austausches
net loss 1. Gesamtverlust m; 2. Netzverlust m
net voltage Netzspannung f
netiquette *(Dat)* Nettiquette f *(Kunstwort aus "network" und "etiquette"; allgemeine Regeln über das Verhalten im Netz)*
network 1. Netz n, Leitungsnetz n; Maschennetz n; Sendernetz n; Netzwerk n; 2. Schaltung f
network analysis Netz(werk)analyse f
network analyzer Netzwerkanalysator m
network automation Netzautomatisierung f, Automatisierung f des Netzbetriebes
network branch Netzzweig m
network byte order Bytereihenfolge auf dem Netzwerk f
network file system, NFS Netzwerk--Filesystem n *(NFS ist einer von mehreren alternativen Standards für Netzwerk-Filesysteme)*

network impedance *(Ee)* Netzimpedanz f
network in terms of components *(Et)* transformiertes Netz n
network interface *(Nrt)* Netzschnittstelle f *(ISDN-U_{ko}-, S_o-, R--Schnittstelle)*
network interface unit Netzschnittstelleneinheit f
network layer Netzwerksschicht f *(Vermittlungsschicht im ISO--Referenzmodell mit Festlegungen zur Vermittlung und zum Aufbau des Übertragungsweges)*
network layer protocol *(Nrt)* Vermittlungssignalisierungsprotokoll n, Schicht-3-Protokoll n *(transportorientiert)*
network limiter Netzschutz m *(Strombegrenzer, Sicherung)*
network logged-in mobile *(Ko)* in ein Netz eingebuchtes Handy n
network mesh Kettenglied n *(Filter)*
network node Netzknoten m
network plane Netzebene f
network printer *(Dat)* Netzwerkdrucker m
network protector Maschennetzschalter m
network protocol *(Nrt)* Vermittlungsprotokoll n
network provider *(Ko)* Netzbetreiber m, Netzanbieter m
network routing Netzverkehrslenkung f
network services Netzdienste mpl
network switching centre Netzschaltzentrale f
network termination Leitungsabschluss m, Leitungsabschlusseinheit f
network theory Netzwerktheorie f; Vierpoltheorie f
network user *(Dat)* Netzwerknutzer m, Netzwerkteilnehmer m
network user identification Teilnehmerkennung f
network with concentrated constants [parameters] Netzwerk n mit konzentrierten Parametern
network with distributed constants [parameters] Netzwerk n mit verteilten Parametern
networking 1. Vernetzung f; 2. Netzverbindung f

neurocontrol Regelung *f* mit neuronalen Netzen
neutral (elektrisch) neutral, ungeladen, ladungsfrei
neutral N-Leiter *m*, Neutralleiter *m*, *(veraltet)* Nullleiter *m*
neutral axis neutrale Zone *f (bei Gleichstrommaschinen)*
neutral brought-out (An) herausgeführter Nullpunkt *m* [Sternpunkt *m*, Mittelpunkt *m*]
neutral compensator Löschtransformator *m*, Löschtrafo *m*, Erdschlussreaktanz *f*
neutral conductor N-Leiter *m*, *Neutralleiter *m*, Mittelleiter *m*, Sternpunktleiter *m*, *(veraltet)* Nullleiter *m*
neutral earthing Nullpunkterdung *f*, Sternpunkterdung *f*
neutral electrode *Nullelektrode *f*, 0--Elektrode *f*, geerdete Elektrode *f*
neutral lead neutraler Anschluss *m*
neutral point *Neutralpunkt *m*, *(veraltet)* Sternpunkt *m*
neutral point displacement voltage *f (Ee)* Sternpunkt--Verlagerungsspannung *f*
neutral terminal Sternpunktklemme *f*, Sternpunktanschluss *m*, Mittelpunktanschluss *m*
neutral wedge Graukeil *m*, Neutralkeil *m*
neutral wire Mittelleiter *m*, Nullleiter(draht) *m*
neutral zone neutrale Zone *f*
newcomer Anfänger *m*, Beginner *m*, Neuling *m*
newton Newton *n*, N *(SI-Einheit der Kraft)*
nibble Halbbyte *n*
nickel anode *(Galv)* Nickelanode *f*
nickel-cadmium accumulator Nickel--Cadmium-Akkumulator *m*, Ni-Cd--Akku *m*
nickel-clad nickelplattiert
nickel-iron battery Nickel-Eisen--Batterie *f*
nickel metal hydride accumulator *(Ko)* NiMH-Akku *m*, Nickel-Metallhydrid--Akku *m (gedächtnisarmer Akku für tragbare Geräte, Handys)*
nickel-plated *(Galv)* vernickelt
nickel plating *(Galv)* Vernickeln *n*

nickelize *v* vernickeln
niclad nickelplattiertes Stahlblech *n*
night alarm key [switch] Nacht(alarm)schalter *m*
night bell *(Nrt)* Nachtwecker *m*
night bell switch Schalter *m* für Nachtwecker
night charge *(Nrt)* Nachtgebühr *f*, Nachttarif *m*
night effect [error] *(Fo)* Nachteffekt *m*, Dämmerungseffekt *m*, Polarisationsfehler *m*
night storage heater Nachtspeicherheizgerät *n*
night switching *(Nrt)* Nachtschaltung *f*
nil *(Dat)* Füllzeichen *n*
NiMH accumulator *(Ko)* s. nickel metal hydride accumulator
no-bounce switch prellfreier Schalter *m*
no-exchange area *(Nrt)* Netz *n* ohne eigene Vermittlungsstelle
no-load unbelastet
no-load Leerlauf *m*
no-load loss *Leerlaufverlust *m*
no-load point Leerlaufpunkt *m*
no-load running Leerlauf *m*
no-load speed Leerlaufdrehzahl *f*
no-load test Leerlaufprüfung *f*, Leerlaufmessung *f*
no-voltage circuit-breaker Nullspannungsausschalter *m*
no-voltage relay Nullspannungsrelais *n*
no-voltage release Nullspannungsauslösung *f*
no-voltage trip Nullspannungsauslöser *m*
noble gas laser Edelgaslaser *m*
noble metal anode Edelmetallanode *f*
nodal admittance matrix Knotenpunktadmittanzmatrix *f (Netzberechnung)*
nodal exchange *(Nrt)* Knotenvermittlungsstelle *f*, Knotenamt *n*
nodal point Stromverzweigungspunkt *m*, Knotenpunkt *m (z. B. einer Leitungsverzweigung)*
nodal voltage Knotenpunktspannung *f*
node 1. Knoten *m*; Schwingungsknoten *m*, Wellenknoten *m*; 2. *(Et)* Leitungsknoten *m*; Knotenpunkt *m*, Verzweigungspunkt *m*; 3. Stützstelle *f (Interpolation)*

noise 1. *(Ak)* Geräusch n; Lärm m; 2. *(Me)* Rauschen n; Störung f
noise abatement Geräuschunterdrückung f; Lärmbekämpfung f
noise assessment Geräuschbeurteilung f, Lärmbeurteilung f
noise bandwidth Rauschbandbreite f
noise blanker Geräuschunterdrücker m; Rauschunterdrücker m
noise conduction *(Ak)* Schalleitung f, Weiterleitung f von Lärm
noise criterion curve *(Ak)* NC-Kurve (zur Lärmbewertung)
noise current Rauschstrom m
noise diode Rauschdiode f
noise effect Rauscheffekt m
noise elimination Rauschbeseitigung f
noise exposure 1. *Lärmexposition f, Lärmdosis f, Schalldosis f; 2. Lärmeinwirkung f
noise filter Geräuschsperre f, Geräuschfilter n; Rauschfilter n, Stör(schutz)filter n
noise floor Grundrauschen n, Grundgeräusch n
noise-free geräuschfrei; rauschfrei; störungsfrei
noise gate Störsperre f, Krachtöter m
noise generation 1. Lärmentstehung f; 2. Rauscherzeugung f
noise guards Lärmschutzmittel npl
noise helmet Lärmschutzhelm m, Gehörschutzhelm m
noise-induced hearing loss Lärmschwerhörigkeit f
noise level Lärmpegel m; Geräuschpegel m; Rauschpegel m, Störpegel m, Störniveau n
noise-level analyzer Rauschpegelstatistikgerät n, statistischer Pegelanalysator m
noise measurement Geräuschmessung f; Lärmmessung f; Rauschmessung f
noise mitigation *(Ak)* Lärmminderung f
noise monitoring Lärm(pegel)überwachung f, Lärmkontrolle f
noise of decoding Decodierungsgeräusch n
noise output 1. Rauschleistung f; 2. *(Rt)* von der Störung verursachtes Ausgangssignal n

noise parameter Rauschkennwert m
noise pattern Rauschbild n
noise power bandwidth Rauschbandbreite f
noise power emission level *(AE) (Ak)* A--bewerteter Schalleistungspegel m
noise pressure Schalldruck m (des Lärms)
noise-reduced lärmgemindert
noise reduction Lärmminderung f, Lärmbekämpfung f; Rauschverminderung f
noise shield Lärm(schutz)schirm m
noise source Lärmquelle f; Rauschquelle f, Störquelle f
noise suppression Geräuschunterdrückung f; Lärmbekämpfung f; Rauschunterdrückung f, Störunterdrückung f
noise susceptibility *(Ak)* Lärmempfindlichkeit f
noise test Geräuschprüfung f, Prüfung f der Lärmentwicklung
noise transmission Schalleitung f, Schallübertragung f
noise tuning Rauschabstimmung f
noise voltage Störspannung f, Fremdspannung f; Rauschspannung f
noiseless 1. geräuschlos; geräuscharm; ruhig; 2. rauschfrei; rauscharm; störungsfrei
noiseless binary channel *(Nrt)* ungestörter Binärkanal m; störungsfreier Binärkanal m, rauschfreier Binärkanal m
noisy 1. geräuschvoll, laut; 2. rauschend, verrauscht
noisy signal *(Nrt)* verrauschtes Signal n, gestörtes Signal n
nominal adjustment Nennwerteinstellung f
nominal current Nennstrom m
nominal exciter ceiling voltage Nenndeckenspannung f *(Erregermotor)*
nominal frequency Nennfrequenz f
nominal insulation Nennisolation f
nominal level Pegelsollwert m, Sollwertpegel m
nominal load Nennlast f
nominal operating value Nennbetriebswert m, Bezugswert m

nominal 248

nominal operation power
Nennbetriebsleistung *f*
nominal output Nennleistung *f*
nominal power Nennleistung *f*
nominal range 1. Nennbereich *m*; 2. Nennreichweite *f*
nominal rating Nennleistung *f*
nominal reliability Nennzuverlässigkeit *f*
nominal steepness Nennanstieg *m* (z. B. bei Stoßspannungswellen)
nominal stuffing rate (Nrt) Nennwert *m* der Stuffing-Rate
nominal value Nennwert *m*, Nenngröße *f*; Nenndaten *pl*
nominal voltage Nennspannung *f*
non-abrasive abriebarm, abriebfrei
non-addressable nicht adressierbar
non-adjustable nicht einstellbar; unverstellbar
non-approved nicht zugelassen
non-arcing nicht funkenbildend; funkenfrei
non-armoured nicht bewehrt, unbewehrt (Kabel)
non-attenuated ungedämpft
non-blocking nicht sperrend
non-bonding nicht bindend
non-broadcast multiple access network, NBMA Netzwerk *n* mit Mehrfachzugriff ohne Broadcast
non-chargeable call (Nrt) gebührenfreier Anruf *m*, gebührenfreies Gespräch *n* (siehe auch: freephone number; freephone service)
non-conducting nicht leitend, nicht leitend
non-conductor Nichtleiter *m*, Dielektrikum *n*; Isolierstoff *m*
non-contacting kontaktfrei, kontaktlos; berührungslos, nicht berührend
non-controlled converter (Le) ungesteuerter Gleichrichter *m*
non-convertible nicht umwandelbar, nicht reversibel
non-cyclical field wirbelfreies Feld *n*
non-damped ungedämpft
non-destructive read-out nicht löschendes [zerstörungsfreies] Auslesen *n*
non-destructive reading zerstörungsfreies [nicht zerstörendes] Lesen *n*

non-detachable cord fest angeschlossene Leitung *f*
non-directional current protection nicht gerichteter Stromschutz *m*
non-directional microphone Kugelmikrofon *n*, ungerichtetes Mikrofon *n*
non-disjunction NOR-Funktion *f* (boolesche Algebra)
non-dissipative verlustlos, verlustfrei
non-distorting verzerrungsfrei
non-earthed nicht geerdet
non-eddying wirbelfrei
non-electrical amount (Mess) nicht elektrische Größe *f*
non-encapsulated nicht umhüllt
non-equilibrium Nichtgleichgewicht *n*; gestörtes Gleichgewicht *n*
non-erasable nicht löschbar
non-fusible unschmelzbar
non-impact printer (Dat) nichtmechanischer Drucker *m* (Tintenstrahl-, Thermo-, Laser-, LED--Drucker)
non-inductive induktionsfrei, induktionslos; induktionsarm, induktivitätsarm
non-inflammable insulating material unentflammbarer [flammsicherer] Isolierstoff *m*
non-interacting control (Rt) entkoppelte Regelung *f* (Mehrgrößenregelung)
non-inverting nicht invertierend, nicht umkehrend
non-linear amplification nichtlineare Verstärkung *f* (z. B. quadratische Verstärkung; bewirkt Verzerrungen)
non-linear circuit nicht linearer Stromkreis *m*
non-linear circuit component nicht lineares Bauelement *n*
non-linear feedback shift register (Nr) nichtlinear rückgekoppeltes Schieberegister *n*
non-linear resistor type arrester Ventilableiter *m* (IEC 50-604)
non-linear series resistor nicht linearer Reihen(schluss)widerstand *m*
non-locking nicht rastend; nicht verriegelnd
non-locking key nicht rastender Schalthebel *m*

non-magnetic nicht magnetisch, unmagnetisch, antimagnetisch
non-magnetic steel unmagnetischer Stahl *m*
non-numerical character nicht numerisches Zeichen *n*
non-numerical data processing nicht numerische Datenverarbeitung *f*
non-operate current Fehlstrom *m (bei Schaltgeräten)*
non-operation *(Dat)* Nulloperation *f*
non-operative ruhend, in Ruhe befindlich; ausgeschaltet
non-periodic nicht periodisch, unperiodisch, aperiodisch
non-permitted access *(Ko)* nicht erlaubter Netzzugriff *m (auf fremde, nicht gebuchte Netze anderer Betreiber)*
non-polarized nicht polarisiert, unpolarisiert
non-profit organization Organisation *f* ohne Profitstreben, Organisation *f* ohne Gewinnabsicht *(kostendeckende Einnahmen)*
non-protected ungeschützt, offen
non-reachable *(Nrt)* nicht erreichbar *(weil z. B. das Handy nicht eingeschaltet ist)*
non-reactive 1. induktivitätsfrei; 2. *(Rt)* rückwirkungsfrei; rückkopplungsfrei
non-recognizable error *(Nrt)* nicht erkennbarer Fehler *m*
non-regenerative rückkopplungsfrei
non-repetitive nicht periodisch
non-repetitive peak off-state voltage nicht periodische Spitzenspannung *f* im Sperrzustand [nicht geschalteten Zustand]
non-repetitive peak on-state current nicht periodischer Spitzendurchlassstrom *m*
non-repetitive peak reverse power loss *(Le)* nicht periodische Durchlassverlustleistung *f*
non-repetitive peak reverse voltage nicht periodische Spitzensperrspannung *f*
non-repudiation Nichtabstreitbarkeit *f* *(Eigenschaft bei Netz-Transaktionen, kann durch kryptografische Vorkehrungen erreicht werden)*
non-resonant line Wanderwellenspeiseleitung *f*, aperiodische Leitung *f*
non-return-to-zero (recording) *(Dat)* Wechselschrift *f*, Ohne-Rückkehr-zu--Null-Aufzeichnung *f*, NRZ-Verfahren *n* *(Speicherverfahren)*
non-reversible nicht umkehrbar, irreversibel; unverwechselbar *(z. B. Steckvorrichtung)*
non-salient pole *(Ma)* Vollpol *m*
non-self-quenching nicht selbstlöschend *(Speicher)*
non-sinusoidal nicht sinusförmig
non-spinning drallos, drallfrei *(z. B. Kabel)*
non-steady state nicht stationärer Zustand *m*
non-synchronous spark gap Asynchronfunkenstrecke *f*, asynchron rotierende Funkenstrecke *f*
non-threshold logic schwellenwertfreie Logik *f*
non-tracking kriechstromfest
non-uniform quantizing nicht lineare Quantisierung *f (Pulscodemodulation)*
non-volatile nicht flüchtig *(bei EPROM--ähnlichen Speichermedien; siehe auch: flash memory)*
non-volatile random-access memory nicht flüchtiger Schreib-Lese-Speicher *m*, nicht flüchtiges [leistungsunabhängiges] RAM *n*
non-volatile store permanenter [nicht flüchtiger] Speicher *m*, Permanentspeicher *m*, Dauerspeicher *m*
non-wave-form coding *(Nrt)* nichtsignalformgetreue Codierung *f (z. B. SBC-ADPCM-Sprachcodierung; Spektralformcodierung, Vocoder)*
nonce Nonce *m (ein unikater Wert, der nicht mehrmals verwendet wird; dient der Erkennung unzulässiger Mehrfachverwendung, z. B. bei digitalen Geldeinheiten)*
nonrepudiation Nichtabstreitbarkeit *f (Eigenschaft bei Netz-Transaktionen, kann durch kryptografische Vorkehrungen erreicht werden)*
NOR NOR *n*, NICHT-ODER *n*, negiertes ODER *n (Schaltalgebra)*
NOR circuit NOR-Schaltung *f*, NICHT--ODER-Schaltung *f*, negierte [invertierte] ODER-Schaltung *f*

NOR element NOR-Glied n
NOR gate NOR-Gatter n, NOR-Tor n
normal Normale f; Senkrechte f
normal cell Normalelement n
normal contact Ruhekontakt m
normal distribution Normalverteilung f, Gauß-Verteilung f, gaußsche Fehlerverteilung f
normal element Normalelement n
normal 12key pad dialling (Nrt) Normalwahl f über 12er Tastenwahlblock (Tasten 0 bis 9 und * und #)
normal load 1. Normallast f, Nennlast f; 2. (An) Nennleistung f
normal mode Normalschwingung f
normalization 1. Normierung f; 2. Normalisierung f
normalized covariance Korrelationskoeffizient m (Statistik)
normalized function normierte Funktion f
normalized hearing threshold (Ak) Normhörschwelle f
normally closed mit Ruhekontakt
normally open mit Arbeitskontakt
north-magnetic nordmagnetisch
north-magnetic pole magnetischer Nordpol m
north pole face (Ma) Nordpolfläche f
northern lights Polarlicht n, Nordlicht n
NOT NICHT n (Schaltalgebra)
NOT function NICHT-Funktion f, Negationsoperation f
NOT gate NICHT-Glied n, Negator m
"not ready" "nicht bereit" (Zustandsbedingungen)
notation (Dat) Bezeichnungsweise f; Schreibweise f; Darstellung f
notch Einbruch m (z. B. bei der Netzspannung von Stromrichtern)
notching ratio Ungleichförmigkeit f (beim Anfahren über stufenweise Spannungsänderung)
notebook Notebook n, Laptop m (kleiner, tragbarer PC; beim Notebook im Buchformat; jetzt auch PDA oder Palm-Organizer)
notes on safety Sicherheitshinweise mpl
notification call Quittungsanruf m
nought state Nullzustand m
NOVRAM s. non-volatile random--access memory

nozzle 1. Düse f, Sprühdüse f; Mundstück n, Düsenmundstück n; Stutzen m; 2. Wellenleiter(austritts)öffnung f; Düsenstrahler m (Antenne)
NRZ s. non-return-to-zero (recording)
NS s. nameserver
NTC s. negative temperature coefficient
nuclear fuel cycle Kernbrennstoffkreislauf m
nuclear fusion energy Kernfusionsenergie f, Kernverschmelzungsenergie f, Fusionsenergie f
nuclear power Kernkraft f, (nutzbare) Kernenergie f
nuclear power station Kernkraftwerk n
nuclear radiation Kernstrahlung f
nuclear spectroscopy Kernspektroskopie f
nuclear spin Kernspin m, Kerndrehimpuls m
nucleus 1. (Ph) Kern m; 2. (Dat) Grundprogramm n, Kernprogramm n (eines Betriebssystems)
nuisance call (Nrt) böswilliger Anruf m
null Null f
null amplifier Nullverstärker m
null balance Nullabgleich m, Nullung f
null condition Nullbedingung f, abgeglichener Zustand m (einer Brücke)
null position Nullstellung f
nullify v errors Fehler aufheben
nulling device Nullindikator m, Nullinstrument n (in einer Brücke)
number v nummerieren
number 1. Zahl f, Ziffer f; 2. Anzahl f; 3. Nummer f; 4. (Nrt) Anschlussnummer f, Rufnummer f
number cruncher Zahlenfresser m (Computer zur Verarbeitung großer Zahlenmengen)
number identification (Nrt) Identifizierung f der Rufnummern
number notation Zahlendarstellung f, Zahlenschreibweise f
number of grooves per unit length Furchenzahl f, Strichzahl f (Beugungsgitter)
number plate dialling (Nrt) Nummernschalterwahl f
number range Zahlenbereich m
number system Zahlensystem n

number wheel Ziffernrolle f, Ziffernrad n; Zählrolle f
numbering 1. Nummerierung f, Nummernbezeichnung f; 2. (Nrt) Nummerngebung f
numeral 1. Ziffer f, Zahlzeichen n, Zahl f; 2. (Dat) Ziffernsymbol n, Zahlensymbol n
numeral reading machine Ziffernlesemaschine f
numeric keypad Zifferntastatur f
numeric processor (Dat) numerischer Zusatzprozessor m, numerischer Koprozessor m, mathematischer Koprozessor m (auf dem µP-Chip)
numerical numerisch; Zahlen..., Nummern...
numerical control numerische Steuerung f
numerical control system numerisches Steuerungssystem n, NC-Steuerung f
numerical controlled machine numerisch gesteuerte Werkzeugmaschine f, NC-Maschine f
numerical display Ziffernanzeige f; numerische Ausgabe f
numerical keybord numerische Tastatur f, Zifferntastatur f
numerical selection (Nrt) gesteuerte Nummernwahl f, erzwungene Wahl f
numerical selector (Nrt) Nummernwähler m
numerically coded numerisch verschlüsselt [codiert]
numerically controlled numerisch gesteuert

O

object code (Dat) Maschinen(programm)code m
object command (Dat) Objektbefehl m
object identifier, OID Objekt--Identifikator m (z. B. für Objekte bei Netzwerk-Management)
object language (Dat) Zielsprache f
object oriented programming language objektorientierte Programmiersprache f
object recognition (Rt) Objekterkennung f
object video monitoring Objektüberwachung f (mit Videokamera)
objective reference equivalent meter Bezugsdämpfungsmesser m, Bezugsdämpfungsmessgerät n
obliterate v löschen; unleserlich machen
obscure v **a signal** ein Signal verzerren [stören]
observation by incident [reflected] light Auflichtbetrachtung f
observation by transmitted light Durchlichtbetrachtung f
observation desk Überwachungsplatz m, Kontrollplatz m, Beobachtungsplatz m
observation time Beobachtungszeit f
observational conditions Beobachtungsbedingungen fpl
observed bearing Peilablesung f
obtainable accuracy erreichbare Genauigkeit f
OC s. optical carrier
occulting light unterbrochenes Feuer n [Leuchtfeuer n]
occupancy 1. (Me) Besetzung f; Besetzungsgrad m; 2. (Nrt) Vollbelegung f, Zeit f der Leitungsbelegung
occupation Besetzung f; Belegung f
occupation probability Besetzungswahrscheinlichkeit f
occupational deafness Lärmschwerhörigkeit f, berufsbedingte Schwerhörigkeit f, Lärmtaubheit f
occupied bandwidth besetzte [belegte] Bandbreite f
occupied position (Nrt) besetzter Platz m
occurrence Auftreten n; Ereignis n; Aktion f (Automat)
occurrence net Aktionsnetz n (Kybernetik)
occurrence probability Eintrittswahrscheinlichkeit f, Ereigniswahrscheinlichkeit f
OCR s. optical character recognition
octal base Oktalsockel m, Achtstiftsockel m
octal digit Oktalziffer f
octal plug Oktalstecker m
octal representation Oktaldarstellung f

octave

octave analyzer Oktavsieb n, Oktavfilter n
octave band Oktavband n, Oktavbereich m
octave-band pressure level Oktav(band)schalldruckpegel m, Oktavpegel m
octave filter Oktavfilter n
odd ungerade
odd bar (Ma) Blindstab m (einer Wicklung)
odd-even check (Dat) Ungerade--gerade-Prüfung f, Paritätsprüfung f
odd harmonic ungeradzahlige Harmonische f [Oberschwingung f]
odd parity ungerade Parität f, ungerade Quersumme f
Oe Oersted n, Oe (veraltete Einheit der magnetischen Feldstärke; 1 Oe = 103 A/m)
oersted Oersted n, Oe (veraltete Einheit der magnetischen Feldstärke; 1 Oe = 103 A/m)
off-hook v (Nrt) abheben, abnehmen (den Telefonhörer)
off aus(geschaltet), abgeschaltet; "Aus" (Schalterstellung); gesperrt, außer Betrieb
off-air (Fs) nicht auf Sendung, Sendepause f
off-centring (Fo) Dezentrierung f, Bilddezentrierung f (z. B. beim Rundsichtradarbildschirm)
off-channel rejection (Nrt) Nachbarkanalunterdrückung f
off-earth massefrei; erdfrei
off-hook (Nrt) abgehoben (der Telefonhörer von der Gabel)
off-hook call (Nrt) Anruf m mit Abheben
off-line data processing Offlinedatenverarbeitung f, absatzweise Datenverarbeitung f
off-line diagnostics (Hsp) Offline--Diagnose f (Diagnose nicht in Betrieb befindlicher Betriebsmittel)
off-line equipment selbstständige Einheit f, Peripherieeinheit f
off-line operation Offlinebetrieb m, unabhängiger [prozessentkoppelter] Betrieb m
off-load unbelastet
off-normal contact (Ap) Arbeitskontakt m

252

off-normal contact rest condition (Ap) falsche Ruhelage f
off period 1. Sperrzeit f; 2. Ausschaltzeit f, Pausenzeit f
off position Ausschaltstellung f, "Aus"--Stellung f, Abschaltstellung f, Ruhestellung f
off-resonance verstimmt, außerhalb der Resonanz, vom Resonanzpunkt entfernt
off-resonance trip Verstimmungsschutz m
off-shore wind-park Off-Shore Windpark m (Windenergiepark der in der See steht)
off-standard performance (An) Leistungsgradabweichung f
off state 1. Sperrzustand m, Blockierzustand m (von Thyristoren); 2. Ausschaltzustand m, "Aus"--Zustand m, ausgeschalteter Zustand m
off-state current Sperrstrom m (in Durchlassrichtung)
off-state voltage Spannung f in ausgeschaltetem Zustand, Blockierspannung f, Sperrspannung f
off time Auszeit f, Ausschaltzeit f, Pause f
off-tune verstimmt
offering (Nrt) Anbieten n, Angebot n; Aufschalten n (z. B. zum Mithören von Gesprächen)
office 1. (Nrt) Amt n; 2. Büro n
office lighting fitting Büroleuchte f
office selector (Nrt) Amtswähler m
official telephone Diensttelefon n; Dienstanschluss m
offset 1. Versetzung f; Verschiebung f; 2. (Rt) bleibende Abweichung f, Proportionalabweichung f, P--Abweichung f
offset behaviour (Rt) Proportionalverhalten n, P-Verhalten n (der Regelabweichung)
offset carrier versetzter Träger m (Trägerfrequenz)
offset coefficient (Rt) Kenngröße f der bleibenden Abweichung
offset ratio (Rt) (dynamischer) Regelfaktor m (Kennwert für die Regelgenauigkeit); Abweichungsverhältnis n

offset voltage Gegenspannung f, Offsetspannung f
ohm Ohm n, W (SI-Einheit des elektrischen Widerstands)
ohmic ohmsch, ohmisch
ohmic component ohmsche Komponente f
ohmic load ohmsche Belastung f
ohmic loss ohmscher Verlust m
ohmic resistance ohmscher Widerstand m, Gleichstromwiderstand m, Wirkwiderstand m
ohmmeter Ohmmeter n, Widerstandsmessgerät n
Ohm's law ohmsches Gesetz n
ohms-per-volt rating Widerstandsverhältnis n, Innenwiderstand m in Ohm/Volt (eines Voltmeters)
OID s. object identifier
oil-blast circuit-breaker Ölstromschalter m
oil circuit-breaker Ölschalter m
oil cooler Ölkühler m
oil-impregnated ölgetränkt, ölimprägniert
oil-poor circuit-breaker ölarmer Leistungsschalter m
oil-resistant ölbeständig
oil seal öldichter Verschluss m, Öldichtung f
oil slinger Ölabstreifer m
oil switch Ölschalter m
oil-tight öldicht
oiled paper Ölpapier n, Firnispapier n
old man (sl) Funkamateur m
omnibearing Allrichtungs..., Rund...
omnibus bar (Et) Sammelschiene f
omnidirectional rundstrahlend, ungerichtet, mit kugelförmiger Richtcharakteristik, in alle Richtungen
on ein(geschaltet); "Ein" (Schalterstellung); in Gang; in Betrieb
on-board auf der Leiterplatte
on-board computer interner [eingebauter] Rechner m; Bordrechner m (bei Fahrzeugen)
on-board diagnostic Borddiagnose f (im Fahrzeug)
on-board unit Bordeinheit f (z. B. Elektronik im LKW zur Erfassung der Mautgebühr)
on-hook signal Schlusszeichen n
on-line (Rt, Dat) unter Rechnerführung arbeitend, rechnerabhängig, (mit der Anlage) verbunden, on-line, direkt (prozess)gekoppelt
on-line banking (Ko) Bankverkehr m über das Internet, Homebanking n, elektronischer Bankverkehr m, elektronische Kontoführung f, Online--Banking n
on-line data processing Onlinedatenverarbeitung f, Schritt haltende Datenverarbeitung f
on-line diagnostics (Hsp) Online--Diagnose f (Diagnose im Betrieb befindlicher Betriebsmittel)
on-line monitor printer mitlaufendes Monitordruckwerk n
on-line operation Onlinebetrieb m, direkter [gekoppelter, Schritt haltender] Betrieb m
on-line recherche (Ko) Recherche f über das Internet
on-load belastet, unter Last; Belastungs..., Last...
on-load switch Lastschalter m
on-load voltage Arbeitsspannung f, Zellspannung f bei Stromfluss (Batterie); Belastungsspannung f; Spannung f bei Belastung
on-off Ein-Aus
on-off keying Ein-Aus-Tasten n (Telegrafie)
on-period 1. Einschaltzeit f, Dauer f der Einschaltung; Flusszeit f (Stromfluss); 2. Einwirkzeit f (z. B. von Lärm)
on-screen distortion Bildschirmverzerrung f
on-site maintenance Wartung f vor Ort
on-site mounting Vorortmontage f
on-state 1. Durchlasszustand m (Thyristor); 2. Einschaltzustand m, "Ein"-Zustand m, eingeschalteter Zustand m
on-state current Durchlassstrom m, Strom m in Durchlassrichtung
on-state power loss Durchlassverlustleistung f, Durchgangsverlustleistung f
on-state resistance (Me) Durchlasswiderstand m
on-state slope resistance 1. (Et) Ersatzwiderstand m; 2. (Le) differenzieller Durchlasswiderstand m (eines Thyristors)
on-state voltage Durchlassspannung f,

on-state Spannung *f* in eingeschaltetem Zustand

on-state voltage drop Spannungsabfall *m* in Durchlassrichtung *(Thyristor, Diode)*

one-address computer Einadressrechner *m*, Einadressrechenmaschine *f*

at-a-time mode *(Nrt)* sequenzieller Betrieb *m*

one-byte instruction Ein-Byte-Befehl *m*

one-chip computer Einchipcomputer *m*, Einchiprechner *m*, Monochipcomputer *m*

one-chip technique *(Me)* Einchiptechnik *f*, Monochiptechnik *f*

one-digit einstellig

one-dimensional picture transform eindimensionale Bildtransformation *f* *(z. B. 1D-DCT; zeilenweise Transformation)*

one-electron atom Einelektronenatom *n*

one-hour duty Stundenbetrieb *m*

one-key dialling s. one-touch dialling

one-layer einschichtig

one-line-to-earth fault einpoliger Erdschluss *m*

one-line-to-earth short circuit einpoliger Kurzschluss *m*

one-phase einphasig

one-quadrant converter *(Le)* Einquadrantenstromrichter *m*

one-quadrant drive *(Ma)* Einquadrantenantrieb *m*

one-second memory circuit Einsekundenspeicherschaltung *f*

one shot einmalige Auslösung *f* [Triggerung *f*]

one-sided limit *(Rt)* einseitiger Grenzwert *m*

one-sided memory einseitiger Speicher *m*

one-stage amplifier einstufiger Verstärker *m*

one-state Eins-Zustand *m* *(binärer Schaltkreis)*

one-time pad, OTP One-Time-Pad *n* *(Verschlüsselungsverfahren mit einmalig benutztem Schlüsselstrom, theoretisch sicher)*

one-time password, OTP Passwort *n* zur einmaligen Verwendung

one-touch dialling *(Nrt, Ko)* Direktwahl *f*, Kurzwahl *f* *(Belegung der Wähltasten mit Rufnummern)*

one-touch mobile *(Ko)* Handy *n* mit Eintastendruckbedienung *(kurzes und langes Drücken einer Taste ist mit unterschiedlichen Funktionen belegt, z. B. Kurzwahlbelegung)*

one-wave rectifier Einweggleichrichter *m*

one-way circuit 1. Einwegschaltung *f*; 2. *(Nrt)* Einwegleitung *f*, einseitig betriebene Leitung *f*

one-way communication *(Nrt)* Einwegübertragung *f*; einseitiger Informationsfluss *m*

one-way service *(Nrt)* Einwegdienst *m*

one-way traffic *(Nrt)* einseitiger Verkehr *m*

one-word instruction Einwortbefehl *m*

opacity Opazität *f*, Lichtundurchlässigkeit *f*, Undurchsichtigkeit *f*

OPAL *(Abk. für: operational performance analysis language)* OPAL *(eine Programmiersprache)*

opaque cathode Auflichtkatode *f*

opaqueness s. opacity

open *v* öffnen; unterbrechen, ausschalten, trennen; sich öffnen

open Leiterunterbrechung *f*, Stromkreisunterbrechung *f*

open-air Freiluft...; Frei...

open circuit 1. offener Stromkreis *m* [Kreis *m*]; 2. *(Ma)* Leerlauf(zustand) *m*

open-circuit jack Ruhestrombuchse *f*, Ruhestrom(telefon)klinke *f*

open-circuit loss Leerlaufverlust *m*

open-circuit test Leerlaufmessung *f* *(Generatorbetrieb)*

open-circuit voltage 1. Leerlaufspannung *f*; 2. Ladespannung *f* im vollgeladenen Zustand *(einer Batterie)*; Ruhe(zell)spannung *f*

open-circuited input Leerlauf *m* am Eingang

open contact Arbeitsstromkontakt *m*

open line 1. Freileitung *f*; 2. nicht abgeschlossene Leitung *f*

open listening telephone *(Nrt)* Telefon *n* mit Lauthörmöglichkeit, Telefon *n* mit zuschaltbarem Lautsprecher *(bei Fernsprechapparaten und Handys)*

open loop offener Regelkreis *m*, offene Schleife *f*

open-loop control *(Rt)* (offene) Steuerung *f*
open-loop system Regelstrecke *f*, Steuerkette *f*, rückführungsfreies System *n*
open-looped pulse system aufgeschnittenes [offenes] Impulssystem *n*
open motor offener Motor *m (ohne Wasserschutz)*
open network computing, ONC offenes vernetztes Rechnen *n (offener Standard für verteilte Systeme, ursprünglich von der Firma Sun)*
open-phase circuit-breaker Motorschutzschalter *m*
open source offengelegter Quelltext *m*
open subroutine *(Dat)* offenes Unterprogramm *n*
open systems interconnection Kommunikation *f* offener Systeme, OSI *(Zielsetzung der ISO und CCITT, nach der Produkte, Systeme und Netze unterschiedlicher Hersteller unter Verwendung standardisierter Schnittstellen und Protokolle koppelbar sein sollen)*
open-type spiral wire-heating element offener Drahtwendelheizkörper *m*
open-type switchgear offenes Schaltgerät *n*, Schaltgerät *n* in offener [ungeschützter] Ausführung; offene Schaltanlage *f*
open wire *(Ee)* Freileitung *f*
opened loop *(Rt)* geöffnete Schleife *f*, geöffneter [offener] Kreis *m*
opening 1. Öffnung *f*, Kanal *m*, Durchführung *f*; 2. Öffnen *n*, Öffnung *f*, Trennen *n*, Trennung *f*; 3. *(Nrt)* Freigabe *f*; 4. *(An)* Auslösung *f*
opening contact Öffnungskontakt *m*
opening operation Öffnungsvorgang *m*, Öffnungsbetätigung *f*; Ausschaltbewegung *f*, Ausschaltung *f* *(Schalter)*
operate *v* 1. arbeiten, in Betrieb sein, laufen; 2. bedienen, betätigen (z. B. einen Schalter); handhaben; (be)treiben; 3. ansprechen, anziehen (z. B. ein Relais)
operate characteristic *(Nrt)* Ansprechbedingung *f*
operate sensitivity Ansprechempfindlichkeit *f*
operate speed Ansprechgeschwindigkeit *f (Relais)*
operating ambient temperature Betriebsumgebungstemperatur *f*
operating button Bedienungsknopf *m*
operating characteristics Betriebsdaten *pl*
operating code Operationscode *m*
operating current Arbeitsstrom *m*, Betriebsstrom *m*; Ansprechstrom *m (Relais)*
operating current release Arbeitsstromauslöser *m*
operating device Bedienungseinrichtung *f*, Betätigungsvorrichtung *f*
operating differential *(Rt)* Sollwertbereich *m (Dreipunktregler)*; Schalthysterese *f*
operating error Bedienungsfehler *m*
operating failure Betriebsausfall *m*
operating force Betätigungskraft *f*
operating instruction Bedienungsanweisung *f*, Betriebsanleitung *f*
operating language *(Dat)* Betriebssprache *f (Softwaresystem)*
operating lever Bedienungshebel *m*, Betätigungshebel *m*, Schalthebel *m*
operating mode Betriebsart *f*, Wirkungsweise *f*
operating pole Schaltstange *f*
operating position 1. Arbeitsplatz *m*; 2. Schaltstufe *f*, Schaltstellung *f (Schalter)*
operating sequence Arbeitsfolge *f*, Arbeitsablauf *m*, Betätigungsfolge *f*
operating speed 1. Arbeitsgeschwindigkeit *f*; 2. *(Dat)* Operationsgeschwindigkeit *f*; Ansprechgeschwindigkeit *f (Relais)*
operating staff Betriebspersonal *n*
operating system *(Dat)* Betriebssystem *n*
operating system kernel Betriebssystemkern *m*, Ansprechstrom *m (eines Überstromauslösers; IEC 50-441)*
operating threshold Ansprechschwelle *f (Relais)*
operating unit Bedieneinheit *f*
operating voltage Arbeitsspannung *f*, Betriebsspannung *f*; Brennspannung *f (Lichtbogen)*

operation

operation 1. Betrieb m, Arbeitsweise f, Fahrweise f; 2. (Dat) Operation f, Rechenoperation f; Abarbeitung f (eines Programms); 3. (Et) Arbeiten n (eines Motors); 4. Ansprechen n, Anziehen n (eines Relais); 5. Bedienung f, Betätigung f • **to be out of operation** außer Betrieb sein

operation and display computer Bedien- und Anzeigerechner m

operation and display level Bedien- und Anzeigeebene f

operation code (Dat) Operationscode m, Op-Code m

operation command Operationsbefehl m

operation decoder Operationsdecodierer m

operation frequency Betriebsfrequenz f

operation threshold Ansprechschwelle f (Relais)

operation wavelength Betriebswellenlänge f

operational check Funktionsprüfung f

operational cycle Arbeitsspiel n, Lastspiel n

operational earthing Betriebserdung f (IEC 50-604)

operational life Betriebslebensdauer f

operational reliability Betriebszuverlässigkeit f, Betriebssicherheit f

operational safety Betriebssicherheit f

operations Schaltvorgänge mpl (Relais)

operations per hour (Ap) Schalthäufigkeit f pro Stunde

operator 1. Operator m (Mathematik); 2. (Dat) Operationssymbol n; 3. Bedienungsperson f, Operator m; 4. (Nrt) Vermittlungskraft f; Telefonistin f; 5. (Rt) Stellantrieb m

operator amplifier Operationsverstärker m

operator-computer dialogue Mensch-Maschine-Dialog m, Dialog m zwischen Bediener und Computer

operator console Steuerpult n, Bedienungspult n

operator convenience Bedienerfreundlichkeit f, Bedienungskomfort m

operator dialling (Nrt) Handvermittlung f, Platzwahl f

operator error Bedienerfehler m

operator intervention (Dat) Bedienereingriff m

operators headset (Nrt) Abfrageapparat m, Sprechzeug n

operators jack Anschaltklinke f

operators plug Anschaltstöpsel m

opportunistic encryption, OE opportunistische Verschlüsselung f (Betriebsweise von IPSec, die ohne vorherige Parameter-Vereinbarungen auskommen soll)

oppose-field connection (Ma) Selbstmordschaltung f

opposing electromotive force gegenelektromotorische Kraft f, Gegen-EMK f

opposing field Gegenfeld n, entgegengesetztes Feld n

opposite contact Gegenkontakt m

opposite electrode Gegenelektrode f

opposite in phase in Gegenphase, gegenphasig

opposite in sign mit entgegengesetztem [umgekehrtem] Vorzeichen, ungleichnamig

opposite-seizing signal (Nrt) Gegenbelegzeichen n

oppositely charged entgegengesetzt geladen

opposition Opposition f, Phasenopposition f • **in opposition** in Gegenphase, gegenphasig

optical absorption Lichtschwächung f, (optische) Dämpfung f, Absorption f

optical carrier, OC (Ko) optischer Träger m, Grundbitrate f der nordamerikanischen Sonet-Hierarchie

optical character recognition, OCR optische Zeichenerkennung f

optical communication link optische Nachrichtenverbindung f

optical communications (Nrt) optische Kommunikationstechnik f, optische Nachrichtentechnik f

optical coupler Optokoppler m, optischer [optoelektronischer] Koppler m

optical data memory optischer Datenspeicher m

optical fibre optische Faser f, Lichtleitfaser f; Lichtwellenleiter m, LWL

optical fibre bundle Lichtwellenleiterbündel n

optical fibre cable
Licht(wellen)leiterkabel n, Glasfaserkabel n

optical fibre cable system *(Nrt)* GFK--System n, Glasfaserkabel-System n, Lichtwellenleiterkabelsystem n, LWL--Kabelsystem n

optical fibre cable transmission *(Nrt)* Glasfaserkabelübertragung f, Übertragung f über Glasfaserkabel, Übertragung f über Lichtwellenleiterkabel

optical fibre glass *(Nrt)* Lichtwellenleiterglas n, Glasfaserglas m

optical fibre link Lichtwellenleiterverbindung f

optical fibre link on high-voltage lines *(Nrt)* Lichtwellenleiterverbindung f über Hochspannungsleitungen

optical fibre sensor Licht(wellen)leitersensor m, faseroptischer Sensor m, Fasersensor m, Lichtfibermessfühler m

optical fibre transmission Lichtwellenleiterübertragung f, faseroptische Übertragung f; Licht(wellen)leiter--Übertragungstechnik f

optical fibre waveguide *(Nrt)* Lichtwellenleiter m, Glasfaser f

optical frequency mixing optische Frequenzmischung f

optical frequency shift keying optische Frequenzumtastung f

optical horizon Horizont m, Sichtweite f (bei klarer Sicht) *(begrenzt durch Erdkrümmung oder Gebirge)*

optical interface *(Ko)* optische Schnittstelle f, Infrarotschnittstelle f *(bei Handys und Digitalkameras zum PC bzw. Laptop)*

optical mode *(Laser)* optische Mode f, optischer Schwingungstyp m

optical monomode transmission *(Nrt)* optische monomodale Übertragung f, Laserübertragung f

optical network unit, ONU *(Fs)* optische Netzabschlusseinheit f

optical phonon scattering Streuung f an optischen Phononen

optical pumping light source optische Pumplichtquelle f

optical quenching *(Laser)* optische Auslöschung f, optisches Quenchen n

optical radar optisches Radar n, Lidar n

optical read-out optische Anzeige f

optical recording optische Aufzeichnung f

optical resonance optische Resonanz f

optical scanning optische [lichtelektrische] Abtastung f

optical sensor Lichtleitfasersensor m, Fasersensor m, Glasfasermessfühler m

optical sound track Lichttonaufzeichnung f, Lichttonspur f

optical stray loss optischer Streuverlust m, Verlust m durch Lichtstreuung, Streuungsdämpfung f, Lichtschwächung f durch

optical transistor Optotransistor m

optical videodisk Bildspeicherplatte f, Videospeicherplatte f

optical waveguide Lichtwellenleiter m, LWL, optischer Wellenleiter m

optimal adjustment optimale Einstellung f (z. B. eines Reglers)

optimal allocation optimale Zuweisung f (von Speicherplätzen)

optimal filter Optimalfilter n

optimal filtering optimale Filterung f

optimization Optimierung f

optimization rule Optimierungsregel f

optimizer 1. Optimierer m, Optimierungsrechner m; Optimierungsgerät n; 2. *(Rt)* Optimalwertkreis m *(Regeleinrichtung)*

optimizing control Optimalwertregelung f

optimum Optimum n, Optimalwert m, Bestwert m

optimum behaviour optimales Verhalten n, optimaler Verlauf m

optimum control Optimal(wert)regelung f, Bestwertregelung f

optimum estimation *(Rt)* Optimalwertschätzung f

optimum response optimales Verhalten n (z. B. des Regelkreises)

optimum working frequency optimale [günstigste] Betriebsfrequenz f

optocoupler Optokoppler m, optoelektronischer Koppler m

optoelectronic optoelektronisch

optoelectronic amplifier optoelektronischer Verstärker m

optoelectronic coupler s. optocoupler

optoelectronic element optoelektronisches Element *n* [Bauelement *n*], optoelektronischer Baustein *m*

optoelectronic interface *(Ko)* optoelektronische Schnittstelle *f*

optoelectronic sensor optoelektronischer Sensor *m*

optoelectronic transducer optoelektronischer Wandler *m*

optron Optron *n (Reihenschaltung von Photowiderstand und Elektrolumineszenzlampe)*

OR *v* durch eine ODER-Operation verknüpfen

OR ODER *n (Schaltalgebra)*

OR element ODER-Element *n*, ODER--Glied *n*

OR-ELSE ENTWEDER-ODER *n*, ausschließendes ODER *n*

OR-ELSE circuit ENTWEDER-ODER--Schaltung *f*

OR gate ODER-Tor *n*, ODER-Gatter *n*, ODER-Schaltung *f*

oral control *(Rt)* Steuerung *f* mittels Sprache

orbital hight *(Ko)* Umlaufbahnhöhe *f*, Satellitenumlaufbahnhöhe *f*

orbital inclination *(Ko)* Umlaufbahnneigung *f*, Satellitenumlaufbahnneigung *f (ASTRA 19,2° Ost; EUTELSAT 13° Ost)*

order 1. Ordnung *f*; Anordnung *f*, Reihenfolge *f*; 2. Größenordnung *f*; Grad *m (Mathematik)*; 3. *(Dat)* Befehl *m*, Instruktion *f*; Befehlswort *n*; 4. *(Nrt)* Eingabeinformation *f*

order code Befehlscode *m*

order of harmonics Ordnungszahl *f* der Harmonischen

order of interference Interferenzordnung *f*

order signal Befehlssignal *n*

order wire *(Nrt)* Dienstleitung *f*

order-wire button Diensttaste *f*

ordinary call *(Nrt)* gewöhnliches Gespräch *n*

ordinary language *(Nrt)* offene Sprache *f*, Klartext *m*

ordinary temperature Raumtemperatur *f*, Zimmertemperatur *f*

ordinary wave Grundwelle *f*, ordentliche Welle *f*

organic coating organischer Überzug *m*

organic insulating material organischer Isolierstoff *m*

organizational instruction *(Dat)* organisatorischer Befehl *m*

organizer 1. *(Dat)* Programm *n* für Organisationsaufgaben am PC; 2. Taschencomputer *m* zur Verwaltung von Terminen, Adressen, Kontakten, Aufgaben; 3. Veranstalter *m (von Events)*

organizer handy *(Ko)* Handy *n* mit integriertem Organizer, Handy *n* mit Taschenrechner mit alphanumerischer Tastatatur und Display *(auch mit WAP--Zugang zum Internet; Communicator der Fa. Nokia)*

oriented bundle geordnetes Bündel *n (Faseroptik)*

orienting *(Dat)* Adressenzuweisung *f*

orifice 1. Öffnung *f*, Austritt *m*; Düse *f*; 2. *(Mess)* Messblende *f*

origin 1. Ausgangspunkt *m*; Nullpunkt *m (Koordinatensystem)*; 2. *(Dat)* (absolute) Anfangsadresse *f*

origin of coordinates Koordinatenursprung *m*, Koordinatennullpunkt *m*

original address ursprüngliche Adresse *f*, Ausgangsadresse *f*

original mask *(Me)* Originalschablone *f*

original master Vaterplatte *f*

originating call *(Nrt)* abgehender Anruf *m*

originating exchange *(Nrt)* Ursprungsvermittlung(sstelle) *f*, Abgangsamt *n*

orthicon (tube) Orthikon *n (speichernde Bildaufnahmeröhre)*

orthochromatic farbrichtig, orthochromatisch

orthogonal rechtwinklig, orthogonal, senkrecht aufeinanderstehend

orthojector circuit-breaker Ölstrahlschalter *m*

OSCAR *(Abk. für: orbital satellite carrying amateur radio)* OSCAR *(ein als Huckepacksatellit auf die Umlaufbahn gebrachter Amateurfunksatellit der USA)*

oscillate *v* oszillieren, schwingen, pendeln; Schwingungen erzeugen

oscillating arc schwingender Lichtbogen *m*

oscillating circuit Schwing(ungs)kreis *m*, Resonanzkreis *m*, elektromagnetischer Schwingkreis *m*

oscillating component Wechselkomponente *f*, Wechselanteil *m*

oscillating crystal Schwingquarz *m*

oscillating klystron Oszillatorklystron *n*

oscillating mirror Schwingspiegel *m*

oscillating period *s.* oscillation period

oscillating-rotating toothbrush Elektrozahnbürste *f*

oscillation Oszillation *f*, Schwingung *f*, Schwingen *n*, Pendelung *f*

oscillation damping Schwingungsdämpfung *f*

oscillation indicator Schwingungsanzeiger *m*

oscillation level Schwingungspegel *m*

oscillation pattern Schwingungsmuster *n*

oscillation period Schwingungsdauer *f*, Periode *f*

oscillation torque Pendelmoment *n*

oscillator Oszillator *m*, Schwingungserzeuger *m*, Schwingungsgenerator *m*, Schwinger *m*

oscillator alignment Oszillatorabgleich *m*

oscillator circuit Oszillatorschaltung *f*; Schwingkreis *m*

oscillator drift Oszillatordrift *f*, Frequenzauswanderung *f* des Oszillators, Wanderung *f* der Oszillatorfrequenz

oscillator padder Oszillatorserienkondensator *m*, Padding-Reihenkondensator *m*

oscillator tank Schwingkreis *m*

oscillatory oszillierend, schwingend; schwing(ungs)fähig; Schwingungs...

oscillatory power Schwingleistung *f*

oscillatory response Schwingungsverhalten *n*

oscillistor Oszillistor *m* (Halbleiterbauelement)

oscillocamera fotografisches Aufnahmegerät für Oszilloskope nach dem Sofortbildverfahren

oscillograph Oszillograph *m*, registrierendes Oszilloskop *n*

oscilloscope Oszilloskop *n*, Katodenstrahloszillograph *m*, Sichtgerät *n*

oscilloscope display Bildschirmausgabe *f*, Sichtanzeige *f* (Rechner)

oscilloscope screen Oszillographenschirm *m*

OSI *s.* open systems interconnection

osmium filament Osmiumwendel *f*

ossicles *pl (Ak)* Gehörknöchel *npl*

otoacoustic otoakustisch, gehörakustisch

OTP *s.* 1. one-time pad; 2. one-time password

OUT Ausgabebefehl *m* (Programmierung)

out-of-action außer Betrieb

out-of-order außer Betrieb; fehlerhaft; gestört

out-of-order tone *(Nrt)* Gestörtzeichen *n*

out-of-phase phasenverschoben, außer Phase

out-of-service außer Betrieb, außer Dienst, a.D.

out-of-step *(Ma)* außer Tritt, asynchron

out-of-tune *(Ak)* verstimmt, unrein

outage Ausfall *m*; Netzausfall *m*; Nichtverfügbarkeit *f*

outband signalling *(Nrt)* Signalgabe *f* außerhalb des Bandes, Zeichengabe *f* außerhalb des Sprachbandes

outboard component Bauelement *n* außerhalb der Leiterplatte

outdoor aerial Außenantenne *f*; Hochantenne *f*

outdoor apparatus Freiluftgerät *n*; Freiluftanlage *f*

outdoor insulator Freiluftisolator *m*, Außenisolator *m*

outdoor lighting fitting [fixture] Außenleuchte *f*

outdoor noise Außenlärm *m*

outdoor pick-up *(Ak)* Außenaufnahme *f*, Außenübertragung *f*

outdoor station Freiluftstation *f*

outdoor switchgear Freiluftschaltgerät *n*

outdoor wall bushing Freiluft(wand)durchführung *f*

outer bearing Außenlager *n*

outer-bond site *(Me)* Außenbondstelle *f*

outer conductor Außenleiter *m*

outer

outer feedback negative äußere Rückführung *f* *(im Regelkreis)*
outer layer Außenschicht *f*, äußere Lage *f*
outer loop äußerer Regelkreis *m*
outgassing Entgasung *f*, Beseitigung *f* von Gasresten *(z. B. in Elektronenröhren)*
outgoing trunk call abgehendes Ferngespräch *n*
outgoing wave abgehende [austretende] Welle *f*
outlet 1. Ausgang *m*, Auslass *m*; 2. Steckbuchse *f*; Steckdose *f*
outphase *v* aus der Phase bringen, in der Phase verschieben
output 1. *(Et)* abgegebene Leistung *f*, Ausgangsleistung *f*; Leistungsabgabe *f*; 2. *(Dat)* Ausgabe *f*, Output *m*; 3. Ausgang *m* *(z. B. eines Geräts)*; 4. *(Rt)* Ausgangsgröße *f*, Ausgangssignal *n*
output buffer *(Dat)* Ausgangspuffer *m*
output-byte *(Dat)* Ausgangsbyte *n*
output circuit Ausgangskreis *m*; Ausgangsschaltung *f*
output configuration *(Le)* Ausgangsschaltung *f*
output control 1. *(Dat)* Ausgaberegelung *f*; Ausgabesteuerung *f*; 2. *(Rt)* Ausgangsregelung *f*; 3. Ausgangsregler *m*
output control program *(Dat)* Ausgabesteuerprogramm *n*
output converter *(Le)* lastseitiger Stromrichter *m*
output data 1. *(Dat)* Ausgabedaten *pl*; 2. Leistungsangaben *fpl* *(z. B. eines Motors)*
output data strobe Ausgangsdatenabtastimpuls *m*, Ausgangsdatenstrobe *m*
output electrode Ausgangselektrode *f*
output element Ausgabeglied *n*, Ausgabeelement *n*
output flag Ausgangsmarkierung *f*
output jack Ausgangsbuchse *f*, Auskoppelbuchse *f*
output load 1. *(Mess)* Ausgangsbürde *f*; 2. *(Le)* Ausgangslast *f*
output loading capability *(Le)* Ausgangsbelastbarkeit *f*
output logic Ausgangslogik *f*

output noise current Ausgangsrauschstrom *m*
output of the wheel rim Leistung *f* am Radumfang *(IEC 50-811)*
output phase displacement Ausgangsphasenversetzung *f*
output pin *(Me)* Anschlussstift *m*
output port 1. *(Dat)* Ausgabekanal *m*; 2. *(Ma)* Austrittsöffnung *f*
output printer *(Dat)* Ausgabedruckwerk *n*, Ausgabedrucker *m*
output quantity Ausgangsgröße *f*; Ausgabegröße *f*
output rate Ausgabegeschwindigkeit *f*
output routine Ausgabeprogramm *n*
output store Ausgabespeicher *m*
output subprogram *(Dat)* Ausgabeteilprogramm *n*, Ausgabeunterprogramm *n*
output time interval *(Dat)* Ausgabezeit *f*, Ausgabezeitbereich *m*
output transfer function *(Rt)* Übertragungsfunktion *f* des Regelkreises
output transfer rate *(Dat)* Ausgaberate *f*
output transient time Ausgangübergangszeit *f*, flüchtige Ausgangszeit *f*
output unit Ausgabeeinheit *f*
outscriber Ausgabeumsetzer *m* *(für Daten)*
outside broadcast Außenreportage *f*, Außenübertragung *f*
outside broadcast van *(Fs)* Außenübertragungswagen *m*
over Kommen *(Aufforderung zum Umschalten von Empfang auf Senden im Wechselsprech-Funkverkehr)*
over-and-undercurrent relay Maximal-Minimal-Relais *n*
over-current release Überstromauslöser *m* *(IEC 50-441)*
over-synchronous braking *(Ma)* übersynchrones Bremsen *n*
overall amplification Gesamtverstärkung *f*
overall attenuation Restdämpfung *f*
overall equivalent Restdämpfung *f*
overall gain Gesamtverstärkung *f*
overall loop *(Rt)* Hauptregelkreis *m*
overall yield Gesamtausbeute *f*
overcharge Über(be)ladung *f*, Überbelastung *f*, Überlast *f* *(Akkumulator)*

overload

overcompensation Überkompensation f, Überkompensieren n
overcooling Unterkühlung f
overcurrent Überstrom m
overcurrent circuit-breaker Überstrom(aus)schalter m, Überstromschutzschalter m
overcurrent circuit breaking Überstromauslösung f, Maximalauslösung f
overcurrent protection Überstromschutz m
overcurrent relay Überstromrelais n, Maximal(strom)relais n, Höchststromrelais n, Überlastrelais n
overcurrent trip Überstromauslöser m
overdamping überkritische [aperiodische] Dämpfung f, Überdämpfung f
overdischarge übermäßige Entladung f
overdrive v übersteuern (z. B. Elektronenröhren)
overdub v (Ak) überspielen, zusätzlich aufspielen
overdubbing Spurmischung f
overexposure region Gebiet n der Überbelichtung
overflow 1. Überlauf m, Ablauf m, Abfluss m; 2. Überschreitung f
overflow bit Überlaufbit n
overflow route (Nrt) Überlaufweg m
overhang 1. Überhang m; 2. Wickelkopf m (bei Wicklungen elektrischer Maschinen)
overhaul program Überholprogramm n
overhead 1. programmtechnischer Organisationsaufwand m, Programmverwaltungsaufwand m (eines Betriebssystems, der nicht unmittelbar dem Anwendungsprogramm zugute kommt); 2. allgemeine Kosten pl, Unkosten pl
overhead cable Luftkabel n, Freileitungskabel n
overhead carrier system (Nrt) Trägerfrequenzsystem n auf Freileitungen
overhead conductor Freileiter m
overhead contact line with catenary [longitudinal] suspension (Ee) Kettenoberleitung f
overhead contact wire Fahrdraht m
overhead earth wire *Erdseil n

overhead-foil Overhead-Folie f, Projektionsfolie f
overhead line Freileitung f, Oberleitung f
overhead line insulator Freileitungsisolator m
overhead line system Freileitungsanlage f, Freileitungsnetz n
overhead line voltage Freileitungsspannung f
overhead optical cable Lichtwellenleiter-Luftkabel n, Lichtwellenleiter-Freileitungskabel n
overhead-projector Bildprojektor m, Projektor m
overhead system Freileitungsnetz n (IEC 50-601)
overhead wire (Ee) *Fahrleitung f; Oberleitungsdraht m
overhearing Abhören n, Mithören n
overheating Überheizung f; Überhitzen n
overhouse aerial Dachantenne f
overlap Überlappung f, Überdeckung f, Überschneidung f; Bildüberdeckung f; Schalthysterese f
overlap time Überlappungszeit f, Kommutierungszeit f
overlapping length Überdeckungslänge f
overlay 1. Überlagerung f; Überdeckung f (Photolithographie); 2. Deckschicht f; 3. Überlagerungsabschnitt m, Überlagerungssegment n (Programm)
overlay error (Me) Überdeckungsfehler m
overlay mask (Me) Auflagemaske f
overlay network Overlay-Netz n
overload Überlast f
overload capability Überlastbarkeit f
overload circuit-breaker Maximalausschalter m, Überlast(aus)schalter m
overload forward current höchster Durchlassstrom m
overload limit Überlast(ungs)grenze f
overload margin Überlastbarkeitsbereich m
overload protection Überlastungsschutz m
overload release 1. Überlastungsauslösung f, Überstromauslösung f; 2. Überlastungsauslöser m, Arbeitsstromauslöser m

overload temperature relay thermisches Überlastrelais n
overload test Überlastprüfung f
overload trip Überstromautomat m, Überstromauslöser m
overlying Überlagerung f, Superposition f
overmatching of impedance Widerstandsüberanpassung f
overmodulate v übersteuern, übermodulieren
overmodulation (Le) Übersteuerung f, Übermodulation f
overrange 1. Überschreitung f (z. B. des Messbereichs); 2. Überreichweite f
override v übersteuern (Impuls)
override Aufschalten n
overrun 1. (Nrt, Dat) Überlauf m, Überschreitung f; 2. Datenverlust m
oversampling Überabtastung f
overseas dialling (Nrt) Überseefernwahl f
overshoot 1. (Rt) Überschwingen n; 2. (Nrt) Überreichweite f
overshooting (Rt) Überschwingen n; Überregelung f
oversize v (Abmessungen) vergrößern
overspeed Überdrehzahl f, Schleuderdrehzahl f
overstorage effect (Dat) Überspeichereffekt m
oversubscription Überbuchung f
overtemperature Übertemperatur f
overtone (Ak) (harmonische) Oberschwingung f, Oberton m
overtravel 1. (Rt) Überschwingen n; Nachlauf m (Weg nach vollzogener Schaltfunktion); 2. zu großer [weiter] Ausschlag m, zu weite Auslenkung f
overvoltage 1. (Et) Überspannung f; 2. (Ch) Überspannung f, galvanische [elektrolytische] Polarisation f
overvoltage arrester Überspannungsableiter m
overvoltage circuit-breaker Überspannungsschalter m
overvoltage limiter Überspannungsbegrenzer m
overvoltage probability curve Überspannungswahrscheinlichkeitskurve f
overvoltage-proof überspannungssicher, überspannungsfest

overvoltage protection Überspannungsschutz m
overvoltage release Überspannungsauslösung f
overvoltage test Überspannungsprüfung f
overwrite v (Dat) überschreiben, durch Überschreiben löschen
oxidation film Oxidationsschicht f, Oxidationsfilm m
oxidation layer Oxidationsschicht f
oxidation-resistant oxidationsbeständig
oxide barrier (Me) Oxidsperrschicht f
oxide-covered oxidbedeckt
oxide cut(-out) Oxidausschnitt m, Oxidfenster n
oxide growth Oxidwachstum n, Oxiderzeugung f
oxide isolation Oxidisolation f
oxide layer Oxidschicht f
oxide trap Oxidfangstelle f, Oxideinfangzentrum n
oxide wear-out Oxidermüdung f, Oxidabnützung f
oxy-arc cutting Sauerstoff-Lichtbogen--Schneiden n, Lichtbogenbrennschneiden n, Oxyarc--Brennschneiden n
oxygen carrier Sauerstoffträger m
oxygen deficiency Sauerstoffmangel m
oxygen developing agent Sauerstoff abgebendes Mittel n
oxygen-hydrogen cell Sauerstoff--Wasserstoff-Zelle f, Knallgaselement n
oxygen-ion vacancy Sauerstoffionenleerstelle f

P

P action (Rt) P-Verhalten n, Wirkung f eines P-Gliedes
p-channel field-effect transistor p--Kanal-Feldeffekttransistor m
p-channel metal-oxide semiconductor p-Kanal-Metalloxid--Halbleiter m, PMOS
p-conducting p-leitend, defektleitend (Halbleiter)
p-i-n diode pin-Diode f, PIN-Diode f
p-material p-leitendes Material n, p--Material n (Halbleiter)

p-n junction pn-Übergang m; pn--Schicht f, pn-Sperrschicht f (Halbleiter)
p-type p-leitend, defektleitend; p-Typ-... (Halbleiter)
p-type conduction p-Leitung f, Defekt(elektronen)leitung f, Mangelleitung f, Löcherleitung f
p-type crystal p-Kristall m
p-type semiconductor p-(Typ--)Halbleiter m, Mangelhalbleiter m, Defekt(elektronen)halbleiter m
pace Schritt m, Stufe f
pacemaker Herzschrittmacher m
pack (Dat) Stapel m; Kartensatz m
package v 1. verpacken; paketieren; 2. (Me) packen, (Raum sparend) zusammenbauen
package 1. Paket n; Packung f; 2. (kompakte) Baugruppe f, Gerätebaugruppe f; 3. Baustein m, Bauelement n, Einbauteil n; 4. Gehäuse n; Verpackung f
packaging 1. Kapselung f, Einkapselung f (z. B. von Baugruppen); 2. Gehäuse n
packed data gepackte Daten pl, komprimierte Daten pl
packet (Nrt, Dat) Paket n; Datenpaket n
packet assembly Paketierung f
packet filter Paket-Filter m (einfache Firewall-Funktion)
packet identifier, PID Paket--Identifikator m
packet switching Paketvermittlung f
packetization (Nrt) Paketbildung f (siehe PAD)
packets pl **per second, PPS** Pakete npl pro Sekunde (Maß für die Leistungsfähigkeit von Netzelementen)
packing 1. (Me) Packung f; 2. Zusammenballen n, Verdichten n; 3. Verpackung f (z. B. bei Steckerleisten)
packing density 1. (Me) Packungsdichte f, Integrationsdichte f, Bauteildichte f; 2. Aufzeichnungsdichte f, Informationsdichte f; Zeichendichte f, Schreibdichte f
packing material Dichtungsmaterial n, Packungsmaterial n; Füllung f
packing piece Packung f, Zwischenlage f, Futter(stück) n
PAD (Abk. für: disassembly equipment packet assembly) (Nrt) Paketbildungs-/-auflösungs--Einrichtung f (ITU-T-Empfehlung X.3; Schnittstelle zwischen Paket- und Leitungs-Daten-Übertragung)
pad 1. (Nrt) Dämpfungsglied n; Anpassglied n (passive Schaltung); künstliche Verlängerungsleitung f; 2. (Me) Kontaktstelle f, Anschlussstelle f; Lötauge n; 3. Druckstück n, Pratze f, Grundplatte f; Lagerstein m, Lagerschuh f; 4. Polster n
padless printed circuit board lötaugenlose Leiterplatte f
page addressing (Dat) Seitenadressierung f
page feed Seitenvorschub m, Blattvorschub m (Drucker)
page printer Seitendrucker m, Blattschreiber m
page teleprinter (Nrt) Blattfernschreiber m
page-view (Dat) Seitenabruf m (Zahl der Besuche einer Homepage, vergleichbar mit TV-Einschaltquote)
paging receiver (Ko) Personenrufempfänger m
pair 1. (Ph) Paar n; 2. (Et) Adernpaar n, Doppelader f; Doppelleitung f
pair of bits Bitpaar n
pair of brushes Bürstenpaar n
pair of earphones Hörerpaar n
pair of jacks (Nrt) Zwillingsklinke f
pair of pawls Doppelsperrklinke f
PAL system (Abk. für: phase alternating lines) PAL-Fernsehsystem n
PAL technique PAL-Verfahren n
pancake coil Flachspule f, Scheibenspule f
pancake motor Scheibenmotor m
panel 1. Tafel f, Platte f; Feld n; Montageplatte f; 2. Schalttafel f, Schaltfeld n; Bedienungsfeld n
panel antenna (Ko) Flachantenne f
panel board Schaltfeld n, Schalttafel f
panel heating Flächenheizung f, Wandheizung f, Deckenheizung f (Niedertemperaturstrahlungsheizung)
panel instrument Schalttafelinstrument n, Einbauinstrument n
panel jack Einbaubuchse f
panel plug Schalttafelstecker m
panel socket Frontplattenbuchse f
panel switch Schalttafelschalter m, Frontplattenschalter m

panoramic display
Panoramadarstellung f
panoramic receiver
Panoramaempfänger m (Sichtgerät für die Belegung von Frequenzbändern)
pantograph *(Et)*
Scherenstromabnehmer m, Dachstromabnehmer m
paper cable Papierkabel n
paper-cotton-covered cable
Papierbaumwollkabel n
paper feed Papiervorschub m; Streifenvorschub m
paper-insulated cable papierisoliertes Kabel n, Papierkabel n
paper-tape punch Lochbandstanzer m
paper tape-to-card converter
Lochstreifen-Lochkarten-Umsetzer m
paper transport Papiertransport m, Streifenvorschub m
paraffined paper Paraffinpapier n, paraffiniertes Papier n
parallel *v* parallel schalten
parallel Parallele f • **in parallel** in Parallelschaltung
parallel arithmetic unit
Parallelrecheneinheit f
parallel branch Parallelzweig m
parallel-connected parallel geschaltet, nebeneinandergeschaltet
parallel correcting element parallel liegendes [geschaltetes] Korrekturglied n
parallel data transmission parallele Datenübertragung f
parallel input 1. *(Dat)* parallele Eingabe f, Paralleleingabe f; 2. *(Mess)* Doppeleingang m
parallel input-output *(Dat)* parallele Ein- und Ausgabe f
parallel interface *(Nrt)* parallele Schnittstelle f
parallel memory Parallelspeicher m
parallel mode Parallelbetrieb m (mehrerer Funktionseinheiten)
parallel operation *(Dat)* parallele Arbeitsweise f, Parallelbetrieb m
parallel poll Parallelabfrage f *(Interface)*
parallel processing *(Dat)*
Parallelverarbeitung f, Simultanverarbeitung f
parallel resonance frequency
Parallelresonanzfrequenz f

parallel resonant circuit
Parallelschwingkreis m, Sperrkreis m
parallel scanning Parallelabtastung f
parallel storage Parallelspeicherung f
parallel transmission *(Nrt)*
Parallelübertragung f
parallel-turned inverter
Schwingkreisumrichter m
parallel winding Parallelwicklung f, Schleifenwicklung f
parameter Parameter m, Kennwert m, Kenngröße f
parameter adjustment *(Rt)* Anpassung f von Parametern, Parametereinstellung f
parameter drift Parameterdrift f, Kennwertdrift f
parameter estimation
Parameterschätzung f
parameter-insensitive
parameterunempfindlich, parameterunabhängig *(Systemanalyse)*
parameter optimization *(Rt)*
Parameteroptimierung f, Kennwertoptimierung f
parameter region Parametergebiet n
parameter scattering
Parameterstreuung f
parameter setting Parameterfestlegung f
parameter variation
Parameterveränderung f
parametric adaptation *(Rt)*
parametrische Adaptierung f
parametric amplifier parametrischer Verstärker m, Parameterverstärker m, Reaktanzverstärker m, MAVAR
parametric frequency tuning
parametrische Frequenzabstimmung f
parametric optimization *(Rt)*
parametrische Optimierung f
paraphase amplifier
Gegentaktverstärker m, Phasenumkehrverstärker m
parasitic 1. *(Me)* Parasit m, parasitäres Element n; 2. *s.* parasitic current
parasitic aerial passiver Strahler m
parasitic brush current *(Ma)*
Bürstenstreustrom m
parasitic current parasitärer Strom m; Kriechstrom m; Fremdstrom m
parasitic electromotive force störende elektromotorische Kraft f, Stör-EMK f

parasitic frequency Störfrequenz f
parasitic images Reflexbilder npl, Nebenbilder npl, Phantombilder npl
parasitic noise Störgeräusch n, Störung f
parasitic stopper [suppressor] Störschwingungsunterdrücker m, Sperrkreis m, Sperre f (zur Unterdrückung wilder Schwingungen)
parchment membrane Pergamentmembran f
parent exchange (Nrt) Hauptvermittlung f, zentrale Vermittlungsstelle f
parent lattice Hauptgitter n (Kristall)
parent material Ausgangsmaterial n
parental bit (Dat) Paritätsbit n, Prüfbit n
parental change Paritätsänderung f, Paritätswechsel m
parental lock Kindersicherung f
park on busy (Nrt) Warten n auf Freiwerden
parking distance control, PDC Parkabstandsanzeige f
part failure rate Teilausfallrate f (von Bauteilen)
part load Teillast f
part programming Teilprogrammierung f
part-time private wire circuit (Nrt) zeitweise vermietete Leitung f
partial assembly *Teilstromrichter m
partial discharge Teilentladung f
partial dislocation partielle Versetzung f, Teilversetzung f (von Kristallen)
partial failure Teilausfall m, partieller Ausfall m
partial ionization Teilionisation f
partial limiter partieller [teilweiser] Begrenzer m
partial node (Ak) Teilknoten m, Schwingungsknoten m ohne vollständige Auslöschung
partial pitch Teilschritt m (Wickeltechnik)
partial pressure Partialdruck m, Teildruck m
partial scan Teilabtastung f
partial shadow Halbschatten m
partially closed slot (Ma) halbgeschlossene Nut f
partially reflecting teilweise verspiegelt, teildurchlässig
partially restricted extension (Nrt) halb amtsberechtigte Nebenstelle f

particle-contaminated partikelverunreinigt
particle velocity sensor (Ak) Schnellesensor m, Schallschnelleaufnehmer m
particular address Einzeladresse f
partition 1. Teilung f; Trennung f, Absonderung f; 2. s. partition wall
partition noise Stromverteilungsrauschen n, Verteilungsrauschen n
partition wall Trennwand f, Scheidewand f, Zwischenwand f
party (Nrt) Teilnehmer m
party call Konferenzgespräch n
pass v passieren; (hin)durchgehen; durchlassen; durchfließen (Strom)
pass v **a booking** (Nrt) eine Anmeldung [Gesprächsanmeldung] durchgeben
pass v **back** zurückgeben, zurückführen (z. B. Daten)
pass v **on** weiterleiten
pass v **through** passieren; (hin)durchgehen; durchführen (z. B. elektrische Leitungen)
pass Durchgang m; Lauf m, Durchlauf m; Arbeitsgang m
pass-band Durchlassband n, Durchlassbereich m, Durchlässigkeitsbereich m (z. B. eines Filters)
pass frequency Durchlassfrequenz f
pass range Durchlassbereich m, Durchlässigkeitsbereich m
pass transistor (Me) Schalttransistor m, Verbindungstransistor m
passage Durchgang m, Durchlauf m, Durchtritt m; Durchlass m; Übergang m
passage of current Stromdurchgang m, Stromdurchfluss m
passing axle durchgehende Achse f
passing light Abblendlicht n (Kraftfahrzeug)
passivant (Me) Passivierungsmittel n
passivation (Me, Ch) Passivierung f
passivation layer Passivierungsschicht f
passive passiv, inaktiv; reaktionsträge
passive anode Auffanganode f (bei Elektronenröhren)
passive state Passivzustand m; Ruhezustand m
passive station (Nrt) Wartestation f

password Kennwort n, Passwort n
patch v 1. (Et) (vorübergehend) zusammenschalten, (ein)stöpseln; 2. (Dat) ändern, ausbessern
patch 1. (Dat) Korrekturbefehl m; Programmkorrektur f; 2. (Ak) Synthesizereinstellungen fpl
patch-board Stecktafel f, Buchsenfeld n, Schalttafel f
patch cord (steckbare) Verbindungsschnur f, Steckerkabel n, Steckerschnur f, Steckerleitung f; Prüfschnur f
patch panel Steckerfeld n (eines Analogrechners)
path Weg m, Bahn f; Strompfad m; Stromzweig m, Ankerzweig m; Leiterbahn f
path-finding section Wegesuchabschnitt m
path length Weglänge f; optische Weglänge f, Lichtweg m; Pfadlänge f (z. B. Magnetpfad)
path of discharge Entladungsstrecke f
path of lightning Blitzbahn f, Blitzweg m, Blitzpfad m
path of tracking Kriech(strom)spur f
pattern 1. Muster n, Schema n; Modell n, Vorlage f, Schablone f; Struktur f (z. B. einer Schaltung); 2. Charakteristik f, Diagramm n; Kurvenfeld n; 3. Bild(muster) n, Schirmbild n (z. B. bei Oszillographen)
pattern analyzer Zeichenanalysator m
pattern distortion Ablenkfehler m
pattern fidelity (Me) Mustertreue f, Musterübereinstimmung f; Maßtreue f (der Struktur)
pattern generation (Me) Mustererzeugung f
pattern processing Zeichenverarbeitung f (Verarbeitung von Informationen, die bei der Abtastung von Flächenmustern gewonnen wurden)
pattern recognition Zeichenerkennung f; Strukturerkennung f
pause Pause f, Unterbrechung f, Stillstand m
pawl Klinke f, Sperrklinke f, Schaltklinke f
pay button (Nrt) Zahlknopf m
pay per view, pay-TV (Ko) PPV, Pay-TV n, Fernsehen n gegen Bezahlung, Gebührenfernsehen n (verschlüsselte Fernsehprogramme; nur mit Decoder zu empfangen; z. B. Premiere-Kanal)
pay television gebührenpflichtiges Fernsehen n, Pay-TV n
pay tone (Nrt) Zahlton m
PBX (Abk. für: private branch exchange) (Nrt) Nebenstellenzentrale f, Teilnehmerzentrale f
PBX hunting freie Leitungssuche f
PBX outside extension Außennebenstelle f
p.c., P.C. (Abk. für: printed circuit) gedruckte Schaltung f
p.c. board (gedruckte) Leiterplatte f, Leiterkarte f, Platine f, Schaltkarte f, gedruckte Schalt(ungs)platte f
PC-integrated ISDN video telephone (Nrt) PC m mit ISDN-Video-Telefon--Einsteckkarte, Video-Kamera f und Mikrofon m (nach ITU-T-Empfehlung H.261; im PC-Bildschirm eingebaut)
PC main board PC-Hauptleiterkarte f (siehe PC-motherboard)
PC-motherboard Mikrorechnerhauptplatine f, PC--Hauptleiterkarte f (enthält Prozessor, Hauptspeicher und Peripheriebausteine)
PCM s. 1. pulse-code modulation; 2. power-train control module
PCM high quality, PCM HQ (Nrt) PCM mit hoher Sprachqualität (Sprachfrequenzband von 50 Hz - 7 kHz; Konferenzsprache; Sprachcodierung/-decodierung nach ITU-T-Empfehlung G.722, 64 kbit/s)
PCM signal (Nrt) PCM-Signal n, pulscodemoduliertes Signal n
PCM transmission (Nrt) PCM--Übertragung f, Übertragung f mit Pulscodemodulation
PDC s. parking distance control
peak 1. Spitze f, Gipfel m, Maximum n (z. B. einer Kurve); 2. Spitzenwert m, Höchstwert m, Scheitelwert m; 3. Hauptbelastung(szeit) f (Energieversorgung); 4. (Licht) Durchlässigkeitsgrenze f
peak anode breakdown voltage Anodenzündspannung f (Thyratron)
peak anode current Anodenspitzenstrom m

peak arc voltage *(Hsp)* Spitzenlichtbogenspannung *f*
peak blocked voltage Scheitelwert *m* der positiven Sperrspannung
peak busy hour *(Nrt)* Hauptverkehrsstunde *f*, Spitzenbelastungszeit *f*
peak cathode current Scheitelwert *m* des Katodenstroms; Katodenspitzenstrom *m*
peak chopper Begrenzer *m*
peak collector current *(Me)* Kollektorspitzenstrom *m*
peak current Spitzenstrom *m*, Höchststromstärke *f*; Spitzelstrom *m*
peak deviation Maximalhub *m*
peak direct-current value Gleichstromspitzenwert *m*, größter
peak emission sound pressure level *(ISO)* Emissions--Spitzenschalldruckpegel *m (DIN)*
peak factor Scheitelfaktor *m*
peak forward anode voltage Maximalanodenspannung *f*, Anodenspitzenspannung *f* [Spitzenwert *m* der Anodenspannung] in Durchlassrichtung
peak forward current Spitzendurchlassstrom *m*, Spitzenstrom *m* in Durchlassrichtung
peak forward gate voltage maximale Gitterspannung *f* in Durchlassrichtung
peak forward voltage Spitzendurchgangsspannung *f*
peak forward voltage drop Spitzenspannungsabfall *m* (in Durchlassrichtung)
peak inverse voltage Spitzensperrspannung *f*, Sperrspannungsscheitelwert *m*, Scheitelwert *m* der Sperrspannung
peak noise indicator *(Ak)* Spitzenpegelanzeiger *m*
peak of a curve Scheitelwert *m* einer Kurve
peak off-state breakover voltage *(Me)* Kippspannung *f*
peak off-state voltage höchste Blockierspannung *f*
peak on-state current maximaler Durchlassstrom *m*
peak overshoot *(Rt)* maximales Überschwingen *n*

peak pulse power Impulsspitzenleistung *f*
peak reading Maximumanzeige *f*, Spitzenwertanzeige *f*
peak repetitive on-state current Scheitelwert *m* des Durchlassstroms *(eines Thyristors)*
peak reverse recovery current *(Le)* Spitzensperrerholstrom *m*
peak reverse voltage Spitzensperrspannung *f*
peak-ripple factor *(Et)* Spitzenwelligkeit *f*
peak search Suche *f* nach (der Stelle mit) höchstem Pegel
peak separation Spitzenabstand *m*
peak short circuit current *(Le)* Stoßkurzschlussstrom *m*
peak sound pressure Spitzenschalldruck *m*
peak space current Raumladungsspitzenstrom *m*
peak surge current Spitzenstoßstrom *m*
peak-to-average ripple factor *(Le)* Rippelfaktor *m*
peak-to-peak (von) Spitze zu Spitze; Spitze-Spitze-…
peak-to-valley depth [height] Rautiefe *f (Oberflächengüte)*
peak torque Spitzenmoment *n*, maximales Moment *n*
peak turn-on current *(Le)* Spitzeneinschaltstrom *m*
peak withstand current Haltestoßstrom *m*, Stoßstrom *m*
peaking Bildung *f* des Spitzenwerts
peaking transformer Zündimpulstransformator *m*
peaky spitzenhaltig *(Signal)*
peanut tube Kleinstöhre *f*
pear push Schnurschalter *m* mit Druckknopf
PEARL *(Abk. für: process and experiment automation real-time language)* PEARL *(eine Prozessrechner-Programmiersprache, deutsche Norm)*
pecker Abfühlstift *m*, Abtaststift *m (eines Lesers)*
pedal board Pedaltastatur *f*
pedestal 1. Sockel *m*; Untersatz *m*, Fundament *n*; 2. *(Et)* Schulter *f*; 3. *(Fs)* Schwarzanhebung *f*;

peeper 268

Schwarzwertimpuls m; 4. (Nrt) Endverzweiger m

peeper (Nrt) akustischer Personenruf m, Nur-Ton-Rufempfänger m, Pieper m

peer-to-peer, P2P Peer-to-Peer n (eine Architektur von Netzanwendungen, die weitgehend ohne zentrale Server auskommt)

peg (Nrt) Stöpsel m; Blindstöpsel m

pegboard (Nrt) Stecktafel f, Buchsenfeld n

Peltier heat Peltier-Wärme f

pen-and-ink recorder Tintenschreiber m; Tintenschreibwerk n

PEN-conductor *PEN-Leiter m, Schutzleiter m mit Neutralfunktion

pencil (Ph) Bündel n (z. B. Strahlenbündel); Büschel n

pencil beam Strahl(en)bündel n

pencil-beam antenna (Fo) Bleistiftstrahlantenne f, Antenne f mit schlanker Strahlungskeule

pencil tube Bleistiftröhre f

pendant lamp Hängeleuchte f

pendulous accelerometer Pendelbeschleunigungsmesser m

pendulum contact Pendelkontakt m

penetrate v 1. durchdringen, (hin)durchgehen; (hin)eindringen; 2. durchtränken; imprägnieren; 3. (Hsp) einbrennen

penetrating power Durchdringungsvermögen n; Eindringvermögen n

penetration 1. Durchdringung f; Eindringen n; 2. Durchtränkung f; Imprägnierung f

penetration depth Eindringtiefe f

penetration depth of electromagnetic waves (Fs) Eindringtiefe f elektromagnetischer Wellen

pentad Pentade f (Folge von fünf Binärziffern)

Pentium (Dat) Mikroprozessor-Typ m (von Intel)

pentode Pentode f, Fünfpolröhre f, Dreigitterröhre f

people-oriented publishing, POP leserorientiertes Publizieren n (ein Anwendungsparadigma für XML)

peoplemover Personenbahn f (z. B. auf Flughäfen)

per call maintenance Wartung f nach Bedarf

percent articulation (Ak) prozentuale Sprachverständlichkeit f

percent ratio of error Fehlerprozentsatz m

percentage coupling Kopplungsgrad m

percentage duty cycle Einschaltdauer f

percentage harmonic content Klirrfaktor m

percentage modulation Modulationsgrad m; Aussteuerungsgrad m

percentage overlap (Licht) Überdeckungsverhältnis n

percentage reactance Kurzschlussspannung f (Transformator)

perceptibility Wahrnehmbarkeit f

perception Wahrnehmung f

perceptron Perzeptron n (Aufnahmegerät zur Zeichenerkennung)

perfect capacitor verlustloser [idealer, winkelfreier] Kondensator m

perfect conductivity ideale [vollkommene] Leitfähigkeit f

perfect conductor idealer Leiter m

perfect lattice Idealgitter n, ideales [ungestörtes] Gitter n

perforated cathode Lochkatode f

perforated receive tape (Nrt) Empfangslochstreifen m

perforated tape Lochstreifen m, Lochband n

perforating pin Lochernadel f, Stanzstift m

perforation 1. Perforation f, Perforieren n; 2. Perforierung f, Lochung f, Löcher npl

perforator Lochstreifenstanzer m, Streifenlocher m, Locher m

performance 1. Leistung f; Leistungsfähigkeit f; Güte f eines Vorgangs (z. B. einer Regelung); 2. Verhalten n; Betriebsverhalten n; Zeitverhalten n; 3. Ausführung f, Durchführung f; 4. *Betriebseigenschaft f

performance characteristic Arbeitskennlinie f

performance check Funktionsprüfung f

performance data Leistungskenngrößen fpl, Leistungsdaten pl

performance term Betriebskennwert m

performance test Funktionsprüfung f, Leistungsprüfung f, Abnahmeprüfung f
performance value Endwert m
period 1. Periode f, Zeitraum m, Dauer f; Zeitintervall n; 2. Periodendauer f, Schwingungsdauer f; 3. Kreislauf m, Zyklus m
period duration Periodendauer f, T_p f, Periodenlänge f (siehe auch: cycle duration)
period result periodenbezogenes [zeitabschnittsbezogenes] Ergebnis n
periodic periodisch (veränderlich); zyklisch
periodic alternating voltage periodische Wechselspannung f
periodic duty Aussetzbetrieb m (mit Einfluss auf die Temperatur)
periodic duty-type with electric braking Aussetzbetrieb m mit elektrischer Bremsung
periodic reverse process (Galv) Polwechselverfahren n, Verfahren n mit periodischer Stromumkehr
periodic signal (Nrt) periodisches Signal n
peripheral peripher, an der Peripherie befindlich; Umfangs…
peripheral air-gap leakage flux Polschuhstreufluss m
peripheral electron Valenzelektron n
peripheral interface (Dat) periphere Schnittstelle f, Peripherieinterface n
peripheral interface element peripheres Schnittstellenelement
peripheral layer Randschicht f, periphere Schicht f
peripheral speed Umfangsgeschwindigkeit f
peripheral storage (device) peripherer [externer] Speicher m, Peripheriespeicher m
peripherals (Dat) periphere Geräte npl, Peripheriegeräte npl, Zusatzgeräte npl, Peripherie f
peristaltic CCD (Me) Bauelement n für fortschreitende Ladungsverschiebeschaltung, peristaltisches ladungsgekoppeltes Bauelement n
Perl Perl n (Programmiersprache)
Permalloy (Dat) Permalloy n (Nickel-Eisen--Legierung mit hoher magnetischer Anfangspermeabilität)

permanent permanent, dauernd, anhaltend, bleibend, (be)ständig
permanent arcing Stehlichtbogen m
permanent call (Nrt) Dauerbelegung f
permanent current Dauerstrom m
permanent discharge Dauerentladung f, ununterbrochene Entladung f
permanent dynamic permanentdynamisch
permanent field synchronous motor Dauermagnetsynchronmotor m
permanent flux Dauerfluss m
permanent forced outage [unavailability] länger andauernde störungsbedingte Nichtverfügbarkeit f
permanent load konstante [ständige] Belastung f; Dauerlast f, Dauerbelastung f
permanent magnet Permanentmagnet m, Dauermagnet m
permanent-magnet brushless d.c. motor permanent magneterregter bürstenloser Gleichstrommotor m
permanent-magnet erasing head Löschkopf m mit Permanentmagnet
permanent-magnet focussing Bündelung f durch Permanentmagnet
permanent-magnet loudspeaker permanentmagnetischer [permanentdynamischer] Lautsprecher m
permanent-magnet moving-coil mechanism Drehspulmesswerk n
permanent-magnet steel Dauermagnetstahl m
permanent record Daueraufzeichnung f
permanent ring (Nrt) Dauerruf m
permanent-split capacitor motor Kondensatormotor m (mit einem Kondensator für Anlauf und Betrieb)
permanent store Dauerspeicher m, Permanentspeicher m, permanenter Speicher m
permanent wiring feste Verdrahtung f
permanently manned substation ständig besetzte Station f
permatron Permatron n (Elektronenröhre mit magnetischer Steuerung des Anodenstroms)
permeability Permeabilität f, (magnetische) Durchlässigkeit f; Durchdringbarkeit f
permeable-base transistor PB-

Transistor *m*, PBT *m* (MESFET mit geschichtetem Aufbau)
permeance magnetische Leitfähigkeit *f*, magnetischer Leitwert *m*, Permeanz *f*, A_1-Wert *m*
permeation rate *(Me)* Durchtrittsrate *f*
permissible amount of dimensional variation zulässige Maßabweichung *f*
permitted band *(Nrt)* erlaubtes Band *n*
permittivity (absolute) Dielektrizitätskonstante *f*, DK
permutation bar *(Nrt)* Wählerschiene *f*
perpendicular cut senkrecht zur elektrischen Achse verlaufender Schnitt *m (Quarz)*
perpendicular polarization *(Fs)* vertikale Polarisation *f*
persistence 1. Beharrung *f*, Nachwirkung *f*; 2. Nachleuchten *n*; Nachleuchtdauer *f*, Nachleuchtzeit *f*
persistence characteristic Nachleuchtcharakteristik *f*; Abklingcharakteristik *f*
persistence current Dauerstrom *m (Kryotechnik)*
persistence of image spot Bildpunktdauer *f*
persistent oscillations ungedämpfte Schwingungen *fpl*
persistor Persistor *m (supraleitendes Speicherelement)*
persistron Persistron *n (photoelektrisches Bauelement)*
personal navigation assistant, PNA *(Fo)* mobiles Navigationsgerät *n*, Navi *n*
personal paging system *(Nrt)* Personenrufsystem *n*
personnel calling system Rufanlage *f*
perspiration corrosion Schwitzwasserkorrosion *f*
PERT *(Abk. für: program evaluation and review technique)* PERT-Verfahren *n (Netzwerkplanung)*
perturbated system gestörtes System *n*
perturbation Störung *f*; Störgröße *f*
perveance Perveanz *f*, Raumladungskonstante *f*
Petri-net *(Rt)* Petrinetz *n*
petticoat Isolationsschirm *m*, Isolatorglocke *f*
PGP *s.* pretty good privacy

phanotron Phanotron *n*, ungesteuerte Gleichrichterröhre *f*
phantastron Phantastron *n (monostabiler Fünfpol)*
phantom circuit *(Nrt)* Phantomkreis *m*, Phantomleitung *f*, Viererleitung *f*, Vierer *m*
phantom connection Phantomschaltung *f*, Viererschaltung *f*
phantom telephony Doppelsprechen *n*
phantoming *(Nrt)* Phantombildung *f*, Viererbildung *f*
phase *v* in Phase bringen
phase Phase *f*, Schwingungsphase *f*; Phasenwinkel *m* • **displaced in phase** phasenverschoben • **in opposite phase** gegenphasig • **in phase quadrature** um $\pi/2$ phasenverschoben • **in the same phase** phasengleich • **to agree in phase** gleichphasig [in gleicher Phase] sein • **to be advanced in phase** voreilenden Phasenwinkel besitzen, voreilend sein • **to be in phase** gleichphasig [phasengleich] sein, in gleicher Phase sein • **to be out of phase** phasenverschoben sein, in der Phase verschoben sein
phase advance Phasenvoreilung *f*
phase advancer Phasenschieber *m*
phase alternation line *(Fs)* PAL-System *n*, PAL-Farbfernsehsystem *n*
phase angle Phasenwinkel *m*; Phasenverschiebung *f*
phase-angle (voltage) regulation *f (Ee)* Schrägregelung *f*
phase belt Zonenbreite *f (bei Wicklungen elektrischer Maschinen)*
phase break *(Hsp)* Schutzstrecke *f*
phase centre Phasenmittelpunkt *m*
phase coil insulation Phasenisolierung *f (bei elektrischen Maschinen)*
phase-commutated *(Le)* netzgeführt
phase conductor Phasenleiter *m*, Außenleiter *m*, Phase *f*
phase conjugation Phasenkonjugation *f*
phase delay time Phasenverzögerungszeit *f*
phase detector Phasendetektor *m*
phase diagram 1. Phasendiagramm *n (Diagramm des Phasenwinkels als Funktion der Kreisfrequenz)*; 2. Zustandsdiagramm *n*

phase difference Phasenunterschied *m*, Phasendifferenz *f*; Phasenverschiebung *f*
phase distortion Phasenverzerrung *f*, Laufzeitverzerrung *f*
phase integral relation Phasenintegralbeziehung *f*
phase inversion Phasenumkehr *f*
phase inverter Phasenumkehrschalter *m*
phase inverter circuit Phasenumkehrschaltung *f*, Phasenumkehrstufe *f*, Phaseninverterschaltung *f*
phase jump Phasensprung *m*
phase lag(ging) Phasenverzögerung *f*, Phasennacheilung *f*, Verzögerung *f* des Phasenwinkels
phase lead Phasenvoreilung *f*; voreilende Phase *f*
phase-locked loop *(Rt)* Phasenregelkreis *m*, PLL-Schaltkreis *m*
phase locking Phasenverriegelung *f*
phase locus diagram Phasendiagramm *n*
phase-matched phasenangepasst
phase matching Phasenanpassung *f*
phase modulation Phasenmodulation *f*, PM
phase plane Phasenebene *f*
phase quadrature Phasenverschiebung *f* um 90°, 90°-Verschiebung *f*
phase reactor *Strangdrossel *f*, Phasendrossel *f*
phase relay Phasenrelais *n*
phase resonance Phasenresonanz *f*
phase-separated terminal box *(Ap)* Klemmkasten *m* mit Phasentrennung
phase separator Phasentrenner *m*
phase sequence Phasenfolge *f*
phase shift Phasenverschiebung *f*, Phasendrehung *f*; Phasenänderung *f*, Phasensprung *m*
phase-shift keyed modulation *(Ko)* Phasenumtastmodulation *f*, PSK
phase-shifting unit Phasenglied *n*
phase splitter Phasenteiler *m*, Phasenspalter *f*
phase splitting Phasenteilung *f*, Phasen(auf)spaltung *f*
phase-to-earth fault einpoliger Erdschluss *m (IEC 50-604)*

phase-to-earth insulation Leiter-Erde--Isolation *f*
phase-to-earth per unit overvoltage bezogene [normierte] Leiter-Erde--Überspannung *f*
phase to earth voltage Spannung *f* Außenleiter-Erde *(IEC 50-601)*
phase-to-phase clearance Leiter--Leiter-Abstand *m*
phase to phase voltage Außenleiterspannung *f (IEC 50-601)*
phase transition probability Phasenübergangswahrscheinlichkeit *f*
phase-undervoltage relay Phasenunterspannungsrelais *n*
phase vector Phasenvektor *m*
phase voltage Phasenspannung *f*, Strangspannung *f*
phase winding Phase(nwicklung) *f*, Strang *m*
phase wire Außenleiter *m*, Phase *f (eines verketteten Netzes)*
phaser Phasenmodulator *m*; Phasenvibrator *m*, Phaser *m (Effektgerät)*
phasing Phaseneinstellung *f*
phasor Zeiger *m*
phasor diagram Zeigerdiagramm *n*
phasorscope Messgerät *zur gleichzeitigen Erfassung von Betrag und Winkel komplexer Größen*
phishing *(Ko)* Internet-Trickbetrugsform *f* per E-Mail *(Versuch der Preisgabe von Benutzernamen, Passwörtern, PIN oder TAN)*
phon Phon *n*, phon *(Kennwort für die Lautstärkeempfindung)*
phone *v* telefonieren
phone *v* **up** anrufen
phone 1. Telefon *n*, Fernsprecher *m*; 2. s. headphone
phone booth [box] Telefonzelle *f*, Fernsprechzelle *f*
phone connector *(Nrt)* RJ-11-Stecker *m*, Telefon(leitungs)stecker *m*
phone display *(Nrt)* Telefon-Display *n*
phone jack Kopfhörerbuchse *f*; Telefonbuchse *f*
phone plug Telefonstecker *m*, Klinkenstecker *m*, Klinkensteckverbinder *m*
phone tapping *(Nrt)* TÜ *f*, Telefonüberwachung *f (in der BRD*

gesetzlich in der StPO §100a geregelt; richterliche Abhöranordnung)
phonecard phone Kartentelefon *n*
phonogram 1. zugesprochenes Telegramm *n*; 2. Tonaufzeichnung *f*
phonograph Plattenspieler *m*, Grammophon *n*
phonograph motor Plattenspielermotor *m*
phonograph pick-up Schallplattenabtaster *m*, Tonabnehmer *m*
phonograph record Schallplatte *f*
phonograph turntable Plattenteller *m*
phonometer Lautstärkemesser *m*, *(veraltet)* Phonmesser *m*
phonon Phonon *n*, Schallquant *n*
phonotelemetry akustische Entfernungsmessung *f*, Echolotung *f*
phosphoroscope Phosphoroskop *n*, Nachleuchtmessgerät *n* (*Gerät zur Bestimmung der Phosphoreszenz*)
photo CD *(Ko)* Bild-CD *f*, Foto-CD *f*
photoaligner system *(Me)* optisches Justiersystem *n*
photocathode Photokatode *f*
photocell 1. lichtelektrische Zelle *f*, lichtelektrischer Empfänger *m* [Strahlungsempfänger *m*], Photozelle *f* *(ungenau)*; 2. Photoelement *n*, Halbleiterphotozelle *f*, Halbleiterelement *n*
photocell amplifier Photozellenverstärker *m*
photoconductance Photoleitwert *m*
photoconductive photoleitend; Photoleitungs...
photoconductive cell Photowiderstand *m*, Halbleiterphotowiderstand *m*
photoconductive detector Photowiderstandsempfänger *m*, Detektorphotowiderstand *m*, photoleitender [photoelektrischer] Empfänger *m*
photoconductivity Photoleitfähigkeit *f*, photoelektrische [lichtelektrische] Leitfähigkeit *f*
photoconductor Photoleiter *m*
photocopier Fotokopiergerät *n*, Fotokopierer *m*
photodetector Photodetektor *m*, lichtelektrischer Strahlungsempfänger *m*, lichtempfindlicher Sensor *m*

photoelectric photoelektrisch, lichtelektrisch
photoelectric amplifier photoelektrischer Verstärker *m*
photoelectric card reader photoelektrischer Kartenleser *m*
photoelectric cell photoelektrische Zelle *f*, lichtelektrischer Empfänger *m*, Photozelle *f*
photoelectric effect Photoeffekt *m*, lichtelektrischer [photoelektrischer] Effekt *m*
photoelectric printing photoelektrisches Drucken *n*; photoelektrisches Schreiben *n*
photoelectric reader photoelektrischer Leser *m*, lichtelektrischer Abtaster *m*
photoelectric reading photoelektrisches Lesen *n*, lichtelektrische Abtastung *f*
photoelectric relay Lichtrelais *n*, photoelektrisches Relais *n*
photoelectric scanner photoelektrischer Abtaster *m*
photoelectric threshold lichtelektrische Schwelle *f*, Photoschwelle *f*, lichtelektrische Schwellenenergie *f*; Grenzwellenlänge *f* (*äußerer Photoeffekt*)
photoelectric transducer Photoempfänger *m*, Photodetektor *m*, photoelektrischer Wandler *m*
photoelectric voltage Photospannung *f*, lichtelektrische Spannung *f*
photoelectrically sensed photoelektrisch [lichtelektrisch] abgetastet
photoemission Photo(elektronen)emission *f*, Lichtemission *f*, lichtelektrische Emission *f*, äußerer photoelektrischer Effekt *m*
photoemissive cell Photo(emissions)zelle *f*, Emissionsphotozelle *f*
photoengraving *(Me)* Photograviertechnik *f*
photoetch *v* photoätzen
photoexcitation Photoanregung *f*, lichtelektrische Anregung *f*
photoexcite *v* durch Photonenabsorption anregen, lichtelektrisch anregen
photoflash device Photoblitzgerät *n*

photoflood lamp Foto(aufnahme)lampe f

photogeneration Erzeugung f durch Photonenabsorption, lichtelektrische [photoelektrische] Erzeugung f

photographic data memory [store] fotografischer Datenspeicher m

photographic recording fotografische Aufzeichnung f, fotografisches Registrieren n

photographic sound recorder Gerät n zur fotografischen Schallaufzeichnung, Lichttonaufnahmegerät n

photographic sound reproducer Lichttonwiedergabegerät n

photohole *(Me)* Photoloch n

photoinjection *(Me)* Photoinjektion f

photoinjection cross section Photoionisierungsquerschnitt m

photoinjection efficiency Photoionisierungsausbeute f

photolayer Photoschicht f

photolithography Photolithographie f *(z. B. zur Herstellung von Halbleiterbauelementen)*

photomask Photomaske f, Photoschablone f *(für gedruckte Schaltungen)*

photomechanical etch technique photomechanisches Ätzverfahren n, photomechanische Ätztechnik f *(für gedruckte Schaltungen)*

photometer Photometer n

photometric balance photometrischer Abgleich m

photometric quantity photometrische Größe f

photometry Photometrie f, Lichtmessung f

photomultiplier Photo(elektronen)vervielfacher m, Sekundärelektronenvervielfacher m, SEV, Photomultiplier m, Vervielfacherröhre f

photon Photon n, Lichtquant n, Strahlungsquant n, Quant n

photon-phonon interaction Photon-Phonon-Wechselwirkung f

photon-photon scattering Photon-Photon-Streuung f

photoprint Fotokopie f, Photokopie f

photoradiogram Bild(funk)telegramm n, Funkbild n

photoreceiver Lichtempfänger m

photorepeater Photorepeater m, Photovervielfacher m *(Maskenherstellung)*

photoresist *(Me)* Photoresist n, Photolack m, Fotolack m, photoempfindlicher [lichtempfindlicher] Lack m

photoresist printing Photoresistdruck m, Photomaskendruck m

photoresist stripping machine Photoresiststrippmaschine f

photoresponse Photoempfindlichkeit f, Lichtempfindlichkeit f

photosensitivity Photoempfindlichkeit f, Lichtempfindlichkeit f

phototelegram Bildtelegramm n

phototelegram apparatus Bildtelegrafiegerät n, Bildtelegraf m

phototelegram carrier Bildtelegrafieträger m

phototelegraphy Bildtelegrafie f, Fototelegrafie f

photothyristor *(Le)* Photothyristor m

phototimer photoelektrischer Belichtungsautomat m; lichtelektronischer Zeitschalter m

phototransistor Phototransistor m

phototube Photozelle f, Emissionsphotozelle f

photovalve Photozelle f, Emissionsphotozelle f

photovoltage Photospannung f, photoelektrische Spannung f

photovoltaic photovoltaisch

photovoltaic contact direkter Kontakt m

photovoltaic input variables physikalische Eingangsgrößen fpl

physical interface *(Nrt)* physikalische Schnittstelle f, Leitungsschnittstelle f *(OSI-Ebene 1)*

physical layer 1. physikalische Schicht f; 2. *(Dat)* Bit-Übertragungsschicht f im ISO-Referenzmodell *(Festlegungen zur Steuerung des physischen Übertragungsmediums)*

physical layer convergence protocol, PLCP Konvergenzprotokoll n für die physische Schicht

physical quantity physikalische Größe f

physical record Block m, Satzblock m, physischer Satz m

physical 274

physical unit 1. physikalische Einheit *f*; 2. Gerät *n*
pi-type filter Pi-Filter *n*
piano key Drucktaste *f*
piano wiring *(Nrt)* Blankverdrahtung *f*
pick *v* **off** abgreifen, abtasten
pick *v* **out** auswählen, selektieren
pick *v* **up** aufnehmen *(Tonabnehmer, Aufnehmer)*; auffangen *(z. B. Funksignale)*; anziehen, ansprechen *(Relais)*
pick feed schrittweiser Vorschub *m (numerische Steuerung)*
pick time Ansprechzeit *f*
pick-up 1. Aufnehmer *m*, Tonabnehmer(kopf) *m*; Abtaster *m*, Messfühler *m*; 2. Aufnahme *f*; Messwertaufnahme *f*; 3. Ansprechen *n*; Anziehen *n (Relais)*
pick-up coil 1. Aufnehmerspule *f*; Abnahmespule *f*, Abgriffspule *f*; 2. *(Mess)* Suchspule *f*, Sondenspule *f*, Aufnahmespule *f*
picked-up wave *(Nrt)* Empfangswelle *f*
picking-up torque *(Ma)* Intrittfallmoment *n*, Intrittfallen *n*
pictogram *(Ko)* Piktogramm *n*, Icon *n*, Bildzeichen *n*
pictograph *(Dat)* Piktogramm *n*, Bildzeichen *n*
pictorial element Bildelement *n*
picture *(Fs, Nrt)* Bild *n*
picture CD, PCD *(Ko)* Bild-CD *f*, Foto-CD *f*
picture communication *(Nrt)* Bildkommunikation *f*
picture distortion *(Fs)* Bildstörung *f*, Bildverzerrung *f*
picture dot Bildpunkt *m*
picture element Bildelement *n*
picture freeze *(Fs)* Anhalten *n* eines bewegten Bildes, Einfrieren *n*
picture generation Bilderzeugung *f*
picture geometry accuracy Genauigkeit *f* der Bildgeometrie
picture jitter Bildschwankungen *fpl*
picture monitor Bildkontrollgerät *n*, Bildmonitor *m*
picture-phone Bildtelefon *n*, Fernsehtelefon *n*
picture processing Bildbearbeitung *f*
picture recognition Bilderkennung *f*
picture recording Bildaufzeichnung *f*
picture representation Bilddarstellung *f*

picture resolution Bildauflösung *f*
picture slip Bildschlupf *m*
picture storage Bildspeicherung *f*
picture-synchronizing ratio Bild-Synchronsignal-Verhältnis *n*
picture telegram Bildtelegramm *n*
picture transform Bildtransformation *f*
picture transmission Bildübertragung *f*; Bildtelegrafie *f*
picture tube Bild(wiedergabe)röhre *f*, Fernseh(bild)röhre *f*, Schwarzweißbildröhre *f*
PID *s.* packet identifier
PID control Proportional-Integral-Differenzial-Regelung *f*, PID-Regelung *f*, Regelung *f* mit PID-Regler
PID control system Regelungssystem *n* mit PID-Regler
PID-type controller PID-Regler *m*
piezo-inline injector Piezoeinspritzgerät *n (Automobiltechnik)*
piezo-pump jet Piezo-Pump-Düse-Element *n*
piezoelectric piezoelektrischer Stoff *m*, Piezoelektrikum *n*
piezoelectric accelerometer *(Ak)* piezoelektrischer Beschleunigungsaufnehmer *m*
piezoelectric crystal pick-up *(Ko)* piezokristalliner Tonabnehmer *m*
piezoelectric effect piezoelektrischer Effekt *m*
piezoelectric loudspeaker piezoelektrischer Lautsprecher *m*, Kristalllautsprecher *m*
piezoelectric microphone piezoelektrisches Mikrofon *n*, Kristallmikrofon *n*
piezoelectric pick-up piezoelektrischer Aufnehmer *m*, Piezoaufnehmer *m*; Kristalltonabnehmer *m*
piezoelectric pressure gauge piezoelektrisches Manometer *n*; piezoelektrischer Druckaufnehmer *m*
piezoelectric printer *(Dat)* piezoelektrischer Drucker *m (DOD-Drucker)*
piezoelectric resonator piezoelektrischer Resonator *m*, Piezoresonator *m*; Kristallresonator *m*
piezoelectricity Piezoelektrizität *f*
piezotransistor *(Me)* Piezotransistor *m*
pigtail Drahtende *n*;

Anschlussdrähtchen *n*; faseroptisches Anschlussstück *n*
pile 1. Anhäufung *f*; Stapel *m*, Stoß *m*; 2. *(Et)* Säule *f (Batterie)*; 3. Reaktor *m*, Kernreaktor *m*
pillar 1. Pfeiler *m*, Ständer *m*, Stütze *f*; Säule *f*; 2. Schaltsäule *f*; 3. *(Nrt)* Unterverteiler *m*
pillbox aerial Segmentantenne *f*
pilot 1. *(Nrt)* Pilotschwingung *f*, Pilot *m*; 2. Pilotleitung *f*, Messdraht *m*
pilot brush Messbürste *f*
pilot carrier *(Nrt)* Indexträger *m*, Steuerträger *m*
pilot circuit 1. Pilotkreis *m*, Steuer(strom)kreis *m*, Steuerleitung *f*; 2. Messkreis *m*
pilot controller 1. Pilotregler *m*; 2. indirekt angetriebener Steuerschalter *m*
pilot lamp 1. Überwachungslampe *f*; Kontrolllampe *f*; 2. *(Nrt)* Platzlampe *f*
pilot loudspeaker Abhörlautsprecher *m*, Kontrolllautsprecher *m*
pilot motor Kleinstmotor *m*
pilot plant Pilotanlage *f*, Modellanlage *f*, Versuchsanlage *f*
pilot production Pilotproduktion *f*, Versuchsproduktion *f*
pilot pulse Auslöseimpuls *m*, Einschaltimpuls *m*
pilot relay 1. Steuerrelais *n*; 2. *(Nrt)* Melderelais *n*, Platzlampenrelais *n*
pilot signal Leitsignal *n*; Überwachungszeichen *n*
pilot spark Zündfunke *m*; Einsatzentladung *f*
pilot streamer Vorentladung *f (Beginn eines Durchschlags)*
pilot switch Hilfsstromschalter *m (als Begrenzer, Regler, Wächter; IEC 50-441)*
pilot valve Steuerventil *n*; Kontrollventil *n*
pilot wire 1. Steuerleitung *f*; 2. Messader *f*, Hilfsader *f (Kabel)*
PIN persönliche Identifizierungsziffer *f*, PIN, persönliche Geheimzahl *f*
pin 1. Stift *m*, Kontaktstift *m*, Steck(er)stift *m*; 2. *(Me)* Pin *m(n)*, Anschlussstift *m*, Anschlussbein *n*, Bauelementanschluss *m*; Führungsstift *m*, Sockelstift *m*; Bolzen *m (bei Isolatoren)*

pin base Stiftsockel *m*
pin board Stecktafel *f*, Steckfeld *n*
pin bushing Steckerhülse *f*
pin compatibility Pin-Kompatibilität *f (gleiche Anschlussbelegung)*
pin-compatible pinkompatibel, anschluss(belegungs)kompatibel
pin count *(Me)* Pin-Zahl *f*, Zahl *f* der Anschlussstifte
pin coupling Stiftkopplung *f*
pinch 1. Einschnürung *f (Strom)*; 2. Quetschung *f*, Quetschfuß *m*; Füßchen *n (Lampe, Röhre)*
pinch effect Pinch-Effekt *m*, Einschnür(ungs)effekt *m*
pinch off Abschnürung *f*
pinch wheel Andruckrolle *f*
pinched base Quetschfuß *m*
pincushion distortion *(Fs)* Kissenverzeichnung *f*, kissenförmige Verzeichnung *f*
pine-tree aerial Tannenbaumantenne *f*
pinger *(Ak)* Sendebake *f (Unterwasserschall)*
pink noise *(Ak)* Rosa-Rauschen *n (Rauschen, dessen spektrale Dichte mit 3 dB je Oktave abnimmt)*
pinna *(Ak)* Ohrmuschel *f*
pip Spitze *f*, Zacke *f (Impuls)*; Pumpspitze *f (beim Evakuieren von Elektronenröhren)*
pipe cable Rohrkabel *n*
pipe discharge Rohrentladung *f*
pipe-ventilated röhrengekühlt
pirate listener Schwarzhörer *m*
piston Kolben *m*, Stempel *m*; Kurzschlussschieber *m*
pit Vertiefung *f*, Grübchen *n*, Ätzgrübchen *n*
pitch 1. Teilung *f (z. B. Polteilung)*; 2. Schrittweite *f*, Schritt *m (z. B. einer Wicklung)*; 3. *(Ak)* Tonhöhe *f*
pitch angle Steigungswinkel *m*
pitch factor *(Ma)* Sehnungsfaktor *m*, Wickelfaktor *m*
pitch perception Tonhöhenempfindung *f*
pitching Flügeleinstellung *f*, Blattwinkeleinstellung *f (Einstellung des Anstellwinkels des Propellers)*
pitting Lochfraßkorrosion *f*, Lochfraß *m*, Grübchenbildung *f*
pivot table *(Dat)* Drehtabelle *f (Ordnung von Daten in*

pixel   276

Tabellenkalkulationsprogrammen nach unterschiedlichen Gesichtspunkten)
pixel Pixel *n*, Bildpunkt *m*
pixel image Pixelgrafik *f (Farbrasterbild--Darstellung mit Größen- und Farbtiefenangabe; z. B. 640 x 480 16 bit; Dateiendung .bmp)*
PKC s. pulse killer chip
place indication *(Dat)* Platzanzeige *f*
place value Stellenwert *m*
plain 1. eben, flach; 2. glatt; blank *(Draht)*; 3. klar, unverschlüsselt *(z. B. Telegramm)*
plain connector Flachstecker *m*
plain dipole flacher (gestreckter) Dipol *m*
plain language *(Nrt)* offene Sprache *f*, Klartext *m*
plain old telephone, POT *(Nrt)* POT *n*, das gute alte Telefon' *n*
plain writing *(Dat, Nrt)* Klarschrift *f*
plan of cable layout Kabellageplan *m*, Kabelnetzplan *m*
planar diode Planardiode *f*
planar epitaxial structure *(Me)* Planar--Epitaxie-Struktur *f*
planar junction *(Me)* Planarübergang *m*
planar transistor Planartransistor *m*
planar triode Planartriode *f*
plane aerial Flächenantenne *f*
plane coil Scheibenspule *f*
plane film memory flacher Folienspeicher *m*
plane grating Plangitter *n*, ebenes Gitter *n*
plane-polarized linear [geradlinig] polarisiert
plane wave ebene Welle *f*
planetary (reduction) gear Planetengetriebe *n*
plant 1. Anlage *f*; Betrieb *m*, Werk *n*; Kraftwerk *n*; 2. *(Rt)* Regelstrecke *f* *(als Teil der Anlage)*
plant auxiliary demand Kraftwerkseigenbedarf *m*
plant capacity Kraftwerksleistung *f*
plasma annulus Plasmaring *m*
plasma balance Plasmagleichgewicht *n*
plasma beam Plasmastrahl *m*
plasma boundary Plasmagrenzfläche *f*
plasma cutting Plasmaschneiden *n*
plasma density Plasmadichte *f*
plasma display (panel) Plasmaanzeige *f*, Plasmadisplay *n*, Plasmabildschirm *m*
plasma etching Plasmaätzen *n*
plasma furnace Plasma(schmelz)ofen *m*
plasma gas Plasmagas *n*
plasma jet Plasmastrahl *m*
plasma reactor *(Me)* Plasmaätzanlage *f*
plasma remelting equipment Plasmaumschmelzanlage *f*
plasma spraying Plasmaspritzen *n*
plasma technology Plasmatechnologie *f*
plasma torch Plasmabrenner *m*, Plasmafackel *f*
plasma welding Plasmaschweißen *n*
plastic-based magnetic strip Magnetband *n* auf Kunststoffgrundlage
plastic case Kunststoffgehäuse *n*
plastic-coated plastiküberzogen, mit Kunststoff beschichtet
plastic electroluminescent lamp *Elektrolumineszenzlampe mit plastischer, lichtdurchlässiger Elektrodenschicht*
plastic-encapsulated kunststoffgekapselt, plastikverkappt, in Kunststoff eingebettet
plastic enclosure Kunststoff(schutz)hülle *f*
plastic film capacitor Kunststofffoliekondensator *m*
plastic filter Kunststofffilter *n*
plastic package Kunststoffgehäuse *n*, Plastikverkappung *f*; Kunststoffverpackung *f*
plastic plug-in package Kunststoffsteckgehäuse *n*
plate *v* galvanisieren; elektrochemisch beschichten, plattieren
plate 1. Platte *f*, Tafel *f*; Scheibe *f*; 2. Anode *f (Elektronenröhre)*; (flache) Elektrode *f*, Belegung *f (Kondensator)*; 3. galvanisch hergestellte Schicht *f*
plate clutch Scheibenkupplung *f*
plate commutator Scheibenstromwender *m*, Scheibenumschalter *m*
plate feedback Anodenrückkopplung *f*
plate insulator Tellerisolator *m*
plate lightning arrester Plattenblitzableiter *m*

plate-modulated anodenspannungsmoduliert
plate noise Anodenrauschen *n*
plate peak voltage Anodenspitzenspannung *f*
plate protection anodischer Schutz *m (z. B. gegen Korrosion)*
plate reverb *(Ak)* Hall *m* [Nachhall *m*] von Hallplatte
plate spark gap Plattenfunkenstrecke *f*
plateau duration Impuls(kopf)breite *f*
plated-through hole durchkontaktiertes [durchplattiertes] Loch *n (Leiterplatten)*
platen roller Schreibwalze *f*
plating Galvanisieren *n*, (galvanisches) Beschichten *n*; Plattieren *n*
plating-through *(Me)* Durchkontaktieren *n*, Durchplattieren *n*, Metallisieren *n*
platooning *(Dat)* Kolonnenbildung *f*
platter 1. Platine *f*; 2. Speicherplatte *f*
play *v* Spiel(raum) haben, spielen
playback Abspielen *n*, Wiedergabe *f*; Playback(verfahren) *n*
playback amplifier Wiedergabeverstärker *m*
playback frequency response Wiedergabefrequenzgang *m*
playback head Abtaster *m*, Tonabnehmerkopf *m*; Wiedergabekopf *m*, Abspielkopf *m (Tonbandgerät)*
playback unit Wiedergabeeinrichtung *f*
pliable conduit biegsames Installationsrohr *n*
plot *v* grafisch darstellen; auftragen, eintragen; registrieren; zeichnen
plot (grafische) Darstellung *f*; Diagramm *n*, Kurvenbild *n*; Zeichnung *f*
plotter Plotter *m*, Schreiber *m*, Kurvenschreiber *m*; Registriergerät *n*
plotting accuracy Auswertegenauigkeit *f*
plotting rate Zeichnungsgeschwindigkeit *f*, Auftrag(e)geschwindigkeit *f*
plough Tiefstromabnehmer *m*
plug *v* stöpseln, (ein)stecken
plug 1. Stecker *m*, Steckverbinder *m*, Stöpsel *m*; 2. Zündkerze *f (Kraftfahrzeug)*
plug adapter Übergangsstecker *m*, Zwischenstecker *m*
plug and socket Steckvorrichtung *f*, Steckverbinder *m*, Steckverbindung *f*
plug base Stecksockel *m*

plug board 1. Schalttafel *f*, Schaltbrett *n*; 2. *(Nrt)* Stecktafel *f*, Stöpselfeld *n*, Rangierfeld *n*
plug box Steckdose *f*
plug clamp Steckklemme *f*
plug connection Steckverbindung *f*, Steckeranschluss *m*; Stöpselverbindung *f*
plug connector Steckdose *f*
plug contact Steckkontakt *m*
plug-in board Einsteckplatte *f*; steckbare Leiterplatte *f*; Steck(er)feld *n (eines Analogrechners)*
plug-in coil Einsteckspule *f*, auswechselbare Spule *f*
plug-in power Steckleistungsanschluss *m*, Leistungsanschluss *m* mit Stecker
plug pin Steckerstift *m*
plug & play *(Dat)* Plug-and-Play *n*, "einstecken und in Betrieb nehmen" *(spezielle Technik zur Vereinfachung der Installation und Inbetriebnahme von Rechnerkomponenten)*
plug socket Steckfassung *f*; Steckdose *f*
pluggable steckbar
plugging *(Ma)* Gegenstrombremsen *n (beim Asynchronmotor)*
plugging-in *(Nrt)* Umlegen *n* auf Prüfeinrichtung
plugging-up device *(Nrt)* Sperrvorrichtung *f*
plugin Plugin *n*
plunger Tauchkern *m*, Tauchkolben *m*
plunging battery Tauchbatterie *f*
plus wire Plusdraht *m*, Plusleitung *f*
pm bl dc motor s. permanent-magnet brushless d. c. motor
PM BL DC motor s. permanent-magnet brushless d. c. motor
PNA s. personal navigation assistant
pneumatic actuator *(Rt)* pneumatisches Stellglied *n*
pneumatic control pneumatische Regelung *f*, Regelung *f* mit pneumatischer Hilfsenergie; Druckluftsteuerung *f*
pneumo-oil switch Leistungsschalter *m* mit kombinierter Druckluft- und Ölstrahlwirkung
Pockels cell *(Ph)* Pockels-Zelle *f*
pocket accumulator Taschenakkumulator *m*
pocket calculator Taschenrechner *m*

pocket 278

pocket lamp Taschenleuchte f
podcast *(Ko)* Mediendatei f *(Audio- oder Video-Datei, angeboten über das Internet; zusammengesetzt aus iPod und broadcast)*
point 1. Spitze f; Punkt m; Verbindungspunkt m, Kontaktpunkt m; 2. Dezimalpunkt m, Komma n
point brilliance *(Licht)* Punkthelle f
point charge Punktladung f
point contact Spitzenkontakt m, Punktkontakt m; Punktberührung f
point discharge Spitzenentladung f, Punktentladung f
point image punktförmige Abbildung f *(Optik)*
point-junction transistor Spitzen(kontakt)-Flächentransistor m
point mass Punktmasse f, punktförmige konzentrierte Masse f
point of origin Ausgangspunkt m, Anfangspunkt m, Ursprung(spunkt) m
point of oscillation Schwingungseinsatz m
point plotting punktweise Aufzeichnung f
point pole Punktpol m
point probe Spitzensonde f
500-point selector *(Nrt)* Kulissenwähler m
point shifting Kommaverschiebung f
point source 1. *(Et)* Punktquelle f, punktförmige Quelle f [Strahlungsquelle f]; 2. *(Ak)* punktförmige Schallquelle f
point switch box Messstellenschalter m
point-to-multipoint communication *(Nrt)* Punkt-zu-Mehrpunkt--Kommunikation f
point-to-multipoint connection *(Nrt)* Punkt-zu-Mehrpunkt-Verbindung f
point-to-point radio communication Funkverkehr m zwischen zwei festen Punkten
point transistor Spitzentransistor m
pointer *(Et)* Zeiger m *(Messgerät)*
pointer instrument Zeigerinstrument n, Zeiger(mess)gerät n
pointer tip Zeigerspitze f
pointer-type galvanometer Zeigergalvanometer n
pointing *(Mess)* Voreinteilung f *(von Skalen)*
poison *(Licht)* Lumineszenzgift n

polar contact Zentralkontakt m
polar coordinate (oscillographic) tube Polarkoordinatenröhre f
polar diagram Polardiagramm n, Strahlungsdiagramm n
polar radiation pattern Polarstrahlungsdiagramm n, Strahlungsdiagramm n in polarer Darstellung
polar recording system Schreibeinrichtung f für Polardiagramme, Polarschreiber m
polar strip *(Ma)* Polblech n
polarity Polarität f; Polung f
polarization Polarisation f, Polarisierung f
polarization cell *(Laser)* Polarisationselement n
polarization charge Polarisationsladung f
polarization current Polarisationsstrom m
polarization fading Polarisationsschwund m
polarization potential Polarisationspotenzial n
polarization reactance Polarisationsblindwiderstand m, Polarisationsreaktanz f
polarization voltage Polarisationsspannung f
polarized cartridge capacitance Kapselkapazität f bei anliegender Polarisationsspannung
polarized headlight Polarisationsscheinwerfer m
polarized plug gepolter [unverwechselbarer] Stecker m
polarized wave polarisierte Welle f
polarizing current Polarisationsstrom m
polarizing magnet Polarisationsmagnet m
polarizing optical system *(Laser)* Polarisationsoptik f *(Anlage)*
pole 1. Pol m; 2. Mast m; Stange f
pole arc Polbogen m
pole body Polkern m, Polschaft m
pole butt Mastfuß m *(Holzmast)*
pole changer Polwechsler m; Polwender m
pole-changing winding polumschaltbare Wicklung f
pole disconnector m *(Ap)* Masttrennschalter m

pole distance 1. Polabstand *m*; 2. Stangenabstand *m (Freileitung)*
pole end plate Polpressplatte *f*
pole gap Pollücke *f*, Polspalt *m*
pole isolator *m (Ap)* Masttrenner *m*
pole pair Polpaar *n*
pole pitch Polteilung *f*
pole shoe Polschuh *m*
pole tester Polprüfer *m*
pole tip *(Ma)* Polhorn *n*
pole-type disconnector Masttrennschalter *m*
pole width Polbreite *f*
police radio service Polizeifunkdienst *m*
poling switch Polwechselschalter *m*
Polish notation polnische Schreibweise *f*
poll *v (Dat)* abfragen, (zyklisch) abrufen
polled interrupt *(Dat)* Unterbrechung *f* über Software *(Programmierung)*
polling 1. *(Dat)* Abfrage *f*, Abrufen *n*; Abrufbetrieb *m*; 2. *(Nrt)* Sendeaufruf *m*
pollution degree Verschmutzungsgrad *m (z. B. der Luft)*
pollution flash-over *(Hsp)* Fremdschichtüberschlag *m*
polycrystalline deposit *(Galv)* polykristalline Abscheidung *f* [Schicht *f*]
polyelectrode Mehrfachelektrode *f*, Polyelektrode *f*
polyethylene-insulated polyethylenisoliert, mit Polyethylen isoliert
polyethylene isolating compound *Polyethylencompound *n*, Polyethylenverbund *m*
polygon connection *(Le)* Ringschaltung *f*, *Polygonschaltung *f*
polygonal coil vieleckige Spule *f*
polymorphism Polymorphismus *m*
polyoptimization Polyoptimierung *f*, Optimierung *f* mit mehreren Zielfunktionen
polyphase vielphasig, mehrphasig; Mehrphasen...
polyphase alternating current Mehrphasen(wechsel)strom *m*, mehrphasiger Wechselstrom *m*
polyphase bus Mehrphasensammelschiene *f*
polyphase commutator motor Drehstromkommutatormotor *m*

polyphase converter Mehrphasenstromrichter *m*
polyphase induction motor Mehrphaseninduktionsmotor *m*
polyphase series commutator motor Mehrphasenreihenschlussmotor *m*
polyphase shunt commutator motor Mehrphasennebenschlussmotor *m*
polyphase synchronous generator Mehrphasensynchrongenerator *m*
polyphase transformer Mehrphasentransformator *m*
polyphase winding Mehrphasenwicklung *f*
polyprocessor system Mehrfachrechnersystem *n*
pool cathode flüssige Katode *f*, Flüssigkeitskatode *f*
poorly conducting schlecht leitend
pop *v (Dat)* entnehmen, herausholen *(Daten aus dem Stapelspeicher)*
population 1. Besetzung *f (z. B. eines Energieniveaus)*; 2. *(Qu)* (statistische) Gesamtheit *f*
porch *(Fs)* Schwarzschulter *f*, Schwarztreppe *f*
pore conduction Porenleitung *f*
pore space Porenraum *m*
pore volume Porenvolumen *n*
porous electrode Diffusionselektrode *f*
port *(Dat)* Tor *n*, Kanal *m*, Datenkanal *m*; Eingabe-Ausgabe-Kanal *m*; Anschluss *m*, Anschlussstelle *f*
port addressing *(Dat)* Kanaladressierung *f*
portable 1. *(Dat)* übertragbar, portabel; 2. transportabel, transportierbar; tragbar
portable tragbares Gerät *n (z. B. Funkgerät, Kofferempfänger)*
portable compact-disk player with earphones *(Ko)* tragbares CD-Abspielgerät *n* mit Ohrhörer, Diskman *m (bis 80min Abspieldauer)*
portable hot plate Tischherd *m*
portable instrument tragbares Instrument *n* [Messgerät *n*]
portable lamp Handlampe *f*
portable radio cassette recorder with earphones *(Ko)* tragbarer Radiokassettenrekorder *m* mit Ohrhörer, Walkman® *(60 - 90min Aufzeichnungs- und Abspieldauer mit C 60 bzw. C 90)*

portable radio telephone set
Kleinfunkfernsprecher m

portable radiotelephone (Ko) tragbares Funktelefon n (in Form eines kleinen Köfferchens; siehe auch: analoge radiotelephone; Nachfolger ist das Handy im digitalen GSM-Netz)

portable set transportables Gerät n; Koffergerät n; Tornistergerät n; fahrbarer Maschinensatz m

portable socket-outlet bewegliche Steckdose f, Kupplungsdose f

portable telephone set Streckenfernsprecher m, Streckentelefon n, tragbarer Fernsprechapparat m, Feldstation f

portable television set Kofferfernsehgerät n, tragbarer Fernseher m

portable transceiver (Ko) tragbares Funksende-Empfangsgerät n

portal design (Ee) Portalbauweise f

position Lage f, Stand(ort) m, Stellung f; Position f; Stelle f (z. B. Ziffernstelle)

position code (Fo) Positionscode m

position control (Rt) Lageregelung f

position encoder (Fo) Stellungsgeber m, Lagegeber m

position error Lagefehler m, Stellungsfehler m; Abweichung f des P-Reglers, Proportionalabweichung f

position feedback Lagerückführung f, Stellungsrückkopplung f; Lagerückmeldung f (eines Antriebes)

position finder (Fo) Ortungsgerät m

position indicator 1. Bandzählwerk n (Tonbandgerät); 2. (Rt) Lageanzeiger m, Lagemelder m, Stellungsgeber m

position mark Lagezeichen n

position meter (Nrt) Belegungszähler m, Platzzähler m, Platzleistungsmesser m

position regulator (Rt) Lageregler m

position sensing Positionsbestimmung f

position sensor Positionsgeber m

position switch 1. Positionsschalter m; 2. (Nrt) Platzumschalter m

positioner Positionierer f, Stellungsregler m (z. B. bei Stellmotoren)

positioning 1. Positionierung f, Einstellung f; 2. (Rt) Lageeinstellung f

positioning accuracy Positioniergenauigkeit f

positioning element Stellglied n

positioning system System n mit Nachlaufregelung, Nachlaufsystem n

positive (elektrisch) positiv, positiv geladen

positive 1. Positiv n (Fotografie); 2. s. positive pole

positive arc booster Zusatzmaschine f

positive charge positive Ladung f

positive component (Et) Mitkomponente f

positive feedback Mitkopplung f, positive Rückkopplung f

positive ion positives [positiv geladenes] Ion n, Kation n

positive pole Pluspol m, positiver Pol m

positive sequence (Et) Mitsystem n (bei der Darstellung von Drehfeldern mittels symmetrischer Komponenten)

positive temperature coefficient positiver Temperaturkoeffizient m, PTC

positive terminal positive Klemme f, Plusklemme f, positiver Pol m; Anodenklemme f (Batterie)

positive wire Plusleiter m, Plusdraht m

positron Positron n, positives Elektron n

post 1. Pfosten m, Ständer m, Säule f, Mast m; 2. Post f, Amt n

post-accelerator Nachbeschleunigungselektrode f

post-arc current Nachstrom m (Schalter)

post insulator Säulenisolator m, *Stützisolator m

post-mortem routine Post-Mortem- -Programm n (Fehlersuchprogramm)

post trigger (Mess) Nachtriggern n, Auslösen n nach Ereignis

postal code Postleitzahl f

postamplifier Nachverstärker m

postdialling delay (Nrt) Rufverzug m, Wartezeit f nach der Wahl

postequalization (Nrt, Ak) Nachentzerrung f

postfading (Ak) nachträgliches Ein- und Ausblenden n

postgroove echo Nachecho n (Schallplatte)

postlude (Fs, Ko) Abspannmusik f

postprocessing (Dat) Nachverarbeitung f, Nachbearbeiten n

postprocessor 1. Anpassungsprogramm n; 2.

Postprozessor *m* (Gerät zur Nachverarbeitung)
pot 1. Tiegel *m*, Topf *m* (z. B. Magnettopf); 2. Elektrolysezelle *f*, elektrolytische Zelle *f*; 3. s. potentiometer
pot circuit Topfkreis *m*
pot magnet Topfmagnet *m*
potassium spectral lamp Kaliumspektrallampe *f*
potential Potenzial...
potential (elektrisches) Potenzial *n*
potential barrier Potenzialwall *m*, Potenzialberg *m*, Potenzialschwelle *f*, Potenzialschranke *f*, Potenzialbarriere *f*
potential difference 1. Potenzialdifferenz *f*, Potenzialunterschied *m*, (elektrische) Spannung *f*; 2. (Me) Diffusionsspannung *f*
potential divider Spannungsteiler *m*
potential drop Potenzialabfall *m*, Spannungsabfall *m*
potential earthing Potenzialerdung *f*
potential node Spannungsknoten *m*
potential threshold Potenzialschwelle *f*
potential transformer Spannungswandler *m*, Spannungstransformator *m*
potentiometer Potenziometer *n*, Stellwiderstand *m*, regelbarer Widerstand *m*
potentiometer measuring circuit Potenziometermesskreis *m*
potentiometer method (Mess) Kompensationsmethode *f*
pothead Kabelendverschluss *m*, Kabelendmuffe *f*, Kabelstutzen *m*
pothead tail Rohrkabelstück *n* (zwischen Verzweigungsmuffe und Freileitung)
potting compound [material] Vergussmasse *f*, Gießmasse *f*
powder cathode Pulverglühkatode *f*, Sinterkatode *f*
powder core Pulverkern *m*
powdered coal Kohlenstaub *m*
powdered iron Eisenpulver *n*
powdered iron core Eisenstaubkern *m*; Massekern *m*, Hochfrequenzeisenkern *m*, HF-Eisenkern *m*
power 1. Leistung *f*, Kraft *f*, (nutzbare) Energie *f*; 2. Potenz *f* (Mathematik); 3.

Leistungsvermögen *n*, Vermögen *n*, Fähigkeit *f* • **on full power** mit voller Leistung; mit voller Sendestärke
power amplifier Leistungsverstärker *m*, Kraftverstärker *m*, Endverstärker *m*; Senderendstufe *f*, Endstufe *f*
power bandwidth (Ak) *Leistungsbandbreite *f*
power bell Starkstromwecker *m*
power board Kraftstromschalttafel *f*
power bus bar Leistungsschiene *f*
power button (Ko) Ein/Aus-Taste *f* (Netz- oder Batterie-Schalter)
power by wire Leistungsregelung *f* (Starter einbezogen, Automobiltechnik)
power cable Starkstromkabel *n*
power chart Leistungsdiagramm *n*
power circuit 1. Starkstromkreis *m*, Starkstromleitung *f*, Hauptstromkreis *m*; Fahrstromkreis *m* (Bahn); 2. Leistungskreis *m*
power circuit-breaker (Ee) Leistungsschalter *m*
power component Wirkkomponente *f*, Wirkanteil *m*
power consumption 1. Leistungsverbrauch *m*, Leistungsaufnahme *f*; 2. Eigenverbrauch *m* (z. B. von Messgeräten)
power current Starkstrom *m*
power direction relay Leistungsrelais *n*, Stromflussrelais *n*, Stromrichtungsrelais *n*
power electronics Leistungselektronik *f*
power engineering Starkstromtechnik *f*
power factor Leistungsfaktor *m*
power-factor rate Blindstromtarif *m*
power feeding Stromversorgung *f*
power frequency Netzfrequenz *f*
power-frequency bridge Schering--Brücke *f*
power-frequency control Frequenzleistungsregelung *f*
power-frequency electric strength (Le) Wechselspannungsfestigkeit *f*
power-frequency flash-over voltage (Le) Überschlagwechselspannung *f*
power-frequency spark-over voltage (50-Hz--)Wechselspannungsüberschlagspannung *f*; 50-Hz--Wechselspannungsansprech-

power   282

spannung f, 50-Hz-
-Ansprechspannung f (Ableiter)
power fuse Leistungssicherung f
power gain Leistungsgewinn m;
Leistungsverstärkung f
power generation Energieerzeugung f
power groove (Licht) Vergrößerung der
Oberfläche von Hochleistungs-
-Gasentladungsbrennern durch
Furchen, z. B. bei
Natriumdampflampen
power input 1. Leistungsaufnahme f; 2.
Leistungseingang m; 3.
aufgenommene Leistung f
power interrupter (Le)
Leistungstrenner m,
Leistungsschalter m
power inverter Leistungswechselrichter
m
power junction box
Leistungsklemmkasten m;
Leistungsverteilung f (Vorrichtung)
power law Potenzgesetz n
power lead Leistungszuführung f
power loss Leistungsverlust m,
Verlustleistung f
power mains Starkstromleitung f,
Kraftnetz n
power MOS field-effect transistor
Leistungs-MOSFET m
power noise (Nrt) Leistungsrauschen n
power outlet Steckdose f
power output 1. Leistungsabgabe f; 2.
Leistungsausgang m; 3. abgegebene
Leistung f
power over Ethernet, PoE
Energieversorgung f über Ethernet
power plug Kraftstecker m, Netzstecker
m
power point Steckdose f
power protection Leistungsschutz m
power pulse Leistungsimpuls m
power rating Leistungsangabe f;
Nennbelastbarkeit f
power resources 1. Leistungsreserven
fpl; 2. Kraftquellen fpl, Energiequellen
fpl
power semiconductor
Leistungshalbleiter m
power socket outlet Kraftsteckdose f
power source 1. Stromquelle f,
Energiequelle f, Kraftquelle f; 2.
Leistungsquelle f

power spectrum level (Ak) (spektraler)
Schallleistungsdichtepegel m
power stabilization 1. (Ee)
Leistungskonstanthaltung f; 2. (Le)
Pendeldämpfung f
power station Kraftwerk n
power-station auxiliaries Hilfsbetriebe
mpl in Kraftwerken
power-station unit Kraftwerksblock m,
Block m
power storage Leistungsspeicher m
power substation Umspannwerk n
power supply 1. Stromversorgung f,
Energieversorgung f,
Leistungsversorgung f; Netzanschluss
m; 2. Netzanschlussgerät n,
Netzversorgungseinrichtung f; 3.
Energiequelle f; Spannungsquelle f;
Netzeinspeisung f
power supply hum Netzbrumm m
power switch Netz(um)schalter m;
Leistungsschalter m
power thyristor Leistungsthyristor m
power train Antriebsstrang m
(Automobiltechnik)
power-train control module
Antriebsregler m, Leistungsregler m
(Lichtmaschine)
power utility (Ee)
Energieversorgungsunternehmen n
powerful leistungsfähig, kräftig (z. B.
Motor); (licht)stark
Poynting(s) vector poyntingscher
Vektor m, Vektor m der
Leistungsdichte
P2P s. peer-to-peer
PPS s. packets per second
PPV s. pay per view
practicable ausführbar, durchführbar;
anwendbar, verwendbar
pre-echo voreilendes Echo n
pre-emphasis Voranhebung f;
Vorverzerrung f, Preemphasis f
pre-emption (Nrt) Zwangstrennung f
pre-excitation (Ma) Vorerregung f
pre-exposure Vorbelichtung f
preamplification Vorverstärkung f
preamplifier Vorverstärker m;
Mikrofonflasche f
prearc (Hsp) Vorlichtbogen m
prearcing time Ansprechdauer f (einer
Schmelzsicherung)
prebreakdown (Hsp) Vorentladung f

prebreakdown (electric) current Vordurchschlagstrom *m*
precedence dialling Vorrangwahl *f*
preceding load *(An)* Vorbelastung *f*
precipitation electrode Abscheid(ungs)elektrode *f*, Niederschlag(s)elektrode *f*
precision Darstellungsgenauigkeit *f*
precision bridge Präzisionsmessbrücke *f*
precision offset *(Fs)* Präzisionsoffset *m*
precision tuning Präzisionsabstimmung *f*
precistor Präzisionswiderstand *m*, Precistor *m*
precleaning *(Galv)* Vorreinigung *f*; Vorentfettung *f*
precoating *(Me)* Vorbeschichten *n*
precompounded *(Hsp)* vorimprägniert
precontact arc *(Hsp)* Vorentladungsbogen *m*, Haltekontaktbogen *m*
predeposition *(Me)* Vorablagerung *f*, Vorbelegung *f*
predeposition time Vorbelegungszeit *f*
predetermined vor(her)bestimmt, vorgegeben, (vorher) eingestellt
predetermining counter Zähler *m* mit Vorwahleinrichtung *(Digitalmesstechnik)*
predialling delay *(Nrt)* Wähltonverzug *m*
predicate logic Prädikatenlogik *f*
prediction 1. Vorhersage *f*, Voraussage *f*; 2. *(Rt)* Vorhalt *m*
prediction algorithm *(Nrt)* Prädiktionsalgorithmus *m*, Vorhersagealgorithmus *m*
prediction coding *(Nrt)* Prädiktionscodierung *f*, Vorhersagecodierung *f* *(Ausnutzung der Signalkorrelation)*
prediction control system Regelungssystem *n* mit Vorhalt
prediction error *(Nrt)* Vorhersagefehler *m*
prediction time *(Rt)* negative Totzeit *f*, Zeitbetrag *m* der Vorverlegung, Zeitkonstante *f* des Vorhalts *(differenziale Zeitkonstante)*
predictor *(Nrt)* Prädiktor *f*, Vorhersagestufe *f*, Vorhersagealgorithmus *m*
predischarge Vorentladung *f*
prefilter Vorfilter *n*

prefix 1. *(Nrt)* Verkehrsausscheidungszahl *f*, vorgesetzte Kennung *f*; Vorwahlnummer *f*; 2. *(Dat)* Präfix *n*
prefix notation *(Dat)* Präfixschreibweise *f*, klammerfreie Schreibweise *f*
prefix number *(Nrt)* Vorwahlnummer *f*, Vorwahlkennziffer *f*
prefocus cap *(Licht)* Prefocus-Sockel *m*, Kinoeinstellsockel *m* *(zur Justierung des Leuchtkörpers einer Lampe zum Sockel während der Herstellung)*
preformed coil Formspule *f*, vorgeformte Spule *f*
preignition Frühzündung *f*
preliminary adjustment Vorabgleich *m*
preliminary magnetization Vormagnetisierung *f*
preloaded vorgespannt
premagnetizing head Vormagnetisierungskopf *m* *(magnetische Aufzeichnung)*
preparation 1. Vorbereitung *f*; Vorbehandlung *f*; 2. Herstellung *f*
preparatory program *(Dat)* vorbereitendes Programm *n*
prepayment coin box (telephone) Münzfernsprecher *m*
preprocess *v (Dat)* vorverarbeiten
preprocessed data vorverarbeitete Daten *pl*
preprocessor *(Dat)* Vor(verarbeitungs)prozessor *m*
preregulator Vorregler *m*; Eingangsregler *m*
prerequisite Vorbedingung *f*, Voraussetzung *f*
presbycusis *(Ak)* altersbedingter Hörverlust *m*, Altersschwerhörigkeit *f*
presence Präsenz *f* *(Höreindruck)*
presentation layer 1. *(Nrt)* Präsentationsschicht *f*; 2. *(Dat)* Darstellungsschicht *f* im ISO--Referenzmodell *(Festlegungen zu Informationsdarstellung und --austausch)*
preset counter voreingestellter Zähler *m*
preset signal Vorsetzsignal *n*, Vorwahlsignal *n*
preset speed Vorwahldrehzahl *f*; Vorwahlgeschwindigkeit *f*
presetting Voreinstellung *f*; Vorwahl *f*

press button Druckknopf *m*, Drucktaste *f*
pressboard Pressspan *m*
pressing machine Bügelmaschine *f*, Bügelpresse *f*
pressure Druck *m*
pressure-containing terminal box *(Ma)* druckfester Klemmkasten *m*
pressure die casting 1. Druckgießen *n*; 2. Druckgussteil *n*
pressure differential Druckdifferenz *f*, Differenzdruck *m*
pressure-equalizing leak Druckausgleichsöffnung *f (Mikrofon)*
pressure gauge Druckmesser *m*, Manometer *n*
pressure gradient Druckgradient *m*, Druckgefälle *n*
pressure-insulated (gas)druckisoliert
pressure node Druckknoten *m (stehende Welle)*
pressure pick-up *(Mess)* Druckaufnehmer *m*, Druckgeber *m*
pressure pulse Druckimpuls *m*
pressure response 1. Druckverhalten *n*; 2. Druckfrequenzgang *m*
pressure-sealed druckdicht
pressure-sensitive druckempfindlich
pressure sensor Druckmessfühler *m*, Drucksensor *m*
pressure-tight druckdicht
pressure-type capacitor Druckkondensator *m*
pressure-type connection Quetschverbindung *f (von Drähten)*
pressure welding Pressschweißen *n*, Druckschweißen *n*
prestore *v* vorspeichern *(Daten)*; vorgeben *(z. B. Anfangswerte)*
pretravel Vorlauf *m (bei Schaltelementen)*
pretravel of the actuator Vorlauf *m* des Betätigungselements *(ohne Bewegung des Schaltstücks)*
pretravel of the contact element Vorlauf *m* des Kontaktelements *(ohne Bewegung des Schaltstücks)*
pretrigger *(Mess)* Vortriggern *n*, Auslösen *v* vor dem Ereignis
pretriggering signal Vortriggerimpuls *m*
pretty good privacy, PGP *(Ko)* Verschlüsselungssystem *n* für E-Mails im Internet
pretuned vorabgestimmt

primary 1. Primärwicklung *f (eines Transformators)*; Primärspule *f*; 2. Primärteilchen *n*
primary control Leitsteuerung *f*
primary coolant circuit Primärkühlkreis(lauf) *m*
primary coverage area Versorgungsgebiet *n (eines Senders)*
primary feedback Hauptrückführung *f (im Regelkreis)*
primary fundamental unit *(Mess)* Basiseinheit *f (von Länge, Masse oder Zeit)*
primary keying Tastung *f* im Primärkreis *(des Anodenspannungstransformators)*
primary layer *(Galv)* Grundschicht *f*
primary memory Hauptspeicher *m*, primärer Speicher *m*
primary system Hochspannungsnetz *n*, Übertragungsnetz *n*
primary terminal voltage Primärspannung *f*
primary voltage Primärspannung *f*
primary winding Primärwicklung *f*
prime *v* 1. grundieren *(Oberflächenschutz)*; 2. *(Et)* vorspannen; 3. vorfüllen *(Pumpe)*; mit Wasser füllen *(Dampfkessel)*
prime conductor Hauptleiter *m*, Primärleitung *f*
prime number Primzahl *f (nur durch 1 und sich selbst teilbar)*
primer 1. Grundierung *f*, Grundiermittel *n*, Spachtelmasse *f*; 2. Hilfselektrode *f*; Vorionisator *m*
primitive element *(Me)* Grundelement *n*
principal axis Hauptachse *f*, Hauptsymmetrieachse *f (Kristall)*
principal circuit Grundschaltung *f*
principal consumer Hauptverbraucher *m*
principal equation Grundgleichung *f*
principal function of Hamilton zeitabhängige Wirkungsfunktion *f*, hamiltonsche Hauptfunktion *f*
principal moment of inertia Hauptträgheitsmoment *n*
principal plane Hauptebene *f*
principle Prinzip *n*, Grundsatz *m*, Satz *m*
print 1. Druck *m*; 2. Abzug *m*, Kopie *f*; 3. Print *n (kleines Funktionselement einer geätzten Schaltung)*

print character matrix Schriftzeichenmatrix *f*
print head Druckkopf *m*
print-out Ausdruck *m*
print rate Druckgeschwindigkeit *f*
print span Druckbreite *f*
print suppression Druckunterdrückung *f*, Schreibunterdrückung *f*
print through Kopieren *n*, Kopiereffekt *m* *(Magnetband)*
print wheel Druckscheibe *f*, Typenrad *n*
printed assembly gedruckte Anordnung *f (Schaltung)*
printed circuit gedruckte Schaltung *f*, Druckschaltung *f*
printed circuit board (gedruckte) Leiterplatte *f*, Leiterkarte *f*, Platine *f*, Schaltkarte *f*, gedruckte Schalt(ungs)platte *f*
printed circuit master Druckstock *m*, Leiterplattenoriginal *n*
printed circuit module Druckschaltungsmodul *n*
printed wiring gedruckte Verdrahtung *f*
printer Drucker *m*, Druckwerk *n*
printer calculus *(Nrt)* Wahrscheinlichkeitsrechnung *f*
printer control logic Steuerlogik *f* des Druckwerks
printer driver Drucker-Treiber *m*, Treiber-Software *f (Software für die Druckersteuerung, gerätespezifisch)*
printer magnet Druckmagnet *m*
printer overflow Seitenüberlauf *m*; Formularende *n*
printergram über Telex aufgegebenes Telegramm *n*
printing 1. Drucken *n*; 2. Kopieren *n*
printing device Drucker *m*, Druckeinrichtung *f*
printing hammer *(Nrt)* Druckhammer *m*, Anschlaghammer *m*
printing keyboard perforator druckender Tastenlocher *m* [Tastaturlocher *m*]; mitschreibender Handlocher *m*
printing punch druckender Locher *m*, Schreiblocher *m*
printing speed Druckgeschwindigkeit *f*
printing tape Druckstreifen *m*
printing telegraph *(Nrt)* Ferndrucker *m*; Druckempfänger *m*
priority circuit Vorrangschaltung *f*

priority encoder *(Dat)* Prioritätscodierer *m*
priority interrupt Prioritätsunterbrechung *f*, Vorrangunterbrechung *f (eines Programms)*
priority program *(Dat)* Prioritätsprogramm *n*, Vorrangprogramm *n*
priority queue Warteschlangensystem *n* mit Priorität *(Bedienungstheorie)*
priority rule *(Dat)* Prioritätsordnung *f*
prism aerial Reusenantenne *f*
privacy data protection Datenschutz *m*
private automatic branch exchange *(Nrt)* private Nebenstellenanlage *f* mit Wählbetrieb, Wählnebenstellenanlage *f*
private branch exchange Nebenstellenzentrale *f*, Teilnehmerzentrale *f*
private call Privatgespräch *n*
private-owned circuit *(Nrt)* privater Stromkreis *m*
private station Haussprechstelle *f*
private telephone plant Privatfernsprechanlage *f*
probabilistic decoding Wahrscheinlichkeitsdecodierung *f*
probability Wahrscheinlichkeit *f*
probability current Wahrscheinlichkeitsstrom *m*
probability curve Wahrscheinlichkeitskurve *f*, Fehlerkurve *f*
probability density Wahrscheinlichkeitsdichte *f*, Dichte *f* der Wahrscheinlichkeit, Verteilungsdichte *f*
probability density function Wahrscheinlichkeitsdichtefunktion *f*
probability distribution Wahrscheinlichkeitsverteilung *f*; Klassenhäufigkeitsverteilung *f*, Klassenhäufigkeit *f*
probability of transition Übergangswahrscheinlichkeit *f*
probability theory Wahrscheinlichkeitstheorie *f*
probable error wahrscheinlicher Fehler *m*
probe Sonde *f*, Fühler *m*, Messkopf *m*, Taster *m*, Tastkopf *m*
probe array Sondenreihe *f*

probe coil Suchspule f
probe head Prüfkopf m
probe tip Sondenspitze f, Messspitze f, Tastspitze f
prober Sondengerät n
probing Sondierung f, Sondieren n
procedure declaration *(Dat)* Prozedurvereinbarung f
proceed v **logarithmically** logarithmisch verlaufen
proceed to dial *(Nrt)* Wählaufforderung f
process 1. Verfahren n, Prozess m, Methode f; Herstellungsverfahren n; 2. Vorgang m, Ablauf m, Verlauf m; 3. *(Rt)* Regelstrecke f, Regelkreis m
process analyzer Prozessanalysator m
process automation Prozessautomatisierung f, Automatisierung f von Vorgängen
process control 1. Prozesssteuerung f, Prozessführung f, Verfahrenssteuerung f; 2. Prozesskontrolle f, Prozessüberwachung f
process-controlled prozessgesteuert
process data Prozessdaten pl
process data highway Prozessdatenbus m
process engineering Verfahrenstechnik f
process field bus 1. Feldbussystem n *(Multimaster-Bus in Anlehnung an das ISO/OSI-Schichten-Referenzmodell)*; 2. Profibus m *(wichtige deutsche Feldbusnorm)*
process identification *(Rt)* Prozessidentifikation f
process interface Prozessschnittstelle f
process monitoring (rechnergestützte) Prozess- und Anlagenüberwachung f
process yield Prozessausbeute f
processing 1. Bearbeitung f, Behandlung f; 2. Verarbeitung f *(z. B. von Daten)*
processing speed Verarbeitungsgeschwindigkeit f
processing throughput Bearbeitungsdurchsatz m, Bearbeitungsproduktivität f
processor *(Dat)* Prozessor m, Zentralprozessor m, Zentraleinheit f
processor chip *(Me)* Prozessorchip m, Prozessorbaustein m

processor evolution module Prozessorentwicklungsmodul n
processor interrupt Prozessorunterbrechung f
prod Tastspitze f; Prüfspitze f
product brief *(Qu)* Pflichtenheft n, Lastenheft n
production batch Produktionsserie f
production data Betriebsdaten pl
production data acquisition (rechnergestützte) Betriebsdatenerfassung f
profile *(Ak)* Profil n, Pegel-Zeit-Struktur f
profile of grating Gitterprofil n, Furchenprofil n *(Beugungsgitter)*
program 1. *(Dat, Rt)* Programm n; 2. s. programme
program branch Programmzweig m, Programmverzweigung f
program check Programmprüfung f, Programmtest m
program control Programmsteuerung f; Zeitplanregelung f
program-controlled 1. programmgesteuert; 2. programmüberwacht
program-controlled computer programmgesteuerter Rechner m
program controller Programmregler m
program counter Programmzähler m
program cycle Programmschleife f, Zyklus m des Programms
program debugging Fehlerbeseitigung f in einem Programm
program flow chart Programmablaufplan m
program interruption Programmunterbrechung f
program jump Programmsprung m
program labelling Programmkennzeichnung f
program language Programmsprache f
program maintainability Wartungsfreundlichkeit f von Programmen
program maintenance Programmwartung f, Programmpflege f
program package Programmpaket n
program panel Programmtafel f
program step Programmschritt m
program stop Programmunterbrechung f

program tape Programmstreifen *m*, Programmband *n*
program unit Programmbaustein *m*
program window Programmfenster *n*
programmable programmierbar
programmable array logic Logik *f* programmierbarer Felder [Datenfelder], PAL
programmable communication interface programmierbare Übertragungsschnittstelle *f* [Kommunikationsschnittstelle *f*], programmierbarer Interfacebaustein *m* für Datenübertragung
programmable logic array programmierbares Logikfeld *n*, PLA *(Halbleiterfestwertspeicher)*
programmable read-only memory programmierbarer Fest(wert)speicher *m*, PROM *n*
programme Programm *n*, Sendefolge *f* *(Rundfunk, Fernsehen)*; Sendung *f*
programmer 1. Programmiergerät *n*; 2. Programmierer *m*, Programmbearbeiter *m*
programmer tool Programmierhilfsmittel *npl*
programming Programmierung *f*, Programmieren *n*
programming error Programmierungsfehler *m*
programming language Programmier(ungs)sprache *f*
programming language 1 PL/1 *(höhere Programmiersprache)*
programming language for microcomputer höhere Mikrorechner-Programmiersprache *f* *(Basis PL/M)*
programming system Programmier(ungs)system *n*
progressive-field tube Lauffeldröhre *f*
prohibited area verbotene Zone *f (z. B. im Bändermodell)*
project *v* 1. projizieren *(Mathematik, Optik)*; 2. vorspringen; 3. projektieren, planen
projected arrow Leuchtpfeil *m (eines Lichtzeigers)*
projecting light Projektionslicht *n*
projection 1. Projektion *f*, Abbildung *f*, Projizieren *n (Lichtbilder)*; 2. Projektion *f (Mathematik)*; 3. Vorsprung *m*, vorstehender Teil *m*

projection cathode-ray tube Bildwerferkatodenstrahlröhre *f*, Katodenstrahlröhre *f* für Projektionen
projection masking *(Me)* Projektionsmaskierung *f*
projection screen Projektionsschirm *m*, Projektionswand *f*, Bildwand *f*
projection size Bildgröße *f*
projector 1. Projektor *m*, Projektionsgerät *n*, Bildwerfer *m*; 2. Scheinwerfer *m*
PROLOG *(Abk. für: programming in logic)* PROLOG *(eine Programmiersprache)*
prolonged alternating loading Dauerwechselbelastung *f*
promiscuous mode Promiscuous--Modus *m (Betriebsart eines Ethernet--Adapters mit abgeschalteter Filterung nach MAC-Adressen)*
prompt *(Dat)* Bildschirmantwort *f*, Bildschirmausgabe *f*
prong Stift *m* (Stecker)
prong terminal Stiftklemme *f*
proof against short circuits kurzschlussfest
proof copy *(Dat)* Probedruck *m*
propagating external field fortschreitendes äußeres Feld *n*
propagation beyond horizon *(Fs)* Überreichweite *f (durch atmosphärische Inversionsschichten)*
propagation by ionospheric reflection *(Fs)* Ausbreitung *f* über Reflexion an der Ionosphäre, Raumwellenausbreitung *f (bis zum KW-Bereich; darüber reine Freiraumausbreitung)*
propagation characteristic Ausbreitungscharakteristik *f*
propagation coefficient [constant] 1. Ausbreitungskonstante *f*, Fortpflanzungskonstante *f*; 2. *(Nrt)* Übertragungskonstante *f*, Übertragungsmaß *n*
propagation delay Laufzeitverzögerung *f*, Signallaufzeit *f*, Ausbreitungsverzögerung *f*
propagation of heat Wärmefortleitung *f*, Wärmeausbreitung *f*
propagation of light Lichtausbreitung *f*
propagation velocity Ausbreitungsgeschwindigkeit *f*, Fortpflanzungsgeschwindigkeit *f*

proper frequency Eigenfrequenz f
proper function Eigenfunktion f
proper value Eigenwert m
proper vector Eigenvektor m
proportion of lost calls *(Nrt)* Gesprächsverlustanteil m
proportional action *(Rt)* Proportionalverhalten n, P-Verhalten n, Wirkung f eines P-Gliedes
proportional-action controller Proportionalregler m, P-Regler m, proportional wirkender Regler m, Regler m mit P-Verhalten
proportional control Proportionalregelung f, P-Regelung f, Regelung f mit P-Regler
proportional-control zone Proportional(itäts)bereich m, P-Bereich m *(eines Reglers)*
proportional-derivative-action control Proportional-Differenzial-Regelung f, Regelung f mit PD-Verhalten, PD-Regelung f
proportional-integral control Proportional-Integral-Regelung f, PI-Regelung f, Regelung f mit PI-Regler
proportional-integral-derivative(--action) controller Proportional-Integral-Differenzial-Regler m, PID-Regler m
proportional-integral-derivative(--action) element Proportional-Integral-Differenzial-Glied n, PID-Glied n
proportional offset Proportionalabweichung f, P-Abweichung f
propulsion Antrieb m
propulsion regulation and control Antriebsregelung f, Antriebssteuerung f
propulsion segment Antriebsbereich m
prorated unit of an arrester Ableiterbaustein m *(Baukastenprinzip für höhere Spannungen)*
prospective breaking current (zu erwartender) Ausschaltstrom m
prospective current of a circuit (zu erwartender) Strom m
protected machine Maschine f mit Berührungsschutz
protected motor gekapselter Motor m
protecting cap Schutzhaube f, Schutzkappe f

protecting grid Schutzgitter n
protecting resistor Schutzwiderstand m
protecting sheathing Schutzhülle f
protection 1. Schutz m; Absicherung f; 2. Schutzeinrichtung f; Abschirmung f
protection box Schutzdose f
protection cable Schutzkabel n
protection circuit Schutzschaltung f
protection class Schutzklasse f
protection earthing Schutzerdung f
protective schützend; Schutz...
protective atmosphere Schutz(gas)atmosphäre f
protective box Schutzkasten m
protective capacitor Schutzkondensator m
protective circuit Schutzstromkreis m *(Stromkreis für Schutz- und Überwachungseinrichtungen)*
protective conductor *Schutzleiter m
protective contact socket Schukosteckdose f, Schutzkontaktsteckdose f
protective earth *Schutzleiter m; Blitzschutzerde f, Schutzerde f
protective earthing *Schutzerdung f
protective gap Schutzfunkenstrecke f; Pegelfunkenstrecke f *(an einer Durchführung)*
protective screen Abschirmung f, Schutzschirm m
protective sheath Schutzmantel m
protective sheath of cable Kabelschutzhülle f
protective signalling Warneinrichtung f
protective sleeve Schutzmuffe f; Isolierhülse f
protective spark gap Schutzfunkenstrecke f
protective substance Schutzstoff m
protector Schutzeinrichtung f, Schutz m
protocol *(Nrt, Dat)* Protokoll n, Übermittlungsvorschrift f
protocol adapter Protokollanpassung f
protocol conversion *(Nrt)* Protokollumwandlung f, Protokollkonvertierung f
protocol layer Protokollschicht f, Protokollebene f
provider *(Dat)* Anbieter m *(von Diensten für den Zugang eines Anwenders zu einem Datennetz)*

provider-aggregated address, PA provideraggregierte Adresse f
provider-independent address, PI providerunabhängige Adresse f
proximity aligner *(Me)* Abstandsjustier- und Belichtungsanlage f
proximity effect 1. Nah(e)wirkung f, Nahwirkungseffekt m; Stromverdrängungseffekt m; 2. *(Ak)* Nahbesprechungseffekt m; 3. Proximityeffekt m, Nachbarschaftseffekt m *(Elektronenstrahllithographie)*
proximity gap Abstandsspalt m
proximity pick-up *(Ak)* berührungsloser Aufnehmer m
proximity printing *(Me)* Abstandskopierverfahren n, Abstandsbelichtung f, Proximity--Belichtung f
proximity switch Annäherungsschalter m, Näherungsschalter m
proxy Proxy m ("Stellvertreter", zwischen Server und Client)
pseudo-random number generator, PRNG Generator m für Pseudozufallszahlen
pseudocode *(Dat)* Pseudocode m, symbolischer Code m
pseudocode program Pseudocodeprogramm n
pseudodecimal digit Pseudodezimale f
pseudoeffect Pseudoeffekt m, Scheinwirkung f
psophometric interference current *Störstrom m
psophometric interference voltage *Störspannung f
psophometric voltage Geräuschspannung f
psophometric weight Geräuschbewertung f
psophometrically weighted noise psophometrisch bewertetes Geräusch n
PTC *(Abk. für: positive temperature coefficient)* PTC, positiver Temperaturkoeffizient m
PTT Abkürzung aus: post, telegraphy, telephony
PTT-authorized amtsberechtigt
public-address pillar Tonsäule f
public carrier öffentlicher Träger m, öffentlicher Dienstanbieter m

public domain ohne Einschränkung zur Veröffentlichung und zum Kopieren freigegebene Werke npl
public domain software frei nutzbare Software f
public exchange connection *(Nrt)* Amtsanschluss m
public key öffentlicher Schlüssel m
public key certificate, PKC Zertifikat m eines öffentlichen Schlüssels *(digital signierte Nachricht, die einen öffentlichen Schlüssel an eine Identität, z. B. einer Firma oder Person bindet)*
public network öffentliches Netz n
public service provider öffentlicher Dienstanbieter m, öffentlicher Träger m
public telephone *(Nrt)* öffentlicher Fernsprecher m, öffentliches Telefon n, öffentliche Telefonzelle f, öffentlicher Fernsprechanschluss m
public telephone box öffentliche Fernsprechzelle f
public telephone service subscriber *(Nrt)* Teilnehmer m am öffentlichen Fernsprechdienst, Fernsprechteilnehmer m
public telephone system öffentliches Fernsprechnetz n
pull v ziehen *(z. B. Kristalle)*
pull v **into synchronism** in Tritt fallen *(Synchronmotor)*
pull v **out of synchronism** außer Tritt fallen *(Synchronmotor)*
pull 1. Ziehen n; 2. Zugkraft f; Anzugskraft f *(Relais)*
pull contact Zugkontakt m
pull-down Schalter m, Schalterelement n *(eines Inverters)*
pull-in torque Intrittfallmoment n *(Synchronmotor)*
pull-off spring Rückholfeder f, Zugfeder f
pull-out frequency Ausrastfrequenz f
pull-out torque Außertrittfallmoment n *(Synchronmotor)*; Kippmoment n
pull-through winding Fädelwicklung f, Durchziehwicklung f
pull-up torque 1. Sattelmoment n *(niedrigstes Drehmoment hochlaufender Asynchronmaschinen)*; 2. Ansprechmoment n *(Relais)*
pulling Lastverstimmung f,

Belastungsverstimmung *f (z. B. bei Elektronenröhren)*
pulling effect Zieheffekt *m*, Mitzieheffekt *m*, Mitlaufeffekt *m (Frequenz)*
pulling into synchronism Intrittfallen *n (Synchronmotor)*
pulling out of synchronism Außertrittfallen *n (Synchronmotor)*
pulsatance Kreisfrequenz *f*, Winkelfrequenz *f*
pulsating component Wechselanteil *m*, Wechselkomponente *f*
pulsating DC current pulsierender Gleichstrom *m*, Wellenstrom *m*, Mischstrom *m*
pulsating potential difference Wechselspannung *f* mit überlagerter Gleichspannung
pulse Impuls *m*, Stoß *m*; Puls *m*, Impulsfolge *f*
pulse action Einwirkung *f* eines Impulses; Impulsbetrieb *m (z. B. von Reglern)*
pulse amplifier Impulsverstärker *m*
pulse-amplitude modulation Pulsamplitudenmodulation *f*, PAM
pulse burst frequency Burstfrequenz *f*
pulse carrier Impulsträger *m*
pulse code Impulscode *m*, Pulscode *m*
pulse-code-modulated light *(Nrt)* pulscodemoduliertes Licht *n*, optische PCM *f (z. B. im SONET)*
pulse-code modulated transmissiom *(Nrt)* PCM-Übertragung *f*, Übertragung *f* mit Pulscodemodulation
pulse-code modulation Impulscodemodulation *f*, Pulscodemodulation *f*, PCM
pulse data Impulsdaten *pl*
pulse decay Impulsabfall *m*
pulse delay Impulsverzögerung *f*
pulse dialling *(Nrt)* IWF *n*, Impulswahlverfahren *n*, Impulswahl *f*
pulse duration Impulsdauer *f*, Pulsdauer *f*, Impulsbreite *f*, Impulslänge *f*
pulse echo Impulsecho *n*
pulse-echo technique Impulsechoverfahren *n*
pulse extra-high-tension generator Hochspannungsimpulsgenerator *m*
pulse gap Impulslücke *f*

pulse generation Impulserzeugung *f*, Pulserzeugung *f*
pulse killer chip, PKC *(Ko)* Störungsneutralisationschip *m*
pulse modulation Impulsmodulation *f*, Pulsmodulation *f*
pulse noise Impulsstörung *f*, Impulsrauschen *n*
pulse-operated impulsbetätigt, impulsgesteuert, mit Impulsbetrieb
pulse output Impulsausgang *m*
pulse peak value maximaler Impuls(spannungs)wert *m*
pulse period Impulsperiode(ndauer) *f*
pulse radar *(Fo)* Impulsradar *n*, Radar *n* mit getastetem Träger *(im Gegensatz zum CW-Radar)*
pulse-radar transmitter *(Fo)* Impulsradarsender *m (meist Magnetron)*
pulse range *(Ak)* Aussteuerungsbereich *m*
pulse rate Impulsfrequenz *f*, Pulsfrequenz *f*, Impulsrate *f*
pulse rate telemetering Pulsfrequenzmessung *f*
pulse repeater Stromstoßübertrager *m*; Impulsverstärker *m*
pulse repetition frequency [rate] Impulsfolgefrequenz *f*, Puls(folge)frequenz *f*, Pulswiederholungshäufigkeit *f*; Impulstaktfrequenz *f*, Taktfrequenz *f*
pulse response *(Rt)* Impulsantwort *f*, Pulsantwort(funktion) *f*
pulse rise time Impulsanstiegszeit *f*, Pulsanstiegszeit *f*, Anstiegszeit *f* eines Impulses
pulse scanning Impulsabfrage *f*
pulse separator Impulstrennstufe *f*
pulse sequence Impulsfolge *f*
pulse shape Impulsform *f*
pulse shaping Impulsformung *f*, Pulsformung *f*
pulse slope Impuls(flanken)steilheit *f*
pulse spacing Impulsabstand *m*
pulse spike Stör(spannungs)spitze *f*
pulse stretcher Impulsdehner *m*
pulse stretching Impulsdehnung *f*
pulse stuffing bit *(Nrt)* Stopfbit *n*, Stuffing-Bit *n*
pulse technique Impulsverfahren *n*, Impulstechnik *f*

pulse tilt Dachschräge f, Impulsdachschräge f
pulse-time delay Impulslaufzeit f, Impulszeitverzögerung f
pulse top Impulsdach n
pulse train Impulsfolge f, Pulsfolge f, Impulskette f
pulse triggering Impulsauslösung f, Impulstriggerung f
pulse width Impulsdauer f, Impulslänge f, Impulsbreite f, Pulsbreite f
pulse-width code Impulsbreitencode m, Pulslängencode m
pulse-width control Impulsbreitenregelung f
pulsed gepulst, pulsierend, impulsgetastet, impulsbetrieben, mit Impulsbetrieb; impulsgesteuert; Impuls..., Puls...
pulsed arc welding Impulslichtbogenschweißen n
pulsed illumination Impulsbeleuchtung f
pulsed image converter tube impulsgesteuerte Bildwandlerröhre f
pulsed lamp Impulslampe f
pulsed light Impulslicht n
pulsed light source Impulslichtquelle f
pulsed operation Impulsbetrieb m
pulsed radar Impulsradar n, Pulsradar m
pulser Impulsgeber m, Pulsgeber m, Impulsgenerator m, Pulsgenerator m, Impulserzeuger m
pulsing 1. Impulsgabe f; Stromstoßgabe f; 2. Pulsieren n; 3. Impulsbetrieb m
pulsing circuit Impulsstromkreis m
pulsing device Impulsgeber m, Taktgeber m
pulsing signal (Nrt) Wählzeichen n, Nummernwahlzeichen n
pumice stone Bimsstein m (zum Verkürzen der Einlaufzeit von Kohlebürsten)
pumped-storage hydro(power) station (Ee) Pumpspeicher(kraft)werk n
pumped-storage station Pumpspeicherwerk n
pumping light absorption Pumplichtabsorption f
pumping light intensity Pumplichtintensität f
punch (Dat) Locher m, Stanzer m; Lochung f
punch hole Lochung f, Lochstelle f

punch station Lochstation f
punched card Lochkarte f
punched-card format Lochkartenformat n
punched-card output device Lochkartenausgabegerät n
punched hole Stanzloch n
punched-tape input Lochbandeingabe f
punched-tape output Lochbandausgabe f
puncture v 1. durchschlagen (Isolation); 2. durchstechen, durchbohren
puncture 1. (Et) Durchschlag m; 2. Durchstechen n, Durchbohren n
puncture-proof durchschlagsicher, durchschlagfest
Pupin cable (Nrt) Pupinkabel n, pupinisiertes Kabel n
puppet Schablone f (Schaltkreisentwurf)
purchaser (Qu) Auftraggeber m
pure binary code reiner Binärcode m
pure sound s. pure tone
pure substance reiner Stoff m, Reinstoff m
pure tone (reiner) Ton m
purge v (Dat) löschen
purifying agent Reinigungsmittel n
purity Reinheit f; Farbreinheit f
purple boundary Purpurlinie f, Purpurgerade f (Farbmetrik)
push v 1. stoßen; drücken; 2. (Dat) (in den Stapelspeicher) eingeben
push-down v (Dat) (ein)kellern, in den Kellerspeicher [Stapelspeicher] bringen
push 1. Stoß m, Schub m; 2. (Dat) Einlesen n in den Stapelspeicher
push-button durch Druckknopf [Drucktaste] auslösbar; Druckknopf..., Drucktasten...
push button Druckknopf m, Drucktaste f
push-button set (Nrt) s. push-button telephone set
push-button telephone set (Nrt) Telefonapparat m mit Tastenfeld, Tastwahltelefon n, Tastwahlfernsprecher m
push-button unit Tastenkombination f
push-down stack [storage] (Dat) Keller(speicher) m, Stapelspeicher m, Stack m
push-on termination Steckanschluss m

push-pull action Gegentaktwirkung f; Gegentaktbetrieb m
push-pull communication Gegentaktverkehr m
push-pull connector Zug-Druck--Steckverbinder m (besondere Art der Kopplung bei Steckverbindern)
push-pull input Gegentakteingang m
push-pull input transformer Gegentakteingangstransformator m
push-pull inverter Gegentakttransverter m
push-push voltages gleichphasige Spannungen fpl auf einer symmetrischen Leitung
push terminal Steckanschlussklemme f (für Leitungsende)
push-through coil (Ma) Einsteckspule f
pygmy cap Zwergsockel m
pygmy lamp Zwerglampe f
pylon Gittermast m, Mast m (für Hochspannungsleitungen)
pyramid Pyramide f, Schaltpyramide f (logische Schaltung)
pyranometer Pyranometer n (Strahlungsmesser)
pyroelectricity Pyroelektrizität f
pyroelectronic pyroelektrisch
pyrolysis Pyrolyse f
pyrometer Pyrometer n, Strahlungsthermometer n
Python Python n (Programmiersprache)

Q

QSL-card QSL-Karte f, Amateurfunk--Empfangsbestätigungskarte f
quad Vierer m, Viererseil n (Kabel)
quad cable Sternviererkabel n, Kabel n mit Viererverseilung [Sternverseilung], viererverseiltes Kabel n
quad-diffused (Me) vierfach diffundiert
quadbit Quadbit n, Vierfachbit n (nibble, Hälfte eines Byte)
quadded viererverseilt
quadrantal deviation [error] 1. Quadrantausschlag m, Quadrantfehler m, Viertelkreisfehler m; 2. (Fo) viertelkreisiger Peilfehler m, Rückstrahlfehler m
quadrature Quadratur f, Phasenquadratur f (90°--Phasenverschiebung) • **in (phase) quadrature** um π/2 phasenverschoben
quadrature axis Querachse f
quadrature-axis armature reactance Querreaktanz f
quadrature-axis component of magnetomotive force (Et) Querdurchflutung f
quadrature-axis component of synchronous generated voltage (Ma) Queranteil m der Polradspannung
quadrature-axis component of the electromotive force Quer-EMK f, EMK f [Urspannung f] im Querkreis
quadrature-axis reactance Querfeldreaktanz f
quadrature-axis subtransient electromotive force subtransiente Quer(ur)spannung f
quadrature-axis transient electromotive force transiente Querurspannung f
quadrature-axis transient reactance (Ma) transiente Querreaktanz f
quadrature component Blindkomponente f
quadrature differential phase shift keying, QDPSK (Nrt) Quadratur--Differenzphasenumtastung f (siehe auch: DQPSK)
quadrature-field voltage (Ma) Querfeldspannung f, Wendefeldspannung f
quadrature oscillator Quadraturoszillator m
quadrature phase shift keying, QPSK (Ko) Quadratur-Phasenumtastung f
quadrature regulator m (Ee) Querregler
quadrature single-sideband AM, QSSB-AM (Fs) Quadratur--Einseitenbandamplitudenmodulation f (Einseitenbandbildung durch Kompensation eines Seitenbandes)
quadrature voltage um 90° phasenverschobene Spannung f
quadrature voltage regulator m (Ee) Querregler
quadripole s. quadrupole
quadrivalence Vierwertigkeit f
quadrophony (Ak) Quadrophonie f
quadruple vierfach; Vierer...
quadruple bundle Viererbündel n
quadrupler Vervierfacher m

quadruplex vierfach; Vierfach..., Quadruplex...
quadruplex telegraph Quadruplextelegraf *m*
quadrupole Quadrupol *m*, Vierpol *m*
quadrupole aerial Quadrupolantenne *f*
quadrupole amplifier Quadrupolverstärker *m*, Vierpolverstärker *m*
quadrupole coupling Quadrupolkopplung *f*, Vierpolkopplung *f*
quadrupole transition Quadrupolübergang *m*
qualification Prüfung *f (von Messmitteln)*
quality 1. *(Qu)* Qualität *f*, Güte *f*; 2. Qualität *f*, Eigenschaft *f*, Beschaffenheit *f*
quality assurance *Qualitätssicherung *f*
quality assurance plan Qualitätssicherungsplan *m*, QS-Plan *m*
quality audit Qualitätsaudit *n*, Qualitätsrevision *f*
quality checking Qualitätsprüfung *f*
quality class Güteklasse *f*
quality conditions Gütebedingungen *fpl (z. B. für eine Regelung)*
quality control Gütekontrolle *f*, Qualitätskontrolle *f*
quality mark Gütezeichen *n*
quality of design Entwurfsqualität *f*
quality of lighting Beleuchtungsgüte *f*
quality specification Gütevorschrift *f*, Abnahmevorschrift *f*
quantity 1. Quantität *f*, Menge *f*; Anzahl *f*; Wert *m (z. B. einer physikalischen Größe)*; 2. (physikalische) Größe *f*; Größenart *f*
quantization Quantisierung *f*; Quantelung *f*
quantization effect *(Nrt)* Quantisierungseffekt *m*
quantizing Quantisierung *f*, Quantelung *f*
quantizing noise *(Nrt)* Quantisierungsgeräusch *n*
quantum amplifier Quantenverstärker *m*
quantum annihilation Quantenvernichtung *f*
quantum electronics Quantenelektronik *f*
quantum jump Quantensprung *m*

quantum noise Quantenrauschen *n*
quantum optics Quantenoptik *f*
quarter-inch microphone Viertelzollmikrofon *n*
quarter wave Viertelwelle *f*
quarter-wave aerial Viertelwellenantenne *f*, Lambda--Viertel-Antenne *f*
quarter-wave dipole *(Ko)* Viertelwellen--Dipol *m*, Lambda-Viertel-Dipol *m*, λ/4--Dipol *m*
quartz Quarz *m*
quartz condenser *(Licht)* Quarzkondensator *m*
quartz-controlled quarzgesteuert
quartz crystal Quarzkristall *m*
quartz crystal oscillator Quarzoszillator *m*
quartz fibre Quarzfaser *f*
quartz iodine headlamp Halogenscheinwerferlampe *f*
quartz iodine lamp Quarz-Iod-Lampe *f*; Halogenlampe *f*
quartz lamp Quarzglaslampe *f*
quartz spectrograph Quarzspektrograph *m*
quartz-stabilized quarzstabilisiert
quasi-associated signalling *(Nrt)* quasiassoziierte Zeichengabe *f*
quasi-free electron quasifreies Elektron *n*
quasi-harmonic system quasiharmonisches System *n (mit annähernd sinusförmigen Signalen)*
quasi-impulse noise Quasiimpulsrauschen *n*
quasi-optical quasioptisch
quasi-optical propagation quasioptische Ausbreitung *f*, Freiraumausbreitung *f (infolge größerer Wellenlänge andere Absorptions-, Beugungs- und Brechungseigenschaften als Licht)*
quasi-peak value Quasischeitelwert *m*; Quasispitzenwert *m*
quasi-peak voltmeter Quasischeitelwertspannungsmesser *m*
quasi-random sequence Quasizufallsfolge *f*, Pseudozufallsfolge *f*
quasi-r.m.s. detector Quasieffektivwertmesser *m*

quasi-r.m.s. rectifier
Quasieffektivwertgleichrichter *m*
quasi-stable quasistabil
quasi-stellar radio source Quasar *m*, (quasi-)stellare Radiostrahlungsquelle *f*
quench Quench *m (Zusammenbruch der Supraleitfähigkeit)*
quench capacitor Löschkondensator *m*
quenched spark gap Löschfunkenstrecke *f*
quenching 1. Löschen *n*, Löschung *f (Entladung)*; Auslöschung *f*, Tilgung *f (Lumineszenz)*; 2. Abschrecken *n (Metall)*
quenching choke Löschdrossel *f*
quenching circuit Löschkreis *m*
quenching coil Löschspule *f*
quenching frequency Pendelrückkopplungsfrequenz *f*
quenching gap Löschfunkenstrecke *f (z. B. bei Ableitern)*
quenching of earth fault Erdschlussbeseitigung *f*
quenching of self-oscillations Unterdrückung *f* von Selbstschwingungen
quenching pulse Löschimpuls *m*
query 1. *(Dat)* Abfrage *f*, Anfrage *f*; 2. *(Nrt)* Stationsaufforderung *f*
queue *(Dat, Nrt)* Warteschlange *f*; Wartefeld *n*
queued call *(Nrt)* Anruf *m* in der Warteschlange
queueing *(Dat, Nrt)* Bilden *n* einer Warteschlange; Warteschlangenbetrieb *m*
queueing circuit Warteschaltung *f*
queueing list Warteliste *f*
quick access schneller Zugriff *m*
quick-access memory Schnell(zugriffs)speicher *m*
quick-acting schnell wirkend
quick-break schnell öffnend *(z. B. Schalter)*
quick charge Schnellladung *f (Batterie)*
quick-connect tab connector Flachstreifenstecker *m*
quick connector Steckanschluss *m*
quick flashing light *(Licht)* Funkelfeuer *n (Taktfeuer)*
quick-make schnell schließend *(z. B. Schalter)*

quick make-and-break switch Momentschalter *m*
quick release Schnellunterbrechung *f*, sofortige Unterbrechung *f* [Trennung *f*]
quick repeat schnelle Wiederholung *f (schneller Bandrücklauf mit sofortigem Übergang auf Wiedergabe)*
quick response schnelles Ansprechen *n*
quick-start circuit Schnellstartschaltung *f (für Leuchtstofflampen)*
quick-start lamp Schnellstartlampe *f (sofort und ohne Flackern zündend)*
quiet arc ruhiger [ruhig leuchtender] Bogen *m*
quieting Geräuschdämpfung *f*; Schallisolierung *f*
quill drive *(Ma)* Hohlwellenantrieb *m*
quill shaft *(Ma)* elastische Hohlwelle *f*
quit *v* beenden *(ein Programm)*
quoted-printable quoted-printable *(Codierung, bei der nur einige Sonderzeichen speziell codiert werden, ASCII-Text bleibt erhalten)*

R

race track coil Zahnspule *f (bei Drehstrommaschinen)*
raceway 1. Leitungskanal *m*, Durchführungskanal *m*; 2. Laufbahn *f*
rack 1. Gestell *n*; Rahmen *m*; Einschubschrank *m*; 2. Zahnstange *f*
rack-and panel connector Kontaktleiste *f*, Steckkontaktleiste *f*
rack-and-pinion drive Zahnstangenantrieb *m*
rack frame Gestellrahmen *m*
rack mount Gestelleinbau *m*
radar *(Abk. für: radio detecting and ranging)* 1. Radar *n(m)*, Rückstrahlortung *f*, Funkortung *f*, *(veraltet)* Funkmesstechnik *f*; 2. Radar(gerät) *n*
radar absorber *(Fo)* Radarabsorber *m*
radar aerial Radarantenne *f*
radar altimeter *(Fo)* Radarhöhenmesser *m*
radar approach control equipment *(Fo)* Anfluglanderadar *n*
radar back-scatter *(Fo)* Radarrückstreuung *f*

radar beacon Radarbake f, Wiederholerbake f, Antwortbake f
radar beam Radarstrahl m
radar beam riding *(Fo)* Radarleitstrahllenkung f
radar command guiding *(Fo)* Radarkommandoführung f
radar contact *(Fo)* Radarkontakt m
radar-controlled radargesteuert
radar course fixing *(Fo)* Radarkursbestimmung f
radar coverage *(Fo)* Radarerfassungsgebiet n
radar deception *(Fo)* Radartäuschung f *(durch Scheinziele)*
radar detection *(Fo)* Radarerfassung f
radar display Radaranzeige f; Radarschirmbild n
radar-guided landing *(Fo)* radargeführte Landung f
radar homing *(Fo)* Radarzielanflug m
radar horizon *(Fo)* Radarhorizont m
radar identification *(Fo)* Radarerkennung f
radar image *(Fo)* Radarbild n
radar navigation *(Fo)* Radarnavigation f
radar observation *(Fo)* Radarbeobachtung f
radar range Radarreichweite f
radar ranging Radarentfernungsmessung f
radar screen Radarschirm m
radar set Radargerät n, Radaranlage f
radar sounding *(Fo)* Radarecholotung f
radar target *(Fo)* Radarziel n
radar tracking Radarzielverfolgung f
radarscope Radarbildschirm m
radarscope lamination *(Ma)* Radialblechung f
radarscope line system Sternleitungssystem n
radially magnetized radial magnetisiert
radian frequency Kreisfrequenz f, Winkelfrequenz f
radiance Strahl(en)dichte f, Strahlungsdichte f; spezifische Ausstrahlung f *[Lichtausstrahlung f]*
radiant *(Wä)* Strahlungsquelle f, Strahler m
radiant ceiling heating Decken(strahlungs)heizung f
radiant density s. radiance
radiant emittance spezifische Ausstrahlung f; Strahlungsemission(sstärke) f
radiant heat Strahlungswärme f, strahlende Wärme f
radiant heat exchange [interchange] Strahlungswärmeaustausch m, Wärmeaustausch m durch Strahlung
radiant heater Strahlungsheizkörper m, Strahlofen m
radiant lamp heater Trockenstrahler m; Lampenstrahler m, Hellstrahler m
radiant panel heating Flächen(strahlungs)heizung f, Heizung f durch Wandheizplatte
radiant reheat boiler *(An)* Strahlungskessel m mit Zwischenüberhitzung
radiate v ausstrahlen *(z. B. Licht, Wärme)*; strahlen, Strahlen [Strahlung] aussenden; abstrahlen; strahlenförmig ausgehen [aussenden]
radiated beam Richtstrahl m
radiated interference Störstrahlung f
radiated power Strahlungsleistung f, abgestrahlte Leistung f *(z. B. von Antennen)*
radiation Strahlung f; Ausstrahlung f, Abstrahlung f
radiation absorption Strahlungsabsorption f
radiation attenuation Strahlungsschwächung f
radiation attenuation coefficient Strahlungsschwächungskoeffizient m
radiation cone Strahlungskegel m
radiation cooling Strahlungskühlung f
radiation detector Strahlungsdetektor m, Strahlungsempfänger m, Strahlungsnachweisgerät n
radiation dosage [dose] Strahlungsdosis f, Strahlendosis f; Bestrahlungsdosis f
radiation excitation Strahlungsanregung f, Anregung f durch Strahlung *(z. B. eines Gases)*
radiation furnace Strahlungsofen m
radiation index *(Ak)* Abstrahlmaß n
radiation-induced strahlungsinduziert, strahlungserzeugt
radiation ionization Strahlungsionisation f, Ionisation f durch Strahlung *(z. B. eines Gases)*
radiation lobe Strahlungskeule f *(Antenne)*

radiation

radiation monitor Strahlungsüberwachungsgerät n, Strahlenwarngerät n

radiation pattern Strahlungsdiagramm n, Strahlungscharakteristik f, Richtkennlinie f *(Antenne)*; Abstrahlcharakteristik f

radiation probe Strahlungssonde f

radiation-proof strahlungsgeschützt, strahlensicher

radiation protection Strahlenschutz m

radiation safety Strahlungssicherheit f

radiation stove Strahlungsofen m

radiation temperature Strahlungstemperatur f

radiation thermometer Strahlungsthermometer n

radiation-tight strahlungsdicht

radiation transition Strahlungsübergang m

radiationless strahlungslos, strahlungsfrei

radiative capture Strahlungseinfang m

radiative loss Strahlungsverlust m

radiative recombination Strahlungsrekombination f

radiative transition Strahlungsübergang m

radiator 1. Strahler m; 2. *(Wä)* Strahlkörper m, Radiator m; Rippenheizkörper m; 3. Kühler m *(IEC 50-811)*

radiator column Heizkörperrippe f

radio 1. Rundfunk m; Funk m; 2. Rundfunkempfänger m, Rundfunkgerät n, Radio n

radio alert Funkbereitschaft f

radio amateur Funkamateur m

radio attenuation Funkdämpfung f

radio beacon Funkfeuer f, Funkbake f, Richtungssender m

radio beacon navigation *(Fo)* Funkfeuernavigation f

radio beam Funkleitstrahl m; Richtstrahl m

radio bearing Funkpeilung f; Peilwinkel m

radio broadcasting Rundfunkübertragung f

radio call Funkruf m

radio cell *(Ko)* Funkzelle f

radio clock Funkuhr f *(gesteuert vom Sender Mainflingen bei Frankfurt a.M.; Quelle: Atomuhr der Physikalisch Technischen Bundesanstalt; www.ptb.de)*

radio communication Funkverbindung f, drahtlose Verbindung f; Funkverkehr m

radio communications network *(Ko)* Funknetz n

radio compass Funkpeiler m, Funkkompass m

radio-controlled funkgesteuert, drahtlos gesteuert

radio-controlled clock Funkuhr f *(gesteuert vom Sender Mainflingen bei Frankfurt a.M.)*

radio detection Funkerfassung f, Funkmessung f

radio determination service Ortungsfunkdienst m

radio direction finder Funkpeilgerät n, Funkpeiler m, Radiopeilgerät n

radio disturbance Funkstörung f

radio engineering Funktechnik f; Rundfunktechnik f

radio facsimile set Bildfunkgerät n

radio fade-out *(Fs, Ko)* Funkloch n, Totalschwund m, Schwundausfall m *(im Kurzwellen- bis Dezimeterwellenbereich; bei GSM; durch Auslöschung oder Abschattung)*

radio-frequency hochfrequent; Hochfrequenz..., HF-...

radio frequency Hochfrequenz f, HF, Funkfrequenz f, Radiofrequenz f

radio-frequency alternating-current voltage Hochfrequenzwechselspannung f, HF--Wechselspannung f

radio-frequency amplifier Hochfrequenzverstärker m

radio-frequency channel, RF channel HF-Kanal m, Hochfrequenzkanal m

radio-frequency connection Hochfrequenzanschluss m

radio-frequency converter Hochfrequenzgenerator m, Hochfrequenzerzeuger m

radio-frequency identification Identifikation f mit Radiofrequenz

radio-frequency interference Hochfrequenzstörung f, HF-Störung Funkstörung f

radio-frequency interference suppression Hochfrequenzstörunterdrückung f

radio-frequency interference suppression filter Entstörfilter n
radio-frequency noise Hochfrequenzstörung f
radio-frequency susceptibility Hochfrequenzstöranfälligkeit f
radio-frequency telegraphy Hochfrequenztelegrafie f
radio-frequency transmission Hochfrequenzübertragung f
radio-frequency waves Funkwellen f, Hochfrequenzwellen f
radio ground station Bodenfunkstation f
radio guidance Funkleitung f, Funkführung f
radio homing Funkzielanflug m
radio horizon Funkhorizont m, quasioptischer Horizont m *(quasioptisch, da Funkwellenreichweite infolge größerer Wellenlänge als Licht durch Beugung und Brechung größer als LOS)*
radio interference Funkstörung f
radio interference suppression capacitor Funkentstörkondensator m
radio-interference suppression choke *Funkentstördrossel f
radio interference test method Störspannungsmessmethode f *(z. B. bei Teilentladungsmessungen)*
radio irradiation Rundfunkeinstrahlung f
radio LAN s. 1. wireless local area network; 2. radio local area network
radio link Funk(sprech)verbindung f, Funkübertragungsweg m, Funkbrücke f; Richtfunkstrecke f, Richtfunk(zubringer)linie f, Richtfunkverbindung f
radio link network Richtfunknetz n
radio local area network *(Nrt)* Funk-LAN n, drahtloses lokales Netz n *(siehe ALOHA-system und Wave LAN; nach IEEE-802.11b)*
radio mast Sendemast m
radio message Funkmeldung f, Funknachricht f, Funkspruch m
radio monitor Funküberwachungsgerät n
radio monitoring Funküberwachung f
radio mouse *(Dat)* Funkmaus f, kabellose Maus f, Computer-Funkmaus f

radio navigation Funknavigation f, Funkortung f
radio noise Funkstörung f, Funkstörungen fpl
radio noise suppression Funkentstörung f
radio PC-keyboard *(Dat)* Funk-PC-Tastatur f, kabellose PC-Tastatur f
radio picture Funkbild n
radio pirate Schwarzsender m
radio range 1. Funkbereich m, Funkreichweite f; 2. *(Fo)* Kursfunkfeuer n
radio range beacon *(Fo)* Mittelwellen-Kursfunkfeuer n
radio receiver Rundfunkempfänger m, Rundfunkgerät n, Radioapparat m, Radio n
radio relay transmission *(Nrt)* Richtfunkübertragung f
radio remote control Funkfernsteuerung f, Funkfernlenkung f
radio-screened hochfrequent abgeschirmt, funkentstört
radio service 1. Funkbetrieb m, Funkdienst m; 2. Rundfunkkundendienst m
radio set Funkapparat m, Funksender m, Funkeinrichtung f, Funkgerät n
radio shadow Funkschatten m, Empfangsloch n
radio shielding Abschirmung f, Störschutz m, Hochfrequenzabschirmung f
radio silence Funkstille f
radio sonde *(Ko)* Radiosonde f, Wettersonde f *(zur Höhenmessung meteorologischer Daten)*
radio sonde observation station *(Ko)* Radiosondenbeobachtungsstation f, Wettersondenempfangsstation f
radio-sounding technique Radiosondenverfahren n, Radiosondierung f
radio station Funkstation f
radio tower Funkturm m, Sende- und Empfangsantennenturm m, Antennenmast m *(für Radio, Fernsehfunk, Richtfunk und Mobilfunk)*
radio transmitter Rundfunksender m
radio tube Radioröhre f
radio wave propagation Radiowellenausbreitung f

radio weather broadcast station Wetterfunkstelle f

radio weather forecast Funkwettervorhersage f

radiogram 1. Funktelegramm n; Funkspruch m; 2. Röntgenaufnahme f, Röntgenbild n; 3. s. radiogramophone

radiogramophone Musiktruhe f, Radio--Phono-Gerät n

radiosonde Radiosonde f

radiotelegram Funktelegramm n, Radiotelegramm n

radiotelegraph v funken, drahtlos telegrafieren, telegrafisch übermitteln

radiotelegraphy Funktelegraf m

radiotelegraphy Funktelegrafie f, drahtlose Telegrafie f

radiotelephone v funksprechen, funktelefonisch übermitteln

radiotelephone Funkfernsprecher m, Funksprechgerät n

radiotelephone call Funkgespräch n

radiotelephony Funk(fern)sprechtechnik f, Funktelefonie f, drahtlose Telefonie f, Sprechfunk m, Funksprechen n

ragged picture (Fs) verzerrtes Bild n

rail vehicle *Schienenfahrzeug n

rail voltage Betriebsspannung f, Batteriespannung f, Speisespannung f

railing phenomenon Staketenphänomen n (Radarstörung)

railway converter Bahnumformer m (elektrische Zugförderung)

rain clutter (Fo) Reflexion f durch Regen; Regenstörung f (Radar)

rain echo Regenecho n (Radar)

rain-induced attenuation (Fs) Regendämpfung f, durch Regen bewirkte Dämpfung f (Dämpfungseinbrüche bei der Richtfunkübertragung)

rainproof regendicht, wasserdicht

raised zur zweiten Potenz, hoch zwei, zum Quadrat

RAM (Abk. für: random-access memory) RAM n, Schreib-Lese-Speicher m, Speicher m mit wahlfreiem Zugriff, Direktzugriffsspeicher m • **"RAM enable"** "RAM freigeben"

ramify v sich verzweigen, sich verästeln (z. B. ein Kriechweg auf einer Isolation)

ramp 1. *Rampe f, Flanke f; Dachschräge f (Impuls); 2. Anstiegsvorgang m

ramp function Rampenfunktion f, Beschleunigungsfunktion f, Hochlauffunktion f

ramp generator Sägezahngenerator m

ramp response Rampenantwort f, Anstiegsantwort f, Antwort f [Reaktion f] auf ein rampenförmiges Eingangssignal

random access (Dat) willkürlicher [zufallsverteilter, wahlfreier] Zugriff m

random access data memory Halbleiterdatenspeicher m mit wahlfreiem Zugriff, frei adressierbarer Schreib-/Lese-Datenspeicher m

random-access memory Speicher m mit wahlfreiem Zugriff, Direktzugriffsspeicher m, Schreib--Lese-Speicher m, RAM n

random-access programming Programmierung f für wahlfreien Zugriff, zugriffszeitunabhängige Programmierung f

random coil (Ma) Träufelspule f

random early detection, RED zufallsbasierte Früherkennung f (Strategie zur Überlast-Behandlung bei TCP)

random function Zufallsfunktion f, stochastische Funktion f

random generator Zufallsgenerator m (Gerät zur Erzeugung stochastischer Signale)

random hunting (Nrt) zufälliges Absuchen n, zufälliger Absuchvorgang m

random input signal regelloses Eingangssignal n

random jointing (Nrt) zufällige Verbindung f

random noise statistisches Rauschen n, Zufallsrauschen n

random number Zufallszahl f

random process Zufallsvorgang m, regelloser Vorgang m, stochastischer Prozess m

random program (Dat) Zufallsprogramm n

random sample test Stichprobenprüfung f

random sequence Zufallsfolge f

random sequence generator Zufallsfolgengenerator m (man

unterscheidet periodische Pseudo-Zufallsfolgen und echte Zufallsfolgen)
random test Stichprobe f
range 1. Bereich m, Umfang m; 2. Reichweite f, Entfernung f, Abstand m; 3. *(Mess)* Messbereich m, Skalenbereich m; 4. *(Nrt)* Band n, Durchlässigkeitsbereich m; Frequenzbereich m, Wellenbereich m; 5. Elektroherd m
range circle *(Fo)* Entfernungskreis m
range extender *(Nrt)* Reichweitenvergrößerer m
range finder Entfernungsmesser m, Distanzmesser m
range finding Entfernungsmessung f
range-height indicator *(Fo)* Entfernungs- und Höhenanzeiger m
range indicator, RI *(Fo)* Höhenschirm m, Entfernungsschirm m
range marker Entfernungsmessmarke f, Abstandskreis m
range potentiometer Messpotenziometer n *(Pegelschreiber)*
range prediction *(Fo)* Reichweitenvorhersage f
range reduction *(Laser)* Reichweitenverkürzung f
range resolution Entfernungsauflösungsvermögen n
range selection *(Mess)* Bereichswahl f
range straggling *(Laser)* Reichweitenstreuung f
range suppression *(Mess)* Nullpunktunterdrückung f, Bereichseinengung f
ranging *(Mess)* Skalenkontrolle f, Skaleneichung f
ranking Bewertungsfunktion f
rapid 1. rasch, schnell; 2. lichtstark *(Objektiv)*
rapid access *(Dat)* Schnellzugriff m
rapid autoreclosing cycle *(An)* Kurzunterbrechungszyklus m, Schnellwiedereinschaltzyklus m, automatischer Wiedereinschaltzyklus m, AWE-Zyklus m
rapid charging Schnellladung f *(Batterie)*
rapid control Schnellregelung f
rapid cooking pot *(Wä)* Schnellkochtopf m *(für Elektro-Herd)*
rapid photometer Schnellphotometer n

rapid printer *(Nrt, Dat)* Schnelldrucker m
rapid prototyping Rapid Prototyping n, schnelle Prototypherstellung n *(Verfahren zur Herstellung von Prototypen)*
rapid reclosing Schnellwiedereinschaltung f, automatische Wiedereinschaltung f, Kurzunterbrechung f *(einer Leitung)*
rapid thermal annealing *(Me)* Kurzzeitausheilung f, beschleunigte thermische Ausheilung f
rarefaction click *(Ak)* negativer Druckimpuls m, Klick m in negativer Richtung
raser *(Abk. für: radio wave amplification by stimulated emission of radiation)* Raser m *(Laser im HF-Bereich)*
raster *(Fs)* Raster n, Bildraster n
raster pattern Rastermuster m
raster plotter Rasterplotter m
raster scanning Raster(punkt)abtasten n
ratch Sperrklinke f
ratchet Schaltrad n, Sperrrad n
rate 1. Tarif m, Gebühr f; 2. Maß n, Verhältnis n; 3. Geschwindigkeit f; 4. Rate f, Anteil m, Menge f
rate action *(Rt)* Vorhaltwirkung f, Vorhalt m, D-Einfluss m
rate constant Geschwindigkeitskonstante f
rate feedback Geschwindigkeitsrückführung f, Vorhalt erzeugende Rückführung f *(bei der Lageregelung)*
rate of contouring travel Bahngeschwindigkeit f
rate of cooling Abkühl(ungs)geschwindigkeit f
rate of discharge Entladungsgeschwindigkeit f
rate of migration Wanderungsgeschwindigkeit f
rate of rise Anstiegsgeschwindigkeit f, Anstiegssteilheit f
rate of rise of off-state voltage Spannungsanstieg m in Durchlassrichtung
rate time *(Rt)* Vorhaltzeit(konstante) f, differenziale Zeitkonstante f *(z. B. Kennwert für Regler)*
rated bemessen [ausgelegt] sein; bewertet werden

rated alternating current Nennwechselstrom *m*
rated alternating voltage Nennwechselspannung *f*
rated at bemessen [ausgelegt] für
rated breakdown impulse voltage/ 100% 100%--Nenndurchschlagstoßspannung *f*
rated breaking capacity Nennausschaltleistung *f*
rated breaking current Nennausschaltstrom *m*, Ausschaltnennstrom *m*
rated burden Nennleistung *f*, Nennbürde *f* (bei Spannungswandlern)
rated continuous current Nenndauerstrom *m*
rated current on line side Bemessungsanschlussstrom *m*
rated direct current Nenngleichstrom *m*
rated duty Nennbetriebsart *f*, Nennbetrieb *m*
rated frequency Nennfrequenz *f*
rated impulse withstand voltage Nennstehstoßspannung *f*
rated life(-time) Nennlebensdauer *f*
rated lightning impulse-switching voltage Bemessungs-Schalt--Blitzstoßspannung *f*
rated load Nennlast *f*, Nennbelastung *f*
rated load torque Nenndrehmoment *n*
rated operating voltage *Bemessungsbetriebsspannung *f*
rated operational current Bemessungsarbeitsstrom *m*, Nennbetriebsstrom *m*
rated output Nennleistung *f*, Nennabgabe *f*
rated power Nennleistung *f*
rated quantity Nenngröße *f*
rated residual current Bemessungsfehlerstrom *m*
rated secondary current sekundärer Nennstrom *m*, Nennsekundärstrom *m*
rated short-circuit current Nennkurzschlussstrom *m*; thermischer Grenzstrom *m*
rated size Nenngröße *f*
rated speed Nenndrehzahl *f*
rated time Bezugszeit *f*
rated torque Nenn(dreh)moment *n*
rated uninterrupted current nicht abgeschalteter Nennstrom *m*
rated value Nennwert *m*, Sollwert *m*, *Bemessungswert *m*
rated voltage Nennspannung *f*, Bemessungsspannung *f*
rating 1. Nennwert *m*; Nennleistung *f*; Messbereichsendwert *m*; Messbereichsnennwert *m*; 2. Schätzung *f*; Bewertung *f*; Bemessung *f*
rating plate Leistungsschild *n*
ratings Betriebsdaten *pl*, Nennbedingungen *fpl*, Nenndaten *pl*; Leistungsangaben *fpl*
ratio arm Verhältnisarm *m*, Verhältniszweig *m* (einer Brückenschaltung)
ratio of amplitudes Amplitudenverhältnis *n*
rattling noise Rasselgeräusch *n*, Prasselgeräusch *n* (Elektronenröhren)
raw data (Dat) Rohdaten *pl*, unbearbeitete Ausgangsdaten *pl*
ray Strahl *m*
ray control Strahlsteuerung *f*
ray-control electrode Strahlregelelektrode *f*, Strahlsteuerelektrode *f*
ray deflection Strahl(en)ablenkung *f*
rayl Rayl *n* (SI-fremde Einheit der spezifischen Schallimpedanz; 1 Rayl = 10 Ns/m^3)
Rayleigh-Jeans equation rayleigh--jeanssches Strahlungsgesetz *n*
Rayleigh scatter(ing) Rayleigh--Streuung *f*
RC Widerstands-Kapazitäts-..., RC-...
RC active filter aktives RC-Filter *n*
RCD technique RCD-Technik *f*, Widerstands-Kondensator-Dioden--Technik *f*
RCT technique RCT-Technik *f*, Widerstands-Kondensator-Transistor--Technik *f*
re-zeroing Nullrückstellung *f*, Rückstellen *n* auf null
reactance Reaktanz *f*, Blindwiderstand *m*, Blindstandwert *m*
reactance coil Drossel(spule) *f*
reactance component Blindkomponente *f*
reactance diode Reaktanzdiode *f*
reactance drop Blindspannungsabfall *m*

reactance quadripole Reaktanzvierpol m, Blindvierpol m
reactance relay Reaktanzrelais n
reactance voltage Reaktanzspannung f, Blindspannung f, induktiver Spannungsabfall m
reaction amplifier Rückkopplungsverstärker m
reaction circuit Rückkopplungskreis m, Rückkopplungsschaltung f
reaction coil Rückkopplungsspule f
reaction coupling Rückkopplung f
reaction current *(Ch)* Reaktionsstrom m
reaction generator Reaktionsgenerator m
reaction impedance 1. *(Et)* Rückwirkungswiderstand m, übertragener Scheinwiderstand m; 2. *(Ch)* Reaktionsimpedanz f
reaction time Reaktionszeit f; Ansprechzeit f
reactive 1. reaktiv, rückwirkend; gegenwirkend; 2. *(Et)* Blind..., induktiv, um 90° nacheilend
reactive amperage (nacheilender) Blindstrom m
reactive coil Drosselspule f
reactive component Blindanteil m, Blindkomponente f
reactive current component Blindstromkomponente f
reactive current input Blindstromaufnahme f
reactive drop induktiver Spannungsabfall m [Abfall m]
reactive impedance Blindwiderstand m
reactive ion etching reaktives Ionenätzen n
reactive load Blindlast f, reaktive [induktive] Last f, induktive Belastung f
reactive power Blindleistung f
reactive power compensation [correction] Blindleistungskompensation f, Blindleistungsausgleich m
reactive voltage (induktive) Blindspannung f, induktiver Spannungsabfall m, Blindspannungsabfall m
reactor 1. *(Et)* Drossel(spule) f, Reaktanz(spule) f; Querdrosselspule f (bei Freileitungen); 2. Reaktor m, Kernreaktor m
reactor coil Drossel(spule) f

reactor containment Reaktorsicherheitshülle f
reactor control 1. *(Et)* Drosselregelung f; 2. Reaktorregelung f
reactor power 1. Reaktorleistung f, Leistung f des Reaktors; 2. Blindleistung f einer Spule
reactor start split-phase motor *(Ma)* Einphasenmotor m mit Anlaufdrosselspule und Drosselspule; Spaltpolmotor m mit Anlaufdrosselspule
read v (ab)lesen; abtasten, abfühlen; anzeigen (z. B. ein Messergebnis)
read v **back from storage** vom Speicher abrufen
read v **in** einlesen, einspeichern, eingeben (Daten)
read-after-write (check) *(Dat)* Kontrolllesen n, Prüflesen n
read amplifier Leseverstärker m
read cache *(Dat)* Lese-Pufferspeicher m, Lese-Cache m
read head Lesekopf m
read mode Lesebetrieb m, Lesen n
read-modify-write cycle *(Dat)* Lese--Modifizierungs-Schreib-Zyklus m
read only data memory nur lesbarer Halbleiterdatenspeicher m
read-only memory Nur-Lese-Speicher m, Fest(wert)speicher m, ROM n
read-out 1. Ablesen n, Ablesung f; 2. Auslesen n, Ausgabe f; Anzeige f (Speicher)
read-out amplifier Leseverstärker m
read-out store Auslesespeicher m, Fest(wert)speicher m
read-out unit Leseeinheit f, Abfühleinheit f
read track *(Dat)* Lesespur f
read-while-write gleichzeitiges Lesen und Schreiben n
read-write head (kombinierter) Lese--Schreib-Kopf m
read-write memory *(Dat)* Lese-Schreib--Speicher m
readability 1. Lesbarkeit f; 2. *(Nrt)* Verständlichkeit f; Verständigungsgüte f
reader 1. Lesegerät n, Leser m; 2. Lesekopf m
reading 1. Lesen n; 2. Ablesung f, Anzeige f; 3. Anzeigewert m; Messwert m, Skalenwert m

reading head Lesekopf m
reading rate [speed] Lesegeschwindigkeit f
ready-access terminal *(Nrt)* leicht zugängliche Endstelle f
ready for use gebrauchsfertig
ready lamp Bereitschaftslampe f
real 1. real, wirklich, echt, absolut; 2. reell *(z. B. Zahl, Bild)*
real address *(Dat)* reale [tatsächliche] Adresse f
real component Wirkkomponente f, reelle Komponente f; Realkomponente f, X *(Realteil einer komplexen Größe Z = jY, $\Re\{Z\} = X$)*
real current Wirkstrom m
real part Realteil m
real power Wirkleistung f
real-space transfer device Realraumübergangs(bau)element n
real stimulus 1. *(Licht)* realer Reiz m; 2. reale Valenz f *(Farbmetrik)*
real-time computation Echtzeitrechnung f
real-time crossfade Echtzeitüberblendung f
real-time data processing Echtzeitdatenverarbeitung f
real-time effect Echtzeiteffekt m
real-time execution *(Dat, Rt)* Echtzeitausführung f
real-time frequency range Echtzeitfrequenzbereich m, Frequenzbereich m für Echtzeitverarbeitung
real-time graph Echtzeitdiagramm n, Diagramm n [Kurve f] in Echtzeitdarstellung
real-time narrow-band analyzer *(Ak)* Echtzeit-Schmalbandanalysator m
real-time operation Echtzeitbetrieb m, Echtzeitoperation f
real-time processing *(Dat, Rt)* Echtzeitverarbeitung f, Echtzeitbetrieb m
real-time programming *(Dat)* Echtzeitprogrammierung f
real-time simulation Echtzeitnachbildung f
real-time simulator Echtzeitsimulator m
real value 1. *(Mess)* Istwert m, tatsächliche Größe f; 2. reeller Wert m
reamplify v wieder [noch einmal] verstärken

reboot v *(Dat)* neu laden *(den PC z. B. nach Absturz oder Fehlbootung)*
rebroadcast v 1. nochmals senden [übertragen], (eine Sendung) wiederholen; 2. über Relais(stationen) senden
recalibrate v nacheichen
recalibration Nacheichung f
recall *(Nrt)* Wiederanruf m, wiederholter Anruf m
receipt v quittieren, den Empfang bestätigen
receive v 1. erhalten; 2. *(Nrt)* empfangen; 3. aufnehmen *(z. B. Lichtimpulse)*
receive channel Empfangskanal m
receive end Empfangsseite f
receive line Empfangsleitung f
receive modem Empfangsmodem m
receiver *(Nrt)* Empfänger m, Empfangsgerät n; Rundfunkempfänger m; Hörer m, Fernhörer m
receiver address Empfängeradresse f
receiver calibration Empfängereichung f
receiver earpiece *(Nrt)* Hör(er)muschel f
receiver failure Empfängerausfall m
receiver off hook *(Nrt)* abgehobener Hörer m
receiver on hook *(Nrt)* aufgelegter Hörer m
receiver response time Ansprechzeit f [Trägheit f] eines Empfängers
receiving *(Dat)* Empfang m
receiving aerial Empfangsantenne f
receiving area map *(Ko)* Empfangsgebietskarte f
receiving bandwidth Empfangsbandbreite f
receiving conditions Empfangsbedingungen fpl, Empfangsverhältnisse npl
receiving converter Empfangskonverter m *(z. B. von Phasen- auf Amplitudenmodulation)*
receiving end Empfangsseite f
receiving equipment Empfangseinrichtung f
receiving horn Empfangstrichter m
receiving sensitivity *(Nrt)* Empfangsempfindlichkeit f
receiving set *(Nrt)* Empfangsgerät n; Empfänger m; Empfangssatz m

receiving terminal *(Nrt)* Empfangsgerät n; Empfangsendstelle f

receiving valve Empfängerröhre f, Empfangsröhre f

receptacle 1. Steckerloch n, Steckdose f, Steckbuchse f; Fassung f; 2. Behälter m, Gefäß n

recepted signal *(Nrt)* empfangenes Signal n

reception Empfang m; Aufnahme f

reception coverage *(Nrt)* Empfangsbereich m

reception diagram Empfangs(antennen)diagramm n

recharge Wieder(auf)ladung f *(Sammler)*, Umladung f

rechargeable wiederaufladbar

rechargeable cell [wieder]aufladbare Batterie n, [wieder]aufladbares Element n, Akku m

reciprocal bearing *(Fo)* entgegengesetzte Peilung f

reciprocal ohm Siemens n, S *(SI-Einheit des elektrischen Leitwerts; 1 S = 1 A/V)*

reciprocal value Kehrwert m, reziproker Wert m

recirculating umlaufend

recirculating memory Umlaufspeicher m

reclosure Wiedereinschaltung f

recoding Recodierung f, Umschlüsselung f

recognition Erkennung f, Wiedererkennen n

recognition duration *(Dat, Nrt)* Erkennungsdauer f

recognition function *(Dat)* Erkennungsfunktion f

recognize v 1. (wieder)erkennen; 2. anerkennen, gelten lassen

recoil Rückstoß m, Rückprall m

recoilless rückstoßfrei

recombination Rekombination f, Wiedervereinigung f

recombination kinetics Rekombinationskinetik f

recombination level Rekombinationsniveau n

recommendation (of a standardization institution) Empfehlung f (mit Standard-Charakter)

reconstruction 1. Umbau m; Wiederherstellung f; 2. *(Nrt)* Rückgewinnung f *(z. B. eines Signals)*

reconstruction filter Glättungsfilter n [Tiefpass m] hinter Digital-Analog--Umsetzer

record v aufzeichnen, (auf)schreiben, eintragen, registrieren, aufnehmen; mitschneiden; aufsprechen *(auf Band)*; speichern *(Daten)*

record 1. Aufzeichnung f, Eintragung f, Registrierung f; 2. (beschriebener) Registrierstreifen m, Schrieb m; gespeicherte Information n, Datensatz m; Tonaufnahme f, Aufnahme f; Mitschnitt m; Schallplatte f

record amplifier *(Dat)* Schreibverstärker m

record blank (unbespielte) Schallplattenmatrize f

record count Satzzählung f

record current *(Dat)* Schreibstrom m

record deck Plattenspieler m *(mit Verstärker)*

record groove Tonrille f

record head Schreibkopf m; Aufnahmekopf m, Aufzeichnungskopf m

record player Plattenspieler m

record-repeat head (kombinierter) Aufnahme- und Wiedergabekopf m, Hör-Sprech-Kopf m

record turntable Plattenteller m

recordable CD bespielbare [beschreibbare] CD f

recorded announcement *(Nrt)* Bandansage f

recorded broadcast Wiedergabe f einer Aufzeichnung, Übertragung f vom Band

recorder 1. Aufzeichnungsgerät n, Schreibgerät n, Schreiber m; Registriergerät n; Mess(wert)schreiber m, Zähler m; 2. *(Nrt)* Schreiber m, Schreibtelegraf m

recorder connection Schreiberanschluss m

recorder mechanism Schreibermechanismus m

recording 1. Aufzeichnung f, Eintragung f, Registrierung f, Schreiben n; Aufnahme f; Mitschnitt m; 2. *(Dat)* Speicherung f

recording density Aufzeichnungsdichte

recording

f, Schreibdichte f; Speicherdichte f *(Magnetband)*

recording device Registrierapparat m, Registriereinrichtung f

recording error Registrierfehler m

recording frequency response Aufnahmefrequenzgang m, Aufzeichnungsfrequenzgang m

recording head Aufnahmekopf m, Aufzeichnungskopf m

recording instrument Registriergerät n, registrierendes Messinstrument n, Messschreiber m, Schreiber m

recording jet *(Dat)* Schreibstrahl m

recording paper Registrierpapier n, Schreiberpapier n

recording playback head (kombinierter) Aufnahme- und Wiedergabekopf m, Hör-Sprech-Kopf m

recording speed Registriergeschwindigkeit f, Aufzeichnungsgeschwindigkeit f, Schreibgeschwindigkeit f

recording technique Aufzeichnungsverfahren n

recording track Aufzeichnungsspur f, Schreibspur f

recording unit 1. *(Rt)* Registrierglied n; 2. *(Nrt)* Streifenschreiber m

recovery 1. Wiedergewinnung f, Rückgewinnung f, Wiederherstellung f; Regenerierung f; 2. *(Me)* Erholung f *(Abbau überschüssiger Ladungsträger)*

recovery effect Erholungseffekt m

recovery procedure Rückstellvorgang m, Wiederherstellung f, Regenerierungsprozedur f *(Datenkommunikation)*

recovery rate Erholungsgeschwindigkeit f

recovery strength Wiederverfestigung f *(in Gasentladungsstrecken)*

recovery time 1. *(Et)* Erholungszeit f, Abklingzeit f, Rückkehrzeit f, (innere) Totzeit f; Entionisierungszeit f *(bei Gasentladungsröhren)*; 2. *(Me)* Sperrverzögerung f, Verzögerungszeit f; Freiwerdezeit f

recovery voltage wiederkehrende Spannung f, Wiederkehrspannung f; Erholungsspannung f

rectangular rechtwinklig; rechteckig, rechteckförmig

rectangular pulse generator Rechteckimpulsgeber m

rectangular push button rechteckiger Druckknopf m *(beim Drucktastenvorsatz)*

rectangular wave Rechteckwelle f *(Folge von Rechteckimpulsen)*

rectangular waveguide mode *(Nrt)* Rechteckhohlleiter-Mode f

rectangular wire Rechteckdraht m

rectification 1. Gleichrichtung f; 2. Entzerrung f *(z. B. eines spektrographisch bestimmten Linienprofils)*

rectified alternating current gleichgerichteter Wechselstrom m *(ungesiebt)*

rectified average Betragsmittelwert m *(Wechselgröße)*

rectifier Gleichrichter m; elektrisches Ventil n

rectifier anode Gleichrichteranode f

rectifier circuit Gleichrichterschaltung f

rectifier inverter Wechselrichter m

rectifier requirement *Anforderung f an Gleichrichter

rectifier stack Gleichrichterblock m, Gleichrichtersäule f

rectifier technique Stromrichtertechnik f

rectifier transformer Gleichrichtertransformator m

rectifier tube Gleichrichterröhre f

rectifier unit Gleichrichtereinheit f

rectifier valve Gleichrichterventil n

rectify v 1. gleichrichten; 2. entzerren *(z. B. ein spektrographisch bestimmtes Linienprofil)*; 3. korrigieren, berichtigen; richtig einstellen *(z. B. ein Instrument)*

rectify v junction gleichrichtende Verbindung f, gleichrichtender Übergang m

rectify v valve Gleichrichterventil n

rectilinear scanning *(Fs)* Streifenabtastung f

recuperation Rückgewinnung f, Wiedergewinnung f; Nutzbremsung f

recursive digital filter rekursives Digitalfilter n

recursive program rekursives

Programm n *(sich selbst aufrufendes Programm)*
recycle time Wiederaufladezeit f *(Blitzgerät)*
RED s. random early detection
red-eye reduction *(Ko)* Rote-Augen--Reduzierung f *(bei Kameras durch Vorblitz; bei Digitalbildern durch spezielle Bildbearbeitungsprogramme)*
redesign Neuentwurf m; Entwurfswiederholung f
redial key *(Nrt)* Wahlwiederholtaste f
redialling Wahlwiederholung f
reduce v **charge** (elektrische) Ladung abführen
reduce v **damping** entdämpfen, die Dämpfung herabsetzen
reduced instruction set eingeschränkter [verminderter] Befehlssatz m
reduced kilovolt-ampere tap Unterspannungsabschluss m *(beim Transformator)*
reduced sampling reduziertes Abtasten n
reduced scale verkleinerter Maßstab m
reducing adapter Reduzierstück n; Zwischenstück n, Zwischenstecker m
reducing gears Untersetzungsgetriebe n
reducing joint Reduzierverbindung f
reducing transformer Abwärtstransformator m, Reduziertransformator m
reduction discharge agent *(Galv)* Reduktionsätzmittel n
reduction factor Verkleinerungsfaktor m
reduction ratio Untersetzungsverhältnis n
reduction socket Reduzierfassung f, Übergangsfassung f
reduction valve Reduzierventil n, Druckminder(ungs)ventil n
redundancy Redundanz f, Weitschweifigkeit f *(Informationstheorie)*; Überflüssigkeit f
redundancy check Redundanzkontrolle f, Redundanzprüfung f
redundancy reduction Redundanzreduktion f, Redundanzverminderung f
redundancy system Redundanzsystem n

redundant redundant, weitschweifig; überschüssig, überzählig
redundant array of independent disks, RAID redundante Anordnung f unabhängiger Festplatten *(RAID 0... 5...)*
redundant system redundantes System n
reed Schaltzunge f, Kontaktzunge f *(Reed-Relais)*; Zunge f *(beim Zungenfrequenzmesser)*
reed contact Reed-Kontakt m, Schutzgaskontakt m, Zungenkontakt m *(im Schutzrohr)*
reed relay Reed-Relais n, Zungenrelais n, Trockenzungenrelais n, Schutzrohrkontaktrelais n
reed switch Reed-Schalter m, Zungenschalter m
reed tachometer Zungendrehzahlmesser m
reel 1. Spule f, Rolle f, Wickel m, Bandwickel m; 2. Bandteller m
refactoring Refaktorisierung f *(Strukturverbesserung bei Software)*
reference absorption *(Ak)* Bezugsabsorption(sfläche) f
reference accelerometer Normal(beschleunigungs)aufnehmer m, Bezugsaufnehmer m
reference axis Bezugsachse f
reference bit Referenzbit n, Bezugsbit n
reference cell Bezugszelle f, Bezugselement n
reference clock Bezugstaktgeber m
reference counter *(Dat)* Referenzzähler m
reference distortion *(Nrt)* Bezugsverzerrung f
reference electrode Bezugselektrode f
reference element Bezugselement n
reference frequency Bezugsfrequenz f, Vergleichsfrequenz f
reference grid Bezugsraster m, Rastermaß n; Bezugsgitter n
reference line 1. Bezugslinie f; 2. *(Nrt)* Vergleichsleitung f
reference noise Bezugsrauschwert m
reference quantity *(Mess)* Bezugsgröße f
reference range *(Mess)* Bezugsbereich m
reference record Bezugsdaten pl

reference signal *(Rt)* Bezugssignal n, Führungsgröße f
reference standard *(Mess)* Referenznormal n, Sekundärnormal n
reference tape Bezugsband n
reference target *(Me)* Bezugsmarke f
reference telephone [telephonic] power Fernsprechbezugsleistung f
reference time Bezugszeit f, Ausgangszeit f
reference tone *(Ak)* Bezugston m, Normalton m, Eichton m
reference track Bezugsspur f
reference user guide Gebrauchsanweisung f
reference value 1. Bezugswert m; 2. *(Rt)* Führungsgröße f, Sollwert m
reference voltage Referenzspannung f, Bezugsspannung f, Vergleichsspannung f; Eichspannung f
reference volume Bezugslautstärke f, Bezugspegel m
reflectance Reflexionsgrad m; Reflexionsvermögen n
reflectance attachment Remissionsansatz m *(bei einem Spektrophotometer)*
reflected code *(Dat)* reflektierter Code m
reflected image Spiegelbild n
reflected ray reflektierter [rücklaufender] Strahl m
reflected wave 1. reflektierte [rücklaufende] Welle f, Reflexionswelle f; 2. *(Fo)* Echowelle f
reflecting reflektierend, spiegelnd; Reflexions..., Spiegel...
reflecting effect Reflexwirkung f; Spiegelwirkung f
reflecting electrode Bremselektrode f *(braunsche Röhre)*
reflecting galvanometer Spiegelgalvanometer n, Lichtmarkengalvanometer n
reflection Reflexion f, Rückstrahlung f; Spiegelung f
reflection error Reflexionsfehler m, Echofehler m
reflection filter Reflexionsfilter n
reflection-free reflexionsfrei
reflection gain *(Nrt)* Feldstärkegewinn m durch rückwärtige Ausblendung
reflection interference *(Fs)* Reflexionsstörung f

reflection paramagnetic maser amplifier paramagnetischer Reflexionsquantenverstärker m
reflector Reflektor m, Rückstrahler m; Spiegel m
reflector aerial Spiegelantenne f
reflector fitting Reflektorleuchte f, Spiegelleuchte f
reflector fluorescent luminaire Leuchte f für Reflektorleuchtstofflampen
reflector grid Reflektorgitter n
reflex 1. Reflex m; Lichtreflex m; 2. Spiegelbild n
reflow soldering *(Me)* Aufschmelzlöten n
refracting (strahlen)brechend; lichtbrechend
refraction Brechung f, Strahlenbrechung f, Refraktion f
refraction of sound Schallbrechung f
refractor *(Licht)* Refraktor m, Lichtbrechungskörper m *(für die Änderung der räumlichen Lichtverteilung einer Lichtquelle mit Hilfe brechender Medien)*
refractory material feuerfestes Material n; schwer schmelzbares Material n
refresh *(Dat)* Auffrischen n *(von dynamischen Speichern)*
refrigerating agent Kühlmittel n, Kältemittel n, Kältemedium n
refrigerating apparatus Kühlvorrichtung f
refrigerating machine Kältemaschine f
refrigeration 1. Kühlung f, Abkühlung f; Tiefkühlung f; 2. Kälteerzeugung f
refrigerator 1. Kältemaschine f; Kälteanlage f, Kühlanlage f; 2. Kühlschrank m
refused call *(Nrt)* abgelehnte Verbindung f
refused call request *(Nrt)* zurückgewiesene Verbindungsanforderung f
regenerate v 1. regenerieren, wiedergewinnen; 2. rückkoppeln, mitkoppeln
regeneration 1. Regenerieren n, Regeneration f; 2. Rückkopplung f; positive Rückführung f; 3. Entzerrung
regenerative 1. regenerierend, regenerativ; 2. rückkoppelnd; Rückkopplungs...

regenerative braking Nutzbremsung f, Rückstrombremsung f *(elektrische Zugförderung)*
regenerative feedback *(Rt)* Rückkopplung f, Mitkopplung f; positive Rückführung f, Rückführung f ohne Vorzeichenumkehr
regenerative receiver Rückkopplungsempfänger m
region Bereich m, Gebiet n, Zone f
region of operation Arbeitsbereich m *(Relais)*
region of phase Phasenbereich m
regional broadcasting station Bezirkssender m *(Rundfunk)*
register v 1. registrieren, eintragen, aufzeichnen; erfassen; 2. *(Me)* zur Deckung bringen *(Maskentechnik)*
register 1. Register n, Verzeichnis n; 2. Registriervorrichtung f, Zählwerk n, Zähler m; 3. Speicher m, Register n *(Wortspeicher)*; 4. *(Me)* Deckungsgenauigkeit f, Deckungsgleichheit f *(Maskentechnik)*
register addressing Registeradressierung f
register and arithmetic-logic unit Register n und Arithmetik-Logik--Einheit f, Register-Arithmetik-Logik--Einheit f, RALU *(eines Mikrorechners)*
register array Speichermatrix f
register controller *(Nrt)* Steuerschalter m
register finder *(Nrt)* Registerwähler m, Registersucher m
registered address *(Nrt)* Kurzanschrift f
registering 1. Zählung f; 2. Aufzeichnung f *(z. B. von Messwerten)*
registration 1. Registrierung f, Eintragung f; Erfassung f; 2. *(Me)* Deckung(sgleichheit) f, Deckungsgenauigkeit f, Übereinstimmung f *(Maskentechnik)*; 3. *(Fs)* Farbdeckung f
regression analysis Regressionsanalyse f
regulated circuit geregelter Stromkreis m
regulated quantity *(Rt)* Stellgröße f
regulated unit *(Rt)* Stellglied n *(Eingang der Regelstrecke)*
regulating amplifier Regelverstärker m
regulating circuit Regelschaltung f

regulating device Regeleinrichtung f, Regelgerät n
regulating element *(Rt)* Stellglied n
regulating quality Regelgüte f
regulating range Regelbereich m
regulating unit 1. Regelgerät n, Regeleinheit f; 2. Stellglied n
regulation 1. Regelung f, Regulierung f; Einstellung f; 2. Anordnung f, Betriebsvorschrift f
regulator Regler m; Regeleinrichtung f
rehearsal room *(Ak)* Probenraum m, Probensaal m
reheating Wiedererwärmen n; Wiedererhitzung f; Zwischenüberhitzung f
reignition Nachzündung f, Wiederzündung f, Rückzündung f
reinforced insulation verstärkte Isolierung f
rejection Verwerfen n, Ablehnen n, Abweisung f; Sperrung f, Unterdrückung f
rejection band verbotenes Band n
rejection circuit Sperrschaltung f, Sperrkreis m
relative address *(Dat)* relative [bezogene] Adresse f
relative addressing *(Dat)* relative Adressierung f, Relativadressierung f
relative bearing *(Fo)* Bezugspeilung f, Seitenpeilung f
relative control range bezogener Regelbereich m
relative cyclic duration factor Einschaltdauer f
relative equivalent *(Nrt)* relative Bezugsdämpfung f
relative gain relativer Antennengewinn m, relative Verstärkung f *(Antenne)*
relative harmonic content Klirrfaktor m, Oberschwingungsgehalt m
relative hue *(Licht, Fs)* bezogene Farbe f *(Farbe, die durch Kontrast entsteht)*
relative permeability relative Permeabilität f, Permeabilitätszahl f
relative permittivity relative Dielektrizitätskonstante f
relative short-circuit voltage (bezogene) Kurzschlussspannung f *(Trafo)*
relaxation amplitude Kippamplitude f
relaxation circuit Kippkreis m

relaxation oscillation Kippschwingung f, Relaxationsschwingung f
relaxation scanning Kippablenkung f
relay 1. Relais n; 2. (Rt) Zweipunktglied n
relay armature gap Relais(anker)luftspalt m
relay armature hesitation Relais(anker)verzögerung f
relay characteristic with dead zone Relaiskennlinie f mit Totzone [Unempfindlichkeitszone]
relay coil dissipation Relaisspulenverluste mpl
relay coil resistance Relaisspulenwiderstand m
relay duty cycle Relaisbetriebszyklus m
relay freezing Relaiskleben n, Kleben n des Relais
relay hum Relaisgeräusch n
relay-operated relaisbetätigt
relay-operated controller Relaisregler m
relay rack Relaisgestell n
relay reception Ballempfang m
relay screen Relaisschirm m
relay shutter Relaisklappe f
relay store Relaisspeicher m
relay stud Relaisstift m
relay with dead band Relais n mit Totzone
release v 1. rücksetzen (Relais); auslösen; freigeben, freisetzen; loslassen (Taste); 2. abfallen (Relais)
release v **gases** Gase abgeben (Elektroden)
release v **secondary electrons** (Me) Sekundärelektronen auslösen
release 1. Auslösung f, Freigabe f, Freischaltung f; Freiwerden n, Ablösung f, Freisetzung f; 2. Abfall m (eines Relais); 3. Auslösekontakt m, Auslöser m
release button Auslöseknopf m, Rastknopf m
release circuit (Dat) Freigabeschaltung f
release contact Auslösekontakt m
release current Auslösestrom m; Abfallstrom m (Relais)
release force Auslösekraft f
release guard (Nrt) Eigensperrung f
release key Auslösetaste f
release point Ausschaltpunkt m, Rückschaltpunkt m
release time 1. Auslösezeit f; Ausregelzeit f; Rückkehrzeit f; 2. Abfallzeit f (Relais)
releasing 1. Auslösen n, Freigabe f; 2. Abfallen n (Relais)
releasing delay (Nrt) Auslösedauer f
releasing key Freigabetaste f
reliability Zuverlässigkeit f; Betriebssicherheit f, Funktionssicherheit f
reliable zuverlässig; betriebssicher, funktionssicher
relieving anode Hilfsanode f, Ableitanode f
relighting Neuausleuchtung f
reluctance Reluktanz f, magnetischer Widerstand m
reluctance motor Reluktanzmotor m
reluctance pick-up (Mess) induktiver Aufnehmer m
reluctance torque synchrones Drehmoment n
remainder 1. Restglied n, Rest m (Mathematik); 2. (An) Restabnehmer m (verbleibender Abnehmer nach einer Störung)
remanence Remanenz f, remanente [zurückbleibende] Magnetisierung f
remanent remanent, zurückbleibend
remanent flux density remanente [magnetische] Induktion f, Restflussdichte f, Remanenz f, remanente Kraftlinienzahl f
remanent magnetic field remanentes Magnetfeld n
remote entfernt; Fern...; Tele...; rechnerfern
remote (AE) Außenaufnahme f, Außenübertragung f (Rundfunk, Fernsehen)
remote acquisition Fernerfassung f
remote communication Telekommunikation f, Nachrichtenfernübertragung f
remote-control v fernlenken
remote control Fernsteuerung f; Fernbedienung f; Fernlenkung f; Fernregelung f
remote-controlled ferngesteuert; fernbedient, ferntätigt; ferngelenkt
remote data processing Datenfernverarbeitung f
remote data transmission Datenfernübertragung f
remote debugging Fernfehlersuche f

remote diagnosis *(Mess)* Ferndiagnose f

remote display Fernanzeige f

remote fault diagnosis *(Nrt)* Fernfehlerdiagnose f *(vom Operations- und Wartungszentrum aus)*

remote feeding *(Nrt)* Fernspeisung f

remote inquiry *(Nrt)* Fernabfrage f *(von Anrufbeantwortern)*

remote method invocation, RMI entfernter Methodenaufruf m *(Element der Java-Technologie)*

remote monitoring, RMON Fernüberwachung f, entfernte Überwachung f

remote-operated fernbedient, fernbetätigt

remote operation service elements, ROSE Dienstelemente npl für entfernte Operationen *(ISO/OSI- -Komponente)*

remote pick-up Fernmessgeber m

remote position indicator Stellungsfernmelder m, Stellungsfernanzeiger m, Positionsfernanzeiger m

remote subscriber *(Nrt)* Gesprächspartner m, verbundener Teilnehmer m

remote-switch v fernschalten

remote vehicle diagnostics Fahrzeugferndiagnose f *(Automobiltechnik)*

remotely controlled ferngesteuert; fernbedient, fernbetätigt

removable disk *(Dat)* Wechselplatte f

remove v entfernen, beseitigen; ausbauen

rename v umbenennen

render v 1. machen; 2. wiedergeben *(z. B. Farben)*; 3. zurückwerfen *(Echo)*

rendition Wiedergabe f *(z. B. von Farben)*

renewal element Auswechselelement n

rented circuit *(Nrt)* Mietleitung f

reopen v neu eröffnen *(z. B. Dateien)*

reopen duration Reparaturdauer f

reopen part Ersatzteil n

repeat a message *(Nrt)* ein Gespräch vermitteln

repeat accuracy Wiederholgenauigkeit f

repeat key Wiederholtaste f

repeatability Wiederholbarkeit f, Reproduzierbarkeit f

repeated call *(Nrt)* wiederholter Verbindungsversuch

repeated-until-acknowledged signal *(Nrt)* bis zur Quittung wiederholt gesendetes Zeichen n

repeater 1. *(Nrt)* Verstärker m, Repeater m, Zwischenverstärker m, Relaisstelle f *(einer Richtfunkverbindung)*; Impulswiederholer m; 2. *(Ap)* Stellungsrückmelder m

repeater circuit Verstärkerschaltung f

repeater input Verstärkereingang m

repeater output Verstärkerausgang m

repeater section length Verstärkerfeldlänge f

repeater spacing [span] Repeaterabstand m, Verstärkerabstand m

repeater unit Verstärkersatz m, Verstärkereinheit f

repeating bell push *(Nrt)* Ruftaste f mit Rücksignal, Rücktastenglocke f

repeating centre *(Nrt)* Knotenamt n

repeating office Übertragungsamt n

reperforator Empfangslocher m, Lochstreifenempfänger m

repertory dialer *(Nrt)* Speicherwähleinrichtung f; Rufnummerngeber m

repetition action Repetitionsmechanik f *(Tasteninstrument)*

repetition frequency Folgefrequenz f *(z. B. bei Teilentladungen)*; Pulsfolgefrequenz f, Wiederholungsfrequenz f, Tastfrequenz f

repetition instruction Wiederholungsbefehl m

repetition key *(Nrt)* Wahlwiederholtaste f *(wiederholte Wahl der zuletzt angerufenen Nummer)*

repetition pattern *(Me)* Wiederholstruktur f

repetition peak forward current wiederkehrender Spitzendurchlassstrom m

repetition peak off-state voltage periodische Spitzensperrspannung f, wiederkehrende Spitzenspannung f in gesperrtem [nicht geschaltetem] Zustand

repetition peak on-state current

repetition 	 310

wiederkehrender Spitzendurchlassstrom m, wiederkehrende Spitzeneinschaltstrom m
repetition peak power loss wiederkehrende Spitzenverlustleistung f
repetition peak reverse voltage (negative) Spitzensperrspannung f
repetition peak reverse-voltage rating Nennspitzensperrspannung f
repetition probability Wiederholungswahrscheinlichkeit f
repetition rate 1. Wiederholungsfrequenz f, Impulsfolgefrequenz f *(z. B. bei Teilentladungen)*; Taktfrequenz f *(z. B. bei der Abtastung)*; 2. *(Nrt)* Rückfragehäufigkeit f
replay amplifier Wiedergabeverstärker m
replay head Wiedergabekopf m
replica Kopie f, Nachbildung f, Abdruck m
reply 1. Antwort f; 2. *(Nrt)* Rückmeldung f
report call *(Nrt)* Abfrageruf m
report charge *(Nrt)* Benachrichtigungsgebühr f
repository Behälter m, Lager n, Fundgrube f, Archiv n *(Funktion in Computerprogrammen zur Speicherung wieder abrufbarer Daten)*
represent v **vectorially** vektoriell darstellen
representation Darstellung f *(grafisch)*
reproduction 1. Reproduktion f, Wiedergabe f; Vervielfältigung f; 2. Nachbildung f
reproduction accuracy *(Me)* Kopiergenauigkeit f
reproduction of sound Tonwiedergabe f
reproduction scale Abbildungsmaßstab m
reproduction set Wiedergabegerät n
reprogrammable read-only memory umprogrammierbarer Festwertspeicher m, wiederprogrammierbares ROM n
repulse excitation Stoßanregung f
repulsion(-induction) motor Repulsionsmotor m
request *(Dat, Nrt)* Anforderung f, Aufforderung f; Anfrage f, Rückfrage f

request apparatus *(Nrt)* Rückfrageeinrichtung f
request button *(Nrt)* Rückfrageknopf m
reradiation Rückstrahlung f; Wiederausstrahlung f, Wiederabstrahlung f
reradiator *(Nrt)* Rückstrahler m
rerecord v umspielen, überspielen, umschneiden *(Magnetband)*
rerecording Umschnitt m, Kopie f *(Magnetband)*
rering *(Nrt)* Nachrufen n
rescale v neu skalieren
reserve Reserve f; Ersatz m
reserve circuit *(Nrt)* Reserveleitung f
reserve part Ersatzteil n
reservoir Staubecken n, Speicherbecken n *(Talsperre)*
reset Rücksetzung f, Rückstellung f; Löschung f *(Zähler)*
reset button Rückstellknopf m; Löschtaste f
reset contact *(Dat)* Löschkontakt m
reset input Rücksetzeingang m; Löscheingang m
reset request Rücksetzanforderung f
reset-set flip-flop Rücksetz-Setz--Flipflop n
reset signal *(Dat)* Rücksetzsignal n, Resetsignal n
resetting device Rückstellvorrichtung f; Rückgangssperre f
resetting input Löscheingang m
resetting key Rückstelltaste f
reshape v 1. neu formen, wieder in Form bringen, umbilden; 2. rückbilden *(Impulse)*; zurückformen
residence telephone *(Nrt)* Privattelefon n, Privatanschluss m, Hausanschluss m, Wohnungsanschluss m
resident *(Dat)* resident, systemeigen
residential rate Haushaltstarif m
residual residual, restlich, remanent; Rest...
residual attenuation Grunddämpfung *(Filter)*
residual collector back [reverse] current Kollektorreststrückstrom m
residual current 1. Anlaufstrom m; 2. Reststrom m; 3. *Fehlerstrom m
residual deflection Nullpunktabweichung f
residual error Restfehler m

residual hum voltage Restbrummspannung f
residual image Nach(leucht)bild n
residual intensity index (Ak) *Remanenzintensitätsindex m, Restintensitätsindex m
residual ripple Restwelligkeit f, Restoberwellen fpl; Restbrumm m
residual risk Restrisiko n (verbleibendes Risiko nach Anwendung aller Vorkehrungen nach dem anerkannten Stand der Technik)
resin Harz n
resin-cast harzvergossen
resin-impregnated harzgetränkt
resin-insulated kunststoffisoliert
resist 1. Schutzmaterial n; 2. (Me) Resist n(m), Photoresist n, Photolack m; 3. Abdeckung f, Schutzschicht f
resist coating Abdeckschicht f
resist layer Resistschicht f
resist pattern mask Abdeckmaske f, Abdeckschablone f
resist stripping Resistablösung f
resistance 1. (elektrischer) Widerstand m, Wirkwiderstand m, ohmscher Widerstand m; 2. Widerstandsfähigkeit f, Festigkeit f, Beständigkeit f (mechanisch, chemisch)
resistance arc furnace Widerstandslichtbogenofen m
resistance boiler Kessel m mit Widerstandsheizung
resistance braking Widerstandsbremsung f
resistance bridge Widerstands(mess)brücke f
resistance-capacitance filter Widerstands-Kapazitäts-Filter n, RC--Filter n
resistance connected base and emitter circuit (Le) widerstandsgeschalteter Basis--Emitter-Stromkreis m
resistance dryer Trockner m mit Widerstandsheizung
resistance furnace (elektrischer) Widerstandsofen m
resistance-inductance phase-angle bridge RL-Phasenbrücke f
resistance instrument Widerstandsinstrument n, Widerstandsgerät n

resistance locus diagram Ortskurve f des Widerstands
resistance melting furnace Widerstandsschmelzofen m
resistance noise Widerstandsrauschen n, thermisches Rauschen n
resistance of friction Reibungswiderstand m
resistance per unit length (Hsp) Widerstandsbelag m, Widerstand m je Längeneinheit
resistance spot welding Widerstandspunktschweißen n
resistance-start motor Motor m mit Widerstandshilfsphase
resistance strain gauge Widerstandsdehnungsmessstreifen m, Dehn(ungs)messstreifen m
resistance thermometer Widerstandsthermometer n
resistance to aging Alterungsbeständigkeit f
resistance to low temperature Tieftemperaturfestigkeit f
resistance to sudden changes of temperature Temperaturwechselbeständigkeit f
resistance tuning Widerstandsabstimmung f
resistance voltage drop ohmscher Spannungsabfall m
resistance water boiler Kessel m mit Widerstandsheizung zur Warmwassererzeugung
resistance welding Widerstandsschweißen n, Widerstandsschweißung f
resistance winding Widerstandswicklung f, ohmsche Wicklung f
resistance wire Widerstandsdraht m, Heizdraht m
resistive (Et) widerstandsbehaftet, mit Widerstand, ohmsch, ohmisch
resistive element Widerstandselement n
resistive film Widerstandsschicht f, Widerstandsfilm m; Widerstandsfolie f
resistive load ohmsche Last [Belastung] f, Wirklast f
resistive torque Widerstandsmoment n
resistor Widerstand m (Bauteil); Widerstandsgerät n

resistor-start motor Einphasenmotor *m* mit Widerstandshilfsphase

resistor-transistor circuit Widerstands--Transistor-Schaltung *f*

resistor-type lightning arrester *Ventilableiter *m*

resistron s. vidicon

resolution Auflösung *f*; Auflösungsvermögen *n (Optik)*

resolver 1. Resolver *m*, Vektorzerleger *m*; Koordinatenwandler *m*; 2. Drehmelder *m*

resonance Resonanz *f* • **at resonance** bei Resonanz

resonance absorber Resonanzabsorber *m*

resonance amplifier Resonanzverstärker *m*, abgestimmter Verstärker *m*

resonance bridge Resonanzbrücke *f*

resonance circuit Resonanzkreis *m*, Schwingkreis *m*

resonance curve Resonanzkurve *f*

resonance fluorescence Resonanzfluoreszenz *f*

resonance-free resonanzfrei

resonance frequency Resonanzfrequenz *f*

resonance peak Resonanzspitze *f*, Resonanzmaximum *n*

resonance resistance Resonanzwiderstand *m*

resonance spectrum Resonanzspektrum *n*

resonant in Resonanz befindlich, (mit)schwingend; Resonanz... • **to be resonant** in Resonanz sein (mit)

resonant cavity Hohlraumresonator *m*, Schwingkammer *f*; Resonanzhohlraum *m*

resonant gap Resonanzspalt *m*

resonant-gate transistor *(Me)* Resonanz-Gattertransistor *m*

resonant wavelength Resonanzwellenlänge *f*

resonating circuit Resonanzkreis *m*, Schwingkreis *m*

resonator Resonator *m*, Schwinger *m*; Schwingkreis *m*; Hohlraumresonator *m*

response 1. Ansprechen *n (z. B. eines Messgeräts)*; Anziehen *n (eines Relais)*; Verhalten *n*, Reaktion *f*; Antwort *f*; 2. Frequenzgang *m*, Frequenzkurve *f*, Gangkurve *f*; 3. Ansprechempfindlichkeit *f*; 4. Ausschlag *m*, Anzeige *f (eines Messgeräts)*; 5. *(Fo)* Echo *n*

response characteristic Frequenzkurve *f*, Frequenzgang *m*; Ansprechcharakteristik *f*

response function Ansprechfunktion *f*; Frequenzgangfunktion *f*

response message *(Nrt)* Antwortmeldung *f*

response threshold Ansprechschwelle *f*

response time 1. Einstellzeit *f (z. B. eines Messinstruments)*; Ansprechzeit *f (z. B. eines Relais)*; Anlaufzeit *f*, Reaktionszeit *f*; 2. *(Nrt)* Beantwortungszeit *f*; Einschwingzeit *f*

response value Ansprechwert *m*

responsiveness Ansprechempfindlichkeit *f*, Ansprechvermögen *n*; Reaktionsfähigkeit *f*

responsivity Ansprechempfindlichkeit *f*, Ansprechvermögen *n*; Reaktionsfähigkeit *f*

responsor Antwortgerät *n*, Antwortempfänger *m*

rest Ruhe *f*; Stillstand *m* • **at rest** in Ruhe, ruhend, bewegungslos

rest contact Ruhekontakt *m*

rest current Ruhestrom *m*; Reststrom *m*

resting contact Ruhekontakt *m*; Öffnungskontakt *m*, Öffner *m (Relaistyp)*

resting threshold Ruhehörschwelle *f*

restitution 1. Wiederherstellung *f*; 2. *(Nrt)* Rückbildung *f (von Zeichen)*

restoration 1. Wiederherstellung *f*, Instandsetzung *f*; Rückstellung *f*; 2. *(Dat)* Wiedereinschreiben *n (in Speicher)*

restore *v* 1. wiederherstellen; instandsetzen; zurückstellen; 2. *(Dat)* rückspeichern, umspeichern, wieder einspeichern

restore *v* **a circuit** 1. eine Leitung wiederherstellen; 2. *(Nrt)* eine Leitung wieder normal schalten

restoring *(Dat)* Rückspeichern *n*, Umspeicherung *f*

restoring circuit Rückstellschaltung *f*

restoring torque Rückstellmoment *n*, Rückdrehmoment *n*

restrained plug and socket Steckverbindung *f* mit Sperre
restraining coil Haltespule *f* *(Relais)*
restriction of hazardous substances, RoHS Beschränkung *f* gefährlicher Substanzen *(z. B. bei Lotverbindungen)*
restrictor *(Rt)* Begrenzer *m* *(Nichtlinearität)*
restrike *(Hsp)* Rückzündung *f*; Wiederzünden *n*
restriking process Einschwingvorgang *m*
result converter *(Dat)* Zählbetragumsetzer *m*
resultant colour shift Farbverschiebung *f* *(bei Farbwiedergabe)*
retail 1. Einzelhandel *m*, Detailgeschäft *n*; 2. *(Dat)* verkaufsfertiges Produkt *n* *(mit Zubehör und Beigaben, Gegenteil: bulk)*
retained charge zurückbleibende Ladung *f*
retaining amplifier Halteverstärker *m*
retaining device Haltevorrichtung *f*
retaining range Haltebereich *m*, Synchronisierungsbereich *m* *(eines Oszillators)*
retardation 1. Verzögerung *f*, Retardierung *f*, Nacheilung *f*; 2. *(Ma)* Auslauf *m*; 3. Gangunterschied *m* *(Polarisation)*
retardation angle Verzögerungswinkel *m*, Nacheilwinkel *m*
retardation coil Drosselspule *f*; Verzögerungsspule *f*
retardation method *(Ma)* Auslaufverfahren *n*
retardation test *(Ma)* Auslaufversuch *m*
retarded control system Regelsystem *n* mit Verzögerungsgliedern
retarded echo Nachecho *n*
retarded ignition Zündverzögerung *f*
retarded potential retardiertes Potenzial *n*
retarder Verzögerer *m*, Verzögerungsmittel *n*
retarding braking Verzögerungsbremsung *f*
retarding electrode Bremselektrode *f*
retarding force *(Ph)* Verzögerungskraft *f*
retarding potential Bremspotenzial *n*, Verzögerungspotenzial *n*

retention buffer Haltespeicher *m*
reticle Retikel *n*, Zwischennegativ *n*, Zwischenbild *n* *(Photorepeattechnik)*
reticle alignment Retikeljustierung *f*
retransmission 1. wiederholte Aussendung *f*; 2. *(Nrt)* nochmalige Übermittlung *f* [Übertragung *f*]; Rückübertragung *f*; 3. *(Nrt)* Weitervermitteln *n*, Umtelegrafieren *n*, abschnittsweise Übertragung *f*
retransmission timer Zeitgeber *m* für erneutes Übertragen *(z. B. bei TCP)*
retransmitter *(Nrt)* Zwischensender *m*; Ballsender *m*
retrapping Wiedereinfang *m*
retrieval Wiedergewinnung *f*; Wiederauffinden *n*, Rückgewinnung *f* *(z. B. gespeicherter Informationen)*
retrieval cycle *(Dat)* Wiederauffindungszyklus *m*
retrofit Nachrüstung *f*
return 1. Rückkehr *f*; Rückgang *m*, Rücklauf *m*; 2. *(Dat)* Rücksprung *m*; Rückführung *f*; Rückleitung *f*
return address *(Dat)* Rücksprungadresse *f*, Rückkehradresse *f*
return circuit 1. *(Ee)* Fahrstromrückleitung *f*, Rück(strom)leitung *f*; Rückläufschaltung *f*; 2. *(Nrt)* Rückweg *m*, Rückleitung *f*
return command *(Dat)* Rücksprungbefehl *m*, Rückkehrbefehl *m*
return key *(Dat)* Eingabetaste *f*, Entertaste *f*, Zeilenvorschub *m*
return level Pegel *m* des Rückführsignals, Effektsignalpegel *m*
return line 1. Rückleitung *f*, Rückleiter *m*; 2. Rücklaufspur *f*, Rücklaufzeile *f* *(Elektronenstrahlröhre)*
return radar signal reflektiertes Radarsignal *n*
return signal *(Rt)* Rückführungssignal *n*
return stroke 1. Hauptentladung *f*; (elektrischer) Durchschlag *m*; 2. Rücklauf *m*, Rückbewegung *f* *(Mechanik)*
return-to-zero recording Rückkehr-zu-Null-Aufzeichnung *f*, RZ-Verfahren *n*
return trace Rücklaufspur *f* *(Elektronenstrahlröhre)*
reverberant *(Ak)* nachhallend, hallig

reverberant

reverberant chamber Hallraum *m*
reverberant field Hallfeld *n*, diffuses Feld *n* [Schallfeld *n*]
reverberant-field test Hallraumprüfung *f*, Hallraummessung *f*
reverberant room Hallraum *m*
reverberant sound Nachhall *m*
reverberation 1. Nachhall *m*; Widerhall *m*; 2. Reflexion *f*
reverberation sound Nachhall *m*, Hall *m*
reverberation time Nachhallzeit *f*
reverberator *(Ak)* Hallgerät *n*, Halleinrichtung *f*, Nachhallgerät *n*, Verhallungsgerät *n*
reverberatory 1. reflektierend; 2. *(Ak)* hallend
reversal Umkehr(ung) *f*; Umsteuerung *f*; Umpolung *f* *(Batterie)*
reverse umgekehrt, entgegengesetzt; rückwärts
reverse Umkehr(ung) *f*; Rücklauf *m*; Umsteuerung *f*
reverse bias *(Me)* Sperrvorspannung *f*
reverse-blocking IGBT rückwärtssperrender IGBT *m*
reverse-blocking triode thyristor rückwärts sperrende Thyristortriode *f*
reverse breakdown Durchschlag *m* in Rückwärtsrichtung *(IEC 50-551)*
reverse breakdown characteristic Sperrdurchbruchkennlinie *f*
reverse breakdown current Durchschlagstrom *m* in Sperrrichtung
reverse breakdown voltage Durchschlagspannung *f* in Sperrrichtung
reverse common-base current gain *(Me)* Rückwärtsstromverstärkung *f* in Basisschaltung
reverse-current circuit-breaker Rückstromselbstschalter *m*
reverse engineering Reverse-Engineering *n* *(Ermittlung von Funktionsprinzipien aus dem Studium von Produkten)*
reverse gate current *(Me)* Gatesperrstrom *m*
reverse interrupt umgekehrte Unterbrechung *f*
reverse lookup Rückwärts-Suche *f* *(Ermittlung von Domänennamen zu IP--Adressen bei DNS)*
reverse loss Sperrverlust *m*

reverse phase Gegenphase *f*
reverse power release Rückstromauslösung *f*
reverse ratio Sperrverhältnis *n*
reverse reading *(Dat)* Rückwärtslesen *n*
reverse recovery current Sperrübergangsstrom *m*, Sperrerholstrom *m*
reverse recovery time 1. *(Me)* Sperrverzugszeit *f*, Sperrverzögerung(szeit) *f*; 2. *(Le)* Sperrerhol(ungs)zeit *f*, Rückwärtserholungszeit *f* *(Thyristor)*
reverse resistance Sperrwiderstand *m*
reverse short-circuit current Rückwärtskurzschlussstrom *m*
reverse time Umkehrzeit *f*
reverse torque *(Ma)* Umkehrmoment *n*
reverse transfer admittance Kurzschlussrückwärtssteilheit *f*
reverse twist Gegenverdrillung *f*, Fehlverdrillung *f*
reverse voltage *(Me)* Sperrspannung *f*, Spannung *f* in Rückwärtsrichtung
reverse voltage divider Schutzbeschaltung *f* *(bei Serienschaltung von Thyristoren)*
reversed-charge call *(Nrt)* R-Gespräch *n*
reversed image negatives Bild *n*
reversed loop winding gekreuzte Schleifenwicklung *f*
reversed polarity Pluspolung *f*, positive [umgekehrte] Polung *f* *(der Schweißelektrode)*
reversed trunking scheme *(Nrt)* Umkehrgruppierung *f*
reversible booster Zusatzmaschine *f* für Zu- und Gegenschaltung
reversible circuit umschaltbarer Stromkreis *m* [Kreis *m*]
reversible counter Zweirichtungszähler *m*, Vorwärts-Rückwärts-Zähler *m*
reversible drive *(Le)* Umkehrantrieb *m*
reversible hydroelectric set Pump--Turbinen-Hydrosatz *m* *(Wasserkraftwerk)*
reversible power converter umkehrbarer Wechselrichter *m*
reversible process umkehrbarer Vorgang *m*
reversing circuit Umkehrschaltung *f*
reversing field Wendefeld *n*

reversing key *(Nrt)* Umkehrtaste *f*, Gegensprechtaste *f*
reversing operation Reversierbetrieb *m*, Umkehrbetrieb *m*
reversing pole change-over switch *(An)* Wendepolumschalter *m*
reversing starter Umkehranlasser *m*; Wendeschütz *n*
reversing switchgroup Wendeschalter *m*; Fahrtwender *m*
reversion Umkehr(ung) *f*; Umsteuerung *f*; Umpolung *f*
revertive call *(Nrt)* Umkehrverbindung *f*
review(ing) *(Ak, Fs)* Suchlauf *m* rückwärts, Mithören *n* oder Mitsehen *n* beim schnellen Rücklauf
revolution Umdrehung *f*, Tour *f*; Umlauf *m*
revolution counter Umdrehungszähler *m*, Tourenzähler *m*
revolutions per minute Umdrehungen *fpl* je Minute, U/min *(technische Kenngröße für Drehzahlen oder Umlauffrequenzen)*
revolving-field machine Innenpolmaschine *f*
revolving magnetic field *(Ma)* Drehfeld *n*
rewind Umspulung *f*; Rückwicklung *f*; Rücklauf *m (z. B. eines Registrierstreifens)*
rewind spool Rücklaufspule *f*
rewinder Umspuler *m*; Umwickler *m*
rewinding key Rücklauftaste *f*
rewire *v* 1. neu verdrahten, wiederverdrahten; 2. zurücktelegrafieren
rewiring 1. Neuverdrahtung *f*, Neubeschaltung *f*; 2. *(An)* Neuinstallation *f*
rewound neu gewickelt
rewrite *v* neu schreiben; wieder(ein)schreiben *(z. B. Speicherinformationen)*
rf. [rf, R.F., RF] s. radio frequency
RGB chromaticity diagram RGB--Farbtafel *f (Farbkartendiagramm mit den Primärvalenzen Rot, Grün, Blau)*
rheostat Rheostat *m*, Regelwiderstand *m*, regelbarer [einstellbarer] Widerstand *m*, Stellwiderstand *m*; Drehwiderstand *m*
rheostatic braking Widerstandsbremsung *f*

rheostatic rotor starter *(Ma)* Widerstands-Läuferanlasser *m*
rheostatic starter Widerstandsanlasser *m*
rhombic aerial Rhombusantenne *f*
rhythmic light intermittierendes Licht *n*, Taktfeuer *n (z. B. Leuchtfeuer)*
rib 1. Rippe *f*; Strebe *f*; 2. *(Ma)* Steg *m (im Isolationsmaterial)*
ribbed heating unit Rippenheizkörper *m*
ribbon Band *n*, Streifen *m*
ribbon cable Bandkabel *n*, Flachkabel *n*
ribbon loudspeaker Bandlautsprecher *m*, Bändchenlautsprecher *m*
ribbon microphone Bandmikrofon *n*, Bändchenmikrofon *n*
ribbon resistor Bandwiderstand *m (bandförmiger Heizleiter)*
ridge 1. Kamm *m (von Wellenbergen)*; 2. Dachfirst *m*
ridge conductor Firstleiter *m (Blitzschutz)*
rigging Verspannung *f*, Abspannung *f*, Verankerung *f*
right-angle drive Winkelantrieb *m*
right-hand rechtsläufig, rechtsgängig; Rechts-
right-hand rule Rechte-Hand-Regel *f*, Dreifingerregel *f* der rechten Hand
right-handed rechtsgängig, rechtsläufig; rechtswendig; rechtsdrehend
right-handed winding Rechtswicklung *f*
right-justified rechtsbündig
rigid steif, unbiegsam, starr; hart; (stand)fest
rigid-feedback controller Regler *m* mit starrer Rückführung
rigid printed circuit board starre [nicht flexible] Leiterplatte *f*
rigid test finger starrer Prüffinger *m*
rigid two-sided board starre Zweiebenen(leiter)platte *f*
ring 1. Ring *m*; 2. Läuten *n*, Klingeln *n*; 3. *(Nrt)* Anruf *m*, Ruf *m*
ring armature *(Ma)* Ringanker *m*
ring back *(Nrt)* Rückruf *m*
ring-back thyristor *(Le)* Rückschwingkreisthyristor *m*
ring balance Ringwaage *f*
ring bus *(Dat)* Ringbus *m*
ring circuit *(Ee)* Ringleitung *f*; Ringkreis *m (Mikrowellentechnik)*

ring 316

ring core Ringkern *m (einer Spule)*
ring counter Ringzähler *m*
ring dial Ringskale *f*
ring main cable connection Ringkabelanschluss *m*, Ringkabelfeld *n*
ring main substation Ringkabelstation *f*
ring mains Ringleitung *f*
ring network ringförmiges Netz *n*, Ringnetz *n*
ring surface Ringfläche *f*
ring switch Resonanz(ring)schalter *m (Mikrowellentechnik)*
ring-type heater Ringheizkörper *m*
ringdown *(Ak)* Abklingen *n*, Abklingvorgang *m*
ringer *(Nrt)* Rufsatz *m*, Rufstromerzeuger *m*, Rufstrommaschine *f*
ringing 1. *(Nrt)* Rufen *n*; Anruf *m*, Ruf *m*; Wecken *n*; Rufumsetzung *f*; 2. unkontrolliertes Schwingen *n*; 3. *(Fs)* Überschwingen *n*, Bildverdopplung *f*; 4. oszillierendes Eigenschwingen *n*, gedämpfte [abklingende] Schwingung *f*
ringing and signalling machine Ruf- und Signalmaschine *f*, RSM
ringing connection Rufstromschaltung *f*
ringing in the ear(s) *(Ak)* Ohrgeräusch(e) *n(pl)*
ringing key Ruftaste *f*, Rufschalter *m*
ringing repeater Niederfrequenzrufumsetzer *m*
ringing set Rufsatz *m*
ripple Welligkeit *f*; Restwelligkeit *f*; Brummen *n*, Brumm *m*; Oberwelle *f*
ripple content Oberschwingungsanteil *m*
ripple counter Rundsteuerung *f (Sprechanlage, die über Energieleitungen übertragen wird)*
ripple current Wellenstrom *m*, Welligkeitsstrom *m*, Brummstrom *m*, Oberwellenstrom *m*
ripple DC voltage Wellenspannung *f*
ripple factor Welligkeitsfaktor *m*, Welligkeit *f*, Brummfaktor *m*, Klirrfaktor *m*
ripple noise Stromversorgungsgeräusch *n*, Netzbrumm *m*
ripple voltage Welligkeitsspannung *f*, wellige Spannung *f*, Brummspannung *f*, Störspannung *f*; Oberwellenspannung *f*
rise Anstieg *m*, Ansteigen *n*; Erhöhung *f (z. B. der Temperatur)*
rise delay time Einschaltverzögerungszeit *f*
rise of off-state current *(Le)* Sperrstromanstieg *m*
rise of off-state voltage *(Le)* Sperrspannungsanstieg *m*
rise of on-state current *(Le)* Durchlassstromanstieg *m*
rise of on-state voltage *(Le)* Durchlassspannungsanstieg *m*
rise of temperature Temperaturanstieg *m*, Temperaturerhöhung *f*, Temperaturzunahme *f*
rise time Anstiegszeit *f*; Stirnzeit *f (bei der Stoßspannung)*; Transitionszeit *f (bei Einschaltvorgängen)*; Ansteuerungszeit *f*; Anlaufzeit *f (z. B. der Übergangsfunktion)*
r.m.s. [rms, R.M.S., RMS] *s.* root mean square
road-traffic signal system *Straßenampelanlage *f*, Straßensignalanlage *f*
roaring rail heulende Schiene *f (beim Hochgeschwindigkeitsverkehr)*
roast *v* brennen *(z. B. eine CD)*
robust control robuste Regelung *f*
robustness Robustheit *f*, Parameterunempfindlichkeit *f*
rocking Schaukeln *n*, Schwingung *f*, Schwankung *f*, Hin- und Herschwingen *n*
rocking armature receiver Schwingankerhörer *m*
rocking beam oscillator Waagebalkenoszillator *m*
rod Stab *m (z. B. im Reaktor)*; Stange *f*
rod aerial Stabantenne *f*
rod seal Stabdurchführung *f*
rod spark gap Stabfunkenstrecke *f*
Roebel transposition Röbel-Anordnung *f (bei Leiterstäben in elektrischen Maschinen)*
Roger verstanden, Habe verstanden *(Bestätigung im Funk-sprechverkehr)*
RoHS 1. bleifreies Lot *n (im Gegensatz zum bleihaltigen Lot)*; 2. *s.* restriction of hazardous substances
roll-back point Wiederholungspunkt *m*

Kontrollpunkt *m (in Rechenprogrammen)*
roll-back routine Wiederhol(ungs)programm *n*
roll down (stack) *(Dat)* Ringverschiebung *f (z. B. bei polnischer Notation)*
roll-off Abfall *m* des Amplitudenganges, Absenkung *f (z. B. im Frequenzgang)*
roll-out/roll-in Umspeichern *n (innerhalb des Arbeitsspeichers)*
rolling Bilddurchlauf *m*
rolling motion Rollbewegung *f*
rolling resistance Rollwiderstand *m*
rolling stock Fahrzeugpark *m*
ROM *(Abk. für: read-only memory)* ROM *n*, Fest(wert)speicher *m*, Nur-Lese-Speicher *m*
roof antenna Hochantenne *f*; Dachantenne *f*
roof switch *m* Dachschalter
room absorption *(Ak)* äquivalente Absorptionsfläche *f* [Schallabsorptionsfläche *f*] eines Raumes
room acoustics Raumakustik *f*
room illuminance *(Licht)* Raumbeleuchtungsstärke *f*
room noise Raumgeräusch *n*, Saalgeräusch *n*; Nebengeräusch *n*
room resonance *(Ak)* Raumresonanz *f*
room temperature operating life test Betriebslebensdauerprüfung *f* bei Zimmertemperatur
root directory *(Dat)* Hauptinhaltsverzeichnis *n*
root directory *(Dat)* Wurzelverzeichnis *n*
root locus 1. Wurzelort *m*; 2. Polort *m*
root mean square quadratischer Mittelwert *m*, quadratisches Mittel *n*, Effektivwert *m*
root-mean-square current Effektivwert *m* des Stroms, Effektivstrom *m*, effektiver Strom *m*
root-mean-square deviation Abweichung *f* vom quadratischen Mittelwert, quadratische Abweichung *f* [Regelabweichung *f*]
root-mean-square error quadratischer Mittelwert *m* des Fehlers, mittlerer quadratischer Fehler *m*
root-mean-square error criterion Kriterium *n* des mittleren Quadrates der Regelabweichung *(Regelgüte)*

root-mean-square error minimum criterion quadratisches Mittelwertkriterium *n* für das Minimum der Regelabweichung
root-mean-square reverse-voltage rating effektive Sperrspannung *f*
root-mean-square value Effektivwert *m*, quadratischer Mittelwert *m*
rootkit Rootkit *n (Sammlung modifizierter systemnaher Programme, die typischerweise eine Hintertür öffnen und die Feststellung der Existenz des Rootkit behindern)*
rotary rotierend, (sich) drehend, umlaufend; kreisend; Rotations..., Dreh...
rotary beam aerial drehbare Richtstrahlantenne *f*, Drehrichtstrahler *m*
rotary converter rotierender Umformer *m*, Drehumformer *m*; Einankerumformer *m*
rotary dial *(Nrt)* Drehwählscheibe *f*
rotary dial telephone set *(Nrt)* Fernsprechapparat *m* mit Wählscheibe, Telefon *n* mit Wählscheibe, Fernsprechapparat *m* mit Nummernscheibenwahl; POT *n* ("plain old telephone")
rotary exchange *(Nrt)* Vermittlungsstelle *f* mit (Heb-)Drehwählern, Leitungsvermittlung *f* mit (Motor-)Drehwählern
rotary field Drehfeld *n*
rotary head Schrägspurkopf *m*
rotary interrupter umlaufender Unterbrecher *m*
rotary inverter Einankerumformer *m*
rotary (switching) system *(Nrt)* Drehwählersystem *n*
rotary target *(Me)* Drehtarget *n*
rotary transformer Drehtransformator *m*
rotating aerial Drehantenne *f*
rotating beam direction finder Rundsichtpeiler *m*, Umlaufpeiler *m*
rotating amplifier Verstärkermaschine *f*
rotating armature *(Ma)* Drehanker *m*
rotating beacon rotierendes Funkfeuer *n*
rotating constant Rotationskonstante *f*
rotating direction Drehrichtung *f*
rotating direction finder umlaufender Peiler *m*, Drehpeiler *m*

rotating 318

rotating drum furnace Drehtrommelofen *m*, drehbarer Trommelofen *m*
rotating energy Rotationsenergie *f*
rotating field Drehfeld *n*, umlaufendes Feld *n*
rotating field transformer Dreh(feld)transformator *m*
rotating flashing beacon Rundumleuchte *f*
rotating interrupter Umlaufunterbrecher *m*
rotating joint Drehkupplung *f*
rotating microphone boom Mikrofondrehgalgen *m*
rotating mirror Drehspiegel *m*
rotating temperature Rotationstemperatur *f*
rotating transition Rotationsübergang *m*
rotating turntable Drehtisch *m*
rotating vector rotierender [umlaufender] Vektor *m*; umlaufender Zeiger *m*
rotating vector diagram Zeigerdiagramm *n*
rotatory motion Drehbewegung *f*
rotor *(Ma)* Rotor *m*, Läufer *m*
rotor bar Läuferstab *m*, Kurzschlussstab *m*
rotor bearing Läuferlager *n*
rotor body Rotorkörper *m*
rotor cable Rundkabel *n*
rotor cage Läuferkäfig *m*
rotor-can capacitor runder Becherkondensator *m*
rotor chart *(Mess)* Kreisblatt *n*, Registrierscheibe *f*
rotor circuit Läuferkreis *m*
rotor coil Läuferspule *f*
rotor core Läuferblechpaket *n*
rotor end ring Kurzschlussring *m*
rotor end sheet Läuferendblech *n*
rotor inertia Rotormassenträgheitsmoment *n*
rotor lamination Läuferblechpaket *n*; Läuferblechung *f (IEC 50-811)*
rotor-off Abrunden *n*
rotor robin test Ringmessung *f*, Ringversuch *m*, Ringvergleich *m*
rotor rotor Vollpolläufer *m (Synchronmaschine)*
rotor-rotor machine Vollpolmaschine *f*
rotor shaft Rotorwelle *f*, Rotorspindel *f*
rotor sheet Läuferronde *n*; Läuferblech *n*
rotor slot Läufernut *f*
rotor spider Armstern *m (des Läufers)*
rotor terminal Läuferklemme *f*
rotor voltage Läuferspannung *f*
rotor winding Läuferwicklung *f*
route Leitweg *m*, Leitungsführung *f*; Linienzug *m*, Trasse *f*
route beacon Streckenfeuer *n*, Kursfeuer *n*, Flugstreckenfeuer *n*
route connector *(Nrt)* Richtungswähler *m*
route indication *(Nrt)* Leitwegangabe *f*
route segregation *(Nrt)* Richtungsausscheidung *f*
route selection *(Nrt)* Richtungswahl *f*
route testing *(Nrt)* Wegeprüfung *f*
router Nachrichtenweiterleiteinrichtung *f*, Nachrichtenführer *m*; Netzverbinder *m (für zwei unterschiedliche lokale Datennetze)*
routine *(Dat)* Routine *f*, Unterprogramm *n*; (mehrfach wiederholtes) Programm *n*
routine call gewöhnliches Ferngespräch
routine check Routinekontrolle *f*, Routinemessung *f*
routine repair work laufende Instandsetzungsarbeiten *fpl*, Pflege *f*, Wartung *f*
routine test laufende Überwachung *f*, regelmäßige Prüfung *f*; Stückprüfung *f* Einzelprüfung *f*
routing 1. Leitungsführung *f*, Verbindungsleitungsführung *f*, Wegsuche *f (beim Schaltungsentwurf)* 2. *(Nrt)* Leitweglenkung *f*, Leitwegauswahl *f*
routing chart *(Nrt)* Leitplan *m*, Leitbehe *m*
routing digit *(Nrt)* Richtungsziffer *f*
routing directive *(Nrt)* Leitbefehl *m*
routing selector *(Nrt)* Umsteuerwähler *m*
row address Zeilenadresse *f*
row decoder Zeilendecoder *m*
row parity bit Zeilenparitätsbit *n*
row spacing Zeilenabstand *m*
rpm *s.* revolutions per minute
rss *s.* root mean square
rub-out signal *(Nrt)* Irrungszeichen *n*
rubber Gummi *m*, Kautschuk *m*

rubber cable Gummikabel n
rubber-insulated gummiisoliert
rubber insulation Gummiisolierung f
rubber-jacket cord Gummischlauchleitung f
rubbing contact Gleitkontakt m, Reibkontakt m, Schleifkontakt m
ruby laser transmitter Rubinlasersender m
ruby maser Rubinmaser m
rule 1. Regel f; Vorschrift f; 2. Maßstab m; Lineal n
rule-based interpolating regelbasierte Interpolation f
rumble (Ak) Rumpeln n
run v 1. laufen, in Betrieb [Gang] sein, arbeiten (z. B. Maschine, Motor); laufen lassen, in Gang setzen; betreiben; 2. führen (z. B. Leitungen); verlegen (z. B. Kabel)
run v **a power plant** ein Kraftwerk fahren
run v **down** stehen bleiben, auslaufen (Motor); überentladen (Batterie)
run v **idle** leer laufen (Maschine)
run v **in** 1. einlaufen lassen (Maschine); einfahren (Motor); 2. einströmen
run v **out** ausrollen (Kabel)
run v **up** hochfahren (Motor)
run 1. Lauf m, Laufen n, Betrieb m, Gang m (einer Maschine); 2. Führung f, Verlauf m (von Kabeln); 3. Messreihe f, Serie f
run-back Rücklauf m (z. B. eines Magnetbandes)
run chart (Dat) Ablaufanweisung f
run-down Ablauf m, Ablaufen n
run-out 1. Abweichung f, Ausreißer m; 2. (Me) Lagefehler m, Überdeckungsfehler m
run time Laufzeit f, Ausführungszeit f (z. B. eines Programms)
run-up Hochlaufen n, Hochlauf m; kurzer Probelauf m
runaway Weglaufen n, Instabilität f; Durchgehen n (z. B. eines Reaktors)
runner Laufrad n, Läufer m; Laufschiene f, Laufrinne f, Schieber m
running averaging laufende [fortlaufende, mitlaufende] Mittelung f
running balance dynamische Auswuchtung f; dynamisches Gleichgewicht n
running-down time Ablaufzeit f, Auslaufzeit f

running operation Betriebszustand m (z. B. bei Einphasenmotoren)
running test (Qu) Probefahrt f
running time laufende [fortlaufende] Zeit f; Ablaufzeit f, Laufzeit f
runout (Me) Lagefehler m, Überdeckungsfehler m
runway light(s) Landebahnfeuer n
rupture 1. Aufbrechen n, Brechen n, Zerreißen n; 2. (Et) Abreißen n, Durchschlag m
rupturing capacity Schaltleistung f, Unterbrecherleistung f (eines Schalters)
rural power station (Ee) Überlandzentrale f
rush 1. (plötzlicher) Ausbruch m, plötzliche Entwicklung f; 2. Hochbetrieb m
rush-hour (Nrt) Hauptverkehrszeit f
RVD s. remote vehicle diagnostics

S

S-VHS s. Super video home system
S-weighted (Ak) S-bewertet, mit der Zeitbewertung S [slow, langsam] bewertet
sabin (Ak) Sabin n, Sabine-Einheit f (Einheit der Schallabsorptionsfläche)
Sabine absorption (Ak) äquivalente Schallabsorptionsfläche f (berechnet nach Sabine)
Sabine coefficient Schallabsorptionsgrad m nach Sabine
sacrificial layer Opferschicht f
safe current maximal zulässiger Strom m
safe distance Sicherheitsabstand m
safe level (Me) zulässiger Pegel m
safe operating area (Dat) sicherer Arbeitsbereich m, SOAR-Bereich m
safeguard 1. Schutz m, Sicherung f; Schutzmaßnahmen fpl; 2. Sicherheitsvorrichtung f, Schutzvorrichtung f
safety base Sicherheitsträger m
safety bolt Sicherheitsbolzen m
safety circuit Sicherheitsschaltung f, Schutzschaltung f
safety clutch Überlastkupplung f
safety control handle Totmannknopf m

safety

safety device Sicherheitsvorrichtung f, Sicherheitseinrichtung f
safety door-interlock switch Türsicherungsschalter m
safety fuse Sicherung f, Schmelzsicherung f, Abschmelzsicherung f
safety isolating transformer Schutztransformator m
safety logic assembly Verknüpfungsschaltung f
safety loop Sicherheitsschleife f
safety plug Schutzkontaktstecker m, Schukostecker m
safety regulations Sicherheitsvorschriften fpl, Sicherheitsbestimmungen fpl, Arbeitsschutzbestimmungen fpl
safety release Sicherheitsauslösung f
safety spark gap Sicherheitsfunkenstrecke f
safety switch Sicherheitsschalter m
sag Durchhang m (z. B. einer Leitung, einer Glühwendel); Durchsacken n, Durchbiegung f
salient überstehend, vorspringend
salient instrument Aufbauinstrument n
salient mist Salznebel m (Klimaprüfung)
salient pole ausgeprägter Pol m, Einzelpol m
salient (spray) test Salzsprühversuch m, Salzsprühtest m
saltwater-proof seewasserbeständig
sample 1. Probe f, Muster n; Versuchsstück n, Probekörper m, Prüfstück n; 2. (Dat) Abfragewert m, Abtastwert m
sample amplifier Abtastverstärker m
sample-and-hold circuit Abtast- und Halteschaltung f
sample-and-hold device (Nrt) Abtast- und Halteglied n (Teilfunktion des PCM-Coders)
sample clock Abtasttakt m
sample size Stichprobenumfang m
sample space Stichprobengebiet n
sampled data abgetastete Werte mpl [Messwerte mpl]
sampled-data control Abtastregelung f
sampled-data signal Abtastsignal n, quantisiertes Signal n
sampled signal getastetes Signal n
sampled speech signal (Nrt) abgetastetes Sprachsignal n (unter Beachtung des Abtasttheorems)
sampled time function abgetastete Zeitfunktion f
sampler 1. Probenehmer m; 2. Abtaster m, Abtastvorrichtung f; Abtastelement n, Tastglied n; Abfrageschalter m
sampler circuit (Me) Abtastschaltkreis m
sampling 1. Probe(ent)nahme f; Stichprobenprüfung f; 2. Abtastung f (elektronisch); Abfragen n; Durchmusterung f
sampling circuit Abtastschaltung f
sampling control Abtastregelung f
sampling controller Abtastregler m, diskontinuierlicher Regler m
sampling distortion (Nrt) Abtastverzerrung f (Wichtung mit Abtastpulsspektrum)
sampling frequency Abtastfrequenz f, Kreisfrequenz f der Abtastung
sampling period Abtastperiode f
sampling pulse generator Abtast(im)pulsgenerator m
sampling rate 1. Abtastrate f; 2. Abtastgeschwindigkeit f
sampling signal (Nrt) zeitdiskretes Signal n, Abtastsignal n
sampling switch Abtastschalter m
sampling test (Qu) Stichprobenprüfung f
sampling time Abtastzeit f, Tastzeit f, Zykluszeit f
sampling unit (Qu) Auswahleinheit f
sampling value (Nrt) Abtastwert m
sand-glass icon (Dat) Sanduhr-Symbol n (zeigt statt des Cursor-Pfeils eine Sanduhr)
sandbox Sandkasten m (Umgebung für Programme mit begrenzter Vertrauenswürdigkeit, mit eingeschränkten Privilegien, verwendet u. a. für Java-Applets)
sandwich Schichtelement n, Sandwichelement n; Schichtanordnung f
sandwich construction Sandwichbauweise f, Verbundbauweise f, Mehrschichtenkonstruktion f
sandwich winding Scheibenwicklung
sandwich-wound coil

scaled-up

scheibengewickelte Spule f, Scheibenspule f
satellite (Ko) Satellit m
satellite aerial (BE) (Fs) Satellitenantenne f
satellite broadcasting (Fs) Satellitenrundfunk m
satellite channel delay (Ko) Satellitenkanalverzögerung f, Satellitenkanallaufzeit f
satellite circuit Satellitenverbindung f, Satellitenübertragungsweg m
satellite communication Satellitenverkehr m, Nachrichtenübertragung f über Satelliten
satellite coverage (Fs) Ausleuchtgebiet n eines Satelliten
satellite digital audio broadcasting (Fs) digitaler Satellitenhörfunk m
satellite digital video broadcasting (Fs) DVB-S, digitales Satellitenfernsehen n
satellite exchange (Nrt) Teilamt n, Nebenamt n, Unteramt n
satellite home receiving system (Ko) Satelliten-Heimempfangssystem n (siehe auch: set top box)
satellite link (Nrt) Satellitenverbindung f
satellite navigation system (Fo) Satellitennavigationssystem n
satellite orbit (Ko) Satellitenumlaufbahn f
satellite radio link (Ko) Satellitenfunkverbindung f
satellite substation Unterstation f
satellite television (Fs) Satellitenfernsehen n
satellite transmission (Fs, Nrt) Satellitenübertragung f
saturable sättigungsfähig, sättigbar
saturable inductor Sättigungsspule f, Eisenkernspule f
saturation 1. Sättigung f, Sättigungszustand m; 2. Farbsättigung f
saturation characteristic Sättigungskennlinie f
saturation concentration Sättigungskonzentration f
saturation current Sättigungsstrom m
saturation curve Sättigungskurve f, Sättigungskennlinie f; Magnetisierungskurve f

saturation hysteresis loop (Et) Sättigungshystereseschleife f
saturation ion current Sättigungsionenstrom m
saturation level Sättigungspegel m
saturation voltage Sättigungsspannung f (z. B. einer Vakuumphotozelle)
savart (Ak) Savart n (Frequenzschritt 1/1000 Dekade)
save v abspeichern, im Speicher ablegen
save by wire elektronisches Sicherheitssystem n (Kfz-Technik)
saw-toothed sägezahnförmig; Sägezahn...
sawtooth current Sägezahnstrom m, sägezahnförmiger Strom m
sawtooth generator Sägezahngenerator m, Sägezahnoszillator m, Kipposzillator m
sawtooth modulation Sägezahnmodulation f
sawtooth oscillation Sägezahnschwingung f, Kippschwingung f, Sägezahnwelle f
sawtooth wave Sägezahnschwingung f, Sägezahnwelle f, Kippschwingung f
sawtooth waveform Sägezahnwellenform f
scalar field skalares Feld n, Skalarfeld n
scalar quantity skalare Größe f, Skalar m
scale 1. Skale f, Skalen(ein)teilung f, Maßeinteilung f; Maßstab m; 2. Skala f, Stufenleiter f
scale deflection Skalenausschlag m, Zeigerausschlag m
scale error Skalen(teilungs)fehler m
scale of enlargement Vergrößerungsmaßstab m
scale-of-two counter Flipflop-Zähler m
scale range Skalenbereich m, Messbereich m, Messumfang m
scale unit Skaleneinheit f
scale zero Nullpunkt m [Nullmarke f] der Skale
scaled 1. maßstabsgerecht, maßstäblich; 2. mit (einer) Skale versehen
scaled-down maßstäblich [maßstabsgerecht] verkleinert
scaled-up maßstäblich [maßstabsgerecht] vergrößert

scaling

scaling 1. Maßstabfestlegung f (z. B. für Signale); Maßstabumrechnung f (Analogrechentechnik); Maßstab(s)änderung f; 2. (Me) Skalierung f (Abmessungsänderung nach bestimmten Regeln); 3. Untersetzung f; 4. Impulszählverfahren n (elektronisch); 5. Verzunderung f (z. B. von Kontakten)

scaling-down 1. Maßstabverkleinerung f; 2. (Me) Abwärtsskalierung f; 3. Impulsuntersetzung f

scaling error Maßstabfehler m

scaling-up 1. Maßstabvergrößerung f; 2. (Me) Aufwärtsskalierung f

scan Abtasten n, Abtastung f; Überstreichung f

scan coil Ablenkspule f (Elektronenstrahlröhre)

scan frequency Abtastfrequenz f

scanned picture Rasterbild n

scanner 1. Abtastgerät n, Abtastvorrichtung f, Abtaster m; 2. (Rt) Abtastglied n; 3. (Fs) Bildabtaster m; 4. (Fo) Drehantenne f

scanning 1. Abtasten n, Abtastung f; Überstreichung f; Ablenkung f; 2. Zerlegung f, Bildzerlegung f

scanning amplifier Abtastverstärker m; Rasterverstärker m

scanning antenna (Fo) Abtastantenne f, Antenne f mit Abtastkeule

scanning beam Abtaststrahl m

scanning frequency Abtastfrequenz f, Tastfrequenz f

scanning generator 1. Kippgenerator m; 2. (Fs) Ablenkgenerator m, Zeitablenkgerät n

scanning head Tastkopf m

scanning loss Abtastverlust m, Abtastverluste mpl

scanning method (Ak) Verfahren n der kontinuierlichen Abtastung

scanning point Bildpunkt m, Bildelement n

scanning radar (Fo) Radar n mit Abtastantenne, Abtastradar m

scanning speed Abtastgeschwindigkeit f

scanning track Abtastspur f

scanning traverse Abtastvorschub m (Faksimile)

scanning unit 1. Abtastglied n; 2. Abtastgerät n

scattered beam Streustrahl m, gestreuter Strahl m

scattered radiation Streustrahlung f, gestreute [diffuse] Strahlung f

scattered rays Streustrahlen mpl

scattering angle Streuwinkel m

scattering coefficient Streukoeffizient m

scattering cone Streukegel m

schedule 1. Liste f, Verzeichnis n, Zusammenstellung f; 2. Plan m, Zeitplan m; Programm n

scheduled frequency Frequenzfahrplan m, geplante Frequenz f

scheduled setter (Ma) Sollwertgeber m

scheduled unavailability (Ee) geplante Nichtverfügbarkeit f

schematic Schaltbild n, Schema n

schematic circuit diagram Stromlaufplan m, Schaltplan m; Prinzipschaltbild n, Schaltbild n

Schmitt trigger Schmitt-Trigger m, Schwellwertdetektor m

Schmitt trigger circuit Schmitt--Triggerschaltung f

Schottky barrier (Me) Schottky-Barriere f, schottkysche Randschicht f (ideal funktionierender Metall-Halbleiter--Übergang)

Schottky barrier field-effect transistor Schottky-Feldeffekttransistor m

Schottky transistor-transistor logic Schottkysche Transistor-Transistor-Logik f, Schottky-TTL f, Schottky-T²L f

scientific calculator wissenschaftlicher Taschenrechner m (Informationsraum, meist Baumstruktur)

scintillation 1. Szintillation f, Luftzittern n, Flimmern n; Luftflimmern n; 2. Aufblitzen n, Szintillationsblitz m

scintillation counter [detector] Szintillationszähler m, Szintillationsdetektor m

scope *Anwendungsbereich m (z. B. vor Vorschriften)

scope screen Bildschirm m, Oszilloskopschirm m, Oszillographenschirm m

scorch v (ver)schmoren (Kontakt); durchschmoren (Kabel); versengen

Scott-connected transformer Scott--Transformator m

Scott connection Scott-Schaltung *f*
scramble *v* verschlüsseln *(z. B. eine Meldung)*
scrambler Sprachverschlüssler *m*, Verschlüssler *m*; Sprachverzerrer *m*, Scrambler *m*
scratch 1. Kratzer *m*; 2. Kratzen *n* *(der Nadel)*; Nadelgeräusch *n*
scratching noise Kratzgeräusch *n*
screen *v* 1. (ab)schirmen; 2. projizieren; 3. entstören
screen 1. Schirm *m*, Bildschirm *m*; Leuchtschirm *m*; 2. Rasterplatte *f*, Filter *n*; Sieb *n* *(z. B. Siebdrucktechnik für gedruckte Schaltungen)*; 3. Abschirmung *f*, Gitter *n*, Drahtgitter *n*
screen box Abschirmtopf *m*
screen dot Bildschirmpunkt *m*, Rasterpunkt *m*
screen grid Schirmgitter *n*
screen grid bias Schirmgittervorspannung *f*
screen image Schirmbild *n*; Projektionsbild *n*
screen picture Projektionsbild *n*
screen plane Bildschirmebene *f*, Schirmebene *f*
screen printer Siebdrucker *m*, Siebdruckeinrichtung *f*
screen resolution Bildschirmauflösung *f*
screen-saver Bildschirmschoner *m* *(PC-Programm; verhindert Einbrennen fester Zeichen auf dem Bildschirm; schaltet sich automatisch bei Inaktivität nach vorgebbarer Zeit ein)*
screened 1. abgeschirmt; gegen (zufällige) Berührung geschützt; 2. entstört
screened cable Schirmkabel *n*, abgeschirmtes Kabel *n*
screened cage Faraday-Käfig *m*
screened pair abgeschirmte Doppelader *f*
screened pentode abgeschirmte Pentode *f*
screening 1. Abschirmen *n*, Abschirmung *f*; 2. Entstörung *f*; 3. Durchleuchtung *f*
screening can Abschirmbecher *m*
screening enclosure 1. Abschirmungsgehäuse *n*; 2. Entstörungsgehäuse *n*
screening tube Abschirmrohr *n*

screenshot *(Dat)* Momentaufnahme *f* der aktuellen Darstellung auf dem Monitor
script language Skriptsprache *f*
scroll *v* **down** zurückrollen, nach unten rollen [verschieben] *(Bildschirminhalt)*
scroll *v* **up** vorrollen, nach oben rollen [verschieben] *(Bildschirminhalt)*
scroll mouse *(Dat)* PC-Maus *f* mit Scroll-Rädchen, Web-Maus *f*, Scroll-Maus *f*
SDTV *s.* standard definition television
seal *v* 1. (ab)dichten, abschließen, zuschmelzen, abschmelzen; vergießen; kapseln; plombieren; 2. einrasten [einschnappen] lassen *(z. B. Stecker, Sockel)*
seal Dichtung *f*, Abdichtung *f*; Abschluss *m*; Einschmelzung *f*, Verschmelzung *f*; Verguss *m*, Verlötung *f*
seal test Dichtigkeitsprüfung *f*
seal washer Abdichtscheibe *f*, Abdeckscheibe *f*
sealant material Dichtungsmaterial *n*, Abdicht(ungs)material *n*
sealed abgeschlossen, (hermetisch) verschlossen; abgedichtet, dicht; abgeschmolzen; verlötet
sealed reed relay Reed-Relais *n* mit eingeschmolzenen Kontakten
sealed refrigeration compressor Hermetikkompressor *m*
sealing Dichtung *f*, Abdichtung *f*; Verguss *m*, Vergießen *n*
sealing compound Dichtungsmasse *f*; Vergussmasse *f*
sealing end Endverschluss *m*; Enddose *f*
sealing plug Abdichtstöpsel *m*
sealing ring Dicht(ungs)ring *m*
sealing tape Dicht(ungs)streifen *m*, Dichtungsband *n*
seamless unterbrechunsfrei *(z. B. Aufzeichnung, Brennvorgang)*
search Suchbetrieb *m*, Suchlauf *m*
search algorithm *(Dat)* Suchalgorithmus *m*
search coil Prüfspule *f*, Suchspule *f*; Messspule *f*
search electrode Sonde *f* *(z. B. im elektrolytischen Trog)*
search engine Suchmaschine *f*
search program Suchprogramm *n*

search radar Suchradar n, Aufklärungsradar n
search run Suchlauf m
search tone Suchton m
searching method (Dat) Suchverfahren n, Suchmethode f
SECAM (system) (Abk. für: séquentiel couleur à memoire) SECAM-Fernsehsystem n
second 1. Sekunde f (Einheit der Zeit); 2. Bogensekunde f, Altsekunde f (Einheit des ebenen Winkels)
second breakdown sekundärer Durchbruch m (bei Dioden)
second charge Nachladung f (Batterie)
second-derivative action (Rt) differenzierendes Verhalten n zweiter Ordnung, D_2-Verhalten n
second hand aus zweiter Hand, gebraucht
second-level-cache (Dat) Zwischenspeicher m (auch L2-Cache, befindet sich außerhalb des Prozessors im Gegensatz zum First-Level-Cache L1)
second power zur zweiten Potenz f, hoch zwei, zum Quadrat
second source Zweitlieferant m
secondary Sekundärkreis m; Sekundärwicklung f
secondary breakdown (Me) Sekundärdurchbruch m
secondary clock Nebenuhr f
secondary control Folgesteuerung f
secondary coolant Kühlmittel n im äußeren Kühlkreislauf
secondary coolant circuit zweiter Kühlkreislauf m, Sekundärkühlkreis(lauf) m
secondary emission Sekundäremission f (Elektronen)
secondary emission ratio Sekundäremissionsverhältnis n, Sekundäremissionsfaktor m
secondary flash (Ko) fernausgelöstes Blitzlicht n
secondary program (Dat) Sekundärprogramm n
secondary radar Sekundärradar n
secondary radiation Sekundärstrahlung f
secondary winding Sekundärwicklung f, Zweitwicklung f

secondary wiring sekundäre [sekundärseitige] Verdrahtung f
secret key geheimer Schlüssel m, geschützter Schlüssel m
secret key encryption Verschlüsselung f mit geheimem Schlüssel
secret switch versiegelter [verschlossener] Schalter m; Verschlussschalter m
secretarial system (Nrt) Vorzimmeranlage f
section 1. Abschnitt m, Teil(abschnitt) m, Sektion f; Feld n; 2. Einzelspule f; 3. (Galv) Badgruppe f (in Serienschaltung)
section debugging abschnittsweise Fehlersuche f
section insulator Streckentrenner m
sectionalize v **a fault** einen Fehler eingrenzen
sectionalized bus bar Zellenschaltersammelschiene f (Batterie)
sector 1. Sektor m, Ausschnitt m; 2. (Fo) Peilabschnitt m
sector aperture (Licht) Sektorenöffnung f
secure electronic payment protocol, SEPP Protokoll n für sicheres elektronisches Bezahlen
secure electronic transaction, SET sichere, elektronische Transaktion f (Protokoll für Geldtransaktionen, Standard der Kreditkartengesellschaften)
secure e-Mail (Ko) De-Mail f (gesicherter Dokumentenaustausch zwischen Bürgern und Behörden oder Firmen; Pilotprojekt 2009; geplante Einführung 2010)
securing pin Befestigungsstift m, Sicherungsstift m
security assessment Sicherheitsabschätzung f
security association, SA Sicherheits-Assoziation f (Element von IPSec, enthält u. a. Partner, Schlüssel, Verfahren)
Seebeck cell Seebeck-Zelle f (Energiewandler)
Seebeck effect Seebeck-Effekt m (thermoelektrische Wirkung)
seed Zuchtkeim m, Kristallkeim m
seek v (Dat) positionieren, suchen

segment Segment n (z. B. des Stromwenders)
segment pitch Lamellenteilung f, Segmentteilung f
segment voltage Lamellenspannung f, Segmentspannung f, Stegspannung f
segmented display Segmentanzeige f
segregation (Hsp) Trennschottung f
Seignette electric crystal Seignettesalzkristall m
seismic pick-up Absolutschwingungsaufnehmer m
seize v a line (Nrt) eine Leitung belegen
seizure (Nrt) Belegung f
selecting (Nrt) Empfangsaufruf m
selecting mechanism (Nrt) Wählorgan n, Wählwerk n
selection 1. Selektion f, Auswahl f, Auslese f; 2. (Nrt) Wahl f, Wählen m; 3. (Dat) Ansteuerung f
selection character (Dat) Sortierzeichen n
selection check Auswahlkontrolle f, Ansteuerungskontrolle f
selection unit Auswahleinheit f (Speichertechnik)
selective selektiv, auswählend; trennscharf
selective amplifier selektiver Verstärker m
selective call (Nrt) Selektivruf m
selective radiation selektive Strahlung f
selective radiator Selektivstrahler m, selektiver Strahler m
selectivity Trennschärfe f, Trennvermögen n; Selektivität f
selector Selektor m; Wähler m
selector bay (Nrt) Wählerbucht f, Wählergestell n
selector carrying capacity (Nrt) Belastbarkeit f des Wählers
selector code Selektorcode m
selector rectifier Selengleichrichter m
selector relay Selenschütz n
self-absorption Selbstabsorption f, Eigenabsorption f
self-acting selbsttätig, automatisch; Selbst...
self-adapting selbstanpassend
self-adjusting selbsteinstellend, selbstregulierend
self-aligned (Me) selbstjustiert
self-alignment Selbstjustierung f
self-balancing selbstabgleichend

self-bearing Eigenpeilung f
self-bias Gittervorspannung f durch Katodenwiderstand, automatische Gittervorspannung f
self-biasing automatische Erzeugung f der Gittervorspannung
self-calibration Selbsteichung f
self-capacitance Eigenkapazität f, Windungskapazität f, Nullkapazität f, Selbstkapazität f
self-checking Selbstprüfung f
self-cleaning selbstreinigend
self-closing selbstschließend
self-commutated selbstgelöscht
self-commutation (Le) Selbstkommutierung f, Zwangskommutierung f; Zwangsführung f
self-controlling selbststeuernd
self-cooled selbstgekühlt, eigenbelüftet
self-curing selbsthärtend (z. B. Vergussmasse)
self-damping Eigendämpfung f
self-discharge Selbstentladung f
self-energy Eigenenergie f, Selbstenergie f
self-exchange Selbstaustausch m
self-excitation Selbsterregung f, Eigenerregung f, Erregung f mit positiver Rückkopplung
self-excited selbsterregt, eigenerregt
self-exciting selbsterregend, eigenerregend
self-extinguishing selbstverlöschend
self-focussing laser selbstfokussierender Laser m
self-generating sensor Messfühler m ohne Hilfsenergie
self-generating transducer Messwandler m ohne Hilfsenergie
self-ignitible selbstzündend
self-impedance Eigenimpedanz f (Eingangswiderstand bei Leerlauf an allen anderen Klemmen)
self-impedance of zero-sequence network Selbstimpedanz f des Nullsystems, Nullselbstimpedanz f
self-induced selbstinduziert
self-inductance Selbstinduktivität f, Selbstinduktionskoeffizient m
self-interrupting selbstunterbrechend
self-lubrication Selbstschmierung f
self luminous selbstleuchtend
self-luminous figure Leuchtziffer f

self-magnetic eigenmagnetisch
self-optimizing selbstoptimierend
self-oscillating selbstschwingend
self-oscillation 1. Eigenschwingung *f*, selbsterregte Schwingung *f*; 2. *(Nrt)* Pfeifen *n (des Verstärkers)*
self-propelled selbst(an)getrieben, mit Selbstantrieb
self-quenching selbstlöschend
self-recording selbstregistrierend, selbstschreibend
self-recording unit Selbstschreiber *m*
self-recovery Selbstausgleich *m*, Ausgleich *m (z. B. bei P-Gliedern)*
self-resonance Eigenschwingung *f*, Eigenresonanz *f*
self-routing *(Nrt)* selbst wegesuchend *(in Vermittlungskoppelfeldern)*
self-scanning selbstabtastend
self-starting Selbstanlauf *m*
self-starting lamp Selbststartlampe *f*
self-synchronization *(Nrt)* Selbstsynchronisation *f*, Eigentaktsynchronisation *f (bei der PCM-PDH durch Stopfen)*
self-testing selbstprüfend
self-triggering selbststartend, selbstauslösend
self-tuning selbsteinstellend
self-ventilated eigenbelüftet
self-vibration Eigenschwingung *f*
selsyn Selsyn *n*, Drehmelder *m*, Drehfeldgeber *m*, Synchro *m*
semantic semantisch
semantic interpretation semantische Deutung *f*
semantics Semantik *f (Verhältnis zwischen Zeichen und deren Bedeutung)*
semiautomatic halbautomatisch
semiautomatic coding halbautomatisches Verschlüsseln *n*
semiautomatic temperature compensation halbautomatische Temperaturkompensation *f*
semiautomatic welder [welding equipment] halbautomatisches Schweißgerät *n*
semiconducting halbleitend
semiconducting material Halbleiterwerkstoff *m*, halbleitendes Material *n*
semiconductive halbleitend
semiconductor *(Ph, Me)* Halbleiter *m*

semiconductor chip Halbleiterchip *m*
semiconductor-controlled rectifier gesteuerter Halbleitergleichrichter *m*
semiconductor device Halbleitergerät *n*; Halbleiter(bau)element *n*
semiconductor fuse *(Le)* Halbleitersicherung *f*
semiconductor fuse-link *(Le)* Halbleitersicherungseinsatz *m*
semiconductor integrated circuit integrierte Halbleiterschaltung *f*
semiconductor junction Halbleiterübergang *m*, Halbleitersperrschicht *f*
semiconductor resistance thermometer Halbleiterwiderstandsthermometer *n*
semiconductor sample Halbleiterprobe *f*
semiconductor technique Halbleitertechnik *f*
semiconductor wafer Halbleiterscheibe *f*, Halbleiterwafer *m*
semicustom circuit *(Me)* Halbkundenwunschschaltkreis *m*, vorgefertigter Schaltkreis *m (nach Kundenwunsch)*, ASIC
semidirect lighting vorwiegend direkte Beleuchtung *f*
semidirectly heated cathode halbindirektgeheizte Katode *f*
semiduplex *(Nrt)* Halbduplex *n*, Semiduplex *n (abwechselnder Verkehr in beiden Richtungen)*
semiflex board Semiflex-Leiterplatte *f (elastische, flexible Leiterplatte)*
semitransparent halbdurchlässig
send *v* **by fax** faxen, telefaxen
send *v* **out** *(Nrt)* aussenden
send *v* **reversals** *(Nrt)* Wechsel senden
send distortion Sendeverzerrung *f*
send-receive contact Sende--Empfangs-Kontakt *m*
send-receive method Duplexverfahren *n*
sender 1. Sender *m*; 2. Geber *m*, Zahlengeber *m*
sending Sendung *f*, Übermittlung *f*
sending and receiving switch Sende--Empfangs-Umschalter *m*
sending end cross-talk Nebensprechen *n*
sending station *(Nrt)* Sendestelle *f*
sending valve Senderöhre *f*

sense 1. Sinn *m*, Richtungssinn *m*; 2. *(Fo)* Peilseite *f*
sense byte *(Dat)* Abfühlbyte *n*
sense coil Lesewicklung *f*
sense determination *(Fo)* Seitenbestimmung *f*
sense of rotation Drehsinn *m*
sensing 1. Abfühlen *n*, Abtastung *f (eines Messfühlers)*; Lesen *n (Speicher)*; 2. *(Fo)* Seitenkennung *f*
sensing element 1. Aufnehmer *m*, Messfühler *m*; Fühlglied *n*; 2. Wandlerelement *n (eines Aufnehmers)*
sensing head Abtastkopf *m*, Tastkopf *m*, Messkopf *m*
sensing probe Sonde *f*, Messsonde *f*, Messkopf *m*
sensistor Sensistor *m (Si-Transistor mit stark temperaturabhängigem Widerstand)*
sensitive adjustment Feineinstellung *f*, Feinverstellung *f*
sensitivity 1. Empfindlichkeit *f*, Ansprechempfindlichkeit *f (z. B. eines Messmittels)*; Parameterempfindlichkeit *f*; Ansprechvermögen *n*; Übertragungsfaktor *m (z. B. eines Mikrofons)*; 2. Innenwiderstand *m (bei Voltmetern in Ohm/Volt)*
sensitivity adjustment Empfindlichkeitseinstellung *f*, Kalibrierung *f*
sensitivity control Empfindlichkeitsregelung *f*
sensitivity curve Empfindlichkeitskurve *f*
sensitivity level 1. Ansprechpegel *m*; 2. *(Ak)* Übertragungsmaß *n*
sensitivity range Empfindlichkeitsbereich *m*
sensitivity threshold Empfindlichkeitsschwelle *f*
sensor Sensor *m*, Messfühler *m*, Fühlelement *n*, Fühler *m*; Aufnehmer *m*, Messwertaufnehmer *m*
sensor mouse pad Touchpad *n*, Berührungs-Maus-Kissen *n (bei Laptops statt Maus-Kissen mit Maus)*
sensotronic brake control () sensorgestützte [elektrohydraulische] Bremsregelung *f*
sentinel 1. Marke *f*, Trennsymbol *n (bei Rechnern)*; 2. Wächter *m*, Überwachungsgerät *n*
separable separierbar, trennbar
separate getrennt, einzeln, separat
separate cooling Fremdkühlung *f*
separate excitation Fremderregung *f*
separate losses Einzelverluste *mpl*
separate self-excitation getrennte Selbsterregung *f*, äußere Mitkopplung *f*
separate spark Einzelfunke *m*
separately adjustable getrennt einstellbar; getrennt regelbar
separately air-cooled fremdbelüftet
separately controllable getrennt regelbar
separately cooled fremdgekühlt
separation 1. Abtrennung *f*, Trennung *f (z. B. von Impulsen)*; Abspaltung *f*, Ablösung *f*; 2. Abstand *m*, Zwischenraum *m*
separator 1. Entkopplungsstufe *f*; Trennzeichen *n (Rechner)*; 2. Scheider *m*, Separator *m*, Trennelement *n (Batterie)*; 3. Trennstück *n*, Distanzhalter *m*
sequence Folge *f*, Reihenfolge *f*, Aufeinanderfolge *f*, Reihe *f*
sequence call *(Nrt)* Reihengespräch *n*
sequence chart 1. *(Dat)* Folgediagramm *n*, Ablaufdiagramm *n*; 2. *(Nrt)* Schalttabelle *f*
sequence control Folgeregelung *f*
sequence-controlled folgegesteuert, programmgesteuert
sequence-controlled calculator programmgesteuerte Rechenmaschine *f*
sequence network Kettenleiter *m*
sequence of steps Stufenfolge *f (z. B. in einem Prozess)*
sequence processor Ablaufschaltwerk *n*
sequenced packet exchange, SPX Paketvermittlung *f* mit Sequenzerhalt *(Protokoll bei NetWare, ähnlich TCP, aber nicht identisch)*
sequencer Sequenzer *m*, Tonfolgespeicher *m*, Melodienspeicher *m*; Tonfolgegenerator *m*
sequential aufeinanderfolgend, sequenziell; Folge..., Sequenz...

sequential

sequential correcting element *(Rt)* in Reihe geschaltetes Korrekturglied *n*
sequential decoding sequenzielles Decodieren *n*
sequential store Sequenzspeicher *m*, Reihenfolgespeicher *m*
serial 1. reihenweise (geordnet); serienweise; Reihen..., Serien...; 2. *(Dat)* seriell, nacheinander; Serien...
serial access serieller Zugriff *m*, Serienzugriff *m*
serial access memory *(Me)* serieller Speicher *m*, Speicher *m* mit seriellem Zugriff
serial communication *(Nrt)* serielle Übertragung *f*
serial data interface, SDI *(Nrt)* serielle Datenschnittstelle *f*
serial input-output *(Dat)* serielle Eingabe-Ausgabe *f*, serielle E/A
serial interface serielles Interface *n*, Serienschnittstelle *f*
serial mode serieller Betrieb *m* (mehrerer Funktionseinheiten)
serial-to-parallel conversion *(Dat)* Seriell-Parallel-Umsetzung *f*
series Serie *f*, Folge *f*, Aufeinanderfolge *f*; Reihe *f* *(Mathematik)*; Baureihe *f*
series arrangement Reihenanordnung *f*
series circuit in Reihe geschalteter Stromkreis *m*, Strompfad *m*
series coil Reihen(schluss)spule *f*, Serienspule *f*
series commutator motor Reihenschlusskommutatormotor *m*
series compensation Reihenkompensation *f*, Blindleistungskompensation *f* durch Reihenkondensator
series excitation Reihenschlusserregung *f*, Hauptschlusserregung *f*
series feed Reihenspeisung *f*, Serienspeisung *f*
series limit Seriengrenze *f* *(Spektrum)*
series link *(Nrt)* serielle Verbindung *f*
series motor Reihenschlussmotor *m*, Hauptschlussmotor *m*
series operation Serienbetrieb *m*
series overcurrent trip Überstromauslöser *m* (mit direkter Strommessung)
series peaking coil Reihenresonanzspule *f*

series peaking transformer Spitzentransformator *m*
series resistor Serienwiderstand *m*; vorgeschalteter Widerstand *m*, Vor(schalt)widerstand *m*
series resonance *(Et)* Reihenresonanz *f*, Serienresonanz *f*, Spannungsresonanz *f*
series-shunt network symmetrisches Netzwerk *n*
series spark gap Vorschaltfunkenstrecke *f*
series terminal Reihenklemme *f*
series-tuned wave trap Saugkreis *m*
series two-terminal pair networks in Reihe geschaltete zweipolige Netze *npl*
series winding Reihen(schluss)wicklung *f*, Hauptschlusswicklung *f*, (mehrgängige) Wellenwicklung *f*
serrated pulse Sägezahnimpuls *m*, gezahnter Impuls *m*
server Dateneingabeeinheit *f*, Server *m* *(in Datennetzen)*
service 1. Betrieb *m*; Bedienung *f*; Versorgung *f*; 2. Dienst *m*, Kundendienst *m*; Service *m*; 3. Wartung *f*, Instandhaltung *f*; 4. Hausanschluss *m*
service access point *(Nrt)* Dienstzugangspunkt *m*, Dienstzugriffspunkt *m*
service advice *(Nrt)* Dienstmeldung *f*
service answering jack *(Nrt)* Dienstabfrageklinke *f*
service application Anmeldung *f*
service area Versorgungsgebiet *n*, Versorgungsbereich *m*; Empfangsbereich *m* (z. B. eines Senders)
service availability *(Nrt)* Dienstverfügbarkeitszustand *m* (eines Netzes)
service box Hausanschlusskasten *m*; Hausanschlussmuffe *f*
service conductor Messanschluss *m*
service connection Betriebsschaltung *f*
service jack *(Nrt)* Ausschaltklinke *f*
service life Lebensdauer *f*, Betriebsdauer *f*; Nutzungsdauer *f*; Entladungsdauer *f*, Entladungszeit *f* (einer Batterie)

service message *(Nrt)* Diensttelegramm n; Dienstspruch m
service observing board *(Nrt)* Überwachungsschrank m
service rating Betriebsnennleistung f
service-related *(Nrt)* dienstorientiert
service reliability Zuverlässigkeit f im Betrieb, Betriebszuverlässigkeit f; Versorgungszuverlässigkeit f
service request Bedienungsanforderung f, Bedienungsaufruf m
service request state Bedienungsanforderungszustand m
servlet Servlet n *(serverseitige aktive Komponente)*
servo 1. Servogerät n, Servoeinrichtung f, Stelleinrichtung f; 2. s. servomotor; 3. s. servomechanism
servo amplifier Servoverstärker m, Hilfsverstärker m
servo control Servoregelung f
servo governor Folgeregler m, Nachlaufregler m
servo loop Folgeregelkreis m, Nachlaufregelkreis m, Hilfsregelkreis m
servocoupler automatisches Abstimmungsgerät n *(Antenne)*
servomechanism Servomechanismus m, Folgeregelung f
servomotor Servomotor m, Hilfsmotor m, Stellmotor m *(in Regelsystemen)*
set v 1. setzen, stellen; einbauen; 2. einstellen *(z. B. einen Zähler)*; 3. spannen, aufziehen *(Verschluss)*
set v **into operation** in Betrieb nehmen [setzen]
set v **up** *(Dat)* aufstellen; einrichten; errichten
set v **up a call** *(Nrt)* eine Verbindung herstellen
set 1. Satz m, Apparatesatz m, Gerätesatz m; Maschinensatz m, Aggregat n; 2. Gerät n, Apparat m; 3. Anlage f, System n; 4. Menge f *(Mathematik)*
SET s. secure electronic transaction
set analyzer Fehlersuchgerät n, Prüfgerät n *(z. B. zur Prüfung von Rundfunkgeräten)*
set of instruments Messgerätesatz m
set of machines Maschinensatz m, Aggregat n

set pulse Einstellimpuls m, Setzimpuls m
set terminal Eingangsklemme f für den Setzimpuls *(z. B. eines Flipflops)*
set top box, STB *(Fs)* Set-Top-Box f, Satellitenempfangsanlage f für DVB *(DVB-S-Empfänger)*
set-up 1. Aufbau m, Anordnung f, Aufstellung f, Einstellung f; 2. Einstellparametersatz m, Gesamtheit f aller Einstellwerte; 3. Problemstellung f; 4. Kopplungsplan m
set-up program Installationsprogramm n, Einrichtprogramm n *(zur Programminstallation am PC)*
set value Sollwert m
setting 1. Einstellen n, Einstellung f; 2. Einstellwert m; 3. Reglerstellung f
setting accuracy Einstellgenauigkeit f
setting device Sollwertgeber m, Sollwerteinsteller m
setting error Einstellfehler m
setting mark Einstellmarke f
setting parameter Einstellbedingung f
setting potentiometer Einstellpotenziometer n, Koeffizientenpotenziometer n
setting range Einstellbereich m *(Relais)*
setting threshold Setzschwelle f, Polarisationsschwelle f, Ummagnetisierungsschwelle f
setting-up time *(Nrt)* Herstellungszeit f *(z. B. einer Verbindung)*; Aufbauzeit f
settling behaviour Einschwingverhalten n
SFQ s. stochastic fair queuing
shade 1. Farbton m, Schattierung f; 2. Schatten m; 3. Schirm m, Blende f; Lampenschirm m, Leuchtenschirm m
shaded pole Spaltpol m
shading 1. Abschattung f, Vignettierung f; 2. *(Fs)* Bildabschattung f *(Bildaufnahmeröhre)*
shading coil Kurzschlusswindung f, Kurzschlussspule f; Kurzschlussring m *(im Spaltpol eines Schützes oder Spaltpolmotors)*
shadow effect Schattenwirkung f
shadow fading *(Ko)* Schwund m durch Abschattung, Abschattungsschwund m *(Funkloch beim GSM)*
shadow figure Schattenbild n
shaft Welle f, Achse f

shaft bearing Wellenlager n, Achslager n
shaft current Wellenstrom m (angetrieben von der in einer rotierenden Welle induzierten Spannung)
shaft encoder Drehgeber m, rotierender Lagegeber m
shaft journal Wellenzapfen m
shaft misalignment Wellenversatz m
shaft torque Wellendrehmoment n
shaft voltage (Ma) Wellenspannung f
shakeproof stoßgeschützt
shaker (Ak) Schwingtisch m, Schwingungserreger m, Rütteltisch m
shaker control Schwingtischsteuerung f
Shannon's information theory (Nrt) mathematische Theorie f der Informationsübertragung, shannonsche Informationstheorie f
shape Gestalt f, Form f, Modell n
shape factor Formfaktor m
shape memory alloy Formgedächtnislegierung f
shaping aperture (Me) Formstrahlblende f
shared band Gemeinschaftsband n (Radio)
shared memory, SHM gemeinsam benutzer Speicher m (ein Mechanismus zum Datenaustausch zwischen Prozessen)
shared-service line (Nrt) Zweieranschlussleitung f
sharp scharf; scharfkantig; steil; spitz; deutlich
sharp focussing Scharfeinstellung f
sharp slope steile Flanke f
sharp tuning Feinabstimmung f, Scharfabstimmung f, genaue Einstellung f [Abstimmung f]
sharpness Schärfe f; Bildschärfe f
sharpness of directivity Bündelungsschärfe f, Richtschärfe f
sharpness of picture Bildschärfe f
sharpness of resonance Resonanzschärfe f
sharpness of tuning Abstimm(ung)schärfe f
sheath 1. Mantel m, Hülle f, Ummantelung f, Umhüllung f (z. B. eines Kabels); Verkleidung f; 2. Raumladungsschicht f

sheathed cable Mantelkabel n; bewehrtes Kabel n
sheathed wire-type infrared heating unit Rohrinfrarotheizkörper m
sheathing Umhüllung f, Ummantelung f; Überzug m
shed v 1. ausstrahlen, aussenden, verbreiten (z. B. Licht); 2. (Et) verringern (Ladung); 3. abwerfen; abstoßen (z. B. Wasser)
sheet Blech n; Blatt n; Tafel f; Schicht f; Dynamoblech n
sheet discharge Flächenentladung f
sheet mica Spaltglimmer m; Mikanit n (Isolierstoff)
sheet reflector Blechwandreflektor m
sheet resistance Flächenwiderstand m, Schichtwiderstand m
shell Schale f (Elektronenkonfiguration); Hülle f; Kapsel f
shell antenna Muschelantenne f (asymmetrische Spiegelantenne)
shell electron Hüllenelektron n
shell-type motor Baumotor m
s.h.f. s. superhigh frequency
SHF s. superhigh frequency
shield braid Abschirmlitze f
shield electrode Schirmelektrode f
shield wire Schirmleiter m
shielded abgeschirmt; gepanzert (z. B. Kabel; Gerät)
shielded arc abgeschirmter Lichtbogen m
shielded line abgeschirmte Leitung f
shielded pair abgeschirmte symmetrische Leitung f
shielded wire abgeschirmter Draht m
shielding action Schirmwirkung f
shielding can Abschirmbecher m, Schirmbecher m
shielding enclosure Abschirmung f
shift v (ver)schieben; verstellen; (um)schalten; drehen; sich verschieben; sich verändern; wechseln (Telegrafie)
shift Schieben n, Verschiebung f; Wechsel m, Veränderung f
shift by wire automatisches Schaltgetriebe n (Automobiltechnik)
shift in phase Phasenverschiebung f, Phasensprung m
shift instruction (Dat) Schiebebefehl n
shift keying (Nrt) Umtastung f (bei

short-distance

digitalen Träger-Modulationsverfahren; siehe auch: ASK, FSK, PSK)
shift-out code Dauerumschaltungscode *m*
shift pulse Schiebeimpuls *m*, Verschiebeimpuls *m*
shift register decoder *(Nrt)* Schieberegisterdecodierer *m*, Decodierer *m* für zyklische Codes *(durch rückgekoppeltes Schieberegister; D-Flipflop-Kette)*
shift register sequence *(Nrt)* Schieberegisterfolge *f (periodische Folge, Pseudozufallsfolge)*
shift unit Schiebeeinheit *f*, Verschiebungseinheit *f*, Schiebeeinrichtung *f*, Verschiebeeinrichtung *f (Rechner)*
shifting Verstellen *n*, Verschiebung *f*; Umschaltung *f*
ship bearing compass Bordpeiler *m*
ship-borne radar Schiffsradar *n*
ship emergency transmitter *(Fo)* Schiffsnotsender *m*, See-Notrufsender *m*, Schiffsnotrufsignal-Sender *m*
ship radio call *(Ko)* Schiffsfunkgespräch *n*, Seefunktelefonat *n*
ship radio station Bordfunkstation *f*
shipping length Versandlänge *f (z. B. für Kabel)*
shipping paper Lieferschein *m*
SHM *s.* shared memory
shock absorber Stoßdämpfer *m*
shock excitation Stoßerregung *f*
shock-free stoßfrei; erschütterungsfrei
shock load Stoßbelastung *f*, Stoßlast *f*
shock mount schwingungsisolierende Montage *f* [Befestigung *f*]
shock-mounted gefedert
shock-proof stoßfest, stoßsicher; erschütterungsfest
shock test 1. Stoßprüfung *f*; 2. *(Ak)* Stoß(folge)prüfung *f*
Shockley state shockleyscher Zustand *m*
shockproof *s.* shock-proof
shoe *v* anschuhen *(z. B. Masten)*
shoe Mastschuh *m*; Schleifstück *n (eines Stromabnehmers)*
shoot-through *(Le)* Durchzündung *f*, Wechselrichterkippen *n*
shop test Betriebserprobung *f*
short-circuit *v* kurzschließen; einen Kurzschluss verursachen

short *v* **to earth** erden, gegen Erde kurzschließen
short access time kurze Zugriffszeit *f*
short arc lamp Kurzbogenlampe *f*
short-arc xenon lamp Xenonkurzbogenlampe *f*
short-channel effect *(Me)* Kurzkanaleffekt *m*
short-circuit Kurzschluss *m*
short-circuit braking *(Ma)* Kurzschlussbremsung *f*
short-circuit-breaker Leistungsschalter *m*
short-circuit characteristic Kurzschlusskennlinie *f*
short-circuit current Kurzschlussstrom *m*
short-circuit forward current transfer ratio *(Le)* Kurzschlussstromverstärkung *f*
short-circuit limitation *(Ee)* Kurzschlussstrombegrenzung *f*
short-circuit power Kurzschlussleistung *f*
short-circuit-proof kurzschlussfest, kurzschlusssicher
short-circuit protection Kurzschlussschutz *m*
short-circuit protective device Kurzschluss-Schutzgerät *n*; Kurzschluss-Schutzeinrichtung *f*
short-circuit rating Nennkurzschlussstrom *m*
short-circuit ring Kurzschlussring *m*
short-circuit test Kurzschlussversuch *m*, Kurzschlussprüfung *f*
short-circuit time *Kurzschlusszeit *f*
short-circuit to earth *Erdschluss *m*
short-circuit transient time constant transiente Kurzschlusszeitkonstante *f*
short-circuit trip Kurzschlussauslöser *m*
short-circuit voltage *Kurzschlussspannung *f*
short-circuit winding Kurzschlusswicklung *f*
short-code dialling *(Nrt)* Kurzwahl *f (siehe auch: one-touch dialling)*
short cut Kurzverfahren *n*, verkürztes Verfahren *n*
short-distance short circuit Abstandskurzschluss *m*
short-distance telephone traffic Fernsprechnahverkehr *m*

short-duration 332

short-duration pulse Kurz(zeit)impuls m

short-haul carrier (telephone) system (Nrt) Nahverkehr-TF-System n, Trägerfrequenzsystem n für Nahverkehr

short-haul microwave link (Nrt) Kurzstreckenrichtfunkverbindung n

short message (Ko) Kurznachricht f

short-path bearing Nahpeilung f

short range von geringer Reichweite; Nah...; nahwirkend; Nahwirkungs...

short-range fading Nahschwund m

short-range radio Nahbereichsfunk m

short ring (Nrt) Kurzruf m

short-stator linear motor (Ma) Kurzständerlinearmotor m

short-time store Kurzzeitspeicher m

short-time test Kurzzeitversuch m

short wave Kurzwelle f (3 bis 30 MHz)

short-wave adapter Kurzwellenvorsatzgerät n

short-wave bands (Fs) Kurzwellenbänder npl (10 m - 100 m; 11-, 13-, 16-, 19-, 25-, 31-, 41-, 49-, 80-m-Band)

short-wave channel Kurzwellenkanal m

short-wave communication Kurzwellenverbindung f

short-wavelength region kurzwelliger Bereich m

shortcut (Dat) Tastaturkürzel n (Start über Tastenkombination)

shorted-emitter structure Struktur f mit kurzgeschlossenem Emitter

shorting Kurzschließen n

shot (Me) Belichtungsstempel m

shotgun microphone Richtrohrmikrofon n

shrinkage allowance Schrumpfzugabe f, Schwindmaß n, Schwindzugabe f

shrinkage crack Schrumpfriss m, Schwindungsriss m

shunt v (Et) nebenschließen, in Nebenschluss schalten, shunten, parallel schalten, überbrücken

shunt (Et) Nebenschluss(widerstand) m, Shunt m

shunt arm Querzweig m, Querglied n (Vierpoltheorie)

shunt capacitor *Parallelkondensator m

shunt characteristic Nebenschlussverhalten n, Nebenschlusscharakteristik f

shunt circuit Nebenschluss(strom)kreis m, Parallel(strom)kreis m, parallel geschalteter Stromkreis m, Spannungspfad m

shunt dynamo Nebenschlussgenerator m

shunt-excited nebenschlusserregt

shunt motor Nebenschlussmotor m

shunt reactor Nebenschlussdrossel f, Paralleldrossel f

shunt regulation Nebenschlussregelung f

shunt resistance Neben(schluss)widerstand m, Parallelwiderstand m, parallel geschalteter Widerstand m

shunt T (junction) Parallel-T-Glied n, Parallelverzweiger m, Admittanz-T--Glied n

shunt terminal Nebenschlussklemme f

shunt-wound generator Nebenschlussgenerator m

shunt-wound motor Nebenschlussmotor m

shunting Shunten n, Nebenschlussbildung f, Parallelschaltung f

shunting locomotive Rangierlokomotive f

shut-down Abschalten n, Abstellen n; Stilllegen n, Außerbetriebsetzen n

shut-down process (Rt) Abfahrprozess m

shut-down relay Abschaltrelais n

shut-off 1. Abschalten n; 2. Absperrvorrichtung f, Abstellvorrichtung f

shutter Verschluss m; Deckel m, Klappe f; Schieber m (Kassette)

shutter button (Ko) Auslöser-Taste f (bei Kameras)

shutter delay (Ko) Auslöseverzögerung f (bei Autofocus-Kameras)

shuttle v sich hin- und herbewegen, pendeln

shuttle armature Doppel-T-Anker m

sibilant (Ak) Zischlaut m

side arm Seitenarm m; Traverse f, Mastausleger m

side frequency Seitenfrequenz f, Frequenz f eines Seitenbandes

side lamp Begrenzungsleuchte f (Kraftfahrzeug)

side line 1. Nebenleitung f, Abzweigleitung f; 2. Nebenlinie f
side lobe Nebenzipfel m, Seitenzipfel m, Nebenkeule f (Antenne)
sideband (Nrt) Seitenband n
sideband (component) frequency Seitenbandfrequenz f
sideband interference Seitenbandinterferenz f, Seitenbandstörung f
sideband suppression Seitenbandunterdrückung f, Unterdrücken n des Seitenbandes
sidetone (Nrt) Rückhören n, Nebengeräusch n
siemens Siemens n, S (SI-Einheit des elektrischen Leitwerts; 1 S = 1 A/V)
Sigma-Delta (ADC) (Me) Analog-Digital-Umsetzungsprinzip n
sign 1. Zeichen n, Symbol n; 2. Vorzeichen n • **of opposite sign** ungleichnamig
sign change Vorzeichenwechsel m
sign checking Vorzeichenprüfung f
sign digit Vorzeichenstelle f, Vorzeichenziffer f
sign for busy trunk line (Nrt) Fernbesetztzeichen n
sign indication 1. Polaritätsanzeige f; 2. (Dat) Vorzeichenerkennung f, Vorzeichenanzeige f, Vorzeichenkennlochung f
sign inversion Vorzeichenumkehr f
sign output Zeichenausgang m
sign register Vorzeichenregister n
sign reversal Vorzeichenumkehr(ung) f, Vorzeichenwechsel m
signal Signal n; Zeichen n
signal amplitude Signalamplitude f
signal averager Mittelwertbildner m (zum Ausmitteln von Signalen)
signal channel Signalkanal m
signal compression Signalkompression f, Signalverdichtung f
signal contrast Signalkontrast m
signal control relay Signalsteuerrelais n
signal distortion Signalverzerrung f; Zeichenverzerrung f
signal-forming network Signalformerschaltung f, Signalformernetz n
signal frequency Signalfrequenz f; Zeichenfrequenz f

signal identification Signalidentifikation f
signal input Signaleingabe f; Signaleingang m
signal lamp Signallampe f, Kontrolllampe f; Meldeleuchte f; Leuchtzeichen n
signal matching Signalanpassung f
signal meter Signalstärkemesser m
signal plug (Nrt) Hinweisstöpsel m
signal processing (Nrt) Signalverarbeitung f (Sprach- und Bild-Signalverarbeitung)
signal processor Signalprozessor m, Signalverarbeitungseinheit f
signal recognition Signalerkennung f; Zeichenerkennung f
signal recording Signalaufzeichnung f
signal regeneration Signalerneuerung f
signal restoring Wiederherstellung f eines Signals
signal restriction Signalbegrenzung f
signal selector Signalwähler m
signal sequence Signalfolge f
signal shaping Signalformung f
signal strength of reception Empfangsfeldstärke f
signal tape (Nrt) Aufnahmestreifen m
signal-to-hum ratio Brummabstand m
signal-to-interference ratio Signal-Rausch-Verhältnis n
signal to noise and distortion, SINAD (Ko, Nrt) Signalleistung zu Rausch- und Störleistungs-Verhältnis n
signal transmission Signalübertragung f, Zeichenübertragung f
signal unit Zeichengabeeinheit f
signalling Signalgabe f; Zeichengabe f
signalling current 1. Rufstrom m; 2. Telegrafierstrom m
signalling data Kennzeicheninformation f
signalling data link Kennzeichenabschnitt m
signalling equipment (Nrt) Rufsatz m
signalling relay (Nrt) Rufrelais n
signalling set Rufsatz m, Rufeinrichtung f
signalling tone (Nrt) Hörzeichen n
signalling traffic management (Nrt) Verwaltung f des Zeichengabeverkehrs
signature Signatur f, typische Signalfolge f

significant 334

significant conditions Kennzustände mpl (Telegrafie)
significant digit signifikante Ziffer f
significant state Kennzustand m
silencer Schalldämpfer m, Geräuschdämpfer m
silencing schalldämpfend, geräuschdämpfend
silent area (Nrt) tote [empfangslose] Zone f, Schweigezone f
silicon Silicium n
silicon-carbide varistor (Le) Siliciumcarbidvaristor m
silicon cell Siliciumzelle f
silicon controlled rectifier gesteuerter Siliciumgleichrichter m, Siliciumthyristor m, Thyristor m
silicon crystal rectifier Siliciumkristallgleichrichter m
silicon dice Siliciumstückchen n
silicon diode Siliciumdiode f
silicon junction diode Siliciumflächendiode f
silicon on insulator Silicium n auf Isolator(en), SOI
silicon on sapphire Silicium n auf Saphir, SOS
silicon p-n diode Silicium-pn-Diode f
silicon rectifier Siliciumgleichrichter m
silicon resistor Siliciumwiderstand m
silicon rod Siliciumstab m
silicon slice Siliciumscheibe f
silicon substrate Siliciumsubstrat n, Siliciumunterlage f
silicon-vacuum transition Silicium--Vakuum-Übergang m
silicon wafer Siliciumwafer m, Siliciumscheibe f
silicone Silikon n, Polyorganosiloxan n
silk-covered seidenumsponnen
silk-covered wire seidenumsponnener [mit Seide isolierter] Draht m
silver coating Silberbelag m, Silberbelegung f
silver electrode Silberelektrode f
similarity decoding Ähnlichkeitsdecodierung f
simple catenary equipment with single-contact wire (Ee) Kettenoberleitung f mit einem Fahrdraht
simple catenary equipment with twin--contact wire (Ee) Kettenoberleitung f mit Doppelfahrdraht

simple electrode einfache Elektrode f, Einfachelektrode f
simple through-hole (p.c.) board Mehrlagen(leiter)platte f mit einfacher Durchkontaktierung
simple tone reiner Ton m (oberwellenfrei)
simplex circuit Simplexleitung f, Simplexverbindung f
simplex communication (Nrt) wechselweiser Verkehr m, Simplexverkehr m
simplifying method Minimierungsverfahren n (Optimierung)
SIMULA s. simulation language
simulate v nachbilden, nachahmen, simulieren (z. B. einen Vorgang)
simulated program simuliertes Programm n
simulated traffic (Nrt) simulierter [künstlicher] Verkehr m
simulating network (Nrt) Nachbildung f
simulation (Dat, Rt) Simulation f, Simulierung f, Nachbildung f
simulation coding language Programmiersprache f für Simulation
simulation language Simulationssprache f
simulation program Simulationsprogramm n
simulation testing Simulationsprüfung f
simulator 1. Simulator m, Simulationsgerät n; 2. Modellanlage f
simulator program Simulationsprogramm n (zur Nachbildung einer Anlage, eines Systems als Modell)
simultaneous simultan, gleichzeitig
simultaneous broadcast Gemeinschaftssendung f
SINAD s. signal to noise and distortion
sine condition Sinusbedingung f
sine current Sinusstrom m, sinusförmiger Strom m
sine galvanometer Sinusbussole f
sine law Sinusgesetz n
sine-shaped sinusförmig
sine term Sinusglied n
sine wave Sinuswelle f, sinusförmige Welle f, Sinusschwingung f
sine-wave voltage Sinusspannung f
singing (Nrt) Pfeifen n (Verstärker); Summen n (Lichtbogen)

singing margin Pfeifabstand m, Abstand m vom Pfeifpunkt; Stabilitätsspielraum m
singing suppressor Rückkopplungssperre f; Pfeifsperre f
singing tone Pfeifton m
single Schallplatte f
single-address instruction Einadressbefehl m
single-address program Einadressprogramm n
single-anode rectifier Einanodengleichrichter m, Einanodenventil n, Einanodengefäß n
single beam Einzelstrahl m
single bearing Einfachlager n
single-blade shutter Einflügelblende f
single-board computer Einplatinenrechner m, Einkartenrechner m
single break Einfachunterbrechung f *(Schalter)*
single bus bar Einfachsammelschiene f, einfache Sammelschiene f
single-channel M.O.S. transistor Einzelkanal-MOS-Transistor m
single-channel simplex (system) *(Nrt)* Einkanalsimplexverkehr m
single-channel supervision Einzelkanalüberwachung f
single-chip circuit *(Me)* Einzelchipschaltkreis m, monolithischer Schaltkreis m auf einem Chip
single-coil einspulig
single command *(Dat)* Einzelbefehl m
single conductor 1. Einzelleiter m; 2. *(Ee)* Einfachseil n
single connection (of a convertor) Einwegschaltung f (eines Stromrichters) *(IEC 50-551)*
single contact Einfachkontakt m, einpoliger Kontakt m
single-contact-pin cap *(Nrt)* Einstiftsockel m
single converter *(Le)* Einzelstromrichter m
single cord Einzelschnur f
single-core einadrig
single-crystal face Einkristallfläche f
single-crystal filament Einkristallfaden m
single-decade counter Eindekadenzähler m

single disk brake Einscheibenbremse f
single dislocation Einzelversetzung f
single drive Einzelantrieb m, Einzelachsantrieb m
single-earth einfacher Erdschluss m, Einfacherdschluss m
single-end infeed *(Ee)* einseitige Einspeisung f
single-ended input Eintakteingang m, unsymmetrischer Eingang m
single-ended output Eintaktausgang m, unsymmetrischer Ausgang m
single fault to earth einfacher Erdschluss m
single-fibre cable *(Nrt)* Einfaser-Kabel n
single-gang variable capacitor Einfachdrehkondensator m
single-gap break contact element Öffner m mit Einfachunterbrechung
single-hop communication satellite system Einsprungnachrichtensatellitensystem n
single in-line package *(Me)* Gehäuse n mit einreihigen Anschlüssen
single instruction word einfaches Befehlswort n
single-layer einlagig
single-layer board Einlagenleiterplatte f
single-layer tape *(Me)* Einschichtfolienband n
single-layer winding einlagige Wicklung f, Einschichtwicklung f
single-limb(ed) einschenkelig *(Transformator)*
single line-to-earth fault Erdkurzschluss m, (einpoliger) Erdschluss m
single-loop einschleifig
single-loop feedback system einschleifiges Regelungssystem n
single metering *(Nrt)* Einfachzählung f
single-mode acknowledgement *(Dat)* Einfachquittierung f
single-mode fibre Monomode(glas)faser f, Einmoden(lichtleit)faser f
single-mode laser Einmodenlaser m
single-mode operation Monomodebetrieb m, Einmodenbetrieb m
single-mode optical fibre s. single-mode fibre

single-motion selector (Nrt) Drehwähler m
single-motor drive Einmotorenantrieb m
single p-n junction device Bauelement n mit einem pn-Übergang
single-phase einphasig
single-phase AC traction Einphasen--Wechselstrom-Zugförderung f
single-phase alternating current Einphasenwechselstrom m, einphasiger Wechselstrom m
single-phase commutator motor Einphasenreihenschlussmotor m
single-phase commutator motor with self-excitation kompensierter Repulsionsmotor m
single-phase power supply Einphasennetz n
single-phase railroad [railway] Einphasenbahn f
single-phase supply (Ee) einphasige Speisung f
single-pin cap Einstiftsockel m
single-pole einpolig
single-pole double-throw switch einpoliger Umschalter m
single-pole fuse einpolige Sicherung f
single-pole interruption einpolige Ausschaltung f
single-pole plug einpoliger Stecker m [Steckverbinder m]
single-pulse voltage multiplier connection Einpulsvervielfacherschaltung f
single scan Einzelabtastung f
single shot reclosing einmalige Wiedereinschaltung f (IEC 50-604)
single-side cooled einseitig gekühlt
single sideband (Nrt) Einseitenband n
single-sideband demodulation (Nrt) Einseitenband-Demodulation f (in der TF-Technik durch Abmischen auf Null)
single-sideband method Einseitenbandverfahren n
single-sided etched board einseitig geätzte Platte f [Leiterplatte f]
single-sided printed circuit board einseitige Leiterplatte f, Leiterplatte f mit einseitig aufgebrachter gedruckter Schaltung
single-stator linear motor Einständerlinearmotor m

single-step algorithm Einschritt--Algorithmus m
single string Einfachkette f (eines Isolators)
single stripe Einfachstreifen m
single-stroke bell Elektrogong m
single trace Einzelspur f, einfache Spur f
single-track recording Einspuraufzeichnung f, Vollspuraufzeichnung f
single tramway-type equipment (Ee) Einfachfahrleitung f mit einem Fahrdraht
single-transistor oscillator Einzeltransistoroszillator m
single turn einzelne Windung f
single-valued einwertig; eindeutig
single wave Einzelwelle f
single-way rectifier Einweggleichrichter m
single-way switch Einwegschalter m
singly charged einfach geladen
singularity 1. Singularität f, singuläre Stelle f; 2. (Rt) Gleichgewichtspunkt m (z. B. in der Phasenebene)
sink 1. Senke f (Mathematik); 2. Ableitvorrichtung f
sinusoidal sinusförmig; Sinus...
sinusoidal interference sinusförmige Störung f
sinusoidal PWM Sinuspulsweitenmodulation f
sinusoidal quantity sinusförmige Wechselgröße f, Sinusgröße f
site 1. Stelle f, Platz m (z. B. im Kristallgitter); 2. Standort m, Position f
site error Lagefehler m, Lagemissweisung f; Standortfehler m
site map Seiten-Übersicht f (Übersicht zu einem WWW-Informationsraum, meist Baumstruktur)
site test on cables Prüfen n von verlegten Kabeln
six-colour recorder Sechsfarbenschreiber m
six-digit sechsstellig
six-digit display sechsstellige Anzeige
six-phase circuit Sechsphasenstromkreis m
six-phase rectifier Sechsphasengleichrichter m
six-pulse bridge (Le) Sechspulsbrückenschaltung f

size 1. Größe f, Abmessung f, Dimension f; Baugröße f; 2. Grundiermasse f, Isoliergrund m
size of the increment Größe f des Zuwachses (z. B. eines Signals)
skating force Seitenkraft f, Skating--Kraft f (Schallplatte)
skeleton diagram Blockschema n, Signalflussdiagramm n; Schaltplan m
skew 1. Bandschräglauf m; 2. Schrägverzerrung f (eines Bildes); (zeitlicher) Versatz m (von Signalen); 3. Schiefe f (z. B. einer Kurve); 4. (Ma) Schrägung f (einer Nut)
skew factor (Ma) Schrägungsfaktor m (einer Wicklung)
skew-leakage reactance (Ma) Schrägungsstreureaktanz f
skewed abgeschrägt
skewed slot geschrägte Nut f
skiatron Skiatron n, Dunkelschriftröhre f
skid wire Gleitdraht m
skin Haut f, Außenhaut f; Leitschicht f; Randzone f
skin depth Eindringtiefe f, Hauttiefe f, Skintiefe f
skin effect Skineffekt m, Hauteffekt m, Stromverdrängungseffekt m
skip 1. Leerstelle f; Auslassung f; 2. (Dat) Überspringen n; 3. (Ak) Titelsprung m (CD); 4. s. skip instruction
skip instruction (Dat) Übersprungbefehl m; Leerbefehl m
skip keying Impuls(folge)frequenzteilung f (Radar)
skirting board duct (Ee) *Sockelleistenkanal m
sky-wave propagation Raumwellenausbreitung f
skylight Oberlicht n
skyline Horizontallinien diagramm n
slack 1. loser Bandwinkel m; 2. (Dat) Pufferzeit f
slash (Dat) Schrägstrich m (Trennzeichen bei Internet--Adresseneingabe http://)
slave Nebengerät n, gesteuertes Gerät n
slave clock Nebenuhr f, Tochteruhr f
slave controller untergeordneter Regler m (Kaskadenregelung)
slave flash (Ko) fernausgelöstes Blitzlicht n, fernausgelöster Zweitblitz m (durch optischen Sensor)
slave pointer Schleppzeiger m

sleet hood Eisschutzüberzug m
sleet-melting provision Enteisungsvorrichtung f
sleetproof eisgeschützt
sleeve Hülse f, Manschette f, Muffe f, Verbindungsmuffe f
sleeve bearing Gleitlager n
slewing rate [speed] 1. Anstiegsgeschwindigkeit f (z. B. der Ausgangsspannung); 2. Schreibgeschwindigkeit f (XY--Schreiber)
SLF s. super low frequency
slice v zerteilen, in Scheiben schneiden (z. B. Kristalle)
slice 1. Scheibe f, Plättchen n; 2. (Me) Scheibe f, Halbleiterscheibe f, Wafer m; 3. (Dat) Prozessorelement n
slice masking Scheibenmaskierung f
slide back valve voltmeter Kompensationsröhrenvoltmeter n
slide bar Gleitschiene f
slide bearing Gleitlager n
slide-in unit Einschubeinheit f, Steckeinheit f
slide projection Diaprojektion f
slide-rule Rechenschieber m
slider 1. Schleifer m (z. B. eines Potenziometers); Schieber m; Gleitstück n; 2. (Ko) Handy n mit Abdeckschieber
sliding average gleitender Mittelwert m
sliding bar Führungsstange f
sliding button Schiebetaste f
sliding coil verschiebbare Spule f
sliding contact Schleifkontakt m, Schiebekontakt m, Gleitkontakt m
sliding discharge Gleit(funken)entladung f
sliding friction Gleitreibung f, gleitende Reibung f
sliding resistor Schiebewiderstand m
sliding rods Abstimmteile npl (für Antennen)
slightly damped schwach gedämpft
slim cabinet Flachgehäuse n
slip v gleiten, rutschen, schlüpfen
slip (Ma) Schlupf m; Gleiten n, Rutschen n; Gleitung f, Gleitbewegung f, Abgleitung f (Kristalle)
slip frequency Schlupffrequenz f
slip regulation (Rt) Schlupfregelung f
slip ring Schleifring m, Gleitring m
slip-ring brush Schleifringbürste f

slip-ring motor Schleifringmotor *m*
slippage Bitverlust *m*, Schlupf *m* *(Decodierung)*
slit diaphragm Spaltblende *f*
slit image Schlitzbild *n*, Spaltbild *n*
slit jaw Spaltbacke *f*, Schneide *f (z. B. eines Monochromators)*
slit lamp Spaltlampe *f*
slope 1. Neigung *f*, Gefälle *n*; Steigung *f*, Anstieg *m (z. B. einer Kurve)*; 2. Steilheit *f (Maß des Kennlinienanstiegs)*
slope angle Neigungswinkel *m*
slot Schlitz *m*; Spalt *m (z. B. eines Monochromators)*; Nut *f*
slot cell Nutauskleidung *f*
slot closer Nuten(verschluss)keil *m*
slot insulation Nutisolation *f*
slot leakage Nutstreuung *f*
slot pitch Nutteilung *f*
slot top *(Ma)* Nutkopf *m*
slot wedge Nutkeil *m*
slotted geschlitzt; genutet
slotted dipole Schlitzdipol *m*
slotted electrode Schlitzelektrode *f*
slotted guide Schlitzführung *f*
slow *v* verlangsamen, langsamer laufen lassen; sich verlangsamen; sich verzögern
slow *(Ak)* *Langsam, langsam, slow, S (Zeitbewertung)*
slow-access storage langsamer Speicher *m*, Speicher *m* mit langer Zugriffszeit
slow-blow fuse träge Sicherung *f*
slow disconnection verzögerte Trennung *f*
slow-down device Einrichtung *f* zur verlangsamten Wiedergabe
slow memory Langsamspeicher *m*, Speicher *m* mit langer Zugriffszeit
slow operation verzögertes Arbeiten *n*
slow pick-up verzögertes Ansprechen *n* *(eines Relais)*
slow reactor langsamer Reaktor *m*
slow release verzögerte Auslösung *f* [Trennung *f*, Unterbrechung *f*]
slow-release relay verzögertes [langsam abfallendes] Relais *n*, Verzögerungsrelais *n*, Relais *n* mit Abfallverzögerung
slow-response langsam ansprechend
slow response 1. langsames [träges]

Ansprechen *n*; 2. *(Ak)* Zeitbewertung *f* "Langsam"
slug (einstellbarer) Spulenkern *m*; Verzögerer *m (beim Relais)*
small accumulator Kleinakku(mulator) *m*, Kleinsammler *m*
small-band transmission Schmalbandübertragung *f*
small computer Kleinrechner *m*
small-lot production Kleinserienproduktion *f*
small message service Kurzmitteilungsdienst *m*
small office, home office, SOHO kleines Büro *n*, Heimbüro *n*
small-power motor Kleinmotor *m*
small-scale integration *(Me)* Kleinintegration *f*, niedriger Integrationsgrad *m*, SSI *f*
small signal Kleinsignal *n*
small-signal behaviour Kleinsignalverhalten *n*
small-size klein, von kleinen Abmessungen
small-type motor Kleinmotor *m*
small variations method Methode *f* der kleinen Variationen *(Störungsrechnung)*
small-width effect *(Me)* Schmalkanaleffekt *m*
Smart Media Card *(Ko)* wechselbare Speicherkarte *f (für Digitalkameras; nicht flüchtig, 16 - 128 MByte)*
smectic phase smektische Phase *f (Flüssigkristall)*
smooth glatt; gleichmäßig, gleichförmig, stufenlos; stoßfrei
smooth and uniform transmission line homogene Leitung *f*
smooth regulation gleichförmige Regelung *f*
smooth running ruhiger [gleichförmiger] Lauf *m*
smoothed current geglätteter Strom *m*
smoothing Glättung *f (z. B. eines Signals)*; Beruhigung *f (z. B. einer Schwingung)*
SMS acknowledgement of receipt *(Ko)* SMS-Empfangsbestätigung *f (beim Handy von D1 zu D1 durch Eingabe von *T# vor der gesendeten Kurznachricht veranlassbar)*
SMS storage *(Ko)* Handymailbox *f*, SMS-Speicherung *f* im Handy

solid-state

(Speicherung gesendeter und empfangener SMS; LIFO; 10 x 160 Zeichen)

snaked wire verdrillter Draht *m*
sneak current Kriechstrom *m*
snow Schnee *m*, Grieß *m* *(Bildstörung)*
snubber *(Le)* Begrenzer *m*, spannungsbegrenzende Schaltung *f*, Überspannungsschutzelement *n*
soaking Tränken *n*
socket 1. Steckdose *f*; Buchse *f*; Fassung *f*; 2. Steckstelle *f (für Leiterplatten)*
socket adapter Zwischenfassung *f*, Zwischensockel *m*
socket connector Buchse *f*
socket contact Buchsenkontakt *m*
socket-outlet *Steckdose *f*
soft 1. weich *(z. B. Strahlung)*; 2. kontrastarm; 3. enthärtet; 4. *(Ak)* leise; weich *(z. B. Sprache, Musik)*
soft copper Weichkupfer *n*
soft copy Bildschirmkopie *f*, Bildschirmausgabe *f*
soft-magnetic weichmagnetisch
soft-soldering Weichlöten *n*
soft superconductor weicher Supraleiter *m*
software *(Dat)* Software *f*, Systemunterlagen *fpl*, Programmausstattung *f*
software-compatible softwarekompatibel, programmkompatibel
software driver Softwaretreiber *m*
software emulation Softwareemulation *f*
software engineering Softwaretechnik *f*
software failure Programmierungsfehler *m*
software module Softwaremodul *m*, Programmbaustein *m*
software package Software-Paket *n*, Software-Ausstattung *f*
software support Softwareunterstützung *f (Programmausstattung)*
SOHO s. small office, home office
solar battery Solarbatterie *f*, Sonnenbatterie *f*
solar cell Solarzelle *f*, Sonnenzelle *f*, Solarelement *n*
solar collector Solarkollektor *m*
solar constant Solarkonstante *f*

(Bestrahlungsstärke unmittelbar oberhalb der Erdatmosphäre)

solder *v* löten; sich löten lassen; gelötet werden
solder Lot *n*, Lötmetall *n*
solder alloy Lötlegierung *f*
solder bath Lötbad *n*
solder cup Löthülse *f*
solder joint Lötverbindung *f*
solder mask Lötmaske *f*
solder side Lötseite *f*
solder(-type) terminal Lötanschluss *m*
soldering 1. Löten *n*; 2. Lötstelle *f*, Lötverbindung *f*
soldering eye Lötauge *n*; Lötöse *f*
soldering head Lötkopf *m*
soldering iron Lötkolben *m*
soldering lug Lötfahne *f*; Lötöse *f*
soldering-lug strip Lötösenleiste *f*, Lötösenstreifen *m*
soldering mask Lötmaske *f*
soldering pin Lötstift *m*
soldering point Lötpunkt *m*
solenoid Solenoid *n*, Zylinderspule *f*
solenoid starter Solenoidanlasser *m*
solenoid switch Magnetschalter *m*
solicitor *(Dat)* Abrufprogramm *n*, Aufrufprogramm *n*
solid 1. Festkörper *m*, fester Körper *m*; 2. Feststoff *m*, fester Stoff *m*
solid acoustics Festkörperakustik *f*
solid-borne noise Körperschall *m*
solid bushing Feststoffdurchführung *f*
solid circuit device Festkörperschaltungselement *n*
solid dielectric festes Dielektrikum *n*, Festdielektrikum *n*
solid electrolyte Festelektrolyt *m*
solid electrolyte battery Feststoffbatterie *f*
solid electrolyte capacitor Kondensator *m* mit Festelektrolyt
solid electrolyte fuel cell Festelektrolytbrennstoffelement *n*
solid enclosure massives Gehäuse *n*
solid insulation Feststoffisolation *f*, Massivisolation *f*
solid-phase welding Pressschweißen *n* in fester Phase
solid state Festkörperzustand *m*, fester Zustand *m*
solid-state circuit Festkörperschaltkreis *m*,

Festkörperschaltung f,
Halbleiterschaltkreis m
solid-state component
Festkörperbauelement n
solid-state device
Festkörperbauelement n
solid-state digital computer
Festkörperdigitalrechner m
solid-state display Festkörperdisplay n
solidification temperature
Erstarrungstemperatur f
solidified electrolyte erstarrter
Elektrolyt m
solidly earthed starr geerdet
sonagram (Ak) Sonagramm n, Visible-
-speech-Diagramm n (Frequenz-Zeit-
-Intensität)
sonar (Abk. für: sound navigation and
ranging) 1. Sonar n
(Schallortungssystem); 2. Sonar n,
Wasserschallortungsgerät n,
Unterwasserortungsgerät n
sonar dome Sonarkuppel f
sonar range Sonarbereich m
sonde Sonde f
sone Sone n (Kennwort zur Angabe der
Lautheit)
sonic Ton...; Schall...
sonic analyzer Ultraschallprüfgerät n
sonic anemometer
Ultraschallanemometer n
sonic frequency Tonfrequenz f
sonic speed [velocity]
Schallgeschwindigkeit f
sonic wave Schallwelle f
SOS call SOS-Zeichen n, Funknotruf m,
Funknotsignal n
sostenuto pedal Tonhaltepedal n
sound v 1. erschallen, ertönen,
erklingen; klingen; 2. tönen [klingen]
lassen; akustisch signalisieren; 3.
(aus)loten, ausmessen (mit Echolot);
peilen
sound 1. Schall m; Ton m, Klang m; 2.
Sonde f
sound absorber Schallabsorptionsstoff
m, Schallabsorber m, Schallschlucker
m
sound-absorptive schallabsorbierend,
schallschluckend
sound-absorptive lining
schallabsorbierende Auskleidung f
sound amplifier Tonverstärker m

sound analyzer Schallanalysator m,
Klanganalysator m
sound broadcast receiver (Fs)
Hörrundfunkempfänger m
sound broadcast transmitter (Fs)
Hörrundfunksender m
sound broadcasting 1. Hör(rund)funk
m; 2. Tonsendung f
sound carrier Tonträger m
sound change-over Tonüberblendung f
sound column Tonsäule f
sound damper Schalldämpfer m
sound deadening Schalldämmung f,
Schallschluckung f; Schallisolierung f;
Entdröhnung f
sound detector Horchgerät n
sound emission Schallemission f
sound energy Schallenergie f
sound engineer Tontechniker m,
Toningenieur m
sound engineering Tontechnik f
sound excitation Schallerregung f
sound exposure (Ak) Schalleinwirkung
f, Schallexposition f; Schalldosis f,
Lärmdosis f
sound frequency Tonfrequenz f
sound generation Schallerzeugung f,
Tonerzeugung f
sound-generative schallerzeugend,
tonerzeugend
sound groove Schallrille f, Tonrille f
(Schallplatte)
sound head Tonkopf m
sound-insulating window
Lärmschutzfenster n,
Schallschutzfenster n
sound insulation Schalldämmung f,
Schallisolation f
sound leak Schalleck n
sound level A A-bewerteter
Schalldruckpegel m, A-Schallpegel m
sound level reading
Schallpegelanzeige f
sound-modulated tonmoduliert
sound navigation and ranging Sonar n
Wasserschallortung f
sound panel Schallwand f
sound particle velocity Schallschnelle
f, Teilchengeschwindigkeit f
sound pick-up Tonabnehmer m
sound power Schalleistung f
sound pressure Schalldruck m
sound pressure calibrator
Schalldruckkalibrator m

sound pressure microphone druckempfindliches Mikrofon n, Druckmikrofon n
sound probe Schallsonde f
sound propagation Schallausbreitung f
sound ranging microphone Schallmessmikrofon n
sound ranging station Schallmessstation f
sound receiver Schallempfänger m; Schallaufnehmer m
sound reception Schallempfang m; Hörempfang m
sound recorder Schallaufzeichnungsgerät n, Tonaufnahmegerät n
sound reinforcement Tonverstärkung f, Schallverstärkung f *(mit Lautsprecheranlage)*
sound reproduction Tonwiedergabe f, Schallwiedergabe f
sound-scanning slit Tonabtastspalt m
sound signal akustisches Signal n, Tonsignal n
sound source Schallquelle f, Schallsender m
sound stage *(Ak)* umgebende Klangwelt f, räumliches Klangbild n
sound studio Tonatelier n, Tonstudio n
sound supervisor Tonmeister m, (leitender) Toningenieur m
sound suppression Schallunterdrückung f, Tonunterdrückung f; Schalltilgung f
sound synthesis Klangsynthese f
sound track Tonspur f; Tonstreifen m *(eines Films)*
sound-transparent schalldurchlässig
sound trap Tonsperrkreis m
sound velocity Schallgeschwindigkeit f, Schallschnelle f
sound volume Lautstärke f; Klangfülle f; Tonumfang m
sound wave Schallwelle f
sound wave of ultrasonic frequency Ultraschallwelle f
sounder 1. Schallgeber m, akustischer Zeichengeber m; Glocke f, Summer m; Klopfer m *(Telegrafie)*; 2. Echolotgerät n
sounding 1. Schallen n; Tönen n; 2. Lotung f, Ausmessen n *(mit Echolot)*
sounding arc tönender Lichtbogen m
sounding buoy Heultonne f, Heulboje f

sounding relay Klopfrelais n
soundless tonlos, geräuschlos
soundproof schalldicht, schallisoliert; geräuschdämpfend
soundscape *(Ak)* umgebende Klangwelt f, räumliches Klangbild n
source 1. Quelle f, Herkunft f, Ursprung m; 2. Energiequelle f; Spannungsquelle f; Stromquelle f; Lichtquelle f; Strahlungsquelle f; 3. Quellenelektrode f, Sourceelektrode f *(Feldeffekttransistor)*
source code *(Dat)* Quellcode m, Ursprungscode m
source current *(Me)* Sourcestrom m
source earth Quellenerde f, Stromquellenerde f
source handshake *(Dat)* Handshake--Quelle f
source idle state Ruhezustand m der Quelle
source image Lichtquellenbild n
source language *(Dat)* Quell(en)sprache f, Ursprungssprache f
source language translation Quellsprachenübersetzung f
source location 1. Quellenort m; 2. Quellenortung f
source noise Quellenrauschen n
source of clock pulses Taktimpulsquelle f
source of current Stromquelle f
source of electromotive force Spannungsquelle f
source program Quellenprogramm n
source region *(Me)* Source-Gebiet n, Quellengebiet n
source room Senderaum m *(für Schalldämmungsmessung)*
source routing Routing n durch die Quelle *(Absender gibt die gewünschte Route an, d. h. eine Liste der zu durchlaufenden Router)*
source voltage of phase treibende Spannung f der Phase
sourceless transmission system quellenloses Übertragungssystem n
space 1. Raum m; Weltraum m; 2. Zwischenraum m, Abstand m; Lücke f; Impulslücke f; Leerstelle f; 3. Zeitraum m, Frist f
space bar Leertaste f
space character Leerzeichen n, Zwischenraum m

space charge Raumladung *f*
space-charge factor Raumladungsfaktor *m*, Raumladungskonstante *f*
space-charge grid Raumladungsgitter *n*
space code *(Nrt)* Abstandscode *m*, Pausencode *m*
space coordinates Raumkoordinaten *fpl*, Ortskoordinaten *fpl*, Lagekoordinaten *fpl*
space current Katodenstrom *m*
space electronics Raumfahrtelektronik *f*
space frequency 1. Raumfrequenz *f*; 2. Trennschrittfrequenz *f*
space harmonic Raumharmonische *f*, räumliche Harmonische *f (im Luftspalt)*
space heater Raumheizkörper *m*
space key 1. Leer(stellen)taste *f*; 2. *(Nrt)* Abstandstaste *f*
space permeability Permeabilität *f* des leeren Raumes, Induktionskonstante *f*
space probe Raumsonde *f*
space radiation Raumstrahlung *f*
space radio communication Weltraumfunkverkehr *m*
space shuttle *(Ko)* Raumfähre *f (z. B. Endeavour)*
space station *(Ko)* Raumstation *f (z. B. ISS 23.03.2001)*
space switch Adressraumwechsel *m*
space-time continuum Raum-Zeit--Kontinuum *n*
spaceborn antenna *(Ko)* Raumfahrzeugantenne *f*
spacecraft vehicle Raumfahrzeug *n*
spaced getrennt, mit Abstand angeordnet; unterteilt
spacer 1. Abstandshalter *m*, Abstandsstück *n*, Distanzstück *n*, Zwischenstück *n*; 2. *(Nrt)* Abstandstaste *f*; Leer(stellen)taste *f*
spacer layer Abstandsschicht *f (z. B. eines Interferenzfilters)*
spacing 1. Abstand *m*, Zwischenraum *m*; 2. *(Nrt)* Trennzeit *f*, Unterbrechung *f*
spacing error 1. *(Mess)* Teilungsfehler *m*; 2. Antennenabstandsfehler *m*
spacing key Abstandstaste *f*
spacing layer *(Me)* Abstandsschicht *f*
spam *(Dat)* Spam *m*, unerwünschte E--Mails *fpl (Werbung, Newsletter)*
span 1. Bereich *m*, Umfang *m*; 2. Spanne *f*, Spannfeld *n*, Spannweite; Mastabstand *m*
spare Ersatzteil *n*
spare armature Ersatzanker *m*
spare battery Reservebatterie *f*
spare cable Reservekabel *n*, Vorratskabel *n*
spare channel Reservekanal *m*
spare circuit 1. Ersatzschaltung *f*, Reserveschaltung *f*; 2. Ersatzleitung *f*, Reserveleitung *f*
spare conductor Ersatzleiter *m*
spare parts list Ersatzteilliste *f (IEC 1082-1)*
spare set Reservesatz *m*
spare wire Reserveleitung *f*
spark *v* sprühen, funken
spark v over überschlagen *(Lichtbogen)*; überspringen *(Funken)*
spark Funke *m*; Zündfunke *m*
spark absorber Funkenlöscher *m*
spark arrester Funkenableiter *m*
spark breakdown Funkenüberschlag *m*
spark coil Funkeninduktor *m*
spark discharge Funkenentladung *f*
spark erosion Funkenerosion *f*
spark extinguisher Funkenlöscher *m*
spark-free funkenfrei
spark gap Funken(entladungs)strecke *f*; Elektrodenabstand *m*
spark hardening Funkenhärten *n*
spark ignition Funkenzündung *f*
spark indicator Funkenanzeiger *m*
spark killer *(sl)* Funkenlöscher *m*
spark length Funkenlänge *f*
spark line Funkenlinie *f*
spark micrometer Funkenmikrometer *n*
spark-over Funkenüberschlag *m*, Überschlag *m*, Überschlagen *n* [Überspringen *n*] eines Funkens
spark plug Zündkerze *f*
spark plug ignition Kerzenzündung *f*
spark quenching Funkenlöschung *f*
spark recorder Funkenschreiber *m*
spark reducer Funkenschwächer *m*
sparking Funkenbildung *f*; Bürstenfeuer *n*
sparking ball Kugelelektrode *f*
sparkless funkenfrei
sparkless breaking funkenloses Schalten *n*
speaker 1. Lautsprecher *m*; 2. Sprecher *m*
speaker terminal

speech

Lautsprecheranschluss m, Lautsprecherklemme f
speakerphone Lauthörgerät n
speaking battery Sprechbatterie f
speaking circuit (Nrt) Sprechweg m, Sprechstromkreis m
speaking processor 1. Spezialprozessor m; 2. Spezialrechner m
speaking-purpose computer Spezialrechner m
specific-air resistance spezifischer Luftwiderstand m
specific apparent power (Et) spezifische Scheinleistung f
specific heat spezifische Wärme f
specific resistance on inclined track spezifischer Steigungswiderstand m (beim Fahrzeug)
specific weight Wichte f
specification 1. (Qu) Auslegung f; 2. Spezifikation f, (genaue) Beschreibung f; Richtlinie f, Vorschrift f; Pflichtenheft n
specification sheet Datenblatt n
specification-time relay Relais n mit festgelegtem Zeitverhalten, Zeitrelais n
specimen Muster n; Prüfling m; Prüfobjekt n
speckle noise (Nrt) Modenrauschen n (Lichtwellenleiterübertragung)
spectral bandwidth spektrale Bandbreite f
spectral colours Spektralfarben fpl
spectral distribution of intensity spektrale Intensitätsverteilung f
spectral distribution of sensitivity spektrale Empfindlichkeitsverteilung f
spectral energy distribution spektrale Energieverteilung f (einer Strahlung)
spectral filter Spektralfilter n, Farbfilter n
spectral frequency Spektralfrequenz f
spectral reflectance s. spectral reflection factor
spectral reflection factor spektraler Reflexionsgrad m
spectral response spektrale Empfindlichkeit f; Farbempfindlichkeit f (Farbfernsehen)
spectral response characteristic spektrale Verteilungscharakteristik f, Spektralcharakteristik f

spectral sensitivity spektrale Empfindlichkeit f
spectrographic spektrographisch
spectrometer Spektrometer n
spectroscopic spektroskopisch
spectroscopic lamp Spektrallampe f
spectroscopy Spektroskopie f
spectrum (Nrt) F(ω), Spektrum n, Spektraldichte f (Fouriertransformierte von f(t), siehe auch: spectral density)
spectrum analysis (Ak) Spektralanalyse f, Frequenzanalyse f
spectrum analyzer Spektralanalysator m
spectrum component Spektralanteil m, Spektralkomponente f
spectrum locus Spektralfarbenzug m
spectrum pressure level spektraler Schalldichtepegel m
specular angle Reflexionswinkel m
specular reflector spiegelnder Reflektor m
speech 1. Sprechen n; 2. Sprache f
speech amplifier Sprechverstärker m, Modulationsvorverstärker m
speech audiometry Sprachaudiometrie f
speech band (Nrt) Sprachfrequenzband n (300 Hz-3,4 kHz)
speech communication (Nrt) Sprachkommunikation f, Fernsprechen n
speech digit signalling (Nrt) Kennzeichenübertragung f mit Sprechkanalbit, digitale Sprachübertragung f
speech digitalization (Nrt) Sprachdigitalisierung f (Grundform: PCM-Sprache mit 8 bit x 8 kHz = 64 kbit/s nach ITU-T-Empfehlung G.711)
speech discrimination Sprachverständlichkeit f
speech encoding Sprachverschlüsselung f
speech encryption (Nrt) Sprachverschlüsselung f
speech frequency Sprachfrequenz f
speech intelligibility index (Ko, Ak) Sprachverständlichkeitsindex m
speech interference Störung f der Verständigung [Sprachverständlichkeit]
speech inversion Umkehrung f des

speech

Sprachfrequenzbandes *(Codierverfahren)*
speech level Sprachpegel *m*, Sprechpegel *m*
speech processing Sprachverarbeitung *f*
speech recognition Spracherkennung *f*
speech recording Sprachaufnahme *f*, Sprachaufzeichnung *f*
speech synthesizer Sprachsynthesegerät *n*, Sprachausgabegerät *n*, Sprachgenerator *m*
speed *v* (up) beschleunigen
speed 1. Geschwindigkeit *f*; 2. *(Ma)* Drehzahl *f*, Umdrehungszahl *f*, Tourenzahl *f*; 3. Empfindlichkeit *f (einer fotografischen Schicht)*
speed adjustment Drehzahleinstellung *f*
speed at continuous rating Drehzahl *f* bei Dauerleistung
speed at one hour rating Drehzahl *f* bei Stundenleistung
speed-controlled drehzahlgeregelt
speed drop Drehzahlabfall *m*
speed limit Grenzdrehzahl *f*; Höchstgeschwindigkeit *f*
speed limit indicator Höchstgeschwindigkeitsanzeiger *m*
speed of response Ansprechgeschwindigkeit *f*; Anzeigedynamik *f*; Reaktionsgeschwindigkeit *f (eines Regelkreisgliedes)*
speed of sound Schallgeschwindigkeit *f*
speed of transmission Sendegeschwindigkeit *f*
speed range Geschwindigkeitsbereich *m*; Drehzahlbereich *m*
speed ratio 1. Übersetzungsverhältnis *n (Getriebe)*; 2. Drehzahlverhältnis *n (zwischen zwei Motoren)*
speed sensor Drehzahlgeber *m*
speed-torque characteristic Drehzahl--Drehmomenten-Kennlinie *f*
speedlight Blitzlicht *n*, elektronische Blitzlampe *f*
speedometer Geschwindigkeitsmesser *m*, Tachometer *n*; Umdrehungszahlmesser *m*, Drehzahlmesser *m*, Tourenzähler *m*
sphere cap Kugelkalotte *f (für Messzwecke)*
sphere electrode Kugelelektrode *f*

sphere gap Kugelfunkenstrecke *f*
sphere photometer Kugelphotometer *n*
sphere photometry Kugelphotometrie *f*
spicule crystal Nadelkristall *m*, nadelförmiger Kristall *m*
spider 1. Spinne *f*, Zentriermembran *f*; 2. *(Ma)* Läufernabe *f*, Läuferstern *m*, Rotorstern *m*
spider bonding *(Me)* Spinnenbonden *n*
spike 1. Zacke *f*, Zacken *m*, Spitze *f*; Überschwingspitze *f*; 2. *(Me)* Nadelimpuls *m*, kurzer Impuls *m*
spike leakage *(Nrt)* Spitzenstreuung *f*
spike noise Spike-Rauschen *n*
spill-over 1. Überlauf *m (von Daten)*; 2. *(Nrt)* Übersprechen *n*, Nachbarkanalanregung *f*
spin *v* 1. sich schnell drehen, (schnell) umlaufen; 2. zentrifugieren; schleudern
spin *v on* aufschleudern
spin 1. Spin *m*, Eigendrehimpuls *m*, Eigenrotation *f*; 2. Drall *m (Kabel, Leitungen)*
spin dryer [extractor] *Wäscheschleuder *f*
spin resonance Spinresonanz *f*
spin term Spinterm *m*
spin-up time *(Dat)* Anlaufzeit *f (bei Festplatten Zeit vom Stillstand bis zur Nenndrehzahl)*
spiral coil Spiralspule *f*
spiral-foil strain gauge Dehnungsmessstreifen *m* mit spiralförmig angeordneter Folie
spiral turn Spiralwindung *f*, Windung *f* einer Spirale
spiral winding Wellenwicklung *f*
spiralling Wendeln *n*, Wirbeln *n (der Lichtsäule in einer Leuchtstofflampe)*
splash-proof spritzwasserdicht; spritzwassergeschützt
splash-proof motor spritzwassergeschützter Motor *m*
splay constant Spreizkonstante *f (Flüssigkristall)*
splice *v* spleißen *(Kabel)*; anstückeln *(Kabel)*; kleben *(Tonband)*
splice 1. Spleißung *f*; 2. Spleißstelle *f*, Spleiß *m (Kabel)*; Klebestelle *f (Tonband)*
splice box Kabelmuffe *f*
splicing cement Kleber *m*, Klebemittel *n (Film, Tonband)*

splicing tape Klebeband n
split v 1. (auf)spalten, teilen; 2. sich spalten
split 1. Schlitz m, Spalt m; 2. (Nrt) Zeichenunterbrechung f; falscher Zwischenraum m
split anode Schlitzanode f
split brush Spaltbürste f
split hub geteilte Nabe f
split image (Fs) geteiltes Bild n, Bildverdopplung f
split-phase motor Spaltphasenmotor m
split plug Bananenstecker m
split pole Spaltpol m
split rotor geteilter Rotor m
split screen geteilter Bildschirm m
split-stator capacitor Differenzialkondensator m
split-throw winding Treppenwicklung f
split time (Nrt) Sperrverzögerung(szeit) f, Auftrennzeit f, Trennzeit f
split transformer Transformator m mit geteilter Wicklung, Anzapf(ungs)transformator m
spluttering Knackgeräusche npl, Prasseln n
spoking (Fo) Radeffekt m
spontaneous discharge Selbstentladung f
spontaneous ignition Selbst(ent)zündung f
spool Spule f (z. B. für Tonband); Rolle f
spool flange [head] Spulenflansch m
spooling (Dat) Spulbetrieb m, Spooling n (kontinuierliche Dateneingabe und -ausgabe mittels Zwischenspeichers)
spot-solder v punktlöten
spot-weld v punktschweißen, punkten
spot 1. Punkt m; Fleck m; 2. Lichtfleck m, Lichtpunkt m; 3. Bildelement n, Bildpunkt m; 4. Brennpunkt m, Elektrodenbrennfleck m; 5. Schweißpunkt m
spot contact Punktkontakt m
spot welding Punktschweißen n
spotlight *Scheinwerfer m; Spotlight n, Punktlichtscheinwerfer m, Effektscheinwerfer m
spout Wellenleiter(austritts)öffnung f
spread v ausbreiten; sich ausbreiten; streuen
spread angle Öffnungswinkel m
spread factor Zonenfaktor m
spread loss Ausbreitungsverlust m

spreading loss Streuverlust m, Ausbreitungsverlust m
spring-dashpot element Übertragungsglied n mit Feder und Dämpfungskörper
spring deflection Federweg m, Durchbiegung f (einer Feder)
spring reverb (Ak) Nachhall m [Hall m] von Hallspirale
spring-suspended federnd [elastisch] aufgehängt
spring suspension federnde Aufhängung f, Federaufhängung f
sprocket channel Transportspur f, Taktspur f (Lochstreifen)
spur Strebe f, Stütze f (am Mast)
spurious bit fehlerhaftes Bit n
spurious echo Nebenecho n, Geisterecho n
spurious electromotive force Streu--EMK f
spurious emission unerwünschte Ausstrahlung f, Störstrahlung f
spurious frequency Störfrequenz f
spurious noise Störrauschen n
spurious printing Kopiereffekt m
spurious radiation Neben(aus)strahlung f, Störausstrahlung f
spurious response unerwünschtes Verhalten n [Ansprechverhalten n]
spurious sideband (Nrt) störendes Seitenband n (z. B. durch Verzerrung entstehend)
spurious signal Störsignal n
sputter v zerstäuben; sputtern; spritzen, sprühen
sputtering Zerstäuben n, Zerstäubung f, Sputtern n; Plasmazerstäubung f; Sprühen n
sputtering technique Zerstäubungstechnik f
squaker (AE; sl) Mitteltonlautsprecher m
square-core coil quadratische Spule f; Rechteckspule f
square-law characteristic quadratische Charakteristik f
square-law detection quadratische Gleichrichtung f
square pulse Rechteckimpuls m
square root Quadratwurzel f
square screen (Fs) Rechteckbildschirm m, Rechteckbildröhre f
square signal rechteckförmiges Signal n

square voltage Rechteckspannung f
square wave Rechteckwelle f (Folge von Rechteckimpulsen)
square-wave voltage Rechteck(wellen)spannung f, Zinnenspannung f
square waveguide (Fo) Rechteckhohlleiter m
squared zur zweiten Potenz, hoch zwei, zum Quadrat
squarer 1. Rechtecksignalgeber m; 2. Quadrierer m
squash Quetschfuß m
squealing Kreischton m, Pfeifton m
squeeze v quetschen, drücken, (zusammen)pressen
squegger Sperrschwinger m, Pendeloszillator m
squegging oscillator Sperrschwinger m, Pendeloszillator m
squelch Geräuschunterdrückung f
squirrel cage Käfigwicklung f, Käfig m, Kurzschlusskäfig m
squirrel-cage winding (Ma) Käfigwicklung f
SRAM s. static random access memory
SSB s. subscriber-busy signal
stability analysis Stabilitätsanalyse f
stability behaviour Stabilitätsverhalten n
stability domain Stabilitätsbereich m
stability duration Haltezeit f (Pulscodemodulation)
stability estimation (Rt) Stabilitätsabschätzung f
stability limit 1. Stabilitätsgrenze f; Stabilitätsrand m (eines Regelungssystems); 2. Pfeifpunkt m
stability margin 1. Stabilitätsreserve f (Kenngröße zur Beurteilung der Stabilität); 2. Pfeifabstand m
stabilized discharge stabilisierte Entladung f
stabilized feedback stabilisierte Rückführung f
stabilized power supply unit stabilisiertes Netzanschlussteil n
stabilized voltage stabilisierte [konstante] Spannung f
stabilizing circuit Stabilisierungsschaltung f
stabilizing feedback (Rt) stabilisierende Rückführung f (zur Verbesserung der Stabilitätsgüte)

stabilizing in frequency frequenzkonstant, frequenzstabil
stabilizing in light lichtbeständig
stabilizing winding (Ma) Stabilisierungswicklung f, Ausgleichswicklung f
stack 1. (Ma) Stapel m, Blechpaket n (Trafo); Säule f (z. B. bei Stoßanlagen); 2. (Dat) Stapelspeicher m, Kellerspeicher m, Stapelregister n, Stack m; 3. Schichtenfolge f
stack pointer Stapelzeiger m, Keller(an)zeiger m, Stackzeiger m (Register zur Speicherung des zuletzt in den Stack eingegebenen Registerinhalts)
stacked array übereinander angeordnete Antennenkombination f
stacked job processing (Dat) Jobstapelverarbeitung f
stage 1. Stufe f; Stadium n; 2. Senderstufe f; Verstärkerstufe f; 3. Bühne f; Gerüst n
stage box Kabelverteiler m (z. B. für Bühnenmikrofone)
stage lighting Bühnenbeleuchtung f
stage microphone Bühnenmikrofon n
stage of amplification Verstärkerstufe m, Verstärkungsstufe f
stage rumble Bühnengeräusch n
stagger v **brushes** Bürsten staffeln
staggered circuit versetzte Schaltung f
staggering 1. Staffelung f, Versetzung f; 2. (Nrt) Kanalversetzung f
staircase function Treppenfunktion f
staircase generator Treppen(spannungs)generator m, Kipptreppengenerator m
staircase-like treppenförmig (z. B. Funktion)
staircase signal Treppen(funktions)signal n
stairway lighting Treppenbeleuchtung f
stall v blockieren; stehen bleiben (Moto
stalled motor blockierter Motor m
stalled torque Stillstandsmoment n, Blockiermoment n
stamping gestanztes Blech n, Trafoblech n
stand v **by** 1. bereitstehen, in Bereitschaft sein; 2. (Nrt) sendebereit sein; auf Empfang bleiben
stand-alone loudspeaker (Ko) freistehender Lautsprecher m,

abgesetzter Lautsprecher *m*, Lautsprecherbox *f*
stand-alone system autonomes System *n*
standard 1. Standard *m*, Norm *f*; 2. (*Mess*) Referenznormal *n*, Normal(maß) *n*
standard atmosphere Normalatmosphäre *f*
standard cable Normkabel *n*
standard cable equivalent Leitungsdämpfung *f* (*in Standard Cable Miles*)
Standard Cable Mile (*Nrt*) *englisches Kennwort für das Übertragungsmaß; 1 Standard Mile = 0,9221 Dezibel*
standard calomel electrode Standardkalomelelektrode *f*
standard cap Normalsockel *m*
standard circuit 1. Standardschaltung *f*; 2. (*Me*) Standardschaltkreis *m*
standard clock Normaluhr *f*
standard compass Hauptkompass *m*
standard definition television, SDTV (*Fs*) analoge Fernsehnormen *fpl* (*NTSC, PAL, SECAM; neu: digitales HDTV*)
standard deviation normale Abweichung *f*, Standardabweichung *f*; Streuung *f* (*Statistik*)
standard duty periods genormte Betriebszeiten *fpl*
standard electrode potential Standardelektrodenpotenzial *n*
standard error Standardfehler *m*
standard floppy Normaldiskette *f*
standard frequency (*Mess*) Normalfrequenz *f*, Eichfrequenz *f*
standard hammer machine Normhammerwerk *n* (*für Trittschallmessungen*)
standard hydrogen electrode Standardwasserstoffelektrode *f*, Normalwasserstoffelektrode *f*
standard instruction (*Dat*) Standardbefehl *m*
standard insulation class genormte [standardisierte] Isolationsklasse *f*
standard interface (*Dat*) Standardschnittstelle *f*, Standardinterface *n*
standard line Eichleitung *f*
standard measure Normal(maß) *n*, Eichmaß *n*, Eichnormal *n*

standard memory Standardspeicher *m*
Standard Mile (*Nrt*) *englisches Kennwort für das Übertragungsmaß; 1 Standard Mile = 0,9221 Dezibel*
standard musical pitch Normstimmtonhöhe *f*
standard noise generator Normalrauschgenerator *m*
standard ohm internationales Ohm *n*
standard operating duty Normbetriebsbeanspruchung *f*; Normbetriebsbedingungen *fpl*
standard pattern p.c. board Standardleiterplatte *f*, Einheitsleiterplatte *f*
standard potential s. standard electrode potential
standard rod gap Normüberschlagsweite *f*; Normluftstrecke *f*
standard rules Prüfregeln *fpl*, Prüfnormalien *pl*
standard software (*Dat*) Standardsoftware *f*
standard temperature Normaltemperatur *f*
standard threshold shift (*AE*) mittlere Hörschwellenverschiebung *f* (*z. B. bei 2000, 3000 und 4000 Hz*)
standard tuning frequency Normstimmtonfrequenz *f*, Kammertonfrequenz *f*
standard unit Standardeinheit *f*; Standardbaustein *m*, Normbaustein *m*
standard value Eichwert *m*; Normwert *m*
standard vector Einheitsvektor *m*
standard version Standard-Ausführung *f*, Grundversion *f*
standard voltage Norm(al)spannung *f*
standard wave Eichwelle *f*; Normwelle *f*
standard waveform Normwellenform *f*; Standardwelle *f*, Normwelle *f* (*bei Stoßspannungen*)
standard Weston cell Standard--Weston-Element *n*
standby 1. Bereitschaft *f*, Betriebsbereitschaft *f*; 2. Reservegerät *n*, Zusatzgerät *n*
standby current Notstrom *m*
standby generator Notstromgenerator *m*; Reservegenerator *m*
standby indication

standby Bereitschaftsanzeige f *(rote Lampe, rote LED)*
standby service Bereitschaftsdienst m
standby state Bereitschaftszustand m, Bereitschaftsmodus m, Wartezustand m *(eines Gerätes; empfangsbereit, Stromsparmodus)*
standby transmitter *(Fs)* Reservesender m
standby unit Reserveeinheit f
standing DC component überlagerter Gleichstromanteil m
standing wave stehende Welle f
standstill locking *(Ma)* Stillstandskleben n
standstill torque *(Ma)* Stillstandsmoment n
star aerial Sternantenne f
star circuit Sternschaltung f
star-connected sterngeschaltet, im Stern geschaltet
star-delta connection Sterndreieckschaltung f, Stern--Dreieck-Schaltung f
star knob Kreuzgriff m, Sterngriff m
star-mesh conversion Stern-Dreieck--Umformung f
star point Neutralpunkt m, *(veraltet)* Sternpunkt m
star rectifier circuit Sterngleichrichterstromkreis m, sterngeschalteter Gleichrichterstromkreis m
start v 1. starten; einschalten; anlassen; 2. anfangen, beginnen
start v **up** anlassen *(Motor)*; anfahren *(Maschine)*; hochfahren *(Sender)*; in Betrieb nehmen
start Start m; Beginn m; Anlauf m; Inbetriebnahme f
start pulse 1. Startimpuls m; 2. *(Nrt)* Anlaufschritt m
start signal 1. Startsignal n, Startzeichen n; 2. *(Nrt)* Anlaufschritt m
start-stop interface *(Nrt)* asynchrone serielle Schnittstelle f, Start-Stopp--Schnittstelle f *(nach ITU-T-Empfehlung X.20 und DIN 66244; z. B. alter Start--Stop-Fernschreiber)*
start-stop multivibrator Start-Stopp--Multivibrator m
start-stop operation Start-Stopp--Betrieb m

starter 1. Anlasser m, Anlassschalter m; 2. Zündelektrode f
starter anode Anlassanode f, Starteranode f
starter battery Anlassbatterie f, Starterbatterie f
starter circuit Zündkreis m
starter switch operation *(Licht)* Starterbetrieb m
starterless ballast *(Licht)* starterloses Vorschaltgerät n
starting 1. Anlassen n; Einschalten n; Inbetriebnahme f; Inbetriebsetzung f; Anlaufen n, Start m; 2. Zündung f *(z. B. von Entladungslampen)*
starting address *(Dat)* Anfangsadresse f, Startadresse f
starting anode Zündanode f
starting box Anlasser m *(Schalter)*
starting brush Anlassbürste f, Anlassschleifer m
starting circuit *(Ma)* Anlasser(strom)kreis m, Anlassschaltung f
starting coil Anlassspule f, Anschwingstrom m
starting device Anlassvorrichtung f, Startvorrichtung f
starting electrode Zündelektrode f
starting motor Anlassmotor m, Anlasser m
starting potential 1. Anfangspotenzial n; 2. Zündspannung f
starting pulse 1. Einschaltimpuls m, Startimpuls m; 2. Zündimpuls m, Zünd(strom)stoß m
starting temperature rise Anlauferwärmung f
starting torque Anlaufmoment n, Anfahrmoment n
starting velocity Startgeschwindigkeit f, Anfahrgeschwindigkeit f
starting voltage 1. Anfangsspannung f, Einsatzspannung f *(bei Teilentladungen)*; 2. Zündspannung f
starting voltage drop Zündspannungsabfall m
state 1. Zustand m, Status m; 2. Beschaffenheit f; Lage f; *s. status*
state controller Zustandsregler m
state estimation Zustandsschätzung f
state observer Zustandsbeobachter m
state of ionization Ionisierungszustand m

state of motion Bewegungszustand *m*
state probability Zustandswahrscheinlichkeit *f*
state space Zustandsraum *m*
state-space representation Zustandsraumdarstellung *f*
state transition Zustandsübergang *m*
state variable Zustandsvariable *f*
state vector Zustandsvektor *m*
stated point *(Dat)* Festkomma *n*
statement 1. *(Dat)* Anweisung *f*; 2. Feststellung *f*, Angabe *f*, Aussage *f*
static accuracy statische Genauigkeit *f*
static behaviour statisches Verhalten *n*
static converter (ruhender) Stromrichter *m*; Stromrichteranlage *f*, Stromrichtergruppe *f*
static current Ruhestrom *m*
static discharge elektrostatische Entladung *f*
static frequency changer [converter] statischer Frequenzwandler *m*, ruhender Frequenz(um)wandler *m*
static inverter statischer Wechselrichter *m*
static Kramer system Kramer-Kaskade *f*
static logic diode element logisches statisches Diodenglied *n*
static random access memory, SRAM statischer Schreib-Lese-Speicher *m*
static regime *(Rt)* statischer Betriebszustand *m*
static suppression Entstörung *f* *(Rundfunk)*
static thyristor inverter statischer Thyristorwechselrichter *m*
station 1. *(Nrt)* Funkstation *f*; Sender *m*; 2. *(Ee)* Kraftwerk *n*; 3. *(Dat)* Datenstation *f*
station answerback *(Nrt)* Anschlusskennung *f*
station break Pausenzeichen *n* *(Rundfunk)*
station identification Pausenzeichen *n* *(Rundfunk)*
station key Stationstaste *f*, Stationsschalter *m*
station service plant Eigenbedarfsanlage *f*, Kraftwerkseigenbedarfsanlage *f*
station wiring *(Nrt)* Amtsverdrahtung *f*
stationary-anode tube Festanodenröhre *f*

stationary armature *(Ma)* ruhender Anker *m*
stationary field stationäres Feld *n*
stationary head DAT [digital audio tape] digitale Tonbandtechnik *f* mit
stationary picture stehendes Bild *n*
stationary process *(Rt)* stationärer Prozess *m* [Betrieb *m*]
stationary random function stationäre stochastische Funktion *f*
stationary telephone set *(Nrt)* ortsfester Telefonapparat *m*, Festnetz- -Fernsprecher *m* (*im Gegensatz zum Handy*)
statistical distribution analyzer *(Ak)* Pegelklassiergerät *n*
stator *(Ma)* Stator *m*, *Ständer *m*
stator bar insulation Stator-Stab- -Isolation *f*
stator coil Ständerspule *f*
stator core lamination Ständerblech *n*
stator frame Statorgehäuse *n*
stator iron Statoreisen *n*, Statorblechpaket *n*
stator lamination Ständerblech *n*
stator plate Ständerplatte *f*
stator winding Ständerwicklung *f*
status *(Dat)* Status *m*, Zustand *m*
status bit Statusbit *n*
status byte Zustandsbyte *n*
status register Statusregister *n*, Zustandsregister *n* (*zur Zwischenspeicherung von Statusinformationen innerhalb einer Mikroprozessoreinheit*)
status word Statuswort *n*, Zustandswort *n*
staying Abspannung *f*, Verspannung *f*, Verankerung *f*
steady Daueranzeige *f*
steady carrier eingeschwungener Träger *m*
steady component Gleichkomponente *f*, Gleichanteil *m*
steady field Gleichfeld *n*
steady load 1. *(Et)* Dauerbelastung *f*, Dauerlast *f*; 2. gleichmäßige [ruhende] Last *f*, gleich bleibende Belastung *f*, Dauerbelastung *f* *(mechanisch)*
steady short-circuit current Dauerkurzschlussstrom *m*
steady-state Dauerzustand *m*, Dauerbetriebszustand *m*, stationärer

steady-state [eingeschwungener] Betriebszustand *m*
steady-state internal voltage *(Ma)* Polradspannung *f*
steady-state measurement statische Messung *f*
steady temperature konstante [gleichbleibende] Temperatur *f*
steady value stationärer Wert *m*, Ruhewert *m*
steady voltage gleichmäßige [gleichbleibende] Spannung *f*, Gleichspannung *f*
steel pole Stahl(gitter)mast *m*, Eisen(gitter)mast *m*
steel-reinforced aluminium cable Aluminiumstahlkabel *n*
steep edge steile Flanke *f*
steepest-ascent method Methode *f* des steilsten Anstiegs *(Optimierung)*
steeping *(Hsp)* Imprägnierung *f*, Tränkung *f*
steerable steuerbar, lenkbar
steere by wire elektronisches Lenken *n*, vollelektronische Lenkung *f* *(Kfz--Technik)*
steering Steuerung *f*, Lenkung *f*
steering program *(Dat)* Steuerprogramm *n*, Leitprogramm *n*, Organisationsprogramm *n*
steering signal Steuersignal *n*
stellar noise *(Nrt)* kosmisches Rauschen *n*
stem 1. Querglied *n*, Querwiderstand *m*; 2. Röhrenfuß *m*, Elektrodenfuß *m*, Fuß *m* *(einer Elektrodenröhre)*; Lampenfuß *m*; 3. Tastenschaft *m*
stemming Beschränkung *f* auf den Wortstamm *(Verfahren zur Beeinflussung von Suchverfahren in Texten)*
step *v* 1. stufenweise einstellen [regeln]; 2. abstufen
step *v* **down** abspannen, heruntertransformieren
step *v* **up** aufspannen, hochtransformieren; steigern, erhöhen
step Schritt *m*; Stufe *f*; Fahrstufe *f*; Sprung *m*, sprunghafte Veränderung *f*
 • **in step** synchron, in Phase, im Gleichlauf
step and repeat *(Me)* Step-und-Repeat--Verfahren *n* *(Waferbelichtung)*

step-by-step stufenweise, schrittweise (arbeitend)
step-by-step process Schrittverfahren *n*
step control Schrittregelung *f*
step control table Schrittsteuertabelle *f*
step-down ratio Untersetzungsverhältnis *n*
step-down substation *(Ee)* Abspannstation *f*
step function Schrittfunktion *f*, Sprungfunktion *f*, Treppenfunktion *f*
step response Sprungantwort *f*, Sprungübergangsfunktion *f*
step response time Sprungantwortzeit *f*
step-up transformation Herauftransformieren *n*
step-up transformer Aufwärtstransformator *m*, Transformator *m* zur
stepped abgestuft, treppenförmig
stepped curve Stufenkennlinie *f*
stepped-down heruntertransformiert
stepped-leg abgestuft *(Transformatorschenkel)*
stepped projection schrittweise Projektion *f*
stepped winding Treppenwicklung *f*
stepper motor Schrittmotor *m*
stepping accuracy Positioniergenauigkeit *f*, Schrittgenauigkeit *f*
stepping command Fortschaltkommando *n*
stepping counter Schrittzähler *m*
stepping motor Schrittmotor *m*
steptronic Schaltautomatik *f* *(Schaltstellungswahl am Automatikgetriebe)*
stepwise approximation schrittweise Näherung *f* [Approximation *f*]
steradian Steradiant *m*, sr *(SI-Einheit des Raumwinkels)*
stereo räumlich; Stereo..., Raum...
stereo amplifier Stereoverstärker *m*
stereo decoder Stereodecoder *m*
stereo-reception *(Ko)* Stereo-Empfang *m* *(Empfang mit zwei Tonkanälen)*
stereo record Stereo(schall)platte *f*
stereo recorder Stereorekorder *m*, Stereotonbandgerät *n*
stereocomparator Raumbildmesser *m*, Stereokomparator *m*

stereopair Stereo(bild)paar *n*, (stereoskopisches) Bildpaar *n*
stereophonic stereophon, räumlich klingend; Stereo(phonie)..., Raum(ton)...
stereophonic hearing stereophones [stereoakustisches] Hören *n*
stereophonic mixer Stereomischpult *n*
stereophonic signal Stereosignal *n*
stereoscopic stereoskopisch, körperlich [plastisch] erscheinend; Stereo..., Raum(bild)...
stick circuit Haltestromkreis *m*
stick insulator Stabisolator *m*
stilb Stilb *n*, sb *(SI-fremde Einheit der Leuchtdichte; 1 sb = 10^4 cd/m^2)*
still picture stehendes [ruhendes] Bild *n*, Standbild *n*, Festbild *n*
stimulation Stimulation *f*, Anregung *f*, Erregung *f*
stimulus 1. Reiz *m*; Anreiz *m*; 2. Auslöseimpuls *m*, Triggerimpuls *m*, Anreizimpuls *m*
stir *v* rühren; verrühren
stirrer Rührer *m*, Rührwerk *n*
stirring coil Rührspule *f*
stirrup *(Ak)* Steigbügel *m* *(Gehörknöchel)*
stochastic automaton stochastischer Automat *m*
stochastic error zufälliger Fehler *m*
stochastic fair queuing, SFQ stochastische faire Warteschlangenbehandlung *f* *(Strategie zur Warteschlangenbehandlung)*
stochastic method stochastische Methode *f*
stochastic process stochastischer Prozess *m*, Zufallsprozess *m*
stochastic quantity stochastische Größe *f*
stochastically disturbed stochastisch gestört
stop *v* 1. stoppen, unterbrechen, anhalten, zum Stehen bringen; abschalten, abstellen; stecken bleiben; 2. sperren; arretieren; 3. (ver)stopfen
stop 1. Halt *m*, Stillstand *m*; Haltepunkt *m*; 2. Anschlag *m*, Zeigeranschlag *m*; 3. Hemmvorrichtung *f*, Arretierung *f*; 4. Blende *f* *(Kamera)*
stop band Sperrbereich *m* *(eines Filters)*

stop bar Arretierungsstange *f*, Anschlagleiste *f*
stop bit Stopp-Bit *n*
stop button Stopptaste *f*, Halttaste *f*, Schnellstopptaste *f*, Ausschaltknopf *m*
stop polarity Sperrpolarität *f*
stop pulse Stoppimpuls *m*, Halteimpuls *m*
stop pulse period *(Nrt)* Sperrdauer *f*
stop screw Anschlagschraube *f*, Arretierschraube *f*
stop signal 1. Haltsignal *n*; 2. *(Nrt)* Sperrschritt *m*
stop time 1. Haltezeit *f*, Stoppzeit *f*; 2. Abbremszeit *f* *(z. B. eines Tonbandgeräts)*
storage 1. Speicherung *f* *(z. B. von Ladung)*; Aufbewahrung *f*, Lagerung *f*; 2. *(Dat)* Speicherung *f*; 3. Speicher *m*
storage area network, SAN Speichernetz *n*
storage camera Speicherkamera *f*
storage capacitance Speicherkapazität *f*
storage capacitor Speicherkondensator *m*
storage cell 1. Sammlerzelle *f*, Sammlerbatterie *f*, Akkumulatorzelle *f*; 2. *(Dat)* Speicherzelle *f*
storage counter Speicherzähler *m*
storage device Speichergerät *n*, Speicher *m*
storage diode Speicherdiode *f*
storage drum Speichertrommel *f*; Magnettrommel *f*
storage heater Speicherheizgerät *n*; Wärmespeicher *m*
storage level Speicherstufe *f*
storage life Lagerlebensdauer *f*; Lagerfähigkeit *f* *(z. B. einer Batterie)*
storage occupancy Speicherbelegung *f*
storage pump Speicherpumpe *f* *(Pumpspeicherwerk)*
storage space Speicherraum *m*, Speicherkapazität *f*
storage target Speicherplatte *f*
storage temperature Lagertemperatur *f*
storage test Lagerfähigkeitsprüfung *f*
storage threshold Speicherungsschwelle *f*
storage time Speicherzeit *f* *(z. B. bei Sichtspeicherröhren)*
storage water heater Heißwasserspeicher *m*

store *v* 1. aufbewahren, lagern; speichern *(z. B. Energie)*; 2. *(Dat)* speichern; (ein)schreiben

store 1. Speicher *m*, Datenspeicher *m*; 2. Lager *n*, Magazin *n*

store access time Speicherzugriffszeit *f*

store-and-forward switching network *(Nrt)* Speichervermittlungsnetz *n*, Paketvermittlungsnetz *n*, Datenpaket--Vermittlungsnetz *n (Gegenteil: Kanal-, Leitungsvermittlung)*

store layout *(Dat)* Speicherbelegungsplan *m*; Speicherentwurf *m*

stored call number directory *(Ko, Nrt)* gespeichertes Rufnummernverzeichnis *n*, Rufnummernspeicher *m (mit CLIP--Funktion erfolgt bei Anruf von gespeicherten Nummern Namensanzeige)*

stored charge gespeicherte Ladung *f*, Speicherladung *f*

stored data gespeicherte Daten *pl*

stored energy Speicherenergie *f*; gespeicherte [potenzielle] Energie *f*

stored number redial *(Nrt)* Wahlwiederholung *f* der gespeicherten Rufnummer, Wahlwiederholung *f* der letzten Rufnummer

stored program gespeichertes Programm *n*

storing capacity Speichervermögen *n*

storm-guyed pole *(Nrt)* Linienfestpunkt *m*; Abspannmast *m*

straight amplifier Geradeausverstärker *m*

straight counter Geradeauszähler *m*

straight-line geradlinig; linear

straight line Gerade *f*, gerade Linie *f*

straight reception Geradeausempfang *m (ohne Frequenzumsetzung)*

straight scanning *(Fs)* fortlaufende Bildabtastung *f*

straight shaft gerade Welle *f*

straightforward gerade, einfach

straightforward calculation einfache Berechnung *f*

strain 1. Verformung *f*, Formänderung *f*, Deformierung *f*; Dehnung *f*; Verzerrung *f*; 2. *s.* stress

strain bridge Dehnungsmessbrücke *f*

strain gauge Dehn(ungs)messstreifen *m*, Dehnungsmessfühler *m*, Dehnungsmesser *m*

strain-gauge accelerometer Beschleunigungsaufnehmer *m* mit Dehnungsmessstreifen

strain hardening Kaltverfestigung *f*, Kalthärtung *f*

strain-induced spannungsinduziert

strand *v* verseilen *(Kabel)*; verlitzen *(Draht)*

strand 1. Litze *f*, Litzendraht *m*; Strang *m (Leiter aus grobem Draht)*; Einzelleiter *m (eines verseilten Leiters)*; 2. *(Ma)* Teilleiter *m*

stranded aerial wire Antennenlitze *f*

stranded cable verseiltes Kabel *n*

stranded lamp filament geflochtener Leuchtdraht *m*

stranded wire Litze *f*, Litzendraht *m*, gelitzter Draht *m*; Hochfrequenzlitze *f*

strawboard Pressspan *m (z. B. für Transformatorisolation)*

stray Streuung *f*

stray capacitance Streukapazität *f*

stray current Streustrom *m*, vagabundierender [wandernder] Strom *m*, Ableit(ungs)strom *m*; Erdstrom *m*

stray field Streufeld *n*

stray flux Streufluss *m*

stray induction Streuinduktion *f*

stray light Streulicht *n*

stray pick-up Einstreuung *f*, Einwirkung *f* von Streufeldern; unerwünschte Aufnahme *f*, Störaufnahme *f*

stream coding kontinuierliche Codierung *f (kontinuierliche Codierung von Nachrichten zur Fehlersicherung oder Verschlüsselung; Gegenteil: Block-Codierung)*

streamer 1. Streamer *m*, Plasmaschlauch *m*, Leuchtfaden *m (Gasentladungsstadium)*; 2. *(Dat)* Streamer *m (Magnetbandstation)*

streaming Streaming *n (Funktionsweise von Datenquellen, die ihre Daten kontinuierlich liefern, verwendet z. B. für Audio und Video)*

street lantern Straßenlaterne *f*

strengthen *v* verstärken *(mechanisch)*; (ver)festigen; versteifen

strengthening Verstärkung *f*; Verfestigung *f*; Versteifung *f*

stress Belastung *f*, (mechanische)

Beanspruchung f; (mechanische) Spannung f
stress corrosion Spannungskorrosion f
stress crack corrosion Spannungsrisskorrosion f
stress cycle Lastspiel n, Beanspruchungszyklus m
stress stiffening effect Versteifungseffekt m infolge (mechanischer) Belastung
stretching Strecken n, Dehnung f
stretching band Valenzschwingungsbande f
strike v 1. schlagen; (auf)treffen; stoßen [prallen] auf; 2. zünden (z. B. einen Lichtbogen)
strike v **across** überspringen, überschlagen
strike v **an arc** einen Lichtbogen zünden [einleiten, ausbilden]
strike v **on** auffallen, auftreffen (z. B. eine Strahlung)
striking 1. Aufprallen n, Auftreffen n; 2. Zündung f (eines Bogens); Durchschlag m (eines Funkens)
striking current Zündstrom m; Zündstromstärke f; Ansprechstromstärke f (Sicherung)
striking distance Schlagweite f, Funkenschlagweite f
striking voltage Zündspannung f
string 1. Saite f; Seil n; Faden m; 2. String m, Zeichenkette f, Zeichenreihe f; Datenfolge f
string insulator 1. Kettenisolator m; 2. Isolator m für Aufhängung in einer Kette
strip v 1. abziehen, abstreifen; abisolieren (Draht); 2. austreten lassen (Licht aus dem Lichtleitermantel)
strip Streifen m, Band n
strip beam gun Flachstrahlkanone f (Elektronenstrahlerzeuger)
strip chart Registrierstreifen m, Messstreifen m, Diagrammstreifen m
strip electrode Bandelektrode f
strip heater [heating element] Bandheizkörper m, Bandheizelement n; Flachheizkörper m
strip of keys (Nrt) Tastenstreifen m
strip printer Streifendrucker m
strip-wound core Wickelkern m
stripper Abisolierwerkzeug n; Kabelmesser n

stripping 1. Abziehen n, Ablösen n, Abstreifen n; 2. (Galv) Entplattierung f; 3. (Ph) Umladen n
stripping compound (Galv) Trennschicht f, Trennsubstanz f (als Unterlage zur Erzeugung abstreifbarer Überzüge)
stripping film Abziehfilm m
strobe 1. (Fo) Messmarke f; 2. s. strobe pulse
strobe marker Messmarke f
strobe pulse Strobe-Impuls m, Stroboskopimpuls m, Auftastimpuls m, Übernahmeimpuls m
strobing signal Strobe-Signal n, Auftastsignal n, Austastsignal n
stroboscopic stroboskopisch
stroboscopic disk stroboskopische Scheibe f, Stroboskopscheibe f
stroboscopic effect stroboskopischer Effekt m
stroboscopic lamp [light source] Stroboskoplampe f, stroboskopischer Strahler m
stroboscopic tube Stroboskopröhre f
stroke 1. Schlag m, Stoß m; 2. Blitz(ein)schlag m; 3. Hub m, Kolbenhub m; Takt m
strongly damped stark gedämpft; eigenschwingungsfrei
strophotron Strophotron n (Höchstfrequenzelektrodenröhre)
structural constituent Gefügebestandteil m
structural defect 1. Gitterstörstelle f; Strukturfehler m, Gefügefehler m; 2. Konstruktionsfehler m
structural query language Datenbankabfragesprache f (als Standard bei relationalen Datenbanken)
structure-borne festkörperübertragen
structure-borne intensity (Ak) Körperschallintensität f, Intensität f in Festkörpern
structure-borne sound (Ak) Körperschall m
strut Strebe f (Gittermast); Federbein n (Fahrzeugfahrwerk)
stub 1. Stichleitung f, Blindleitung f; 2. Abzweig m; 3. Befestigungsplatte f (eines Mastes)
stub cable Abzweigkabel n, Stumpfkabel n

stub feeder Stichanschluss *m*, Stichversorgungsleitung *f*
stub shaft Flanschwelle *f (ohne eigenes Lager)*
studio Studio *n*, Aufnahmeraum *m*, Sendesaal *m*
studio broadcast Studiosendung *f*
studio control desk Regiepult *n*
studio microphone Studiomikrofon *n*
studio pick-up Studioaufnahme *f*
studio technics Studiotechnik *f*
stuffable digit time slot *(Nrt)* Stuffingposition *f*
stuffing bit Stopfbit *n*, Füllbit *n*, Stuffing-Bit *n*
stuffing digit *(Nrt)* Stopfbit *n*
stuffing rate Stuffingrate *f*
stuffing word Stopfwort *n*, Füllwort *n*
stylus 1. Taster *m*, Fühlstift *m*; Nadel *f (Plattenspieler)*; 2. Schreibstift *m*, Schreibspitze *f (Messschreiber)*; 3. Schneidstichel *m*, Stichel *m (Schallplatte)*
stylus assembly Nadelträger *m*
stylus printer *(Dat)* Drahtdrucker *m*, Stiftdrucker *m*, Matrixdrucker *m*
sub bass *(Ak)* tiefer Bassbereich *m*, Subbass *m*
sub-channel *(Nrt)* Teil-Kanal *m*, Unterkanal *m*
sub mask Subnetzmaske *f*
subacoustic Unterschall...
subaudio infraakustisch, unterhalb des Hör(frequenz)bereichs; Infraschall...
subband 1. *(Nrt)* Teilband *n*, Seitenband *n*; Subband *m*; 2. *(Dat)* Unterbereich *m*
subblock *(Dat)* Teilblock *m*
subcabinet *(Nrt)* Unterverzweiger *m*
subcarrier Zwischenträger *m*, Hilfsträger *m*
subcentre *(Nrt)* Unteramt *n*
subcircuit Hilfsstromkreis *m*; Teilschaltung *f*
subcode Subcode *m*
subconductor *(Ma)* Teilleiter *m (Bündelleiter)*
subexchange *(Nrt)* Unteramt *n*, Teilamt *n*, Untervermittlung *f*; Hilfsamt *n*
subfeeder Nebenspeiseleitung *f*
subframe *(Nrt)* Teilrahmen *m*
subgroup Untergruppe *f*, Unterabteilung *f*
subharmonic Subharmonische *f*, harmonische Unterschwingung *f*

subimage Teilbild *n*
subject Messperson *f*, Versuchsperson *f*
sublayer Teilschicht *f*, Schichtlage *f*, Unterschicht *f*
sublevel Unterniveau *n*, Teilniveau *n*
subload Teillast *f*
subloop *(Rt)* untergeordneter Regelkreis *m*
submarine cable Tiefseekabel *n*, Seekabel *n*, Unterseekabel *n*
submarine navigation *(Fo)* Unterseeboot-Navigation *f*
submarine telecommunication cable *(Nrt)* Unterwasser-Fernmeldekabel *n*, Seefernmeldekabel *n*
submerged arc welding Unterpulver--Lichtbogenschweißen *n*
submerged repeater *(Nrt)* Unterwasserverstärker *m*, Unterseeverstärker *m*
submicron circuit technology Submikrometerschaltkreistechnik *f*, Schaltkreistechnik *f* im Submikrometerbereich
subminiaturized subminiaturisiert
subnet Subnetz *n*
subnet mask Subnetzmaske *f*
subnormal cathode fall anomaler Katodenfall *m*
subnormal glow discharge subnormale Glimmentladung *f* [Entladung *f*]
suboptimization Suboptimierung *f (z. B. Optimierung eines Teilsystems)*
subroutine Unterprogramm *n*, Teilprogramm *n*
subscriber *(Nrt)* Teilnehmer *m* • **"subscriber busy"** "Teilnehmer besetzt" • **"subscriber engaged"** "Teilnehmer besetzt" • **"subscriber temporarily unobtainable"** "Teilnehmer augenblicklich nicht erreichbar"
subscriber behaviour Teilnehmerverhalten *n*
subscriber-busy condition *(Nrt)* Teilnehmerbesetztzustand *m*
subscriber-busy signal, SSB *(Nrt)* Teilnehmerbesetztsignal *n*, Teilnehmerbesetztzeichen *n*
subscriber-busy tone *(Nrt)* Teilnehmerbesetztton *m*, Besetztzeichen *n (unterbrochener kurzer Ton)*

subscriber charge *(Nrt)* Teilnehmergebühr *f*
subscriber charging observation Teilnehmergebührenbeobachtung *f*
subscriber connection *(Nrt)* Teilnehmeranschluss *m*, TNA *m*
subscriber-dialled trunk call *(Nrt)* Selbstwähl-Ferngespräch *n*
subscriber digital access unit Digital-Teilnehmeranschlusseinheit *f*
subscriber line interface functions *pl* s. BORSCHT functions
subscriber loop Teilnehmerschleife *f*
subscriber main connection *(Nrt)* Teilnehmerhauptanschluss *m*, Fernsprechhauptanschluss *m*, Hauptanschluss *m*, TNA *m* (siehe auch: subscriber main station)
subscriber main station Fernsprechhauptanschluss *m*, Teilnehmerhauptanschluss *m*, Hauptanschluss *m*
subscriber network *(Nrt)* Teilnehmernetz *n*, Netz *n* der Teilnehmeranschlussleitungen zur Endvermittlungsstelle
subscriber number search *(Nrt)* Rufnummernsuche *f* (im Telefonbuch; nach Ort und Namen)
subscriber terminal equipment *(Nrt)* Teilnehmerendeinrichtung *f*
subscriber usage meter Gebührenzähler *m*
subscriber's account *(Nrt)* Teilnehmerrechnung *f*
subscriber's check meter Gebührenanzeiger *m*
subscriber's class Teilnehmerklasse *f*
subscriber's fill Beschaltungsgrad *m*
subscriber's identification Teilnehmerkennung *f*
subscriber's jack Teilnehmerklinke *f*
subscriber's multiple jack Teilnehmervielfachklinke *f*
subscriber's number Teilnehmernummer *f*, Rufnummer *f*
subscriber's unit Teilnehmereinheit *f*
subsequent address Folgeadresse *f*
subsequent equalization Nachentzerrung *f*
subsequent stage Folgestufe *f*
subset 1. Teilmenge *f*, Untermenge *f*; 2. *(Nrt)* Teilnehmerapparat *m*, Teilnehmersprechstelle *f*
subsidence ratio Dämpfungsverhältnis *n*, Abklingverhältnis *n*
subsidiary unterlagert *(Hierarchie)*
subsidiary circuit Hilfskreis *m*
subsidiary lamp Zusatzlampe *f*
subsidiary quantity Hilfsgröße *f*
subsonic 1. infraakustisch; Infraschall...; 2. Unterschall...; langsamer als der Schall
subsonic frequency Unterschallfrequenz *f*
subsonic speed [velocity] Unterschallgeschwindigkeit *f*
substage aperture Kondensoröffnung *f*, Beleuchtungsapertur *f*
substandard instrument *(Mess)* Laboratoriumsinstrument *n* geringerer Genauigkeit
substation 1. Unterstation *f*, Ortsnetzstation *f*, Umspannstation *f*; 2. *(Nrt)* Teilnehmersprechstelle *f*
substitute headlight Ersatzscheinwerfer *m*
substitution Substitution *f*, Austausch *m*, Ersatz *m*
substitution error Auswechselfehler *m*
substitution method of measurement Substitutionsmessmethode *f*
substitution power Ersatzleistung *f*
substrate *(Me)* Substrat *n*, Trägermaterial *n*, Schichtträger *m*
substrate depth Substrattiefe *f*
substrate doping Substratdotierung *f*
substrate technique Substrattechnik *f*
substructure Substruktur *f*, Unterstruktur *f*, Teilstruktur *f* *(Systemanalyse)*
subsynchronous untersynchron
subthreshold unterhalb des Schwellwerts, unterhalb der Schwelle (liegend)
subthreshold Vorschwellwert *m*
subtract carry *(Dat)* Subtraktionsübertrag *m*
subtract counter Zähler *m* zum Subtrahieren
subtransient subtransient
subtransient current subtransienter Strom *m*
subtransient internal voltage *(Ma)* subtransiente Polradspannung *f*; innere Übergangsspannung *f*
subtransient short-circuit current subtransitorischer [subtransienter]

subtransient

Kurzschlusswechselstrom *m*, Anfangskurzschlusswechselstrom *m*
subtransient state *(Ma)* subtransienter Zustand *m*
subtransient three-phase short--circuit current dreiphasiger Stoßkurzschlusswechselstrom *m*
suburban area *(Nrt)* Vorortsbereich *m*
suburban call Vorortsgespräch *n*
suburban junction Vorortsleitung *f*
suburban traffic Vorortsverkehr *m*
subwoofer Tiefsttonlautsprecher *m*
successful connection *(Nrt)* erfolgreiche Verbindung *f*
successive approximation schrittweise Annäherung *f*
successive discharge test *(Hsp)* Spannungssteigerungsversuch *m*
sucking coil [solenoid] Tauchkernspule *f*
suction anode Sauganode *f*
sudden-change relay Schnell(regel)relais *n*
sudden failure Sprungausfall *m*
sudden interruption plötzliche Unterbrechung *f*
sudden short circuit Stoßkurzschluss *m*, Kurzschluss *m*
suffix *(Nrt)* nachgesetzte Kennung *f*
summation amplifier Summierverstärker *m*
summation meter Summenzähler *m*
summation tone *(Ak)* Summenton *m*
summer peaks Sommermaximum *n* (Lastfluss)
summing amplifier Summierverstärker *m*, Summationsverstärker *m*
sun continuum Sonnenkontinuum *n*
sunk switch eingelassener [versenkter] Schalter *m*
super charge ion battery schnell ladbare Ionenbatterie *f*
super low frequency, SLF superniedrige Frequenz *f (30 - 300 Hz; tiefste vom Menschen hörbare Frequenzen)*
Super VGA Bildschirmgrafik *f* mit 800 x 600 Pixel *(4:3)*
Super video home system, S-VHS *(Fs, Ko)* S-VHS, Heimvideosystem *n* mit höherer Bildqualität
superacceptor *(Me)* Superakzeptor *m*
superacoustic oberhalb des (übertragenen) Hörfrequenzbereichs; Ultraschall…
superaudible frequency Ultraschallfrequenz *f*
superconducting supraleitend, supraleitfähig
superconducting magnetic energy storage supraleitender magnetischer Energiespeicher *m*
superconduction Supraleitung *f*, Supraleitfähigkeit *f*
superconductor Supraleiter *m*, supraleitender Stoff *m*
supercooled unterkühlt
supercooling Unterkühlung *f*
superheterodyne amplifier Zwischenfrequenzverstärker *m*
superheterodyne circuit Überlagerungsschaltung *f*
superheterodyne converter Überlagerungsvorsatzgerät *n*
superheterodyne frequency Zwischenfrequenz *f*, ZF
superheterodyne receiver Transponierungsempfänger *m*, Zwischenfrequenzempfänger *m*, Überlagerungsempfänger *m*, Superhet *m*
superheterodyne reception Zwischenfrequenzempfang *m*, Überlagerungsempfang *m*, Superhet(erodyn)empfang *m*
superhigh energy Höchstenergie *f*
superhigh frequency Superhochfrequenz *f*, superhohe Frequenz *f (3000 bis 30000 MHz)*
supericonoscope Superikonoskop *n* (Bildaufnahmeröhre)
superimpose *v* 1. überlagern; einblenden *(Frequenz)*; 2. *(Nrt)* simultan schalten
superimposed AC component *überlagerte Wechselgröße *f*
superimposed telegraphy Überlagerungstelegrafie *f*, ÜT
superimposing principle Überlagerungsprinzip *n*, Prinzip *n* der ungestörten Superposition
superlattice Übergitter *n*, Superlattice (Folge von nm-dünnen einkristalliner Kristallschichten)
superposed circuit 1. Überlagerungskreis *m*; 2. *(Nrt)* überlagerter Übertragungsweg *m*,

überlagerte Verbindung f *(für Simultanschaltungen)*
superposed interference signalüberlagertes Störsignal n
superposed ringing *(Nrt)* Rufen n mit gleichstromüberlagertem Wechselstrom
superposed wave überlagerte Welle f
superposing telephony Überlagerungstelefonie f
superposition Überlagerung f, Superposition f
superpressure lamp Höchstdrucklampe f
superradiant loss Superstrahlungsverlust m
superradiant narrowing superradiative Einschnürung f
superregenerative amplifier Superregenerativverstärker m, Pendelrückkopplungsverstärker m
superscript oberer Index m
supersonic 1. Überschall...; 2. s. ultrasonic
supersonic flow Überschallstrom m
supersonic sound Überschall m
supersonic speed Überschallgeschwindigkeit f
supersonic velocity Überschallgeschwindigkeit f
supersonic wave Überschallwelle f, Ultraschallwelle f
supersound Überschall m
supertelephone frequency Überlagerungsfrequenz f, Superfernsprechfrequenz f
supervisor 1. Steuerprogramm n, Leitprogramm n, Überwachungsprogramm n; 2. Aufsicht(sperson) f
supervisory control 1. Fernkontrolle f, Fernsteuerung f; 2. Überwachungssystem n; 3. Prozessführung f
supervisory rack *(Nrt)* Überwachungsgestell n
supervisory relay Melderelais n, Überwachungsrelais n
supplementary electrolyte Leitelektrolyt m, Zusatzelektrolyt m
supplementary lighting Zusatzbeleuchtung f
supplementary loss Zusatzverlust m
supplied energy zugeführte Energie f

supply v versorgen; zuführen; (ein)speisen
supply v **data** Daten bereitstellen
supply v **power** Energie abgeben; Leistung abgeben; speisen
supply 1. Versorgung f; Einspeisung f; 2. Stromzuführung f, Zuleitung f; Speisequelle f; Netzanschluss m
supply cord Netz(anschluss)schnur f
supply frequency Netzfrequenz f
supply from public power system Einspeisung f aus dem öffentlichen Netz, Versorgung f vom übergeordneten Netz
supply line voltage Versorgungs(leitungs)spannung f
supply mains Versorgungsnetz n
supply point Einspeisepunkt m, Stromanschlussstelle f
supply spool Abwickelspule f, Transporttrommel f
supply station Kraftwerk n
supply voltage Speisespannung f, Versorgungsspannung f; Netzspannung f
support 1. Halter m, Halterung f; 2. Träger m; Gestänge n; Stütze f
support bearing Auflager n
suppressed carrier unterdrückter Träger m
suppressed-carrier modulation Modulation f unterdrückter Träger
suppressed-carrier operation Betrieb m mit unterdrücktem Träger
suppressed-carrier transmission Übertragung f mit unterdrückter Trägerwelle
suppressed frequency band *(Nrt)* unterdrücktes Band n [Frequenzband n]; Sperrbereich m *(eines Filters)*
suppression Unterdrückung f
suppression of harmonics Oberschwingungsverminderung f, Oberwellenverminderung f
suppression of interference Funkentstörung f
suppressor Entstörer m, Entstörvorrichtung f
suppressor circuit Begrenzerschaltung f
surf v *(Ko)* surfen *(im Internet nach Informationen suchen)*
surface abrasion Oberflächenverschleiß m

surface acoustic wave akustische Oberflächenwelle f
surface-barrier, surface-barrier layer *(Me)* Oberflächensperrschicht f, Oberflächenbarriere f, Oberflächen(potenzial)schwelle f
surface breakdown Oberflächendurchschlag m
surface centre Oberflächenzentrum n
surface coating 1. Oberflächenüberzug m, Oberflächenschutzschicht f; 2. Beschichtungsmaterial n
surface conductivity Oberflächenleitfähigkeit f
surface contamination Oberflächenverunreinigung f
surface control electrode Oberflächensteuerelektrode f
surface cooling Oberflächenkühlung f
surface defect Oberflächenfehler m, Oberflächenstörstelle f *(des Kristallgitters)*
surface discharge Oberflächenentladung f; Gleitentladung f
surface donor *(Me)* Oberflächendonator m
surface doping *(Me)* Oberflächendotierung f
surface effect Oberflächeneffekt m
surface effect structure *(Me)* oberflächengesteuerte Anordnung f
surface field effect transistor Oberflächenfeldeffekttransistor m
surface finish 1. Oberflächengüte f, Oberflächenausführung f, Oberflächenbeschaffenheit f; 2. Oberflächennachbehandlung f
surface heater Oberflächenheizkörper m
surface heterogeneity Oberflächenheterogenität f
surface imperfection Oberflächenstörung f, Oberflächenfehler m
surface impurity Oberflächenverunreinigung f, Oberflächenstörstelle f
surface integral Oberflächenintegral n, Flächenintegral n, Hüllintegral n
surface inversion Oberflächeninversion f
surface layer Oberflächenschicht f, Randschicht f, Deckschicht f

surface leakage Kriechen n *(von Strömen)*; Oberflächenableitung f; Oberflächenverlust m
surface loss Oberflächenverlust m *(z. B. durch Abstrahlung)*
surface micromechanics Oberflächenmikromechanik f
surface microphone Körperschallmikrofon n
surface mobility Oberflächenbeweglichkeit f
surface-mount board Leiterplatte f für Oberflächenmontage
surface noise Nadelgeräusch n *(Plattenspieler)*
surface photoelectric effect lichtelektrischer Oberflächeneffekt m
surface photoresponse Oberflächenphotoverhalten n
surface scattering Oberflächenstreuung f
surface scratch Oberflächenkratzer m
surface sound pressure *(Ak)* *Hüllflächen(schalldruck)pegel m, Messflächen(schalldruck)pegel m
surface trap level Oberflächentrapniveau n
surface-type box Überputzdose f, Aufputzsteckdose f
surface unipolar transistor Oberflächenunipolartransistor m
surface vacancy Oberflächenleerstelle f, Oberflächen(gitter)lücke f
surface voltage gradient Schrittspannung f
surge Spannungsstoß m, Überspannungsstoß m, Stoßspannungswelle f, Stoßwelle f, Wanderwelle f, Sprungwelle f
surge absorber Wellenschlucker m
surge arrester Überspannungsableiter m; Blitzableiter m
surge forward current Sättigungsstrom m in Durchlassrichtung; Vorwärtsstoßstrom m
surge on-state current Stoßdurchgangsstrom m, Sättigungsdurchlassstrom m *(Thyristor)*
surge voltage Stoßspannung f
surround sound Raumschall m, Umgebungsschall m
surveillance radar Überwachungsradar n, Rundsichtradar n

survey 1. Übersicht *f*; 2. Überwachung *f*
susceptance Suszeptanz *f*, Blindleitwert *m*
susceptance relay Suszeptanzrelais *n*
susceptibility 1. Suszeptibilität *f*, magnetische Polarisierbarkeit *f*; 2. Ansprechvermögen *n*, Empfindlichkeit *f*
suspend *v* 1. aufhängen; 2. *(Nrt)* sperren *(einen Anschluss)*; 3. suspendieren, aufschlämmen; schweben *(Teilchen in Flüssigkeit)*
suspended 1. aufgehängt, hängend; 2. suspendiert; schwebend
suspending wire Tragseil *n* *(für Luftkabel)*
suspension 1. Aufhängung *f*; Lagerung *f* *(z. B. in Messwerken)*; 2. Fahrwerk *n* *(Fahrzeug)*; 3. *(Nrt)* Sperrung *f* *(eines Anschlusses)*; 4. Suspension *f*, Aufschlämmung *f*, Aufschwemmung *f*
suspension by wire elektronische Raddämpfung *f* *(Automobiltechnik)*
suspension clamp Hängeklemme *f*
suspension eye Aufhängeöse *f* *(Freileitung)*
suspension galvanometer Spannbandgalvanometer *n*, Galvanometer *n* mit Spannbandlagerung
suspension monorail Hängebahn *f*
sustain voltage Erhaltungsspannung *f* *(zur Aufrechterhaltung einer Erscheinung erforderlich)*
sustained audio signal *(Ak)* Dauerton *m*, Dauersignal *n*
sustained earth (fault) Dauererdschluss *m*
sustained fault bleibender Fehler *m*
sustained interruption anhaltende [längere] Unterbrechung *f*
sustained short circuit Dauerkurzschluss *m*
sustained short-circuit current Dauerkurzschlussstrom *m*
sustained single-phase short-circuit current einphasiger Dauerkurzschlussstrom *m*
sustained sound Dauerton *m*
sustained three-phase short-circuit current dreiphasiger Dauerkurzschlussstrom *m*
sustaining (im)pulse Halteimpuls *m*, Stützimpuls *m*

swamping resistance *(Mess)* Serienwiderstand *m* mit vernachlässigbarem Temperaturkoeffizienten, Spulenvorwiderstand *m*
swamping resistor Spulenvorwiderstand *m* *(Bauelement zur Temperaturkompensation)*
swan socket Bajonettfassung *f*
sweep *v* überstreichen; überdecken; durchlaufen; abtasten; ablenken *(Oszillograph)*; absuchen *(mit Scheinwerfern)*
sweep 1. Überstreichung *f*; Durchlaufen *n*; Abtastung *f*; 2. Zeitablenkung *f*, (zeitliche) Ablenkung *f* *(Oszillograph)*; Kippen *n*
sweep circuit 1. Kippschaltung *f*, Kippkreis *m*, Ablenkschaltung *f*; 2. *(Fo)* Abtastkreis *m*
sweep coil Ablenkspule *f*
sweep deflection Kippablenkung *f*
sweep-delay network Laufzeitnetzwerk *n*, Verzögerungsglied *n*
sweep frequency 1. Zeitablenkfrequenz *f*, Ablenkfrequenz *f*, Kippfrequenz *f*; Wobbelfrequenz *f*; 2. *(Fo)* Abtastfrequenz *f*
sweep range Ablenkbereich *m*; Wobbelbereich *m*, Wobbelbreite *f*, Wobbelhub *m*
sweep rate 1. Zeitablenkgeschwindigkeit *f*; 2. *(Ak)* Durchstimmgeschwindigkeit *f*
sweep sine vibration test Gleitfrequenzschwingungsprüfung *f*, Schwingungsprüfung *f* mit gleitender Frequenz
sweep unit Zeitablenkeinheit *f*
sweet spot *(sl)* optimaler Standort *m* *(z. B. von Mikrofon, Lautsprecher, Hörer)*
swept überstrichen; abgetastet; gewobbelt
swing *v* schwingen; pendeln
swing *v* **back** zurückschwingen
swing Ausschlag *m* *(Messinstrument)*; Auslenkung *f*; Schwankung *f*, Schwingung *f*
swinging choke Schwingdrossel *f*, Siebdrossel *f*
switch *v* 1. schalten; 2. vermitteln *(Datenkommunikation)*
switch *v* **back** zurückschalten
switch *v* **in** (ein)schalten

switch *v* **off** ausschalten, abschalten
switch *v* **on** anschalten, einschalten
switch *v* **out** abschalten, ausschalten
switch *v* **over** umschalten
switch 1. *Geräteschalter m;* Schalter *m;* Umschalter *m;* Trennschalter *m;* 2. Weiche *f*
switch arc Schalt(licht)bogen *m*
switch box Schaltkasten *m*
switch cabinet Schaltschrank *m*
switch capacitance box Messkondensatorsatz *m* in Kurbelschaltung
switch deck Schalterebene *f*
switch desk Schaltpult *n,* Schalttisch *m*
switch for surface mounting Aufputzschalter *m*
switch frame Schaltergestell *n*
switch-off lamp Schalterlampe *f*
switch-off position Ausschaltstellung *f*
switch-on choke Einschaltdrossel *f*
switch-on current Einschaltstrom *m* (DIN 6790)
switch-on position Einschaltstellung *f*
switch-on voltage Einschaltspannung *f* (DIN 6790)
switch-switching frequency (Le) Schalter-Schaltfrequenz *f*
switch-tail ring counter Ringzähler *m* mit überkreuzten Zusammenschaltungen
switch train Schaltergruppe *f* (gleichzeitig geschaltete Schalter)
switch unit 1. (Nrt) Koppelfeldeinheit *f;* 2. (Ee) Schaltfeldeinheit *f*
switchboard 1. Schalttafel *f,* Schaltfeld *n;* 2. (Nrt) Vermittlungsschrank *m,* Schrank *m*
switchboard supervisory lamp Schaltfeldüberwachungslampe *f*
switchboard supervisory relay Schaltfeldüberwachungsrelais *n*
switchboard unit Umschalteinheit *f,* Schaltfeldeinheit *f*
switched beam direction finder Leitstrahlpeiler *m*
switched-capacitor gain stage (Me) Verstärkerstufe *f* mit geschalteten Kapazitäten
switched-capacitor oscillator (Me) Oszillator *m* mit geschalteten Kapazitäten
switched line (Nrt) Wählleitung *f*
switched mode *Schaltbetrieb m*

switched socket-outlet *geschaltete Steckdose *f,* Steckdose *f* mit Schalter
switched telephone network (Nrt) Fernsprechwählnetz *n,* vermittelndes Fernsprechnetz *n*
switchgear 1. Schaltvorrichtung *f;* Schaltanlage *f;* 2. Schaltgerät *n*
switching Schaltung *f,* Schaltvorgang *m,* Schalten *n*
switching action Schaltvorgang *m*
switching algebra Schaltalgebra *f*
switching centre (Nrt) Vermittlungsstelle *f,* Schaltstelle *f*
switching characteristic Schaltkenngröße *f*
switching command Schaltbefehl *m*
switching criterion Schaltbedingung *f* (z. B. eines Relais)
switching function Schaltfunktion *f*
switching impulse Schaltstoßspannung *f* (IEC 50-604)
switching impulse withstand voltage Stehschaltspannung *f*
switching key Schalttaste *f*
switching loss Schaltverlust *m*
switching member Schaltorgan *n*
switching mode Schaltbetriebsart *f,* Schaltungsart *f*
switching motion Schaltbewegung *f*
switching network (Nrt) Koppelnetz *n* (Digitaltechnik); Sprechwegenetzwerk *n,* Durchschaltnetzwerk *n*
switching node KVst *f,* Knotenvermittlungsstelle *f* (zwischen HVst und EVst)
switching noise Schaltgeräusch *n*
switching-off Abschaltung *f,* Ausschaltung *f,* Ausschalten *n,* Außerbetriebsetzen *n*
switching-on Einschalten *n,* Zuschalten *n*
switching operation 1. (logische) Verknüpfung *f* (Informationsverarbeitung); 2. Schaltvorgang *m,* Schaltbetätigung *f*
switching point 1. Schaltpunkt *m (z. B.* im Kennlinienfeld); 2. (Nrt) Verteilerpunkt *m*
switching point loss (Nrt) Dämpfung *f* der Wahlstufe
switching sequence Schaltfolge *f,* Umschaltungsfolge *f (z. B. bei einem Zweipunktglied)*

switching technique *(Nrt)* Vermittlungstechnik *f*
switching threshold Schaltschwelle *f*
switching torque Einschaltmoment *n*
switching transient Einschwingvorgang *m (beim Schalten)*; Schaltvorgang *m*
switching transistor Schalttransistor *m*
switching unit *(Nrt)* Vermittlungseinheit *f*, Durchschalteeinheit *f*
switching valve Umschaltventil *n*
switching voltage Schaltspannung *f*
syllable articulation [intelligibility] Silbenverständlichkeit *f*
syllable intelligibility measurement *(Ak, Nrt)* Silbenverständlichkeitsmessung *f (Silbenverständlichkeit ausgedrückt durch den Prozentsatz der richtig verstandenen Testsilben (Logatome); je Test werden bis zu 1000 Logatome verwendet; 80 % Silbenverständlichkeit entspricht 100 % Satzverständlichkeit)*
symbol *(Dat)* Symbol *n (Zeichen oder Wort mit zugewiesener Bedeutung)*
symbol display tube Zeichenanzeigeröhre *f*
symbol printer Zeichendrucker *m*
symmetric half-controlled bridge *(Le)* symmetrische halbgesteuerte Brückenschaltung *f*
symmetric half two-port network *(Et)* längssymmetrisches Zweitor *n*
symmetric half wave function symmetrische Wellenfunktion *f*
symmetry axis Symmetrieachse *f*
sympathetic mitschwingend
sync pulse *(Nrt)* Synchronisierimpuls *m*, Gleichlaufimpuls *m*
sync word *(Nrt)* s. synchronization word
synchro Drehmelder *m*, Drehfeldgeber *m*, Synchronservomechanismus *m*, Synchro *m*, Selsyn *n*
synchro differential receiver Differenzialsynchroempfänger *m*, Drehmelderdifferenzialempfänger *m*
synchro torque receiver Synchrodrehmomentempfänger *m (mit mechanischem Ausgangssignal)*
synchronization Synchronisation *f*, Herstellung *f* des Gleichlaufs; Gleichlaufsteuerung *f*
synchronization burst (GSM) *(Ko)* Synchronisationsburst *m (zur Zeitschlitzsynchronisation und BTS--Kennung; 64 bit midamble)*
synchronization channel, SCH *(Ko)* Synchronisationskanal *m (überträgt den Synchronisationsburst von der BTS zu MS)*
synchronization error Synchronisationsfehler *m*
synchronization facility Synchroneinrichtung *f*
synchronization word *(Nrt)* Synchronwort *n*, Synchronisierungswort *n (zur Rahmen- oder Taktsynchronisation; siehe auch: Barker code)*
synchronized network synchronisiertes Netz *n*
synchronizer Synchronisationsglied *n*, Synchronisierer *m*, Synchronisiervorrichtung *f*; Synchronisator *m*, Synchrontaktgeber *m*
synchronizing Synchronisieren *n*, Synchronisierung *f*; Einschwingvorgang *m*
synchronizing circuit Synchronisier(ungs)schaltung *f*
synchronizing coefficient Einschwingkoeffizient *m*
synchronizing pulse Synchronisierimpuls *m*, Gleichlaufimpuls *m*
synchronizing pulse generator Synchronsignalgeber *m*, Taktgeber *m*
synchronizing signal Synchronisationssignal *n*, Synchro(n)signal *n*, Gleichlaufzeichen *n*
synchronizing torque synchronisierendes Moment *n*
synchronous synchron, gleichlaufend, im Gleichlauf
synchronous alternator Synchrongenerator *m*
synchronous amplifier synchronisierter Verstärker *m*, Synchronverstärker *m*
synchronous-asynchronous motor synchronisierter Asynchronmotor *m*
synchronous clock Synchronuhr *f*
synchronous comparator *(Fs)* Synchronkomparator *m*
synchronous converter Einankerumformer *m*

synchronous data transmission *(Nrt)* synchrone Datenübertragung *f*
synchronous demodulation *(Ko)* Synchrondemodulation *f*, Demodulation *f* mit synchronem lokalen Träger, Homodyne--Demodulation *f (Abmischung auf Null; Homodyn-Empfänger)*
synchronous digital computer Synchrondigitalrechner *m*, synchron arbeitender Digitalrechner *m*
synchronous drive Synchronantrieb *m*
synchronous edit *(sl)* synchrones Überspielen *n (z. B. von CD auf Kassette)*
synchronous electromotive force Polradspannung *f*, Spannung *f* des Polradfeldes *(bei Synchronmaschinen)*
synchronous inverter Einankerumformer *m*
synchronous linear motor Synchronlinearmotor *m*
synchronous machine Synchronmaschine *f*
synchronous rectifier Synchrongleichrichter *m*, phasenempfindlicher Gleichrichter *m*
synchronous spark gap Synchronfunkenstrecke *f*
synchronous speed Synchrongeschwindigkeit *f*, Synchrondrehzahl *f*
synchronous torque Synchrondrehmoment *n*
syndrome *(Nrt)* Syndrom *n (Kontrollwort bei der Fehlerkorrektur)*
syntax Syntax *f (Charakteristik einer Sprache)*
synthesized voice synthetische [künstlich erzeugte] Sprache *f*
synthesizer Synthesizer *m (auch Musikinstrument)*; synthetischer Funktionsgenerator *m*; Sprachgenerator *m*
syntony Abstimmung *f*
system 1. System *n*; Anordnung *f*; 2. Anlage *f*; Gerätegruppe *f*; Netz *n*
system analysis Systemanalyse *f*
system behaviour *(Rt)* Systemverhalten *n*, Verhalten *n* des Systems
system characteristic control Netzkennlinienregelung *f*
system earth Betriebserde *f (Netz)*
system gain Systemverstärkung *f*

system hum Netzbrummen *n*
system identification *(Dat)* Systemidentifikation *f*
system incident *(Ee)* Netzstörung *f (führt zum teilweisen oder völligen Netzausfall)*
system interconnection Systemkopplung *f*; Netzkopplung *f*, Netzparallelbetrieb *m*
system noise Systemrauschen *n*
system of units Einheitensystem *n*, Maßsystem *n*
system overshoot Systemüberschwingen *n*
system performance Systemverhalten *n*
system programming Systemprogrammierung *f*
system reliability Systemzuverlässigkeit *f*; Anlagenzuverlässigkeit *f*; Netzzuverlässigkeit *f*
system reset *(Dat)* Systemrücksetzen *n*
system-resident *(Dat)* systemresident, im System abgespeichert *(z. B. Programme)*
system response Systemantwort *f*
system short circuit Kurzschluss *m* im Netz, Netzkurzschluss *m*
system short-circuit capacity Netzkurzschlussleistung *f*
system software Systemsoftware *f*, Betriebssystemsoftware *f*
system with distributed parameters System *n* mit verteilten Parametern [Elementen]
system with lumped parameters System *n* mit konzentrierten Parametern [Elementen]
systematic error systematischer Fehler(anteil) *m*
systematic failure systematischer Ausfall *m*
systematic sample systematische Stichprobe *f*
systematic variation systematische Schwankung *f*
systems analysis Systemanalyse *f*
SYSTRAN system *(Abk. für: system translation system)* SYSTRAN-System *n (vollautomatisches Übersetzungssystem)*

T

table 1. Tabelle *f*, Liste *f*, Verzeichnis *n*; 2. Tisch *m*
table instrument Tischinstrument *n*, Tischgerät *n*
table search instruction [order] *(Dat)* Tabellensuchbefehl *m*
table set Tischgerät *n*; Tischapparat *m*
table top unit Tischgerät *n*
table track *(Ee)* Führungsschiene *f*
table-type roaster (elektrischer) Tischgrill *m*
tachogenerator Tachogenerator *m*, Tachodynamo *m*, elektrischer Drehzahlmesser *m*
tachometer Tachometer *n*, Geschwindigkeitsmesser *m*
tachometer feedback Tachometerrückführung *f*, Drehzahlrückführung *f*
tachometer generator Tachogenerator *m*, Tachodynamo *m*, elektrischer Drehzahlmesser *m*
tachometer probe Drehzahlmesssonde *f*
tachometer ripple Unruhe *f* der Tachometeranzeige *(als Störgröße)*
tactile sensor taktiler [tastempfindlicher] Sensor *m*, Berührungssensor *m*
tag 1. Markierung *f*, Marke *f*, Identifizierungskennzeichen *n*; 2. Anschlussfahne *f*; Lötfahne *f*, Lötöse *f*
tag length value, TLV Tag-Länge-Wert *m* *(Datencodierung, selbstbeschreibend)*
tagged image file format, TIFF *(Ko)* unkomprimiertes Bilddateiformat *n*
tail Ausläufer *m*, Schwanz *m*, Ende *n*; Rücken *m*, hintere Flanke *f (eines Impulses)*
tail current Schwanzstrom *m*, Reststrom *m (Transistor)*
tail light Schlusslicht *n*
tailor *v* (bestimmten Anforderungen entsprechend) zuschneiden, gezielt dimensionieren *(besonders in der Mikroelektronik)*
tailored version zugeschnittene Ausführung *f (auf Kundenwunsch)*
take out of service außer Betrieb setzen; blockieren, sperren
take Probeaufnahme *f*, Aufnahme *f*, Aufnahmeabschnitt *m (Ton-, Film-, Videoaufzeichnung)*
take-off reel Abwickelspule *f*, Abwickelrolle *f*
take-off track Abnahmespur *f*
take-up reel Aufwickelspule *f*, Aufwickelbandteller *m*, Aufwickelrolle *f*
taking filter Aufnahmefilter *n*
taking-over report Übernahmebericht *m*
talbot Talbot *n (SI-fremde Einheit der Lichtmenge; 1 Talbot = 1 lm · s)*
talk back *v* rücksprechen, gegensprechen
talk-back channel Rücksprechkanal *m (zum Gegensprechen)*
talking and speaking key *(Nrt)* Abfrageschalter *m*
talking circuit Sprechkreis *m*
talking film Tonfilm *m*
talking movies Tonfilm *m*
talking position Sprechstellung *f*
talking-ringing key Sprech- und Rufschalter *m*
tandem Kaskade *f*
tandem central office *(Nrt)* Knotenvermittlungsstelle *f (zwischen HVst des Fernnetzes und EVst des Ortsnetzes)*
tandem exchange *(Nrt)* Durchgangsvermittlungsstelle *f*, Tandemvermittlungsstelle *f*
tandem processing Tandembetrieb *m (parallele Verarbeitung von Daten auf mehreren Rechnern)*
tandem transistor *(Me)* Zwillingstransistor *m*
tangential acceleration Tangentialbeschleunigung *f*
tangential component Tangentialkomponente *f*
tangential force Drehschub *m*, Tangential(schub)kraft *f*
tangential velocity Tangentialgeschwindigkeit *f*
tank 1. Gefäß *n*; Tank *m*; Kessel *m*; 2. Senderschwingkreis *m*, Anodenschwingkreis *m*, Schwingkreis *m*
tank circuit Parallelresonanzkreis *m*, Tankkreis *m*; Anodenschwingkreis *m*
tank-type cell Trogzelle *f*
tank voltage Badspannung *f (Elektrolyse)*

tap v 1. abgreifen, anzapfen, entnehmen; anschließen; 2. *(Nrt)* abhören, mithören
tap 1. Abgriff *m*, Anzapfung *f*, Abzweigung *f*; 2. Abzweiger *m*
tap changer Stufenschalter *m*, Transformatorstufenschalter *m*; Stufenschaltwerk *n*
tap-proof abhörsicher, nicht anzapfbar
tap-proof line *(Nrt)* abhörsichere Leitung *f (durch Verschlüsselung)*
tap switch Stufenschalter *m*
tape v 1. bewickeln, mit Band umwickeln; 2. s. tape-record
tape-record v auf Band aufnehmen [aufzeichnen], eine Bandaufnahme machen
tape Band *n*, Streifen *m*; Tonband *n*; Magnetband *n*; Lochband *n*, Lochstreifen *m*
tape acceleration Bandbeschleunigung *f*
tape cable Bandkabel *n*
tape deck Bandgerät *n*, Kassetten(band)gerät *n*, Kassettendeck *n*
tape drive Bandlaufwerk *n*, Magnetbandlaufwerk *n*, Bandantrieb *m*
tape eraser Löschdrossel *f*
tape feed Bandvorschub *m*, Streifenvorschub *m*; Lochstreifenfortschaltung *f*
tape mark Bandmarke *f*
tape microphone Bändchenmikrofon *n*
tape-on reel gegurtete Bauelemente *f*
tape printer Streifendrucker *m*, Streifenschreiber *m*
tape punch Lochbandstanzer *m*, Bandlocher *m*, Streifenlocher *m*
tape recording Bandaufnahme *f*, Bandaufzeichnung *f*
tape spillage Bandsalat *m (durch Herauslaufen des Bandes aus der Führung)*
tape teleprinter Streifenfernschreiber *m*
tape track Bandspur *f*
tape travel Bandlauf *m*
tape unit Bandeinheit *f*; Magnetbandgerät *n*
taped components auf Streifen magazinierte Bauelemente *npl (für Leiterplatten)*

tapped 1. angezapft, abgegriffen; 2. mit Innengewinde (versehen)
tapped coil angezapfte Spule *f*, Abzweigspule *f*
tapping 1. Anzapfung *f*, Spulenanzapfung *f*; Abzweigung *f*, Abzweig *m (Leitung)*; Abgriff *m*; 2. *(Nrt)* Abhören *n (von Gesprächen)*
tapping clamp Abzweigklemme *f*
tapping noise *(Ak)* Klopfgeräusch *n*
target 1. *(Fo)* Ziel *n*; 2. *(Fo, Mess)* Testobjekt *n*, Messobjekt *n*; 3. *(Me)* Testmarke *f*, Prüfmarke *f*; 4. Auffänger *m*, Fangelektrode *f*, Antikatode *f*, Target *n (Elektronenröhren)*; Treffplatte *f*, Auftreffplatte *f*; Speicherplatte *f*, Target *n (Bildaufnahmeröhren)*
target acquisition *(Fo)* Zielerfassung *f*
target detection *(Fo)* Zielerfassung *f*, Zielauffindung *f*
target distance *(Fo)* Zielentfernung *f*
target electrode Auffangelektrode *f (Hilfsanode)*
target identification *(Fo)* Zielidentifizierung *f*, Zielerkennung *f*
target pick-up *(Fo)* Zielerfassung *f*
target pip *(Fo)* Zielzeichen *n*
target tracking *(Fo)* Zielverfolgung *f*
task *(Dat)* Aufgabe *f*, Task *f (selbstständiger Programmteil)*
task management *(Dat)* Taskverwaltung *f*
TAT signalling *(Nrt)* Transatlantikwahl *f*
tautology *(Dat)* Tautologie *f (boolescher Ausdruck, der für jede Belegung der Variablen erfüllt ist)*
teach-in module teach-in Modul *n (Roboter)*
teach-in programming Einlernprogrammierung *f*, Vorführprogrammierung *f*, Teach-in-Programmierung *f (Programmierung durch Vorführen der technologischen Operationen durch den Bediener)*
teachware *(Dat)* Teachware *f*, Unterrichtsprogramme *npl*
tearing 1. Zerreißen *n*, Reißen *n*; 2. *(Fs)* Zeilenausreißen *n*, Bildzerreißung *f*; 3 Trennung *f (Netzberechnung)*
technical office protocol Datenkommunikationsstandard *m (fü den technischen und administrativen Bereich)*

technique of printed wiring Druckschaltungstechnik f
tee v abzweigen
tee T-Stück n
tee feeder T-Zuleitung f
tee joint Abzweigmuffe f, T-Muffe f, T--Klemme f
tele-immersion Tele-Immersion f *(Integration von Techniken der virtuellen Realität mit Kollaborationstechniken)*
telecom cord *(Nrt)* TAE-Kabel n, Telefonkabel n *(Telefonapparatanschlussschnur; apparatespezifische Ausführung)*
telecom plug *(Nrt)* TAE-Stecker m
telecommunication 1. Fernmeldeverkehr m; 2. s. telecommunications
telecommunication cable Fernmeldekabel n
telecommunication line unit, TLU *(Nrt)* TAE f, Telekommunikationsanschlusseinheit f der Telekom® *(Dreifach-TAE NFN; F = Fernsprechen, N = Nichtfernsprechen, 6polig)*
telecommunication socket *(Nrt)* TAE--Dose f, Fernsprechanschlussdose f, Telekommunikations-Anschluss--Einheit f *(siehe auch: telecommunication socket outlet)*
telecommunication socket outlet *(Nrt)* TAE f, Telekommunikations--Anschluss-Einheit f der Telekom®, Telefonsteckdose f *(Dreifach-TAE NFN; F = Fernsprechen, N = Nichtfernsprechen, 6polig)*
telecommunication tower Fernmeldeturm m
telecommunications *Fernmeldetechnik f; Nachrichtentechnik f
teleconference Telekonferenz f
telecontrol Fernsteuerung f; Fernbedienung f
telecopier Fernkopiergerät n, Telefaxgerät n
telefax machine Telefaxgerät n
telegram Telegramm n
telegraph Telegraf m, Fernschreiber m
telegraph alphabet Telegrafenalphabet n

telegraph code Telegrafencode m, Telegrafenalphabet n
telegraph dial exchange Telegrafie--Wählvermittlungsstelle f, TW--Vermittlungsstelle f
telegraph key Telegrafentaste f, Morsetaste f
telegraph pole Telegrafenmast m
telegraph word Telegrafiewort n *(fünf Zeichen plus Pause)*
telegraphic noise Telegrafiergeräusch n
telegraphic speed Telegrafiergeschwindigkeit f
telegraphy Telegrafie f, Fernschreiben n
telemeter v fernmessen
telemeter Telemeter n, Fernmesser m, Fernmessgerät n, Fernmesseinrichtung f
telemetering Fernmessung f, Messwert(fern)übertragung f, Telemetrie f
telemetry Telemetrie f, Fernmessung f, Messwert(fern)übertragung f
telemonitor v fernüberwachen
teleoperation Teleoperation f, Fernwirkung f
telephone Telefon n, Fernsprecher m, Fernsprechapparat m • **by telephone** telefonisch
telephone answerer *(Nrt)* Telefonanrufbeantworter m, Anrufbeantworter m
telephone answering equipment [set] Anrufbeantworter m
telephone book *(Nrt)* Telefonbuch n, Fernsprech(teilnehmer)verzeichnis n *(siehe auch: telephone directory)*
telephone booth [box] Telefonzelle f, Fernsprechzelle f; Telefonkabine f
telephone cabin Telefonzelle f, Fernsprechzelle f
telephone call Telefonanruf m, Anruf m
telephone card *(Nrt)* Telefonkarte f *(für Kartentelefon)*
telephone carrier channel *(Nrt)* Trägerfrequenz-Fernsprechkanal m *(siehe auch: telephone channel; Bandbreite 300Hz - 3400Hz)*
telephone channel *(Nrt)* Telefonkanal m, Sprachkanal m, Fernsprechkanal m *(Bandbreite 300 Hz - 3.400 Hz)*
telephone charge Telefongebühr f, Fernsprechgebühr f

telephone

telephone communication
Fernsprechverbindung f
telephone conference
Telefonkonferenz f, Dreierkonferenz f, 3PTY
telephone cord Telefonschnur f, Fernhörerschnur f
telephone country code (Nrt) Landesvorwahl f, Landeskennziffer f (Deutschland 0049)
telephone directory Telefonbuch n, Fernsprech(teilnehmer)verzeichnis n, Teilnehmerverzeichnis n
telephone earphone Hörer m, Telefonhörer m, Fernhörer m
telephone facility (Nrt) Telefonanlage f, Fernsprechanlage f
telephone fault clearance
Fernsprechentstörung f
telephone frequency Sprachfrequenz f, Sprechfrequenz f
telephone handset
Fernsprechhandapparat m, Handapparat m
telephone jack Telefonbuchse f
telephone keypad (Nrt) Telefontastatur f, Tastwahlblock m, Wähltastatur f
telephone link Telefonverbindung f, Fernsprechverbindung f
telephone local network code (Nrt) Ortsvorwahl f, Ortskennziffer f
telephone message telefonische Mitteilung f
telephone microphone capsule
Telefonsprechkapsel f, Kohlemikrofonkapsel f (POT; veraltet; jetzt Kristallmikrofon)
telephone number Telefonnummer f, Rufnummer f
telephone plug Telefonstecker m, Klinkenstecker m
telephone pole line
Fernsprechfreileitung f, Telefonleitung f auf Masten
telephone rate Fernsprechgebühr f
telephone receiver Hörer m, Fernhörer m
telephone ringer Rufsatz m, Wecker m
telephone set Telefonapparat m, Fernsprechapparat m, Fernsprecher m
telephone subscriber
Fernsprechteilnehmer m
telephone subscriber set (Nrt)
Telefonapparat m, Fernsprechapparat m, Fernsprechteilnehmerendgerät n
telephone trunk code (Nrt) Ortsvorwahl f, Ortskennziffer f
telephone trunk exchange
Fernsprechfernvermittlung f
telephone with answering device (Nrt)
Telefon n mit Anrufbeantworter
telephone with display (Nrt) Telefon n mit Display
telephony band (Nrt) Fernsprechband n, Fernsprech-Sprachband n (Frequenzbereich: 300Hz-3400Hz; bei PCM mit HQ-CODEC 50Hz-7kHz)
telephony radio link (Nrt) Fernsprech--Funkverbindung f
teleprint Fernschreiben n
teleprinter Fernschreiber m, Fernschreibmaschine f
teleprinter character
Fernschreibzeichen n
teleprinter code Fernschreib(er)code m, Fernschreibalphabet n
teleprinter exchange
Fernschreibvermittlung f, Fernschreibzentrale f
teleprocessing Datenfernverarbeitung f
teleprompter (Fs) Teleprompter m, Fernsehansager-Souffleur m (Text--Bildschirm über der Aufnahmekamera)
telerecording 1. Fernaufzeichnung f, Fernregistrierung f; 2. s. television recording
telescope electrode pole
Teleskopelektrodenständer m (Lichtbogenofen)
telescopic ineinanderschiebbar; ausziehbar; Teleskop...
teleswitch Fernschalter m
teletachometer Ferndrehzahlmesser m
teletex Teletex n, Ttx, Bürofernschreibverfahren n (Textübermittlung über Fernmeldenetz dialogfähig)
teletex terminal Teletexgerät n, Bürofernschreiber m
teletext Teletext m, Videotext m, VT, VTX, Bildschirmtext m, Btx
teletype v fernschreiben
teletype (apparatus) s. teleprinter
teletype code Fernschreibcode m
teletype communication
Fernschreibverbindung f
teletype machine, TTY (Nrt)

Fernschreibmaschine f, Fernschreiber m
teletype terminal, TTY terminal *(Nrt)* Fernschreibendgerät n, Fernschreiber m
teletyping Fernschreiben n
television Fernsehen n • **on television** im Fernsehen
television broadcast(ing) station Fernsehsendestation f, Fernsehsender m *(Anstalt)*
television by antenna *(Fs)* terrestrisches Fernsehen n, Fernsehen n über Antenne *(Gegenteil: Kabelfernsehen, Satellitenfernsehen)*
television camera Fernsehkamera f
television camera truck *(Fs)* Fernsehaufnahmewagen m, Fernsehkamerazug m
television channel spacing Fernsehkanalabstand m
television coverage *(Fs)* Fernsehversorgung f, Fernsehversorgungsbereich m, Fernsehabdeckung f
television coverage area *(Fs)* Fernsehversorgungsbereich m, Fernsehversorgungsgebiet n
television interference Fernsehstörung f
television link Fernsehverbindung f
television monitor *(Fs)* Fernsehmonitor m, Fernsehüberwachungsbildschirm m
television network Fernsehnetz n
television picture Fernsehbild n
television programme *(Ko)* Fernsehprogramm n
television radar air navigation Flugnavigation f mit Radar und Fernsehen
television radio receiver Fernseh- -Rundfunk-Empfänger m
television receiver Fernsehgerät n, Fernsehempfänger m, Fernseher m
television recording Fernseh(bild)aufzeichnung f, Speichern n von Fernsehsendungen
television satellite Fernsehsatellit m
television screen Fernsehschirm m
television system *(Fs)* Fernsehsystem n, Fernsehnorm f (PAL, SECAM, NTSC)
television test pattern *(Fs)* Fernsehtestmuster n, Fernsehtestbild n
television transmission Fernsehübertragung f
television transmitter (station) Fernsehsender m, Fernsehendestation f; Fernsehumsetzerstation f
television tube Bildröhre f
televisor Fernsehgerät n, Fernsehapparat m, Fernseher m
telex v telexen, ein Telex schicken, als Fernschreiben übermitteln
telex *(Abk. für: teleprinter exchange service)* 1. Telex, Fernschreib(vermittlungs)dienst m, Fernschreiben n; 2. Telex n, Fernschreiben n *(Dokument)* • **to be on the telex** Telexanschluss [Fernschreibanschluss] haben
telex subscriber Telexteilnehmer m, Fernschreibteilnehmer m
temperature category Temperaturkategorie f
temperature class *(Ma)* *Wärmebeständigkeitsklasse f
temperature detector Temperaturfühler m; Kontrollthermometer n
temperature rise Temperaturanstieg m; *Übertemperatur f
temperature rise limit Grenztemperatur f
temperature-sensitive temperaturempfindlich
temperature sensor Temperaturfühler m, temperaturempfindliches Element n
temperature test *(Qu)* Wärmelauf m
temporal average zeitlicher Mittelwert m
temporary circuit Versuchsschaltung f, Brettschaltung f
temporary interruption of service kurzzeitige Betriebsunterbrechung f
temporary memory Zwischenspeicher m
temporary storage *(Dat)* Zwischenspeicherung f, zeitweilige Speicherung f; Zwischenspeicher m
temporary wire provisorische Leitung f
ten-digit zehnstellig *(Zahl)*
tens carry *(Dat)* Zehnerübertrag m
tens complement Zehnerkomplement n

tensile strength Zugfestigkeit f, Zerreißfestigkeit f
tensile stress Zugbeanspruchung f
tension Zugspannung f, Zug m
tension insulator Abspannisolator m
tension stress Zugbeanspruchung f
term 1. Term m, Energieterm m, Energieniveau n, Energiezustand m; 2. Ausdruck m, Glied n (Mathematik); 3. *Begriff m
terminal 1. Terminal n, Endgerät n; Sichtgerät n; Datenendstelle f, Datenstation f; 2. (Nrt) Endstelle f, Endamt n; 3. Anschluss m, Anschlussklemme f, Klemme f
terminal adapter Endgeräteanpassung f
terminal block Anschlussklemm(en)block m, *Reihenklemme f
terminal board Anschlussbrett n, Klemm(en)brett n; Lötösenleiste f
terminal box Endverschluss m, Kabelverschluss m; Klemmenkasten m
terminal clamp Anschlussklemme f
terminal endpoint identifier, TEI (Nrt) Endgeräte-Identifizierungsadresse f (zusammen mit SAPI Bestandteil des Adressfeldes in LAPD)
terminal hole Anschlussloch n (Leiterplatten)
terminal identification (Nrt) Endgerätekennung f, Endgerätetypidentifizierung f (am ISDN-S_0-Bus)
terminal interface (Dat) Terminal-Interface n
terminal lead Anschlussdraht m, Klemmenzuleitung f
terminal link (Nrt) Endstellenzubringerlinien fpl
terminal lug Anschlusslasche f, Anschlussöse f
terminal pad Anschlussauge n (Leiterplatten); Kontakt(ierungs)stelle f
terminal pin Anschlussstift m
terminal pole Endmast m, Abspannmast m (+/0/-) (Leitung)
terminal rack (Nrt) Endgestell n
terminal radar (Fo) Flughafenradar n
terminal spacing (Me) Abstand m der Anschlussstifte
terminal state Endzustand m

terminal voltage Klemmenspannung f
terminating office (Nrt) Endvermittlungsstelle f, EVst f, Endamt n, Ortsnetzvermittlungsstelle f
termination 1. Abschluss m, Ende n, Beendigung f; 2. (Et) Abschluss(widerstand) m; Endverschluss m (z. B. eines Kabels); 3. (Nrt) Gabel f
terminator (Nrt) Abschlussschaltung f
ternary channel Ternärkanal m, dreiwertiger Kanal m
ternary number Ternärzahl f
terrestrial magnetic field erdmagnetisches Feld n, Magnetfeld n der Erde
terrestrial maritime navigation system (Fo) landgestütztes Seenavigationssystem n (OMEGA--Navigationssystem bei 10 kHz; λ = 30km)
terrestrial radiocommunication (Nrt) terrestrische Funknachrichtenverbindung f
tertiary centre (Nrt) Amt n dritter Ordnung
tesla Tesla n, T (SI-Einheit der magnetischen Induktion)
test v prüfen, untersuchen, testen
test (Qu) Prüfung f, Untersuchung f, Test m
test adapter Prüfzwischensockel m
test assembly Messplatz m
test battery Messbatterie f
test bed Versuchsstand m
test bench Prüftisch m, Prüfplatz m
test board Messtisch m; Prüfgestell n, Prüfschrank m
test burden Messbürde f
test certificate Prüfattest n, Prüfkarte f, Prüfschein m, Abnahmeprotokoll n
test code Prüfcode m
test colour Testfarbe f
test colour method Testfarbenverfahren n
test component Prüfling m
test connector (Nrt) Prüfleitungswähler m
test cord Prüfschnur f
test criterion Prüfkriterium n
test current Prüfstrom m
test cycle Prüfzyklus m
test data Prüfdaten pl
test department Prüffeld n

test desk Prüftisch m, Prüfgestell n; Prüfschrank m, Messschrank m
test device Prüfeinrichtung f
test drive Probefahrt f
test duty Prüfbetrieb m
test electron tube Teströhre f
test finger Prüffinger m *(Gerät zur Prüfung des Berührungsschutzes)*
test flag *(Dat)* Prüfkennzeichen n, Testflag n
test item Prüfling m, Prüfgegenstand m
test key Prüftaste f
test-pattern generator Testmustergenerator m
test pin Messstift m
test probe Prüfsonde f, Messsonde f
test routine Prüfprogramm n, Testprogramm n
test run Probelauf m
test scenario Prüfprogramm n
test tip Prüfspitze f
test unit Prüfeinheit f
test wiper Prüfarm m
test wire 1. Prüfdraht f; 2. *(Nrt)* Prüfader f, Prüfleitung f
testing apparatus Prüfgerät n, Prüfvorrichtung f
testing edge Prüfschneide f
testing run Probelauf m
text communication Textkommunikation f
text editing Textbearbeitung f
text editor Textaufbereitungsprogramm n, Testgenerator m, Texteditor m
text file *(Dat)* Textdatei f *(Dateiendung .txt)*
text processing Textverarbeitung f
TFT liquid crystal display, TFT LCD Dünnschichttransistor-flüssigkeitskristallanzeige f, Flachbildschirm m
thawing device Auftaugerät n
theory of queues *(Nrt)* Warteschlangentheorie f, Bedienungstheorie f
theory of two-ports Vierpoltheorie f
thermal thermisch; Wärme...
thermal action Wärmewirkung f
thermal capacity Wärmekapazität f
thermal conduction Wärmeleitung f
thermal drift Temperaturdrift f, Wärmedrift f
thermal effect 1. Thermoeffekt m, Wärmewirkung f, *thermischer Einfluss m*; 2. Spannung f durch Wärmerauschen
thermal e.m.f. Thermo-EMK f, thermoelektrische Kraft f [Spannung f], Thermokraft f
thermal endurance thermische Dauerbeständigkeit f
thermal imaging thermische Bildaufnahme f
thermal-insulating wärmeisolierend
thermal insulation Wärmeisolierung f, thermische Isolation f
thermal model Erwärmungsmodell n
thermal noise Wärmerauschen n
thermal power plant [station] Wärmekraftwerk n
thermal printer Thermodrucker m
thermal protection Wärmeschutz m, Temperaturschutz m
thermal resistance Wärme(durchgangs)widerstand m, thermischer Widerstand m, Wärmeübergangswiderstand m
thermal station Wärmekraftwerk n
thermal storage capacity Wärmespeicherkapazität f
thermal transmission Wärmeübertragung f
thermic balance thermisches Gleichgewicht n
thermion Thermion n; Thermoelektron n, Glühelektron n
thermionic thermionisch; glühelektrisch, Thermoelektronen...
thermionic amplifier thermionischer Verstärker m
thermionic cathode Glühkatode f
thermionic emission 1. Glüh(elektronen)emission f, thermische Emission f [Elektronenemission f], glühelektrischer Effekt m; 2. thermionische Emission f
thermionic emission current Glühelektronenstrom m
thermionic emitter Glühkatodenemitter m
thermistor Thermistor m, Heißleiter m *(Halbleiterwiderstand mit negativem Temperaturkoeffizienten)*
thermocompression Thermokompression f
thermocontact Hitzdrahtfedersatz m
thermoconverter Thermoumformer m

thermocouple Thermoelement n, thermoelektrisches Element n, Thermopaar n
thermocurrent thermoelektrischer Strom m
thermodynamic relation thermodynamische Beziehung f
thermoelastic thermoelastisch
thermoelectric thermoelektrisch, wärmeelektrisch
thermoelectric battery thermoelektrische Batterie f, Thermobatterie f; Thermosäule f
thermoelectric detector thermoelektrischer Empfänger m
thermoelectric effect thermoelektrischer Effekt m, Seebeck--Effekt m
thermoelectric e.m.f.-free potentiometer Poggendorf--Kompensator m, thermospannungsfreier Kompensator m
thermoelectric heat pump thermoelektrische Wärmepumpe f
thermoelectric inversion Polaritätsumschlag m der Thermospannung
thermoelectric potential Thermospannung f
thermoelectric pyrometer thermoelektrisches Pyrometer n
thermoelectric voltage Thermospannung f
thermoelectricity Thermoelektrizität f, Wärmeelektrizität f
thermoelectron Glühelektron n, Thermoelektron n
thermogram Thermogramm n
thermograph Thermograph m, Temperaturschreiber m, Registrierthermometer n
thermojunction 1. thermoelektrische Lötstelle f, Verbindungsstelle f *(eines Thermoelements)*; 2. *(Me)* Thermoübergang m, Thermokontakt m
thermomagnetic thermomagnetisch
thermomagnetic effect thermomagnetischer Effekt m
thermometric bushing Wanddurchführung f für Temperaturmesser *(z. B. im Elektroofen)*

thermopile Thermosäule f, thermoelektrische Säule f
thermoplastic thermoplastisch, warm verformbar
thermoplastic thermoplastischer Kunststoff m, Thermoplast m
thermoplastic insulation thermoplastische Isolierung f
thermoresistant wärmeresistent, thermostabil
thermosetting adhesive layer *wärmehärtende Klebschicht f *(für Isolierungen)*
thermosonic bonding *(Me)* kombiniertes Thermokompressions- und Ultraschallbonden n
thermostability Wärmebeständigkeit f, thermische Stabilität f [Festigkeit f]
thermostable wärmebeständig
thermostat Thermostat m, Temperaturregler m, Temperaturwächter m
thermostatted mit Thermostaten ausgerüstet; temperaturgeregelt
thick film Dickschicht f, Dickfilm m
thick-film component Dickschichtbauelement n
thick-film hybrid circuit Dickschichthybridschaltung f
thickness 1. Dicke f; 2. *(Nrt)* Tiefe f *(z. B. eines Gestells)*
thickness gauge Dickenmesser m
thickness variation Dickenänderung f
thimble Kabelschuh m
thin film Dünnschicht f, Dünnfilm m
thin-film insulator Dünnfilmisolator m
thin-film integrated circuit integrierte Dünnschichtschaltung f
thin-film memory Dünnschichtspeicher m, Dünnfilmspeicher m
thin-film resistor Dünnschichtwiderstand m
thin-film storage Dünnschichtspeicherung f
third-brush control Regelung f [Stromregelung f] durch eine dritte Bürste
Third Generation GSM, 3GGSM *(Ko)* GSM n der dritten Generation, UMTS n
Third Generation Mobile Communication System, TGMCS *(Ko)* Mobilkommunikationssystem n der dritten Generation, Universelles

Mobiles Telekommunikations-System n, UMTS n
Third harmonic dritte Harmonische f [Oberschwingung f]
Third-harmonic distortion kubische Verzerrung f
Third-octave band (Ak) Terzband n, Terzbereich m
Third rail (Ma) Stromschiene f
Third rail collector (Ma) Schleifschuh(strom)abnehmer m, Schleifschuhträger m
Third wire 1. Nullleiter m (Gleichstrom); 2. (Nrt) Prüfleiter m
thousands digit (Nrt) Tausenderwahlstufe f
thread v aufreihen; einfädeln; einlegen (z. B. Film, Tonband)
thread base Gewindefuß m
threadable conduit schraubbares Elektroinstallationsrohr n
threaded core Schraubkern m
threaded coupling Schraubkopplung f
three-address code (Dat) Dreiadressencode m
three-address instruction Dreiadress(en)befehl m
three-axis contouring control Dreiachsen-Bahnsteuerung f
three-branch star-mesh conversion (Et) Stern-Dreieck-Transformation f
three-conductor bundle Dreileiterbündel n, Dreierbündel n, Bündelleiter m mit drei Teilleitern
three-conductor cable dreiadriges Kabel n, Dreileiterkabel n
three-digit display dreiziffrige Anzeige f
three-layer structure Dreischichtenaufbau m (Glaselektrode)
three-level action (Rt) Dreipunktverhalten n
three-level laser Dreiniveaulaser m
three-level maser Dreiniveaumaser m
three-level system (Laser) Dreiniveausystem n
three-membered dreigliedrig
three-minute charge [rate] (Nrt) Dreiminutengebühr f
three-part dreiteilig
three-party call (Nrt) Dreierverbindung f
three-phase dreiphasig
three-phase AC Dreiphasenwechselstrom m, Drehstrom m
three-phase AC chopper (Le) Drehstromsteller m
three-phase AC drive Dreiphasenwechselstromantrieb m, Drehstromantrieb m
three-phase alternating current s. three-phase AC
three-phase armature Drehstromanker m, Dreiphasenanker m
three-phase asynchronous machine Dreiphasenasynchronmaschine f, Drehstromasynchronmotor m
three-phase bridge six-step inverter Dreiphasen-Sechspuls-Wechselrichter m
three-phase circuit Drehstromkreis m
three-phase four-wire system Drehstromnetz n mit Nullleiter [Sternpunktleiter], Drehstromvierleiteranlage f
three-phase full-wave bridge converter Dreiphasensechspulsstromrichter m
three-phase fully controlled bridge vollgesteuerte Dreiphasenbrücke f
three-phase generator Drehstromgenerator m
three-phase half-controlled bridge halbgesteuerte Dreiphasenbrücke f
three-phase induction motor Drehstrominduktionsmotor m, Kurzschlussläufermotor m
three-phase installation Drehstromanlage f
three-phase line dreiphasige Leitung f, Dreiphasenleitung f
three-phase system Drehstromsystem n, Dreiphasensystem n, Drehstromanlage f, Drehstromnetz n
three-phase three-wire system (Ee) Drehstromnetz n ohne Nullleiter [Sternpunktleiter], Drehstromdreileiteranlage f
three-phase winding (Ma) Dreiphasenwicklung f, Drehstromwicklung f
three-pin plug dreipoliger Steckverbinder [Stecker] m, Dreifachstecker m, Dreistiftstecker m
three-pole switch dreipoliger Schalter m
three-slot winding Dreilochwicklung f

three-speed motor Motor *m* mit drei Drehzahlen
three-state logic Dreizustandslogik *f*, Tristate-Logik *f*, Tri-state-Logik *f*
three-wattmeter method Dreiwattmeterverfahren *n*, Dreileistungsmesserverfahren *n*
threshold 1. Schwelle *f*, Grenze *f*, Schwell(en)wert *m*; Ansprechwert *m*; 2. Energieschwelle *f*, Schwellenenergie *f*, Energieschwellenwert *m*
threshold circuit Schwellenwertschaltung *f*
threshold current Schwellenstrom *m*, Schwellwertstrom *m*; Ansprechstrom *m* (bei Sicherungen)
threshold decoder (Nrt) Schwellwertdecoder *m*, PCM--Repeater-Decoder *m* (zur Eliminierung von Störungen)
threshold detector Schwellenwertdetektor *m*, Schwellenwertmessfühler *m*, Grenzsignalglied *n*
threshold frequency Grenzfrequenz *f* (z. B. des Photoeffekts)
threshold of recognition Wahrnehmungsschwelle *f*
threshold response Grenzempfindlichkeit *f*
threshold sensitivity Empfindlichkeitsschwelle *f*, Grenzempfindlichkeit *f*
threshold signal Schwellwertsignal *n*, Ansprechsignal *n*
through bus bar durchgehende Sammelschiene *f*
through circuit Durchgangsleitung *f*
through-conduction (Le) Durchzünden *n*; Wechselrichterkippen *n*
through connection (Nrt) Durchschaltung *f*, Durchgangsverbindung *f*
through-contacting Durchkontaktierung *f*
through dialling (Nrt) Durchwahl *f*, Durchwählen *n*
through hole Durchgangsloch *n*, Durchgangsbohrung *f*
through joint Verbindungsklemme *f*
through traffic (Nrt) Durchgangsverkehr *m*
throughput 1. Durchsatz *m*, Durchgang

m; Durchgangsleistung *f*; 2. (Dat) Informationsdurchsatz *m*, Datendurchlauf *m*
throw *v* umschalten, umstellen
throw 1. Ausschlag *m* (eines Zeigers); 2. Projektionsentfernung *f*
throw-out groove [spiral] Auslaufrille *f*, Ausschaltrille *f*
thrust 1. Schub *m*, Schubkraft *f*, Druckkraft *f*, Vortriebskraft *f*
thrust force Schubkraft *f*
thumbnail 1. Daumennagel *m*; 2. (Dat) Miniatur *f* eines Bildes auf dem Bildschirm (Kleinformat zur Verringerung der Bildladezeit)
thunderstorm electricity Gewitterelektrizität *f*
thyratron Thyratron *n*, Thyratronröhre *f*, Stromtor *n*
thyristor (Le) Thyristor *m*
thyristor converter Thyristorkonverter *m*, Thyristorstromrichter *m*
thyristor cyclo-converter Thyristorfrequenzumrichter *m*, Thyristordirektumrichter *m*
thyristor-fed thyristorgespeist
ticking tone (Nrt) Tickerzeichen *n*
tidal energy (Ee) Gezeitenenergie *f*
tie 1. Verbindung *f*, Befestigung *f*; Verbindungsstück *n*; Steg *m*; 2. Anker *m*, Mastanker *m*; Strebe *f* (des Mastes)
tie line 1. (Ee) Verbundleitung *f*; 2. (Nrt) Verbindungsleitung *f*; Koppelleitung *f*; Querverbindung *f*
tight beam dicht gebündelter Strahl *m*
tightener Spannschraube *f*
tilt *v* kippen, schrägstellen; schwenken (Kamera); kippen, sich neigen
tilt 1. Kippen *n*; Schwenk *m* (Kamera); 2. Neigung *f*, schiefe Lage *f*; 3. Dachschräge *f*, Dachabfall *m* (Impuls)
tilt angle Neigungswinkel *m*, Kippwinkel *m*, Anstellwinkel *m*
tilt error Neigungsfehler *m*
tilting Kippen *n*, Umkippen *n*; Umlegen *n* (eines Schalters)
tilting coil Kippspule *f*
tilting moment Kippmoment *n*
time 1. Zeit *f*; Zeitpunkt *m*; 2. Zeitmaß *n*, Tempo *n*; Takt *m*
time base 1. Zeitachse *f*, Zeitbasis *f*; Zeitablenkung *f*; 2. Zeitablenkgerät *n* (Oszillograph)

time behaviour Zeitverlauf *m*, zeitliches Verhalten *n*
time chart Zeitplan *m*, Zeitdiagramm *n*
time clock Zeittakt *m*
time constant Zeitkonstante *f*
time-delay circuit Zeitverzögerungsschaltung *f*; Laufzeitnetzwerk *n*
time-delay fuse träge Sicherung *f*
time-delay protection verzögerter Schutz *m*
time-delay switch *Verzögerungsschalter *m*; Zeitschalter *m*
time-delay trip (zeit)verzögerter Auslöser *m*
time-discrete signal *(Nrt)* zeitdiskretes Signal *n*, Abtastsignal *n*
time domain Zeitbereich *m*, Originalbereich *m*, Oberbereich *m* *(der Laplace-Transformation)*
time domain representation Darstellung *f* im Zeitbereich
time harmonic zeitliche Harmonische *f*, Oberschwingung *f*
time integral Zeitintegral *n*
time interval Zeitbereich *m*, Zeitabschnitt *m*, Zeitraum *m*, zeitlicher Abstand *m*, Zeitabstand *m*
time lag Zeitverzug *m*, Zeitverzögerung *f*, zeitliche Verzögerung *f*, Verzug *m*, Nacheilung *f*
time-lag fuse träge Sicherung *f*
time lapse Zeitverhalten *n*
time lead zeitliche Voreilung *f*
time mark Zeitmarke *f*
time-mean-square zeitlich quadratisch [energetisch] gemittelt
time-modulated zeitmoduliert
time-multiplex basis Zeitaufteilung *f* *(zur Übertragung mehrerer Signale auf einem Kanal)*
time of discharge Entladezeit *f*, Entladedauer *f*
time of flight Laufzeit *f* *(z. B. von Elektronen)*
time of rise Anstiegszeit *f*, Anstiegsdauer *f* *(von Impulsen)*
time-off *(Nrt)* Zeitpunkt *m* des Gesprächsschlusses
time-on *(Nrt)* Zeitpunkt *m* des Gesprächsbeginns
time quantization Zeitquantisierung *f* *(z. B. bei der Abtastung)*

time recorder 1. Zeitregistriergerät *n*; 2. *(Nrt)* Gesprächsuhr *f*, Kontrolluhr *f*
time response Zeitverhalten *n*; Zeitverlauf *m*; Übertragungsverhalten *n*
time sharing *(Dat)* Time-sharing *n*, Zeitschachtelung *f* *(zeitlich geschachtelte Abarbeitung mehrerer Programme)*; Teilnehmerbetrieb *m*
time slice Zeitscheibe *f*
time-slot *(Nrt)* Zeitkanal *m*, Zeitschlitz *m*, Zeitlage *f*
time switch Zeitschalter *m*; Zählerschaltuhr *f*, Schaltuhr *f*
time synchronization Zeitsynchronisierung *f*
time table Fahrplan *m*
time tapper Taktgeber *m*
time to live, TTL Lebensdauer *f* *(IP-Protokollelement)*
time tone Zeitzeichen *n*
time waveform Zeitfunktion *f*
timed zeitgesteuert, zeitlich definiert [festgelegt]
timed call Gespräch *n* mit Zeitzählung
timed spark Taktfunken *m*
timed step zeitgesteuerte Stufe *f*
timestamp Zeitstempel *m*
timing 1. *(Me)* Zeitsteuerung *f*, Ablaufsteuerung *f*; Takten *n*; Synchronisierung *f*; 2. Zeitnahme *f*, Zeitzählung *f*, Zeitmessung *f*
timing circuit Zeitsteuerungsschaltung *f*, Zeit(geber)schaltung *f*
timing distribution *(Nrt)* Taktversorgung *f*, Taktverteilung *f*
timing generator Zeitgeber(generator) *m*; Zeitsignalgenerator *m*; Taktgeber *m* *(z. B. bei der Signalabtastung)*
timing jitter Taktjitter *m*
timing marker Zeitmarkengeber *m*
timing relay Zeit(verzugs)relais *n*
timing response Taktverhalten *n*
timing strobe Taktsignal *n*
timing unit Zeitmesser *m*; Zeitsteuereinheit *f*
tin-chloride lamp Zinnchloridlampe *f* *(Halogenhochdrucklampe)*
tin-coated wire (feuer)verzinnter Draht *m*
tin coating Zinnüberzug *m*, Zinnschutzschicht *f*
tin solder Lötzinn *n*, Zinnlot *n*, Weichlot *n*

tip Spitze f; Steckerspitze f; Pumpspitze f *(zum Evakuieren einer Röhre)*

tip jack Prüfspitzenbuchse f

tip wire *(Nrt)* a-Ader f, Ader f zur Stöpselspitze

tipping Kippen n, Umkippen n; Verkanten n

tissue engineering MEMS-Technologie f zur Entwicklung künstlicher Gewebe

TLS s. transport layer security

toggle v kippen, umschalten *(z. B. zwischen zwei Zuständen)*

toggle Gelenkhebel m

token *(Dat)* Token n

token access *(Nrt)* Token-Zugriff m, Token-Access m

token bus Token-Bus m, Ringbus m

token ring network Token-Ring m, Token-Netz n mit Ringtopologie

tolerable delay time *(Nrt)* zulässige Verzögerungszeit f *(bei Sprachübertragung nach ITU-T < 200ms)*

tolerance chart Toleranzkarte f, Toleranztabelle f

tolerance class Toleranzklasse f

toll *(Nrt)* Ferngesprächsgebühr f

TOMAL *(Abk. für: task-oriented microprocessor application language)* TOMAL *(eine Programmiersprache)*

tonal frequency Tonfrequenz f, Hörfrequenz f

tonality Klangfarbe f, Klangcharakter m

tonalizer Klangblende f

tone *(Ak)* Ton m, Klang m; Tonfarbe f, Klangfarbe f

tone arm Tonarm m

tone burst Kurzton m, Tonimpuls m

tone colour Klangfarbe f

tone-dialling telephone Mehrfrequenzwahlfernsprecher m

tone-modulated tonmoduliert

tone pager *(Nrt)* akustischer Personenruf m, Nur-Ton--Rufempfänger m, Pieper m

tone tuning Tonabstimmung f, Klangabstimmung f

toolkit *(Dat)* Werkzeugtasche f, Sammlung f von Hilfsprogrammen

toothed disk Zahnscheibe f

top 1. Oberseite f; Oberteil n, Spitze f *(z. B. eines Mastes)*; Anfang m; 2. Dach n *(eines Impulses)*

top coil side *(Ma)* Oberstab m

top-down design *(Dat)* Abwärtsentwurf m *(Programmwurfverfahren)*

top-down method 1. *(Dat)* Top-down--Methode f, Top-Down n *(Programmierung von oben nach unten)*; 2. deduktive Methode f *(Logik)*

top voltage obere Spannung f

topology *(Me)* Topologie f, Lagebeziehung f *(der Elemente in integrierten Schaltungen)*

torch Taschenlampe f

toroidal ringförmig

toroidal coil Ringspule f, Toroid n

toroidal discharge Ringentladung f *(elektrodenlose Hochfrequenzentladung)*

toroidal winding Ringwicklung f

torque *(Ph, Ma)* Drehmoment n, Moment n

torque diagram Drehmomentdiagramm n

torque motor Drehmomentmotor m

torquemeter Drehmomentmesser m

torsion Torsion f, Verdrehung f, Drillung f, Drehung f

torsion angle Torsionswinkel m, Verdrehungswinkel m

torsion head Torsionskopf m

torsion moment Torsionsmoment n, Drehmoment n

torsional critical speed kritische Drehzahl f

torus plasmatron Torus-Sputterquelle f, Torusplasmatron n

total amplification Gesamtverstärkung f

total attenuation Gesamtdämpfung f

total distortion Gesamtklirrfaktor m, Summenklirrfaktor m; Gesamtverzerrung f

total iron losses Gesamteisenverluste mpl, Gesamtummagnetisierungsverluste mpl

total windage loss Gesamtluftreibungsverluste mpl *(Luftreibungsverluste und Lüfterverleise)*

total yield Gesamtausbeute f

totally enclosed (vollständig) gekapselt, (völlig) geschlossen

tottering contact Wackelkontakt m

touch-dialling (hand)set Tastentelefon n, Fernsprechapparat m mit Tastwah

touch-dry griffest
touch key Berührungstaste f, Sensortaste f
touch pad Touchpad n, Berührungs--Maus-Kissen n (bei Laptops statt Maus-Kissen mit Maus)
touch sensitive screen Touchscreen m, Berührungsbildschirm m, Sensorbildschirm m (Fingerspitze statt Maus und Cursor; bei Bank- und Fahrkarten-Terminals)
touch voltage Berührungsspannung f
tough rubber-sheathed cable feste Gummischlauchleitung f
tower Turm m (Antennen); Mast m
trace v 1. aufzeichnen, schreiben; 2. suchen; (schrittweise) verfolgen, abtasten
trace 1. Spur f; Schreibspur f, Leuchtspur f (Oszillograph); 2. Spur f, kleine Menge f; Indikatormenge f; 3. Leiterzug m (Leiterplatten); 4. (Dat) Ablaufverfolgung f (eines Programms)
trace identification Spurenkennzeichnung f
trace identifier Spurenkennzeichner m, Kurvenkennzeichner m
track v 1. (Fo) verfolgen, orten; 2. im Gleichlauf sein, sich im Gleichlauf befinden
track 1. Spur f (z. B. auf Tonband, Diskette); 2. Leiter(zug) m, Leiterbahn f (z. B. einer gedruckten Schaltung); 3. Kurs m, Bahn f; 4. Gleis n
track address Spuradresse f
track-and-hold circuit Folge- und Halteschaltung f
track beacon Kursfunkfeuer n
track groove Führungsrille f
track spacing Spurabstand m
track width Spurbreite f
trackability Spurhaltevermögen n, Spurgenauigkeit f (Lochband, Magnetband)
tracker (Fo) Zielverfolgungsgerät n
tracking 1. Gleichlauf m; 2. Verfolgen n, Nachlaufen n, Folgen n; 3. Spureinstellung f; 4. Kriechspurbildung f; 5. Trassieren n, Leiterzugverlegung f (Leiterplatten)
tracking algorithm Algorithmus m für die Führung (Systemtheorie)
tracking circuit Nachlaufschaltung f
tracking control 1. Nachlaufregelung f; 2. Spurregelung f (z. B. beim Videorecorder)
tracking path Kriechstrecke f
tracking radar Zielverfolgungsradar n
traction 1. Ziehen n, Zug m, Traktion f; 2. Zugkraft f
traction battery Fahrzeugantriebsbatterie f, Traktionsbatterie f
traction motor Fahrmotor m, Bahnmotor m
traction unit Triebfahrzeugeinheit f
tractive effort (Ph) Zugkraft f
tractive effort (at the wheel rim) Zugkraft f (am Radumfang) (IEC 50-811)
tractor Noppenrad n, Stachelrad n (z. B. zur Druckerpapierführung)
traffic amount (Nrt) Verkehrsmenge f
traffic carried hour Belegungsstunde f
traffic data Verkehrsangaben fpl, Verkehrszahlen fpl
traffic density (Nrt) Verkehrsdichte f
traffic flow Verkehrsumfang m, Verkehrsstärke f, Verkehrsintensität f; Verkehrsfluss m; Verkehrswert m
traffic flow control Verkehrsflusssteuerung f
traffic info service (Ko) Tegaron Info f, Verkehrsinformationsdienst f
traffic message control Verkehrsfunksteuerung f
traffic observation Verkehrsbeobachtung f
traffic program Verkehrsfunk m
traffic radar (Ko) Verkehrsradar n, Verkehrsüberwachungsradar n (misst die Fahrzeuggeschwindigkeit nach dem Dopplerprinzip)
traffic routing Verkehrsführung f, Leitwegauswahl f
traffic routing strategy (Nrt) Verkehrslenkungsstrategie f
traffic supervision Verkehrsüberwachung f
trail v schleppen; nachschleppen
trailing aerial Schleppantenne f
trailing cable *Leitungstrosse f; Schleppkabel n
trailing edge ablaufende Kante f; Rückflanke f, abfallende Flanke f (Impuls)
train line 1. Fahrleitung f; 2. (Rt) Zugsteuerleitung f

trainable 376

trainable system lernendes System *n*
training device Übungsgerät *n*, Ausbildungsgerät *n*
transaction data *(Dat)* Bewegungsdaten *pl*
transaction number, TAN Transaktionsnummer *f (bei elektronischem Bankverkehr, 5-stellig; Homebanking)*
transceiver (kombiniertes) Sende--Empfangs-Gerät *n*, Sender--Empfänger *m*, Sendeempfänger *m*
transcoder Umcodierer *m*
transcribe *v* 1. aufzeichnen *(auf Band oder Platte)*; aufnehmen; 2. *(Dat)* umschreiben, umsetzen; abgreifen
transcriber *(Dat)* Umschreiber *m*; Übersetzer *m*
transducer Wandler *m*, Umformer *m*; Energiewandler *m*; Signalwandler *m*, Signalumformer *m*; Messwandler *m*, Mess(wert)umformer *m*, Messtransformator *m*; Geber, Mess(wert)geber *m*; Aufnehmer *m*, Messwertaufnehmer *m*; Übertrager *m*, Übertragungssystem *n*
transduction Wandlung *f*, Umwandlung *f (z. B. mechanische in elektrische Größe)*
transductor Transduktor *m*, Umsetzungseinrichtung *f*; magnetischer Verstärker *m*
transfer *v* übertragen; übermitteln; überweisen; transportieren *(Ladungsträger)*
transfer 1. Übertragung *f*; Übermittlung *f*; 2. *(Nrt)* Rufumlegung *f*, Umlegung *f*; Transport *m (z. B. von Ladungsträgern)*
transfer bar Hilfsschiene *f (Schaltanlagen)*
transfer characteristic Übertragungskennlinie *f*, Übertragungscharakteristik *f*, Steuerkennlinie *f (einer Röhre)*
transfer check *(Dat)* Übertragungsprüfung *f*, Übertragungskontrolle *f*, Transferkontrolle *f*
transfer constant Übertragungsmaß *n*, Übertragungskonstante *f*, Betriebsübertragungsmaß *n*
transfer encoding Transfer-Codierung *f*
transfer function Übergangsfunktion *f*, Übertragungsfunktion *f*
transfer jack *(Nrt)* Umschaltklinke *f*
transfer key *(Nrt)* Weiterschalttaste *f*
transfer lag *(Rt)* Übertragungsverzögerung *f*
transfer locus Ortskurve *f (des Frequenzganges)*
transfer rate Übertragungsgeschwindigkeit *f*; Durchtrittsgeschwindigkeit *f*, Übergangsgeschwindigkeit *f*
transferability Übertragbarkeit *f*
transferable übertragbar
transform *v (Et)* transformieren, umspannen; umwandeln, umsetzen
transform image coding Bildtransformationscodierung *f*
transform matrix Transformationsmatrix *f*
transformation *(Et)* Transformation *f*, Umspannung *f*; Umwandlung *f*, Umsetzung *f*
transformation ratio Umspannungsverhältnis *n*, Übersetzungsverhältnis *n (Transformator)*
transformation theory Transformationstheorie *f*
transformer 1. *(Et)* *Transformator *m*, Trafo *m*, Umspanner *m*; 2. *(Nrt)* Übertrager *m*; Umsetzer *m*
transformer booster Längstransformator *m (zur Spannungserhöhung)*
transformer electromotive force Transformations-EMK *f*, transformatorisch induzierte Spannung *f*, EMK *f* der Ruhe
transformer feedback Transformatorrückkopplung *f*
transformer ratio Übersetzungsverhältnis *n* eines Transformators
transformer rectifier Transformatorgleichrichter *m*
transformer tap Transformatoranzapfung *f*
transient transient, flüchtig, vorübergehend (auftretend); einschwingend
transient 1. vorübergehender [transienter] Vorgang *m*, (flüchtiger) Übergangszustand *m*; 2. *(Et)* Ausgleichsvorgang *m*, Übergangsvorgang *m*;

Einschwingvorgang *m*;
Einschaltprozess *m*, Schaltvorgang *m*
transient analysis Transientenanalyse *f*,
Einschwinganalyse *f*,
Übergangsanalyse *f*
transient analyzer
Transientenanalysator *m*
transient component Anteil *m* des
Einschwingvorganges, flüchtiger
Anteil *m* (*eines Signals*)
transient deviation (*Rt*) momentane
Regelabweichung *f*, Regelabweichung
f im Übergangszustand
transient function Transiente *f*,
Übergangsfunktion *f*; Stoßfunktion *f*
transient oscillation
Ausgleichsschwingung *f*;
Einschwingen *n*
transient overload
Einschwingüberlastung *f*
transient overshoot Überschwingweite
f
transient overvoltage transiente
Überspannung *f*,
Einschwingüberspannung *f*
transient performance
Übergangsverhalten *n*
transient period Einschwingzeit *f*
transient phenomenon
Ausgleichsvorgang *m*,
Übergangsvorgang *m*;
Einschwingvorgang *m*
transient potential difference
Einschwingspannung *f*,
Ausgleichsspannung *f*
transient power limit dynamische
[transiente] Kippleistung *f*
transient power loss
Übergangsverlustleistung *f*
transient process Umschaltvorgang *m*;
Übergangsvorgang *m*,
Übergangsprozess *m*
transient protection
Überspannungsschutz *m*
transient pulse Einschaltstoß *m*,
Einschwingimpuls *m*,
Einschwingstromstoß *m*
transient reactance
Übergangsreaktanz *f*, Stoßreaktanz *f*
transient reaction Ausgleichsvorgang
m, freier Vorgang *m*
transient recorder Transientenrecorder
m, Signalspeicher *m*
transient response

Einschwingverhalten *n*;
Übergangsverhalten *n*, Zeitverhalten *n*
(*bei Übergangsvorgängen*);
Sprungantwort *f*; vorübergehendes
Ansprechen *n*
transient short-circuit current
transitorischer [transienter]
Kurzschlussstrom *m*
transient state transienter [nicht
stationärer] Zustand *m*,
Übergangszustand *m*,
Ausgleichszustand *m*;
Einschwingzustand *m*
**transient three-phase short-circuit
current** transienter
Kurzschlusswechselstrom *m*
transient voltage transiente Spannung
f, Ausgleichsspannung *f*,
Einschwingspannung *f*;
Überspannung *f*, Stoßspannung *f*
transistor (*Me*) Transistor *m*
transistor case Transistorgehäuse *n*
transistor chopper Transistorzerhacker
m
transistor-coupled logic
transistorgekoppelte Logik *f*, TCL
transistor gain Transistorverstärkung *f*
transistor hearing aid
Transistorhörgerät *n*
transistor heat sink
Transistorkühlschelle *f*
transistor-transistor logic Transistor-
-Transistor-Logik *f*, TTL, T^{2}L
transistorization Transistorisierung *f*,
Transistorbestückung *f*
transistorized broadcast receiver
transistorisierter Rundfunkempfänger
m, Transistorradio *n*
transistorized flash unit
Transistorblitzgerät *n*
transistorized flip-flop circuit Flipflop-
-Schaltung *f* mit Transistoren,
transistorisierte Impulstorschaltung *f*
transit Durchgang *m*; Durchlauf *m*;
Übergang *m*
transit call (*Nrt*) Durchgangsgespräch *n*
transit time 1. (*Et*) Laufzeit *f*; 2.
Durchgangszeit *f* (*z. B. von
Elektronen*); 3. Umschlagzeit *f* (*z. B.
eines Relais*)
transition 1. Übergang *m*, Sprung *m*; 2.
Übergang *m*, Umwandlung *f*; 3.
Übergangsschaltung *f*

transition anode Kommutierungsanode f

transition capacitance *(Me)* Übergangskapazität f, Sperrschichtkapazität f

transition centre *(Me)* Übergangszentrum n

transition characteristic Übernahmekennlinie f *(Thyratron)*

transition coil Überschaltdrossel f, Stromteilerdrossel f, Stromteiler m

transition controller Transitionssteuerung f

transition function Übergangsfunktion f

transition layer *(Me)* Übergangsschicht f, Sperrschicht f

transition resistance Überschaltwiderstand m; Übergangswiderstand m

transition temperature Übergangstemperatur f, Umwandlungstemperatur f, Sprungtemperatur f

transitory line-to-earth fault Erdschlusswischer m

transitron Transitron n, Bremsfeldröhre f

translate v 1. übersetzen, umwandeln *(Daten, Informationen)*; umsetzen; 2. verschieben

translation 1. Übersetzung f; Umrechnung f; 2. *(Fs, Nrt)* Umsetzung f; 3. Translation f, seitliche Verschiebung f

translator 1. Übersetzer m, Übersetzungsprogramm n; Umrechner m; 2. *(Fs, Nrt)* Umsetzer m; Zuordner m

transmission 1. *(Et, Nrt)* Übertragung f, Übermittlung f; Sendung f *(Rundfunk)*; 2. Transmission f, Durchlassen n *(z. B. von Strahlen)*; 3. Fortleitung f; 4. Durchstrahlung f; 5. Transmission f, Übertragung f *(mechanisch)*

transmission accuracy Übertragungsgenauigkeit f

transmission band 1. Übertragungs(frequenz)band n, Übertragungsbereich m; Sendeband n; 2. Durchlässigkeitsband n, Durchlassbereich m

transmission by infrared light *(Nrt)* Infrarotlichtübertragung f, Infrarotübertragung f

transmission by light *(Nrt)* Lichtübertragung f, Lichtwellenleiterübertragung f

transmission by microwaves *(Nrt)* Mikrowellenübertragung f, Richtfunkübertragung f *(siehe auch: microwave transmission)*

transmission by optical fibre *(Nrt)* LWL-Übertragung f, Glasfaserübertragung f

transmission by radio *(Fs, Ko)* Funkübertragung f

transmission by satellite *(Nrt)* Satellitenübertragung f

transmission-class expulsion-type arrester Löschrohrableiter m *(Freileitungstyp)*

transmission line Übertragungsleitung f, Fernleitung f, Leitung f; Hochspannungsleitung f; Antennenspeiseleitung f, Antennenzuleitung f

transmission loss 1. Übertragungsdämpfung f, Leitungsdämpfung f, Leitungsverlust m, Übertragungsverlust m; 2. Schalldämmung f, *Schalldämmmaß n

transmission of images Bildübertragung f

transmission performance Übertragungsgüte f

transmission range 1. Durchlassbereich m, Übertragungsbereich m; 2. Senderreichweite f

transmission rate Übertragungsgeschwindigkeit f, Signalübertragungsgeschwindigkeit f

transmission reliability Übertragungssicherheit f, Zuverlässigkeit f der Übertragung

transmissive display transmissive Anzeige f *(Flüssigkristall)*

transmit v 1. *(Et, Nrt)* übertragen, übermitteln, senden; 2. durchlassen *(z. B. Strahlen)*; 3. (fort)leiten *(Elektrizität)*

transmittent illumination Durchlichtbeleuchtung f

transmitter 1. Sender m; 2. Geber m, Transmitter m, Messwertgeber m, Messwertübertrager m; 3. Mikrofon n *(Telefonhörer)*

transmitter-receiver Sende-Empfangs--Gerät n, Sender-Empfänger m, Sendeempfänger m

transmitter supply 1. Netzteil *n* des Senders; 2. Stromversorgung *f* des Senders
transmitter tower Sendemast *m*
transmitting Senden *n*, Übertragung *f*
transmitting aerial Sendeantenne *f*
transmitting end 1. Senderseite *f*, Sendeseite *f*; 2. (Nrt) Geberseite *f*
transmitting set Sendegerät *n*
transmitting wave Sendewelle *f*
transparency 1. Transparenz *f*, Durchlässigkeit *f* (z. B. für Strahlen); Durchsichtigkeit *f*; 2. Diapositiv *n*
transparent transparent, lichtdurchlässig, strahlendurchlässig; durchsichtig
transponder Transponder *m*, Sendeempfänger *m*, Antwortsender *m*
transport Transport *m* (z. B. von Ladungsträgern); Beförderung *f*; Übertragung *f*
transport layer Transportschicht *f* im ISO-Referenzmodell (Festlegung für Datentransport Sender - Empfänger mit erforderlichen Funktionen)
transport layer security, TLS Sicherheitsfunktionen *fpl* der Transportschicht (standardisierter Nachfolger von SSL)
transport mode Transport-Modus *m* (Betriebsweise von IPSec)
transportable transportierbar, transportabel
transportation delay [lag] Totzeit *f* (infolge eines Transportvorganges)
transpose *v* 1. transponieren, vertauschen; 2. stürzen (eine Matrix); 3. verdrillen, kreuzen (Drähte)
transposition 1. (Nrt) Kreuzung *f*, Leitungskreuzung *f* (am Gestänge); 2. (Nrt) Platzwechsel *m*; 3. Verschränkung *f*, Verdrillung *f*, Verröbelung *f*; 4. (Ak) Transposition *f* (Tonartverschiebung)
transposition cycle Verdrillungszyklus *m*
transposition receiver Zwischenfrequenzempfänger *m*
transposition tower Verdrillungsmast *m* (Stahl)
transverse axis sensitivity Querempfindlichkeit *f*, Übertragungsfaktor *m* in Querrichtung

transverse-beam travelling-wave tube Querstrahlwanderfeldröhre *f*
transverse cross-talk Querübersprechen *n*
transverse electric and magnetic mode TEM-Mode *f*, TEM-Typ *m*, L--Typ *m*, L-Mode *f* (Wellenleiter)
transverse electric mode TE-Mode *f*, TE-Typ *m*, H-Mode *f*, H-Typ *m* (Wellenleiter)
transverse electric wave transversalelektrische Welle *f*, TE--Welle *f*, H-Welle *f*
transverse electromagnetic wave transversalelektromagnetische Welle *f*, TEM-Welle *f*, L-Welle *f*
transverse magnetization 1. Quermagnetisierung *f*; 2. magnetische Transversalaufzeichnung *f*
transverse wave Transversalwelle *f*, Querwelle *f*, S-Welle *f*
transversely polarized transversal polarisiert
transverter (Le) Gleichspannungswandler *m*, DC/DC--Wandler *m*
trap 1. Falle *f*, Abscheider *m*; 2. (Me) Haftstelle *f*, Fangstelle *f*, Einfangzentrum *n*, Trap *m*; 3. (Et) Siebglied *n*; 4. (Dat) Trap *m*, synchroner Interrupt *m* (Programmunterbrechung durch unerlaubte Befehle); 5. Trap *m* (unaufgeforderte Meldung eines Netzelementes u. a. bei SNMP)
trap amplifier (Nrt) Trennverstärker *m*
trap circuit Saugkreis *m*
TRAPATT diode *f* (Abk. für: trapped plasma avalanche transit-time) Trapatt-Diode *f* (eine Laufzeitdiode)
trapezium distortion (Fs) Trapezfehler *m*, Trapezverzerrung *f*, kissenförmige Verzeichnung *f*
trapezoidal frequency response trapezförmiger Frequenzgang *m*
trapezoidal wave Trapezwelle *f* (aus trapezförmigen Impulsen bestehender Impulszug)
trapped electron eingefangenes Elektron *n*, Haftelektron *n*
travel 1. Lauf *m*, Bewegung *f*; Wanderung *f* (z. B. von Elektronen); 2. Betätigungsweg *m*, Hub *m*
travel time Laufzeit *f*

travelling

travelling cable bewegliches Kabel n
travelling contact Wanderkontakt m
travelling field Wanderfeld n (z. B. transversal bewegtes magnetisches Feld)
travelling-field motor (Ma) Wanderfeldmotor m
travelling wave Wanderwelle f, laufende [fortschreitende] Welle f
traversal frequency Bildfrequenz f
tray 1. Batterietrog m; 2. (Me) Magazin n für Wafer
treated fabric imprägniertes Gewebe n
treble control (Ak) Höhenregler m, Hochtonregler m, Diskantregler m
treble-cut Höhenbeschneidung f, Höhenabsenkung f
tree network (Nrt) baumförmiges Netz n, Baumnetz n, Netz n mit Baumstruktur
trembling Tanzen n, Zittern n (des Bildes)
triac (Abk. für: triode alternating current switch) (Le) Triak m, bidirektionaler Thyristor m, Doppelwegthyristor m, Zweirichtungsthyristortriode f, Symistor m
trial-and-error method Methode f des systematischen Probierens, Näherungsmethode f, Versuch-und--Irrtum-Methode f, Trial-and-error--Methode f
triangle aerial Dreieckantenne f
triangle waveform Dreieckwellenform f
triaxial triaxial, dreiachsig
triaxial pick-up [sensor] Dreikomponentenaufnehmer m
tribit Tribit n, Dreifachbit n
triboelectric triboelektrisch, reibungselektrisch
triboelectric noise Störgeräusch n durch Reibungselektrizität (z. B. in Kabeln)
triboelectricity Triboelektrizität f, Reibungselektrizität f
tribometer Tribometer n, Reibungsmesser m
tributary station (Nrt, Dat) Nebenstation f, Trabantenstation f
trichromatic dreifarbig
trick button [key] Tricktaste f
trickle charge Pufferladung f (Batterie)
tricolour cathode-ray tube Dreifarbenelektronenstrahlröhre f

trifurcating box Dreileiterendverschluss m (Kabel); Drehstromendverschluss m, Endverschluss m für Drehstromkabel
trifurcating joint Gabelmuffe f, Verzweigungsmuffe f
trifurcating sealing end Dreileiterendverschluss m, Flachendverschluss m (für Dreileiterkabel)
trigatron Trigatron n, gesteuerte Funkenstrecke f (Impulsmodulationsröhre)
trigger v (Me) triggern, (durch Impuls) ansteuern, auslösen
trigger 1. Trigger(impuls) m, Auslöser m, Auslöseimpuls m; 2. s. trigger circuit
trigger circuit Triggerschaltung f, Trigger(kreis) m, Impulsgeberschaltung f, Auslöseschaltung f, Kippkreis m
trigger gap Auslöse(funken)strecke f
trigger input Triggereingang m
trigger signal Triggersignal n, Auslösesignal n
trigger starting system Triggerzündanlage f (z. B. bei Leuchtstoffröhren)
trigger tube Triggerröhre f, Relaisröhre f
trigger voltage Triggerspannung f, Steuerspannung f
triggering Triggerung f, Auslösung f; Taktgabe f
trim v trimmen, abgleichen; justieren
trimmer Trimmer m, Abgleichkondensator m
trimming Trimmen n, Feinabgleich m
trimming adjustment Nachstimmen n, Feinabgleich m
trinistor Trinistor m (steuerbarer Sl--Gleichrichter)
triode Triode f, Dreielektrodenröhre f, Dreipolröhre f
triode valve Triodenröhre f
trip v auslösen
trip 1. Auslöser m, Auslöseschalter m; 2 Auslösung f, Anschlag m
trip cam (Ma) Schaltnocken m
trip coil Auslösespule f, Auslösewicklung f, Unterbrecherspule f
trip lever (Ma) Schalthebel m
trip magnet Auslösemagnet m
trip pressure switch Anstoßschalter m

trip spark Auslösefunken *m*
triplate line symmetrische Streifenleitung *f (siehe auch: balanced strip-line)*
triple Dreipol *m*
triple address Dreieradresse *f*
triple bus-bar substation Dreifachsammelschienenstation *f*
triple cage motor Dreifach(kurzschluss)käfigmotor *m*
triple cord Dreifachschnur *f*
triple interlaced scanning *(Fs)* Dreifachzeilensprungabtastung *f*
tripler Frequenzverdreifacher *m*
triplex bundle conductor Bündelleiter *m* aus drei Teilleitern, Dreierbündel *n*
triplug Dreifachstecker *m*
tripping Abschaltung *f*, Auslösung *f*
tripping circuit Auslösestromkreis *m*
tripping delay Auslöseverzögerung *f*
tripping device Auslöser *m*, Auslösevorrichtung *f*
tripping time Auslösezeit *f*
trochotron Trochotron *n (Dekadenzählröhre)*
trolley 1. *(Ee, Ap)* Strangenstromabnehmer *m*; Abnehmerrolle *f*, Stromabnehmerrolle *f*; 2. fahrbarer Stand *m*, Wagen *m (für Geräte)*
trolley arm Stromabnehmerarm *m*
trolley bus Oberleitungsbus *m*, Obus *m*
trolley contact wire Fahrdraht *m*
trolley frog Fahrdrahtweiche *f*
trolley wire Fahrdraht *m*, Oberleitung *f*
tropicalized tropengeschützt, tropenfest, klimabeständig
tropospheric absorption *(Nrt)* troposphärische Absorption *f*
tropospheric propagation *(Nrt)* troposphärische Ausbreitung *f*
trouble alarm Störungsanzeige *f*
trouble bell Störungsglocke *f*
trouble-free störungsfrei
trouble-shooting Störungssuche *f*, Fehlersuche *f*
truck-type switchgear ausfahrbares Schaltgerät *n*, Schaltwagen *m*
true wahr, Ja, J
true address wahre Adresse *f*
true bearing rechtweisende Peilung *f*
true current Wirkstrom *m*
true power Wirkleistung *f*, wirkliche Leistung *f*

true value *(Mess)* wahrer [richtiger] Wert *m (einer Größe)*
true watts Wirkleistung *f*
trumpet Schalltrichter *m (Lautsprecher)*
truncation 1. Abbruch *m*; 2. Diskretisierung *f*, Quantisierung *f*
truncation error Abbruchfehler *m*
trunk 1. Kanal *m*; Schacht *m (Versorgungsleitung)*; 2. *(Nrt, Dat)* Verbindungsleitung *f*; 3. *(Nrt)* Fernleitung *f*
trunk-busy *(Nrt)* fernbesetzt
trunk cable Fernkabel *n*
trunk call Ferngespräch *n*, Fernanruf *m*
trunk code Ortskennzahl *f*
trunk dialling Fernwahl *f*
trunk exchange system *(Nrt)* Vierdrahtvermittlungssystem *n*
trunk line Fernleitung *f*
trunk loss Fernleitungsverlust *m*, Fernleitungsverluste *mpl*
trunk office Fernamt *n*
trunk traffic Fernverkehr *m*
trunk transmission line Fernübertragungsleitung *f*
trunking 1. *(Nrt)* Gruppenbildung *f*, Gruppierung *f*, Bündelung *f*; 2. Verbindungsleitungsbetrieb *m*
trunking circuit Verbindungsleitung *f*
truth function Wahrheitsfunktion *f (Schaltlogik)*
TTL s. time to live
TTY s. teletype machine
tube 1. Röhre *f*, Elektronenröhre *f*; 2. Röhre *f*, Rohr *n*; Kabelschutzrohr *n*
tube current Glimmstrom *m*
tube voltage drop 1. Spannungsabfall *m (in einer Röhre)*; 2. Stabilbrennspannung *f (Stabilisator)*
tubular anode Hohlanode *f*
tubular capacitor Rohrkondensator *m*, Rollenkondensator *m*
tubular fuse Röhrensicherung *f*
tubular heater [heating element] Rohrheizkörper *m*, Heizrohrelement *n*
tumbler switch Kipp(hebel)schalter *m*, Tumblerschalter *m*
tunability Abstimmbarkeit *f*
tunable abstimmbar; durchstimmbar
tunable amplifier abstimmbarer Verstärker *m*
tunable range Durchstimmbereich *m*
tune *v (Nrt)* abstimmen; durchstimmen
tune control Abstimmknopf *m*

tuned abgestimmt
tuned aerial abgestimmte Antenne f
tuned amplifier abgestimmter Verstärker m
tuned-reed frequency meter Zungenfrequenzmesser m
tuner 1. Abstimmvorrichtung f, Abstimmgerät n; Antennenabstimmgerät n; 2. *(Fs)* Tuner m, Kanalwähler m
tuning Abstimmung f
tuning aid Abstimmhilfe f
tuning arrangement Abstimmvorrichtung f
tuning coil Abstimmspule f
tuning dial Abstimmskale f
tuning drift Abstimmänderung f
tuning eye Abstimmanzeigeröhre f, Abstimmauge n, magisches Auge n
tuning fork gyro Gyroskop n nach dem Stimmgabelprinzip
tuning knob Abstimmknopf m; Sendereinstellknopf m
tuning rate Abstimmgeschwindigkeit f
tuning scale Abstimmskale f
tuning screw Abstimmschraube f, Einstellschraube f
tuning unit Abstimmsatz m
tunnel current Tunnelstrom m, Durchtunnelungsstrom m
tunnel diode Tunneldiode f
tunnel junction Tunnelübergang m
tunnel mode Tunnel-Modus m *(Betriebsweise von IPSec)*
tunoscope Abstimmanzeigeröhre f
turbine Turbine f
turbine-driven set Turbogeneratorsatz m
turbo-alternator Wechselstrom-Turbogenerator m, Turboalternator m
turn v drehen; umlegen *(z. B. Hebel)*; sich drehen; sich winden *(Kabel)*
turn v **back** zurückdrehen
turn v **off** abstellen, abstellen, abdrehen
turn v **on** einschalten, anschalten, anstellen
turn v **out** abschalten; ausdrehen
turn v **over** umwenden; umsetzen; umpolen
turn 1. Drehung f; Umdrehung f; 2. Windung f *(einer Spule, eines Kabels)*; 3. Drall m *(z. B. von Kabeln)*
turn flux Windungsfluss m

turn insulation Windungsisolation f
turn-off Abschalten n
turn-off arm Löschzweig m *(IEC 50-551)*
turn-on Einschalten n
turn ratio Windungszahlenverhältnis n; Übersetzungsverhältnis n
turn-to-turn fault Windungsschluss m *(IEC 50-604)*
turn to turn test Windungsprüfung f
turnkey operation sofortige Betriebsbereitschaft f
turns ratio Windungsverhältnis n, Übersetzungsverhältnis n
turntable 1. Plattenteller m; 2. Drehtisch m, Drehscheibe f
turret 1. Revolver m; 2. *(Fs)* Kanalschalter m
tutorial 1. Übung f mit Anleitung; 2. *(Dat)* Dokument n zur Erklärung mit Beispielen *(zum Umgang mit Programmen)*
TV-Out *(Dat)* TV-Ausgang m *(an der Grafikkarte des PCs, zum Anschluss eines Fernsehapparates an den PC)*
TV tuner *(Fs)* Fernsehtuner m, Kanalwähler m
tweeter (loudspeaker) Hochtonlautsprecher m
twenty four hours a day rund um die Uhr, Tag und Nacht, 24h lang, durchgehend
twin v verzwillingen
twin 1. Zwilling(skristall) m, Kristallzwilling m; 2. symmetrische Doppelleitung f
twin-break Doppelunterbrechung f
twin-break contact Zwillingsruhekontakt m
twin check Duplikatprüfung f, Zwillingsprüfung f, Duplizierprüfung f
twin cord Doppelschnur f, Zweileiterschnur f
twin crystal Zwilling(skristall) m, Kristallzwilling m, Doppelkristall f
twin-driven car *(Ko)* Elektro-Auto n mit Verbrennungs-Hilfsmotor
twin jack zweipolige Buchse f
twin lead Bandleitung f, (zweiadrige) Stegleitung f, Hochfrequenzflachkabel n
twin LNB *(Fs)* Zweikanal-Satellitenantennenempfangsumsetzer m *(gleichzeitiger Empfang von 2 Kanälen)*

twin plug Doppelstecker m
twin (satellite) receiver (Fs) Zweikanal--Satellitenempfänger m
twinax cable konzentrisches Kabel n mit zwei Innenleitern
twinning 1. Zwillingsbildung f (Kristall); 2. (Fs) Zeilenpaarung f
twist v verdrillen, verdrehen; verzerren (z. B. eine Kennlinie)
twist 1. Torsion f, Verdrehung f, Drillung f; Drall m (bei Kabeln, Leitungen); 2. Torsionshohlleiter m
twisted joint Würge(löt)stelle f
twisted pair verdrillte Doppelleitung f
twistor Twistor m (Festkörperbauelement)
two-address code Zweiadressencode m
two-address instruction Zweiadressenbefehl m
two-axis plotter X-Y-Schreiber m
two-breaker arrangement Zwei--Leistungsschalter-Anordnung f
two-colour zweifarbig
two-contact plug Zweipolstecker m
two-core cable zweiadriges Kabel n, Zweileiterkabel n, Doppelleitung f
two-layer zweilagig, zweischichtig
two-line-to-earth fault [short circuit] (Ee) zweipoliger Erdkurzschluss m (Kurzschluss mit Erdberührung); Doppelerdschluss m
two-pen recorder Aufzeichnungsgerät n mit zwei Spuren (z. B. Zweischleifenoszillograph)
two-phase zweiphasig
two-phase system Zweiphasennetz n
two-phase-to-earth fault (Ee) zweiphasiger Erd(kurz)schluss m, Erdschluss m zweier Phasen
two-pin zweipolig
two-pin connector [plug] Zweistiftstecker m, zweipoliger Stecker m, Zweipolstecker m
two-pole zweipolig, mit Zweifachanschluss (versehen)
two-pole and earth-socket outlet *Schuko(steck)dose f, zweipolige Steckdose f mit Schutzkontakt
two-pole and earthing pin plug Schukostecker m, zweipoliger Stecker m mit Schutzkontakt
two-pole plug Zweipolstecker m

two-port Vierpol m (zwei Klemmenpaare ergeben vier Pole, Anschlüsse)
two-port network theory Vierpoltheorie f, Wellenparametertheorie f linearer Vierpole, Siebschaltungstheorie f (Berechnung nach R. Feldkeller)
two-sided board Zweiebenenplatte f (Leiterplatte)
two-state control Zweipunktregelung f
two-state device bistabiles Element n
two-wattmeter method Zweiwattmeterverfahren n
two-way break-before-make contact Umschaltekontakt m mit Unterbrechung (Relais)
two-way communication Wechselsprechbetrieb m
two-way plug Doppelstecker m
two-way rectifier Umkehrstromrichter m, Umkehrgleichrichter m
twofold zweifach, zweizählig
twoport Vierpol m
two's complement (Dat) Zweierkomplement n, binäres Komplement n
type v mechanisch eingeben; eintasten
type A0 waves (Nrt) ungedämpfte Wellen fpl, Eichwellen fpl, A_0-Wellen fpl
type acceptance test Typenprüfung f
type of duty *Betriebsart f
type of enclosure Schutzart f
type of service, TOS Diensttyp m (Element u. a. des IP-Protokolls)
type printing apparatus Typendrucker m
type test (Qu) Typ(en)prüfung f
typeprinting apparatus Typendrucker m
typewriter Schreibmaschine f; Blattschreiber m
typical operating data Betriebsdaten pl
typing reperforator druckender Empfangslocher m, Schreiblocher m
typotron Typotron n (Sichtspeicherröhre)

U

U-groove MOS field-effect transistor U-Graben-MOS-Transistor m, U--Graben-MOSFET m
UHF connector *(Ko)* UHF-Stecker m *(auch PL(-259)-Stecker; nur bis 300 MHz)*
U_{ko}-interface *(Nrt)* U_{ko}-Schnittstelle f (ISDN), ISDN--Teilnehmeranschlussleitungs--Schnittstelle f *(zwischen NT und DIVO, 120 kBaud, MMS43-Code)*
U-link *(Nrt)* Kurzschlussbügel m, Steckbügel m
UIS s. unit injection system
ULF s. ultralow frequency
ultimate attenuation Weitabdämpfung f
ultimate load Grenzbelastung f, Grenzlast f
ultimate user Endverbraucher m
ultimate value Endwert m
ultra-acoustic ultraakustisch; Ultraschall...
ultra large-scale integration *(Me)* Ultraintegration f
ultra low emission vehicle Fahrzeug n mit extrem kleiner Emissionsrate
ultra mobile PC, UMPC *(Dat)* PC m im Taschenformat, Notebook n mit einschiebbarer Tastatur
Ultra XGA Bildschirmgrafik f mit 1600 x 1200 Pixel
ultrafast analogue-digital converter ultraschneller Analog-Digital--Umsetzer m
ultrafast analogue frequency Ultrahochfrequenz f, UHF *(300 - 3000 MHz)*
ultrafast analogue-speed logic *(Me)* Ultrahochgeschwindigkeitslogik f, superschnelle Logik f
ultrafast analogue-to-digital converter s. ultrafast analogue-digital converter
ultrafast analogue voltage ultrahohe Spannung f *(1000 - 1500 kV)*
ultralow emission vehicle Fahrzeug n mit extrem kleiner Emissionsrate
ultralow frequency, ULF Infraschallfrequenz f, unhörbare tiefe Frequenz f, ultraniedrige Frequenz f *(300 Hz - 3 kHz; Teil des Sprachfrequenzbandes)*
ultrarapid switching system ultraschnelles Schaltsystem n
ultrasonic ultraakustisch; Ultraschall...
ultrasonic degreasing Ultraschallentfettung f
ultrasonic delay line Ultraschallverzögerungsleitung f
ultrasonic drilling Ultraschallbohren n
ultrasonic heater Ultraschallerwärmungsgerät n
ultrasonic probe Ultraschallsonde f
ultrasonic soldering Ultraschalllöten n
ultrasonic sounder Echolot n
ultrasonic wave Ultraschallwelle f
ultrasonic welding Ultraschallschweißen n
ultrasonics Ultraschalllehre f; Ultraschallakustik f
ultraviolet ultraviolett; Ultraviolett..., UV-...
ultraviolet-erasable read-only memory UV-löschbarer Festwertspeicher m, durch UV-Licht löschbares ROM n
ultraviolet-sensitive ultraviolettempfindlich
ultraviolet spectroscopy Ultraviolettspektroskopie f
umbrella aerial Schirmantenne f
UMPC s. ultra mobile PC
UMTS code multiple access channel *(Ko)* UMTS-Mobilfunkkanal m mit verkehrsangepasster Kapazität, Mobilfunkkanal m mit CDMA
unallocated number *(Nrt)* nicht belegte Nummer f *("Kein Anschluss unter dieser Nummer!")*
unassigned answer *(Nrt)* offene Amtsabfrage f
unattended unbesetzt, unbemannt, bedienerlos, bedienungsfrei
unattended operation unbemannter [unüberwachter] Betrieb m
unattended v.h.f. satellite transmitter unbemannter UKW-Hilfssender m
unbalance 1. Unausgeglichenheit f; Unsymmetrie f *(in Gegentaktverstärkern)*; 2. Verstimmung f; 3. Unwucht f; 4. Regelabweichung f; Fehlanpassung f
unbalanced 1. unausgeglichen;

unbalanced circuit unkompensierter Stromkreis *m*
unbalanced current Schieflaststrom *m* *(durch Unsymmetrie)*
unbalanced 3-phase circuit unsymmetrisches Drehstromsystem *n*
unbalanced residual current *(Ee)* Erdschluss-Reststrom *m*
unblanking circuit *(Fs)* Zündkreis *m*
unblocking *(Nrt)* Entsperren *n (einer Teilnehmerleitung)*
uncertain identification *(Nrt)* unklare Kennung *f*
uncharged ladungsfrei, ungeladen, neutral
uncoded nicht codiert, offen, ungesichert *(Nachricht)*
uncommitted amplifier freier Verstärker *m* [Operationsverstärker *m*] *(bei Analogrechnern)*
unconditioned unbehandelt; unverarbeitet *(Signal)*
unconstrained *(Rt)* unbeschränkt
undamped ungedämpft
undebugged unausgetestet, mit Fehlern (behaftet) *(z. B. Programme)*
undercurrent circuit-breaker Unterstrom(aus)schalter *m*
underground cable Erdkabel *n*
underground laying Erdverlegung *f*
underload 1. *(Et)* Unterlast *f*; 2. *(Ak)* Untersteuerung *f*, zu geringe Aussteuerung *f*
underload circuit-breaker Unterlastausschalter *m*
undersampling *(Dat)* Untersampling *n (Abtastung mit Filterung bei verletztem Abtasttheorem)*
undersea fibre-optic cable transmission system *(Nrt)* LWL--Unterseekabel-Übertragungssystem *n*
undervoltage Unterspannung *f*
undervoltage circuit-breaker Unterspannungsschalter *m*, Unterspannungsauslöser *m*
undervoltage tripping Unterspannungsauslösung *f*
underwater echo ranging Unterwasserortung *f*
underwater sound Unterwasserschall *m*
undistorted picture unverzerrtes Bild *n*

undue temperature rise *unzulässige Erwärmung *f*
undulating current motor *(Ma)* Mischstrommotor *m*
unduratory current Wellenstrom *m*
unearthed ungeerdet, nicht geerdet, erdfrei
unexcited nicht angeregt; nicht erregt
unexposed unbelichtet
unfired 1. nicht gezündet *(z. B. Röhren)*; 2. ungebrannt *(z. B. keramisches Material)*
unhooking *(Nrt)* Abheben *n (des Telefonhörers)*
unicast Unicast *n (in eine Richtung)*
unicode Unicode *n (Zeichensatz--Standard, mit dem praktisch alle weltweit vorkommenden Sprachen ausdrückbar sind)*
unidentified flying object, UFO *(Fo)* UFO *n*, nicht identifiziertes Flugobjekt *n*
unidirectional in einer Richtung liegend [verlaufend], einseitig (gerichtet), gleichgerichtet; in einer Richtung wirkend
unidirectional effect Richtwirkung *f*
unidirectional field Gleichfeld *n*
unidirectional pulse Gleichstromimpuls *m*
unidirectional trunk Einwegleitung *f*
unified messaging vereinheitlichte Nachrichtenbehandlung *f (meist für Vereinheitlichung von E-Mail, Fax und Sprachnachrichten verwendet)*
uniform gleichförmig, gleichmäßig, gleich bleibend, stetig; einheitlich, homogen
uniform base transistor Transistor *m* mit homogen dotierter Basis, Diffusionstransistor *m*
uniform field homogenes Feld *n*, Homogenfeld *n*
uniform motion gleichförmige Bewegung *f*
uniform rate Einheitsgebühr *f*
uniform waveguide homogener Hohlleiter *m*
unijunction transistor Unijunction--Transistor *m*, Doppelbasisdiode *f* *(Transistor mit einem pn-Übergang)*
unilateral einseitig
unilateral connection *(Nrt)* einseitige Verbindung *f*

unintelligible cross-talk *(Nrt)* unverständliches Nebensprechen *n*
uninterrupted tone *(Nrt)* Dauerton *m*, Wahlaufforderung *f*, Amtsfreizeichen *n*
uninterruptible power supply unterbrechungsfreie Stromversorgung *f*, USV *f*
unipolar unipolar, einpolig
unipolar machine Unipolarmaschine *f*
unipolar transistor Unipolartransistor *m*, unipolarer Transistor *m*
uniselector *(Nrt)* Drehwähler *m*; Einwegwähler *m* (mit nur einer Bewegungsrichtung)
unisono *(Ak)* Einklang *m*, Unisono *k*
unit 1. Einheit *f*, Maßeinheit *f*; 2. Baustein *m*, Baueinheit *f*, Bauteil *n*; Block *m*, Glied *n*; 3. Gerät *n*; Apparateeinheit *f*, Anlage *f*
unit arc Einheitsbogen *m*
unit box principle Baukastenprinzip *n*
unit capacity Blockleistung *f (Kraftwerk)*
unit charge 1. (elektrische) Elementarladung *f*, Ladungseinheit *f*; 2. Einheitsladung *f*; 3. *(Nrt)* Taxeinheit *f*
unit element Einheitsschritt *m*, Schrittelement *n (Telegrafie)*
unit function response Sprungantwort *f*
unit impulse Einheitsimpuls *m*, Stoßfunktion *f*, diracsche δ-Funktion *f*
unit-impulse response Impulsantwortfunktion *f*, Impulsübergangsfunktion *f*, Gewichtsfunktion *f*
unit injection system Einspritzsystem *n (Automobiltechnik)*
unit interval 1. Länge *f* des Einheitsschrittes; 2. Teilung *f (z. B. Spulenteilung)*
unit of traffic density *(Nrt)* Verkehrswerteinheit *f*
unit of wavelength Einheit *f* der Wellenlänge
unit sphere Einheitskugel *f*
unit step Einheitssprung *m*, Sprungfunktion *f*
unit transformer Blocktransformator *m*
unity 1. Einheit *f*; 2. Eins *f*
unity gain Verstärkungsfaktor *m* Eins
unity power factor Leistungsfaktor *m* Eins
universal amplifier Allverstärker *m*, Universalverstärker *m*
universal asynchronous receiver-transmitter *(Dat)* universeller asynchroner Empfänger-Sender *m*, kombinierter Sender-Empfänger *m* für asynchrone Datenübertragung, UART
universal computer-oriented language universelle rechnerorientierte Sprache *f*
universal constant universelle Konstante *f*, Naturkonstante *f*
universal equivalent circuit Ersatzschaltung *f* mit Universalparametern
universal formula language universelle Formelsprache *f (Rechner)*
universal international freephone number *(Nrt)* UIFN, gebührenfreie internationale Telefonnummer *f* (Vorwahl 00 800)
universal LNB *(Fs)* Universal-LNB *m* für analoge und digitale Kanäle
universal synchronous-asynchronous receiver-transmitter universeller synchron-asynchroner Empfänger-Sender *m (für serielle Datenübertragung)*
universal telecommunication socket einheitliche Fernmeldesteckdose *f*
universal welding machine Universalschweißmaschine *f*
UNIX *(Dat)* Multiuser-Multitasking-Betriebssystem *n*
UNIX operating system, portable, written in C UNIX-Rechnerbetriebssystem *n*, portabel, geschrieben in C (an der Universität von Californien in Berkeley entwickelt; siehe auch: Linux)
unlatch *v* entsperren, entriegeln, ausklinken, auslösen
unlisted number *(Nrt)* Geheimnummer *f*
unload *v* 1. entlasten; 2. entnehmen, herausnehmen (z. B. Kassetten); 3. entstücken (Leiterplatten)
unloaded 1. *(Et)* unbelastet; 2. unbeansprucht *(mechanisch)*; 3. unbestückt *(Leiterplatte)*
unlock *v* entriegeln
unlocking Entriegelung *f*
unmanned substation *(Ee)* unbesetzte Station *f*
unoccupied nicht besetzt, unbesetzt, leer
unpackaged unverkappt, gehäuselos (z. B. ein Chip)

unprinted circuit ungedruckte Schaltung f (z. B. Multiwireplatte)
unrecoverable error nicht behebbarer [unkorrigierbarer] Fehler m
unscheduled shut-down unvorhergesehener Ausfall m
unscreened unabgeschirmt, nicht abgeschirmt
unshielded nicht abgeschirmt, unabgeschirmt
unsolder v ablöten, loslöten, (her)auslöten
unsolicited bulk E commercial E-mail, UCE unangeforderte kommerzielle E-Mail f
unsolicited bulk E-mail, UBE unangeforderte Massen-E-Mail f
unspool v abspulen
unstable labil, instabil, unbeständig
unstable equilibrium position Lage f des instabilen Gleichgewichts (z. B. im Kennlinienfeld)
unsteady 1. nicht stationär; 2. unbeständig, unstetig
unsuccessful call (Nrt) erfolgloser Anruf m
untuned nicht abgestimmt, unabgestimmt, aperiodisch
unvoiced speech (Nrt) stimmlose Sprache f
unwanted echo Störecho n
unwanted response Störansprechen n, ungewolltes Ansprechen n
unwanted transmitter Störsender m
up-and-down line Hin- und Rückleitung f
up-counter Vorwärtszähler m, Aufwärtszähler m
up-down counter Aufwärts-Abwärts--Zähler m, Auf-Ab-Zähler m, Vorwärts--Rückwärts-Zähler m
update (Ko) Update n, Aktualisierung f (Programmaktualisierung aus dem Internet)
update file Änderungsdatei f, Bewegungsdatei f
uplink (Ko) Aufwärtsverbindung f, Erde--Satellit-Verbindung f
upload v 1. starten; 2. (Dat) heraufladen [senden] von Dateien auf anderen Rechner im Netz
upper band edge (Me) Bandoberkante f
upper coil side Oberlage f, Oberschicht f (einer Spule)

upper dead point oberer Totpunkt m
upper pass limit obere Durchlassgrenze f
upset (Rt) Regelabweichung f
upstream stromaufwärts (vorgeschaltete Einheit)
uptake Aufnahme f (z. B. von Staub oder Partikeln im Reinraum)
urban network (Ee) Ortsnetz n
urban noise (Ak) Lärm m in der Stadt
urgency message (Nrt) Dringlichkeitsmeldung f
urgency signal (Nrt) Dringlichkeitszeichen n
urgent call (Nrt) dringendes Gespräch n (bei handvermittelten Auslandsferngesprächen gegen doppelte Gebühr)
useful band Nutzband n
useful current Wirkstrom m, Nutzstrom m
useful effect Nutzeffekt m
useful information (Nrt) Nutzinformation f
useful life (period) praktische Lebensdauer f, Nutzlebensdauer f
useful power Nutzleistung f, Effektivleistung f
useful response nutzbare Empfindlichkeit f
usenet (Dat) (Kurzform für) User--Network n (Netz, das Newsgroupdienste im Internet anbietet)
user Nutzer m
user account Benutzerkonto n (an eine Person oder Rolle gebundener Datensatz, oft vereinfachend für die Identifizierungs- und Authentifizierungsinformationen verwendet - Benutzername und Passwort)
user identification Teilnehmerkennung f
user interface Benutzerschnittstelle f, Anwenderschnittstelle f
user-oriented language (Dat) anwenderorientierte Sprache f
utensil socket Gerätesteckdose f
utilities pl 1. Nutzen m, öffentliche Dienstleistung f; 2. Versorgungsbetriebe mpl (für Elektroenergie); 3. (Dat) Dienst--Programme npl (z. B.

Datenträgerpflege, Datensicherung, Datenrettung)
utility 1. *(Dat)* Dienst(leistungs)programm *n*; 2. *(Qu)* Hilfsmittel *n*
UVASER Uvaser *m*, Ultraviolettlaser *m*

V

V-groove 1. *(Me)* V-Graben *m*, V-förmiger Graben *m*; 2. V-Rille *(z. B. an Gewinden)*
V-groove metal-oxide semiconductor field-effect transistor *s.* V-MOS field-effect transistor
V-MOS field-effect transistor VMOS-Feldeffekttransistor *m*, V-Graben-MOSFET *m*
V-system *(Nrt)* V-System *n*, Vierdraht-System *f (in der Trägerfrequenztechnik)*
vacancy Lücke *f*; Leerstelle *f*, Fehlstelle *f*, Gitterlücke *f (Kristall)*
vacant frei, leer, unbesetzt
vacant site Leerstelle *f (im Gitter)*; Gitterlücke *f*, Gitterfehlstelle *f*
vacuum circuit-breaker *(Hsp)* Vakuumschalter *m*
vacuum circuit cleaner Staubsauger *m*
vacuum circuit impregnating [impregnation] Vakuumimprägnierung *f*
vacuum circuit seal Vakuumdichtung *f*; Abschmelzstutzen *m*
vacuum circuit spark Vakuumfunken *m*
vacuum circuit switch Vakuumschalter *m*
vacuum circuit-tight vakuumdicht
vacuum circuit tube Vakuumröhre *f*, Hochvakuumröhre *f*
vagabond current vagabundierender Strom *m*, Erdstrom *m*
valence 1. Valenz *f*, Bindungskraft *f*; 2. (chemische) Wertigkeit *f*
valence band distortion Valenzbandverzerrung *f*
valence electron Valenzelektron *n*
valence shell Valenzschale *f*, äußere Elektronenschale *f*
valency Valenz *f*; (chemische) Wertigkeit *f*
validity check Gültigkeitskontrolle *f*
validity limit Gültigkeitsgrenze *f*

valuation Beurteilung *f*, Bewertung *f*
value 1. Wert *m (z. B. einer physikalischen Größe)*; 2. *(Licht)* Helligkeit *f (einer Farbe im Munsell-System)*
value added reseller *(Wörtl.: Wert--Zusatz-Wiederverkäufer)* Unternehmen *n*; (Computer-)Verkäufer *m (der ein existierendes Produkt verbessert oder durch eigene Dienstleistungen aufwertet und es unter anderem Markennamen weiterverkauft)*
valve 1. Röhre *f*; Elektronenröhre *f*; Gleichrichterröhre *f*; 2. Ventil *n*; Luftklappe *f*; 3. *(Rt)* Steuerschieber *m*
valve amplifier Röhrenverstärker *m*
valve arrester Ventilableiter *m*
valve characteristic 1. Röhrenkennlinie *f*; 2. Ventilkennlinie *f*
valve-controlled 1. röhrengesteuert; 2. ventilgesteuert
valve electronic Ventilelektronik *f (zur Ventilbewegung im Verbrennungsmotor)*
valve hiss Röhrenrauschen *n*
valve hum Röhrenbrumm *m*
valve noise Röhrenrauschen *n*
valve oscillator Röhrengenerator *m*
valve pin Röhrensockelstift *m*
valve reactor Anodendrossel *f (IEC 50-551)*
valve receiver Röhrenempfänger *m*
valve rectifier Röhrengleichrichter *m*
valve-type arrester Ventilableiter *m*
vane 1. Fahne *f*; Flügel *m (z. B. eines Elektrometers)*; 2. Schaufel *f (Turbine)*
vane anemometer Flügelradwindmesser *m*, Flügelradanemometer *n*
vapour Dampf *m*
vapour absorption-type refrigerator Absorptionskühlschrank *m*
vapour-deposited aufgedampft
vapour discharge lamp Dampfentladungslampe *f*
vapour-proof dampfdicht
vapour-tight dampfdicht
var *(Abk. für: volt-ampere reactive)* Blindleistung *f* in VA, VAr *(Einheit der Blindleistung)*
var booster *(Ee)* Blindleistungsverstärker *m*

VAR compensator *(Ee)* Blindleistungskompensator *m*

VAR compensator/static *(Ee)* statischer Blindleistungskompensator *m*

var-hour meter Blindverbrauchszähler *m*

varactor (diode) Varaktor *m*, Varaktordiode *f*, Kapazitätsdiode *f*, Halbleiterdiode *f* mit veränderlicher Kapazität, spannungsveränderlicher Kondensator *m*

variable Variable *f*, Veränderliche *f*, veränderlicher Faktor *m*, veränderliche Größe *f*

variable air capacitor Luftdrehkondensator *m*

variable attenuator einstellbares [regelbares] Dämpfungsglied *n*

variable capacitor regelbarer Kondensator *m*, Drehkondensator *m*, Drehko *m*, Abstimmkondensator *m*

variable correction unit *(Nrt)* Tonblende *f (zur Entzerrung)*

variable feedback *(Rt)* variable Rückführung *f*

variable inductor 1. Induktionsvariometer *n*; 2. regelbarer Induktor *m*, Regeldrossel(spule) *f*

variable intermittent duty Aussetzbetrieb *m* [aussetzender Betrieb *m*] mit veränderlicher Belastung

variable-length instruction Befehl *m* variabler Länge

variable-length messages Nachrichten *fpl* variabler Länge

variable losses veränderliche Verluste *mpl*

variable magnet valve *(Rt)* Regelmagnetventil *n*

variable magnification image converter Bildwandler *m* mit einstellbarer Vergrößerung

variable parameter veränderlicher Parameter *m*

variable record length *(Dat)* variable Satzlänge *f*

variable-reluctance motor Reluktanzmotor *m*

variable-reluctance pick-up elektromagnetischer Tonabnehmer *m*

variable-reluctance transducer Wandler *m* mit veränderlichem magnetischen Widerstand, induktiver Wandler *m*

variable scanning veränderliche Abtastung *f*

variable temporary duty kurzzeitiger Betrieb *m* mit veränderlicher Belastung

variable-torque motor Drehmomentstellmotor *m*

variable word length *(Dat)* variable Wortlänge *f*

variation 1. Variation *f*, Änderung *f*, Veränderung *f*; Abweichung *f*; Ablenkung *f*; Schwankung *f*; 2. *(Mess)* Anzeigeänderung *f (durch Einflussgrößen)*

varioplex *(Nrt)* Kanalteiler *m*, Varioplex *m*

varistor Varistor *m*, spannungsabhängiger Widerstand *m* *(Halbleiterwiderstand)*

varnish Tränklack *m*, Isolierlack *m*

varnished cambric Isolierband *n*

varnished paper Lackpapier *n*

varnished silk Lackseide *f*

varnished wire Lackdraht *m*

varying component Wechselstromkomponente *f*, Wechselstromanteil *m*

varying duty veränderlicher Betrieb *m*

VCM s. vehicle control and monitoring modulus

VCR programming system, VPS *(Ko)* Videorecorderprogrammiersystem *n*, Timer *m*

vector *(Ph, Et)* Vektor *m*

vector diagram Vektordiagramm *n*; Zeigerdiagramm *n*

vector processor Vektorrechner *m*

vector space Vektorraum *m*

vectored interrupt *(Dat)* gerichtete [vektorgesteuerte] Unterbrechung *f*

vee aerial V-Antenne *f*

vegetable insulating material pflanzlicher Isolierstoff *m* *(z. B. Fasern)*

vehicle antenna *(Ko)* Fahrzeugantenne *f*, Autoantenne *f*

vehicle battery Fahrzeugbatterie *f*

vehicle control and monitoring modulus, VCM Fahrzeugregel- und Überwachungsmodul *n*

vehicle current Fahrzeugstrom *m*

vehicle exterior noise Fahrzeugaußengeräusch *n*

vehicle interior noise
Fahrzeuginnengeräusch n

vehicle localization *(Fo, Ko)*
Fahrzeugortsbestimmung f,
Fahrzeugortung f *(siehe global positioning system)*

vehicular radar Verkehrsradar n

velocity 1. Geschwindigkeit f; 2. *(Ak)* Schnelle f; Anschlagsdynamik f

velocity diagram
Geschwindigkeitsprofil n

velocity-limited
geschwindigkeitsbegrenzt

velocity microphone
schnelleempfindliches Mikrofon n, Druckgradientenmikrofon n

velocity-modulated
geschwindigkeitsgesteuert, geschwindigkeitsmoduliert

velocity of propagation
Fortpflanzungsgeschwindigkeit f, Ausbreitungsgeschwindigkeit f

velocity of sound
Schallgeschwindigkeit f

velocity pick-up 1. Geschwindigkeitsaufnehmer m; 2. *(Ak)* Schnelleaufnehmer m

velocity-type element integral wirkendes Glied n, IT-Glied n

vent v (be)lüften; entlüften

vent Lüftungsöffnung f; Belüftungsöffnung f, Druckausgleichskapillare f *(Mikrofonkapsel)*

ventilate v (be)lüften, ventilieren

ventilated enclosure belüftete Kapselung f

ventilated motor belüfteter Motor m

ventilated totally enclosed motor
geschlossener belüfteter Motor m

ventilating air channel Lüftungskanal m

ventilating duct Kühlschlitz m; Lüftungsschacht m, Lüftungskanal m; Luftkanal m

ventilating fan Lüfter m, Ventilator m

ventilation Lüftung f, Belüftung f; Entlüftung f

ventricular fibrillation
*Herzkammerflimmern n (nach E--Unfall)

verification 1. Prüfung f; 2. (staatliche) Beglaubigung f *(eines Messmittels)*

verifier *(Dat)* Lochprüfer m

verify v 1. nachprüfen; überwachen; nachmessen; 2. bestätigen; beweisen; 3. *(Mess)* beglaubigen

vernier Nonius m

vernier control Feinregelung f

vernier dial Feineinstellskale f

vernier drive Fein(an)trieb m

vernier tuning Feinabstimmung f, Feintrimmen n

vertical aerial Vertikalantenne f

vertical barrel distortion *(Fs)* vertikale Tonnenverzeichnung f

vertical blanking *(Fs)*
Vertikal(bild)austastung f

vertical field-effect transistor vertikaler Feldeffekttransistor m, VFET

vertical interrupter contact *(Nrt)*
Hebkontakt m

vertical magnet *(Nrt)* Hebmagnet m

vertical metal-oxide semiconductor field-effect transistor Vertikal--MOSFET m

vertical motion *(Nrt)* Hebbewegung f, Heben n

vertical off-normal contact *(Nrt)*
Kopfkontakt m

vertical polarization *(Fs)*
Vertikalpolarisation f, vertikale Polarisation f

vertical radiation senkrechte Abstrahlung f *(Antenne)*

vertical recording *(Ak)* Aufzeichnung f in Tiefenschrift

vertical refresh rate *(Fs)* vertikale Bildwiederholfrequenz f

vertical side of main distribution frame *(Nrt)* Amtsseite f *(Innenseite f)* des Hauptverteilers

vertical step *(Nrt)* Hebschritt m, Höhenschritt m

vertical time-base generator *(Fs)*
Vertikalablenkgerät n, Bildablenkgenerator m, Bildkippgenerator m

vertical welding machine
Vertikalschweißmaschine f

vertically etched MOST MOS--Transistor m in V-förmig geätzter Vertiefung, vertikalgeätzter MOST m

very high frequency
Meterwellenfrequenz f, Frequenz f im Meterwellenbereich [Ultrakurzwellenbereich], Ultrakurzwelle f, UKW, VHF *(30 bis 300 MHz)*

very-high-frequency carrier UKW--Träger m
very-high-frequency range Ultrakurzwellenbereich m, UKW--Bereich m, Meterwellenbereich m, VHF-Bereich m
very-high-frequency receiver UKW--Empfänger m
very high-speed DSL *(Nrt, Ko)* VDSL, digital betriebene Teilnehmeranschlussleitung f mit hoher Übertragungsrate *(VDSL1 nach ITU-T-Standard G.993.1 mit 52 Mbit/s Downstream und 11 Mbit/s Upstream; VDSL2 nach ITU-T-Standard G.993.2 mit DMT mit bis zu 200 Mbit/s)*
very high-speed integrated circuit *(Me)* integrierter Schaltkreis m mit sehr hoher Geschwindigkeit [Schaltgeschwindigkeit], VHSI--Schaltkreis m
very high voltage Höchstspannung f
very important person, VIP VIP, sehr wichtige Person f *(VIP Lounge, für Diplomaten, Politiker, reiche Geschäftsleute, Stars)*
very large-scale integrated circuit *(Me)* höchstintegrierter Schaltkreis m, VLSI-Schaltkreis m
very long wave propagation *(Fo)* Längstwellenausbreitung f, Hohlleiterlängstwellenausbreitung f *(globale Reichweite durch dämpfungsarme Hohlleiterausbreitung zwischen Erde und D-Schicht; ausgenutzt beim globalen OMEGA--Navigationssystem)*
very low frequency Längstwellenfrequenz f *(3 bis 30 kHz)*
VHF broadcasting *(Fs)* UKW-Rundfunk m und Fernsehen n
VHS-C s. video home system for camcorder
via area *(Me)* Kontaktlochfläche f
via centre *(Nrt)* Verteilerfernamt n
via office *(Nrt)* Durchgangsamt n
via pattern *(Me)* Kontaktlochstruktur f
via window *(Me)* Durchgangsfenster n, Übergangsfenster n *(zwischen zwei Verbindungsleitungsebenen)*
vibrating break Zungenunterbrecher m
vibrating capacitor Schwingkondensator m
vibrating coil Schwingspule f, Vibrationsspule f
vibrating magnet Schwingmagnet m
vibrating rectifier Pendelgleichrichter m
vibrating-reed instrument Zungenfrequenzmesser m, Vibrationsmessgerät n
vibration absorber Schwingungsdämpfer m
vibration acceleration Schwing(ungs)beschleunigung f
vibration amplifier Schwingungsverstärker m
vibration call *(Ko)* Vibrationsruf m *(Vibration statt Hörtöne/Klingeltöne beim Handy)*
vibration-free 1. erschütterungsfrei, schwingungsfrei; 2. schwingungsisoliert
vibration galvanometer Vibrationsgalvanometer n
vibration loop Schwingungsbauch m
vibration node Schwingungsknoten m
vibration pick-up preamplifier Vorverstärker m für Schwingungsaufnehmer
vibration-proof schwingungsfest
vibration ringing *(Ko)* Vibrationsruf m *(Vibration statt Hörtöne/Klingeltöne beim Handy)*
vibrational angular momentum Schwingungsdrehimpuls m, Drehimpuls m einer (entarteten) Schwingung
vibrational mode Eigenschwingung f; Schwingungs(wellen)typ m, Schwingungsmode f
vibratory amplifier Schwingungsverstärker m
vibratory converter Zerhacker m
vibrograph Vibrograph m, Schwingungsschreiber m, schreibender Schwingungsmesser m
vibrometer Vibrometer n, Schwingungsmessgerät n, Schwingungsmesser m
video 1. Video..., Bild..., zum Fernsehbild gehörend; 2. Bild..., zum Radarbild gehörend
video amplifier Videoverstärker m, Bild(frequenz)verstärker m
video camera Videokamera f
video card *(Dat)* Grafikkarte f *(mit PCI und DVI- oder HDMI)*

video carrier Bildträger *m*
video cassette Videokassette *f*
video frequency Videofrequenz *f*, Bildfrequenz *f*, Frequenz *f* des Bildsignals
video game Videospiel *n*, Bildschirmspiel *n*
video graphics array *(Dat)* Video--Grafik-Umgebung *f*, (alter, weit verbreiteter) Grafikstandard *m*
video head Videokopf *m*
video high-density disk Langspielbildplatte *f*
video home system for camcorder, VHS-C *(Fs)* Heimvideosystem *n* für Videokamera
video monitoring camera Videoüberwachungskamera *f*
video monitoring system Videoüberwachungssystem *n* *(in Banken, Geschäften, U-Bahnhöfen; mit Videokameras, Monitoren und Videorecordern)*
video player Video(kassetten)abspielgerät *n*
video recorder Videorecorder *m*, Bildaufzeichnungsgerät *n*
video tape Video(magnet)band *n*, Magnetband *n* für Bildaufzeichnung
video tape cassette (4 hrs recording time) *(Ko)* E 240, Videokassette *f* (4h Aufzeichnungsdauer)
video telephone Videotelefon *n*, Bildfernsprecher *m*, Fernsehtelefon *n*
videotex Videotext *m*, Bildschirmtext *m*, Btx
videotex-ISDN access Btx-ISDN--Anschluss *m*
vidicon Vidicon *n*, Vidikon *n*, Vidikon(aufnahme)röhre *f*, Resistron *n*
viewer Bildbetrachter *m*, Bildbetrachtungsprogramm *n* *(für BMP-, GIF- und JPEG-Dateien)*
viewing Betrachtung *f*, Beobachtung *f*
viewing angle Betrachtungswinkel *m*, Beobachtungswinkel *m*, Bildwinkel *m*
viewing head Abtastkopf *m* *(einer Photozelle)*
viewing screen Betrachtungsschirm *m*, Bildschirm *m*
viewing unit *(Dat)* Sichteinheit *f*, Sichtgerät *n*
virgin curve Neukurve *f*, Erstkurve *f*, jungfräuliche Kurve *f* *(Magnetisierung)*

virtual address *(Dat)* virtuelle Adresse *f*
virtual anode virtuelle Anode *f*
virtual community virtuelle Gemeinde *f*, Internet-Gemeinschaft *f* mit ähnlichen Interessen
virtual corporation *(Dat)* virtuelle Firma *f*, Zusammenschluss *m* mehrerer Fachleute oder Unternehmensteile über das Internet zu einer Firma
virtual IP, VIP virtuelle IP-Adresse *f* *(z. B. einer Ansammlung von Web-Servern, die in Lastteilung arbeiten)*
virtual machine, VM virtuelle Maschine *f*
virtual reality modeling language *(Dat)* Programmiersprache zur Erzeugung einer dreidimensionalen virtuellen Wirklichkeit zur Nutzung in Webseiten
virtual voltage Effektivspannung *f*
viscous damping viskose Dämpfung *f*
visibility Sichtbarkeit *f*
visibility range Sichtweite *f*
visible indication Sichtanzeige *f*
vision amplifier Bildverstärker *m*
vision carrier Bildträger *m*
vision frequency Bildfrequenz *f*
vision pick-up Bildaufnahme *f*
vision receiver Bildempfänger *m*
visitor data base (for visitor location register), VDB *(Ko)* VDB, Besucherdatei *f* *(für das Besucherregister) (beim GSM--Mobilfunk in der BS für Besucher angelegte Datei)*
visitor location register *(Ko)* Aufenthaltsregister *n* *(GSM-Mobilfunk: Register in der besuchten Funk--Vermittlungszelle, VLR; speichert Authentifikator SRES)*
visual visuell, sichtbar; Seh...
visual acuity Sehschärfe *f*, Sehleistung *f*
visual angle Sehwinkel *m*
visual communication *(Fs, Nrt)* Bildkommunikation *f*, Bildübertragung *f*
visual communication system Bildübertragungssystem *n*
visual control *(Qu)* Sichtkontrolle *f*
visual display unit Bildschirmgerät *n*, Bildschirmeinheit *f*, Sichtgerät *n*
visual indicator tube Anzeigeröhre *f*, magisches Auge *n*
visual range Sichtweite *f*
visual sensor optischer Sensor *m*

visual signal Schauzeichen *n*, optisches Zeichen *n*
visual threshold Sehschwelle *f*
VLSIC *s.* very large-scale integrated circuit
VM *s.* virtual machine
VMOS ... siehe V-MOS ...
vocal cancel Unterdrückung *f* der Stimme, Unterdrückung *f* des Gesangs *(auf einer Tonspur)*
vocal communication Sprachverständigung *f*
vocoder Vocoder *m* *(Sprachsynthetisierer)*
vocoderized speech Vocodersprache *f*, künstliche Sprache *f*
vocoding *(Nrt)* Sprachsynthese *f*, Sprachcodierung *f* *(mit stark reduzierter Bitrate, ca. 2 kbit/s; keine Signalform)*
voice Stimme *f*; Ton *m*
voice-actuated sprachbetätigt
voice band Sprachband *n*, Sprach(frequenz)bereich *m*
voice channel Sprachkanal *m*, Sprechweg *m*
voice coil Schwingspule *f*, Sprechspule *f* *(Lautsprecher)*
voice dial *(Nrt)* Sprach-Wahl *f*, Nummern-Wahl *f* durch Spracheingabe *(mit Spracherkennung)*
voice-dialling *(Nrt)* Rufnummernwahl *f* über Spracheingabe
voice frequency *(Nrt)* Sprachfrequenz *f*, Sprechfrequenz *f*, Tonfrequenz *f* *(Niederfrequenz)*
voice input Spracheingabe *f*
voice line Sprachkanal *m*, Sprachleitung *f*
voice logging Sprachaufzeichnung *f*
voice mail 1. *(Nrt)* Sprachpost *f*; 2. *s.* voice mail box
voice mail box *(Nrt)* Sprachbox *f*, Speicher *f* für Sprachpost, Telefonanrufbeantworter-Service *m*
voice mobilbox *(Ko)* Sprachbox *f* für Handys, Telefonanrufbeantworter-Service *m* für Handys *(Aktivierung durch programmierte Rufumleitung auf 3311 bei D1)*
voice-operated recording sprachgesteuerte Aufnahme *f* *(z. B. beim Diktiergerät)*

voice printing optische Stimmaufzeichnung *f*
voice processing *(Dat)* Sprachverarbeitung *f*
voice recognition Spracherkennung *f*
voice recorder *(Ko)* Diktafon *n*, Sprachrekorder *m* mit Mikrokassette, Diktiergerät *n (Wave-Form-Codierung)*
void Hohlraum *m*, Leerraum *m*, Pore *f*; Leerstelle *f (Kristallgitter)*
volatile memory flüchtiger Speicher *m*
volt Volt *n*, V *(SI-Einheit der elektrischen Spannung; 1 Volt = 1 Watt/Ampere)*
volt-ampere Voltampere *n*, VA *(SI-Einheit der Scheinleistung)*
volt-ampere reactive Blindleistung *f* in VA, VAr *(Einheit der Blindleistung)*
volt-ohm milliammeter Vielfachmessgerät *n*
volt-second Voltsekunde *f*, Vs, Weber, Wb *(SI-Einheit des magnetischen Flusses)*
voltage (elektrische) Spannung *f*
voltage above earth Spannung *f* gegen Erde
voltage breakdown Spannungsdurchschlag *m*; Spannungsausfall *m*
voltage collapse Spannungszusammenbruch *m (IEC 50-604)*
voltage-controlled converter *(Le)* Spannungszwischenkreisstromrichter *m*
voltage-dependent resistor spannungsabhängiger Widerstand *m*, Varistor *m*
voltage depression Spannungszusammenbruch *m (IEC 50-604)*
voltage deviation Spannungsabweichung *f (IEC 50-604)*
voltage distribution Spannungsverteilung *f (z. B. an Isolatoren)*; Potenzialverteilung *f*
voltage drop Spannungsabfall *m*
voltage feed Spannungsspeisung *f*, Spannungseinkopplung *f*
voltage feedback Spannungsrückkopplung *f*
voltage flicker Spannungsflackern *n*
voltage fluctuation Spannungsschwankungen *f (IEC 50-604)*

voltage-frequency converter
Spannungs-Frequenz-Umsetzer *m*,
Spannungs-Frequenz-Wandler *m*,
Spannungs-Frequenz-Stromrichter *m*

voltage jump Spannungssprung *m*

voltage level Spannungspegel *m*

voltage level diagram
Spannungspegeldiagramm *n*

voltage life Spannungsdauerfestigkeit *f*

voltage limit Spannungsgrenze *f*

voltage limiter Spannungsbegrenzer *m*

voltage loss Spannungsabfall *m*,
Spannungsabnahme *f*,
Spannungsverlust *m*

voltage maximum
Spannungsmaximum *n*

voltage multiplication circuit
Spannungsvervielfacherschaltung *f*

voltage multiplier
Spannungsvervielfacher *m*

voltage noise generator
Störspannungsgenerator *m*

voltage of self-induction
Selbstinduktionsspannung *f*

voltage-operated earth-leakage circuit-breaker
Fehlerspannungsschutzschalter *m*

voltage-operated earth-leakage protection
Fehlerspannungsschutzschaltung *f*,
FU-Schutzschaltung *f*

voltage overshoot
Spannungsüberschwingen *n*,
Spannungsüberschreitung *f*

voltage path Spannungspfad *m*

voltage-proof spannungsfest,
durchschlagfest

voltage protection module
Spannungsschutzmodul *n*,
Spannungsschutzeinheit *f*

voltage rating Nennspannung *f*,
Spannungssollwert *m*,
Spannungsnennwert *m*

voltage recovery time
Spannungserholungszeit *f*

voltage ripple *(Et)* Spannungswelligkeit *f*

voltage rise Spannungsanstieg *m*

voltage sag *(Ee)* Spannungseinbruch *m*

voltage-sensitive
spannungsempfindlich

voltage series Spannungsreihe *f*

voltage source DC link converter
Spannungszwischenkreisstromrichter *m*

voltage-source inverter *(Le)*
Spannungswechselrichter *m*

voltage supply 1.
Spannungsversorgung *f*; 2.
Spannungsversorgungsgerät *n*

voltage surge Stoßspannungswelle *f*,
Stoßüberspannung *f*, Spannungsstoß *m*

voltage swing Spannungshub *m*

voltage-to-frequency converter
Spannungs-Frequenz-Wandler *m*,
Spannungs-Frequenz-Umsetzer *m*

voltage transient Spannungssprung *m*,
momentane Überspannung *f*;
Spannungsübergangszustand *m*

voltage waveform Spannungsverlauf *m*, Spannungswellenform *f*

voltage withstand insulation test *(Qu)*
Prüfung *f* der Isolationsfestigkeit

voltaic voltaisch, galvanisch

voltaic arc (elektrischer) Lichtbogen *m*

voltaic cell galvanische Zelle *f*,
galvanisches Element *n*, Volta--Element *n*

voltaic column voltasche Säule *f*

voltaic potential Volta-Potenzial *n*,
äußeres elektrisches Potenzial *n*

voltameter Voltameter *n*,
Coulo(mb)meter *n*,
Ladungsmengenmesser *m*

voltammeter Voltamperemeter *n*, VA--Meter *n*, Scheinleistungsmesser *m*

voltmeter Voltmeter *n*,
Spannungsmesser *m*

voltmeter-ammeter method
Spannungs-Strom-Messung *f*

volume 1. Volumen *n*, Rauminhalt *m*;
Inhalt *m*; 2. *(Ak)* Schallvolumen *n*,
Klangfülle *f*; Lautstärke *f*; 3.
Datenträger *m*; 4. Volume *n*
(Verwaltungseinheit bei Plattenspeichern)

volume adjustment Lautstärkeregelung *f*, Pegelregelung *f*

volume control 1. Lautstärkeregelung *f*,
Lautstärkeeinstellung *f*; 2.
Lautstärkeregler *m*

volume limiter Lautstärkebegrenzer *m*

volume loss *(Ak)* Pegeldämpfung *f*,
Bezugsdämpfung *f*

volume of data Datenmenge *f*

volume of information Informationsumfang *m*
volume of sound Lautstärke *f*, Klangfülle *f*
volume of speech Sprachlautstärke *f*
volume potential Volumenpotenzial *n*
volume radiance *(Licht)* Volumenstrahldichte *f*
volume range *(Ak)* Lautstärkebereich *m*, Lautstärkeumfang *m*; Dynamik *f*, Aussteuerungsbereich *m*
volume regulator Volumenregler *m*; Lautstärkeregler *m*
volume resistance Durchgangswiderstand *m*
volume unit *(Ak)* Pegeleinheit *f*, Lautstärkeeinheit *f*
volumeflow rate Durchflussrate *f*
VOR *(Abk. für: VHF omnidirectional radio range) (Fo)* VHF-Drehfunkfeuer *n*, VOR-Anlage *f*
vortex Wirbel *m*; Wirbelpunkt *m* *(in der Phasenebene)*
vortex centre Wirbelzentrum *n*
vortex core Wirbelkern *m*
vortex field Wirbelfeld *n*
vortical beam Wirbelstrahl *m*
vorticity Wirbelstärke *f*
vulcanized fibre *Vulkanfiber *f* (elektrischer Isolierstoff)*

W

wafer 1. Platte *f*, Scheibe *f*; 2. *(Me)* Wafer *m*, Halbleiterscheibe *f* *(für Mikrochips)*; 3. *(Et)* Schalterebene *f*
wafer aligner Waferjustiereinrichtung *f*
wafer flat Scheibenanschliff *m*
wafer holder Scheibenträger *m*
wafer loudspeaker Flachlautsprecher *m*
wafer-scale integration, WSI WSI- -Technologie *f*, Waferebenen- -Integration *f* *(Schaltungsintegration im Wafer-Maßstab)*
wafer yield Waferausbeute *f*
wait call *(Nrt)* Warteaufruf *m*
wait loop Warteschleife *f*
waiting array *(Nrt)* Wartefeld *n*
waiting call *(Nrt)* wartender Anruf *m*, Anruf *m* in der Warteschlange, auf Bedienung wartender Anruf *m*

waiting program *(Dat)* Warteprogramm *n*
waiting queue Warteschlange *f*
wake-up call *(Nrt)* Weckruf *m*
walkie-lookie tragbares Fernsehaufnahmegerät *n*, tragbare Fernsehkamera *f*
walkie-talkie tragbares Funksprechgerät *n*, tragbares Empfangs- und Sendegerät *n*, Handfunkfernsprechgerät *n*
walkman® Walkman® *m*, tragbares Kassetten(abspiel)gerät *n*
wall absorption Wandabsorption *f*
wall bushing Wanddurchführung *f*
wall charge Wandladung *f*
wall fitting Wandleuchte *f*
wall heating Wandbeheizung *f* *(z. B. unter Verwendung von Heiztapeten)*
wall lead-in insulator Wandeinführungsisolator *m*
wall outlet (box) Wandsteckdose *f*
wall plug Stecker *m* für Wandsteckdose, Netzstecker *m*
wall receptacle Wandsteckdose *f*
wall socket Wandsteckdose *f*, Anschlussdose *f*
wand Abtaststift *m*, (elektronischer) Lesestift *m* *(z. B. für Balkencode)*
wanted emission *(Nrt)* Nutzaussendung *f*
warble *v* wobbeln
warble frequency Wobbelfrequenz *f*
warm restart *(Dat)* Wiederanlauf *m*, Programmstart *m* nach Unterbrechung
warm-up period [time] 1. Anwärmzeit *f*, Anheizzeit *f* *(z. B. von Röhren)*; 2. Einlaufzeit *f*
warmth Wärme *f* *(auch als Höreindruck)*
warning circuit 1. Alarmschaltung *f*; 2. *(Nrt)* Vormeldestromkreis *m*
warning device Warnanlage *f*; Warngerät *n*
warranty card Garantiekarte *f*
wasted energy Verlustenergie *f*; Leerlaufarbeit *f*
watch cell Uhrenbatterie *f*
watchdog(-unit) Überwachungseinheit *f*
water-air-cooled wasser- und luftgekühlt
water boiler Wasserkesselreaktor *m*
water-boiler reactor Wasserkesselreaktor *m*

water 396

water content Wassergehalt *m* (*z. B. von Isolierölen*)
water-cooled wassergekühlt
water jacket Kühl(wasser)mantel *m*, Wassermantel *m*
water power plant [station] Wasserkraftwerk *n*
water-resistant wasserbeständig
water tree Wasserbaum *m* (*Erscheinung in Kabelisolierungen*)
waterborne sound (Ak) Wasserschall *m*
waterproof wasserundurchlässig, wasserdicht
waterproof case wassergeschütztes Gehäuse *n*, Gehäuse *n* in wassergeschützter Ausführung
waterproof fitting wasserdichte [wassergeschützte] Leuchte *f*
waterproof seal Wasserdichtung *f*, wasserfeste Dichtung *f*
watertight wasserdicht, wasserundurchlässig
watertight joint wasserdichte Verbindung *f*
watt Watt *n*, W (*SI-Einheit der Leistung; 1 Watt = 1 Joule/Sekunde*)
watt component Wirkkomponente *f*, Wattkomponente *f*
watt-hour Wattstunde *f*, Wh
wattage Wattzahl *f*, Leistung *f* in Watt, Wirkleistung *f*
wattage rating Nennbelastbarkeit *f*, Nennleistung *f*
wattless wattlos, leistungslos; Blind...
wattless component Blindkomponente *f*
wattless current Blindstrom *m*
wattmeter Wattmeter *n*, Leistungsmesser *m*
wav Dateiformat *n* für Audio-Dateien (*ohne Datenkomprimierung, unter Windows®*)
wave Schwingung *f*; Wellenbewegung *f*
wave absorption Wellenabsorption *f*
wave analyzer Wellenanalysator *m*, Frequenzanalysator *m*; Schmalbandanalysator *m*, Analysator *m* mit konstanter absoluter Bandbreite
wave crest Wellenberg *m*, Scheitel *m* der Welle
wave diffraction Wellenbeugung *f*
wave distortion Verzerrung *f* der Kurvenform, nicht lineare Signalverzerrung *f*

wave-front flash-over Stirnüberschlag *m*
wave interference Welleninterferenz *f*
Wave LAN (Nrt) drahtloses lokales Netz *n*, Funk-LAN *n* (*siehe auch: radio LAN*)
Wave-LAN standard (Nrt) Standard *m* für drahtlose lokale Netzwerke
wave loop Wellenbauch *m*
wave-mechanical wellenmechanisch
wave node Wellenknoten *m*
wave optics Wellenoptik *f*
wave parameter Wellenparameter *m* (*der Leitung*)
wave part Wellenanteil *m*
wave path Wellenbahn *f*
wave polarization (Fs) Wellenpolarisation *f*
wave propagation Wellenausbreitung *f*, Wellenfortpflanzung *f*
wave quenching Wellen(aus)löschung *f*
wave shape Wellenform *f*, Wellengestalt *f*
wave-soldering machine Schwallötmaschine *f*
wave steepness Wellensteilheit *f*
wave tail Wellenrücken *m*, Rücken *m* einer Stoßspannungswelle
wave train Wellenzug *m*, Wellengruppe *f*, Wellenfolge *f*
wave trap Sperrkreis *m*, *Wellensperre *f* (*sperrt die Leitungsbahn für bestimmte Frequenzen*)
wave-type coil (Ma) Wellenwicklung *f*
wave winding Wellenwicklung *f*
waveform Wellenform *f*; Kurvenform *f*
waveform acquisition (Ak) Signalerfassung *f*
waveform coding Signalformcodierung *f*
waveform distortion Verzerrung *f* der Kurvenform, nicht lineare Signalverzerrung *f*
waveform plot Zeitverlaufsdarstellung *f*, Zeitverlaufsaufzeichnung *f*
waveform recorder Signalspeicher *m*, Transientenrecorder *m*
waveguide 1. Wellenleiter *m* (*Hochfrequenztechnik*); Hohlleiter *m*; 2. s. optical waveguide
waveguide antenna-feed (Fo) Hohlleiter-Antennenspeisung *f*
waveguide branch Hohlleiterverzweigung *f*
waveguide joint Hohlleiterverbindung *f*

waveguide junction Wellenleiterübergang *m*; Hohlleiterverbindung *f*, Hohlleiterkopplung *f*
wavelength Wellenlänge *f*
wavelength range Wellenlängenbereich *m*
wavelength table Wellenlängentabelle *f*
weak coupling lose Kopplung *f*
weak damping schwache Dämpfung *f*
weak signal *(Fs)* schwaches Signal *n*, Signal *n* an der Empfindlichkeitsgrenze
weakly damped schwach gedämpft
wear Abnutzung *f*, Verschleiß *m*
wear-in failure Frühausfall *m*, frühzeitiger Ausfall *m*, Einsatzbeginnausfall *m*
wear resistance Verschleißfestigkeit *f*, Verschleißbeständigkeit *f*
wearing Abnutzung *f*, Verschleiß *m*, Verschleißen *n*
wearing depth zulässige Abnutzung *f* (Stromwender)
weather-protected wettergeschützt
weather radar *(Fo)* Wetterradar *n* (zeigt Reflexionen an Regenwolken und Turbulenzen an; siehe auch: meteorological radar)
weatherproof witterungsbeständig, wetterfest
web address *(Ko)* Web-Adresse *f*, www.<Name>.de *f* (Internet-Adresse)
web application Web-Applikation *f*
web application archive, WAR Archiv *n* einer Web-Applikation (Zusammenfassung aller Komponenten einer Web-Applikation, z. B. bei Java-Web-Technologien)
web-browser *(Ko)* Internet--Zugriffsprogramm *n* auf das WWW (z. B. Navigator von Netscape, Internet Explorer von MS)
web page *(Ko)* Web-Seite *f* (Internet--Seite)
web robot Web-Roboter *m*
web service Web-Service *m*
web time *(Ko)* Internet-Atomuhr-Zeit *f* (Dienst der Physikalisch-Technischen Bundesanstalt: http://www.ptb.de/de/zeit/uhrzeit.html; WebTime: www.gregorybraun.com)
web-tv *(Dat)* Internet-Zugang *m* über Fernsehgerät (Fernseher dient als Monitor)
weber Weber *n*, Wb, Voltsekunde *f*, Vs (SI-Einheit des magnetischen Flusses)
wedge 1. Keil *m*, Nutkeil *m*; 2. (optischer) Keil *m*
wedge bonding *(Me)* Keilbonden *n*, Schneidenbonden *n*
wedge groove Keilnut *f*
weighted average gewichtetes [gewogenes] Mittel *n*, gewichteter Mittelwert *m*
weighted binary signal binär bewertetes Signal *n*
weighted noise bewertetes Rauschen *n*
weighting Bewertung *f*; Wichtung *f* (Informationsverarbeitung)
weighting curve Bewertungskurve *f*
weld Schweißstelle *f*, Schweißnaht *f*
weld pad *(Me)* Kontaktstelle *f*
welded-contact rectifier Sperrschichtgleichrichter *m* mit Dauerkontakt
welded joint Schweißverbindung *f*
welding Schweißen *n* (z. B. von Kontakten); Schweißvorgang *m*
welding arc Schweiß(licht)bogen *m*
welding converter Schweißumformer *m*
welding set Schweißgerät *n*, Schweißaggregat *n*
Western Bell plug Westernstecker *m*, ISDN-Stecker *m*, RJ-45-Stecker *m* (8polig, ISDN-Bus)
wet cell Nasselement *n*, Füllelement *n* (Element mit flüssigem Elektrolyten)
wet impulse-withstand voltage *(Hsp)* Stehstoßspannung *f* (im beregneten Zustand)
wet one-minute power-frequency withstand voltage test *(Hsp)* Einminuten-50-Hz--Stehspannungsprüfung *f* (im beregneten Zustand)
wheel display Rollenanzeige *f*
wheel printer *(Dat)* Typenraddrucker *m*
wheelmouse *(Dat)* PC-Maus *f* mit Scroll-Rädchen, Web-Maus *f*, Roll--Maus *f* (zum Rollen über Internetseiten anstelle der Laufleisten-Benutzung mit Cursor; siehe auch: scroll mouse)
whine *v (Ak)* jaulen
whip aerial Stabantenne *f*, Peitschenantenne *f*
whirl *v* wirbeln

whirl Wirbel *m*
whirl stabilization Wirbelstabilisierung *f*
whirl-stabilized arc wirbelstabilisierter Lichtbogen *m*
whirling motion Wirbelbewegung *f*
whisker 1. Whisker *m*, Haarkristall *m*, Nadelkristall *m*, Fadenkristall *m*; 2. Haardraht *m*, (feiner) Kontaktdraht *m*
whistle *v* pfeifen
white body weißer Körper *m*
white content Weißanteil *m*
white frequency Frequenz *f* bei Bildweiß *(Faksimile)*
white noise weißes Rauschen *n*
whiteness Weißanteil *m*
whiz(z) *v* schleudern, zentrifugieren
whole-body vibration Ganzkörperschwingung *f*
wide-angle diffusion Breitwinkelstreuung *f*
wide-aperture direction finder Großbasispeiler *m*
wide area network 1. *(Dat)* Kommunikationsnetzwerk *n* für Langstreckenverbindung *(Land/Land oder Kontinent/Kontinent)*; 2. *(Nrt)* Weitverkehrsnetz *n*, Langstreckennetz *n*
wide band Breitband *n*, breites Frequenzband *n*
wide-band amplifier Breitbandverstärker *m*
wide-band cable Breitbandkabel *n*
wide-band channel Breitbandkanal *m*
wide-band data communication *(Dat)* Breitbanddatenkommunikation *f*
wide-band fibre optic communication Lichtwellenleiter--Breitbandübertragung *f*
wide-petticoat insulator Weitschirmisolator *m*, Breitschirmisolator *m*
width Breite *f*, Weite *f*
width coding Pulslängencodierung *f*
width-modulated breitenmoduliert *(z. B. Impulse)*
Wien bridge wiensche Brücke *f*, Wien--Brücke *f*
Wiener filter Wiener-Filter *n* *(Optimalfilter)*
wind *v* wickeln
wind *v* **off** abspulen, abwickeln
wind *v* **up** 1. aufwickeln; 2. *(Rt)* überlaufen *(Signale in I-Gliedern)*

wind-driven mit Windantrieb, windgetrieben
wind-driven (electric) generator Wind(kraft)generator *m*, Windstromerzeuger *m*
wind generator Windgenerator *m*
wind noise Windgeräusch *n*, Störgeräusch *n* durch Wind, Störschall *m (z. B. beim Mikrofon)*
wind tunnel Windkanal *m*
wind turbine-generator Windkraftgenerator *m*
wind-off reel [spool] Abwickelspule *f*, Ablaufspule *f*, Abwickelteller *m*
wind-up reel [spool] Aufwickelspule *f*, Aufwickelrolle *f*, Aufwickelteller *m*
windage Luftreibung *f*
windage loss Luftreibungsverlust *m*
winding Wickeln *n*; Wicklung *f*, Bewicklung *f*
winding area Wickelfläche *f*
winding factor Wicklungsfaktor *m*, Wickelfaktor *m*
winding insulation Wicklungsisolierung *f*
winding pitch Wickelschritt *m*, Wicklungsschritt *m*
window 1. Fenster *n*; Sichtscheibe *f*; 2. *(Dat)* Fenster *n*, Anzeigefenster *n (Bildschirmbereich)*; 3. Koppelschlitz *m (Transformatoren)*; 4. Düppel *m (Radar)*
window screen *(Licht)* Schatter *m*
window-type current transformer Durchsteckwandler *m* ohne Primärleiter
Windows® meta file, WMF *(Dat)* Grafikformat-Datei *f (Dateiendung .wmf)*
wing aerial Tragflächenantenne *f*, Flügelantenne *f*
wipe 1. *(Fs)* Überblendung *f*; rollender Schnitt *m*; 2. *s.* wiper
wipe contact Wischkontakt *m*
wiped joint Lötwulst *m(f) (Kabel)*
wiper 1. *(Nrt)* Kontaktarm *m*, Wählerarm *m*, Schaltarm *m*; 2. Schleifkontakt *m*, Schleifer *m*; 3. Abstreifer *m*
wiping action Selbstreinigungswirkung *f (Kontakte)*
wiping-proof wischfest
wire 1. verdrahten, beschalten; Drähte verlegen, eine Leitung ziehen; 2. telegrafieren, drahten

wire-bond v *(Me)* drahtbonden
wire 1. Draht m; Ader f *(eines Kabels)*; Leiter m; 2. Telegramm n
wire-armoured cable drahtbewehrtes Kabel n
wire-bond pad *(Me)* Drahtbondinsel f
wire bonding *(Me)* Drahtbonden n, Drahtbondung f
wire broadcasting *(Nrt)* Draht(rund)funk m, Kabelrundfunk m
wire communication *(Nrt)* kabelgebundene Übertragung f
wire fuse Schmelzdrahtsicherung f
wire printer Nadeldrucker m, Stiftdrucker m, Matrixdrucker m
wire recorder Drahttonregät n, Drahtspeichergerät n
wire solder Lötdraht m
wire spark-erosion machine Drahterosionsmaschine f *(elektroerosive Bearbeitung)*
wire speed Leitungsgeschwindigkeit f *(oft als Charakteristikum für die Verarbeitungsgeschwindigkeit z. B. von Switches verwendet: nur die Leitungsgeschwindigkeit begrenzt den Durchsatz)*
wire tension Drahtspannung f
wire-through connection Drahtdurchgangsverbindung f *(Leiterplatten)*
wire-to-die bond *(Me)* Draht-Chip-Bondstelle f
wire-wrap 1. Verdrillen n; 2. löt(ungs)freie Drahtverbindung f; Drahtwickel m
wire-wrap connection Wickelverbindung f, Wrapverbindung f, Wickel(draht)anschluss m
wired verdrahtet
wired broadcasting Hochfrequenzdrahtfunk m, (hochfrequenter) Drahtfunk m
wired remote control Kabelfernbedienung f, drahtgebundene Fernbedienung f
wired wireless Hochfrequenzdrahtfunk m, (hochfrequenter) Drahtfunk m
wired wireless amplifier Drahtfunkverstärker m
wireless drahtlos
wireless aircraft service Flugfunkdienst m
wireless bearing Funkpeilung f

wireless local area network *(Nrt)* Funk-LAN n, drahtloses lokales Netz n *(siehe auch: ALOHA system; IEEE-Standard 802.11b; 2, 4 GHz-Bereich)*
wireless message Funkspruch m, Funktelegramm n
wireless mouse *(Dat)* kabellose Maus f, Funkmaus f, Computer-Funkmaus f
wireless navigation Funknavigation f
wireless PC-keyboard *(Dat)* kabellose PC-Tastatur f, Funk-PC-Tastatur f
wireless picture telegraph Bildfunkgerät n
wireless receiving set Funkempfänger m, Funkempfangsgerät n; Rundfunkgerät n
wireless reception drahtloser Empfang m, Funkempfang m
wireless subscriber *(Ko)* Funkfernsprechteilnehmer m, Mobilfunkteilnehmer m
wireless telegram Funktelegramm n
wireless USB *(Dat)* WUSB, drahtloser universeller serieller Bus m *(USB-Sender und USB-Empfänger ersetzen USB-Kabel)*
wiring 1. Verdrahten n, Beschaltung f, (elektrische) Installation f, Verlegen n von Leitungen; Leitungsführung f; Schaltverbindung f; Verdrahtung f, Schaltung f
wiring board Verdrahtungsplatte f, Leiterplatte f
wiring cable *Installationskabel n
wiring diagram Schaltbild n, Schaltplan m, Verdrahtungsplan m, Schaltschema n, Bauschaltplan m
wiring harness Kabelbaum m
wiring pin Kontaktstift m
wiring terminal Anschlussklemme f, Leitungsklemme f
wiring track Leiterzug m
withstand Stehvermögen n
withstand alternating voltage Stehwechselspannung f
wizard *(Dat)* Programmhelfer m *(Bedienungsführung; eigt. Hexenmeister)*
WMF s. Windows® meta file
wobble v 1. flattern, schlagen; 2. *(Et, Nrt)* wobbeln
wobble 1. Schlag m, exzentrischer Lauf m; 2. *(Et, Nrt)* Wobb(e)lung f
wobble circuit Wobbelschaltung f

wobbler Wobbelsender *m*, Wobbelgenerator *m*, Heultongenerator *m*, Frequenzwobbler *m*, Wobbler *m*
wobbling frequency Wobbelfrequenz *f*
woofer Tieftonlautsprecher *m*
word *(Dat)* Wort *n (Folge von > 8 Bit)*; Zahlengruppe *f*
word address Wortadresse *f*
word format Aufbau *m* [Struktur *f*] eines Wortes
word processing Wortverarbeitung *f*; Textverarbeitung *f*
word recognition Worterkennung *f*
word recognizer Worterkennungsschaltung *f*
word time Wort(lauf)zeit *f*, Wortübertragungszeit *f*, Worttaktzeit *f*
words per minute Worte *npl* je Minute *(Maß für die Telegrafiergeschwindigkeit)*
work area Arbeitsbereich *m (Speicher)*
work current Arbeitsstrom *m*
work file Arbeitsdatei *f*
working aperture Blendenöffnung *f*
working channel Betriebskanal *m*
working characteristic *(Rt)* Daten *pl* der Regelstrecke, Kennwerte *mpl* der geregelten Anlage
working clearance Schutzabstand *m*
working cycle Betriebszyklus *m*
working frequency 1. Arbeitsfrequenz *f*; 2. *(Nrt)* Verkehrsfrequenz *f*
working peak off-state voltage Betriebsspitzenspannung *f* im Aus-Zustand *(des Thyristors)*
working peak reverse voltage Spitzenbetriebssperrspannung *f*
working peak reverse voltage rating *(Le)* Spitzennennbetriebssperrspannung *f*
working space 1. *(Dat)* Arbeitsbereich *m*, Speicherbereich *m*; 2. Arbeitsraum *m (eines Ofens)*; 3. *(Le)* Anfachraum *m (Röhren)*
working storage 1. Arbeitsspeicher *m*, Hauptspeicher *m*; 2. Arbeitsspeicherung *f*, Zwischen(ergebnis)speicherung *f*
working voltage 1. Betriebsspannung *f*, Arbeitsspannung *f*; 2. *(Galv)* Zellenspannung *f* bei Stromfluss
working voltage to earth Betriebsspannung *f* gegen Erde

workplace computer *(Dat, Nrt)* Arbeitsplatzrechner *m*
world wide web Datenkommunikationsnetz *n (Internet)*; weltweite Vernetzung *f (Informationssystem)*
worst case ungünstigster Fall *m*, worst case
wound gewickelt
wound core Bandkern *m*, bewickelter Kern *m*
wow Jaulen *n*, langsame Tonhöhenschwankungen *fpl*
wow and flutter Jaulen *n (durch langsame und schnelle Tonhöhenschwankungen)*
wrap *v* bewickeln, umwickeln; umhüllen
wrap *v* **around** umwickeln
wrapped and soldered joint Wickellötverbindung *f*
wrapped joint *(Me)* Wickelverbindung *f*
wrapping Bewehrung *f*, Umwicklung *f*, Bewicklung *f*
wrapping joint Wickelverbindung *f*
wrapping wire Wickeldraht *m*
wrist watch/solar-driven radio-controlled *(Ko)* Solar-Funk-Armbanduhr *f*
writable CD(-ROM) *(Dat, Ko)* beschreibbare CD *f*, brennbare CD *f*, bespielbare CD *f (siehe auch: CD-ROM preform)*
write *v* schreiben; einschreiben, einspeichern
write cache *(Dat)* Schreib-Pufferspeicher *m*, Schreib-Cache *m*
write current *(Nrt)* Schreibstrom *m*
write cycle Schreibzyklus *m (Speicher)*
write head Schreibkopf *m*
write protected schreibgeschützt
write-read memory Schreib-Lese-Speicher *m*
wrong connection Falschverbindung *f*, Fehlverbindung *f*
wrought aluminium-alloy *Aluminiumknetlegierung *f*
WSI *s.* wafer-scale integration
wye Y-Verzweigung *f*, Sternschaltung *f*
wye connection Sternschaltung *f*, Y-Schaltung *f*
wye-delta connection Stern-Dreieck-Schaltung *f*
wye-delta starting *(Ma)* Stern-Dreieck-Anlauf *m*

wye-delta switch Stern-Dreieck--Schalter *m*
wye junction Sternverbindung *f*, Y--Kopplung *f*

X

x - by wire drahtgebunden, elektrisch, elektronisch *(Automobiltechnik)*
X-amplifier X-Verstärker *m*, Verstärker *m* für horizontale Ablenkung
X-axis deflection X-Ablenkung *f* *(Katodenstrahlröhre)*
X-band frequency X-Band-Frequenz *f*
x-by wire x-by wire *(Automobilbau, Funktionen die elektrisch realisiert werden)*
X-deflection X-Ablenkung *f*
X-irradiation Röntgenbestrahlung *f*
X-plates Horizontalablenkplatten *fpl*, X--Ablenkplatten *fpl (Katodenstrahlröhre)*
X-ray Röntgenstrahl *m*
X-ray beam Röntgenstrahl *m*, Röntgen(strahlen)bündel *n*
X-ray examination Durchleuchtung *f*, Untersuchung *f* mit Röntgenstrahlen
X-ray pattern Röntgenbild *n*, Röntgen(strahlen)diagramm *n*
X-ray protection Röntgen(strahlen)schutz *m*
X-ray tube Röntgenröhre *f*
X-unit X-Einheit *f (Längeneinheit in der Röntgenspektroskopie; 1 XE = 10-13 m)*
X-Window X-Window *n (Standard zur entfernten Nutzung grafischer Oberflächen, z. B. Datenträgerpflege, Datensicherung, Datenrettung)*
-Y micing *(sl)* Tonaufnahme *f* mit Koinzidenzmikrofon
enon arc Xenonlichtbogen *m*
enon arc lamp Xenonbogenlampe *f*
enon flash tube Xenonblitzröhre *f*
enon laser Xenonlaser *m*
erographic development xerographische [elektrofotografische] Entwicklung *f*
rography Xerographie *f*
LR *(Ak)* XLR *(dreipoliger Steckverbinder)*
nit *v* senden, geben *(Telegrafie)*
nitter Sender *m*, Funksender *m*

XOR Antivalenz *f*, exklusives ODER *n (Schaltlogik)*
XRASER Röntgenstrahlenlaser *m*
Xs atmosphärische Störungen *fpl*, Luftstörungen *fpl (Funkempfang)*
Xstopper *(Nrt)* Vorrichtung zur Störbefreiung
Xtal Steuerquarz *m*
Xtra Cash *(Ko)* Handy-Telefonguthaben--Karte *f (aufladbares Guthaben für Handys ohne Vertrag)*

Y

Y-amplifier Y-Verstärker *m*, Verstärker *m* für vertikale Ablenkung
Y-axis amplifier Y-Achsverstärker *m*
Y-connected sterngeschaltet
Y-connection Y-Schaltung *f*, Sternschaltung *f*
Y-deflection Y-Ablenkung *f*
Y-matrix Leitwertmatrix *f*, Y-Matrix *f*
Y-matrix conductor Y-Matrix-Leiterzug *m (die Bohrungen in Y-Richtung beliebig umgehender Leiterzug)*
Y-network Sternnetz *n*
Y-parameter Y-Vierpolparameter *m*
Y-signal *(Fs)* Luminanzsignal *n*, Leuchtdichtesignal *n*, Bildhelligkeitssignal *n*, Y-Signal *n*
Y-voltage Sternspannung *f*
Yagi antenna-array *(Fs)* Yagi--Antennenfeld *n*
Yagi line array *(Fs)* Yagi-Antennenzeile *f*
YAG:Nd³⁺laser YAG:Nd³⁺-Laser *m* *(Yttrium-Aluminium-Granat-Kristall mit dreiwertigen Neodymionen dotiert)*
Yahoo *(Dat)* bekanntes und erfolgreiches Suchprogramm im Internet
yaw Drehung *f*, Drehbewegung *f*
yawing Windnachführung *f (Drehen des Windkraftgenerators in die Windrichtung)*
yearly storage reservoir Jahresspeicher *m (Wasserkraftwerk)*
Yet another Tool System *(Dat)* Installationsprogramm *n* für SuSE--Linux *(Bestandteil der SuSE-Linux--Distribution)*
yield *v* fließen *(Werkstoffe)*
yield Ausbeute *f*, Ertrag *m (z. B. Energie)*
yield distribution Ausbeuteverteilung *f*

yield

yield improvement Ausbeuteverbesserung f
yield loss Ausbeuteverlust m
yoke Joch n, Rückschluss m; Joch n (magnetischer Kreis)
yrneh Kehrwert von Henry
ytterbium laser Ytterbiumlaser m

Z

Z alignment (Me) Höhenjustierung f
Z-axis Z-Achse f, Applikatenachse f
Z-axis amplifier Z-Achsverstärker m
Z-axis modulation Aufhellungssteuerung f, Hellsteuerung f, Dunkelsteuerung f, Hell-Dunkel-Tastung f (Oszillograph)
Z-parameter Z-Vierpolparameter m
Z-rail Z-Schiene f
Z-transform Z-Transformation f (Abart der diskreten Laplace-Transformation)
Zebra battery Zebrabatterie f (Hochenergiebatterie auf Nickel- und Kochsalzbasis)
Zeeman component Zeeman--Komponente f (Spektrallinien)
Zeeman effect Zeeman-Effekt m (Aufspaltung der Spektrallinien unter Einfluss eines Magnetfeldes)
Zeeman splitting Zeeman-Aufspaltung f
Zeeman splitting constant Zeeman--Aufspaltungskonstante f
Zeeman transition Zeeman-Übergang m
Zener breakdown Zener-Durchschlag m
Zener breakdown voltage Zener--Durchschlagspannung f
Zener diode Z-Diode f, Zener-Diode f, Referenzdiode f, Regulatordiode f, Spannungsvergleichsdiode f
Zener voltage Z-Spannung f, Zener--Spannung f
zero v auf null (ein)stellen, nullen, einregeln; zu null setzen
zero 1. Null f; 2. Nullpunkt m; 3. Nullstelle f
zero-access storage zugriffszeitfreie Speicherung f
zero adjuster [adjusting device] Nullpunkteinstellvorrichtung f, Nullsteller m

zero adjustment Null(punkt)einstellung f, Einstellung f des Nullpunkts, Nullabgleich m
zero balancing Null(punkt)abgleich m
zero beat Schwebungslücke f, Schwebungsnull f; Nullschwebung f
zero beat frequency Nullschwebungsfrequenz f, Schwebungsfrequenz f Null
zero beat reception Homodynempfang m (Empfang mit schwingendem Audion bei Schwebungsnull)
zero-bias condition Vorspannungszustand m Null
zero compression Null(punkt)unterdrückung f
zero deviation Nullpunktabweichung f
zero displacement Nullpunktverschiebung f
zero drift Null(punkt)drift f, Nullpunktwanderung f
zero error Nullpunktfehler m
zero-frequency component Gleichstromkomponente f
zero knowledge proof Beweis m ohne Preisgabe von Wissen (der Besitz eines Geheimnisses wird bewiesen, ohne dies preiszugeben)
zero level Nullpegel m
zero line Nulllinie f
zero-loss verlustfrei
zero-memory gedächtnislos
zero offset Abweichung f von Null; Nullpunktverschiebung f
zero phase modulation Nullphasenwinkelmodulation f
zero-phase-sequence component Nullkomponente f
zero-phase-sequence symmetrical components symmetrische Komponenten fpl der Nullfolge
zero point Nullpunkt m
zero position control 1. Nullpunkteinstellung f; 2. Nullpunkteinstellungsschraube f
zero power-factor characteristic Belastungskennlinie f für reine Blindlast (bei Synchronmaschinen)
zero RDS (Nrt) gleichstromfrei, laufende Summe Null (z. B. gilt dies für den AMI- und MMS43-Code)
zero reader Zero-Reader m, Nullanzeiger m (kombinierter Anzeiger in Flugzeugen)

zero reset Rückstellung *f* auf null; Löschung *f* (Speicher, Zähler)
zero setting Null(punkt)einstellung *f*
zero shift Nullpunkt(s)verschiebung *f*
zero-signal current Ruhestrom *m*
zero state Nullzustand *m*, 0-Zustand *m* (z. B. im binären Schaltkreis)
zero suppression Null(punkt)unterdrückung *f*
zero transistor Nulltransistor *m* (MOS--Transistor mit 0 Volt Schwellspannung)
zero yield Nullausbeute *f*
zeroed genullt
Zig Bee Zig Bee *m*, Kurzstreckendatenübertragung *f* (vom Tanz der Bienen abgeleitet)
zigzag *v* sich zickzackförmig bewegen; im Zickzack (ver)laufen
zigzag aerial Sägezahnantenne *f*
zigzag choke Zickzackdrossel *f*
zigzag connection Zickzackschaltung *f*
zinc-air battery Zink-Luft-Batterie *f*
zinc anode Zinkanode *f*
zinc battery Zinkbatterie *f*
zinc-coated verzinkt
zinc-coated copper wire verzinkter Kupferdraht *m*
zinc-iron cell Zink-Eisen-Element *n*, Hawkins-Element *n*
zinc-oxygen fuel cell Zink-Sauerstoff--Element *n*
zinc-plate *v* galvanisch [elektrochemisch] verzinken
Zip drive Zip-Disketten-Laufwerk *n* (PC--Laufwerk für Zip-Disketten mit 100 MB - 250 MB Kapazität)
Zip transfer Zonentransfer *m* (DNS)
zirconium arc Zirconiumbogen *m*
zonal aberration Zonenfehler *m* (z. B. von Spiegeloptiken)
zonal flux diagram Zonenlichtstromdiagramm *n*

zonal luminous flux Zonenlichtstrom *m*
zonal plate Zonenplatte *f*
zone Zone *f*, Bereich *m*, Bezirk *m*; Zone *f* (DNS)
zone alignment (Me) Zonenjustierung *f*
zone doping (Me) Zonendotierung *f*
zone floating (Me) Zonenschmelzen *n*
zone melting (Me) Zonenschmelzen *n*
zone-melting furnace Zonenschmelzofen *m*
zone-processed zonenbehandelt
zone punching Zonenlochung *f*
zone-purified (Me) zonengereinigt
zone rate (Nrt) Zonentarif *m*
zone-refined (Me) zonengereinigt, nach dem Zonenschmelzverfahren gereinigt
zoner (Nrt) Verzoner *m*
zoning (Dat, Nrt) Verzonen *n*, Verzonung *f*, Einteilung *f* in Zonen
zoom control (Ko) Zoom-Regler *m* (bei Kameras mit Zoom-Objektiv)
zoom expansion Lupenwirkung *f*, Dehnung *f* (einer Skale)
zoom lens Zoom-Objektiv *n*, Gummilinse *f*, Varioobjektiv *n* (Objektiv mit veränderlicher Brennweite)
zoom lever (Ko) Zoom-Regler *m* (bei Kameras mit Zoom-Objektiv)
zoom microphone (Ak) Zoommikrofon *n*, Mikrofon *n* mit veränderbarer Richtwirkung [Bündelung]
zoom resolution Auflösung *f* mit Frequenzlupe
zoom scan (langsam) durchlaufende Zeitlupe *f*
zooming (Dat) Zoomen *n* (stufenlose optische Formatänderung); stufenlose Verstellung *f* der Brennweite (Optik)
zope Zope *n* (Applikationsserver--Software, Python)
zwitterion Zwitterion *n*, amphoteres Ion *n*

Deutsch – Englisch

A

Abbeizbad n (Galv) pickling bath, strip
Abbildung f 1. imaging, image formation (Bilderzeugung); mapping (Mathematik); 2. image, figure
Abbildungssystem n imaging system
Abblenden n 1. (Licht) dimming; dipping (Scheinwerfer); 2. fade-out (Bild); 3. stopping down (Kamera)
Abblendlicht n passing light, dipped headlight [beam] (Kraftfahrzeug)
Abblendvorrichtung f dimmer, dimming device (zur Helligkeitsregelung von Lampen)
Abbrand m burn-up (z. B. am Kontakt)
abbrechen v 1. break off, stop; 2. (Dat) truncate; 3. (Nrt) abort (z. B. Verkehr)
Abbremsung f braking, deceleration
Abbrennschweißen n flash welding
Abbrennstumpfschweißen n flash butt welding
Abbruchfehler m (Dat) truncation error
Abbruchschwelle f breaking-off threshold (Genauigkeitsschätzung)
Abbruchtaste f (Dat) escape key
Abdeckbild n resist image (Leiterplatten)
abdecken v 1. cover; shield; mask, tent (Leiterplatten); 2. (Licht) vignette
abdecken v/**mit einer Maske** mask
Abdeckfolie f dry film resist
Abdecklack m liquid resist; masking lacquer (Leiterplattenfertigung)
Abdecklack m/**photoempfindlicher** photosensitive resist solution, photoresist varnish
Abdeckschicht f (Me) resist coating
abdichten v seal; tighten; make leakproof
Abdichtung f seal(ing)
abdrehen v turn off
Abdrucktechnik f replica technique
Abdruckverfahren n replica technique

ABD-Technik f (Me) alloy bulk diffusion technique
aberregen v de-excite; de-energize
A-bewertet (Ak) A-weighted
Abfahrprozess m shut-down process
Abfall m 1. waste (material), refuse; 2. s. Abfallen
Abfall m/**radioaktiver** radioactive waste
Abfallen n fall, fall(ing)-off, decrease, decline, drop(-off) (z. B. Messwerte, Spannung, Temperatur); decay (Schwingungen); release (Relais); roll--off (Kurvenzug)
Abfallen n **der Empfindlichkeit** decrease of sensitivity, fall-off in sensitivity
Abfallen n/**scharfes** sharp cut-off (einer Kennlinie)
Abfallgeschwindigkeit f release speed (Relais)
Abfallverzögerungszeit f drop-out time lag, drop-off time lag, fall delay time (Relais)
Abfallzeit f fall [decay] time (z. B. Impuls); release [break, drop-off, drop--out] time (Relais)
Abfallzeit f **des Sperrerholstroms** reverse recovery current fall time
Abfangen n interception (Nachrichten, Licht)
Abfangkreis m intercepting circuit (Laufzeitröhren)
Abfrage f (Dat) interrogation, inquiry, polling
Abfragemodus m (Dat) interrogation mode
Abfragen n 1. (Dat) interrogation, inquiry; 2. (Nrt) answering (Systembetrieb); sampling
Abfühlbürste f (Dat) reading brush
Abfühlbyte n (Dat) sense byte
Abfühleinheit f (Dat) read-out unit
Abfühlstrom m sensing current
Abführung f **der Verluste** (Ma) dissipation of losses
Abgangsverkehr m (Nrt) outgoing traffic
abgeben v deliver (z. B. Leistung);

abgeglichen

release, give off; donate (z. B. Elektronen); emit (z. B. Strahlung)
abgeglichen balanced; adjusted; aligned
abgehoben (Nrt) off-hook (z. B. der Telefonhörer von der Gabel)
abgeplattet oblate, flattened, flat-topped
abgeschaltet switched-off, off; disconnected; cut-out; dead
abgeschirmt screened, shielded
abgeschirmt/nicht unshielded, unscreened
abgeschlossen 1. (Et) terminated; 2. sealed; (en-)closed
abgeschlossen/hermetisch hermetically closed [sealed]
abgeschlossen/wellenwiderstandsrichtig match-terminated
abgeschmolzen sealed(-off) (z. B. Elektronenröhren)
abgestimmt tuned; match-terminated
abgestimmt/nicht untuned, non-tuned
abgestuft graded; stepped
abgetastet sampled; swept (Frequenzen); scanned
abgetastet/lichtelektrisch photoelectrically scanned
abgezweigt branched-off
Abgleich m adjustment; alignment (z. B. beim Systementwurf); balance, balancing
Abgleichbeziehung f balance equation
abgleichen v adjust (z. B. Messbrücke); align (z. B. Verstärker); balance (z. B. Lautsprecher); trim (Kondensator)
Abgleichfehler m 1. adjustment [alignment, balance] error; 2. (Nrt) matching error
Abgleichfrequenz f alignment frequency
Abgleichskale f balance dial
Abgleichverfahren n 1. balance [balancing] method, process of balancing; 2. (Nrt) adjustment procedure
Abgleichwiderstand m 1. adjustable resistor (Bauelement); adjusting [balancing] resistor (Funktionselement); 2. balancing resistance
abgreifen v tap (off); pick off; read off; scan

Abgriff m tapping, tap; pick-up
Abhängigkeit f/räumliche statistische space correlation
Abhängigkeit f/zeitliche statistische time correlation (ausgenutzt zur Datenreduktion von Sprache und Bild)
Abhebekraft f contact repulsion (eines Kontakts)
abheben v (Nrt) off-hook (den Telefonhörer)
Abheben n lift-off
Abhebetechnik f (Me) lift-off technique, lifting technique
Abhitzekessel m waste-heat boiler
Abhitzeverwertung f waste-heat utilization
Abhöreinheit f (audio) monitor, monitoring device
abhören v 1. monitor (aurally); 2. (Nrt) intercept; (wire-)tap, listen in
Abhören n 1. (aural) monitoring; 2. (Nrt) interception; tapping
Abhörschutz m (Nrt) listening protection
Abhörsicherheit f (Nrt) safety from interception
abisolieren v strip, skin, bare, denude (Kabel)
Abisolierzange f stripping tongs
Abklingcharakteristik f decay characteristic; persistence characteristic
Abklingdauer f decay time
abklingen v 1. decay; damp (out), die down [out]; 2. (Ak) fade away
Abklingen n 1. decay (z. B. Signal); damping (Schwingungen); 2. (Ak) ring-down
Abklingen n/aperiodisches aperiodic decay
Abklinggeschwindigkeit f decay rate
Abklingstrom m transient decay current
Abklingvorgang m ring-down (process)
Abklingzeit f decay time; dying-down time; interval of persistence
abkuppeln v disengage, disconnect
ablagern v deposit
Ablagerung f 1. deposition; 2. deposit
Ablagerungsmaske f (Me) deposition mask
Ablagerungsrate f deposition rate
Ablauf m (Dat) run, course, sequence (eines Programms)
Ablaufbandteller m supply reel
Ablaufdiagramm n 1. flow diagram

Ablaufgeschwindigkeit f take-off speed *(Magnetband)*
Ablaufprogrammierung f run-off programming
Ablaufsteuerung f *(Rt)* run-off control, sequencing [sequential] control; timing
Ablaufverfolgung f trace *(eines Programms)*
ablegen v *(Dat)* file *(in einer Datei)*; store *(auf Diskette)*
ableiten v 1. drain (off) *(z. B. Elektronen)*; leak; bypass, shunt *(Strom)*; arrest *(Blitz)*; dissipate, remove *(z. B. Wärme)*; 2. derive, differentiate *(Mathematik)*
Ableiter m arrester; lightning arrester *(Blitz)*; secondary-type arrester *(für Ableitströme < 1500 A)*
Ableiteranschlussklemme f arrester terminal
Ableiterschalter m arrester disconnector
Ableiterstrom m arrester discharge current
Ableitstoßstrom m **(eines Überspannungsableiters)** *(Ee)* discharge current (of an arrester) *(IEC 50-604)*
Ableitstrom m *(An)* discharge [follow] current *(Ableiter)*; stray current *(Erdstrom)*; leakance current *(z. B. bei Freileitungen)*
Ableitung f 1. *(Et)* leak(age); 2. *(Ma)* shunt conduction; drainage *(z. B. von Flüssigkeiten)*; dissipation *(z. B. von Wärme)*; derivation, differentiation *(Mathematik)*; 3. leak; drain; down conductor; derivative, differential coefficient *(Mathematik)*; 4. *(Nrt)* bypass system *(z. B. für Hochfrequenz)*; 5. leakance, leak conductance *(Querleitwert)*
Ableitungsstrom m leakance current
Ablenkcharakteristik f *(Fs, Mess)* deflection response
Ablenkeinheit f deflection unit
Ablenkelektrode f deflector [deflecting] electrode, deflector plate
Ablenken n/**inkrementales** incremental sweep *(Oszillograph)*
Ablenken n/**periodisches** *(Fs, Mess)* sweeping

Ablenkfrequenz f *(Mess)* sweep [time--base] frequency
Ablenkgenerator m *(Fs, Mess)* scanning generator
Ablenkspannung f *(Fs, Mess)* deflecting [deflection, sweep] voltage
Ablenkspannung f/**horizontale** time--base voltage
Ablenkung f *(Fs, Mess)* deflection, deviation; sweep *(z. B. Elektronenstrahl)*
Ablenkung f/**getriggerte** *(Mess)* triggered sweep
Ablenkung f/**horizontale** horizontal deflection *(Oszillograph)*; horizontal sweep
ablesbar readable
Ablesbarkeit f readability
Ableseanzeige f *(Dat)* read-out display
Ablesegerät n dial indicator *(z. B. im elektronischen Messgerät)*
ablesen v read (off)
Ablesestelle f *(Dat)* starting address
ablösbar strippable; detachable
Ablösetechnik f *(Me)* stripping [lift-off] technique
ablöten v unsolder
Abluft f exhaust [outlet] air
abmanteln v dismantle, bare, strip *(Kabel)*
Abmeldung f logoff
Abmessung f 1. dimension, size; 2. measurement
abmontieren v demount, detach; dismantle
Abnahme f 1. decrease, decline, drop, reduction, loss; decrement *(z. B. Amplitude)*; 2. *(Qu)* acceptance; acceptance test
Abnahmebedingungen fpl acceptance conditions pl
Abnahmebereich m *(Qu)* acceptance range
Abnahmebericht m *(Qu)* acceptance report
Abnahmeprüfung f *(Qu)* acceptance inspection [checking]
Abnahmeprüfung f **im Herstellerwerk** factory acceptance testing, factory test
Abnahmespannung f *(Ee)* utilization voltage
Abnahmespule f pick-up coil
Abnahmespur f *(Dat)* take-off track

Abnahmezertifikat *n (Qu)* acceptance certificate

abnehmbar removable, detachable; demountable

Abnehmebürste *f (Dat)* pick-off brush

abnehmen *v* 1. decrease, decline, drop (off), fall (off) *(z. B. Druck, Temperatur, Spannung)*; decelerate *(Geschwindigkeit)*; 2. remove, detach; lift *(z. B. Telefonhörer)*; pick-up; 3. *(Qu)* accept *(z. B. bei Abnahmeprüfungen)*

Abnehmer *m* 1. *(Ak)* pick-up; 2. customer, consumer *(von Energie)*; 3. *(Nrt)* serving trunk

Abnutzung *f* wear *(durch Verschleiß)*; abrasive wear, abrasion *(durch Abrieb)*

Abnutzungsbeständigkeit *f* abrasion resistance *(gegen Reibung)*

abprallen *v* rebound

abquetschen *v* pinch off, squeeze (off)

Abreißbogen *m* interruption arc

Abreißen *n* **einer Entladung** interruption of a discharge

Abreißfunke *m* break spark

Abreißkontakt *m* arcing contact *(Schaltgerät)*

Abrieb *m* abrasion, (abrasive) wear

abriebfest abrasion-resistant, abrasion-proof, non-abrasive

Abruf *m (Dat)* fetch *(eines Befehls)*

Abrufbetrieb *m (Dat)* polling

abrufen *v* 1. *(Dat)* fetch, (re)call; poll; 2. *(Nrt)* ring off

Abrufzeichen *n (Nrt)* proceed-to-send signal, start-dialling signal, start-pulsing signal

Abrundungsfehler *m* rounding [round-off] error

absaugen *v* exhaust, draw off *(z. B. Gas)*; evacuate

Abschaltarm *m* turn-off arm

Abschaltdauer *f* break time, interruption duration

Abschalteinrichtung *f* interrupting device

Abschalten *n* switch(ing)-off, cut-out, cut-off; (circuit) breaking; turn-off

Abschaltfunke *m* break spark, contact-breaking spark

Abschaltstrom *m* interrupting current

Abschaltthyristor *m* turn-off thyristor; gate turn-off thyristor, GTO thyristor *(durch Gate ausschaltbar)*

Abschaltung *f* 1. switching-off; circuit breaking, current interruption; 2. *(Nrt)* disconnection

Abschaltung *f/***durch Wischer verursachte** transient-caused forced outage *(im Netz)*

Abschaltung *f* **eines Kurzschlusses** clearing of a short circuit

Abschaltverlust *m (Me)* turn-off loss

Abschaltvermögen *n* (current-)breaking capacity *(z. B. einer Sicherung)*; interrupting capacity

Abschaltvermögen *n/***hohes** high breaking capacity

Abschaltvorrichtung *f* contact--breaking device *(Schaltgerät)*; shut--down device

Abschaltzeit *f* switch-off time; turn-off time, breaking time; total operating time, clearing time *(Sicherung)*

abschätzen *v* estimate, assess; evaluate, valuate

abscheiden *v* separate; deposit *(z. B. durch Elektrolyse)*; precipitate *(als Niederschlag)*

Abscheidung *f* 1. separation; deposition; precipitation; 2. deposit; precipitate

Abschirmeffekt *m* screening [shielding] effect

Abschirmgehäuse *n* screening box [case, enclosure]

Abschirmgitter *n* shield grid

Abschirmkabel *n* screened [shielded] cable

Abschirmspule *f (Fs)* field neutralizing coil, screening coil

Abschirmung *f* 1. screening, shielding; 2. *(Nrt)* radio shielding, blackout; 3. shadowing; 4. (protective) screen, shield, shielding enclosure

abschließen *v* 1. *(Et)* terminate; 2. seal

Abschluss *m* 1. *(Et)* termination; load; 2. seal *(z. B. eines Gefäßes)*

Abschlussscheinwiderstand *m* terminating impedance

Abschlussscheinwiderstand *m* **am Leitungseingang** input line terminating impedance

Abschlusswiderstand *m* 1. terminal [final] resistance; load resistance; terminating impedance; 2. terminating [load] resistor

Abschmelzelektrode *f* consumable

Abstrahlung

electrode (z. B. beim Vakuumlichtbogenofen)
abschmelzen v 1. fuse; smelt; melt (off); 2. seal (off) (z. B. Elektronenröhren)
Abschmelzsicherung f safety fuse
Abschneidefrequenz f cut-off frequency
Abschneideschaltung f (Me) clipper circuit
Abschnüreffekt m pinch-off effect (Feldeffekttransistor)
Abschnürung f pinch-off
Abschrägung f 1. bevelling; 2. taper; bevel
abschwächen v 1. attenuate; reduce, weaken; damp, deaden; 2. (Ak) mute; 3. (Nrt) fade down
Abschwächung f 1. attenuation; weakening, reducing; damping; 2. (Ak) muting; 3. (Nrt) fading
Absetzen n (eines Magnetschwebefahrzeuges) landing
Absicherung f 1. fuse protection, protection with fuses, fusing; 2. fuse rating
absinken v decrease, fall, drop (Spannung, Messwerte)
Absorber m 1. absorber (Baueinheit); 2. absorbing substance [matter]
Absorbereinheit f absorber unit
Absorberelement n (Ak) acoustic board [tile]
Absorption f absorption
Absorption f **von geladenen Teilchen** (Me) absorption of charged particles
Absorptionsband n (Me) absorption band
Absorptionsfilter n 1. absorbing [absorption] filter, attenuation filter; 2. (Nrt) absorption trap
Absorptionskühlschrank m absorption-type refrigerator
Absorptionsschwund m (Nrt) absorption fading
abspalten v split off, cleave (off); separate
Abspannbock m (Ee) dead-end pedestal
Abspanndraht m guy [stay, bracing, stretching] wire (Freileitung)
abspannen v 1. step down; 2. guy (Masten); strain (Leitungen)
Abspannisolator m tension insulator, strain(-type) insulator; terminal [shackle] insulator
Abspannmusik f (Fs, Ko) postlude
abspeichern v store; save
abspielen v play; replay, play back (Schallplatte, Magnetband)
Abspielgeräusch n needle scratch [noise]
Abspielkopf m play-back head (Magnetbandgerät)
abspulen v unwind, wind off, reel off, unspool
ABS-System n anti-skid system
Abstand m spacing, separation; interval; clearance; gap
Abstand m/**mittlerer** mean time between maintenance, MTBM
Abstandshalter m spacer
Abstandskurzschluss m 1. short-distance short circuit, close-up fault [short circuit]; 2. (Ee) kilometric fault
Abstandsregelung f/**automatische** (Ko) automatic distance control
Abstützung f support
Abstandstaste f (Nrt) spacer [spacing] key, blank, spacer
Abstandswarnradar n anti-collision radar
Abstellen n switch-off, switch-out; shut-down; stop
Abstimmänderung f tuning drift
Abstimmanzeiger m tuning indicator
Abstimmauge n tuning eye, magic eye (indicator)
abstimmbar tunable
abstimmbar/kontinuierlich continuously tunable
abstimmen v 1. (Nrt, Fs) tune, attune; 2. (Mess) adjust
Abstimmskale f tuning scale [dial]
Abstimmspule f tuning coil [inductance]
Abstimmung f 1. (Nrt, Fs) tuning (control), syntony; 2. (Mess) adjustment
Abstimmungsprogramm n (Dat) adjustment program
Abstoßung f repulsion
Abstrahldämmmaß n (Ak) radiation transmission loss
abstrahlen v radiate, emit
Abstrahlung f radiation, emission, eradiation
Abstrahlung f/**elektromagnetische** electromagnetic emission

abstreifen

abstreifen *v* strip (off); wipe
Abstreifer *m* wiper
absuchen *v* 1. search; sweep *(mit Scheinwerfern)*; 2. *(Nrt)* hunt
Absuchen *n*/**geordnetes** *(Nrt)* sequential hunting
Abtastbarkeit *f* scanning ability
Abtastbürste *f* pick-off brush
Abtastelement *n* scanning element; sampler
abtasten *v* 1. sample; sweep *(Frequenzen)*; 2. *(Fs, Nrt, Fo)* scan; explore; 3. *(Dat)* read; sense
Abtasten *n* 1. sampling; sweep; 2. *(Fs, Nrt, Fo)* scanning; exploring, exploration; 3. *(Dat)* reading; sensing
Abtaster *m* 1. scanner, sampler; 2. *(Dat)* reader
Abtastfenster *n* scanning window
Abtastfilter *n* sampled-data filter; anti--aliasing filter *(zur Vermeidung von Abtastverzerrungen)*
Abtastfrequenz *f* scanning frequency; sampling frequency
Abtastglied *n* sampler, scanner, scanning unit
Abtastimpuls *m* 1. *(Fs, Nrt, Mess)* sampling pulse; 2. *(Dat)* read [read--out] pulse; strobe (pulse)
Abtastkopf *m* sensing head; scanning head; pick-up head; viewing head *(Photozelle)*
Abtastkreis *m* 1. scanning circuit; 2. *(Fo)* sweep circuit
Abtastoszillograph *m* sampling oscilloscope
Abtastprogramm *n* *(Dat)* scanning program
Abtastsignal *n* *(Nrt)* sampling signal, time-discrete signal
Abtastspur *f* scanning track
Abtaststrahl *m* *(Rt)* scanning beam
Abtasttechnik *f* *(Rt)* sampling technique; scanning technique
Abtasttheorem *n* *(Rt)* sampling [Nyquist] theorem
Abtastung *f* 1. *(Rt)* sampling; 2. *(Fs, Nrt, Fo)* scanning; exploring; 3. *(Dat)* read--out
Abtastverfahren *n* scanning method
Abtastverlust *m* scanning loss
Abtastverstärker *m* scanning amplifier
Abtastvorrichtung *f* scanning device, scanner

Abtastzeichen *n* scanning pattern
Abtastzeile *f* scanning line
Abtastzeit *f* 1. scanning time; 2. *(Rt)* sampling time, action period [phase]
Abtragung *f*/**anodische** anodic erosion
abtrennen *v* separate; split off; partition; detach; isolate
Abtriebsglied *n* off-drive member
abwandeln *v* modify, vary
Abwärtsentwurf *m* *(Dat)* top-down design *(Programmentwurfsverfahren)*
Abwärtsflanke *f* falling edge
abwärtszählen *v* count down
abwechseln *v* alternate
Abwechseln *n* alternation
abweichen *v* deviate *(z. B. von einer Richtung)*; depart; differ, vary
Abweichung *f* 1. deviation, departure; difference, variation; drift *(z. B. vom Nullpunkt)*; aberration *(Optik)*; run-out; 2. error, inaccuracy
Abweichung *f*/**bleibende** *(Rt)* position [steady state] offset
abweisen *v* reject, repel
Abweisung *f* rejection
Abwerfen *n* throwing-off *(Last)*
abwickeln *v* 1. unwind, reel [wind] off, unspool; 2. develop *(Mathematik)*
Abwickelspule *f* take-off reel [spool], supply [wind-off] spool, feed reel
Abzeichen *m* badge, button *(Namensschild, Knopf, Anstecker für Tagungsteilnehmer)*
Abziehfilm *m* stripping film
Abziehlack *m* strippable coating [varnish]
Abzugselektrode *f* *(Me)* drain electrode
Abzweig *m* stub, branch connection; tap *(Leitung)*; branch *(z. B. Netzwerk)*
Abzweigbefehl *m* *(Dat)* branch order
Abzweigdose *f* junction [distribution, branch, conduit] box, access fitting, tapping box
Abzweigfilter *n* *(Nrt)* branching filter
Abzweigklemme *f* branch joint; tapping clamp
Abzweigleitung *f* *(Ee)* branch line, spur *(IEC 50-601)*
Abzweigmuffe *f* 1. cable jointing sleeve; tee joint; 2. *(Nrt)* multiple cable joint, branch-T
Abzweigschaltung *f* branch circuit
Abzweigstecker *m* socket-outlet adapter

AC *(Rt)* adaptive control
ACC *(Rt)* adaptive control constraint, ACC *(adaptive Grenzwertregelung)*
ACD s. Fahrerassistenzsystem
Achsantrieb m axle drive; centre drive
Achsbefehl m axis command *(bei NC--Maschinen)*
Achse f axis; axle; shaft *(Welle)*
Achsgenerator m axle-driven generator
Achskupplung f axis clutch
Achsmotorantrieb m direct drive *(Elektrolok)*
Achtbit-Binär-Dezimal-Code m/**/erweiterter** *(Dat)* extended binary--coded decimal interchange code, EBCDIC *(für alphanumerische Zeichen)*
Achtercharakteristik f bilateral [bidirectional] characteristic, figure--eight pattern *(Antenne)*
Achtfachbit n/**hexadezimal codiertes** hexadecimal-coded octet *(z. B. 1010 0001 ≡ A1)*
Achtsteckersockel m eight-pin base
Achtstiftsockel m octal base
ACK-Signal n *(Nrt)* confirmation signal, acknowledge signal *(Bestätigungssignal)*
ACMOS n *(Me)* ACMOS, advanced CMOS
AD [A/D, A-D] analogue-digital
A/D-... siehe auch Analog-Digital-...
Adapter m adapter
A-Darstellung f A display *(Radar)*
ADB s. Differenzialbremse/automatische
Addiereinrichtung f *(Dat)* adder
Addieren n/**iteratives [schrittweises]** *(Dat)* iterative addition
Addierer m/**algebraischer** *(Dat)* algebraic adder
Addierglied n *(Dat)* adder
Addierimpuls m *(Dat)* add pulse
Addition f addition
Additionsbefehl m add instruction [order]
Ader f wire, core, conductor *(Kabel)*
Aderbruch m cable fault; break of conductor
Aderkennzeichnung f core identification
Adernpaar n pair (of wires); core pair
Aderumhüllung f (core) covering
Adhäsionskraft f adhesion force

ad-hoc ad-hoc *(Netz-Betriebsweise ohne zentrale Elemente)*
adiabatisch adiabatic
Admittanz f admittance *(Scheinleitwert)*
Adressaufruf m address call
Adressbus m address bus
Adressbusbreite f address-bus width
Adresscode m address code
Adressdatenabtastimpuls m address data strobe
Adresse f *(Dat)* address *(im Speicher)*
Adressenänderung f address modification
Adressenansteuerung f address selection
Adressenwahl f address selection
Adressenwahlspur f address selection track
Adressenzuweisung f address allocation [orienting], address assignment
adressierbar *(Dat)* addressable
adressiert/(zeilen)sequenziell *(Dat)* shift-addressed
Adressierung f *(Dat)* addressing *(z. B. eines Speichers)*
Adressklasse f address class *(Klassifizierung von IP-Netzen, heute historisch)*
Adress-Präfix m address prefix *(Teil einer Netz-Adresse)*
Adresszähler m 1. instruction [address] counter; 2. location counter; 3. program counter
Adsorption f adsorption
ADU s. Analog-Digital-Wandler
Affinität f/**elektrochemische** electrochemical affinity
Agent m **im Fremdnetz** foreign agent *(Komponente bei MobileIP)*
Agent m **im Heimatnetz** home agent *(Komponente bei MobileIP)*
Aggregat n aggregate, set (of machines), unit
Aggregation f *(Rt)* aggregation *(von Modellen)*
AH-Funktion f *(Dat)* acceptor--handshake function
Ähnlichkeit f similarity, similitude *(Mathematik)*; resemblance *(zwischen Kennlinien)*
Akkumulator m accumulator, accumulator battery, (storage) battery, secondary cell

Akkumulator

Akkumulator m **mit gelatiniertem Elektrolyten** unspillable accumulator
Akkumulator-Ladegerät n battery charger, accumulator charger
Akkumulator-Ladestation f accumulator charging station
A-Kreis m A-circuit
aktinoelektrisch actinoelectric
aktiv/elektrochemisch electroactive
aktivieren v 1. activate; 2. enable (*einschalten*)
Aktivität f activity
Aktivlenkung f active steering (*elektronische Lenkradbeeinflussung*)
aktualisieren v update, upgrade (*Software*)
Aktualisierung f (*Ko*) update
Aktuator m (*Ma*) actuator
A-Kurve f A-weighting curve
Akustik f 1. acoustics (*Lehre vom Schall*); 2. acoustic, acoustics (*akustische Eigenschaften eines Raumes*)
akustisch acoustic(al), sonic
Akzentuierung f (*Nrt*) accentuation; preemphasis (*Vorverzerrung*)
Akzentuierung f **durch ein Filter** prefiltering
Akzeptor m (*Me*) acceptor
Akzeptordichte f acceptor density
Akzeptordotierung f acceptor doping
Akzeptorstörstelle f acceptor impurity
Akzeptorverunreinigung f acceptor impurity
Alarm m **bei Grenzwertüberschreitung** (*Mess*) deviation alarm
Alarmkontakt m alarm contact
Alarmlampe f warning lamp [light]; telltale lamp
Albedo f (*Licht*) albedo (*Rückstrahlungsvermögen zerstreut reflektierender Körper*)
Algebra f (**der Logik**)/**boolesche** Boolean algebra, Boole's logical algebra
ALGOL ALGOL, algorithmic language (*Programmiersprache für wissenschaftlich-technische Aufgaben*)
Algol ALGOL, algorithmic language (*Programmiersprache für wissenschaftlich-technische Aufgaben*)
ALGOL-Compiler m ALGOL compiler

ALGOL-Übersetzer m ALGOL compiler
Algorithmus m algorithm
Aliasing n aliasing (*Verfälschung durch Unterabtastung*)
Alias-Name m alias name (*DNS-Eintrag*)
Alkali-Batterie f alkaline battery
alkalifest alkali-proof
Alkali-Mangan-Batterie f alkaline- -manganese battery
Alkalizelle f alkaline cell
Alligator-Masken-Anordnung f (*Me*) alligator mask assembly
Allpass m all-pass network [filter]
Allpasseigenschaft f all-pass property
Allradantrieb m all-wheel drive
Allrichtungsempfang m omnidirectional reception
Allstrom m alternating-current direct- -current, a.c.-d.c.
Allstromempfänger m a.c.-d.c. receiver, universal [all-mains, transformerless] receiver
Allstromfernsehempfänger m a.c.-d.c. television receiver
Alphagrenzfrequenz f alpha cut-off frequency
Altern n ag(e)ing
Alternativanweisung f (*Dat*) alternative statement
Alternieren n alternation
Altersschwerhörigkeit f presbycusis, presbyacusia
Alterung f/**künstliche** artificial aging
Alterungsausfall m wear-out failure
alterungsbeständig resistant to aging, age-resisting
Altlast f legacy (*Bestand vorhandener Programme*)
ALU arithmetical and logical unit
aluminieren v aluminize
Aluminiumblech n sheet aluminium, aluminium plate [sheet]
Aluminiumbondinsel f (*Me*) aluminium bonding pad
Aluminiumdraht m aluminium wire
Aluminiumdraht m **mit Stahlader** steel- -cored aluminium wire
Aluminiumelektrolytkondensator m aluminium electrolytic capacitor
Aluminiumfolie f aluminium foil
Aluminiumgehäuse n/**eloxiertes** anodized aluminium case [housing]
Amalgambrennstoffelement n amalgam fuel cell

Analogwert

A-Mast *m* A-pole, A-tower
Amateurfunkstelle *f* amateur station
Amateurvideo *n* home video
Amboss *m (Ak)* anvil *(ossicle)*
Amerikanisches Institut *n* **für Standardisierung** American National Standards Institute, Inc
AMI-Code *m (Dat)* alternating mark inversion code, AMI code *(ein pseudoternärer Code)*
AMI-Signal *n (Nrt)* alternate mark inversion signal, AMI signal
A-Modulation *f* class-A modulation
amortisieren *v* charge off
Ampere *n* ampere, amp., a, A *(SI-Einheit der elektrischen Stromstärke oder der magnetischen Spannung)*
Ampere *n*/**absolutes** abampere *(Einheit der elektrischen Stromstärke im CGS-System)*
Ampereleiter *n* **je Zentimeter** ampere bars per centimetre
Amperemeter *n* amperemeter, ammeter
Amperesekunde *f* ampere-second
Amperewindung *f* ampere turn
Amplidyne *f* amplidyne (generator) *(Verstärkermaschine)*
Amplitude *f* amplitude
Amplitudenabfall *m*/**kurzzeitiger** drop-out
Amplitudenbegrenzer *m* amplitude [peak] limiter, clipper
Amplitudenfrequenzgang *m* amplitude-frequency characteristic, amplitude(-frequency) response, amplitude characteristic [curve]
Amplitudenfrequenzgangdarstellung *f* amplitude-frequency (response) plot
Amplitudengang *m* amplitude(-frequency) response *(z. B. bei Frequenzkennlinien)*
Amplitudenhüllkurve *f* amplitude envelope
Amplitudenkennlinie *f* amplitude characteristic [curve] *(Teil der Frequenzkennlinien)*
Amplitudenkonstanz *f* amplitude stability
Amplitudenkurve *f* amplitude curve
Amplitudenmaßstab *m* amplitude scale factor
Amplitudenmessgerät *n* amplitude-measuring instrument

Amplitudenmodulation *f* amplitude modulation, am, AM
Amplitudenortskurve *f* amplitude locus
Amplitudenphasengang *m (Rt)* gain-phase characteristic
Amplitudenrand *m (Rt)* amplitude margin *(Kennwert der Stabilitätsgüte)*
Amplitudenregelung *f* amplitude control
Amplitudenspektrum *n* amplitude spectrum; amplitude distribution
Amplitudentastung *f (Nrt)* amplitude keying
Amplitudenumtastung *f* amplitude shift keying
Amplitudenverzögerung *f* amplitude delay *(Trägheitsmaß)*
Amt *n (Nrt)* exchange, office, centre, station
Amtsanruf *m (Nrt)* exchange (line) call
Amtsanschluss *m (Nrt)* public exchange connection
Amtsfreizeichen *n (Nrt)* proceed-to-dial tone, uninterrupted tone
Amtsleitung *f (Nrt)* central office line, subscriber loop
Analogaufzeichnung *f (Dat, Mess)* analogue recording
Analogausgabe *f* analogue output
Analogberechnung *f* analogue computation
Analogdaten *pl* analogue data
Analog-Digital-Prozessor *m* analogue-to-digital processor
Analog-Digital-Umwandlung *f* A-D conversion, analogue-(to-)digital conversion
Analog-Digital-Wandler, ADU *m* A-D converter [conversion unit], analogue-(to-)digital converter, A.D.C.
Analogeingabe *f* analogue input
Analogfrequenzteiler *m* analogue frequency divider
Analog-Frequenz-Wandler *m* analogue-to-frequency converter
Analogrechner *m* analogue computer
Analogrechneranlage *f*/**schnelle** fast analogue computing equipment
Analogrechnung *f* analogue computation
Analogschaltkreis *m* analogue circuit
Analogsignal *n* analogue signal
Analogwert *m* 1. *(Dat)* analogue value; 2. *(Mess)* analogue quantity

Analogwertverarbeitung *f* analogue value processing

Analysator *m* analyzer

Analysator *m*/**aufzeichnender** recording analyzer

Analysator *m*/**harmonischer** *(Rt)* Fourier [harmonic] analyzer *(zur Zerlegung periodischer Vorgänge in Sinusschwingungen)*

Analysator *m* **mit durchstimmbarer Bandsperre** *(Ak)* distortion analyzer

Analysator *m* **mit konstanter absoluter Bandbreite** constant-bandwidth analyzer, wave analyzer; heterodyne analyzer

Analysator *m* **mit konstanter relativer Bandbreite** constant-percentage bandwidth analyzer

Analysemethode *f* **für die Softwareentwicklung** structured analysis and design method, SADT

Analysenmessgerät *n* analyzer

anätzen *v* etch

Anbieter *m (Dat)* provider *(von Diensten für den Zugang eines Anwenders zu einem Datennetz)*

anbringen *v* fix, attach, mount

ändern *v* change, alter, modify

ändern *v*/**das Vorzeichen** change sign

ändernd/sich zeitlich time-varying

Änderung *f* change, alteration; modification

Änderungsband *n (Dat)* change tape

Änderungsbit *n* modifier bit

Änderungsgeschwindigkeit *f* rate of change

Andockstation *f (Dat, Ko)* dockingstation *(für Laptops, Notebooks, PDAs, Digitalkameras; zur Netzverbindung oder Stromversorgung)*

Andruckrolle *f* pinch roll(er), capstan (idler), pad roll, pinch wheel *(Magnetband)*

Andruckrollentrieb *m* pinch-roller drive, capstan drive

anerkannt approved *(z. B. den Schutzbestimmungen entsprechend)*

Anfachung *f (Et)* building-up; anti-damping

Anfahrautomatik *f* automatic starting-up *(Turbine)*

Anfahrmoment *n* starting torque; breakaway torque

Anfänger *m* newcomer, beginner

Anfangsadresse *f (Dat)* initial address, start(ing) address

Anfangseinstellung *f (Rt)* initial adjustment [alignment] *(z. B. einer Nachformeinrichtung)*

Anfangsgeschwindigkeit *f* initial velocity [speed, rate]

Anfangsimpuls *m* initial impulse

Anfangskurzschlusswechselstrom *m* *(An)* initial short-circuit alternating current, subtransient [initial symmetrical] short-circuit alternating current

Anfangsladung *f* initial charge

Anfangspermeabilität *f* (magnetic) initial permeability

Anfangsphase *f* initial phase

Anfangspunkt *m* point of origin, initial point *(z. B. der Phasenbahn)*; starting position

Anfangsspannung *f* initial [starting] voltage *(bei Teilentladungen)*; inception voltage *(bei Entladungen)*

Anfangssperrspannung *f* initial reverse voltage

Anfangssteilheit *f* initial rate of rise

Anfangswert *m* 1. initial [original] value; reset value; 2. initial argument *(Vektor)*

Anfangswertproblem *n* initial-value problem

Anfangswertsatz *m* initial-value theorem *(Grenzwertsatz der Laplace-Transformation)*

Anfangszeitkonstante *f* subtransient time constant

Anfangszustand *m* initial state [condition]

anfeuchten *v* moisten, damp(en), humidify

Anflugfunkfeuer *n (Fo)* locator beacon, homing beacon

Anflugkontrolle *f* approach control *(Flugsicherung)*

Anflugleitgerät *n* approach guidance equipment *(Flugsicherung)*

Anflugradar *n* approach (control) radar

Anforderung *f (Dat, Nrt)* request

Anforderung *f* **an Gleichrichter** rectifier requirement

Anforderungs-Code *m* request method

Anfragesprache *f* query language *(Programmierung)*

Angel f boom, fishpole *(zum Führen eines Mikrofons)*
angelötet brazed
angenähert approximate
angeordnet auf der Leiterplatte onboard
angepasst adapted; matched
angeregt excited; activated
angereichert/mit Löchern *(Me)* hole-dominated
angeschlossen connected; linked; on-line
angetrieben/durch Motor power-driven
angewandt applied
Angussstelle f *(Ma)* gate mark *(DIN 6790)*
Anhall m *(Ak)* rising of sound
anhalten v stop, halt, pause; arrest
anhängen v attach
anhäufen v accumulate; aggregate
Anhäufung f 1. accumulation; aggregation; pile-up; 2. cluster, agglomerate; 3. *(Me)* collection; 4. *(Nrt)* congestion
anheben v 1. raise; elevate; lift; 2. *(Ak)* boost, emphasize *(Tonfrequenzbereiche)*
Anhebung f *(Ak)* emphasis, boost, emphasizing, accentuation *(von Tonfrequenzbereichen)*
Anheizzeit f heating [preheating] time, heat(ing)-up time, warm-up period [time]
anhören v listen to
Anhörung f audit
Anion n anion, negative ion
Anionenstörstelle f *(Me)* anion defect [impurity]
Anisotropie f anisotropism, anisotropy
Anker m 1. *(Ma)* armature *(Wicklung, in der Spannung induziert wird)*; core; 2. anchor; stay *(z. B. Masten)*
Ankerabfall m release of armature
Ankerarm m anchor arm
Ankerblech n armature core disk, armature stamping [punching, lamination]
Ankerblechpaket n armature core
Ankereisenkern m armature core
Ankerjoch n armature core
Ankerkern m armature core
Ankernut f armature slot
Ankerprellen n armature bounce *(Relais)*; armature chatter *(Kontakte)*

Ankerrückwirkung f armature reaction
Ankerstab m 1. armature bar [conductor]; 2. stay rod
Ankerurspannung f armature voltage
Ankerwicklung f armature winding
Ankerzugkraft f armature pull *(Hubmagnet)*
Ankerzweig m path of armature winding
Anklemmamperemeter n clamp ammeter
anklemmen v clamp; connect
Anklingzeit f build-up time
Anklopfanzeige f *(Nrt)* call waiting indication, CW
Anklopfen n *(Nrt)* call waiting, CW *(Systembetrieb)*
Ankunftsplatz m *(Nrt)* incoming position
Ankunftsregister n *(Nrt)* incoming register
Anlage f 1. equipment; installation; assembly; set, system; plant; 2. arrangement, layout
Anlagentechnik f industrial engineering
Anlagerung f 1. addition; attachment *(von Elektronen)*; 2. adsorption
Anlassdruckknopf m starting button
Anlassen n 1. starting (operation), start(-up); 2. tempering; annealing *(Metalle)*
Anlasser m *(Ma)* starter, motor [resistance] starter; starting box *(Schalter)*
Anlassergenerator m starter generator
Anlassschalter m starting switch, switch(ing) starter, direct switch(ing) starter, (breaker) starter
Anlassspule f starting coil
Anlasstransformator m transformer starter; starter autotransformer *(in Sparschaltung)*
Anlassvorrichtung f starting device
Anlauf m start(-up), starting
anlaufen v 1. start; 2. tarnish *(Metalle)*
Anlaufkäfig m amortisseur *(bei Synchronmaschinen)*
Anlaufregler m *(Ma)* acceleration--control unit
Anlaufstoß m starting impulse
Anlaufstrom m 1. starting [initial, stall] current; locked-rotor current; 2. residual current
Anlaufwicklung f amortisseur winding *(bei Synchronmaschinen)*
Anlaufzeit f 1. start(ing) time; response

time; 2. rise time *(der Übergangsfunktion)*
Anlegemessgerät *n* hook-on meter *(z. B. Zangenstrommesser)*
anlegen *v*/**wieder** reapply *(z. B. Spannung)*
Anlegen *n* **einer Spannung** voltage application, application of voltage
Anlegewandler *m* split-core-type transformer, split-wire-type transformer
anlöten *v* **an** solder to
anmelden *v* log on
Anmeldung *f* logon
annähernd approximate • **annähernd zufällig** approximately random
Annäherung *f* 1. approach; 2. approximation *(Mathematik)*
Annäherungsschalter *m* proximity switch
Annahme *f* **der Gebührenübernahme** *(Nrt)* reverse charging acceptance
Annahmezahl *f* *(Qu)* acceptance number
annehmen *v* 1. accept; 2. assume *(einen Wert)*
annehmen *v*/**Daten** accept data
Anode *f* anode; plate *(Elektronenröhre)*
Anodenabfall *m* anode drop
Anodenbasisschaltung *f* grounded--anode circuit, cathode follower *(Elektronenröhre)*
Anodenbogen *m* anode arc
Anodenbrücke *f* anode bridge
Anodenbrumm *m* anode hum
Anodendrossel *f* anode choke [reactor]; valve reactor *(IEC 50-551)*
Anodendurchbruchspannung *f* critical anode voltage
Anodendurchführung *f* anode leading--in wire
Anodenfall *m* anode drop
Anodenglimmen *n* anode glow
Anodenhalbbrücke *f* anode half bridge *(Stromrichter)*
Anodenklemme *f* anode [positive] terminal *(Batterie)*
Anodenmodulation *f* 1. anode (voltage) modulation, plate modulation; 2. Heising modulation *(mit Parallelröhre)*
Anodenrauschen *n* anode [plate] noise
Anodenruhestrom *m* steady [quiescent] anode current, steady plate current
Anodenschicht *f* anode layer

Anodenschirm *m* anode screen [shield]
Anodenschwingkreis *m* tank-circuit oscillator, tank circuit
Anodenspannung *f* 1. anode voltage [potential], plate voltage; 2. acceleration voltage, beam voltage *(Klystron)*
Anodenspannungsabfall *m* anode voltage drop
Anodensperrstrom *m* anode cut-off current
Anodenspitzenspannung *f* anode peak voltage, peak anode voltage
Anodenspitzensperrspannung *f* peak inverse anode voltage
Anodenspitzenstrom *m* peak anode current
Anodenstrahlen *mpl* (corpuscular) anode rays
Anodenstreifen *m* anode strip
Anodenstrom *m* anode [anodic, plate] current
Anodenstromdichte *f* anode [anodic] current density
Anodentastung *f* anode keying
Anodenzerstäubung *f* anode sputtering
Anodenzündspannung *f* *(Le)* anode ignition voltage, anode breakdown voltage; peak anode breakdown voltage *(Thyratron)*
anordnen *v* arrange, group, place; lay out
Anordnung *f* arrangement; assembly; set-up; layout; configuration; bank
Anordnung *f* **von Schaltzeichen** arrangement of symbols *(EN 61082)*
Anotron *n* anotron
Anpassbaugruppe *f* adapter board
Anpasseinheit *f* matching unit
anpassen *v* 1. adapt; adjust; match; fit; suit; 2. accommodate; 3. line up
Anpassstecker *m* adapter plug
Anpassstück *n* adapter
Anpassübertrager *m* matching transformer
Anpassung *f* 1. adaptation, adaption; adjustment; matching; fitting; 2. accommodation
Anpassung *f*/**benutzerorientierte** *(Dat)* personalization *(von Programm--Oberflächen)*
Anpassungsglied *n* adapter, matching element [pad]; transforming [building--out] section *(HF-Leitung)*

Anpassungsimpedanz f matching impedance
Anpassungsprogramm n postprocessor (program)
Anpassungsschaltung f 1. matching circuit; interface (circuit); 2. adapter (Gerät)
Anpassungsstreifen m matching strip (Wellenleiter)
Anpassungstreiber m interface driver
Anpeilung f taking of a bearing
Anpresskraft f (des Stromabnehmers) contact pressure (of the pantograph)
anregen v excite; activate; energize; power; induce; stimulate
Anregung f excitation; activation; stimulation
Anregungsband n 1. excitation band; 2. (Laser) pumping band
Anreicherung f enhancement; concentration
Anreicherungsbetrieb m (Me) enhancement mode
Anreicherungs-MOS-Transistor m enhancement MOS transistor
Anreicherungsschicht f (Me) enhancement [accumulation] layer
Anreicherungs(transistor)treiber m enhancement driver
Anreizimpuls m stimulation pulse, stimulus
Anruf m (Nrt) (telephone) call
Anruf m/auf Bedienung wartender (Nrt) waiting call
Anruf m/erfolgloser (Nrt) unsuccessful call
Anruf m/gestörter (Nrt) disturbed call
Anruf m in der Warteschlange (Nrt) waiting loop call
anrufbar (Dat) callable
Anrufbeantworter m answering machine [set], telephone responder
Anrufeinheit f call unit
anrufen v (Nrt) call (up), make a call, (tele-) phone
anrufen n calling
Anrufsucher m (Nrt) find selector; call [line] finder, finder (switch)
Anrufteilung f call sharing
Anrufübernahme f call pick-up
Anrufversuch m/abgebrochener (Nrt) abortive call attempt
Anrufverteiler m call [traffic] distributor, hunting switch

Anrufwiederholung f call repetition
Anrufzeichen n call sign [signal]
Ansagegerät n (Nrt) answer-only machine
ansammeln v/sich accumulate; gather, collect
Ansaugen n 1. absorption (z. B. von Elektronen); 2. suction, drawing
Ansauggeräusch n intake noise
Ansaugluft f intake air
Ansaugstutzen m air intake
anschalten v switch on, turn on
Anschaltenetz(werk) n (Nrt) access network
Anschlag m 1. (Ap) stop, catch; 2. action (Musikinstrument)
Anschlag-Drucker m (Dat) impact printer (mechanischer Drucker; Nadel-, Typenrad-, Kugelkopf-Drucker)
Anschlaggeräusch n action noise (Musikinstrument)
anschließen v 1. connect; link; plug in (durch Steckkontakt); 2. (Me) bond; attach
Anschliff m polished section
Anschluss m 1. connection; telephone connection; 2. (connecting) terminal; port (Mikrorechner); pin (Steuerschaltkreis); 3. s. Anschlussstelle
Anschlussabdeckkappe f socket screening cap
Anschlussabschirmung f connector shield
Anschlussbelegung f pin connections (z. B. eines Chips); pin configuration (z. B. eines Steckers); pinning (diagram); terminal lead designation
anschlussbelegungskompatibel pin--compatible
Anschlussbrett n terminal board
Anschlussbuchse f connecting socket
Anschlussdose f connection [connecting, junction] box; wall socket (unter Putz)
Anschlussdraht m 1. connecting wire, attachment [terminal] lead; 2. (Me) bonding wire
Anschlussdrähtchen n pigtail
Anschlusseinheit f attachment unit interface
Anschlusselektrode f pad electrode
Anschlussfahne f tag, connection lug
Anschlussfaser f fibre optic pigtail

Anschlusshülse

Anschlusshülse f ferrule terminal
Anschlussinsel f (Me) connecting pad
Anschlussklemme f connecting [wiring, junction] terminal, (clamp) terminal, terminal [feeder] clamp
Anschlusskompatibilität f pin-to-pin compatibility
Anschlusskontakt m connection [connecting, terminal] contact
Anschlusskontaktstelle f (Me) connector pad
Anschlussleitung f 1. (Et) connecting attachment, flying lead; service line; 2. (Rt) access line; 3. (Nrt) subscriber [branch] line
Anschlussloch n terminal hole (Leiterplatten)
Anschlussmuffe f cable jointing sleeve
Anschlussnetz n (Nrt) subscriber line network
Anschlussöse f terminal lug
Anschlusspunkt m 1. connection [wiring] point; contact point; 2. (An) junction point (Maschennetz)
Anschlussschiene f connecting bar
Anschlussschnur f connection [connecting] cord, flexible cord [lead], cord, flex
Anschlussschraube f connecting screw [bolt], connection screw, terminal [binding] screw
Anschlusssockel m connector base
Anschlussstecker m attachment plug
Anschlussstelle f 1. connection [connecting] point; 2. (Me) bonding site, contact pad
Anschlussstück n connecting piece, connector, coupling
Anschnittsteuerung* f (Le) phase control
Anschwingen n oscillation build-up, starting of oscillations
ANSI American National Standardization Institute (vergleichbar mit DIN)
anspannen v strain, stress
Ansprechdauer f 1. melting [prearcing] time (Schmelzsicherung); 2. (Ak) reacting duration
ansprechen v 1. respond, operate (z. B. Relais); pick up (Messfühler, Relais); react; 2. (Ak) attack
Ansprechen n 1. response (Relais); pick-up (Messfühler, Relais); 2. (Ak) attack (Ton)

Ansprechen n eines Ventilableiters (Hsp) spark-over of an arrestor
Ansprechen n/sofortiges instant response
ansprechend/langsam slow-response, slow-operating, slow-acting (Relais)
ansprechend/schnell quick-response, quick-operating, fast-response, fast-operating (Relais)
Ansprechgeschwindigkeit f speed of response, operate speed (Relais)
Ansprechschwelle f 1. response [operation, operating] threshold (Relais); 2. (Mess) discrimination threshold, dead band, threshold sensitivity, control resolution
Ansprechspannung f minimum operating voltage; threshold (critical, pick-up) voltage (Relais)
Ansprechstrom m (eines Überstromauslösers) (Ee) operating current (of an over-current release) (IEC 50-441)
Ansprechwechselspannung f alternating spark-over voltage (Ableiter)
Ansprechwert m minimum operating value; threshold (value); responding [switching] value, pick-up [must--operate] value (Relais)
Ansprechzeit f 1. reaction time; responding [response, pick-up, operating] time (Relais); time to spark--over (Ableiter); 2. (Mess) answering time; attack time (Musikinstrument)
ansteigen v rise, increase; ascend
Ansteuereinheit f (Le) gate [drive] unit (für IGBT und GTO)
Ansteuerkreis m (Rt) driving circuit
ansteuern v 1. drive; 2. (Me) trigger (durch Impuls); gate (Elektronenröhre)
Ansteuerschaltkreis m driver circuit, driver IC
Ansteuerung f 1. drive; 2. (Me) activation (z. B. eines Gatters); 3. (Dat) selection
Ansteuerungszeit f switching time, gate-controlled rise time (Thyristor)
Ansteuerverfahren n (Dat) selection technique
Anstieg m rise, rising, increase; slope (Kurve)
Anstiegsantwort f (Rt) ramp response (Rampenfunktion)

Anstiegsdauer f rise time *(Impuls)*
Anstiegszeit f 1. rise time, time of rise; build-up time; 2. *(Rt)* ramp response time
Anstiegszeit f **des Sperrerholstroms** reverse recovery current time of rise
Anteil m portion; proportion; fraction; component
Antenne f *(BE)* aerial, *(AE)* antenna
Antenne f/**in der Mitte erregte** centre-fed aerial
Antenne f **mit schmaler Strahlungskeule** *(Fo)* narrow-beam antenna
Antenne f **mit starker Richtwirkung** *(Fo)* narrow-beam antenna
Antenne f **mit versetzter Speisung** *(Fo)* offset antenna
Antennenabgleichmittel npl aerial tuning means
Antennenableiter m aerial discharger
Antennenbuchse f aerial jack [socket]
Antennengewinn m aerial [power] gain
Antennenmast m aerial mast [tower]
Antennenmast m/**abgespannter** guyed aerial mast
Antennenmast m/**freitragender** self-supporting aerial mast
Antennenrauschen n aerial noise [pick-up]
Antennenspeiseanordnung f antenna feed assembly
Antennensystem n/**interferenzarmes** anti-interference aerial system
Antennensystem n/**lineares** linear aerial array
Antennensystem n/**schwundminderndes** antifading aerial system
Antennenturm m aerial tower [mast]
Antennenübersprechen n aerial cross talk
Antennenzuleitung f aerial lead-in
Anti-Alias(ing)-Filter n *(Mess, Ak)* anti-alias(ing) filter *(zur Vermeidung von Abtastverzerrungen)*
Antiblockiersystem n antiblocking system, anti-skid system
Antiferroelektrika npl antiferroelectrics
Antiferroelektrisch antiferroelectric
Antiparallelschaltung f antiparallel [back-to-back] connection
Antivalenz f exclusive OR, XOR, non-equivalence *(boolsche Algebra)*

Antivalenzform f 1. *(Dat)* exclusive sum of products *(EXOR of conjunctions of Boolean variables)*; 2. *(Dat)* antivalence form *(any antivalence of conjunctions of Boolean variables)*; 3. *(Dat)* equivalence form *(any equivalence of disjunctions of Boolean variables)*
Antivalenzschaltung f exclusive OR circuit
antreiben v *(Ma)* drive; propel
Antrieb m *(Ma)* drive; propulsion; prime mover *(für Generatoren)* • **mit elektrischem Antrieb** electrically driven
Antriebsmaschine f prime mover *(für Generatoren)*
Antriebsmaschine f/**elektrische** electric driving machine
Antriebsmotor m drive [driving] motor
Antriebsmotor m/**direkter** direct-drive motor
Antriebsmotor m **für die Tonrolle** capstan motor *(Tonbandgerät)*
Antriebsmotor m **für eine hydraulische Pumpe** hydraulic-pump motor
Antriebsorgan n drive [driving] element
Antriebsregelung f drive control
Antriebsrolle f capstan *(Magnetbandgerät)*
Antriebsschlupfregelung f, ASR *(Ko)* traction control system, TCS, drive slide control, drive slip control *(begrenzt die Motorleistung, verhindert Durchdrehen der Antriebsräder)*
Antriebsseite f *(Ma)* driving side
Antriebswelle f drive shaft [spindle], driving [drive] axle; capstan *(Magnetbandgerät)*
Antwort f answer, response, reply
Antwortbake f responder beacon; radar beacon, racon
Antwortempfänger m reply receiver
Antwortsender m/**aktiver** *(Fo, Nrt)* active transponder
Anwachsen n increase, growth, rise; increment
Anwärmen n warming(-up), preheating, heating(-up)
Anwärmzeit f warming-up period [time], heat-up period [time], heating(-up) time
anweisen v 1. assign, allocate *(Frequenzen, Speicherplätze)*; 2. *(Dat)* instruct, command

Anweisung

Anweisung *f* 1. assignment; 2. *(Dat)* statement, instruction, command
Anweisungssprache *f* query language *(Programmierung)*
anwenden *v* apply, use
Anwenderprogramm *n* user program
Anwendersoftware *f (Dat)* custom [user] software; application software
anwenderspezifisch user-specific, user-oriented
Anwenderteil *m* **für Mobilfunk** *(Ko)* mobile application part, MAP
Anwendung *f* application, use
anwendungsorientiert application-oriented, user-oriented
Anwendungsprogramm *n (Dat)* application program
Anwendungs-Programmschnittstelle *f*, **API** application programming interface
Anwendungsschicht *f* application layer *(im ISO-Referenzmodell Konkretisierung der eigentlichen Nachrichtenübertragung, Ausführung der Aufgabe)*
Anwendungssoftware *f* application software
Anwurfmotor *m* starting motor
anzapfen *v* tap (off); bleed *(Dampf)*
Anzapfschaltwerk *n* off-circuit tap changer *(stromlos schaltbares Schaltwerk)*
Anzapftransformator *m* tapped transformer; split transformer *(mit geteilter Wicklung)*
Anzapfung *f* tap(ping); bleeding *(von Dampf)*
Anzeige *f* 1. indication; reading; read-out *(z. B. Speicher)*; display *(optisch)*; meter indication; response *(Messgerät)*; warning; 2. *s.* Anzeigegerät
Anzeige *f* **der Rufnummer des anrufenden Teilnehmers** *(Nrt)* calling-number display, calling line identification presentation, CLIP
Anzeige *f* **eines wartenden Rufs** *(Nrt)* call waiting indication, CW
Anzeige *f* **fehlerhafte** erroneous indication
Anzeige *f* **ferroelektrische** ferroelectric display
Anzeigebereich *m* indicating range; primary indicator range *(Arbeitsbereich auf der Skale)*
Anzeigebildröhre *f* display tube
Anzeigebit *n* condition code bit
Anzeigeeinheit *f* display unit
Anzeigegenauigkeit *f* indicating accuracy
Anzeigegerät *n* display [read-out] device, display [presentation] unit, read-out equipment, indicator
Anzeigelampe *f* indicating lamp, indicator light
Anzeiger *m* indicator
Anzeigeregister *n* display register
Anzeigeröhre *f* display [indicator, indicating] tube, read-out bulb, visual indicator tube
Anzeigeschaltung *f* indicating [read-out] circuit; meter circuit
Anziehdrehmoment *n* tightening torque *(DIN 6790)*
anziehen *v* 1. pick [pull] up, respond, operate *(Relais)*; 2. attract *(z. B. Elektronen)*
Anziehen *n* pick-up, pull-in *(Relais)*
Anziehung *f* attraction
Anziehungskraft *f* attractive force [power]
Anzugsmoment *n* initial [starting, stall] torque; locked-rotor torque
Anzugsstrom *m* making current; pick-up current *(Relais)*
Anzugszeit *f* pull-in time *(Relais)*
aperiodisch aperiodic, non-periodic
Apertur *f* aperture *(Optik)*
API *n* **für Sicherheitsdienste/ generisches** generic security services application programming interface, GSS-API
Apparat *m* 1. apparatus, device, set, equipment; 2. *(Nrt)* telephone (set), phone
Apparatesatz *m* assembly
Applikations-Server *m* application server *(Komponente u. a. in Web-Architekturen)*
Approximation *f* approximation
approximieren *v* approximate
APSA-Technologie *f (Me)* advanced polysilicon self-aligned technology, APSA *(Herstellung von Feldeffekttransistoren mit selbstjustierendem Polysiliciumgate)*
APT automatically programmed tool,

Assemblersprache

APT *(höhere, universelle NC--Programmiersprache)*
äquidistant equidistant, equally spaced
äquivalent equivalent
Äquivalenz f equivalence *(Logikschaltung)*
ARAEN-Sprachvoltmeter n ARAEN speech voltmeter
Arbeit f 1. *(Ph)* work, energy; 2. operation; function
arbeiten v work, operate; run *(z. B. Maschine, Motor)*; function
Arbeiten n **mit isolierender Schutzkleidung** insulated gloves method, *(AE)* rubber gloves method *(IEC 50-604)*
Arbeiten fpl **mit Rechnerunterstützung/technische** computer-aided engineering, CAE
Arbeiten n **mit Schutzabstand** safe clearance working, *(AE)* hot stick working *(IEC 50-604)*
arbeitend/im Dialogbetrieb *(Dat)* conversational
Arbeitsbereich m operating [working] range *(z. B. eines Reglers)*; region of operation *(Relais)*
Arbeitsbereich m **der Dauerschwingungen** *(Rt)* self--oscillating range *(z. B. im Kennlinienfeld)*
Arbeitsbereich m **einer Regelung** *(Rt)* full operating range
Arbeitsbereich m **in Durchlaßrichtung/sicherer** forward--bias safe operation area
Arbeitsfolge f 1. operating sequence; 2. *(Dat)* routing sequence
Arbeitsfrequenz f 1. working [operating] frequency; 2. *(Nrt)* traffic frequency
Arbeitsgeschwindigkeit f 1. operating [operation, working] speed, speed of operation(s); 2. *(Dat)* calculating speed, computing speed [velocity]
Arbeitsgruppe f **für die technische Planung des Internet** internet engineering task force, IETF
Arbeitsgruppe f **für Forschungsaufgaben zum Internet** internet research task force, IRTF
Arbeitskennlinie f working [operating, load] characteristic; performance characteristic

Arbeitsplatzrechner m *(Dat, Nrt)* workplace computer
Arbeitspunkt m operating [working] point; bias point *(Kennlinien)*
Arbeitsschutzbestimmungen fpl safety regulations
Arbeitsspannung f operating [working] voltage, work tension; closed-circuit voltage, on-load voltage *(Batterie)*
Arbeitsspeicher m *(Dat)* working memory, internal memory; main memory [store] *(Digitalrechner)*; active store
Arbeitstemperatur f operating [working] temperature
Arbeitsweise f working [operating] method, (mode of) operation; operating [working] procedure; function *(Gerät)*
Arbeitszyklus m 1. operating [working] cycle, cycle (of operation); 2. *(Ma, Ap, Rt)* duty cycle
ARI s. Autofahrer-Rundfunk-Information
Arithmetik f**/ganzzahlige** integer arithmetic
Arithmetik-Logik-Einheit f *(Dat)* arithmetic-logic unit, ALU, arithmetical unit
Armierung f armour *(von Kabeln)*; reinforcement
Aron-Schaltung f Aron measuring circuit *(2-Wattmeter-Schaltung)*
Arsendiffusionstechnik f *(Me)* arsenic diffusion technology
Arsendotand m *(Me)* arsenic dopant
ASC s. Stabilitätsregelung/automatische
A-Schallpegel m sound level A, A level
ASCII-Code m ASCII code, American Standard Code for Information Interchange *(Codenorm für Informationsaustausch zwischen Geräten verschiedener Hersteller)*
A-Seite f *(Ma)* driving side
ASIC application specific integrated circuit *(bis170GHz)*
ASR s. Antriebsschlupfregelung
Assemblerbefehl m assembler instruction
Assemblerprogramm n *(Dat)* assembly routine [program], assembler
Assemblersprache f assembler [assembly] language *(maschinenorientierte Programmiersprache)*

assemblieren v assemble
Assistent m/**persönlicher digitaler** personal digital assistant, PDA
Assoziativspeicher m (Dat) associative memory [storage], content-addressed [content-addressable] memory, CAM
Ast m branch (z. B. eines Netzwerks); limb
asymmetrisch asymmetric(al)
asynchron asynchronous
Asynchronbetrieb m asynchronous operation (z. B. Rechner, Steuerung)
Asynchronmotor m asynchronous [induction] motor
Asynchronrechner m asynchronous computer
Asynchron-Zeitmultiplex n asynchronous time division
Asynchron-Zeitvielfach n asynchronous time division
Äther m ether
Athlon m (Dat) Athlon (Mikroprozessor--Typ von Advanced Microdevices; vergleichbar Intel-Pentium)
ATLAS ATLAS, abbreviated test language of avionic systems (eine Programmiersprache für Luftfahrtelektronik)
Atmosphäre f atmosphere
ATMOS-Transistor m (Me) adjustable threshold MOS transistor, ATMOS--transistor
Atom n/**angeregtes** excited atom
Atombindung f atomic [covalent, homopolar] bond
Atomhülle f atomic shell
Atomkern m (atomic) nucleus
Atomkraftwerk n s. Kernkraftwerk
Atomladung f atomic charge
Atomlagenepitaxie f atomic layer epitaxy
Atomlampe f atomic [isotope, radioactive] lamp
Atommassenkonstante f atomic mass constant
Atommodell n atomic model
Atommodell n/**bohrsches** Bohr atom (model), Bohr-Rutherford atom (model)
Atomzerfall m atomic disintegration
ATT-Diode f avalanche transit time diode (mit Lawinen- und Laufzeiteffekt)
Ätzbehandlung f etch treatment
ätzen v 1. etch (z. B. Metalle); 2. cauterize (Elektromedizin)

Ätzen n 1. (Me) etching; 2. cauterization
ätzfest etch-resistant
Ätzhügel m etch hill, hillock
Ätzverfahren n etching procedure
Audio-Datei f (Ko) Musical Instrument Digital Interface file (MIDI file; Dateiendung .mid)
Audion n (Nrt) audion, grid detector
Audion n **mit Rückkopplung** audion with feedback
Audionstufe f audion [detector] stage
Audit n audit
Auf-Ab-Zähler m up-down-counter
Aufbau m 1. building(-up), erection, mounting, assembly; 2. construction; structure; architecture; design; layout; set-up
aufbauen v build up, mount, assemble; set up; erect; construct
aufbauen v/**als Brettschaltung** breadboard
Aufbauinstrument n surface-type instrument; salient instrument
Aufbewahrung f storage; keeping
aufblenden v fade in (Film, Ton)
Aufblitzen n flash, flashing (z. B. Leuchtstofflampen); scintillation
aufbringen v apply; deposit (z. B. eine Schicht)
Aufdampfanlage f deposition apparatus
aufdampfen v evaporate, vapour--deposit, deposit (by evaporation)
Aufdampfen n evaporation (coating), (vapour) deposition
Aufdampfmaske f (Me) evaporation [deposition] mask
Aufdampfschicht f evaporated film, vapour-deposited coating
Auferregung f build-up of the self--excitation (Generator)
Auffangelektrode f 1. collecting [gathering] electrode, (electron) collector; 2. target electrode
auffangen v 1. collect (z. B. Elektronen); catch; 2. (Nrt) intercept; pick up (z. B. Signale)
auffordern v (Dat) prompt (über den Bildschirm)
auffrischen v (Dat) refresh (z. B. Speicher)
Auffrischen n (Dat) refresh
Auffüllung f filling-up; replenishment (z. B. mit Ladungsträgern); loading (Batterie)

Aufgabe f *(Dat)* task *(selbstständiger Programmteil)*
aufgedampft evaporated, vapour-deposited
aufgehängt/elastisch [federnd] spring-suspended
aufgehängt/frei freely suspended
aufgehängt/im Rahmen frame-supported
aufgeladen charged
aufgelegt/frei freely supported
aufgeschrumpft shrunk on
aufgestäubt *(Me)* sputtered
aufhängen v suspend; hang up
Aufhängeöse f suspension [ball] eye *(Freileitung)*
Aufhängevorrichtung f suspension attachment [device]
Aufhängung f 1. suspension *(z. B. in Messwerken)*; nose suspension *(Tatzlagermotor)*; 2. suspension mount; nose *(Tatzlagermotor)*
Aufhebung f der Vorspannung debiasing
Aufhebungszeichen n cancel character
Aufheizung f heating(-up), warming(-up)
Aufheizzeit f heating(-up) time, heat(ing)-up period, warm-up time [period]
Aufheller m *(Licht)* booster light; reflecting screen
Aufhellung f bright-up; light-up
Aufhellung f von Impulsteilen *(Mess)* brightening of pulse segments
aufkleben v glue on, bond *(z. B. Dehnmessstreifen)*
aufladen v 1. charge *(Kondensator, Batterie)*; electrify; 2. load
aufladen v/wieder recharge *(z. B. Batterie)*
Aufladezeitkonstante f charging time constant
Aufladung f 1. charging *(Kondensator, Batterie)*; electrification; 2. charge
Aufladungsgrad m degree of charge
Auflage f 1. support; rest; 2. (protective) coating; overlay; 3. *(Galv)* plate
Auflagekraft f stylus force *(Tonarm)*
Auflagemaske f *(Me)* overlay mask
Auflageplatte f home plate
Auflager n support, bearing
auflegen v/den Hörer *(Nrt)* restore [hang up, replace] the receiver, ring off
aufleuchten v flash (up); light up

Auflösekeil m resolution wedge
auflösen v 1. resolve *(Optik)*; 2. *(Ch)* dissolve; disintegrate, decompose; 3. solve *(Mathematik)*
Auflösung f 1. resolution; 2. *(Rt)* (control) resolution; 3. *(Me)* pattern definition *(der Struktur)*; 4. *(Ch)* dissolution; disintegration, decomposition
Auflösungszeit f resolution [resolving] time
aufmagnetisieren v magnetize
aufmodulieren v modulate upon
Aufnahme f 1. acceptance *(z. B. von Elektronen)*; reception *(z. B. von Impulsen)*; absorption; take-up, uptake; 2. input *(Leistung)*; 3. (sound) recording; plotting *(Diagramm)*; 4. *(Nrt)* pick-up *(z. B. Signale)*; 5. *(Fs)* taking, shooting; 6. photo(graph); take, shot; record; 7. receptacle; bushing; housing
Aufnahmepegel m record level
Aufnahmespule f pick-up coil
Aufnahmestift m adapter pin; dowel pin *(Leiterplatten)*
Aufnahmetaste f record button
Aufnahme- und Wiedergabekopf m record-repeat head, record(ing)-playback head
Aufnahme- und Wiedergabekopf m/**kombinierter** record-repeat head, record(ing)-playback head
Aufnahme- und Wiedergabequalität f/**hohe** high fidelity, hi-fi, HiFi
Aufnahmevermögen n 1. *(Et)* susceptibility; 2. absorbency, absorbing capacity; absorptivity, absorptive power
Aufnahmezeit f recording time
aufnehmen v 1. accept *(z. B. Elektronen)*; receive *(z. B. Lichtimpulse)*; absorb; consume *(z. B. Leistung)*; take up; 2. record *(z. B. Magnetband)*; plot *(Kurven, Kennlinien)*; 3. pick up *(Aufnehmer)*; 4. *(Fs)* take, shoot; 5. accommodate, house
Aufnehmer m pick-up, sensor, sensing element; transducer; susceptor *(z. B. von Proben in einem Epitaxiereaktor)*
Aufnehmerspule f pick-up coil
Aufprall m impact, impingement
Aufputzschalter m surface switch, switch for surface mounting

Aufputzsteckdose f surface socket

Aufruf m (Dat) call(-in); fetch; polling

aufrunden v (Dat) round (off), half-adjust

Aufsaugen n absorption (z. B. von Elektronen, Gasen)

Aufschalteschutz m (Nrt) intrusion protection

Aufschalteton m (Nrt) offering [intrusion] tone

Aufschaukeln n build-up

Aufschlag m 1. impact, impingement; knock-on (z. B. von Ladungsträgern); 2. additional charge (Gebühren)

Aufschleudern n des Dotierungsstoffs (Me) application of dopant by spinning

Aufschmelzlöten n (Me) reflow soldering

aufschreiben v record

Aufsichtsgremium n für Fragen der Internet-Architektur internet architecture board

Aufsichtsplatz m (Nrt) supervisor's position

aufspalten v split (up); break up; delaminate

Aufspaltung f 1. splitting(-up); breaking-up; delamination (von Schichtstoffen); 2. disintegration; 3. (Ph) fission

aufspeichern v store, accumulate

aufsprechen v (Ak) record

aufspulen v reel [wind, coil] up, wind on reels

aufsteckbar plug-in, clip-on

Aufsteckbauelement n (Me) plug-in device, clip-on device

aufstellen v set up; mount; install

Aufstellung f 1. set-up; mounting; installation; 2. drawing-up; 3. record; list

aufsuchen v/einen Fehler trace a fault

Aufteilungsmuffe f (Nrt) multiple-joint box

Auftisch-Gerät n (Dat, Nrt) desk-top set

Auftrag m (Dat) job

auftragen v 1. plot; trace; 2. apply, deposit (z. B. Schichten)

Auftraggeschwindigkeit f plotting rate (beim Aufzeichnen)

auftreffen v impinge (upon), strike

Auftreffplatte f target (z. B. für Ladungsträger)

auftrennen v/den Sternpunkt separate the neutral connections

auftreten v occur, appear

Aufwärtsskalierung f (Me) scaling-up

Aufwärtszähler m (Dat) up-counter

Aufwärtszähler m/**binärer** binary up-counter

aufwickeln v reel [wind, coil] up, roll (up)

Aufwickelspule f take-up reel [spool], wind-up reel [spool], winding bobbin

Aufwickelvorrichtung f take-up unit [mechanism]

Aufzählung f (Dat) enumeration

aufzeichnen v 1. record (auf Band oder Platte); plot; trace; 2. register, schedule; log (Daten)

Aufzeichnung f 1. recording; plotting; registering (z. B. Messwerte); 2. (graphic) record; write-out; plot

Aufzeichnung f auf Festplatte hard--disk recording

Aufzeichnung f auf Tonband (magnetic) tape recording

Aufzeichnung f/**digitale** digital recording

Aufzeichnung f/**gleichzeitige** in-phase recording

Aufzeichnung f/**gruppencodierte [gruppenweise codierte]** group--coded recording

Aufzeichnung f/**magnetische** magnetic recording

Aufzeichnung f/**optische** optical recording

Aufzeichnungsdichte f (Dat) recording density, (information) packing density, density (in Speichermedien)

Aufzeichnungsfrequenzgang m recording characteristic, recording (frequency) response

Aufzeichnungsgeschwindigkeit f recording speed, plotting rate

Aufzeichnungskopf m recording head

Aufzeichnungsverstärker m recording amplifier

Aufzug m 1. lift, elevator; 2. hoist (Winde)

Aufzugsantrieb m lift drive

Auge n/**magisches** magic eye (indicator), tuning eye [indicator], visual indicator tube, cathode-ray indicator

Augenblickswert m instantaneous [momentary] value

Augenblickswert m des Quadrats einer Stromstärke instantaneous current squared

Augenblickswert *m* **des Stroms** instantaneous value of current

Aus *n* low *(unterer Signalpegel in der Digitaltechnik)*

"Aus" "off" *(Schalterstellung)*

Ausbalancieren *n* equilibration

Ausbau *m* 1. extension; 2. removal *(z. B. von Bauteilen)*; disassembly

ausbauen *v* 1. extend; complete; 2. remove; demount

Ausbeute *f* yield; efficiency

Ausblendbefehl *m (Dat)* extract instruction

ausblenden *v* 1. *(Dat)* extract *(Informationen)*; 2. fade down [out] *(Film, Ton)*; gate out *(durch Torung)*

Ausblenden *n* fade-out *(Film, Ton)*; gating *(Zeitsignale)*

ausbreiten *v/sich* propagate *(z. B. Wellen)*; spread (out)

Ausbreitung *f* propagation *(z. B. von Wellen)*; spread, spreading *(Streuung)*

Ausbreitungsart *f* mode of propagation

Ausbreitungscharakteristik *f* propagation characteristic

Ausbreitungsdämpfung *f (Ak)* divergence decrease

Ausbreitungsfaktor *m* propagation factor

Ausbreitungsfehler *m (Nrt)* distant site error

Ausbreitungswiderstand *m* 1. spreading [diffusion] resistance; 2. earth-electrode resistance, resistance of earth *(Erdung)*

ausbrennen *v* burn out; glow out

Ausbruch *m* burst, outburst

Ausdehnung *f* expansion, extension; dilatation; prolongation

Ausdehnungsgefäß *n* 1. expansion tank; 2. s. Ausdehnungsgefäß für Öl

Ausdehnungsgefäß *n* **für Öl** conservator *(Transformator)*

ausdiffundieren *n* outdiffusion

Ausdiffusion *f* outdiffusion

Ausdruck *m* 1. expression, term *(Mathematik)*; 2. *(Dat)* print-out

Ausdruckdauer *f (Dat)* print-out period

ausdrücken *v/codiert* express in code

auseinandernehmen *v* disassemble, demount; dismantle

Ausfächerung *f (Me)* fan-out *(am Ausgang)*

Ausfall *m* 1. failure *(in E-Anlagen)*; outage; breakdown; malfunction; 2. *(Dat)* drop-out, shut-down

ausfallen *v* fail, break down; drop out *(z. B. Relais)*

Ausfallhäufigkeit *f* failure frequency; failure rate

Ausfallursache *f* failure cause

Ausfallwahrscheinlichkeit *f* failure probability

Ausfallzeit *f* outage time; down-time; fault time

ausfiltern *v* filter out

Ausführen *v* execute, perform, carry out

Ausführung *f* 1. execution, performance; implementation; 2. version, model, type; layout

Ausführungsanweisung *f (Dat)* do- -statement

Ausführungseinheit *f (Dat)* execution unit, EU

Ausführungsqualität *f* quality of conformance

Ausführungszeit *f (Dat)* execution time *(für einen Befehl)*

Ausgabe *f* output; write-out; read-out *(Speicher)*

Ausgabebefehl *m* output instruction; exit order

Ausgabedaten *pl* output data

Ausgabedrucker *m* output printer

Ausgabespeicher *m* output store [memory]

Ausgang *m* output; outlet

Ausgang *m/unsymmetrischer* unbalanced [single-ended] output, asymmetric output

Ausgang *m/zweiphasiger* biphase output

Ausgangsadresse *f (Dat)* original [home] address

Ausgangsbelastbarkeit *f (Le)* output loading capability; fan-out *(Digitalschaltstufe)*

Ausgangsbuchse *f* output jack

Ausgangsbürde *f (Et)* output load

Ausgangsbyte *n (Dat)* output byte

Ausgangsdaten *pl (Dat)* raw data

Ausgangsgleichstrom *m (Le)* output direct current, d.c. output current

Ausgangsgröße *f* 1. output quantity [value]; 2. initial [basic] parameter

Ausgangsklemme *f* output terminal

Ausgangskreis *m* output circuit; plate- -filament circuit *(einer Röhre)*

Ausgangskurzschlussscheinwiderstand m short-circuit output impedance
Ausgangslast f (Le) output load
Ausgangslastfaktor m (Me) fan-out
Ausgangsleckstrom m (Nrt) output leakage current
Ausgangsleistung f 1. (Et, Ma) output power, (power) output; output wattage (in Watt); 2. (Rt) drive capability
Ausgangsleistungsmesser m output meter [indicator]
Ausgangsleitwert m output admittance
Ausgangsnennbelastung f output rating
Ausgangsoberwellenspannung f output ripple voltage
Ausgangssignal n 1. (Rt) output signal; 2. (Dat) read-out signal
Ausgangssignal n/**binäres** binary output signal
Ausgangsspannung f output voltage; load voltage
Ausgangsspeicher m (Dat) output latch
Ausgangszustand m initial state
ausgeben v output (Daten); read out
ausgelegt für rated at; designed for
ausgelegt/normgerecht standard-dimensioned
Ausgleich m 1. balance, compensation; equalization; 2. (Rt) self-recovery, self-regulation (z. B. bei P-Gliedern)
ausgleichen v balance; compensate; equalize; level; smooth (out)
Ausgleichen n balancing, compensating; equalization; levelling
Ausgleicher m equalizer; balancer; compensator
Ausgleichregler m balancer-booster
Ausgleichsdauer f (Rt) duration of self regulation
Ausgleichsdrossel f 1. balance [compensating] coil; 2. (Le) interphase reactor [transformer]
Ausgleichsgewicht n equalisation weight
Ausgleichsleiter m (Ma) equalizer
Ausgleichspule f balance [compensating] coil
Ausgleichsvorgang m 1. transient, transient process (reaction, effect, phenomenon); switching transient (beim Schalten); circuit-breaking transient (beim Ausschalten); 2. compensation process
Ausgleichswelle f (Ak) silent shaft
Ausgleichswicklung f stabilizing winding
Ausgleichszeit f balancing time
Ausgleichverstärker m balancer-booster
Ausgleichwicklung f compensation winding
ausglühen v anneal; glow out
Aushärtung f age hardening, aging (Metalle); curing, cure (Kunststoffe, Lacke)
ausheilen v (Me) anneal
Auskleidung f lining
ausklingen v (Ak) die away [out]
ausklinken v 1. unlatch; trip out; 2. (Ma) disengage (Kupplung)
Ausklinkvorrichtung f release mechanism
Auskoppelbuchse f (Nrt) output jack
auskoppeln v couple out (z. B. Laserstrahlung)
Auskunft f information desk
Auskunftsplatz m (Nrt) inquiry desk, information board
Auskunftsspeicher m (Dat) inventory store
auskuppeln v disengage; uncouple
Auslass m outlet; exit
auslassen v (Dat) ignore
Auslassventil n outlet valve
Auslastung f loading; duty (von Maschinen); (rate of) utilization; capacity utilization
Auslastung f bei Spitzenlast gross generating-plant margin (prozentuale Differenz zwischen installierter Leistung und Spitzenleistung eines Kraftwerks)
Auslauf m 1. (Ma) retardation; 2. outlet, discharge point
Auslaufrille f run-out groove [spiral], locked (throw-out, lead-out) groove (Schallplatte)
Auslaufversuch m (Ma) retardation test
Auslaufzeit f time of slowing down (z. B. bei Isolierlackprüfung)
auslegen v lay out; design; rate
Auslenkung f deflection; displacement deviation (Zeiger)
Auslesen n (Dat) read-out, reading
Auslesespeicher m read-out memory

Auslesevorgang m read-out operation
Ausleuchtung f illumination
Auslieferungsbefehl m (Dat) delivery instruction
ausloggen v (Ko) log out
auslöschen v 1. extinguish; quench; 2. erase (z. B. Magnetband); blank out (z. B. Speicher)
Auslöschung f 1. extinction; quenching; 2. destructive interference
Auslöseader f (Nrt) release wire
Auslösefunken m trip spark
Auslösefunkenstrecke f trigger gap; exciting spark gap
Auslöseimpuls m trigger [transfer] pulse; tripping impulse (Kippimpuls); initiating pulse (z. B. bei Antrieben); ignition pulse (bei Stromrichtern)
Auslösemelderelais n trip annunciator relay
auslösen v 1. release, trip; trigger; 2. initiate, actuate; activate; fire (Zündung); 3. liberate, knock off (Elektronen); 4. unlatch; disconnect (Kupplung)
Auslösequittungszeichen n (Nrt) release-guard signal
Auslöser m 1. trigger; tripping device, trip, release; 2. (Ap) cut-out switch; initiating switch
Auslöserelais n 1. release [trip, tripping, initiating] relay; 2. (Nrt) clear-out relay
Auslöseschalter m trigger switch; initiating switch
Auslöseschaltung f 1. trigger circuit; trip circuit (Ausschaltstromkreis); 2. (Dat) toggle circuit
Auslösespule f trip [release] coil
Auslösestrom m tripping [release] current; actuating current (z. B. für Schalter)
Auslösetaste f release key
Auslöseverzögerung f tripping [release] delay; release retardation
Auslöseverzug m tripping [release] delay; release retardation
Auslösewicklung f trip coil
Auslösung f 1. release, releasing, tripping, trip (operation); trip-out (Relais); triggering; 2. initiation; actuation; 3. (An) opening; firing (Zündung); 4. liberation (Elektronen)
• **keine Auslösung** (Nrt) no clearance
Ausnutzungsfaktor m utilization factor; efficiency factor (Anlagen); plant load factor (Kraftwerk); space factor (Spule, Wicklung)
Ausnutzungsgrad m utilization factor; efficiency factor (Anlagen); plant load factor (Kraftwerk); space factor (Spule, Wicklung)
auspolstern v pad
ausprüfen v 1. test out; check out; 2. (Dat) debug
Auspuff m exhaust
Auspuffgeräusch n exhaust noise
ausquetschen v squeeze out (z. B. Lötaugen)
Ausregelgeschwindigkeit f correction rate
ausregeln v line out
Ausregelzeit f correction time
ausrichten v align; straighten, make straight; direct; orient (z. B. Kristall); adjust
Ausrichtung f alignment; straightening; orientation; adjustment
ausrücken v (Ma) disengage, disconnect (Kupplung)
Ausrückkupplung f clutch
ausrüsten v equip, fit (out)
Ausrüstung f equipment, installation
Aussage f/**zweiwertige** EITHER-OR proposition (logische Operation)
Ausschaltbedingung f cut-off condition
Ausschaltbewegung f opening operation (Schalter)
Ausschaltdauer f interrupting time; total break time; total operating time (einer Sicherung)
Ausschalten n cut-off, cut-out; switching-off, turning-off; breaking operation; circuit breaking, disconnection; opening operation (Schalter)
Ausschalter m 1. contact breaker, interrupter; switch; circuit breaker; 2. (Ap) cut-out (switch); single-throw switch
Ausschaltimpuls m off-impulse
Ausschaltklinke f (Nrt) service jack
Ausschaltroutine f shutdown sequence
Ausschaltthyristor m turn-off thyristor
Ausschaltung f s. Ausschalten
Ausschaltvermögen n breaking

Ausschaltvermögen — 428

[interrupting, interruptive] capacity, breaking power
Ausschaltvermögen n **eines Schaltgerätes oder einer Sicherung** *(Ee)* breaking capacity of a switching device or a fuse *(IEC 50-441)*
Ausschaltverzögerung f turn-off delay; opening time *(Schalter)*
Ausschaltverzug m turn-off delay; opening time *(Schalter)*
Ausschaltvorgang m turn-off transient
Ausschaltvorrichtung f contact--breaking device
Ausschaltzeit f off-time off-period; break [contact-opening] time; gate--controlled turn-off time *(Thyristor)*; clearing [total operating] time *(Sicherung)*
Ausschaltzustand m open-circuit condition, off state
Ausschaltzweig m *(Le)* turn-off arm
Ausschlag m 1. *(Mess)* deflection, excursion, deviation, swing, throw *(Zeiger)*; response; 2. amplitude
Ausschnitt m 1. cut-out; sector *(Mathematik)*; 2. *(Me)* section; 3. *(Dat)* window *(auf einem Bildschirm)*
Außenabmessungen fpl outer [outside, overall] dimensions
Aussenden n **von Schall** sound emission [projection]
Außenkühlung f external forced cooling
Außenläufermotor m external rotor motor
Außenleiter-Erde-Spannung* f line-to--earth voltage
Außenleiterspannung f phase to phase voltage *(IEC 50-601)*
Außenlüfter m external fan
Außenübertragung f outside broadcast (transmission), field broadcasting, outdoor pick-up
Außerbetriebsetzen n shut (down), putting out of operation; switching-off
Außertrittfallen n falling out of step, pulling out of synchronism *(bei Drehstrommotoren)*; loss of synchronism [synchronization]
Außertrittfallmoment n pull-out torque, step-out torque *(bei Drehstrommotoren)*
Aussetzbetrieb m 1. intermittent operation [action, service]; discontinuous operation; periodic duty

(mit Einfluss des Anlaufs auf die Temperatur); 2. intermitted duty *(IEC 50-151)*
aussetzen v 1. intermit, interrupt; discontinue; 2. fail; die *(Motor)*; 3. expose *(einer Einwirkung)*
aussetzend intermittent; discontinuous
aussetzend/zeitweise intermittent; discontinuous
aussieben v filter out *(z. B. Signalteile)*; select
aussondern v separate, sort out
"Aus"-Stellung f "off" position
Aussteuerung f 1. modulation; 2. (volume, level) control
Aussteuerungsautomatik f volume [level] control automatic
Aussteuerungsregelung f volume range control
Aussteuerungsreserve f 1. power--handling capacity, crest-factor capacity [capability]; 2. *(Ak)* peak--handling capacity; impulse capability *(für Impulse)*; 3. *(Ak)* headroom
ausstoßen v eject, expel
ausstrahlen v 1. emit, radiate *(z. B. Licht, Wärme)*; 2. *(Nrt)* transmit
Ausstrahlung f emission, radiation
ausströmen v 1. flow [leak] out; escape; 2. emanate, emit
aussuchen v select
Austasten n *(Nrt, Fs)* blanking; gating *(z. B. von Zeitsignalen)*
Austastimpuls m *(Nrt, Fs)* blanking pulse [signal], blackout pulse
Austastung f *(Nrt, Fs)* blanking, blackout; gating *(z. B. von Zeitsignalen)*
Austausch m 1. exchange, interchange; replacement; 2. swapping *(z. B. von Programmen)*
austauschen v 1. exchange, interchange; replace; 2. swap *(z. B. Programme)*
Austauscher m exchanger, interchange
Austritt m 1. emergence; emission; ejection; leakage; 2. exit, outlet
Austrittsarbeit f (electronic) work function
Austrittsarbeitsdifferenz f work function difference
Austrittsspannung f work potential *(Elektronen)*

Austrittsspannung *f*/**elektrische** exit electric tension

austrocknen *v* dry out, desiccate, exsiccate

Auswahl *f* selection; choice

Auswahl *f*/**automatische** autoselect *(z. B. für Geschwindigkeit bei Ethernet)*

Auswahleinheit *f* 1. *(Dat)* selection [feed control] unit; 2. *(Qu)* sampling unit

auswechselbar exchangeable, interchangeable; replaceable; plug-in *(durch Stecken)*

auswechseln *v* exchange, interchange; replace

Auswechs(e)lung *f* exchange, interchange; replacement; renewal *(z. B. von Bauteilen)*

auswerfen *v* eject *(z. B. Kassette)*

Auswerfmechanismus *m* eject(ing) mechanism

Auswerteeinheit *f* *(Rt)* evaluation unit

auswerten *v* 1. evaluate; analyze; 2. *(Dat)* interpret; 3. plot *(Kennlinien, Kurven)*

Auswerteprogramm *n* *(Dat)* evaluation program [routine]

Auswerteschablone *f* protractor

Auswertung *f* 1. evaluation; 2. *(Dat)* handling *(z. B. von Daten)*; interpretation

Auswertungszeit *f* *(Dat)* interpretation time

auswuchten *v* balance, equilibrate

Auswurftaste *f* eject button

Auszeit *f* off-time

Auszug *m* 1. extension; 2. extraction *(z. B. aus einer Gesamtentwurfszeichnung)*; 3. *(Dat)* dump *(aus einem Speicher)*

"Aus"-Zustand *m* "off" state

Authentifikator *m* signed result, SRES

Authentifizierungscode *m* *(Ko)* authentication code, AC

Auto *n* **mit extrem kleiner Emissionsrate** ultra-low emission vehicle

Autocode *m* *(Dat)* autocode

Autofahrer-Rundfunk-Information *f*, **ARI** *(Ko)* drivers' radio information *(im UKW-Bereich)*

Autoklav *m* *(Ph)* autoclave

Automat *m* *(Rt)* automaton, automatic machine

Automat *m*/**endlicher** finite state machine, FSM

Automatentheorie *f* automata theory, theory of automata

automatisch automatic(al), self-acting

automatisieren *v* automate

Automatisierung *f* automation, automatization

Automatisierungstechnik *f* automation technique, automatic control engineering

Automobilelektronik *f* automotive electronics

Automünzfernsprecher *m* drive-in coin telephone

autonom *(Rt)* autonomous *(unabhängig von zeitlich veränderlichen Eingangssignalen)*

Autonomiekriterium *n* criterion of non--interaction

Autopilot *m* autopilot

Autotelefon *n* (in-)car telephone

Autotransformator *m* autotransformer

Autotürschloss *n*/ **funkfernbedienbares** *(Ko)* radio--controlled car lock

AWACS AWACS, airborne warning and control system

AWE *(Abk. für: automatische Wiedereinschaltung)* autoreclosing, automatic circuit reclosing, automatic reclosure

B

Babbeln *n* *(Nrt)* babble, inverted cross talk

Baby-Zelle *f* C-size cell *(Batterie oder Akku; LR14, MN1400, 4014, AM2)*

Backoff *n* backoff *(Zurückziehen z. B. bei Sendeversuchen)*

Back-up-Regler *m* back-up controller *(Ersatzregler bei Rechnerausfall einer DDC-Regelung)*

Baddrehung *f* bath rotation *(z. B. Lichtbogenofen)*

b-Ader *f* *(Nrt)* ring wire, R-wire

Badofen *m*/**elektrischer** electric bath furnace

Badspannung *f* *(Galv)* bath [cell, tank] voltage

Bahn *f* trajectory *(z. B. von Elektronen)*; path, track

Bahnbeschleunigung f path acceleration, acceleration along the path
Bahnerde f earthing system, railway earth conductor; traction system earth *(EN 50122-1)*
Bahngenauigkeit f path accuracy *(numerische Steuerung)*
Bahnkraftwerk n railway power station *(elektrische Zugförderung)*
Bahnmotor m traction motor *(elektrische Zugförderung)*
Bahnübergang m **mit doppelten Halbschranken** *(Ap)* Double Half-Barrier Level Crossing
Bahnunterwerk n traction substation *(IEC 50-811)*
Bajonettkupplung f bayonet coupling [catch]
Bajonettsockel m bayonet cap
Bajonettverschluss m bayonet lock [catch, joint]
Bake f *(Fo)* beacon, radio [directive signalling] beacon
Balkencode m *(Dat)* bar code
Balkencode m **für Waren** universal product code, UPC
Balkencode-Abtaster m bar code scanner
Balkencode-Drucker m bar code printer
Balkencode-Erzeugung f bar code generation
Balkencode-Leser m bar code reader [scanner]
Balkencode-Lesestift m bar code reading pencil, bar code scanning pencil
Bananenbuchse f banana jack
Bananenröhre f banana tube *(Farbbildröhre)*
Bananenstecker m banana pin [plug], split plug
Band n 1. (recording) tape; ribbon; 2. band, range *(z. B. Energieband)*; 3. s. Lochband; 4. s. Frequenzband
Band n/**besetztes** *(Me)* filled band
Band n/**digital linear beschriebenes** digital linear tape, DLT *(Standard für Magnetbandverfahren)*
Band n/**schmales** *(Nrt)* narrow band
Band n/**unterdrücktes** *(Nrt)* suppressed frequency band
Band n/**verbotenes** *(Me)* rejection [forbidden] band, energy gap
Bandabstand m *(Me)* energy [band] gap, band distance
Bandaufnahme f 1. (magnetic) tape recording; 2. tape record
Bandaufnahmegerät n tape recorder
Band-Band-Übergang m *(Me)* band-to-band transition, interband transition
Bandbreite f bandwidth
Bandbreitenbegrenzung f bandwidth limitation
Bandbreitenbereich m bandwidth coverage
Bändchenlautsprecher m ribbon loudspeaker
Bändchenmikrofon n ribbon [tape] microphone
Bandeinheit f *(Dat)* tape unit
Banderder m strip earth conductor
Bändermodell n *(Me)* (energy) band model
Bandfilter n band-pass filter, (wave-)band filter
Bandgenerator m belt [Van de Graaff] generator
Bandgerät n tape recorder; tape deck
Bandheizkörper m strip heater [heating element], ribbon heater
Bandkabel n tape [ribbon, flat] cable
Band-Karte-Umsetzer m *(Dat)* tape-to-card converter, punched-tape to punched-card converter
Bandlängenerkennung f/**automatische** *(Ko)* auto tape recognition *(bei Videorekordern)*
Bandlauf m tape travel, (tape) run
Bandlaufwerk n tape drive
Bandlautsprecher m ribbon loudspeaker, ribbon-type dynamic (loud)speaker
Bandleiter m strip conductor; microstrip
Bandleser m tape reader
Bandlocher m tape perforator [punch]
Bandlücke f *(Me)* band gap
Bandmikrofon n ribbon [tape] microphone
Bandpass m band-pass (filter), band filter
Bandpaßbegrenzer m band-pass limiter
Bandrauschen n tape (background) noise
Bandriss m tape interruption [breakage]

Batterieladegerät

Bandspeicher m *(Dat)* tape store [memory]
Bandsperre f band-elimination filter, band-stop filter, band-rejection filter
Bandspreizung f band spreading
Bandverschiebung f *(Me)* band shift
Bandvorschub m tape feed
Bandzählwerk n tape counter; tape length indicator
Bandzugregelung f (tape) tension control
bang-bang-Regelung f bang-bang control *(spezielle Erregerregelung beim Schlüpfen der Synchronmaschine)*
Bargeld n/**elektronisches** *(Dat)* e-cash *(im Internet)*
Barker-Code m *(Nrt)* Barker code *(angewendet im Synchronisationswort der Länge 11 im ISDN-U_{ko}-Rahmen; Synchronisation durch Autokorrelation; Dirac-Stoß-ähnliche AKF)*
Barkhausen-Kurz-Schwingung f Barkhausen-Kurz oscillation, retarding-field oscillation *(Bremsfeldröhren)*
Barkhausen-Schwingungen fpl Barkhausen [brake-field] oscillations
Barkhausen-Sprung m Barkhausen jump
Barristor m barristor *(Halbleiterbauelement)*
BASIC BASIC, beginner's all-purpose symbolic instruction code *(Programmiersprache)*
Basis f base; basis
Basisadresse f *(Dat)* base address
Basisanschluss m 1. base terminal *(Transistor)*; base contact; 2. *(Nrt)* basic access
Basisanschlussdraht m base wire
Basisanschlusskanal m basic access channel
Basisanschlussmultiplexer m basic access multiplexer
Basisanschlusspunkt m basic access point
Basisausbreitungswiderstand m base spreading resistance
Basisband n baseband *(Frequenz)*
Basisbandeinheit f baseband unit
Basisbandnetz n baseband LAN

Basisbandübertragung f baseband transmission *(Verfahren)*
Basis-Betriebsart f basic service set, BSS *(WLAN-Betriebsart mit Accesspoint)*
Basis-Codierungsregeln fpl basic encoding rules, BER *(bei ASN.1)*
Basisdatei f base data set
Basisdiffusion f *(Me)* base(-type) diffusion
Basisdotierung f *(Me)* base doping
Basiseinheit f 1. *(Mess)* (primary) fundamental unit, base unit; 2. *(Dat, Rt)* functional [base] unit
Basisemitter-Sättigungsspannung f base-emitter saturation voltage
Basis-Gleichstrom m d.c. base current; continuous base current *(z. B. des Transistors)*
Basisgröße f *(Mess)* base quantity
Basisklemme f base terminal
Basiskollektor-Stromverstärkung f common-collector current gain
Basisregler m basic controller, BC *(Grundeinheit zur Lösung einer Automatisierungsaufgabe)*
Basisschaltung f 1. basic circuit; 2. *(Me)* common-base circuit [connection, configuration], grounded-base circuit
Basiswiderstand m *(Me)* base resistance
Bass m *(Ak)* bass
Bassanhebung f bass boost(ing), low--note accentuation
Bassbereich m/**tiefer** *(Ak)* sub bass
Bassentzerrer m bass compensator
Bassfilter m bass-cut filter
Basslautsprecher m bass loudspeaker
Bassregler m bass control
Batterie f 1. (single-cell) battery; (storage) battery, accumulator; 2. (capacitor) bank
Batterie f/**aufladbare** rechargeable cell
Batterie f/**vergossene** sealed-in battery
Batterieantrieb m battery drive; accumulator drive • **mit Batterieantrieb** battery-driven, battery-operated
Batterieaufladung f battery charging
Batteriekasten m battery [accumulator] container, battery box
Batterieklemme f battery (connecting) terminal, battery clip [clamp]
Batterieladegerät n battery charger

Batterie-Ladestation

[charging set], accumulator charging apparatus [set]
Batterie-Ladestation f accumulator charging station
batterielos batteryless
Batterietrog m tray
Bauakustik f building [architectural] acoustics
Bauart f design; type; make; construction
Bauch m antinode, bulge (z. B. einer Schwingung)
Bauch m einer stehenden Welle antinode of a stationary wave
Baud n baud (Einheit der Schrittgeschwindigkeit und Kapazität von Nachrichtenkanälen; 1 Bd = 1 bit/s)
Baud n/leichte light-weight unit
Bauelement n 1. (Me) component; (structural) element; unit; device; 2. (Ap) constructional member
Bauelement n/aktives active component [device, element]
Bauelement n/bipolares bipolar component
Bauelement n/diskretes discrete component
Bauelement n für Oberflächenmontage surface-mounted component, SMC, surface mounted device, SMD
Bauelement n/ladungs(träger)gekoppeltes charge-coupled device, CCD
Bauelement n mit einem pn-Übergang single p-n junction component [device, element]
Bauelement n/optoelektronisches opto-electronic device
Bauelement n/passives passive [inactive] component; passive device
Bauelemente npl/auf Streifen magazinierte taped components (für Leiterplatten)
Bauelemente npl/gegürtete components on (continuous) tape
Bauform f design; structural form, form of construction
Baugruppe f package, (packaged) unit, unit package; (sub)assembly; module
Baugruppe f/elektromagnetische electromagnetic unit [module]
Baukastensystem n modular (construction) system; unit-composed system
Baumwollstreifen m cotton tape (für Isolierzwecke)
Baureihe f series
Bausatz m kit
Bauschaltplan m wiring diagram
Baustein m unit; building block; module, (standard) modular unit; component; package
Bausteine mpl/gestapelte stacked units
Bausteingehäuse n modular case
Bauteil n component, structural element [member], (structural) part
B-Bewertung f (Ak) B-weighting
BCCD (Me) BCCD, bulk charge-coupled device; BCCD, buried channel charge-coupled device
BCD-Darstellung f binary-coded decimal representation
B-Darstellung f (Fo) B display, range-bearing display
BDC-Ziffer f binary-coded decimal digit
Beanspruchung f stress; strain
Beanspruchungszyklus m stress cycle
Beantwortungszeit f response time
bearbeiten v edit (z. B. Programm, Daten); condition (z. B. Signal)
bearbeiten v/im Vakuum vacuum-process
Bearbeitung f im Mikrobereich/funkenerosive micro electrical discharge machining, micro EDM
Bearbeitungsprogramm n (Dat) editor
bedampfen v coat, evaporate
bedämpft/schwach lightly damped
Bedecken n capping (z. B. mit Schutzüberzug)
Bedeckung f coverage, covering
Bedeutungslosigkeit f irrelevance, irrelevancy
Bedieneinheit f operating unit; console
Bedienelement n operating [control] element, control (knob)
bedienen v attend (Anlagen); operate (z. B. Schalter); handle
Bediener m operator
bedienergeführt operator-controlled
bedienerlos operatorless, unattended
Bedien- und Anzeigeebene f operation and display level
Bedienung f attendance; operation;

Behandlung

handling, manipulation • ohne Bedienung unattended
Bedienungshandbuch *n* operator manual
Bedienungsknopf *m* operating button, operation knob, (control) knob
Bedienungskontrollbit *n* action control bit
Bedienungsvorschrift *f* service instruction, operating instruction(s)
Bedingungsanweisung *f (Dat)* modal command; if-statement *(ALGOL 60)*
beeinflussen *v* influence
beeinflussen *v/einander* interact
Beeinflussung *f* influence
Beeinflussung *f/elektromagnetische* electromagnetic interference; electromagnetic influence
Beeinflussung *f/gegenseitige* (mutual) interaction, mutual influence, cross feeding *(z. B. in vermaschten Systemen)*
beeinträchtigen *v* interfere with
Beeisung *f* icing
beenden *v* finish; complete
Beendigungsanzeiger *m (Dat)* completion flag
Befehl *m (Dat)* instruction, command, order; statement *(ALGOL)*
Befehl *m/adressenfreier* addressless instruction, zero-address command
Befehl *m/konstanter* constant instruction
Befehlsabarbeitung *f* instruction execution
Befehlsadresse *f* instruction [command] address
Befehlscode *m* instruction [command] code
Befehlsfolge *f* sequence of instructions [orders], instruction [order] sequence; string
Befehlsfolgeregister *n* sequence [sequential] control register
Befehlskette *f* chain of commands
Befehlsliste *f* list of instructions, instruction set [list]
Befehlssatz *m* instruction set
Befehlsschalter *m/handbetätigter (Ap)* manual control switch
Befehlsschleife *f* command loop, loop of instruction
Befehlswort *n* instruction word, order
Befehlszähler *m* instruction counter,

program counter, PC; address counter; control counter
Befehlszählerregister *n* instruction counting register
Befehlszeile *f* command line
befestigen *v* fasten, fix, clamp; attach; mount; secure
Befestigung *f* 1. fastening; attachment; mounting; anchorage; 2. mounting; tie *(z. B. von Masten)*
Befestigung *f/schwingungsisolierende* shock mount
Befestigungsblech *n* mounting plate, mounting sheet
Befestigungsklemme *f* mounting clip
Befestigungsöse *f* mounting lug, grommet
Befestigungsschiene *f* attachment rail
Befeuchtung *f* damp(en)ing, moistening
befeuern *v* light, beacon
Befeuerung *f* navigation lights
befreien *v* release; (set) free
Beginn *m* beginning, start; initiation; onset
Beginner *m* beginner, newcomer
Beginnzeichen *n (Nrt)* answer [off-hook] signal
Beginnzustand *m (Nrt)* answer state
Beglaubigung *f* 1. verification; 2. calibration *(eines Messmittels)*; 3. certificate
begrenzen *v* limit, set limits; clip *(z. B. Signale)*; restrict; bound *(z. B. Flächen)*
begrenzen *v/den Kurzschlussstrom* limit the short-circuit current
Begrenzer *m* 1. limiter, peak chopper; 2. *(Le)* snubber; clipper *(von Signalen)*; 3. *(Dat)* delimiter; 4. *(Rt)* restrictor
Begrenzer *m* mit Totzone *(Rt)* limiter with deadband
Begrenzerschaltung *f* 1. limiting [limiter, cut-off] circuit; clipper (circuit); 2. suppressor circuit
Begrenzungsblitzspannung *f* lightning impulse protective level
Begrenzungsdrossel *f* limiting coil [reactor]
Begriffseinheit *f (Dat)* entity
behandeln *v* process, treat; handle; finish
Behandlung *f* processing, treatment; handling

Beharrungstemperatur f permanent operating temperature
Beharrungsvermögen n inertia
Beharrungszustand m steady-state condition, steady [stationary] state; permanent regime
beheben v eliminate, remove, cure (z. B. Fehler); clear
beheben v/einen Kurzschluss remove [clear] a short circuit
Beheizung f/elektrische electric heating
Behelfsanlage f makeshift plant
Behörde f für die Vergabe von Nummerierungen im Internet internet assigned numbers authority, IANA
beidohrig (Ak) binaural
Beimengung f 1. admixture; 2. admixture, additive; dopant; impurity
Beizbad n (Galv) pickling bath [solution], (acid) pickle, acid dip
Beizen n (Galv) (acid) pickling, acid dipping
Bekämpfung f von Funkstörungen (Nrt) radio interference control
Bel n (Ak, Mess) bel (dekadisch--logarithmisches Pegelmaß)
Belag m coat(ing), cover; layer, film
Belag m/säurefester acid-proof lining
Belastbarkeit f 1. load(-carrying) capacity, load-carrying ability, load capability, power-handling capacity; rating (Nennwert); 2. stressability (mechanisch)
belasten v 1. load; 2. stress
belasten v/mit Spulen (Nrt) pupinize
belastet contaminated (z. B. Erdboden mit giftigen Chemikalien, mit Altlasten)
Belastung f 1. load, loading; demand (Leistungsforderung); 2. stress
Belastung f/aussetzende intermittent load(ing)
Belastung f mit Spulen (Nrt) Pupin loading
Belastung f/tote dead load
Belastungsfähigkeit f load(-carrying) capacity, loadability
Belastungskennlinie f load characteristic [line]
Belastungsspitze f load peak, peak load
Belastungsstromkreis m load circuit
Belastungstal n off-peak load

Belastungsversuch m 1. load test; 2. (Ma) braking test (Bremsversuch)
Beleg m (Dat) documentation
Belegdatenverarbeitung f document data processing
Belegen n 1. coating, covering; 2. (Nrt) seizing
Belegleser m 1. (Dat) document reader; 2. (Nrt) record reader
belegt (Nrt) busy, engaged
Belegtzustand m busy status
Belegung f (Nrt) seizure; holding
Belegungen fpl je Leitung (Nrt) calling rate
Belegungsdauer f (Nrt, Dat) holding time
Belegungszustand m (Nrt) state of occupancy
beleuchten v light, illuminate
Beleuchterbrücke f footlight bridge
Beleuchtung f lighting, illumination
Beleuchtung f/blendungsfreie glareless lighting
Beleuchtungsanlage* f lighting installation [equipment, plant]
Beleuchtungsregler m/ **photoelektrischer** photo-electric lighting controller
Beleuchtungsstärke f illuminance (auf die Fläche bezogene Dichte des Lichtstroms; SI-Einheit: Lux); intensity [level] of illumination
Beleuchtungsstärkemesser m illuminance [illumination] photometer, luxmeter, illuminometer
belichten v expose (Film)
Belichtung f exposure
Belichtungsdauer f exposure duration
Belichtungsfrequenz f (Nrt) flashing frequency (Faksimile)
Belichtungsmesser m (incident-light) exposure meter, light meter
Belichtungsregelung f exposure control
Belichtungszeitvorwahl f (Ko) T_v, shutter priority, exposure time priority (bei Kameras)
Bellini-Tosi-Peilverfahren n (Fo) Bellini--Tosi system, BT system
Bellini-Tosi-Richtantenne f Bellini-Tosi aerial
belüften v ventilate, air, aerate; vent (z. B. Inneres einer Mikrofonkapsel)
Belüftung f ventilation, airing, aeration

Belüftungsöffnung f ventilating opening; air bleed; vent *(z. B. einer Mikrofonkapsel)*
Belüftungsrohr n vent pipe
bemannt/ständig continuously manned
Bemerkung f comment *(ALGOL)*
bemessen v rate; design
Bemessungsableitstrom m *(Et)* rated discharge current
Bemessungsdaten pl ratings
Bemessungsdauerstrom m/**thermischer** *(Le, Ma)* rated continuous thermal current
Bemessungsdifferenzkurzschlussstrom m *(Ee)* rated conditional residual short circuit current
Bemessungseingangsleistung f *(Le, Ma)* rated input power
Bemessungsgröße f rated value *(IEC 50-811)*
Bemessungsnetzstrom m *(Ee, Le)* rated line current
Bemessungs--Schaltblitzstoßspannung f *(Hsp)* rated lightning impulse switching voltage
Bemessungsspannung f rated voltage
Bemessungsstehblitzspannung f *(Hsp)* rated dry lightning impulse withstand voltage
Bemessungs-Stehblitzstoßspannung f *(Hsp)* rated lightning impulse withstand voltage
Bemessungswert m rated value
benachbart adjacent, adjoining, contiguous
Benachrichtigung f über den Verbleib einer Mitteilung message disposition notification, MDN *(bei E-Mail)*
Benachrichtigungsdienst m announcement [message] service
Benachrichtigungsgebühr f *(Nrt)* report charge
Benchmark-Programm n *(Dat)* benchmark program *(zur Feststellung der durchschnittlichen Befehlsausführungsdauer)*
Benennung f 1. designation; 2. *(Dat)* labelling; 3. label; term
Benutzerhandbuch n user guide, user manual
Benutzerkonto n user account *(an eine Person oder Rolle gebundener Datensatz, oft vereinfachend für die Identifizierungs- und Authentifizierungsinformationen verwendet - Benutzername und Passwort)*
Benutzerprogramm n user program
Benutzerschnittstelle f user interface
Benutzerstation f user terminal
Benutzung f von Dialoganwendungen/gemeinsame application sharing *(von verschiedenen, räumlich verteilten Arbeitsplätzen aus)*
Benutzungsrichtlinie f acceptable use policy, AUP *(beschreibt die Grenzen des Erlaubten bei der Benutzung von Netzen)*
Beobachtungsabstand m observation [viewing] distance
Beobachtungsdauer f observation time, viewing period
Beobachtungsfehler m observation(al) error
Beobachtungsfenster n inspection window, observation hole
Beratungsstelle f advisory board
Berechenbarkeit f computability
Berechnung f computation, calculation
Berechnung f/analoge analogue computation
Berechnungsfehler m calculation error; computational mistake *(von Daten)*
Berechtigungssignal n *(Nrt)* authentification signal
Beregnungsprüfung f *(Hsp)* rain [wet] test
Beregnungsversuch m *(Hsp)* rain [wet] test
Bereich m range, region; field; district, zone; domain *(z. B. in Ferromagnetika)*; band *(Frequenz)*
Bereich m/**kurzwelliger** short-wavelength region
Bereich m/**langwelliger** long-wavelength region
Bereich m/**unter einer Internet--Adresse erreichbarer** *(Ko)* internet domain
Bereichsdiskriminator m range discriminator *(Frequenzen)*
Bereichseinengung f *(Mess)* range suppression
Bereichseinstellung f range adjustment
Bereichserweiterung f range extension
Bereichsumschaltung f range switching [changing]; range control

Bereichsvermittlungsrechner *m (Nrt)* area communication controller
Bereichsverschiebung *f* range shifting
Bereitkennzeichen *n (Nrt)* final-selector repeating signal
Bereitschaft *f* 1. standby; 2. readiness
Bereitschaftsanzeige *f* standby indication
Bereitschaftsausrüstung *f* back-up
Bereitschaftsbetrieb *m* standby mode
Bereitschaftskanal *m* standby channel
Bereitschaftsmodus *m* s. Bereitschaftszustand
Bereitschaftssystem *n* back-up system
Bereitschaftszustand *m* standby state, standby mode
bereitstellen *v/***Daten** *(Dat)* supply data
Bereitzustand *m (Dat)* acceptor ready state, ACRS
Bergwerks-Funktelefon *n (Fs, Nrt)* geophone *(arbeitet im Längstwellenbereich wegen unterirdischer Ausbreitungsbedingungen, größerer Eindringtiefe tiefer Frequenzen)*
Berichtigung *f* 1. *(Mess)* calibration, adjustment; 2. correction
Berkeley-Software-Distribution *f* Berkeley software distribution, BSD *(eine an der Universität Berkeley entwickelte Betriebssystemlinie, Basis: UNIX)*
Berstprobe *f* burst test
beruhigen *v* smooth; stabilize, steady
Beruhigungsdrossel *f* ripple-filter choke
Beruhigungszeit *f* 1. *(Mess)* damping time [period]; 2. *(Rt)* settling time
berühren *v* contact; touch
Berührungs-EMK *f* contact electromotive force, contact emf
Berührungsschutz *m* 1. protection against (accidental) contact; 2. protection [protective] screen
Berührungsschutzfassung *f* shock-proof lampholder
Berührungsschutzkondensator *m* shock-protection capacitor
berührungssicher safe from contact [touch]
Berührungsspannung *f* contact voltage, touch potential [voltage]
beschallen *v* expose, sound, irradiate acoustically

Beschallung *f* exposure to sound, acoustic irradiation
Beschallungsanlage *f* announce loudspeaker system, sound system, public address system
beschalten *v* wire
Beschaltung *f* wiring
Beschaltungsbuch *n (Nrt)* cable record
Beschaltungskondensator* *m (Le)* snubber capacitor
Beschaltungswiderstand *m (Le)* snubber resistance
beschichten *v* coat; plate *(mit Metall)*; laminate *(z. B. mit Kunststofffolie)*
beschichten *v/***durch Sputtern** *(Me)* deposit by sputtering
beschleunigen *v* accelerate, speed up
Beschleuniger *m* accelerator
beschleunigt/gleichförmig uniformly accelerated
Beschleunigung *f* acceleration
Beschleunigungsanzeiger *m* accelerometer
Beschleunigungsaufnehmer *m (Mess)* accelerometer, acceleration sensor [pick-up]; g meter *(nicht SI-gerecht)*
Beschleunigungsdichtespektrum *n* acceleration spectral density
Beschleunigungsgeber *m (Mess)* acceleration sensitive element, acceleration sensor [pick-up]
Beschleunigungsgenerator *m (Rt)* booster
Beschleunigungsspannung *f* accelerating voltage, acceleration potential; beam voltage *(Katodenstrahloszillograph)*
Beschleunigungstest *m* acceleration test
Beschleunigungszeitkonstante *f* acceleration time constant
beschneiden *v* cut-off, trim; clip *(z. B. Signale)*
Beschneidung *f* cut-off; clipping *(z. B. von Signalen)*
Beschränkung *f* limitation, restriction
Beschränkung *f* **gefährlicher Substanzen** restriction of hazardous substances *(z. B. bei Lötverbindungen)*
Beschreibungsfunktion *f* describing function
beseitigen *v* eliminate, remove *(Fehler)*; clear

Beseitigung f elimination, removal; clearance
Beseitigung f **der Regelabweichung/automatische** automatic offset correction *(Wirkung eines I-Reglers)*
besetzen v occupy *(z. B. Gitterplätze)*; populate, fill *(z. B. Energieniveaus)*
besetzt *(Nrt)* busy, engaged • **ständig besetzt** continuously attended
Besetztanzeige f/**optische** *(Nrt)* visual busy signal
Besetztanzeiger m *(Ap)* Vehicle on line indicator
Besetztklinke f *(Nrt)* busy back jack
Besetztprüfung f *(Nrt)* busy [engaged] test
Besetztrelais n *(Nrt)* busy relay
Besetztschauzeichen n *(Nrt)* busy-signal light
Besetztton m *(Nrt)* busy tone [signal], number-unobtainable tone, engaged tone
Besetzung f occupation, occupancy *(z. B. von Gitterplätzen)*; population *(z. B. von Energieniveaus)*
bespielbar recordable *(z. B. Band, CD)*
Bespielgerät n tape loader
bespulen v 1. coil; 2. *(Nrt)* coil-load, load with coils
bespult *(Nrt)* coil-loaded
Bespulung f loading, coil [series] loading *(z. B. Kabel)*
Beständigkeit f 1. stability, resistance; proofness; durability; 2. continuity, permanence
Bestandteil m constituent; component (part)
Bestandteile mpl **von Lichtwellenleiter-Übertragungsstrecken** in-line optical fibre components
bestätigen v/**den Empfang** *(Nrt)* receipt
Bestätigungskanal m *(Nrt)* acknowledgement channel *(bei Datenübertragung mit ACK)*
Bestätigungsmeldung f *(Nrt)* acknowledge message
Bestätigungsnummer f acknowledgement number *(Element bei Quittungsprotokollen, z. B. TCP)*
Best-Effort-Dienst m best effort service *(Dienst ohne Liefergarantien)*
bestimmen v determine; identify
Bestimmung f determination
Bestimmung f/**allgemeine** common rule
Bestimmung f/**angenäherte** approximate determination
bestrahlen v irradiate, expose to radiation
Bestrahlung f irradiation
Bestrahlungsdosis f radiation dosage [dose]
Bestrahlungsmenge f amount of radiation
Bestrahlungsstärke f radiation intensity, irradiance, irradiation; exposure rate *(bei Belichtungsvorgängen)*
bestreichen v *(Nrt, Fo, Mess)* sweep (over), scan; cover
bestücken v/**mit Bauelementen** insert components
Bestückung f 1. (component) insertion; 2. component parts
Bestückungsdichte f packing density *(z. B. einer Leiterplatte)*
Bestückungsloch n component (lead) hole, board [component] mounting hole, clear via hole *(Leiterplatten)*
Bestückungsmaschine f component inserting machine *(für Leiterplatten)*
Bestückungsverfahren n **für Oberflächenmontage** surface--mounted assembly, SMA *(von Chip--Bauelementen)*
Bestwertregelung f *(Rt)* optimum control
Beta-Aluminiumkeramik f beta--aluminium ceramic *(Elektrode in Hochenergiebatterien)*
betätigen v actuate, operate; manipulate
Betätigung f actuation, operation; manipulation *(Handhabung)*
Betätigungselement n *(Ap)* actuator, actuating element
Betätigungsfolge f operating sequence, sequence of operations
Betätigungshebel m operating lever, actuating arm; hand lever
Betätigungsknopf m button actuator
Betätigungsmittel n actuating means
Betätigungsstange f *(Hsp)* operating rod
Betätigungsstrom m actuating current *(z. B. für Schalter)*

Betäubung f blackout effect (Elektronenröhren)
Betiebsanforderung f operating requirement
Betonmast m concrete pole; concrete column
Betonung f (Ak) accent, accentuation, emphasis
Betrachtungseinheit f (Nrt) item, component, unit
Betrachtungsschirm m viewing screen
Betrag m amount; value
Betrag m/**absoluter** absolute value
Betragsmittelwert m rectified average, absolute value average (einer vorzeichenbehafteten Größe)
betreiben v operate, run, drive
Betrieb m operation, service; run (einer Maschine, eines Rechners zur Programmabarbeitung) • **außer Betrieb** out of operation, inoperative, out-of-action, idle • **in Betrieb (befindlich)** operating, operative, active • **in Betrieb nehmen** put [set] into operation, bring into service • **in Betrieb sein** operate, function, run (z. B. Maschine, Motor) • **ständig in Betrieb sein** run full time
Betrieb m/**aussetzender** intermittent operation [duty, service]
Betrieb m/**kontinuierlicher** 1. continuous working; 2. (Laser) continuous wave operation, CW operation; continuous running duty
Betrieb m/**kurzzeitiger** short-time operation [service]
Betrieb m/**periodisch aussetzender** intermittent periodic duty
Betrieb m/**periodischer** intermittent operation; period mode
Betrieb m/**serieller** serial mode (mehrerer Funktionseinheiten)
Betrieb m/**unabhängiger** (Dat) off-line operation
betrieben/direkt on-line
betrieben/indirekt off-line
Betriebsanleitung f 1. operating [working] instructions; 2. instruction manual
Betriebsart f 1. (Et, Nrt) (operating) mode, method [mode] of operation; 2. (Ma) type of duty, duty type; 3. (Ap) duty classification
Betriebsbedingungen fpl 1. operating [operational, working] conditions; 2. (Rt) regime
Betriebsdaten pl operating data; operating characteristics; ratings; production data
Betriebsdatenerfassung f production data acquisition
Betriebsdauer f operating [working] time, operating period
Betriebsebene f service level
Betriebsfunk m service radio
Betriebskennlinie f operating [working] characteristic
Betriebskurzschlussstrom m available short-circuit current
Betriebslärm m production [plant] noise
Betriebsmittel n appliance
Betriebsmittel npl/**elektrische** electrical equipment
Betriebsmittel npl/**schlagwetter- und explosionsgeschützte elektrische** electrical equipment for explosive gas atmosphere, fire-damp and explosion--proofed electrical equipment
Betriebsnennleistung f service rating
betriebssicher reliable (in service); fail--safe
Betriebssicherheit f (operational) reliability, performance [working] reliability; safety of operation, operational safety
Betriebsspannung f working [operational, operating, service] voltage; running voltage; rail voltage (elektrische Bahnen)
Betriebsspiel n (Ma, Ap) duty cycle
Betriebsspitzenspannung f **im Aus--Zustand** working peak off-state voltage (Thyristor)
Betriebsstörung f operating trouble; breakdown of service, outage; interruption (Unterbrechung)
Betriebsumgebungstemperatur f operating ambient temperature
Betriebsunterbrechung f interruption of operation, service interruption
Betriebsverhalten n (operational) behaviour
Betriebsversuch m field trial [test]
Betriebsvorschrift f service instructions
Betriebsweise f (operating) mode, mode of operation [working]
Betriebsweise f/**bistabile** (Me) bistable operating [working] mode

Biegelinie

Betriebszustand *m* 1. operating [working] condition; 2. *(Rt)* regime
Betriebszuverlässigkeit *f* operational reliability, service [use] reliability
Beugung *f* diffraction; bending
Beuken-Modell *n* Beuken model *(elektrisches RC-Netzwerk zur Lösung von Wärmeströmungsvorgängen)*
bewegen *v/sich* move; travel
beweglich mobile; portable *(Gerät)*
Beweglichkeit *f* mobility
Bewegung *f* motion, movement; travel
Bewegung *f/geradlinige* straight-line motion
Bewegung *f/gleichförmige* uniform motion
Bewegung *f/hin- und hergehende* alternating motion
Bewegung *f/kreisende* circulatory motion
Bewegung *f/laminare* laminar flow
Bewegung *f/lineare* linear motion
Bewegung *f/zufällige* random motion
Bewegungsart *f* mode of motion
Bewegungsbahn *f* track of travel
Bewegungsgleichung *f* motion equation, equation of motion
Bewegungsreibung *f* kinetic friction
bewehren *v* armour *(Kabel)*; reinforce *(Beton)*
Bewehrung *f* armour *(von Kabeln)*; wrapping; reinforcement
Beweis *m* proof, evidence
Beweis *m* **ohne Preisgabe von Wissen** zero knowledge proof *(der Besitz eines Geheimnisses wird bewiesen, ohne dies preiszugeben)*
beweisen *v* prove; verify
bewerten *v* 1. rate, evaluate, value; 2. *(Ak)* weight
Bewertung *f* 1. rating, evaluation, valuation; 2. *(Ak)* weighting
Bewertung *f* **mit NC-Kurven** *(Ak)* NC rating
Bewertungsfilter *n (Ak)* weighting network [filter]
Bewertungsfunktion *f* rankin
Bewertungskurve *f* 1. rating curve; 2. *(Ak)* weighting curve
Bewertungsprogramm *n (Dat)* benchmark program [routine]
Bewertungstest *m* benchmark test
bewickeln *v* wrap, tape
Bewicklung *f* wrapping

Bewitterung *f* weathering
bezeichnen *v* designate; term; denote
Bezeichnung *f* 1. designation; 2. term, name
Bezeichnungsschild *n* designation card
beziehen *v/sich* relate
Beziehung *f* relation(ship); reference
Bezirk *m* region; district, domain *(z. B. im Magnetwerkstoff)*; zone *(im Kristall)*
Bezugnahme *f (Dat)* reference
Bezugsachse *f* reference axis
Bezugsaufnehmer *m* reference accelerometer
Bezugsbereich *m* reference range *(einer Einflussgröße)*; reference excursion *(Analogrechentechnik)*
Bezugsdämpfung *f* 1. *(Nrt)* reference equivalent *(eines Übertragungssystems)*; 2. *(Mess)* reference attenuation, relative damping; 3. *(Ak)* volume loss
Bezugsdaten *pl* reference data
Bezugserde *f* reference earth
Bezugsgröße *f (Mess)* reference quantity
Bezugsnormal *n* reference standard
Bezugspegel *m* reference [relative] level
Bezugsprofil *n* reference profile *(DIN 6790)*
Bezugspunkt *m* reference point; control point *(der Regelung)*
Bezugsrauschwert *m* reference noise
Bezugsredundanz *f* relative redundancy
Bezugssignal *n* reference signal
Bezugsspannung *f* reference voltage
Bezugsspur *f* reference track *(Magnetband)*
Bezugsverhalten *n* reference performance
Bezugsverzerrung *f (Nrt)* reference distortion; start-stop distortion
Bezugswert *m* 1. reference [basic] value; 2. *(Mess)* fiducial value
Biberschwanzantenne *f (Fo)* fanned-beam aerial
Bibliotheksunterprogramm *n (Dat)* library subroutine
Bicap binary capacitor, BICAP
BICMOS-Schaltung *f (Me)* bipolar CMOS, BICMOS *(monolithische Verbindung von Bipolar- und CMOS--Strukturen)*
Biegelinie *f* pre-bending line *(DIN 6790)*

Biegung

Biegung f 1. bend; deflection; flexure; 2. bending
BIFET m bipolar insulated field-effect transistor, BIFET
Bifilaraufhängung f bifilar suspension
Bifilarwicklung f bifilar winding
BIGFET m bipolar insulated-gate field--effect transistor, BIGFET
Bilanz f *(Dat)* balance
Bild n *(Fs, Nrt)* picture, image; frame *(Einzelbild aus einer Bildfolge)*; pattern *(z. B. bei Oszillographen)*
Bild anhalten v/**ein bewegtes** *(Fs)* freeze a picture *(einfrieren)*
Bild n/**dreidimensionales** three--dimensional image
Bild n/**komprimiertes** *(Fs, Ko)* compressed picture
Bildablenkgenerator m *(Fs)* vertical time-base generator
Bildablenkschaltung f *(Fs)* frame time--base circuit
Bildablenkspule f *(Fs)* frame coil
Bildablenkung f *(Fs)* frame deflection; vertical sweep *(in den Zeilen)*
Bildabtastung f *(Fs)* frame scanning
Bildanzeigegerät n video display unit
Bildauflösung f (image) resolution, picture definition
Bildaufnahme f picture record; television pick-up
Bildaufzeichnung f *(Nrt)* picture record; display; video [picture] recording
Bildbearbeitungsprogramm n image editor, photo editor
Bild-CD f *(Ko)* picture CD, photo CD *(auf CD im universellen JPEG-Format mit einer Auflösung von 1536 x 1024 Pixel (3:2), bei der Filmentwicklung gescannt und gebrannt; am PC bearbeitbar, in voller Bildschirmgröße darstellbar, ausdruckbar, als E-Mail versendbar)*
Bilddateiformat n/**komprimiertes** *(Ko)* Graphics Interchange Format, GIF *(komprimiertes Grafik-Format; Dateiendung .gif)*
Bilddateiformat n/**unkomprimiertes** *(Ko)* Tagged Image File Format, TIFF
Bilddezentrierung f *(Fo)* off-centring *(z. B. beim Rundsichtradarbildschirm)*
Bildelement n *(Fs)* frame [pictorial] element, image element, scanning point [element]

bilden v/**eine Warteschlange** queue
Bilder npl **pro Sekunde** frames per second, FPS *(Maß bei der Wiedergabe von Videosequenzen)*
Bilderkennung f picture recognition
Bilderzeugung f picture generation, image formation, imaging
Bildfeldzerlegung f picture [image] field dissection, image [frame, field] scanning
Bildfenster n (projector) aperture, gate (aperture)
Bildfernübertragung f *(Nrt)* picture [facsimile] transmission, telephotography
Bildfolgefrequenz f picture frequency; frame [framing] rate
Bildfunkdienst m *(Nrt)* radio facsimile service
Bildfunkgerät n *(Nrt)* radio facsimile set, wireless picture telegraph
Bildhelligkeitssignal n *(Fs)* luminance signal, Y-signal
Bildkommunikation f *(Nrt)* picture communication
Bildmaske f *(Fs)* framing mask
Bildmuster n pattern *(z. B. bei Oszillographen)*
Bildnachleuchten n afterglow of picture
Bildpegel m picture level
Bildpunkt m *(Fs)* pixel, picture point, scanning point, image point [spot]
Bildpunktfrequenz f dot frequency
Bildrand m margin of image
Bildröhre f picture tube, kinescope (tube), television (picture) tube
Bildröhrenanzeige f *(Dat)* tube display
Bildröhrenausgabe f *(Dat)* tube display
Bildrundfunk m picture radio telegraphy
Bildschärfe f image [picture] sharpness, (image) definition
Bildschirm m 1. (display) screen; 2. *(Fs)* (television) screen, viewing screen; (scope) screen, face *(Katodenstrahlröhre)*; scope *(Radar)*
Bildschirm m/**leerer, blauer** *(Dat)* Bluescreen *(Rechner-Absturz, Rechner-Fehler, mit Neustart durch Ctrl+Alt+Del = "Affengriff" zu beheben)*
Bildschirm m **mit Sensortasten** interactive display system
Bildschirmanzeige f/**flüchtige** transient display
Bildschirmgrafik f **mit 1024 x 768 Pixel**

Bildschirmmenü n screen menu
Bildschirm-Symbol n (Ko) icon
Bildschirmtext m 1. (broadcast) videotex, VTX, teletext *(Fernseh--Rundfunk-Verteildienst)*; 2. interactive videotex, Btx *(Übertragungsdienst über öffentliche Fernsprechleitung)*
Bildschreiber m (Nrt) facsimile recorder
Bildsender m 1. (Fs) video [vision] transmitter; 2. (Nrt) facsimile transmitter
Bildsende- und Bildempfangsanlage f (Nrt) facsimile transceiver set
Bildsensor m image-processing sensor
Bildsignal n/**vollständiges** (Fs) composite signal *(Bild-Austast--Synchronsignal, BAS-Signal)*
Bildspeicher m image memory
Bildspeicherdienst m picture mail
Bildspeicherröhre f image storing tube, storage(-type) camera tube; (image) iconoscope
Bildspur f trace *(Katodenstrahlröhre)*
Bildstörung f (Fs) image interference [trouble]; double image; ghost (image)
Bildsynchronisierimpuls m (Fs) vertical synchronizing pulse [signal], frame synchronizing impulse
Bildtelefon n video telephone, videophone, viewphone, picture--phone, display telephone
Bildtelefonie f video telephony, videophony
Bildtelefonübertragung f (Fs) transmission of moving pictures by videotelephone
Bildtelegrafie f phototelegraphy, picture telegraphy [transmission], telephotography
Bildtelegramm n phototelegram, radiophotogram, wirephoto, photoradiogram
Bildtest m image test
Bildträger m picture [image, video] carrier
Bildübertragung f 1. image [picture] transmission; facsimile (transmission), telephotography; 2. pattern transfer
Bildverstärker m (Fs) video [vision] amplifier, image intensifier
Bildverzerrung f image distortion
Bildwand f projection [cinema] screen

Bildweichheit f (Fs) bloom
Bildwerfer m projector
Bildwiedergabe f 1. image reproduction; (visible) display; 2. (Nrt) facsimile recording
Bildwiedergabegerät n (Nrt) facsimile recorder [receiver]
Bildwiedergaberöhre f picture tube, kinescope
Bildwiederholfrequenz f/**vertikale** (Fs) vertical refresh rate
Biluxlampe f bilux bulb lamp, anti--dazzle lamp
Bimetallauslöser m bimetallic release
Bimetallregler m bimetallic thermostat
Bimetallrelais n bimetallic strip relay
BIMOS-Technik f (Me) bipolar insulated MOS, BIMOS *(Mischtechnik von MOS- und Bipolartransistoren)*
Binäraufzeichnung f binary recording *(Signalverlauf)*
Binärcode m binary code
binärcodiert binary-coded
Binär-Dezimal-Konverter m binary-(to--)decimal converter
Binär-Dezimal-Umsetzer m binary-(to--)decimal converter
Binärelement n binary element
Binärfolge f binary (digit) sequence
Binärglied n binary unit
Binärkanal m/**störungsfreier** (Nrt) noiseless binary channel
Binärkomma n binary point
Binär-Oktal-Decoder m binary-to-octal decoder
Binärsignal n binary signal
binärverschlüsselt binary-coded
Binärzahl f binary number
Binärzahlensystem n binary number system
Binärzähler m binary counter
Binärzeichenfolge f binary (digit) sequence
binaural (Ak) binaural
Bindeglied n (connecting) link
binden v 1. (Ph, Ch) bond, bind, link; 2. set, harden; cement; 3. tie, fasten
Bindung f 1. (Ph, Ch) bonding, binding, linking *(Vorgang)*; 2. bond
Binistor m binistor *(Halbleiterbauelement)*
binokular binocular, two-eyed
bioelektrisch bioelectric
Biolaser m biolaser

Biometrie *f* biometrics *(Nutzung biologischer Merkmale zur Identifizierung von Personen)*
Bionik *f* bionics
Bipolarbetriebsart *f* bipolar mode
Bipolarcode *m* (erster Ordnung) *(Dat)* alternating mark inversion code, AMI code *(ein pseudoternärer Code)*
Bipolar-Feldeffekttransistor *m* (Me) bipolar insulated field-effect transistor, BIFET
Bipolar-Feldeffekttransistor *m* **mit isoliertem Gate** bipolar insulated--gate field-effect transistor, BIGFET
Bipolarsignal *n* (Nrt) alternate mark inversion signal
Bipolartransistor *m* bipolar transistor
bistabil bistable
Bit *n* bit, binary digit *(Einheit des Informationsinhalts in der Nachrichtentechnik oder dimensionslose Einheit der Speicherkapazität in der Datenverarbeitung)*
Bitadresse *f* bit location
Bitbündel--Übertragungsgeschwindigkeit *f* (Nrt) burst rate
Bitfehler *m* bit error
Bitfolge *f* bit sequence
Bitgeschwindigkeit *f* bit rate
Bitmuster *n* bit pattern
Bitrate *f* [binary] rate
Bits *npl* **je Meter** bits per metre *(Einheit der Speicherdichte)*
Bit-slice-Mikroprozessor *m* bit-slice microprocessor
Bitübertragungsgeschwindigkeit *f* bit rate
Bitübertragungsschicht *f* (Dat) physical layer *(Übertragungsschicht im ISO--Referenzmodell, Festlegungen zur Steuerung des physischen Übertragungsmediums)*
bitweise bit-by-bit, bitwise
Bitzuordnung *f* bit allocation
B-Kurve *f* (Ak) B-weighting curve
Black-box (Rt) black box *(Glied unbekannter Struktur)*
Black-box-Methode *f* black-box method *(zur Untersuchung unbekannter Glieder)*
Blankdraht *m* bare [blank] wire
Blankloch *n* bare hole *(Leiterplatten)*

Blankverdrahtung *f* 1. bare wiring; 2. (Nrt) strapping, piano wiring
Blase *f* 1. bubble; 2. blister, blow-hole *(bei Gießharzen)* • **Blasen erzeugen** *(Dat)* nucleate bubbles *(Blasenspeicher)* • **eine Blase vernichten** collapse a bubble *(im Blasenspeicher)*
Blasenchip *n* (Me) bubble chip
Blasenspeicher *m* bubble memory
Blaskammer *f* (Ap) blow-out chute
Blasmagnet *m* magnetic blow-out, arc deflector; blow magnet *(z. B. Schalter)*
Blasspule *f* blow-out coil; arc--suppression coil
Blattdruckempfänger *m* (Nrt) page--printing receiver
Blattdrucker *m* (Nrt, Dat) page printer [printing apparatus], typewriter
Blattknoten *m* leafnode *(Endknoten einer Baumstruktur, z. B. bei Netzen bzw. Netzdiensten)*
Blattkupfer *n* copper foil
Blech *n* 1. sheet (metal), plate; 2. lamination, lamella, lamina *(Trafokern)*
Blechen *n* (Ma) lamination
Blechkern *m* laminated core
Blechpaket *n* stack of sheets
Blechpaketkern *m* laminated core
Blechung *f* (Ma) lamination
Bleiakkumulator *m* lead(-acid) accumulator, lead-acid [storage] battery, lead cell [storage battery]
bleiben *v*/**am Apparat** (Nrt) hold the line
bleibend permanent; residual
Bleikabel *n* lead(-covered) cable, lead--sheathed cable
Bleimantel *m* lead sheath [sheathing, coating] *(Kabel)*
Bleiüberzug *m* lead coating
Blende *f* aperture *(bei optischen Systemen)*; diaphragm *(bei Röntgenstrahlen)*
blenden *v* glare, dazzle
Blendenöffnung *f* aperture *(eines optischen Systems)*; aperture [opening]; lens aperture
Blendschutzschirm *m* glare [light] shield, anti-glare [anti-dazzling] screen, anti-glare device
Blendung *f* (Licht) glare, dazzle
Blindanflugsystem *n* (Fo) radio approach system
Blindenergie *f* reactive [wattless] energy

Blindkomponente f reactive [reactance, wattless, quadrature] component
Blindkomponente f **der Spannung** reactive component of voltage
Blindlast f reactive [wattless] load
Blindleistung f reactive [wattless] power
Blindleistung f **in VA [Volt-Ampere]** volt-ampere reactive, var, VAr
Blindleistungskompensation f power-factor compensation, reactive power
Blindleistungskompensator m/**statischer** (Ee) static VAR compensator
Blindleitwert m susceptance
Blindloch n blind hole (Leiterplatten)
Blindspannung f reactive [reactance, wattless] voltage
Blindspannungsabfall m reactive voltage drop, reactance (voltage) drop
Blindstab m idle [odd] bar (einer Wicklung)
Blindstecker m (Nrt) dummy plug
Blindstöpsel m (Nrt) peg
Blindstrom m reactive [wattless] current; reactive amperage
Blindstromkomponente f reactive current component, idle-current component
Blindstrommesser m idle-current meter
Blindwiderstand m reactance, reactive impedance
Blinkanzeige f (Nrt) flashing indication
Blinkfeuer n blinking [intermittent] light
Blinkgeber m blinker unit; flasher unit
Blinkleuchte f flashing (direction-)indicator lamp (Kraftfahrzeug)
Blinklicht n flashing light (Kraftfahrzeug)
Blinksignal n (Ap) flashing light signal
Blister m blister (Papier- oder Plastikgurt für die automatengerechte Verpackung von Bauelementen)
Blitz m 1. lightning; 2. s. Blitzlicht
Blitzableiter* m 1. (Hsp) lightning conductor (IEC 50-604); lightning arrester [protector, rod]; 2. (Ee) surge arrester [diverter]
Blitzeinschlag m/**direkter** (Hsp) direct lightning strike (IEC 50-604)
blitzen v flash
Blitzentladung f lightning discharge
Blitzgerät n flash gun [unit]
Blitzgespräch n (Nrt) top priority call, lightning call

Blitzlampe f photoflash lamp [bulb], flash lamp
Blitzlicht n flash(light), flashing light
Blitzlichtlampe f flashlight lamp, photoflash lamp [bulb]
Blitzschlag m lightning stroke
Blitzschlagumgebung f lightning pulse enviroment
Blitzschutz m 1. (Hsp) lightning protection; 2. s. Blitzschutzanlage
Blitzschutzanlage f lightning arrester [protector]
Blitzschutzerde f (Nrt) protective earth
Blitzschutzpotentialausgleich m lightning protection potential equalization
Blitzschutzseil n lightning protection cable
Blitzschutzsystem n lightning protection system
Blitzspannung f lightning impulse voltage
Blitzstoßspannung f (Hsp) lightning impulse (IEC 50-604)
Blitzüberspannung f lightning overvoltage, lightning-stroke voltage; lightning surge
Bloch-Wände fpl Bloch walls
Block m 1. block; unit (Baustein); 2. (data) block; 3. power-station unit (Kraftwerk)
Blockabstand m (Dat) interrecord gap, interblock gap [space] (Speicherung)
Blockadresse f (Dat) block address
Blockauswahl f (Dat) block selection
Block-Basis-Schaltung f (Me) grounded-base connection, common-base circuit
Blockbetrieb m (An) unitized system, unit-system operation • **im Blockbetrieb** in unit connection
Blockeinschub m module
blockieren v 1. block, lock; interlock; 2. (Ma) jam (festfressen); 3. (Nrt) place [take] out of service
Blockierspannung f blocking [off-state] voltage (Thyristor); continuous off-state voltage
Blockierspannung f/**höchste** peak off-state voltage (Thyristor)
Blockierung f 1. blocking, interlocking; 2. (Ma) jamming (Festfressen); 3. (Dat) hang-up
Blockierungsdauer f (Nrt) busy period

Blockierverlust 444

Blockierverlust m (Me) off-state dissipation
Blockierzustand m off-state (Thyristor)
Blockkraftwerk n unit-system power station, unitized [unit-type] power station
Blockregister n (Dat) block register
Blockschaltbild n (Dat, Rt) block diagram; functional block diagram (mit Darstellung der Gliedfunktionen)
Blocksignalisierung n block system
Blocktransformator m unit(-connected) transformer, generator transformer
Bluetooth m Bluetooth (Kurzstreckenverbindung mobiler Geräte)
Bluetooth-Adresse f (Dat, Nrt) bluetooth address (Länge 48 Bit)
Bluetooth-Nachfolger m (Dat, Ko) Ultra-Wide-Band, UWB
BNC-Stecker m (Fs) British Naval Connector (arretierbare Steckverbindung für Koaxialkabel)
Bobby m (winding) bobbin
Bode-Diagramm n Bode diagram [plot]
Boden m 1. ground (Erdoberfläche); 2. bottom; floor
Bodenanlagen fpl/**elektronische** (Nrt, Fo) ground-based electronic equipment
Boden-Boden-Digitaldatenverbindung f ground-to-ground digital data link
Boden-Bord-Betrieb m ground-to-air operation
Boden-Bord-Funkverbindung f (Fs, Ko) ground-air radio link
Boden-Bord-Verkehr m ground-to-air communication
Bodenfunkdienst m ground radio service
Bodenheizung f floor heating
Bodenkontakt m 1. floor contact; earth leakage terminal (Lichtbogenofen); 2. (Licht) contact plate
Bodenseil n counterpoise (Freileitung); overhead-line-route earth electrode
Bodenstation f (Fo, Ko) ground control
Bodenüberwachungsstation f (Fo, Ko) ground control, tower control
Bodenwelle f (Nrt) ground wave [ray], direct wave
Body m body (Teil einer E-Mail)
Boff-Diode f step-recovery diode

Bogen m 1. (electric) arc; 2. conduit elbow (Rohrverbindung); 3. bend; curve; curvature
Bogenanregung f arc excitation
Bogenlampe f (carbon-)arc lamp
Bogenspannung f arc voltage
Bogenspannungsabfall m arc(-voltage) drop
Bogenstück n curved piece, knee; (conduit) bend
Bogenzündung f (arc) initiation
Bohnermaschine f/**elektrische** electric floor polisher
Bohrmaschine f/**elektrische** electric drilling machine
Boiler m boiler, geyser
Bolzen m pin (bei Isolatoren); stud; bolt
Bolzenende n pinball (bei Isolatoren)
Bondanschluss m (Me) bonding lead
Bonddraht m (Me) bonding wire
bonden v (Me) bond
Bonder m (Me) bonder, bonding apparatus
Bondhügel m (Me) bump • **Bondhügel aufbringen** bump • **mit Bondhügeln versehen** bump
Bondinsel f (Me) bond(ing) island, bonding pad
Bondkopf m (Me) bonding head
Bondstelle f (Me) bond, bonding site
Bondverbindung f (Me) bond
Booster m (power) booster
Booster-Verstärker m booster amplifier
booten v/**den Rechner mit dem Betriebssystem** (Dat) boot with PC-OS
BOOTP s. Urlader-Protokoll
Bootstrap-Generator m bootstrap generator (Integrationsschaltung)
Bord-Boden-Fernsehanlage f air-to-ground television installation
Bord-Boden-Funkverbindung f (Ko) air-to-ground radio link
Bord-Bord-Verkehr m ship-to-ship communication; air-to-air communication
Bordeinheit f on-board unit (Elektronik zur Mauterfassung)
Bordempfangsgerät n ship receiver; aircraft receiver [receiving set]
Bordfernsehempfänger m airborne television receiver
Bordfunk m aircraft intercommunication

Bord-Land-Verkehr *m* ship-to-shore traffic
Bordnetz *n* airborne supply system, on-board network
bordotiert *(Me)* boron-doped
Bordpeilanlage *f (Fo)* airborne direction-finding equipment; ship direction-finding installation
Bordradargerät *n* airborne radar equipment
Bordrechner *m* board computer; trip computer *(im Kfz)*
Bordsender *m* aircraft (radio) transmitter
Bordsprechanlage *f* aircraft intercommunication system, aircraft (radio) interphone system, Tannoy
Bord-Transponder *m/aktiver (Fo, Nrt)* airborne transponder
Bottom-up *n (Dat)* bottom-up *(Programmierung von unten nach oben)*
Brandmelder *m* fire detector
Brandschutzisolation *f* fire proofing
Bratpfanne *f/elektrische* electric frying pan
Breakdown-Diode *f* breakdown diode
Brechung *f (Licht)* refraction
B-Register *n (Dat)* B-register
Breitband *n (Nrt)* broad band, broadband, wide band, wideband
Breitband-Anschluss-Einheit *f*, **BBAE** *(Ko, Nrt)* broadband access equipment, BBAE, ADSL splitter *(Bandaufteiler, Splitter für ISDN- und ADSL-Modem-Anschluss)*
Breitbandempfang *m* broadband [wide-band] reception
Breitbandfernmeldenetz *n/integriertes* broadband integrated services digital network, B-ISDN
Breitbandfilter *n* broadband [wide-band] filter
Breitband-ISDN *n s.* Breitbandfernmeldenetz/integriertes
Breitbandnetz *n/lokales* broadband local area network
Breitbandsperre *f* broadband [wide-band] filter, broadband [wide-band] rejection filter
Breitbandtelegrafie *f* broadband [wide-band] telegraphy
Breitbandverstärkung *f* broadband [wide-band] amplification

Breitbasistransistor *m* wide-base transistor
Breitbildschirm *m (Fs)* wide screen *(Seitenverhältnis 16:9)*
Breite *f* width
Bremsbackenanschlag *m/elektronischer* electronic brake prefill
Bremsbetrieb *m* brake operation
Bremsdynamometer *n* brake dynamometer
Bremse *f* brake; drag *(Bandgerät)*
Bremseinheit *f* brake unit
Bremselektrode *f* 1. reflecting electrode *(braunsche Röhre)*; 2. *(Fs)* decelerating [retarding] electrode
Bremsfeldaudion *n* electron-oscillating field detector, retarding-field detector, reverse-field detector
Bremshohlwelle *f* brake hollow shaft
Bremskraft *f* braking [brake] force, braking effort
Bremskraftregler *f* braking-power regulator
Bremskraftverteilung *f/elektronische* electronic braking distribution
Bremskreis *m* brake circuit
Bremslicht *n* stop light *(Kfz)*
Bremslüfter *m* 1. *s.* Bremsmagnet; 2. centrifugal brake operator, (brake) thrustor
Bremsmagnet *m* 1. brake [braking] magnet; 2. *(Mess)* meter braking element, damping magnet *(zum Dämpfen des Messwerks)*
Bremsmoment *n* braking [retarding] torque
Bremsmotor *m* brake motor
Bremsregelung *f/dynamische (DBC)* dynamic brake control
Bremsregelung *f/elektronische* sensotronic brake control *(Im Automobil)*
Bremssystem *n/elektronisch gesteuertes* electronically controlled brake system
Bremstippen *n* brake disc wiping
Bremsung *f* braking; deceleration; retardation; moderation *(von Teilchen)*
brennbar combustible; (in)flammable
Brenndauer *f* 1. burning [operating, working, service] life, lifetime *(Lampe, Röhre)*; arc duration *(Lichtbogen)*; 2. *(Le)* conduction time, conducting

brennen

period; 3. baking time *(Einbrennlack)*; firing time *(Isolierkeramik)*
brennen v 1. burn; 2. bake; fire *(Isolierkeramik)*; roast *(CD)*
Brennfleck m 1. arc spot *(Lichtbogen)*; focal spot [point] *(Optik)*; 2. *(Laser)* cross-over point
Brennpunkt m focus, focal [focussing] point
Brennspannung f burning [operating, running, conducting] voltage *(Lampe, Röhre)*; maintaining voltage, arc(-drop) voltage *(Lichtbogen)*
Brennstoffelement n fuel cell
Brennstoffzellenfahrzeug n fuel cell vehicle
Brennweite f focal distance [length]
Brennweitenveränderung f/digitale *(Ko)* digital zoom
Brettschaltung f breadboard circuit [model]
Brewster-Fenster n *(Laser)* Brewster window
Briefkasten m/elektronischer electronic mailbox
Briefkopf m header *(Teil einer E-Mail)*
bringen v/auf den neuesten Stand update *(z. B. Informationen)*
Broadcast-Adresse f broadcast address
Brodeln n bubble *(Funkempfangstechnik)*
Broker m broker *(Dienstvermittler)*
Brotkrumen-Navigation f breadcrumb navigation *(Navigationshilfe auf Webseiten durch Aufzählung aller durchlaufenen Hierarchieebenen)*
Brotröster m/elektrischer electric toaster
Bruch m break, fracture, rupture
Bruchlochwicklung f fractional-slot winding
Bruchschwelle f fracture threshold
Bruchspannung f ultimate [failure] stress
Brücke f 1. *(Et)* bridge; 2. *(Dat)* bridge *(Netzverbinder für zwei gleiche lokale Datennetze)*
Brückenabgleich m bridge balance [balancing]
Brückenmethode f 1. *(Mess)* bridge-type method; 2. *(Hsp)* balanced detection method *(bei Teilentladungsmessung)*

Brückenschaltung f bridge circuit [connection, network]; diamond circuit *(Gleichrichterbrücke)* • **in Brückenschaltung** bridge-connected
Brückenspeisespannung f bridge supply [driving] voltage
Brückenweiche f bridge(-type) diplexer
Brückenwiderstand m 1. bridge resistance; 2. bridge resistor *(Bauelement)*
Brückenwiderstand m/äußerer external bridge resistor
Brückenzweig m bridge arm [branch], arm [leg] of the bridge
Brumm m hum, ripple
Brummabstand m signal-to-hum ratio
brummen v hum, ripple
Brummen n hum(ming); ripple; boom
Brummen n/elektromagnetisches electromagnetic hum
Brummen n/magnetisches magnetic hum
Brummfilter n ripple filter, hum eliminator
brummfrei hum-free
Brummfrequenz f hum frequency; double-frequency ripple *(bei Zweipulsgleichrichtung)*
Brummspannung f hum voltage, ripple (voltage)
Brummstrom m ripple current
Brummton m humming noise, hum
Brumm-Unterdrückung f *(Fs)* hum suppression
Brustmikrofon n breast-plate microphone, breast transmitter
B-Schirm m B scope *(Radar)*
BSD s. Berkeley-Software-Distribution
BTR-Schnittstelle f behind tape reader interface
Btx-ISDN-Anschluss m videotex-ISDN access
Bubble-Speicher m bubble memory
Buch n/elektronisches *(Ko)* electronic book, e-book
Buchholz-Schutz m 1. Buchholz relay protection; 2. cover-type gas-actuated relay *(des Transformatorkessels)*; pipe-line-type gas-actuated relay *(in Ölleitungen)*
Buchse f 1. socket (connector); jack; cable entry body; 2. bush *(für Lager)*
Buchsenfeld n 1. jack panel; 2. *(Nrt)*

pegboard, change-over panel; 3. *(Dat)* patch-board
Buchsenleiste *f* contact strip; edge socket connector *(für Leiterplatten)*
Buchsensteckverbinder *m* female connector
Buchungsautomat *m* automatic accounting apparatus
Buddy-System *n (Dat)* buddy system *(zur Hauptspeicherverwaltung)*
Bügeleisen *n/***elektrisches** electric iron
Bügelmaschine *f* ironer, ironing [pressing] machine
Bügelpresse *f* ironer, ironing [pressing] machine
Bühnenlichtregler *m* stage-light(ing) dimmer
Bühnenmikrofon *n* stage microphone
Bühnenscheinwerfer *m* stage projector
Bühnenstellwarte *f* stage-lighting control board
Bündel *n* 1. beam, cone *(z. B. von Strahlen)*; 2. bundle; 3. *(Nrt)* group (of lines)
Bündelbreite *f* beam width
Bündelkabel *n* bunched [bank] cable
Bündellänge *f (Dat)* burst length *(Gruppenübertragung)*
Bündelleiter *m* bundle conductor, conductor bundle
Bündelung *f* 1. bunching; bundling; 2. focussing, concentrating *(z. B. von Strahlen)*; 3. *(Nrt)* trunking
Buntsignal *n (Fs)* (carrier) chrominance signal
Bürde *f* burden, apparent ohmic resistance *(Wandler)*
Bürdenspannung *f* compliance voltage
Burn-in *m* burn-in *(Zuverlässigkeitsprüfung durch Betrieb bei erhöhter Temperatur)*
Burst *m* burst
Bürstenhalter *m* (commutator-)brush holder
Bürstenkante *f/***ablaufende** leaving edge (of brush), brush heel
Bürstenkante *f/***auflaufende** leading edge (of brush)
Bürstenverschiebung *f* brush displacement [shift]
Burstfrequenz *f* pulse burst frequency
Bus *m* (data) bus *(im Mikrorechner)*; bus system
Bus *m/***bidirektionaler** bidirectional bus

Busadapter *m* bus adapter
Busbreite *f (Dat)* bus width *(Pentium--PC: 32bit-Adressbus; Großrechner = main frame: 64bit-Adressbus)*
Busfreigabesignal *n* bus enable signal
Busleitung *f* bus line
Bus-Schnittstelleneinheit *f* bus interface unit, BIU
Bustreiber *m* bus driver
Busverriegelung *f* bus (inter)locking
Byte *n (Dat)* byte *(Speichereinheit einer Folge von 8 Bit)*
Byte *n/***hexadezimal codiertes** hexadecimal-coded byte, hexadecimal-coded octet
byte-organisiert byte-organized
byteseriell byte-serial
byteweise byte-by-byte, bytewise

C

Cache-Speicher *m* cache momory
Calciumcarbidofen *m* calcium carbide furnace
CAM 1. content-addressable memory; 2. computer-aided manufacturing
CAMAC-System *n* computer application to measurement and control, CAMAC *(Zweiweig-Interface--System für kernphysikalische Experimentiertechnik)*
Camcorder *m* camera recorder, camcorder
CAN controller area network, CAN *(Feldbusnorm zur einfachen Verbindung von Elektronikkomponenten mit einer Leitstelle, Multimaster-Bus in Anlehnung an das ISO/OSI-Schichten--Referenzmodell, entwickelt für den ursprünglichen Einsatz im Kraftfahrzeug)*
CAN-B-BUS *m*, **CAN-BUS** *m* CAN B Bus *(Bussystem im Automobilbau; 100 bis 500 kbit/s)*
CAN-C-BUS *m* CAN C BUS, CAN-C *(Bussystem im Automobilbau; 200 kbit/s bis 1 Mbit/s)*
Candela *f* candela, cd *(SI-Einheit der Lichtstärke)*
Candela *f* **je Quadratmeter** candela per square metre, cd/m² *(SI-Einheit der Leuchtdichte)*

CAPI common application programming interface, CAPI *(internationaler Standard für Zugriff von ISDN-Software auf die Hardware)*

CARAM content-addressable random-access memory, CARAM

CARD *(Dat)* CARD, compact automatic retrieval device *(kompakte Einrichtung zum Wiederauffinden von Informationen)*

CASE computer-aided software engineering, CASE

CB-Band *n (Nrt)* citizens' (wave)band *(Frequenzband)*

C-bewertet *(Ak)* C-weighted

CB-Funkverkehr *m* citizens-band radio-communication *(im Funkfrequenzbereich um 27 MHz)*

C-Bus *m* communications bus

C2C *s.* Kunde-zu-Kunde-Beziehung

CCD-Anordnung *f* CCD array, charge-coupled (device) array

CCD-Bildaufnahmeelement *n* **mit mäanderförmigen Kanalstrukturen** meander CCD, meander charge-coupled device

CCD-Bildaufnehmer *m* CCD imager, charge-coupled (device) imager

CCD-Bildwandler *m* charge-coupled (device) converter

CCD-RAM *n* charge-coupled random-access memory, CCRAM

CCD-Speicher *m* charge-coupled memory

CCD-Zeile *f s.* CCD-Anordnung

C-Chip *m* C-chip *(Mobilfunk-Modul, Mikrorechner im Automobil für Mobilfunktechnik)*

CCITT Comité Consultatif International Télégraphique et Téléphonique

CCITT-Bezugssystem *n* fundamental reference system of the CCITT

CCITT-Hochsprache *f* CCITT high level language, CHILL

CD *f* CD, compact disk

CD *f/bespielbare (Dat, Ko)* writable CD

CD *f/brennbare (Dat, Ko)* writable CD

CD *f/lösch-, les- und beschreibbare* erasable digital read and write compact disk, EDRAW-CD

CD Walkman® *m (Ko)* CD-Walkman®

CD-Audio-Datei *f (Ko)* CD Audio file

CDM-Entschachtelung *f (Ko)* code division demultiplex, CDD *(durch Korrelation)*

CD-Player *m*/**tragbarer** *(Ko) s.* CD Walkman®

CD-ROM-Brenner *m* CD-ROM burner

CD-ROM-Lese- und Schreib-Laufwerk *n* CD-ROM-RW drive *(PC-Peripherie)*

CD-Single *f* CD single *(CD mit 8 cm Durchmesser)*

CEE *Abkürzung für:* Commission on rules for the approval of electrical equipment

CEE-Kragengerätestecker *m* CEE-equipment plug

CEE-Kragengerätestecker *m*/**genormter** CEE-equipment plug

Cent *n (Ak)* cent *(1 Cent = 1/100 Halbton = Oktave/1200)*

CGS-System *n*/**elektromagnetisches** *(Mess)* CGS electromagnetic system (of units), CGSm

Challenge-Handshake-Authentifizierungsprotokoll *n* challenge handshake authentication protocol, CHAP *(Protokoll zur Authentifizierung bei PPP, Challenge-Response-Verfahren ohne Übertragung des Klartext-Passworts)*

Charakteristik *f* 1. characteristic; 2. characteristic (curve)

Charge *f* charge, batch

Chargenzeit *f* charge time

Check-Liste *f* check list

Chef-und-Sekretär-Anlage *f (Nrt)* "manager-and-secretary" station

Chemo-FET *m* chemical FET *(mit chemischer Membran als Gate)*

Chiffre *f* cipher, cypher

chiffrieren *v* cipher, code

Chiffrierschlüssel *m* key, code

CHIL-Technik *f (Me)* current hogging injection logic, CHIL *(Kombination von I²L- und CHL-Technik)*

Chip *m (Me)* chip, die *(Siliciumplättchen)*; chip *(integrierter Schaltkreis)*

Chip *m* **mit Bondhügeln** bumped chip

Chip *m* **mit integriertem Schaltkreis** integrated circuit chip

Chipausbeute *f* die (sort) yield *(von einer Scheibe)*

Chip-Bauelement *n* für

Oberflächenmontage surface-mounted component, SMC
Chipbonden *n* chip bonding
Chipbondinsel *f* chip pad
Chipentwurf *m* chip layout
Chipscheibe *f* chip slice
CHL-Technik *f (Me)* current hogging logic, CHL *(Schaltkreistechnik mit Lateralinjektion)*
Chopper *m* chopper
Chrommaske *f (Me)* chrome mask
CIE-Farbtafel *f* CIE colour plane *(Commission Internationale d'Eclairage)*
CIE-Testfarbenverfahren *n* CIE test-colour method
CIL *f (Me)* current injection logic, CIL *(extrem schnelle Logik mit Josephson-Brücken)*
CISC complex instruction set computer, CISC *(umfangreicher Befehlssatz eines Rechners, meist mehr als 300 Maschinenbefehle)*
CMC *s.* Kommunikation/computervermittelte
CMOS *m* CMOS, complementary metal-oxide semiconductor
C²MOS clocked complementary MOS
CMOS-Schaltkreis *m* CMOS circuit, complementary MOS [metal-oxide semiconductor] circuit
CMOS-Schaltkreis *m* auf Saphirsubstrat CMOS-on-sapphire circuit
C-Netz *n* C network, cellular radiotelephone network
COBOL COBOL, common business oriented language *(Programmiersprache für ökonomische Aufgaben)*
Cocktailparty-Effekt *m* cocktail-party effect *(Fähigkeit, sich beim zweiohrigen Hören auf eine unter vielen Schallquellen zu konzentrieren)*
Code *m* 1. *(Dat)* code *(als eindeutige Zuordnung der Zeichen eines Zeichenvorrats)*; 2. *(Nrt)* code
Code *m/n*-wertiger n-nary code
Code *m/*selbstkorrigierender *(Nrt)* error-correcting code, ECC, self-correcting code
Code *m* zur Erkennung von Manipulationen manipulation detection code, MDC

Codebuchstabe *m* code letter
Codeerkennung *f* code recognition
Codeleser *m* code (mark) reader
Codemuster *n* code pattern
Code-Rate *f (Dat, Nrt)* code rate
Codescheibe *f* code [coded, encoder] disk
Codeschlüssel *m* key
Codetabelle *f* code table [schedule], table of codes
Codeübersetzer *m* code translator
Codeumsetzer *m* code converter, digital conversion equipment
Code-Verdunkelung *f* code obfuscation *(z. B. zur Erschwerung des Reverse-Engineerings)*
Codewort *n* code word
Codezahl *f* code number
Codezeichen *n* code character
Codierer *m* 1. encoder, coder, coding device [set]; 2. coder *(Person)*
Codierer-Decodierer *m* codec, coder-decoder
Codierstecker *m* code [coding] plug
Codierung *f* mit variabler Codewortlänge *(Nrt)* variable length coding, VLC *(Huffman-Code; mittlere Codewortlänge L ≥ H)*
Codierungsfehler *m* coding error
Codierungsfolge *f* coding sequence
Codierungstheorie *f (Nrt)* theory of coding *(Quellencodierung, Signalcodierung, Kanalcodierung, Leitungscodierung)*
Codulation *f (Nrt)* combination of coding and modulation
Co-Fire *n* co-fire *(gleichzeitiges Einbrennen mehrerer Schichten)*
COLAPS *m* COLAPS, conversational language programming system
COMFET *m* COMFET, conductivity-modulation field-effect transistor
Common-Mode-Ausfall *m* common mode failure *(Mehrfachausfall auf Grund einer gemeinsamen Ursache)*
Compact Disc *f* compact disk [disc], CD
Compact-Disk *f* compact disk [disc], CD
Compass *m chinesisches Satelliten-Navigationssystem, ab 2008*
Compiler *m (Dat)* compiler, compiling program [routine]
Compiler *m/*benutzungssynchroner just-in-time compiler, JIT *(Übersetzung*

parallel zur Ausführung, bei Java und Skriptsprachen oft verwendet)
Computer m computer, computing [calculating] machine, calculator
Computerfreak m (Dat) geek
Computer-Funkmaus f (Dat) s. Funkmaus
computergestützt computer-aided, computer-assisted, CA, computer--based
Computergrafik f computer graphics
Computergrafik-Metafiles mpl computer graphics metafiles pl, CGM (Standard für Grafikdaten)
Computerlogik f computer logic
Computermaus f/kabellose (Dat) cordless optical mouse, cordless [radio] mouse, wireless mouse (mit optischer oder Funk-USB/PS2--Schnittstelle)
Computer-Notfallteam n computer emergency response team, CER
Computersicherheit f computer security
Computer-Virus m computer virus
Controller m/regelbasierter rule-based interpolating control (Expertensystem, Fuzzy)
Cookie n cookie (Informationseinheit zur Zustandsspeicherung in Web--Klienten)
COPLAMOS-Technologie f (Me) COPLAMOS technology (n-MOS--Technologie mit selbstjustierenden, lokal oxidierten Inseln)
Coulomb n coulomb (SI-Einheit der Elektrizitätsmenge oder der elektrischen Ladung)
Count-down m count-down
CPS 1. cathode-stabilized potential, CPS; 2. characters per second, CPS (Anzahl von Zeichen pro Sekunde, z. B. als Kenngröße zur Beurteilung von Druckern)
C₃RAM n continuously charge-coupled RAM, C₃RAM (aus Eintransistorzellen aufgebauter CCD-RAM)
Crashtest m crash test
CRC-Zeichen n cyclic redundancy check character (Kontrollzeichen, Datenaufzeichnung)
Cross-Software f cross software (Entwicklungs- und Testprogrammpaket)

Cross-Unterstützung f (Dat) cross support
Cross-Zertifizierung f cross--certification (wechselseitige Zertifizierung)
CRT CRT, cathode-ray tube
C-Schirm m (Fo) C-scope
CSJFET CSJFET, charge-storage junction field-effect transistor
CSMA-CD Bus m CSMA/CD bus, carrier sense multiple access/collision detection bus
Cursor m (Dat) cursor
Cursor-Kugel f (Dat) cursor ball (alternativ zum Touchpad bei Laptops)
CVD-Beschichtungsverfahren n chemical vapour deposition
Czochralski-Technik f Czochralski technique (Kristallzüchtung)

D

D1 (Ko) s. D1-Mobilfunknetz
D2 privat (Ko) D-Netz n der Fa. Vodafone
D-A digital-analogue
D/A digital-analogue
DA digital-analogue
DAB-T n digital audio broadcasting, terrestrial, DAB-T
Dach n top (Impuls)
Dachschalter m roof switch
d-Achse f (Ma) direct axis
Dahlander-Schaltung f Dahlander (pole-changing) circuit
Dämmerlicht n subdued [dimmed] light
Dämmstoff m insulant, insulating material [substance], insulator; lag
Dämmung f insulation (Schall, Wärme)
dampfbeständig vapour-safe, vapour--proof
dampfdicht vapour-tight; steam-tight
dämpfen v 1. attenuate, damp, dampen (z. B. Schwingungen); muffle, mute, deafen (z. B. Schall); subdue (z. B. Farben); 2. baffle (mechanisch); buffer (Stoß); cushion
Dämpfer m 1. (Ak) muffler, mute, silencer, (sound) damper; 2. cushion (z. B. Dämmpolster)
Dämpferkäfig m amortisseur (bei Synchronmaschinen)
Dämpfer-Regelung f/elektronische

electronic damper control *(beim Automobil)*
Dampfkraftwerk *n* steam (power) plant, steam-electric station; thermal power station
dampfundurchlässig vapour-tight, vapour-proof; steam-tight
Dämpfung *f* 1. attenuation, damping, extenuation *(eines Schwingkreises)*; 2. *(Ak)* muffling, muting; 3. coupling loss *(bei Lichteinkopplung oder -auskopplung auftretender Effekt eines Lichtwellenleiters)*
Dämpfung *f*/**aperiodische** aperiodic damping *(z. B. eines Signals)*
Dämpfung *f*/**durch Hagel bewirkte** *(Fs)* hail-induced attenuation
Dämpfungsausgleich *m (Nrt)* attenuation compensation [equalization]; transmission loss adjustment
Dämpfungsdekrement *n* damping decrement [factor]
Dämpfungsdrehmoment *n* damping torque
Dämpfungsglied *n* attenuator (pad), attenuation element [network, unit], damper; pad
Dämpfungskennlinie *f* attenuation characteristic [curve]
Dämpfungsmaß *n* attenuation constant [ratio, factor], attenuation equivalent [standard]
Dämpfungsschaltung *f* damping circuit
Dämpfungsschwund *m* attenuation fading
Dämpfungswicklung *f* damping [damper] winding
Dämpfungswiderstand *m* 1. damping [dissipative] resistance; loss resistance *(Stoßspannungsanlage)*; 2. damping resistor
Darlington-Leistungstransistor *m* Darlington power transistor
Darlington-Schaltung *f* Darlington circuit
darstellen *v* (re)present; display; plot
Darstellung *f* 1. (re)presentation; 2. *(Dat)* notation; 3. display; plot *(grafisch)*; 4. *(Dat)* font *(Schriftart)*
Darstellung *f*/**alphanumerische** alphanumeric representation
Darstellung *f* **als Signalflussbild** *(Rt)* block representation
Darstellung *f*/**analoge** analogue display
Darstellung *f*/**digitale** digital representation [display]
Darstellung *f*/**grafische** 1. graphic [diagrammatic] representation, plotting; 2. graph, diagram, plot
Darstellungsschicht *f (Dat)* presentation layer *(im ISO-Referenzmodell Festlegungen zu Informationsdarstellung und Informationsaustausch)*
DAT digital audio tape, DAT
Datei *f* (data) file, data bank [set]
Datei *f*/**temporäre** *(Dat)* temporary file *(Hilfsdatei, nach Beendigung löschbar; Dateiendung .tmp)*
Dateiattribute *npl (Dat)* file attributes *(a = archive; r = read only; h = hidden; s = system; Dateien mit h oder s werden nur nach besonderer Aufforderung angezeigt)*
Dateieigenschaften *fpl (Dat)* s. Dateiattribute
Dateiformat *n* **für Audio-Dateien** wave *(ohne Datenkomprimierung, unter Windows®; Dateiendung .wav)*
Dateigröße *f* data set size
Datei-Ordner s. Datei-Verzeichnis
Dateisystem *n* **neuer Technologie** New Technology File System, NTFS *(Dateisystem zur Organisation der Dateien auf der Festplatte)*
Dateiverarbeitung *f* file processing
Datei-Verzeichnis *n (Dat)* directory, folder
Daten *pl* data
Datenabnahmezustand *m* accept data state, ACDS
Datenadresse *f* data address
Datenaufzeichnung *f* data recording
Datenausgabe *f* data output [terminal]
Datenaustausch *m* data exchange
Datenaustausch *m*/**elektronischer** electronic data interchange, EDI
Datenautobahn *f* internet highway *(in USA geprägter Begriff)*
Datenbahn *f* data highway, way
Datenbank *f* data bank *(von mehreren Anwendern nutzbare Datenbasis)*; data base *(Datenbestand)*
Datenbasis *f* data base *(Datenbestand)*
Datenbus *m* data bus
Datenbus *m*/**serieller** serial data bus
Datenbusbreite *f* data-bus width

Datenbus-Stecker *m* data bus connector (*z. B. DB-9-Stecker mit 9 Pins, weiblich oder männlich*)
Datenbyte *n* data byte
Datenbyteübertragung *f* data byte transfer
Dateneingabe *f* data input, insertion of data
Dateneingabe *f* **und -ausgabe** *f* data in--out, data in/out, data I/O, DIO
Dateneingabeeinheit *f* server (*Zielrechner im Datennetz*)
Datenerfassung *f* data acquisition [collection, logging]
Datenfernübertragung *f* **über das öffentliche Paket-Datennetz, DFÜ** (*Nrt*) data transmission over PSPDN
Datenflussdiagramm *n* data flow chart [diagram]
Datenflussplan *m* data flow chart [diagram]
Datenformat *n* data format
Datenformat *n* **/grafisches** (*Dat*) initial graphics exchange specification, IGES (*für den hersteller- und anwendungsunabhängigen Austausch grafischer Daten unterschiedlicher CAD/CAM-Systeme*)
Datenkanal *m* (*Nrt*) digital channel, data channel
Datenkompression *f* data compression
Datenkonzentrator *m* (*Nrt*) data concentrator
Daten-LAN *n* local area data network
Datenmenge *f* data bulk [quantity], volume of data
Datennetz *n* data network
Datennetz *n* **/globales** (*Ko*) intercontinental data network, global data network
datenorientiert data-driven (*Programmierung*)
Datenpaket *n* packet of data, data packet
Datenprozessor *m* data processor
Datenrate *f* (*Dat, Ko*) s. Bitrate
Datenrepräsentation *f* **/externe** external data representation, XDR (*Standard für Datencodierung bei ONC-RPC*)
Datensammelleitung *f* data highway; data bus
Datensatz *m* (data) record; data set (*geordnete Datenmenge*)

Datenschutz *m* data protection, data privacy; privacy data protection
Datensicherheit *f* data integrity [security]
Datensicherung *f* backup, data protection [securing]; error control (*Verfahren zur Datenfehlererkennung und Datenfehlerkorrektur*)
Datenspeicher *m* data store [memory, storage unit]; data logger (*für Registrierung*)
Datenspeicherung *f* **/digitale** digital data storage, DDS (*Standard für Magnetbandverfahren*)
Datenspur *f* data track
Datenstation *f* (data) terminal, data station
Datenträger *m* data carrier [medium]
Datenübermittlungskanal *m* data communication channel
Datenübertragung *f* data transmission [transfer], (data) communications
Datenübertragungsanlage *f* (*Nrt*) data link
Datenübertragungsgeschwindigkeit *f* (*Nrt*) data transmission rate
Datenübertragungsnetz *n* (*Nrt*) data communication network
Datenübertragungsprotokoll *n* high--level data-link control, HDLC (*für Übertragung von Daten mit Fehlerkorrektur*)
Datenübertragungsraten *fpl* **für die GSM-Entwicklung/verbesserte** (*Ko*) Enhanced Data rates for GSM Evolution, EDGE
Datenübertragungssteuerung *f* **/gesicherte** high-level data-link control, HDLC (*Standard*)
Datenumsetzer *m* data converter
Datenverarbeitung *f* data processing
Datenverarbeitungsanlage *f* data processing machine [system], data processor
Datenverbindung *f* data connection [link]
Datenverdichtung *f* data compaction [compression], data reduction
Datenverschlüsselung *f* data (en-)coding, data encryption
Datenweg *m* data path
Datenwort *n* data word
Datumdrucker *m* date printer
DAU s. Digital-Analog-Wandler

Dauerbeanspruchung f continuous stress
Dauerbelastung f continuous [permanent, steady-state] load
Dauerbetrieb m 1. continuous duty [operation], permanent operation [service]; 2. (Ma) continuous running (duty)
Dauerbetrieb m mit Aussetzbelastung continuous operation with intermittent loading
Dauerbetrieb m mit konstanter Belastung continuous operating duty
Dauerbetrieb m mit Kurzzeitbelastung continuous operation with short-time loading
Dauerbetrieb m/periodischer continuous periodic duty
Dauerbetriebsbedingung f steady-state condition
Dauerdurchlassstrom m continuous forward current
Dauerdurchschlagspannung f asymptotic voltage
Dauererprobung f endurance test
Dauergleichstrom m continuous direct on-state current, continuous d.c. forward current (z. B. des Transistors)
Dauergrenzstrom m limiting average on-state current; average (output) rectified current (Stromrichter); rectified output current (Thyristor)
Dauerhaftigkeit f 1. durability, longevity; stability; 2. durability, permanence
Dauerkurzschluss m (Ee) sustained short circuit
Dauerkurzschlussstrom m sustained [steady-state] short-circuit current
Dauerleistung f continuous (power) output, constant power, continuous rating
Dauernennleistung f continuous rating
Dauerprüfung f endurance test (IEC 50-151)
Dauerschallpegel m/äquivalenter* equivalent continuous (sound) level, Leq, time average (sound pressure) level, equivalent steady sound level
Dauerschaltprüfung f (An) life test
Dauerstrich m continuous [long] dash (Telegrafie)
Dauerstrichbetrieb m continuous-wave operation, CW operation (z. B. eines Lasers)

Dauerstrichverfahren n continuous--wave method
Dauerstrom m continuous [steady, permanent] current; persistence current (Kryotechnik)
Dauertemperatur f steady-state temperature (im eingeschwungenen Zustand)
Dauerton m (Nrt) uninterrupted tone
Dauerversuch m 1. long-time test, extended-time test; 2. (Ma) continuous run trial; 3. fatigue test
Dauerwert m steady-state value
Dauerzeichen n (Nrt) continuous mark [marking signal]
Daumenregel f thumb [Ampere's] rule, Amperian float law
dazwischenschichten v sandwich
dB bezogen auf Vollausschlag dB [decibel] below full scale, dBFS
D-Band n (Ko) D band (Mikrowellenfrequenzbereich von 110GHz)
DBB dynamic bass boost, DBB
DBC s. Bremsregelung/dynamische
dBm dBm (dB, bezogen auf 1 mW)
DBMS data base management system, DBMS
dBu dBu (dB, bezogen auf 0,775 V)
dBV dBV (dB, bezogen auf 1 V)
DCC dynamic compact cassette, DCC
DCTL direct-coupled transistor logic, DCTL
DCTL-Schaltkreis m direct-coupled transistor logic circuit
DDL s. Direktantrieb/linearer
DDR s. Direktantrieb/rotierender
Dead-band-Effekt m dead-band effect (Grenzeffekt)
Dead-beat-Regelung f (Rt) dead-beat control
Debugger m (Dat) debugger (Fehlersuchprogramm)
dechiffrieren v decode, decipher
Decke f/abgehängte (Ak) suspended ceiling
Deckel m cover (plate), cap, lid; header (Transistor); roof (Lichtbogenofen)
Deckenleuchte f ceiling (light) fitting, surface-mounted luminaire
Deckenspannung f ceiling voltage [level] (im Regelkreis); nominal exciter ceiling voltage (Erregermaschine)
Deckschicht f covering layer, cover,

overlay, surface layer [film]; tarnishing film; final coating
Decoder *m* decoder
decodieren *v* decode
Decodierer *m* decoder
Decodiergerät *n* decoder
DECT-Frequenzbereich *m (Ko)* DECT frequency range *(1,88-1,90GHz)*
Defekt *m* defect, fault
Defektelektron *n* defect electron, (positive) hole, p-hole *(Halbleiter)*
Defekthalbleiter *m* defect [hole] semiconductor, p-type semiconductor
defektleitend *(Me)* p-conducting
Dehnung *f* extension, expansion; dila(ta)tion; elongation *(DIN 6790)*; stretch; strain; magnification *(eines Zeitmaßstabs)*
Dehnung *f*/**bleibende** permanent [plastic] strain
Dehnungsmessbrücke *f* strain(-gauge) measuring bridge, strain bridge
Dehnungsmessstreifen *m* (resistance) strain gauge, foil [wire] strain gauge
dekadenabgestimmt decade-tuned *(z. B. Oszillator)*
Dekadenuntersetzer *m* decade scaler, scale-of-ten circuit
Dekadenvervielfacher *m* decade multiplier
Dekadenzähler *m* decade counter
Dekrement *n* decrement
Dekrement *n*/**logarithmisches** logarithmic decrement (of damping), damping factor, decay coefficient
Deltaanpassung *f* delta match, Y-match
Deltafunktions-Spektrum *n* delta-function spectrum *(weißes' Spektrum)*
De-Mail *f (Ko)* secure e-Mail *(gesicherter Dokumentenaustausch zwischen Bürgern und Behörden oder Firmen; Pilotprojekt 2009; geplante Einführung 2010)*
Demodulation *f* demodulation, detection
Demodulator *m* demodulator
Demodulator *m* **für Frequenzmodulation** frequency discriminator
demodulieren *v* demodulate, detect
demontieren *v* demount, dismantle
depolarisieren *v* depolarize
Deri-Motor *m* Deri motor *(Repulsionsmotor)*

Destruktor *m* destructor *(objektorientierte Programmierung: spezielle Methode einer Klasse zum Entfernen bzw. Beenden eines Objekts)*
Detektor *m* detector
Detektorempfänger *m* crystal set
deutlich 1. distinct, clear, sharp; 2. *(Ak, Nrt)* intelligible, articulate
Deutscher satellitengestützter Positionsdienst *m* German global position service, GGPS
Deutung *f*/**semantische** *(Dat)* semantic interpretation
Dezentrierung *f* decentring, decentration; eccentricity
Dezibel *n* decibel, dB *(dekadisch--logarithmisches Pegelmaß)*
Dezimal-Binär-Umsetzung *f* decimal--(to-)binary conversion
Dezimal-Binär-Umwandlung *f* decimal-(to-)binary conversion
Dezimalcode *m* decimal code
Dezimaldarstellung *f* decimal notation
Dezimaleingabe *f* decimal input
Dezimalkomma *n* decimal point
Dezimalnotation *f* **mit Punkten** dotted decimal notation *(typische Schreibweise für IP-Adressen, z. B. 192.168.1.2)*
Dezimalzahl *f* decimal number
Dezimeterwellenbereich *m* decimetre [decimetric] wave range, ultrahigh--frequency wave range
Dezimeterwellentechnik *f* ultrahigh--frequency technique, u.h.f. technique
DFÜ s. Datenfernübertragung über das öffentliche Paket-Datennetz
D-Glied *n (Rt)* differentiator, derivating block [element]
Diagramm *n* diagram, graph, plot; chart
Dialogbetrieb *m (Dat)* interactive mode, conversation(al) mode
Dialoggerät *n (Dat)* interactive terminal *(zur unmittelbaren Dateneingabe und --ausgabe)*
dialogorientiert *(Dat)* conversational
Dialogsprache *f (Dat)* conversational language
Dialogtester *m (Dat)* interactive debugger
Diamagnetikum *n* diagmagnet, diamagnetic (substance)
Dibit *n* dibit

dichromatisch dichromatic, dichroic
dicht tight, (leak)proof, impervious; sealed, closed; dense, compact *(Struktur)*
Dichte f 1. *(Et)* density *(bei Strömungsfeldern)*; 2. (mass) density *(Masse je Volumeneinheit)*; 3. density *(Schwärzungsdichte)*; 4. *(Dat)* density *(Aufzeichnungsdichte bei Speichern)*
Dichtegefälle n density gradient
Dichtegradient m density gradient
dichten v seal, make tight [leakproof]
dichtgepackt *(Me)* close-packed, densely packed
Dichtung f seal; packing; gasket
Dicke f thickness
Dickenänderung f thickness variation
Dickenschwinger m *(Ak)* thickness [compression-type] vibrator, thickness resonator
Dickschicht f thick film
Dickschichtbauelement n thick-film element [component]
Dickschichthybridschaltung f thick--film hybrid circuit
Diebstahlwarnanlage f anti-theft alarm system
Dielektrikum n dielectric (material), non--conductor
dielektrisch dielectric, non-conducting
Dielektrizitätskonstante f dielectric constant [coefficient], permittivity
Dienst/in in operation, in service
Dienst m/verbindungsloser *(Nrt)* connectionless service
Dienstabfragetaste f *(Nrt)* order-wire key
Dienstanforderung f *(Nrt)* facility request
Dienstanschluss m *(Nrt)* service [official] telephone
Dienste mpl/integrierte integrated services pl, IS
Dienstelemente npl für Management--Informationen/allgemeine common management information service elements
Dienstgespräch n *(Nrt)* service call
Dienstleister m **zur Beilegung von Streitfällen/anerkannter** approved dispute-resolution service provider *(bei Ansprüchen auf Domänen-Namen - DNS)*
Dienst-Programm n *(Dat)* utility (program), duty program, service program
Dienst-Programme npl utilities pl *(z. B. Datenträgerpflege, Datensicherung, Datenrettung)*
Dienstvorschrift f service instruction
dieselelektrisch diesel-electric
Dieselkraftwerk n Diesel engine plant
Dieseltriebfahrzeug n diesel traction unit
Dieseltriebwagen m diesel multiple-unit set
Differenz-CMOS-Schaltungstechnik f *(Me)* differential cascode voltage switch logic, DCVS, CVSL
Differenzialanalysator m differential analyzer
Differenzialbogenlampe f differential arc lamp
Differenzialbremse f/**automatische** *(ADB)* automatic differential brake
Differenzialgegenverkehrssystem n *(Nrt)* differential duplex system
Differenzialgleichung f/**partielle** partial differential equation
Differenzialglied n *(Rt)* derivative [differential] element
Differenzialkalkül m/**boolescher** *(Dat)* Boolean differential calculus
Differenzialregler m *(Rt)* derivative [rate] controller, differential(-action) controller, differential regulator
Differenzialreglerverhalten n *(Rt)* derivative controller action
Differenzialschutz m differential protection; circulating current protection
Differenzialverhalten n *(Rt)* derivative (control) action, D action, differential [rate] action *(eines Reglers)*
Differenzialverstärker m differential [difference] amplifier
Differenzierglied n 1. *(Rt)* differentiating network; 2. *(Rt)* differentiating [advance] element
Differenzspannung f difference [differential] voltage
Differenzstromauslösung* f differential-current tripping
Differenzverstärker m differential [difference] amplifier; comparator (device)
Differenz-Vierphasenumtastung f **mit** π/4-**Versatz** *(Nrt)* π/4 differential

diffundieren 456

quadrature phase shift keying, π/4-DQPSK

diffundieren v diffuse

Diffusfeldempfindlichkeit f (Ak) diffuse-field sensitivity [response], random [reverberant-field] sensitivity

Diffusfeldmikrofon n diffuse-field [random-incidence] microphone

Diffusion f diffusion

Diffusionsbarriere f diffusion barrier

Diffusionslegierungstransistor m diffused-alloy transistor

Diffusionslegierungsverfahren n diffused-alloy process; diffused base alloy technique

Diffusionspotenzial n 1. (Me) diffusion [junction] potential; 2. (Ch) diffusion [liquid-junction] potential, diffusion electric tension

Diffusionspotenzialdifferenz f diffusion potential difference

Diffusionstechnik f (Me) diffusion technique; diffusion technology

Diffusionstransistor m diffusion [uniform base] transistor

Diffusität f (Ak) diffusivity

Diffusor m 1. diffuser, diffusor; 2. random-incidence corrector (Mikrofonzubehör)

Diffusübertragungsfaktor m (Ak) random-incidence response [sensitivity], random response

Digitalablesung f digital read-out

Digital-Analog-Datenumsetzung f digital-(to-)analogue data conversion, D/A conversion

Digital-Analog-Schaltung f/**gemischte [hybride]** hybrid digital-analogue circuit, D/A hybrid circuit

Digital-Analog-Umsetzer m s. Digital-Analog-Wandler

Digital-Analog-Wandler m, **DAU** digital-(to-)analogue converter, D/A converter

Digitalanschluss m (Nrt) digital connection; digital line; digital interface

Digitalanzeige f digital display [read-out]

Digitalanzeigeeinheit f digital display [read-out] unit

Digitalausgabe f digital output

Digitaldarstellung f digital notation [representation], digitizing

Digitaldaten pl digital data (bestehen nur aus Zeichen)

Digitaldrehgeber m digital shaft encoder

Digitale Bibliothek f digital library

Digitalfilter n mit endlicher Impulsantwort s. Digitalfilter/nicht rekursives

Digitalfilter n mit unendlicher periodischer Impulsantwort IIR digital filter, infinite impulse response digital filter (rekursives Digitalfilter)

Digitalfilter n/nicht rekursives finite impulse response digital filter, FIR digital filter, nonrecursive digital filter

Digitalinterface n digital interface

digitalisieren v digitize

Digitalkanal m/n-wertiger n-nary digital channel

Digital-Multiplex-Schnittstelle f digital multiplexed interface

Digitalnetz n/dienstintegriertes (Nrt) integrated services digital network, ISDN

Digitaloszilloskop n digital read-out oscilloscope (Abtastoszilloskop mit digitalem Röhrenvoltmeter)

Digitalprozessor m digital processor

Digitalrechner m digital computer

Digitalrechnertechnik f digital computer technique

Digitalregelung f digital control

Digitalregler m digital controller

Digitalsignal n/zweiwertiges (Nrt) binary digital signal

Digitalsignalprozessor m digital processor

Digitalspeicher m digital memory [store]

Digitaltechnik f digital technique

Digitaluhr f digital clock

Digitalumsetzer m (Dat) digital converter

Digitalvoltmeter n (Mess) digital voltmeter; sample-and-hold digital voltmeter, clamp-and-hold digital voltmeter (nach dem Amplitudenverfahren)

Digitalzähler m digital counter

Diktiergerät n dictating device, dictation machine

DIL-Gehäuse n dual-in-line package

Dimension f 1. dimension, size; 2.

Dimension *(einer physikalischen Größe)*
Dimmer *m (Licht)* dimmer
DIMOS double-implanted MOS
Diode *f* diode
Diodenfunktionsgenerator *m* diode function generator
Diodengleichrichter *m* 1. *(Le)* diode rectifier; 2. *(Me)* diode detector
Dioden-NOR-Gatter *n* diode NOR gate [circuit]
Dioden-ODER-Gatter *n* diode OR gate [circuit]
Dioden-Thyristor-Modul *n* diode--thyristor module
Dioden-Transistor-Logik *f* diode--transistor logic, DTL
Dioden-Transistor-Logik *f* **mit Lastkompensation** load--compensated diode transistor logic
Dioden-Transistor-Logik *f* **mit Z--Dioden** diode transistor logic with Zener diodes
Dioden-UND-Gatter *n* diode AND gate [circuit]
Diodenverstärker *m* diode amplifier
DIP-Gehäuse *n* dual-in-line package, DIP
Diplexbetrieb *m (Nrt)* diplex operation
Diplexer *m (Fs)* diplexer
Diplexverkehr *m (Nrt)* diplex operation
Dipol *m* 1. dipole, (electric) doublet; 2. *(Fo, Nrt)* dipole (aerial)
Dipolanregung *f* dipole excitation
Dipolantenne *f (Fo, Nrt)* dipole aerial, dipole
Dipolmoment *n* dipole moment
Dirac-Impuls *m* Dirac impulse
Directory-Dienst *m (Nrt, Dat)* directory service
Direktadresse *f (Dat)* direct address
Direktantrieb *m/linearer (DDL)* direct drive linear, DDL
Direktantrieb *m/rotierender* direct drive rotary, DDR
Direktanzeige *f* direct indication
Direktbefehl *m (Dat)* immediate [direct] instruction
Direktbonden *n* **von Siliciumwafern** silicon fusion bonding, SFB
Direkteinspritzung *f* direct injection
Direktregler *m (Rt)* self-actuated controller
Direktruf *m (Nrt)* direct call; hot line

Direktsichtbildröhre *f* direct view tube, direct viewing (picture) tube, direct--vision tube
Direktstart *m* auto cue *(der Wiedergabe am Titelbeginn)*
Direktsteuerung *f* direct control
Direktumrichter *m* cycloconverter
Direktverbindung *f (Nrt)* hot line (connection)
Direktzugriffsspeicher *m* direct-access memory, random-access memory, RAM
Disassembler *m (Dat)* disassembler
Disjunktion *f* disjunction, logic(al) sum; OR operation, OR circuit, inclusive disjunction [OR] *(Schaltalgebra)*
Diskette *f (Dat)* diskette, floppy disk, (magnetic) flexible disk
Diskettenlaufwerk *n* diskette [floppy--disk] drive
Diskriminator *m* discriminator
Dispatchersteuerung *f* dispatch centre control
dispergieren *v* disperse *(Stoffe)*
Dispersion *f* 1. dispersion *(Teilchen, Wellen)*; 2. dispersive system; 3. variance *(Statistik)*
Display *n* display
Dissonanz *f (Ak)* discord
Dissoziation *f/elektrolytische* electrolytic ionization [dissociation]
dissoziieren *v* dissociate; ionize
Distanzadresse *f (Dat)* displacement (address), bias address
Distanzregelung *f/automatische* automatic distance control *(im Automobil)*
Distanzrelais *n* distance relay
Distanzschutz *m (Ee)* distance relaying, distance [impedance] protection
Distribution *f (Dat)* distribution *(Einheit von Betriebssystem und Zusatzsoftware)*
DI-Transistor *m* double-implanted MOS
Dividierglied *n (Dat)* division unit *(Bauelement)*
Divisionsbefehl *m (Dat)* division command
DKB s. Durchlaufbetrieb mit Kurzzeitbelastung
3-D-Klang *m* 3-D sound
DMM *(Ak)* direct metal mastering, DMM
DMM-Technik *f (Ak)* direct metal mastering, DMM

D1-Mobilfunknetz *n (Ko)* D-net by German Telekom® *(GSM-Mobilfunknetz im 900 MHz-Bereich; Betreiber Deutsche Telekom®)*

DMOS *m* double-diffused metal-oxide semiconductor, double-diffused MOS, DMOS

DMOS-Feldeffekttransistor *m* double-diffused metal-oxide silicon field-effect transistor, double-diffused MOSFET

Dokument *n (Dat)* document *(Dateiendung .doc in Winword; Dateiendung .txt für editierbare reine Textdateien)*

Dokument n/elektronisches *(Ko)* PDF-file, portable document format file *(nach Adobe-Systems-Spezifikation)*

Dokumentation *f (Dat)* documentation

Dokumentdatei *f* document file *(Endung .doc in MS Word)*

Dokument-Fenster *n (Dat)* document window

Domain-Namensdienst *m (Ko)* domain name service, DNS *(über DNS-Abfrage werden Domain-Namen, also Internet-Adressen, in die IP-Adressen, d.h. Zahlenkolonnen, umgewandelt)*

Domäne *f (Me)* domain

Domänenauslösung *f* domain triggering

Domänenspeicher *m* domain tip device

Domino-CMOS-Logik *f (Me)* Domino-CMOS-logic *(Kombination von statischer und dynamischer Technik)*

Donator *m (Me)* donor

Donatordichte *f* donor density

Donatorelement *n* donor element

Donatorstörstelle *f* donor impurity

Donatorverunreinigung *f* donor impurity

Donatorwanderung *f* donor migration

Doppelablenksystem *n (Me)* double deflection system

Doppelabtastung *f (Rt)* double sampling

Doppelader *f* pair, twin wire

Doppelader f/ungeschirmte verdrillte unshielded twisted pair, UTP

doppeladrig twin-wire(d)

Doppelakzeptor *m (Me)* double acceptor

Doppelbasisdiode *f* unijunction transistor, double-base diode

Doppelbegrenzer *m* slicer, amplitude gate

Doppelbild *n (Fs)* ghost image [picture], double image [picture], echo image

Doppelbit *n* dibit, double bit

Doppelbrechung *f* birefringence, double refraction

Doppelbreitbandempfang *m (Nrt)* dual diversity reception *(Schwundverminderung)*

Doppelbreitbandempfänger *m (Nrt)* dual diversity receiver

Doppeldiffusions-Metalloxidhalbleiter *m* double-diffused metal-oxide semiconductor, double-diffused MOS, DMOS

Doppeldigitalspeicher *m (Dat)* twin digital store

Doppeldiode *f* duodiode, double [duplex, twin] diode

doppeldotiert *(Me)* double-doped

Doppeldreieckschaltung *f* double-delta connection

doppelepitaxial *(Me)* double-epitaxial

Doppelerdschluss *m* double earth fault, two-line-to-earth fault

Doppelgate *n* dual gate

Doppelgegensprechbetrieb *m (Nrt)* quadruplex working

Doppelgitterröhre *f* double-grid valve, bigrid valve; negatron *(zur Erzielung negativer differenzieller Widerstände)*

Doppelglockenisolator *m* double bell(-shaped) insulator, double-cup insulator

Doppelhausanschlussdose *f* double-service box

Doppelimpuls-ohne-Rückkehr-zu-Null-Verfahren *n* double-pulse NRZ [non-return-to-zero] recording

Doppelinjektion *f (Me)* double injection

Doppelisolatorkette *f* double string of insulators

Doppelkäfigläufer *m* double squirrel-cage rotor, double-cage rotor

Doppelkontakt *m* double [twin, collateral] contact; split contact; three-terminal contact; change-over contact *(Schalter)*

Doppelkopfhörer *m* double headphone

Doppelkreisdiagramm *n (Ma)* double-circle diagram

Doppellackdraht *m* double-coated wire

Doppelleiterplatte *f* dual board

Doppelleitung f two-wire line, double--circuit line, double(-conductor) line, double lead, pair (of leads) *(Freileitung)*
Doppelleitung f/**unabgeschirmte verdrillte** unshielded twisted pair, UTP
Doppellitze f twin flex [flexible cord]
Doppelmodulation f *(Nrt)* double [dual] modulation, compound modulation
doppeln v duplicate
Doppelnutkäfig m double-slot (squirrel) cage, twin-slot (squirrel) cage *(Kurzschlusskäfig)*
Doppel-Polysiliciumgate-MOS--Struktur f *(Me)* double-polysilicon--gate MOS structure
Doppelpunkt m *(Dat)* colon, double--point *(Programmierung)*
Doppelruhekontakt m double-break (contact)
Doppelschicht f *(Ch, Me)* double layer
Doppelschichtung f double stacking *(Leiterplatten)*
Doppelschlussgenerator m compound-wound generator
Doppelschlussmotor m compound motor
Doppelschlussverhalten n compound characteristic
Doppelschnur f twin cord
Doppelschnur f **mit verschiedenfarbigen Adern** two--colour conductor cord *(zur Kennzeichnung)*
Doppelschritt m dual slope *(bei der Digital-Analog-Wandlung)*
Doppelspitzenwert m peak-to-peak value [level]
Doppelsprechbetrieb m *(Nrt)* phantom working
Doppelsprung m *(Dat)* double jump *(Programmierung)*
Doppelspuraufzeichnung f twin-track recording
Doppelstichprobe(nentnahme) f *(Qu)* double sampling
Doppelstrich m double dash
Doppeltastung f *(Nrt)* double(-pole) keying
Doppeltiegelmethode f double-crucible method *(Kristallzüchtung)*
Doppelvoltmeter n double(-range) voltmeter
Doppelweggleichrichter m full-wave rectifier

Doppelwegthyristor *(Le)* triac, bidirectional triode thyristor
Doppelwendel f coiled-coil filament, coiled coil
Doppelwendellampe f coiled-coil lamp
Doppelzackenschrift f duplex variable--area track, bilateral (area) track, double-edged variable width sound track *(Tonfilm)*
Doppelzellenschalter m double cell [battery] switch, double-pole battery (regulating) switch
Doppler m *(Dat)* duplication punch
Doppler-Effekt m Doppler effect
Dopplerstufe f doubler stage *(Frequenzverdopplung)*
Dopplung f 1. doubling *(Frequenz)*; 2. *(Dat)* duplication
Dorno-Bereich m Dorno region *(Wellenlängenbereich von 280,4 bis 313,2 nm)*
Dose f box; capsule *(z. B. Tonabnehmer)*
Dosenfernhörer m *(Nrt)* watch receiver
Dosenschalter m box switch
Dosensicherung f box fuse
Dosis f 1. dose, dosage; 2. *(Ak)* (noise) exposure
Dotand m *(Me)* dopant
dotieren v *(Me)* dope
dotiert/hoch heavily doped
Dotierung f *(Me)* doping
Dotierungsatom n doping atom
Dotierungsgas n doping gas
Dotierungsmittel n dopant, doping agent, dope additive
Download m *(Ko)* download *(aus dem Internet)*
Draht m wire
Draht m/**abgeschirmter** shielded [screened] wire
Draht m/**blanker** naked [bare, uncovered] wire, uninsulated wire
Draht m/**einmal mit Papier isolierter** single-paper-covered wire
Draht m/**emaillierter** enamel-insulated wire
Draht m/**feuerverzinkter** tin-coated wire, hot-tinned wire
Draht m/**gelitzter** stranded wire
Draht m/**gummiisolierter** rubber--covered wire
Draht m/**isolierter** insulated wire
Draht m/**seideisolierter** silk-covered wire

Draht

Draht *m*/**umflochtener** braided wire
Draht *m*/**ummantelter** sheathed wire
Draht *m*/**verdrillter** twisted wire
Draht *m*/**verzinkter** galvanized wire
Draht *m*/**verzinnter** tinned [tin-coated] wire
Drahtanschrift *f* telegram [cable, telegraphic] address
Drahtbonder *m* (Me) wire bonder
Drahtbondinsel *f* (Me) wire-bond pad
Drahtbruch *m* 1. break [rupture] of wire, wire break; 2. broken wire
Drahtende *n* pigtail
Drahterosionsmaschine *f* wire spark--erosion machine *(elektroerosive Bearbeitung)*
Drahtfernsprechen *n* wire telephony
Drahtfunk *m* 1. (Nrt) wire(d) broadcasting, wire(d) broadcast, line radio [diffusion]; 2. (Fs) line broadcasting *(hochfrequente Übertragung eines Rundfunkprogramms über Telefon--Leitungen im LW-Bereich)*
Drahtfunkleitung *f* carrier line [circuit]
Drahtfunksender *m* line-radio station
Drahtheizkörper *m* wire(-wound) heating element
Drahtkern *m* wire core
drahtlos wireless
Drahtrundfunk *m* wire broadcasting
Drahtseil *n* steel cable [rope], wire cable
Drahttelefonie *f* wire telephony
Drahttelegrafie *f* wire [line, land] telegraphy
Drahtwendel *f* wire filament, helix of wire
Drahtwendelheizkörper *m* spiral wire--heating element
Drahtwiderstand *m* wire(-wound) resistor
Drain *m* drain *(Elektrode eines Feldeffekttransistors)*
Drainbasisschaltung *f* (Me) grounded--drain circuit
Drainbasisverstärker *m* (Me) grounded-drain amplifier
Drain-Gate-Durchbruchspannung *f* (Me) drain-gate breakdown voltage
Drain-Schaltung *f* common drain *(Transistor)*
Drain-Source-Durchbruchspannung *f* (Me) drain-source breakdown voltage
Drain-Source-Durchlassspannung *f* (Me) drain-source on-state voltage
Drain-Source-Einschaltwiderstand *m* (Me) drain-source turn-on resistance
Drainwiderstand *m* (Me) drain resistance
Drall *m* 1. spin, angular momentum; 2. twist *(Kabel, Leitungen)*
Drehachse *f* 1. rotation axis, axis of rotation *(gedachte Linie)*; 2. rotating shaft *(rotierende Welle)*
Drehanker *m* (Ma) rotating armature
Drehantenne *f* (Fo) spinner, rotating aerial
drehbar rotatable, revolving
Drehbeschleunigung *f* angular [circular] acceleration
Drehbewegung *f* rotary [rotational] motion
Dreheiseninstrument *n* moving-iron instrument, soft-iron instrument, electromagnetic [ferrodynamic] instrument
Dreheisenvoltmeter *n* moving-iron voltmeter
drehen *v* 1. rotate; turn; 2. shift *(Phase)*
Drehfeld *n* (Ma) rotating (magnetic) field, revolving (magnetic) field
Drehfeldantenne *f* rotating field aerial
Drehfeldempfänger *m* synchro--receiver, selsyn repeater, torque--synchro receiver *(für Drehmomente)*
Drehfeldgeber *m* synchro transmitter [generator], selsyn (transmitter), torque-synchro transmitter *(für Drehmomente)*
Drehfeldumformer *m* rotating field converter
Drehfunkfeuer *n* (Fo) rotating [revolving] radio beacon
Drehgestellmotor *m* (AE) bogie--mounted motor
Drehimpuls *m* angular momentum, moment of momentum, spin *(z. B. von Elementarteilchen)*
Drehknopf *m* (rotating) knob
Drehkondensator *m* variable capacitor
Drehkondensatorplatten *fpl* **mit Mittellinienschnitt** midline plates
Drehmoment *n* 1. torque, moment of couple [rotation]; 2. torsion(al) moment
Drehmomentabgleich *m* torque adjustment

Drehmomentbegrenzer *m* torque limiter

drehmomentgeregelt *(Ma)* torque-controlled

Drehmomentgleichung *f* torque equation

Drehmomentkennlinie *f (Ma)* torque characteristic

Drehmomentpendelung *f (Ma)* torque pulsation

Drehmomentwandler *m* torque converter

Drehrahmenantenne *f (Fo)* rotating frame [loop] aerial

Drehrahmenpeilantenne *f (Fo)* rotating frame antenna, moving frame antenna, rotating frame direction-finder antenna

Drehrahmenpeiler *m (Fo)* rotating frame direction finder

Drehrichtung *f* direction of rotation, rotational direction

Drehrichtungs(anzeige)schild *n* rotation plate

Drehschalter *m* 1. rotary [turn] switch; 2. *(Hsp)* rotating insulator switch; screwdriver-actuated switch

Drehscheibe *f* turntable, rotary table

Drehsinn *m* rotation sense, sense [direction] of rotation

Drehspulamperemeter *n* moving-coil ammeter

Drehspulgalvanometer *n* moving-coil galvanometer, d'Arsonval galvanometer

Drehspulinstrument *n (Mess)* (permanent-magnet) moving-coil instrument, magnetoelectric instrument, torque coil magnetometer

Drehstrom *m* three-phase current

Drehstromanker *m* three-phase armature

Drehstrombrücke *f* three-phase bridge

Drehstromgenerator *m* three-phase generator

Drehstromhintermaschine *f* Scherbius advancer

Drehstromkommutatormotor *m* three-phase commutator motor

Drehstromlokomotive *f* three-phase electric locomotive

Drehstrommotor *m* three-phase (current) motor

Drehstromnebenschlussmotor *m* three-phase shunt commutator motor

Drehstromnetz *n* three-phase (supply) network, three-phase system

Drehstromreihenschlussmotor *m* three-phase compound commutator motor

Drehstromsynchronmotor *m* three-phase synchronous motor

Drehstromtransformator *m* three-phase transformer

Drehstromtrennschalter *m* three-phase switch

Drehstromtriebfahrzeug *n* three-phase a.c. motor vehicle *(IEC 50-811)*

Drehstrom-Zugförderung *f* three phase a.c. traction *(IEC 50-811)*

Drehtisch *m* rotary [rotating] table; turntable

Drehumformer *m* rotary converter

Drehung *f* revolution; turn

Drehung *f* gegen den Uhrzeigersinn anticlockwise rotation

Drehung *f* im Uhrzeigersinn clockwise rotation

Drehvektor *m* torsion vector

Drehwähler *m (Nrt)* rotary switch, uniselector, single-motion selector

Drehwiderstand *m* (rotary) rheostat, variable resistor

Drehwinkel *m* rotational angle, angle of rotation

Drehwinkel *m*/**elektrischer** function angle *(Potenziometer)*

Drehzahl *f* speed (of rotation); number of revolutions (per unit time)

Drehzahlabfall *m* falling-off in speed, speed drop

Drehzahländerung *f* speed variation, change of speed

Drehzahlanstieg *m* speed rise

Drehzahl-Drehmoment-Kennlinie *f* speed-torque characteristic [curve]

Drehzahlgeber *m* speed sensor

drehzahlgeregelt speed-controlled

Drehzahlmesser *m* speed [revolution] counter; speedometer, tachometer

Drehzahlregelung *f* 1. (rotary) speed control, speed regulation; closed-loop speed control; 2. *(Ak)* pitch control *(Schallaufzeichnung)*

Drehzahlregler *m* speed controller [governor], (rotary) speed regulator; speed-regulating resistor [rheostat]

Drehzahlrückführung *f* tachometer feedback

Drehzahlsollwertangabe

Drehzahlsollwertangabe *f* standard r.p.m. [revolutions per minute] set value
Drehzahlstellmotor *m* adjustable constant-speed motor
Drehzahlstufung *f (Ma)* speed steeping
drehzahlveränderlich variable-speed
Dreiadressenbefehl *m (Dat)* three-address command [instruction]
dreiadrig three-wire, three-core
Dreibanden-Leuchtstofflampe *f* triphosphor tube fluorescent lamp, primecolour fluorescent lamp
dreieckgeschaltet delta-connected, connected in delta [mesh]
Dreieckschaltung *f* delta connection
Dreieckspannung *f* delta [mesh] voltage, phase-to-phase voltage
Dreieingangs-NAND-Gatter *n* three-input NAND gate
Dreierbündel *n* triple conductor, three-conductor bundle, triplex bundle conductor
Dreifachkabel *n/konzentrisches* triple concentric cable
Dreifachkäfiganker *m* triple (squirrel-)cage armature
Dreifachlogik *f (Dat)* tristate logic
Dreifachschnur *f* triple cord
Dreifachstecker *m* three-pin plug, triplug
Dreifadenlampe *f* three-filament lamp
Dreifarbenbildröhre *f* tricolour picture tube
Dreifingerregel *f* hand rule
Dreiklanggong *m* three-tone chime
Dreiklang-Tonruf *m* three-tone ringing
Dreileiterendverschluss *m* trifurcating box [sealing end] *(für Dreileiterkabel)*
Dreileiterkabel *n* three-conductor cable, three-core cable, triple-core cable, cable in triples
Dreileiterkabel *n/konzentrisches* concentric three-core cable
Dreileiterkoaxkabel *n* concentric three-core cable
Dreileitersystem *n* three-wire system
Dreileitersystem *n* **ohne Nullleiter [Sternpunktleiter]** three-phase three-wire system
Dreilochwicklung *f* three-slot winding
Dreiphasenanschluss *m* three-phase connection
Dreiphasen-Asynchronmaschine *f* three-phase asynchronous machine [motor]
Dreiphasenbrücke *f/halbgesteuerte* three-phase half-controlled bridge
Dreiphasenbrücke *f/vollgesteuerte* three-phase fully controlled bridge
Dreiphasenbrückenwechselrichter *m* **mit Pulsweitenmodulation** *(Le)* three-phase bridge pulse-width-modulated inverter
Dreiphasengleichrichter *m* three-phase rectifier
Dreiphasen-Graetz-Schaltung *f* three-phase bridge-type rectifying circuit
Dreiphasenmaschine *f* three-phase machine
Dreiphasennebenschlussmotor *m* three-phase shunt commutator motor
Dreiphasennetz *n* three-phase circuit [system, network]
Dreiphasennetz *n/symmetrisches* balanced 3-phase network
Dreiphasenreihenschlussmotor *m* three-phase series commutator motor
Dreiphasenschaltung *f* three-phase connection
Dreiphasensechspulsstromrichter *m* *(Le)* three-phase full-wave bridge converter
Dreiphasen-Synchronmaschine *f* three-phase synchronous machine [motor]
Dreiphasensynchroskop *n* three-phase synchroscope
Dreiphasenwicklung *f* three-phase winding
Dreipunktregelung *f (Rt)* three-step control, three-position control
Dreipunktschaltung *f* three-point connection [circuit]
Dreipunktverhalten *n (Rt)* three-step action, three-level action
Dreistiftstecker *m* three-pin plug
Dreistrahlfarbfernsehröhre *f* three-gun colour picture tube
Drei-Wege-Handshake *m* three-way handshake *(z. B. bei TCP)*
Dreiwegeschalter *m* three-way switch, three-position switch, three-point switch
Dreiwegestecker *m* three-way plug
Drift *f (Me, Mess)* drift
Driftfehler *m* drift error
Driftfeld *n* drift field

Drifttransistor *m* drift [graded base] transistor
Drillung *f* twist; torsion
Dropout *m* drop-out *(bei Ton- und Videoaufzeichnungen)*
Drossel *f* choke, choking coil, reactor
• **ohne Drossel** chokeless
Drosselkreis *m* choking circuit
drosseln *v* 1. choke; 2. throttle *(mechanisch)*
Drosselregelung *f* reactor control
Drosselspule *f* choke (coil), choking [inductance, reactance] coil, inductor, reactor (coil)
Druck *m* 1. pressure; compression; 2. printing; print *(von Daten)*
Druckabhängigkeit *f* pressure dependence
Druckaufnehmer *m* pressure transducer [pick-up, sensor, gauge]; barometric sensor
Druckausgleich *m* equalization of pressure; pressure compensation
Druckbefehl *m (Dat)* printing command [instruction]
druckbetätigt pressure-actuated, pressure-operated
druckdicht pressure-tight, pressure-sealed
Druckempfänger *m* 1. printing telegraph, printer; 2. pressure transducer
druckempfindlich pressure-sensitive, pressure-responsive
drucken *v* print
Drucken *n (Dat, Nrt, Mess)* printing
Drucker *m (Dat, Nrt, Mess)* printer, printing device
Drucker-Treiber *m* printer driver *(Software für die Druckersteuerung, gerätespezifisch)*
druckfest resistant to pressure [compression]
Druckfühler *m* pressure gauge; barometric sensor
Druckgaskabel *n* gas(-pressure) cable, compressed-gas insulated cable
Druckgasschalter *m* (compressed) gas-blast circuit breaker, air-blast breaker, gas-blast switch
Druckguss *m* (pressure) die casting *(Metall)*
druckisoliert pressure-insulated
Druckkabel *n* pressure cable

Druckkabel *n*/**geschlossenes** self--contained pressure cable
Druckknopf *m* push button, (press) button, key
Druckknopfbetätigung *f* push-button operation
Druckknopfschalter *m* (push-)button switch, finger push switch
Druckknopftaste *f* plunger key, push button
Druckkontakt *m* pressure contact, push [butt] contact
Druckkopf *m (Dat)* print head
Druckluftschalter *m* 1. air-pressure circuit breaker, air-blast (circuit) breaker; air-pressure switch; 2. pneumatic switch
Druckluftschalter *m* **mit Selbstblasung** autopneumatic circuit breaker
Druckluftschütz *n* electropneumatic contactor
Druckmikrofon *n* (sound) pressure microphone
Drucköllabel *n* oilostatic cable
Druckoriginal *n* artwork [production] master, master pattern, photomaster, artwork *(Leiterplatten)*
Druckrad *n (Dat)* type wheel
Druckrolle *f* 1. pressure [pad] roll; 2. *(Dat)* type wheel
Druckschalter *m* pressure [sliding key] switch, monostat
Druckschaltung *f (Me)* printing circuit
Druckschaltungsplatte *f* printed circuit panel
Druckschaltungstechnik *f* printed circuit technique, technique of printed wiring; printed circuit technology
Druckschweißen *n* pressure welding
Drucksonde *f* static (pressure) tube
Druckstock *m* artwork, printed circuit [wiring] master, master pattern, photomaster *(Leiterplatten)*
Drucktaste *f* push [press] button, key
Drucktastenfeld *n* push-button keyboard
Drucktaster *m* push-button switch
Druckübertrager *m* pressure transducer
Druckverfahren *n*/**photoelektrisches** *(Dat)* photoelectronic [photronic] printing
Druckvorlage *f* photographic original,

Druckwerk 464

master pattern, photomaster, artwork master *(Leiterplatten)*
Druckwerk n *(Dat, Nrt, Mess)* printer, printing mechanism, print-out device [unit]
Druckzeile f printed line, line of print
Druck-Zug-Schalter m push-pull switch
DSC s. Stabilitätsregelung/dynamische
DSL 16000 *(Nrt, Ko)* digital subscriber line for 16000 kbit/s *(nach ADSL2+- -Standard; bis zu 25 Mbit/s downstream; bis zu 3,5 Mbit/s upstream)*
DTC s. Traktionsregelung/dynamische
DTE desk-top engineering *(CAD- und DTP-verknüpfte Systeme zur Textbearbeitung)*
DT-Logik f diode-transistor logic, DTL
DTL-Schaltung f mit Z-Dioden *(Me)* diode transistor logic with Zener diodes, DTLZ
DTP desk-top publishing
DT-Schaltkreistechnik f s. DT-Logik
dual dual, binary
Dualboot m *(Dat)* dual boot *(Möglichkeit, auf einem PC zwei verschiedene Betriebssysteme zu booten; Voraussetzung: Partitionierung der Festplatte)*
Dual-in-line-Gehäuse n dual-in-line package, DIP *(mit zwei Reihen Anschlusskontakten)*
Dualschaltung f dual circuit
Dualstelle f binary place [position]
Dualsystem n binary (number) system
Dualzahl f binary number
Dummy n dummy *(funktionslose Leiterbahn)*
dunkel 1. dark, deep *(Farbe)*; 2. dull *(Ton)*
Dunkelentladung f dark [silent, cold electronic] discharge
Dunkelfeld n dark field [ground]
Dunkelraum m dark space
Dunkelschaltung f synchronizing-dark connection [method]
Dunkelstrahler m dark(-ray) radiator
Dünnschicht f thin film [layer]
Dünnschichtauftragung f *(Me)* thin-film deposition
Dünnschichtelement n/passives thin- -film passive (circuit) element

Dünnschichtisolator m thin-film insulator
Dünnschichtresonator m auf Siliziumbasis film bulk acoustic resonator, FBAR
Dünnschichtschaltung f thin-film circuit
Dünnschichtschaltung f/integrierte thin-film integrated circuit, thin-film IC
Dünnschichtspeichermatrix f thin-film store matrix
Dünnschichtspeicherung f thin-film storage
Dünnschichttechnik f thin-film technique
Duodiode f twin [double] diode, duodiode
Duoschaltung f dual lamp circuit, twin- -lamp circuit *(Leuchtstofflampen)*
Duplex-Übertragung f/raumgeteilte *(Nrt)* space-division duplex, SDD
Duplexverkehr m *(Nrt)* duplex communication
Düppel m *(Fo)* window
durchbrennen v blow (out), fuse *(Sicherung)*; burn out *(Lampe, Spule)*
Durchbrennstrom m blowing current *(Sicherung)*
Durchbruch m 1. breakdown, disruptive discharge *(elektrische Spannung)*; 2. cut, opening
Durchbruchdiode f avalanche [breakdown] diode
Durchbrucherscheinung f in CMOS- -Schaltungen *(Me)* latchup
Durchbruchfeldstärke f breakdown field strength
Durchbruchspannung f breakdown voltage, disruptive discharge voltage; avalanche voltage *(Diode)*
durchdrehen v 1. turn *(Turbogenerator)*; 2. *(Nrt)* hunt over a complete level
durchdringen v penetrate
Durchdringungsvermögen n penetrating power; permeativity
Durchfluss m flow, flowing-through, passage
Durchflutung f magnetomotive force, mmf
Durchflutungsgesetz n Ampere's law [principle]
Durchflutungswelle f *(Ma)* mmf wave
Durchführbarkeitsuntersuchung f feasibility study

durchführen *v* pass [lead] through *(z. B. elektrische Leitungen)*
Durchführung *f* 1. bushing, grommet *(für Kabel)*; outdoor bushing *(Freiluftausführung)*; lead-through, feed-through (lead); 2. leading through
Durchführung *f/eingegossene* compound-filled bushing
Durchführungsbolzen *m* duct bolt
Durchführungselektrode *f* lead--through electrode
Durchführungsisolator *m* (wall) bushing insulator, insulated bushing, wall tube insulator; lead-through insulator, leading-in insulator; down--lead insulator *(Antennen)*
Durchführungskondensator *m* bushing-type capacitor, duct [wall bushing] capacitor; feed-through capacitor
Durchführungskondensator *m/ keramischer* feed-through ceramicon
Durchgang *m* 1. passage, pass; transit; 2. transmission *(Strahlung)*; 3. continuity *(Leitung)*
Durchgangsdrehzahl *f* runaway [throughput] speed
Durchgangsfenster *n (Me)* via window *(zwischen zwei Verbindungsleitungsebenen)*
Durchgangsfernamt *n (Nrt)* through--trunk exchange, trunk control centre
Durchgangsleitung *f* 1. *(Nrt)* transit [through] line, transit [via] circuit; 2. primary guide *(beim Richtkoppler)*
Durchgangsmatrix *f* transmission matrix *(Zustandsgleichung)*
Durchgangsmuffe *f* straight joint
Durchgangsprüfung *f* continuity check [test]
Durchgangsreihenklemme* *f* straight--through terminal block
Durchgangswahl *f (Nrt)* tandem dialling
durchgeben *v/eine Anmeldung (Nrt)* pass a booking
durchgebrannt burnt-out
durchgehen *v* race, run away *(Maschine)*
durchgehend around the clock *(in Betrieb)*
durchgeschaltet patched through
Durchgriff *m* inverse amplification factor, reciprocal of amplification factor *(Elektronenröhren)*

Durchhang *m des Fahrdrahtes* contact wire sag *(IEC 50-811)*
Durchkontaktierung *f* plated-through (interconnection) hole, interfacial connection, feedthrough *(Leiterplatten)*
Durchkontaktierungstechnik *f* through-hole plating technology; through-hole plating technique
Durchlass *m* passage; outlet
Durchlassband *n* pass-band, passband *(z. B. eines Filters)*
Durchlassbereich *m* 1. pass-band (width), pass [filter] range *(Filter)*; transmission band [range]; 2. conducting region
Durchlassbreite *f* pass-band, band width
durchlassen *v* 1. pass *(z. B. Filter)*; transmit; 2. gate *(Impuls)*
Durchlasserholzeit *f* forward recovery time
durchlässig transmissive, transmitting; transparent *(z. B. für Licht)*; diathermic *(z. B. für Wärme)*
Durchlässigkeit *f* transmissivity, transmission; transparency *(z. B. für Licht)*; diathermancy *(z. B. für Wärme)*
Durchlässigkeit *f/gerichtete* specular transmission
Durchlasskennlinie *f* forward characteristic; conducting voltage--current characteristic *(z. B. eines Halbleiters)*
Durchlassrichtung *f* 1. forward [conducting] direction; 2. *(Licht)* direction of transmission
Durchlassscheitelsperrspannung *f* circuit crest working off-state voltage
Durchlassspannung *f* 1. forward voltage; 2. *(Me)* on-state voltage; conducting voltage
Durchlassspannungsabfall *m* forward voltage drop
Durchlassspannungsanstieg *m* rise of on-state voltage
Durchlassspitzenspannung *f/ periodische* circuit repetitive peak off--state voltage
Durchlassstrom *m* 1. forward current; 2. *(Me)* (continuous) on-state current; conducting-state current
Durchlassstrom *m/höchstzulässiger*

Durchlassstrom

effektiver maximum r.m.s. on-state current
Durchlassstrom *m*/**maximaler** peak on-state current
Durchlassstromanstieg *m* rise of on--state current
Durchlassverlust *m* 1. forward loss, conduction loss; 2. *(Me)* on-state loss; conducting-state power loss
Durchlassverlustleistung *f* forward power loss; conducting-state power loss
Durchlassverzögerungszeit *f* forward recovery time
Durchlassverzug *m* forward recovery time
Durchlassvorspannung *f* forward bias
Durchlasswiderstand *m* 1. forward resistance; 2. *(Me)* on-state resistance
Durchlasswiderstand *m*/**differenzieller** differential forward resistance, on-state slope resistance
Durchlasszeit *f* 1. conducting period, conduction interval; gate time; 2. conduction [conducting] angle *(Zeit, in der ein Ventil stromführend ist)*
Durchlaufbetrieb *m* continuous (operation) duty
Durchlaufbetrieb *m* **mit Aussetzbelastung** continuously running duty with intermittent loading
Durchlaufbetrieb *m* **mit Aussetzbelastung und elektrischer Bremsung** continuous operation duty with electric braking
Durchlaufbetrieb *m* **mit Kurzzeitbelastung** intermittent periodic duty
Durchlaufbetrieb *m* **mit veränderlicher Drehzahl** continuous operation duty with related load-speed changes
Durchlauferhitzer *m* continuous-flow water heater, flow-type heater
Durchlaufzeit *f* 1. run time, turn-around time *(eines Programms)*; 2. throughput time *(z. B. bei Fertigung)*
durchrufen *v (Nrt)* ring through
Durchrufen *n (Nrt)* through-ringing
Durchsatz *m* 1. throughput; 2. s. Durchsatzgeschwindigkeit
Durchsatzgeschwindigkeit *f* rate of flow, flow rate
Durchsatzrate *f (Dat)* throughput rate
durchschalten *v* 1. connect through; switch through *(mit Schalter)*; 2. *(Nrt)* put through, patch (through); jumper *(Kabeladern)*
Durchschalten *n* latch-up *(eines Thyristors, führt zur Zerstörung)*
Durchschaltung *f (Nrt)* through connection [switching]
Durchschaltvermittlung(stechnik) *f (Nrt)* circuit switching
durchscheinend translucent
Durchschlag *m* breakdown, disruptive discharge [breakdown], puncture
Durchschlag *m (eines Ventils oder Zweiges)* breakdown (of a valve or arm) *(IEC 50-551)*
Durchschlag *m* **in Rückwärtsrichtung** reverse breakdown *(IEC 50-551)*
Durchschlag *m* **in Vorwärtsrichtung** forward breakdown *(IEC 50-551)*
Durchschlagbedingung *f* breakdown condition
durchschlagen *v* break down, puncture *(Dielektrikum)*
Durchschlagfeldstärke *f* breakdown field strength
durchschlagfest puncture-proof
Durchschlagfestigkeit *f* 1. breakdown [dielectric, electric, disruptive, puncture] strength, dielectric rigidity; 2. *(Ap)* critical gradient
durchschlagsicher puncture-proof
Durchschlagspannung *f* breakdown [puncture] voltage, disruptive (discharge) voltage
Durchschlagspannung *f* **in Sperrrichtung** reverse breakdown voltage
Durchschmelzen *n* blow-out *(Sicherung)*
durchschmoren *v* scorch *(Kabel)*
Durchschnitt *m* average; mean
Durchsichtigkeit *f* 1. transparency; 2. *(Ak)* clarity (of tone)
Durchsteckstromwandler *m* bar-type (current) transformer
durchstellen *v (Nrt)* put through
durchstimmbar tunable
Durchsuchverfahren *n* scan search *(Informationsverarbeitung)*
Durchtränkung *f* soaking, impregnation, penetration
durchtunneln *v (Me)* tunnel (through) channel

Durchtunnelungsstrom *m* tunnelling current
Durchverdrahtung *f* through-wiring
Durchwahl *f (Nrt)* through dialling, direct customer dialling
Durchwahl *f* **zur Nebenstelle** direct inward dialling, direct dialling-in
Durchziehwicklung *f* pull-through winding
Durchzündung *f (Le)* crow-bar firing; conduction-through; arc-through, arc-back; shoot through; breakthrough
Duron *m (Dat)* Duron *(Mikroprozessor--Typ von Advanced Microdevices; vergleichbar mit Intel-Celeron; preisgünstig)*
Duroplast *m* thermoset(ting plastic)
D-Verhalten *n (Rt)* derivative (control) action, D-action
D₂-Verhalten *n (Rt)* second-derivative action
Dynamik *f* 1. dynamic(s); dynamic response [characteristic]; 2. s. Dynamikbereich
Dynamikbereich *m* dynamic range, DR, dynamic span [capability], volume range
Dynamikdehnung *f* (volume) expansion, (automatic) volume expansion
Dynamikkompressor *m* (automatic) volume contractor, (dynamic) compressor, volume compressor
Dynamikregeleinrichtung *f* dynamic range control means [system]
Dynamikregelung *f* dynamic [volume] range control; companding
dynamisch dynamic(al)
Dynamo *m* dynamo
Dynamo *m/* **magnetohydrodynamischer** magnetohydrodynamic [hydromagnetic] dynamo
Dynamoblech *n* dynamo sheet
Dynistor *m (Me)* dynistor *(Halbleiter--Vierschichtdiode)*
-Zerlegung *f (Rt)* D-decomposition *(Methode der Stabilitätsuntersuchung)*

E

E/A *(Dat)* input-output, I/O, IO
EAROM *n* EAROM, electrically alterable read-only memory
EAROM-Speicher *m* EAROM, electrically alterable read-only memory
EBAM EBAM, electron beam addressed memory
EBCDIC-Code *m (Dat)* extended binary--coded decimal interchange code, EBCDIC *(8-Bit-Code für alphanumerische Zeichen)*
Echo *n (Ak)* echo
Echoabgleich *m* echo matching
Echobild *n (Fs)* echo pattern
Echoentstörung *f* echo suppression
Echolot *n* echo sounder, sonic depth finder, depth [ultrasonic, acoustic] sounder
Echolotung *f* echo (depth) sounding, echo [ultrasonic, reflection, acoustic] sounding, supersonic (echo) sounding, phonotelemetry
Echoortung *f* echo ranging
Echtzeit *f* real time
Echtzeitabtaster *m* real-time scanner
Echtzeitanalyse *f* real-time analysis
Echtzeitbetrieb *m* real-time processing [operation]
Echtzeitbildverarbeitung *f* real-time image processing
Echtzeitdatenverarbeitung *f* real-time data processing
Echtzeitprogrammierung *f* real-time programming
Echtzeitrechner *m* real-time computer
Echtzeituhr *f* real-time clock, RTC
Eckfrequenz *f* edge [corner, break, cut--off] frequency
ECL ECL, emitter-coupled logic
ECL-Schaltkreis *m* emitter-coupled logic circuit
E-Commerce *m s.* Geschäftsverkehr/ elektronischer
ECTL ECTL, emitter-coupled transistor logic
EDC *s.* Stoßdämpferregelung/ elektronische
Edelgas *n* inert [noble, rare] gas
Edelgasbogen *m* inert-gas-shielded arc, arc in rare gases

Edelgas(-Glühkatoden)gleichrichter *m* rare-gas rectifier, tungar rectifier [tube]
Edelgaslampe *f* rare-gas lamp
Edison-Glühlampenfassung *f* Edison screw lamp-holder
Edison-Sockel *m* (Edison) screw cap
editieren *v* edit
Editor *m* (Dat) editor
EDV electronic data processing
EE-Inverter *m* enhancement--enhancement inverter, EE-inverter *(mit Verarmungstransistoren als Last- und Schalttransistor)*
EEX *f* (Ee) European Power Exchange *(Strombörse in Leipzig)*
Effekte *mpl* (Ak, Fs) effects *pl*, efx *(z. B. Überblendung, Hall)*
Effektivnennleistung *f* effective rating
Effektivspannung *f* effective [root--mean-square] voltage, r.m.s. voltage
Effektivstrom *m* effective [root-mean--square] current, r.m.s. current
Effektivwert *m* (mean) effective value, root-mean-square value, r.m.s. value
Effektivwertanzeiger *m* root-mean--square value detector
EFL EFL, emitter-follower logic
Eicheinrichtung *f* calibrator, calibration facility
eichen *v* calibrate; standardize
Eichfehler *m* calibration error
Eichgerät *n* calibrator
Eichkurve *f* calibration curve [plot]
Eichmarke *f* calibration mark [label]
Eichmaß *n* standard measure
Eichnormal *n* standard measure, calibration standard
Eichpegel *m* calibration level
Eichschallquelle *f* 1. acoustic calibrator *(Mikrofonkalibrierung)*; 2. reference noise generator *(Schallleistungsnormal)*
Eichtabelle *f* calibration chart
Eichung *f* calibration; standardization
Eichvorschrift *f* calibration specification
Eichwert *m* standard value
Eigenanwendung *f* in-house application
Eigenbedarf *m* (internal) consumption, internal power consumption
Eigenbedarfsgenerator *m* station service generator *(Kraftwerk)*; house turbogenerator; ancillary generator
Eigenbedarfstrafo *m* auxiliary power transformer

Eigenbelüftung *f* self-ventilation
Eigendämpfung *f* self-damping
Eigendiagnose *f* self-diagnosis
eigenerregt 1. *(Ma)* self-excited; 2. *(Me)* self-oscillatory, self-oscillated
Eigenerregung *f* self-excitation, excitation from direct-coupled exciter
Eigenfunktion *f* eigenfunction, characteristic function
eigengekühlt *adj* self-cooled
Eigenhalbleiter *m* intrinsic [i-type] semiconductor
Eigeninduktivität *f* self-inductance, inherent inductance
Eigenkapazität *f* self-capacitance, inherent [internal, natural] capacitance
Eigenkühlung *f* self-cooling, natural cooling
Eigenleiterschichttransistor *m* intrinsic barrier transistor
Eigenleitfähigkeit *f* (Me) intrinsic conductivity
Eigenlüftung *f* self-ventilation
Eigenmode *f* eigenmode *(Lichtwellenleiter)*
Eigenmodulation *f* self-modulation, self-pulse modulation
Eigenmoment *n*/**magnetisches** intrinsic magnetic moment
Eigenpeilung *f* self-bearing
Eigenrauschen *n* inherent [internal, basic] noise, self-noise; background noise; residual noise
Eigenschaft *f*/**dielektrische** dielectric property
Eigenschwingung *f* 1. autooscillation, natural [free] oscillation, self(--sustained) oscillation *(bei elektromagnetischen Schwingungen)*; 2. natural vibration, (vibrational) mode, eigenvibration *(bei mechanischen Schwingungen)*; 3. natural resonance, self-resonance
Eigenschwingungen *fpl*/**nicht symmetrische** non-symmetrical autooscillations
eigenschwingungsfrei dead-beat, aperiodic(al)
Eigenschwingungsunterdrücker *m* antihunting circuit
Eigentriggerung *f* auto-triggered mode
Eigenverbrauch *m* 1. *s.* Eigenbedarf; power consumption *(z. B. von Messgeräten)*

Eigenversorgung f 1. in-plant generation, internal power supply, self-generated supply; 2. *(An)* independent power supply
Eigenwert m eigenvalue, inherent [intrinsic, characteristic] value
Eimerkettenschaltung f *(Dat)* bucket brigade device, BBD
Eimerkettenspeicher m *(Dat)* bucket brigade device, BBD
"Ein" "on" *(Schalterstellung)*
Einadressbefehl m *(Dat)* one-address instruction, single-address instruction
Einadresscode m *(Dat)* one-address code, single-address code
Einankerumformer m rotary [single--armature] converter
Einanodengefäß n single-anode tank
Ein-Ausgabe f input-output, I/O, IO
Ein-Aus-Regelung f *(Rt)* on-off control, two-position control; bang-bang control *(Relais)*
Ein-Aus-Regler m *(Rt)* on-off controller; bang-bang servo
Ein-Ausschalt-Zeit f make-break time
Einbahnschiene f monorail
Einbau m 1. installation, mounting, building-in; 2. *(Me)* introduction, incorporation, addition; 3. integration
Einbaubuchse f panel jack
einbauen v 1. mount, build [set] in, install; fit; assemble; 2. incorporate, insert
Einbaufassung f insert socket *(Steckverbindung)*
Einbaugerät n rack-mount model *(in ein Gestell)*
Einbauinstrument n panel [flush--mounting] instrument, panel(-type) meter
Einbaumotor m built-in motor; shell--type motor *(ohne Gehäuse und Welle)*
Einbauschalter m built-in switch, flush(--mounted) switch
einblenden v fade in *(Film)*; insert; gate *(Impulse)*; superimpose *(Frequenz)*
einbrennen v 1. burn in; bake *(z. B. Lack)*; 2. fire *(Elektronenröhre)*
Einbruch m notch *(z. B. bei der Netzspannung von Stromrichtern)*
Einbruchmelder m burglary alarm
Einbuchungszeit f *(Ko)* log-in time *(in ein Netz; Mobilfunk-Netz oder Internet)*
Ein-Byte-Befehl m one-byte instruction

Einchipbauelement n single-chip component
Einchipcomputer m one-chip computer
eindeutig unique, single-valued
eindiffundieren v diffuse into, indiffuse
eindrähtig single-wire, single--conductor, unifilar
Eindrahtleitung f single-wire circuit [line], one-wire line
eindringen v penetrate (into)
Eindringen n penetration
Eindringparameter m *(Me)* drive-in parameter
Eindringtiefe f penetration depth
Eindringtiefe f elektromagnetischer Wellen *(Fs)* penetration depth of electromagnetic waves
"Ein"-Druckknopf m "on" push button
Einfacheinspeisung f *(Ee)* single feeding
Einfachfreileitung f single-circuit line
Einfachhohlleiter m uniconductor waveguide
Einfachimpuls m single pulse
Einfachsammelschiene f single busbar
Einfachschalter m single-break switch
Einfachschleifenwicklung f simple parallel winding
Einfachstrombetrieb m single-current working [operation]
Einfachtelegrafie f simplex telegraphy
Einfachunterbrecher m single-break switch
Einfachwendellampe f single-coil lamp
Einfadenelektrometer n unifilar electrometer
Einfadenlampe f single-filament lamp
Einfahrhilfen fpl *(Dat)* debugging facilities *(Programmerprobung)*
Einfall m incidence *(Strahl, Welle)*
Einfallsrichtung f incident direction, direction of incidence *(Strahl, Welle)*
Einfang m capture, trapping *(z. B. von Elektronen)*
Einfangbereich m capture range
Einfangprozess m capture process
Einfangwahrscheinlichkeit f capture probability
einfarbig monochromatic
Einfingerbedienung f single-digit operation
einflechten v interlace *(z. B. Speicheradressen)*

Einflugleitstrahlbake

Einflugleitstrahlbake f airport runway beacon
Einfluss m influence; effect
Einflussgröße f 1. influence variable [quantity]; 2. (Rt) actuating variable
Einfrieren n freezing(-in)
Einfügemodus m insert (Schnittmodus)
einfügen v insert; fit in
Einfügungsstück n insert (Kabel)
Einfügungsverstärkung f insertion gain
einführen v introduce; lead in (Leitung); plug in (Stecker)
Einführung f 1. introduction; 2. bushing; lead-in
Einführungsdraht m lead(ing)-in wire
Einführungsfaser f injection fibre (Lichtwellenleiter)
Einführungszeit f lead time
Eingabe f 1. (Dat, Mess) input (allgemein); read-in; write-in (Speicher); 2. feed(ing)
Eingabe f/digitale digital input
Eingabe-Ausgabe f (Dat) input-output, I/O, IO
Eingabe-Ausgabe f/serielle serial input-output, serial in/out, serial I/O
Eingabe-Ausgabe-Anschluss m input--output port, I/O port
Eingabe-Ausgabe-Bus m input-output bus, I/O bus
Eingabe-Ausgabe-Einheit f input--output unit, I/O unit
Eingabe-Ausgabe-Gerät n input--output device, I/O device
Eingabe-Ausgabe-Kanal m port (Mikrorechner)
Eingabe-Ausgabe-Programm n operator-communication program
Eingabe-Ausgabe-Prozessor m input--output processor, I/O processor
Eingabe-Ausgabe-System n/ROM--residentes (Dat) basic input output system, BIOS (auf dem CPU-Chip)
Eingabebefehl m input instruction; IN (Programmierung)
Eingabeeinheit f input unit [block]
Eingabegerät n 1. input device [equipment, unit]; feed equipment; 2. tape loader
Eingabetaste f (Dat) return key, Enter
Eingang m input; entry
Eingang m/digitaler (Dat) digital input
Eingang m/erdfreier floating input
Eingangsadapter m input adapter

Eingangsadresse f (Dat) entry point address
Eingangs-Ausgangs-Beziehung f input-output relation
Eingangs-Ausgangs-Operation f (Dat) in-out operation
Eingangsbefehl m (Dat) entry (instruction)
Eingangsbuchse f input socket
Eingangsgleichspannung f direct--current input voltage, input d.c. voltage
Eingangsgröße f (Me, Rt) input variable [quantity], input
Eingangsklemme f input terminal
Eingangsseite f sending end
Eingangssignal n (Rt) input (signal)
Eingangsspannung f input voltage; sending end voltage
Eingangsspannungsnullabweichung f input-offset voltage
Eingangsstromnullabweichung f input-offset current
Eingangswert m (Nrt) pick-up factor
Eingangswicklung f input winding
Eingangszeitkonstante f input time constant
eingebaut built-in; self-contained
eingebaut auf Leiterplatte onboard
eingeben v feed, input; read in, enter (Daten); load (Programm); push (z. B. in den Stapelspeicher)
eingehäusig single-cylinder
eingekapselt encapsulated, enclosed
eingeschaltet on, switched on; closed (Stromkreis)
eingeschmolzen sealed-in, fused-in
eingeschwungen steady-state
eingreifen v (Dat) force, interrupt (Programmablauf); intervene; action
eingrenzen v 1. limit; 2. localize; isolate
Eingriff m 1. engagement, gearing, mesh (z. B. von Zahnrädern); 2. (Dat, Rt) intervention; action
Einheit f 1. unit (Maßeinheit); 2. unit, set, component
Einheitensystem n system of units
einheitlich uniform; unified, standardized
Einheitsbogen m unit arc
Einheitsgröße f standard size
Einheitsimpuls m unit (im)pulse
Einheitsschaltfeld n unit switchboard [panel]

Einheitsschritt *m* unit element *(Telegrafie)*
Einheitssignal *n* standard signal
Einheitssprung *m* 1. unit step (function); 2. *(Me)* unit pulse
Einheitssprungantwort *f* unit step response
Einheitssprungsignal *n* unit step (function) signal, step-function signal
einhüllen *v* envelop; sheath; encapsulate
einkapseln *v* encapsulate, enclose, encase
Einkapselung *f* encapsulation
einklinken *v* latch
Einknopfabstimmung *f* single-knob tuning, single-control tuning
einkoppeln *v* couple into *(in einen Lichtwellenleiter)*
Einkristall *m* single crystal, monocrystal
Einkristallempfänger *m* single-crystal detector
einkristallin single-crystal(line), monocrystalline
Einkristallzüchtung *f* single-crystal growth
Einlage *f* insert *(Steckverbindung)*
Einlagenleiterplatte *f* single-layer (printed circuit) board
Einlagenschaltung *f* single-layer board *(gedruckte Schaltung)*
einlagern *v* insert, include *(Kristallographie)*
einlagig single-layer
Einlass *m* intake, inlet
Einlaufrille *f* run-in spiral [groove], lead-in spiral *(Schallplatte)*
Einlaufzeit *f* run(ning)-in period, warm-up period [time]; wear-in period
einleiten *v* initiate, start
Einleiterkabel *n* single(-core) cable
Einleiterstromkreis *m* single-circuit system
Einleitung *f* 1. initiation, start; initialization; 2. introduction; discharge
einlesen *v* read in, enter *(Daten)*; load *(Programm)*
inleseneines Befehls instruction fetch
inleseverfahren *n* read-in mode
einloggen *v (Ko)* log in
inlogzeit *f (Ko)* s. Einbuchungszeit
inmessen *n* calibration
inmesskurve *f* calibration curve
inminuten-50-Hz--Stehspannungsprüfung *f* **im beregneten Zustand** *(Hsp)* wet one--minute power-frequency withstand voltage test
Einminuten-50-Hz--Stehspannungsprüfung *f* **im trockenen Zustand** *(Hsp)* dry one--minute power-frequency withstand voltage test
einmischen *v* merge *(z. B. Daten, Farbvalenzen)*; collate *(Lochkarten)*
Einmodenbetrieb *m (Laser)* single--mode operation
Einmoden(lichtleit)faser *f* single-mode (optical) fibre
einohrig *(Ak)* monaural
einordnen *v* 1. arrange; sequence; 2. classify
einpassen *v* fit (in); position
Einpendeln *n* hunting
Einperiodenstoßstrom *m* one-cycle surge (forward) current
Einphasenasynchronmotor *m* single--phase asynchronous motor
Einphasenbetrieb *m* single-phase operation
Einphasenbrückenwechselrichter *m* **mit Pulsweitenmodulation** *(Le)* single-phase bridge pulse-width--modulated inverter
Einphasen-Dreileiter-Stromkreis *m* single-phase three-wire circuit *(Nullleiter)*
Einphasengleichrichter *m* single-phase rectifier
Einphasenkabel *n* **mit konzentrischem Neutralleiter** *(Ee)* single-phase concentric-neutral cable
Einphasen-Mittelpunktschaltung *f (Le)* single-phase centre-tap connection
Einphasenmotor *m* single-phase motor, a.c. commutator motor
Einphasennetz *n* single-phase mains [system], single-phase power supply
Einphasenreihenschlussmotor *m* single-phase (series) commutator motor
Einphasenreihenschlussmotor *m* **mit Kompensationswicklung** single--phase commutator motor with (series) compensation winding
Einphasenreluktanzmotor *m* single--phase reluctance motor

Einphasenstromrichter

Einphasenstromrichter *m (Le)* single-phase converter
Einphasenwechselrichter *m (Le)* single-phase inverter, monophase inverter
Einphasenwechselstrom *m* single-phase alternating current
Einplatinenrechner *m* single-board computer
einpolig single-pole, unipolar, one-pole
Einpolstecker *m* tip plug
einprägen *v* impress
Einpressstiftverbindung *f* interference fit-pin connection
Einpulsgleichrichter *m* single-pulse rectifier, simple rectifier
Einpunkterdung *f* single point ground
Einquadrantenantrieb *m* one-quadrant drive
Einquadrantenstromrichter *m (Le)* one-quadrant converter
Einrastbolzen *m* drop-in pin
Einrastdruckschalter *m* lock-down switch
einrasten *v* lock (in place); latch
Einregelung *f* 1. adjustment; 2. *(Nrt)* lining-up
einregulieren *v* adjust
einreihen *v (Dat, Nrt)* enqueue *(in eine Warteschlange)*
einrichten *v* install; set up; arrange; adjust
Einrichten *n* arrangement; setting-up; adjustment
Einrichtung *f* 1. equipment, device, unit; facility; 2. installation; set-up; 3. *s.* Einrichten
Eins *f* unity
einsammeln *v* collect *(z. B. Elektronen)*
Einsatz *m* 1. application, use; 2. initiation, start; 3. insert *(Teil)*; 4. charge; batch
Einsatzbedingungen *fpl* field conditions
einsatzbereit ready-to-use, ready for operation [service]
Einsatzentladung *f* pilot spark
Einsatzort/am/im in situ
Einsatzspannung *f* inception [initial, starting] voltage *(bei Teilentladungen)*; cut-off voltage *(Elektronenröhren)*; threshold voltage
Einsäulentrenner *m (Ee)* single-column disconnector

472

Einschalt-Ausschalt-Zeit *f* make-break time
Einschaltdauer *f* cyclic duration factor, percentage duty cycle; on-period
einschalten *v* 1. switch on, turn on; connect; energize; 2. insert
Einschalten *n* 1. switching on [in]; closing *(Stromkreis)*; turn-on; start-up; 2. inserting; 3. closing operation, making operation
Einschalter *m* circuit closer, (closing) switch, contactor
Einschaltmoment *n (Ma)* switching torque
Einschaltspitze *f* 1. inrush load; 2. surge peak *(z. B. Spannungsspitze)*
Einschaltstellung *f* on [switch-on] position, closed position *(Schalter)*
Einschaltstoßstrom *m* inrush current
Einschaltstrom *m* starting [making, make] current, inrush current
Einschaltstrombegrenzer *m* inrush current limiter
Einschaltverhältnis *n (Le)* pulse control factor *(Tastverhältnis bei Pulsbreitensteuerung; IEC 50-551)*
Einschaltzeit *f* 1. turn-on time; closing time; on-time; 2. gate-controlled rise time *(Thyristor)*; 3. on-period
Einschaltzustand *m* closed-circuit condition, on-state
einschichtig *(Me)* one-layer, single-layer
Einschichtwicklung *f* single-layer winding, one-position winding
einschieben *v* insert
Einschienenbahn *f* monorail [single-rail] train
einschleifen *v* loop in *(in eine Messkette)*
einschleifig single-loop
Einschleifpunkt *m* insert
einschließen *v* 1. encase *(in ein Gehäuse)*; encapsulate *(z. B. in Vergussmasse)*; 2. lock [shut] in
einschmelzen *v* seal [fuse] in
einschnappen *v* catch
Einschnappkontakt *m* snap-in contact
einschneiden *v* cut (in); engrave
Einschnüreffekt *m* 1. *(Ph)* pinch(-in) effect; magnetic pinch effect; 2. *(Me)* crowding effect
Einschub *m* plug-in (unit), slide-in module
Einschubkarte *f (Dat)* slip-in card, plug-in board

Einschubplatte f plug-in board
Einschubschrank m rack
Einschwingen n transient oscillation
einschwingend transient, building-up
Einschwingfrequenz f transient [natural] frequency
Einschwingspannung f 1. transient voltage; 2. *(Ee)* prospective transient recovery voltage
Einschwingstrom m transient-state current, preoscillation current
Einschwingverhalten n transient behaviour [response]
Einschwingvorgang m (initial) transient, transient effect [phenomenon], building-up process [transient]; switching transient *(beim Schalten)*
Einschwingzeit f 1. transient period, (transient) response time, time of response; build(ing)-up time, building-up period; 2. settling [settle-out] time, damping period
Einseitenband n single sideband
Einseitenband-Amplitudenmodulation f single-sideband amplitude modulation, SSB-AM
Einsetzen n 1. insertion, installation; 2. initiation, start
einspannen v clamp, fix
Einspeicherung f *(Dat)* storage, line-to-store transfer
Einspeisepunkt m feeding [feed-in, supply] point
Einspeisung f *(Ee)* feeding; supply; line entry *(Freileitung)*; incoming feeder
einspielen v/sich balance *(z. B. Zeiger)*
einspulig single-coil
Einspuraufzeichnung f single-track recording
einspurig single-track
Einständerlinearmotor m single-stator linear motor, mono-stator linear motor
Einstatorlinearmotor m single-stator linear motor, mono-stator linear motor
Einsteckausführung f plug-in type
Einsteckeinheit f plug-in unit
einstecken v plug (in) *(z. B. Stecker)*; insert
"Einstecken und Spielen" *(Dat)* plug-and-play
Einstecksockel m plug-in cap *(Lampe)*
einstellbar adjustable
Einstellbarkeit f adjustability
Einstellbegrenzung f setting limitation

Einstellbereich m 1. setting range *(DIN 6790)*; 2. *(Laser)* focus(s)ing range
Einstelleinrichtung f adjuster
einstellen v 1. adjust, set; 2. dial, tune in *(Sender)*; attune
einstellig one-digit
Einstellimpuls m set pulse
Einstellmoment n controlling torque
Einstellpotenziometer n adjustable [adjusting] potentiometer; trimming potentiometer; coefficient-setting potentiometer
Einstellpunkt m index dot
Einstellschraube f adjusting [setting] screw; levelling screw; tuning screw
"Ein"-Stellung f "on" position
Einstellung f 1. adjustment, adjusting, setting, set-up; positioning; 2. regulation, setup
Einstellverhältnis n setting ratio *(Relais)*; adjuster ratio *(z. B. Übersetzungsverhältnis eines Transformators)*
Einstellverstärkung f setting gain
Einstellvorrichtung f adjusting device
Einstellvorschrift f adjustment instruction
Einstellzeit f actuating time; response [damping] time *(Messinstrument)*; setting time
Einstiftsockel m *(Nrt)* single-contact [single-pin] cap
Einstrahlung f 1. irradiation; 2. insolation *(Sonne)*
einstufig single-stage, single-step
Eins-Zustand m one-state *(binärer Schaltkreis)*
Eintakt-Schaltnetzteil n single-ended switching power supply
Eintalhalbleiter m single-valley semiconductor
eintasten v *(Nrt, Dat)* key in
eintauchen v plunge; dip, immerse
Eintaumeln n (gap) alignment
Einteilung f 1. classification; 2. (sub)division *(Skale)*; partitioning *(eines elektronischen Systems auf einzelne Chips)*
Eintonbetrieb m *(Nrt)* single-tone operation
Eintontastung f *(Nrt)* single-tone keying
eintragen v 1. plot, record; register; map *(auf einer Karte)*; 2. enter, carry in *(Information)*

Einträgerinjektionsdiode *f* one-carrier injection diode

Eintragung *f* **in das Telefonverzeichnis** *(Nrt)* directory listing

Ein- und Ausgabe *f/*parallele *(Dat)* parallel input-output, PIO

Einwahl *f (Dat, Nrt)* dial-in, dialup *(in ein Netz)*

einwählen *v (Dat, Nrt)* dial in

Einwahlnummer *f (Nrt)* in-dialling number

Einweggleichrichter *m* half-wave rectifier, single-wave rectifier, single-way rectifier, one-way rectifier

Einweg-Hashfunktion *f* one-way hash function *(Funktion, deren Umkehrung sehr viel aufwendiger als die Funktion selbst zu berechnen ist, Verwendung in der Kryptographie)*

Einwegleitung *f (Nrt)* unidirectional circuit [trunk, line]; one-way circuit

Einwegschaltung* *f* 1. half-wave circuit, single-wave circuit, single-way [one--way] circuit; 2. *(Le)* single-way connection

einwertig single-value *(Funktion)*

"Ein"-Widerstand *m* "on" resistance *(Leistungstransistor)*

einwirken *v* act (on); influence • **A wirkt auf B ein** B is exposed to A

Einwirkung *f* influence; effect, action; exposure (to)

Einwirkungsraum *m* interaction space *(Wanderfeldröhre)*

Einwirk(ungs)zeit *f* 1. exposure time; 2. on-time, period

Einwortbefehl *m* one-word instruction [command]

Einzahlangabe *f* single-number rating; single-unit descriptor

Einzeilenanzeige *f* in-line read-out

Einzelabtastung *f* single scan

Einzelachsantrieb *m* single-drive

Einzelbitspeicher *m (Dat)* single-bit memory [store]

Einzelbuchse *f* individual socket

Einzelfunkenstrecke *f* quench-gap unit *(Ableiter)*

Einzelimpuls *m* single (im)pulse, individual pulse

Einzelleiter *m* single conductor; strand *(eines verseilten Leiters)*

Einzellötstelle *f* single solder joint

Einzelmotorantrieb *m* single [individual] motor drive

Einzelpolmaschine *f* salient-pole machine

Einzelpunktsteuersystem *n* point-to--point positioning system

Einzelpunktsteuerung *f* point-to-point positioning control

Einzelschnur *f* single cord

Einzelschrittsteuerung *f (Nrt)* individual step control

Einzelspur *f* single trace [track]

Einzelstecker *m* individual plug

Einzelverlustverfahren *n* loss--summation method

einziehen *v* pull [draw] in *(z. B. Kabel)*

Einzollmikrofon *n* one-inch microphone

einzügig single-duct *(Kabelkanal)*

Ein-Zustand *m* high *(logischer Zustand H)*

"Ein"-Zustand *m* "on" state

Eisenabschirmung *f* iron screen

Eisenbrand *m* core burning

eisengeschirmt iron-screened

Eisengleichrichter *m* steel-tank rectifier, steel-armour rectifier

Eisenkapselung *f* iron-clad encapsulation; iron-clad case

Eisenkern *m* iron core

Eisenkreis *m* ferromagnetic [iron] circuit

Eisenlänge *f* (iron-)core length

Eisenquerschnitt *m* (iron-)core cross section

Eisenschirmung *f* iron screen

Eisenverlust *m* iron [core] loss

Elektretmikrofon *n* electret microphone, prepolarized capacitor microphone

elektrifizieren *v* electrify

Elektrifizierung *f* electrification

Elektrik *f* electrical installation; electrical equipment

Elektrizität *f* electricity

Elektrizitätsmenge *f* electric charge *(S -Einheit: Coulomb)*

Elektrizitätsversorgung *f* electricity [power] supply

Elektrizitätswerk *n* (electric) power station

Elektrizitätszähler* *m* electricity [supply] meter, electric (energy) meter kilowatt-hour meter; electric integrating-meter

Elektrobackherd* *m* electric oven

Elektrobackofen m electric baking oven
Elektroboiler* m electric water-heater, electric boiling pan
Elektrobratgerät* n electric roaster
Elektrobratpfanne f electric frier [frying pan], electric griddle
Elektrobügelmaschine* f ironing machine, electric rotary-ironer
Elektrobus m electric bus
Elektrode f electrode
Elektrodenabbrand m electrode burn-off
Elektrodenabstand m interelectrode distance [gap], electrode spacing [separation, gap]
Elektrodendunkelstrom m electrode dark current
Elektrodendurchführung f electrode bushing
Elektrodenlötzange f electrode soldering jaws
Elektrodenofen m electrode furnace
Elektrodenpaar n electrode couple
Elektrodenspannung f electrode voltage [tension]; electrode potential difference
Elektrodenspitze f electrode tip [point]
Elektrodenstift m electrode rod
Elektroenergie f electric energy
Elektroenergieübertragung f electric power [energy] transmission
Elektroenergieverbrauch m consumption of electricity, electric power consumption
Elektroenergieverlust m electric loss
Elektroenergieversorgung f electric supply
Elektroenergieverteilung f electric power distribution
Elektroerosion f electroerosion *(elektroerosive Metallbearbeitung)*
Elektrofahrzeug n electric truck [motor car], electromobile
Elektrofilter m electrostatic precipitator [filter], electrical precipitator
Elektrofrittierer* m electric deep-fat fryer
Elektrofunkenmethode f sparking method *(für lokale Veredelung)*
Elektrogeräte npl electrical equipment [appliances]
Elektrogitarre f electric guitar
Elektrogong m single-stroke bell
Elektrograph m electrograph

Elektronenaustritt

Elektrogrill m electric grill
Elektrohaarschneider m electric hair-clipper
Elektrohandtuchtrockner m electric towel-rail
Elektrohängebahn f electric suspension monorail
Elektrohaushaltherd m s. Elektroherd*
Elektroheizeinsatz m electric heating-insert
Elektroheizkörper m electric heater
Elektroherd* m electric oven, electric cooker [range]
Elektroinstallation f electrical installation
Elektrokocher m electric boiler
Elektroküchenmaschine f electric kitchen-machine
Elektrolokomotive f electric locomotive
Elektrolumineszenz f electroluminescence
Elektrolyse f electrolysis
elektrolysieren v electrolyze
Elektrolytableiter m electrolytic (lightning) arrester; electrolytic surge arrester *(für Überspannungen)*
Elektromagnet m electromagnet
Elektromagnetismus m electromagnetism
Elektromaschine f electric machine
Elektromotor m electric motor, electromotor
Elektron n electron
elektronegativ electronegative
Elektron-Elektron-Stoß m electron-electron collision
Elektronenablösung f electron detachment [liberation]
Elektronenabtaststrahl m electron scanning beam
Elektronenakzeptor m electron acceptor
Elektronenanordnung f electron configuration [arrangement]
Elektronenanregung f electron(ic) excitation
Elektronenaufnahme f acceptance of electrons
Elektronenausstrahlung f emission of electrons
Elektronenaustausch m electron exchange
Elektronenaustritt m exit of electrons

Elektronenbeschleuniger m electron accelerator; cathode-ray accelerator
Elektronenbeschuss m electron bombardment
elektronenbestrahlt electron-irradiated
Elektronenbeweglichkeit f electron mobility
Elektronenbildröhre f electron image tube
Elektronenblitzgerät* n electronic flash (apparatus, unit)
Elektronenbrennfleck m electron spot
Elektronenbündelung f electron focussing
Elektroneneinfang m electron capture [trapping]
Elektronenemission f electron(ic) emission
Elektronenentladung f electron discharge
Elektronenerzeugung f electron production
Elektronenfalle f electron trap
Elektronenhülle f electron shell, electronic envelope
Elektronenlawine f electron avalanche, (Townsend) avalanche
Elektronenlebensdauer f electron lifetime
Elektronenleiter m electron(ic) conductor
Elektronenleitfähigkeit f electron(ic) conductivity
Elektronenmikroskop n electron microscope
Elektronenmikrosonde f electron microprobe
Elektronenoptik f electron optics
Elektronenpaar n electron pair
Elektronenquelle f electron source
Elektronenröhre f electron(ic) tube, electron(ic) valve
Elektronenschale f electron(ic) shell
Elektronenspiegelbildwandler m electron mirror image converter (Bild-Bild-Wandlerröhre)
Elektronenspinresonanz f electron spin [paramagnetic] resonance, paramagnetic (electronic) resonance
Elektronenstrahl m electron beam
Elektronenstrahlbeschleunigungsspannung f electron-beam accelerating voltage

Elektronenstrahlkanone f electron(-beam) gun
Elektronenstrahllaser m electron-beam laser
Elektronenstrahloszillograph m cathode-ray oscillograph, Braun oscillograph
Elektronenstrahloszilloskop n cathode-ray oscillograph, Braun oscillograph
Elektronenstrahl-Plasmaverstärkerröhre f (electron--)beam plasma amplifier tube
Elektronenstrahlröhre f 1. electron-beam tube, cathode-ray tube; 2. beam-deflection tube
Elektronenstrahlstrom m electron-beam current
Elektronenstrahltechnik f electron-beam technology
Elektronenstrahltechnologie f electron-beam technology
Elektronenstrahlwandlerröhre f electron-beam converter
Elektronenstrom m electron current; electron flow [stream]
Elektronenüberschuss m electron excess
Elektronenvervielfacher m electron multiplier
Elektronenvolt n electron volt, eV
Elektronenwellenröhre f electron wave tube
elektroneutral electrically neutral
Elektron-Gitter-Wechselwirkung f electron-lattice interaction (Halbleiter)
Elektronik f 1. electronics; 2. electronic engineering; 3. electronic equipment
Elektroniksystem n/ **mikromechanisches** microelectronic mechanical system
elektronisch electronic
Elektron-Loch-Paar n electron-hole pair (Halbleiter)
Elektroofen m electric furnace [oven]
Elektrooptik f electrooptics
Elektroosmose f electroosmosis
Elektrophorese f electrophoresis
Elektrophotolumineszenz f electrophotoluminescence
elektroplattieren v electroplate
Elektropolieren n electropolishing
Elektrorasenmäher m electrical lawn--mover

Elektrorasierer m electric shaver [razor]
Elektroschlackeschweißen n electroslag welding
Elektroschrubbmaschine f electric wet-scrubbing machine
Elektroschweißen n electric (arc) welding
Elektrospeicherofen m electric storage stove
Elektrospielzeug n electric toy
Elektrostriktion f electrostriction, converse piezoelectric effect
Elektrotechnik f 1. electrical engineering *(Fachrichtung)*; 2. electrical technology *(Verfahren)*; 3. electrical [electrotechnical] industry
elektrotechnisch electrotechnical
Elektrotod m electrocution
Elektrotraktion f electric traction
Elektrotriebzug m electrical multiple unit
Elektrounterstation f electric power substation
Elektrowarmwasserspeicher* m electric storage water-heater
Elektrowaschmaschine* f electric washing-machine
Elektrowerkzeug n/**handgeführtes** portable electric tool
Elektrozahnbürste f electric tooth-brush
Element n 1. element, component; 2. cell, battery
Element n/**bistabiles** *(Rt)* bistable element; two-state device *(Schaltungselement)*
Element n **der Stromrichterschaltung** rectifier circuit element
Element n **mit mehreren pn-Übergängen** *(Me)* multiple p-n junction device
Element n **mit vergrabenem Kanal/ladungsgekoppeltes** buried channel charge-coupled device, BCCD
Elementarladung f elementary charge, unit (electric) charge, (elementary) electronic charge
Elementarladung f/**elektrische** elementary charge, unit (electric) charge, (elementary) electronic charge
Elementarschaltung f basic circuit
Elementarteilchen n elementary [fundamental] particle
Elementarwelle f elementary wave

eliminieren v eliminate
E-Lok f s. Elektrolokomotive
E-Lokomotive f s. Elektrolokomotive
eloxieren v anodize, oxidize in an electrolytic cell *(besonders Aluminium)*
Email n enamel
E-Mail f/**unangeforderte kommerzielle** unsolicited commercial E-mail
E-Mail-Adresse f *(Dat)* domain address *(für eindeutige Anschrift eines Teilnehmers im Internet)*
E-Mail-Adresse f/**vorgetäuschte falsche** *(Dat)* address-spoofing
E-Mail-Anhang m *(Ko)* e-mail appendix, e-mail annex, attachment
E-Mail-Benachrichtigung f **durch Handy** *(Ko)* e-mail indication by mobile *(SMS durch Internet-Betreiber)*
Emaildraht m enamelled [enamel-insulated, enamel-covered] wire
E-Mails fpl/**unerwünschte** *(Dat)* spam *(Werbung, Newsletter)*
Emission f emission; ejection
Emissions-Schalldruckpegel m *(DIN)* emission sound pressure level *(ISO)*
Emissionsstrom m/**feldfreier** field-free emission current *(Langmuir-Katode)*
Emissionsvermögen n emissive power, emission capability, emissivity
Emitter m emitter (electrode)
Emitteranschluss m emitter terminal
Emitter-Basis-Diode f emitter-base diode
Emitter-Basis-Durchbruchspannung f emitter-base breakdown voltage
Emitter-Basis-Übergang m emitter-base junction
Emitterelektrode f emitter electrode
Emitterreststrom m emitter(-base) cut-off current
Emitterschaltung f (common) emitter circuit, common emitter configuration
emittieren v emit, eject
EMK *(Abk. für: elektromotorische Kraft)* electromotive force, emf
Empfang m *(Nrt)* reception
Empfänger m *(Nrt)* receiver, receiving set; detector
Empfängerabgleich m receiver alignment
Empfängeradresse f receiver address
Empfängerausgang m receiver output
Empfängerprüfgenerator m *(Mess)*

Empfängerröhre 478

radiofrequency service oscillator, alignment generator
Empfängerröhre f 1. receiving valve; 2. (Fs) viewing tube
Empfängertastung f receiver gating
Empfangsantenne f receiving aerial, wave collector
Empfangsaufruf m (Nrt) selecting
Empfangsbereich m reception coverage; service area (z. B. eines Senders)
empfangsbereit (Nrt) ready to receive
Empfangsbestätigung f 1. (Nrt) acknowledgment of receipt; 2. delivery status notification, DSN (bei E-Mail)
Empfangsfeldstärkemessung f (Fs, Ko) received field strength measurement
Empfangsfunkstelle f receiving station
Empfangsgerät n receiver, receiving set; receiving terminal
Empfangspegel m input level
Empfangsschaltung f (Nrt) receiving circuit
Empfangs-Sende-Gerät n/**tragbares** walkie-talkie
Empfangs-Sende-Schleife f receive--to-send loop
Empfangssignal n (Nrt) incoming [received] signal
Empfangsstation f (Nrt) receiving station; called station
Empfangsstörung f receiving disturbance
empfindlich sensitive; responsive
Empfindlichkeit f 1. sensitivity, sensitiveness; responsivity, responsiveness; response; 2. susceptibility (Anfälligkeit)
Empfindlichkeitsabfall m fall-off in sensitivity, sensitivity decrease
Empfindlichkeitseinstellung f sensitivity adjustment
Empfindlichkeitskurve f sensitivity curve
Empfindlichkeitsschwelle f threshold of sensitivity, response threshold
Empfindungspegel m (Ak) sensation level
Empfindungsschwelle f (Ak) threshold of sensation [perception], sensory threshold
Emulator m emulator (Mikrorechner--Nachbildungsprogramm)

EMV f (Abk. für: elektromagnetische Verträglichkeit) electromagnetic compatibility, EMC (Teil der Störfestigkeit)
Endamt n (Nrt) end office, terminal (office), terminal exchange [station]
Endanode f end [final] anode, ultor (anode)
Endausbau m 1. final installation; 2. (Nrt) ultimate capacity (eines Amtes)
Endausbeute f (Me) final yield
Endausschlag m full-scale deflection [travel] (Messinstrument)
Enddose f sealing end
Ende n termination (Abschluss); (exit) edge (eines Linearstator)
Endechosperre f (Nrt) terminal echo suppressor
Endeinrichtung f (Nrt) terminal equipment; local end
Endemarke f end mark
Ende- oder Identifizierungsanforderung f end--or-identify, EOI (Interface)
Endezeichen n (Nrt) final character
Endgerät n (Dat) terminal (z. B. Ein- und Ausgabeeinheit)
Endgerät n/**mobiles** (Ko) mobile terminal, MT
Endgeräte-Adapter m **für Datenendgeräte mit X.21--Schnittstelle** (Nrt) terminal adapter X.21, TA X.21
endlicher Automat m finite state machine, FSM
Endlosbandgerät n tape-loop recorder
Endlosdruckerpapier n fanfold form (Leporello)
Endlosvordruck m s. Endlosdruckerpapier
Endmast m terminal pole, dead-end tower (Freileitung)
Endprüfung f final test; final inspection
Endpunkt m 1. end point (z. B. von Phasenbahnen); 2. terminal point; 3. end position
Endschalter m limit switch; overtravel switch; position switch
Endsignal n sign-off signal
Endspannung f final [end-point] voltag cut-off voltage (Batterie)
Endstelle f (Nrt) terminal (station), loca end; subscriber's apparatus
Endstufe f 1. (power) output stage,

power amplifier *(Leistungsverstärker)*; 2. final stage
Endstufenmodulation f high-level modulation, high-power modulation
Endtemperatur f final temperature
Endungen fpl **am Ende der Web--Adresse** *(Ko)* top level domains *(z. B. .de, .com ; bezeichnen ganze Domain--Bereiche)*
Endverbraucher m ultimate user
Endverkehr m *(Nrt)* terminal [terminating] traffic
Endverkehrsbelegungszeichen n *(Nrt)* terminal seizing signal
Endverschluss m terminal box, termination *(Kabel)*; sealing end
Endverstärker m 1. power [output] amplifier *(Leistungsverstärker)*; 2. *(Nrt)* terminal amplifier [repeater]; main amplifier
Endwert m 1. final value; 2. *(Nrt)* accumulated value
Endzeitpunkt m finite-time instant
Endzustand m final state
Energie f energy; power
Energieabgabe f energy release [delivery], output of energy
Energieabnahme f energy decrement
Energieabstrahlung f radiation of energy, power dissipation
Energieanschlussvorschriften fpl power supply regulations
energiearm low-energy, poor in energy
Energieaufnahme f energy absorption
Energieaufwand m energy expenditure
Energieausbeute f energy efficiency
Energieaustausch m interchange of energy, energy exchange
Energieband n energy band
Energiebändermodell n energy band model [scheme, diagram]
Energiebänderschema n energy band model [scheme, diagram]
Energiebedarf m energy requirement(s), power demand
Energiedichte f energy density
Energiedienstleistungsanbieter m *(Ee)* energy service provider, ESR
Energieerhaltung f energy conservation
Energieerhaltungssatz m energy conservation law, energy principle [theorem]
Energieerzeugung f power generation [production], energy production

Energieerzeugungsanlage f power plant
Energiefreigabe f energy release
Energiefreisetzung f energy release
Energiegehalt m energy content
Energiegewinn m energy gain
Energielücke f energy (band) gap, forbidden band *(im Energiebändermodell)*
Energiequelle f 1. power source, source of energy; 2. power supply; network feeder *(Netzeinspeisung)*
Energiereaktor m power reactor
Energieregler m power control switch; energy regulator [controller] *(Wärmegeräte)*
energiereich 1. high-energy, energy--rich; energized; 2. hard *(Strahlen)*
Energierückgewinnung f *(Le, Ma)* power recovery, energy recovery [recuperation]
energiesparend power-saving
Energiesparlampe f energy-saving lamp
Energiesparmotor m eff 2/ **verbesserter** eff 2 improved efficiency motor
Energiespeicher m energy store
Energiespeicher m/**supraleitender magnetischer** superconducting magnetic energy storage
Energiespeicherglied n *(Rt)* energy storage element
Energiespeicherung f energy storage [accumulation]
Energieübertragung f energy transfer; energy [power] transmission
Energieumwandlung f energy conversion [transformation]
Energieverbrauch m 1. energy [power] consumption; 2. measurement energy *(des Messmittels)*
Energieversorgung f power supply
Energieversorgung f **über Ethernet** power over Ethernet, PoE
Energieversorgungsunternehmen n *(Ee)* (power) utility
Energieverteilung f energy distribution
Energiewirtschaft f 1. power economy; 2. power industry; energy sector, *(AE)* energy utilities
Engpassleistung f 1. *(An)* maximum capacity; 2. *(Ee)* gross generating power

Enhancer *m* enhancer *(Einrichtung zur Signalverbesserung)*
enharmonisch enharmonic
entarten *v* degenerate *(Halbleiter)*
Entbrummen *n* hum filtering
Entbrummspule *f* hum-bucking coil, hum-bucker *(Lautsprecher, Tonbandgerät)*
entcoden *v* s. decodieren
Entdämpfung *f* 1. damping reduction; 2. *(Nrt)* de-attenuation
entdröhnen *v* *(Ak)* deaden
Entdröhnung *f* (sound) deadening
enteisen *v* de-ice, defrost
Entertaste *f* *(Dat)* return key, Enter
entfernen *v* remove, eliminate
Entfernung *f* range
Entfernungsanzeigeschirm *m* *(Fo)* range-bearing display
Entfernungsauflösungsvermögen *(Fo)* range resolution [discrimination]
Entfernungsmesser *m* range finder, telemeter
Entfernungsradar *n* radar range finder
Entfernungs- und Höhenanzeiger *m* *(Fo)* height-position indicator, range-height indicator
entfeuchten *v* dehumidify, dry
entflammbar (in)flammable
entgasen *v* degas, degasify, outgas; bake out *(Röhren)*
entgraten *v* deburr, remove burrs
entionisieren *v* deionize
Entitäten-Managementsystem *n* höheren Niveaus high-level entity management system, HEMS *(ein Vorläufer des SNMP-Standards)*
Entity *(Dat)* entity *(Begriffseinheit oder Dateneinheit)*
Entkopplung *f* 1. decoupling, uncoupling; 2. *(Rt)* non-interaction; 3. neutralization
Entladeanzeiger *m* discharge indicator
Entlademenge *f* discharge rate *(Batterie)*
entladen *v* 1. dicharge; 2. unload
Entladeschlussspannung *f* cut-off voltage *(Batterie)*
Entladeverzug *m* 1. discharge delay; 2. carrier storage time
Entladung *f* discharge
Entladungsanzahl *f* **(je Zeiteinheit)** number of discharges per unit time
Entladungsbild *n* discharge pattern

Entladungsenergie *f* discharge energy
entladungsfrei discharge-free
Entladungsfunke *m* discharge spark
Entladungsgefäß *n* discharge tube
Entladungslampe *f* discharge lamp
Entladungsröhre *f* (gas) discharge tube, discharger
Entladungsstrecke *f* discharge path; discharge gap
Entladungsstrom *m* discharge [discharging] current
Entladungsstromkreis *m* discharge circuit
Entladungswiderstand *m* 1. discharge resistance *(Größe)*; 2. discharge [discharging] resistor *(Bauelement)*
Entladungszeit *f* discharge [discharging] time; service life *(einer Batterie)*
Entlötwerkzeug *n* solder extraction tool [device], unsoldering [de-soldering] tool
Entlüfter *m* deaerator; exhauster, exhaust fan [blower], air extraction fan
entmagnetisieren *v* demagnetize, degauss
Entmagnetisierungseinrichtung *f* degaussing equipment
Entmischung *f* disintegration, decomposition *(in einer Gasentladung)*
entmodeln *v* demodulate *(im Empfänger)*
Entnahmekreis *m* output [load] circuit
entnehmen *v* 1. take out [off], withdraw; 2. *(Dat)* pop *(z. B. aus dem Stapelspeicher)*
entpupinisieren *v* *(Nrt)* deload *(Kabel)*
entriegeln *v* unlock; unlatch
entschlüsseln *v* decode
Entschlüsselung *f* deciphering, decryption
Entschlüsselungsvorrichtung *f* decoding device [unit], decoder
Entspannung *f* release, stress relief; expansion *(Gase)*
entsperren *v* 1. unlock, unblock; 2. *(Nrt)* reconnect; 3. reset
entspiegelt (antireflection-)coated
Entstördichte *f* *(Fs)* interference inverte (diode)
entstören *v* eliminate interference; suppress noise; clear faults; screen
Entstörfilter *m* RFI [radio-frequency interference] suppression filter

entstört interference-suppressed, interference-free
Entstörung f interference [noise] suppression, disturbance elimination; screening; static suppression *(Rundfunk)*
Entweder-ODER n OR-ELSE *(Schaltlogik)*
Entweder-ODER-Aussage f EITHER--OR proposition
Entweder-ODER-Schaltung f OR-ELSE circuit
entweichen v escape, leak (out)
entwerfen v design; lay out; plan; project; draft
entwickeln v 1. evolve, liberate, generate *(z. B. Gase)*; 2. develop *(z. B. Fotografien)*
Entwicklung f 1. evolution, generation, liberation *(z. B. von Gas)*; 2. development *(z. B. Fotografie)*; 3. expansion *(Mathematik)*
Entwicklung f mit niedrigem Budget low-budget development
Entwurf m design, layout; plan; draft *(z. B. einer Vorschrift)*; sketch, draft
Entwurfsdaten pl design data
Entwurfshilfe f design aid
Entwurfsmuster n design pattern *(beim Software-Entwurf)*
Entwurfsnennstrom m designed current
Entwurfswiederholung f redesign
Entwurfszyklus m *(Me)* design cycle
Entzerrer m 1. equalizer, correcting device [filter], anti-distortion device, compensator; 2. *(Ak)* equalizing filter; equalizing [correction, correcting] network
Entzerrerbaustein m component equalizer network *(Tonbandgerät)*
Entzerrerschaltung f *(Nrt)* equalizer circuit, corrector [correcting, compensation] circuit
Entzerrung f 1. equalization, equalizing, correction; 2. *(Nrt)* de-emphasis; 3. rectification
entziffern v decipher
entzünden v ignite, inflame, fire
epitaxial epitaxial *(Kristall)*
Epitaxie f epitaxy *(Aufwachsen von einkristallinen Schichten)*
Epitaxiediffusionstransistor m epitaxial diffused transistor

Epitaxiemesatransistor m epitaxial mesa transistor
Epitaxieschicht f epitaxial layer
Epitaxiethyristor m epitaxial thyristor
Epoxidlaminat n/**glasfaserverstärktes kupferkaschiertes** epoxy glass--reinforced copper-clad laminate
EPROM n EPROM, erasable PROM, erasable programmable read-only memory
EPROM-Speicher m EPROM, erasable PROM, erasable programmable read--only memory
Erdanschluss m 1. earth (terminal) connection; 2. s. Erdanschlussklemme
Erdanschlussklemme f earthing terminal, earth terminal [end]
Erdanschlussöse f earth lug
Erdbeschleunigung f acceleration of [due to] gravity, acceleration of free fall
Erdbuchse f earth jack
Erde f 1. *(Et)* *(BE)* earth, *(AE)* ground; 2. neutral earth *(Nullpotenzial)*; 3. ground level
Erdefunkstelle f earth station
Erdelektrode f earth(ing) electrode
erden v *(BE)* earth, connect [short] to earth, *(AE)* ground
Erder m earth(ing) electrode
Erdfehlerschutz m earth-fault relaying
erdfrei earth-free, floating, *(AE)* ungrounded
Erdkabel n underground [buried] cable
Erdkapazität f earth capacitance, capacity to earth
Erdleiter m earth(ing) conductor
Erdmagnetismus m earth [terrestrial] magnetism, geomagnetism
Erdnetz n earthing network, *(AE)* grounding network *(IEC 50-604)*
Erdpotenzial n earth potential
Erdrückleitung f earth return *(von Strom durch die Erde)*
Erdschleife f *(BE)* earth circuit, *(AE)* ground loop
Erdschluss* m *(Ee)* earth fault, line-to--earth fault, earth-leakage fault, short circuit to earth
Erdschlussanzeiger m earth(-fault) indicator, leakage [earth-fault] detector, earth detector
Erdschlussdrossel(spule) f earthing [earth-fault] reactor

Erdschlusslöschspule *f* earth-fault neutralizer, arc-suppression coil
Erdschluss-Reststrom *m (Ee)* unbalanced residual current
Erdschlussschutz *m (Ee, Hsp)* earth(--fault) protection, leakage protective system; earth-fault relaying
Erdschlussstrom *m* earth(-fault) current, fault-to-earth current, loss current to earth
Erdschlusswischer *m* momentary single-phase-to-earth fault, transitory line-to-earth fault
Erdseil* *n* 1. *(Ee)* lightning protection cable, earth wire [conductor], overhead earth wire *(bei Freileitungen)*; 2. counterpoise *(Antennenerde)*
Erdstrom *m* earth (return) current, stray [fault] current
Erdtaste *f (Nrt)* earthing [grounding] key
Erdung* *f* 1. *(Et) (BE)* earthing, *(AE)* grounding; 2. earth connection, connection to earth, earthing system; 3. *(An)* direct earthing
Erdungsbuchse *f* earthing socket
Erdungsbürste *f (Ma)* earth (return) brush
Erdungsdrossel(spule) *f (Ap)* discharge [bleeding] coil
Erdungsklemme *f* earth(ing) terminal, earthing clamp [clip], earth clamp
Erdungssammelleitung *f* earth bus (bar), earth bar
Erdungssammelschiene *f* earth bus (bar), earth bar
Erdungsschalter *m* earth(ing) switch
Erdungsschiene *f s.* Erdungssammelleitung
Erdungstrennschalter *m (isolating)* earthing switch, earthing isolator
Erdungswiderstand *m* 1. earth(ing) resistance, resistance of earthed conductor; 2. *(Ap)* discharging resistor
Erdverlegung *f* underground [buried] wiring, underground laying *(Kabel)*
Ereignis *n* event
Ereignisschreiber *m* event marker
Ereignisschwelle *f* event threshold
Ereigniszähler *m* event counter
Erfahrungswert *m* experimental value
erfassen *v* 1. register *(schriftlich)*; log; 2. capture, acquire *(z. B. Messwerte)*; 3. *(Fo, Mess)* cover *(einen Bereich)*

Erfassungsweite *f (Fo)* detecting range
Erfassungszeit *f* acquisition time
erfüllen *v* comply (with) *(z. B. Schutzbestimmungen)*; satisfy
ergänzen *v* complete; supplement; add; back up
Ergänzungscode *m (Dat)* complementary code
Ergänzungsgerät *n* back-up equipment, supplementary equipment, optional extra
Ergänzungsgeräte *npl* back-up equipment, supplementary equipment, optional extra
Ergänzungsspeicher *m (Dat)* backing memory [store], auxiliary storage
Ergibtanweisung *f (Dat)* assignment statement
erhalten *v* 1. obtain, receive; 2. maintain; keep; preserve, conserve
Erhaltung *f* maintenance; conservation
Erhaltungssatz *m* conservation law *(Masse, Energie)*
Erhaltungsspannung *f* sustain voltage *(zur Aufrechterhaltung einer Erscheinung)*
Erholung *f (Me)* recovery *(Abbau überschüssiger Ladungsträger)*
Erholungsdauer *f* recovery period
Erholungszeit *f* recovery time
Erkennbarkeit *f* detectability, recognizability, recognition capability
erkennen *v* detect; recognize; sense
Erkennung *f* detection; recognition; identification; discrimination
Erkennungsfunktion *f (Dat)* recognition function
Erkennungsschaltung *f (Dat)* recognition circuit
Erkennungszeit *f (Dat, Nrt)* recognition time
Erlang *n (Nrt)* erlang *(Einheit für Verkehrswerte)*
erlöschen *v* extinguish; go out
ermüden *v* fatigue *(z. B. Werkstoffe)*
Ermüdungsbeständigkeit *f* fatigue resistance [strength]
ermüdungssicher fatigue-proof
Erneuerung *f* renewal *(z. B. von Bauteilen)*
erniedrigen *v* lower, reduce, decrease
erodieren *v* erode
EROM *n* erasable read-only memory, EROM

EROM-Speicher *m* erasable read-only memory, EROM
erregen *v* excite; energize
Erreger *m* exciter; actuator
Erregereinrichtung *f* exciter [excitation] equipment
Erregermaschine *f* exciter
Erregermaschine *f*/**am Wellenende angebaute** shaft end mounted exciter *(IEC 50-811)*
Erregerspannung *f* exciting [excitation] voltage; inductor voltage *(am Rotor des Generators)*
Erregerspule *f* exciting [excitation, field] coil
Erregerspulenisolation *f* field coil flange
Erregerstabilität *f* excitation system stability
Erregerstrom *m* exciting [excitation, exciter] current
Erregerstrom *m*/**induzierter** induced field current
Erregerstromquelle *f* excitation source
Erregersystem *n* excitation system; feed system *(Antennentechnik)*
Erregersystemstabilität *f* excitation system stability
Erregerumformer *m* converter exciter, motor-exciter set
Erregerwicklung *f* exciting [excitation, magnet] winding, field winding [coil]; control field winding
Erregung *f* excitation
Erregung *f*/**maximale** maximum field
Erregungsausfallrelais *n* field-failure relay
Erregungsgeschwindigkeit *f* excitation response
Erreichbarkeit *f* availability, accessibility *(z. B. Netzgestaltung)*
Erreichbarkeit *f*/**volle** *(Nrt)* full accessibility *(bei Koppelfeldern)*
Ersatzausschaltzeit *f (Le)* virtual operating time
Ersatzbatterie *f* reserve [standby] battery; emergency battery *(Notstrombatterie)*
Ersatzgerät *n* back-up unit
Ersatzgröße *f* equivalent parameter
Ersatzleitung *f* spare circuit
Ersatzröhre *f* spare valve
Ersatzschaltbild *n* equivalent network diagram; equivalent (electric) circuit

Ersatzschaltzeichen *n (Nrt)* change--over signal
Ersatzsicherung *f* spare fuse
Ersatzsperrschichttemperatur *f (Le)* virtual [junction] temperature
Ersatzspur *f* alternate track
Ersatzteil *n* spare [replacement] part, spare
Ersatztemperatur *f (Le)* virtual [junction] temperature
Ersatzwiderstand *m* substitutional [equivalent] resistance; on-state slope resistance *(im Grundstromkreis)*
erschöpfen *v* exhaust, deplete
Erschütterung *f* shock
erschütterungsfest vibration-proof, shock-proof
ersetzbar substitutable
erstarren *v* solidify; freeze
Erste-Hilfe-Anleitung *f* first-aid suggestions
Erstkurve *f* virgin curve *(Magnetisierung)*
Erwärmung *f* 1. heating, warming, warm-up; 2. temperature rise
Erwärmungsanlage *f*/**dielektrische** dielectric heating installation [plant], dielectric heater
Erwärmungsgeschwindigkeit *f* heating [warming] rate
Erwärmungsgrenze *f* heating limit; temperature-rise limit
Erwärmungskurve *f* heating curve
Erwartungswert *m* expectation [expected, anticipated] value *(Statistik)*
Erweichung *f*/**thermische** thermal [heat] softening, thermal plasticization
erweiterbar extensible
erweitern *v* upgrade *(Software)*
Erweiterung *f* extension; expansion; enlargement
Erweiterungsbaustein *m (Me)* expansion module
Erweiterungsspeicher *m* add-on memory
erzeugen *v* generate *(z. B. Elektroenergie, Dampf)*; produce
Erzeuger-Zählpfeilsystem *n*, **EZS** *(Ee)* generator reference arrow system
Erzeugniscode *m*/**universeller** universal product code 12 *(USA)*
Erzeugung *f* generation *(z. B. Elektroenergie, Dampf)*; production, making, make
Erzeugungsrate *f* generation rate

erzwungen v forced; constrained
Escape-Taste f (Dat) escape key (links oben auf Computertastatur; bewirkt Programmabbruch)
E-Schweißen n s. Elektroschweißen
ES-Schweißen n s. Elektroschlackeschweißen
Etalon m (Mess) s. Eichmaß
Ethernet n für die erste Meile Ethernet in the first mile, EFM (Verfahren zur Reichweitenerhöhung bei Ethernet)
Ethernet n für große Entfernungen long-reach Ethernet, LRE (Erweiterung von Ethernet über Zweidrahtleitungen)
eulersche Zahl f Euler's number, e (e = 2,718281828459045...)
Europäische Raumfahrtgesellschaft f (Ko) European Space Agency, ESA
Europäischer Geostationärer Überlagerungsdienst m European geostationary overlay service, EGNUS
Europaplatte f Eurocard, Europe card, European standard-size (p.c.) board
European Computer Manufacturers Association f, **ECMA** European Computer Manufacturers Association
eustachische Röhre f Eustachian tube
evakuieren v evacuate, exhaust, pump down
EVst s. Ortsnetzvermittlungsstelle
E-Welle f E wave, transverse magnetic wave, TM wave
EXAPT extender subset of APT, EXAPT (höhere NC-Programmiersprache)
Exchange-Befehl m exchange command
Exklusion f exclusion (Schaltalgebra, z. B. NAND-Funktion)
Exklusivcode m (Dat) exclusive code
Exklusiv-NOR-Gatter n exclusive NOR gate
Exklusiv-ODER-Gatter n exclusive OR gate
Expansion f expansion
Expansionsschalter m expansion switch [circuit breaker]
experimentell experimental, by laboratory means
Expertensystem n expert system (Rechner- und Datenverarbeitungssystem)
explosionsgeschützt explosion-proof
Explosivplattierung f detonation plating

(z. B. mit Hilfe elektromagnetischer Felder)
exponieren v expose (z. B. einer Strahlung); expose (to light) (Fotografie)
Extraktion f extraction
Extranet n extranet
Extremwert m extremum
Extremwertregelung f high-low- -responsive control, peak-holding control, extremal control
Extremwertregler m extremal [peak- -holding] controller
Exzitron n excitron (valve)
Exzitronröhre f excitron (valve)
EZS s. Erzeuger-Zählpfeilsystem

F

Fabrik f für Mikrostrukturen microfab
Face-down Verbindungstechnik f (Me) face-down bonding (technique) (Kontaktierungsverfahren mit der Kontaktseite nach unten)
Face-down-Bonden n (Me) face-down bonding (technique) (Kontaktierungsverfahren mit der Kontaktseite nach unten)
Face-up-Bonden n (Me) face-up bonding (technique) (Kontaktierungsverfahren mit der Kontaktseite nach oben)
Face-up-Verbindungstechnik f (Me) face-up bonding (technique) (Kontaktierungsverfahren mit der Kontaktseite nach oben)
Fächerantenne f fan [fanned-beam] aerial
Fädelwirkung f pull-through winding
Faden m filament; thread; string (z. B. im Galvanometer); fibre
Fadenaufhängung f 1. filament tensioning support (Spannvorrichtung für Heizfäden); 2. fibre [filament] suspension (z. B. bei Messgeräten)
Fadengalvanometer n thread galvanometer
Fadenkreuz n cross hairs [lines], hairlin cross, reticle
Fadenkristall m whisker
Fade-out n radio fade-out
Fading f (Nrt) fading
Fading n/**gleichmäßiges** flat fading

Fadingautomatik f (Nrt) automatic volume control circuit, AVC circuit
Fadingeffekt m fading effect
Fadinghexode f fading hexode, automatic gain control mixer hexode
Fahnenanschluss m flag terminal
Fahnenklemme f flag terminal
Fahrdraht m overhead contact wire, collector wire; trolley wire [line]; train line
fahren v/ein Kraftwerk run a power plant
Fahrerassistenzsystem n, **ACD** adaptive cruise control
Fahrertisch m driver's console
Fahrleitung* f overhead (contact) wire, collector wire; trolley wire [line]; train line, catenary
Fahrmotor m traction motor
Fahrmotorlager m drive motor bearing
Fahrplan-Auskunft f railway schedule information, (BE) railway time-table information
Fahrrad n mit Elektro-Hilfsmotor E-bike
Fahrregelung f/angepasste adaptive cruise control (Fahrassistenzsystem)
Fahrregler m/dynamischer dynamic traction control
Fahrschalter m 1. (electric motor) controller, camshaft controller, power controller (Elektromotor); 2. traction switch (Elektrotraktion)
Fahrstraßenabschnitt m route section
Fahrstuhl m lift, elevator
Fahrtrichtungsanzeiger m direction indicator (lamp)
Fahrzeug n/batterieelektrisches battery-electric road vehicle
Fahrzeugregel- und Überwachungsmodul n vehicle control and monitoring modulus, VCM
Faksimile n (Nrt) facsimile
Faksimiletelegrafie f facsimile telegraphy
Faktor m factor, coefficient
Faktor m/cartersher (Ma) Carter's coefficient, air-gap factor
Fakturiermaschine f (Dat) billing [invoicing] machine
Fall m/ungünstigster worst case
Fallbügel m chopper bar, locking device
Falle f trap

fallen v fall, drop, decrease (z. B. Spannung, Temperatur)
fallen v/außer Tritt pull out of synchronism (Synchronmotor)
fallen v/in Tritt pull into synchronism (Synchronmotor)
Fallklappe f 1. annunciator drop, drop indicator (Relais); 2. (Nrt) indicating disk, disk drop
Falschauslösung f false tripping
Falschsignal n false signal
Faltenbalg m bellows (pneumatisches Messglied)
Faltenbildung f (Fs) fold-over (der Zeilen)
FAMOS floating(-gate) avalanche--injection metal-oxide semiconductor, FAMOS
FAMOS-Halbleiterspeicher m/ /elektrisch löschbarer electrically erasable FAMOS, E-FAMOS
FAMOST m floating(-gate) avalanche--injection MOS transistor
FAMOS-Transistor m floating(-gate) avalanche-injection MOS transistor
Fangbereich m capture [pull-in, lock-in] range
Fangelektrode f collecting [gathering] electrode; target (Elektronenröhren)
fangen v 1. trap, capture (z. B. Elektronen); 2. (Nrt) catch (Teilnehmer)
Fan-in n (Me) fan-in
Fan-out n (Me) fan-out
Farad n farad, F (SI-Einheit der elektrischen Kapazität)
Farbabgleich m colour matching
Farbabmusterung f (Licht) colour matching, object colour inspection
Farbanpassung f colour match(ing)
Farbband n (ink) ribbon
Farbbandvorschub m ink-ribbon feed
Farbbildröhre f colour (television) picture tube
Farbcode m colour code (z. B. auf Widerständen)
farbcodiert colour-coded
Farbdemodulator m (Fs) chrominance(--subcarrier) demodulator, colour demodulator
Farbdisplay n coloured data display unit
Farbe f (BE) colour, (AE) color; hue; tint; paint (Anstrich)
Farbempfindlichkeit f colour sensitivity

Farbenzerlegung [response]; spectral response *(Fernsehaufnahmeröhre)*
Farbenzerlegung f colour dispersion [separation]
Farberkennung f colour identification
Farbfehler m chromatic [colour] aberration
Farbfernsehempfänger m colour television receiver [set]
Farbfernsehen n colour television, colorvision
Farbfernsehkamera f colour television camera
Farbfilm m colour film
Farbfilter n colour [spectral] filter
Farbkennzeichen n colour code *(z. B. auf Widerständen)*
Farbmonitor m colour monitor
Farbschirm m *(Fs)* colour picture screen
Farbschreiber m ink writer
Farbstoff-Flüssigkristallanzeige f guest-host liquid crystal display, guest-host LCD
Farbstofflaser m dye laser
Farbsynchronsignal n *(Fs)* colour synchronizing burst
Farbsystem n colour system
Farbtabelle f colour map
Farbtafel f chromaticity [chromatic] diagram, colour chart
Farbtemperatur f colour temperature
Farbtemperaturnormallampe f colour temperature standard lamp
Farbtiefe *(Dat)* colour depth, *(AE)* color depth *(darstellbare Farbstufen; 1 Bit = schwarz-weiß; 8 Bit bis 48 Bit = farbig; 24 Bit = true colour, 2^{24} darstellbare Farben)*
Farb-Tintenstrahldrucker m ink-jet colour-printer
Faser f *(BE)* fibre, *(AE)* fiber
Faserbündel n fibre bundle *(Lichtwellenleiter)*
Faserkoppler m (optical-)fibre coupler
Fasermantel m fibre cladding *(eines Lichtwellenleiters)*
Fasermikrofon n interferometric acoustic sensor *(in Mach-Zehnder- -Interferometeranordnung)*
Faseroptik f fibre optics
Fast-Ethernet-Adapter-Steckkarte f **mit PCI-Anschluss** *(Nrt)* Fast Ethernet programmable communication interface adapter *(100Mbit/s-*

-Anpassungs-Schaltung zwischen Ethernet-LAN und PC-Bus)
Faston-Steckklemme f FASTON plug terminal
Fax n 1. fax *(Nachricht)*; 2. fax (machine, apparatus)
faxen v fax, send by fax
FBSOA m forward bipolar safe operating area, FBSOA
FC s. Lichtleiterkanal
Feder f 1. spring; 2. pen
Federaufhängung f spring suspension
Federbalg m bellows, sylphon bellows *(pneumatisches Messglied)*
Federklammer f clamping spring
Federklemme f spring terminal
Federklinke f spring catch
Federsockel m shock-mount base
Federthermometer n pressure-spring thermometer
Federung f spring suspension
Fehlabstimmung f mistuning
Fehlanpassung f mismatch(ing), faulty adaptation
Fehlanruf m *(Nrt)* false [lost] call, false ring [signal]
Fehlanzeige f erroneous indication
Fehlauslösung f fault throwing *(Relais)*
Fehlbedienung f wrong manipulation, faulty operation
Fehleinstellung f misadjustment, maladjustment; misplacement
Fehler m error; fault, defect *(z. B. im Material)*; imperfection *(eines Kristalls)*; trouble, *(AE)* bug • **vor dem Fehler** pre-fault *(Stabilität)*
Fehler m/bleibender permanent fault *(IEC 50-604)*
Fehleranzeige f error [malfunction] indication, error detection
Fehlerdämpfung f balance attenuation (balance) return loss, obtained balancing result
Fehlererkennung f error [fault] detection; failure recognition
Fehlergrenze f 1. error limit; 2. *(Mess)* accuracy limit *(eines Geräts)*; limiting error
Fehlerhäufigkeit f error rate; frequency of errors
Fehlerkorrektur f durch fehlerkorrigierenden Code *(Nrt)* error correction by forward correction *(angepasst an die Kanalfehler-Struktur*

Fehlerlöschtaste f error-reset key
Fehlerortung f fault location [locating, finding], trouble location
Fehlerquadrat n square of (the) error
Fehlerquadrat n/**mittleres** mean square error
Fehlerrelais n fault detector relay
Fehlerschutz m fault protection, leakage protection *(gegen Erdschluss)*
Fehlerschutz m **in Ausgleichsschaltung** balanced protective system
fehlersicher failsafe
Fehlerspannung f fault voltage
Fehlerspannungsauslöser m 1. fault-voltage circuit breaker; 2. *(Ap)* voltage-operated circuit breaker
Fehlerspannungsschutzschalter m fault-voltage switch [circuit breaker], voltage-operated earth-leakage circuit breaker, earth-leakage trip
Fehlerstrom m leakage current, earth current *(deprecated in this sense; IEC 50-151)*
Fehlerstromschutzschalter* m 1. *(Ap)* fault-current circuit breaker; 2. *(Ee)* current-operated earth-leakage circuit breaker, earth-leakage mcb, current balance circuit breaker, miniature circuit breaker with fault current release
Fehlersuchprogramm n *(Mess)* error detection routine, diagnostic
Fehlerverteilungskurve f/**gaußsche** Gauss error distribution curve
Fehlervervielfachung f error multiplication
Fehlerwahrscheinlichkeit f error probability
Fehlstelle f 1. (lattice) defect, imperfection; vacancy *(Kristall)*; 2. *(Me)* (electron) hole; 3. *(Hsp)* dry spot *(durch Kriechstrom)*; blow hole *(Gießharz)*; 4. drop-out *(Magnetbandaufzeichnung)*; 5. *(Dat)* blemish *(Speicher)*
Fehlverbindung f 1. wrong connection; 2. *(Nrt)* wrong number call; 3. defective joint *(beim Löten)*
Feinabgleich m fine adjustment, trimming (adjustment)
Feinabstimmung f fine [sharp, vernier] tuning
Feinabtastung f *(Fs)* fine [close] scanning

Feinsicherung f microfuse, miniature [fine-wire] fuse, heat coil fuse
Feinstruktur f fine structure, microstructure, microscopic structure; fine-grained structure
Feld n 1. field *(z. B. elektrisch, magnetisch)*; 2. *(Fs, Nrt)* frame; 3. panel *(z. B. eines Gestells)*; 4. *(Nrt)* section *(einer Strecke)*; 5. *(Dat)* array
Feld n/**abklingendes** evanescent field *(direkt nach Austritt aus einem Lichtleiterkern)*
Feld n/**ausgestrahltes elektromagnetisches*** radiated electromagnetic field
Feld n/**äußeres** external field
Feld n/**beschleunigendes** accelerating field
Feld n/**bewegtes** moving field
Feld n/**dielektrisches** dielectric field
Feld n/**diffuses** *(Ak)* diffuse [reverberant] field
Feld n/**divergentes** divergent electric field
Feld n/**einschwingendes magnetisches** transient magnetic field
Feld n/**elektrisches** electric field
Feld n/**elektromagnetisches** electromagnetic field; reactive field *(bei Antennen)*
Feld n/**elektrostatisches** (electro)static field
Feld n/**gegenläufiges** negative-sequence field, contrarotating field
Feld n/**natürliches elektromagnetisches** natural electromagnetic field
Feld n/**quellenfreies** solenoidal field
Feld n/**radiales** radial field
Feld n/**rotationssymmetrisches** rotational-symmetric field
Feld n/**rotierendes elektromagnetisches** rotating electromagnetic field
Feld n/**ruhendes** fixed field
Feld n/**schwaches** low [weak] field
Feld n/**sinusförmig veränderliches** sinusoidally varying field
Feld n/**skalares** scalar field
Feld n/**wirbelfreies** irrotational [non-cyclical, lamellar] field
Feld n **zur Zugriffsunterstützung für staatliche Stellen** law enforcement

Feldbild access field, LEAF *(Zusatzinformation bei kryptografischen Anwendungen, die einen Zugriff von staatlichen Stellen auf verschlüsselte Informationen erleichtern soll)*

Feldbild n field pattern [configuration]; flow pattern *(flussbild)*

Feldbus m field bus *(Kommunikations- Medium zur Kopplung unterschiedlicher Stationen eines Rechnernetzes, z. B. Multimaster-Bus in Anlehnung an das ISO/OSI- -Schichten-Referenzmodell, *Profibus als wichtige deutsche Feldbusnorm)*

Feldeffekt m field effect

Feldeffektflüssigkeitsanzeige f field- -effect liquid-crystal display

Feldeffekttransistor m field-effect transistor, FET, unipolar transistor

Feldeffekttransistor m **mit isoliertem Gate [Tor]** insulated-gate field-effect transistor, IGFET

Feldeffekttransistor m **mit isolierter Gate-Elektrode [Steuerelektrode]** insulated-gate field-effect transistor, IGFET

Feldeffekttransistor m **mit Ladungsspeicherung** charge-storage junction field-effect transistor, CSJFET

Felderregung f (Ma) field excitation

Feldlinie f (electric) flux line, field [gradient, characteristic] line

Feldlinienbild n field pattern

Feldorientierung f (Rt) field orientation

Feldschwächung f (Ma, Rt) field weakening

Feldstärke f field strength [intensity]

Feldtrenner m field break(-up) switch

Feldtrennschalter m field break(-up) switch

Feldversuch m field trial [test]

Feldverteilung f field (strength) distribution, field configuration

Feldverzerrung f field distortion

Feldverzögerung f field deceleration

Feldwaage f magnetic balance

Feldwicklung f field winding

Feldwiderstand m wave impedance *(Hohlleiter)*

Feldzusammendrängung f field crowding

Felici-Waage f Felici balance *(Gegeninduktivitätsmessbrücke)*

Fenster n/**faseroptisches** fibre-optic window

Fensterprotokoll n window protocol

Fenstertechnik f (Dat) windowing *(bei Bildschirmdarstellungen)*

Fermi-Energie f Fermi energy

Fermi-Funktion f Fermi function

Fermi-Integral n Fermi integral

Fermi-Kante f Fermi edge

Fernablesung f distant [remote] reading

Fernamt n (Nrt) trunk exchange, trunk [toll] office

Fernamtsvermittlung f (Nrt) s. Vierdrahtamt

Fernanruf m (Nrt) trunk [long-distance] call

Fernanzeigegerät n remote-indicating device [instrument]

Fernaufzeichnung f telerecording

fernbedienbar remote-controllable

fernbedient remote-operated, remote(- -controlled), remotely controlled

Fernbedienung f 1. remote operation [control] *(Vorgang)*; 2. remote control [controller, control unit] *(Gerät)*

Ferngespräch n (Nrt) trunk [long- -distance] call

ferngesteuert remotely controlled, remote(-operated), telecontrolled; remotely piloted

Fernkopieren n (Nrt) telecopy(ing); facsimile communication [transmission]

Fernleitung f 1. (Nrt) trunk circuit [line], trunk; 2. (Ee) (long-distance) transmission line • "**alle Fernleitungen besetzt**" "all trunks busy"

fernlenken v remote-control

Fernlicht n long distance light, main [upper, headlight] beam driving light

Fernmeldenetz n telecommunication network, communications network, telecommunication system

Fernmeldesatellit m telecommunications satellite

Fernmeldeübertrager m line transformer

Fernmeldeverkehr m telecommunication traffic, teletraffic

Fernmessempfänger m telemetering receiver

Fernmessung f telemetry, telemetering, remote measurement

Fernsprechformfaktor

Fernschalter m remote control switch, RCS, teleswitch, remote-controlled switch

Fernschaltgerät n remote control unit

Fernschreibalphabet n teletypewriter code

Fernschreibcode m teleprinter [teletypewriter] code, teletype code

Fernschreiben n 1. telex, teleprinter exchange service, teletyping; 2. telex (message) teletype message *(Dokument)*

Fernschreiber m 1. teleprinter, telex (machine); telegraph; teletypewriter, teletype apparatus; 2. teletypist, teletype operator *(Bedienungsperson)*

Fernschreibkonferenzschaltung f teletype conference circuit

Fernschreibteilnehmer m teletype [telex] subscriber

Fernschreibübertragung f teletype transmission

Fernsehabdeckung f *(Fs)* television coverage

Fernsehansager-Souffleur m teleprompter *(Text-Bildschirm über der Aufnahmekamera)*

Fernsehaufnahmeröhre f camera tube

Fernsehband n television band

Fernsehbild n television picture [image]

Fernsehbildröhre f (television) picture tube

Fernsehbildschirm m/**flacher** flat television panel, flat TV-panel

Fernsehempfänger m television receiver [set], TV set

Fernsehen n television, t.v., TV • **über Fernsehen ausstrahlen [übertragen]** televise

Fernsehen n/**höher auflösendes** *(Fs)* enhanced definition TV, EHD TV

Fernsehen n **über Handy** *(Fs, Ko)* mobile TV

Fernsehgerät n television receiver [set], TV set

Fernsehkamera f television camera, telecamera

Fernsehkamera f **für Außenaufnahmen** field television camera

Fernsehkamera f/**tragbare** walkie-lookie

Fernsehkanal m television channel

Fernsehkanalabstand m television channel spacing

Fernsehkanalschalter m (television) channel switch

Fernsehkanalumsetzer m television frequency converter unit

Fernsehkanalwähler m television tuner, channel selector

Fernsehnetz n television network

Fernsehnormen fpl/**analoge** *(Fs)* standard definition television, SDTV *(NTSC, PAL, SECAM; neu: digitales HDTV)*

Fernsehsatellit m television satellite

Fernsehschirm m television screen

Fernsehsendestation f television (broadcasting) station, television transmitter (station)

Fernsehsendung f telecast, television broadcast

Fernsehstörung f television interference

Fernsehtechnik f television engineering; video technique *(Praxis)*

Fernsehtelefon n video telephone, videophone, viewphone, picture-phone; display telephone

Fernsehübertragung f television transmission

Fernsperre f *(Nrt)* barred trunk service, toll restriction

Fernsprechamt n telephone office [exchange], *(AE)* central (office)

Fernsprechanlage f telephone installation [plant, equipment]

Fernsprechanschluss m telephone (connection); line

Fernsprechanschlussdose f, **TAE-Dose** *(Nrt)* telecommunication socket

Fernsprechapparat m telephone (set), phone

Fernsprechapparat m/**schnurloser** cordless telephone, hand-free telephone set

Fernsprechautomat m coin telephone (station), coin-box phone

Fernsprechbetrieb m telephone operation [working]

fernsprechen v telephone, phone

Fernsprechfernvermittlung f telephone trunk exchange

Fernsprechformfaktor m **der Spannung** voltage telephone interference

Fernsprechgebühr *f* telephone charge [toll]
Fernsprechkanal *m* telephone channel
Fernsprechnetz *n* telephone network [system]
Fernsprechnummer *f s.* Rufnummer
Fernsprechschreiber *m* telephonograph
Fernsprech-Sprachband *n (Nrt)* telephony voice band *(Frequenzbereich: 300Hz-3400Hz; bei PCM mit HQ-CODEC 50Hz-7kHz)*
Fernsprechstelle *f* telephone [call] station
Fernsprechteilnehmerdichte *f (Nrt)* telephone statistics, subscriber density
Fernsprechteilnehmerverzeichnis *n* telephone directory
fernsteuern *v* remote-control, telecontrol
Fernsteuerung *f* remote [supervisory] control, telecontrol
Fernsteuerung *f* **von Stellwerken** *(Dat)* centralised traffic control
Fernüberwachung *f* remote monitoring
Fernverbindung *f (Nrt)* trunk connection
Fernverbindungen *fpl* **/nationale** *(Nrt)* nationwide dialling
Fernverkehr *m (Nrt)* trunk traffic [working], long-distance communication [traffic]
Fernvielfachfeld *n (Nrt)* trunk multiple
Fernwahl *f (Nrt)* trunk dialling, long-distance dialling [selection]
Fernwirksystem *n* telecontrol system
Fernwirktechnik *f* remote control technique
Fernwirkung *f* remote [distant] effect; action at a distance; teleoperation
Ferritantenne *f* ferrite aerial
Ferritkern *m* ferrite core
Ferritspeicher *m (Dat)* ferrite memory [store]
Ferritstab *m* ferrite rod
Ferritstabantenne *f* ferrite-rod aerial
Ferromagnetismus *m* ferromagnetism
Fertigungsfehler* *m* manufacturing error
Fertigungskontrolle *f* in-process inspection
Festanschluss *m (Nrt)* permanent connection
Festelektrolyt *m* solid electrolyte

Festfrequenzgenerator *m* fixed--frequency generator
festfressen *v/sich (Ma)* freeze, jam, seize
Festigkeit *f* strength, stability, resistance *(z. B. von Werkstoffen gegen verschiedenste Einflüsse)*; durability, endurance *(Dauerhaftigkeit)*
festkeilen *v* key, wedge
Festkomma *n (Dat)* fixed [stated] point
Festkommaarithmetik *f* fixed-point arithmetic
Festkommazahl *f* fixed-point number
Festkontakt *m* fixed contact; stationary contact
Festkörperbauelement *n* solid-state component [element], solid(-state) device
Festkörperchip *m (Me)* monolithic chip
Festkörperlaser *m* solid-state laser [optical maser]
Festkörperphysik *f* solid-state physics
Festkörperschall *m* solid-borne noise [sound], structure-borne sound
Festkörperschaltkreis *m* solid(-state) circuit, (monolithic) integrated circuit, monolith
Festkörperschaltung *f* solid(-state) circuit, monolithic circuitry
Festkörperschaltung *f* **/integrierte** integrated solid(-state) circuit
Festkörperspeicher *m* solid-state memory
Festlager *n* fixed bearing (DIN 6790)
Festmarke *f (Rt)* fixed mark
Festplattenaufteilung *f (Dat) s.* Festplatten-Partition
Festplatten-Partition *f (Dat)* HD partition, hard-disk partition *(Aufteilung des physischen HD--Laufwerks in logische Teil-Laufwerke, Partitionen)*
Festplattenspeicher *m* hard-disk storage, fixed-disk store
Festprogrammrechner *m* fixed program computer
feststellen *v* 1. detect, ascertain; determine; 2. lock, clamp; fix, fasten arrest
Festverdrahtung *f (Me)* fixed wiring
Festwertregler *m (Rt)* constant value controller, automatic stabilizer
Festwertspeicher *m* read-only memory ROM

Festwertspeicher *m*/**elektrisch änderbarer** electrically alterable read-only memory, EAROM
Festwertspeicher *m*/**elektrisch löschbarer** electrically erasable read-only memory, EEROM
Festwertspeicher *m*/**elektrisch löschbarer programmierbarer** electrically erasable programmable read-only memory, EEPROM
Festwertspeicher *m*/**löschbarer** erasable read-only memory, EROM
Festwertspeicher *m*/**löschbarer und (wieder) programmierbarer** erasable programmable read-only memory, erasable PROM, EPROM
Festwertspeicher *m*/ **programmierbarer** programmable read-only memory, PROM
Festwertspeicher *m*/**UV-löschbarer** ultraviolet erasable read-only memory, ultraviolet erasable ROM
Festwertspeicher *m*/**vom Hersteller programmierbarer** factory-programmable read-only memory, FROM
FET *m* FET, field-effect transistor, unipolar transistor
FET-Logik *f*/**direktgekoppelte** direct-coupled field-effect transistor logic
fett bold *(Fettdruck)*
Fettdruck *m* bold *(Symbol: B)*
Feuchte *f* moisture, wetness, dampness, humidity
feuchtigkeitsdicht moisture-tight
feuchtigkeitsgeschützt moisture-proof
Feuchtraumfassung *f* moisture-proof socket, damp-proof socket
Feuchtraumsteckdose *f* moisture-proof outlet
feuerbeständig fire-resistant, fire-resisting, fireproof
feuerdämmend fire-retardant, fire-retarding
feuerfest fireproof, fire-resistant; refractory *(Keramik)*
Feuermelder *m* (electric) fire alarm; fire detector
Feuerschiff *n* lightship, light vessel
feuersicher fireproof, flameproof
Feuerwächter *m* fire-alarm thermostat
FIFO-Prinzip *n (Dat)* first-in-first-out principle, FIFO (principle) *(Speicherprinzip, bei dem die zuerst eingegebenen Informationen als erste wieder ausgelesen werden)*
FIFO-Prinzip-Liste *f* push-up list
FIFO-Speicher *m* first-in-first-out memory, FIFO store, push-up storage
Filehandle *n* file handle *(programminterner Identifikator für eine in Benutzung befindliche Datei)*
Filesystem *n* file system
Filetransfer *m* file transfer
Film *m* 1. film, layer; 2. motion picture, movie (film)
Filmaufnahmekamera *f* motion-picture camera
Filmaufzeichnung *f* 1. film record; 2. film recording
Filmkamera *f* film [motion-picture] camera
Filmvorführgerät *n* motion-picture projector
Filter *n* filter; harmonic absorber
Filter *n*/**hohlraumgekoppeltes** cavity-coupled filter
Filter *n* **mit Drosseleingang** choke-input filter
Filter *n* **zur Basis 10** *(Ak)* base-10 filter
Filterdrossel *f* filter choke
Filterdurchlassbereich *m* filter transmission [pass] band
Filterfrequenzgang *m* filter response
Filterglied *n* 1. filter section; 2. *(Rt)* shaping network *(zur Signalverformung)*
Filterkette *f* **aus T- und/oder Π-Gliedern** *(Nrt)* ladder filter
Filterkettenglied *n (Nrt)* filter term *(T-Glied oder Π-Glied)*
Filterkreis *m* filter circuit, frequency-selective circuit; harmonic absorber
Filterkurve *f* filter curve [characteristic]
Fingerabdruck *m* fingerprint *(Hash-Wert über Schlüssel oder Zertifikat)*
Fingeranschlag *m (Nrt)* finger stop
Fingerkontakt *m* finger(-type) contact, contact finger
FIP factory instrumentation protocol *(französische Feldbusnorm)*
Firewall *m* firewall
Firmennetz *n* corporate network, CN
Firmware *f (Dat)* firmware *(vom Hersteller in ROMs mitgelieferte Programme)*
Fischaugen-Navigation *f* fisheye navigation *(Navigationshilfe auf*

Webseiten durch Auflistung aller Alternativen in den verschiedenen Ebenen)
FIX n n *(Dat)* FIX n *(n-Stellen genau nach dem Komma)*
Flachausführung f flat-pack assembly *(integrierte Halbleiterbauelemente)*
Flachbett-Farbabtaster m flat-bed colour-scanner
Fläche f area; face *(Kristall)*; land *(auf einer Schaltungsplatte)*; surface
Fläche f **des Übergangs** *(Me)* junction area
Flächenabtaster m area scanner
Flächendiode f (p-n) junction diode
Flächengleichrichter m 1. surface--contact rectifier; 2. *(Me)* junction rectifier
Flächenheizelement n/**elektrisches** electric conductive-sheet-type heating element
Flächenheizkörper m/**elektrischer** electric panel heater
Flächenkorrelation f area correlation *(ausgenutzt zur Bildkompression)*
Flächentransistor m (p-n) junction transistor
Flächentransistor m/**gezogener** grown junction transistor
Flachklemme f flat terminal
Flachkollektor m flat-plate collector
Flachkontakt m flat contact
Flachlautsprecher m flat-core (loud)speaker, pancake [wafer] loudspeaker
Flachlötöse f flat-flanged eyelet *(Leiterplatten)*
Flachschutzschalter m slim-line circuit breaker
Flachsockel m wafer socket
Flachspule f flat coil, disk [slab, pancake] coil
Flachstecker m plain connector, flat--cable plug; rectangular connector
Flachsteckhülse f quick-connect receptacle
Flackereffekt m *(Licht)* flicker effekt
flackern v *(Licht)* flicker
Flag n *(Dat)* flag
Flagregister n flag register
Flammenbogen m flame [flaming] arc
flammenhemmend flame-retardant
flammfest flameproof, flame-resistant

flammwidrig flameproof, flame--resistant
Flanger m flanger *(Effektsteller an elektronischen Musikinstrumenten)*
Flanke f 1. slope, edge *(z. B. eines Impulses)*; skirt *(z. B. einer Filterkurve)*; 2. ramp *(z. B. einer Funktion)*
Flankenanstieg m rise of pulse
flankengesteuert edge-triggered
Flankensteilheit f slope [edge] steepness, slope rate *(Impuls)*
Flanschlagerschild n flanged end shield
Flanschmotor m flange-mounted motor
Flashtaste f flash key [button]
Flatrate f flatrate *(zeit- und mengenunabhängige Tarifierung)*
Flatterecho n flutter echo
Flattereffekt m *(Ak)* flutter (effect)
flattern v flutter *(z. B. Empfangssignale)*; bounce *(z. B. Ventil)*; wobble
Flattern n **der Kontakte** bouncing [chattering] of contacts
Fletcher-Munson-Kurve f Fletcher--Munson curve *(Kurve gleichen Lautstärkepegels)*
Flickereffekt m *(Licht)* flicker effect
Fliehkraft f centrifugal power [force]
Fliehkraftbeschleunigung f centrifugal acceleration
Fliehkraftschalter m centrifugal switch, tachometric relay
fließen v 1. flow; 2. yield *(Werkstoffe)*
Fließfestigkeit f resistance to flow
Fließlötverfahren n flowsolder method [principle] *(Leiterplatten)*
Flimmereffekt m *(Licht)* flicker effect
flimmerfrei *(Licht)* flicker-free
Flimmerfrequenz f *(Licht)* flicker frequency
Flimmern n flicker(ing); scintillation
flinkträge quick-slow *(z. B. Sicherung)*
Flip-Chip m flip chip *(Bauelement mit nach unten gerichteter aktiver Seite)*
Flip-Chip-Bondtechnik f *(Me)* flip-chip bonding (technique)
Flipflop n flip-flop, bistable multivibrato
Flipflop n **mit Setz- und Rücksetz--Eingang** RS flip-flop
Flipflopgenerator m bistable multivibrator
Flipflopschaltung f flip-flop circuit, bistable circuit

Floating-Gate n floating gate (Schwebegate)
Floating-Gate-Lawineninjektion--Metalloxidhalbleiter m floating(-gate) avalanche-injection metal-oxide semiconductor, FAMOS
Floppydisk f (Dat) floppy disk, diskette, (magnetic) flexible disk
Floppydisk-Laufwerk n floppy-disk drive
Floppydisk-Speicher m floppy-disk memory
Floppydisk-Steuerung f floppy-disk controller
flüchtig 1. volatile; 2. transient
flüchtig/nicht non-volatile (z. B. Speicher)
Flugbahn f flight track [path]; trajectory
Flügeleinstellung f pitching (Einstellung des Anstellwinkels des Propellers)
Flugfunkdienst m aeronautical [aircraft] radio service
Flughafenbefeuerung f airport lighting
Flugobjekt n/nicht identifiziertes (Fo) UFO, unidentified flying object
Flugschreiber m flight data recorder, flight-recorder
Flugstreckenfeuer n airway [air route] beacon
Flugzeugfunkempfänger m aircraft receiver [receiving set]
Flugzeugsender m aircraft (radio) transmitter
Fluss m flux, flow
Flussbild n flow pattern, flux plot
Flussdiagramm n flow chart [diagram], operational chart
Flussdichte f/dielektrische dielectric flux density
flüssig liquid, fluid
Flüssigkeit f liquid, fluid; liquor
Flüssigkeitskühlung f liquid cooling
Flüssigkeitsschalter m liquid switch
Flüssigkristall m liquid crystal
Flüssigkristallanzeige f liquid-crystal display, LCD
Flussleitwert m forward conductance
Flusslinie f flux line
Flussmarkierung f flow label (für CoS/QoS)
Flussröhre f flux tube
Flussverdrängung f (magnetic) skin effect, flux displacement

Flussverkettung f flux linkage [interlinking]
Flutlichtbeleuchtung f floodlighting
FM (Nrt) FM, frequency modulation
FM-Doppler-Radar n FM-Doppler radar, frequency-modulation Doppler (radar)
FM-Signal n (Fs) FM signal, frequency--modulated signal (auch: frequency modulation; F3E)
Fokus m focus, focal point, focus(s)ing point
fokussieren v focus
Folge f sequence; series
Folgeadresse f (Dat) sequence [subsequent] address
Folgeantrieb m follow drive
Folgeausfall m secondary failure
Folgebefehl m (Dat) sequence instruction, sequential order
folgegesteuert sequence-controlled
folgen v (Fo) track
Folgepolläufer m (Ma) salient-pole rotor
Folgeregelung f (Rt) sequential [follow--up] control
Folgerelais n sequencing [sequence--action, sequential] relay
Folgeschaltung f sequence [follow-up] circuit
Folgesteuerung f (Rt) (automatic) sequence control, sequencing [sequential] control; secondary control
Folgewechsler m change-over make--before-break contact
Folie f foil; film; sheet; lamina (Kunststoff)
Folienätzverfahren n etched-foil process, subtractive process (Leiterplattenfertigung)
Folienbonden n/automatisches (Me) tape-automated bonding, TAB
Foliendehnungsmessstreifen m foil strain gauge
Folienkondensator m foil capacitor
Folienspeicher m (Dat) floppy disk
Fön m electric hair dryer, hair drying apparatus
Forderungen fpl/technische standard requirements
Form f form, shape, figure; configuration; geometry
Format n 1. format (Datenanordnung); 2. format, size
Formatfehler m (Me) landing error

formatgebunden (Dat) formatted
formatieren v (Dat) format
Formfaktor m form factor (Verhältnis des Effektivwerts zum Mittelwert einer periodischen Funktion)
Formgedächtnislegierung f shape memory alloy, SMA
Formieren n forming (z. B. Akkumulatorplatten, Halbleiterbauelemente)
Formierglied n (Rt) shaping [signal-forming] network
Formspule* f (Ma) form-wound coil, preformed coil
Formteil n moulded article
Formulierungssprache f (Dat) formulation language
Formung f durch Funkenentladung electroforming
fortleiten v transmit, conduct
Fortpflanzungsgeschwindigkeit f propagation velocity [speed], velocity of propagation
FORTRAN FORTRAN, formula translator (Programmierungssprache für technische und mathematisch-wissenschaftliche Aufgaben)
fortschalten v advance (z. B. Zähler, Lochstreifen)
Fortschaltmagnet m stepping [impulsing] magnet
Fortschaltrelais n notching [stepping] relay
Fotoblitzgerät n photoflash device
Foto-CD f (Ko) photo CD, picture CD (auf CD im universellen JPEG-Format mit einer Auflösung von 1536x1024 Pixel, 3:2, bei der Filmentwicklung gescannt und gebrannt; am PC bearbeitbar, in voller Bildschirmgröße darstellbar, ausdruckbar, als E-Mail versendbar)
Fotokopie f photocopy
Fotolampe f photographic lamp
Fotomaske f (Me) photomask
Fourier-Rücktransformation f/diskrete inverse discrete Fourier transform, IDCT
Fourier-Zerlegung f Fourier decomposition
frei 1. free; unbound (z. B. Teilchen); disengaged (z. B. Leitung); 2. (Nrt) idle, not busy

Freiauslösungsschalter m trip-free circuit breaker
Freigabe f release, releasing (z. B. Schaltgerät); clearing, opening
Freigabeschaltung f 1. (Nrt) drop-out circuit (Monitor); 2. (Dat) release circuit
Freigabetaste f releasing key
Freilauf m 1. (Ma) freewheel; 2. s. Freilaufen
Freilaufbetrieb m free-wheeling operation
Freilaufdiode f (Le) free-wheeling diode, inverse diode; regenerative diode
Freilaufen n (Le) freewheeling
Freileitung f overhead [open] line, open--wire (pole) line, open wire
Freileitungsableiter m intermediate--line-type arrester; series A arrester (Ableitstrom etwa 5 kA)
Freileitungsanlage f overhead-line system, open-wire system
Freileitungserder m overhead-line--route earth electrode
Freileitungsnetz n overhead-line system
Freiluftanlage f outdoor installation [plant, station]; outdoor substation
Freiluftausführung f outdoor construction [type]
Freiluftdurchführung f outdoor wall bushing; outdoor pull-through type bushing (Transformator)
Freiluftprüffeld n open area test site
Freiluftschaltanlage f outdoor switching station, (AE) switch yard; outdoor substation
Freiluftschaltgerät n outdoor switchgear
Freischalten n 1. disconnection; release; 2. (Nrt) clearing, forced release, clear-down
Freisetzung f release; liberation
Freisprecheinrichtung f hand-set profile
Freisprechen n hands-free talking [operation]
Freisprechtaste f hands-free talk key
Freiwahl f (Nrt) hunting movement
Freiwählen n (Nrt) hunting [finding] action
Freiwerden n release, liberation
Freiwerdezeit f 1. (Me) recovery time; 2. (Le) circuit commutated recovery time, hold-off interval

Freizeichen *n (Nrt)* ringing tone [signal], call-connected signal, free-line signal, line-clear signal
Fremdbelüftung *f* separate [external] ventilation; fan cooling
Fremdbestandteil *m* impurity
fremdgekühlt separately cooled
Fremdkühlung *f* separate cooling
Fremdlüfter *m* separately driven fan
Fremdschichtprüfung *f (Hsp)* artificial pollution test *(IEC 50-604)*
Fremdspeicher *m (Dat)* external memory; secondary memory
Fremdstörung *f* external interference, external disturbance
Frequenz *f* frequency; oscillation [oscillating, vibrational] frequency
45°-Frequenz *f* break [corner] frequency
frequenzabhängig frequency-dependent
Frequenzabstand *m* frequency distance [space, interval], distance between frequencies
Frequenzabstimmung *f* frequency tuning
Frequenz-Amplituden-Modulation *f (Nrt)* frequency amplitude modulation
Frequenzband *n* frequency band [range]; service band *(Funkdienst)*
Frequenzband *n/breites* wide frequency band
Frequenzbereich *m* frequency range [band], range of frequencies
frequenzbeschnitten band-passed
Frequenzbestimmung *f* frequency determination
Frequenzcharakteristik *f* frequency characteristic [response]
Frequenzen *f* **für Hin- und Rückkanal/getrennte** *(Nrt, Ko)* frequency-division duplex, FDD
Frequenzgang *m* frequency response [characteristic], harmonic response (characteristic), response
Frequenzgang *m* **des (geschlossenen) Regelkreises** *(Rt)* closed-loop frequency
Frequenzganganalyse *f (Rt)* frequency-response analysis
Frequenzgangcharakteristik *f* amplitude-frequency response characteristic
Frequenzgangentzerrer *m* equalizer
Frequenzgangentzerrung *f* equalization of frequency response
Frequenzgangfehler *m* frequency-response error
Frequenzganglinearisierung *f* frequency linearization
Frequenzhub *m* frequency deviation [swing, sweep]
Frequenzkennlinie *f* frequency(-response) characteristic, frequency response
Frequenzkorrekturkanal *m (Ko)* frequency correction channel, FCCH *(im GSM; überträgt den frequency correction burst)*
Frequenzkurve *f* frequency-response curve [characteristic]
Frequenzmesser *m* frequency meter; frequency counter *(Impulszählverfahren)*
Frequenzmodulation *f* frequency modulation, FM
frequenzmoduliert frequency-modulated
Frequenzmultiplex(system) *n (Nrt)* frequency-division multiplex (system)
Frequenzphasenkennlinie *f (Rt)* frequency-phase characteristic
frequenzselektiv frequency-selective
Frequenzspektrum *n* frequency spectrum
Frequenzsprung *m* frequency jumping
Frequenzsprungverfahren *n/schnelles (Ko)* fast frequency hopping, FFH *(eine Variante zur Bandbreitespreizung bei UMTS)*
Frequenzteiler *m* 1. frequency divider; 2. *(Fs)* field [line] divider
Frequenzübersprechen *n* frequency cross talk
Frequenzumrichter *m* variable-frequency inverter, VFI
Frequenzumtastung *f* frequency-shift keying, FSK
Frequenzverschiebung *f* frequency shift [pulling]
Frequenzwandler *m* frequency converter, frequency changer (set)
Frequenzweiche *f* 1. frequency-dividing [cross-over] network; 2. *(Nrt)* diplexer
Frequenzwobbelung *f* frequency scanning, wobbling
Frequenzzähler *m* frequency counter *(Impulszählverfahren)*

Frequenzzuteilung f *(Nrt)* frequency allocation [assignment, allotment], allocation of frequencies

Frequenzzuweisung f *(Nrt)* frequency allocation [assignment, allotment], allocation of frequencies

Frischprüfung f initial output test *(einer Batterie)*

FROM n s. Festwertspeicher/vom Hersteller programmierbarer

Frontplatte f face(plate), front panel [plate, cover]

Frontplattenbuchse f front-panel socket

frostbeständig frost-proof

Frühausfall m early failure, wear-in failure, infant mortality

Frühwarnradar n (distant) early-warning radar

Fühler m sensor, sensing element [head]; probe

führen v conduct, lead, guide

Führung f 1. guidance, guide; 2. run *(von Kabeln)*

Führungsbahn f *(Ma)* guideway, slideway

Führungsbolzen m guiding bolt

Führungscomputer m guidance computer *(Rechnerhierarchie)*

Führungsfrequenz f control frequency

Führungsgröße f *(Rt)* reference input [value], control [set] input, reference input variable

Führungsrolle f idle pulley, guiding wheel

Führungsschiene f guide rail [bar], table track

Füllfaktor m 1. space [filling] factor, fullness factor *(Spule, Wicklung)*; 2. *(Me)* stacking factor

Fundament n foundation (plate) *(für Maschinen)*

Fundamentalschwingung f fundamental mode [oscillation], fundamental [first] harmonic

Funkamateur m radio amateur

Funkanlage f radio installation

Funkapparat m radio set

Funkbake f (radio) beacon

Funkbeobachtung f radio observation

Funkbeschickung f *(Fo)* bearing calibration, direction-finding correction

Funkbetrieb m radio service

Funkbild n photoradiogram, radio picture, radiophotograph

Funkdienst m radio service

Funkdienste mpl ITU-Radiocommunications, ITU-R *(bis 1993 CCIR)*

Funkdiensttelegramm n service radio telegram

Funke m spark

Funkecholot n radio (reflection) altimeter, ground-clearance indicator *(Höhenmesser)*

Funkelfeuer n *(Licht)* quick-flashing light

Funkempfänger m radio receiver [set], radio receiving set

funken v 1. radio; radiotelegraph; 2. spark *(am Stromwender)*; arc (over) *(am Schaltgerät)*

Funkenableiter m spark [gap] arrester

Funkenbüschel n pencil of sparks

Funkenentladung f spark discharge

Funkenerosion f spark erosion, discharge destruction

Funkenerosionsmaschine f spark erosion machine, electric discharge machine

Funkenfänger m spark catcher

funkenfest spark-proof

Funkenlöscher m spark extinguisher [quencher, absorber]; arc break

Funkenlöschkreis m spark quenching circuit

Funkenlöschmagnet m spark-extinguisher magnet, spark-absorber magnet

Funkenlöschspule f spark blow-out coil, (magnetic) blow-out coil

Funkenlöschung f spark extinguishing [quenching]; arc quenching [blow-out]

Funkensender m spark transmitter

Funkenstrecke f spark [discharge] gap, sparking distance; spark discharge; arcing air gap

Funkenstreckenmodulation f spark-gap modulation

Funkenstreckenüberschlag m spark-gap flash-over

Funkentfernungsmessung f radio range finding

Funkentstördrossel f radio-interference supression choke, RFI [radio-frequency interference] reactor

Funkentstörfilter n(m) radio-interference filter

Funkentstörmittel n radio-interference suppression device
Funkentstörtest* m RFI test
Funkentstörung* f (radio) noise suppression, suppression of (radio-)interference
Funkfeuer n radio beacon
Funkfrequenz f radio frequency
Funkfrequenzbereichszuordnung f allocation of frequency bands *(nach der Vollzugsordnung für den Funkdienst = VO Funk und DIN 40015)*
Funkgerät n radio set [equipment]
Funkgespräch n radiotelephone call
funkgesteuert radio-controlled
Funkloch n *(Ko)* dead spot
Funkmaus f *(Dat)* radio mouse, wireless mouse
Funknachricht f radio message
Funknachrichtenverbindung f/ **terrestrische** *(Nrt)* terrestrial radiocommunication link
Funknavigation f radio navigation
Funkortung f radio position finding, radiolocation
Funk-PC-Tastatur f *(Dat)* radio PC-keyboard, wireless PC-keyboard
Funkpeiler m radio direction finder, radiogoniometer; radio compass
Funkpeilgerät n radio direction finder, radiogoniometer; radio compass
Funkschatten m radio shadow, dead spot
Funkschnittstelle f *(Nrt)* radio interface, air interface
Funksende-Empfangsgerät n/ **/tragbares** *(Ko)* portable transceiver
Funksignal n radio signal
Funksprechanlage f radiotelephone system
Funksprechen n radiotelephony
Funksprechgerät n radiophone, radiotelephone
Funksprechverbindung f radiotelephone communication [circuit], radio link
Funkspruch m radiogram, radio message
Funkstation f radio station
Funksteuerung f radio control
Funksteuerung f/**automatische** automatic radio station operation
Funkstille f radio silence; silence [silent] period

Fußbodenspeicherheizung

Funkstörfestigkeit f immunity to noise
Funkstörung f radio interference [noise, disturbance], radio-frequency interference, RFI
Funkstrahlungsquelle f radio source
Funksystem n **für drahtlose Kurzstrecken-Übertragung** *(Dat)* bluetooth *(bis 10 Meter und 2,4 GHz zum Geräteanschluss an Computer, wie Maus, Tastatur)*
Funktelefon n mobile phone, cordless telephone
Funktelefon n/**analoges** *(Ko)* analogue radiotelephone *("Schleppy"; analoges zellulares Funktelefonnetz C im 450 MHz-Bereich mit F3E-Modulation; ab 01.01.01 außer Betrieb genommen)*
Funktelefon n/**tragbares** *(Ko)* portable radiotelephone *(in Form eines kleinen Köfferchens = beauty case; siehe auch: Funktelefon/analoges; Nachfolger ist das Handy im digitalen GSM-Netz)*
Funktelegramm n radiotelegram, radiogram, wireless telegram [message]
Funktionseinheit f 1. functional [operational] unit; 2. s. Chip
Funktionsgenerator m function generator
Funktionsgruppe f functional module
Funktionsplan m sequential function chart, control system flowchart [function chart], logic diagram
Funktionsstörung f malfunction
Funktionstaste f 1. function key; 2. *(Dat)* soft key; control key
Funktionsteil n functional [operational] part
Funktionsweise f mode of operation
Funkturm m radio [aerial] tower
Funkverbindung f 1. radio communication; 2. radio link *(Übertragungsweg)*
Funkverkehr m radio communication [traffic]
Funkwarnung f radio warning
Funkweg m radio link [circuit]
Funkwellen fpl radio waves
Fusionsenergie f (nuclear) fusion energy
Fuß m base; foot; stem; pinch *(Elektronenröhren)*; pole footing *(Mast)*
Fußbodenkontakt m floor contact
Fußbodenspeicherheizung f floor

storage heating, thermal storage floor heating
Füßchen n pinch *(Röhre)*
Fußkontakt m pedal [foot-switch, floor] contact
Fußpunktisolator m base insulator *(Antenne)*
Fußumschalter m pedal change-over switch
fuzzy *(Rt)* fuzzy *(unscharf, verschwommen)*
Fuzzy-Logik f *(Rt)* fuzzy logic

G

GaAs-FET s. Galliumarsenid- -Feldeffekttransistor
GaAs-Substrat n *(Me)* gallium arsenide substrate
Gabel f 1. *(Nrt)* cradle, rest; 2. s. Gabelschaltung
Gabel f **mit Nachbildung** hybrid termination
Gabelabgleich m *(Nrt)* hybrid balance
Gabeldämpfung f *(Nrt)* attenuation of a terminating set
Gabelkontakt m forked [bifurcated] contact *(Steckerleiste)*
Gabelmuffe f trifurcating joint *(Drehstromkabel)*; bifurcating joint *(Zweileiterkabel)*
Gabelschaltung f *(Nrt)* hybrid (switching); terminating set [unit], hybrid four-wire terminating set
Galgenmikrofon n boom microphone
Galliumarsenid n GaAs *(Halbleiterwerkstoff)*
Galliumarsenid-Feldeffekttransistor m gallium arsenide field-effect transistor, GaAs FET [field-effect transistor]
galvanisch 1. galvanic, voltaic *(z. B. Strom)*; 2. electroplated *(Überzug)*
Galvanisieren n electroplating, plating; electrodeposition
Galvani-Spannung f *(Ch)* Galvani tension, Galvani potential difference
Galvani-Spannung f **bei Stromlosigkeit** zero-current-Galvani tension
Galvanometer n galvanometer
Gammastrahl m gamma ray
Gammaverteilung f gamma distribution
Gang m/**ruhiger** quiet run(ning)

Gang m/**toter** backlash, lost motion
Ganzlochwicklung f *(Ma)* integral-slot winding, integer-slot winding
ganzzahlig integer
Garagentoröffner m/**fernbedienbarer** *(Ko)* remote-controlled garage-gate opener
Gasaustritt m 1. emission of gas *(Elektronenröhre)*; gas escape [leakage]; 2. gas outlet *(Öffnung)*
Gasblase f 1. gas bubble; 2. s. Gaseinschluss
gasdicht gas-tight; gas-proof
Gasdruckkabel n gas-pressure cable
Gaseinschluss m occlusion of gas; gas- -filled cavity, blister, blow hole *(z. B. in Gießharz)*; gas pocket *(z. B. im Kabel)*
Gasentladung f gas(eous) discharge, discharge in a gas
Gasentladungslampe f (electric) gas- -discharge lamp
Gasentladungslaser m gas-discharge laser
Gasentladungsofen m/**elektrischer** electric gas-discharge furnace
Gasentladungsplasma n gas-discharge plasma
Gasentladungsröhre f gas-discharge tube
Gasstromschalter m gas-blast circuit breaker
gasundurchlässig gas-tight; gas-proof
Gate n 1. gate (electrode) *(Feldeffekttransistor)*; 2. s. Gatter
Gate-Array n gate array
Gate-Basisschaltung f grounded-gate circuit
Gate-Basisverstärker m grounded- -gate amplifier
Gateelektrode f gate (electrode)
Gateschaltung f (grounded-)gate circuit; common gate *(Transistor)*
Gate-source-Schwellwertspannung f gate-source threshold voltage
Gate-source-Spannung f gate-source voltage
Gate-source-Sperrspannung f gate- -source cut-off voltage, reverse gate- -source voltage
Gatesperrstrom m *(Me)* reverse gate current
Gatestrom m gate current
Gatter n gate, gating circuit *(logisches Verknüpfungselement)*

Gegenstrom

GAT-Thyristor *m* gate-assisted thyristor
Gauß-Kurve *f* Gauss (error distribution) curve, Gaussian [bell-shaped] curve, curve of normal distribution
Gauß-Verteilung *f* Gaussian [normal] distribution
GCA-Radarlandeverfahren *n* ground--controlled approach (system), GCA
gealtert/künstlich artificially aged
geätzt etched *(z. B. Waferoberfläche)*
Geber *m* 1. transmitter; primary [detecting] element, detector; pick-up; 2. *(Rt)* primary unit *(erstes Glied des Reglers)*; 3. *(Nrt)* sender; telegraph transmitter
Geberseite *f (Nrt)* sending [transmitting] end
Gebläse *n* blower (set), fan, air [fan] blower, ventilator
geblecht laminated *(z. B. Eisenkerne)*
Gebrauchsanweisung *f* reference user guide
gebraucht second-hand
Gebühr *f* charge, fee; rate *(Gebührensatz)*
Gebührenanzeige *f* (call) charging indication
Gebühreneinheit *f* charge [charging, tariff] unit, unit fee
Gebührenzone *f (Nrt)* charging area, rate [metering] zone
gebündelt 1. bundled; 2. focussed *(Strahlen)*; directed, directional
Gedächtniseffekt *m* memory effect
gedämpft damped *(Schwingung)*
gedämpft/aperiodisch (aperiodic) damped, dead-beat, non-oscillatory(--damped)
gedämpft/überkritisch overdamped
gedämpft/unterkritisch underdamped
geerdet *(BE)* earthed, earth-connected, *(AE)* grounded
geerdet/nicht non-earthed, unearthed, *(AE)* non-grounded
Gefahrenklasse *f* danger class, dangerous material class *(z. B. bei Isolierlacken)*
Gefälle *n* (downward) slope; gradient
Gefälleregelung *f* hill descent control
gefedert shock-mounted, spring-loaded
Gefrierapparat *m* freezer, freezing apparatus
Gefrierschrank *m* freezer (cabinet)
Gefriertrocknung *f* freeze drying

Gefüge *n* structure; texture
Gefügefehler *m* structural defect
Gegenampereperewindungen *fpl* back [counter] ampere turns, demagnetizing turns
Gegenbeleuchtung *f* back lighting
Gegendurchflutung *f (Ma)* back--ampere turns
Gegenelektrode *f* back-plate electrode, counterelectrode, opposite electrode; back plate *(z. B. beim Kondensatormikrofon)*
Gegen-EMK *f* counterelectromotive force, counter-emf, back electromotive force
Gegenfeld *n* negative-sequence field, contrarotating field
Gegeninduktivität *f* 1. mutual inductivity, mutual inductance; 2. mutual induction *(Spule)*
Gegenkomponente *f* negative component, negative-(phase--)sequence component
gegenläufig 1. counterrotating, contrarotating, backward-travelling; 2. *(Et)* negative-sequence
Gegenlicht *n* back [counter] light, backlighting
Gegennebensprechen *n (Nrt)* far-end cross talk
Gegenphase *f* antiphase, opposite [reverse] phase
Gegenreaktanz *f* negative-(phase--)sequence reactance, inverse reactance
Gegenselbstimpedanz *f* self--impedance of negative-sequence network
Gegenspannung *f* 1. back(-off) voltage, backlash potential [voltage], back [reverse] potential, countervoltage; 2. *(Me)* offset voltage
Gegensprechbetrieb *m* duplex operation
Gegensprechen *n (Nrt)* duplex communication, (full-)duplex operation
Gegenstecker *m* counterplug
Gegensteckverbinder *m* mating connector
Gegenstörung *f (Fo, Nrt)* anti-jamming
Gegenstörverfahren *n* anti-jamming system *(Radar)*
Gegenstrom *m* 1. *(Et)* countercurrent,

Gegenstrombremsung 500

reverse [back] current; 2. counterflow, countercurrent flow
Gegenstrombremsung f (Ma) countercurrent [plug] braking, braking by plugging, plugging *(beim Asynchronmotor)*
Gegenstromschütz n plugging contactor
Gegentaktmodulation f (Nrt) push-pull modulation
Gegentaktschaltung f push-pull circuit [connection, arrangement]
Gegentaktverstärker m push-pull amplifier, paraphase [reversed feedback] amplifier
Gegenuhrzeigersinn m anticlockwise [counterclockwise] direction • **im Gegenuhrzeigersinn** anticlockwise, counterclockwise
Gegenurspannung f counterelectromotive force, back electromotive force, counter-emf
Gehäuse n 1. case, casing, housing; box, cubicle; cabinet; enclosure; 2. (Ma) frame; 3. (Me) package
Gehäuse n/**wetterfestes** weatherproof [all-weather, outdoor] enclosure
Gehäuseklemme f box connector
gehäuselos (Me) unpackaged
Gehäusewinkelstecker m fixed angle connector
Geheimhaltungseinrichtung f (Nrt) secrecy device, privacy device [equipment]
geheizt/elektrisch electrically heated
gehörakustisch otoacoustic
Gehörgang m ear canal, external meatus
Gehörknöchel mpl ossicles pl
Gehörmessung f audiometry
gehörrichtig tone-compensated *(Lautstärkeregelung)*
Gehörschadensprophylaxe f (Ak) hearing conservation
Geisterbild n (Fs) ghost (image), double [multiple] image, echo; fold-over *(in Zeilen)*
gekapselt encapsulated, enclosed; protected *(in Schutzgehäuse)*
gekoppelt coupled
geladen charged
Geldscheinannahme f money acceptor *(z. B. beim Geldscheinwechsler)*

Geldscheineingabe f money acceptor *(z. B. beim Geldscheinwechsler)*
gelöscht clear *(Speicher)*
gemeinsam benutzter Speicher m shared memory, SHM *(eine Mechanismus zum Datenaustausch zwischen Prozessen)*
Gemeinschaftsanschluss m (Nrt) party-line station [connection], shared line
GEMFET m gain enhancement-mode field-effect transistor, GEMFET
gemittelt averaged
gemittelt/quadratisch mean-square; root-mean-square
Genauigkeit f accuracy; precision
Genauigkeit f/**geforderte** required accuracy
Genauigkeit f/**hohe** high-accuracy performance *(z. B. einer Regelung)* • **von hoher Genauigkeit** high--accuracy
Generator m (electric) generator; alternator
Generator m **für Pseudozufallszahlen** pseudo-random number generator, PRN
Generatorableitung f (Ee) generator connections [main leads, busbar]
genormt standardized
genügend sufficient *(rite, Note beim Doktor-Examen)*
geöffnet open-circuited *(z. B. Kontakt)*
Geomagnetik f geomagnetics
geothermisch geothermal
gepanzert armoured, shielded *(z. B. Kabel)*; iron-clad
gepolt polarized
gepulst pulsed
Geradeausempfänger m straight(--through) receiver
geradlinig straight(-line); linear
Geradsichtempfänger m direct-vision receiver
geradzahlig even-numbered
Gerät n apparatus, instrument, unit, device; equipment; appliance; set
Gerät n/**explosionsgeschütztes** explosion-proof apparatus
Gerät n/**fahrbares** mobile set
Gerät n **für Warmwasserbereitung** water heating appliance [device]
Gerät n/**ölgefülltes** oil-immersed apparatus

Gerät n **zur Unterdrückung der akustischen Rückkopplung [Pfeifneigung]** feedback eliminator
Geräte npl/**periphere** (Dat) peripherals, peripheral [ancillary] equipment
Geräteanschluss m appliance coupler
Geräteanschlussschnur f connecting cable [cord]
Geräteanschlusssteckdose f appliance outlet
Geräteanschlussvorrichtung f appliance coupler
Gerätebuchse f electric coupler receptacle
Geräteeingang m appliance inlet
Geräteeingänge mpl **und -ausgänge** mpl equipment inputs and outputs
Geräteeinheit f (Dat) hardware unit
Gerätehandbuch n instruction manual
Geräteinterfacebus m/**universeller** (Dat) general-purpose interface bus, GPIB
Gerätekenndaten pl instrument characteristics
Geräteklemme f appliance terminal
gerätekompatibel (Dat) hardware--compatible
Geräteschnur f appliance cord
Geräteschutzschalter m appliance circuit breaker
Gerätesicherung f instrument fuse
Gerätesteckdose* f coupler [set] socket; convenience receptacle (z. B. für Haushaltgeräte); socket-outlet for appliance
Gerätestecker* m appliance coupler [plug], (appliance) connector, coupler [inlet] plug, coupler connector
Gerätetreiber m (Dat) device driver (Programm zum Betreiben von PC--Peripherie wie Laufwerke, Grafik--Karten, Modems, CD-Brenner und externe wie Tastatur, Maus, Drucker, Scanner u.s.w.; Datei-Endung .drv)
Gerätezuverlässigkeit f 1. equipment reliability; 2. (Dat) hardware reliability
Geräusch n noise; sound
Geräusch n/**tonhaltiges** noise containing pure tones
Geräuschabstand m 1. (Me) signal-to--noise ratio; 2. (Ak) psophometric potential difference
geräuscharm low-noise; noiseless

Geräuschbewertung f noise weighting, psophometric weight
Geräuschdämpfung f silencing, quieting, noise deadening
Geräuschpegel m (circuit) noise level; interference level
Geräuschreduktion f noise reduction
Geräuschsperre f noise suppressor [filter]
Geräuschunterdrücker m noise suppressor [blanker]
Geräuschunterdrückung f noise suppression, NS, noise reduction [abatement], squelch
geregelt controlled; regulated
gerieffelt ribbed; grooved
gerippt ribbed; gilled (Heizkörper)
Germaniumgleichrichter m germanium rectifier
Germaniumlegierungstransistor m germanium alloy transistor
Gesamtausfall m (Ap) blackout
Gesamtbelastung f total load
Gesamtklirrfaktor m total distortion (factor), total harmonic distortion (factor)
Gesamtlast f total load
Gesamtlautstärke f total loudness (level); master volume (z. B. beim Mischpult)
Gesamtleistung f 1. total power (output); total wattage (in Watt); 2. [overall] performance
Gesamtlöschtaste f clear-all key
Gesamtluftreibungsverluste mpl total windage loss (Luftreibungs- und Lüfterverluste)
Gesamtummagnetisierungsverluste mpl total iron losses
Gesamtverstärkung f total [overall] amplification; overall [net] gain
Gesamtverzerrung f total distortion, total harmonic distortion (factor)
gesättigt saturated
Geschäftsanschluss m business telephone
Geschäftslogik f business logic (Teil von IT-Systemen)
Geschäftsverkehr m/**elektronischer** electronic commerce, e-commerce (Geschäftsabwicklung über das Internet)
geschaltet connected; switched
geschaltet/im Stern star-connected

geschaltet 502

geschaltet/in Dreieck delta-connected, mesh-connected, connected in delta [mesh]
geschaltet/in Reihe [Serie] series--connected, serially connected, connected in series
geschaltet/parallel parallel-connected, connected in parallel
geschichtet layered *(aus Schichten bestehend)*; sandwiched *(z. B. Dämmplatten)*; laminated *(lamelliert, z. B. Trafokern)*
Geschirrspülmaschine f dish washer [washing machine]
geschlitzt slotted
geschlossen 1. closed *(Stromkreis)*; 2. encapsulated, enclosed *(z. B. Maschinenteile)*
Geschwindigkeit f speed; rate
Geschwindigkeitsaufnehmer m velocity pick-up
geschwindigkeitsbegrenzt velocity--limited
Geschwindigkeitsmesser m speedometer, tachometer
Geschwindigkeitsregelung f 1. speed control; 2. *(Ak)* pitch control *(Schallaufzeichnung)*
Geschwindigkeitsrückführung f *(Rt)* rate [speed] feedback *(bei der Lageregelung)*
Gesellschaftsleitung f *(Nrt)* multiparty line
Gesetz n/mooresches *(Me)* Moore's law *(jährliche Verdopplung der Zahl der Transistoren pro Chip)*
Gesetz n zum digitalen Urheberrecht digital millenium copyright act, DMCA *(Gesetz in den USA mit weitreichenden Auswirkungen)*
Gesetze npl **(der Stromverzweigung)/kirchhoffsche** Kirchhoff's laws (of networks)
geshuntet shunted
gespeist/elektrisch electrically powered
Gespräch n (telephone) call • **ein Gespräch anmelden** book [put in] a call • **ein Gespräch vermitteln** handle [put out] a call
Gesprächsanmeldung f booking of a call, call booking, request for call
Gesprächsanzeige f *(Ko)* call indication

(z. B. am Basisteil eines CT durch grüne LED)
Gesprächsanzeiger m call indicator
Gesprächsdaueraufzeichnung f *(Nrt)* call duration recording
Gesprächsgebühr f *(Nrt)* call charge
Gesprächszähler m call meter [counter], subscriber's meter [register], message register
gestaffelt staggered; cascaded; graded
Gestalt f shape, form, figure
Gestaltung f design; construction; layout arrangement
Gestell n 1. (apparatus) rack; frame, stand; 2. *(Nrt)* bay
Gestellfeld n rack panel
Gestellmotor m frame-mounted motor *(IEC 50-811)*
gesteuert controlled
gesteuert/drahtlos radio-controlled
gesteuert/durch Rechner computer--controlled
gesteuert/numerisch numerically controlled, NC
gestimmt/hoch *(Ak)* high-pitched
gestimmt/tief low-pitched
gestört 1. disturbed; 2. *(Nrt)* out-of--order; contaminated with noise, noisy *(durch Rauschen)*
gestreut/rückwärts backscattered
gestuft stepped; cascaded
Getriebe n gear (drive)
getriggert triggered
Getter m getter, gettering agent
gewachsen/im Vakuum vacuum-grown *(Kristall)*
Gewährleistung f warranty
Gewebeband* n fabric tape *(für Isolierungen)*
gewendelt coiled, spiralled
Gewichtsfunktion f *(Rt)* weighting function, unit-impulse response, unit--step response
gewickelt wound *(Spule)*
Gewindesockel m screw cap [base], Edison screw cap [base] *(Glühlampe)*
Gewinn m gain *(z. B. Antennentechnik)*
Gewitterelektrizität f thunderstorm electricity
Gewitterüberspannung f lightning surge; overvoltage of atmospheric origin
gewobbelt swept
Gezeitenkraftwerk n *(Ee)* tide [tidal]

Gleichgewicht

power station, bay-type hydroelectric power station
gezogen 1. drawn *(Draht)*; 2. s. gezüchtet
gezüchtet grown *(Kristall)*
Gießharz *n* cast(ing) resin
Gießmasse *f* moulding [potting] compound
Gipfel(punkt) *m* peak *(einer Kurve)*
Gitter *n* 1. gate; grid *(z. B. eines Transistors)*; 2. lattice *(Kristall)*; 3. (optical) grating; 4. grille *(Verkleidung)*
Gitterableitung *f* grid leak
Gitteranschluss *m* gate terminal; grid cap [clip] *(Röhren)*
Gitteratom *n* lattice atom
Gitterbasisschaltung *f* grounded-grid circuit
Gitterbasisverstärker *m* grounded-grid amplifier
Gitterbrumm *m* grid hum
Gitterdefekt *m* lattice defect
Gitterebene *f* 1. grid plane, plane of grid *(Röhre)*; 2. lattice [atomic] plane *(Kristall)*
Gittereinschaltung *f* (Le) gate turn-on
Gitterelektrode *f* grid electrode *(Akkumulator)*
Gitterfehler *m* lattice defect [imperfection] *(Kristall)*
Gittergegenspannung *f* peak inverse grid voltage
gittergesteuert gate controlled *(z. B. Gleichrichter)*
Gitterkennlinie *f* gate characteristic
Gitterkonstante *f* 1. lattice constant [spacing] *(Kristall)*; 2. grating constant *(Beugungsgitter)*
Gittermikrofon *n* grille-type microphone
Gittermodulation *f* grid modulation
Gitterordnung *f* 1. lattice arrangement *(Kristall)*; 2. order of diffraction *(Beugungsgitter)*
Gitterpotenzial *n* 1. grid potential [voltage]; 2. lattice potential
Gitterrauschen *n* grid noise
Gitterrückstrom *m* reverse grid current *(Thyristor)*; negative grid current
Gitterschaltstrom *m* gate trigger current
Gitterspannung *f* 1. gate voltage [potential], grid voltage; 2. lattice strain
Gittersperrspannung *f* cut-off bias [voltage], grid bias

Gitterstörstelle *f* lattice imperfection [defect], structural defect *(Kristall)*
Gitterstreuung *f* lattice scattering
Gitterstrom *m* grid [gate] current *(Elektronenröhre)*
Gitterstrom *m* **im ausgeschalteten Zustand** reverse gate current
Gitterstrom *m* **im eingeschalteten Zustand** forward gate current
Gitterstrom *m* **in Durchlassrichtung/maximaler** peak forward gate current
Gitterstrom *m* **in Sperrrichtung** reverse grid current
Gittertastung *f* grid keying
Gittervorspannung *f* grid bias (voltage), bias
Glanzbildner *m (Galv)* brightening agent, brightener
Glas *n*/**beschichtetes** laminated glas, coated glas
Glasfaser *f* glass fibre, fibre [fibrous] glass
Glasfaser *f*/**unbeschichtete** uncladded fibre, bare fibre
Glasfaserdämpfung *f* transmission loss of optical fibre *(Durchlässigkeitsverlust)*
Glasfaser-Datenübertragungssystem *n* fibre-optic data transmission system
Glasfasermikrofon *n* optical-fibre acoustic sensor; interferometric acoustic sensor *(in Mach-Zehnder--Interferometeranordnung)*
Glasfasersteckverbinder *m* fibre-to--fibre coupler, optical-fibre coupler, optical connector
Glasfaserverbindung *f* fibre-optic link
Glashalbleiter *m* amorphous semiconductor
glasisoliert glass-insulated
Glaskolbengleichrichter *m* glass-bulb rectifier
Glaskolbenstrahler *m* glass-bulb radiator *(Lampenstrahler, Hellstrahler)*
Glättungsfilter *n* smoothing [ripple] filter
gleichachsig coaxial; equiaxed
Gleichanteil *m* (Rt) direct component, steady component
Gleichfeld *n* constant [steady] field, d.c. field; unidirectional field
gleichgerichtet unidirectional
Gleichgewicht *n* equilibrium, balance
• **aus dem Gleichgewicht** off--balance

Gleichgewichtslage 504

Gleichgewichtslage f equilibrium position, (position of) equilibrium
Gleichglied n (Rt) aperiodic component, d.c. value *(Teil eines periodischen Signals)*
Gleichglied n **des Kurzschlussstroms** aperiodic component of (a) short-circuit current
Gleichkomponente f steady component
Gleichlauf m synchronism, synchronous operation • **auf Gleichlauf bringen** synchronize • **im Gleichlauf** synchronous; in step
gleichlaufend 1. synchronous *(elektrisch)*; 2. *(Me)* common-mode; ganged *(mechanisch)*
Gleichlauffehler m 1. synchronism error, tracking error; 2. *(Dat)* clocking [timing] error
Gleichlaufschwankung f *(Ak)* wow *(langsame Schwankung)*; flutter *(schnelle Schwankung)*; wow and flutter
Gleichlaufzeichen n synchronizing signal
gleichmachen v equalize
gleichmäßig uniform *(z. B. Beschleunigung)*; even, smooth *(z. B. Oberfläche)*; constant *(z. B. Temperatur)*
gleichphasig equiphase, equal-phase, cophasal, in-phase • **gleichphasig sein** agree [be] in phase
Gleichpolsynchronmaschine f homopolar synchronous machine
gleichrichten v 1. rectify; 2. *(Nrt)* demodulate, detect *(im Empfänger)*
Gleichrichter m 1. rectifier; 2. *(Nrt)* demodulator; (signal) detector *(im Empfänger)*
Gleichrichteranlage f rectifier equipment
Gleichrichterbrücke f rectifier bridge
Gleichrichterdiode f rectifier diode, detector diode
Gleichrichtereinheit f rectifier unit
Gleichrichtergerät n rectifier (unit), rectifier equipment [assembly]
Gleichrichterrückzündung f backfiring
Gleichrichtersatz m rectifier stack
Gleichrichtersäule f rectifier stack
Gleichrichterventil n rectifier valve [tube], rectifying valve

Gleichrichtung f 1. rectification; 2. *(Nrt)* demodulation, detection *(im Empfänger)*
Gleichspannung f direct voltage [potential], d.c. voltage
Gleichspannung f im gesperrten [nicht geschalteten] Zustand continuous off-state voltage *(beim Stromrichter)*
Gleichspannungsabfall m d.c. voltage drop
Gleichspannungsdurchführung f d.c. (voltage) bushing
Gleichspannungskomponente f direct-voltage component, d.c. (voltage) component
Gleichspannungsquelle f direct-current (voltage) source, d.c. source [supply], constant potential source [supply]
Gleichspannungsspeisegerät n d.c. (voltage) supply unit, d.c. bridge supply unit
Gleichspannungssteller m d.c. (voltage) controller
Gleichspannungswandler m d.c. voltage transformer, d.c.-to-d.c. converter
Gleichstrom m direct current, d.c., D.C.
Gleichstrom m/**gepulster** chopped direct current
Gleichstromankerwicklung f armature winding
Gleichstrombahnmotor m d.c. traction motor
gleichstromgespeist d.c.-powered, d.c.-energized
Gleichstromglied n **des Kurzschlussstroms** (Ee) aperiodic component of short-circuit current
Gleichstromhochspannung f high direct [d.c.] voltage
Gleichstromkomponente f d.c. component, zero-frequency component
Gleichstromkomponente f **im Stoßkurzschlussstrom*** aperiodic component
Gleichstromlichtbogenschweißen n d.c. arc welding
Gleichstromlichtbogenschweißumformer m d.c. arc welding converter
Gleichstromlöschkopf m d.c. erasing head *(Magnetband)*
Gleichstrommotor m d.c. motor

Gleichstrommotor m/**elektronisch kommutierter** ec motor
Gleichstrommotor m/**permanenterregter bürstenloser** permanent-magnet brushless d.c. motor
Gleichstromnebenschlussmotor m d.c. shunt-wound motor
Gleichstromreihenschlussmotor m d.c. series-wound motor, commutator series motor
Gleichstromschweißgenerator m d.c. (arc) welding generator
Gleichstromsperrspannung f continuous direct reverse voltage *(Thyristor)*
Gleichstromspitzenwert m peak d.c. value *(Thyristor)*
Gleichstromsteller m d.c. motor controller, d.c. chopper
Gleichstromtastung f *(Nrt)* d.c. keying
Gleichstromtelegrafie f d.c. telegraphy
Gleichstromunterbrecher m d.c. interrupter
Gleichstromvormagnetisierung f d.c. bias, d.c. magnetic biasing
Gleichstromwandler m d.c. transformer [measuring transductor]
Gleichstrom-Wechselstrom-Umsetzer m direct-current/alternating current converter, d.c.-to-a.c. converter *(bei digitalen Regelungen)*
Gleichstromwicklung f d.c. winding; closed-coil armature
Gleichstromwiderstand m d.c. resistance, ohmic resistance
Gleichstromzwischenkreis m d.c. link, d.c. intermediate circuit *(Umrichter)*
Gleichstromzwischenkreisstromrichter m d.c. link converter
Gleichtakt m common mode
Gleichtaktspannung f common-mode voltage *(z. B. bei Messverstärkern in Differenzschaltung)*
Gleichtaktstörsignalüberlagerung f common-mode interference *(zwischen Messkreis und Erde)*
Gleichtaktstörung f common-mode interference *(zwischen Messkreis und Erde)*
Gleichtaktunterdrückung f common-mode rejection (ratio), in-phase suppression
Gleichung f/**charakteristische boolesche** *(Dat)* characteristic Boolean equation *(f(x) = 1)*
Gleichverteilung f equal-probability distribution *(Wahrscheinlichkeitstheorie)*
Gleichwelle f *(Nrt)* common wave [frequency]
Gleichwellenrundfunk m common-frequency broadcasting, simultaneous broadcasting, mutual broadcasting system
gleichwertig equivalent
gleichzeitig simultaneous, concurrent
Gleisstromkreis m/**einschienig isolierter** *(Et)* Single Rail Track Circuit
gleiten v slide; slip; float
Gleitentladung f creeping [sliding] discharge, surface discharge
Gleitfunke m creepage spark
Gleitkomma n *(Dat)* floating point
Gleitkommaaddition f floating-point addition
Gleitkommaarithmetik f floating-point arithmetic
Gleitkommabefehl m floating-point instruction
Gleitkommadarstellung f floating-point representation
Gleitkommaoperationen fpl **je Sekunde** floating-point operations per second, FLOPS *(Maß für Rechnerleistung)*
Gleitkommaprozessor m floating-point processor
Gleitkommarechnung f floating-point calculation [computation]
Gleitkontakt m sliding [gliding, rubbing] contact
Gleitwegsender m **des Instrumentenlandesystem** *(Fo)* instrument landing system glidepath transmitter, ILS glidepath transmitter
Glied n 1. element, block *(im Blockschaltbild)*; 2. unit, device *(Bauglied)*; 3. link *(einer Kette)*; 4. term *(Mathematik)*
Glied n/**nicht lineares** non-linear element [component]
Glied n **ohne Ausgleich** element without self-regulation
Glimmanzeigeröhre f glow indicator tube; neon indicator tube
glimmen v glow

Glimmentladung f glow [corona] discharge
Glimmentladungsröhre f glow-discharge valve, glow(-discharge) tube
Glimmentladungsventil n glow-discharge rectifier
Glimmer m mica
Glimmerband n mica tape
Glimmerblatt n mica sheet
Glimmerpapier n mica paper
Glimmerunterlegscheibe f mica washer
Glimmfestigkeit f (Hsp) corona resistance
Glimmhaut f surface glow
Glimmkatode f glow-discharge cathode
Glimmlampe f glow(-discharge) lamp, negative [neon-filled] glow lamp, neon indicator tube
Glimmlichtanzeigeröhre f neon (glow) indicator
Glimmlichtgleichrichter m glow-discharge rectifier, glow lamp rectifier, cold-cathode (gaseous) rectifier
Glimmröhre f glow(-discharge) tube
Glimmschutzlack m glow-protection varnish
Glimmzählröhre f glow counting tube, Nixie tube
Glockenimpuls m bell-shaped pulse
Glockenisolator m bell(-shaped) insulator, cup [petticoat] insulator
GLSI giant large-scale integration
Glühdraht m (heating) filament, glow wire
Glühdrahtkochplatte f open-type hot plate
Glühemission f thermionic emission
glühen v 1. glow; 2. anneal (Metall); bake (Keramik)
Glühfaden m (incandescent) filament, lighting filament (Lampe)
Glühfadenlampe f filament lamp
Glühkatode f hot [thermionic] cathode, glow [incandescent] cathode
Glühkatodenentladung f 1. hot-cathode discharge, thermionic [incandescent] cathode discharge; 2. s. Glimmentladung
Glühkatodenlampe f hot-cathode lamp, thermionic [incandescent] cathode lamp
Glühkatoden-Quecksilberdampfgleichrichter m hot-cathode mercury-vapour rectifier
Glühkatodenröhre f hot-cathode valve, thermionic tube; Coolidge tube (Röntgenröhre mit Glühkatode)
Glühlampe f incandescent(-filament) lamp, filament lamp
Glühübertrager m adapter transformer (zur Widerstandsanpassung bei HF--Induktionserwärmungsanlagen)
GNSS s. Satellitennavigationssystem/ weltweites
Golddotierung f gold doping
goldkontaktiert gold-bonded
Goldplattierung f gold plating
GPS global positioning system (Satellitenortungssystem zur Positionierung beweglicher Objekte)
Graben m (Me) groove, trench, moat (Ätzgraben)
Grabenätzung f (Me) trench etching, trenching
Grad m degree
Gradient m gradient
Gradientenfaser f graded-index (optical) fibre, gradient fibre
Gradientenlichtwellenleiter graded--index (optical) waveguide
Gradientenmikrofon n gradient microphone
Graetz-Schaltung f Graetz [bridge] rectifier, full-wave bridge circuit
Grafikaustauschformat n (Ko) graphics interchange format, GIF (komprimiertes Grafik-Format)
Grafiken fpl **im Netzwerk/portable** portable network graphics pl, PNG (Standardformat für Grafiken, u. a. im WWW)
Graphit m/**amorpher** armorphous graphite
Graphitbürste f graphite brush
Graphitelektrode f graphite electrode (Lichtbogenelektrode)
Graphitierung f graphitizing (z. B. von Kohleelektroden)
Gras n grass (Radarstörung)
Graufilter n neutral(-density) filter, non-selective filter, grey filter [absorber]
Graukeil m neutral(-density) wedge, optical [non-selective] wedge
Graustrahler m grey body, non-selective radiator

Gravitationsbeschleunigung f gravitation [gravity] acceleration
Gray-Code m (Dat) Gray code
Greinacher-Schaltung f Greinacher circuit, Greinacher half-wave voltage doubler (zur Spannungsverdopplung)
Grenzdaten pl maximum ratings
Grenzdrehzahl f limiting speed, speed limit
Grenze f limit; boundary; threshold
Grenzeffekt m dead-band effect
Grenzempfindlichkeit f threshold sensitivity [response], ultimate [limiting, absolute] sensitivity
Grenzerwärmung f maximum permissible temperature rise, limit of temperature rise
Grenzfläche f boundary (area), boundary [bounding] surface; interface
Grenzflächenmikrofon n boundary layer microphone, pressure-zone microphone
Grenzfrequenz f limiting [cut-off, critical, threshold] frequency; edge [cross-over] frequency; penetration frequency (der Ionosphäre)
Grenzfrequenz f der Kurzschluss-Vorwärtssteilheit in Basisschaltung cut-off frequency of the short-circuit forward transfer admittance in common base configuration (bipolarer Transistoren)
Grenzfrequenz f des Basistransportfaktors (Me) base transport cut-off frequency
Grenzfrequenz f des Sperrbereichs stop band edge frequency
Grenzgebiet n 1. boundary region; 2. fringe area (Interferenzgebiet mehrerer Sender)
Grenzkennlinie f cut-off characteristic
Grenzkurve f limit cycle (bei nicht linearen Systemen); limiting curve, limit curve of critical state
Grenzpegel m 1. threshold level, action level (z. B. bei Lärmbeschwerden); 2. s. Grenzschalldruckpegel
Grenzschalldruckpegel m maximum sound pressure level (eines Mikrofons)
Grenzscheitelsperrspannung f maximum-crest working reverse voltage
Grenzschicht f 1. boundary layer, interface; 2. (Me) barrier (layer) (mit Potenzialbarriere)
Grenzschicht f zwischen ein- und polykristallinem Material single-poly interface
Grenzschichteffekt m interface effect
Grenzstrahl m 1. limiting ray; 2. grenz ray (weiche Röntgenstrahlung)
Grenzstrom m limiting current; minimum fusing current (Sicherung)
Grenzstrom m/dynamischer instantaneous short-circuit current, short-circuit current rating, short-time current rating
Grenzstrom m/thermischer (Le) thermal limit current, rated short-circuit current, rated short-time thermal current
Grenztemperatur f limiting temperature
Grenztoleranz f limit tolerance (z. B. für die Regelabweichung)
Grenzüberlastungsdurchlassstrom m limiting forward overload current
Grenzwellenlänge f limiting [cut-off, critical] wavelength (Wellenleiter); threshold wavelength (Photoeffekt)
Grenzwellenlänge f $\lambda_c = \lambda_{max}$ **von Rechteck-Hohlleitern** (Nrt) cut-off wavelength of rectangular waveguides (für die H_{mo}-Welle im Rechteck-Hohlleiter b x h ist λ_c = 2b/m)
Grenzwert m limit(ing) value, limit
Grenzwertregelung f (Rt) limit [two-step, two-position, on-off] control; control constraint
Grid-Computing n grid computing (Modell zur Problemlösung mit Hilfe verteilter Computer)
Grieß m snow (Bildstörung)
Grobmodell n coarse model
Grobpassung f coarse fit
Großes System n (Rt) large scale system
Großspeicher m large-capacity memory
Grubenfunktelefon n (Fs, Nrt) geophone (arbeitet im Längstwellenbereich wegen unterirdischer Ausbreitungsbedingungen, größerer Eindringtiefe tiefer Frequenzen)
Grundbaustein m basic element [unit, building block], standard modular unit
Grundbefehl m (Dat) basic instruction
Grundeinheit f 1. (Mess) base unit (eines

Grundelement

Einheitensystems; 2. fundamental [elementary] unit *(z. B. einer Struktur)*
Grundelement *n* basic module *(beim Schaltungsentwurf)*; primitive element
Grundfrequenz *f* fundamental [basic, lowest] frequency; first harmonic
Grundfrequenzband *n* baseband, BB
Grundfunktion* *f* basic function
Grundgebühr *f (Nrt)* fixed charge, subscriber's rental
Grundgeräusch *n* 1. (back)ground noise; 2. *(Ak)* noise floor; idle-channel noise *(eines Kanals)*
grundieren *v* prime, ground *(Oberflächenschutz)*
Grundiermittel *n* 1. primer, priming; 2. *(Galv)* wash primer *(mit Rostschutz)*
Grundisolierung *f* base insulation
Grundlastkraftwerk *n* base-load plant [power station]
Grundplatte *f* 1. base [bottom] plate, base-board; mounting plate, pad; 2. s. Mutterleiterplatte
Grundprogramm *n (Dat)* nucleus *(eines Betriebssystems)*
Grundrauschen *n* noise background; noise floor; idle-channel noise *(eines Kanals)*
Grundschaltung *f* basic [elementary, principal] circuit; basic network
Grundschwingung *f* fundamental [dominant, principal] mode, fundamental oscillation; fundamental [first] harmonic, fundamental (component)
Grundsoftware *f (Dat)* basic software
Grundstellung *f* 1. normal position *(z. B. eines Schalters)*; initial state; centre position; 2. basic setting [status]
Grundstromkreis *m* 1. fundamental circuit; 2. *(Nrt)* bearer circuit
Grundversion *f* basic version, standard version
Grundwelle *f* fundamental [basic, dominant] wave
Gruppe *f* group; set; assembly; array; block; bank *(z. B. von Transformatoren)*
Gruppenabstand *m (Nrt)* interword space
Gruppenankunft *f (Nrt)* bulk arrival
Gruppenantenne *f* mit elektronischer Strahlschwenkung *(Fo)* electronically scanned array

Gruppenanzeige *f (Dat)* group indication, last-card indication
Gruppengeschwindigkeit *f* group [envelope] velocity
Gruppenkompensation *f* 1. group correction *(einer Leuchtstofflampenanlage)*; 2. group power-factor compensation, group reactive-power compensation
Gruppenschaltung *f* 1. series parallel *(Batterie)*; 2. *(Nrt)* series multiple connection
GSI *(Me)* GSI, giant-scale integration
GSM global system for mobile communication *(einer Europäischer Standard für Mobilfunk)*
GSM-Zeitkanal *m (Ko)* s. GSM--Zeitschlitz
GSM-Zeitschlitz *m (Ko)* GSM-time-slot *(8 Zeitschlitze, Zeitkanäle je Träger, TDMA)*
GTO-Thyristor *m* gate turn-off thyristor, GTO
Gültigkeitsbereich *m* validity range
Gummi *m* rubber
Gummiader *f* rubber-covered wire, rubber-insulated wire
Gummiband *n* rubber tape
Gummiisolierung *f* rubber insulation
Gummikabel *n* rubber(-insulated) cable
Gummischlauchleitung *f* rubber-jacket cord, cab-tyre line, non-kinkable flex
Gummiunterlage *f* für die Computermaus mouse pad
Gürtelkabel *n* belted (insulation) cable
gussgekapselt cast-encapsulated; metal-clad *(Gerät)*
Gusskapselung *f* (cast-)iron case
Güte *f* 1. quality; 2. s. Gütefaktor
Gütebedingungen *fpl* quality [performance] conditions *(z. B. für eine Regelung)*
Gütefaktor *m (Qu)* Q factor, quality [performance] factor, figure of merit
Gütefaktor *m* einer Spule coil magnification [amplification] factor
Güteklasse *f (Qu)* quality class
Gyrometer *n* gyrometer

H

H/L-Signal n *(Rt)* high-low signal
Haardraht m capillary [hair] wire, whisker wire
Haarriss m hair [fine, tiny] crack, microflaw; fire crack *(Isolierkeramik)*
Haartrockner m hair dryer [drying apparatus]
haften v adhere, stick
Haftfähigkeit f adhesiveness, adhesive [sticking] power
Haftmagnet m clamping magnet, magnetic clamp [chuck], magnet base mount
Haftreibung f static friction
Hageldämpfung f *(Fs)* hail-induced attenuation *(Dämpfungseinbrüche bei der Richtfunkübertragung)*
Haken m hook; clamp
Haken m **und Öse** f hook and eye *(für Isolatoraufhängungen)*
Hakenbolzen m hook bolt
Hakentransistor m hook(-collector) transistor
Hakenumschalter m *(Nrt)* hook(-type) switch, switch hook, cradle switch, receiver rest
halbautomatisch semiautomatic(al)
Halbbild n *(Fs)* field
Halbbildaustastung f field blanking
Halbbrückenschaltung f half-bridge circuit
Halbbyte n nibble, quadbit
Halbduplexbetrieb m *(Nrt)* half-duplex operation, alternate operation, alternate communication, up-and--down working
halbdurchlässig 1. semitransmitting, semitransparent, semiopaque; 2. semipermeable
Halbierungsparameter m (level-time) exchange rate *(Dauerschallpegel)*
halbisolierend semi-insulating
Halbkundenwunschschaltkreis m *(Me)* semicustom circuit [IC]
halbleitend semiconducting, semiconductive
Halbleiter m semiconductor
Halbleiter m/**amorpher** amorphous semiconductor
Halbleiter m/**diskreter** discrete semiconductor

Halbspannungsmotor

Halbleiter m/**entarteter** degenerate semiconductor
Halbleiter m/**gemischter** mixed semiconductor
Halbleiterbauelement n semiconductor component [element], solid-state device; chip
halbleiterbestückt/voll all-solid-state
Halbleiterbildsensor m solid-state image sensor; resistive-gate sensor *(im Ladungsverschiebesystem)*
Halbleiterblockschaltung f monolithic integrated circuit
Halbleiterchip m semiconductor chip
Halbleiterdehnungsmessstreifen m semiconductor strain gauge
Halbleiterdetektor m semiconductor detector
Halbleiterelektronik f semiconductor electronics
Halbleiterelement n semiconductor component [element]
Halbleiterfertigungseinrichtung f Fab
Halbleiterfestkörperschaltung f semiconductor solid-state circuit
Halbleitergleichrichterbaustein m semiconductor rectifier component
Halbleitergleichrichterdiode f semiconductor rectifier diode
Halbleiterlaser m solid-state laser, semiconductor [semiconducting, injection] laser
Halbleiter-Metall-Kontakt m semiconductor-metal contact
Halbleiterprobe f semiconductor sample
Halbleiterschaltkreis m semiconductor solid circuit, chip circuit
Halbleiterschaltung f/**integrierte** semiconductor integrated circuit, integrated semiconductor circuit
Halbleiterschütz n solid-state contactor
Halbleitersicherung f *(Le)* semiconductor fuse
Halbleiterspeicher m *(Dat)* semiconductor memory [store]
Halbleiterthyratron n solid-state thyratron
Halbleiterübergang m (semiconductor) junction
Halbperiode f half-period, half-cycle; alternation *(einer Schwingung)*
Halbspannungsmotor m half-voltage motor *(IEC 50-811)*

Halbspur

Halbspur f half-track *(Tonband)*
Halbton m 1. half-tone *(Optik)*; 2. *(Ak)* semitone, half-step
Halbtonbildspeicherröhre f half-tone storage tube, half-picture storage tube
Halbwählstrom m half-select current *(z. B. für Koinzidenzspeicher)*
Halbwelle f half-wave
Halbwellenantenne f half-wave aerial
Halbwellenbetrieb m half-wave operation
Halbwellengleichrichtung f half-wave rectification
Halbwertsdauer f half-peak duration
Halbwerts(schicht)dicke f half--thickness, half-value layer [thickness]
Halbwert(s)zeit f 1. (radioactive) half--life, half-value period; 2. *(Ch)* half-time
halbzahlig *(Dat)* half-integer, half--integral
Hall m *(Ak)* reverberation sound
Hall m von **Hallplatte** plate reverb
Hall m von **Hallspirale** spring reverb
Hall-Effekt-Aufnehmer m Hall-effect pick-up
Hall-Element n Hall-effect device, Hall cell; Hall-effect pick-up
hallen v reverberate
Hallfeld n *(Ak)* reverberant field
Hall-Generator m Hall generator
Hallgerät n *(Ak)* reverberator, reverberation [reverb] unit
Hallraum m *(Ak)* reverberant room [chamber], echo [reverberation] chamber
Hall-Signal n Hall signal
Hall-Sonde f Hall probe
Halogenbogenlampe f halarc lamp
Halogenflutlichtlampe f (tungsten--)halogen floodlighting lamp
Halogenglühlampe f (tungsten--)halogen (incandescent) lamp, regenerative cycle lamp
Halogenscheinwerfer m tungsten--halogen projector; (tungsten-)halogen headlight *(Kfz)*
Halogen-Taschenlampe f *(Ko) (BE)* Halogen torch, *(AE)* Halogen flashlight, Halogen pocket lamp
Halt m 1. (mechanical) stop; 2. *(Dat)* breakpoint *(Zwischenstopp)*
Haltanweisung f *(Dat)* stop statement
Haltbarkeit f durability, stability; service [operating] life

Haltbefehl m *(Dat)* breakpoint instruction [order], halt instruction
Halteanode f keep-alive electrode *(bei Gasentladungsröhren)*
Halteglied n *(Rt)* holding element; holding circuit *(Abtastregelung)*
Haltekontakt m holding [hold-in] contact, locking contact
Haltekraft f holding power
Haltekurzzeitstrom m short-time withstand current
Haltemagnet m holding magnet
halten v hold; retain *(Daten sichern)*; keep; freeze *(Anzeigewerte)*
Halten n *(Nrt)* forward hold
Halteplatte f supporting plate *(in Röhren)*
Halter m holder; clip; base *(Sicherung)*; bracket *(für Isolatoren)*; support *(z. B. zur Leuchtdrahtbefestigung)*
Halterelais n 1. holding relay; 2. *(Rt)* blocking relay *(bei Abtastungen)*
Halterung f holder; mount fixture
Halteschaltung f holding circuit
Haltespule f holding [retaining, restraining] coil, hold-on coil; hold winding
Haltestellung f *(Dat)* hold condition
Haltestift m retention pin
Haltestoßstrom m peak withstand current
Haltestrom m hold [holding, retaining] current *(Thyristor)*
Haltestromkreis m 1. holding [retaining] circuit, circuit of holding coil *(Relais)*; 2. *(Nrt)* interception [holding] circuit
Haltetaste f 1. hold key; 2. *(Nrt)* holdover key
Haltevorrichtung f holding appliance, holding [carrying] device, holdfast; retaining device; bail
Haltewicklung f holding winding; bias winding [coil], restraining winding
Haltezeit f hold(ing) time *(Relais)*; stability duration *(Pulscodemodulation)*
Halttaste f stop button
Hammerunterbrecher m hammer break [interrupter], Wagner interrupter *(elektromagnetischer Unterbrecher)*
Hand/aus zweiter second hand
Handauslöser m hand release trip; manual firing switch *(am Blitzgerät)*
Handauslösung f hand [manual] release

Handausschalter m manually operated circuit breaker
Handbedienung f manual operation [control], hand operation
Handbetätigung f manual [hand] operation, hand actuation
Handbetätigungseinheit f/eingebaute* incorporated hand-operated device
Handbetrieb m manual operation [working]
Handbuch n (instruction) manual
Handel m/elektronischer (Dat) e--commerce (im Internet)
Handempfänger m hand receiver
Händetrockner m/elektrischer electric hand dryer
Handfernsprecher m hand telephone, (telephone) handset, HS; (hand) microtelephone set
Handgerät n hand-held instrument; hand set (Sender und Empfänger)
handgetastet hand-keyed (Telegrafie)
handhaben v operate; handle, manipulate
Handhebel m hand lever
Handleuchte f hand lamp
Handregel f hand rule
Handschrifterkennung f handwriting recognition (Informationsverarbeitung)
Handshake-Betrieb m (Dat) handshake, handshaking
Handsteuerung f manual [hand] control
Handsystem n (Nrt) manual system
Handtastatur f manual keyboard, keypad
Handtaste f key
Handvermittlung f (Nrt) manual exchange; operator-assisted calls
Handy n (Nrt) mobile phone
Handy n , gleichzeitig Schnurlostelefon zum Festnetz (Ko) dual mode mobile
Handy n mit abgschalteten Klingeltönen (Ko) mobile with ringing off
Handy n mit Laptop-Verbindung (Ko) mobile with laptop-connection
Handy n mit Paketdatenübertragung zum Internet (Ko) mobile with GPRS
Hängebahn f suspension monorail
Hängekette f suspension string
Hängeleuchte f pendant lamp
Hängemantel m suspended jacket

(Haltesystem bei Söderberg--Elektroden)
Hängemikrofon n suspended microphone
Hängenbleiben n cogging (beim Hochlauf)
HAPUG-Modulation f (Nrt) (Harbich--Pungs-Gehrt) controlled-carrier modulation, Hapug [floating-carrier, variable-carrier] modulation
Hardware f (Dat) hardware (Gerätetechnik einer Datenverarbeitungsanlage)
hardwarekompatibel (Dat) hardware--compatible
Harmonische f harmonic (component)
Hartfasermaterial n fibre board material
Hartfaserplatte f hardboard
Hartgasschalter m hard-gas circuit breaker
Hartgewebe n laminated fabric, fabric--reinforced [fabric-base] laminate
Hartkopie f (Dat) hard copy
Hartlot n brazing [hard] solder
hartlöten v braze, hard-solder
Hartlötschweißen n braze welding
Hartlötverbindung f brazed joint
Hartpapier n (Hsp) hard [laminated, bakelite, kraft] paper; cardboard
Hartpapier n/kupferkaschiertes copper-clad laminated paper
Hartpappe f hardboard
Harz n resin
harzgetränkt resin-impregnated
harzvergossen resin-cast
Hashing n zur Authentifizierung von Nachrichten/schlüsselbasiertes keyed-hashing for message authentication, HMAC
Häufigkeit f frequency
Häufigkeitsdichte f frequency density
Häufigkeitszähler m frequency counter (statistische Gütekontrolle)
Hauptabstimmung f main tuning
Hauptachse f 1. principal axis (Kristall); main axis; major axis (Mathematik); 2. (Ma) d-axis
Hauptamt n (Nrt) (telephone) central office
Hauptanschluss* m 1. main tap, main lead [line]; 2. (Nrt) main (telephone) station, subscriber's main station
Hauptanschlussklemme f main terminal

Hauptanschlussleitung f main lead [line]

Hauptapparat m (Nrt) main set, master telephone, subscriber's main station

Hauptband n master tape

Hauptbogen m main arc

Hauptdateiverzeichnis n master file directory

Haupteinheit f master unit

Hauptelektrode f main electrode

Haupterreger m main exciter

Hauptfeldinduktivität f 1. rotational inductance, main field inductance; 2. s. Hauptinduktivität

Hauptinduktivität f main [principal] inductance

Hauptkeule f main [principal, major] lobe (Richtcharakteristik)

Hauptlastverteiler m main distribution centre

Hauptleitung f 1. (electric) main; power transmission line; 2. (Nrt) main line; bus (Sammelschiene)

Hauptpol m (Ma) main [field] pole

Hauptpolfluss m (Ma) main flux (IEC 50-811)

Hauptprogramm n (Dat) main program [routine], master program, MP; background program (bei interruptfähigem System)

Hauptprozessor m (Dat) main [master] processor

Hauptregler m 1. (Rt) main regulator; 2. (Ak) master control

Hauptrückführung f primary [monitoring, major] feedback (im Regelkreis)

Hauptsammelschiene f main bus bar

Hauptschalttafel f main switchboard; main control panel

Hauptschaltwarte f main switch(ing) station

Hauptschlussgenerator m (Ma) series(-wound) generator, main current generator; series connection dynamo

Hauptschütz n main contactor

Hauptseitenband n main sideband

Hauptsicherung f main (power) fuse

Hauptspeicher m (Dat) main memory, general [primary] store, working storage

Hauptstation f master station

Hauptsteuerschalter m master controller

Hauptstrahl m principal [central] ray (Optik)

Hauptstrombahn f eines Schaltgeräts main circuit of a switching device

Hauptstromkreis m 1. (Ma) main circuit; 2. (Ee) power circuit

Haupttaste f master key

Hauptträger m main carrier (Modulation)

Haupttrennschalter m master circuit breaker

Hauptuhr f master clock

Hauptumspanner m main transformer

Haupt- und Zwischenverteiler m (Nrt) combined distribution frame

Hauptverkehrszeit f (Nrt) busy period [hours], rush hour

Hauptverstärkeramt n (Nrt) main repeater station

Hauptverteiler m (Nrt) main distribution frame, MDF

Hauptverteilerstelle f branch-circuit distribution centre

Hauptverteilerzentrale f branch-circuit distribution centre

Hauptwelle f principal wave [mode] (Schwingung)

Hauptwicklung f main winding

Hauptzweig m (Le) main arm

Hauptzyklus m (Dat) major cycle

Hausanschluss m 1. service lead [line]; 2. (Nrt) private [house] connection

Hausanschlusskasten m service box

Hausanschlusssicherung f main (power) fuse

Hauseinführung f (Nrt) house lead-in

Hausgenerator m house [auxiliary] generator; station service generator

Haushaltelektrogerät n domestic electrical appliance, household (electrical) appliance

Haushaltelektronik f 1. domestic (appliance) electronics; 2. (domestic) electronical appliance, household electronical appliance

Haushaltgerät n appliance

Haushaltklimatisierung f domestic air conditioning

Haushaltkühlschrank m domestic refrigerator

Haushaltsicherung f domestic fuse

Hausinstallation f house wiring, domestic [house] installation

Hausnebenstellenanlage f mit

Wählbetrieb *(Nrt)* private automatic exchange, PAX
Haussicherheitssystem *n* home security system *(Einbruchsüberwachung)*
Haustelefon *n* internal telephone, house [domestic] telephone
Hautableitung *f* skin derivation
Hautdicke *f* skin thickness *(Skineffekt)*
Hauttiefe *f* skin depth
Hautwiderstand *m* skin resistance
HDB3-Code *m* high density bipolar of order 3, HDB3 *(modifizierter pseudoternärer Code)*
H-Dipolantenne *f* double-dipole aerial
HdO-Gerät *n* behind-the-ear hearing instrument, BTE
Hebdrehwähler *m* *(Nrt)* two-motion selector
Hebel *m* hand gear, lever
heben *v* lift, elevate
Hebeöse *f* liftening eye
Heberelais *n* *(Nrt)* cable relay
Hebezeug *n* hoist, hoisting [gear] tackle; crane
Hebmagnet *m* *(Nrt)* vertical magnet
Heckleuchte *f* tail lamp
Heimbeleuchtung *f* domestic [home] lighting
Heimbüro *n* small office, home office, SOHO
Heimcomputer *n* home computer
Heimleuchte *f* domestic [home] lighting fitting
Heimmikrofon *n* home microphone *(besondere konstruktive Form für Heimgeräte)*
Heimtelefonanlage *f* internal telephone system
Heimtonbandgerät *n* home recorder
Heißleiter *m* negative temperature coefficient resistor, thermistor, NTC resistor
Heißluftdusche *f* electric hair dryer
Heißtauchen *n* hot-dip coating, hot dipping *(Aufbringen organischer Schutzschichten)*
Heißwasserspeicher *m* (thermal) storage water heater
Heizanlage *f* heating equipment [unit, installation]
Heizband *n* 1. heating tape [band], strip heater; 2. filament ribbon *(Röhren)*

Heizdecke *f*/**elektrische** electric blanket
Heizdraht *m* heating wire; (heating) filament *(Röhren)*
Heizeinrichtung *f* heating equipment [installation]
Heizelement *n* heating element [unit], heater; resistance element
Heizfaden *m* (heating) filament, heater
Heizfadenanschluss *m* filament terminal
Heizfolie *f* heating foil
Heizgerät *n*/**elektrisches** electric heater [heating apparatus]
Heizkörper *m* heater, heating element
Heizkraftwerk *n* *(Ee)* cogeneration plant, combined power and heating station
Heizmantel *m* heating jacket [blanket, sleeve]
Heizpatrone *f* heating cartridge [inset]
Heizplatte *f* heating [warming, hot] plate
Heizspirale *f* heating [heater] coil, heating spiral
Heizteppich *m* heating [electric] carpet
Heizung *f* heating
Heizwendel *f* heating [heater] coil, heating spiral
Heizwiderstand *m* 1. heating [heater, filament] resistance; 2. heating resistor [element] *(Widerstand zu Heizzwecken)*; filament rheostat *(für Röhren)*
Heliumentladungsröhre *f* helium discharge tube
hell 1. bright, light; 2. clear *(z. B. Klang)*
Helladaptation *f* light [bright] adaptation
Hell-Dunkel-Tastung *f* Z-axis modulation *(Oszillograph)*
Hell-Dunkel-Verhältnis *n* light-dark ratio, bright-dark ratio
Hellfeld *n* bright field *(Optik)*
Hellfeldabbildung *f* *(Me)* bright-field image
Hellfeldbeleuchtung *f* bright-field illumination
Helligkeit *f* 1. brightness; lightness; 2. luminosity, apparent [subjective] brightness; 3. luminance *(Photometrie)*
Helligkeitsmodulation *f* *(Fs)* brightness [intensity] modulation; brilliance modulation *(Oszilloskopmesstechnik)*
Helligkeitsregler *m* lighting (control)

dimmer, lighting controller, dimmer, dimming device; dimmer switch
Helligkeitsschwankung f variation in brightness, brightness fluctuation
Helligkeitsschwelle f luminance threshold
Helligkeitssignal n (Fs) brightness [luminance] signal
Helligkeitssprung m brightness jump
Helligkeitssteuerung f intensity control *(eines Katodenstrahls)*
Helligkeitsumfang m brightness range
Helligkeitsunterschied m brightness difference
Hellsteuerung f 1. s. Helligkeitsmodulation; 2. unblanking; intensity modulation; Z modulation *(Oszillograph)*
Hellsteuerungssignal n (Fs, Nrt) unblanking signal
Hellstrahler m heating lamp, radiant lamp heater
Hemmung f 1. retardation, retarding; stoppage, blocking; 2. drag; retarding [braking] device
HEMT high-electron movement transistor
Henry n henry, H *(SI-Einheit der Induktivität)*
Heptode f heptode
herabsetzen v reduce, lower, degrade; decrease *(z. B. Leistung)*
herausfiltern v filter out; isolate
herausholen v *(Dat)* pop (from a stack) *(aus einen Stapelspeicher)*
Hermetikkompressor m hermetic [sealed refrigeration] compressor *(für Kältemaschinen)*
hermetisch hermetic(al)
herstellen v manufacture, make, produce
Hersteller m **von Hardwareeinrichtungen** original equipment manufacturer, OEM *(von Ausrüstungen und Geräten, die als Erstausrüstung in andere Systeme eingebaut werden)*
Herstellung f **von Strukturen im Mikrometerbereich** microfabrication
Hertz n hertz, cycles per second, cps *(SI-Einheit der Frequenz)*
Heruntergeladenes n (Ko) download *(aus dem Internet)*

Herunterladen n **von Daten** download *(aus einem Netz oder einer Datenbank)*
Herunterregeln n **des Pegels** (Ak) (sl) ducking *(Kompressorwirkung durch ein Nebensignal)*
Herzflimmern n cardiac fibrillation *(E--Unfall)*
Herzkammerflimmern n ventricular fibrillation *(E-Unfall)*
Herzschrittmacher m cardiac pacemaker
Heterodynempfang m heterodyne reception
heteropolar heteropolar
heulen v howl *(durch Rückkopplung)*
Heulfrequenz f wobble frequency
Heulton m howl *(durch Rückkopplung)*
Heultongenerator m wobbler
Heultonne f sounding buoy
Hewlett-Isolator m Hewlett insulator
HEXFET m hexagonal field-effect transistor, HEXFET
Hexode f hexode, six-electrode tube
HF high frequency, HF, h.f. *(3 bis 30 MHz)*; radio frequency, Rf, r.f. *(30 kHz bis 3 MHz)*
HF-Abschirmung f high-frequency shielding
HF-Band n high-frequency band
HF-Eingangsstufe f front-end stage *(beim Superhet-Empfänger vor der Mischstufe)*
HF-Eingangsstufe f**/abgestimmte** tuned front-end stage
HF-Elektronik f high-frequency electronics
HF-Elektrowärmeeinrichtung f high--frequency electroheating installation [appliance]
HF-Erwärmung f high-frequency heating, dielectric heating
HF-Filter n high-frequency attenuator
HF-Funkstation f high-frequency radio station
HF-Gleichrichter m high-frequency rectifier, radio-frequency rectifier; demodulator, detector
HF-Heizung f high-frequency heating, dielectric heating
HF-Induktionserwärmungsanlage f high-frequency induction heating equipment [installation]
HF-Koaxialstecker m high-frequency coaxial connector

HF-Legierungstransistor *m* high-frequency alloy junction transistor
HF-Litze *f* stranded wire, litz (wire), litzendraht (wire)
HF-Schweißen *n* high-frequency welding
HF-Sperrkreis *m* low-pass selective circuit
HF-Störung *f* high-frequency interference, radio-frequency interference, RFI, radio-frequency noise
HF-Störunterdrückung *f* high-frequency interference suppression
HF-Strahlung *f* high-frequency radiation
HF-Telegrafie *f* high-frequency telegraphy, radio-telegraphy
HF-Träger *m* high-frequency carrier
HF-Transistor *m* high-frequency transistor
HF-Wechselspannung *f* high-frequency alternating-current voltage, h.f.-a.c. voltage
H-Glied *n* H-network, H-section
HIC hybrid integrated circuit
Hi-Fi *(Ak)* high fidelity, hi-fi *(Qualitätsbegriff für weitgehend originalgetreue Tonwiedergabe)*
High Fidelity *f (Ak)* high fidelity, hi-fi *(Qualitätsbegriff für weitgehend originalgetreue Tonwiedergabe)*
High-speed-Schaltkreis *m* high-speed circuit
Hilbert-Signal *n* s. Signal/analytisches
Hilfsamt *n (Nrt)* sub-exchange
Hilfsanode *f* auxiliary anode; exciting [excitation, ignition, keep-alive] electrode
Hilfsdienst *m (Nrt)* auxiliary service
Hilfsentladung *f* auxiliary discharge
Hilfsentladungskreis *m* keep-alive circuit
Hilfsentladungsstrecke *f* auxiliary discharge gap *(in Gasentladungsröhren)*
Hilfsmotor *m* auxiliary motor; pony motor; servomotor *(in Regelsystemen)*
Hilfsprogramm *n (Dat)* auxiliary program [routine]
Hilfsprogrammsammlung *f (Dat)* toolkit
Hilfspumpe *f* booster pump
Hilfsregelkreis *m (Rt)* auxiliary (control) loop, servo loop, subsidiary control loop

Hilfssammelschiene *f* auxiliary [reserve] bus bar
Hilfsschalter *m* auxiliary switch [controller]
Hilfsspannungsversorgung *f* auxiliary voltage supply
Hilfsspeicher *m (Dat)* auxiliary memory [store], AXS, secondary [backing] memory
Hilfsspeicherung *f (Dat)* auxiliary [secondary, backing] storage
Hilfsstromkreis *m* auxiliary [ancillary, subsidiary] circuit, subcircuit
Hilfsstromquelle *m* auxiliary power supply
Hilfsthyristor *m* amplifying gate *(bei steuerstromverstärkenden Thyristoren)*
Hilfsträger *m (Nrt, Fs)* subcarrier
Hilfszündung *f* auxiliary ignition
Hilfszweig *m (Le)* auxiliary arm
Hindernisfeuer *n* obstruction light
hindurchgehen *v* pass through; traverse
hindurchlassen *v* transmit, pass
hintereinanderschalten *v* connect in series; cascade, connect in cascade
Hintergrundabtastung *f (Nrt)* background scanning
Hintergrundbeleuchtung *f* background lighting
Hintergrundgeräusch *n* background noise
Hintergrundspeicher *m (Dat)* background memory, backing store
Hintertür *f* back-door *(undokumentierter Zugang zu einem System bzw. einer Software)*
hin- und herbewegen *v* shuttle *(z. B. Band beim Schneiden)*
Hin- und Rückleitung *f* go-and-return line, up-and-down line
Hinweisdienst *m (Nrt)* intercept service; changed number interception
Hinweisspur *f* library track
Hinweisstöpsel *m (Nrt)* signal plug
Hinweiston *m (Nrt)* intercept tone; number-unobtainable tone
Hitzdraht *m* hot wire
Hitzdrahtinstrument *n* hot-wire instrument, expansion instrument
Hitzdrahtmikrofon *n* hot-wire microphone
hitzebeständig heat-resistant, heat-resisting, heat-proof, thermally stable
hitzehärtbar thermosetting *(Kunststoffe)*

H-Krümmer *m* H-bend, H-plane bend *(Wellenleiter)*
HMOS-Technik *f (Me)* high-performance MOS [metal-oxide semiconductor] technique, H-MOS technique
HNIL high-noise-immunity logic
hoch high(-pitched) *(Tonhöhe)*
hoch zwei raised, to the power of two, squared
Hochantenne *f* elevated [overhead] aerial; outdoor aerial
hochauflösend high-resolution, highly resolving
Hochbelastbarkeit *f* heavy-load capacity, heavy-duty capacity
Hochdruckbogen *m* high-pressure arc
Hochdruckbogenentladung *f* high-pressure arc discharge
hochempfindlich highly sensitive; highly responsive
hochenergetisch high-energy
Hochenergiesparmotor *m* eff 1 high efficiency motor
hochfahren *v* start up *(Sender)*; run up *(Motor)*
hochfrequent high-frequency
Hochfrequenz *f* high frequency, HF, h.f. *(3 bis 30 MHz)*; radio frequency, RF, r.f. *(30 kHz bis 3 MHz)*
Hochfrequenzbereich *m* radio-frequency range, high-frequency range *(s. a. Hochfrequenz)*
Hochfrequenzstörung *f* high-frequency interference
Hochfrequenzstufe *f* high-frequency stage, HF stage
Hochfrequenzwellen *fpl* radio-frequency waves, high-frequency waves *(s. a. Hochfrequenz)*
hochgereinigt highly purified
Hochgeschwindigkeitsabtasttechnik *f* high-speed scan-technique, HSS technique *(Elektronenstrahlbearbeitung)*
Hochgeschwindigkeitsbearbeitung *f* high-speed cutting *(spangebende Bearbeitung)*
Hochgeschwindigkeitsdatennetz *n* high-speed communication highway, high-speed data network, high-speed LAN
Hochgeschwindigkeitskamera *f* high-speed camera
Hochgeschwindigkeitslochbandleser *m (Dat)* high-speed paper tape reader
Hochgeschwindigkeitslochbandstanzer *m (Dat)* high-speed paper tape punch
Hochgeschwindigkeitsoszillograph *m* high-speed oscillograph
Hochgeschwindigkeitsschaltkreis *m* high-speed circuit
Hochgeschwindigkeitsspeicher *m (Dat)* high-speed memory [store], rapid (access) store
Hochkantwicklung *f* edge winding
Hochlauf *m* run-up, start-up
Hochlauffunktion *f* ramp function
Hochlaufkurve *f* starting characteristic
Hochlaufzeit *f* starting time; acceleration time
Hochleistungsgleichrichterdiode *f* high-power rectifying diode
Hochleistungsimpuls *m* high-power pulse
Hochleistungsimpulsgenerator *m* high-power pulse generator
Hochleistungs-LED *f (Me)* Power-LED *(Lichtstrom >100 ml/W; >1A von Treiberschaltungen)*
Hochleistungsleuchtfeuer *n* high-intensity beacon
Hochleistungsleuchtstofflampe *f* high-efficiency fluorescent lamp, high-output fluorescent lamp
Hochleistungslichtbogen *m* high-current arc
Hochleistungslichtstrahl *m*/ **pulsierender** *(Laser)* high-power pulsating light beam
Hochleistungslochbandleser *m (Dat)* high-speed paper tape reader
Hochleistungslochbandstanzer *m (Dat)* high-speed paper tape punch
Hochleistungs-Mikrowellenerwärmungssystem *n* high-power microwave heating system
Hochleistungs-MOS-Technologie *f (Me)* high-performance MOS technology, HMOS technology; HMOS technique
Hochleistungsrechnen *n* high performance computing, HPC
Hochleistungsröhre *f* high-power valve, high-performance valve

Hochleistungsschalter *m* heavy-duty switch; heavy-duty circuit breaker
Hochleistungssicherung *f* high-power fuse, high-breaking-capacity fuse, high-interrupting-capacity fuse
Hochleistungsthyristor *m* high-power thyristor
hochohmig high-resistive, high-impedance
Hochohmwiderstand *m* high-value(d) resistor, high-wattage resistor
Hochpaß *m (Ak, Nrt)* high-pass, HP
Hochpaßfilter *n (Ak, Nrt)* high-pass filter, HPF
Hochpegellogik *f* high-level logic, HLL
Hochrate-Sputtern *n (Me)* high-rate sputtering
Hochschaltung *f (Ap)* delayed switching
Hochschieberegister *n* shift-up register
hochschmelzend high-melting, high-fusion
Hochsetzsteller *m* boost chopper *(Gleichstromsteller)*
Hochspannung *f* high voltage [tension], h.v., H.V.
Hochspannungsableiter *m* high-voltage arrester
Hochspannungsbogen *m* high-voltage arc
Hochspannungsdurchführung *f* high-voltage bushing
Hochspannungselektronenmikroskopie *f* high-voltage electron microscopy, HVEM
Hochspannungserzeuger *m* high-voltage generator [dynamo]
hochspannungsgeschützt high-voltage-protected
Hochspannungsgleichstrom *m* high-voltage direct current, h.v.d.c., HVDC
Hochspannungsgleichstromübertragung *f* high-voltage direct-current transmission; high-voltage direct-current link, high-voltage d.c. link
Hochspannungsglimmgleichrichter *m* high-voltage glow-discharge rectifier
Hochspannungsmast *m* high-voltage tower, high-voltage (transmission) pole
Hochspannungsporzellan *n* high-voltage (electrical) porcelain, hard porcelain
Hochspannungssammelschiene *f* high-voltage bus bar

Hochspannungsschaltanlage *f* high-voltage switching station
Hochspannungsschaltgerät *n* high-voltage switchgear
Hochspannungsseite *f* high-voltage side [end]
Hochspannungssicherung *f* high-voltage fuse
Hochspannungsstation *f* high-voltage (sub)station
Hochspannungssteckvorrichtung *f* high-voltage cable connection
Hochspeicher *m* headwater pond, elevated reservoir *(Wasserkraftwerk)*
Hochsprache *f (Dat)* high-level language, HLL
hochstabil high-stability
Höchstdauer *f* maximum duration
Höchstdrehzahl *f* maximum speed
Höchstdrucklampe *f* superpressure [very high pressure] lamp
Höchstfrequenz *f* extremely high frequency, e.h.f. (> 30 MHz)
Höchstfrequenz-Mischdiode *f*/**rauscharme** *(Fo, Fs)* low-noise microwave conversion diode *(für Radar- und Satelliten-Empfänger)*
Höchstfrequenzofen *m* microwave furnace
Höchstfrequenztransistor *m* superhigh-frequency transistor
Höchstintegration *f (Me)* very large-scale integration, VLSI, giant-scale integration, GSI
Höchstleistung *f* 1. maximum capacity [performance]; 2. maximum power [output]
Hochstromanschluss *m* high-current connection
Hochstrombogen *m* high-current arc; high-intensity carbon arc, Beck arc
Hochstromkohlebogen *m* high-current carbon arc, high-intensity carbon arc, Beck arc
Hochstromleitung *f* heavy-current line
Hochstromofen *m* high-current furnace
Hochstromtransistor *m* high-current transistor
Hochstromverstärkung *f (Me)* high-level current gain
Höchstspannung *f* extra-high voltage [tension], e.h.v., EHV, ultrahigh voltage, uhv, UHV

Höchstspannungsfreileitung 518

Höchstspannungsfreileitung f extra-high voltage line
Höchstspannungsleitung f extra-high voltage line, very high voltage line, high-potential line (> 750 kV)
Höchstwert m maximum (value); peak [crest] value
Höchstwertbegrenzer m peak limiter
höchstzulässig maximum permissible
Hochtemperaturlichtbogen m high-temperature arc
Hochtemperaturofen m high-temperature furnace (Widerstandsofen)
Hochtemperaturplasmastrahl m high-temperature plasma beam
Hochtemperaturreaktor m high-temperature (gas-cooled) reactor, HTGR
Hochtemperatursupraleiter m high-temperature superconductor, high-T_c superconductor
Hochtemperatur-Wärmedämmstoff m high-temperature insulating material
Hochtemperaturzone f high-temperature zone
Hochtonkegel m (Ak) tweeter
Hochtonlautsprecher m tweeter (loudspeaker), high-frequency (loud)speaker, treble loudspeaker
Hochtonregler m treble control, (tone) control for treble
Hochvakuumentladung f high-vacuum discharge
Hochvakuumgleichrichter m high-vacuum rectifier, vacuum tube [valve] rectifier
Hochvakuumzüchtung f high-vacuum growing (Kristalle)
hochverstärkend high-gain
Hochvoltleitung f high-voltage line
Höckerspannung f peak point voltage (Tunneldiode)
Höckerstrom m peak point current (Tunneldiode)
Höhe f 1. height; 2. altitude (über Normalnull); elevation; 3. level (Niveau); head (Druckhöhe von Flüssigkeiten); 4. amount
Höhen fpl (sl) highs
Höhenabsenkung f (Ak) high [treble] cut
Höhenabstand m vertical interval
Höhenanhebung f (Ak) high-note accentuation [compensation,

emphasis], high-frequency accentuation, treble boost(ing), treble emphasis
Höhendipol m elevated dipole
Höhenentzerrer m (Ak) treble corrector [compensator]
Höhengewinn m height gain
Höhenmesser m altimeter, height indicator
Höhenmessgerät n (Fo) height finder
Höhenmessradar n (Fo) height-finding radar
Höhenpegel m amplitude level (von Impulsen)
Höhenregler m (Ak) treble control, (tone) control for treble
Höhenschritt m (Nrt) vertical step
Höhenschritt m/freier [unbesetzter] spare [vacant] level
Höhenschrittvielfach n (Nrt) level multiple
Höhensonne f artificial sun(light); ultraviolet [sun] lamp
Höhenstrahlung f cosmic radiation
Höhenwiedergabe f (Ak) high-note response
Höhenwinkel m (Nrt) angle of elevation [sight], elevation angle
Hohlkatodenlampe f hollow-cathode (discharge) lamp
Hohlkernisolator m hollow-core(-type) insulator
Hohlleiter m 1. waveguide (Mikrowellentechnik); 2. hollow conductor (z. B. zur Kühlmittelführung)
Hohlleiterabschluss m waveguide termination
Hohlleitergrenzfrequenz f waveguide cut-off frequency
Hohlleiterklemme f waveguide clamp
Hohlleiter-Koaxial(kabel)-Übergang m waveguide to coaxial (cable) transition
Hohlleiterkopplung f waveguide junction [joint]
Hohlleiter-Moden fpl waveguide modes (H_{mn}-Welle, E_{mn}-Welle)
Hohlleiterverbindung f waveguide junction [joint]
Hohlleiterverzweigung f waveguide branch
Hohlleiterwelle f guided wave
Hohlraum m cavity; void; pocket
Hohlraumbandpaß m cavity bandpass
Hohlraumbildung f formation of

Hörnerfunkenstrecke

Hohlraumentladung f internal discharge
Hohlraumfilter n s. Hohlraumresonatorfilter
Hohlraumfilter n/mehrphasiges multi-cavity filter
Hohlraumkabel n air-space(d) cable
Hohlraumresonator m cavity resonator, resonant cavity [chamber]; rhumbatron
Hohlraumresonatorfilter n cavity filter
Hohlraumverfahren n cavity method *(Mikrowellenerwärmung)*
Hohlspiegel m concave [collector] mirror
Hohlwelle f hollow shaft
Hohlwellenantrieb m hollow-shaft motor drive, quill drive
Holen n (Dat) fetch *(eines Befehls)*
Hologramm n hologram
Hologramminterferometrie f hologram interferometry
Holographie f holography
Holzmast m wood(en) pole
Homodynempfang m (Nrt) homodyne [zero beat] reception *(bei Schwebungsnull)*
homogen homogeneous; uniform
Homogenfeld n uniform field
Homoübergang m homojunction *(Halbleiter)*
Honigtopf m honey pot *(Verfahren bei der Computersicherheit, Bereitstellung eines leichten Zieles zum Studium von Angriffsmechanismen und zur Ablenkung)*
Hook-Transistor m hook(-collector) transistor, pn hook transistor
Hop-Metrik f hop metric *(Maß für die Güte von Routen)*
hörbar audible
Hörbarkeitsgrenze f audibility limit
Hörbarkeitsschwelle f threshold of audibility
Hörbedingungen fpl listening conditions
Hörbereich m range [area] of audibility; auditory area, audible [audio] range *(zwischen Hör- und Schmerzschwelle)*
Hörbrille f eyeglass hearing aid, hearing spectacles
Horchgerät n auditory direction finder, aural [acoustic, sound] detector, listening set
Höreingabe f und **-ausgabe** f (Dat) audio response
Hörempfang m audio [sound] reception
Hörempfindung f auditory sensation
Hören n/**beidohriges** binaural hearing
Hören n/**räumliches** [stereophones] stereophonic hearing
Hörer m 1. headphone, earphone, (head) receiver; 2. (Nrt) (telephone) receiver, receiving set, phone; 3. listener *(Person)*
Höreradresse f/**eigene** (Nrt) my listen address
Höreraufleizeichen n (Nrt) clear-back signal
Hörergehäuse n (Nrt) receiver case
Hörerkapsel f (Nrt) receiver capsule [inset]
Hörerkissen n earphone cushion
Hörerkuppler m earphone coupler, artificial ear
Hörerpaar n headset, (pair of) earphones, headphones
Hörfrequenz f audio [audible] frequency, af, AF, tonal frequency
Hörfunk m audio [sound] broadcasting
Hörgerät n hearing [deaf] aid, auditory prosthesis
Hörgerät n/**hinter dem Ohr zu tragendes** behind-the-ear hearing instrument, BTE
Hörgerät n/**im Gehörgang zu tragendes** canal hearing instrument
Hörgerät n/**im Ohr zu tragendes** (all-)in-the-ear hearing instrument, ITE
Hörgerät n/**implantiertes** cochlear implant
Horizontalablenkplatten fpl horizontal plates, X-plates *(Katodenstrahlröhre)*
Horizontalablenkung f horizontal deflection [sweep], line sweep
Horizontalabtastung f horizontal scanning
Horizontalpolarisation f horizontal polarization *(z. B. von Wellen)*
Hörkurve f audiogram
Hörmuschel f (receiver) ear-piece, receiver (ear-)cap
Hörnerableiter m (horn-)gap arrester, horn-shaped arrester *(Überspannungsableiter)*
Hörnerfunkenstrecke f horn gap

Hörnerschalter

Hörnerschalter m horn(-gap) switch
Hörnerüberspannungsableiter m (horn-)gap arrester, horn-shaped arrester
Hörrundfunk m sound broadcasting
Hörrundfunk m/**digitaler terrestrischer** *(Fs)* terrestrial digital audio broadcasting, DAB-T
Hörschärfemessung f audiometric testing, audiometry
Hörschwelle f audibility [hearing] threshold; minimum audible field *(im freien Schallfeld)*
Hörschwellenverschiebung f threshold shift
Hörschwellenverschiebung f/**mittlere** *(AE)* standard threshold shift *(z. B. bei 2000, 3000 und 4000 Hz)*
Hör-Sprech-Garnitur f *(Nrt)* communication headgear, two-way communication headset
Hörverlust m hearing loss; permanent threshold shift, PTS
Hörverlust m/**altersbedingter** presbycusis, presbyacusia
Hörvermögen n hearing capability; (power of) hearing; audibility (acuity)
Hörweite hearing distance, *(sl)* earshot
 • **außer Hörweite** out of earshot
Hörzeichen n *(Nrt)* signalling [audible] tone, audible [tone] signal
H-Pegel m 1. *(Me)* high (level), high state *(oberer Signalpegel bei Binärsignalen)*; 2. *(Dat)* high level *(logischer Pegel)*
HSL high-speed logic
Hub m 1. *(Ma)* stroke; 2. *(Ap)* (contact) travel; lift; 3. (frequency) deviation, swing *(Frequenzmodulation)*
Hubkraft f lifting power, portative force *(eines Magneten)*
Hubmagnet m lifting [crane] magnet
Hüllfläche f enveloping measurement surface *(gedachte Fläche der Messorte)*
Hüllkurve f envelope (curve)
Hüllkurvengleichrichtung f envelope detection
Hüllkurvenmodulation f peak envelope modulation
Hüllkurvenumrichter m cyclonvertor *(IEC 50-551)*
Hupe f electric hooter [horn]
H₁₀-Welle f *(Nrt)* H_{10}-wave, H_{10}-mode *(niedrigster Wellentyp im Rechteck-*

-Hohlleiter mit $\lambda_{max} = 2b$; b = Breite; meistverbreitet)
Hybrid-Digital-Umsetzung f *(Dat)* hybrid-digital conversion
Hybrideinheit f hybrid unit
Hybridgerät n hybrid set
Hybridleiterplatte f flexible-hardboard combination, hybrid printed circuit board
Hybrid-p-Ersatzschaltung f hybrid-p equivalent circuit
Hybridrechner m hybrid [analogue--digital] computer
Hybridschaltkreis m hybrid circuit
Hybridschaltkreis m/**integrierter** hybrid integrated circuit
Hybridwellen fpl hybrid waves
Hydrogenerator m hydraulic generating set
Hyperbelortung f *(Fo)* hyperbolic position finding
Hyperfeinaufspaltung f hyperfine splitting
Hyperrahmen m *(Ko)* hyperframe *(er besteht nach GSM-Standard aus 2048 Superrahmen)*
Hysterese f hysteresis
Hysteresekurve f hysteresis curve, (magnetic) hysteresis loop, hysteresis [magnetic] cycle; BH curve *(bei Ferromagnetika)*
Hystereseverlust m (magnetic) hysteresis loss
Hysteresis f s. Hysterese
50-Hz-Ansprechspannung f power--frequency spark-over voltage *(Ableiter)*
100-Hz-Technik f *(Fs)* flicker-free TV *(flimmerfreies Bild durch höhere Bildwiederholfrequenz)*
H-Zustand m high (state), H state *(logischer Zustand)*

I

IAB s. Aufsichtsgremium für Fragen der Internet-Architektur
IANA s. Behörde für die Vergabe von Nummerierungen im Internet
IBT insulated-base transistor
IC integrated circuit
Icon n *(Ko)* icon *(Bildschirm-Symbol)*

IC-Stecker m (Fs) IEC connector (HF--Stecker, genormt nach DIN 45325)
Idealgitter n ideal [perfect] lattice (Kristall)
Identifikation f (Rt) identification
Identifikation f **mit Radiofrequenz** radio frequency identification
Identifikationsziffer f/**persönliche** personal identification number, PIN
Identifizierung f identification
Identitätskennzeichen n (Dat) label
Identkarte f identity card
Idlerkreis m idler circuit (im parametrischen Verstärker)
IDN n s. Integriertes Digitales Netz
IdO-Gerät n (all-)in-the-ear hearing instrument, ITE
IDS s. System zur Erkennung des unbefugten Eindringens
IEC International Electrotechnical Commission
IEC-Bus m IEC bus, IEC interface system
IEC-Empfehlung f IEC recommendation
IGBT integrated-gate bipolar transistor
IGES s. Datenformat/grafisches
IGFET insulated-gate field-effect transistor
IGT insulated-gate transistor
Ignitor m ignitor (Gasentladungsröhre)
Ignitron n ignitron
Ignitronröhre f ignitron
Ikonoskop n iconoscope (Bildaufnahmeröhre)
I²L (Me) integrated injection logic, I²L, IIL
I³L (Me) isoplanar integrated injection logic, I³L
I²L-Logik (Me) integrated injection logic
Imaginärteil m reactive part [component]
IMPATT-Diode f impact avalanche and transit-time diode
Impedanz f 1. impedance, apparent resistance (Größe); 2. impedor (Bauelement)
Impedanzanpassung f impedance match(ing)
Impedanzschutz m impedance protection
Implantat n (Me) implant
Implantationsdotierung f (Me) implantation doping
implantieren v (Me) implant
Implementierung f (Dat) implementation

Implosion f implosion
imprägnieren v (Hsp) impregnate
Imprägniermittel n impregnating agent, impregnant
Impuls m (Et, Me) impulse, pulse
Impulsabfall m pulse decay [fall]
Impulsabfrage f pulse scanning
Impulsabstand m pulse spacing [interval, separation], pulse-digit spacing
Impulsanstieg m rise of pulse
Impulsantwort f pulse response
Impulsantwort f/**endliche** finite impulse response (bei nicht rekursiven Digitalfiltern, FIR-Digitalfiltern)
Impulsantwort f/**unendliche periodische** infinite impulse response (bei rekursiven Digitalfiltern, IIR--Digitalfiltern)
Impulsantwortfunktion f pulse response
Impulsanzeige f blip (auf dem Bildschirm)
Impulsauslösung f pulse triggering, trigger action
Impulsbandbreite f pulse bandwidth
Impulsbegrenzer m pulse clipper
Impulsbetrieb m 1. pulse(d) operation, pulse action, pulsing; 2. intermittent operation
Impulsbewertung f (im)pulse weighting, I-weighting
Impulsbreite f pulse width [duration]
Impulsbreitenmodulation f pulse-width modulation
Impulsbreitenmodulator m pulse-width modulator
Impulsbündel n burst (bei der EMV--Messung)
Impulsdach n pulse top
Impulsdauer f pulse duration [width, length]; on-time (of a pulse)
Impulsdemodulator m pulse detector
Impulsdichte f pulse rate
Impulseingang m pulse input
Impulselement n pulse element
Impulsempfänger m pulse receiver
Impulsentladung f pulse discharge
Impulsentladungslampe f pulse discharge lamp
Impulsentladungszeit f pulse spark--over time
Impulsentzerrer m pulse regenerator [corrector]

Impulserregung f (im)pulse excitation
Impulserzeugung f pulse generation
Impulsflanke f pulse edge
Impulsflanke f/**steile** steep edge of a pulse
Impulsfolge f pulse train [sequence, repetition], succession of (im)pulses
Impulsfolgefrequenz f 1. pulse repetition frequency [rate], PRF, pulse (recurrence) frequency; 2. *(Hsp)* discharge repetition rate *(bei Teilentladungen)*
Impulsformer m pulse shaper
Impulsform-Regenerator m *(Nrt)* regenerator, repeater *(Takt- und Impulsform-Regenerierung bei PCM-Übertragungsleitungen)*
Impulsfrequenz f pulse frequency [rate]
Impulsgeber m pulse generator, pulse initiator, pulser, pulsing device
Impulsgebertaste f pulse sending key
Impulsgenerator m pulse generator, pulser
Impulsgeräusch n pulse noise
impulsgesteuert (im)pulse-controlled, pulse-operated, pulsed
impulsgetastet pulsed
Impulshinterflanke f pulse trailing edge
Impulskette f pulse train
Impulslagenmodulation f pulse-position modulation, pulse-phase modulation, PPM
Impulslampe f pulsed lamp [light source]
Impulslänge f pulse length [duration, width]
Impulslaser m pulsed [pulse-type] laser
Impulslaufzeit f pulse-time delay
Impulslichtbogenschweißen n pulsed arc welding
Impulslichtquelle f pulsed light source
Impulsmodulation f pulse modulation, PM
Impulsmodulator m pulse modulator
Impulsoszillograph m pulsed-oscillograph, recurrent-surge oscillograph [recorder]
Impulspeilung f pulse direction finding
Impulsrate f pulse rate; chopping rate
Impulsregelung f pulse [discontinuous] control
Impulsregelungssystem n discontinuous control system, intermittent regulation system

Impulsreihe f pulse train [sequence], series of impulses [pulses]
Impulsrücken m tail of an impulse
Impulsschalter m 1. pulse switch; 2. semiflush [semisunk, semirecessed] switch
Impulsschreiber m (im)pulse recorder
Impulsschweißen n (im)pulse welding
Impulssender m 1. pulse transmitter; 2. *(Nrt)* pulse machine
Impulsspannung f pulse voltage
Impulsspitzenleistung f peak pulse power
Impulssteuerung f pulse control; pulse triggering
Impulsstrom m pulsed current
Impulsstromkreis m 1. pulsing [pulse] circuit; 2. *(Nrt)* stepping circuit
Impulssystem n pulse system
Impulstaktfrequenz f pulse (repetition) frequency, pulse repetition rate
Impulstastung f pulse timing
Impulstorschaltung f/**transistorisierte** transitorized flip-flop circuit
Impulstriggerung f pulse triggering
Impulsübergangsfunktion f unit-impulse response, weighting function
Impulsverfahren n pulse technique
Impulsverformung f pulse distortion
Impulsverteiler m pulse discriminator [distributor]
Impulsverzögerung f pulse delay, trigger
Impulswahlfernsprecher m dial-pulse telephone
Impulszahl f pulse number
Impulszähler m (im)pulse counter, pulse(-counting) meter, (pulse) scaler
Impulszeitgeber m clock-pulse generator
Impulszeitmodulation f pulse-time modulation, PTM
inaktiv inactive, non-active, passive; inert
Inbetriebnahme f *(Ma)* putting into operation [service], bringing into service; starting; commissioning *(Kraftwerk; EN 61082)*
Indexanpassung f index matching
Indexfehler m index error
Indexgrenzenliste f *(Dat)* bound pair list
Indexieren n/**automatisches** *(Dat)* automatic indexing

Indexkarte *f (Dat)* index [guide, master] card
Indexregister *n (Dat)* index [modifier] register, B-register, B-box, B-line (counter)
Indexspur *f* index track
Indikator *m* 1. indicating apparatus, detecting instrument; 2. indicator; tracer
Indizierung *f* indexing
Induktion *f* 1. induction *(Auftreten von elektrischer Spannung)*; 2. magnetic flux density *(magnetische Größe)*
Induktion *f/gegenseitige* mutual induction
Induktion *f/remanente [zurückbleibende]* residual [remanent] induction, remanent flux density
induktionsarm low-inductance
Induktionsbremse *f/elektromagnetische* electric induction brake
Induktionserwärmung *f* induction heating
Induktionshärtung *f* induction hardening
Induktionsheizgerät *n* induction heater
Induktionsheizung *f* induction heating
Induktionslöten *n* induction brazing
Induktionsmotor *m* induction motor
Induktionsofen *m* induction(-heated) furnace
Induktionspumpe *f* induction pump *(z. B. zum Transport flüssiger Metalle)*
Induktionsrauschen *n* induction noise
Induktionsrinnenofen *m* induction channel furnace, induction furnace with submerged channel
Induktionsspule *f* 1. induction [inductance] coil, inductor; 2. *(Hsp)* Ruhmkorff coil
Induktionsstörung *f des Fernsprechverkehrs* cross fire *(durch Telegrafie)*
Induktionsstrom *m* induction [induced] current
Induktionstiegelofen *m* induction crucible furnace
induktiv inductive
Induktivität *f* 1. inductance, inductivity *(Größe)*; 2. inductance coil, inductor
Induktivität *f/gegenseitige* mutual inductance

Induktivität *f/innere* internal inductance, inner self-inductance
induktivitätsarm low-inductance
induktivitätsfrei non-reactive
Induktor *m* inductor, induction (heating) coil
Induktoranruf *m (Nrt)* magneto ringing [calling]
Induktorgehäuse *n (Nrt)* generator box
Industrie *f/elektronische* electronic industry
Industrieanschluss *m* in-plant point of coupling
Industrieelektronik *f* industrial electronics
Industriefernsehen *n* industrial television, closed-circuit television, CCTV
Industrieschalter *m* industrial switch
Industrieschalter *m/explosionsgeschützter* explosion-proof industrial switch
Industrieschalter *m/gekapselter* enclosed industrial switch
Industrieschalter *m/gussgekapselter* cast-iron enclosed industrial switch
Industrieschalter *m/regendichter* raintight industrial switch
Industrieschalter *m/tropfwassergeschützter* drip-proof industrial switch
Industrieschütz *n* magnetic contactor
Industriesteuerung industrial control system
Inertgas *n* inert gas
Inertgas-Lichtbogenschweißen *n* inert-gas-shielded arc welding
Influenz *f* influence, electrostatic [electric] induction
Informatik *f* informatics *(wissenschaftliche Theorie und Methodik der Informationsverarbeitung)*
Information *f (Dat, Nrt)* information
Informationsabtastsystem *n* information sampling system
Informationsaufzeichnung *f* information recording
Informationsausbeute *f* yield of information
Informationsdarstellung *f* information representation
Informationsdurchsatz *m* information throughput

Informationseinheit f information unit
Informationsgehalt m information content
Informationsgeschwindigkeit f information rate
Informationsgewinn m information gain
Informationsmenge f information quantity
Informationsrückmeldung f information feedback
Informationsschreibgeschwindigkeit f information writing speed *(z. B. des Oszillographen)*
Informationssenke f information sink [drain]
Informationsspeicher m information memory [store]
Informationsspur f information track
Informationsträger m 1. information carrier *(Speichermedium)*; 2. power-line carrier *(auf Starkstromleitungen)*
Informationsübertragungsgeschwindigkeit f information transmission rate [speed]
Informationsumfang m information volume [content]
Informationsverarbeitung f information processing
infraakustisch infrasonic, infra-acoustic, subaudio, subsonic
Infrarot n infrared, IR
Infrarotabbildung f infrared imaging
Infrarot-Autotüröffner m *(Ko)* infrared cardoor opener/closer *(im Autoschlüssel eingebauter codierter Infrarot-Impulssender)*
Infrarotempfänger m infrared detector
infrarotempfindlich infrared-sensitive
Infraroterregung f infrared stimulation
Infrarot-Fernbedienung f *(Ko)* infrared remote control *(für Radio, Fernseher, VCR)*
Infrarotfilter n infrared filter
Infrarotfotografie f infrared photography
Infrarotlampe f infrared lamp
Infrarotlaser m infrared laser, IRASER, iraser
Infrarotlöten n infrared soldering
Infrarotradar n infrared radar
Infrarotscheinwerfer m infrared searchlight
Infrarotstrahlung f infrared radiation

Infrarottilgung f infrared quenching *(der Photoleitfähigkeit)*
Infrarottunnelofen m infrared tunnel oven [furnace]
Infraschall m infrasonics, infrasound, subaudio sound
Infraschallquelle f infrasonic source
Inhaltsverzeichnis n *(Dat)* (contents) directory
Inhibition f inhibition, exclusion *(boolesche Verknüpfung)*
Inhibitor m inhibitor, retarding catalyst
Inhibitorschicht f inhibitor layer
inhomogen inhomogeneous, non--homogeneous; non-uniform
Initialisierung f *(Dat)* initialization
Injektion f *(Me)* injection *(von Minoritätsladungsträgern)*
Injektionslaser m injection [semiconducting] laser
Injektionslogik f/**integrierte** *(Me)* integrated injection logic I^{2}L, IIL
Injektor m injector
injizieren v inject *(z. B. Elektronen)*
inkompatibel incompatible
Inkompatibilität f incompatibility
Inkrement n increment, increase
Inlandsverbindung f *(Nrt)* domestic [inland] connection
Innenanschluss m indoor connection; inside [internal] connection; inner lead *(Bonden)*
Innenaufbau m 1. internal structure; 2. *(Dat)* internal organization *(Mikroprozessor)*
Innenbeleuchtung f indoor [interior] lighting
innengekühlt *(Ma)* direct-cooled
Innengeräusch n interior noise
Inneninstallation f internal installation; interior wiring
Innenleiter m inner [centre, central] conductor *(Koaxialkabel)*
Innenleuchte f indoor (lighting) fitting, indoor-type luminaire
Innenlötauge n inner pad *(Leiterplatten)*
Innenlüfter m internal fan
Innenpolmaschine f inner-pole machine, revolving-field machine
Innenraumanlage f indoor [internal] plant
Innenraumdurchführung f indoor bushing

Innenraumschaltgerät *n* indoor switchgear
Innenstator *m* inner frame
Innenverbindung *f* intraconnection, internal connection *(Mehrlagenleiterplatten)*
Innenverdrahtung *f* internal wiring
Innenwiderstand *m* 1. internal resistance; 2. anode (differential) resistance, *(AE)* plate resistance *(Elektronenröhren)*; 3. source resistance *(Generator)*
Input *m* input
Inselbetrieb *m (An)* isolated operation
Inselkraftwerk *n (An)* isolated (power) plant
instabil instable, unstable; non--equilibrium
Installationsprogramm *n* für SuSE--Linux *(Dat)* Yet another System Tool, YaST
Installationsschalter *m* installation switch
Installationstaster *m* installation push button
installieren *v* 1. install *(z. B. elektrische Geräte)*; 2. *(An)* mount; 3. *(Dat)* install *(z. B. Software)*
instandhalten *v* maintain, service
Instandhaltung *f* maintenance, servicing; upkeep
Instandsetzung *f* repair, reconditioning; corrective [breakdown] maintenance *(z. B. nach Ausfall an Anlage)*
Instandsetzungsdauer *f* active repair time; corrective maintenance time
Instandsetzungsrate *f* (mean) repair rate
Instanz *f* entity *(Vermittlungsinstanz)*
Institut *n* für Standardisierung/ **Amerikanisches** American National Standards Institute, Inc
Instruktion *f* s. Befehl
Instrument *n*/aperiodisch gedämpftes aperiodic instrument
Instrumentenbeleuchtung *f* instrument lighting
Instrumentenbrett *n* instrument board [panel]; dashboard *(Kraftfahrzeug)*
Instrumentenfehler *m* instrument(al) error; pointer centring error
Instrumentengenauigkeit *f* instrumental accuracy
Instrumententafel *f* instrument board [panel]

Integralfaktor *m (Rt)* integral-action factor
Integralkennwert *m* **(für die Regelgüte)** integral performance index
Integralkriterium *n* integral estimation *(z. B. der Regelgüte)*
Integralregelung *f (Rt)* integral(-action) control, I control, floating [reset] control
Integralregler *m (Rt)* integral(-action) controller, I controller, floating [reset] controller
Integralverhalten *n (Rt)* integral (control) action, I action; floating [reset] action
Integrationsgrad *m (Me)* integration level, integration
Integrationsgrad *m*/extrem hoher giant large-scale integration, GLSI
Integrationsgrad *m*/hoher large-scale integration, LSI
Integrationsgrad *m*/mittlerer medium--scale integration, MSI
Integrationsgrad *m*/niedriger small--scale integration, SSI
Integrationsgrad *m*/sehr hoher very large-scale integration, VLSI
Integrationsschaltung *f* integrating network [circuit]; averaging circuit
Integrierglied *n (Rt)* integrating element [unit]
Integriertes Digitales Netz *n (IDN) (Nrt)* integrated digital network, IDN *(integriertes digitales Sprach- und Datennetz mit PCM-Übertragungs- und Vermittlungs-Technik; noch analoge Teilnehmer-Anschluss--Leitung; noch kein ISDN)*
Integritätstest *m* Integrity Check, IC *(Element z. B. beim WLAN-Protokoll)*
Intelligenz *f*/künstliche artificial intelligence, AI, machine intelligence
Intensität *f* intensity; strength
Intensitätsmodulation *f* intensity modulation; brilliance modulation *(Oszilloskopmesstechnik)*
Intensitätssonde *f* intensity probe
interaktiv interactive
Interbus *m (Dat, Ko)* interbus *(international standardisierter Feldbus der Automatisierungstechnik nach IEC 61158 und DIN 19258 zur Echtzeit--Übertragung von Prozessdaten)*

Intercarrier-Verfahren n (Fs) intercarrier (sound) system, ICS system
Interdigitalwandler m interdigital transducer *(Eingangs- und Ausgangswandler für AOW- -Bauelemente)*
Interface n interface *(Anpassungsschaltung)*
Interface n/**medienunabhängiges** media independent interface, MII *(Schnittstelle bei Fast-Ethernet, an die dann ein Transceiver für metallische Leitungen, LWL usw. angeschlossen wird)*
Interface n/**nachrichtenorientiertes** message passing interface, MPI *(Standard für die Kommunikation in Parallelrechnern)*
Interfacebaustein m interface module [unit]
Interfacemodul n interface module
Interfaceschaltung f interface circuit
Interfaceverträglichkeit f interface compatibility
Interferenz f interference *(von Wellen)*
Interferenzbild n interference pattern [image, figure]
Interferenzerscheinung f interference phenomenon
Interferenzfrequenzmesser m heterodyne frequency meter
Interferenzgebiet n 1. interference area; 2. *(Nrt)* fringe [mush] area *(Strömungsgebiet bei Gleichwellenbetrieb)*
Interferenzmuster n interference pattern
intermittierend intermittent
Intermodulation f intermodulation
intern internal
Internationale Organisation f **für Normung** International Standardization Organization *(entwickelt und empfiehlt international anerkannte Normen)*
Internet n *(Nrt)* internet
Internet-Atomuhr-Zeit f *(Ko)* internet time, web time *(Dienst der Physikalisch-Technischen Bundesanstalt)*
Internet-Browser m *(Ko)* internet browser *(z. B.: T-Online® Browser; Internet Explorer; www.google.com)*
Internet-Datenprotokoll n *(Ko)* transmission control protocol, TCP *(s. a. TCP/IP)*
Internet-Dienstanbieter m internet service provider
Internet-Handel m *(Ko)* electronic commerce *(Geschäftsabwicklung über das Internet)*
Internet-Organisation f **für IP- -Adressen und Domainnamen** *(Ko)* Internet Corporation for Numbers and Names, ICANN
Internet-Schlüsselaustausch m internet key exchange, IKE *(Protokoll für den Schlüsselaustausch bei IPSec)*
Internet-Sicherheitsprotokoll n IP security protocol, IPsec
Internet-Suchmaschine f *(Ko)* internet browser *(z. B.: T-Online® Browser; Internet Explorer)*
Internet- -Transportsteuerungsprotokoll n *(Ko)* transmission control protocol, TCP *(s. a. TCP/IP)*
Internet-Wurm m *(Dat)* internet worm *(schädliches, sich selbst vervielfältigendes Programm, vergleichbar mit PC-Virus)*
Internet-Zugang m **durch PC mit ADSL-Modem** *(Ko)* internet access by PC with ADSL modem *(physischer Zugang mit erhöhter Übertragungsrate)*
Internet-Zugang m **über Fernsehgerät** *(Dat)* web-tv *(Fernseher dient als Monitor)*
Internverkehr m *(Nrt)* internal calls
Interpolation f interpolation
Interpolationsfeinheit f 1. interpolation resolution; 2. interpolation sensitivity
Interpolator m/**digitaler parabolischer** digital parabolic interpolator
Interrupt m(n) *(Dat)* interrupt
• **"Freigabe Interrupt"** "enable interrupt" • **"Sperren Interrupt"** "disable interrupt"
Interruptanforderung f interrupt request
Interruptbeantwortung f interrupt- -response *(Reaktion auf eine Unterbrechung)*
Interruptbefehl m interrupt command
Interruptfreigabe f interrupt enable
Interruptprogramm n interrupt program, interrupt [service] routine

Intervall n interval
Intranet n intranet *(firmeninternes Netz)*
Intrittfallen n pulling in(to) synchronism
Intrittfallmoment n pull-in torque, picking-up torque *(Synchronmotor)*
Intrittfallprüfung f pull-in test
Intrittfallversuch m pull-in test
Inversion f *(Me, Laser)* inversion
Inversionsschaltung f inverse [inverting] gate
Inversionsschicht f *(Me)* inversion layer
Inversionsstrom m inversion current
Inverter m *(Nrt)* inverter, phase--inverting; invert gate *(Schaltlogik)*
Inverterschaltung f inverter circuit
Iodglühlampe f tungsten-iodine lamp
Iod-Methanol-Methode f iodine-methyl alcohol method *(zur Ablösung von Deckschichten)*
Ion n ion
Ionenableiter m ionic discharge device
Ionenaktivität f ion activity
Ionenanhäufung f ion cluster
Ionenätzen n *(Me)* ion milling [etching]
Ionenausbeute f ion yield
Ionenaustausch m ion(ic) exchange
Ionenbeschleunigung f ion acceleration
Ionenbeweglichkeit f ion(ic) mobility
Ionenbrennfleck m ion spot
Ionencluster m ion cluster
Ionendiffusion f ion diffusion
Ionendosis f ion dose [dosage]
Ionendrift f ion drift
Ionendriftgeschwindigkeit f ion drift velocity
Ionenerzeugung f ion generation [production]
Ionenfalle f ion trap
Ionenhalbleiter m ionic semiconductor
Ionenimplantation f *(Me)* ion implantation
Ionenlawine f ion avalanche
ionenleitend ion-conducting, ionically conductive
Ionenleitfähigkeit f ionic conductivity [conductance]
Ionenpaar n ion pair
Ionenplasma n ion plasma
Ionenplattierung f ion plating
Ionenstörstelle f ionic impurity
Ionenstoß m ion impact
Ionenstrahl m ion beam
Ionenstrahlbearbeitung f *(Me)* ion--beam processing

Ionenstrahlröhre f ion-beam tube
Ionenverlust m ion loss
Ionenwanderung f ion(ic) migration, migration of ions
Ion-Ion-Rekombination f ion-ion recombination *(Rekombination von positiven und negativen Ionen)*
Ionisation f ionization
Ionisationskammer f ionization chamber
Ionisationslöschspannung f ionization extinction voltage
Ionisationsrate f ionization rate
Ionisationsrauschen n ionization noise
Ionisationsspannung f ionization potential [voltage]
Ionisationsstörung f ionization disturbance
Ionisationsstoß m ionization pulse
Ionisationsstrom m ionization current
ionisieren v ionize
ionisiert durch Lichtbogenentladung ionized by an arc discharge
Ionisierungskoeffizient m coefficient of ionization
Ionisierungszone f ionizing zone
Ionophorese f ionophoresis, ion transfer
Ionosphäre f ionosphere
Ionosphärenstörung f ionospheric disturbance
Ionosphärensturm m ionospheric storm
IP interelement protection *(Kennzeichen für Schutzgrad)*
IP-Adresse f/virtuelle virtual IP, VIP *(z. B. einer Ansammlung von Web--Servern, die in Lastteilung arbeiten)*
IRASER m infrared laser, iraser
Iraser m infrared laser, iraser
IRED infrared emitting diode
irreversibel irreversible, non-reversible
Irrtumswahrscheinlichkeit f significance level
Irrung f rub-out, erase *(Telegrafie)*
Irrungstaste f erase key
i-Schicht f i-type layer, intrinsic layer *(Halbleiter)*
ISDN *(Nrt)* ISDN, integrated services digital network
ISDN-Anschluss m/externer *(Nrt)* ISDN-Controller USB *(mit USB--Schnittstelle zum PC und S_o--Schnittstelle zum ISDN)*
ISDN-Anwenderteil n ISDN user part

ISDN-Benutzeranschluss *m* ISDN user port

ISDN-Laptop-Anschluss *m* **mit PCMCIA-Einsteckkarte** *(Nrt)* ISDN--Controller PCMCIA

ISDN-PC-Anschlusssteuerung *f (Nrt)* ISDN controller

ISDN-PC-Karte *f* **mit Video-Telefon** *(Nrt)* ISDN PC card with video--telephone

ISDN-Teilnehmer(anschluss)modul *n* ISDN subscriber module

ISDN-Teilnehmer-Nummer *f (Nrt)* ISDN subscriber number

ISDN- und ASDL-Anschluss *m (Ko, Nrt)* ISDN ASDL *(über ISDN-Splitter mit NTBA für ISDN-TA und NTBBA für ADSL-Modem; besitzt zwei 64kbit/s--ISDN-Kanäle und je einen 128 kbit/s--Upstream- und 768kbit/s--Downstream-Kanal; T-DSL der Telekom®)*

ISO *f* International Standardization Organization *(entwickelt und empfiehlt international anerkannte Normen)*

ISO-Code* *m* ISO-code *(für 6, 7 und 8 Bits; von der ISO entwickelt; der 7-Bit--Code wurde als DIN übernommen)*

Isolation *f* 1. *(Et)* isolation *(Trennung vom Stromkreis)*; insulation *(durch nicht leitendes Material)*; 2. *(Ak, Wä)* insulation *(Dämmung)*; 3. *s.* Isoliermaterial

Isolationsabschirmung *f* insulation shielding

Isolationsdurchschlag *m* insulation [dielectric] breakdown

Isolationsfehler *m* insulation fault [defect], defect in insulation

Isolationsfestigkeit *f* insulation strength

Isolationsklasse *f* insulation class

Isolationskoordination *f* insulation co--ordination *(IEC 50-604)*

Isolationskoordinierung* *f* insulation coordination

Isolationsprüfgerät *n* insulation testing apparatus [set], insulation tester [detector, indicator], leakage indicator, megohmmeter

Isolationsschicht *f* insulating layer, layer of non-conducting material

Isolationsschutz *m* insulation protection, protective insulation

Isolationstyp *m***/feldorientierter** field--oriented insulation type *(Kristall)*

Isolationswiderstand *m* insulation resistance

Isolator *m* insulator dielectric

Isolatorenkette *f* chain insulator, insulator string

Isolatorenklöppel *m* insulator pin *(zur Befestigung des Isolatorkörpers)*

Isolatorensäule *f* insulator column

Isolatorenstütze *f* insulating support; insulator pin *(zur Befestigung des Isolatorkörpers)*

Isolatorglocke *f* petticoat insulator

Isolatorkappe *f* insulator cap

Isolatorstütze *f* insulator bracket, insulating support

Isolatorüberschlag *m* insulator arc-over

Isolierabstand *m* insulating clearance

Isolierband *n* insulating [electrical] tape

isolierbar insulatable; isolatable

Isolierei *n* egg(-shaped) insulator

isolieren *v* 1. *(Et)* isolate *(vom Stromkreis trennen)*; insulate *(durch nicht leitendem Material)*; 2. *(Ak, Wä)* insulate *(dämmen)*; lag *(mit Dämmstoff verkleiden)*

Isolierfaserstoff *m* fibrous insulating material

Isolierfestigkeit *f* insulation strength

Isolierflüssigkeit *f* insulating fluid [liquid]

Isolierfolie *f* insulating foil [sheet]

Isolierklemme *f* insulator cleat

Isolierkörper* *m* insulator body, insulator; plug insulator *(Zündkerze)*

Isolierlack *m* insulating varnish [lacquer]

Isoliermantel *m* insulating sheath [casing, jacket]

Isoliermasse *f* insulating compound

Isoliermaterial *n* insulating [insulation, non-conducting] material, insulant

Isolierpapier *n* (electrical) insulating paper, varnish [cable] paper

Isolierpappe *f* insulating cardboard

Isolierperle *f* insulating bead

Isolierporzellan *n* insulation [electrical] porcelain

Isolierrohr *n* insulating tube [conduit]

Isolierschicht *f* insulating layer, insulator film

Isolierschicht-Feldeffekttransistor *m* insulated-gate field-effect transistor, IGFET

Isolierschirm *m* insulating screen
Isolierschlauch* *m* (flexible) insulating tubing, flexible varnished tubing; loom; insulating sleeving
Isoliersteg *m* barrier; commutator insulating segment *(bei Stromwendermaschinen)*
Isolierstoff *m* insulating [insulation, non--conducting] material, insulant
isolierstoffgekapselt* insulation--enclosed
Isolierstoß *m* insulated joint
Isolierstrecke *f* insulation gap
Isolierstütze *f* insulating support
isoliert insulated; unearthed *(Sternpunkt)*
Isolierung *f* 1. *(Et)* insulation *(durch nicht leitendes Material)*; isolation *(Trennung vom Stromkreis)*; 2. *(Ak, Wä)* insulation *(Dämmung)*; 3. *s.* Isoliermaterial
Isolierverbindung *f* insulating joint
Isolierwandler *m* insulated instrument transformer
Isolierzange *f* insulated pliers [tongs]
Isolierzwischenlage *f* insulating spacer [separator]
Isoluxe *f* isophot curve, isolux [equilux] line
isomorph isomorphic, isomorphous *(z. B. Kristall)*
ISO-Schichtenmodell *n* multilayer--system *(ISO-Normvorschlag für die Vereinheitlichung von Schnittstellen und Protokollen; legt in sieben Schichten die Informationsübertragung fest)*
Isotop *n* isotope
Isotopenanreicherung *f* isotope enrichment
Isotopentrennung *f* isotope separation
Iststabweichung *f* actual deviation
Istgröße *f* actual dimension [size]
Istmaß *n* actual dimension [size]
Istposition *f* actual position
Ist-Stromrichter *m* constant-current d.c.--link converter
Istwert *m* actual [true, real, measured] value; feedback value *(im Regelkreis)*
Istwert-Sollwert-Vergleich *m* comparison of actual and setpoint values, actual/setpoint comparison
Istzeit *f* real time
Iteration *f (Dat)* iteration
Iterationsmethode *f (Dat)* iteration [iterative] method, method of successive approximation
Iterationsverfahren *n (Dat)* iteration procedure

J

Jahresbelastungsdiagramm *n* annual load diagram
Jahresspeicher *m* yearly storage reservoir *(Wasserkraftwerk)*
Jahresspitze *f* annual peak *(Energieversorgung)*
Jahr-2000-Problem *n* Y2K problem, Year-Two-Kilo problem, why two kay problem, Millenium Bug *(Computerproblem zum Jahrtausendwechsel bei der Datumsanzeige-Umstellung)*
Ja-Nein-Code *m (Dat)* on-off code
jaulen *v* howl, whine
Jaulen *n* wow *(langsame Schwankung)*; flutter *(schnelle Schwankung)*; wow and flutter
Java *n* Java *(Programmiersprache)*
Java-Applet *n* java applet *(im Web--Browser ausgeführte Java--Komponente)*
Java-Bean *f* java bean *(Java--Komponente, die gewisse Standard--Schnittstellen aufweist)*
Java-Entwicklungsumgebung *f* java development kit, JDK
Java-Laufzeitumgebung *f* java runtime environment, JRE
JavaScript *n* JavaScript *(Programmiersprache, primär für klientenseitige Funktionen)*
Java-Serverseiten *fpl* java server pages, JSP *(serverseitige Technik zur Einbettung von Java in HTML/XML)*
JEDOCH-NICHT-Gatter *n* EXCEPT gate
JEDOCH-NICHT-Tor *n* EXCEPT gate
JFET junction field-effect transistor
Jitter *m* jitter
Job *m (Dat)* job *(eines Computersystems)*
Jobanweisung *f* job statement
Jobeingabe *f* job entry
Jobstrom *m* job stream
Joch *n* yoke *(magnetischer Kreis)*
Jochrückkopplung *f* yoke kickback

Joule

Joule n joule, J *(SI-Einheit für Arbeit, Energie und Wärmemenge)*
JPEG-format n Joint Photographic Experts Group format *(mit diskreter Cosinustransformation komprimiertes Bilddateiformat; Kompressionsverhätnis 1:20; Dateiendung .jpeg)*
Jupiterlampe f sun lamp *(lichtstarker Linsenscheinwerfer)*
Justage f adjustment
justierbar adjustable
Justierelektronik f alignment electronics
Justierelement n adjustment control
justieren v adjust; calibrate
Justierfehler m (Me) alignment mismatch
Justiergenauigkeit* f (Me) alignment accuracy
Justiergerät n adjusting device [unit], adjuster
Justierkreuz n alignment pattern [cross]
Justierlampe f adjustment lamp
Justiermarke f adjusting [alignment] mark; alignment target *(auf Wafer)*; fiducial mark
Justierspindel f adjustment spindle
Justierung f adjustment, adjusting
Justiervorrichtung f adjusting device, adjuster

K

Kabel n 1. cable; 2. *(Nrt)* cablegram, cable
Kabel n/**abgeschirmtes** shielded(-type) cable, screened cable
Kabel n/**armiertes** armoured cable
Kabel n/**bespultes** *(Nrt)* coil-loaded cable
Kabel n/**blankes** bare [uncovered] cable
Kabel n/**doppeladriges** double-core cable, two-conductor cable, two-wire cable, twin [loop] cable
Kabel n/**drahtbewehrtes** wire--armoured cable
Kabel n/**koaxiales** coaxial (cable), coax, coaxial (transmission) line, concentric cable [line]
Kabel n/**mehradriges** multicore [multiconductor] cable, multiple(--conductor) cable

Kabel n **mit abgeschirmten Leitern** screened-conductor cable, shielded--conductor cable
Kabelabschirmung f cable screening [protection]
Kabelabzweigmuffe f cable distribution box
Kabelabzweigung f cable branching
Kabelader f cable conductor [core]
Kabelanschluss m cable connection; cable terminal *(Klemmenanschluss)*
Kabelanschlusskasten m cable connection box, cable joint [terminal, sealing] box
Kabelanschlussklemme f cable connecting terminal
Kabelarmatur f cable fitting
Kabelbaum m cable harness [trunk], harness form, harness (of connections), wiring harness
Kabelbewehrung f 1. cable armouring; 2. armour of a cable, cable armour
Kabelboden m (An) cable basement [cellar, room] *(unter dem Erdgeschoss)*; cable gallery *(über dem Erdgeschoss)*
Kabelcode m (Nrt) cable code
Kabeldurchführung f cable bushing
Kabelendanschluss m cable distribution head
Kabelende n cable head [termination]
Kabelendverschluss m cable terminal box [enclosure], cable termination, cable end box [piece]; cable pothead
Kabelendverstärker m line amplifier
Kabelendverteiler m cable distribution head, dividing box
Kabelerdschelle f earth cable bond
Kabelfernsehen n cable television
Kabelisolieröl n cable oil
Kabelkanal m (cable) duct, cable channel [conduit] duct unit; cable tra
Kabelkasten m cable box
Kabelkennzeichnung f cable identification
Kabelklemme f cable (connecting) terminal, cable lug [clamp]
Kabelklemmschraube f cable clamp screw
Kabelmantelisolator m cable sheath insulator
Kabelmasse f cable compound [filler], sheathing compound, (sealing) compound

Kabelmerkstein *m* (cable) marker
Kabelmesskoffer *m* portable cable-measuring set
Kabelmuffe *f* cable (junction) box, cable sleeve [fitting]; joint [splice] box
kabeln *v (Nrt)* cable
Kabelnachricht *f* cablegram, cable
Kabelöse *f* cable lug [eye]
Kabelpaar *n* cable pair
Kabelrundfunk *m* cable broadcast, wire broadcasting
Kabelschrank *m* cable terminal box
Kabelschuh *m* (cable) lug, cable [wire] terminal, cable socket [thimble]
Kabelstecker *m* cable plug [socket]
Kabelstrecke *f*/**gasisolierte** gas-isolated cable line
Kabelverbinder *m* cable connector [coupler], cable [jointing] sleeve
Kabelvergussmasse *f* cable sealing compound
Kabelverlegemaschine *f* cable-laying machine, cable layer
Kabelzubehör *n* cable fittings [accessories]
Kabinensteuerung *f* car switch (lift) control *(Aufzug)*
kadmiert cadmium-plated
Kaffeemühle *f*/**elektrische** electric coffee-grinder [coffee-mill]
Käfig *m* cage
Käfiganker *m* squirrel-cage rotor
Käfigankermotor *m* squirrel-cage (induction) motor
Käfigantenne *f* cage aerial
Käfigdipol *m* cage dipole
Kalibriereinrichtung *f* calibrator, calibration system
kalibrieren *v* calibrate; gauge
Kalibrierfehler *m* calibration error; gauging error *(einer Maßverkörperung)*
Kalibriergenauigkeit *f* calibration accuracy
Kalibrierung *f* calibration
Kalibrierung *f* **am Messort** field [on--site, on-the-spot] calibration
Kalibrierung *f* **für diffusen Schalleinfall** diffuse-field [random-incidence] calibration
Kalibrierung *f* **für frontalen [senkrechten] Schalleinfall** frontal-incidence calibration
Kalibrierung *f* **für statistischen Schalleinfall** random-incidence [diffuse-field] calibration
Kalibrierung *f* **nach dem Ersatzspannungsverfahren** insert-voltage calibration
Kalibrierung *f* **unter Betriebsbedingungen** field calibration
Kalibriervorgang *m* calibration routine
Kalibrierwiderstand *m* calibration resistance
Kalomelektrode *f* calomel (reference) electrode, calomel half-cell, mercury-mercurous chloride electrode
Kalorie *f s.* Joule
kaltabbindend cold-setting *(z. B. Isolierstoffe)*
Kaltanlauf *m s.* Kaltstart
Kälteanlage *f* refrigeration [refrigerating] plant
kältebeständig cold-resistant
Kältemaschine *f* refrigerating machine, refrigerator
Kältemittel *n* refrigerant, refrigerating [cooling] agent, refrigerating medium; cryogen, cryogenic agent
Kaltfluss *m* cold flow *(Löten)*
kalthärtend cold-curing, cold-setting *(Isolierstoffe)*
Kaltkathodenbildröhre *f* cold-cathode (optical) display tube
Kaltkathodenentladung *f* cold-cathode discharge
Kaltkathodenglimmlampe *f* (cold-cathode) glow-discharge tube
Kaltkathodenröhre *f* cold-cathode (fluorescent) tube
Kaltleiter *m* positive temperature coefficient resistor, PTC resistor
Kaltlötstelle *f* cold solder joint, dry-soldered connection
Kaltlötung *f* dry joint
Kaltstart *m* cold start(-up), start from cold state; cold booting *(Rechner)*
Kamera *f* camera
Kamerarekorder *m* camera recorder, camcorder
Kameraröhre *f* *(Fs)* camera (pick-up) tube
Kamm *m* fanning strip *(Lötösenstreifen)*
Kammblende *f* *(Licht)* comb diaphragm
Kammertongenerator *m* *(Ak)* standard tone generator
Kammfilter *n* comb [matched] filter

Kampometer n kampometer *(zum Messen der Strahlungsenergie)*
Kanal m 1. *(Nrt, Fs)* channel; 2. *(Dat)* channel; port; 3. *(Me)* channel; 4. (cable) conduit; canal, duct; tunnel
Kanal m/gestörter digitaler *(Nrt)* discrete channel with noise
Kanal m/zeit- und wertdiskreter *(Nrt)* discrete channel
Kanal m/zeit- und wertkontinuierlicher *(Nrt)* analogue channel
Kanalabstand m *(Nrt)* interchannel spacing, channel separation [spacing]
Kanalabtastung f channel scanning *(z. B. in der Fernmeßtechnik)*
Kanaladapter m channel adapter
Kanalbandbreite f *(Nrt)* channel bandwidth
Kanalbildung f *(Me)* channel formation
Kanaldotierung f *(Me)* channel doping *(FET)*
Kanalelektron n *(Me)* channel electron
Kanalgebiet n *(Me)* channel region
kanalgebunden *(Nrt)* channel--associated
Kanalkapazität f *(Nrt)* channel capacity
Kanalkapazität f des Ternärkanals *(Nrt)* ternary channel capacity
Kanalleitfähigkeit f *(Me)* channel conductance
Kanalschalter m *(Fs)* turret
Kanalschicht f *(Me)* channel layer
Kanalsimulator m channel simulator *(für Funkkanäle)*
Kanalstrahlentladung f canal-ray discharge
Kanalstromdichte f *(Me)* channel current density *(bei FET)*
Kanalumsetzer m *(Nrt)* channel modulating equipment, channel translator, (channel) modulator
Kanalverlängerung f channel extension
Kanalverteiler m *(Nrt)* channel distributor
Kanalverwaltung f channel scheduling
Kanalwahlschalter m multiplexer, channel selector (switch)
Kanalweiche f *(Nrt)* channel separating filter
Kanalzuordnung f *(Fs)* channel allocation
Kante f edge, rim
Kantenbreite f *(Me)* edge width

Kanteneffekt m edge effect *(beim Linearmotor)*
kanteninjiziert *(Me)* edge-injected
Kantenschärfe f *(Me)* edge acuity [definition]
Kanzelbeleuchtung f cockpit lighting *(Flugzeug)*
Kapazität f 1. capacity, capacitance, C *(Kenngröße)*; 2. ampere-hour capacity *(z. B. eines Sammlers)*; 3. capacitor *(Bauelement)*
Kapazitätsabgleich m capacity alignment; capacity levelling
Kapazitätsabstimmung f capacitance tuning
kapazitätsarm low-capacitance
Kapazitätsbelag m 1. distributed capacitance, capacitance per unit length *(Parameter)*; 2. capacitor coating, metal foil of a capacitor
Kapazitätsdiode f (variable) capacitance diode, varicap, varactor *(Halbleiterdiode mit spannungsabhängiger Kapazität)*
kapazitiv capacitive
Kapillarwirkung f capillary action [attraction, effect], capillarity
Kappenisolator m cap-and-pin insulator, bell(-shaped) insulator
Kapsel f capsule, cartridge *(z. B. eines Mikrofons)*; case, box *(Gehäuse)*; cap *(Deckel)*; enclosure; muff *(Gehörschutz)*
kapseln v encapsulate, enclose (totally); can
Kapselung f encapsulation, enclosure, encasing
Kardiogramm n cardiogram *(Elektromedizin)*
Kardioidmikrofon n cardioid microphone
Karte f 1. *(Dat)* card; 2. *(Me)* (printed circuit) card, board; 3. map
Karte-Band-Umsetzer m card-to-tape converter
Kartei f card index [catalogue]; file
Kartencode m card code
Kartendrucker m card printer
Karteneinschub m card plug-in unit, card slide-in unit
Kartenleser m card reader
Kartenlocher m card punch [perforator]
Kartenmagazin n card magazine [hopper]

Kartenschloss n card lock (Hotelzimmertürschloss)
Kartenspeicher m card memory [store]
Kartenstanzer m card punch [perforator]
Kartenstapler m stacker
Kartenstau m (Dat) jam
Kartenstoß m pack of cards
Kartentelefon n cardphone, chip-card telephone
Kartenzähler m card counter
kaschieren v back, coat; line, laminate; clad (mit Metall)
kaschiert/mit Gewebe fabric-backed
Kascodentriggerschaltung f cascode trigger circuit
Kaskade f cascade (set)
Kaskadenbetrieb m (Me) cascaded operation
Kaskadenprüftransformator m (Hsp) cascade test transformer, cascaded testing transformer
Kaskadenregelung f (Rt) cascade control (system) (Regelung mit unterlagerten Regelkreisen)
Kaskadenschaltung f cascade connection, cascaded circuit; concatenation (zur Drehzahlstellung für Asynchronmotoren)
Kaskadenspannungswandler m cascade voltage transformer
Kaskadenstromrichter m cascade converter
Kassette f 1. cassette; 2. cartridge
Kassettenabspielgerät n cassette player
Kassettenband n cassette tape
Kassettendeck n cassette [tape] deck
Kassettenrecorder m cassette(-type) recorder
Kassettenspeicher m cassette storage
Kasteneinschub m box [cassette] plug-in unit, box slide-in unit
Kathode f s. Katode
Kation n cation, positive ion
Kationenstörstelle f (Me) cation defect [impurity]
Kationenwanderung f cation migration
Katode f cathode
Katodenabfall m cathode drop [fall]
Katodenableitung f cathode tail
Katodenanheizzeit f cathode preheating [warming] time, cathode warm-up period

Katoden-Anoden-Abstand m cathode-(to-)anode distance
Katodenaustrittsarbeit f cathode work function
Katodenbasisschaltung f grounded-cathode circuit
Katodenbasisverstärker m grounded-cathode amplifier, cathode-base amplifier
Katodenbecher m concentrating [focussing] cup (Elektronenfokussierung)
Katodenbrennfleck m s. Katodenfleck
Katodendunkelraum m cathode dark space
Katodenfall m cathode drop [fall]
Katodenfallableiter m cathode-drop arrester, lightning arrester, valve-type surge diverter
Katodenfehlerstrom m/**maximaler** peak cathode fault current
Katodenfleck m cathode spot
Katodenglimmlicht n cathode glow
Katodenglimmschicht f cathode-glow layer, cathode sheath
Katodenhals m cathode neck
Katodenheizung f cathode heating
Katodenraum m cathode [cathodic] region
Katodenrauschen n cathode noise
Katodenspannungsabfall m cathode voltage drop
Katodenspitzenstrom m peak cathode current
Katodenstrahl m cathode ray
Katodenstrahlablenkung f cathode-ray deflection
Katodenstrahlfernsehröhre f cathode-ray television tube
Katodenstrahlfleck m cathode-ray spot
Katodenstrahloszillograph m cathode-ray oscillograph, CRO, oscilloscope
Katodenstrahlröhre f cathode-ray tube, CRT, oscillograph [Braun] tube
Katodenstrahlröhre f für Projektionen projection cathode-ray tube
Katodenstrahlröhre f mit ebener Bildfläche flat-ended cathode-ray tube, flat-faced cathode-ray tube
Katodenstrahlröhre f mit magnetischer Fokussierung internal magnetic focus tube
Katodenstrahlröhre f

Katodenstrom 534

quadratischem Schirm square-faced cathode-ray tube
Katodenstrom m cathode [cathodic] current, inverse electrode current
Katodenvergiftung f cathode contamination [poisoning]
Katodenverstärker m cathode follower, cathode amplifier
Katodenzerstäubung f cathode [cathodic] sputtering
Katodenzweig m cathode leg
Kaustik f caustic (curve) *(Linsen, Hohlspiegel)*
Kavernenkraftwerk n cavern-type power station, underground power station
K-Darstellung f K display *(K-Schirmbild)*
Keepalive-Timer m keepalive timer *(Mechanismus zur Feststellung von Verbindungsabbrüchen, z. B. bei TCP)*
Kehlkopfmikrofon n larynx [throat, necklace] microphone, laryngophone
Keil m/**optischer** optical wedge
keilbonden v *(Me)* wedge-bond
Keilwinkel m wedge angle
Keim m nucleus *(Kristall)*
Keimbildung f nucleation, formation of nuclei *(Kristallisation)*
Keimkristall m seed crystal
Kelleranzeiger m stack pointer *(Register zur Speicherung des zuletzt in den Stack eingegebenen Registerinhalts)*
Kellerspeicher m *(Dat)* last-in-first-out memory, LIFO stack, push-down store [stack]
Kellerspeicherungsbefehl m *(Dat)* push instruction
Kellerungsverfahren n *(Dat)* last-in--first-out, LIFO *(Speicherprinzip, bei dem die zuletzt eingegebenen Informationen als erste wieder ausgelesen werden)*
Kelvin n kelvin, K, degree Kelvin *(SI--Einheit der Temperatur und Temperaturdifferenz)*
Kennbuchstabe m code letter; classification letter
Kenndaten pl characteristic data, characteristics
Kennfaden m coloured tracer thread, cotton binder *(für Kabel)*
Kennfeld n *(Dat, Rt)* input-output map
Kennlinie f characteristic (curve, line)

Kennlinienschreiber m (characteristic) curve tracer, plotter
Kennliniensteilheit f modulation sensitivity
Kennung f 1. *(Nrt)* identification signal; 2. characteristic of a beacon *(eines Leuchtfeuers)*
Kennungsgeber m *(Nrt)* answer-back unit
Kennwert m characteristic value; parameter (value); final endurance value *(Relais)*
Kennwertbestimmung f (aus der Ortskurve) *(Rt)* root-locus analysis
Kennwerte mpl **für das Verhalten** *(Rt)* performance characteristics
Kennwertermittlung f *(Rt)* identification, parameter estimation [recognition]
Kennwort n 1. key word; 2. *(Dat)* password
Kennzahl f 1. code number; 2. *(Nrt)* area code
Kennzeichen n 1. identification character; mark sign; 2. *(Dat)* flag, label
Kennzeichenbeleuchtung f number [licence] plate lighting *(Kraftfahrzeug)*
Kennzeichenflipflop n flag flip-flop
Kennzeichenleuchte f number plate lamp, licence (plate) lamp *(Kraftfahrzeug)*
Kennzeichenumsetzer m signalling converter
Kennzeichenverzerrung f signal mark distortion
Kennzeichnung f marking; identification; labelling
Kennzeichnungsschlüssel m marking code *(z. B. bei Bauelementen)*
Kennzeichnungsziffer f *(Nrt)* code letter
Kennziffer f 1. index (figure), identification number; characteristic; 2. *(Nrt)* code letter
Keramik f ceramics
Keramik-Chipträger m *(Me)* ceramic chip carrier, CCC
Keramikdurchführung f ceramic bushing
Keramikgehäuse n ceramic package [case]
Keramikisolation f ceramic insulation
Keramikstrahler m ceramic rod radiator *(elektrischer Infrarotstrahler)*

Keramiksubstrat n (Me) ceramic substrate
keramisch ceramic
Kerbausrüstung f crimping equipment *(zum Quetschen von Kerbkabelschuhen)*
Kern m 1. core *(z. B. einer Magnetspule)*; 2. nucleus *(z. B. bei Kristallisation)*; 3. *(Dat)* kernel *(eines Betriebssystems)*
Kernader f core wire *(Kabel)*
Kernarchitektur f *(Dat)* kernel architecture
Kernbereich m *(Nrt)* core area *(Netzgestaltung)*
Kernblech n core lamination [plate], core sheet *(Transformator)*
Kernbrechungsindex m core index
Kernbrennstoff m nuclear (reactor) fuel
Kerneisen n core iron *(z. B. vom Transformator)*
Kernenergie f nuclear [atomic] energy; nuclear power *(nutzbar)*
Kernenergieanlage f nuclear power plant
Kernfusion f nuclear fusion
Kernkraftantrieb m atomic propulsion
Kernkraftwerk n nuclear power plant [station], atomic power plant
Kernleiter m central wire *(Kabel)*
kernlos coreless
Kernmagnet-(Drehspul-)Messwerk n core-magnet moving-coil mechanism, core magnet (measuring) system
Kernnetz-Router m core router
Kernresonanzspektroskopie f/ **magnetische** nuclear magnetic resonance spectroscopy, n.m.r. spectroscopy
Kernspaltung f nuclear fission
Kernspeicher m *(Dat)* core memory [store], (magnetic) core storage unit
Kernspeicherung f core storage
Kernstrahlung f nuclear radiation
Kerzenentstörstecker m spark plug suppressor *(Zündkerze)*
Kerzenzündung f spark plug ignition *(Zündkerze)*
Kessel m boiler; tank
Kesselölschalter m bulk [dead-tank] oil circuit breaker
Kesselspeisepumpe f boiler feed pump, boiler feeder
Kette f 1. chain; string *(z. B. Isolatoren)*
Kettencode m *(Dat)* chain code

Kettendämpfung f iterative attenuation (constant)
Kettenfahrleitung f vertical overhead contact system; catenary line
Kettenisolator m chain [string] insulator
Kettenleiter m ladder [lattice] network
Kettenoberleitung f 1. overhead contact line with catenary suspension; 2. overhead contact line with longitudinal suspension
Kettenschaltung f cascade connection, chain connection; chain circuit
Kettenverstärker m 1. *(Dat)* chain amplifier; distributed amplifier; 2. *(Nrt)* transmission line amplifier
Keule f lobe *(im Richtdiagramm)*
Keulenauffiederung f lobe splitting *(Antennentechnik)*
Kilohertz n kilocycle per second *(SI--Einheit der Frequenz)*
Kilovoltampere n kilovoltampere *(Einheit der Scheinleistung)*
Kilowatt n kilowatt *(SI-Einheit der Leistung)*
Kilowattstunde f kilowatt-hour
Kindersicherung f parental lock
Kinolampe f cinema [motion-picture] lamp
Kinoleinwand f cinema screen
Kippdiode f *(Le)* break-over diode, BOD
Kipppunkt m cut-off point, relay reach point *(Distanzschutz)*
Kippschaltung f sweep [time-base] circuit
Kippschwinger m multivibrator, relaxation oscillator, C-R oscillator, capacitor-resistor oscillator
Kippschwingungserzeuger m s. Kippschwinger
Kippschwingungsgenerator m s. Kippschwinger
Kippspannung f 1. sweep [time-base, saw-tooth] voltage; 2. *(Me)* peak off--state breakover voltage
Kippspule f tilting coil
Kippstrom m 1. sweep [scan] current; 2. *(Me)* breakover current
Kippstufe f latch
Kissenverzeichnung f *(Fs)* pincushion distortion
Klammer f 1. clip; clamp; 2. bracket
Klammeraffe m *(Ko)* at sign (@, *Trennzeichen zwischen Benutzer--Namen und Domänen-Namen-*

Klang

Adresse = DNA in den E-Mail--Adressen des Internets; s. a. E-Mail--Adresse)

Klang m *(Ak)* sound; tone
Klanganalysator m sound analyzer
Klangfarbe f quality of sound [tone], tonality, tone (quality), (tone) colour, timbre
Klangfarbenregler m tone regulator, sound corrector, bass-treble control
Klangfülle f richness [volume] of tone, tone [sound] volume, sonority
Klangregelung f tone regulation [control], sound correction, bass--treble control
Klangtreue f *(Ak)* orthophony
Klappanker m *(An)* clapper, hinged armature
Klappenschrank m *(Nrt)* indicator [drop] switchboard
klar clear; distinct
Klarschrift f *(Dat, Nrt)* plain writing
Klartext m clear text, text in clear
Klartext m/**gesprochener** *(Nrt)* plain speech
Klartextausgabe f clear text output
Klasse-H-Isolation f class-H insulation
Klassifikator m classificator *(z. B. für Unterscheidungsmerkmale, Prioritäten)*
Klassifizierung f classification
Klaue f claw; jaw; dog
Klauenkupplung f claw clutch
Klauenpolmaschine f claw-pole machine
Klebeband n adhesive tape; splicing tape *(Tonband)*
kleben v paste, cement, bond; splice *(Tonband, Film)*; stick, adhere
Kleben n adhesive bonding
Klebestelle f joint; splice *(Tonband, Film)*
Klebmoment n cogging torque, pull-up torque
Klebstoff m adhesive (agent), paste; splicing [bonding] cement *(Tonband, Film)*
Klebstreifen m adhesive tape
Kleinempfänger m midget receiver
Kleinfernhörer m *(Nrt)* small receiver
Kleinformat n einer **Leiterplatte** plug-in size
Kleinfunkfernsprecher m portable radiotelephone set

Kleinintegration f small-scale integration, SSI
Kleinlampe f miniature lamp
Kleinleistungslogikschaltung f low--power logic (circuit), low-level logic (circuit)
Kleinleistungstransistor m low-power transistor
Kleinmotor m small-power motor, small-type motor, fractional [integral] horsepower motor
Kleinspannung f low voltage
Kleinstfunksprechgerät n handy-talkie
Kleinstlampe f subminiature [microminiature] lamp
Kleinstmotor m subminiature [pilot] motor
Kleinströhre f subminiature tube [valve], miniature [peanut, lipstick] tube; doorknob tube; bantam junior tube *(für Hörapparate)*
Kleinstwert m 1. minimum value; 2. *(Me)* valley value
Kleinzyklus m *(Dat)* minor cycle *(Wortzeit einschließlich Zeit zwischen zwei Wörtern)*
Klemmbrett n connecting terminal plate
Klemme f terminal; clamp, clip
klemmen v clamp
Klemmenabdeckung f terminal cover
Klemmenanschluss m clamp terminal
Klemmenbezeichnung f terminal marking
Klemmenbrett n terminal board
Klemmenkasten m terminal [lead, conduit] box
Klemmenleiste f terminal strip [block], connection [connecting] block, connection strip, strip terminal
Klemmenspannung f terminal voltage [potential difference]
Klemmenverbindung f terminal connection
Klemmkabelschuh m clamp cable bus
Klemmkontakt m clip contact
Klemmschraube f terminal screw [bolt]; clamping screw [bolt]
klicken v click
Klimaanlage f air-conditioning plant [equipment, system], air conditioner
Klimabeanspruchung f climatic stress
Klimakammer f climatic chamber, environmental chamber

Kohledruckspannungsregler

Klimaprüfung f climate investigation [test], climatic test
Klimaschutz m climatic [environmental] protection
Klingelanlage f (electric) bell system
Klingelknopf m bell push, (bell-)button
Klingen n microphonic effect
Klinke f 1. pawl; latch; 2. (Nrt) detent; jack; 3. (Ap) spring jack
Klinkenbuchse f **für Kopfhörer** phone jack
Klinkenfeld n (Nrt) jack panel [field], change-over panel
Klinkenschaltwerk n pawl-and-detent controlled (stopping) mechanism
Klinkenstecker m (Nrt) jack plug, telephone(-type) plug
Klinkenstöpsel m (Nrt) jack plug, telephone(-type) plug
Klirrfaktor m (harmonic) distortion factor, distortion coefficient, percentage harmonic content, ripple factor
Klirrleistung f total harmonic power, THP
Klirrverzerrung f non-linear distortion, harmonic distortion
Klydonograph m klydonograph, surge-voltage recorder (Registriergerät für Überspannungen)
Klystron n klystron
knacken v (Nrt) click
Knackgeräusch n (acoustic) clicks, spluttering
Knall m crack, crash; acoustic shock
knattern v crackle; sizzle (Funkempfang)
Knick m break, bend (Kurve)
Knickfrequenz f break [corner] frequency
Knickpunkt m break point (Kurve)
Kniestrom m breakover current
knistern v crackle; sizzle (Funkempfang)
Knochenleitungshörer m bone-conduction headphone [receiver], bone vibrator, osophone
Knopf m knob, button
Knopflochmikrofon n lapel [buttonhole, Lavalier] microphone
Knopfröhre f acorn [doorknob] tube
Knopfzelle f button cell
Knoten m 1. node; 2. vertex (Eckpunkt eines Netzes); 3. s. Knotenpunkt
Knotenamt n (Nrt) tandem central office, main centre office, repeating centre
Knotenpunkt m 1. branch point, junction (point), joint, nodal point (Verzweigungspunkt des Netzwerks); 2. node, nodal point (Schwingung)
Knotenpunkt m **einer Datennetzverbindung** (Ko) point of presence, PoP
Knotenpunktabstand m nodal point separation
Knotenvermittlungsstelle f (Nrt) regional exchange, junction centre, nodal exchange
koaxial coaxial, concentric(al)
Koaxialanschluss m coaxial connector
Koaxialantenne f coaxial aerial
Koaxialbuchse f coaxial socket [jack]
Koaxialkabel n coaxial (cable), coax, coaxial (transmission) line, concentric cable [line]
Koaxialleitung f coaxial (transmission) line, concentric line [cable]
Koaxialstecker m coaxial connector, coaxial (entry) plug
Koaxial-TF-System n (Nrt) coaxial carrier system
Koaxkabel n s. Koaxialkabel
Koaxkabelstecker m British Naval Connector
Koaxleitung f s. Koaxialkabel
Kocher m cooker, cooking apparatus
Kochplatte f/**elektrische** electric cooking [hot] plate
Kodex m **des Verhaltens** (Dat) communications decency act (zur Wahrung des Anstandes in der Kommunikation)
Koerzitivfeldstärke f coercive force [intensity], coercivity (eines Ferroelektrikums)
Koerzitivkraft f s. Koerzitivfeldstärke
Kofferempfänger m portable receiver [set]
Kofferfernsehgerät n portable television set
Kofferradio n portable radio [receiver, set], personal radio [receiver]
kohärent coherent
Kohärenz f coherence
Kohle f 1. carbon; 2. s. Kohlebürste
Kohlebogen m carbon arc
Kohlebogenlampe f carbon arc lamp
Kohlebürste f carbon brush
Kohledruckspannungsregler m carbon pile voltage regulator

Kohleelektrode f carbon (arc) electrode, carbon
Kohlefadenlampe f carbon (filament) lamp
Kohlefaserbürste f carbon-fibre brush
Kohlelichtbogenlampe f carbon-arc lamp
Kohlelichtbogenschweißen n carbon arc welding
Kohlemikrofon n carbon microphone, (carbon) transmitter, carbon granule [granular] microphone
Kohlenstaubmikrofon n carbon dust microphone [transmitter]
Kohlenstoff-Sauerstoff--Brennstoffelement n carbon oxygen fuel cell
Kohleschichtwiderstand m carbon-film resistor, carbon-layer resistor, carbon (deposited) resistor
Kohleschleifstück n carbon shoe
Koinzidenzauswahl f coincident--current selection
Koinzidenzmikrofon n coincidence microphone
Koinzidenzschaltung f coincidence circuit, AND circuit
Koinzidenzzähler m coincidence counter
Kolben m 1. bulb, envelope (Röhre, Lampe); cone (Elektronenstrahlröhre); piston (Mikrowellenröhre); 2. piston, plunger (z. B. Hydraulikkolben)
Kolbenhals m bulb neck
Kollektivmittelwert m ensemble average (einer stochastischen Größe)
Kollektor m 1. (Ma) collector, commutator; 2. (Me) collector (electrode); 3. (Licht) light collector, lamp condenser, collector lens
Kollektorbasis-Diode f collector-base diode
Kollektorbasis-Durchbruchspannung f collector-base breakdown voltage
Kollektorbasis-Gleichstromverhältnis n d.c.-forward current tranfer ratio in common emitter configuration
Kollektorbasis-Schaltung f (Me) common-collector circuit, grounded--collector circuit
Kollektorbasis-Spannung f (Me) collector-base voltage
Kollektorbasis-Spannung f bei offenem Emitter collector-base voltage with open emitter
Kollektorbasis-Übergang m (Me) collector-base junction
Kollektorbasis-Verstärker m (Me) grounded-collector amplifier
Kollektordurchbruchspannung f collector breakdown voltage (Transistor)
Kollektor-Emitter-Dauerspannung f (Me) collector-emitter sustaining voltage (Thyristor, Transistor)
Kollektor-Emitter--Durchbruchspannung f collector--emitter breakdown
Kollektor-Emitter-Reststrom m collector-emitter cut-off current
Kollektor-Emitter--Sättigungsspannung f (Me) collector--emitter saturation voltage
Kollektor-Emitter-Spannung f (Me) collector-emitter voltage
Kollektormotor m collector motor
Kollektorreststrückstrom m (Me) residual collector back [reverse] current
Kollektorreststrom m (Me) collector residual [leakage] current, collector(-base) cut-off current
Kollektorschaltung f (Me) common--collector (circuit), grounded-collector circuit, common-collector configuration (Transistorschaltung)
Kollektorsperrschichtkapazität f (Me) collector depletion layer
Kollektorstrom m (Me) collector current
Kollektorvervielfachungsfaktor m collector multiplication factor
Kollisionswarnsystem n collision warning system (beim Flugzeug)
Kolonnenbildung f (Dat) platooning
Kolophonium n colophony, (pine) resin rosin
Kolorimeter n colorimeter
Kombinationston m 1. (Ak) combination tone; 2. (Nrt) intermodulation frequency (Störung)
Kombiwandler m combined instrument transformer
Komforttelefon n (added-)feature telephone
Komma n (Dat) decimal point, point
Kommaanzeige f (Dat) decimal point indication

Kommadarstellung f (Dat) decimal point presentation
Kommando n command
Kommandomikrofon n talk-back microphone
Kommastellung f (Dat) decimal point position
Kommaverschiebung f (Dat) point shifting
Kommunikation f communication
Kommunikation f/**computervermittelte** computer-mediated communication, CMC
Kommunikations-Betriebssystem n communication operating system
Kommunikationsnetz n communications network; personal communication network, PCN
Kommunikationsprotokoll n communication protocol (Regeln für Verbindungen im Rechnernetz)
Kommunikationssteuerungsschicht f session layer (Festlegungen im ISO-Referenzmodell, Kommunikationsbeziehungen, Sitzungen zu eröffnen, durchzuführen, zu beenden)
Kommunikationssystem n/**offenes** open systems interconnection (Zielsetzung der ISO und CCITT, nach der Produkte, Systeme und Netze unterschiedlicher Hersteller unter Verwendung standardisierter Schnittstellen und Protokolle koppelbar sein sollen)
Kommutator m (Ma) commutator, collector
Kommutierung f commutation
Kommutierungsblindleistung f commutation reactive power
Kommutierungsdauer f commutating period
Kommutierungsdrossel* f (Le) commutation reactor
Kommutierungsgruppe f (Ma) commutating group (IEC 50-551)
Kommutierungsinduktivität f commutation inductance (IEC 50-551)
Kommutierungskreis m (Le) commutation circuit (IEC 50-551)
Kommutierungsreaktanz f commutating reactance
Kommutierungsschaltung f commutating circuit

Kommutierungsspannung f commutating voltage (IEC 50-551)
Kommutierungswinkel m (Le) commutating [commutation] angle, angle of overlap
Kommutierungszeit f commutating time [period]
Kompaktmaschine f compact machine
Kompaktplatte f compact disk, CD
Kompaktspeicherplatte f compact disk, CD
Kompander m (Ak) compandor, compander
Komparator m (Rt) comparator (device), comparing element
Kompass m (magnetic) compass
kompatibel compatible
Kompatibilität f compatibility
Kompatibilitätsbedingung f compatibility condition
Kompensation f compensation, balancing
Kompensation f **mittels I-Glieds** (Rt) compensation by integral control, integral compensation
Kompensationsbandschreiber m self(-balancing) recording potentiometer
Kompensationsregler m (Rt) cancellation controller
Kompensationswicklung f compensating (field) winding; hum-bucker (gegen Brumm)
Kompenser m 1. potentiometer (circuit); 2. (Mess) compensator
Kompensator m/**registrierender** recording potentiometer
kompensieren v compensate, balance; equalize; slide back (Instrumentenausschlag)
Kompiler m (Dat) compiler
Kompilerprogramm n (Dat) compiling program [routine]
Komplement n/**algebraisches** algebraic complement
Komplement n/**binäres** (Dat) binary complement, two's complement
b-Komplement n complement on b (z. B. Zehnerkomplement im Dezimalsystem)
(b-1)-Komplement n complement on (b-1) (z. B. Einerkomplement im Dezimalsystem)
komplementär complementary

Komplementdarstellung 540

Komplementdarstellung f complement representation
komplex/konjugiert complex conjugate
Komponente f component
Komponente f **der Nullfolge/symmetrische** zero-phase-sequence symmetrical component
Komponente f **des Gegenfeldes** negative-phase-sequence symmetrical component
Komponente f **des Kurzschlussstroms/aperiodische** aperiodic component of short-circuit current
Komponente f **des Mitsystems/symmetrische** positive-sequence symmetrical component
Komponente f **eines symmetrischen Systems** component of a symmetrical system
Kondensanz f condensance, capacitive [negative] reactance
Kondensator m 1. *(Et)* capacitor; condenser; 2. condenser *(Verflüssiger)*
Kondensatorachse f capacitor shaft [spindle]
Kondensatoranlage f capacitor installation, capacitor equipment
Kondensatorbank f capacitor bank, bank of capacitors
Kondensatorbatterie f capacitor bank, bank of capacitors
Kondensatorbelag m capacitor plate, capacitor foil
Kondensatorentladung f capacitor discharge
Kondensatorgehäuse n capacitor enclosure [box]
Kondensatorkopfhörer m *(Nrt)* capacitor receiver
Kondensatorlautsprecher m capacitor [electrostatic] loudspeaker
Kondensatormikrofon n condenser [capacitor, electrostatic] microphone, capacitor transmitter
Kondensatormotor m capacitor motor; capacitor split-phase motor; capacitor-run motor *(mit Betriebskondensator)*
Kondensatorschalter m capacitor circuit breaker
Kondensatorschweißmaschine f capacitor discharge welder
Kondensor m condensor *(Optik)*

Konferenzanlage f conference system
Konferenzgespräch n party call
Konkurrenzmodell n *(Rt)* competition model
konphas equal-phase, in-phase
konstant 1. constant, unvarying; 2. fixed
Konstantandraht m constantan wire
Konstantdrehmomentmotor m constant-torque motor
Konstantdrehzahlmotor m constant-speed motor
Konstante f constant (quantity)
Konstantfrequenzregelung f constant-frequency control
Konstanthalteleistung f holding load
Konstanthalter m stabilizer
Konstanthaltung f stabilization
Konstanthaltung f **der Ausgangsspannung** *(Nrt)* bottoming
Konstantleistungsmotor m constant-power motor
Konstantspannung f constant voltage; stabilized voltage
Konstantspannungsquelle f constant-voltage source [power supply]
Konstantspannungsstromrichter m constant-voltage d.c. link converter
Konstantstrom m constant current
Konstantstromgenerator m constant-current generator
Konstantstromlogik f/**komplementäre** *(Me)* complementary constant-current logic, C³L
Konstantstromquelle f constant-current source [power supply]; stabilized power supply
konstrastreich high-contrast, rich in contrast
Konstruktion f 1. construction; designing; 2. design
Konstruktionsdaten pl constructional characteristics, design data
Konstruktionselement n constructional element
Konsumgüterelektronik f domestic appliances electronics
Kontakt m 1. contact; 2. s. Kontaktstück
• **Kontakt haben** contact
Kontakt m/**selbsteinschnappender** snap-in contact
Kontakt m/**selbstreinigender** self-cleaning contact, self-wiping contact
Kontakt m/**verschmorter** scorched contact

Kontrollbildröhre

Kontaktabbrand *m* contact burn, contact erosion, burning of contact
Kontaktabhebekraft *f* contact repulsion
Kontaktabnutzung *f* contact wear
Kontaktabstand *m* contact distance [clearance, separation, gap]; break distance
Kontaktbelastung *f*/**zulässige** contact rating
Kontaktbelegung *f* contact assignment; connector pin assignment
Kontaktbildschirm *m* touch screen
Kontaktbolzen *m* stud
Kontaktbuchse *f* female (insert) contact *(einer Steckvorrichtung)*
Kontaktdose *f* contact box
Kontakteinführung *f* contact lead-in
Kontakt-EMK *f* contact electromotive force, contact emf
Kontaktfahne *f* contact tag, tab
Kontaktgabe *f* contact making
Kontaktgleichrichter *m* commutator rectifier
Kontaktgrill *m*/**elektrischer** electric griddle-grill
Kontakthülse *f* contact bush [tube]
kontaktieren *v (Me)* bond; contact
Kontaktierung *f* **eines pn-Übergangs** junction termination
Kontaktinsel *f (Me)* contact pad
Kontaktkleben *n* contact sticking
λ/4-Kontaktkolben *m* λ/4-plunger
Kontaktkopie *f* contact print
Kontaktleiste *f* contact strip; rack-and-panel connector; multiple plug
Kontaktloch *n* 1. contact cut; 2. *(Me)* via hole
kontaktlos contactless, non-contacting
Kontaktmaterial *n* contact material
Kontaktmesser *n* contact blade
Kontaktmikrofon *n* contact microphone
Kontaktöffnung *f* contact opening [hole]
Kontaktplatte *f* 1. contact plate; 2. *(Ch)* collector plate *(in der Auskleidung einer Elektrolysezelle)*
Kontaktprellen *n* contact bounce [chatter]; armature chatter
Kontaktrauschen *n* contact noise
Kontaktsatz *m* 1. contact set [unit, complement]; 2. *(Nrt)* contact bank, (line) bank
Kontaktschiene *f* contact bar [rail]
Kontaktschließdauer *f* contact holding time

Kontaktschmoren *n* scorching of contacts
Kontaktschweißung *f*/**selbsttätige** automatic contact welding
Kontaktspannung *f* 1. contact voltage; contact potential difference; 2. *(Ap)* contact electricity
Kontaktspannungsabfall *m* contact(-voltage) drop, contact potential drop
Kontaktsteckkraft *f* **und -ziehkraft** *f* contact engaging and separating force *(Leiterplatten)*
Kontaktstelle *f* 1. contact point; 2. *(Me)* junction; 3. *(Me)* bonding site [pad]
Kontaktstift *m* contact tag [plug, pin]; connector pin; contact finger
Kontaktstöpsel *m* contact plug
Kontaktstreifen *m* contact track *(gedruckte Schaltung)*
Kontaktstück *n* contact (member), contact piece [plate]
Kontaktverschweißen *n* contact welding
Kontaktweite *f* contact clearance
Kontaktwerkstoff *m* contact material
Kontaktwiderstand *m* contact resistance
Kontaktwiderstandsschweißen *n* contact resistance welding
Kontaktzunge *f* reed *(Reed-Relais)*
kontaminiert contaminated *(z. B. Erdboden mit giftigen Chemikalien, mit Altlasten)*
kontinuierlich continuous; steady
Kontinuitätsbedingung *f* continuity condition
Kontonummernsuchen *n (Dat)* account number detection
Kontrast *m* contrast
Kontrastabfall *m (Fs)* falling-off of contrast
Kontrastausgleich *m (Fs)* contrast equalization [equalizing]
Kontrastempfindlichkeit *f (Fs)* contrast sensitivity
Kontrastregelung *f (Fs)* contrast control
Kontrastschwelle *f* contrast threshold
Kontrastverringerung *f* contrast reduction
Kontrollantenne *f* monitoring aerial
Kontrollbefehl *m* check command
Kontrollbild *n* monitoring picture; blowback *(eines Patterngenerators)*
Kontrollbildröhre *f* monitor(ing) tube

Kontrollbit

Kontrollbit n *(Dat)* check [control] bit
Kontrolle f control, check(ing), inspection; supervision, monitoring
Kontrolleichung f calibration check
Kontrollempfänger m monitoring (radio) receiver, monitor
Kontroller m (electric motor) controller, camshaft [barrel, circuit] controller
Kontrollfernschreiber m check [journal] teleprinter
Kontrollgerät n control unit, controlling [check] instrument; monitor(ing device)
Kontrollglimmlampe f neon tester
kontrollieren v control, check, inspect; monitor
Kontrolllampe f control lamp, indicator [pilot, signal, warning] lamp
Kontrolllautsprecher m pilot [control, monitor, listening] loudspeaker
Kontrolllicht n indicator [pilot] light
Kontrolloszilloskop n monitor oscilloscope
Kontrollpunkt m check [monitoring] point; rerun [roll-back] point *(in Rechenprogrammen)*
Kontrollraum m listening room *(Tonaufzeichnung)*
Kontrollspur f *(Dat)* monitoring track
Kontrollstreifen m 1. *(Dat)* control chart; 2. *(Nrt)* home record
Kontrollsystem n control system; monitor system
Kontrolltaste f check key
Kontrolluhr f *(Nrt)* time recorder
Kontrollwafer m *(Me)* control wafer
Kontrollwort n *(Dat)* check word
Kontrollzeichen n check [control] character
Kontrollziffer f *(Dat)* check [control] digit
Konuslautsprecher m cone loudspeaker
Konvektion f convection
Konvektionserwärmung f convection heating
Konvektionsheizung f convection heating
Konvektionskühlung f convection cooling
Konvektionsofen m convection oven [furnace]
Konvektionsschalter m convection circuit breaker

Konvektionsstrom m convection current
Konvektorschalter m convector circuit breaker
Konvergenz f/dynamische *(Fs)* dynamic convergence
Konvergenzkreis m 1. circle of convergence; 2. convergence circuit
Konvergenzkriterium n *(Rt)* convergence criterion
Konversion f conversion
Konversionsfilter n conversion filter
Konversionsgenauigkeit f conversion accuracy
Konversionskoeffizient m internal conversion coefficient
Konverter m converter, convertor
Konvertereinheit f *(Dat)* conversion unit
Konvertierungsprogramm n *(Dat)* conversion program
Konzentration f concentration
Konzentration f der Dunkelstromladungsträger *(Me)* dark carrier concentration
Konzentration f von Fremdatomen impurity concentration
konzentrationsabhängig concentration-dependent
Konzentrationselektrode f focussing electrode *(bei Röhren)*
Konzentrationselement n concentration cell *(Batterie)*
Konzentrationszelle f concentration cell *(Batterie)*
konzentrieren v concentrate
konzentrisch concentric(al)
Koordinaten fpl/**dimensionslose** dimensionless coordinates
Koordinatenachse f coordinate axis, axis of coordinates
Koordinatenbeschriftung f annotation
Koordinatenbewegung f coordinate movement
Koordinatendrehung f coordinate rotation
Koordinatenschalter m *(Nrt)* cross-bar selector [switch]
Koordinatenschalteramt n *(Nrt)* cross-bar exchange
Koordinatentischverschiebung f X-Y table displacement
Koordinatentransformation f coordinate transformation

Koordinatenverschiebung f coordinate displacement
Kopf m 1. head; top; 2. s. Tonkopf
Kopfabsturz m (Dat) head crash (Aufsitzen des Magnetkopfes auf dem Informationsträger)
Kopfamt n (Nrt) gateway exchange
Kopfbügelmikrofon n headset microphone
Kopfgruppe f head stack (Magnetbandgerät)
Kopfhörer m headphone, earphone, phone, (head) receiver
Kopfhörer m/ohraufliegender supra-aural earphone
Kopfhörer mpl/schnurlose (Ko) cordless headphones
Kopfhöreranschluss m headphone connection
Kopfhörerbuchse f headphone socket, phone jack
Kopfhörerbügel m headphone bow [band]
Kopfkontakt m (Nrt) vertical off-normal contact
Kopfreinigung f head cleaning (bei Bandgeräten)
Kopfspalt m head gap
Kopfspaltlagenregelung f azimuth control
Kopfspiegel m head mirror (Magnettontechnik)
Kopfstation f (Ee) terminal station
Kopfverstärker m head amplifier
Kopfzeilen fpl message header (bei E-Mail-Nachrichten, HTTP usw.)
Kopie f 1. copy, duplicate; hard copy (vom Rechner mit ausgedruckt); 2. (Ak) dub, rerecording (Magnetband)
kopieren v 1. copy, duplicate; print; 2. (Ak) dub (Magnetband)
Kopiergenauigkeit f (Me) reproduction accuracy
Kopiergerät n copier, duplicator (z. B. für Bänder); printer
Kopierprogamm n für CDs (Dat) Clone CD (mit CD-Brenner)
Kopiersperrsignal n copy prohibit signal
Koppelelement n 1. coupling element; 2. (Nrt) switching element
Koppelfaktor m coupling coefficient; coupling ratio (bei Lichtwellenleitern)
Koppelfeld n (Nrt) coupling multiple, switching matrix, switching [cross-point] array
Koppelimpedanz f coupling [mutual] impedance
koppeln v couple; interconnect; interface
Koppelnetz n 1. coupling network; 2. (Nrt) switching [connecting] network
Koppelschalter m tie switch (Trennschalter); tie circuit breaker (Leistungsschalter)
Koppelsoftware f link-up software
Koppelstufe f (Nrt) coupling [switching, connecting] stage
Koppeltreiber m communications driver
Koppler m coupler; flexible lead connector
Kopplung 1. (Et) coupling; interconnection; switching; linkage; 2. s. Koppler
λ/4-Kopplung f quarter-wave coupling
Kopplungsfaktor m coupling factor, coefficient of (inductive) coupling
Kopplungsgrad m coupling degree [coefficient]; coupling ratio (bei Lichtwellenleitern)
Kopplungskondensator m coupling [blocking, stopping] capacitor
Kopplungsleitung f interconnection line, tie line [feeder]
Kopplungsspule f coupling coil; coupler
Kopplungsstecker m coupler [adapter] plug, coupler connector
Kopplungstransformator m coupling transformer; jigger (bei Sendeanlagen)
Korbbeschickung f bucket charging (Lichtbogenofen)
Korbbodenspule f spider-web coil
Korbbodenwicklung f spider-web winding
Korkenzieherregel f corkscrew rule
Korn n grain, particle
Körnermikrofon n granular [carbon granule] microphone
Korngrenze f grain boundary
Korngrenzenkorrosion f intercrystalline [intergranular] corrosion
Korngrenzenriss m grain boundary crack
Korngröße f grain size
körnig granular, granulated, grainy, grained • **körnig machen** granulate
kornorientiert grain-oriented
Korona f corona

Koronabeständigkeit f corona resistance, resistance to corona (discharge)
Koronadämpfung f corona attenuation [damping]
Koronaeffekt m corona (effect)
Koronaeinsatz m corona inception
Koronaentladung f corona discharge, (electric) corona
Koronaoberwellen fpl corona harmonics
Koronaphon n coronaphone *(zur Ortung von Funkstörungen)*
Koronaschutz m corona shielding
Koronastörspannung f corona interference voltage
Körper m body
Körperkontakt m body bridge, body contact *(z. B. Autotüröffner)*
Körperschall m solid-borne sound [noise], structure-borne sound
Körperschalldämmung f solid-borne noise isolation, noise isolation
Körperschallmikrofon n contact microphone, vibration pick-up
Körperschallwelle f bulk acoustic wave
Körperschluss m 1. body contact; 2. *(An)* fault to frame
Korpuskularstrahlung f corpuscular radiation
Korrektionsschaltung f correcting network
Korrektor m/**adaptiver** *(Dat)* adaptive corrector
Korrektur f correction
Korrekturbit n *(Dat)* correction bit
Korrekturdaten pl correction data
Korrekturfaktor m correction factor; cable correction *(für Kabellänge)*
Korrekturfehler m *(Dat)* patch(ing) error
Korrekturglied n 1. correcting element [filter], compensating element *(im Blockschaltbild)*; 2. correcting unit, compensating network *(Bauglied)*; 3. correction term *(in einer Gleichung)*
Korrekturgröße f correcting quantity *(Relais)*
Korrekturinkrement n correction increment
Korrekturprogramm n correction program
Korrekturschaltung f correction circuit
Korrelation f correlation
Korrelation f/**räumliche** space correlation
Korrelation f/**zeitliche** time correlation
Korrelationsmethode f correlation method *(bei stochastischen Vorgängen)*
korrodieren v corrode
Korrosion f corrosion
Korrosion f/**interkristalline** intercrystalline [intergranular] corrosion
Korrosion f/**katodische** cathodic corrosion
Korrosionsanfälligkeit f corrodibility, susceptibility to corrosion
Korrosionsangriff m corrosive attack
korrosionsbehindernd corrosion-preventive
korrosionsbeständig corrosion-resistant, non-corroding, corrosion-proof
Korrosionsschutz m 1. corrosion protection, protection against corrosion; 2. corrosion-protective serving *(Kabel)*
Korrosionsschutzmantel m anticorrosion [corrosion-protective] covering
Korrosionsschutzmittel n corrosion inhibitor, anticorrosive (agent)
korrosionssicher corrosion-proof *(z. B. Konstruktionen)*
korrosionsverhindernd anticorrosive, corrosion-preventive
korrosiv corrosive
Kosinusanpassung f cosine matching *(Lichtmesstechnik)*
Kosinuswelle f cosine wave
Kosten-Leistungs-Verhältnis n cost-performance ratio
Kovarianz f covariance *(Korrelationsmoment stochastischer Größen)*
Krachgeräusche npl *(Nrt)* crashes
Krachtöter m noise gate
Kraft f 1. force; power; 2. thrust *(Schubkraft)*
Kraft f/**gegenelektromotorische** counter-electromotive force, counter-emf, back electromotive force
Kraftanlage f power plant
Kraftaufnehmer m s. Kraftmessdose
Kraftfahrzeugbatterie f motorcar [automobile] battery

Kraftfahrzeugbeleuchtung f (motor)car lighting
Kraftfahrzeugelektrik f automotive electrical equipment; (car) electrical system *(Anlage)*
Kraftfahrzeugelektronik f car [automotive] electronics
Kraftfeld n force field, field of force
Kraftfluss m flux of force
Kraftflussdichte f/**magnetische** magnetic flux density, magnetic induction
Kraftflusslinie f line of flux
Kraftflussröhre f tube of flux
Krafthaus n electric power house *(Wasserkraftwerk)*
Kraftlinie f line of force
Kraftmessdose f force gauge [transducer], load cell
Kraftmesseinrichtung f *(Mess)* force--measuring system [equipment]; force--summing device
Kraftsensor m force sensor
Kraftsteckdose f power receptacle [socket outlet]
Kraftstecker m power plug
Kraftstrom m power(-line) current
Kraftstromkabel n (electric) power cable
Kraftverstärker m power amplifier
Kraft-Wärme-Kopplung f combined heat and power coupling
Kraft-Weg-Wandlerelement n *(Mess)* force-summing element
Kraftwerk n *(Ee)* power station *(IEC 50-601)*
Kraftwerkseigenbedarf m plant auxiliary demand
Kraftwerkseigenverbrauch m power--station internal consumption
Kragensteckdose f socket with shrouded contacts
Kranmotor m crane motor
krarupisieren v *(Nrt)* krarupize, load continuously
Krarupisierung f *(Nrt)* krarupization, continuous [Krarup] loading
Krarup-Kabel n *(Nrt)* Krarup cable, continuously loaded cable
Krarup-Leitung f *(Nrt)* Krarup cable, continuously loaded cable
Krater m crater; arc crater *(beim Lichtbogenschweißen)*
Kratzer m scratch

kratzerbeständig scratch-resistant
kratzfest scratch-resistant
Kratzfestigkeit f scratch resistance
Kratzgeräusch n scratching [frying] noise, scratching, crackling; line scratch(ing) *(in Leitungen)*
Kreis m 1. circuit *(Stromkreis)*; 2. loop *(Regelkreis)*; 3. circle
Kreis m/**geschlossener** 1. closed circuit; 2. *(Rt)* closed path *(als Signalweg)*
Kreis m/**magnetischer** magnetic circuit
Kreisabtastung f circular scanning *(Radar)*
Kreisbahn f circular path
Kreisblattschreiber m circular-chart recorder, round-chart instrument, polar plotter
Kreisbogen m arc of circle
Kreisdiagramm n circle diagram
Kreisdiagramm n **der Asynchronmaschine** Heyland diagram
Kreisel m gyro(scope)
Kreiselantrieb m gyro drive
Kreisfrequenz f angular [radian] frequency, pulsatance
Kreisgrenzfrequenz f angular cut-off frequency
Kreisgüte f circuit quality, circuit magnification (factor)
Kreislaufkühlung f closed-circuit ventilation
Kreisstrom m ring current; loop current; circular [circulating] current *(Stromrichter)*
Kreisstromdrossel f *(Le)* circulating--current reactor
Kreisverstärkung f *(Rt)* (closed-)loop gain
Kreuzfeldinstrument n crossed-fields instrument
Kreuzkern m cross core *(Transformator)*
Kreuzklemme f four-wire connector
Kreuzkorrelation f cross-correlation *(z. B. zweier stochastischer Signale)*
Kreuzrahmenantenne f crossed-loop aerial, crossed-coil aerial, Bellini-Tosi aerial
Kreuzrahmenpeiler m crossed-frame coil direction finder
Kreuzschaltung f cross connection, back-to-back connection

Kreuzschienenfeld *n (Nrt)* cross-bar matrix
Kreuzspule *f* cross coil
Kreuzspulmessinstrument *n* crossed-coil (measuring) instrument
Kreuztisch *m* X-Y stage
Kreuzung *f* 1. overcrossing, crossing *(von Leitungen)*; 2. *(Nrt)* transposition *(am Gestänge)*
Kriechen *n* creepage, creep(ing), (surface) leakage *(von Strömen)*
Kriechentladung *f* creep discharge [leakage], charge dissipation
Kriechfestigkeit *f* creep resistance
Kriechgalvanometer *n* fluxmeter
Kriechspur *f* creeping [tracking] path, surface leakage path, path of tracking
Kriechstrecke *f* creeping [tracking] distance, leakage distance *(beim Isolator)*; creep [leakage current] path
Kriechstrom *m* creeping [tracking] current, (surface) leakage current
Kriechstrom gegen Erde earth-leakage current
Kriechstromfestigkeit *f* creep [tracking] resistance, resistance to tracking
Kristall *m* crystal
Kristallachse *f* crystal [crystallographic] axis
Kristallanisotropieenergie *f* crystalline anisotropy energy
Kristallaufnehmer *m* 1. *(Me)* crystal support [holder]; 2. crystal pick-up *(Tonarm)*
Kristallebene *f* crystal plane
Kristallgitter *n* crystal lattice, (space) lattice
Kristallgitterdefekt *m (Me)* crystallographic defect
Kristallgleichrichter *m* crystal rectifier
kristallisieren *v* crystallize
Kristallit *m* crystallite
Kristallkeim *m* crystal nucleus, seed (crystal)
Kristallkörper *m (Me)* slab
Kristalllautsprecher *m* piezoelectric loudspeaker, crystal (loud)speaker
Kristallmikrofon *n* piezoelectric [crystal] microphone
Kristallnadel *f* crystal needle
Kristallstörung *f* crystal imperfection
Kristallstruktur *f* crystal structure
Kristalltonabnehmer *m* piezoelectric [crystal] pick-up

Kristallwachstum *n* crystal growth, growth of crystals
Kristallziehen *n* crystal pulling
Kristallziehen *n* **aus der Schmelze** crystal pulling from the melt *(Czochralski-Verfahren)*
Kristallzüchtung *f* crystal growing [growth]
Krokodilklemme *f* alligator [crocodile] clip
Kronleuchter *m* chandelier, electrolier, lustre
Krümmung *f* 1. bending; 2. curvature, bend; curve
Krümmungsdämpfung *f* curvature loss *(Lichtwellenleiter)*
Krümmungsspule *f* bending coil
Kryoelektronik *f* cryoelectronics
Kryogenik *f* cryogenics
Kryokabel *n* cryogenic cable, cryocable
Kryoschalter *m* cryogenic breaker
Kryosistor *m* cryosistor *(Tieftemperatur-Halbleiterbauelement)*
Kryospeicher *m (Dat)* cryogenic memory [store]; Josephson (junction) memory
Kryptonlampe *f* krypton-filled incandescent lamp
Krypton-Taschenlampe *f (Ko)* Krypton pocket lamp, *(BE)* Krypton torch, *(AE)* Krypton flashlight
K-Schirm *m* K scope *(Radar)*
Küchenmaschine *f*/**elektrische** electric food-processor
Kugel *f* sphere; ball; bulb *(beim Thermometer)*
Kugelblitz *m* ball lightning
kugelbonden *v (Me)* ball-bond
Kugelcharakteritik *f* omnidirectivity, omnidirectional [non-directional] response
Kugelfunkenstrecke *f* sphere gap, ball (spark) gap, measuring spark gap
Kugellampe *f* globe (globular, spherical, round-bulb) lamp
Kugelmikrofon *n* omnidirectional [non-directional, spherical] microphone
Kugelschreiber *m* **mit Handy-Alarm-Anzeige** *(Ko)* sensor pen for mobile phone *(blinkende LED; bei stumm geschaltetem Handy-Alarm)*
Kugelstrahler *m (DIN) (Ak)* monopole *(IEC)*
Kugelvoltmeter *n* sphere gap voltmeter

Kugelwelle f spherical wave
Kühlblech n cooling plate
kühlen v cool; refrigerate *(im Kühlschrank)*
Kühler m cooler, cooling apparatus; (vapour) condenser
Kühlfalle f cold [cooling, low-temperature] trap
Kühlgerät n cooling device [unit]; refrigerator
Kühlkanal m cooling channel; air [cooling] duct
Kühlkörper m 1. cooling attachment [body]; 2. heat sink *(in Halbleiterbauelementen)*
Kühlkreislauf m cooling cycle; coolant circulation
Kühllamelle f cooling fin
Kühlluft f cooling air, air coolant
Kühlmittel n cooling agent [medium], coolant
Kühlmittelbehälter m cooling tank
Kühlplatte f cooling plate
Kühlrippe f cooling fin [rib], radiator (cooling) rib, radiator fin
Kühlschlitz m air [cooling] duct *(Luftkühlung)*
Kühlschrank m refrigerator
Kühlschrankmotor m hermetic motor
Kühlung f cooling *(Wärmeabfuhr, z. B. bei Geräten)*; refrigeration *(im Kühlschrank)*
Kühlzone f cooling zone
Kulissenscheinwerfer m wing reflector
Kulissenwähler m *(Nrt)* 500-point selector
Kundendienst m service to customers, field service; after-sales service [maintenance] *(Wartung)*
Kundenschaltkreis m custom circuit
Kunde-zu-Kunde-Beziehung f consumer to consumer C2C
Kunstglimmer m micanite
kunstharzisoliert resin-insulated
Kunstkopf m dummy head
Kunststoff m plastic (material)
Kunststoffgehäuse n plastic case [casing], plastic package
kunststoffgekapselt plastic-encapsulated
Kunststoffkabel n plastic cable
Kunststoffleuchte f plastic lighting fitting, all-plastic fitting
Kunststoffsockel m plastic socket

Kurbelinduktor

Kunststoffsteckgehäuse n plastic plug-in package
Kunstwelt f aus Computern *(Dat)* cyberspace *(Kunstwort aus cybernetic und space)*
Kupfer n copper
Kupfer n/weichgeglühtes annealed copper
Kupferabschirmung f copper screening
Kupferband n copper tape [strip]
Kupferbandspule f copper-strip coil
kupferbeschichtet copper-coated, copper-clad
Kupferdraht m copper wire
Kupferfolie f copper foil
Kupferhartlöten n copper brazing
Kupferkaschierung f copper coating [cladding]
Kupferlackdraht m enamelled copper wire
Kupferlitze f copper strand [litz wire], stranded copper (wire)
Kupferlot n/eutektisches copper eutectic solder
Kupfer(I)-oxid-Gleichrichter m copper oxide rectifier, cuprox rectifier
Kupferschieben n copper drag(ging) *(bei Stromwendern)*
kupferüberzogen copper-coated, copper-clad
kupferummantelt copper-clad
Kupferverlust m copper loss, coil loss
kuppeln v *(Ma)* couple
Kuppelschalter m 1. *(An)* bus-tie switch, section switch; bus coupler circuit breaker; 2. tie circuit breaker
Kuppeltrennschalter m *(An)* section isolating switch
Kupplung f *(Ma)* coupling *(starr)*; clutch
Kupplungsdose f portable socket-outlet
Kupplungsflansch m coupling flange
Kupplungsmagnet m clutch magnet
Kupplungsmuffe f coupling sleeve *(Kabel)*
Kupplungsschalter m 1. coupled switch; 2. clutch operator
Kupplungsseite f *(Ma)* back *(z. B. eines Generators, eines Motors)*
Kupplungsstecker m coupler connector [plug]
Kurbel f crank, handle
Kurbelinduktor m hand [magneto] generator *(z. B. für Isolationsprüfung)*

Kurbelwiderstand

Kurbelwiderstand m rotary switch-type resistor
Kursfunkfeuer n track beacon, radio range
kursiv italic, in italics *(Kursivschrift, Kursivdruck; Symbol: K)*
Kursrechner m course-line computer, bearing distance computer
Kursschreiber m course recorder, track plotter
Kurve f curve; characteristic
Kurvenabtaster m curve scanner
Kurvenbild n plot, graph, diagram
Kurvenbremsregelung f cornering brake control
Kurvenfahrtbremsregler m cornering brake control
Kurvenscheibe f *(Ma)* cam disk
Kurvenschreiber m curve [graph] plotter, curve tracer, graphic display unit
Kurvensteilheit f slope of the characteristic
Kurzadresse f *(Dat)* short address
Kurzbogenlampe f short arc lamp
kurzgeschlossen short-circuited
Kurzmitteilungs--Empfangsbestätigung f *(Ko)* short message receipt confirmation
"Kurznachrichten empfangen" *(Ko)* short message service-mobile terminated, SMS-MT
"Kurznachrichten senden" *(Ko)* short message service-mobile originated, SMS-MO
"Kurznachrichten via Internet senden" *(Ko)* short message service--internet originated, SMS-IO
Kurzrufnummer f/gemeinsame common abbreviated number
kurzschließen v short (out), short-circuit
Kurzschließer m 1. *(Ee)* short-circuiting device, short-circuiter; 2. *(Le)* crowbar
Kurzschluss m short circuit, short
Kurzschlussanker m squirrel-cage armature [rotor]
Kurzschlussauslösung f *(Ee)* short--circuit release
Kurzschlussausschaltvermögen n *(Ee)* short-circuit breaking [rupturing] capacity
Kurzschlussbeanspruchung f short--circuit stress

Kurzschlussberechnung f short-circuit calculation [computation]
Kurzschlusserwärmung f short-circuit heating
Kurzschlussfehlerzustand m short--circuit fault, shunt fault
Kurzschlussfestigkeit f short-circuit strength [capacity], ability to withstand short circuit
Kurzschlussfortschaltung f automatic (short-circuit) reclosing, automatic rapid reclosing
Kurzschlusskäfig m squirrel-cage winding
Kurzschlusskennlinie f short-circuit characteristic
Kurzschlussleistung f *(An)* short-circuit power [capacity]
Kurzschlusslichtbogen m short-circuit arc
Kurzschlusslöschung f *(Le)* circuit interruption by grid control
Kurzschlussring m short-circuit ring, (rotor) end ring, cage ring; shading coil *(im Spaltpol)*
Kurzschlussrückwärtssteilheit f reverse transfer admittance *(Transistor)*
Kurzschlussrückwirkungskapazität f short-circuit reverse transfer capacitance
Kurzschlusssättigungskennlinie f short-circuit saturation curve
Kurzschlussschalter m short-circuiting switch
Kurzschlussschnellauslösung f *(Ee)* short-circuit high-speed release
Kurzschlussschutz m short-circuit protection, protection against short circuits
kurzschlusssicher short-circuit-proof
Kurzschlussspannung* f short-circuit voltage; impedance voltage [drop] *(Transformator)*; percentage reactance *(beim Transformatorkurzschluss)*
Kurzschlussspannung* gegen Erde short-circuit voltage to earth
Kurzschlussstecker m short-circuit termination
Kurzschlussstrom m short-circuit current, s-c current
Kurzschlussstrombegrenzung f 1. short-circuit limitation; 2. *(Ee)* fault--current limiting

Kurzschlussstromverstärkung f short-circuit current gain *(Bipolartransistor)*
Kurzschlussverhältnis n short-circuit ratio
Kurzschlussverlust m short-circuit loss, impedance loss *(z. B. beim Transformator)*
Kurzschlussversuch m short-circuit test
Kurzschlusswechselstrom m/**subtransienter** subtransient short-circuit alternating current, initial (symmetrical) short-circuit alternating current
Kurzschlusswechselstrom m/**transienter** transient three-phase short-circuit current, transient (symmetrical) short-circuit current
Kurzschlusswicklung f short-circuit winding, cage winding; shading coil *(im Spaltpol)*
Kurzschlusszeitkonstante f short-circuit time constant
Kurzschlusszeitkonstante f/**transiente** short-circuit transient time constant
Kurzständerlinearmotor m short-stator linear motor
Kurztest m accelerated test
Kurzton m tone burst
Kurzunterbrechung f rapid reclosing *(einer Leitung)*; automatic
Kurzwahl f *(Nrt)* abbreviated address dialling
Kurzwelle f short wave, s-w *(3 bis 30 MHz)*
Kurzwellenantenne f short-wave aerial
Kurzwellenempfänger m short-wave receiver, high-frequency receiver
Kurzwellensender m short-wave transmitter, high-frequency transmitter
Kurzzeitbelastung f short-time loading
Kurzzeitbetrieb m short-time duty [service]
kurzzeitig short-time
Kurzzeitleistung f short-time rating
Kurzzeitprüfung f short-time test, short-term test; accelerated test
Kurzzeitstrom m short-time (withstand) current
Kurzzeitversuch m short-time test, accelerated test
Kurzzeit-Wechselspannungs--Stehspannungsprüfung f *(Hsp)* dry short-duration power-frequency withstand voltage test *(im trockenen Zustand)*
Kusteneffekt m *(Fo)* shore [coastal] effect, coastal deviation
Küstenfunkdienst m coastal [ship-to--shore] radio service
Küstenfunkstelle f coastal radio station, shore (radio) station
Kybernetik f cybernetics

L

Label-Switching n label switching *(Nutzung von Markierungen/Labels als Weiterleitungskriterium)*
labil labile, instable, unstable
Labormodell n laboratory model
Labornormal n laboratory standard
Laborversuch m laboratory test
Lack m lacquer, varnish; enamel
Lackbaumwollkabel n varnished--cambric (insulated) cable
Lackdraht m enamelled [enamel--insulated] wire, lacquered [varnished] wire
Lackfilm m lacquer film (coating); resist film *(z. B. für Leiterplatten)*
Lackmatrize f lacquer blank
Lackmatrize f/**unbespielte** lacquer blank
Lackschallplatte f lacquer master
Lacküberzug m lacquer [varnish] coating; enamel finish
Ladeaggregat n charging set
Ladebefehl m *(Dat)* load instruction
Ladedauer f duration [time] of charge, charging time
Ladeeinrichtung f charging device, charger
Ladegerät n **für wiederaufladbare Batterien** rechargeable cell charging set
Ladekennlinie f charging characteristic
Ladekurve f charging curve
Lademenge f charging rate *(Batterie)*
Lademuschel f *(Ko, Nrt)* charging shell *(für Handys, CTs)*
laden v 1. *(Me)* charge; 2. *(Dat)* load *(ein Programm)*
laden v/**den Rechner mit dem Betriebssystem** *(Dat)* load with PC--OS, boot

laden

laden v/neu *(Dat)* reboot *(den PC z. B. nach Absturz oder Fehlbootung)*
Laden n 1. *(Me)* charging; 2. *(Dat)* loading *(eines Programms)*
Ladeprogramm n *(Dat)* lodading routine, loader, bootstrap (program)
Lader m 1. *(Dat)* loading routine, loader; bootstrap (program); 2. s. Bespielgerät
Ladeschale f *(Ko, Nrt)* charging shell *(für Handys, CTs)*
Ladeschalter m charging switch
Ladespannung f charging voltage *(Batterie)*
Ladespannung f im vollgeladenen Zustand open-circuit voltage, OCV
Ladestation f charging station *(für Akkus)*
Ladesteckdose f charging socket
Ladestecker m charging plug
Ladestrom m charging [charge] current
Ladeverschiebungs-Bildabtaster m charge transfer image sensor
Ladewiderstand m charging resistor *(Bauteil)*
Ladezeit f 1. *(Me)* time of charge, charging time [period]; 2. *(Dat)* load time, time of loading *(eines Programms)*
Ladung f 1. *(Me)* charge *(z. B. einer Batterie)*; 2. s. Laden; 3. load, batch
Ladungsableiter m charge bleeder
Ladungsanzeige f charge indication
Ladungsausgleich m charge equalization [balancing]
Ladungsbewegung f *(Me)* charge movement
Ladungsbild n charge pattern [image], electrical image
Ladungseinheit f unit charge
Ladungserhaltung f charge conservation [retention]
Ladungserzeugung f charge generation
Ladungsfluss m charge flow
Ladungsflusstransistor m charge flow transistor
ladungsfrei uncharged, free of charge
ladungsgekoppelt charge-coupled
ladungsgesteuert charge-controlled
Ladungsgleichgewichtsbedingung f *(Me)* charge-balance condition
Ladungskompensation f charge compensation
Ladungskurve f charge curve [diagram]

Ladungsspeicher m *(Dat)* charge--coupled memory [store]
Ladungsspeicher-Sperrschicht--Feldeffekttransistor m charge--storage junction field-effect transistor
Ladungsträger m charge carrier, carrier
Ladungsträgerbeweglichkeit f charge carrier mobility
Ladungsträgerdichte f charge carrier density [concentration], density of carriers
Ladungsträgerinjektion f charge carrier injection
Ladungsträgerkonzentration f s. Ladungsträgerdichte
Ladungsträgertransport m charge carrier transport
Ladungsträgerverarmung f carrier depletion
Ladungsverlust m charge loss
Ladungsvermögen n ampere-hour capacity *(z. B. eines Sammlers)*
Ladungsverschiebeverlust m charge transfer loss
Ladungsverschiebung f charge transfer
Ladungsvervielfachung f charge multiplication
Ladungszustand m charge state [condition]
Lage f 1. layer, coat *(Schicht)*; 2. position, location; 3. topology *(der Elemente in integrierten Schaltungen)*
Lageanzeiger m position indicator
Lagegeber m *(Fo)* position encoder
Lagegeber m/rotierender shaft encoder
lagegeregelt position-controlled
Lage-Istwert m actual position
Lagenisolation f intern turn isolation
Lagenwicklung f layer winding
Lager n 1. *(Ma)* bearing; 2. store
Lageregler m *(Rt)* position controller
Lagerreibung f bearing friction; pivot friction *(bei Spitzenlagerung)*
Lagerstrom m bearing current, shaft current
Lagerung f 1. bearing; support; suspension *(z. B. in Messwerken)*; mounting; 2. storage
Lagerungsdauer f storage life *(z. B. einer Batterie)*; shelf life *(z. B. von Bauelementen)*
Lage-Sollwert m position setpoint
Lagesteuerung f position control

Lagezeichen *n* position mark
Lambda-Viertel-Antenne *f* quarter--wave aerial
Lambert *n* lambert, L *(Einheit der Leuchtdichte in USA)*
Lamelle *f* 1. lamella; blade *(z. B. einer Irisblende)*; 2. *(Ma)* commutator bar *(des Stromwenders)*
lamellenartig lamellar
Lamellenkupfer *n* commutator bar copper
Lamellenspannung *f* segment [bar] voltage
Laminarbox *f (Me)* laminar box, laminar flow fume hood
Laminat *n* laminate, laminated material [plastic] *(z. B. für Leiterplatten)*
Laminat *n*/**kupferkaschiertes** copper--clad laminate
Lampe *f* lamp
Lampe *f*/**energiewirtschaftliche [Energie sparende]** energy-save lamp, watt
Lampe *f*/**gasgefüllte** gas-filled lamp
Lampe *f* **mit Doppelheizfaden** double--filament lamp
Lampe *f* **mit extrem hoher Lichtausbeute** ultra-high efficiency lamp
Lampenfassung *f* lamp holder [socket, cap]; bulb holder
Lampenfassung *f*/**federnde** spring lamp holder
Lampenfeld *n (Nrt)* bank of (indicator) lamps, lamp panel; display panel *(für Ziffernanzeige)*
Lampenfokussierung *f* lamp focus(s)ing
Lampengehäuse *n* lamp housing [case], lamphouse
Lampengehäusebelüftung *f* lamphouse ventilation
Lampenkolben *m (Nrt)* (lamp) bulb
Lampenkolben *m*/**lacküberzogener** varnish-coated bulb
Lampenschirm *m* lamp shade
Lampensockel *m* lamp base [cap, socket]
Lampenstrahler *m* radiant lamp heater *(z. B. Infrarothellstrahler)*
Lampenzwischenfassung *f* lamp-cap adapter
LAN *n* local-area network, LAN

LAN *n*/**byteparalleles** bus local area network, bus-LAN
LAN *n*/**virtuelles** virtual LAN
Landebahnleuchte *f* landing-area floodlight
Landebake *f* landing radio beacon
Ländercode *m* **für Mobilfunknetze** *(Ko)* mobile country code
Landfernsprechnetz *n* rural telephone system
Langlebensdauerlampe *f* long-life [duro-life] lamp
Längsachse *f* 1. longitudinal axis; 2. *(Ma)* direct axis
Längsachsenankerstrom *m* direct-axis component of armature current
langsam slow, low-speed
Langsamtrennschalter *m* slow-break switch
Längsanteil *m* **der Polradspannung** direct-axis component of synchronous generated voltage
Langschlitzrichtkoppler *m* long-slot directional coupler *(Wellenleiter)*
Längsdifferenzialschutz *m (An)* longitudinal differential protection, biased differential protection [protective system]
Längsdurchflutung *f* direct-axis component of magnetomotive force
Längsfeld *n* longitudinal [axial] field
Längsfluss *m*/**magnetischer** direct--axis magnetic-flux component
Längskreisdurchflutung *f* direct-axis component of magnetomotive force
Langspielbildplatte *f* video long-play record, video high-density disk
Langspielplatte *f* long-play(ing) record, LP
Längsregelung *f (Ee)* in-phase (voltage) regulation
Längsschwingung *f* longitudinal oscillation
Längsspannung *f* direct-axis component of voltage
Langstatorlinearmotor *m* long-stator linear motor
Langstreckennetz *n (Nrt)* wide area network, WAN
Langstreckenradar *n* long-range radar system *(Ortungsverfahren)*
Längstwelle *f* myriameter [myriametric] wave, very low frequency wave, very long wave *(l > 10000 m)*

Längstwellenfrequenz

Längstwellenfrequenz f very low frequency *(3 bis 30 kHz)*
Längswelle f longitudinal wave
Längszeitkonstante f/subtransiente direct-axis subtransient time constant
Langwelle f long [kilometric] wave, low-frequency wave *(l = 1000 bis 10000 m)*
Langwellenband n long-wave band
Langzeitspeicher m long-term storage [memory]
Langzeitstabilität f long-term stability, long-time stability
Langzeitverhalten n long-time response [behaviour]
LAN-Netzübergangseinheit f LAN gateway
LARAM n *(Dat)* line-addressable random-access memory
Lärm m *(Ak)* noise; noisiness
Lärmabstrahlung f noise radiation
lärmarm noise-reduced; noiseless
Lärmbekämpfung f noise abatement [control, reduction], suppression [deadening] of noise
Lärmbewertung f noise rating [weighting]
Lärmdosis f noise dose, noise [sound] exposure
Lärmemission f noise emission
Lärmentstehung f noise generation
Lärmgrenzwert m noise limit [criterion]
Lärmintensität f noise (exposure) intensity, exposure intensity
Lärmmessgerät n noise-measuring instrument, noise (level) meter
Lärmmessvorschrift f *(Ak)* noise test code
Lärmminderung f noise [sound] reduction, noise suppression, deadening of noise
Lärmpegel m noise (exposure) level, exposure level
Lärmschutzfenster n sound-insulating window
Lärmschutzhelm m noise(-exclusion) helmet
Laschen-Isoliereinlage f insulating side plate
Laser m laser
Laserblitz m laser spike [flash], spike of the laser
Laserbohren n laser drilling
Laserdiode f laser diode
Laserdrucker m laser printer
Lasereffektdiode f laser-effect diode
Laserendbearbeitung f laser finishing
Laserentfernungsmesser m laser range finder, laser ranger
Laser-Farbdrucker m laser colour-printer
Laserfeinbearbeitung f laser finishing
Laserfeinstbearbeitung f laser high-microfinish
Laserkopf m laser head
Laserleistung f laser performance [power]
Lasermaterialbearbeitung f laser material processing
Laseroptik f laser optics
Laserprojektor m laser beam projector, beamer *(Bildprojektor, an Laptop anschließbar)*
Laserquelle f laser source
Laserradar n laser [optical] radar, lidar, light detection and ranging
Laserritzen n laser scribing
Laserschweißen n laser welding
Lasersender m laser transmitter
Laserstrahl m laser beam
Laserstrahlung f laser radiation
Laserübertragung f *(Nrt)* coherent optical transmission, laser transmission
Laservibrometer n *(Schwingungsmesser)* laser vibrometer
Last f (electrical) load • **unter Last** on-load
lastabhängig load-dependent
Lastabschaltstrom m load breaking current
Lastabschaltung f load breaking
Lastabsenkung f load decrease
Lastabtrennung f load disconnection
Lastabwurf m (emergency) load shedding, load rejection [decrease, dump], throwing-off, load disconnection
Lastanzeige f load indication
Lastanzeiger m load indicator
Lastausgleich m load balance; load levelling *(in Computern)*
Lastausgleicher m load balancer *(z. B. für Lastverteilung auf mehrere Web-Server)*
Lastbetrieb m load operation
Lastdichte f load density

Lasteinfluss *m* loading effect *(Störgröße)*
Lastenheft *n* product brief
Lastfaktor *m* load factor; output factor
Lastgrenze *f* load limit
Lasthebemagnet *m* lifting magnet
Lastintegral *n* (Le) I²t value
Lastklemme *f* load terminal
Lastkreis *m* load circuit
Lastmagnet *m* lifting magnet
Lastschalter* *m* on-load switch, power circuit breaker; air-break switch
Lastschalterrelais *n* on-load tap-changer control relay *(Transformator)*
Lastschaltung *f* load switching
Lastseite *f* (Le) output end
Lastspiel *n* 1. operational cycle; 2. stress cycle *(bei mechanischer Wechselbeanspruchung)*
Lastspitze *f* load peak, peak load
Lasttrenner *m* air-break switch-disconnector
Lasttrennschalter *m* switch disconnector, load-break switch, load-interrupter switch
Last- und Verarmungstransistor *m* enhancement-depletion inverter, ED-inverter
Lastverluste *mpl* load losses *(Generator, Transformator)*
Lastverteilung *f* load distribution, load levelling *(in Computern)*
Lastvorhersage *f* load prediction
Latch *n* (Dat) latch
Latchflipflop *n* latch [D-type] flip-flop
Lateraltransistor *m* lateral transistor
Lauf *m* (Dat) latch
Lauf *m* run(ning) *(einer Maschine)*; travel
Laufangabe *f* (Dat) for-clause *(ALGOL 60)*
Laufanweisung *f* (Dat) for-statement *(ALGOL 60)*
Laufbildkamera *f* motion-picture camera
laufen *v* run *(z. B. Maschine)*; travel; operate
Läufer *m* (Ma) rotor, armature *(Gleichstrommaschine)*
Läuferanlasser *m* rotor (resistance) starter
Läuferblech *n* rotor-core lamination
Läuferendblech *n* rotor end-sheet
Läuferronde *f* rotor sheet
Läuferstern *m* rotor (field) spider *(Synchronmaschine)*; armature spider *(Gleichstrommaschine)*
Läuferstillstandserwärmung *f* 1. locked-rotor temperature rise; 2. locked-rotor temperature rise rate
Läuferstillstandsspannung *f* (Ma) locked-rotor voltage
Läuferstrom *m* rotor current; armature current *(Gleichstrommaschine)*
Laufmarke *f* (Dat) cursor
Laufnummer *f* (Dat, Nrt) sequence [serial] number
Laufnummerngeber *m* 1. (Dat) sequence-number generator, numbering machine; 2. (Nrt) numbering transmitter
Laufnummernkontrolle *f* (Dat) sequence-number check
Laufschiene *f* slide [running] rail
Laufwasserkraftwerk *n* run-off river plant [power station], river-run plant
Laufwerk *n* 1. tape transport, (recorder) deck, drive *(z. B. Magnetbandgerät)*; 2. s. Laufwasserkraftwerk
Laufzeit *f* 1. (Rt) delay (time), lag (time), dead time; 2. running time [period]; object time *(z. B. eines Programms)*; 3. transit [travel] time *(z. B. Impuls)*
Laufzeit *f* **des Schalls** sound travel time
Laufzeit *f* **durch die Sperrschicht** (Me) depletion-layer transit time
Laufzeiteffekt *m* transit-time effect
Laufzeitfehler *m* relative time delay; phase delay error *(in rotierenden Systemen)*
Laufzeitröhre *f* transit-time tube; velocity-modulated tube; drift tube, klystron
Laufzeitverzerrung *f* delay(-frequency) distortion, delay-time distortion, transit-time distortion, phase-delay distortion
L-Ausgang *m*/**ungestörter** (Rt, Dat) undisturbed-one output *(Binärsignal)*
läuten *v* ring
Lautheit *f* (Ak) loudness *(in Sone)*; intensity of noise
Lauthörtaste *f* (Nrt) direct listening key
Lautsprecher *m* loudspeaker, reproducer, speaker
Lautsprecher *m*/**abgesetzter** (Ko) separated speaker
Lautsprecher *m*/**freistehender** (Ko) stand-alone loudspeaker

Lautsprecheranschluss

Lautsprecheranschluss *m* loudspeaker terminal; loudspeaker connection
Lautsprecherbox *f (Ko)* stand-alone loudspeaker, speaker box
Lautsprechermembran *f* loudspeaker diaphragm
Lautsprecherröhre *f* loudspeaker valve
Lautsprecherschwingspule *f* loudspeaker voice coil
Lautsprecherwagen *m* loudspeaker car [van, truck], sound truck
Lautstärke *f* loudness level, (sound) volume, volume [intensity] of sound *(in Phon)*
Lautstärkeabgleich *m* loudness balance [balancing]
Lautstärkebegrenzer *m* volume limiter
Lautstärkemesser *m* volume [sound- -level, loudness-level] meter, phonometer, sonometer
Lautstärkepegel *m* loudness level
Lautstärkeregelung *f* volume control [adjustment]
Lautstärkeregler *m* volume control [regulator], attenuator
Lavaliermikrofon *n* lapel [buttonhole, Lavalier] microphone
Lawine *f (Me)* avalanche
Lawinendiode *f* avalanche diode
Lawinendurchbruch *m* avalanche breakdown
Lawinendurchbruchspannung *f* avalanche (breakdown) voltage
Lawineneffekt *m* avalanche effect
Lawinengleichrichter *m* avalanche rectifier
Lawinenlaufzeit *f* (impact) avalanche transit time
Lawinenlaufzeitdiode *f* avalanche transit-time diode, impact avalanche and transit-time diode
Lawinenthyristor *m* bulk avalanche thyristor
Lawinentransistor *m* avalanche transistor
Layout *n (Me)* layout *(z. B. Anordnung von Schaltelementen)*
L2-Cache-Zwischenspeicher *m (Dat)* second-level-cache *(befindet sich außerhalb des Prozessors im Gegensatz zum First-Level-Cache L1)*
LCD liquid crystal display
Lebensdauer *f* lifetime, life (period), duration of lifetime, life-cycle; operating [working, service] life *(z. B. von Anlagen)*; burning life *(Glühlampe)*; time to live, TTL *(IP-Protokollelement)*
Lebensdauergesetz *n* life law, Montsinger(s) law *(z. B. für Isolierstoffe)*
Lebensdauertest* *m* life test; endurance test
Lebensdauerverhalten *n* life performance
Lebensdauerverkürzung *f* lifetime reduction
Lecher-Leitung *f* Lecher wires [line], parallel-wire line, two-wire resonant line
Leck *n* leak, leakage
Leckrate *f* leak(age) rate
Leckstrom *m* leakage current
Lecksuche *f* leak detection
LED *f* LED, light-emitting diode, injection luminescence diode
leer empty; vacant, unoccupied *(z. B. Gitterplatz)*; blank *(z. B. Speicherzelle)*
Leerbefehl *m* dummy instruction, do- -nothing command, skip instruction [command], blank instruction, no- -operation instruction
Leerlauf *m* 1. no-load running [operation], no-load, running without load; open-circuit (operation); 2. *(Ma)* idle running, idling
Leerlaufcharakteristik *f* no-load characteristic
Leerlaufdrehmoment *n* drag torque
Leerlaufdrehzahl *f* no-load speed
leerlaufen *v (Ma)* (run) idle
Leerlaufersatzschaltbild *n* constant- -voltage equivalent circuit
Leerlauffrequenz *f* idler frequency *(im parametrischen Verstärker)*
Leerlaufgang *m (Dat)* idling cycle
Leerlaufgleichspannung *f* floating voltage
Leerlaufkennlinie *f* no-load characteristic; open-circuit
Leerlaufprüfung *f* no-load test; open- -circuit test
Leerlaufspannung *f* no-load voltage; open-circuit voltage
Leerlaufspannungsrückwirkung *f* open-circuit output admittance, open- -circuit reverse voltage transfer ratio
Leerlaufverluste *mpl* idle-run losses, no-load run losses; constant losses

Leerplatte f blank board *(Leiterplatte)*
Leersignal n *(Dat)* dummy
Leerspalte f *(Dat)* blank column
Leerstelle f 1. (lattice) vacancy, vacant site *(Kristall)*; 2. *(Dat)* blank; space
Leertaste f *(Dat)* space key [bar]
Leerzustand m empty condition *(z. B. eines Zählers)*
Legierung f alloy
legierungsdiffundiert *(Me)* alloy-diffused
Legierungsdiffusionstransistor m alloy-diffused transistor
Leichtwasserreaktor m light-water reactor
Leiste f strip; block
Leistung f 1. power, P; wattage *(in Watt)*; 2. performance; efficiency; output
Leistung f/**abhörsichere** *(Nrt)* tap-proof line *(durch Verschlüsselung)*
Leistung f **am Radumfang** output of the wheel rim *(IEC 50-811)*
Leistung f **am Zughaken** output at the draw-bar *(IEC 50-811)*
Leistungsabfall m decrease [drop] of power
Leistungsangaben fpl output data *(z. B. eines Motors)*
Leistungsanpassung f matching for power transfer
Leistungsanstieg m power increase; increase of output *(der abgegebenen Leistung)*
Leistungsanzeige f indication of power
Leistungsbaustein m power element
Leistungsdiagramm n power chart *(Synchronmaschine)*
Leistungsdichte f power density
Leistungsdichtespektrum n power spectral density
Leistungsdiode f/**schnelle** fast-recovery power diode
Leistungselektrik f heavy-current electrical engineering
Leistungselektronik f power electronics
Leistungsendstufe f power output stage
Leistungsfaktor m 1. power factor, cos j; 2. factor of merit *(z. B. eines Strahlungsempfängers)*
Leistungsgewinn m power gain
Leistungsgleichrichter m power rectifier

Leistungshalbleiter m power semiconductor
Leistungskabel n electric power cable
Leistungskabel n **mit innerer Wasserkühlung** internally water-cooled power cable
Leistungskenngrößen fpl performance characteristics
Leistungskennzeichen n rating code
leistungslos wattless
Leistungsmesser m (active) power meter; wattmeter; dynamometer
Leistungsmessung f power measurement
Leistungsmodul n/**integriertes** integrated power module
Leistungsmodul n/**integriertes intelligentes** integrated intelligent power module *(Stromrichtertechnik)*
Leistungsmodul n/**regelintegriertes** control integrated power system *(z. B. bei Waschmaschinenantrieben zur Energieeinsparung)*
Leistungs-MOSFET m power metal-oxide semiconductor field-effect transistor, power MOSFET
Leistungsquelle f power source
Leistungsrauschen n *(Nrt)* power noise
Leistungsregler m power controller [regulator], load regulator
Leistungsrelais n power relay
Leistungsreserve f 1. power reserve; 2. reserve capacity *(einer Maschine)*
Leistungsschalter m 1. *(Hsp)* (heavy-current) circuit breaker, short-circuit breaker; 2. *(Le)* power interrupter, power switch
Leistungsschild n rating plate
Leistungsspektrum n *(Rt)* power-density spectrum *(z. B. eines Signals)*
Leistungssteigerung f increase of output, power output increase *(der abgegebenen Leistung)*; increase of performance [efficiency]
Leistungsteil m *(Le)* power section
Leistungsthyristor m power thyristor
Leistungstransistor m power transistor
Leistungstrenner m *(Le)* power interrupter, circuit interrupter, isolating [disconnecting] switch
Leistungstrennschalter m *(Le)* power interrupter, circuit interrupter, isolating [disconnecting] switch
Leistungstriode f power triode

Leistungsumsatz 556

Leistungsumsatz *m* power conversion
Leistungsventil *n* power valve
Leistungsverlust *m* power loss; loss of performance
Leistungsverstärker *m* power amplifier [booster]; power element *(im Regelkreis)*
Leistungsverstärkerröhre *f* power (amplifier) tube
Leistungswechselrichter *m* power inverter
Leistungswicklung *f* power winding
Leitadresse *f (Dat)* leading [key] address
Leitband *n* 1. *(Dat)* master tape; 2. s. Leitungsband
Leitbefehl *m (Nrt)* routing directive
leiten *v* 1. conduct *(Strom, Wärme)*; 2. *(Nrt)* route
Leiter *m* conductor; core *(Kabel)*
Leiterabstand *m* conductor spacing *(gedruckte Schaltung)*
Leiterbahn *f* (conducting) track, conductive track, conductor line [path], interconnection trace
Leiterbild *n* conductor [conductive] pattern, wiring [circuit] configuration, (board) pattern *(Leiterplatte)*
Leiterbreite *f* conductor width *(Leiterplatte)*
Leiter-Erde-Spannung *f* phase-to-earth voltage
Leiterisolation *f* conductor [wire, strand] insulation; core insulation *(bei Kabeln)*
Leiterkarte *f* printed circuit card, pc card, printed circuit board; edge board
Leiterkartensteckleiste *f* pcb [printed circuit board] connector, terminal strip connector
Leiter-Leiter-Abstand *m* phase-to-phase clearance
Leiterplatte *f* (printed) circuit board, pc board, pcb, printed (wiring) board, pwb, (printed wiring) circuit card • **auf der Leiterplatte** on-board
Leiterplatte *f*/**bestückte** assembled printed circuit board, printed circuit assembly
Leiterplattenanschluss *m* printed circuit connection
Leiterplattenbestückung *f* pcb insertion; pcb assembling
Leiterplattenreinigungsmaschine *f* circuit board cleaning machine

Leiterplattensteckerleiste *f* pcb [terminal swip] connector
Leiterplattentechnik *f* printed circuit technique; printed circuit technology
Leiterseil *n* stranded conductor
Leiterspannung *f* line voltage; circuit voltage *(zwischen Phasen)*
Leiterstab *m* bar
Leiterzug *m* (conducting) track, conductor run, (printed circuit board) trace, wiring path [track] *(einer Leiterplatte)*
Leiterzugbreite *f* conductor [line] width
Leiterzugdicke *f* conductor thickness
Leiterzugeinschnürung *f* reduced conductor width, line width reduction
Leitfaden *m* guideline
Leitfähigkeit *f* conductivity, conductance
Leitfähigkeitsmessgerät *n* conductivity [conductance] meter, conductivity measuring instrument, conductometer
Leitfähigkeitstransistor *m* conductivity transistor
Leitfeuer *n* leading light
Leitfolie *f* conductor [conductive] foil
Leitfunkstelle *f (Nrt)* directing [net-control] station
Leitlack *m* conductive lacquer [ink], conducting [conductive] varnish
Leitplan *m (Nrt)* routing chart
Leitprogramm *n (Dat)* master program, MP, main program; executive routine; supervisor, supervisory routine
Leitprozessor *m* main [master] processor
Leitrechner *m* master (computer); supervisory computer, host computer
Leitstelle *f (Nrt)* routing desk
Leitsteuerungsfunktion *f (Nrt)* primary function
Leitstrahl *m* 1. *(Fo)* guide [guiding, localizer] beam, equisignal line, radial; 2. radius vector *(Mathematik)*
Leitstrahlsender *m (Fo)* localizer, directional signalling beacon, equisignal radio-range beacon
Leitsystem *n* guidance system
Leitung *f* 1. (electric) line; (conducting) wire, cable; (flexible) lead; cord; main *(Hauptleitung)*; 2. conduit *(Kabelleitung)*; piping *(Rohrleitung)*; transmission line; circuit line; 3. conduction • **in der Leitung** on the

line • **in der Leitung bleiben** *(Nrt)* hold the line • **in die Leitung gehen** *(Nrt)* enter the line

λ/4-Leitung *f* quarter-wave line [conductor]

Leitung f/abhörsichere *(Nrt)* tap-proof line *(durch Verschlüsselung)*

"Leitung besetzt" *(Nrt)* line busy

Leitungen fpl/gebündelte bunched circuits

Leitungsabschlusseinheit *f (Nrt)* network termination; front end control element

Leitungsabzweigung *f* branching-off of conductor; branching of a circuit

Leitungsband *n* conduction [conductivity, conductance] band *(Energiebändermodell)*

Leitungsblockierung *f (Nrt)* lock-out

Leitungsbruch *m* cable break; line interruption, open-circuit fault

Leitungsbündel *n (Nrt)* bundle of trunks, circuit [trunk, junction] group, group of (junction) lines

Leitungscode *m* cable [line] code

Leitungscodierung f/ternäre *(Nrt)* ternary channel coding, ternary line coding

Leitungsdämpfung *f* 1. line attenuation *(Antennenleitung)*; standard cable equivalent *(in Standard Cable Miles)*; 2. line loss; transmission loss

Leitungsdraht *m* conducting [line] wire, conductor

Leitungsentzerrer *m (Nrt)* circuit equalizer

Leitungserdungsschalter *m* line grounding switch

Leitungsfeld *n* 1. *(Ee)* line section; line [feeder] bay *(Freiluftschaltanlagen)*; 2. *(An)* line [feeder] panel

Leitungsführung *f* 1. (electric) wiring, arrangement of conductors; 2. *(Nrt)* (cable) route; routing *(beim Schaltungsentwurf)*

leitungsgebunden line-conducted

Leitungsgeschwindigkeit *f* wire speed *(oft als Charakteristikum für die Verarbeitungsgeschwindigkeit, z. B. von Switches, verwendet: nur die Leitungsgeschwindigkeit begrenzt den Durchsatz)*

leitungsgesteuert line-controlled

Leitungskarte *f (Nrt)* line-up record

Leitungsklemme *f* cable clip; line [wiring] terminal; circuit clip

Leitungsknoten *m (Et)* node

Leitungsnachbildung *f* artificial (balancing) line, balancing network, line balance, equivalent line

Leitungsnetz *n* network, (power) system, public mains

Leitungsquetschverbinder *m* pressure wire connector

Leitungsrauschen *n* line [circuit] noise

Leitungsregler *m* line conditioner *(im Energieversorgungsnetz)*

Leitungsschutzdrossel *f* line choking coil

Leitungsschutzschalter* *m* circuit breaker; automatic cut-out; miniature circuit breaker

Leitungsschwingkreis *m* line resonator, resonant line (circuit) *(z. B. Lecher--Leitung)*

Leitungsstrom *m* 1. conduction current; 2. line current

Leitungstheorie *f* theory of transmission lines

Leitungstreiber *m* line [output] driver; line [output] transmitter

Leitungstrennschalter *m* feeder disconnector

Leitungsunterbrechung *f* (line) disconnection, cable interruption

Leitungsverlegung *f* (line) installation, wiring

Leitungsverlegung *f* **auf Putz** surface wiring

Leitungsverlegung *f* **unter Putz** buried [concealed] wiring

Leitungsverlust *m* 1. line [transmission] loss; mains leakage; 2. conduction loss

Leitungsvermittlung *f* **mit Hebdrehwählern [Drehwählern]** *(Nrt)* circuit switching with rotary selector *(Vermittlung mit Strowger-Wählern)*

Leitungswähler *m* 1. line driver; 2. *(Nrt)* final [line] selector

Leitungswiderstand *m* line [conductor] resistance

Leitungszugangsverfahren *n (Nrt)* link access procedure

Leitungszugriffssteuerung *f* line control

Leitverkehr *m (Nrt)* controlled communication

Leitweg

Leitweg m (Nrt) (traffic) route
Leitweglenkung f routing guidance [guide], (alternative) routing, re-routing
Leitwegplan m routing plan
Leitwert m s. 1. Leitwert/elektrischer; 2. Leitwert/komplexer
Leitwert m/**elektrischer** (electric) conductance (SI-Einheit: Siemens)
Leitwert m/**komplexer** admittance
Leitwert m/**magnetischer** magnetic conductance (SI-Einheit: Henry); permeance
Leitwert m/**mechanischer** mechanical admittance
Leitwert m/**ohmscher [reeller]** conductance (Wirkleitwert)
Leitwert m/**spezifischer** specific conductance, conductivity
Leitwert n (Dat) control word
Leitzahl f 1. (Nrt) routing code; guide number; 2. flash factor (Lichtblitz)
Lenkerblinkleuchte f handle-bar flash lamp
Lenkregelung f steering control
Leporelloformular n (Dat) endless [continuous] form
Lernautomat m learning automaton [machine]
Lesbarkeit f readability (von Zeichen)
Lesebetrieb m (Dat) read operation [mode]; sensing operation (Speicher); read mode
Lese-Cache m (Dat) read cache
Lesegerät n reader, reading device
Lesekopf m read(ing) head
Lesemarke f read mark
Lesemodulator m/**optischer** Pockels read-out optical modulator (auf dem Pockels-Effekt basierend)
Lesen n reading; sensing
Leseprogramm n reading program
Leser m reader
Lesereinheit f reader unit
Lese-Schreib-Kopf m read-write head
Leseschutz m fetch protection
Lesespur f read track
Lesestift m pin reader
Lesetaste f read-out (push) button
Lesewicklung f read winding [coil], sense winding
Lesezeit f 1. (Dat) read(ing) time; 2. display time (bei Sichtspeicherröhren)
Leuchtanzeige f illuminated display
Leuchtband n luminous row

Leuchtboje f light buoy
Leuchtbombe f illuminating [flash] bomb
Leuchtdauer f flash duration
Leuchtdecke f luminous [illuminated] ceiling
Leuchtdichte f (Ph) light density (SI--Einheit: Candela pro Quadratmeter, cd/m^2; $1 cd/m^2 = 1 Nit, USA$)
Leuchtdiode f light-emitting diode, LED, injection luminescence diode
Leuchtdiodenanzeige f LED display
Leuchtdrucktaste f illuminated push button
Leuchte f lighting fitting, (lighting) luminaire
Leuchte f/**wassergekühlte** water--cooled fitting
Leuchtelektron n optical [valency] electron
Leuchten n light emission; luminescence
Leuchtenaufhängung f luminaire suspension
Leuchtentyp m fitting type, type of lighting fitting
Leuchtfeld n luminous field
Leuchtfeuer n beacon
Leuchtfleck m 1. (luminous) spot (Katodenstrahlröhre); light spot; 2. (Fo) blip
Leuchtfleckdurchmesser m (luminous) spot diameter
Leuchtkörper m luminous [glow] body, illuminant
Leuchtpunktgröße f spot size
Leuchtreklame f advertising sign, luminous advertising
Leuchtröhre f 1. tubular discharge lamp; 2. cold-cathode (fluorescent) tube
Leuchtröhrenlampe f electric discharge lamp
Leuchtschirm m fluorescent [luminescent] screen; phosphor (viewing) screen
Leuchtstoff m luminescent material, luminophor, phosphor
Leuchtstofflampe f (tubular) fluorescent lamp
Leuchtstofflampenanlage f fluorescent lamp installation
Leuchtstoffröhre f tubular fluorescent

Lichtemission

lamp, high-voltage fluorescent tube, luminescent tube
Leuchttaste f illuminated [luminous] key
Leuchttaster m illuminated control push button, indicator push-button unit
Leuchtturm m lighthouse
Leuchtwählscheibe f (Nrt) luminescent dial
Leuchtwanne f trough fitting
Leuchtzeichen f illuminated sign; flare [light] signal
Leuchtzentrum n light centre
L-Funktion f listener function (Interface)
L-Glied n L-network
LH-Band n low-noise high-output tape
Licht n light
Licht n/**abgehendes** launched light
Licht n/**diffuses** diffused light
Licht n/**durchfallendes** transmitted light
Licht n/**einfallendes** incident light
Licht n/**einfarbiges** monochromatic light
Licht n/**eingekoppeltes** launched light
Licht n/**elliptisch polarisiertes** elliptically polarized light
Licht n/**farbiges** coloured light
Licht n/**gedämpftes** subdued [soft] light
Lichtabschirmung f light shield
lichtabsorbierend light-absorbing
Lichtaktivierung f light activation
Lichtanlage f electric light plant, electric lighting installation
Lichtausbeute f light [luminous] efficiency, light yield
Lichtband n luminous row
Lichtblitz m light flash, lightning stroke
Lichtblitzstroboskop n stroboscope
Lichtbogen m (electric) arc
Lichtbogenabbrand m arc erosion
Lichtbogenabfall m arc drop
Lichtbogenbegrenzer m arc limiter
Lichtbogenbeständigkeit f arc stability
Lichtbogendurchzünden n arc-back
Lichtbogenentladung f arc discharge
Lichtbogenerdschluss m arc earth fault, arcing ground
Lichtbogenfestigkeit f arc resistance, resistance to arc(ing)
Lichtbogenflackern n arc flicker
Lichtbogenfunke m arc spark
Lichtbogenfußpunkt m cathode point [root]; anode point [root]
Lichtbogengleichrichter m arc rectifier

Lichtbogenhörner npl secondary arcing contact, arcing horn
Lichtbogenkamin m arc flue
Lichtbogenkammer f arc chamber
Lichtbogenkurzschluss m arcing short circuit
Lichtbogenlöschblech n arc splitter
Lichtbogenlöscheinrichtung f arc quenching device, arc control device [system]
Lichtbogenlöschgefäß n arc control pot
Lichtbogenlöschkammer f arcing [arc quench] chamber (Löschrohrableiter); blow-out chute, arc chute (Schalter)
Lichtbogenlöschmedium n arc quenching medium
Lichtbogenlöschspule f arc extinction coil, arc-suppression coil
Lichtbogenlöschung f arc extinction [control, suppression], quenching of the arc
Lichtbogenlöschzeit f arc extinction time
Lichtbogenlöten n arc brazing [hard soldering]
Lichtbogenofen m (electric) arc furnace
Lichtbogensäule f arc column
Lichtbogenschneiden n (electric) arc cutting
Lichtbogenschutz m 1. arc shield; 2. flash guard (Blendschutz)
Lichtbogenschutzhorn n arcing horn
Lichtbogenschweißen n (electric) arc welding
Lichtbogensender m arc transmitter
Lichtbogenspur f arc track
Lichtbogenstrecke f arc gap, arcing air gap
Lichtbogenüberschlag m arcing-over, arc-over, arc flash-over
Lichtbogenüberschlagweite f arcing distance
Lichtbogenverlust m arc-drop loss (im Lichtbogen); arc loss (in Röhren)
Lichtbogenzeit f arc(ing) time
Lichtbogenzischen n arc hissing
Lichtbogenzündung f arc ignition [starting]
Lichtdurchlässigkeit f light transmission [transmittance], transparency
lichtelektrisch photoelectric
Lichtemission f light emission

Lichtempfänger

Lichtempfänger m optical receiver, light detector

Lichtempfindlichkeit f photosensitivity, sensitivity to light, luminous sensitivity; photoresponse

Lichtfleck m light spot, spot [patch] of light

Lichtfluss m light [luminous] flux

Lichtfluter m floodlight fitting [projector], floodlighting lantern

lichtgekoppelt photocoupled

Lichthupe f flash light *(bei Kraftfahrzeugen)*

Lichtkabel n lighting cable, electric light cable

Lichtkegel m light [illuminating] cone, cone of light

Lichtleiter m light guide [pipe, line], optical guide; optical [glass] fibre

Lichtleiterkanal m fibre channel, FC *(ein Übertragungsstandard für Speichernetzwerke)*

Lichtleiterstecker m optical connector

Lichtleiterverbindung f fibre-optic transmission link

Lichtleitfaser f (optical) fibre

Lichtleitfasergyroskop n *(Mess)* Sagnac interferometer, (optical-fibre) interferometer, optical [fibre] loop gyroscope

Lichtleitfaserkern m optical-fibre core

Lichtleitkabel n glass fibre cable

Lichtleitung f 1. light conduction, guidance of light *(Faseroptik)*; 2. lighting mains *(Anlage)*

Lichtmarke f light spot [marker]

Lichtmarkengalvanometer n light-spot galvanometer, reflecting galvanometer

Lichtpunkt m light spot, spot [point] of light

Lichtpunktabtaster m flying-spot scanner, light-spot scanner

Lichtpunktabtastung f flying-spot scanning, light-spot scanning

Lichtpunktspeicher m flying-spot store

Lichtquelle f light [luminous] source

Lichtraumprofil n obstruction gauge limit *(Transformatoren, elektrische Großmaschinen)*

Lichtraumprofil n für Dachstromabnehmer pantograph clearance gauge *(IEC 50-811)*

Lichtrelais n light relay *(Lichtschalter)*; photoelectric relay *(auf photoelektrischer Basis)*

Lichtschranke f 1. light barrier; on-off--photocell control device; 2. photosensitive relay

Lichtschreiber m light pen; galvanometer recorder

Lichtschreibstift m light pen; galvanometer recorder

Lichtsignal n light [optical] signal

Lichtstärke *(Ph)* luminous intensity *(SI--Einheit: Candela, cd)*

Lichtstärkenormal n standard lamp for luminous intensity, luminous intensity standard

Lichtstrahl m light ray [beam], ray of light

Lichtstrahloszillograph m moving-coil oscillograph, Duddell [loop, galvanometer] oscillograph

Lichtstrom m luminous flux; light flux

Lichtstromabfallkurve f lumen maintenance curve

Lichtstromdichte f luminous flux density

Lichttechnik f lighting [illuminating] engineering

Lichttelefon n photophone

Lichttonaufnahmegerät n optical [photographic] sound recorder

Lichttonspur f optical sound track

Lichtwellenleiter m (optical) waveguide; (optical) fibre

Lichtwellenleiter m/ummantelter jacketed optical fibre, coated optical fibre

Lichtwellenleiteranschluss m 1. fibre optic pigtail; fibre optic connector; 2. fibre optic connection

Lichtwellenleiterbündel n optical fibre bundle

Lichtwellenleiter--Datenübertragungssystem n fibre optic data transmission system

Lichtwellenleiterkabel n optical-fibre cable

Lichtwellenleitertechnik f fibre optics, optical guided-wave technology

Lichtwellenleiter-Teilnehmerkabel n subscriber optical fibre cable

Lichtwellenleiterübertragung f optical--fibre transmission

Lichtwellenleiter--Übertragungsstrecke f fibre-optic

Lochbandaufzeichnung

transmission link, (optical) fibre communication link
Lichtwellenleiterverbindung *f* optical-fibre link; fibre-optic (transmission) link
Lichtzeiger *m* light [flashlight] pointer *(zur Projektion)*; luminous spot *(auf Messinstrumenten)*
Lichtzeigergalvanometer *n* light-beam galvanometer
Lichtzündung *f* light firing [activation] *(Thyristor)*
Lieferant *m* supplier
liefern *v* supply, deliver *(z. B. Energie)*; donate *(z. B. Elektronen)*; yield
Liefertrommel *f* shipping reel *(für Kabel)*
LIFO *(Dat)* last-in-first-out *(Speicherprinzip, bei dem die zuletzt eingegebenen Informationen als erste wieder ausgelesen werden)*
LIFO-Prinzip *n (Dat)* last-in-first-out *(Speicherprinzip, bei dem die zuletzt eingegebenen Informationen als erste wieder ausgelesen werden)*
LIFO-Speicher *m* LIFO [last-in-first-out] stack, push-down store [stack]
Lift *m* lift, elevator
Liliputröhre *f* miniature tube
LIN-BUS LIN-BUS *m (Bussystem im Automobil, 20 kbit/s)*
linear linear; flat *(Frequenzgang)*
Linearantrieb *m* linear drive
Linearbeschleuniger *m* linear accelerator *(für Teilchen)*
Linearität *f* linearity
Linearitätsbereich *m* linear range, zone of linearity *(z. B. einer Kennlinie)*
Linearitätsfehler *m* linearity error
Linearmotor *m* linear motor
Linearmotor *m***/asynchroner** asynchronous linear motor, travelling-field (induction) motor
Linearschaltkreis *m* linear circuitry
Linie *f* line
Linie *f***/strichpunktierte** dash-dotted line, dash-and-dot line
Linienabstand *m* line spacing
Linienauflösung *f* line-space resolution
Linienmikrofon *n* line microphone *(mit scharfer Richtwirkung)*
Linienverschiebung *f* line shift
Linienwähleranlage *f (Nrt)* intercommunication plant
Linienwähleranlage *f***/private** house telephone system

Linienzug *m (Nrt)* route
Link *m* link
Linke-Hand-Regel *f* left-hand rule, Fleming's rule
Linker *m (Dat)* link editor
linksbündig left-justified
Linksdrehung *f* 1. counterclockwise [anticlockwise, left-hand] rotation; 2. laevorotation *(optische Aktivität)*
Linksschieberegister *n* shift-left register
Links-Schrägstrich *m (Dat)* back slash *(Trennzeichen an der PC-Befehlseingabeaufforderung C:\> und zu Verzeichnis-Namen in der Datei-Pfad-Angabe)*
Link-Trainer *m* Link trainer *(Flugsimulator)*
Linse *f* lens
Linsenantenne *f* lens aerial
Linsenfassung *f* lens mount [cell]
Linsenscheinwerfer *m* (lens) spotlight
Linsenschirm *m (Fs)* gobo, flag
Linux-Anwender-Vereinigungen *fpl (Dat)* Groups of Linux Users Everywhere
Lippe *f* lip
Lippenmikrofon *n* lip microphone
Liste *f* list; schedule; file
Listendatei *f* report file
Listendruck *m (Dat)* list print(ing), listing
Listendrucker *m (Dat)* list printer, lister
Listenerfunktion *f* listener function *(Interface)*
Listenfunktion *f (Dat)* tally function
Lithium-Batterie *f (Ko)* lithium battery
Litze *f* stranded wire [conductor], strand; litz (wire), litzendraht *(Hochfrequenzlitze)*
Loch *n* 1. hole; 2. *(Me)* (positive) hole, p-hole, defect electron
Lochband *n (Dat)* punched (paper) tape, (paper) tape
Lochband *n***/codiertes** coded punched tape
Lochband *n***/gestanztes** punched (paper) tape
Lochbandabtaster *m* (punched-)tape reader
Lochbandabtastung *f* tape sensing, (punched-)tape reading
Lochbandaufzeichnung *f* punched-tape record

Lochbandausgabe f punched-tape output
Lochbandeingabe f punched-tape input
lochbandgesteuert punched-tape controlled
Lochbandkarte f punched-tape card, edge-punched card
Lochbandleser m punched-tape reader, (paper) tape reader
Lochbandleser m/**photoelektrischer** photoelectric tape reader
Lochbandleser m/**schneller** high-speed paper tape reader
Lochbandlocher m punched-tape punch, (paper) tape punch
Lochband-Lochkarte-Umsetzer m punched-tape to punched-card
Lochblende f aperture plate; anode aperture *(Katodenstrahlröhre)*; pinhole aperture
Loch-Elektron-Paar n hole-electron pair *(Halbleiter)*
Locher m punch, perforator
Löcheranteil m *(Me)* hole component
Löcherbeweglichkeit f *(Me)* hole mobility
Löchereinfang m *(Me)* hole trapping [capture]
Löcheremission f *(Me)* hole emission
Löcherfalle f *(Me)* hole trap
Löcherfangstelle f *(Me)* hole trap
Löcherkonzentration f *(Me)* hole concentration
Löcherlebensdauer f *(Me)* hole lifetime
Löcherleitfähigkeit f *(Me)* hole conductivity
Löcherleitung f *(Me)* hole [p-type] conduction
Löcherstrom m *(Me)* hole current
Lochfraßkorrosion f pitting corrosion
Lochgeschwindigkeit f punching rate
Lochkartenausgabegerät n punched-card output device
lochkartengesteuert punched-card-controlled
Lochkartenleser m punched-card reader [interpreter]
Lochkartenprogrammierung f punched-card programming
Lochkartenübersetzer m punched-card interpreter
Lochmaske f *(Fs)* shadow [aperture] mask

Lochmaskenröhre f *(Fs)* three-gun shadow-mask kinescope
Lochplattierung f (in-)hole plating *(Leiterplatten)*
Lochscheibe f chopper [chopping] disk
Lochstanzen n *(Dat)* hole punching
Lochstreifen m (punched) paper tape, perforated tape
Lochstreifenempfänger m *(Nrt)* reperforator
Lochstreifensender m *(Nrt)* tape transmitter
Lochstreifensendung f *(Nrt)* tape transmission, auto-transmission
Lochstreifenstanzer m (paper-)tape punch, tape perforator
Lochstreifenübertragung f *(Nrt)* perforated tape transmission
Lochtaster m key punch
Lochung f 1. punching; 2. perforation; punch
Lock-in-Gleichrichter m lock-in detector
LOCMOS local oxidation of metal-oxide semiconductor *(Maskentechnik)*
LOCOS local oxidation of silicon *(Maskentechnik)*
Logatom n *(Ak)* logatom, nonsense syllable
Logik f logic
Logik f/**Emitter-Emitter-gekoppelte** emitter-emitter-coupled logic, EECL
Logik f **programmierbarer Datenfelder [Felder]** programmable array logic, PAL
Logikanalyse f logic analysis
Logikanordnung f logic array
Logikanordnung f/**elektrisch programmierbare** electrically programmable logic array
Logikanordnung f/**programmierbare** programmable logic array, PLA
Logikanordnung f/**vom Anwender programmierbare** field-programmable logic array
Logikbaustein m logic unit [building block], logic module
Logikdiagramm n logic diagram
Logikeinheit f logic unit
Logikentwurf m logic design
Logikpegelanzeige f logic level display
Logikprüftabelle f logic check table
Logikschaltkreis m logic circuit

Logikschaltung f logic(al) circuit, logic array
Logiktastkopf m logic probe
Logiktransistor m logic transistor
Logikwandler m logic converter
logisch hoch logical high
Lokalstromwiderstand m local current resistance
Lokomotive f/**elektrische** electric locomotive
Lokomotive f **mit Einzelradsatzantrieb** individual axle drive locomotive
Lokomotivtransformator m (Ma) locomotive transformer, electromotive transformer
Loktalröhre f loktal [loctal] tube, loktal valve
Loran n (Fo) long-range navigation (system), loran
Losbrechmoment n breakaway torque
löschbar/nicht non-erasable (z. B. ein Magnetband, ein Speicher)
Löschbarkeit f erasability (z. B. eines Magnetbands)
Löschbefehl m (Dat) clear instruction, erase [cancel] command
Löschbit n erase [resetting] bit
Löschdauer f arcing time (Sicherung, Ableiter)
Löschdiode f anti-surge diode
Löschdrossel f 1. (tape) eraser, tape degausser [demagnetizer] (Magnetband); 2. quenching choke
Löscheingang m clear input, reset(ting) input
Löscheinrichtung f erasing facility
löschen v 1. erase, delete, clear (z. B. Magnetband); reset (z. B. Speicher); 2. quench (Lichtbogen); extinguish (Feuer)
Löscher m extinguisher; quencher
Löschfunke m quenched spark
Löschfunkensender m quenched--spark transmitter
Löschfunkenstrecke f quenching gap, (quenched) spark-gap (z. B. bei Ableitern)
Löschimpuls m 1. erase pulse [signal], reset pulse; 2. quenching pulse
Löschkammer f 1. arcing chamber (bei Löschrohrableitern); 2. explosion chamber (z. B. bei Leistungsschaltern); 3. arc chute, blow-out chute (beim Schalter)

Löschkopf m erase [erasing] head (Tonbandgerät)
Löschkreis m 1. quenching circuit; 2. (Le) commutating circuit
Löschmittel n quenching [arc--extinguishing] medium
Löschrohrableiter m expulsion-type arrester, line-type expulsion arrester, (expulsion) protector tube; transmission-class expulsion-type arrester (Freileitungstyp); distribution--class expulsion-type arrester (Netztyp)
Löschschaltung f (Le) quenching circuit
Löschsignal n (Dat) erase signal
Löschspannung f (deionization) extinction voltage, extinction potential
Löschspule f quenching [blow-out] coil
Löschstrom m erasing current; extinction current (minimaler Strom zur Aufrechterhaltung einer Gasentladung)
Löschtaste f delete [erase, clear] key, cancel(lation) key
Löschthyristor m quenching thyristor
Löschung f 1. erasure, deletion, clearing (z. B. Magnetband); reset (Speicher); 2. (arc) quenching (Entladung); 3. extinction
Löschzeit f 1. deionization time (im Lichtbogen); 2. erasing [erase] time
Löschzweig m turn-off arm
Lose f actual clearance (in Antriebssystemen)
Losgröße f (Qu) batch size
Loslager n (Ma) loose bearing (DIN 6790)
Lot n solder
Lot n/**bleifreies** RoHS (im Gegensatz zum bleihaltigen Lot)
Lötanschluss m soldered connection; solder(-type) terminal, soldering terminal
Lötauge n soldering eye [tag, pad, land], eyelet
Lötautomat m automatic soldering machine
Lötdraht m solder wire, wire solder
löten v solder
Lötfahne f solder(ing) lug, solder(ing) tag
Lötfett n soldering paste
Lötflussmittel n (soldering) flux
Löthülse f solder cup
Lötklemme f soldering terminal
Lötkolben m (soldering) iron
Lötmaske f solder(ing) mask

Lötöse f soldering lug [tag, eye], pad
Lötösenleiste f soldering-lug strip; terminal board
Lötpunkt m soldering point
Lötschweißen n braze welding
Lötseite f (flow) solder side, opposite [solder dip] side *(einer Leiterplatte)*
Lötstelle f soldering point; (soldered) joint, junction
Lötstelle f **des Thermoelements** thermocouple junction, thermojunction
Lötstelle f/**heiße** hot junction
Lötstelle f/**kalte** dry junction, dry [cold, faulty soldered] joint
Lotung f sounding *(mit Echolot)*
Lötwasser n soldering fluid [liquid]
Lötzinn n soldering tin, tin-base solder
Low-Zustand m *(Dat)* low
LPE *(Me)* liquid-phase epitaxy
L-Pegel m 1. low (level), low state *(unterer Signalpegel bei Binärsignalen)*; 2. *(Dat)* low level *(logischer Pegel)*
LPL-Schaltung f low-power logic circuit
LSB *(Dat)* least significant bit
LSI *(Me)* large-scale integration
LSI-Schaltkreis m *(Me)* large-scale integrated circuit
LSL low-speed logic
Lücke f gap, interstice; (lattice) vacancy *(Kristall)*
Lückenzeichen n gap character
Lückenzeit f *(Nrt)* blackout time
Luft f air
Luft f/**entfeuchtete** dehydrated air
Luftblase f air bubble, blister
luftdicht airtight
Luftdrossel f air-core choke, air-cored reactor
Luftdruckschalter m compressed-air circuit breaker, air-blast circuit breaker, pneumatic pressure switch
Luftdurchschlag m air discharge [spark-over]
Lufteinschluss m air inclusion *(z. B. in Isoliermaterial)*
Lüfter m fan, blower, ventilator, ventilating fan, (air) extraction fan
Lüftergeräusch n fan noise
Lüfterhaube f fan bonnet
Lufterhitzer m air heater, air-heating apparatus

Luftfahrtleuchtfeuer n aeronautical beacon [ground light]
Luftfeuchte f air humidity [moisture]
Luftfunkenstrecke f spark gap in air
luftgekühlt air-cooled; fan-cooled
luftisoliert air-insulated
Luftkabel n aerial [overhead] cable
Luftkühlung f air cooling
Luftlasttrenner m air-break switch disconnector
Luftleitblech n air baffle
Luftleuchten n *(Licht)* air glow
Luftraum m 1. air space [gap] *(Zwischenraum)*; 2. airspace
Luftraum m/**überwachter** *(Nrt)* controlled airspace
Luftschall m airborne sound, air-borne noise
Luftschallakustik f aeroacoustics
Luftschalldämpfung f airborne sound attenuation
Luftschallisolation f airborne noise isolation
Luftschalllot n aerial sounding line
Luftschalter m air switch [circuit breaker], air-break switch(gear)
Luftschaltstrecke f air break gap
Luftschütz n air-break contactor
Luftspalt m air gap; magnet gap *(Magnet)*; head gap *(Tonkopf)*
Luftspule f air coil, air-cored coil
Luftstrecke f clearance
Luftstromschalter m air-blast circuit breaker
Lufttrenner m air-break disconnector
Lufttrennstrecke f 1. air break; 2. *(An)* isolating air gap
Lüftung f ventilation, airing, aeration
Luftverkehrs-Alarm- und Kollisionsverhütungs-System n *(Fo)* Traffic Alert and Collision Avoiding System, TCAS *(bodenunabhängiges Kollisions-Warnsystem für Flugzeuge im Cockpit; spezifische Ausrüstung aller Flugzeuge mit Transponder und Interrogator)*
Luftverkehrskontrollsystem n air--traffic control system
Luftzwischenraum m air space [gap]
Lumen n lumen, lm *(SI-Einheit des Lichtstroms)*
Lumenmeter n lumen meter
Lumensekunde f lumen-second, lms *(SI-Einheit der Lichtmenge)*

Lumineszenzanzeige f electroluminescent display
Lumineszenzbildröhre f luminescence-screen tube
Lumineszenzdiode f light-emitting diode, LED, luminescence [luminescent] diode
Lumineszenzdiode f **rot-grün** red-green light-emitting diode
Lumineszenzhalbleiter m luminescence semiconductor
Lux n lux, lx *(SI-Einheit der Beleuchtungsstärke)*
Luxmeter n lux(o)meter, illumination photometer
Luxsekunde f lux-second, lxs *(SI-Einheit der Belichtung)*
LWL-Dämpfung f *(Nrt, Fs)* fibre loss
LWL-Übertragung f *(Nrt)* transmission by optical fibre, transmission by optical waveguide
L-Zustand m 1. L state, one-state; 2. low (state), L state *(logischer Zustand)*

M

MAC s. Nachrichten--Authentifizierungscode
MAC-Adressübersetzung f MAC address translation, MAT *(eine Technik, die z. B. im Zusammenhang mit Lastverteilungsmechanismen bei Servern eingesetzt werden kann)*
machen v/**aktiv** activate
machen v/**Licht** light up
machen v/**stromlos** de-energize, make dead
Machzahl f Mach number
Macro m *(Dat)* macro *(Zusammenfassung von Befehlen einer Programmiersprache)*
Madistor m madistor *(Magnetdiode)*
MADT mircoalloy diffused transistor, MADT
Magnet m magnet
Magnetaufzeichnungsverfahren n magnetic recording technique
Magnetband n magnetic (recording) tape, tape
Magnetband-Abspielgerät n **mit Ohrhörer/tragbares** *(Ko)* portable compact-cassette player with earphones *(Walkman®; bis 90 min Abspieldauer)*
Magnetbandaufnahme f 1. magnetic (tape) recording; 2. tape record
Magnetbandaufzeichnung f magnetic (tape) recording
Magnetbandeinheit f magnetic tape unit
Magnetbandgerät n magnetic tape recorder
Magnetbandkassette f (magnetic) tape cassette, (tape) cartridge, cartridge tape
Magnetbandlaufwerk n tape drive, deck
Magnetbandleser m magnetic tape reader
Magnetbandspur f magnetic tape track
Magnetbremse f magnetic brake
Magnetbrummen n magnetic hum
Magnetdetektor m magnetic detector
Magnetdiode f magneto diode, madistor
Magnetfeld n magnetic field
Magnetfelddichte f magnetic field [flux] density, magnetic induction
Magnetfeldlinie f line of magnetic field strength, magnetic line of force [flux]
Magnetfeldstärke f magnetic field intensity [strength]
Magnetfluss m magnetic flux
Magnetfluss m/**permanenter** permanent-magnetic flux
magnetisch magnetic(al)
Magnetisierbarkeit f magnetizability, ability to be magnetized
magnetisieren v magnetize
Magnetisierungskurve f magnetization curve [characteristic], B-H curve, saturation curve
Magnetisierungsschleife f hysteresis loop [cycle], curve of cyclic magnetization, cycle of magnetization
Magnetisierungswärme f heat of magnetization
Magnetismus m 1. magnetism; 2. magnetics *(als Lehre)*
Magnetjoch n magnet yoke [frame]
Magnetkarte f *(Dat)* magnetic card
Magnetkern m magnetic core, core
Magnetkernspeicher m magnetic core memory [store], core memory
Magnetkopf m magnetic head, head

Magnetkreis *m* magnetic circuit; magnetic flux guide
Magnetkupplung *f* magnetic clutch *(bei Wellen)*
Magnetlager *n* magnetic (suspension) bearing
Magnet-Lese-Schreib-Kopf *m* magnetic read-write head
Magnetnadel *f* magnetic needle
Magnetohydrodynamikgenerator *m* magnetohydrodynamic [MHD] generator
magnetostriktiv magnetostrictive
Magnetplatte *f* magnetic disk, platter
Magnetplatte *f*/**flexible** diskette, floppy disk, (magnetic) flexible disk
Magnetplattenaufzeichnung *f* magnetic disk recording
Magnetplattenspeicher *m* magnetic-disk memory [store], magnetic-plate store, magnetic disk
Magnetpol *m* magnetic pole
Magnetpulverkopplung *f* magnetic particle coupling
Magnetron *n* magnetron
Magnetschalter *m* solenoid(-operated) switch; contactor *(magnetisches Relais)*
Magnetschütz *n* magnetic cut-out
Magnetschwebesystem *n* magnetic levitation system
Magnetsonde *f* magnetic field probe
Magnetspeicher *m* magnetic memory [store]
Magnetspule *f* magnet(ic) coil; solenoid coil
Magnetspur *f* magnetic [recording] track
Magnetstreufeld *n* magnetic stray field
Magnettonaufzeichnung *f* magnetic sound record(ing)
Magnettonband *n* magnetic (recording) tape
Magnettongerät *n* digital audio tape recorder, DAT recorder
Magnetverstärker *m* magnetic [magneto-resistive] amplifier, transductor; amplistat
Mailbox *f* **für Internet-Nutzer** *(Dat)* bulletin board system, BBS
Mailbox-Prinzip *n* *(Nrt)* Mailbox principle
Mailbox-System *n* bulletin board system, BBS

Mail-Exchanger *m* mail exchanger
Mail-Transferagent *m* mail transfer agent, MTA
makeln *v* *(Nrt)* toggle
Makimoto's Welle *f* Makimoto's Wave *(Gestzmäßigkeit der Halbleiterentwicklung)*
Makro *n* *(Dat)* macro *(Zusammenfassung von Befehlen einer Programmiersprache)*
Makroanweisung *f* *(Dat)* macroinstruction
Makroassembler *m* *(Dat)* macroassembler, macroassembling program
Makroprogramm *n* *(Dat)* macroprogram
Makrosprache *f* *(Dat)* macrolanguage
Makrozelle *f* *(Dat)* macrocell
Mangelelektron *n* electron hole
Mangelhalbleiter *m* defect [p-type] semiconductor, hole conductor
Mannloch *n* manhole, inspection opening
Manometer *n* manometer, (pressure) gauge
Mantel *m* cover, coat; sheath(ing) *(Kabel)*; jacket, shell
Mantel *m* **für Wasserkühlung** water--cooling jacket
Mantel *m*/**halbleitender** semiconducting jacket
Mantel *m*/**optischer** (fibre) cladding *(eines Lichtwellenleiters)*
Mantelabscheidung *f* cladding deposition *(Lichtwellenleiter)*
Mantelbrechungsindex *m* cladding index *(Lichtwellenleiter)*
Manteldurchmesser *m* cladding diameter *(Lichtwellenleiter)*
Manteldurchmesserabweichung *f* cladding surface diameter deviation
Mantelelektrode *f* covered [coated] electrode
Mantelexzentrizität *f* cladding eccentricity *(Lichtwellenleiter)*
Mantelheizkörper *m* mantle-type heater
Mantelheizung *f* jacket heating
Manteltransformator *m* shell-type transformer
MAOS metal-aluminium oxide semiconductor
MAP manufacturing automation protocol, MAP *(Fabrikbus,*

Standardisierungsmodell für Schnittstellen in der Fertigung)
Marke *f* 1. markup; mark; label; tag; 2. *(Dat)* sentinel *(Hinweissymbol)*
Markengeber *m* marker (generator), event marker (unit), marking generator
markieren *v* mark; label; tag
Markierung *f* 1. marking; labelling *(z. B. mit Isotopen)*; 2. mark, marker; label; tag
Markierungsbit *n (Dat)* flag bit *(Programmierung)*
Markierungsfunkfeuer *n* radio marker beacon
Markierungszeichen *n* 1. mark; flag; 2. *(Dat)* flag bit *(Programmierung)*
Markup *n (Dat)* markup *(Markierung)*
Masche *f* 1. *(Et)* mesh *(in Netzwerken)*; delta network *(aus drei Zweigen bestehend)*; 2. *(Rt)* loop
Maschenregel *f* mesh rule
Maschenschaltung *f* mesh [delta] connection
Maschenstrom *m* mesh current
Maschine *f* machine; engine; motor
Maschinenadresse *f (Dat)* machine address
Maschinenbefehl *m (Dat)* machine instruction
maschinenlesbar machine-readable
maschinenorientiert machine-oriented, computer-oriented *(z. B. Programmsprache)*
Maschinenprogramm *n (Dat)* machine program [routine]
Maschinensatz *m* 1. set (of machines); 2. *(Ma)* cascade set
Maschinensprache *f (Dat)* machine [computer] language, machine code, MC, object language
Maser *m* maser, microwave amplification by stimulated emission of radiation
Maserstrahlung *f* maser radiation
Maske *f (Me, Fs)* mask
Maskengenerator *m (Dat)* screen edit generator
Maskenloch *n (Fs)* shadow mask hole *(Farbbildröhre)*
Maskierung *f (Me)* masking
Maß *n* 1. measure; 2. dimension; 3. gauge
Masse *f* 1. *(BE)* earth, *(AE)* ground *(Erdanschluss)*; 2. mass; 3. compound

Masseanschluss *m* earthing; mass [frame] connection
Masseband *n* homogeneous tape *(Tonband)*; metal-powder tape, metal--alloy tape
Masseebene *f* earth plane *(Leiterplatten)*
Masse-Energie-Beziehung *f* mass--energy relation
Maßeinheit *f* unit (of measurement), measurement unit
Massekabel *n* compound-impregnated cable, solid-type cable
Massen-E-Mail *f/unangeforderte* unsolicited bulk E-mail
Massenspeicher *m* mass memory, mass storage device, file memory [store], bulk storage
Massenträgheit *f* mass inertia, inertia
Masseverbindung *f* earth connection *(Erdanschluss)*; bonder
Maßgenauigkeit *f* accuracy of size
Maßstab *m* 1. scale; 2. rule
Maßsystem *n* system of units
Mast *m* tower, pylon *(für Hochspannungsleitungen)*; mast *(Antenne)*; pole, post
Mastbeleuchtung *f* tower lighting
Master *m* master *(z. B. steuerndes Gerät, Aufzeichnungsoriginal)*
Master-slave-Betrieb *m (Dat)* master--slave operation *(Verbundsystem mit großer Leistung und Speicherkapazität)*
Master-slave-Einheit *f (Dat)* master--slave unit
Master-slice-Technik *f (Me)* master--slice technology
Masttrenner *m (Ap)* pole isolator
Material *n/halbleitendes* semiconducting material
Material *n/leitfähiges* conductive [conducting] material
materialeigen *(Me)* intrinsic
Materialwanderung *f* 1. material [contact] transfer *(in elektrischen Kontakten)*; 2. creep of material
Matrixdrucker *m* matrix-printer; dot--matrix printer
Matrixschaltkreis *m* matrix (integrated) circuit *(Festkörperschaltkreis)*
Matrixspeicher *m* matrix memory [store], array store
Matrixstromrichter *m* matrixinverter

matt

matt mat(t), dull *(Oberfläche)*; flat *(z. B. Farbe)*; frosted *(Glas)*; tarnished *(Metall)*
Mattglas *n* frosted [ground] glass
Mattscheibe *f* 1. focussing screen; 2. s. Bildschirm
Maus *f* mouse (device), cursor-steering device; control ball
Maus *f/kabellose (Dat)* wireless mouse, radio mouse
Maustreiber *n (Dat)* mouse driver *(Programm zur Maussteuerung)*
Maximalrelais *n* maximum (current) relay, overcurrent relay
Maximalschalter *m* maximum current circuit breaker, overload switch
Maximalwert *m* maximum (value), peak value
Maximum *n* maximum; peak • **mit zwei Maxima** double-humped
Maximumanzeiger *m* peak-reading indicator; demand attachment *(eines Zählers)*
Maximum-Minimum-Thermometer *n* maximum and minimum thermometer
Maximum-Minimum-Verhältnis *n* peak-to-valley ratio
MAYDAY *(Nrt)* MAYDAY *(internationales Notrufzeichen)*
MCL multicollector logic
Mechatronik *f* mechatronics *(Kunstwort aus Mechanik und Elektronik)*
Mediaplayer *m (Dat)* mediaplayer (C)
Meeresakustik *f* ocean acoustics
Meereswärmekraftwerk *n* ocean temperature-gradient power station
Megapixel *n (Ko)* million pixel *(Bildauflösung von Digitalkameras; 2 - 18 Megapixel)*
Mehrachsenbahnsteuerung *f* multi-axis continuous-path control, multi-axis contouring control *(z. B. bei Robotern)*
Mehradressencode *m (Dat)* multiple-address code
Mehradressenruf *m (Nrt)* multiaddress [multiple-address] call
mehradrig multicore, multiwire
Mehranodengleichrichter *m* multianode rectifier
mehrdeutig ambiguous; multivalued, many-valued
Mehrdiensteanschluss *m (Nrt)* multiservice station

mehrdrähtig multiple-wire
Mehrdrahtleiterplatte *f* multiwire (circuit) board
Mehrebenenleiterplatte *f* multilevel p.c. board
Mehrebenensteuerung *f (Rt)* multilevel control
Mehreinheitenrechner *m* multi-unit computer
Mehrfachabruf *m (Nrt)* multiple polling
Mehrfachanschluss *m* multiaccess point, multipoint access; multiaccess line
Mehrfachanschlussbetrieb *m (Ko)* multilink operation
Mehrfachanschlussleitung *f* party line
Mehrfachbetrieb *m (Nrt)* multiplexing, multiplex operation
Mehrfachfrequenzumtastung *f (Nrt)* multiple frequency shift keying
Mehrfachgebührenerfassung *f* repetitive metering
Mehrfachkondensator *m* multiple(-unit) capacitor, gang(ed) capacitor
Mehrfachkoppler *m (Dat, Nrt)* multiplexer
Mehrfachleitung *f* multiple [multiwire] line
Mehrfachmessgerät *n* universal measuring instrument, multipurpose instrument [meter], multimeter
Mehrfachmodulation *f (Nrt)* multiple [compound] modulation, multiplex modulation *(Frequenzfilterung)*
Mehrfachprozessor *m* multiprocessor
Mehrfachrahmen *m (Ko)* multiframe
Mehrfachrotorkäfigwicklung *f* multiple-cage rotor winding
Mehrfachsammelschiene *f* multiple bus
Mehrfachscanning *n* multiple-spot scanning
Mehrfachstecker *m* multiple (outlet) plug, multipoint [multicontact] plug *(Kontaktleiste)*; multipoint [multiway] connector; socket-outlet adapter
Mehrfachtelegraf *m* multiple [multiplex, multichannel] telegraph
Mehrfachübertragung *f* 1. *(Nrt)* multiplex [multiple] transmission; 2. multipath transmission
Mehrfachzugriff *m/* **frequenzgeschachtelter** *s.*

Meisterkarte

Mehrfachzugriff/
frequenzgeschachtelter
Mehrfachzugriff m/**frequenzgeteilter**
frequency-division multiple access,
FDMA
Mehrfadenlampe f multiple-filament
lamp, multi-filament light bulb
Mehrfaserkabel n multifibre cable
mehrgängig multi-turn *(eine Wicklung)*
Mehrgangpotenziometer n *(Mess)*
helipot
Mehrgitterröhre f multigrid [multiple-
-grid] valve; multielectrode valve
Mehrkanalbetrieb m *(Nrt)* multiplexing,
multiplex operation
Mehrkanalfernmeldesystem n
multichannel communication system
Mehrkanalfernsehen n multichannel
television
Mehrkanalfernsprechen n multichannel
telephony
Mehrkanalmagnetbandgerät n
multichannel tape recorder
Mehrkanalsystem n **mit unabhängigen
Seitenbändern** *(Nrt)* independent
sideband multichannel system
Mehrkreisempfänger m multituned
circuit receiver
Mehrlagenleiterplatte f multilayer
printed circuit [wiring] board,
multilayer p.c. board, multilayer
(circuit) board
Mehrlagenleiterplatte f/
**durchkontaktierte
[durchmetallisierte]** plated-through-
-hole multilayer printed circuit board
Mehrlagenleiterplattenloch n
multilayer hole
Mehrlagenleiterplattentechnik f
multilayer board technology, multi-
-layering
Mehrlagenschaltung f 1. multilayer
circuitry; 2. multilayer circuit
Mehrlagenwicklung f multilayer
winding
Mehrmotorenantrieb m multimotor
drive
Mehrphasengleichrichter m polyphase
rectifier
Mehrphasennebenschlussmotor m
polyphase shunt commutator motor
Mehrphasennetz n polyphase power
system

Mehrphasenreihenschlussmotor m
polyphase series commutator motor
Mehrphasensammelschiene f
polyphase bus
Mehrphasenstrom m polyphase
current
Mehrphasenstromkreis m polyphase
circuit
Mehrphasenstromrichter m polyphase
converter
Mehrphasenwechselstrom m
polyphase alternating current
Mehrphasenwicklung f polyphase
winding
Mehrpunktregler m *(Rt)* multipoint
[multiposition, multistep] controller
Mehrpunktsignal n *(Rt)* multipoint signal
Mehrpunktverbindung f *(Dat)* multipoint
connection, multidrop line *(zur
Konfiguration von Datennetzen)*
Mehrquadrantenantrieb m *(Ma)*
multiquadrant drive
Mehrrohrdurchführung f composite
bushing *(aus mehreren Dielektrika)*
Mehrröhrenempfänger m multivalve
receiver
Mehrschichttechnik f multilayer
technique
Mehrspuraufzeichnung f multitrack
recording
Mehrspurmagnetkopf m multitrack
head, multiple (magnetic) head, head
stock
Mehrstufenverstärker m multistage
[cascade] amplifier, multiple-stage
amplifier
Mehrsystemtriebfahrzeug n multi-
-system motor vehicle
Mehrwafermagazin n *(Me)* multiwafer
cartridge
Mehrwegeübertragung f *(Nrt)* multipath
transmission
Mehrwegverzweigung f multiway
branch
Mehrwortbefehl m *(Dat)* multiword
instruction
Mehrzweckleuchte f multipurpose
fitting
Mehrzweck-Mehrbereich-Instrument
n universal measuring instrument
Mehrzweckpunktschweißmaschine f
multipurpose spot welding machine
Meisterkarte f *(Dat)* master [guide,
register] card

Meisterschalter

Meisterschalter *m* master controller [switch]; auxiliary controller
Meisterwalze *f* master controller; barrel controller *(bei Anlassschaltern)*
Mel *n* mel *(Einheit der subjektiven Tonhöhenempfindung; Kurzzeichen: mel)*
Meldedauer *f (Nrt)* answer-signal delay
Meldeleitung *f (Nrt)* control line [circuit], record (operator's) line, record telling circuit
Meldeleuchte *f* signal lamp; indicating lamp
Melderelais *n* 1. signal [indicator] relay *(Anzeigerelais)*; 2. *(Nrt)* supervisory [pilot] relay
Meldung *f (Nrt)* message
Membran *f* membrane, diaphragm
Membran f/eingespannte stretched diaphragm
Membran f/semipermeable semipermeable membrane
Membranakkumulator *m* diaphragm accumulator, membrane battery
Membranantrieb *m* diaphragm actuator [drive] *(z. B. Stellmotor)*
Membranlautsprecher *m* diaphragm loudspeaker
MEMS *s.* System/mikro--elektromechanisches
MEMS *n* für den Hochfrequenzbereich RF-MEMS
MEMS *n* für die Biochemie Bio-MEMS
Menge *f* 1. quantity, quantum, amount; 2. collection *(Mathematik)*
Mengenregelung *f* quantity control; flow control
Mensch-Maschine-Beziehung *f (Dat)* man-machine relationship
Mensch-Maschine-Interaktion *f* human-computer interaction, HCI
Mensch-Maschine-System *n (Dat)* man-machine system
Menü *n* menu *(auf dem Bildschirm ausgegebene Zusammenstellung von Programmfunktionen zur Benutzerführung)*
Menüfeld *n* menu field
menügeführt menu-assisted, menu--driven
menügesteuert menu-assisted, menu--driven
Merker *m* flag, marker
Mesatransistor *m* mesa transistor

MESFET *m* metal-semiconductor field--effect transistor, MESFET
Messader *f* pilot wire *(Kabel)*; pressure wire *(im Druckkabel)*
Message-Digest *n* message digest, MD *(Konzentrat-Funktion einer Nachricht, z. B. MD5)*
Messanordnung *f* measuring arrangement [set-up], test [experimental] set-up
Messantastspitze *f* probe
Messbereich *m* measuring range, range of measurement
Messbereichsendwert *m* full-scale reading, rating *(auf der Skale)*
Messbereichserweiterung *f* range extension
Messbereichsschalter *m* meter (scale) switch, range switch
Messbrücke *f* (measuring) bridge
Messbürde *f* test burden
Messeinheit *f* measuring [measurement] unit *(einer technischen Einrichtung)*
Messeinrichtung *f* measurement device [equipment, facility, set-up], measuring apparatus [equipment]
Messempfindlichkeit *f* measuring sensitivity
messen *v* measure, meter; gauge; sense
Messergebnis *n* result of measurement, measuring [test] result, test reading
Messerkontakt *m* knife [blade] contact
Messfehler *m* measuring [metering] error, error of [in] measurement
Messfrequenz *f* measuring frequency; test frequency
Messfühler *m* (measuring) sensor, measuring [sensing, detecting, primary] element, detector; (measuring) probe, sensing head; pick-off, pick-up *(im Sinne von Geber)*
Messfunkenstrecke *f* measuring [calibrated] spark gap
Messgeber *m* 1. *(Ak)* pick-up; 2. *s.* Messwertgeber
Messgenauigkeit *f* accuracy of [in] measurement, measurement accuracy [precision], (measuring) accuracy
Messgerät *n* measuring device [instrument, apparatus, unit], meter; gauge

Metall-Nitrid-Oxid-Feldeffekttransistor

Messgeräteeichung f instrumentation calibration
Messgerätklemme f meter terminal
Messglied n measuring [pick-off] element; detector; discriminating element
Messgröße f quantity to be measured; quantity being measured, quantity under measurement; measurable variable; measured quantity [value]
Messinstrument n measuring instrument, meter
Messklemme f test terminal
Messkoffer m test set, measurement kit
Messkopf m measuring head; sensing head, sensor; gauging head; probe
Messleitung f 1. measuring line; 2. *(Nrt)* s-wire, c-wire
Messmarke f measuring mark; strobe marker
Messmethode f measuring method [technique]
Messnormal n laboratory standard
Messraum m measuring room; test room
Messreihe f measurement [test] series; run; series of readings
Messsonde f measuring [sensing] probe; test probe
Messspitze f (measuring) tip; probe tip
Messspule f measuring coil
Messstelle f point of measurement, measuring point [position]; measuring junction *(eines Thermopaars)*; monitoring point
Messstellenschalter m selector [check] switch, multipoint [channel] selector, point switch box
Messstellenschalter m**/automatischer** automatic selector
Messtechnik f 1. metrology; measuring technology [engineering]; 2. measurement [measuring] technique, method of measurement
Messung f measurement, metering
Messungenauigkeit f measurement inaccuracy; measuring accuracy
Messunsicherheit f uncertainty of measurement, measurement uncertainty
Messverfahren n measuring [metering] method, measurement method
Messverstärker m measuring amplifier; meter amplifier; test amplifier

Messwandler m measuring [measurement] transformer, (measuring) transducer, instrument [control] transformer, instrument converter
Messwert m measuring [measured] value, measurable value
Messwertaufnehmer m sensor, pick-up
Messwertdrucker m data printer
Messwerte mpl data
Messwerterfassung f data acquisition
Messwertgeber m (data) transmitter; primary (measuring) element, detecting element, measuring converter; sensing device; pick-up
Metallabscheidung f 1. metal deposition; 2. metal deposit
Metallabschirmung f metal screening
Metall-Aluminiumoxid-Halbleiter m metal-aluminium oxide semiconductor, MAOS
Metallauftrag m 1. deposition of metallic coating, metal application; 2. metal(lic) coating
Metallfolie f metal(lic) foil, foil metal
Metallgehäuse n 1. metal(lic) case, metal housing; 2. *(Me)* metal package
metallgekapselt* metal-enclosed, metal-clad
Metallgleichrichter m metal rectifier
Metallgraphitbürste f metal graphite brush, compound brush
Metall-Halbleiter-Feldeffekttransistor m metal-semiconductor field-effect transistor, MESFET
Metall-Halbleiter-Übergang m metal-semiconductor junction
Metallichtbogenschweißen n metal-arc welding
Metallisieren n metallizing; metal coating *(Tauchverfahren)*; plating-through *(Leiterplattenherstellung)*
Metall-Isolator-Halbleiter-Feldeffekttransistor m metal-insulator-semiconductor field-effect transistor, MISFET
Metall-Isolator-Halbleiter-Schaltkreis m metal-insulator-semiconductor circuit
Metallkappe f metal end cap
Metallkaschierung f metal cladding
Metallniederschlag m metal deposit
Metall-Nitrid-Oxid-Feldeffekttransistor m metal-nitride-

Metall-Nitrid-Oxid-Halbleiter   572

oxide silicon field-effect transistor, MNOSFET
Metall-Nitrid-Oxid-Halbleiter *m* metal-nitride-oxide semiconductor, MNOS
Metalloxidableiter* *m* metal-oxide (surge) arrester
Metalloxidhalbleiter *m* metal-oxide semiconductor, MOS
Metalloxidhalbleiter-Feldeffekttransistor *m* metal-oxide-semiconductor field-effect transistor, MOSFET
Metalloxidhalbleiter-Transistor *m* metal-oxide-semiconductor transistor, MOST
Metalloxid-Silicium-Feldeffekttransistor *m* metal-oxide-silicon field-effect transistor, MOSFET
Metalloxid-Silicium-Transistor *m* metal-oxide-silicon transistor, MOS transistor
Metallschirm *m* metal screen
Metall-Silicium-Feldeffekttransistor *m* metal silicon field-effect transistor, MESFET
metallüberzogen metal-coated, metal-clad, plated
Metallüberzug *m* metal coat(ing)
metallumflochten metal-braided *(Kabel)*
Metallverbindungs(leitungs)muster *n (Me)* metal interconnection pattern
Metasprache *f (Dat)* meta language
Meter-Kilogramm-Sekunde-Ampere-System *n* s. MKSA-System
Meterwelle *f* metric [metre] wave, very-high-frequency wave, VHF-wave *(λ = 1 bis 10 m)*
Meterwellenbereich *m* metric wavelength range, very-high-frequency range, VHF-range
Meterwellenfrequenz *f* very high frequency *(30 bis 300 MHz)*
Methode *f* method, procedure, technique
Metrologie *f* metrology
MFM modified frequency modulation
MHD-Generator *m* magnetohydrodynamic [MHD] generator
MHS-System *n* message handling system
MIDI musical instrument digital interface, MIDI

Mietleitung *f (Nrt)* leased circuit [wire], private wire circuit, rented circuit [line]
Mignon-Zelle *f* AA-size cell *(Batterie oder Akku; LR6, MN1500, AM3, 4906, HR6)*
Migration *f* migration; electromigration *(Wanderung im elektrischen Feld)*
Mikafolium *n* mica folium *(Isolierstoff)*
Mikanitpapier *n* micanite papier
Mikroamperemeter *n* microammeter
Mikroätzung *f* microetching
Mikroaufnehmer *m* microsensor
Mikrobearbeitung *f* micromachining; microfabrication
Mikrobefehl *m (Dat)* microinstruction, microcommand
Mikrobogen *m* microarc
Mikrochip *n (Me)* microchip
Mikrocode *m* microcode
Mikrocomputer *m* microcomputer, MC
Mikroelektronik *f* microelectronics
Mikroelektronikbaustein *m* microelectronic component [element, device]
Mikrofiche *n(m)* microfiche
Mikrofilmlesegerät *n* microfilm reader
Mikrofon *n* microphone, *(sl)* mike, (electroacoustic) transmitter
Mikrofonanschluss *m* microphone connection
Mikrofonaufstellung *f* microphone placement
Mikrofonbuchse *f* microphone jack [socket]
Mikrofondrehgalgen *m* rotating microphone boom
Mikrofoneinheit *f* microphone assembly [unit]
Mikrofongeräusch *n* microphone noise
Mikrofoniestörung *f* microphonic trouble
Mikrofonkabel *n* microphone cable [cord]
Mikrofonrauschen *n* microphone noise
Mikrofontaste *f* microphone button [key]
Mikrofonübersteuerung *f* sound overload [overshooting, overmodulation]
Mikrofonverstärker *m* microphone [speech-input] amplifier
Mikrogefüge *n* microstructure
Mikrokanalplatte *f* microchannel array

plate *(photoelektrischer Detektor mit Abbildungsmöglichkeit)*

Mikrokühler m microcooler *(für Josephson-Bausteine)*

Mikrolegierungsdiffusionstransistor m microalloy diffused transistor, MADT

Mikrometerfunkenstrecke f micrometer spark gap

Mikrominiaturisierung f microminiaturization

Mikromodul n micromodule, microcircuit module

Mikrophotolithographie f microphotolithography

Mikroplättchen n (Me) wafer

mikroprogrammierbar *(Dat)* microprogrammable

Mikroprozessor m *(Dat)* microprocessor, MP, microprocessing unit

Mikroprozessor-Architektur f *(Dat)* microprocessor architecture *(v. Neumann-Architektur; gemeinsamer Adress- und Datenbus, Arithmetik/Logik-Einheit = ALU, Software-Multiplikation; Gegenteil: Havard-Architektur)*

Mikroprozessorentwicklungssystem n microprocessor development system, MDS

mikroprozessorgesteuert microprocessor-controlled, MP-driven

Mikrorechner m microcomputer, MC

Mikrorechnerbausatz m microcomputer kit

Mikrorechner-Programmiersprache f/ /höhere programming language for microcomputer *(Basis PL/M)*

Mikrorechnersoftware f microcomputer software

Mikrorechnersystem n microcomputer system

Mikrorille f microgroove, fine groove *(Schallplatte)*

Mikrorillenplatte f microgroove record

Mikroröhre f microtube

Mikroschalter m microswitch

Mikroschaltkreis m microcircuit, microelectronic [microintegrated] circuit

Mikroschlupf m creep

Mikroschrittmotor m microstep motor

Mikrostripleitung f microstrip transmission line

Mikrostruktur f microstructure

Mikrosystem n**/integriertes** micro electro mechanical system

Mikrotaster m micro key, micro-key button

Mikrowelle f microwave

Mikrowellenelektronik f 1. microwave electronics; 2. microwave electronic equipment

Mikrowellenenergieerzeuger m microwave energy generator *(für 300 bis 30 000 MHz)*

Mikrowellenfeldeffekttransistor m microwave field-effect transistor

Mikrowellenfrequenz f super high frequency, SHF *(Zentimeterwellen, 3 GHz - 30 GHz, nach DIN 40015 und VO Funk)*

Mikrowellengefriertrockner m microwave freeze-drier

Mikrowellenhalbleiterbauelement n microwave semiconductor component

Mikrowellenheizung f microwave heating

Mikrowellenherd m microwave cooker

Mikrowellenmagnetron n microwave magnetron

Mikrowellenofen m microwave oven [stove]

Mikrowellenschaltkreis m microwave integrated circuit, MIC

Mikrowellenstreifenleitung f**/ zweiseitig abgeschirmte** double-screened microwave strip line

Mikrowellentechnik f 1. microwave technique; 2. microwave engineering

Mikrowellentransistor m microwave transistor

Mikrowellentrocknung f microwave drying

Mikrowellenwärmetechnik f microwave heating technique

Mikro-Zelle f AAA-size cell *(Batterie oder Akku; LR03, MN2400, AM4, 4903, HR3)*

Millimeterwelle f millimetre wave *($\lambda = 1$ bis 10 mm)*

Millimeterwellenbereich m millimetre-wavelength range

Million f Befehle je Sekunde *(Dat)* million instructions per second, MIPS

Million f Gleitkommaoperationen je Sekunde *(Dat)* million floating-point

Million 574

operations per second, MFLOPS *(Maß für Rechnerleistung)*
Million f **Instruktionen je Sekunde** *(Dat)* million instructions per second, MIPS
Mindestzugriffszeit f minimum-access time
Miniatureffektscheinwerfer m miniature spotlight, minispot, babyspot
Miniaturgerät n miniature device
Miniaturisierung f miniaturization
Miniaturlötgerät n miniature soldering instrument
Miniaturmikrofon n miniature microphone
Miniaturröhre f bantam tube
Miniatursockel m miniature cap [base]
Miniatur(steck)verbinder m miniature connector
Minikassette f minicartridge
Mini-Laptop m personal digital assistant, PDA
Minimalphasensystem n *(Rt)* minimum--phase system
Minimalüberschlagspannung f minimum flash-over voltage
Minimierung f minimization
Minimum n minimum; valley *(z. B. einer Kurve)*
Minimumpeilung f minimum direction finding, zero-signal direction finding
Minirechner m minicomputer
Minoritätselektron n minority electron
Minoritätsemitter m *(Me)* minority emitter
Minoritäts(ladungs)träger m *(Me)* minority (charge) carrier
Minoritätsträgerbauelement n minority carrier device
Minuselektrode f negative electrode, cathode
Minusimpuls m negative pulse
Minusklemme f negative terminal
Minuspol m 1. negative pole [terminal]; 2. cathode *(z. B. eines Gleichrichters)*
MIPS *(Dat)* million instructions per second
Mired n microreciprocal degree, mired, mrd *(Einheit der reziproken Farbtemperatur)*
Mischbildentfernungsmesser m double-image range finder, superposed-image range finder
Mischeinheit f mixing [mixer] unit

mischen v 1. mix; blend; 2. *(Dat)* collate, merge
Mischer m 1. *(Nrt)* mixer, converter; 2. *(Dat)* collator, interpolator
Mischglied n *(Rt)* mixing element, mixer
Mischpult n (audio) mixer, mixer [mixing] console, control [monitoring] desk *(Studiotechnik)*
Mischpult n/**zentrales** master control (desk)
Mischröhre f mixer [frequency changer] valve, converter tube
Mischschaltung f mixing [mixer] circuit
Mischstrom m pulsating d.c. current; undulatory current
Mischstrommotor m undulating current motor
Mischstufe f mixing stage, mixer (stage)
Mischung f 1. mixture, mix, blend; 2. mixing, blending
Mischungsproblem n blending problem *(Optimierung)*
Mischungsverhältnis n mixing [blending] ratio
MIS-Feldeffekttransistor m metal-insulator-semiconductor field-effect transistor, MISFET
MISFET m metal-insulator-semiconductor field-effect transistor, MISFET
MIS-Schaltkreis m metal-insulator-semiconductor circuit
MIS-Struktur f metal-insulator-semiconductor structure, MIS structure
Missweisung f/**magnetische** magnetic declination
MIS-Technik f metal-insulator-semiconductor technique, MIS technique
Mitfeld n positive-sequence field
Mitgang m 1. mobility, mechanical admittance; 2. contact follow *(der Kontaktfedern)*
Mithöreinrichtung f *(Nrt)* monitoring equipment [device], monitor
Mithören n 1. *(Nrt)* monitoring; 2. *(Nrt)* listening-in; overhearing *(zufällig)*; cue review *(bei schnellem Vor- oder Rücklauf)*
Mithörklinke f *(Nrt)* listening [monitoring, branching] jack
Mithörtaste f *(Nrt)* listening [monitoring] key, monitoring button

Mitkomponente *f* positive(-sequence) component
Mitkopplung *f* positive [regenerative] feedback, feedforward
Mitlaufeffekt *m* pulling effect *(Frequenz)*
mitlaufend *(Dat)* on-line
Mitnahme *f* pull-in *(Frequenz)*
Mitnahmeeffekt *m* pulling [locking] effect
Mitnahmeoszillatorfrequenzteiler *m* locked-oscillator frequency divider
Mitnahmeschaltung *f* intertripping *(Relais)*
Mitnehmer *m* dog *(mechanisch)*
Mitnetz *n* positive-sequence network *(des Mit-, Gegen- und Nullsystems)*
mitschreibend *(Dat)* record (live)
Mitschreibeeinrichtung *f (Dat, Mess)* logger
Mitschreiben *n (Nrt)* local recording
Mitschwingung *f* resonance, resonant vibration, covibration, sympathetic oscillation
Mitsprechkopplung *f (Nrt)* phantom-to-side unbalance
Mitsystem *n* positive phase-sequence system *(symmetrische Komponenten eines Mehrphasensystems)*
Mitteilung *f* message
Mitteilungsdienst *m (Nrt)* message box service between users
Mitteilungsende *n* end of message
Mitteilungsspeicher *m* message store
Mitteilungssystem *n* message system
Mitteilungs-Übermittlungssystem *n* message handling system
Mittel *n* 1. mean, average; 2. medium; agent; means
Mittelabgriff *m* centre [central, midpoint] tap
Mittelanschluss/mit center-tapped
Mittelanzapfung *f* centre [central, midpoint] tap
Mittelelektrode *f (Hsp)* centre [central] electrode
Mittelfrequenz *f* medium frequency, m.f.
Mittelfrequenzband *n* medium-frequency band
Mittelfrequenzbereich *m* medium-frequency range *(500 bis 10 000 Hz)*
Mittelfrequenzerwärmung *f* medium-frequency heating

Mittelfrequenzlötanlage *f* medium-frequency soldering plant
Mittelfrequenzsender *m* medium-frequency transmitter
Mittelkern *m* central core *(beim Transformer)*
Mittelkontakt *m* centre (position) contact, central contact
Mittelleistungstransistor *m* medium-power transistor
Mittelleiter *m* neutral wire [conductor], middle wire *(Nullleiter)*; centre [inner] conductor *(Kabel)*; centre bar *(Sammelschiene)*
Mitteln *n* averaging
Mittelpunkt* *m* 1. midpoint *(in E-Anlagen)*; 2. centre (point); 3. *(Et)* neutral point
Mittelpunktanzapfung *f* midpoint tap
Mittelpunktleiter* *m* midpoint conductor
Mittelpunktschaltung *f* centre tap connection
Mittelschenkel *m* centre leg [limb]
Mittelschiene *f* centre conductor rail
Mittelspannung *f* 1. medium voltage; medium-high voltage, distribution voltage; 2. intermediate voltage *(beim Spannungsleiter)*; 3. centre volt *(bei einer Schaltungsgruppe)*
Mittelspannungsnetz *n* 1. medium-high-voltage system; 2. *(Ee)* intermediate-high-voltage system
Mittelstellung *f* mid-position, centre position; dead-centre position *(z. B. der Bürsten)*
Mitteltonlautsprecher *m* mid-frequency loudspeaker [speaker]
Mittelungspegel* *m (Ak)* equivalent continuous sound level, time-average sound level, average sound level, time-average level
Mittelwelle *f* medium(-frequency) wave
Mittelwellenbereich *m* medium-frequency range *(300 bis 3000 kHz)*
Mittelwellenfunkfeuer *n* medium-frequency transmitter, m.f. radio beacon
Mittelwellen-Kursfunkfeuer *n (Fo)* radio range beacon
Mittelwert *m* mean value, average (value)
Mittelwert m/arithmetischer arithmetic mean, average value

Mittelwert m des Fehlers/quadratischer root-mean-square error

Mittelwert m des Rauschens average noise

Mittelwert m/gewichteter [gewogener] weighted average [mean]

Mittelwert m/quadratischer root-mean-square (value), rms value

Mittelwertanzeiger m average value indicator

Mittelwertbildung f averaging (process), taking of the mean

Mittelwertkriterium n/quadratisches (Rt) root-mean-square (estimation) criterion, root-mean-square error minimum criterion (z. B. für die Regelgüte)

Mittelwertvoltmeter n average voltmeter

Mittenfrequenz f centre [mean, mid-band] frequency, mid-frequency

Mitzieheffekt m pulling effect

MKL-Kondensator m metallized-plastic capacitor (mit metallisierter Kunststofffolie)

MKSA-System n Giorgi system (of units), m.k.s.a. [MKSA] system, metre-kilogramme-secondampere system

MLCB multilayer circuit board

Mnemonik f (Dat) mnemonics

MNOS metal-nitride-oxide semiconductor

MNOS-Feldeffekttransistor m metal-nitride-oxide silicon field-effect transistor, MNOS

MNOSFET m metal-nitride-oxide silicon field-effect transistor, MNOSFET

MNS-Feldeffekttransistor m metal-nitride semiconductor field-effect transistor

Mobilfernsehen n/terrestrisches (Ko) T-DMB, terrestrial DMB (nach ITU-T-Standard H.264/AVC)

Mobilfunk m mobile radio

Mobilfunk m/digitaler (Ko) mobile digital radio communications (GSM)

Mobilfunkkanal m (Ko) mobile radio channel

Mobilfunkmodul n C-chip (Mikrorechner im Automobil für Mobilfunktechnik)

Mobilfunknetz n/privates (Ko) private land mobile radio network (auch: nicht öffentlicher, beweglicher Landfunk, nöbL)

Mobilfunkteilnehmerdichte f im Stadtgebiet (Ko) urban area mobile radio subscriber density

Mobilfunkteilnehmerkennung f/internationale (Ko) International Mobile Subscriber Identity, IMSI

Mobiltelefon n mobile (phone), cellular phone

Mode f mode; fibre mode (in einem Lichtwellenleiter)

Modekoppler m mode coupler

Modell n 1. model; 2. prototype

Modellrechner m model computer

Modellregelkreis m (Rt) (control system analogue) simulator, model control system

Modelung f modulation

Modem m modem, modulator-demodulator

Modem m für die Datenübertragung über ADSL (Ko, Nrt) ADSL modem

Modenbild n speckle pattern

Modendichte f mode density

Modenfilter m mode filter

Modenfunktion f mode function

Modenrauschen n modal [speckle] noise

Modensprung m mode hopping [jumping]

Modentrennung f mode splitting

Modenverteilung f mode distribution

Modenverzerrung f mode distortion

Modenwandler m mode changer [transducer, transformer]

modifizieren v modify

Modul n 1. (Me) module; 2. (Et) building block (module); package

modular modular

Modulation f 1. modulation; 2. (Ak) inflection

Modulationsbandbreite f modulation bandwidth

Modulationsfrequenz f modulation frequency

Modulationsfrequenzgang m modulation-frequency response

Modulationsklirrfaktor m modulation distortion factor

Modulationskurve f modulation characteristic

Modulationsrauschen n modulation noise
Modulationsspiegel m *(Laser)* mirrored radiation chopper
Modulationssteilheit f modulation slope
Modulationsverstärker m modulation amplifier
Modulationsverzerrung f modulation distortion
Modulationswelle f modulation wave
Modulator m modulator
Modulbaustein m module component
Modulkarte f *(Me)* module board [card]
Modulschaltung f modular circuit
Moiré-Interferenzbild n moiré (interference) pattern
Molekularbewegung f molecular motion [movement]
Molekularelektronik f molecular electronics, molectronics
Molekularspeicherung f *(Dat)* molecular storage
Molekularstrahlepitaxie f molecular-beam epitaxy, MBE
Molekularverdampfung f *(Me)* molecular evaporation
Molekülschicht f molecular layer
Molybdändisilicidheizelement n molybdenum disilicide heating element
Molybdänheizleiterband n molybdenum (heating) tape
Moment n 1. moment, momentum; 2. torque
Momentanzeige f instantaneous display
Momentanbelastung f instantaneous load
Momentanbeschleunigung f instantaneous acceleration
Momentanleistung f instantaneous power
Momentanstrom m instantaneous current
Momentanwert m instantaneous value
Momentaufnahme f instantaneous exposure
Momentauslösung f sudden release
Momentschalter m quick-action switch, quick-break switch, quick make-and-break switch
Momentunterbrechung f quick break
monaural *(Ak)* monaural

Monitor m monitor
Monitordrucker m *(Dat)* monitor printer
Monitorprogramm n *(Dat)* monitor program [routine]
Monochipcomputer m monochip [one--chip] computer
Monoflop n one-shot multivibrator, monoflop
monolithisch monolithic
Monomodebetrieb m single-mode operation
Monomode(glas)faser f single-mode (optical) fibre
Monopulsradar n *(Fo)* monopulse radar
Monoskop n monoscope, monotron *(Bildsignalwandlerröhre)*
monostabil 1. monostable *(z. B. Schaltung)*; 2. one-shot *(z. B. Multivibrator)*
Monozelle f single cell, single-cell battery; D-size cell *(Batterie oder Akku; R20, LR20, AM1, MN1300, 4020)*
Montage f 1. mounting; installation *(z. B. einer Anlage)*; assembling, setting-up, assembly *(z. B. eines Geräts)*; packaging *(von Bauelementen)*; 2. editing, cutting *(Tonband, Film)*
Montageanweisung f mounting instruction
Montageausbeute f *(Me)* attachment yield
Montagetechnik f assembly technique; assembly technology
Montagezeichnung f mounting [assembly] drawing
montieren v 1. mount; install; assemble; 2. edit, cut *(Tonband, Film)*
Montsinger-Regel f Montsinger(s) law *(z. B. für Isolierstoffe)*
Morsealphabet n Morse code [alphabet]
Morseapparat m Morse telegraph
Morseempfänger m Morse receiver
morsen v morse, key
Morsepunkt m (Morse) dot
Morsestrich m (Morse) dash
Morsetaste f Morse [telegraph] key
Morsetelegraf m Morse telegraph
MOS m metal-oxide semiconductor, MOS
MOS m/**doppeldiffundierter** double--diffused metal-oxide semiconductor, DMOS

MOS 578

MOS *m*/**doppelt implantierter** double-implanted metal-oxide semiconductor, DIMOS
MOS *m*/**komplementärer** complementary metal-oxide semiconductor, CMOS
MOS *m*/**komplementärsymmetrischer** complementary-symmetry MOS
MOS *m* **mit erweitertem Draingebiet/doppeldiffundierter** extended drain DMOS, XDMOS
MOS *m* **mit nitriertem Gate** metal-nitride-oxide semiconductor, MNOS
MOS *m*/**örtlich oxidierter komplementärer** local oxidation complementary metal-oxide semiconductor
MOS-Anreicherungstransistor *m* enhancement-mode MOS transistor
MOS-Feldeffekttransistor *m* metal-oxide-semiconductor field-effect transistor, MOS field-effect transistor, MOSFET
MOS-Feldeffekttransistor *m* **mit anodisch oxidierter Isolationsschicht** anodized MOSFET, AMOSFET
MOS-Feldeffekttransistor *m* **mit vergrabenem Kanal** buried-channel MOSFET
MOS-Technik *f* MOS technology
MOS-Thyristor *m* (*Le*) MOS gated thyristor
MOS-Transistor *m* metal-oxide-semiconductor transistor, MOS transistor, MOST
MOS-Transistor *m*/**doppelt implantierter** double-implanted MOS-transistor, DIMOS transistor
MOS-Transistor *m* **in v-förmig geätzter Vertiefung** vertically etched MOST
MOS-Transistor-Schwellspannung *f* MOS-transistor threshold voltage
Motor *m* motor; engine
Motor *m*/**am Drehgestell befestigter** boggle-mounted motor (*IEC 50-811*)
Motor *m*/**explosionsgeschützter** explosionproof motor
Motor *m* **mit Standardwirkungsgrad** eff 3 standard efficiency motor
Motoranschlusskasten *m* motor connection box

Motorbemessungsdaten *pl* motor rating
Motorbremslüfter *m* motor-type brake magnet
Motordrehmoment *n* motor torque
Motordrehzahl *f* motor speed
Motorgehäuse *n* motor casing [housing], motor frame
Motorgetriebe *n* motor gearbox
Motorklemmen *fpl* motor terminals
Motorklemmkasten *m* motor-box connector
Motornennleistung *f* motor (output) rating
Motorriemenscheibe *f* motor pulley
Motorschleppmomentregelung *f* motor sliding-torque control (*Drehzahlregelung bei Bergabfahrt*)
Motorschlupf *m* motor slip
Motorschutzschalter *m* motor protection [protecting] switch; motor circuit breaker
Motorsteuerung *f* motor-speed control
Motorwähler *m* (*Nrt*) motor-driven selector
MPX-Filter *n* mpx filter (*Stereoseitenbandfilter*)
M-Schirm *m* M scope (*Radar*)
MSI (*Me*) medium-scale integration, MSI
MSI-Schaltkreis *m* medium-scale integrated circuit
MTBM *f* mean time between maintenance, MTBM
Multichip *m* multichip
Multilayerchip *m* multilayer chip
Multimikroprozessorsystem *n* (*Dat*) multimicroprocessor system
Multimodenlichtleitfaser *f* multimode optical fibre
Multiplett *n* multiplet
Multiplexbetrieb *m* (*Nrt*) multiplexing
Multiplexbetrieb *m*/**frequenzgeschachtelter** (*Nrt*) s. Multiplexbetrieb/frequenzgeteilter
Multiplexbetrieb *m*/**frequenzgeteilter** (*Nrt*) frequency-division multiplex, FDM
Multiplexbetrieb *m*/**raumgeschachtelter** (*Nrt*) s. Multiplexbetrieb/raumgeteilter
Multiplexbetrieb *m*/**raumgeteilter** (*Nrt*) space-division multiplex, SDM
Multiplexeingang *m* multiplexed input

Multiplexen n **durch Modenteilung** mode-division multiplexing
Multiplexer m *(Dat, Nrt)* multiplexer, multiplexing equipment
Multiplexkanal m *(Nrt)* multiplex channel
Multiplexleitung f *(Nrt)* highway, multiplex lead
Multiplikationszeit f *(Dat)* multiplication time
Multipolmoment n/**magnetisches** magnetic multipole moment
Multipolstrahlung f multipole radiation
Multiprocessing n *(Dat)* multiprocessing
Multiprogramm n *(Dat)* multiprogram
Multiprozessor m *(Dat)* multiprocessor
Multitask-Betrieb m *(Dat)* multitasking
Multi-Utility-Anbieter m *(Ee)* multi-utility provider
Multivibrator m multivibrator
Multivibratorkippschaltung f multivibrator circuit
Multiwiretechnik f multiwire technique *(Leiterplattenherstellung)*
Mumetall n mumetal, nickel iron *(Magnetwerkstoff)*
Mundstück n mouthpiece; nozzle
Münzbehälter m coin box
Münzeinwurf m coin slot
Münzfernsehen n coin television
Münzfernsprecher m coin-box telephone, prepayment coin box (telephone)
Münzzähler m prepayment [slot] meter
Muschel f ear cap *(Hörer)*
Musiktruhe f radiogramophone
Musikwiedergabetreue f music fidelity
Muss-Anweisung f mandatory instruction, MUST instruction
Muster n 1. sample, specimen; 2. pattern; 3. prototype, model; master (standard)
Mustererzeugung f *(Me)* pattern generation
Mustergenerator m *(Me)* pattern generator
Mustertonspur f master sound track
Mustertreue f pattern fidelity
Musterübereinstimmung f pattern fidelity
Mutterleiterplatte f motherboard
Muttermaske f *(Me)* master mask
Mutterstation f *(Nrt)* master station

Muttersteckverbinder m female connector *(Buchse)*
Mutterteil n female part [piece] *(Buchse)*
Mutteruhr f master clock
MW-Bereich m s. Mittelwellenbereich
Myriameterwelle f myriametre [myriametric] wave *(λ. > 10000 m)*

N

Nachbarbildträger m *(Fs)* adjacent picture [vision] carrier
Nachbarfilter n contiguous filter
Nachbarfrequenz f adjacent frequency
Nachbarkanal m *(Nrt)* adjacent [flanking] channel
Nachbarschaftseffekt m proximity effect *(Elektronenstrahllithographie)*
Nachbearbeiten n 1. postprocessing; 2. *(Ak, Fs)* post-production
Nachbehandlung f aftertreatment, secondary [additional] treatment
Nachbeschleunigungselektrode f post-acceleration electrode, postdeflection accelerating electrode, intensifier electrode, post-accelerator *(Katodenstrahlröhre)*
Nachbild n afterimage
nachbilden v imitate, simulate; reproduce; copy
Nachbildplatten fpl *(Nrt)* balancing network panels
Nachbildprüfer m *(Nrt)* balance tester, impedance (unbalance) measuring set
Nachbildung f 1. simulation, reproduction; 2. *(Nrt)* balance, balancing network
Nachbildungsprogramm n simulator
nachdunkeln v darken
Nachdurchschlagverhalten n post-breakdown behaviour
Nachecho n retarded echo; postgroove echo *(Schallplatte)*
Nacheichung f recalibration, subsequent verification; field calibration; check(ing) of the calibration
nacheilen v lag (behind)
Nacheilkontakt m lagging contact
Nacheilung f 1. lag, lagging; 2. retardation
Nacheil(ungs)winkel m lag angle
Nachfrage f *(Nrt)* inquiry

nachführen 580

nachführen v track; follow
Nachführsystem n tracking system
Nachglühen n afterglow; glow after discharge *(Gasentladung)*
Nachhall m *(Ak)* reverberation, reverberant sound, echo
Nachhall m **von Hallplatte** plate reverb
Nachhall m **von Hallspirale** spring reverb
nachhallen v *(Ak)* reverberate, echo
Nachhallgerät n reverberation unit, reverberator
Nachhallzeit f reverberation time [period]
nachhaltig long term, permanent; long range
Nachhärtung f postcure, postcuring, afterbake, postbaking *(z. B. von Isolierstoffen)*; hardbake *(z. B. von Kunstharzen, Lacken)*
Nachimpuls m afterpulse
nachkalibrieren v recalibrate
Nachladeerscheinung f residual charge phenomenon
Nachlauf m 1. overtravel *(Weg nach vollzogener Schaltfunktion)*; 2. *(Me)* hunting
Nachlauffilter n tracking [slave] filter
Nachlaufregler m *(Rt)* follow-up controller, follower
Nachlaufschaltung f tracking circuit
Nachlaufsteuerung f aided tracking *(Radar)*
Nachlaufsystem n *(Rt)* follow-up control
Nachleuchtbild n residual image
Nachleuchtdauer f persistence (time); afterglow duration
Nachleuchteffekt m afterglow effect *(Bildfehler)*
Nachleuchten n persistence; afterglow *(Röhren)*; phosphorescence
Nachleuchtschirm m long-persistence screen, persistent screen
nachprüfen v check (up), recheck; verify
Nachregler m adjustment control
Nachricht f 1. information; 2. *(Nrt)* message, communication
Nachrichtenaustausch m **zwischen Maschinen** machine-oriented messaging, MOM *(ein Anwendungsparadigma für XML)*
Nachrichten-Authentifizierungscode m message authentication code, MAC
Nachrichtenbus m communication bus

Nachrichtencode m message code
Nachrichtenelektronik f communications electronics
Nachrichtengerät n communication(s) equipment
Nachrichtenkanal m communication channel
Nachrichtenkennung f transmission identification
Nachrichtennetz n communication system, communication(s) net(work)
Nachrichtensatellit m (tele)communications satellite
Nachrichtensenke f information drain [sink]
Nachrichtenspeicher m communications memory; message store
Nachrichtensystem n communication(s) system, message system
Nachrichtentechnik f telecommunications, communication(s) engineering
Nachrichtenübertragung f communications, telecommunication; message transfer
Nachrichtenübertragungsnetz n communication network
Nachrichtenunversehrtheit f message integrity
Nachrichtenverkehr m communication (traffic), telecommunication traffic
Nachrichtenvollständigkeit f message integrity
Nachrichtenwellenleiter m waveguide for communication
Nachrichtenzeicheneinheit f message signal unit
Nachruf m *(Nrt)* ring-back signal
Nachrufen n *(Nrt)* re-ring
Nachrüstung f retrofit
Nachschwingen n postoscillation
nachstellbar adjustable
Nachstellschraube f adjusting screw
Nachstellzeit f reset time, integral(--action) time
nachstimmen v retune
Nachstrom m post-arc current *(Schalter)*; follow current; back current
Nachsynchronisation f *(Ak)* dubbing
nachsynchronisieren v *(Ak)* dub
Nachtalarmschalter m night alarm key [switch]

Nachteffekt *m (Fo)* night effect [error]
Nachtriggern *n* post-trigger *(nach Ereignis)*
Nachtsichtweite *f* night-time visibility range
Nachtspeicherheizgerät *n* night storage heater
Nachtstrom *m* night current
Nachtstromwärmespeicherung *f* night [off-peak] electric thermal storage
Nachttarif *m* night rate, off-peak tariff
Nachverarbeitung *f (Dat)* postprocessing
Nachwahl *f (Nrt)* postselection, suffix dialling
Nachwähler *m (Nrt)* private branch exchange final selector
Nachwärmofen *m* reheating furnace
Nachweiskopf *m* detector probe
Nachwirkung *f* aftereffect; persistence
Nachwirkungszeit *f (Nrt)* hangover time
Nachzündung *f* reignition
Nadel *f* needle; stylus *(Plattenspieler)*
Nadeldrucker *m* wire (matrix) printer, stylus [needle, impact] printer, dot (matrix) printer
Nadelelektrode *f* needle electrode
Nadelfunkenstrecke *f* needle(-point) spark gap
Nadelgeräusch *n* needle scratch, surface noise
Nadeltonaufzeichnung *f* disk recording
Nadeltonschneidgerät *n* disk recorder
Nadeltonverfahren *n* disk-recording method, mechanical recording method, sound-on-disk method [system]
Nahbereich *m* 1. short [close] range; near zone *(Antenne)*; 2. *(Nrt)* direct service area; 3. *(Ee)* proximity zone
Nahbereichsfunk *m* short-range radio
Nahempfang *m (Nrt)* short-distance reception
Näherung *f* approach; approximation
Näherungseffekt *m* proximity effect *(Stromverdrängung bei benachbarten Leitern)*
Näherungslösung *f* approximate solution
Näherungsmethode *f* approximation [approximate] method
Näherungsschalter *m* proximity switch
Nahfeld *n* near field

Nahfeldabhörlautsprecher *m* near field monitor
Nahkurzschluss *m (An)* short circuit close to the generator terminal
Nähmaschinenmotor *m* sewing-machine motor
Nahnebensprechen *n (Nrt)* near-end cross talk, intersymbol interference
Nahordnung *f (Me)* short-range order
Nahschwund *m (Nrt)* short-range fading
Nahtschweißen *n* seam welding
Nahverkehr *m (Nrt)* short-distance traffic; toll [junction] traffic
Nahverkehrsgespräch *n* toll [junction] call
Nahwirkungseffekt *m* proximity effect
Name *m/erfundener (Dat)* aliasname *(einer Person zur Verschleierung der Identität bei E-Mail-Adressen und Chats)*
Namengeberzeichen *n (Nrt)* answer-back signal [code]
Namensschild *n* badge *(Anstecker, Knopf, Abzeichen für Tagungsteilnehmer)*
Nameserver *m* nameserver, NS
NAND NOT-AND, NAND *(Schaltalgebra)*
NAND-Funktion *f* NAND function
NAND-Gatter *n* NAND gate, inhibitory gate
NAND-Glied *n* NAND element
NAND-Schaltung *f* NAND circuit, inversion circuit
NAND-Verknüpfung *f* NAND operation
Nanoamperemeter *n* nanoammeter *(Verstärkervoltmeter)*
Nanometersystem *n/elektromagnetisches* nano electromechanical system *(folgt MEMS)*
Nanosekundenimpuls *m* nanosecond pulse *(Impuls im Nanosekundenbereich)*
narrensicher foolproof
Nasenkonus *m* nose cone *(für Mikrofon)*
Natriumdampflampe *f* sodium (vapour) lamp
natriumgekühlt sodium-cooled
Natriumhochdrucklampe *f* high-pressure sodium discharge lamp
Naturglimmer *m* natural mica
Navigationsradar *n* navigational radar
Navigationssatellit *m* navigational satellite

Navigationssystem n *(Fo, Ko)* navigational system, positioning system

Navigationsverfahren npl *(Fo)* navigational methods, navigation principles

Navi-Handy n *(Ko)* mobile with navigator *(Handy mit integrierter Navigator-Funktion; Handy mit GPS)*

n-Bereich m n-type region, n-region *(Halbleiter)*

N-bewertet *(Ak)* N-weighted

N-Bewertung f *(Ak)* N-weighting

n-Bit-Speicher m n-bit memory

NC-Bewertung f *(Ak)* NC rating

NC-Kurve f *(Ak)* NC curve *(zur Lärmbewertung)*

NCM numerical-controlled machine, numerically controlled machine, numeric control machine, N/C machine, NCM

NC-Maschine f numerical-controlled machine, numerically controlled machine, numeric control machine, N/C machine, NCM

NC-Steuerung f numerical control system

Nebelalarmglocke f fog bell

Nebelhorn n fog-horn, fog siren

Nebelisolator m *(Hsp)* fog-type insulator

Nebel-Rücklicht n *(Ko)* fog rear-light *(starke rote Heckleuchte)*

Nebelscheinwerfer m fog (head-)lamp

Nebenachse f secondary axis *(Kristalle)*; minor axis *(Geometrie)*

Nebenamt n *(Nrt)* satellite exchange

Nebenanschluss m 1. side terminal; 2. *(Nrt)* private branch extension

Nebenapparat m *(Nrt)* extension set

Nebenbefehl m *(Dat)* branch order

Nebenbetrieb m *(Dat)* branch operation

Nebeneingang m sub input

Nebeneinheit f slave unit

Nebenentladung f secondary [stray] discharge

Nebengeräusch n 1. room [ambient] noise; 2. *(Nrt)* sidetone *(Störschall)*

Nebenkeule f minor [side, secondary] lobe *(Richtcharakteristik)*

Nebenprogramm n *(Dat)* auxiliary program [routine]

Nebenschleife f minor loop

Nebenschluss m shunt, bypass, parallel connection • **in Nebenschluss** bridge-connected • **in Nebenschluss schalten** shunt

Nebenschlussauslösung f shunt release

Nebenschlusscharakteristik f shunt characteristic

Nebenschlusserregung f shunt excitation

Nebenschlussfeld n shunt field

Nebenschlussmotor m shunt(-wound) motor, self-excited motor

Nebenschwingung f spurious oscillation

Nebensender m *(Nrt, Fo)* slave station, slave transmitter

Nebenspeicher m *(Dat)* auxiliary store

Nebensprechabstand m signal-to-cross-talk ratio

Nebensprechdämpfung f cross-talk attenuation

Nebensprecheinheit f cross-talk unit

Nebensprechen n *(Nrt)* cross talk, intersymbol interference • **mit geringem Nebensprechen** low-cross-talk

nebensprechfrei cross-talk-proof

Nebensprechstörung f cross-talk trouble

Nebensprechträgerunterdrückung f cross-talk carrier suppression

Nebensprechweg m cross-talk path

Nebenstation f *(Nrt, Dat)* tributary station

Nebenstelle f 1. *(Nrt)* extension station, branch exchange [extension], PBX (extension); 2. *(Nrt, Fo)* slave station

Nebenstellen-Computer-Schnittstelle f PABX computer interface

Nebenstellenleitung f *(Nrt)* extension line [circuit]

Nebenstellenzentrale f *(Nrt)* private branch exchange, PBX

Nebenstrahlung f spurious radiation

Nebenstromkreis m branch circuit

Nebenstudio n satellite studio

Nebenübertrag m *(Dat)* bypass carry

Nebenuhr f slave clock

Nebenweg m *(Ak)* flanking path

Nebenweganode f auxiliary anode

Nebenwegübertragung f 1. *(Nrt)* bypass transmission; 2. *(Ak)* flanking transmission

Negation f negation

Negationsgatter n joint denial gate

Negationsoperation f NOT function
Negationsverknüpfung f NOT operation
Negativ n 1. *(Galv)* negative matrix *(Form)*; 2. negative *(Fotografie)*
negativ negative
Negator m negator, NOT gate
Negierbefehl m *(Dat)* ignore instruction
negieren v negate
Neigung f 1. tilt, slope; inclination; 2. trend
Neigungsfehler m tilt error
Neigungswinkel m tilt angle, angle of slope; angle of inclination
Nenn-"Aus"-Spannung f rated off-voltage
Nennanschlussspannung f rated supply voltage
Nennanstieg m nominal rate of rise; nominal steepness *(z. B. bei Stoßspannungswellen)*
Nennausgangsleistung f rated power output
Nennausschaltleistung f rated breaking [interrupting] capacity
Nennaussetzbetrieb m intermittent-duty rating
Nennbedingungen fpl ratings
Nennbegrenzungsblitzspannung f *(Hsp)* maximum lightning impulse protective level
Nennbegrenzungsschaltspannung f *(Hsp)* maximum switching impulse protective level
Nennbetriebsart f rated duty, duty cycle rating
Nennbetriebsleistung f rated operational power, nominal operation power
Nennbetriebswert m nominal operating value
Nennbürde f rated burden *(bei Spannungswandlern)*; rated impedance *(bei Stromwandlern)*
Nenndaten pl nominal value
Nenndauerleistung f continuous load rating; continuous-duty rating
Nenndeckenspannung nominal exciter ceiling voltage *(Erregermotor)*
Nenndrehmoment n rated torque
Nenndrehzahl f rated speed
Nenndurchschlagstoßspannung f nominal breakdown impulse voltage
100%-Nenndurchschlagstoßspannung f 100% rated breakdown impulse voltage
Nenneinschaltvermögen n rated making capacity, contact current-closing rating
Nennfrequenz f rated [nominal] frequency
Nenngröße f nominal value; rated quantity; rated size
Nennlast f rated [nominal] load, load rating
Nennlebensdauer f *(Le)* rated lifetime [life]
Nennleistung f 1. rated power (output), nominal power, rated output; wattage rating *(in Watt)*; rated capacity; 2. *(An)* rated [nominal] load; rated burden *(bei Spannungswandlern)*; switch capacity *(eines Schalters)*
Nennleistungsfaktor m rated power factor
Nennmoment n rated torque
Nennreichweite f rated [nominal] range
Nennspannung f rated [nominal] voltage
Nennspannung f **einer Lampe** lamp rating
Nennspannungsabfall m rated voltage drop
Nennsperrspannung f *(Le)* crest-working reverse voltage, recommended crest-working voltage
Nennspitzensperrspannung f/ wiederkehrende repetitive peak reverse-voltage rating
Nennstehspannung f rated withstand voltage
Nennstehstoßspannung f rated [nominal] impulse withstand voltage
Nennstehstrom m rated withstand current
Nennstehwechselspannung f rated withstand alternating voltage
Nennstrom m 1. rated [nominal] current; 2. recommended average on-state current *(Thyristor)*
Nennüberschlagstoßspannung f nominal spark-over impulse voltage
100%-Nennüberschlagstoßspannung f 100% rated spark-over impulse voltage
Nennübersetzung f rated [nominal] transformation ratio, nominal ratio
Nennwert m rated [nominal] value; rating

Netiquette

Netiquette f netiquette *(Verhaltensregeln "im Netz")*
Nettostörstellendichte f *(Me)* net impurity density
Netz n 1. *(Ee)* (electric) network; mains; power supply system *(Starkstrom)*; 2. s. Netzwerk
Netz n **für den persönlichen Bereich/ drahtloses** wireless personal area network, WPAN *(typische Ausdehnung bis 10 m, Technologie z. B. Bluetooth)*
Netz n/**genulltes** multiple-earthed system
Netz n/**globales** global area network
Netz n/**hauseigenes** domestic area network
Netz n/**hierarchisches** hierarchical network
Netz n **im Inselbetrieb** isolated system
Netz n/**integriertes** integrated network
Netz n/**integriertes digitales** *(IDN)* *(Nrt)* integrated digital network, IDN *(integriertes Sprach- und Datennetz mit PCM-Übertragungs- und Vermittlungs-Technik; noch analoge Teilnehmer-Anschluss- -Leitung; noch kein ISDN)*
Netz n/**kleines lokales** small-scale local area network
Netz n/**kompensiertes** resonant earthed system
Netz n/**leitungsvermitteltes** circuit- -switched network
Netz n/**lokales** local area network, LAN
Netz n **mit Erde als Rückleitung** earth return system
Netz n **mit Erdschlusskompensation*** resonant earthed neutral system
Netz n **mit geerdetem Nullpunkt** earthed neutral system [network]
Netz n **mit Impedanz- -Neutralpunkterdung** impedance earthed neutral system
Netz n **über weite Entfernungen und mit hohen Bandbreiten** long fat network, LFN *(LFNs benötigen wegen der großen in Bewegung befindlichen Datenmenge geeignete Protokoll- Vorkehrungen, z. B. TCP-Window- -Scaling)*
netzabhängig mains-dependent
Netzabschaltung f mains disconnection
Netzabzweigung f line tap
Netzadapter m mains [AC] adapter
Netzanbieter m *(Ko)* network provider
Netzanschluss m power supply, mains connection • **mit Netzanschluss** mains-operated, mains-powered
Netzanschlussleitung f mains lead
Netzausfall m power fail, mains failure; power-line failure *(Energienetz)*
Netzbetrieb m mains operation
netzbetrieben mains-operated, mains- -powered, mains-energized; line- -operated
Netzbrumm m (mains) hum, power-line hum [noise], a.c. hum, system hum; mains ripple
Netzbrummen n (mains) hum, power- -line hum [noise], a.c. hum, system hum; mains ripple
Netzdaten pl line parameters
Netzdienst m distribution service *(Energieversorgung)*; network service
Netzdrossel* f 1. *(Et)* line inductor; 2. *(Le)* line reactor
Netzebene f 1. *(Nrt)* network level; 2. lattice plane *(Kristall)*
Netzeinspeisung f 1. power supply; 2. network feeder
Netzfilter n line filter
Netzfrequenz f mains frequency, power(-line) frequency
Netzführung f 1. *(Le)* line commutation; 2. *(Nrt)* network management
netzgeführt *(Le)* line-commutated, phase-commutated
Netzgerät n mains unit [pack], power (supply) unit, power pack
Netzgeräusch n mains [line] noise
netzgespeist mains-fed, supplied from the mains
Netzgleichrichter m power [mains] rectifier
Netzmodell n 1. *(Dat)* network (analogue) computer, circuit [network] analyzer *(zur Nachbildung von Netzen)*; 2. simulated network, artificial-mains network
Netzplan m 1. *(Nrt)* exchange area layout, network map; 2. arrow diagram
Netzrauschen n mains [line] noise
Netzschalter m mains [power] switch
Netzschnur f line [power, supply] cord
Netzschütz n line contactor
Netzspannung f mains [supply, line, net] voltage, a.c. side voltage

Netzspannungsscheitelwert m (Le) crest-working line voltage
Netzspannungsschwankung f mains [line] voltage variation, variation in mains supply voltage
netzstabilisiert mains-stabilized
Netzstecker m mains [power] plug; wall plug; electric coupler plug
Netzstörung f 1. mains-borne interference; 2. (Ee) system incident
Netzteil n power pack [supply unit]
Netztransformator m power [mains] transformer
Netztrennschalter m line disconnector
Netzverbinder m (Dat) bridge (zwischen gleichen lokalen Datennetzen); router (zwischen unterschiedlichen lokalen Datennetzen); gateway (mit Protokollumsetzung zwischen inhomogenen Datennetzen)
Netzwerk n network
Netzzusammenbruch m system split-up, (major) shut-down, system collapse
Netzzweig m network branch
neu laden v (Dat) reboot (den PC z. B. nach Absturz oder Fehlbootung)
Neuausleuchtung f relighting
Neubelegung f new call
Neuentwurf m redesign
Neukurve f initial magnetization curve, virgin curve (Magnetisierung)
Neuling m beginner, newcomer
Neumagnetisierung f remagnetization
Neutralleiter* m neutral
Neutralleiter* m/unterbrechungsfreier uninterrupted neutral
Neutralpunkt* m neutral [star] point
Neutronenstrahlung f neutron radiation
Neutronenübergang m neutron transition
Newton n newton, N (SI-Einheit der Kraft)
NF-Generator m low-frequency waveform generator
n-Gebiet n (Me) n-region
n-Gitter-Thyristor m n-gate thyristor
n-Halbleiter m n-type semiconductor
NICHT n NOT (Schaltalgebra)
Nichtabstreitbarkeit f nonrepudiation (Eigenschaft bei Netz-Transaktionen, kann durch kryptografische Vorkehrungen erreicht werden)

Nichtbereitzustand m (der Senke) (Dat) acceptor not-ready state, ANRS
NICHT-Funktion f NOT function (Schaltfunktion)
NICHT-Glied n NOT element, inverter (gate) (Schaltalgebra)
Nichtleiter m non-conductor, dielectric (material), (electrical) insulator
Nichtlinearität f mit eindeutiger Kennlinie (Rt) single-valued non-linearity
NICHT-Schaltung f NOT [inverter] circuit
Nichtverfügbarkeit f non-availability, unavailability, outage
Niederdrucklampe f low-pressure (discharge) lamp
Niederdruckplasma n low-pressure plasma
Niederfrequenz f low frequency, LF, l.f., audio frequency, AF, a.f. (30 bis 300 kHz)
Niederfrequenzband n low-frequency band
Niederfrequenzbereich m low-frequency range
Niederfrequenzelektrowärmeeinrichtung f low-frequency electric-heating appliance
Niederfrequenzfernsprechen n voice-frequency telephony, audible telephony
Niederfrequenzgang m low-frequency response
Niederfrequenzgenerator m low-frequency generator
Niederfrequenzinduktionsofen m low-frequency induction furnace
Niederfrequenzkurve f low-frequency characteristic
Niederfrequenzsperre f low-frequency filter [rejection]
Niederfrequenzstörung f low-frequency disturbance [interference]
Niederfrequenztechnik f low-frequency engineering, audio-frequency engineering
Niederohmwiderstand m low resistor, LR
Niederschlag m (Ch) deposit, precipitate, sediment; condensate (Dampf)
Niederspannung f low voltage [tension], l.v., L.V.
Niederspannungsanlage f low-voltage

Niederspannungsbogen installation; low-voltage (power) plant, low-voltage system

Niederspannungsbogen *m* low-voltage arc

Niederspannungsheizung *f* low--voltage heating

Niederspannungslampe *f* low-voltage lamp

Niederspannungslastschalter *m* low--voltage circuit breaker, low-voltage switch

Niederspannungsleistungsschalter *m* low-voltage circuit breaker, low--voltage switch

Niederspannungslichtbogen *m* low--voltage arc

Niederspannungsnetz *n* low-voltage system

Niederspannungsschaltgerät *n* low--voltage switchgear [switching device], low-voltage contacting switchgear

Niederspannungsschutz *m* low--voltage protection

Niederspannungsseite *f* low-voltage side [end]

Niederspannungsverteilungsnetz *n* low-voltage distribution system

Niedertastung *f* down-sensing

Niedervoltbogen *m* low-voltage arc

Niedervoltlampe *f* low-voltage lamp

niederwertig low-order (*z. B. Bit*)

Nierencharakteristik *f* cardioid characteristic [diagram], apple--shaped diagram

Nierenmikrofon *n* cardioid microphone

Niveau *n* level

n-Kanal-Feldeffekttransistor *m* n--channel field effect transistor

n-Kanal-Metalloxidhalbleiter *m* n--channel metal-oxide semiconductor, n-channel MOS, NMOS

N-Kurve *f* (*Ak*) noise-rating curve, N--curve, N-weighting curve

n-Leiter *m* (*Me*) n-type conductor, electron conductor

n-Leitung *f* (*Me*) n-type conduction, electron conduction

NMOS n-doped metal-oxide semiconductor

nn⁺-Übergang *m* (*Me*) n-n⁺ junction

Nockenantrieb *m* cam drive; cam gear

Nockenschalter *m* cam(-operated) switch, camshaft switch [contactor]

Nominalwert *m* face value (*einer Messgröße*)

Nomogramm *n* nomogram, nomograph, nomographic [alignment] chart

Nonce *m* nonce (*ein unikater Wert, der nicht mehrmals verwendet wird; dient der Erkennung unzulässiger Mehrfachverwendung, z. B. bei digitalen Geldeinheiten*)

Non-voice-Service *m* (*Nrt*) non-voice service (*Text- und Datendienst*)

NOR *n* NOT-OR, NOR (*Schaltalgebra*)

NOR-Funktion *f* NOR [dagger] function

NOR-Gatter *n*/**exklusives** exclusive NOR gate

Nörgel-Software *f* (*Dat*) nagware (*Shareware, die an Bezahlung oder Registrierung erinnert*)

NOR-Glied *n* NOR element

NOR-Logikschaltung *f* NOR logical circuit

Normal *n* (measuring) standard, standard of measurement; master

Normalatmosphäre *f* 1. standard atmosphere; 2. (*Nrt*) standard (radio) atmosphere

Normalaufnehmer *m* reference pick-up

Normalausbreitung *f* (*Nrt*) standard propagation

Normalband *n* normal [standard] tape

Normalbedingungen *fpl* normal [standard] conditions (*Prüftechnik*)

Normalbedingungen *fpl*/**atmosphärische** standard atmospheric condition (*z. B. in der Hochspannungsprüftechnik*)

Normalelement *n* standard [normal] cell

Normal-EMK *f* standard electromotive force

Normalfrequenz *f* (*Mess*) standard [normal, calibration] frequency

Normalgerät *n* (*Mess*) standard [calibration] instrument

Normalkondensator *m* (*Mess*) standard [calibration] capacitor; reference capacitor

Normalmikrofon *n* standard microphone [transmitter]; reference microphone

Normalpotenzial *n* standard (chemical) potential; standard electrode potential

Normalton *m* reference tone

Normaluhr *f* standard clock

Normalverteilung f normal [Gaussian] distribution *(Statistik)*
Normalverteilung f **von zwei Größen** *(Rt)* bivariate normal distribution
Normalweiß n *(Fs)* reference white
Normbetriebsbeanspruchung f standard operating duty
Normbezugslage f standard reference position *(z. B. bei Schaltgeräten)*
Normblatt n standard sheet
Normierung f normalization
Normkugelfunkenstrecke f standard sphere gap
Normtrittschall m *(Ak)* normalized [standardized] impact sound
Normvergleichsfrequenz f standard reference frequency
Normvorschrift f standard specification
Normwelle f standard waveform *(bei Stoßspannungen)*
NOR-Schaltung f NOR circuit
NOR-Tor n NOR gate
NOR-Verknüpfung f NOR operation
Notabschaltung f *(An)* emergency shutdown [cut-out]
Notamt n *(Nrt)* temporary exchange
Notauslöser m *(Ap)* emergency release push
Notbeleuchtung f emergency lighting
Notbeleuchtungsanlage f emergency lighting installation
Notdruckknopf m *(Ap)* emergency release [stop] push
Notendschalter m *(An)* emergency limit switch
Notleitung f emergency line
Notruf m *(Nrt)* emergency [distress] call
Notrufanlage f emergency public-address system
Notrufnummer f emergency number
Notrufsender m *(Fo)* distress call transmitter
Notschalter m emergency (stop) switch
Notstromaggregat n emergency power generating set, standby generator set
Notstromsystem n emergency (electric) system
Notstromversorgung f emergency [standby] power supply
Notstromversorgung f, **unterbrechungsfreie** no-break emergency power supply
NOVRAM n non-volatile random-access memory

npin-Transistor m n-p-i-n transistor
npn-Flächentransistor m n-p-n--junction transistor
npn-Transistor m n-p-n transistor
n-Pol-Netzwerk n n-terminal network
np-Übergang m *(Me)* n-p junction
NRZ-Schrift f non-return-to-zero (recording)
NRZ-Verfahren n *(Dat)* non-return-to--zero recording *(Speicherverfahren)*
N-Schirm m N scope *(Radar)*
NTBBA s. NT-Breitband-Anschluss
NT-Breitband-Anschluss m**, NTBBA** *(Ko, Nrt)* network termination for broadband access, NTBBA *(NT--Breitband-Anschluss des ADSL--Splitters, der Breitband-Anschluss--Einheit, BBAE, für ADSL-Modem)*
NTC-Widerstand m negative temperature coefficient resistor, thermistor *(Heißleiter)*
n-Tor n n-port network
n-Typ-Halbleiter m n-type semiconductor
Null f 1. zero; null; 2. low *(unterer Signalpegel in der Digitaltechnik)*
Nullabgleich m zero balance [balancing], null balance
Nullablesung f zero reading
Nullanzeigegerät n null [zero] indicator, null-point indicator [detector]
Nullanzeiger m null [zero] indicator, null--point indicator [detector]
Nullausgang m zero output
Nullausschalter m zero cut-out
Nulldurchgang m zero passage [crossing, transition], passing through zero, cross-over; bridge balance point
Nullelektrode f neutral electrode
nullen v 1. zero, null; reset to zero; 2. *(Et)* neutralize, connect to earth [neutral]
Nullfolgesystem n zero-(phase-)sequence system
Nullfrequenz f zero frequency
Nullimpedanz f zero-sequence (field) impedance, zero-phase-sequence impedance
Nullladungspunkt m zero point of charge, point of zero charge
Nullleistung f homopolar power *(Starkstromtechnik)*
Nullleiter m zero [neutral] conductor, neutral (wire); third wire *(Gleichstrom)*
Nullleiterstrom m neutral current

Nullmarke f zero mark
Nullnetz n zero-sequence network *(des Mit-, Gegen- und Nullsystems)*
Nulloperationsbefehl m *(Dat)* no--operation instruction, do-nothing command
Nullpegel m zero level
Nullpotenzial n zero [earth] potential
Nullpunkt m 1. zero point, zero (mark); 2. neutral point, earthed neutral; 3. origin *(Koordinatensystem)*
Nullpunkteinstellung f 1. zero adjustment [setting]; 2. zero position [adjusting] control *(Einrichtung)*
Nullpunkterdung f neutral earthing
Nullpunktunterdrückung f *(Mess)* zero [range] suppression
Nullpunktverschiebung f 1. *(Rt)* zero offset; 2. *(Mess)* zero displacement; zero shift
Nullreaktanz f zero-(phase-)sequence reactance, zero-sequence inductive reactance
Nullspannungsauslöser m no-voltage trip, zero cut-out
Nullstrom m zero current
Nullstromausschalter m zero current cut-out
Nullung f 1. zeroing; 2. protective multiple earthing; neutralization
Nullzustand m 1. zero [nought] state; 2. *(Et)* neutral state
numerisch numerical
nummerieren v number
Nummerierung f numbering
Nummernansagegerät n *(Nrt)* call announcer
Nummernanzeiger m *(Nrt)* call indicator
Nummerngeber m *(Nrt)* number indicating system
Nummernprüfer m *(Dat)* number--checking unit *(Tabelliermaschine)*
Nummernscheibe f *(Nrt)* dial
Nummern-Wahl f durch Spracheingabe *(Nrt)* voice dial *(mit Spracherkennung)*
Nummernwähler m *(Nrt)* numerical selector
Nur-Lese-Speicher m *(Dat)* read-only memory, ROM
Nur-Text-Format-Datei f *(Ko)* RTF file, rich text format file
Nut f 1. *(Ma)* slot; 2. *(Me)* groove

Nutenschritt m slot [coil] pitch *(Wicklungsschritt)*
Nutenverschlusskeil m slot closer, dovetail key, (slot) wedge
Nutfüllfaktor m slot space factor
Nutschlitzbreite f slot opening
Nutstreuung f slot leakage
Nutteilung f slot pitch
Nutverschlusskeil m groove-sealing--cotter
Nutzband n *(Nrt)* useful band
Nutzbremsung f *(Ma)* regenerative braking, recuperation
Nutzeffekt m (net) efficiency, working efficiency
nutzerfreundlich user-friendly
Nutzerinterface n user interface
Nutzerschnittstelle f user interface
Nutzfeld n *(Nrt)* useful [signal] field
Nutzleistung f effective power; actual output *(abgegebene Leistung)*; service output *(Batterie)*
Nutzungsdauer f utilization period; service life; life-cycle
Nutzwärme f useful heat

O

Oberbereich m time domain [function range] *(Laplace-Transformation)*
Oberfläche f surface; (surface) area
Oberflächenableitung f surface leakage
Oberflächenabtaster m surface analyzer
Oberflächenbarriere f *(Me)* surface barrier
Oberflächenbearbeitung f surface treatment, surfacing, finish(ing)
Oberflächenbeschichtung f surface coating
Oberflächendotierung f *(Me)* surface doping
Oberflächendurchschlag f surface breakdown
Oberflächeneffekt m surface effect
Oberflächenerdung f surface earthing
Oberflächenerwärmung f/ hochfrequente high-frequency surface heating
Oberflächenfeldeffekttransistor m surface field-effect transistor
oberflächengekühlt surface-cooled

Oberflächengrenzschichttransistor *m* surface barrier transistor
Oberflächenheizkörper *m* surface heater
Oberflächenladung *f* surface charge
Oberflächenladungstransistor *m* surface charge transistor, surface--controlled transistor
Oberflächenleitung *f* surface conduction
Oberflächenmikromechanik *f* surface micromechanics
Oberflächenmontage-Bauelement *n* surface-mounted device [component], SMD; surface-mounting component
Oberflächenmontagetechnik *f* surface--mount(ed) technology, SMD technology
Oberflächennachbehandlung *f* surface finish(ing); surface aftertreatment
oberflächenpassiviert surface--passivated
Oberflächenschicht *f* surface layer
Oberflächenschmelzen *n* surface fusing
Oberflächenschutzschicht *f (Galv)* protective (deposit); protective coating
Oberflächensperrschicht *f (Me)* surface depletion layer [region], surface junction
Oberflächensperrschichttransistor *m* surface-barrier transistor, SBT
Oberflächenüberzug *m* surface coating
Oberflächenunipolartransistor *m* surface unipolar transistor
Oberflächenverarmungsschicht *f (Me)* surface depletion region
Oberflächenvergütung *f* (surface) coating, blooming
Oberflächenwelle *f* surface wave
Oberflächenwellenfilter *n* surface acoustic wave filter
Oberfunktion *f* time domain function
Oberlage *f* upper coil side *(einer Spule)*
Oberleitung *f* overhead line, aerial contact line; trolley wire
Oberleitungsfahrzeug *n* trolley coach
Oberlichtbeleuchtung *f* overhead [top] lighting, sky lighting
Oberschwingung* *f* 1. harmonic (oscillation); 2. *(Ak)* (harmonic) overtone
Oberschwingungsanteil *m* harmonic content

Oberschwingungsspannung *f* harmonic voltage
Oberschwingungsstörung *f* harmonic interference
Oberschwingungsummagnetisierungsverlust *m* harmonic core loss
Oberschwingungsunterdrückung *f* harmonic suppression
Oberseitenanschluss *m* face(-down) bonding, flip-chip bonding *(Verbindungstechnik integrierter Schaltungen mit dem Verdrahtungssubstrat)*
Oberseitenbonden *n* face(-down) bonding, flip-chip bonding *(Verbindungstechnik integrierter Schaltungen mit dem Verdrahtungssubstrat)*
Oberspannung *f (An)* high-side voltage, upper voltage
Oberspannungsseite *f* high-voltage side
Oberstab *m (Ma)* top coil side
Oberwelle *f* harmonic (wave); ripple
Oberwellenanalyse *f* harmonic analysis
Oberwellenanteil *m* harmonic content; percent ripple, ripple content
Oberwellendrehmoment *n* harmonic torque, ripple torque
Oberwellengehalt *m* harmonic content, (harmonic) distortion factor
Oberwellensieb *n* harmonic filter
Oberwellenspannung *f (Et)* ripple voltage
Oberwellenstrom *m* ripple current
Objektbefehl *m (Dat)* object command
Objektbeleuchtung *f* object illumination
Objekterkennung *f (Rt)* object recognition
Objekt-Identifikator *m* object identifier, OID *(z. B. für Objekte bei Netzwerk--Management)*
Objektprogramm *n (Dat)* object program
Objektrechner *m* object [target] computer
Objektüberwachung *f* object video monitoring
Obus *m* trolley bus
ODER *n* OR *(Schaltalgebra, boolesche Algebra)*
ODER überstrichen Peirce stroke *((a+b) überstrichen; nach DIN 40 700)*
ODER-Element *n* OR element

ODER-Gatter

ODER-Gatter *n* OR gate
ODER-NICHT-Glied *n* NOR element
ODER-NICHT-Schaltung *f* NOR circuit
ODER-Operation *f* OR operation
ODER-Schaltung *f* (logical) OR circuit, OR element
OEM original equipment manufacturer, OEM
Ofen *m* furnace; oven
Ofenleistungsschalter *m* furnace power switch
Ofenröhre *f* furnace tube *(z. B. Gasentladungsröhre)*
Ofenspule *f* furnace inductor
offen 1. open; open-type *(Gerät)*; non-protected; open-ended *(z. B. Leitung, System)*; 2. uncoded *(Nachricht)*
offline *(Dat, Rt)* off-line *(unabhängig arbeitend)*
Offlinebetrieb *m* off-line operation
Offlinedatenübertragung *f* off-line data transmission
öffnen *v* open; break *(z. B. Kontakte)*
Öffnung *f* opening, hole; aperture, orifice, vent
Öffnungsblende *f* aperture stop [diaphragm]
Öffnungsfunke *m* break spark, spark at break
Öffnungskontakt *m* normally closed contact [interlock], break-contact unit [element], break [space] contact; opening contact
Öffnungsstrom *m* opening current
Öffnungsverhältnis *n* (Licht) relative aperture; aperture ratio *(z. B. eines Objektivs)*
Öffnungswinkel *m* 1. beam angle [aperture, width], spread angle *(Strahl)*; 2. angular aperture *(Objektiv)*; angle of aperture [beam] *(Antennentechnik)*; 3. acceptance angle [cone] *(z. B. Sensortechnik)*
Öffnungszeit *f* opening time; break time *(Kontakt)*
Offset *m* (Fs) offset
Offsetkompensationstechnik *f/* **automatische** *(Me)* autozeroing
Offsetspannung *f* offset voltage
Offsetspannungsdrift *f (Me)* offset voltage drift
Ohm *n* ohm *(SI-Einheit des elektrischen Widerstands)*
Ohrbügel *m* ear clip *(beim Hörgerät)*

Ohrfilterkurve *f (Nrt)* psophometric weighting curve
Ohrfrequenzgang *m* ear frequency response
Ohrnachbildung *f* ear simulator
Oktaldarstellung *f* octal representation
Oktalstecker *m* octal plug
Oktalzahl *f* octal number
Oktalziffer *f* octal digit
Oktavband *n* octave band
Oktave *f* octave
Oktavfilter *n* octave(-band) filter
Oktavpegel *m* octave-band pressure level
Oktett *n*/**hexadezimal codiertes** hexadecimal-coded octet *(hexadezimal codiertes Achtfachbit, Byte, z. B. 1010 0001 ≡ A 1)*
Oktode *f* octode
Ölanlasser *m* oil(-cooled) starter
Ölbehälter *m* oil pot, oil feeding reservoir; oil tank *(z. B. bei Transformatoren)*
ölbeständig oil-resistant
öldicht oil-tight, oilproof
ölgekühlt oil-cooled
ölgetaucht oil-immersed
Ölkabel *n* oil-filled (pipe) cable
Ölkesselschalter *m* dead-tank oil circuit breaker
Ölkondensator *m* oil-filled capacitor, oil dielectric capacitor
Ölpapier *n* oiled [oil] paper
Ölschalter *m* oil(-break) switch, oil circuit breaker; dead-tank oil circuit breaker *(mit Ölzusatzbehälter)*; live-tank oil circuit breaker *(mit Schaltstrecke im Ölgefäß)*
Ölströmungsschalter *m* oil-blast circuit breaker
One-Time-Pad *n* one-time pad, OTP *(Verschlüsselungsverfahren mit einmalig benutztem Schlüsselstrom, theoretisch sicher)*
online *(Dat, Rt)* on-line *(direkt gekoppelt)*
Onlinedatenübertragung *f* on-line data transmission
Onlinedatenverarbeitung *f* on-line data processing
Onlineeinheit *f* on-line equipment
OPAL OPAL, operational performance analysis language *(eine Programmiersprache)*

Operandenadresse f *(Dat)* operand address
Operation f operation
Operationen fpl **je Sekunde** floating-point operations per second, FLOPS *(Maß für Rechnerleistung)*
Operationsbefehl m *(Dat)* operation instruction [command]
Operationscode m *(Dat)* operation code, op-code
Operationsspeicher m working memory
Operationsverstärker m operational amplifier, op-amp
Operationszeit f operation time, (instruction) execution time
Opferanode f sacrificial [expendable, galvanic] anode
Optimalbedingungen fpl optimum conditions
Optimalbetrieb m optimum operation
Optimalregelung f *(Rt)* optimum control
Optimalwertregler m *(Rt)* optimizing controller
Optimierung f *(Rt)* optimization
Optimierungsbedingungen fpl optimization conditions
Optimierungsrechner m optimizer
Optimierungsregel f optimization rule
Optimum n optimum
Optionsaushandlung f option negotiation
optische Zeichenerkennung f optical character recognition, OCR
Optoelektronik f optoelectronics
Optokoppler m opto-coupler, opto-electronic (signal) coupler, optical coupler, opto-isolator
Optotransistor m optical transistor, optotransistor
Ordner m *(Dat)* folder, directory *(Dateiverzeichnis auf PC)*
Ordnung f order
Ordnungszahl f ordinal number
Organ n *(Mess)* element, component
Orientierung f orientation *(Kristallographie)*; alignment
Orientierungsverfahren n survey method *(Verfahren geringer Genauigkeit)*
Originaladresse f original address *(Speicher)*
Originalaufnahme f 1. live recording; 2. direct pick-up *(Schallplatte)*

Originalbereich m time domain [function range] *(der Laplace--Transformation)*
Originalmuster n master pattern
Originalübertragung f live program
Ort m locus, position, location • **vor Ort** in situ
orten v 1. locate, position; 2. track
ortsabhängig locus-dependent, space-depending
Ortsamt n *(Nrt)* local [mirror] exchange
Ortsbetrieb m *(Nrt)* local mode
Ortsempfänger m *(Nrt)* local receiver
Ortsfernleitungswähler m *(Nrt)* long-distance and local connector
Ortsgespräch n *(Nrt)* local call
Ortskennzahl f *(Nrt)* network selection code, trunk code
Ortskurve f locus (diagram); circle diagram
Ortskurvendiagramm n locus diagram
Ortsleitung f *(Nrt)* local line
Ortsnetz n 1. *(Nrt)* local exchange [telephone] network, local network; local (telephone) area *(Bereich)*; 2. *(Ee)* urban network, local (distribution) system
Ortsnetzkennzahl f area code *(Selbstwählfernverkehr)*
Ortsnetzvermittlungsstelle f, **EVst** *(Nrt)* terminating office, subscriber network exchange
Ortssender m *(Nrt)* local [short--distance] transmitter
Ortsteilnehmer m *(Nrt)* local subscriber
Ortsverkehr m *(Nrt)* local communication [traffic]
Ortszeit f **des Meridian von Greenwich** Greenwich Meridian Time, GMT
Ortung f *(Fo)* location; position [direction] finding
Ortungsbake f *(Fo)* localizer transmitter
Ortungsfunkdienst m *(Fo)* radio determination service
Ortungsgerät n *(Fo)* locating [position] finder, locator, detector
Ortungssystem n *(Fo)* tracking system
OSCAR OSCAR, orbital satellite carrying amateur radio *(ein als Huckepacksatellit auf die Umlaufbahn gebrachter Amateurfunksatellit der USA)*
Öse f eyelet, lug, eye

OSI *Abkürzung für:* open systems interconnection
OSI-Referenzmodell *n s.* ISO--Schichtenmodell
Oszillator *m* oscillator
Oszillatorabgleich *m* oscillator alignment
Oszillatordrift *f* oscillator drift
Oszillatortreiber *m* oscillator driver
oszillieren *v* oscillate
Oszillistor *m* oscillistor *(Halbleiterbauelement)*
Oszillograph *m* oscillograph, cathode--ray oscillograph, CRO
Oszillographenröhre *f* cathode-ray tube, oscillograph tube
Oszillographenschirm *m* oscillograph screen
Oszilloskop *n* oscilloscope, cathode--ray oscilloscope
Output *m* output
Outputmeter *n* output meter
Overhead-Folie *f* overhead-foil
Overlay-Netz *n* overlay network
OWP *s.* Windpark/Off-Shore
oxidationsbeständig oxidation--resistant
oxidfrei oxide-free
Oxidisolation *f* oxide isolation
Oxidkeramik *f* oxide ceramics, oxide--ceramic products
Oxidschicht *f* oxide layer [film]; oxide coating *(Schutzschicht)*
Oxidsperrschicht *f (Me)* oxide barrier
Oxidüberzug *m* oxide coating, oxidized finish *(Schutzschicht)*
Ozonstrahler *m* air purifier ozone lamp
O-Zustand *m* O-state, zero-state *(binärer Schaltkreis)*

P

Paarbildung *f* pair production [formation, generation]; pairing
Paarungsbedingung *f (Le)* matched pair ratio
paarweise paired, in pairs
P-Abweichung *f (Rt)* proportional offset, position error
Packung *f* 1. packing, package *(z. B. von Kristallen, Bauteilen)*; 2. packing piece *(Dichtung)*

Packungsdichte *f* 1. packing density *(z. B. im Speicher)*; 2. *(Me)* packaging
Paging *n (Dat)* paging *(Adressierungsart)*
Paging-Kanal *m (Ko)* paging channel, PCH *(im GSM)*
Paket *n* package, pack, stack *(z. B. Teil eines Blechpakets zwischen zwei Luftschlitzen)*; packet *(z. B. von Bits)*
Pakete *npl* **pro Sekunde** packets per second, PPS *(Maß für die Leistungsfähigkeit von Netzelementen)*
Paketende *n* end of packet, EOP *(Paketende-Zeichen, z. B. beim USB)*
Paket-Filter *m* packet filter *(einfache Firewall-Funktion)*
Paket-Identifikator *m* packet identifier, PID
Paketnockenschalter *m* multisection [built-up] rotary switch, packet cam--operated switch
Paketschalter *m* cam disk switch, gang switch
Paketvermittlung *f (Nrt, Dat)* packet switching
Paketvermittlung *f* **mit Sequenzerhalt** sequenced packet exchange, SPX *(Protokoll bei NetWare, ähnlich TCP, aber nicht identisch)*
PAL 1. phase-alternating lines; 2. programmable array logic
PAL-Fernsehsystem *n* PAL (system), phase alternating lines system
Panoramadarstellung *f* panoramic display
Panzerkabel *n* armoured [shielded] cable
PAP *s.* Passwort--Authentifizierungsprotokoll
Papierantrieb *m* paper [chart] drive *(z. B. Registrierstreifen)*
Papierband *n* paper tape
Papierdisplay *n*/**elektronisches** e--paper display
Papierkabel *n* paper(-insulated) cable
Papiervorschub *m* paper feed; tape feed; skip
Pappe *f* cardboard, (paper)board
Parabolantenne *f* parabolic (reflector) aerial
Parabolspiegel *m* parabolic [paraboloid] mirror
Paraffin *n* paraffin (wax)
Paraffinpapier *n* paraffined [wax] paper
Parallaxenfehler *m* parallax error

parallaxenfrei parallax-free, anti-parallax
parallel parallel; simultaneous(ly)
parallel geschaltet parallel-connected, parallel-circuited
Parallelabfrage f (Dat) parallel poll [search]
Parallelabtastung f parallel scanning
Paralleladdierer m (Dat) parallel adder
Parallelarbeit f (Dat) parallel [concurrent] operation; time-shared operation (Multiplextechnik)
Parallelausgang m (Dat) parallel output
Parallelbetrieb m (Dat) parallel [concurrent] operation, operation in parallel; parallel mode (mehrerer Funktionseinheiten)
Paralleldrahtleitung f parallel wire [conductor] line, Lecher [double] line; twin lead [feeder]
Paralleleingabe f (Dat) parallel input
Parallel-Eingabe-Ausgabe-Baustein m parallel input-output controller
Paralleleinspeisung f shunt feed
Parallelfunkenstrecke f parallel discharger [spark gap]
Parallelkreis m parallel [shunt] circuit
Parallelprogrammierung f (Dat) parallel programming
Parallelregler m parallel run controller
Parallelreihenschaltung f parallel-series connection
Parallelresonanz f parallel (phase) resonance, antiresonance
Parallelschaltung f parallel [shunt] connection, connection in parallel, shunting, parallel(l)ing; parallel grouping (z. B. von Motorengruppen)
 • **in Parallelschaltung** in parallel; in bridge
Parallelschnittstelle f parallel interface
Parallelschwingkreis m parallel resonant [resonance] circuit, antiresonant circuit, branched resonant circuit; tank circuit (Anodenschwingkreis)
Parallel-Serien-Rechner m parallel-series computer
Parallelwiderstand m 1. parallel [shunt] resistance; 2. bleeder resistor
Parallelzweig m parallel branch
Parameter mpl/**verteilte** distributed parameters

Parameterdarstellung f parametric representation
Parameterempfindlichkeit f parameter sensitivity
Parameterstreuung f parameter scattering
Parameterunempfindlichkeit f (Rt) robustness
Parametron n parametron (parametrischer Verstärker)
Pardune f guy wire
Paritätsbit n (Dat) parity bit
Paritätsfehler m (Dat) parity error, bad parity
Paritätskontrolle f (Dat) parity check, odd-even check
Paritätskontrolle f/**geradzahlige** even parity check
Paritätskontrolle f/**horizontale** horizontal parity check
Paritätskontrolle f/**ungeradzahlige** odd parity check
Paritätskontrolle f/**vertikale** vertical [lateral] parity check
Paritäts-Überlaufs-Flag n (Dat) parity-overflow flag
Parkabstandsanzeige f, **PDC** parking distance control
Parkabstandskontrolle f parking distance control
Parkbremse f/**automatische** automatic parking brake
Parklicht n parking light
Partialstrom m half-current, partial current
partikelbehaftet (Hsp) particle-contaminated
Partition f partition (Aufteilung des physikalischen Festplattenlaufwerks in logische Teil-Laufwerke, Partitionen)
Partyline-System n (Dat) party-line system
passen v fit
passieren v pass (through)
Passivierung f (Ch, Le) passivation, passivating treatment
Passphrase f pass phrase
Passteil n adapter, mating [fitting] part
Passwort n **zur einmaligen Verwendung** one-time password, OTP
Passwort-Authentifizierungsprotokoll n, **PAP** password authentication protocol

Patrone

Patrone *f* cartridge
Patronenheizkörper *m* cartridge-type heater
Patronensicherung *f* cartridge [enclosed] fuse
Pauschalgebührenanschluss *m (Nrt)* flat-rate subscription
Pauschaltarif *m* flat-rate tariff, fixed charge tariff
Pause *f* interval, break, off-time; pause
 • **eine Pause machen** pause
Pausencode *m (Nrt)* space code
Pausencodierung *f (Nrt)* space [gap] coding
Pausentaste *f* pause button
Pausenzeichen *n* interval [station break] signal, station identification *(Rundfunk)*
p-Bereich *m* p-type region, p-region *(Halbleiter)*
P-Bereich *m* s. Proportionalbereich
PB-Transistor *m* permeable-base transistor, PBT
PC *m* **mit ISDN-Video-Telefon--Einsteckkarte, Video-Kamera und Mikrofon** *(Nrt)* PC-integrated ISDN video telephone *(im PC-Bildschirm eingebaut; nach ITU-T-Empfehlung H.261)*
PC-Buchse *f*/**runde** PS/2 *(für Maus oder Tastatur; 6 Kontakt-Stifte)*
PCL programmable logic control, PCL
PCM *f* pulse-code modulation, PCM
PC-Maus *f* **mit Scroll-Rädchen** *(Dat)* scroll mouse, wheelmouse *(zum Rollen von Internetseiten anstelle der Laufleistenbenutzung mit Cursor)*
PCM-Demultiplexer *m (Nrt)* digital demultiplexer, PCM demultiplexer
PCM-Kanal *m* PCM [pulse-code modulation] channel
PCM-Repeater *m*/**ferngespeister** *(Nrt)* digital dependent repeater *(durch Gleichstromspeiseschleife)*
PCM-Schwellwert-Decoder *m (Nrt)* PCM threshold decoder *(zur Eliminierung von Störungen in Repeatern)*
PCM-Übertragungssystem *n (Nrt)* digital transmission system *(nach der PDH oder SDH)*
PCN personal communication network, PCN *(Standard für Mobilfunk)*
PC-Tastatur *f*/**kabellose** *(Dat)* wireless PC-keyboard, radio PC-keyboard

PDA *m* **mit GPS-Navigationssystem** *(Nrt)* personal digital assistant with GPS-Navigator *(Organizer mit GPS--Empfangszusatz)*
PDC s. Parkabstandsanzeige
p-dotiert *(Me)* p-doped, p-type
PEARL PEARL, process and experiment automation real-time language, PEARL *(Prozessrechner--Programmiersprache, deutsche Norm)*
Pedalschalter *m* foot switch
Pedaltastatur *f* pedal board
Peer-to-Peer *n* peer-to-peer, P2P *(eine Architektur von Netzanwendungen, die weitgehend ohne zentrale Server auskommt)*
Pegel *m* level
Pegelanstieg *m* (available) gain *(Antennengewinn)*
Pegelanzeige *f* level indication
Pegelgrenzwert *m* level limit; action level *(bei Lärmgrenzwerten)*
Pegelmesser *m* 1. *(Nrt)* level-measuring set, (transmission) level indicator, level [decibel] meter; 2. *(Ak)* volume unit meter, VU meter; logarithmic output meter *(am Ausgang)*
Pegelregelung *f* 1. level control [adjustment]; 2. *(Ak)* volume control
Pegelregler *m* 1. *(Nrt)* level controller [control]; 2. *(Ak)* volume controller [control]; fader
Pegelschreiber *m* level recorder
Peilablesung *f (Fo)* observed bearing
Peilacht *f (Fo)* figure-eight diagram, cosine diagram
Peilanlage *f (Fo)* direction-finding system
peilen *v (Fo)* take a bearing, find a direction; sound *(mit Echolot)*
Peilen *n (Fo)* direction finding
Peiler *m (Fo)* direction finder
Peilernetz *n (Fo)* direction-finder network
Peilfehler *m (Fo)* direction-finding error, error in bearing
Peilfehler *m* **durch Ionosphärenübertragung** ionospheric(-path) error
Peilgenauigkeit *f (Fo)* accuracy of bearing
Peilgerät *n (Fo)* direction finder, direction-finding set

Peilung *f (Fo)* bearing, direction finding, DF

Peilung f/akustische acoustic direction finding

Peitschenmast *m* upsweep [davit] arm column, whip-lash column, whip-shaped lamppost

Pendelleuchte *f* pendant (lighting) fitting, pendulum fitting

Pendelmoment *n* oscillation torque, ripple torque

pendeln *v* swing, oscillate; hunt

Pendeloszillator *m* 1. *(Fs)* squegging oscillator, squegger; 2. *(Nrt)* quenching oscillator

Pendelrückkopplungsaudion *n* superregenerative detector

Pendelschwingung *f* pendulum motion *(mechanisch)*; hunting oscillation *(im Regelkreis)*

Pendelsperre *f* surge guard *(Schutzrelais)*

PEN-Leiter *m* PEN-conductor *(Schutzleiter mit Neutralfunktion)*

Pentade *f* pentad *(Folge von fünf Binärziffern)*

Pentode *f* pentode, five-electrode valve

Periode *f* period; cycle (of oscillation)

Periodendauer *f* cycle duration; period interval (duration)

Periodendauermessung *f* period(-duration) measurement *(bei Schwingungen)*

periodisch periodic; cyclic

Periodizität *f* periodicity

peripher peripheral

Peripherie *f (Dat)* peripherals, peripheral devices [units]

Peripherieeinheit *f (Dat)* peripheral [off-line] equipment

Peripherie-Interface-Adapter *m (Dat)* peripheral interface adapter, PIA

Peripheriespeicher *m (Dat)* peripheral storage

Perl *n* Perl *(Programmiersprache)*

Perle *f* 1. bead *(Isolation)*; 2. *(Me)* pellet; dot

Permanentmagnet *m* permanent magnet

Permanentspeicher *m (Dat)* permanent memory [store], non-volatile memory, continuous memory

Permeabilität *f* permeability

Persistor *m* persistor *(supraleitendes Speicherelement)*

Personenrufanlage *f (Nrt)* personal signalling device, paging system

PERT program evaluation and review technique, PERT *(Netzwerkplanung)*

PERT-Verfahren *n* program evaluation and review technique, PERT *(Netzwerkplanung)*

Petersen-Spule *f (Hsp)* Petersen [arc-suppression] coil, earth-fault neutralizer

Petrinetz *n (Dat)* Petri-net

Pfeifabstand *m (Nrt, Ak)* singing [stability] margin

Pfeife *f (Ak)* whistle; pipe

Pfeifen *n* 1. *(Nrt)* (local) singing, self-oscillation *(z. B. eines Verstärkers)*; 2. howl

Pfeiffrequenz *f* singing point frequency

Pfeifneigung *f* near-singing (condition), tendency to sing

Pflanzenstrahler *m* plant-growth lamp

pflegen *v* maintain; service; attend *(Anlagen)*

Pflichtenheft *n* product brief, specifications, target [system] specification

p-Gebiet *n (Me)* p-region, p-type area

P-Gitter-Thyristor *m* p-gate thyristor

P-Glied *n s.* Proportionalglied

Phantombildung *f (Nrt)* phantoming

Phantomspule *f (Nrt)* phantom (circuit loading) coil

Phase *f* 1. phase *(Schwingung)*; 2. phase conductor [wire] *(Leiter)*; phase winding *(Wicklung)* • **aus der Phase bringen** outphase • **außer Phase** out-of-phase, dephased • **in Phase** in-phase; in step • **in Phase bringen** phase • **ungleiche Phase haben** differ in phase

phasenabhängig phase-dependent

Phasenabstand *m* phase spacing

Phasenbahn *f (Rt)* (phase) trajectory

Phasencodierung *f* phase encoding

Phasenebene *f (Rt)* phase (extension) plane

phasenempfindlich phase-sensitive

Phasenerdschluss *m* one-phase earthing

phasenfalsch misphased

Phasenfehler *m* phase error

Phasenfolge f phase sequence, sequential order of the phases
Phasenfolgekommutierung f phase-sequence commutation
Phasenfolgelöschung f phase-sequence commutation
Phasenfolgeumkehr f phase-sequence reversal
Phasengang m phase response, phase-frequency characteristic
Phasengeschwindigkeit f phase velocity [speed], wave velocity
phasengleich in-phase, in the same phase; in step • **phasengleich sein** be in phase
Phasenisolierung f phase coil insulation *(bei elektrischen Maschinen)*
Phasennacheilung f phase lag, lagging of phase
Phasenprüfer m neon tester
Phasenquadratur f (phase) quadrature *(90°-Phasenverschiebung)*
Phasenrand m *(Rt)* phase margin *(Maß der dynamischen Güte)*
phasenrichtig in-phase
Phasenschieber m phase shifter [advancer, modifier]; asynchronous capacitor *(rotierend)*; reactive current compensator *(zur Blindleistungskompensation)*
Phasenspannung f phase voltage; line-to-neutral voltage, voltage to neutral, line-to-earth voltage
Phasenumtasten n phase-shift keying
Phasenumwandlung f 1. *(Et)* phase transformation; 2. phase change [transition]
Phasenverschiebung f phase shift [displacement, difference], difference [shift] in phase, angular displacement
phasenverschoben out-of-phase, out-phased, dephased, displaced [shifted, offset] in phase • **phasenverschoben sein** be out of phase • **um π/2 phasenverschoben** in (phase) quadrature
Phasenverzerrung f phase distortion
Phasenwinkel m phase angle
Phaser m phaser *(Effektgerät)*
ph-Messgerät n pH meter [instrument]
phon* phon *(Maß des Lautstärkepegels)*
Phon n phon *(Maß des Lautstärkepegels)*
Phonobuchse f phono jack

Phosphoroskop n phosphoroscope *(zur Phosphoreszenzbestimmung)*
Photaktor m photactor *(Festkörperbauelement)*
Photoanregung f photoexcitation
photoätzen v photoetch
Photodetektor m photodetector, photoconductive detector; photosensor; photoelectric transducer
Photoeffekt m photoelectric effect, photoeffect
Photoelement n photovoltaic [barrier-layer] cell, semiconductor [barrier-layer, boundary-layer] photocell
Photoemission f photoemission, photoelectric emission
Photomaske f photomask
Photomaskenentwicklung f photoresist developing *(Leiterplattenfertigung)*
Photomaskierung f photomasking
Photometer n photometer
Photometrie f photometry
Photophorese f photophoresis
Photorelais n photosensitive relay
Photorepeater m photorepeater, (optical) step and repeat camera *(Maskenherstellung)*
Photoresist m *(Me)* (photo)resist, photosensitive resist
Photoresist n/**lichtoptisch strukturiertes** patterned UV-resist
Photoresist n/**positiv arbeitendes** positive-working photoresist
Photo-Unijunction-Transistor m/ /**programmierbarer** light-activated programmable unijunction transistor
Photovervielfacher m 1. photomultiplier (tube), multiplier electrode, secondary-emission electron multiplier; 2. photorepeater *(Repetierkamera für die Maskenherstellung)*
Photovolteffekt m photovoltaic effect
Photowiderstand m 1. photoresistor, photoresisitive [photoconductive] cell, light-dependent resistor; 2. photoresistance
Photozelle f photocell, photoelectric [photoemissive] cell, phototube, photovalve
Photozellenabtastung f photoelectric scanning
pH-Wert m pH value [number]

Pieper *m (Nrt)* peeper *(akustischer Personenruf)*
Pierce-Geometrie *f* Pierce geometry
Piezoaufnehmer *m* piezoelectric pick-up
Piezobauelement *n* piezoelectric(-crystal) element
Piezoeffekt *m* piezo(electric) effect
Piezokeramik *f* piezoelectric ceramics, piezoceramics
Piezolautsprecher *m (Nrt)* piezoelectric loudspeaker *(für Handys und CTs)*
Piezomagnetismus *m* piezomagnetism
Piezo-Pumpen-Düse-Element *n* piezo-pump jet element *(Einspritzdüse beim Automobil)*
piezoresistiv piezoresistive
Piezowiderstand *m* piezoresistance
Pi-Filter *n* pi-type filter
Pikoamperemeter *n* micromicroammeter *(für Messungen bis 10^{-9} A)*
Pilotbogen *m* pilot arc
Pilotfrequenz *f (Nrt)* pilot frequency
Pilotkanal *m (Nrt)* pilot channel
Pilzisolator *m* mushroom insulator, umbrella(-type) insulator
Pilzlautsprecher *m* mushroom loudspeaker
Pilztaster *m* mushroom (control) push button
Pilztastvorsatz *m* mushroom (control) push button
PIN PIN, personal identification number
Pinch-Effekt *m (Ph)* pinch effect
PIN-Diode *f* p-i-n diode, p-intrinsic-n diode
pin-Diode *f* p-i-n diode, p-intrinsic-n diode
pin-Gleichrichter *m* p-i-n rectifier
Ping-Pong-Betrieb *m (Ko)* time-division duplex, TDD *(Duplexbetrieb beim DECT-Standard)*
pin-Kompatibilität *f (Me)* pin-compatibility *(gleiche Anschlussbelegung)*
pin-Übergang *m (Me)* p-i-n junction
Pinzahl *f (Me)* pin count
PIO parallel input-output, PIO
Pixel *n* pixel, picture element
Pixelgrafik *f* pixel image *(Farbrasterbild-Darstellung mit Größen- und Farbtiefenangabe; z. B. 640 x 480*

16bit; Dateiendung .bmp; siehe auch: Bildschirmgrafik)
p-Kanal-Metalloxidhalbleiter *m* p-channel metal-oxide semiconductor, p-channel MOS, PMOS
PL/1 programming language 1 *(höhere Programmiersprache)*
PLA programmable logic array
Plan *m* 1. schedule, program(me); 2. design *(Entwurf)*; layout
planar planar
Planarbauelement *n (Me)* planar device
Planardiode *f* planar diode
Planar-Epitaxie-Transistor *m* planar epitaxial transistor
Planparallelität *f* plane parallelism
Planschirm *m* flat face *(z. B. einer Elektronenstrahlröhre)*
Plasmaanzeige *f* plasma display
Plasmaätzanlage *f (Me)* plasma etching reactor
Plasmaätzen *n* plasma etching
Plasma-Bildschirm *m* plasma display, plasma display panel, PDP *(hochauflösender Bildschirm)*
Plasmabogen *m* plasma arc
Plasmabrenner *m* plasma torch [burner], arc stream burner, electronic torch
Plasmaelektronenstrahl *m* plasma electron beam
Plasmafackel *f* plasma torch
Plasmalichtbogenbrenner *m* plasma arc torch
Plasmaofen *m* plasma furnace
Plasmasäule *f* plasma column
Plasmaschmelzofen *m* plasma melting furnace
Plasmaschneiden *n* plasma cutting
Plasmaschweißen *n* plasma welding
Plasmastrahl *m* plasma jet [beam]
Platine *f* 1. edge board, mounting plate; 2. *(Me)* p.c. card, printed circuit [wiring] board; 3. *s.* Wafer • **in der Platine** *(Me)* in-board
Plättchen *n* 1. lamina; 2. *s.* Wafer; 3. *s.* Chip
Platte *f* 1. plate; slab *(stark)*; sheet *(dünn)*; board; panel; 2. record, disk, *(sl)* platter *(Schallplatte)*; magnetic disk; fixed disk; 3. *s.* Leiterplatte
Plattenanode *f* plate anode
Plattenantrieb *m* disk drive

Plattendrehzahl f turntable speed; disk speed
Plattendurchmesser m record size
Plattengeräusch n record noise
Plattenkurzschluss m short-circuit between plates *(Batterie)*
Plattenmikrofon n vane microphone
Plattenspeicher m *(Dat)* disk (file) memory, disk store
Plattenspeicherzugriff m disk memory access
Plattenspieler m record [disk] player, gramophone, phonograph; record deck *(mit Verstärker)*; turntable
Plattenspur f disk track
Plattenstapel m *(Dat)* disk pack
Plattenteller m record turntable, (phonograph) turntable
plattieren v plate; clad
plattieren v/elektrolytisch electroplate
plattieren v/mit Gold gold-plate
Plattierung f 1. plating; cladding *(Vorgang)*; 2. plate, plating *(Schutzschicht)*
Platymeter n platymeter *(zum Messen von Kapazitäten und Dielektrizitätskonstanten)*
Platz m 1. place, spot, location; position; site *(z. B. im Kristallgitter)*; 2. *(Nrt)* (operator's) position
Platzanzeige f *(Dat)* place indication
Platzbelegung f *(Nrt)* position wiring
Platzumschalter m *(Nrt)* position switching [coupling] key, position switch
Playback-Verfahren n playback (method)
Plazierung f placement
p-leitend *(Me)* p-conducting
PLL-Schaltkreiselement n phase-locked loop component
plombieren v seal
Plotter m plotter
Plug-and-Play n *(Dat)* plug-and-play *(vom Betriebssystem sichergestellte automatische Installation eines PC-Peripherie-Gerätes, z. B. Modem, oder einer Steckkarte)*
Pluspol m 1. positive pole [terminal]; 2. anode *(z. B. eines Gleichrichters)*
PM BL DC motor permanent-magnet brushless d.c. motor
pmm permanent-magnet motor
PMM permanent-magnet motor

PMOS p-channel metal-oxide semiconductor
pn-Flächentransistor m p-n junction transistor
pnip-Transistor m intrinsic barrier transistor
p-n-i-p-Transistor m intrinsic barrier transistor
P/O/N-Pulsstuffing n *(Nrt)* positive-zero-negative justification
pnp-Transistor m p-n-p transistor
pnp-Transistor m/lateraler lateral p-n-p transistor
Pol m 1. electric pole *(im Stromkreis)*; terminal; 2. pole *(Mathematik, Physik)*
Polabstand m 1. pole distance; 2. *(Ma)* pole clearance
Polardiagramm n polar diagram [plotting], circular-chart diagram
Polarisation f polarization
Polarisationsinterfermeter n polarizing interferometer
Polarisationsmagnet m polarizing magnet
Polarisationsmikroskop n polarizing [polarization] microscope
Polarisationsoptik f 1. polarizing optical system *(Anlage)*; 2. polarizing [polarization] optics, optics of polarized light
Polarisator m polarizer
polarisieren v polarize
polarisiert/rechtsdrehend zirkular *(Fs)* right-hand circularly polarized, clockwise circularly polarized
Polarisierung f polarization
Polarität f polarity
Polaritätsanzeiger m 1. polarity [sign] indicator, pole detector; 2. current direction indicator
Polarkoordinatendarstellung f polar display
Polarkoordinatennavigation f omnibearing distance navigation, rho-theta navigation
Polbreite f pole width
Poliermaschine f polishing machine, polisher
Polizeifunk m police radio
Polkante f 1. pole edge, edge of pole; 2. pole tip [horn] *(Polschuhspitze)*
Polkern m pole body
Polklemme f 1. pole terminal; electrode

[cell] terminal *(Batterie)*; 2. binding post
Pollücke f pole gap
Pol-Nullstellen-Bild n *(Rt)* pole-zero configuration
Polpaar n pole pair, pair of poles
Polradspannung f synchronous generated [internal] voltage, internal voltage, field e.m.f.
Polradwinkel m *(Ma)* load angle, rotor (displacement) angle, lagging angle
Polschuh m pole shoe [piece]
Polstreuung f pole leakage
Polteilung f pole pitch
Polumschalter m pole changing [change-over] switch, change-pole switch
Polung f polarity
Polwechselschalter m pole changer [changing switch], polarity reversing switch
Polwendeschalter m pole-reversing switch
Polymer n/**leitfähiges** conductive polymer
Polyzid n polycide *(Bezeichnung für die Doppelschicht aus Polysilicium und Silicid)*
Pop-Befehl m *(Dat)* pop instruction
Porzellanüberwurf m porcelain jacket [container] *(einer Durchführung)*
Positioniergenauigkeit f positioning accuracy
Positionierung f positioning
Positionierungsloch n location hole *(Leiterplatte)*
Positionsanzeiger m *(Dat)* cursor
Positionsbestimmung f *(Fo)* position finding [sensing]
Positionslampe f marker light indicator, positional lamp
Positionslichter npl position [navigation, running] lights *(bei Schiffen und Flugzeugen)*
Positionsmarke f *(Dat)* cursor
Positionsmarke f/**nicht löschende** non-destructive cursor
Positiv n *(Galv)* positive matrix; positive *(Fotografie)*
Post f/**elektronische** electronic mail, E--Mail
Postleitung f *(Nrt)* post-office line
Post-mortem-Programm n *(Dat)* post--mortem program [routine] *(Fehlersuchprogramm)*
Postprozessor m postprocessor
Postsystem n/**internationales elektronisches** international electronic mail system, IEMS
Potenz/zur zweiten second power, to the power of two, raised, squared
Potenzial n potential
Potenzialabfall m potential drop, fall of potential
Potenzialanstieg m potential rise, increase in potential
Potenzialausgleichsleiter* m equipotential bonding conductor
Potenzialausgleichsschiene f main equipotential busbar *(EN 50122-1)*
Potenzialbarriere f (potential) barrier, potential hill [wall, threshold]
Potenzialbild n potential diagram, electrical image
Potenzialdifferenz f potential difference
Potenzialsteuerring m potential grading [equalizing] ring, grading shield ring, potential ring
Potenziometer n potentiometer
Potenziometereinstellung f potentiometer setting
Potenziometergeber m potentiometer pick-up
Potenziometertemperaturregler m potentiometric temperature
Potier-EMK f Potier electromotive force
Potier-Reaktanz f Potier reactance *(von Synchronmaschinen)*
pp⁺-Übergang m *(Me)* p-p⁺ junction
Präfix n *(Dat)* prefix
Präfixschreibweise f *(Dat)* prefix [Polish] notation
Prallblech n baffle plate *(Sekundärelektronenvervielfacher)*
Präsentationsschicht f *(Nrt)* presentation layer *(Festlegungen zu Informationsdarstellung und Informationsaustausch)*
Präsenz f presence *(Höreindruck)*
Prasselgeräusch n crackling [frying, rattling] noise
Präzisionsabstimmung f precision tuning
Präzisionsanflugradar n precision approach radar
P-Regelung f s. Proportionalregelung

Prelldauer *f* (contact) bounce time, bounce duration
prellsicher chatter-proof *(Schalter)*
Prellzeit *f* bounce [chatter] time *(Kontakt)*
pressen *v* 1. press; compress, compact; 2. mould *(z. B. Kunststoff)*; 3. squeeze
Pressgaskondensator *m* (precision) compressed-gas capacitor *(Hochspannungsmesstechnik)*
Pressgasschalter *m* gas-blast switch
Pressmasse *f* moulding compound [material]
Presspappe *f* pressboard
Pressplatte *f* core end plate *(des Blechpakets bei rotierenden Maschinen)*; clamping plate *(bei Trafokernen)*
Pressring *m* commutator vee ring *(Stromwender)*
Pressschweißen *n* pressure welding
Pressspan *m* pressboard, press(s)pahn, straw-board
Primärbatterie *f* primary [galvanic] battery
Primärgruppenabschnitt *m (Nrt)* group section
Primärgruppendurchschaltefilter *n (Nrt)* through group filter
Primärgruppendurchschaltepunkt *m (Nrt)* through group connection point
Primärgruppenumsetzer *m (Nrt)* group translating equipment
Primärgruppenverbindung *f (Nrt)* group link
Primärklemme *f* primary terminal, terminal of primary winding
Primärkreis *m* primary circuit
Primärspule *f* primary coil
Primärstation *f* primary station *(Datenkommunikation)*
Primärstrahler *m (Licht)* primary radiator; radiating element *(Antennentechnik)*
Primärstrukturschreiber *m (Me)* primary pattern generator *(Elektronenstrahllithographie)*
Primärteilchen *n* primary particle
Primärwicklung *f* primary winding
Printspooling *n (Dat)* print spooling *(Druckzwischenspeicherung)*
Prinzipschaltbild *n* schematic (diagram), schematic [basic] circuit diagram, circuit [wiring] diagram, elementary connection diagram, circuit principle; single-line diagram
Priorität *f*/**höchste** top priority
Prioritätsprogramm *n (Dat)* priority program [routine]
Prioritätsschaltung *f* daisy chain *(Programmierung)*
Prioritätsschaltung *f*/**serielle** daisy chain *(Programmierung)*
Prioritätsunterbrechung *f (Dat)* priority interrupt
Privatanschluss *m (Nrt)* private [house] connection
Privatgespräch *n (Nrt)* private call
Privatnebenstelle *f (Nrt)* subscriber's extension station
Probe *f* 1. sample; specimen; 2. test, trial
Probeanruf *m (Nrt)* test call
Probebetrieb *m* trial run
Probefahrt *f* test drive, running test
Probekörper *m* test specimen [object], (test) sample
Probenahme *f* sampling
Probenraum *m (Ak)* rehearsal room
problemorientiert *(Dat)* problem-oriented
Produkthaftung *f* product liability
Profibus *m* profi process field bus *(wichtige deutsche Feldbusnorm)*
Profil *n* profile; contour; section
Profildraht *m* profile [section] wire; shaped conductor
Profilleiter *m* shaped conductor
Profilsammelschiene *f* rigid busbar
Programm *n* 1. *(Dat)* program, routine; 2. *(BE)* programme, *(AE)* program *(Rundfunk, Fernsehen)*; 3. schedule *(Zeitplan)*
Programm *n*/**ausführbares** *(Dat)* executable file *(Datei-Endung .exe)*
Programmablauf *m* 1. *(Dat)* program flow; pass; 2. *(Rt)* control sequence
Programmablaufplan *m* program flow chart
Programmanweisung *f* program statement
Programmbaustein *m* program [software] module, program unit
Programmbefehl *m* program instruction [command]
Programmbeginn *m* (program) beginning
Programm-Bibliothek *f*/**einbindbare**

Programmbibliothek *(Dat)* dynamically linkable library, dynamic-link library *(einbindbarer Speicher für ausführbare Routinen; Datei-Endung .dll)*
Programmende n program end
Programmfehler m program error [fault]
Programmfenster n program window
programmgesteuert program-controlled; sequence-controlled
Programmhelfer m *(Dat)* wizard *(Hexenmeister, Bedienungsführung)*
programmierbar programmable
programmieren v *(Dat)* program
Programmieren n *(Dat)* programming
Programmiergerät n programming device, programmer (unit), programming terminal, program panel
Programmiersprache f/objektorientierte object oriented programming language
Programmierung f *(Dat)* programming
Programmierung f/agile agile programming, AP
Programmierungsfehler m *(Dat)* programming error
Programmlauf m *(Dat)* program run
Programm-Ordner m s. Programm-Verzeichnis
programmorientiert program-oriented
Programmpaket n program package
Programmspeicher m program memory [store]
Programmsprache f program language
Programmstecker m coded image plug
Programmsteuerung f program control
Programmtaste f soft key
Programmtest m program check [test]
Programmunterbrechung f program interruption [stop], interrupt
Programmunterbrechungssystem n program interruption system
Programmverbinder m linkage editor [edit generator], linker, link editor
Programmverwaltungsaufwand m overhead *(des Betriebssystems, der nicht unmittelbar dem Anwendungsprogramm zugute kommt)*
Programm-Verzeichnis n *(Dat)* directory, folder
Projektionsbild n screen image [picture], projected image
Projektionsbildröhre f projection-type television tube

Projektionsfolie f overhead-foil
Projektionsgerät n projector, projection instrument [equipment]
Projektionsschirm m projection screen
Projektor m projector
PROLOG n PROLOG, programming in logic *(eine Programmiersprache)*
PROM n PROM, programmable read-only memory
Proportionalabweichung f *(Rt)* position error, (proportional) offset
Proportionalbereich m *(Rt)* proportional-control zone [band], proportional band [range], P-band *(P-Regler)*
Proportional-Differenzial-Regelung f *(Rt)* proportional-derivative(-action) control, PD(-action) control
Proportionalglied n *(Rt)* proportional element
Proportional-Integral-Differenzial-Glied n *(Rt)* proportional-integral-derivative(-action) element, PID element
Proportional-Integral-Differenzial-Glied n/elektrisches integro-differentiating network
Proportional-Integral-Differenzial-Regler m *(Rt)* proportional-integral-derivative(-action) controller, PID controller
Proportional-Integral-Regler m *(Rt)* proportional-integral(-action) controller, PI controller
Proportionalitätsbereich m s. Proportionalbereich
Proportionalitätsfaktor m *(Rt)* proportionality [proportional-action] factor
Proportionalregelung f *(Rt)* proportional(-action) control, PI(-action) control
Proportionalregler m *(Rt)* proportional(-action) controller, P controller
Proportionalverhalten n *(Rt)* proportional control action, P-action *(eines Reglers)*; offset behaviour *(Regelabweichung)*
Protokoll n protocol; log; listing; record
protokollieren v *(Dat)* log; list; print out; record
Protokollkennung f protocol identifier [indicator]
Prototyperstellung n/schnelle rapid

prototyping *(Verfahren zur Herstellung von Prototypen)*
Proximityeffekt *m* proximity effect *(Elektronenstrahllithographie)*
Proxy *m* proxy ("Stellvertreter", zwischen Server und Klient)
Prozeduranweisung *f (Dat)* procedure statement
Prozentsatz *m* **der ausgeführten Anmeldungen** *(Nrt)* percentage of effective calls
Prozessausbeute *f* process yield; line yield *(in Fertigungslinien)*
Prozessautomatisierung *f* automatic process control, process automation
Prozessdaten *pl* process data
Prozessdatenbus *m* process data highway, PROWAY
Prozessdatenverarbeitung *f* process data processing
Prozessidentifikation *f (Rt)* process identification
Prozesskopplung *f* process interfacing
Prozessmodell *n* process model
Prozessor *m* (data) processor, central processing unit
Prozessperipherie *f* process interface system
Prozessrechensystem *n* process computing system
Prozessrechner *m* process (control) computer
Prozessregelung *f* automatic process control
Prozessregelung *f/automatische* automatic process control
Prozessschnittstelle *f* process interface
Prozesssteuerung *f (Rt)* process control
Prüfanweisung *f (Qu)* test instructions *pl*
Prüfattest *n* test certificate
Prüfbefehl *m* check command
Prüfbefund *m* test result
Prüfbericht *m (Qu)* inspection report
Prüfbit *n* check bit; parity bit, guard digit
Prüfbit *n/zyklisches (Dat)* cyclic check bit
Prüfbitfolge *f* frame check sequence, FCS
Prüfchip *m* test chip
Prüfdaten *pl* test data
Prüfeinrichtung *f* testing equipment [device, fixture], test rig [outfit], checking feature [device], check instrument
Prüfempfänger *m* test receiver
prüfen *v* test; check, control; inspect; verify
Prüffeld *n* 1. test department [laboratory], proving ground; 2. test panel
Prüffinger *m* test finger *(Gerät zur Prüfung des Berührungsschutzes)*
Prüfgerät *n* testing apparatus [instrument, device], test set, tester, check [inspection] instrument
Prüfgerät *n* **mit Einhandbedienung** hand-held meter
Prüfling *m* 1. test piece [specimen, sample, component], check sample; 2. *(Ap)* device under test, DUT
Prüfmuster *n* 1. test specimen, test unit; 2. test pattern *(Bilderkennung)*
Prüfobjekt *n* test object [item], specimen (under test)
Prüfplatz *m* 1. *(Qu)* test bench; 2. *(Nrt)* test(ing) position
Prüfprotokoll *n* 1. *(Qu)* inspection record [sheet]; test certificate; 2. *(Dat)* test log
Prüfschallquelle *f* 1. reference noise generator *(Schallleistungsnormal)*; 2. acoustic [sound level] calibrator *(Mikrofonkalibrierung)*
Prüfschein *m* test certificate
Prüfsonde *f* test probe
Prüfspannung *f* 1. test voltage, testing potential; 2. *(Hsp)* isolation voltage
Prüfspitze *f* test tip, (test) prod
Prüfspitzenbuchse *f* tip jack
Prüfspule *f* test [search] coil
Prüfstand *m* test stand [bay, floor, rig]; check room
Prüftaste *f* test key
Prüftechnik *f* 1. testing technique; 2. testing
Prüftelefon *n* test handset
Prüftisch *m* test bench [desk]
Prüfton *m* test tone
Prüftransformator *m* test transformer
Prüfung *f* 1. *(Qu)* test(ing), acceptance test, check(ing); inspection; audit; 2. *(Dat)* numerical check; 3. *(Mess)* qualification *(von Messmitteln)*
Prüfverfahren *n* test(ing) method,

testing technique; test [inspection] procedure
Prüfvorschrift f test specification [instruction]
Prüfzeichen n 1. test mark (zur Abnahmekennzeichnung); check character [digit] (für Prüfzwecke); 2. error detection character, EDC
PS/2-Buchse f (Dat) PC-socket for mouse or keyboard
Pseudobefehl m (Dat) pseudoinstruction; dummy command
PTC-Widerstand m PTC resistor, positive temperature coefficient resistor
p-Typ-Halbleiter m p-type semiconductor
Publizieren n/leserorientiertes people--oriented publishing, POP (ein Anwendungsparadigma für XML)
Puffer m (Et, Dat) buffer
puffern v (Et, Dat) buffer; dampen
Pufferspeicher m (Dat) buffer memory [store], buffer (Zwischenspeicher); cache (schneller Speicher)
Pufferzeit f 1. back-up time; 2. (Dat) slack pulses
Pulsantwort f pulse response
Pulsation f pulsation
Pulsationsdrehmoment n pulsation torque
Pulsationsdrehmoment n **der Oberwellen** harmonic ripple torque equipment (Überlagerung von Gleich- und Wechselspannung)
Pulscodemodulation f pulse-code modulation, PCM
Pulsdauermodulation f pulse-duration modulation, PDM, pulse-length modulation
pulsen v pulse; chop (z. B. Gleichstrom)
Pulsfrequenz f pulse frequency [rate], (pulse) repetition frequency, PRF, (pulse) repetition rate; chopping rate
Pulsfrequenzmodulation f pulse--frequency modulation, PFM, pulse rate modulation
Pulslängenmodulation f pulse-length modulation, pulse-duration modulation, PDM
Pulsphasenmodulation f pulse-phase modulation, pulse-position modulation, PPM
Pulssteller m chopper (für Gleichstrom)

Pulsstromrichter m pulse-controlled converter
Pulverkern m powder core
Pumpenantrieb m (Le) pump drive
Pumpenergie f (Laser) pump(ing) energy
Pumpenkennlinie f (Le) pump characteristic
Pumpspeicher(kraft)werk n pumped--storage (hydro)station, pumped--storage hydro power station, storage power station
Punkt m point; dot; spot
Punktanzeige f incremental display
Punktentladung f point discharge
Punktfolge f (Fs) dot sequence
punktlöten v spot-solder
Punktoxidation f **von MOS-Halbleitern** (Me) local oxidation of metal
Punkt-Punkt-Steuerung f point-to--point control (Bahnsteuerung eines Roboters)
Punktschweißen n spot welding
Punktschweißmaschine f spot welder [welding machine]
Punktsteuerung f (Rt) point-to-point (positioning) control, positioning control
Punkt-Strich-Verfahren n dot-dash mode
Pupinisierung f (Nrt) pupinization, coil [Pupin, series] loading
Pupinspule f (Nrt) Pupin [loading] coil
Push-Befehl m push instruction (Kellerspeicher)
PWM f pulse-width modulation, PWM
Pyramidenantenne f pyramidal aerial
Pyroelektrizität f pyroelectricity
Pyrolyse f pyrolyis
Pyrometer n pyrometer (zur berührungslosen Temperaturmessung)
Pyrometrie f pyrometry
Python n Python (Programmiersprache)
p-Zone f (Me) p-region, p-type area

Q

Q-Achse f (Ma) quadrature axis
QAM s. Quadraturamplitudenmodulation
Q-Band n Q-band
Q-Faktor m Q factor, quality factor
Q-Faktor-Messgerät n Q-meter
Q-Gruppe f (Nrt) Q-group

QIL

QIL s. Quad-in-line-Gehäuse
Q-Schalter m Q-switch *(Güteschalter)*
Q-Schlüssel m Q-code
Q-Signal n Q signal, coarse chrominance primary *(Farbfernsehen)*
Quad-Band-Handy n *(Ko)* quad band mobile *(für die vier Frequenzbänder 900MHz, 1800MHz, 850MHz und 1900MHz)*
Quadbit n quadbit, nibble *(4 Bit, Hälfte eines Byte)*
Quad-in-line-Gehäuse n *(Me)* quad-in-line package, QUIL(-package)
Quadrat/zum squared, to the power of two, second power, raised
quadratisch quadratic; square
  • **quadratisch abhängig** in proportion to the square • **quadratisch gemittelt** mean-square; root-mean-square *(bei Rückkehr in den linearen Bereich)*
  • **zeitlich quadratisch gemittelt** time-mean-square
Quadraturamplitudenmodulation f *(Nrt)* quadrature amplitude modulation, QAM
Quadratur-Signal n *(Nrt)* in-quadrature signal *(90° phasengedreht)*
Quadrierschaltung f squaring circuit [network], squarer
Quadrophonie f *(Ak)* quadrophony
Quadrupol m quadrupole
Qualität f quality; class
Qualitätsaudit n quality audit
Qualitätshandbuch n quality manual
Qualitätskontrolle f quality control [checking]
Qualitätssicherung* f quality assurance
Qualitätssicherungsplan m, **QS-Plan** m *(Qu)* quality assurance plan
Quantelung f quantization
Quantenausbeute f quantum efficiency [yield]
Quantenfeldtheorie f quantum [quantized] field theory
Quanteninterferometer n/ **supraleitendes** superconducting quantum
Quantenvernichtung f quantum annihilation; photon annihilation
Quantenverstärker m aser, amplifier based on stimulated
Quantenzahl f quantum number
Quantisierungscharakteristik f *(Nrt)* quantization charcteristic

Quantisierungseffekt m *(Nrt)* quantization effect
Quantisierungsgeräusch n *(Nrt)* quantizing noise
Quarz m quartz (crystal), crystal
Quarzbeschichtung f crystal coating
Quarzeichgenerator m quartz calibrator
Quarzfaser f quartz fibre
Quarzfilter n quartz [crystal, piezoelectric] filter
Quarzfrequenz f crystal frequency
Quarzkristall m quartz crystal
Quarzschwinger m quartz(-crystal) resonator
quarzstabilisiert quartz-stabilized, crystal-stabilized
Quasar m quasar, quasi-stellar radio source, radio star
Quasieffektivwertgleichrichter m quasi-r.m.s. rectifier
Quecksilberbatterie f mercury battery [cell]
Quecksilberbogen m mercury arc
Quecksilberbogenlampe f mercury(--arc) lamp
Quecksilberdampfgleichrichter m mercury-arc rectifier, mercury(-vapour) rectifier
Quecksilberdampflampe f mercury--vapour lamp, mercury discharge lamp
Quecksilberdampfwechselrichter m mercury-arc inverter
Quecksilbergleichrichter m mercury rectifier
Quecksilberhochdrucklampe f high--pressure mercury(-vapour) lamp, HPMV-lamp
Quecksilberhöchstdrucklampe f very--high pressure mercury lamp, extra--high pressure mercury lamp
Quecksilberlampe f mercury(-vapour) lamp
Quecksilberschalter m mercury (tilt) switch
Quecksilberschaltrelais n mercury switching relay
Quecksilberwippe f mercury switch, mercury-contact tube
Quelladresse f source address
Quelldichte f source density, density of source distribution
Quelle f 1. source; 2. s. Quellenelektrode
Quellencode m *(Dat)* source code

Quellencodierung f *(Dat)* source coding
Quellenelektrode f source (electrode) *(eines Feldeffekttransistors)*
quellenfrei source-free
Quellsprache f *(Dat)* source language *(Programmierung)*
Quellsprachenübersetzung f source language translation
Quelltexte mpl/**offengelegte** open source
Quench m quench *(Zusammenbruch der Supraleitfähigkeit)*
Querachse f *(Ma)* quadrature [transverse] axis
Queranteil m **(der Polradspannung)** quadrature-axis component of synchronous generated voltage
Querdurchflutung f quadrature-axis component of magnetomotive force
Querelement n shunt element
Quer-EMK f quadrature-axis component of the electromotive force
Querentzerrung f parallel equalization, shunt admittance(-type) equalization
Querfeld n transverse [cross] field
Querfeldemitter m field-injection gate *(bei steuerstromverstärkenden Thyristoren)*
Querfeldgenerator m/**rosenbergscher** Rosenberg (crossed-field) generator
Querfeldmaschine f armature-reaction excited machine, cross-field machine
Querkomponente f transverse [cross] component
Querleitfähigkeit f transverse conductivity
Quermagnetisierung f transverse [perpendicular] magnetization
Querreaktanz f *(Ma)* quadrature reactance
Querreaktanz f/**subtransiente** quadrature-axis subtransient reactance
Querreaktanz f/**transiente** quadrature--axis transient reactance
Querregler m *(Ee)* quadrature (voltage) regulator
Querschnitt m cross section • **mit rundem Querschnitt** circular--sectioned, circular in section
Querspannung f quadrature-axis component of the voltage
Querspannung f/**subtransiente** quadrature-axis subtransient voltage

Querspannung f/**transiente** quadrature-axis transient voltage
Querurspannung f/**subtransiente** quadrature-axis subtransient electromotive force
Querurspannung f/**transiente** quadrature-axis transient electromotive force
Querverbindung f 1. cross-connection, interconnection; 2. *(Nrt)* interswitchboard line, tie trunk [line]
Querverkehr m internet [cross connection] traffic
Quetschfuß m pinched base, pinch, squash *(Röhren)*
Quetschverbindung f 1. pressure-type connection *(von Drähten)*; 2. *(Me)* crimp connection *(Anschlusstechnik)*; crimped joint, crimp
quietschen v squeal
QUIL-Gehäuse n *(Me)* quad-in-line package, QUIL(-package)
Quirl m curl *(Maß der Wirbelgröße)*
quittieren v 1. accept, acknowledge; 2. *(Nrt)* receipt
Quittierschalter m 1. *(Nrt)* revertive signal switch; 2. *(An)* discrepancy switch
Quittungsbetrieb m *(Dat, Nrt)* handshake, handshaking, handshake procedure
Quittungsbus m handshake bus
Quittungszeichen n *(Nrt)* acknowledgement signal
"quoted-printable" quoted-printable *(Codierung, bei der nur einige Sonderzeichen speziell codiert werden, ASCII-Text bleibt erhalten)*

R

Radar n(m) 1. radar, radio detection and ranging *(Rückstrahlortung)*; 2. s. Radargerät
Radar-Abstandswarnsystem n anti--collision radar
Radarabtaster m scanner (unit)
Radarbild n radar (screen) image, radar display, radar screen picture
Radarentfernungsmessung f radar ranging
Radarerkennung f **an der Impulsfolgefrequenz** *(Fo)* radar

Radargerät 606

identification by pulse repetition frequency
Radargerät n radar (set)
Radargeschwindigkeitsmesser m radar speed meter
Radarimpulsreflexion f (Fo) radar pulse reflection, radar return
Radarsignal n/ausgestrahltes (Fo) emitted radar signal, transmitted radar signal
Radarstrahl m radar beam
Radarsuchgerät n radar search unit
Radarweiche f (Fo) radar diplexer
Radioapparat m s. Rundfunkempfänger
Radiometrie f radiometry, radiation measurement
Radioquelle f radio source
Radiorecorder m casseiver
Radioröhre f radio valve
Radiosondenempfangsstation f (Ko) meteorological sonde receiving station
Radiospektroskop n radio spectroscope (Anzeigegerät für die Belegung von Funkfrequenzbändern)
Radiospektrum n radio(-frequency) spectrum
Radiostern m radio star, quasar, quasi-stellar radio source
Radiowelle f radio wave
Radiowellenausbreitung f radio wave propagation
Radnabenmotor m in-wheel motor (beim Automobil)
Rahmen m frame, (apparatus) rack; framework
Rahmengestell n rack; framework
Rahmentakt m (Nrt) frame clock
Rahmenvermittlung f (Nrt) frame switching
Rahmenzeit f frame time (z. B. Zeit für die Durchführung einer kompletten Rechenoperation)
RALU register and arithmetic-logic unit (eines Mikrorechners)
RAM n random-access memory, RAM, write-read memory • **"RAM freigeben"** "RAM enable"
RAM n mit doppelter Datenrate double data rate RAM, DDR-RAM
Rampenantwort f (Rt) ramp response
Rampenfunktion f (Rt) ramp function
Rampenlicht n footlights
Rand m edge, border; rim; margin; boundary

Randbedingung f 1. boundary [edge] condition; 2. constraint (einschränkende Bedingung)
Randeffekt m fringe effect (z. B. Streufeld am Plattenkondensator); edge effect (Kanteneffekt)
Randkontakt m rim contact; edge connector, connection portion (bei Leiterplatten)
Randschicht f (Me) barrier (layer), surface barrier layer
Rangfolge f der Sendungen (Nrt) priority of communications
Rangierlokomotive f shunting locomotive (IEC 50-811)
Rapid Prototyping n s. Prototypherstellung/schnelle
Rapidstartlampe f quick-start lamp, rapid-start lamp
Raser m raser, radio wave amplification by stimulated emission of radiation
Rasselgeräusch n rattling noise (Elektronenröhren)
Raster m 1. screen; grid (pattern); matrix; 2. (Fs) raster; 3. (Licht) spill shield, louvre
Rasterabstand m grid space [spacing] (z. B. auf Leiterplatten); scan spacing
Rasterabtastung f (Me) raster [frame] scanning
Rasterabtastung f/elektronische electronic raster scanning
Rasterelektronenmikroskop n scanning electron microscope, SEM
Rasterfrequenz f (Fs) frame frequency, vertical (frame-)scanning frequency
Rastermikroskop n scanning microscope
Rastermuster n raster pattern
Rasterteilung f grid spacing (z. B. auf Leiterplatten)
Rastkraft f cogging thrust (beim Linearmotor)
Rastmoment n cogging torque
Ratiodetektor m ratio detector
Rattermarke f chatter mark
Rauchmelder m smoke sensor, smokemeter (elektronische Warnanlage)
Rauchsensor m smoke detector
Raum m 1. space; 2. room
Raumakustik f 1. architectural [room] acoustics; 2. acoustic properties of a room

Raumausbreitungsdiagramm *n* free-space diagram
Raumbeleuchtung *f* room illumination
Raumbild *n* stereoscopic image
Raumfahrtelektronik *f* space electronics
Raumfahrtfernmessung *f* aerospace telemetry *(Messwertfernübertragung im kosmischen Raum)*
Raumfahrzeug *n* space vehicle, spacecraft
Raumkurve *f* space curve
Raumladung *f* space charge
Raumladungsgitter *n* space-charge grid
Raumladungskapazität *f* space-charge capacitance
Raumladungsröhre *f* space-charge tube
Raumladungswelle *f* space-charge wave
räumlich three-dimensional, spatial
Raummehrfachempfang *m* space diversity (reception)
Raumschall *m* surround sound
Raumsonde *f* space probe
Raumstation *f/bemannte* (Ko) manned space station *(MIR bis 23.03.2001, jetzt ISS)*
Raumstrahlung *f* space radiation
Raumvektor *m* space vector
Raumwelle *f* 1. space wave; 2. *(Nrt)* sky [ionospheric, indirect] wave
Rauschamplitude *f* noise amplitude
Rauschanalyse *f* noise analysis
rauscharm low-noise
Rauschaufnahme *f* noise pick-up
Rauschbandbreite *f* noise (power) bandwidth
Rauschdiode *f* noise (generator) diode
Rauscheffekt *m* noise [shot] effect, shot noise
Rauschen *n* noise
Rauschen *n/bewertetes* weighted noise
Rauschen *n/elektromagnetisches* enviromental electromagnetic noise
Rauschen *n/magnetisches* magnetic noise
Rauschen *n/thermisches* thermal [resistance, Johnson] noise
Rauschen *n/weißes* white noise
Rauschgenerator *m* (random-)noise generator
Rauschmessung *f* noise measurement
rauschmoduliert noise-modulated
Rauschnormal *n* noise standard
Rauschpegel *m* noise level; background level
Rauschsignal *n* 1. noise signal; 2. *(Nrt)* contaminating signal
Rauschspektrum *n* noise spectrum
Rauschsperre *f* muting
Rauschunterdrückung *f* noise suppression [rejection, cancellation]; random noise rejection
Rauschzahl *f* noise figure [factor, ratio]
Räuspertaste *f* mute switch
Rautenstruktur *f* (Ko) cellular mobile radio network stucture *(Struktur von Mobilfunknetz-Zellenanordnungen, wabenförmig, rautenförmig)*
Rautentaste *f* (Nrt) hash key
Rautiefe *f* peak-to-valley depth [height] *(Oberflächengüte)*
RC-... resistance-capacitance...
RC-Brücke *f* resistance-capacitance bridge, RC bridge
RC-Differenzierglied *n* resistance-capacitance differentiator, RC differentiator
RC-Filter *n* resistance-capacitance filter, RC filter
RC-gekoppelt resistance-capacitance-coupled, RC-coupled
RC-Glied *n* resistance-capacitance element, RC element
RCT-Technik *f* RCT technique
RC-Verstärker *m* resistance-capacitance coupled amplifier, RC amplifier
R-Darstellung *f* R-display *(Radar)*
Reaktanz *f* 1. reactance *(Blindwiderstand)*; 2. reactor *(Spule)*
Reaktanzschutz *m* reactance protection
Reaktanzspule *f* reactor
Reaktanz-Zweipol *m* lossless two-terminal network
Reaktion *f* reaction; response
Reaktionsgeschwindigkeit *f* reaction-rate; speed of response *(z. B. eines Regelkreisgliedes)*
Reaktionszeit *f* reaction time; response time; attack time *(z. B. auf Tastendruck)*
Reaktor *m* reactor; nuclear reactor, (atomic) pile

Realstruktur *f* real structure *(Kristall)*
Realteil *m* real part [component]
Realzeitbetriebssystem *n (Dat)* real-time system
Rechenanlage *f* computing machinery [installation], computer (system)
Rechenanweisung *f* calculation statement
Rechenbefehl *m* calculation statement, arithmetic instruction
Recheneinheit *f* arithmetic unit
Rechenelement *n* computing [arithmetic] element
Rechengeschwindigkeit *f* computing [calculating, arithmetic] speed, computation rate
Rechen-Grid *n* computational grid *(Grid zur Verteilung von Rechenleistung)*
Rechenmaschine *f* business computer, calculator, computing [calculating] machine
Rechenoperation *f* computing [arithmetic] operation, (calculating) operation
Rechenspeicher *m* computer memory [store], computing memory
Rechentechnik *f* 1. computer technology [engineering]; 2. computing equipment, hardware
Rechenwerk *n* arithmetic-logic unit, arithmetical unit, arithmetical and logical unit, ALU, arithmetical element [organ]
Rechenzeit *f* computing [calculating] time; machine time
Rechenzentrum *n* computing [computation] centre, data [information] processing centre
Rechnen *n (Dat)* computation, calculation
Rechner *m* computer, calculator, computing [calculating] machine
Rechneranweisung *f* computer instruction
Rechneranwendung *f* computer application
Rechneranwendung *f* **zur Messung und Regelung** computer application to measurement and control, CAMAC *(Zweiweg-Interface-System für kernphysikalische Experimentiertechnik)*
Rechnerbefehl *m* computer instruction
Rechnerbetrieb *m* computer operation

rechnergestützt computer-based, computer-assisted, computer-aided
Rechnerkriminalität *f* computer criminality
Rechnername *m (Dat)* domain name *(Name, der Informationen im Internet abruft)*
Rechnernetz *n* computer network
Rechnernetzverbund *m* local area network interconnection
Rechneroperation *f* computer operation
Rechnerprogrammierung *f* computer programming
Rechnerprogrammierungssprache *f* computer-programming language
Rechnerprogrammierungssprache *f***/problemorientierte** beginners all purpose symbolic instruction code, BASIC
Rechnersimulierung *f* computer simulation
Rechnersteuerung *f***/direkte** direct digital control *(eines Prozesses)*
Rechnerstrichcode *m* computer bar code
Rechnerstruktur *f* computer structure
Rechnersystem *n* computer system
rechnerunabhängig off-line
rechnerunterstützt computer-aided, computer-assisted, CA, computer-based
Rechnerunterstützung *f* computer-aid
Rechnervernetzung *f* computer networking; distributed computing
Rechnerzeit *f* computer time
Rechnung *f (Dat)* computation, calculation
Rechteckgenerator *m* square-wave generator
Rechteckhohlleiter-Mode *f (Nrt)* rectangular waveguide mode, square waveguide mode *(s. a. H_{10}-Welle)*
Rechteckimpuls *m* rectangular (im)pulse, square(-wave) pulse
Rechteckimpulsfolge *f* box-car pulse *(Impulsbreite gleich Periodendauer)*
Rechtecksignal *n* square-wave signal
Rechteckspannungsgenerator *m* square-wave generator, rectangular waveform generator
Rechteckspule *f* rectangular [square-core] coil

Rechteckwelle *f* rectangular [square] wave *(Folge von Rechteckimpulsen)*
Rechteckwelle *f/***ununterbrochene** uninterrupted rectangular wave
Rechteckwellenanalysator *m* square--wave analyzer
Rechteckwellenantwort *f* square-wave response
Rechteckwellengenerator *m* square--wave generator, rectangular waveform generator
Rechteckwellengenerator *m/* **freilaufender** free-running square--wave generator
Rechte-Hand-Regel *f* right-hand rule, corkscrew rule
Rechtsbewegung *f* right-hand motion [movement]
Rechtsdrehung *f* 1. clockwise [right--hand] rotation; 2. dextrorotation *(optische Aktivität)*
Rechts-Links-Schieberegister *n* bidirectional [right-left] shift register
Recorder *m* recorder
redigieren *v* edit *(z. B. Informationen)*
redundant redundant
Redundanz *f (Dat)* redundancy
reduzieren *v* reduce, decrease
Reduzierfassung *f* reduction socket
Reduzierhülse *f* adapter sleeve
Reduzierstück *n* reducing adapter, reducer
Reedkontakt *m* (dry-)reed contact
Reedrelais *n* (dry-)reed relay
Reedschalter *m* reed switch
Referenzdiode *f* reference [Zener] diode
Referenzlichtstrahl *m* reference beam
Referenzlichtwellenleiter *m* reference fibre *(im Lichtleitinterferometer)*
Reflektor *m* reflector *(Antennentechnik)*
Reflektorleuchtstofflampe *f* fluorescent reflector lamp, internal--reflector fluorescent lamp
Reflexbild *n* ghost [parasitic] image *(Optik)*
Reflexempfänger *m (Nrt)* reflex [dual] receiver
Reflexion *f* reflection
Reflexionsabtastung *f* reflected-light scanning
Reflexionsfaktor *m* reflection [transition, mismatch] factor, reflectance *(Anpassung)*

reflexionsfrei reflection-free, reflectionless, non-reflecting
Reflexionslichthof *m* halation
Reflexionsoberwellen *fpl* reflected harmonics
Reflexionsstelle *f* 1. point of reflection; 2. transition point *(einer Leitung)*
Reflexionsstörung *f* reflection interference
Reflexionsstrahlungskeule *f* reflection lobe *(Antennentechnik)*
Reflexionsvermögen *n* **des Ziels** target strength *(Ortung)*
Reflexlichtschranke *f* reflected light barrier
Reflexminderung *f* glare [reflectance] reduction
Refraktor *m* refractor *(Lichtbrechungskörper)*
Refraktorleuchte *f* refractor fitting *(ändert die räumliche Lichtverteilung einer Lichtquelle mit Hilfe brechender Medien)*
Refresh-Zyklus *m (Dat)* refresh cycle
Regelabweichung *f (Rt)* system deviation, control deviation; (controlling) error, control offset, upset; droop *(beim P-Regler)*
Regelabweichung *f/***bleibende** steady--state deviation, position [steady-state] error, (steady-state) offset
Regelabweichung *f* **des (geschlossenen) Regelkreises** closed-loop error
Regelanlage *f (Rt)* (automatic) control system; control assembly
Regelart *f* control mode
regelbar *(Rt)* controllable; adjustable
Regelbereich *m* control [regulating] range, control band
Regeleinrichtung *f (Rt)* control assembly [device], (automatic) control system, automatic regulator [controller], servomechanism
Regeleinrichtungen *fpl* control hardware
Regelgenauigkeit *f (Rt)* control accuracy [precision]
Regelgeschwindigkeit *f* 1. *(Rt)* control rate, correction rate; 2. *(Ak)* compressor speed *(des Dynamikkompressors)*
Regelgröße *f (Rt)* controlled value [variable]

Regelgüte 610

Regelgüte f (Rt) control performance, regulating quality
Regelkennlinie f control characteristics
Regelkreis m (closed loop) control system, feedback control system, (control) loop, (automatic) control circuit
regellos random; stochastic
regeln v (Rt) control; regulate; govern; adjust
Regelschleife f 1. (Rt) loop; 2. (Ak) compressor loop (Pegelregelung)
Regelschleife f/geschlossene locked loop
Regelstrecke f (Rt) open-loop control system, controlled system [process]
Regelung f (Rt) automatic [closed-loop] control, AC, (feedback) control, (automatic) regulation; control process
Regelung f/feldorientierte field-oriented control (Regelung von Drehstrommaschinen)
Regelung f mit PD-Regler proportional-derivative(-action) control, PD(-action) control
Regelung f mit PID-Regler proportional-integral-derivative(-action) control, PID(-action) control
Regelung f mit PI-Regler proportional-integral(-action) control, PI(-action) control
Regelung f mit P-Regler proportional(-action) control
Regelung f mit Totzone dead-zone control (Dreipunktregelung)
Regelung f mit Zweipunktglied on-off control
Regelung f/robuste robust control
Regelung f/stationäre steady-state regulation
Regelungsstabilität f (Rt) control stability
Regelungssystem n (Rt) (automatic) control system, feedback (control) system, regulating system
Regelverhalten n control response [behaviour, action]
Regelverstärker m automatic gain control amplifier, AGC amplifier, variable-gain amplifier, regulating amplifier
Regelverzerrung f (Nrt) characteristic distortion

Regelverzögerung f delay of automatic control
Regenerationsspeicher m (Dat) volatile memory [store]
regenerieren v regenerate; recover
Regenerierungsintervall n regeneration period; scan period [phase] (bei Röhren)
Regenerierungsprozedur f recovery procedure (Datenkommunikation)
Regenprüfung f (Hsp) rain test, test under artificial rain
Regenschutz m rain shield (Mikrofon)
Regieanlage f cueing device (Studiotechnik)
Regieeinrichtung f cueing device (Studiotechnik)
Regiepult n central [studio] control desk, master control (desk)
Regiesignal n cue
Regime (Dat) regime, mode
Register n 1. (Dat, Nrt) register; 2. index
Register n und Arithmetik-Logik--Einheit f register and arithmetic-logic unit, RALU (eines Mikrorechners)
Registeradressierung f register addressing; implied addressing (Mikroprozessor)
Register-Arithmetik-Logik-Einheit f register and arithmetic-logic unit, RALU (eines Mikrorechners)
Registerumschaltung f character switching
Register- und Arithmetik-Logikeinheit f register and arithmetic-logic unit, RALU (eines Mikrorechners)
Registrier-Buchungsautomat m (Dat) automatic register accounting machine
Registriereinrichtung f recording device [unit]; (data) logger
Registriergerät n recorder, recording [graphic] instrument, (graph) plotter, graphic display unit
Registriergeschwindigkeit f recording speed
Registrierung 1. recording; registration; 2. (graphic) record
Registrierung f des Aufenthaltsorts des Funkteilnehmers (Ko) mobile location registration
Regler m 1. (Rt) (automatic) controller, control(ling) unit, control device,

Relais

regulating unit; regulator; governor; 2. s. Bedienelement
Regler m/**proportional-differenzial--wirkender** proportional-derivative(--action) controller, PD controller
Regler m/**proportional-integral--differenzial-wirkender** proportional--integral-derivative(-action) controller, PID controller
Regler m/**proportional-integral--wirkender** proportional-integral(--action) controller, PI controller
Regler m/**selbsttätiger** automatic (feedback) controller
Regler m **zum Anheben und Absenken/kombinierter** boost-cut control (z. B. von Höhen und Tiefen)
Reglereinstellung f controller setting; governor setting (eines Regelparameters)
Reglerfunktion f control law
Reglerstruktur f (Rt) controller figuration
Reglerverhalten n controller action [response]
Regressionskurve f curve of best fit (z. B. Kennlinienauswertung)
Reibung f friction
Reibungselektrisiermaschine f frictional electric machine, friction machine
Reibungskoeffizient m friction coefficient [factor], coefficient of friction
Reibungskraft f friction(al) force
Reichweite f 1. range; 2. (Nrt) working distance, range of transmission, coverage
Reichweite-Energie-Beziehung f range-energy relation(ship)
Reichweitekorrektur f (Fo) range correction
Reihe f series; row; sequence
Reihenabschluss m series termination
Reihenanlage f (Nrt) series telephone set, intercommunication system
Reihenapparat m (Nrt) series telephone set
Reihenfolge f sequence; order
Reihenfolgeprogrammierung f (Dat) sequential programming
Reihengespräch n (Nrt) sequence call
Reihenklemme* f series terminal, terminal block

Reihenparallelschaltung f series--parallel connection
Reihenparallelwicklung f series--parallel winding
Reihenresonanz f series [voltage] resonance
Reihenresonanzkreis m (Et) series resonant circuit
Reihenschaltung f series connection, connection in series
Reihenschluss m series circuit
Reihenschlussgenerator m series(--connected) generator, series-wound generator
Reihenschlusskennlinie f series characteristic
Reihenschlussmotor m (Ma) serial wound motor, series(-wound) motor
rein 1. clean (z. B. Umgebung); undoped (Kristall); 2. perfect (musikalisches Intervall)
Reinheit f purity; cleanliness (z. B. von Oberflächen)
Reinigungseffekt m purifying effect
Reinigungskassette f cleaning [head cleaner] cassette (für Tonköpfe)
Reinraum m clean room
Reintonaudiogramm n pure-tone audiogram
reißen v tear; rupture, break; crack
Reiz m stimulus
Reizschwelle f threshold of sensation [perception], threshold of feeling [tickle]
Reklamebeleuchtung f advertising [sign] lighting
Rekombination f recombination (von Ladungsträgern)
Relais n relay
Relais n/**elektromechanisches** electromechanical relay
Relais n/**elektronisches** electronic relay
Relais n/**ferngesteuertes** remote--controlled relay
Relais n/**magnetisches** magnetic relay
Relais n/**magnetostriktives** magnetostrictive relay
Relais n/**schnell ansprechendes** fast--acting relay, fast-operate relay
Relais n/**trägerfrequenzgesteuertes** (Nrt) carrier-operated relay, carrier--actuated relay
Relais n/**unpolarisiertes** neutral [non--polarized] relay

Relais

Relais n/**verzögertes** time-delay relay; slow-release relay, slow-operated relay
Relais n/**volltransistorisiertes** fully transistorized relay
Relaisauslösezeit f relay release [releasing] time
Relaisbetätigungszeit f relay actuation time
Relaisbetrieb m relay operation
Relaisfernsprechsystem n all-relay system *(Wählanlage)*
Relaisgehäuse n relay housing
Relaisraum m relay room
Relaisrechenmaschine f relay calculating machine
Relaisregler m relay(-operated) controller, on-off controller, contactor servomechanism
Relaisschutz m relay protection
Relaisschutz m **mit Trägerfrequenzverbindung** *(Ee)* carrier-pilot relaying
Relaisspeicher m *(Dat)* relay memory [store]
Relaisspule f relay coil
Relaisstufe f relay stage
Relaisumschalter m relay switch
Relaisunterbrecher m relay interrupter
Relaisverstärker m relay amplifier, amplifying relay
Relaiszähler m relay [magnetic] counter
Relaiszeitgeber m relay cycle timer
Relativadressierung f *(Dat)* relative addressing
Relaxationsschwingung f relaxation oscillation
Relaxationsvorgang m relaxation mechanism
Relaxationszeit f relaxation time
Reliefwirkung f *(Fs)* relief effect
Reluktanz f (magnetic) reluctance, magnetic resistance
Reluktanzmotor m *(Ma)* variable--reluctance motor, vrm, VRM, reluctance motor
Reluktanzsynchronisieren n reluctance synchronizing
remagnetisieren v remagnetize
Remanenz f remanence, remanent magnetization [magnetism], residual magnetization [induction, flux density]
Remanenzfeld n residual field
Remission f *(Licht)* (diffuse) reflectance

Rendering-Engine f rendering engine
Renkfassung f bayonet holder
Repeater m 1. repeater *(Verstärker einer Richtfunkverbindung)*; 2. s. Photorepeater
Repeater m/**digitaler ferngespeister** *(Nrt)* digital dependent repeater, digital remote feeded repeater, dependent PCM repeater, remote feeded PCM repeater *(durch Gleichstromspeiseschleife)*
Repetierbetrieb m repeat chart mode (of operation) *(Pegelschreiber)*
Repetiergerät n reset generator
Reproduktion f reproduction
Reproduzierbarkeit f reproducibility; repeatability
Repulsionsmesswerk n repulsion-type meter movement *(spezielles Kreuzspulinstrument für Wechselgrößen)*
Repulsionsmotor m repulsion(--induction) motor
Reserve f reserve, standby; back-up
Reserveausrüstung f back-up (device)
Reservebatterie f standby battery *(Notstrombatterie)*; reserve [spare] battery *(Ersatzbatterie)*
Reservebauelement n standby component
Reserveeinschub m spare withdrawable unit
Reservegenerator m standby generator
Reservegerät n standby
Reservekabel n spare cable
Reservekanal m *(Nrt)* reserve [spare] channel
Reserveleistung f standby [reserve] power *(z. B. eines Systems)*
Reserveleitung f *(Nrt)* spare circuit [line], reserve circuit
Reserverechner m standby computer
Reserveschaltung f spare circuit
Reset-Zustand m reset state
Resident-Assembler m *(Dat)* resident assembler
Resident-Kompiler m *(Dat)* resident compiler
Resident-Makroassembler m *(Dat)* resident macroassembler
Resist n(m) resist *(photoempfindlicher Lack)*
Resist n(m)/

elektronenstrahlempfindliches electron-beam resist
Resistablösung f resist stripping
Resistanz f/**akustische** acoustic resistance
Resistfilm m resist film
Resistron n resistron *(Bildaufnehmerröhre)*
Resolver m resolver
Resonanz f resonance
Resonanzabsorber m resonance absorber
Resonanzabsorption f resonance absorption
Resonanzabstimmung f resonance tuning
Resonanzanstieg m resonant rise
Resonanzanzeige f resonance indication
Resonanzbeschleuniger m resonance accelerator
Resonanzboden m sound board
Resonanzfrequenz f resonance [resonant] frequency
Resonanzgrundfrequenz f first resonating frequency
Resonanzkreis m resonant [resonance, resonating] circuit; tuned circuit
Resonanzkurve f resonance curve
Resonanzmaximum n resonance peak
Resonanzpunkt m (self-)resonance point
Resonanzstelle f resonance point
Resonanzüberhöhung f resonant rise
Resonanzüberspannung f resonance overvoltage
Resonanzverstärker m resonance amplifier; single-tuned amplifier *(für eine Frequenz)*
Resonator m 1. *(Ak)* resonator; 2. *(Laser)* (cavity) resonator, (resonant) cavity
Restabnehmer m *(An)* remainder *(verbleibender Abnehmer nach einer Störung)*
Restabweichung f *(Rt)* offset
Restbrumm m residual hum
Restdämpfung f net [overall] attenuation, overall transmission loss
Restfehler m residual [remaining] error
Restgas n residual gas
Restgleichstrom m **in Durchlassrichtung** continuous off--state current *(Thyristor)*
Restgleichstrom m **in Sperrrichtung** continuous reverse blocking current *(Thyristor)*
Restglied n remainder, remaining term *(Mathematik)*
Restrisiko n residual risk *(verbleibendes Risiko nach Anwendung aller Vorkehrungen nach dem anerkannten Stand der Technik)*
Restseitenband n *(Nrt)* vestigial sideband, VSB
Restspannung f 1. *(Et)* residual voltage; 2. locked-up stress
Reststörpegel m net level of interference *(Funkstörung)*
Reststrom m residual current; tail current *(Transistor)*
Reststromstoß m residual pulse
Restwelligkeit f residual ripple
Resynchronisationszeit f *(Nrt)* timing recovery time, frame alignment recovery time *(Pulscodemodulation)*
retardiert retarded *(z. B. Argument)*
Retikel n *(Me)* reticle *(Zwischennegativ)*
Retroreflexion f *(Licht)* reflex reflection *(Reflexion vorzugsweise in die Einfallsrichtung)*
Rettdatei f save [retrieval] file
Reusenstrahler m pyramidal horn
Reverse-Engineering n reverse engineering *(Ermittlung von Funktionsprinzipien aus dem Studium von Produkten, z. B. Software oder Protokolle)*
reversieren v reverse
Reversiermotor m reversing [reversible] motor
Reversionsmotor m reversing [reversible] motor
Revolver m (rotating) turret *(Kamera)*
Revolverblende f disk [rotating] diaphragm
RFI f radio frequency interference, RFI
R-Gespräch n *(Nrt)* reversed-charge call
Richtantenne f directional [beam] aerial
Richtcharakteristik f 1. directional pattern [characteristic]; 2. *(Ak)* directivity characteristic, polar response [pattern]; beam pattern
Richtempfang m directional (wireless) reception, directive beam reception
Richtempfänger m (uni)directional receiver
richten v 1. direct; 2. straighten; 3. level

Richtfunk *m (Nrt)* directional [directive] radio

Richtfunkfeuer *m* directional radio beacon

Richtfunkverbindung *f* radio (relay) link

Richtfunkverbindung *f* **mit Streuausbreitung** *(Nrt)* scatter link

Richtlinien-Dienst *m/allgemeiner offener* common open policy service, COPS

Richtmikrofon *n* (uni)directional microphone

Richtschärfe *f (Ak)* sharpness of directivity

Richtsendeanlage *f (Nrt)* beam transmitting station

Richtstrahl *m* directional [directed, radio] beam

Richtstrahler *m* 1. s. Richtstrahlsender; 2. *(Wä)* directional radiator

Richtstrahlsender *m* beam [directional] transmitter

Richtstrahlung *f* directional [directive] radiation

Richtung *f* 1. direction; 2. bearing *(einer Peilung)*

richtungsgebend directive, directional

Richtungsanzeiger *m* direction indicator

Richtungswähler *m* 1. directional selector; 2. *(Nrt)* route connector [selector]

Richtungswender *m* disconnecting switch reverser, reverser

Richtverbindung *f (Nrt)* radio (relay) link

Richtwert *m* recommended [guide] value; approximate value

Richtwirkung *f* directional effect, directional [directive] efficiency *(Antennentechnik)*

Richtwirkung *f/einseitige* unidirectional action

Riesenintegration *f (Me)* giant-scale integration, GSI

Riffelung *f* corrugation

RIGFET *m* resistive insulated-gate field--effect transistor

Rille *f* groove *(z. B. einer Schallplatte)*

Rillenabstand *m* groove spacing *(Schallplatte)*

Ring *m* ring; collar; washer

Ringanker *m (Ma)* ring(-wound) armature

Ringblitz *m* ring [circular] flash

Ringbus *m (Dat)* ring [token] bus

Ringdemodulator *m* ring demodulator

Ringelektrode *f* ring [annular] electrode

ringförmig ring-shaped, annular; toroidal

Ringkern *m (Ma)* annular [ring] core, toroid(al) core *(z. B. einer Spule)*

Ringleitung *f (Ee)* ring mains [system], closed-loop network, loop (feeder)

Ringleuchtstofflampenleuchte *f* circular fluorescent lamp fitting

Ringmagnet *m* ring [annular] magnet

Ringmodulator *m (Nrt)* ring(-type) modulator, doubly balanced modulator

Ringnut *f (Ma)* annular slot

Ringsammelschiene *f* ring bus (bar), mesh

Ringschaltung *f* 1. *(Le)* polygon connection; 2. *(Nrt)* closed-circuit arrangement

Ringschieberegister *m* circular shift register

Ringstromwandler *m* ring current transformer

Ringtransformator *m* 1. ring [toroidal] transformer; 2. s. Ringübertrager

Ringübertrager *m (Nrt)* (toroidal) repeating coil, phantom coil

Ringverschiebung *f (Dat)* ring shift *(Registerumlauf bei Schieberegister)*; roll down (stack) *(z. B. bei polnischer Notation)*

Ringwicklung *f* ring winding

Ringzähler *m* ring counter, closed counting chain

Rippe *f* rib, gill *(Heizkörper)*; rib, fin *(Kühlrippe)*

Rippelfaktor *m (Le)* (peak-to-average) ripple factor

Rippenheizkörper *m* finned-type heating element, ribbed heating unit

Rippenkühlkörper *m* finned heat sink

RISC reduced instruction set computer

Riss *m* crack, flaw

Rissdetektor *m* crack detector

rite sufficient *(genügend, Note beim Doktor-Examen)*

Ritzen *n* scribing *(von Halbleiterscheiben)*

RJ-11-Stecker *m (Nrt)* phone connector, RJ-11 plug

R-Karte *f* control chart for ranges

RLC-Brücke *f* resistance-inductance-

capacitance bridge, RLC bridge, universal bridge
RL-Netzwerk n resistance-inductance network, RL network
RL-Phasenbrücke f resistance--inductance phase-angle bridge
RMM read-mostly memory, RMM
Röbelstab m (Ma) composite conductor
Roboter m robot
Robustheit f (Rt) robustness
Rohglimmer m natural mica
Rohr n tube, pipe; conduit; duct
rohrbelüftet/geschlossen totally enclosed pipe-ventilated
Rohrbiegung f conduit bend
Röhrchenplatte f tubular [tube-type] plate (Batterie)
Rohrdistanzstück n duct spacer
Röhre f 1. (BE) valve, (AE) tube (Elektronenröhre); 2. s. Rohr
Röhre f mit veränderlicher Steilheit variable-mu tube, variable-mutual
Röhre f/rauscharme low-noise valve [tube]
Röhre f/selbsterregte self-excited valve [tube]
Röhrenbestückung f valve [tube] complement
Röhrenbrumm m valve [tube] hum
Röhrendaten pl ratings of the valve [tube]
Röhrenempfänger m valve [tube] receiver
Röhrenfassung f valve [tube] socket, valve holder
Röhrengenerator m valve generator [oscillator], tube [thermionic] generator
Röhrenheizfaden m valve [tube] heater
Röhrenkennlinie f valve [tube] characteristic
Röhrenkleinsignalkennwert m valve [tube] small-signal parameter
Röhrenlinearmotor m tubular linear motor
Röhrenprüfung f valve [tube] testing, valve checking; filament activity test
Röhrenrauschen n valve [tube] noise, valve hiss
Röhrensender m valve [tube] transmitter
Röhrensockel m valve [tube] base
Röhrenverstärker m valve [tube] amplifier
Röhrenvoltmeter n valve [thermionic] voltmeter, (electron) tube voltmeter, electronic voltmeter
Rohrerder m earth rod
Rohrerdsammelleitung f tubular earthing bus
rohrgekühlt duct-ventilated, (inlet-)pipe-ventilated
Rohrheizkörper m tubular heater [heating element]
Rohrkabel n pipe(-type) cable
Rohrschelle f conduit [tube] clip, conduit cleat, pipe clamp
Rohrverzweigung f pipe branching, manifold
Rollbahnbefeuerung f taxiway lighting
Rolle f roll(er); spool, reel (z. B. Tonband, Film)
Rollen n 1. scrolling (Schirmbildverschiebung nach oben oder unten); 2. coasting (eines leerlaufenden Schienenfahrzeugs)
Rollenisolator m spool insulator
Rollenlager n roller bearing
Roll-off-Faktor m (Nrt) roll-off factor
ROM n read-only memory, ROM
ROM n/bereits vom Hersteller programmierbares factory--programmable read-only memory, FROM
ROM n/durch Schmelzverbindung programmierbares fusible read-only memory, fusible ROM, FROM
ROM n/lösch- und programmierbares erasable programmable read-only memory, erasable PROM, EPROM
ROM n/maskenprogrammiertes mask--programmed ROM
ROM n/veränderbares alterable read--only memory
röntgen v X-ray
Röntgenanlage f X-ray equipment
Röntgenbestrahlung f X-ray irradiation, X-irradiation
Röntgenbild n X-ray image [pattern], radiograph, radiogram
Röntgenröhre f X-ray tube
Röntgenschirm m X-ray screen, fluorescent roentgen screen
Röntgenstrahl m X-ray beam
Rosa-Filter n (Ak) pink-noise filter (Filter mit 3 dB Abfall je Oktave)
Rosa-Rauschen n (Ak) pink noise
Rostbeständigkeit f rust [stain] resistance

Rotanteil m (Licht) red content
Rotation f rotation; curl (eines Vektors)
Rotationsbewegung f rotational [rotary] motion, angular motion
Rotations-EMK f rotational electromotive force, rotational emf
rotempfindlich red-sensitive
rotierend rotating; revolving
Rotor m 1. (Ma) rotor; armature (Gleichstrommaschine); 2. curl
Rotorbandage f banding, armature bandage
Rotorblech n rotor [armature] core disk, rotor lamination [stamping]
Rotormassenträgheitsmoment n rotor inertia
Routine f (Dat) routine
Routinekontrolle f routine check
Routing n **und Bridging** n/**integriertes** integrated routing and bridging, IRB
RS-Flipflop n/**statisch getaktetes** clocked RS flip-flop, clocked set-reset flip-flop
RS-Master-Slave-Flipflop n RS master--slave flip-flop (bistabiles Speicherelement, bestehend aus zwei hintereinandergeschalteten -master und slave- statisch getakten RS--Flipflops mit zwei Setzeingängen R und S sowie einem Takteingang C)
RTL resistor-transistor logic, RTL
Ruby n ruby (Programmiersprache)
Rückansicht f rear view
Rückantwort f (Nrt) reply, reanswer
Rückarbeitsprüfverfahren n (Ma) back--to-back test
ruckartig jerky
Rückdruckregler m back-pressure regulator
Ruckeffekt m jump phenomenon, stick--and-slip effect (bei trockener Reibung)
Rücken m 1. tail (eines Impulses); 2. (Hsp) wave tail [back] (einer Stoßspannungswelle)
Rückenhalbwertszeit f virtual time to half value (Stoßspannungsprüftechnik)
Rückfahrscheinwerfer m back-up lamp
Rückflanke f trailing edge (Impuls)
Rückfluss dämpfung f (Nrt) reflection loss, active [structural] return loss
Rückfluss dämpfungsmesser m reflection measuring set
Rückfluss relais n reverse power relay
Rückfluss spannung f return voltage

Rückfrage f (Nrt) inquiry, request, call hold, intermediate call
Rückfrageapparat m (Nrt) call-back apparatus
rückfragen v (Nrt) inquire, call back, hold for inquiry
ruckfrei jerk-free
Rückführkreis m feedback loop
Rückführschaltung f feedback circuit
Rückführung f (Rt) feedback (im Regelkreis)
Rückführungsschleife f feedback [control] loop
Rückgang m (Ma) return (motion, travel)
Rückgewinnung f 1. recuperation; 2. recovery (z. B. von Informationen)
Rückholfeder f return [pull-off] spring; controlling spring
Rückholmoment n restoring moment
Ruckhördämpfung f (Nrt) anti-sidetone (induction)
Rückhörweg m sidetone path
Rückkante f back edge (eines Impulses)
Rückkehr f return
Rückkehrbefehl m (Dat) return command [instruction]
Rückkeulenecho n (Nrt) back echo
Rückkopplung f feedback, back coupling
Rückkopplungsaudion n regenerative (valve) detector, feedback detector
rückkopplungsfrei non-regenerative, without feedback
Rückkopplungsgenerator m feedback oscillator
Rückkopplungsinformation f feedback information
Rückkopplungskreis m regenerative circuit
Rückkopplungspfeifen n howl
Rückkopplungsschaltung f feedback circuit
Rückkopplungssperre f (Nrt) reaction [singing] suppressor, anti-reaction device
Rückkopplungsverzerrung f distortion due to feedback
Rückkopplungswicklung f 1. feedback winding; 2. (Ma) self-excitation winding
Rücklauf m 1. return [backward] movement; return, reverse (motion); return [back] stroke (Mechanik); 2. reverse run(ning), rewind, run-back (z.

Rücklaufhochspannung f (Fs) flyback extra-high tension
Rücklaufmotor m rewind motor (Magnetbandgerät)
Rücklaufsperre f anti-reversing device (im Antrieb); backstop
Rücklaufspule f rewind spool (Magnetbandgerät)
Rücklaufspur f return trace (Elektronenstrahl)
Rücklaufstrahl m return beam
Rücklauftaste f rewinding key (Magnetbandgerät)
Rückleitung f return line [circuit]
Rückleitungskabel n return cable
Rücklicht n rear-light, tail-light
Rückmeldeanlage f (Nrt) revertive communication apparatus
Rückmeldung f 1. (Nrt) reply; 2. audible ringing signal, check-back (signal), static signal
Rücknahmetaste f cancellation [cancelling] key
Rückpeilung f (Fo) back bearing
Rückprall m rebound, recoil
Rückrollkontrolle f hill-hold control (im Automobil; bei Berganfahrt)
Rückruf m (Nrt) ring-back, call-back, recall
Rückruftaste f (Nrt) recall [ring-back] key, camp-on-busy button [key]
Rückrufwähler m (Nrt) reverting call switch
Rückschluss m/magnetischer magnetic yoke, back iron
Rückseite f back(side), rear (z. B. eines Geräts)
rückseitengebondet (Me) backside bonded
Rückseitenmontage f (Me) backside mounting
Rücksetzanzeige f reset indication
Rücksetzeingang m reset input
rücksetzen v reset; release (Relais)
Rücksetzsignal n (Dat) reset signal
Rücksetzung f reset
rückspielen v play back (Platte, Magnetband)
Rückspielsignal n cue mix, (sl) foldback (z. B. Orchesterpart bei Solistenaufnahme)

Rücksprechkanal m talk-back channel (zum Gegensprechen)
Rückspulen n rewinding; reverse run(ning)
rückstellen v reset, clear (z. B. einen Zähler)
Rückstelltaste f resetting key
Rückstellung f reset(ting)
Rückstellvorrichtung f reset(ting) device
Rückstoß m recoil
Rückstrahler m 1. reflector, rear [reflex] reflector; 2. (Fo, Nrt) reradiator
Rückstrahlung f reflection; back radiation (z. B. eines Heizwiderstands)
Rückstreuung f backscatter(ing)
Rückstrom m reverse [return, inverse] current; back(ward) current
Rückstromauslöser m (Ap) directional tripping magnet
Rückstrombremsung f regenerative braking
Rückstromleitung f return circuit; negative feeder
Rückstromschalter m reverse-current switch, discriminating [directional] circuit breaker
Rückverdrahtung f back-wiring
Rückverdrahtungsleiterplatte f back panel wiring board, p.c. back-wiring panel, backplane
Rückverdrahtungs--Mehrlagenleiterplatte f multilayer pc [printed circuit] platter, multilayer composite backplane
Rückverdrahtungsplatine f (Me) wiring backplane, back-wiring board, backplane
Rückwandverdrahtung f back-panel wiring (Leiterplatte)
Rückwärtsabtastung f rear scanning method
Rückwärtsauslösung f (Nrt) called--party release
Rückwärtsbesetztzeichen n (Nrt) backward busy signal
Rückwärtserholungszeit f reverse [backward] recovery time
Rückwärtskurzschlussstrom m reverse short-circuit current
Rückwärtsscheitelsperrspannung f circuit crest working reverse voltage
Rückwärtsschritt m (Dat) backspace

Rückwärtssperrzeit f circuit reverse blocking interval
Rückwärtsspitzenspannung f / **periodische** circuit repetitive peak reverse voltage
Rückwärtsspitzensperrspannung f circuit non-repetitive peak reverse voltage
Rückwärtsstrom m (Me) reverse(--blocking) current, inverse [back] current
Rückwärts-Suche f reverse lookup (Ermittlung von Domänennamen zu IP--Adressen bei DNS)
Rückwärtszählen n count-down, counting down (von Zeiteinheiten, z. B. beim Start)
Rückwirkung f 1. reaction; 2. loading effect (durch Belastung bei Spannungsmessgeräten mit kleinem Innenwiderstand); 3. s. Rückkopplung
rückwirkungsfrei non-reactive
Rückzündung f 1. (Le) arcing [arc] back, backfire; 2. (Hsp) restrike
Ruf m (Nrt) ring, ringing
Rufabschaltung f ring trip(ping)
Rufadresse f (Dat) call address (für Unterprogramm)
Rufanlage f personnel calling system
Rufannahme f call acceptance
Ruf-Antwort-System n (Dat) call-reply system
Rufbeantwortung f call response
Rufbefehl m (Dat) call(ling) instruction, call command (für Unterprogramm)
Rufen n 1. (Nrt) ringing; 2. (Dat) calling
Rufnummer f 1. telephone number, call [subscriber's] number; 2. (Dat) address signal
Rufnummer f / **nicht veröffentlichte** (Nrt) non-published number, non-listed number
Rufnummernanzeige f calling number identification
Rufnummernanzeiger m call indicator
Rufnummernanzeiger m / **akustischer** call announcer
Rufnummerngeber m automatic dialler, autodialler, repertory dialler
Rufrelais n ringing [signalling] relay; calling relay
Rufsatz m ringing set, signalling equipment [set], (telephone) ringer
Rufschalter m ringing key

Rufsperre f (Ko) call restriction (Sperre für ankommende oder abgehende Rufe, Sperre für bestimmte Gesprächsklassen: Auslands-, Ferngespräche, Nummern oder Netze)
Rufstrom m ringing [signalling] current
Ruftaste f ringing key
Rufumleitung f call diversion [forwarding]; transfer of call
Rufweiterleitung f call forwarding; call redirection
Rufzeichen n ring-forward signal
Ruhe f 1. rest; 2. silence, quietness • **in Ruhe** at rest; non-operative, inoperative
Ruheanschlag m (Nrt) spacing stop
Ruhebereich m region of non-operation (Relais)
Ruhegeräusch n (Nrt) break noise
Ruhekontakt m rest(ing) contact, normally closed contact [interlock]
Ruhelage f rest position; equilibrium position; home position (z. B. Zeiger)
Ruhelage f / **falsche** (Ap) off-normal contact rest condition
Ruheleistung f standby power
Ruhepotenzial n open-circuit potential, static electrode potential; rest(ing) potential
Ruhepunkt m (Rt) rest point (z. B. im Zustandsraum); point of stagnancy (Phasenebene)
Ruhespannung f open-circuit voltage, static [off-load] voltage (galvanische Zelle)
Ruhestellung f position of rest, rest position (z. B. eines Schützes); home position, off-position (z. B. eines Schalters); idle position
Ruhestrom m closed-circuit current, rest [quiescent] current; zero-signal current
Ruhestromschaltung f closed-circuit connection; idle-current connection (Relais); circuit on standby
Ruhezustand m 1. quiescent [rest] state; 2. (Nrt) free-circuit condition; release condition (Relais); source idle state; 3. (Dat) acceptor idle state, AIDS
Rühren n / **elektrisches** electrical stirring (z. B. von Schmelzbädern)
Rumpelfilter n rumble [subsonic] filter
Rumpelgeräusch n rumble noise

Rumpeln n rumble *(Störgeräusch beim Plattenspieler)*
Rundfeuer n *(Ma)* flash(ing)-over, commutator flashing
Rundfunk m 1. radio, broadcast(ing); 2. s. Rundfunksendung; 3. s. Rundfunknetz
Rundfunkanlage f radio installation
Rundfunkband n broadcast band
Rundfunkempfang m radio reception
Rundfunkempfänger m radio receiver [set], radio, receiving set, broadcast receiver
Rundfunknetz n broadcasting network
Rundfunksender m radio [broadcasting] transmitter
Rundfunksendung f (radio) broadcast, radio transmission
Rundfunkstation f broadcasting station
Rundfunkstudio n broadcast [radio] studio
Rundfunkübertragung f (radio) broadcasting, radio [programme] transmission, broadcast (transmission)
Rundfunkübertragungsleitung f broadcasting wire, programme line [circuit], music circuit
Rundfunkwellen fpl type A4 waves
Rundhohlleiter m circular waveguide *(Wellenleiter)*
Rundhohlleiter-Mode f *(Nrt)* circular waveguide mode
Rundkabel n round cable
Rundkern m circular core
Rundschnitt m *(Ma)* circular blanking die *(Werkzeug)*
Rundsenden n *(Nrt)* multi-address calling, multiple destination
Rundsichtdarstellung f *(Fo)* plan--position indicator display
Rundsichtradar n surveillance [panorama] radar
Rundstecker m circular connector [plug]
Rundstrahlung f circular radiation *(Antennentechnik)*
Rundumfunkfeuer n omnidirectional radio beacon
Rundumleuchte f rotating flashing beacon
Rush-Effekt m **des Stroms** current rush
rutschen v slip, slide
Rüttelfestigkeit f vibration resistance

RZ-Speicherverfahren n *(Dat)* return--to-zero recording method
RZ-Verfahren n *(Dat)* return-to-zero recording

S

Saalregler m *(Ak)* remote volume control
Sabin n *(Ak)* sabin *(SI-fremde Einheit der Schallabsorptionsfläche)*
Sägezahngenerator m sawtooth generator
Sägezahnimpuls m sawtooth [serrated] pulse
Sägezahnzeitablenkung f sawtooth sweep
Sagnac-(Faser-)Interferometer n Sagnac interferometer, (optical-fibre) interferometer, optical [fibre loop] gyroscope
Saldenwähler m *(Dat)* balance selector
Saldiermaschine f *(Dat)* balancing machine
Sammelanschluss m *(Nrt)* collective line
Sammelelektrode f collecting electrode, collector *(Elektronenröhre)*
Sammelleitung f 1. *(Nrt)* party line, omnibus circuit [bar], concentration line; 2. *(Dat)* bus
sammeln v 1. collect; accumulate; 2. *(Licht)* collimate
Sammelnummer f *(Nrt)* collective number
Sammelschiene f 1. *(Et, An)* bus (bar), collecting bar; 2. s. Bus
Sammelschienenkuppelschalter m bus coupler circuit breaker
Sammelschienenlängstrenner m busbar sectionalizing switch
Sammelschienenlängstrennung f busbar sectionalizing
Sammelschienennetz n *(An)* gridiron
Sammelschienenquerverbindung f busbar coupling, *(AE)* bus tie
Sammelschienenraum m busbar chamber
Sammelschienenschutzrelais n bus protection relay
Sammelschienenschutzsystem n busbar protective system
Sammelteilungsfehler m accumulated pitch error *(z. B. optisches Gitter)*

Sammler 620

Sammler *m* accumulator, accumulator (storage) battery, secondary cell, storage battery [cell]
Sammler-Ladestation *f* accumulator charging station *(siehe auch Akkumulator-Ladestation)*
Sammlung *f* **von Hilfsprogrammen** *(Dat)* toolkit
Sampling-Oszilloskop *n* sampling oscilloscope
Sandkasten *m* sandbox *(Umgebung für Programme mit begrenzter Vertrauenswürdigkeit, mit eingeschränkten Privilegien, verwendet u.a. für Java-Applets)*
Sanduhr-Symbol *n (Dat)* sand-glass icon *(zeigt statt des Cursor-Pfeils das Programmladen auf dem Bildschirm an)*
Sandwichbauweise *f* sandwich construction
Satellit *m*/**direkt strahlender** direct broadcasting satellite
Satellitenempfangsanlage *f* **für unverschlüsseltes DVB** *(Fs)* free to air, FTA
Satellitennavigationssystem *n (Fo)* satellite navigation system
Satellitennavigationssystem *n*/**europäisches** Galileo *(ab 2012 in Betrieb)*
Satellitennavigationssystem *n*/**russisches** GLONASS
Satellitennavigationssystem *n*/**weltweites** *(Ko)* global navigation satellite system, GNSS
Satellitenrechner *m* satellite computer
Sattelmoment *n* cogging [pull-up] torque *(niedrigstes Drehmoment hochlaufender Asynchronmaschinen)*
Sättigung *f* saturation
Sättigungsspule *f* iron(-core) reactor, iron inductor
Sättigungszustand *m* saturation state
Satz *m* 1. set *(z. B. von Maschinen)*; assembly *(Montagegruppe)*; 2. *(Dat)* record; sentence; block *(NC-Satz)*; 3. theorem, law
Satzformat *n* record [block] format
Satzlänge *f* record length
sauber clean
Sauerstoff-Lichtbogen-Schneiden *n* oxy-arc cutting

Sauganode *f* accelerator, suction [first] anode *(Katodenstrahlröhre)*
Saugdrossel *f* drainage coil
saugen *v* suck
Saugkreis *m* acceptor circuit, series--tuned wave trap; absorption [absorber] circuit, trap circuit
Säule *f* 1. post, pillar; 2. pile *(Batterie)*; stack *(z. B. bei Stoßanlagen)*
Säule *f*/**positive** positive column *(Gasentladung)*; arc stream
Säule *f*/**voltasche** Voltaic column [battery], voltaic [galvanic] pile
Säulenschalter *m* column circuit breaker *(Hochspannungsleistungsschalter)*
Säulentemperatur *f* column temperature
Saum *m* border; edge; fringe
säurebeständig acid-resistant, acid--proof, resistant [stable] to acid
Savart *n (Ak)* savart *(Frequenzschritt 1/1000 Dekade)*
SAW-Ableiter *m* non-linear resistor-type arrester
SBC single-board-computer
Scattering-Übertragung *f (Nrt)* scattering transmission
SC-Filter *n* switched-capacity filter
Schablone *f* 1. template *(auf Kopiermaschine)*; 2. *(Me)* mask; stencil *(Siebdruck)*; puppet *(Schaltungsentwurf)*
Schablonenätzung *f* groove etching
Schablonenwicklung *f* preformed winding
Schachtelung *f* 1. *(Dat)* nesting; 2. frequency overlap
Schaden *m* damage; defect
Schaftisolator *m* pin-type insulator
Schäkelisolator *m* shackle insulator
Schale *f* 1. cup, pan; dish; 2. shell *(Atom)*
Schalenkern *m* pot core *(HF-Technik)*
Schall *m* sound
Schallabsorber *m* sound [acoustic] absorber
Schallabsorptionsmaterial *n* sound--absorbing material, sound absorbent [absorber]
Schallabsorptionsstoff *m* sound--absorbing material, sound absorbent [absorber]
Schallabstrahlung *f* acoustic emission,

sound radiation, emission of sound; sound projection
Schallaufnehmer *m* sound receiver, acoustic sensor; sound probe
Schallaufzeichnung *f* 1. sound recording; 2. sound record
Schallausbreitung *f* sound propagation
Schalldämmmaß* *n* sound reduction index, (sound) transmission loss
Schalldämmstoff *m* sound-insulating material
Schalldämmung *f* 1. sound [acoustical] insulation, soundproofing; 2. sound transmission loss *(Kennwert)*
Schalldämpfer *m* silencer, (sound) damper, muffler, mute, acoustical filter
Schalldruck *m* sound [acoustic, sonic] pressure
Schalldruckpegel* *m* sound pressure level, SPL
Schallemission *f* sound [acoustic] emission, AE
Schallempfang *m* sound [acoustic] reception
Schallempfänger *m* sound [acoustic] receiver
Schallerzeuger *m* sound [acoustic] generator
Schallfeld *n* sound field
Schallgeber *m* sounder
Schallgeschwindigkeit *f* sound [sonic] speed, sound [sonic] velocity, speed [velocity] of sound
schallhart sound-reflecting, (acoustically) hard
Schallintensität *f* sound intensity, sound energy flux density, acoustic intensity (per unit area), acoustic power (per unit area)
Schallisolierung *f* sound [acoustical] insulation, soundproofing, sound deadening, quieting
Schallleistungspegel *m*/**A-bewerteter** *(AE)* noise power emission level
Schallleiter *m* sound conductor
Schallortung *f* sound location [ranging, direction finding]
Schallpegel *m* sound (pressure) level
Schallpegel *m*/**A-bewerteter** A--weighted sound level, sound level A, A level
Schallpegelanzeiger *m* sound level indicator

Schallpegelmesser* *m* sound level meter, SLM
Schallplatte *f* record, disk, gramophone [phonograph] record; single
Schallplattenabtaster *m* (gramophone) pick-up
Schallplattenaufnahme *f* disk recording
Schallplattenaufnahmegerät *n* disk recorder
Schallplattenoriginal *n* lacquer original [master]
Schallquelle *f* sound [acoustic] source, source of sound [acoustic energy]
Schallrille *f* sound groove *(Schallplatte)*
Schallschatten *m* sound [acoustic] shadow
schallschluckend sound-absorptive, sound-absorbing, sound-absorbent, sound-deadening
Schallschutz *m* noise prevention [control]; sound-proofing, deadening of noise(s)
Schallsender *m* sound [audio] transmitter; sound [acoustic] source, sound generator [projector]
Schallsonde *f* sound probe
Schallspeicherung *f* **(auf Band)/ digitale** digital audio tape, DAT
Schallstärke *f* sound intensity, (sound) volume
Schallstärkepegel *m* sound intensity level
Schallstrahler *m* acoustic radiator
Schallstrahlung *f* sound radiation [emission]
Schallstreuung *f* sound [acoustic] scattering, scattering of sound
schalltot aphonic, acoustically inactive [inert]; anechoic, acoustically dead *(reflexionsfrei)*
Schalltrichter *m* acoustic horn [trumpet], (loudspeaker) horn, sound funnel
Schallunterdrückung *f* sound suppression
Schallverstärkung *f* acoustic gain; sound [acoustic] reinforcement *(mit Lautsprecheranlage)*
Schallwand *f* sound panel, baffle board; loudspeaker [deflecting] baffle
Schallwand *f*/**transportable** mobile audio baffle
Schaltalgebra *f* switching [logic] algebra, circuit [Boolean] algebra

Schaltanlage f switchgear (assembly), switch-gear

Schaltanlagentechnik f 1. switchgear technique; 2. switchgear equipment

Schaltautomatik f steptronic *(Schaltstellungswahl am Automatikgetriebe)*

Schaltbedingung f switching criterion *(z. B. eines Relais)*

Schaltbild n (circuit) schematic; (schematic) circuit diagram, connection diagram; wiring diagram *(Verdrahtungsbild)*

Schaltbogen m switch arc

Schaltbrett n switchboard, switch [prepatch] panel, plug board

Schaltbuchse f jack

Schaltdraht m *(Nrt)* connecting [jumper, hook-up] wire

Schaltelement n switching element

Schaltempfindlichkeit f switching sensitivity

schalten v 1. switch; connect *(Verbindung herstellen)*; 2. change over *(Getriebe)*

schalten v/parallel connect in parallel, parallel, shunt; synchronize and close *(Synchronmaschine)*

Schalten n switching

Schalter m switch; circuit breaker *(für große Leistungen)*; contactor; pull-down *(eines Inverters)*

Schalter m/einpoliger single point single throw

Schalter m/gekapselter enclosed switch

Schalter m/handbetätigter (manually operated) switch

Schalter m/mehrpoliger multipole [multiple-contact] switch

Schalter m mit Wiedereinschaltvorrichtung automatic reclosing circuit breaker

Schalter m/ölarmer small-oil-volume circuit breaker, live-tank oil circuit breaker

Schalter m/schlagwettergeschützter flameproof switch

Schalteramt n *(Nrt)* cross-bar exchange

Schalterdiode f booster diode

Schaltereinheit f circuit-breaker unit

Schalterfassung f *(Ap)* key holder

Schaltergruppe f switch train *(gleichzeitig geschaltete Schalter)*

Schaltermotor m actuating motor *(bei Hochspannungsschaltern)*

Schalterpol m circuit-breaker pole

Schalterprellen n chatter of switch, bounce

Schaltfassung f switch socket [lampholder]

Schaltfehlerschutz m switch fault protection, incorrect switching protection

Schaltfeld n switchboard (section), (switch) panel, switch [patch] bay

Schaltfolge f switching sequence *(z. B. bei einem Zweipunktglied)*; duty cycle; operating sequence

Schaltfunkenstrecke f triggered spark gap

Schaltfunktion f 1. switching function; 2. *(Dat)* logical function

Schaltgerät n switchgear, switching device; control gear

Schaltgerät n/ganz gekapseltes fully enclosed switchgear

Schaltgerät n/gussgekapseltes iron-clad switchgear

Schaltgerät n/metallgekapseltes metal-clad switchgear

Schaltgerüst n frame-type switchboard, switch framework, switching structure

Schaltglied n 1. switching element; contact element [mechanism]; 2. *(Dat)* logical element

Schaltgruppe f vector group *(Transformator)*

Schalthäufigkeit f 1. switching frequency [rate], frequency of operating cycles; 2. *(Ap)* duty classification

Schalthebel m 1. switch [change] lever, key, actuating arm *(eines Schalters)*; 2. *(Ma)* operating [control] lever; trip lever

Schaltkammer f arc (quenching) chamber; explosion chamber *(bei Leistungsschaltern)*

Schaltkreis m *(Et, Me)* (switching) circuit

Schaltkreis m/anwendungsspezifischer integrierter application specific integrated circuit, ASIC

Schaltkreis m/hochintegrierter large-scale integrated circuit, LSI circuit, high-density circuit

Schaltkreis m/höchstintegrierter very

Schaltverstärker

large-scale integrated circuit, VLSI circuit

Schaltkreis *m*/**integrierter** integrated circuit, IC

Schaltkreis *m*/**kundenspezifischer integrierter** custom-design integrated circuit, custom IC

Schaltkreisentwurf *m* (switching) circuit design

Schaltkreistechnik *f* circuit technique; IC technology

Schaltkreistechnik *f* **im Submikrometerbereich** submicron circuit technology

Schaltleistung *f* switching [breaking, rupturing] capacity *(eines Schalters)*

Schaltlichtbogen *m* switch arc

Schaltlitze *f* stranded hook-up wire

Schaltnetzteil *n* (Le) switching(-mode) power supply, switch mode power supply

Schaltplan *m* (schematic) circuit diagram, connection [wiring] diagram, circuit layout

Schaltplatte *f* 1. circuit board [card]; 2. contact wafer

Schaltpult *n* switch(ing) desk, control console [desk], desk (switchboard)

Schaltschrank *m* switch cabinet, cubicle

Schaltschritt *m* 1. make-and-break cycle; 2. front pitch *(bei Wicklungen)*

Schaltschütz *n* contactor

Schaltspannungsstehfestigkeit *f* switching surge withstand strength

Schaltspiel *n* 1. switching cycle; 2. *(Ma)* operating cycle

Schaltstrecke *f* clearance between contacts, contact-break distance, length of gap [break]

Schaltstück *n* contact element [piece, stud, member]; contactor

Schaltstufe *f* 1. switching stage *(beim Stufenschalter)*; 2. *(Ap)* controller notch

Schalttafel *f* 1. switchboard, panel (board), control panel [board]; 2. *(Dat)* plugboard, patchboard *(für Programme)*

Schalttafelinstrument *n* switchboard [panel] instrument, panel meter

Schalttafelstecker *m* panel plug

Schalttransistor *m* switching transistor, transistor switch; pass transistor *(zwischen zwei Gattern)*

Schaltüberschlagimpulsspannung *f* switching impulse spark-over voltage

Schaltüberspannung *f* switching overvoltage [surge], overvoltage due to switching transients

Schaltüberspannungsstehfestigkeit *f* switching surge withstand strength

Schaltuhr *f* switch clock, timer, clock relay

Schaltung *f* 1. circuit (arrangement), wiring, circuitry; connection; 2. switching (operation); 3. s. Schaltplan; 4. s. Schaltkreis

Schaltung *f*/**gedruckte** printed circuit, p.c.; ceramic-based circuit *(nach der Einbrennmethode hergestellt)*

Schaltung *f*/**großintegrierte** large-scale integration, LSI

Schaltung *f*/**kundenspezifische integrierte** customer specific integrated circuit, CSIC

Schaltung *f*/**mehrlagige [mehrschichtige] gedruckte** multilayer printed circuit

Schaltung *f*/**sehr hoch integrierte** very large-scale integration, VLSI

Schaltung *f*/**steckbare gedruckte** plug-in printed circuit (board)

Schaltungsaufbau *m* circuitry; circuit design *(z. B. bei Leiterplatten)*

Schaltungsaufbau *m*/**gedruckter** printed circuitry

Schaltungsplatte *f* circuit board [card]

Schaltungsplatte *f*/**gedruckte** printed circuit board, p.c.

Schaltungstechnik *f* 1. circuit engineering; 2. circuitry *(Ausrüstung)*; 3. s. Schaltkreistechnik

Schaltungstechnik *f*/**komplementäre** *(Me)* complementary bipolar and complementary MOS technique, CBiCMOS

Schaltverbindung *f* 1. interconnection, wiring, circuit connection; 2. cell connector *(Batterie)*

Schaltverhalten *n* switching performance

Schaltvermögen *n* switching capability; breaking capacity

Schaltvermögen *n*/**asymmetrisches** asymmetric breaking capacity

Schaltverstärker *m* switching amplifier

Schaltvorgang m 1. switching, switching action [process, operation]; 2. (switching) transient *(Übergangsvorgang)*

Schaltwagen m *(Ap)* truck-type switchgear, carriage-type switchgear; disconnecting truck

Schaltwarte f switchboard gallery, switch gallery [station]; control room

Schaltzeichen n circuit [graphic] symbol *(in Stromlaufplänen)*; logical symbol *(für logische Schaltungen)*

Schaltzelle f cubicle, cell (of switchboard); regulating cell *(Batterie)*

Scharfabbildung f 1. focus(s)ing, (sharp) definition; 2. sharp [high-definition] image(ry)

Scharfeinstellung f 1. focus(s)ing adjustment, sharp focussing *(z. B. Elektronenstrahl)*; critical focussing; 2. fine tuning control, critical adjustment *(Frequenzabstimmung)*

Schärfentiefe f depth of focus *(im Bildraum)*

Schatten m shadow, shade

Schattenmaske f *(Fs)* shadow [aperture, lens] mask

Schatter m *(Licht)* window screen

Schätzung f estimation; evaluation; assessment

Schaubild n diagram, graph; operational chart *(Programmierung)*

Schauerentladung f shower discharge, showering arc

Schaumstoff m foamed [expanded] plastic, plastic foam

Schauzeichen n annunciator; flag; visual signal [indicator]

Scheibchen n 1. die *(Kristall)*; wafer, slice; chip; 2. disk; pulley

Scheibe f 1. disk, disc; 2. *(Me)* wafer, (semiconductor) slice; 3. rotor

Scheibenanker m disk armature

Scheibenfunkenstrecke f disk discharger

Scheibenmotor m disk [pancake] motor

Scheibenrelais n 1. movable-disk relay; 2. indicating [induction] disk relay

Scheibenspeicher m *(Dat)* disk (file) memory, floppy disk

Scheibenspule f disk [flat, plane, pancake] coil; sandwich-wound coil *(Transformator)*

Scheibenstromwender m *(Ma)* disk [plate] commutator

Scheibenwicklung f disk winding; sandwich winding *(Transformator)*

Scheibenwischermotor m screen wiper motor

Scheinleistung f apparent power [voltamperes, voltamps], vector power, complex power

Scheinleistung f/ideelle *(Et)* ideal apparent power

Scheinleistung f/spezifische specific apperent power

Scheinleistungsdichte f apparent power density

Scheinleitwert m admittance

Scheinspannung f apparent voltage

Scheinstrom m apparent current

Scheinverbrauchszähler m volt--ampere-hour meter, kilovolt-ampere--hour meter

Scheinwerfer* m floodlight; headlight *(am Auto)*; spotlight *(z. B. im Theater)*; (beam) projector; searchlight *(Suchscheinwerfer)*

Scheinwiderstand m 1. impedance; 2. impedor *(Bauelement)*

Scheinwiderstand m/akustischer acoustic impedance

Scheinwiderstand m im Anodenkreis/äußerer plate load impedance

Scheinwiderstand m/komplexer complex impedance

Scheinwiderstand m/mechanischer mechanical impedance

Scheinwiderstand m/spezifischer akustischer specific acoustic impedance

Scheinwiderstand m/statischer steady-state impedance

Scheinwiderstand m/übertragener reaction impedance

Scheinwiderstandsangleicher m impedance corrector

Scheinwiderstandsanpassung f impedance match(ing)

Scheitel m crest, peak; apex

Scheitelfaktor m crest [peak] factor; amplitude factor *(Schwingung)*

Scheitelfaktormessbrücke f crest [peak] factor bridge

Scheitelpunkt m apex, vertex

Scheitelspannung f crest [plate] voltage

Scheitelstrom m peak current

Scheitelüberschlag m crest flashover
Scheitelwert m peak (value), crest value magnitude; mode *(Statistik)*
Scheitelwert m **der Sperrspannung** peak inverse [blocked] voltage
Scheitelwert m **des Durchlassstroms** peak-repetitive on-stage current *(Thyristor)*
Schelle f 1. clamp (fitting), clip; brace; anchor log, stay strap *(am Mast)*; 2. sliding tap *(am abgreifbaren Widerstand)*
Schema n 1. pattern, system, schema; 2. diagram, scheme; 3. *(Et)* wiring [circuit] diagram
Schenkel m leg; limb *(z. B. eines Magnetkerns)*
Schenkelpolmaschine f salient-pole machine
Scherenstromabnehmer m pantograph
Scherschwingung f shear vibration
Schicht f 1. layer; film *(dünn)*; 2. *(Galv)* coat(ing), deposit
Schicht f/**physikalische** *(Dat)* physical layer *(Bit-Übertragungsschicht im ISO-Referenzmodell, Festlegungen zur Steuerung des physischen Übertragungsmediums)*
Schichtdicke f layer [film] thickness; coating thickness
Schichtkern m laminated core
Schichtkristalltransistor m junction transistor
Schichtleiter m planar guide *(für Licht)*
Schichtpresspapier n laminated paper
Schichtschalttechnik f film circuitry
Schichtseite f 1. *(Hsp)* coated side; 2. emulsion side [surface] *(Film)*
Schichtstoff m laminate, laminated plastic [material]
Schichttechnik f substrate technique *(zur Herstellung integrierter Schaltkreise)*
Schichtträger m substrate; (film) base
Schichttransistor m junction transistor
Schichtwiderstand m 1. film resistor; *(speziell)* thin-film [thick-film] resistor; 2. film [sheet] resistance, layer resistivity
Schiebebefehl m *(Dat)* shift instruction
Schiebeeinheit f *(Et, Dat)* shift unit
Schieber m slider, runner; shutter *(z. B. an Kassetten)*
Schieberegister n *(Dat)* shift register
Schiebetaste f sliding button
Schiebewicklung f shift winding
Schiebewiderstand m sliding [slide] resistor, (variable) rheostat
Schieflast f asymmetric [unbalanced] load, load unbalance
Schiene f 1. rail, bar; guide [slide] bar *(Gleitschiene)*; 2. *(Et, An)* bus(-bar); 3. s. Stromschiene
Schienenbus m rail car
Schienenfahrzeug* n rail vehicle
Schienenkontakt m rail [track] contact; electrical depression bar
Schienenstrang m track rail
Schienenstromabnehmer m track sliding contact
Schienenstromwandler m bar-type (current) transformer, bank-type current transformer
Schiffspeilanlage f ship direction finding installation
Schiffsradar n ship-borne radar, marine radar
Schirm m 1. screen *(z. B. einer Elektronenstrahlröhre)*; 2. (protective) screen; shield; 3. *(Ak)* acoustic shield; 4. (lamp) shade
Schirmantenne f umbrella aerial
Schirmbild n screen *(fluorescent)* image; pattern *(z. B. bei Oszillographen)*
Schirmelektrode f shield grid [electrode]
Schirmgitterröhre f screen grid valve [tube]
Schirmisolator m umbrella(-type) insulator
Schirmkabel n screened cable
Schirmung f screening, shielding
Schlag m 1. shock *(Stromberührung)*; 2. stroke *(Blitzschlag)*; 3. eccentricity, run-out *(exzentrischer Lauf)*; wobble; 4. s. Drall
schlagen v 1. strike, blow; 2. beat; 3. run eccentrically; wobble
Schlagweite f sparking distance, clearance *(eines Funkens)*
schlagwettergeschützt firedamp-proof
Schlagwetterschutz m firedamp protection
Schlauch m hose; (flexible) tubing
Schlauchleitung f hose (line), (rubber--)sheathed cable

Schleichdrehmoment

Schleichdrehmoment n crawling torque
Schleichdrehzahl f crawling speed
Schleierbildung f 1. fogging *(auf Film)*; 2. *(Licht)* veiling effect
Schleifarm m wiper arm
Schleifbürste f brush
Schleifdraht m slide wire
Schleife f loop
schleifen v/**eine Leitung** *(Nrt)* loop a line
Schleifendämpfung f *(Nrt)* loop loss [attenuation]
Schleifenlaufzeit f *(Ko)* round trip time *(Datenpaketlaufzeit von Rechner A zu Rechner B und zurück)*
Schleifenoszillograph m moving-coil oscillograph, Duddell [loop, galvanometer] oscillograph
Schleifenprobe f *(Dat)* echo checking
Schleifenstrom m loop current
Schleifenwahl f *(Nrt)* loop dialling
Schleifenwicklung f *(Ma)* lap [parallel] winding; lap-type coil
Schleiferschiene f collector bar *(Potenziometer)*
Schleifkontakt m 1. sliding [friction, rubbing] contact; continuity-preserving contact *(Relais)*; 2. wiper
Schleifringläufermotor m slip-ring (induction) motor, wound-rotor (induction) motor
Schleifstück n shoe *(eines Stromabnehmers)*; contact strip *(bei Triebfahrzeugen)*
Schleppkabel n trailing cable
Schlepplötmaschine f drag-soldering machine
Schleppmomentregelung f motor sliding-torque control
Schleuderfestigkeit f centrifugal forces resistance *(von Lack)*
Schließen n closing *(z. B. eines Kontaktes)*
Schließen n **und Unterbrechen** n make and break
schließend/schnell quick-make *(z. B. Schalter)*
Schließer m/**einpoliger** single point single throw
Schließkontakt m closer, make contact (element), a-contact, normally open contact [interlock], NO contact
Schließungsfunke m spark at make
Schlinge f curl

Schlitz m slit, slot
Schlitzanode f split anode
Schlitzantenne f slot aerial
Schlitzelektrode f slotted electrode
Schlitzleitung f strip line, strip-type transmission [waveguide] line
Schlitzmaske f slot [split] mask
Schluckgrad m *(Ak)* absorption coefficient [factor], acoustical absorptivity
Schlupf m 1. *(Ma)* slip, slippage; 2. *(Ak)* drift; creep
Schlupfdrehzahl f *(Ma)* asynchronous speed
Schlüpfen n pole slipping *(Synchronmaschine)*
Schlupffrequenz f slip frequency
Schlupfregelung f 1. *(Rt)* slip regulation; 2. *(Ma)* slip control
Schlussbetätigungszeichen n *(Nrt)* clearing confirmation signal
Schlussdraht m end wire
Schlüssel m 1. key; 2. *(Dat, Nrt)* code; cipher
Schlüsselhinterlegung f key escrow *(Hinterlegung einer Kopie von kryptografischen Schlüsseln zur Verwendung bei Verlust der Originalschlüssel oder durch staatliche Stellen)*
Schlüsselring m key ring
Schlüsselspeicher m key memory m
Schlüsseltaster m key-operated (control) push button
Schlüsseltasterschalter m push-button key switch
Schlüssel-Verteilungszentrum n key distribution center, KDC *(für kryptografische Schlüssel)*
Schlüsselverwaltung f key management
Schlüsselwort n 1. code [clue, key] word; 2. *(Dat)* index word, descriptor
Schlusswort n **außerhalb des Kontextes** *(Nrt)* key word out-of--context, KWOC
Schlusszeichen n 1. sign-off signal; 2. *(Nrt)* final character; disconnect [on--hook, clear-back] signal
Schlussleuchte f tail lamp
Schmalband n *(Nrt)* narrow band
Schmalbandfernsehen n narrow-band television
Schmalbandkabel n narrow-band cable

Schottky-Transistor-Logik

Schmalbandkanal *m* narrow-band channel
Schmalbandsignal *n* narrow-band signal
Schmelzbad *n* molten bath
Schmelzbrücke *f* fusible link *(zerstörbare Leiterbahn)*
Schmelzeinsatz *m* fuse link [member], fusible element *(Sicherung)*
Schmelzen *n* melting, fusion
Schmelzleiter *m* fuse [fusible] element, fusing conductor *(Sicherung)*
Schmelzschweißverfahren *n* fusion welding process
Schmelzsicherung *f* (safety) fuse, fuse [fusible] cut-out, blow-out fuse
Schmelzsicherungsfestwertspeicher *m* fusible read-only memory, FROM
Schmelztiegel *m* (melting) crucible, melting pot
Schmelzzone *f* 1. melting zone *(des Ofens)*; 2. molten [float] zone *(Zonenschmelzen)*
Schmerzgrenze *f* (Ak) threshold of pain, upper threshold of hearing
Schmerzschwelle *f* (Ak) threshold of pain, upper threshold of hearing
Schmitt-Trigger *m* Schmitt trigger, threshold detector
schmoren *v* scorch *(z. B. Kabel)*
Schmutzsignal *n* (Nrt) contaminating signal *(z. B. Verzerrungen)*
Schnappkontakt *m* snap-action contact; instantaneous make-and-break contact
Schneckentrieb *m* worm drive
Schnee *m* (Fs) snow *(Bildstörung)*; grass *(Radar)*
Schneidabziehverfahren *n* cut-and-peel method, cut-and-strip method *(Leiterplattenherstellung)*
Schneide *f* 1. cutting edge; knife edge *(Messschneide)*; 2. (slit) jaw *(Monochromator)*
Schneidenanker *m* knife-edge armature
Schneidetisch *m* cutting table; (sound-)editing table, (sound-)editing machine *(Studiotechnik)*
Schnellabschalter *m* high-speed switch [circuit breaker]
Schnellaufnehmer *m* (Ak) velocity pick-up
Schnellauslösung *f* instantaneous tripping *(einer Schaltung)*; quick release
Schnellausschalter *m* quick-break switch
Schnellladung *f* quick [boost] charge, rapid charging *(Batterie)*
Schnellrechner *m* (Dat) high-speed computer, fast computer
Schnellregler *m* 1. fast [high-speed] controller, high-speed regulator; 2. *(Ap)* automatic regulator
Schnellrücklauf *m* quick [rapid] return; high-speed rewind *(Magnetband)*
Schnellschalter *m* high-speed switch, fast-action switch
Schnellschlussventil *n* (An) quick-operating valve, rapid shut-off valve
Schnellspeicher *m* (Dat) high-speed memory [store], rapid memory
Schnelltrennrelais *n* fast-release relay
Schnelltrennschalter *m* quick-break switch
Schnellverkehr *m* (Nrt) no-delay operation [service, working], toll traffic
Schnellvorlauftaste *f* fast-forward button
Schnellwiedereinschaltung *f* fast [rapid, high-speed] reclosing *(einer Leitung)*; fast automatic reclosing
Schnellzugriffsspeicher *m* (Dat) quick-access store, fast-access memory, immediate-access memory, zero-access memory
Schnitt *m* 1. section; 2. editing, cutting *(Film, Magnetband)*
Schnittstellenadapter *m* interface adapter
Schnittstellenleitung *f* interface circuit
Schnur *f* (flexible) cord
schnurlos cordless
Schnurschalter *m* cord-operated switch, pendant switch
Schnurschaltung *f* (Nrt) cord circuit
Schnurstecker *m* cord connector
Schnurverstärker *m* (Nrt) cord circuit repeater
Schonzeit *f* (Le) hold-off interval
Schottky-Transistor-Logik *f* Schottky transistor-transistor logic, Schottky TTL [T^{2}L]
Schottky-Transistor-Logik *f*/ **/leistungsarme** low-power Schottky TTL *(mit gegenüber TTL stark vermindertem Leistungsbedarf)*

Schrägspurabtastung f helical scan
Schrägspurverfahren n rotary head technique, slanted azimuth technique
Schrägstrich m (Ko) slash *(Trennzeichen bei Internet-Adresseneingabe http://)*
Schrägung f (Ma) skewing *(einer Nut)*
Schrägungsfaktor f (Ma) skew factor
Schrägungsstreureaktanz f (Ma) skew-leakage reactance
Schrank m 1. cabinet *(für Geräte)*; 2. (Nrt) switchboard
Schranke f barrier; bound *(Mathematik)*
Schraubanschluss m screw terminal
Schraubfassung f screwed socket, screwed (lamp) holder
Schraubkern m 1. threaded core *(Kern mit Gewinde)*; 2. screw core *(Abstimmspule)*
Schraubklemme f screw(-type) terminal
Schraubsockel m (Edison) screw cap
Schraubstecker m screw(ed) plug
Schreib-Cache m (Dat) write cache
Schreibempfang m (Nrt) recorder [visual] reception
schreiben v write; record; plot; trace; rewrite *(z. B. Speicherinformationen)*
Schreiber m recorder, plotter, grapher, graph [chart] recorder
schreibgeschützt write protected, read only *(Attribut von Ordnern und Dateien; sie sind nur nach Aufhebung des Schreibschutzes veränderbar oder beschreibbar)*
Schreibgeschwindigkeit f writing [recording, pen response] speed, recording rate; slewing rate *(XY-Schreiber)*
Schreib/Lese-Datenspeicher m/frei adressierbarer random-access data memory, data RAM, write-read data memory
Schreib-Lese-Kopf m (Dat) write-read head
Schreib-Lese-Speicher m (Dat) write-read memory, random-access memory, RAM
Schreib-Pufferspeicher m (Dat) write cache
Schreibspur f recording track, trace
Schreibstift m stylus, (recorder) pen; plotting bar
Schreibstrahl m writing beam, recording jet, writing spot

Schreibweise f (Dat) notation; representation
Schrieb m (graphic) record, plot
Schriftart f (character) font, type style
Schriftzeichen n (Dat) (print) character
Schriftzeichensatz m/ maschinenlesbarer (Dat) OCR-A *(DIN 66008, ISO 1073-1; Nachfolger: OCR-B, ISO 1073-2; nur Großbuchstaben und Ziffern)*
Schritt m 1. step; interval; 2. pitch *(Wicklung)*; 3. (Nrt) signal element; elementary interval *(Telegrafierschritt)*
Schrittgeschwindigkeit f modulation rate; telegraph(ic) speed, signalling speed; line digit rate; symbol rate
Schrittmotor m stepping [stepper] motor
Schrittregler m step(-by-step) controller, step regulator
Schrittschaltwerk n step-by-step switch(gear), stepping mechanism [switch], step switching mechanism
Schrittspannung f step [pace] voltage
Schrittverzerrung f step distortion
schrittweise step-by-step
schrumpfen v shrink, contract
Schrumpfring m retaining ring
Schub m 1. thrust; 2. shear
Schubkraft f 1. propelling power, thrust (force); 2. shearing force
Schussschweißen n shot welding
Schutz m protection
Schütz n 1. contactor; 2. (Ee) control gate
Schutzabstand m working clearance; electrical clearance *(zur Fahrleitung)*
Schützanlasser m contactor starter
Schutzart f international protection, IP *(internationaler Standard)*; protective system; type of enclosure
Schutzart f e protection e *(erhöhte Sicherheit)*
Schutzband n 1. (Nrt) (interference) guard band; 2. protective tape *(z. B. aus Thermoplast)*
Schutzbit n guard bit
Schutzblech n protecting sheet
Schutzeinrichtung* f protector, protective equipment
Schutzelektrode f guard electrode
schützen v 1. protect; guard; 2. shield
Schutzerdung f protection [protective] earthing

Schweißlichtbogenspannung

Schutzfunkenstrecke* f protective (spark) gap, voltage discharge gap
Schutzgas n protective [inert] gas
Schutzgasrelais n (dry-)reed relay
Schutzgasschweißung f inert-gas--shielded (arc) welding
Schutzgehäuse n protective casing [enclosure]
Schutzgitter n protective grid [grille] (z. B. beim Mikrofon); guard (z. B. Leuchte)
Schutzgrad m degree of protection, degree of enclosure protection
Schutzgradkennzeichen n interelement protection, IP
Schutzklasse* f class of protection
Schutzkontakt m 1. (centre) earthing contact, grounding contact; protective contact; 2. sealed contact
Schutzkontaktbuchse f socket outlet with earthing contact
Schutzkontaktsteckdose f earthing [protective] contact socket, two-pole and earth-socket outlet
Schutzkontaktstecker m plug with earthing contact, earthing contact(--type) plug, two-pole and earthing pin plug, safety plug
Schutzleiter* m protective [earthed] conductor, protective earthing conductor
Schutzmantel m protective sheath(ing); jacket, coating (eines Lichtwellenleiters)
Schutzmaske f (Me) protective mask (für abzudeckende Gebiete)
Schützrelais n contactor relay
Schutzringelektrodenanordnung f guard-ring electrode arrangement (für Mess- und Prüfzwecke)
Schutzschalter m 1. protective [safety] switch, automatic circuit breaker; 2. (Ap) earth-leakage trip [circuit breaker]
Schutzschaltung f protection [protective, safety] circuit
Schutzschicht f (protective) coating, protective layer
Schutzschild n curtain shield (z. B. durch Airbag im Auto)
Schutzschirm m protective screen; baffle (Ionenröhren)
Schützsteuerung f 1. contactor control; 2. contactor equipment [control system]
Schutzwiderstand m 1. (Le) protecting [protective, guard] resistor, bleeder (resistor) (Bauelement); 2. protective resistance (Größe)
Schutzwinkel m angle of protection; angle of shade (bei Hochspannungsleitungen)
Schwachlast f low load
Schwalllöten n flow [wave] soldering (Leiterplattenherstellung)
Schwalllötverfahren n flowsolder method [principle] (für Leiterplatten)
Schwanenhals m flexible conduit [extension rod], gooseneck (adapter) (für Mikrofon)
Schwankung f fluctuation; variation, change, swing
Schwanzstrom m tail current (Transistor)
schwärzen v blacken; darken
Schwarzschulter f (Fs) porch
Schwarzsender m (Nrt) unregistered [illegal] transmitter, radio pirate
Schwarzsignal n dark spot signal
Schwärzung f 1. blackening; 2. optical [photographic] density
Schwarzweißbildröhre f (Fs) monochrome [picture] tube
Schwarzweißempfang m (Fs) black--and-white reception
Schwarzweißfernsehen n monochrome [black-and-white] television
Schwebegate n floating gate
Schwebegate-MOST m floating gate avalanche MOST, FAMOST
Schwebezonenreinigung f floating--zone refining (Kristallzüchtung)
Schwebung f beat (vibration)
Schwebungsamplitude f beat amplitude
Schwebungsgenerator m beat frequency oscillator, beating [heterodyne] oscillator
Schwebungssummer m beat buzzer [frequency oscillator], low-frequency beat oscillator, (audio-frequency) heterodyne generator
Schweif m/**magnetischer** magnetic drag (Linearmotor)
Schweißaggregat n welding set
Schweißlichtbogen m welding arc
Schweißlichtbogenspannung f welding arc voltage

Schweißumformer

Schweißumformer *m* welding converter [motor generator], motor-welding set
Schwelle *f (Me)* threshold; threshold value
Schwellenbedingung *f* threshold condition
Schwellenfeuer *n* threshold lights *(Landebahnbefeuerung)*
Schwellenpegel *m (Ak)* threshold level
Schwellenspannung *f* threshold voltage
Schwellenstrom *m* threshold current
Schwellwert *m* threshold (value)
Schwellwertabstand *m* backlash
Schwellwertgeber *m* threshold value indicator, sector alignment indicator
Schwellwertkurve *f (Ak)* increasing--value curve
Schwellwertregelung *f* threshold control
Schwenkhebel *m (Ap)* joystick
Schwenkmikrofon *n* scanning microphone
Schwerebeschleunigung *f* gravity acceleration, acceleration of [due to] gravity
Schwerhörigenanlage *f* assistive listening system, hard of hearing system, hearing impaired system
Schwerhörigkeit *f* hardness of hearing; deafness
Schwerkraft *f* gravity, gravitational [gravity] force
Schwerkraftregler *m* gravity regulator *(Drehzahlregler mit Fliehkraftpendel)*
Schwerpunkt *m* centre of gravity [mass]
Schwimmererschalter *m* float switch, liquid level switch
Schwimmerregel *f/ampèresche* Ampère's rule, Amperian float law
Schwimmerschalter *m* float switch, liquid level switch
schwinden *v* 1. *(Nrt)* fade; 2. shrink *(Werkstoffe)*
Schwinganker *m* swinging lever *(Arm eines Magnetsystems)*
Schwingaudion *n (Nrt)* autodyne [self--heterodyne] detector, self-heterodyne receiver
schwingen *v* 1. *(Ph)* oscillate; vibrate; resonate; 2. swing; rock
Schwinggeschwindigkeit *f* vibration(al) velocity
Schwingkreis *m* resonating circuit; oscillating [oscillator, oscillatory] circuit
Schwingkreisumrichter *m* parallel--turned inverter, oscillating-circuit inverter
Schwingquarz *m* quartz(-crystal) oscillator, oscillator [oscillating] crystal
Schwingröhre *f* oscillating valve [tube], oscillator [generator] valve
Schwingspule *f* oscillator coil; moving coil, voice [speech] coil *(Lautsprecher)*
Schwingung *f (Ph)* oscillation; vibration *(meist mechanisch)*; swing
Schwingung *f/abklingende* dying-out oscillation, dead-beat oscillation, decaying oscillation
Schwingungsamplitude *f* vibration(al) amplitude, amplitude of oscillation
Schwingungsart *f* mode of oscillation [vibration], (vibrational) mode
Schwingungsaufnehmer *m* vibration pick-up
Schwingungsbauch *m* antinode, (vibration) loop
Schwingungsdämpfer *m* vibration absorber [isolator, damper], buffer; conductor vibration damper *(in Übertragungsleitungen)*
Schwingungserreger *m* 1. vibration exciter [generator]; 2. shake table, shaker *(Prüftechnik)*
Schwingungsform *f* waveform of oscillation [vibration]; mode of oscillation [vibration], modal shape; deflection shape
Schwingungsfreiheit *f* absence of vibration
Schwingungsknoten *m* node, nodal point (of vibration)
Schwingungstechnik *f* vibration engineering
Schwingungstilger *m* (dynamic--)vibration absorber
Schwingungstyp *m* (vibrational) mode, mode of oscillation [vibration]
Schwingungsweite *f* amplitude of oscillation [vibration], amplitude
Schwund *m (Nrt)* fading (effect)
 • **Schwund haben** fade *(Funkwellen)*
Schwund *m* **mit Rayleigh-Verteilung** *(Fs, Ko)* fading with Rayleigh distribution *(bei NLOS-Kanal durch Überlagerung reflektierter Wellen)*

Schwundausgleich *m*/**selbsttätiger** automatic volume control, AVC
Schwundausgleicher *m* antifading device
schwundfrei fading-free
Schwundfrequenz *f* fading [loss] frequency
Schwundregelung *f* fading control, automatic gain control
Schwundwelle *f* fading wave
Schwungmasse *f* centrifugal mass, gyrating [rotating] mass
Schwungrad *n* flywheel
Schwungscheibe *f* flywheel
Scott-Schaltung *f* Scott connection
SCREAM-Prozess *m* single crystal reactive etching and metalization, SCREAM
Scroll-Maus *f (Dat)* s. PC-Maus mit Scroll-Rädchen
SCR-Verfahren *n* selective catalytic reaction, SCR *(zur Entstickung von Kraftwerksabgasen)*
S-DAT stationary head DAT, S-DAT
SECAM-Farbfernsehsystem *n (Fs)* SECAM (system) *(SECAM = séquentiel couleur à memoire)*
SECAM-Fernsehsystem *n* s. SECAM-Farbfernsehsystem
Sechsfarbenschreiber *m* six-colour recorder
Sechsphasengleichrichter *m* six--phase rectifier
Sechsphasenleitung *f* six-phase transmission line
Sechspulsbrückenschaltung *f (Le)* six--pulse bridge connection
Sechspulssternschaltung *f (Le)* six--pulse star connection
Sechspulsstromrichter *m (Le)* six-step inverter
Seefunk *m* maritime radio
Seefunkdienst *m* maritime [marine] radio service
Seekabel *n* submarine [ocean, undersea] cable
Seele *f* core *(Kabel)*
Seelenelektrode *f* cored [flux-cored] electrode, flux core tpye electrode *(Lichtbogenschweißen)*
Seenotruf *m* distress call
seewasserbeständig sea-water--resistant, saltwater-proof

Segment *n* segment *(z. B. des Stromwenders)*
Segmentblech *n* segmental core disk
Segmentspannung *f* segment [bar] voltage *(am Stromwender)*
Sehen *n*/**räumliches** stereoscopic vision
Sehfeld *n* 1. visual field, field coverage; 2. *(Fs)* camera coverage
Sehne *f* chord *(Mathematik)*
Sehnenwicklung *f (Ma)* chord [fractional-pitch] winding
Sehnungsfaktor *m* pitch factor (of winding), chording factor
Seidenlackdraht *m* varnished-silk braided wire
Seil *n* rope, cable
Seilbahn *f* cableway, cable railway
Seilsammelschiene *f* flexible busbar
Seiltrommel *f* cable drum
Seilwinde *f* rope [cable] winch
Seite *f* 1. side; end *(z. B. einer Maschine)*; 2. page *(z. B. Block digitaler Daten)*
Seitenadressierung *f (Dat)* page addressing; paging
Seitenband *n (Nrt)* sideband
Seitenbänder *npl*/**störende** *(Nrt)* spurious sidebands *(z. B. durch Verzerrung entstehend)*
Seitenbandfrequenz *f* sideband (component) frequency
Seitenbandinterferenz *f* sideband [adjacent-channel] interference
Seitenbandunterdrückung *f* sideband suppression
Seitendrucker *m (Dat)* page(-at-a-time) printer
Seitenvorschub *m* page feed *(Schreiber)*
Sektor *m* sector; compartment
Sektorabtasten *n (Fo)* sector scanning
Sektorkennung *f* sector identifier *(Floppy-disk)*
Sekundäranschliff *m (Me)* secondary flat
Sekundärauslöser *m* indirect over--current release
Sekundärdurchbruch *m (Me)* secondary breakdown
Sekundärelektronenvervielfacher *m* secondary electron multiplier, (electron-)multiplier phototube, photomultiplier

Sekundärkreis *m* harmonic suppressor *(bei Sendern)*
Sekundärprogramm *n (Dat)* secondary program
Sekundärradar *n* secondary radar (winding)
Sekundärrelais *n* secondary relay
Sekundärschiene *f* reaction plate, secondary *(bei Linearmotoren)*
Sekundärteil *n/bewegliches* moving secondary *(Linearmotor)*
Sekundärwicklung *f* secondary winding, secondary
Sekundärwicklung *f* **des Transformators** transformer secondary
Selbstabfrage *f* autopolling
Selbstabgleich *m* self-adjustment; automatic balancing, auto-balancing
selbstabtastend self-scanning
selbstanpassend self-adapting, self-adaptive
Selbstausgleich *m (Rt)* inherent regulation, self-regulation *(einer Strecke)*
selbstbelüftet dry-type self-cooled *(Transformator)*
Selbstentladung *f* self-discharge, spontaneous [self-sustained] discharge
Selbstentzündung *f* self-ignition, spontaneous ignition
Selbsterregerwicklung *f* self-excitation winding
Selbsterregung *f* self-excitation
selbstgekühlt self-cooled, natural-cooled
selbstgelöscht self-commutated
Selbsthaltekontakt *m* self-holding contact, lock-type contact; seal-in contact
Selbsthalterelais *n* latching relay
Selbstimpedanz *f* **des Gegensystems** self-impedance of negative-sequence network
Selbstinduktivität *f* 1. self-inductor; 2. (self-)inductance
Selbstkommutierung *f (Le)* self-commutation
selbstlöschend self-quenching *(Speicher)*; self-extinguishing *(Teilentladungen)*
Selbstmordschaltung *f (Ma)* oppose-field connection

Selbstprogrammierung *f (Dat)* self--programming, automatic programming
Selbstprüfung *f (Dat)* self-checking
Selbstregelung *f* self-regulation, inherent regulation; automatic control
selbstständig self-sustaining, self--sustained, self-maintained *(z. B. elektrische Entladung)*
Selbststeuerung *f (Rt)* automatic control; automatic flight control *(Flugzeug)*
Selbsttriggerung *f* internal triggering
Selbstüberlagerer *m (Nrt)* auto--heterodyne, autodyne *(beim Superheterempfang)*
Selbstüberlagerungsempfang *m (Nrt)* autodyne reception
Selbstunterbrecher *m* automatic interrupter
selbstverlöschend self-extinguishing
Selbstwählferndienst *m (Nrt)* trunk dialling service
Selbstwählfernsprechverkehr *m (Nrt)* automatic telephone traffic
Selbstwählfernverkehr *m (Nrt)* subscriber trunk [distance] dialling, long-distance dialling, direct distance dialling
Selbstwählgespräch *n (Nrt)* subscriber--dialled call, customer dialled call
selbstwegesuchend *(Nrt)* self-routing *(in Vermittlungskoppelfeldern)*
Selektivempfänger *m* selective detector [receptor]
Selektivfilter *n* 1. selective filter; 2. *(Fo)* fixed-target rejection filter
Selektivität *f* selectivity; overcurrent discrimination
Selektivrufkanal *m (Ko)* paging channel, PCH *(im GSM)*
Selektode *f* variable mutual conductance tube, selectode *(Elektronenröhre)*
Selektor *m* selector
Selensperrschichtzelle *f* selenium barrier layer cell, selenium photovoltaic cell
Selsyn *n* selsyn, synchro *(Messwandler für Winkel)*
Semantik *f* semantics *(Beziehung zwischen Zeichen und deren Bedeutungen)*
Semaphor *n (Dat)* semaphore *(Variable*

mit Signalfunktion, z. B. zur Synchronisation)
Semiflex-Leiterplatte *f* semiflex board *(elastische, flexible Leiterplatte)*
Sendeantenne *f (Fs) (AE)* transmitting antenna
Sendeaufruf *m (Nrt)* polling
Sendeband *n* transmission band
Sendebezugsdämpfung *f (Nrt)* sending reference equivalent
Sende-Empfangs-Gerät *n* transmitter--receiver, transceiver, transmitting and receiving set
Sende-Empfangs-Station *f/mobile (Ko)* mobile transceiver
Sendegerät *n* transmitting apparatus [set], transmitter
Sendekanal *m* transmission [transmit] channel
Sendeleistungssteuerung *f (Ko)* transmitter power control, TPC
senden *v* 1. send, transmit; broadcast *(Rundfunk)*; 2. *(BE)* televise, *(AE)* telecast
Sendepegel *m* transmitting [output] level
Sender *m (Nrt)* transmitter, sender; projector *(Ultraschall)*
Senderaum *m* 1. (broadcasting) studio; 2. source room *(für Schalldämmungsmessung)*
Senderausfall *m* transmitter outage [failure]
Sendereingang *m* transmitter input
Senderendröhre *f* transmitter output valve [tube], main transmitting direction valve
Senderfrequenz *f* transmitter frequency
Senderichtung *f (Nrt)* direction of transmission, transmitting [sending] direction
Senderöhre *f* transmitting [sending] valve, transmitter valve [tube]
Sendestation *f* 1. transmitting [sending] station, transmitter station; 2. *(Nrt)* master station
Sendezeit *f* time of transmission; broadcasting time *(Rundfunk)*
Sendung *f* 1. transmission; 2. programme *(Sendefolge)* • **auf Sendung sein** be on the air
Senke *f* 1. drain *(Elektrode eines Feldeffekttransistors)*; 2. sink; dip
Sensistor *m* sensistor *(Si-Transistor mit stark temperaturabhängigem Widerstand)*
Sensor *m* sensor
Sensorbildschirm *m* sensor screen, touch-sensitive screen
Sensortaste *f* sensor key, touch pad
Sequenzamplitudendichte *f* sequential amplitude density *(Walsh-Funktion)*
Sequenzer *m* sequencer *(Tonfolgespeicher)*
Serie *f* series
Serienbauelement *n* series element
Serienfunkenstrecke *f* multiple spark gap
seriengeschaltet series-connected, connected in series
Serieninterface *n* serial interface
Serienmotor *m* series-wound motor
Serienrechenwerk *n (Dat)* serial arithmetic unit
Serienresonanz *f* series [voltage] resonance
Serienresonanzkreis *m* series resonance circuit
Serientrimmer *m* padding capacitor, padder
Serienwiderstand *m* 1. series resistor; 2. series resistance
Serienwortdarstellung *f (Dat)* serial word representation
Serienzugriff *m (Dat)* serial access
Server *m* server *(Zielrechner im Datennetz, verwaltet Datenbestände und Ressourcen)*
Servlet *n* servlet *(serverseitige aktive Komponente)*
servogeregelt servo-controlled
Servomechanismus *m (Rt)* servomechanism
Servomotor *m* servomotor, servo *(in Regelsystemen)*
Servoregelung *f* servo control
setzen *v/außer Betrieb* put out of operation, take out of service; stop
setzen *v/in Betrieb* put [set] into operation, start (up), actuate
Setzimpuls *m* set pulse
SF$_6$-Leistungsschalter *m* SF$_6$ [sulphur hexafluoride] circuit breaker
SF$_6$-Schaltanlage *f (Ee)* gas-insulated substation
Shunt *m s.* Nebenschluss
Sicherheit *f* safety, reliability; security,

Sicherheitsabstand freedom from danger *(Gefahrlosigkeit)*; freedom from care *(Risikolosigkeit)*
Sicherheitsabstand m clearance
Sicherheitsanforderungen fpl safety requirements
Sicherheits-Assoziation f security association, SA *(Element von IPSec, enthält u. a. Partner, Schlüssel, Verfahren)*
Sicherheitsbestimmungen fpl safety regulations
Sicherheitsfunkenstrecke f safety (spark) gap
Sicherheitsfunktionen fpl **der Transportschicht** transport layer security, TLS *(standardisierter Nachfolger von SSL)*
Sicherheitsgrenze f safety limit
Sicherheitsvorschriften fpl safety regulations
Sicherheitswinkel m *(Le)* margin of commutation
sichern v 1. secure; (safe)guard, protect; 2. *(Dat)* back-up; 3. fuse
Sicherung f 1. fuse (unit); fuse link; 2. safeguard *(Vorrichtung)*; 3. protection
Sicherung f **des Speicherinhalts** *(Dat)* memory protection
Sicherung f/**flinke** fast(-action) fuse, instantaneous [quick-break, quick-trip] fuse
Sicherung f/**träge** time-delay fuse, time-lag fuse, delay(-action) fuse, slow-blow fuse
Sicherung f/**überflinke** high-speed fuse (link)
Sicherungsalarmanlage f fuse alarm device
Sicherungsautomat m automatic circuit breaker; current cut-out device
Sicherungsnormal n *(Mess)* duplicate [reserve] standard
Sicherungspatrone f fuse cartridge, cartridge [enclosed] fuse
Sicherungsschalter m fuse(-disconnecting) switch
Sicherungsschicht f link layer *(im ISO-Referenzmodell Festlegungen für fehlergesicherte Übertragung von Nachrichten)*
Sicherungsspeicher m/**ansteckbarer** *(Dat)* flash memory *(mit USB-Steckverbinder; nicht flüchtig, blockorientiert; 32-256 Mbyte)*

Sichtanzeige f visible indication, (visual) display
Sichtbarkeitsgrenze f visibility threshold, threshold of visibility
Sichtbarkeitsschwelle f visibility threshold, threshold of visibility
Sichtgerät n *(Dat)* display device, visual display unit, VDU, video display unit, terminal, display (unit); CRT [cathode-ray tube] display system; indicator; oscilloscope
Sichtpeiler m optical [cathode-ray] direction finder, bearing indicator
Sichtspeicherröhre f character [viewing] storage tube
Sichtweite f visibility (range), visual [optical] range
Sichtweite f **bei klarer Sicht** line-of-sight distance, LOS distance, optical horizon
Sickenverbindung f crimped joint
Sieb n 1. *(Me)* filter, eliminator; 2. screen *(z. B. für Siebdrucktechnik)*
Siebdrossel* f filter reactor, filter [smoothing] choke
Sieben-Schichten-Modell n seven layer model *(Kommunikation offener Systeme)*
Siebensegmentanzeige f seven-segment display, seven-bar segmented display, stick display
Siebglied n *(Me)* filtering unit, filter (element)
Siebkette f *(Me)* filter (network), wave(-band) filter, band [selective] filter
Siebkreis m selective [harmonic suppression] circuit
Siedewasserreaktor m boiling water (nuclear) reactor, BWR
SI-Einheit f SI unit
Siemens n siemens, S, reciprocal ohm, *(AE)* mho *(SI-Einheit des elektrischen Leitwerts)*
Signal n signal
Signal n/**absichtlich gestörtes** *(Nrt)* jammed signal
Signal n **an der Empfindlichkeitsgrenze** *(Fs)* weak signal
Signal n/**analytisches** analytical signal *(signaltheoretische Darstellung von Einseitenbandsignalen; s(t) +jH{s(t)})*
Signal n/**erdsymmetrisches** balanced signal

Siliciumlegierungstransistor

Signal n/**harmonisches** (Nrt) harmonic signal, sinusoidal signal
Signal n/**nicht periodisches** aperiodic signal, nonperiodic signal
Signal n/**n-wertiges diskretes** n-nary discrete signal
Signal n/**symmetrisches** balanced signal
Signal n/**undeutliches** (Nrt) mushy signal
Signal n/**verrauschtes** (Nrt) noisy signal
Signal n/**willkürliches** arbitrary signal
Signal n/**zufälliges** random signal
Signalabschwächung f signal attenuation
Signalabstand m signal distance
Signalbegrenzer m (Rt) signal limiter [clipper]
Signalerfassung f (Ak) waveform acquisition [capture]
Signalerkennung f signal recognition
Signalfluss m (Rt) signal flow, flow of signals
Signalfluss plan m (Rt) signal-flow diagram [graph], (functional) block diagram
Signalgabe f (Nrt) signalling
Signalgeschwindigkeit f signal velocity, speed of signalling
Signalhupe f electric hooter [horn] (Kraftfahrzeug)
Signalkompression f signal compression
Signallampe f signal [indicator, pilot, annunciator] lamp; panel indicator lamp (an Schalttafeln); alarm lamp
Signalaufzeit f signal transfer [propagation] time, signal delay time
Signalpegel m signal level; logic level (in Logikschaltungen)
Signalpegelmessgerät n signal strength meter
Signalprozessor m (Dat) signal [digital] processor
Signalquelle f signal source
Signalspeicher m 1. (Dat) (signal) latch; 2. (Ak) transient recorder; event recorder
Signalspeicherung f signal storage
Signaltafel f signal board, annunciator
Signalübertragung f signal transmission
Signalumsetzer m signal converter [conversion equipment]

Signalunterbrechung f drop-out
Signalverarbeitung f signal processing [conditioning]
Signalwandler m signal converter [transducer]
Signatur f/**digitale** digital signature (bei elektronischem Bankverkehr, homebanking; durch Signaturverordnung, SigV, gesetzlich geregelt)
Silbenverständlichkeit f syllable articulation [intelligibility], intelligibility of syllables
Silberbelag m silver coating
silberbelegt silver-surfaced
Silberbromidelektrode f silver bromide electrode
Silber-Cadmium-Element n silver--cadmium cell
Silberoxid-Batterie f silver-oxide battery
Silent-Block m (Ak) silent block (Schwingungsdämpfung)
Silicium n silicon
Silicium n **auf Isolator** silicon on insulator, SOI
Silicium n **auf Saphir** silicon-on--sapphire, SOS
Siliciumanreicherungs-N-Kanal-MOS--Transistor m enhancement n-channel silicon MOS-transistor
Siliciumanreicherungs-P-Kanal-MOS--Transistor m enhancement p-channel silicon MOS-transistor
Silicium-auf-Saphir-Transistor m silicon-on-sapphire transistor
Siliciumcarbid n silicon carbide (Widerstandswerkstoff)
Siliciumflächengleichrichter m silicon junction rectifier
Siliciumgatetechnik f silicon-gate technique (für integrierte MIS--Schaltungen)
Siliciumgleichrichter m silicon rectifier
Siliciumgleichrichterdiode f/**schnelle** (Le) fast-recovery silicon rectifier diode
Siliciuminsel f silicon island
Siliciumkleinflächengleichrichter m small-area silicon rectifier
Siliciumkristallgleichrichter m silicon crystal rectifier
Siliciumlegierungstransistor m silicon alloy transistor

Siliciumplanar-npn-Phototransistor m silicon planar n-p-n phototransistor
Siliciumplanartechnik f silicon planar technique
Siliciumplättchen n silicon die [wafer]
Siliciumscheibe f silicon wafer [slice]
Silicium-Siliciumoxid-Grenzschicht f (Me) Si - SiO$_2$ interface
Siliciumthyristor m silicon-controlled rectifier
Siliciumtortechnik f silicon-gate technique *(für integrierte MIS--Schaltungen)*
Siliciumtransistor m silicon transistor
Siliciumunterlage f silicon substrate
Siliciumwiderstand m silicon resistor
Siliciumzelle f silicon cell
Silumin n silumin *(Aluminium-Silicium--Legierung)*
SIM subscriber's identification module
Simplexbetrieb m (Nrt) simplex operation [working], one-way operation
Simplex-Übertragung f (Nrt) simplex transmission, unidirectional transmission *(Übertragung auf einer Funkfrequenz oder einer Leitung mit Verstärkern oder Regeneratoren)*
SIMULA simulation language
Simulationsprogramm n simulator (program), simulation routine *(zur Nachbildung einer Anlage, eines Systems)*
Simulator m simulator *(Gerät)*
Simultanbewegung f concurrent motion
Simultanschaltung f (Nrt) composite [superposed] circuit
Simultansteuerung f/elektronische simultaneous electronic control
Simultantelegraf m superposed telegraph
Simultanübertragung f (Nrt) simultaneous transmission
Simultanverfahren n simultaneous colour television system
Singularität f singularity
sin^2-Impuls m sin-squared impulse
sinken v drop, fall, decrease *(z. B. Spannung, Temperatur)*
sintern v sinter
Sinusablenkung f sine-wave sweep
Sinusbedingung f sine condition

Sinusform f sinusoidal wave shape *(einer Welle)*
Sinusfunktion f sine [sinusoidal] function
Sinuspulsweitenmodulation f (Le) sinusoidal PWM
Sinuswelle f sine [sinusoidal, harmonic] wave
Sinuswellenablenkung f sine-wave sweep
Sinuswellengenerator m sine-wave generator [oscillator], sinusoidal [harmonic] oscillator
Sinuswellenschwingung f sine-wave oscillation
Sitz m 1. seat(ing); 2. fit
sitzend/straff close-fit *(eng toleriert)*
Sitzkissenaufnehmer m (Mess) seat accelerometer *(mit integrierten Beschleunigungsaufnehmern)*
Sitzungsschicht f session layer *(Festlegungen im ISO-Referenzmodell, Kommunikationsbeziehungen, Sitzungen zu eröffnen, durchzuführen, zu beenden)*
Skala f scale
Skale f (Mess) scale; dial
Skale f/gleichmäßig geteilte evenly divided scale
Skale f/kombinierte semidigital scale, seminumerical scale
Skale f/lineare [linear geteilte] linear reading
Skale f mit konstantem Abstand der Teilungsmarken equidistant scale
Skale f mit konstantem Skalenwert constant-interval scale
Skale f mit quadratischer Teilung square-law scale
Skale f/nicht lineare non-linear scale
Skale f/quadratisch geteilte square--law scale
Skale f/regelmäßige regular scale
Skalenablesung f scale reading
Skaleneinteilung f graduation, scale division, scale
Skalenendwert m maximum [end, full] scale value
Skalenfaktor m 1. deflection factor *(reziproke Empfindlichkeit eines Messgeräts)*; 2. scale factor *(Umrechnungsverhältnis)*
Skalenfehler m scale error

Skalenteilung *f* scale division, graduation, scale
Skalenverzerrung *f* scale distortion *(Ablesefehler bei Instrumenten)*
Skalenwert *m* value of a scale division, scale interval; (scale) reading
Skalenzeiger *m* dial pointer
Skalierung *f (Me)* scaling *(Abmessungsänderung nach bestimmten Regeln)*
Skineffekt *m* skin effect *(Stromverdrängung)*
Skintiefe *f* skin depth
Slave *m* slave *(gesteuertes Gerät)*
Slave-Prozessor *m (Dat)* slave processor
SMA surface-mounted assembly
SMA-Technologie *f (Me)* surface-mounted technology, SMA *(von Chip-Bauelementen)*
SMD surface-mounted device, SMD
SMS *f* **mit automatischer Worterkennung** *(Ko)* SMS with automatic word-recognition
SMS-Standard *m/erweiterter (Ko)* Enhanced Messaging Service *(bis zu 40800 Zeichen, identisch mit 255 SMS; z. Zt. nur 3 bis 5 x 160 Zeichen mit Φ LONG # vor jeder SMS)*
Snubberkondensator* *m (Le)* snubber capacitor *(Beschaltungskondensator)*
SOAR-Bereich *m* **in Durchlassrichtung** forward-bias safe operation area
Sockel *m* 1. socket, lamp base [cap]; base *(Elektronenröhre)*; fuse base *(Sicherung)*; (mounting) plug *(Relais)*; 2. pedestal
Sockeladapter *m* valve adapter
Sockelanschlussklemme *f* terminal of lampholder
Sockelfassung *f* **mit Berührungsschutz*** fully safe cap-holder fit
sockeln *v* base, cap *(Elektronenröhren)*
Sockelstift *m* base prong, (base) pin
Socket *m* socket *(Schnittstelle für Netzanwendungen)*
Socketadresse *f* socket address
Soffittenlampe *f* tubular (line) lamp
Sofortdurchschlag *m* instantaneous breakdown
Sofortkommando *n* immediate command

Sofortverbindung *f* **zum Service--Center** service hotline
Sofortverkehr *m (Nrt)* no-delay operation [service, working], demand traffic [service], no-hang-up service
Sofortzugriff *m (Dat)* immediate access
Software *f (Dat)* software *(Programmausstattung einer Datenverarbeitungsanlage)*
Software *f/frei nutzbare* public domain software
Software *f/gegen geringes Entgelt nutzbare* share ware
Softwareunterstützung *f* software support
Sohn *m* stamper *(Zwischenstufe bei der Schallplattenherstellung)*
SOI *(Me)* silicon on insulator, SOI
Solarbatterie *f* solar battery; solar-cell array
Solarzelle *f* solar cell
Solenoid *n* solenoid
Solistenmikrofon *n* soloist's microphone
Sollabmessung *f* nominal dimension
Sollbahn *f* set line *(numerische Steuerung)*
Sollfrequenz *f (Nrt)* listed [assigned] frequency
Sollgeschwindigkeit *f* set [desired] speed
Sollstrom *m* desired current
Sollwert *m* 1. *(Rt)* reference value, control point; 2. set point, set value; 3. *(Dat)* set path, scheduled value
Sollwertanzeiger *m* set-point indicator
Sollwertbereich *m* set-value range; operating differential *(Dreipunktregler)*
Sollwerteingang *m* reference input
Sollwertferneinstellung *f* remote set-point adjustment
Sollwertgeber *m* set-point adjuster, setting [set-point] device, reference input element; schedule setter
Sollwertvorgabe *f* set-point assignment
Sollzustand *m* desired state *(Systemanalyse)*
Sommerzeit *f/mitteleuropäische (MESZ)* Central European Summer Time, CEST
Sonar *n* sonar, sound navigation and ranging
Sonde *f* (sensing) probe, sensor, measuring probe; sonde

(Radiosonde); search electrode *(z. B. im elektrolytischen Trog)*
Sondenmikrofon n probe microphone
Sondenspitze f probe tip
Sonderfernmeldenetz n functional communications network
Sonderhallraum m *(Ak)* special reverberation room
Sondierung f probing
Sone* n sone *(Maß der subjektiven Lautheit)*
Sonik f sonics *(technische Anwendung von Schallschwingungen)*
Sonneneinstrahlung f insolation
Sonnenenergie-Wärmekraftwerk n solar thermal power plant
Sonnenkraftwerk n solar power plant [station], helioelectric power plant
sortieren v *(Dat)* sort out
Sortiergerät n 1. *(Dat)* sorting unit; 2. grading apparatus
Sortiervorgang m *(Dat)* sorting operation
Sortierzeichen n *(Dat)* selection character
SOS 1. *(Me)* silicon-on-sapphire, SOS; 2. *(Nrt)* SOS *(internationales Notrufzeichen)*
SOS-Technik f *(Me)* silicon-on-sapphire technique, SOS technique *(Dünnschichttechnik)*
SOS-Transistor m silicon-on-sapphire transistor
SOS-Zeichen n *(Nrt)* SOS call
Soundsheet f sound sheet *(Schallplatte auf Kartonträger)*
Sourcebasisschaltung f *(Me)* grounded-source circuit
Sourcebasisverstärker m *(Me)* grounded-source amplifier
Sourceverstärker m *(Me)* (grounded-)source amplifier
Spacistor m spacistor *(Verstärkerelement)*
Spalt m 1. gap; slit *(Optik)*; 2. crack, fissure; cleavage *(z. B. im Kristall)*
Spaltbreite f gap width [clearance, spacing] *(Luftspalt)*; gap length *(Magnetkopf)*; slit width, width of slit *(Optik)*
spalten v split *(z. B. Phasen oder Pole)*; cleave *(Kristalle)*; fission *(z. B. Kernbrennstoffe)*

Spaltglimmer m laminated [sheet] mica; mica splittings
Spaltlöten n close joint soldering
Spaltphasenmotor m split-phase motor
Spaltpolmotor m shaded-pole motor
Spaltstoff m fissionable material [fuel], fissile material *(Kernbrennstoff)*
Spalttiefe f gap depth *(Magnetkopf)*
Spaltung f 1. fission *(von Kernbrennstoffen)*; 2. splitting; cleavage *(von Kristallen)*; delamination *(von Schichtstoffen)*; 3. separation *(z. B. von Niveaus)*
Spam-Filter n *(Ko)* spam filter *(zur Sperrung von unerwünschten E-Mails)*
Spannbandgalvanometer n suspension galvanometer; Einthoven galvanometer
Spanndrahtaufhängung f taut-wire suspension *(z. B. von Messinstrumenten)*
Spannfeld n *(Ee)* line section, span
Spannrolle f idle pulley, idler (pulley)
Spannung f 1. *(Et)* voltage, potential difference; 2. stress; strain; tension *(mechanisch)*
Spannung f **Außenleiter-Erde** phase to earth voltage *(IEC 50-601)*
Spannung f/**effektive** effective [root--mean-square] voltage
Spannung f/**mittlere** average voltage
Spannung f/**obere** top voltage
Spannung f/**transiente** transient voltage; transient electromotive force
Spannung f/**ultrahohe** ultrahigh voltage *(1000 bis 1500 kV)*
Spannung f/**verkettete** phase-to-phase voltage, line-to-line voltage, voltage between lines, mesh [line] voltage
Spannung f/**wiederkehrende** recovery voltage
Spannungsabfall m voltage [potential] drop, fall of potential; voltage loss
Spannungsabgleich m voltage balancing
Spannungsabgriff m voltage tap(ping)
Spannungsanstieg m voltage increase [rise]
Spannungsanstieg m **der Sperrspannung/kritischer** critical rate-of-rise of off-state voltage
Spannungsanstieg m **in Durchlassrichtung** rise of off-state voltage

Spannung(s)durchführung f bushing

Spannungsdurchschlag m dielectric [disruptive, voltage] breakdown

Spannungseinbruch m (Ee) voltage sag, voltage dip

Spannungserholungszeit f voltage recovery time

Spannungsfeld n 1. electric potential field; 2. strain field *(Mechanik)*

spannungsfest voltage-proof

Spannungsfestigkeit f voltage sustaining capability; dielectric strength [rigidity], disruptive strength

spannungsfrei stress-free, strain-free, unstressed *(mechanisch)*

Spannungsgefälle n voltage [potential] gradient

Spannungsgradient m/kritischer critical rate-of-rise off-state voltage *(Thyristor)*

Spannungsgrenze f voltage limit

Spannungsgrenzwert m threshold voltage

Spannungshaltung f voltage scheduling *(Energiesystem)*

Spannungsmesser m voltmeter

Spannungsmittelwert m/ arithmetischer average voltmeter

Spannungsnormal n voltage standard

Spannungsoberschwingungen fpl voltage harmonics

Spannungsprüfung f 1. (high-)voltage test; (dielectric) withstand-voltage test, dielectric test; 2. *(Ma)* applied voltage test *(einer Wicklung)*

Spannungsquelle f voltage source [supply]

Spannungsregler m 1. voltage control(ler), voltage regulator; constant-voltage regulator, stabilized--voltage regulator *(Spannungskonstanthalter)*; variable--voltage regulator *(für wählbare Spannungswerte)*; 2. line drop compensator *(für Übertragungsleitung)*

Spannungsreihe f circuit voltage class *(bei Wandlern)*

Spannungsrisskorrosion f stress-crack corrosion, stress-corrosion cracking

Spannungsschwankung f voltage variation

Spannungsspeisung f voltage feed, end-feed, end-fire *(Antennentechnik)*

Spannungsspitze f voltage spike

Spannungssprung m voltage transient; voltage jump [step]

Spannungssteilheit f/elektronische electronic voltage regulator

Spannungssteilheit f/höchstzulässige maximum allowable rate of rise of applied forward voltage

Spannungssteilheit f/kritische critical rate of rise of reapplied voltage *(bei Thyristoren)*; critical rate of rise of off--state voltage *(im Sperrzustand)*

Spannungsstoß m voltage impulse, (voltage) surge

Spannungs-Strom-Charakteristik f voltage-current characteristic

Spannungsteiler m 1. (capacitance--)voltage divider, potential divider; attenuator; static balancer *(Transformator)*; 2. *(Mess)* volt box

Spannungsverdopplerschaltung f voltage-doubling circuit, cascade voltage doubler, Greinacher circuit

Spannungsvervielfacherschaltung f voltage multiplication circuit, Bouwer's circuit, Cockcroft-Walton cascade generator *(Greinacher-Schaltung mit Villard-Grundstufe)*

Spannungswahlschalter m line voltage selector

Spannungswandler m voltage [potential] transformer, voltage transducer

Spannungswechselrichter m (Le) voltage-source inverter

Spannungswelle f 1. voltage wave; 2. stress wave

Spannungswellenform f voltage waveform

Spannungswelligkeit f voltage ripple

Spannungswiederkehr f voltage recovery

Spannungs-Zeit-Fläche f voltage-time area, voltage-time integral

Spannungs-Zeit-Verhalten n voltage--time response

Spannungszusammenbruch m voltage collapse, voltage depression *(IEC 50-604)*

Spannungszwischenkreisstromrichter m (Le) voltage-controlled converter, voltage source d.c. link converter

Spannweite f span (length) *(Freileitungen)*
Spanplatte f chipboard
Sparkatode f low-consumption cathode; economy filament *(direkt geheizte Katode)*
Sparlampe f energy-saving lamp
Speicher m 1. (computer) memory, store, storage (device); 2. *(Nrt)* director; 3. accumulator
Speicher f für Sprachpost *(Nrt)* s. Sprachbox
Speicher m/gemeinsam benutzer shared memory, SHM *(ein Mechanismus zum Datenaustausch zwischen Prozessen)*
Speicher m/löschbarer erasable memory [store]
Speicher m/magnetischer magnetic memory [store]
Speicher m mit kurzer Zugriffszeit fast-access memory [store], short--access memory, immediate-access memory
Speicher m mit langer Zugriffszeit slow-access memory [store], slow memory
Speicher m mit wahlfreiem Zugriff random-access memory [store], RAM
Speicher m/nicht flüchtiger non--volatile memory [store]
Speicher m/supraleitender cryogenic memory [store]
Speicher m und Umrechner m/zentraler *(Nrt)* controlling register--translator
Speicherabruf m memory recall, MR
Speicherabteilung f file
Speicheradresse f memory [storage] address
Speicherbaugruppe f memory element [component]
Speicherbereich m memory area, storage region
Speicherbildröhre f display storage tube
Speicherdichte f 1. recording density *(Magnetband)*; 2. *(Dat)* storage [bit] density
Speicherelektrode f accumulation electrode, (energy) storage electrode
Speicherelement n memory [storage] element

Speicherfeldeffekttransistor m field--effect memory transistor
Speicherheizgerät n storage heater, thermal storage heating equipment
Speicherinhalt n 1. *(Dat)* memory [store] contents; 2. *(Ee)* reservoir capacity *(Wasserkraftwerk)*
Speicherkarte f memory board [card]
Speicherkarte f/wechselbare *(Ko)* Smart Media Card, Compact Flash Card *(für Digtalkameras; nicht flüchtig, 8Mbyte - 1GByte)*
Speicherkartenleser m *(Dat, Ko)* memory card reader *(PC-Peripherie--Baugruppe zum Lesen von Smart Media Cards und Compact Flash Cards von digitalen Kameras)*
Speicherkraftwerk n storage power station
Speicherleiterplatte f memory board
Speichermanagement n/hierarchisches hierarchical storage management, HSM *(seltener benötigte Daten werden transparent auf Medien mit geringeren Kosten und höheren Zugriffszeiten ausgelagert)*
Speichermatrix f memory matrix, register array
speichern v 1. *(Dat)* store; save *(Daten sichern)*; 2. store, accumulate *(z. B. Energie)*
Speicherorganisation f memory [store] organization; storage architecture
Speicheroszilloskop n storage oscillograph [oscilloscope]
Speicherplatte f *(Dat)* storage [memory] disk
Speicherplatz m memory [store] location, storage location [position]; memory space
Speicherplatzzuordnung f storage allocation
Speicherprogrammierung f memory programming
Speicherprüfbit n memory check bit
Speicherpumpe f storage pump *(Pumpspeicherwerk)*
Speicherregister n memory (data) register, storage register
Speicherröhre f memory [storage] tube, cathode-ray memory tube
Speicherschutz m memory protection *(z. B. ein Schlüssel)*
Speicherspule f/supraleitende

Sperrschichtgleichrichter

Speichersuchregister n memory search register
Speichersystem n memory system; filing system *(für Magnetkarten)*
Speichertrommel f storage [magnetic] drum
Speicherung f 1. *(Dat)* storage; 2. storage, accumulation; 2. capture, hold *(eines Momentanzustands)*
Speicherung f des Spitzenwerts peak [maximum] hold
Speichervermittlung f 1. *(Nrt)* store-and-forward switching; 2. relay switching centre; perforated tape exchange
Speichervermittlungstechnik f *(Nrt)* message switching
Speicherzeit f *(Dat)* storage [retention] time; holding time *(bei Sichtspeicherröhren)*
Speicherzeitkonstante f storage time constant
Speicherzelle f array memory, memory [storage] cell; register *(Wortspeicher)*
Speicherzugriff m/entfernter direkter remote direct memory access, RDMA
Speiseleitung f feeder (line), feed [supply] line
Speiseschiene f feeder bar
Speisespannung f supply [energizing] voltage; rail voltage
Speisestrom m supply [feeding, energizing] current
Speisestromkreis m supply circuit
Speisestromverlust m feeding current loss, battery supply loss
Speisezerkleinerer m/elektrischer electric food-chopper
Speisung f feeding, supply; energization
Spektralanteil m spectral [spectrum] component
Spektralkomponente f spectral [spectrum] component
Spektralröhre f Geissler (discharge) tube
Spektralverschiebung f spectrum shift
Spektroskop n spectroscope
Sperrbandbreite f *(filter)* stop band
Sperrbereich m 1. *(Me)* cut-off region; non-conducting zone *(Thyristor)*; 2. *(Nrt)* suppressed frequency band,

(filter) stop band, (filter) attenuation band
Sperrbyte n *(Dat)* lock byte
Sperrdämpfung f 1. blocking attenuation; stop band attenuation, attenuation in suppressed band *(eines Filters)*; 2. *(Ak)* out-of-band rejection
Sperrdauer f 1. blocking period *(bei positiver Anodenspannung)*; 2. *(Nrt)* stop pulse period
Sperrdurchbruchkennlinie f reverse breakdown characteristic
Sperre f 1. (inter)lock, locking device; latch; 2. *(Nrt)* blackout, suppressor; 3. gate *(Vakuumröhren, Gasentladungsröhren)*
Sperre f für Netze *(Ko)* network call restriction *(beim Handy für nicht gebuchte Netze)*
sperren v 1. lock, interlock; block; disable; 2. *(Dat)* inhibit; 3. *(Nrt)* take out of service, intercept, suspend *(einen Anschluss)*
Sperrerholungszeit f reverse recovery time *(Thyristor)*
Sperrgebiet n *(Me)* cut-off region
Sperrgitterröhre f barrier-grid tube
Sperrkennlinie f 1. blocking characteristic; 2. *(Me)* reverse [inverse] characteristic
Sperrkontakt m blocking contact
Sperrkreis m rejection [rejector, stopper, antiresonance] circuit, wave trap; parasitic stopper [suppressor] *(zur Unterdrückung wilder Schwingungen)*
Sperrkreisfilter n suppression filter
Sperrrelais n locking [lock-in, latching] relay *(selbsthaltend)*; guard relay
Sperrrichtung f 1. blocking direction; 2. *(Me)* reverse [inverse, backward, high-resistance] direction
Sperrsättigungsstrom m *(Me)* reverse [inverse] saturation current
Sperrschaltung f rejection [stopper] circuit, inhibit(ing) circuit; muting circuit
Sperrschicht f 1. blocking layer; 2. *(Me)* barrier layer, depletion layer [region], space-charge layer; junction
Sperrschichtfeldeffekttransistor m junction field-effect transistor, JFET
Sperrschichtgleichrichter m barrier-

Sperrschichtgleichrichter 642

layer rectifier, junction rectifier; (electronic) contact rectifier

Sperrschichtgleichrichter *m* **mit Dauerkontakt** welded-contact rectifier

Sperrschicht-Injektions--Laufzeitdiode *f* barrier injection transit-time diode, BARITT diode

Sperrschritt *m (Nrt)* stop signal

Sperrschwinger *m* blocking (tube) oscillator, self-blocking

Sperrspannung *f* 1. cut-off voltage; off--state voltage *(Thyristor)*; 2. *(Me)* back [reverse, inverse, blocking] voltage

Sperrspannungsanstieg *m* rise of off--state voltage

Sperrspannungsscheitelwert *m* peak inverse voltage

Sperrstrom *m* 1. cut-off current; off--state current *(Thyristor)*; 2. *(Me)* reverse(-blocking) current, inverse [back] current; inverse leakage current; anode test current *(Gefäßgleichrichter)*

Sperrstromanstieg *m (Le)* rise of off--state current

Sperrtastenvorsatz *m* locked push button

Sperrung *f* 1. interlock; blocking; cut-off *(Abschalten einer Leitung)*; 2. *(Nrt)* suspension *(eines Anschlusses)*

Sperrverzögerung(szeit) *f* 1. *(Me)* reverse recovery time; 2. *(Nrt)* splitting time

Sperrwort *n (Dat)* lock word

Sperrzeichen *n (Nrt)* blocking signal

Sperrzeit *f* blocking period [time]; off--period *(Thyristor)*; dead time *(Zähler)*; idle period *(Stillstand)*

Sperrzustand *m* off-state *(Thyristor)*; cut-off state; blocking state *(z. B. Relais)*

Spiegel *m* mirror, reflector

Spiegelbild *n* mirror [reflected] image

Spiegelbildantenne *f* image aerial

Spiegelfrequenz *f (Nrt)* image frequency

Spiegelfrequenzstörung *f* second--channel interference *(Überlagerungsempfänger)*

Spiegelgalvanometer *n* mirror [reflecting] galvanometer

Spiegelverhältnis *n (Nrt)* image ratio *(Verhältnis der Empfangsfrequenz zur Spiegelfrequenz)*

Spiel *n* 1. *(Ma, Ap)* duty cycle; 2. (mechanical) play, backlash; (actual) clearance *(in Antriebssystemen)*; 3. game

Spielraum *m* 1. margin; 2. play, backlash; clearance; allowance

Spike-Rauschen *n (Nrt)* spike noise

Spin *m* spin, (intrinsic) angular momentum

Spindel *f* lead screw *(z. B. zur Bewegung des Supports)*

Spinnenbonden *n (Me)* spider bonding

Spiralabtastung *f* spiral [helical, circular] scanning, spiral scan *(Bildabtastung)*

Spiralantenne *f* helical [helix] aerial

Spiralheizelement *n* helical (heating) element

Spiralspule *f* spiral coil

Spitze *f* 1. tip; pivot *(z. B. bei Lagern in Messinstrumenten)*; top *(z. B. eines Mastes)*; 2. peak; maximum; crest; 3. s. Spannungsspitze

Spitzenabstand *m* peak separation

Spitzenbelastung *f (Ee)* peak (load), maximum load; peak demand

Spitzenbelastungszeit *f* peak time *(Energieversorgung)*

Spitzenbetriebssperrspannung *f* working peak reverse voltage

Spitzendämpfung *f (Nrt)* peak attenuation

Spitzendurchlassstrom *m* peak forward [on-state] current

Spitzendurchlassstrom *m/* **höchstzulässiger periodischer** maximum forward peak repetitive on--state current

Spitzendurchlassstrom *m/***nicht wiederkehrender** non-repetitive peak on-state current

Spitzendurchlassstrom *m/* **wiederkehrender** repetitive peak on--state current

Spitzendurchzündspannung *f* peak restricting voltage

Spitzeneinschaltstrom *m* peak switching [turn-on] current

Spitzen-Flächen-Transistor *m* point--junction transistor

Spitzenfunkenstrecke *f* needle-point spark gap, needle gap

Spitzengleichrichter *m* peak(-

Spitzenlast *f (Ee)* system peaks, peak [maximum] load *(z. B. des Netzes)*
Spitzenlastkraftwerk *n* peak-load plant [power station], peaking power station
Spitzennennbetriebssperrspannung *f* working peak reverse voltage rating
Spitzenspannung *f* peak [crest] voltage; ceiling voltage *(Erregermaschine)*
Spitzenspannung f/höchstzulässige maximum peak applied voltage
Spitzenspannung f/nicht wiederkehrende non-repetitive peak voltage *(Thyristor)*
Spitzenspannung f/wiederkehrende repetitive peak voltage
Spitzenspannungsabfall *m* **(in Durchlassrichtung)** peak forward voltage drop *(Thyristor)*
Spitzensperrspannung *f* peak inverse [reverse] voltage, crest reverse voltage, peak blocked voltage
Spitzensperrspannung f/höchstzulässige negative periodische maximum repetitive peak reverse voltage
Spitzensperrspannung f/höchstzulässige positive periodische maximum repetitive peak off-state voltage
Spitzensperrspannung f/negative repetitive peak reverse voltage
Spitzensperrspannung f/nicht wiederkehrende non-repetitive peak reverse voltage
Spitzensperrspannung f/periodische repetitive peak off-state voltage
Spitzensperrspannung f/positive peak blocked voltage
Spitzensperrstrom *m* maximum off-state current
Spitzensperrstrom m/höchstzulässiger nicht periodischer maximum non-repetitive peak reverse current
Spitzensperrverlustleistung *f (Le)* peak reverse power loss
Spitzenstoßstrom *m* peak surge current
Spitzenstrom *m* peak current
Spitzenvoltmeter *n* peak(-reading) voltmeter
Spitzenwelligkeit *f* peak-ripple factor

Spitzenwert *m* peak [crest] value, top value
Spitzenwertspeicherung *f* peak [maximum] hold
Spitzenzeit *f* peak time • **außerhalb der Spitzenzeit** off-peak
Spitze-Platte-Anordnung *f (Hsp)* point-to-plane arrangement, peak-to-plane arrangement
Spitze-Spitze-Anordnung *f (Hsp)* point-to-point arrangement, peak-to-peak arrangement
Spitze-Spitze-Gleichrichtung *f* peak-to-peak rectification
Spitze-Spitze-Wert *m* peak-to-peak value
Spooling *n (Dat)* spooling *(Zwischenspeicherung beim Drucker)*
Sprachaufzeichnungsgerät *n* speech recording equipment
Sprachausgabe *f* 1. voice output; 2. *(Dat)* language output; audio response
Sprachbeschneidung *f* speech clipping
Sprachbox *f (Nrt)* voice mail box, voice mail *(Mehrwertdienst der Telecom; über Anrufumleitung, AWL)*
Sprachcodierung *f* **mit Vocoder** *(Nrt)* vocoding *(mit stark reduzierter Bitrate, ca. 2kbit/s; keine Signalform-Codierung = wave form coding)*
Sprache *f* 1. *(Ak)* speech; 2. *(Dat)* language
Sprache f/problemorientierte problem-oriented language *(Programmierung)*
Sprache f/verschlüsselte scrambled [inverted] speech *(durch Umkehrung des Sprachfrequenzbandes)*
Spracheditor *m (Dat)* language editor
Spracheingabe *f* speech [voice] input
Sprachkennung *f* voice recognition
Sprachkennungsprogramm *n* speech-recognition program
Sprachfrequenzbereich *m* speech frequency range, voice (frequency) band
Sprachpost *f (Nrt)* voice mail
Sprachrekorder *m* **mit Mikrokassette** *(Ko)* voice recorder, dictaphone
Sprachsynthese *f* speech [voice] synthesis
Sprachübertragung *f* speech [voice] transmission

Sprachübertragung f über das Internet (Ko) Voice over IP
Sprachverarbeitung f speech [voice] processing
Sprachverschlüsselung f speech encoding
Sprachverständlichkeit f 1. (speech) intelligibility, speech articulation [discrimination]; 2. articulation index (Zahlenwert)
Sprachverständlichkeitsindex m (Ko, Ak) speech intelligibility index, articulation index
Sprachverzerrer m (speech) scrambler
Sprach-Wahl f (Nrt) voice dial (mit Spracherkennung)
Spratzprüfung f crackling test (Isolieröl)
Sprechfunknetz n radiotelephony network
Sprech-Hör-Kopf m record-playback head (für kombinierte Aufnahme und Wiedergabe)
Sprechkanal m voice channel
Sprechkapsel f telephone transmitter capsule [inset], transmitter capsule; microphone capsule
Sprechschalter m (Nrt) talking [speaking] key; microphone switch; press-to-talk switch (Handmikrofon)
Sprechstelle f (Nrt) telephone [subscriber's] station
Sprechtaste f (Nrt) speaking key; microphone key [switch]
Sprechtrichter m inlet [mouthpiece] of microphone, mouthpiece of transmitter
Sprech- und Rufschalter m (Nrt) talking-ringing key
Springen n 1. hopping (Festkörperphysik); 2. s. Sprung
spritzen v 1. sputter; 2. spray
sprühen v 1. spark; sputter; 2. spray
Sprühentladung f corona discharge [brushing], spray discharge
Sprühspitze f spray point (z. B. bei Bandgeneratoren)
Sprühverlust m (Hsp) corona loss
Sprung m 1. (Dat, Rt) jump, step (z. B. Unstetigkeit im Signalverlauf); branch (in einem Programm); transfer (of control); 2. hop (Funkwellen); 3. transition (Elektronen); jog (Kristallgitter); 4. crevice; crack
Sprungantwort f (Rt) step [jump] response, step-function (time) response
Sprungbefehl m jump instruction [order], branch instruction; "go-to" statement
Sprungfunktion f step [jump] function; unit step (function), Heaviside unit function
Sprungspannung f step voltage; initial inverse voltage (Gasentladungsröhren)
Sprungwert m level-change value
Sprungzone f (Nrt) skip area
Spulabstand m loading distance [spacing], coil [load] spacing
Spulbetrieb m (Dat) spooling (Zwischenspeicherung beim Drucker)
Spule f 1. (Et) coil, inductance coil; 2. reel, spool (z. B. für Magnetband)
spulen v reel, wind, spool
Spulenabgleich m coil alignment
Spulenanzapfung f coil tap(ping)
Spulenfeld n 1. (Nrt) loading section, pupinization section (Pupinspule); 2. coil section (Abschnitt)
Spulenglimmschutz m coil-side corona shielding
Spulengruppenwickelfaktor m (Ma) distribution factor
Spulengüte f coil quality, coil Q, coil figure of merit, coil (magnification) factor
Spulenhalter m coil holder [support, mount]
Spulenkasten m 1. (Nrt) coil box, loading coil pot; 2. (Ma) coil insulation frame, field spool [coil flange]
Spulenkern m core
Spulensatz m 1. bank of coils, coil set [assembly]; 2. (Nrt) loading unit
Spulenseite f 1. coil side; 2. (Ma) group of conductors
Spulenseitenglimmschutz m coil-side corona shielding
Spulentonbandgerät n reel-to-reel recorder
Spulenträger m bobbin, coil brace
Spulenweite f coil span [width], coil pitch (in Nutteilungen)
Spulenwickelmaschine f coil winder, coil winding machine [bench], coil forming machine
Spulenwicklung f coil winding
Spur f trace; track (z. B. auf Magnetband)

Spurabstand *m* track spacing [pitch]
Spuramplitude *f* amplitude of trace
Spuranfangskennsatz *m (Dat)* start of track label
Spurauswahl *f* track selection, selection of tracks *(Speicher)*
Spurenkennzeichnung *f* trace identification
Spurhalteassistent *m* lane assistent *(im Automobil)*
Spurüberwachung lane departure warning *f*
Sputtern *n (Ph)* sputtering
SQL structural query language *(Abfragesprache als Standard bei relationalen Datenbanken)*
SSI *(Me)* small-scale integration
Stab *m* 1. bar, rod; 2. armature bar *[conductor]*
Stabanker *m* bar-wound armature
Stabantenne *f* rod aerial; whip aerial
Staberder *m* earth(ing) rod
stabil stable, rigid; resistant
Stabilisator *m* 1. stabilizer; voltage stabilizer, constant-voltage regulator; 2. voltage regulator tube [valve], voltage reference tube; bias clamping tube *(einer Glimmröhre)*
Stabilität *f* 1. stability *(z. B. einer Regelung)*; 2. stability, rigidity *(mechanisch)*; resistance
Stabilität *f* **/dynamische** dynamic [transient] stability
Stabilität *f* **/robuste** robust stability
Stabilität *f* **/statische** steady-state stability
Stabilitätsgrenze *f* stability limit
Stabilitätskriterium *n* stability criterion
Stabilitätsprogramm *n* **/elektronisches** electronic stability program *(im Automobil)*
Stabilitätsrand *m* stability limit, borderline of stability *(eines Regelungssystems)*
Stabilitätsregelung *f* **/automatische** *(ASC)* automatic stability control
Stabilitätsregelung *f* **/dynamische** *(DSC)* dynamic stability control
Stabilitätsregler *m* stability controller
Stabilitätsreserve *f* stability margin *(Kenngröße zur Beurteilung der Stabilität)*
Stabisolator *m* rod [stick] insulator

Stab-Kugel-Funkenstrecke *f* rod-sphere gap
Stabmagnet *m* bar [rod] magnet, magnetic bar
Stab-Platte-Funkenstrecke *f* rod-plate spark gap, rod-plane gap
Stab-Stab-Funkenstrecke *f* rod-rod gap
Stabstrahler *m* **/keramischer** ceramic rod radiator *(Infrarotstrahler)*
Stabstromwandler *m* bar-type (current) transformer, bank-type current transformer
Stabwicklung *f* bar winding
Staffel *f (Nrt)* progressive grading
staffeln *v* 1. stagger; 2. *(Nrt)* grade
Staffelschutz *m* stepped-curve distance-time protection
Staffelung *f* 1. staggering; 2. *(Nrt)* grading
Stammdatei *f* master file [data set]
Stammspule *f (Nrt)* side circuit loading coil
Stand *m* 1. level *(z. B. von Flüssigkeiten)*; 2. position; 3. state
Standard *m* **für drahtlose lokale Netzwerke** *(Nrt)* Wave-LAN standard *(IEEE-802.11b USA; IEEE-802.11h für Europa in Vorbereitung)*
Standardabweichung *f (Mess)* standard deviation; root-mean-square deviation *(Statistik)*
Standardbezugsspannung *f* standard reference voltage
Standardeinheit *f* standard unit
Standardfehler *m* standard error
Standardform *f* **der abgeschnittenen Prüfblitzspannung** standard
Standardfunktion *f* built-in function
Standardgalvanispannung *f* standard Galvani tension
Standardgehäuse *n* standard casing
Standardgröße *f* standard size
Standardhammerwerk *n* standard impact generator [tapping machine] *(für Trittschallmessungen)*
Standardinterface *n (Dat)* standard [general-purpose] interface
Standardpegel *m* standard level
Standardplatte *f* blank board *(halb fertige durchkontaktierte Leiterplatte)*
Standardschnittstelle *f (Dat)* standard [general-purpose] interface
Standardsoftware *f* standard software

Standardspeicher

Standardspeicher *m (Dat)* standard memory

Ständer *m* 1. *(Ma)* stator; 2. pillar, post; stand

Ständeranlasser *m* reduced-voltage starter, stator resistance starter *(mit Widerständen)*

Ständerblechpaket *n* stator core

Ständernutoberwellen *fpl (Ma)* stator--slot harmonics

Ständerwicklung *f* stator winding

Standleitung *f (Nrt)* dedicated circuit [line]; leased line

Standlicht *n* parking light; marker light *(Kraftfahrzeug)*

Standort *m/optimaler (sl)* weet spot *(z. B. von Mikrofon, Lautsprecher, Hörer)*

Standortbestimmung *f* **von Handys** *(Ko)* mobile positioning

Stange *f* bar, rod; pole

Stangenstromabnehmer *m* trolley

Stapel *m (Dat)* stack; batch

Stapelbetrieb *m (Dat)* batch processing [operation], batch mode

Stapelfolge *f* stacking sequence

Stapeljob *m (Dat)* background job

stapeln *v (Dat)* stack

Stapelprozess *m (Dat)* batch process

Stapelregister *n (Dat)* stack

Stapelspeicher *m (Dat)* stack (memory), push-down stack [store]; LIFO [last-in--first-out] memory

Stapelzeiger *m (Dat)* stack pointer *(Register zur Speicherung des zuletzt in den Stack eingegebenen Registerinhalts)*

Stärke *f* strength *(z. B. des Stroms)*; intensity *(z. B. einer Strahlung)*; force *(Kraft)*

Starkstrom *m* power(-line) current, heavy current

Starkstromnetz *n* heavy-current system, power mains

Starkstromnetzanschluss *m* power supply system

Startadresse *f (Dat)* starting [initial] address

Startbefehl *m (Dat)* initial instruction

Startdrehmoment *n* initial torque

Startimpuls *m* 1. starting [initiating] pulse, start(ing) impulse; 2. *(Fo)* main bang

Startmarkierung *f* start identification

Startzeichen *n* start signal

Station *f* 1. *(Nrt, Ee)* station; 2. *(Ee)* substation; 3. *(Dat)* station *(Datenkommunikation)*; (data) terminal

stationär 1. stationary, steady(-state); 2. stationary, fixed

Stationaritätsbedingung *f* steady-state condition

Stationsableiter *m* station-type arrester *(Ableitstrom etwa 10 kA)*

Stator *m (Ma)* stator, frame(work)

Statorblechpaket *n* stator iron core

Statorgehäuse *n* stator frame

Status *m (Dat)* state, status

Statusbit *n* status [condition] bit

Statussignal *n (Dat)* state signal

Statuswort *n (Dat)* status word

staubgeschützt dustproof, sealed against dust

Steckanschluss *m* plug and socket connection, plug-in connection, push--on termination, quick connector • **mit Steckanschluss** plug-connected

Steckbaugruppe *f* plug-in unit

Steckbaustein *m* plug-in module

Steckbügel *m (Nrt)* U-link

Steckdose* *f* socket, (electric) coupler socket, plug connector [box], connector socket, (socket-)outlet, (convenience) receptacle; power point • **in die Steckdose* stecken** socket

Steckdraht *m* plug wire

Steckeinheit *f* plug-in unit *(einsteckbares Bauelement)*

stecken *v* plug; insert; socket *(in die Steckdose)*

Stecker *m* plug; connector (plug), male connector; attachment plug, coupler

Stecker *m/***codierter** coded image plug

Stecker *m/***konzentrischer** concentric [coaxial] connector

Stecker *m* **mit Schutzkontakt** earthing contact-type plug

Steckerbelegung *f* (connector) pin assignment

Steckerbezeichnung *f* connector identifier

Steckerbuchse *f* (connector) jack, female connector

steckerkompatibel plug-compatible

Steckerkörper *m* plug body

Steckerleiste *f* multipoint [multiway] connector, edgeboard connector;

Steckerschnur f patch cord, cord and plug
Steckfassung f plug(-in) socket
Steckfeld n 1. pin [plug-in] board, plug-in section; 2. *(Dat)* patch [control] panel *(eines Analogrechners)*; programming plugboard
Steckklemme f plug clamp; clamp terminal
Steckkontakt m plug [connector] contact, male (housing) contact
Steckkontaktleiste f multipoint (multiway) connector, rack-and-panel connector
Steckschalter m plug-in switch
Stecksockel m plug base
Stecksockelrelais n plug-in relay
Steckspule f plug-in coil
Steckstift m pin
Stecktafel f 1. plug board, pin [plug-in] board; 2. *(Nrt)* peg board; 3. *(Dat)* patch [control] board *(für Programme)*
Steckverbinder m connector, plug-and-socket connector, plug-and-socket (connection)
Steckverbindung f 1. plug(-and-socket) connection; 2. connector assembly [pair], connector; pin-and-socket connector
Steckvorrichtung* f plug and socket, plug-and-socket device, socket outlet and plug, coupler
Steg m 1. land *(Schallplatte)*; 2. cell connector *(Batterie)*; 3. rib *(im Isolationsmaterial)*
Steghohlleiter m ridged waveguide *(Wellenleiter)*
Stegleitung* f flat-webbed wires
Stegspannung f segment voltage
stehend/unter Spannung [Strom] live, current-carrying
Stehlampe f floor (standard) lamp
Stehleuchte f floor (standard) lamp
Stehlichtbogen m permanent arcing
Stehstoßspannung f *(Hsp)* withstand impulse voltage, impulse-withstand voltage; dry impulse-withstand voltage *(im trockenen Zustand)*; wet impulse-withstand voltage *(im beregneten Zustand)*
Stehwechselspannung f withstand alternating voltage

Steigbügel m stirrup *(Gehörknöchel)*
Steigung f 1. pitch *(Gewinde)*; 2. gradient, slope
Steilheit f transconductance, mutual conductance, transadmittance *(Elektronenröhre)*; slope *(Maß des Kennlinienanstiegs)*
Steilheitsgrenzfrequenz f transconductance cut-off frequency
Stellantrieb m servo [motor] drive, actuating mechanism, actuator, motor element
Stellbereich m control [operating] range
Stelldruck m control [actuating] pressure
Stelle f 1. *(Dat)* digit; digit position [place]; 2. site *(z. B. im Kristallgitter)*; 3. place, position; location
Stellenauslesesystem n *(Dat)* digit reading system
Stellenverschiebung f arithmetic shift
Stellenverschiebungsregister n *(Dat)* shift(ing) register
Stellenwert m *(Dat)* place [local] value
Stellgeschwindigkeit f actuating velocity, control [regulating] speed; floating speed [rate] *(beim I-Regler)*
Stellglied n actuating mechanism, actuator; control [controlling, positioning] element; final control element *(z. B. am Ausgang einer Meßeinrichtung)*; executing [correcting] device, effector, regulating element
Stellgröße f 1. regulated quantity; manipulated variable; 2. correcting [actuating] variable
Stellknopf m adjusting knob
Stellmotor m servomotor, servo; pilot motor
Stellschraube f adjusting screw
Stelltransformator m adjustable [adjusting] transformer, (voltage-)regulating transformer, variable(-ratio) transformer
Stellung f position
Stellungsanzeigelampe f *(An)* ancillary lamp
Stellungsfehler m position error
Stellungsgeber m 1. *(Rt)* position indicator; 2. *(Fo)* position encoder
Stellungsrückführung f position feedback
STEP standards for the exchange of

product definition data, STEP *(zwischen unterschiedlichen CA--Systemen)*
Stereoanlage *f* stereo (system), stereo set
Stereoaufnahme *f* 1. *(Ak)* stereo recording; 2. stereo photograph
Stereoaufnahmegerät *n s.* Stereorecorder
Stereobild *n* stereo(scopic) image
Stereo-Kassettenabspielgerät *n* **mit Radio** *(Ko)* stereo radio cassette player, Walkman®
Stereorecorder *m* stereo recorder
Stereosignal *n* stereo(phonic) signal
Sternantenne *f* star aerial
Stern-Dreieck *n* star-delta, wye-delta
sterngeschaltet star-connected, wye--connected, Y-connected
Sternnetz *n* 1. star layout [network, structure], Y-network; 2. *(Nrt)* radial network
Sternpunktanschluss *m* neutral terminal
Sternpunktbildner* *m* 1. neutral--electromagnetic coupler; 2. *(Ee)* (neutral) earthing transformer
Sternpunktdrossel *f* **dreiphasige** three-phase neutral electromagnetic coupler
Sternpunkterdung *f* neutral earthing [grounding]
Sternpunktleiter* *m* midpoint conductor, neutral conductor
Sternpunkt-Verlagerungsspannung *f (Ee)* neutral point displacement voltage
Sternschaltung *f* star [wye] connection, Y-connection
Sternspannung *f* star voltage, Y-voltage
Stern-Stern-Schaltung *f* star-star connection
stetig *v* continuous, steady(-state); constant
Stetigbahnsteuerung *f* continuous--path control
Stetigbahnsteuerung *f* **von Maschinen** continuous machine control
Stetigbahnsteuerungsanlage *f* continuous-path system
Stetigkeit *f* continuity, steadiness; smoothness *(Kurve)*
Stetigkeitsbedingung *f* continuity condition

Steuerader *f (Nrt)* control wire
Steueradresse *f* control address
Steueralgorithmus *m* control algorithm
Steuerapparat *m (Ap)* control-circuit apparatus
Steuerband *n (Dat)* control [pilot] tape
Steuerbefehl *m (Dat)* control command [instruction]
Steuerbefehlsregister *n (Dat)* control register
Steuerbit *n* control bit
Steuerbitmuster *n* control bit pattern
Steuerbus *m (Dat)* control bus
Steuereinheit *f* control unit, controller
Steuereinrichtung *f* control element [device], control(ling) mechanism
Steuereinrichtung *f***/programmierbare** programmable controller
Steuerelement *n* control(ling) element *(des Regelkreises)*; driver
Steuerfrequenz *f* pilot frequency, clock rate; drive frequency
Steuergerät *n* control gear, controller, control unit
Steuerglied *n* control(ling) element *(des Regelkreises)*
Steuerkennlinie *f* 1. control characteristic; 2. *(Le)* transfer characteristic
Steuerkette *f* 1. *(Rt)* open-loop (control) system; 2. timing chain *(mechanisch)*
Steuerkreisspannung *f* control-circuit voltage *(z. B. am Kontakt eines Befehlsgeräts anliegend)*
Steuerleistung *f* 1. *(Rt)* control power; 2. *(Me)* gate power *(z. B. eines Thyristors)*
Steuerlogik *f* control logic
Steuermatrix *f (Rt)* control matrix; distribution matrix *(Zustandsgleichung)*
steuern *v* control; steer
Steuerprogramm *n (Dat)* control program [routine]; master control program; driver (routine) *(für periphere Geräte)*
Steuerprozessor *m* control processor
Steuerpult *n* control console [desk], control (switch)board, operator console
Steuerquittungsschalter *m* 1. acknowledgement switch, acknowledger; 2. control discrepancy switch
Steuerschalter *m* 1. control

Steuersender *m* master [pilot] oscillator, control transmitter, driver (transmitter)
Steuersignal *n* control signal; driving signal; control command
Steuersignalfluss *m (Rt)* control signal flow
Steuerspannung *f* control(-circuit) voltage (*z. B. am Kontakt eines Befehlsgeräts*); gate voltage (*Thyristor*); trigger voltage
Steuerspeicher *m (Dat)* control memory [store], control read-only memory, CROM
Steuertaste *f* control key
Steuer- und Regeleinrichtung* *f* control equipment
Steuerung *f* 1. *(Rt)* control; open-loop control; 2. *(Nrt)* directing, routing; excitation (*von Sendestufen*); 3. control mechanism; controller
Steuerungsprogramm *n (Dat)* handling routine, control program
Steuerungsschaltung *f* control circuit
Steuerungssystem *n* control system
Steuerverbindung *f* control connection
Steuerverstärker *m* control amplifier
Steuerwalze *f* barrel [drum-type] controller
Steuerwicklung *f* control (field) winding; drive winding (*für Magnetkerne*)
Stichanschluss *m* stub feeder
Stichleitung *f* stub (line), dead-end feeder; branch line; (matching) stub (*Antennentechnik*)
Stichprobe *f (Qu)* random sample
Stichwort *n* 1. key word; 2. *(Dat)* index word
Stielstrahler *m* rod radiator (*Antenne*)
Stift *m* 1. pin; stud; prong; 2. stylus (*Fühlstift*); 3. (light) pen (*für Bildschirm*); stylus
Stiftdrucker *m* stylus [wire] printer
Stiftkontakt *m* pin contact
Stiftkopplung *f* pin coupling
Stiftsockel *m* pin-type socket, pin base [cap]
Stiftsockellampe *f* pin-type socket lamp
Stiftstecker *m* pin plug; connector plug (*einer Steckverbindung*)

Stillstandsmoment *n (Ma)* standstill [stalled] torque
Stirnbein *n (Ak)* frontal bone (*am Warzenfortsatz und Einleitungpunkt für Knochenleitungshörer*)
Stirndauer *f (Hsp)* virtual front time
Stirndurchschlag *m (Hsp)* front-of-wave flash-over
Stirnsteilheit *f* (virtual) steepness of the front (*Stoßspannung*)
Stirnstoßspannungsprüfung *f (Hsp)* front-of-wave impulse spark-over test
Stirnüberschlag *m (Hsp)* front-of-wave flash-over, wave-front flash-over
Stirnverbindung *f (Ma)* end winding, overhang
Stockwerkschalter *m* floor(-stop) switch, cab-hold switch
Stockwerkschaltung *f*/**automatische** automatic floor-stop operation
Stoff *m* substance, matter, material
Stopfbit *n (Nrt)* stuffing [justifying] digit
Stopp *m* stop, halt
Stoppbefehl *m (Dat)* breakpoint [halt, stop] instruction
Stoppbit *n* stop bit
Stöpsel *m* plug; peg
Stöpselfeld *n (Nrt)* plug [patch] board
Stöpselumschalter *m* plug switch
Stöpselwiderstand *m* plug resistance box, resistance box with plugs (*Messwiderstandssatz in Stöpselschaltung*)
Störabstand *m* signal-to-noise ratio, SNR, S/N, noise ratio
Störanfälligkeit *f* liability [susceptibility] to interference; liability to noise
Störaufnahme *f* 1. stray pick-up; 2. *(Nrt)* interference pick-up
Störband *n (Me)* impurity [defect] band
Störbeeinflussung *f* (disturbing) interference; electrical interference
Störbegrenzung *f* noise [interference] limitation
Störbeseitigung *f* interference elimination
Störeingangssignal *n (Rt)* disturbance input (variable), unwanted input
Stör-EMK *f* parasitic electromotive force
Störer *m (Nrt)* disturbing station
Störfeldstärke *f* noise-field intensity, field strength of the unwanted signal
Störfestigkeit* *f* 1. immunity; 2.

interference [noise] immunity, immunity from disturbance [noise]
störfrei interference-free, noise-free
Störfunkstelle f radio jamming station, jammer
Störgebiet n (Nrt) interference area; mush area (speziell bei Gleichwellenbetrieb)
Störgeräusch n disturbing [undesired, parasitic, background, ambient] noise, parasitics; interfering noise (Interferenzstörungen)
Störgröße* f 1. disturbing quantity; 2. (Nrt) interference quantity; disturbance (variable), perturbation (variable)
Störgröße f/elektromagnetische electromagnetic disturbance
Störlichtbogen m accidental arc
Störlichtbogenprüfung f accidental arc test
Störmessgerät n interference measuring apparatus
Störmessung f interference measurement
Stornierungstaste f cancellation key
Störniveau n 1. noise [interference] level; 2. (Me) impurity [defect] level
Störpegel m disturbance [background, noise] level; interference level (Interferenzstörungen)
Störquelle f disturbing [noise] source
Störschallunterdrückung f noise cancellation
Störschutz m 1. noise suppression, radio shielding; EMI-protection, electromagnetic interference protection; 2. noise-suppression anti--interference device
Störschutzfilter n noise [anti--interference] filter; interference trap, noise killer
Störschwingungsunterdrücker m parasitic stopper [suppressor]
störsicher interference-proof
Störsignal n 1. disturbance [unwanted, parasitic, interfering, spurious] signal; 2. (Dat) drop-in (signal); extraneous signal (Umwelteinfluss); hit (in Übertragungsleitungen)
Störspannung* f 1. (Ak) psophometric interference voltage; 2. (Ee) interference voltage
Störspannungsmessmethode f radio interference test method (z. B. bei Teilentladungsmessung)
Störsperre f atmospheric suppressor (bei atmosphärischen Störungen); interference suppressor (bei Interferenzstörungen)
Störstelle f 1. (Me) (crystal) impurity, imperfection; lattice [crystal] defect; 2. fault
Störstrahler m/zufälliger incidental radiation devices
Störstrahlung f spurious emission [radiation], stray radiation, radiated interference
Störstrom* m 1. disturbance [disturbing] current; 2. (Ee) interference current; 3. (Ak) psophometric interference current
Störton m interfering tone
Störung f 1. failure, fault, trouble; malfunction; line fault, interruption; breakdown; 2. disturbance; interference; (interfering) noise, parasitic noise; jamming (durch Störsender); mush (beim Funkbetrieb); 3. imperfection, disorder (Kristall)
Störung f/beabsichtigte elektromagnetische intentional electromagnetic interference (eines Störsenders)
Störung f/elektromagnetische electromagnetic disturbance; electromagnetic interference, EMI; diathermy interference (durch elektromedizinische Geräte)
störungsfrei 1. trouble-free; 2. (Nrt) free from [of] unwanted signals
störungssicher fail-safe
Störungsspeicher m (Dat) off-normal memory
Störungsstatistik f fault statistics
Störungsstelle f 1. fault section; 2. (Nrt) fault-clearing service
Störungssuche f trouble location [shooting, tracking]; interference location
Störungsübertragungsfunktion f (Rt) disturbance transfer function
Störunterdrückung f interference [noise] suppression
Stoß m 1. impact; shock, push; impulse; 2. (voltage) surge; burst (z. B. Strahlung); collision (Teilchen); 3. (Ak) bump

Strahlfleck

Stoßanregung f collision excitation *(Teilchen)*; shock [impulse, impact] excitation *(Schwingung)*
Stoßansprechkennlinie f impulse spark-over characteristic *(Ableiter)*
Stoßantwort f impulse response
Stoßbeschleunigungsaufnehmer m shock accelerometer
Stoßdämpferregelung f/elektronische *(EDC)* electronic damper control
Stoßdurchschlagspannung f impulse breakdown voltage, flash-over impulse voltage
Stoßentladungsspannung f impulse flash-over voltage
Stoßerregung f shock [impulse] excitation; forced excitation *(Generator)*
stoßfest impact-resistant, shock-resistant, shockproof
Stoßgalvanometer n ballistic galvanometer
Stoßgenerator m impulse generator
stoßgeschützt shockproof
Stoßhäufigkeit f collision frequency
Stoßionisation f collision [impact] ionization
Stoßkennlinie f volt-time curve, impulse flash-over volt-time characteristic
Stoßkontakt m butting contact *(gleichzeitiger Metallkontakt an Polysilicium- und Siliciumebene)*
Stoßkurzschluss m sudden short circuit
Stoßkurzschlussdrehmoment n *(Ma)* torque on sudden short circuit
Stoßkurzschlussstrom m 1. *(Le)* peak short-circuit current; 2. *(Ee)* instantaneous [asymmetric] short-circuit current
Stoßkurzschlusswechselstrom m initial (alternating) short-circuit current, subtransient (alternating) short-circuit current
Stoßkurzschlusswechselstrom m/**dreiphasiger** subtransient symmetrical three-phase short-circuit current
Stoßspannung f impulse [pulse, surge] voltage
Stoßspannung f/**abgeschnittene** chopped impulse voltage
Stoßspannungsanlage f/**mehrstufige** multistage impulse generator
Stoßspannungsansprechspannung f impulse spark-over voltage *(Ableiter)*
Stoßspannungswelle f surge
Stoßsperrspannung f reverse surge voltage
Stoßspitzensperrspannung f/**höchstzulässige nicht periodische** maximum non-repetitive peak reverse voltage
Stoßstrom m impulse [pulse, surge] current; peak withstand current
Stoßstrom m/**höchstzulässiger nicht periodischer** maximum non-repetitive peak on-state surge current, maximum peak forward non-repetitive surge current
Stoßstrom m **in Durchlassrichtung** forward surge current
Stoßstrom m **während einer Periode** one-cycle surge (forward) current
Strahl m 1. ray; beam *(gebündelt)*; 2. jet
Strahl m/**einfallender** incident ray
Strahl m/**einzelner** individual beam
Strahlablenker m jet deflector *(für Flüssigkeiten oder Gase)*
Strahlbündelung f beam focus(s)ing [convergence], concentration of the beam, focus(s)ing
Strahldefokussierung f beam defocus(s)ing
strahlen v radiate, emit rays
Strahlenaustrittsfenster n transparent window; tube window [aperture] *(Elektronenröhre)*
Strahlenbahn f ray path
Strahlenbrechung f refraction
Strahlenbündel n 1. beam (of rays), bundle [pencil, cone] of rays; 2. *(Hsp)* brush of rays
Strahlenfalle f beam trap *(Auffängerelektrode der Katodenröhre)*
Strahlengang m ray [light, beam] path, path of rays; optical path [train]
strahlensicher radiation-proof
Strahlenteiler m beam splitter [divider], radiation divider, beam-dividing element
Strahlenwirkung f radiation effect
Strahler m 1. emitter; radiator, radiation source; 2. *(Wä)* radiation [radiating] element; wire-type radiator; 3. aerial; 4. *(Ak)* projector *(Ultraschall)*
Strahlerband n beam array *(Antenne)*
Strahlfleck m beam spot

Strahlfokussierung f beam focus(s)ing, focus(s)ing
Strahlkörper m *(Wä)* radiator
Strahlung f 1. radiation; 2. emission
Strahlungsabsorption f radiation absorption
strahlungsangeregt radiation-induced
strahlungsbeheizt radiation-heated
Strahlungscharakteristik f radiation characteristic; radiation pattern [diagram] *(Antenne)*
Strahlungsdiagramm n radiation pattern [diagram], field pattern *(Antenne)*
Strahlungsdosis f radiation dosage [dose]
Strahlungsempfänger m radiation detector
Strahlungsempfindlichkeit f radiation sensitivity
strahlungsfrei radiationless, radiation-free
Strahlungsgefährdung f radiation hazard
strahlungsgekühlt radiation-cooled
strahlungsgeschützt radiation-proof
Strahlungsheizkörper m radiant heater [heating element]
Strahlungshöhe f equivalent [radiation] height, effective height of aerial
Strahlungskeule f (radiation) lobe *(Antenne)*
Strahlungskochplatte f elektrische electric radiant type of hot-plate
Strahlungsleistung f 1. radiation [radiant] power; 2. luminous efficiency *(Lichtausbeute)*; 3. radiated power *(Antenne)*
Strahlungspyrometer n radiation pyrometer
Strahlungsschirm m radiation shield
Strahlungsschutz m 1. protection against radiation; 2. radiation shield
Strahlungssicherheit f radiation safety
Strahlungswärme f radiant [radiating] heat
Strahlverschlucker m beam trap *(Auffängerelektrode in Katodenröhren)*
strahlwassergeschützt *(Ma)* hose-proof
Strahlwelligkeit f beam ripple
Strang m 1. strand *(Leiter aus grobem Draht)*; 2. *(Ma)* phase winding
Strangklemme f phase [line] terminal

Strangspannung f *(Ma)* phase voltage
Straßenbahntriebwagen m electric tramcar [street car]
Straßenbeleuchtung f street [road] lighting
Straßenleuchte f street lighting lantern [fixture, luminaire]
Streamer m streamer *(Gasentladungsstadium)*
Streamerbüschel n *(Hsp)* tree-like streamer
Streamerentladung f streamer discharge
Streaming n streaming *(Funktionsweise von Datenquellen, die ihre Daten kontinuierlich liefern, verwendet z. B. für Audio und Video)*
Streckenfeuer n route beacon, course light *(Flugwesen)*
Streckenradar n(m) en-route radar
Streckenschalter m line sectionalizer; track [sectionalizing] switch *(Eisenbahn)*
Streckenschutz m pilot protection *(Relais)*
Streckensteuerung f 1. *(Nrt)* straight-cut control (system); 2. *(Rt)* straight-line control; linear path control
Streckentelefon n portable telephone (set)
Streckentrenner m section insulator, sectionalizing switch, air section break
streichen v 1. *(Nrt)* cancel *(Anmeldung)*; 2. *(Dat)* delete; 3. coat; paint
Streifenabtastung f rectilinear scanning
Streifenleiter m strip (transmission) line, microstrip, (microwave) stripline
Streifenleitung f strip (transmission) line, microstrip, (microwave) stripline
Streifenleser m tape reader
Streifenlocher m (paper) tape punch, tape perforator
Streifenvorschub m tape transport, tape [paper] feed
Streuausbreitungsverfahren n *(Nrt)* scatter-propagation method
Streubereich m 1. scattering region; 2. spread; zone of dispersion
Streubild n *(Fo)* scattering diagram
Streuelektron n scatter [stray] electron
Streu-EMK f *(Ma)* spurious electromotive force
streuen v scatter, stray; disperse; leak

Streufaktor *m* scattering factor; (magnetic) leakage factor
Streufeld *n* leakage field, (magnetic) stray field
Streufeld-Zeitkonstante *f* leakage time constant
Streufluss *m* leakage [stray] flux
Streuinduktivität *f* leakage [stray] inductance
Streukapazität *f* leakage [stray, spurious] capacitance; fringing capacitance
Streukoeffizient *m* (magnetic) leakage coefficient, leakage factor; scattering coefficient
Streureaktanz *f* leakage reactance
Streureaktanz *f***/doppelt verkettete** *(Ma)* belt-leakage reactance
Streuspalt *m* leakage air gap *(Magnet)*
Streuspannungsabfall *m* leakage reactance drop
Streustrahlung *f* leakage [stray] radiation; scattered [spurious, undesired] radiation
Streustrom *m* leakage [stray] current
Streuung *f* 1. scatter(ing); dispersion; leakage; 2. *(Licht)* diffusion; 3. spreading; variance
Streuung *f***/doppelt verkettete** double-linkage leakage
Streuweg *m* leakage path
Strich *m* line; dash *(Morsealphabet)*; bar
Strichcode *m* bar code *(z. B. auf Verpackungen)*
Strichcode-Abtaster *m* bar code scanner
Strichcode-Erzeugungsprogramm *n* *(Dat)* bar code generator
Strichcodeleser *m* bar code reader [scanner]
Strichpunktlinie *f* dash-dotted line, dash-and-dot line
Strichraster *m* *(Fs)* bar pattern
Strichsignal *n* dash signal
String *m* *(Dat)* string *(Zeichenfolge)*
Stroboskop *n* stroboscope, motion analyzer
Stroboskoplampe *f* stroboscopic lamp [light source]
Stroboskopscheibe *f* stroboscopic disk
Strom *m* 1. (electric) current; 2. stream, flow, flux
Strom *m***/augenblicklicher** instantaneous current
Strom *m***/eingeschwungener** stationary [steady-state] current
Strom *m***/nacheilender** lagging current
Strom *m***/subtransienter** subtransient current
Strom *m***/voreilender** leading current
stromabhängig current-dependent; current-controlled
Stromabnehmer *m* 1. current collector [pick-up]; trolley (current collector), pantograph *(für Elektrofahrzeuge mit Oberleitungsbetrieb)*; brush; 2. current consumer
Stromabschaltung *f* power cut-off, current switch-off
Stromanschlussstelle *f* (power) supply point
Stromanstieg *m* current rise, increase [build-up] of current
Stromanstiegsgeschwindigkeit *f* rate of rise of forward [on-state] current
Stromart *f* current type [class], kind [type] of current
Stromaufnahme *f* current absorption
Stromausfall *m* power [electric supply] failure
Strombahn *f* current path
strombegrenzend current-limiting
Strombegrenzer *m* current limiter, current-limiting device; demand limiter
Strombegrenzung *f* current limitation [limiting]; current-limit control
Strombegrenzungsdrossel *f* current-limiting reactor [coil], series reactor, protective reactance coil
Strombegrenzungsschalter *m* current-limiting circuit breaker
Strombegrenzungssicherung *f* current-limiting fuse
Strombelag *m* 1. electric loading; 2. *(Ma)* current coverage
Strombelastbarkeit *f* current-carrying capacity *(Leiter, Kabel)*; ampacity *(in Ampere)*
Stromdichte *f* (electric) current density
Stromdifferenzialrelais *n* phase-balance relay
Stromdifferenzialschutz *m* *(Ap)* current phase-balance protection; circulating-current protection
Stromeinprägung *f* constrained-current operation
Stromerzeugung *f* electric power generation

Stromfluss 654

Stromfluss *m* current flow, flow of current
Stromflusswinkel *m* 1. angle of current flow; 2. *(Le)* conducting period
stromführend current-carrying, live
Stromgradient *m/*kritischer critical rate of rise of off-state current
Strominjektionslogik *f (Me)* current injection logic, CIL *(extrem schnelle Logik mit Josephson-Brücke)*
Stromklemme *f* current terminal [clamp], feeder clamp
Stromkreis *m* (electric) circuit • **vom Stromkreis trennen** isolate
Stromkreis *m/*abgezweigter branched [derived] circuit
Stromkreisimpedanz *f* circuit impedance
Stromkreisunterbrechung *f* open, circuit interruption
Stromlaufplan *m* (schematic) circuit diagram, wiring diagram
Stromleitung *f* 1. (current) conduction; 2. power supply line, current lead
stromlos dead, de-energized; currentless, zero-current; balanced *(Messbrücke)*
Strommesser *m* current measuring instrument, peramemeter, ammeter
Strommittelwert *m* **in Durchlassrichtung** mean forward current
Stromnetz *n (Ee)* power line
Stromnulldurchgang *m* current zero
Stromoffset *m (Rt)* current offset
Strompfad *m* current path
Stromquelle *f* source (of current), current [power] source, current supply
Stromregelung *f* current control
Stromresonanzkreis *m* antiresonant [parallel-resonant] circuit; series resonance circuit
Stromrichter* *m (Le)* (current) converter, static converter; rectifier
Stromrichter* *m/*gittergesteuerter* grid-controlled rectifier
Stromrichter* *m/*lastkommutierter* load-commutated converter
Stromrichter* *m/*lastseitiger* output converter
Stromrichter* *m/*netzgeführter* [netzkommutierter, netzgelöschter] line-commutated converter
Stromrichter* *m/*rückspeisender regenerative converter
Stromrichter* *m/*ruhender static converter
Stromrichter* *m/*selbstgeführter* [selbstgelöschter] self-commutated converter
Stromrichteranlage* *f* converter installation
Stromrichterantrieb *m* converter(-fed) drive
Stromrichterarm* *m* converter arm
Stromschaltlogik *f (Me)* current mode logic, CML
Stromschiene *f* line [current] bar, bus (bar) *(in Schaltanlagen)*; contact [conductor, third] rail *(Elektrotraktion)*
Stromschutz *m* current protection
Stromsenke *f* current sink
Stromsenkenlogik *f/*austauschbare [kompatible] compatible current--sinking logic, CCSL
Strom-Spannungs-Beziehung *f* current-voltage relationship
Strom-Spannungs-Kennlinie *f* current--voltage characteristic [curve], volt--ampere characteristic, I-V characteristic; anode characteristic *(einer Röhre)*
Stromsparfunktion *f (Dat, Ko)* power down function
Stromspitzenwert *m* peak value of current
Stromstärke *f* current intensity [strength]; amperage *(in Ampere)*
Stromstärkemessfühler *m* magnetooptic current sensor *(auf Basis des Faraday-Effekts arbeitend)*
Stromsteilheit *f/*kritische critical rate of rise of off-state current
Stromstellerspannung *f (Le)* pulsed voltage *(pulsierende Spannung; IEC 50-811)*
Stromstoß *m* current (im)pulse, current surge [rush]
Stromteiler *m* current divider
Stromtor *n* thyratron, hot-cathode gas--filled tube [valve]; gas tube switch, electronic relay
Strömung *f* flow
Strömungsbild *n* flow pattern [diagram]
Strömungsfeld *n* flow field
Strömungsgeräusch *n* 1. turbulence-

Stromverbrauch *m* current consumption
Stromverdrängung *f* 1. current displacement; skin effect; 2. proximity effect
Stromversorgung *f* power [current] supply; power feeding
Stromversorgung *f*/ **unterbrechungsfreie** uninterruptible power supply; emergency power supply
Stromversorgungsgerät *n* power supply unit
Stromverstärkung *f* current amplification [gain]
Stromwächter *m* current relay
Stromwandler *m* current transformer
Stromwärme *f* Joule heat
Stromwärmeverlust *m* copper loss(es), I^2R loss
Stromwechselrichter *m (Le)* current-source inverter, csi
Stromwender *m (Ma)* commutator, collector
Stromwendersteg *m* commutator bar, collector bar
Stromwendung *f* commutation
Stromzeiger *m* current pointer
Stromzuführung *f* power supply conductor, supply lead; contact system *(Oberleitung, Stromschiene)*; leading-in wire
Stromzweig *m* current branch [path], branch circuit
Stromzwischenkreisstromrichter *m* current source d.c.-link converter, constant-current d.c.-link converter
Struktursynthese *f* structural [structure] synthesis *(eines Regelungssystems)*
Stückliste *f* bill of material, parts list, table of parts [items]
Stufe *f* 1. step; stage; 2. grade
Stufenschalter *m* step(ping) switch, tap(ping) switch, (on-load) tap changer; multicontact [multiple-contact] switch
Stufenschütz *n* tapping contactor
Stufenwelle *f* stepped wave *(durch Rechteckimpulse angenäherte sin-Kurve)*
Stufenwicklung *f* bank(ed) winding
Stummabstimmung *f* 1. quiet tuning; 2. tuning silencer, interstation noise suppressor
Stummschalter *m* mute switch
Stummschaltung *f* mute mode
Stummtaste *f* mute switch
Stumpfnahtschweißen *n* butt seam welding
Stundenbetrieb *m* one-hour duty
Stundenleistung *f* one-hour output [rating], hourly output
Sturzspule *f* back-wound coil *(Transformator)*
stützen *v* support
Stützenisolator *m* pin(-type) insulator, rigid-type insulator, cap-and-pin insulator
Stützer *m* insulated support
Stützerstromwandler *m* bushing-type current transformer
Stützisolator* *m* post insulator, base insulator
Subdomäne *f* subdomain
subharmonisch subharmonic
Subharmonische *f* subharmonic
Submikrometerschaltkreistechnik *f* submicron circuit technology
Subnetz *n* subnet
Substrat *n* substrate
Subtraktivdurchkontaktierungsverfahren *n* etched-foil through-hole process *(Leiterplattenherstellung)*
Subtransientreaktanz *f* subtransient reactance
Suchempfang *m (Nrt)* search reception
Suchlauf *m* search (run); cueing, cue *(z. B. beim Tonbandgerät)*
Suchmaschine *f* search engine
Suchprogramm *n* finding routine, search program
Suchprogramm *n* **für VCR/ intelligentes** *(Ko)* smart search
Suchradar *n* search radar
Suchscheinwerfer *m* searchlight, spotlight; adjustable spot light [lamp] *(Kraftfahrzeug)*
Suchsonde *f* hunting probe
Suchspule *f* 1. search [exploring] coil *(z. B. zur Kabelortung)*; 2. *(Mess)* probe [pick-up] coil
Suchsystem *n* search system; computer-coded search system, CCS *(z. B. für Kassettentonbandgeräte)*
Summand *m (Dat)* addend

Summandenregister

Summandenregister n *(Dat)* addend register
Summationsoperator m *(Dat)* adding operator
Summator m *(Dat)* summator
Summe Null/laufende *(Nrt)* zero RDS, zero running digital sum *(gleichstromfrei; z. B. gilt dies für den AMI- oder MMS43-Code)*
summen v buzz; hum
Summendruck m *(Dat)* total printing
Summenfehler m cumulative error
Summenhäufigkeit f (absolute) cumulative frequency *(Statistik)*
Summenton m *(Ak)* summation tone
Summer m buzzer, sounder
Summerschauzeichen n buzzer indicator
Summerton m *(Nrt)* buzzer sound [tone]
Summierer m summator
Summierglied n *(Rt)* summing element *(z. B. im Regelkreis)*
Summton m humming sound [tone]
Summzeichen n humming sound [tone]
Superfernsprechfrequenz f super-telephone frequency
Supergitter n superlattice *(Folge von nm-dünnen, einkristallinen Kristallschichten)*
Superhochfrequenz f superhigh frequency, SHF, s.h.f. *(3000 bis 30000 MHz)*
Superrahmen m *(Ko)* superframe *(er besteht nach GSM-Standard aus 51 26er- oder 26 51er-Mehrfachrahmen = 1326 TDMA-Rahmen)*
Supraleiter m superconductor, cryogenic conductor
Surface-barrier-Transistor m surface barrier transistor
SuSE-Linux-Distribution f *(Dat)* SuSE--Linux distribution *(von Gesellschaft für Software und Systementwicklung vertriebenes Linux-Betriebssystem; www.suse.de)*
Suszeptanz f susceptance
Symbol n *(Dat)* symbol *(Zeichen oder Wort mit zugewiesener Bedeutung)*
Symbolsprache f *(Dat)* symbolic language
Symbolzeichnung f symbolic artwork *(in der IS-Entwurfstechnik)*
Symistor m bidirectional triode thyristor, triac
Symmetrie f symmetry; balance *(z. B. von Gegentaktverstärkern)*
Symmetrierschaltung f balancing circuit
Symmetriertransformator m balanced transformer, balanced-to-unbalanced transformer, balun
Symmetrieübertrager m balanced transformer, balanced-to-unbalanced transformer, balun
Synchro n synchro, self-synchronous device, selsyn
Synchrodrehmomentempfänger m synchro torque receiver *(mit mechanischem Ausgangssignal)*
Synchroempfänger m synchro receiver
Synchrogeber m synchro transmitter
synchron adj synchronous
Synchronantrieb m synchronous drive
Synchrondrehzahl f synchronous speed
Synchrongenerator m synchronous generator, (synchronous) alternator
Synchronisationskanal m *(Ko)* synchronization channel, SCH *(überträgt der Synchronisationsburst von der BTS zu MS)*
synchronisieren v 1. synchronize; dub *(Film)*; 2. *(Me)* lock
Synchronisiergerät n synchronizer, synchronization [sync] set
Synchronisierimpuls m für die Zeilenablenkung *(Fs)* horizontal synchronizing pulse
Synchronisierung f synchronizing, synchronization; timing
Synchronisierungsbereich m synchronizing [retaining] range *(eines Oszillators)*
Synchronisierungsschaltung f synchronizing circuit
Synchronismus m synchronism
Synchronlinearmotor m synchronous linear motor
Synchronmaschine f synchronous machine
Synchronphasenschieber m synchronous phase advancer
Synchrotronstrahlung f synchrotron radiation
Syntax f syntax *(Charakteristik einer Sprache)*
Syntaxprüfung f *(Dat)* syntactic checking

Synthesizer *m* synthesizer
System *n*/**mikro--elektromechanisches** micro-electromechanical system, MEMS
System *n*/**mikro--optoelektromechanisches** micro-optoelectromechanical system, MOEMS
System *n*/**offenes** 1. *(Rt)* open(-loop) system; 2. *(Dat)* open systems interconnection *(Zielsetzung der ISO und CCITT, nach der Produkte, Systeme und Netze unterschiedlicher Hersteller unter Verwendung standardisierter Schnittstellen und Protokolle koppelbar sein sollen)*
System *n*/**rückführungsfreies** open-loop system
System *n*/**rückgekoppeltes** feedback control system
System zur Erkennung des unbefugten Eindringens intrusion detection system, IDS
System zur Inhaltsverschleierung content scrambling system, CSS *(zur Erschwerung von Kopien, z. B. bei DVDs)*
Systemanalyse *f* system analysis
Systemantwort *f* system response
Systemblockade *f (Dat)* deadlock, deadly embrace
Systembus *m (Dat)* backplane bus
Systemgleichung *f (Dat)* system equation ($F(x, s, s', y) = 1$)
Systemidentifikation *f (Dat)* system identification
Systemprogrammierung *f (Dat)* system programming
Systemrauschen *n* system noise
Systemsimulation *f* system simulation *(durch Analogtechnik)*
Systemtakt *m* system clock
Systemverstärkung *f* system gain
Systemzuverlässigkeit *f* system reliability
SYSTRAN-System *n* SYSTRAN system, system translation system *(vollautomatisches Übersetzungssystem)*

T

TA X.21 *(Nrt) s.* Endgeräte-Adapter für Datenendgeräte mit X.21-Schnittstelle
Tabelle *f* table; list; chart
Tabellensichtgerät *n (Dat)* tabular display equipment
Tabellensuchbefehl *m (Dat)* table search instruction [order]
Tabellensuchen *n (Dat)* table lock-up
Tabelliermaschine *f* tabulating machine, tabulator
T-Abzweigklemme *f* branch terminal
TACAN-System *n* tactical air navigation
Tachodynamo *m* tachogenerator, tachometer generator, tachodynamo
Tachogenerator *m* tachogenerator, tachometer generator, tachodynamo
TAE *s.* Telekommunikations-Anschluss--Einheit (der Telekom®)
TAE-Dose *f s.* Fernsprechanschlussdose
Tafel *f* 1. panel, board *(Schalttafel)*; 2. plate; sheet *(z. B. Dynamoblech)*; 3. table *(z. B. für Aufzeichnungen)*
Tagesbelastung *f* 1. day load *(Energienetz)*; 2. *(An)* daily load
Tagesscheibe *f* 24-hour dial
Tagessichtweite *f* daytime visibility range
Tageszeittarif *m* time-of-day tariff
Takt *m* 1. *(Dat)* clock pulse, clock (cycle) *(Zeitmaß)*; stroke *(Verbrennungsmotor)*; 2. *(Ak)* measure
Taktbetrieb *m* duty cycle mode
Takten *n* clocking; timing
Taktflanke *f* edge (of the clock pulse); slope
Taktfrequenz *f* clock frequency [rate], clock [timing] pulse rate; repetition rate *(z. B. bei der Abtastung)*
Taktgeber *m* clock [timing] generator; timing [synchronizing] pulse generator, timer; master clock; cabling tapper; cadence tapper *(Telegrafie)*
Taktgeschwindigkeit *f* cadence speed *(Telegrafie)*
Taktgewinnung *f* timing (extraction) *(Pulscodemodulation)*; timing recovery
Taktjitter *m* phase jitter; timing jitter
Taktregenerator *m (Nrt)* clock regenerator *(Bestandteil des PCM--Regenerators)*

Taktsignal n clock(ing) signal, clock pulse; timing strobe *(Zeitmessung)*
Taktspur f clock (marker) track, timing track; sprocket track *(Lochband)*
Taktstabilität f timing stability
Taktsynchronisierung f/plesiochrone *(Nrt)* network synchronization
Taktverteilung f *(Nrt)* timing distribution, clock distribution
Taktzeit f cycle time
Taktzyklus m clock cycle
Talbot n talbot *(SI-fremde Einheit der Lichtmenge; 1 Talbot = 1 lm · s)*
Tankkreis m tank circuit
Tannenbaumantenne f pine-tree aerial, Christmas-tree aerial
T-Antenne f T-aerial, T-shaped aerial
Tanzen n trembling *(des Bildes)*
Tänzerwalze f dancing arm, dancer roll *(Messeinrichtung für mechanische Spannungen in Materialbahnen)*
Target n target *(Fangelektrode in Elektronenröhren oder Speicherplatte in Bildaufnahmeröhren)*
Targetteilchen n target particle
Tarif m rate, tariff
Taschenlampe f electric torch, battery [pocket] lamp
Taschenrechner m pocket calculator [computer], hand-held calculator
Taschenrechner m/wissenschaftlicher scientific calculator
Taschentelefon n hand-held telephone
Task m *(Dat)* task *(selbstständiger Programmteil)*
Taskverwaltung f *(Dat)* task management
Tastatur f keyboard
Tastatureingabe f keyboard entry [input]
Tastaturschalter m keyboard switch
Tastbetrieb m *(Ap)* inching, jogging
Tastbildschirm m touch(-sensitive) screen, touch-sensitive CRT [cathode--ray tube]
Taste f key; (push-)button
Tastelement n 1. keying element; 2. sensing element
tasten v 1. *(Nrt)* key; 2. scan; trace
Tasteneingabe f touch input, key entry
Tasteneinheit f push-button unit
Tastenfeld n keyboard; touch panel *(mit Kurzhubtasten)*
Tastenknopf m key button

Tastensatz m key set
Tastentelefon n touch-dialling (hand-)set, key pad (telephone) set, push-button telephone
Tastenwahl f 1. key selection; 2. *(Nrt)* key pulsing, push-button dialling, touch-tone dialling
Taster m 1. feeler (pin), tracer (finger); sampling element; 2. *(Mess)* probe; 3. push-button switch, key switch
Tastfrequenz f *(Nrt)* keying frequency; scanning frequency
Tasthub m *(Nrt)* frequency deviation *(Frequenzumtastung)*
Tastspitze f probe [feeler, tracer] tip, prod
Tastung f keying; sampling (action)
Tastverhältnis n 1. keying ratio; 2. *(Rt)* make-to-break ratio; 3. *(Nrt)* mark-to--space ratio; pulse duty factor *(von Impulsfolgen)*; duty cycle *(Magnetron)*; burst-duty factor
Tastvoltmeter n probe(-type) voltmeter *(Röhrenvoltmeter mit Tastkopf)*
Tastwahlblock m *(Nrt)* telephone keypad
Tatzlagermotor m nose-(and-axle--)suspended motor, axle-hung motor
taub deaf
Tauchankermagnet m plunger-type magnet
Tauchbad n dipping bath *(z. B. zum Löten)*
Tauchelektrode f immersion [dipped, dip-coated] electrode; immersible electrode
Tauchheizkörper m immersion heater
Tauchkern m plunger
Tauchlöten n dip soldering
Tauchspule f plunger-type coil; moving [voice] coil *(z. B. für Lautsprecher)*
Tauchspulmikrofon n moving-coil microphone
Tauchverzinken n (hot-dip) galvanizing, galvanizing by dipping
Tausenderamt n *(Nrt)* three-figure exchange
Tautologie f *(Dat)* tautology *(logic expression that holds for all assignments of logic values)*
Taxeinheit f *(Nrt)* unit charge
TC-Bonden n thermocompression bonding

Tcl *n* tool command language, Tcl *(Programmiersprache)*
TCL transistor-coupled logic
T-Dämpfungsglied *n* T-pad
TDR-Messung *f* time domain reflectometry *(Optik)*
TDR-Verfahren *n* time domain reflectometry *(Optik)*
T-DSL *n* der Telekom® *(Ko, Nrt)* s. ISDN- und ASDL-Anschluss
Teach-in-Programmierung *f* teach-in programming *(Programmierung durch Vorführen der technologischen Operationen durch den Bediener)*
Teachware *f* teachware *(Unterrichtsprogramme)*
Technik *f* 1. engineering *(Wissenschaft)*; technology *(Wissenschaft von der Anwendung im Produktionsprozess)*; 2. technique, method, procedure *(Herstellungsweise)*; 3. equipment; systems *(Ausrüstung)*; 4. *(Dat)* hardware
Technologie *f/komplementäre (Me)* complementary bipolar and complementary MOS technique, CBiCMOS
Technologie *f/neue (Dat)* NT, new technology *(z. B. Windows® NT)*
TED s. Teledialog
Teil *n* part, component, element, member
Teilabtastung *f* partial scanning
Teilamt *n (Nrt)* satellite [dependent] exchange, subexchange
Teilbereich *m* subrange
Teilblechpaket *n (Ma)* core package, package core *(zwischen zwei Luftschlitzen)*
Teilblock *m (Dat)* subblock
Teilchassissystem *n* sectional chassis system
Teilchen *n/adsorbiertes* adsorbed particle
Teilchen *n/beschichtetes* coated particle *(Reaktortechnik)*
Teildurchschlag *m* partial [incomplete] breakdown
teilen *v* 1. split; 2. graduate *(z. B. Skalen)*; 3. divide *(Mathematik)*
Teilentladung *f (Hsp)* partial discharge; corona
Teilentladungseinsatz *m (Hsp)* discharge inception

teilentladungsfrei *(Hsp)* discharge-free
Teilentladungsmessung *f* 1. partial discharge measurement; 2. *(Hsp)* corona measurement
Teilentladungsspannung *f (Hsp)* partial discharge voltage
Teiler *m* 1. divider; voltage divider; 2. divisor *(Mathematik)*; 3. scaler *(Impuls-Untersetzer)*
Teilerkette *f* divider chain *(zur Frequenzteilung)*
Teilerschaltung *f* divider circuit
Teilkreis *m* 1. graduated [divided] circle *(Kreisteilung)*; 2. pitch [reference, rolling] circle *(Zahnrad)*
Teillast *f* partial load, part-load, subload, underload
Teilleiter *m* 1. *(Ma)* strand, conductor element, component conductor *(z. B. eines Röbelleiters)*; 2. *(Ee)* subconductor *(Bündelleiter)*
Teilmenge *f* subset
Teilnehmer *m* 1. *(Nrt)* subscriber, party; 2. *(Dat)* user
Teilnehmer *m/angerufener* called subscriber
Teilnehmer *m/anmeldender [anrufender]* calling subscriber
Teilnehmeranschluss *m* subscriber's station
Teilnehmeranschlussleitung *f/ asymmetrisch digital betriebene (Ko, Nrt)* asymmetric digital subscriber line, ADSL
Teilnehmereinheit *f* subscriber's unit
Teilnehmer-Freizeichen *n (Nrt)* call acceptance signal *(unterbrochener langer Ton)*
Teilnehmerleitung *f* subscriber's line
Teilnehmerrufnummer *f* subscriber's telephone number, directory number
Teilnehmersprechstelle *f* subscriber's station, substation
Teilplattierung *f* partial plating; selective plating *(gedruckte Schaltungen)*
Teilraster *m (Fs)* frame, *(AE)* field
Teilschritt *m* partial pitch *(Wickeltechnik)*
Teilschwingung *f* partial oscillation [vibration]
Teilstrahlung *f* partial radiation
Teilstrich *m* graduation line [mark], division mark; scale division, index graduation

teiltransistorisiert partly transistorized
Teilübertrag m (Dat) partial carry
Teilung f 1. splitting; partition; 2. pitch (z. B. Poltteilung); 3. graduation (Skale); 4. division (Mathematik)
Teilvermittlungsstelle f (Nrt) sub-centre; dependent exchange
Teledialog m, **TED** televoting, VOT (Abstimmung auf Fernsehfragen per Telefon durch Rufnummern mit verschiedenen Endziffern)
Telefaxgerät n telefax machine, telecopier
Telefon n telephone, phone
Telefon m **mit Wählscheibe** (Nrt) rotary dial telephone set, plain old telephone, POT
Telefonabhören n (tele)phone-tapping
Telefonanruf m telephone call
Telefonantwortgerät n telephone answering equipment, telephone answerer
Telefonapparat m/**ortsfester** (Nrt) stationary telephone set
Telefonbuch n telephone directory
Telefonbuchse f telephone jack
Telefongespräch n telephone call [conversation]
Telefonhörer m telephone earphone [receiver], handset, receiving set
telefonieren v telephone, phone, be on the phone
Telefon-Ländercode m/**internationaler** (Nrt) international telephone country code, ITCC (Deutschland: 049; +49..)
Telefon(leitungs)stecker m (Nrt) phone connector, RJ-11 plug
Telefonnummer f/**gebührenfreie internationale** (Nrt) UIFN, universal international freephone number (Vorwahl 00 800)
Telefonsteckdose f (Nrt) telecommunication socket outlet (Dreifach-TAE NFN; F = Fernsprechen, N = Nichtfernsprechen, Datenmodem, 6polig)
Telefonstecker m telephone(-type) plug, phone plug
Telefonüberwachung f, **TÜ** (Nrt) phone tapping (in der BRD gesetzlich in der StPO §100a geregelt; richterliche Abhöranordnung)
Telefonverkehr m/**internationaler** (Nrt) international telephone traffic, ITT

Telefonzelle f telephone cabin [box, booth], call [phone] box
Telegrafenverbindung f telegraph connection
Telegrafie f telegraphy
Telegrafie f/**drahtlose** radiotelegraphy
Telegrafieempfang m telegraphy reception
telegrafieren v telegraph, send a telegram [cable]
telegrafieren v/**drahtlos** radiotelegraph
Telegrafierfrequenz f telegraphic [signalling, dot] frequency
Telegrafieverzerrung f telegraph distortion
Telegramm n telegram, message; cable (Überseetelegramm)
Teleinformatik f teleinformatics
Telekommunikation f telecommunications
Telekommunikations-Anschluss--Einheit f (**der Telekom®**), **TAE** (Nrt) telecommunication socket outlet, telecommunication line unit, TLU (Dreifach-TAE NFN; F = Fernsprechen, N = Nichtfernsprechen, Datenmodem, 6polig)
Telekonferenz f teleconference
Telekopie f (Nrt) s. Fax
Teleprompter m (Fs) teleprompter (Text--Bildschirm über der Aufnahmekamera)
Teletex n teletex (Textübermittlung über Fernmeldenetz, dialogfähig)
Teletext s. Bildschirmtext
Telex 1. telex, teleprinter exchange service; 2. telex (Dokument)
Telexamt n telex exchange
TEM-Mode f transverse electromagnetic [electric and magnetic] mode, TEM mode (Wellenleiter)
TE-Mode f transverse electric mode, TE mode, H mode [wave] (Wellenleiter)
Temperaturabfall m temperature drop [fall, decrease]
Temperaturabhängigkeit f temperature dependence
Temperaturabhängigkeit f **eines Widerstands** resistance-temperature characteristic
Temperaturänderung f temperature variation; change in temperature
Temperaturänderung f/**plötzliche** thermal shock

Temperaturanstieg *m* temperature rise [increase]
Temperaturanstiegsgeschwindigkeit *f* temperature rise rate
temperaturbegrenzt temperature--limited
temperaturbeständig temperature--resistant, thermally stable
Temperaturdrift *f* temperature drift
Temperaturfühler *m* temperature sensor [detector], temperature--sensing device [element], thermometer [pyrometer] probe
temperaturgeregelt temperature-controlled, thermostatically controlled
Temperaturregler *m* temperature controller, thermoregulator, (high--sensitivity) thermostat
Temperaturschwankung *f* temperature variation [swing], variation in
Temperaturstrahler *m* temperature radiator, thermal radiator [source]
Temperaturüberwachung *f* (Rt) temperature monitoring
temperaturunabhängig temperature--independent
Temperaturverteilung *f* temperature distribution
Temperaturwechselbeanspruchung *f* (Le) thermal cycling
TEM-Typ *m* transverse electric and magnetic mode, TEM mode *(Wellenleiter)*
TEM-Welle *f* transverse electromagnetic wave, TEM wave
Term *m* term, (energy) level, energy state
Terminal *n* (data) terminal, terminal unit
Terminal *n*/**intelligentes** intelligent [self--controlled] terminal
Terminal-Interface *n* (Dat) terminal interface
Terminal-Sharing *n* (Dat) terminal sharing *(gemischte Benutzung von Leitungen)*
Ternärzahl *f* ternary number
T-Ersatzschaltbild *n* s. T-Ersatzschaltung
T-Ersatzschaltung *f* T-equivalent circuit, equivalent T circuit, equivalent-T (network)
Terzband *n* third-octave band
Terzfilter *n* third-octave (band) filter
Terz(schalldruck)pegel *m* third-octave band (sound) pressure level

Tesla *n* tesla, T *(SI-Einheit der magnetischen Induktion)*
Testadapter *m* 1. check adapter *(Prüftechnik)*; 2. (Dat) in-circuit emulator
Testbild *n* (Fs) test pattern
Testelement *n* 1. test piece; 2. (Me) test pattern
testen *v* test, check out
Testflag *n* (Dat) test flag
Testgenerator *m* test generator
Testgerät *n* test set, tester
Testlauf *m* dry run *(eines Programms)*
Testmarke *f* (Me) target
Testprogramm *n* (Dat) test routine [program]
Teststruktur *f* (Me) test pattern [structure]
Tetrade *f* tetrad *(Folge von vier Binärziffern)*
Tetrajunction-Transistor *m* tetra--junction transistor *(Doppeltransistor mit vier Grenzschichten)*
Tetrode *f* tetrode, four-electrode valve
Tetrodentransistor *m* tetrode transistor
TE-Welle *f* transverse electric wave, H--wave *(Wellenleiter)*
Text *m*/**unverschlüsselter** plain text
Textaufbereitungsprogramm *n* (Dat) text editor
Textdatei *f* (Dat) text file *(Dateiendung .txt)*
Texteditor *m* (Dat) text editor
Texterkennung (Dat) s. Zeichenerkennung/optische
Textgenerator *m* (Dat) text editor
Textprozessor *m* word processor
Textverarbeitung *f* text processing; word processing; sentence processing; text manipulation
T-Flipflop *n* trigger flip-flop, T flip-flop
Theorie *f* **der Kanalcodierung** (Nrt) theory of channel coding *(Teil der Informationstheorie)*
thermisch thermal
Thermistormessfühler *m* thermistor sensor
Thermistormotorschutz *m* thermistor motor protection
Thermistorschutz *m* thermistor protection circuit
Thermoamperemeter *n* thermoammeter
Thermodrucker *m* thermal printer

Thermoelement *n* thermocouple, thermoelectric element [couple]

Thermoelementstecker *m* thermocouple plug

Thermo-EMK *f* thermoelectromotive force, thermal [thermo] emf

Thermogalvanometer *n* thermocouple galvanometer, thermogalvanometer

Thermograph *m* thermograph, temperature recorder

Thermokompressionsbonder *m (Me)* thermal compression bonder

Thermokontakt *m (Me)* thermojunction

Thermokraft *f* thermoelectric power [force]

Thermosäule *f* thermopile, thermoelectric battery

Thermospannung *f* thermoelectric voltage [potential], thermovoltage, thermoelectromotive force, thermo emf

Thermostarter *m* thermal starter (switch)

Thermostat *m* thermostat, temperature controller

Thermostatschalter *m* thermostat switch

Thermostrom *m* thermoelectric current, thermocurrent

Thermostromumformer *m* thermocurrent converter

Thermoumformer *m* thermoconverter, thermal [thermocouple] converter

Thomson-Brücke *f* Thomson [Kelvin, double] bridge

Thomson-Messbrücke *f* Thomson [Kelvin, double] bridge

T-Hybride *f* hybrid [magic] tee, hybrid-junction, hybrid T *(Wellenleiter)*

Thyratron *n* thyratron, hot-cathode gas-filled tube [valve]; gas tube switch, electronic relay

Thyristor *m (Le)* thyristor, silicon controlled rectifier, SCR

Thyristor *m* **mit extrem kurzer Freiwerdezeit** ultrafast turn-off thyristor

Thyristor *m*/**rückwärtsleitender** reverse-conducting thyristor

Thyristorbaugruppe *f* thyristor module

Thyristordiode *f*/**rückwärts leitende** reverse-conducting diode thyristor

Thyristordiode *f*/**rückwärts sperrende** reverse-blocking diode thyristor

Thyristordrehzahlsteller *m* thyristor speed controller

Thyristoreinheit *f* thyristor unit

Thyristorfrequenzumrichter *m* thyristor cycle converter

Thyristormodul *n* thyristor module

Thyristorsäule *f* thyristor stack

Thyristorstromrichter *m* thyristor converter

Thyristorwechselrichter *m* thyristor frequency converter

Thyristorzündung *f* thyristor firing

ticken *v* tick, click

Ticker *m (Nrt)* ticker

tief 1. deep; 2. *(Ak)* low-pitched *(Tonhöhe)*

Tiefdruck-CVD *f* low-pressure CVD [chemical vapour deposition]

Tiefenabsenkung *f (Ak)* low cut

Tiefenabtastung *f* depth scan

Tiefenanhebung *f* bass emphasis [boost], low-note accentuation [compensation, emphasis], low-frequency accentuation

Tiefenregler *m* bass control, (tone) control for bass

Tiefenschlucker *m (Ak)* low-frequency absorber

Tiefgefriertechnik *f* deep-freezing technique

Tiefkühlschrank *m* deep-freezer, food freezer

Tiefkühltruhe *f* deep-freeze chest, (food) freezer

Tiefnutläufer *m* deep-bar rotor

Tiefpass *m (Ak, Nrt)* low pass (filter), LP, LPF

Tiefpassfilter *n* low-pass filter

Tiefsetzsteller *m* buck converter

Tiefsperre *f (Ak)* low-frequency suppression filter

Tiefstrahl *m* lower beam *(bei asymmetrischem Abblendlicht)*

Tieftonlautsprecher *m* bass [low-frequency] loudspeaker, boomer, woofer (loudspeaker)

Tiegel *m* crucible

Tiegelofen *m* crucible (melting) furnace

tilgen *v* 1. quench *(Lumineszenz)*; 2. *(Dat)* erase, delete

Tilgung *f* quenching *(Lumineszenz)*

Time-sharing *n (Dat)* time sharing *(zeitlich geschachtelte Abarbeitung mehrerer Programme)*

Tintenstrahldrucken *n* ink-jet printing
Tintenstrahl-Farbdrucker-Tischgerät *n* desk jet colour-printer
Tippbetrieb *m (Ap)* inching (mode), jogging
Tischgerät *n* table instrument [set], table top unit, bench-mounted instrument
Tischgrill *m*/**elektrischer** electric table-type roaster [grill]
Titel *m (Ko)* item *(Musiktitel einer Titelliste s.d.)*
T-Klemme *f* tee [branch] joint
T²L transistor-transistor logic, TTL
TMC *s*. Verkehrsfunksteuerung
TM-Welle *f* transverse magnetic wave, TM wave, E wave
Tochtergerät *n* slave set [unit]
Tochterleiterplatte *f* daughterboard
Tochterstation *f (Dat)* slave station *(Datenkommunikation)*
Tochteruhr *f* slave clock
Token *n (Dat)* token *(Kennzeichen für Kommunikationssteuerungen)*
Token-Bus *m* token bus
Toleranz *f* tolerance, allowance, allowable [permissible] variation, allowable [permissible] limits
Toleranzbereich *m* tolerance range, permissible variation
TOMAL TOMAL, task-oriented microprocessor application language *(eine Programmiersprache)*
Ton *m* 1. (pure) tone, sound; 2. accent *(Tonfall)*
Tonabnehmer *m* pick-up, sound pick-up, gramophone [phonograph] pick-up; pick-up arm
Tonabnehmerkopf *m* playback head, pick-up
Tonarm *m* tone [pick-up] arm
Tonaufzeichnung *f* 1. (sound) recording; 2. record, phonogram
Tonband *n* magnetic (recording) tape
Tonbandgerät *n* (magnetic) tape recorder
Tonbandmotor *m* tape drive motor, capstan motor
Tonbandschneidegerät *n* **mit Abhörmöglichkeit** editing tape recorder
Tonbandspule *f* tape spool
tönen *v* 1. *(Ak)* sound *(klingen)*; resound *(widerhallen)*; 2. tone, tint *(färben)*

tönen *v* **lassen** sound
Tonfrequenz *f* 1. audio frequency, AF, a.f., sound [sonic] frequency; 2. *(Nrt)* voice [speech] frequency
Tonfrequenzband *n* audio-frequency band
Tonfrequenzgang *m* audio-frequency response
Tonfrequenzgenerator *m* 1. audio-frequency oscillator, audio(-frequency) generator; 2. *(Nrt)* voice-frequency generator
Tonfrequenzumtastung *f* audio-frequency shift keying
Tonfrequenzverstärker *m* audio(-frequency) amplifier, audio-output amplifier
Tongenerator *m* audio oscillator, audio-frequency signal generator, tone oscillator [generator]
Tonhöhe *f* tone pitch, (musical) pitch
Tonhöhenverschiebung *f* pitch shift(ing)
Tonkopf *m* sound head, pick-up
Tonkopfreiniger *m* head cleaner; cassette head cleaner *(für Kassettengeräte)*
Tonmischung *f* sound mixing, dubbing
Tonmodulation *f* sound modulation
Tonqualität *f* sound [tone, tonal] quality
Tonquelle *f* tone source
Tonrille *f* record [sound] groove *(Schallplatte)*
Tonrolle *f* capstan *(Magnetbandgerät)*
Tonrollenantrieb *m* capstan drive
Tonsäule *f* loudspeaker [sound] column, public-address pillar, multiple (loud)speaker
Tonsperrkreis *m* sound [audio] trap
Tonspur *f* sound [voice] track
Tonspurabtastung *f* sound track scanning
Tonstärke *f* loudness *(in Phon)*
Tontechnik *f* 1. audio engineering, sound [acoustic] engineering; 2. audio equipment
Tonträger *m* sound carrier
Tonüberblendung *f* sound fading [change-over]
Tonunterdrückung *f* sound suppression
Tonverstärkung *f* sound amplification, audio(-frequency) amplification; sound reinforcement *(mit Lautsprecheranlage)*

TOP

TOP technical office protocol *(Datenkommunikationsstandard für den technischen und administrativen Bereich)*
Top-Down n *(Dat)* top-down method *(Programmierung von oben nach unten)*
Top-down-Methode f *(Dat)* top-down method *(Programmierung von oben nach unten)*
Topf m pot *(z. B. Magnettopf)*
Topfkreis m cavity resonator, coaxial resonant cavity *(Höchstfrequenztechnik)*
Topfkreisfilter m cavity filter
Topfmagnet m pot magnet; screened [shielded] electromagnet
Topplicht n top light
Tor n 1. *(Me)* gate; 2. *(Dat)* port
Toranschluss m gate terminal
Torbaustein m gate [gating] unit
Torelektrode f gate electrode *(Feldeffekttransistor)*
Tornisterempfänger m *(Nrt)* portable [kit bag] receiver
Toroid n toroid, toroidal coil
Torröhre f gate [gating] valve
Torschaltung f gate [gating] circuit
Torspannung f gate voltage
Torsprechanlage f door [gate] interphone
Totalschwund m blackout, fade-out *(Funktechnik)*
Totalspannungsausfall m station blackout
Totalstrom m *(Dat)* full current
totlegen v dead-end *(Leitung)*
Totmannknopf m dead-man's handle, safety control handle; canopy switch
Totmannkurbel f dead-man's handle, safety control handle; canopy switch
Totpunkt m dead point [centre]
Totzeit f *(Rt)* dead [delay] time, lag (time) *(z. B. bei der Signalübertragung)*
Totzeitglied n 1. *(Rt)* dead-time element, lagging element; 2. *(Ma)* backlash element
Totzeitkorrektur f dead-time correction, coincidence correction
Totzone f 1. dead zone [band], inert zone *(z. B. einer Relaiskennlinie)*; 2. *(Nrt)* zone of silence
Track m *(Dat, Ko)* track *(Spur oder Titel auf einer CD)*

Trackpad n track pad *(berührungsempfindliches Feld zur Cursorsteuerung)*
tragbar portable *(Gerät)*
träge sluggish, slow(-acting)
Träger m 1. carrier *(z. B. Ladungsträger, Signalträger)*; 2. base, substrate; support(ing material); 3. bracket; arm
Trägerabfrage f carrier sense
Trägerabstand m carrier frequency spacing
Trägerfalle f *(Me)* carrier trap
Trägerfrequenz f *(Nrt)* carrier frequency
Trägerfrequenzband n *(Nrt)* carrier--frequency band *(4 kHz Band-breite)*
Trägerfrequenzbereich m carrier--frequency range
Trägerfrequenzkoaxialkabelsystem n carrier-frequency coaxial cable system
Trägerfrequenz-Rundfunkeinrichtung f carrier radio transmission equipment
Trägerfrequenzsperre f carrier-current line trap
Trägerfrequenzsystem n carrier(--frequency) system
Trägerfrequenztechnik f carrier--frequency [carrier-current] technique
Trägerfrequenztelefonie f carrier(--frequency) telephony
Trägerlaufzeit f carrier transit time
Trägerlawine f carrier avalanche
Trägerlebensdauer f carrier lifetime
Trägerleistung f *(Nrt)* carrier power
Trägerleitung f *(Nrt)* carrier line [circuit]
Träger-Rausch-Abstand m carrier-to--noise ratio
Trägerstaueffektbeschaltung f anti--hole storage circuit
Trägerstreifen m *(Me)* lead strip
Trägertelefonie f carrier(-frequency) telephony
Trägerunterdrückung f carrier suppression
Tragfähigkeit f (load-)carrying capacity; bearing capacity [strength]
Trägheit f inertia
trägheitsarm low-inertia
Trägheitsfaktor m factor of inertia
trägheitsfrei inertialess
Trägheitskraft f inertia [inertial] force, force of inertia
Trägheitsmoment n moment of inertia

Tragkraft f load(-carrying) capacity; portative force *(Magnet)*
Tragmast m straight-line support *(Freileitung)*; supporting pole [mast]
Tragöse f eye bolt
Tragseil n messenger [bearer] cable *(Kabeltragseil)*; catenary [suspending] wire, suspension strand *(Freileitung)*
Traktion f traction
Traktionsregelung f/dynamische *(DTC)* dynamic traction control
Traktionssteuerungssystem n *(Ko)* traction control system, TCS *(begrenzt die Motorleistung, verhindert Durchdrehen der Antriebsräder)*
Tränkmittel n impregnating agent
Transaktion f/sichere elektronische secure electronic transaction, SET *(Protokoll für Geldtransaktionen, Standard der Kreditkartengesellschaften)*
Transduktor m transductor, magnetic amplifier
Transferbefehl m *(Dat)* transfer instruction [command]
Transformator m transformer
Transformatoranzapfung f transformer tap
Transformatorbank f three-phase (transformer) bank
Transformatorblech n transformer sheet
Transformatorkessel m transformer tank
Transformatorstufenschalter m (transformer) tap changer
Transientenrekorder m transient recorder
Transinformation f *(Dat)* transinformation *(tatsächlich übermittelter Informationsgehalt)*
Transistor m transistor
Transistorbestückung f transistorization
Transistorblitzgerät n transistorized flash unit
Transistor-Dioden-Logik f transistor diode logic, TDL
Transistorempfänger m transistor radio, transistorized radio (receiver)
Transistorentwurf m transistor (level) design *(z. B. einer Schaltung)*
Transistorgrenzfrequenz f transistor cut-off frequency

Transistorkühlkörper m transistor heat sink
Transistorlogik f transistor logic (circuit)
Transistorpaar n/komplementäres complementary pair of transistors *(p- und n-Transistoren)*
Transistorrauschen n transistor noise
Transistorschieberegister n transistor shift register
Transistorvideoverstärker m *(Fs)* transistor video amplifier
Transistorzerhacker m transistor chopper
Transitamt n *(Nrt)* transit exchange [centre]
Transitbelegungszeichen n *(Nrt)* transit seizing signal
Transitverkehr m *(Nrt)* transit traffic
Translationswelle f translational wave
Transmissionshohlraummaser m transmission-type cavity maser
Transmitter m transmitter
Transparenz f transparence, transparency
Transponder m transponder, transmitter responder
Transponder m/aktiver *(Fo, Nrt)* active transponder
Transponder m/passiver *(Fs)* transposer *(setzt empfangenes Signal auf andere Frequenz um; zur Fernsehversorgung abgeschatteter Gebiete)*
Transponierungsempfang m *(Nrt)* supersonic heterodyne reception *(Superhet)*
Transporteinheit f/optische *(Ko)* OTU, optical transport unit *(nach ITU-T--Standard G.709)*
Transportschicht f *(Dat)* transport layer *(im ISO-Referenzmodell Festlegung für Datentransport Sender-Empfänger mit erforderlichen Funktionen)*
transversal transverse, transversal
Transversalschwingung f transverse vibration [oscillation]
Transversalwelle f transverse wave
Trap m 1. *(Dat)* trap *(Programmunterbrechung durch unerlaubte Befehle)*; 2. *(Me)* trap, trapping site *(Elektronenhaftstelle)*; 3. trap *(unaufgeforderte Meldung eines Netzelements u.a. bei SNMP)*

Trapatt-Diode f trapatt diode, trapped plasma-avalanche transit-time diode
Trapezverzeichnung f keystone distortion
Trapezverzerrung f keystone distortion
Trapezwelle f trapezoidal wave *(aus trapezförmigen Impulsen)*
Trasse f 1. route *(Kabel, Leitung)*; 2. *(Nrt)* artery
Träufelimprägnierung f trickle impregnation
Träufelspule f *(Ma)* random coil
Traverse f cross bar, side arm
Treffer m *(Dat)* hit
Trefffaktor m *(Dat)* recall factor *(Informationswiederauffindung)*
treiben v 1. *(Ma)* drive, propel; 2. drift
Treiber m 1. *(Dat)* driver; 2. exciter *(Elektronenröhrentechnik)*
Treiberentwicklungsbibliothek f *(Dat)* drive development library
Treiberstufe f *(Nrt)* driver [driving] stage
Treiberverstärker m *(Nrt)* driver [drive] amplifier
Treibhauseffekt m greenhouse effect
Treibhausgas n greenhouse gas
Treibstrom m drive current
Trenndiode f buffer diode
Trenneinrichtung f interrupt facility
Trenneinschub m withdrawable part of an assembly) *(IEC 50-442)*
Trennelement n separator *(Batterie)*
trennen v 1. *(Me)* disconnect; break, interrupt; open, isolate *(Stromkreis)*; 2. *(Nrt)* clear, cut off; 3. cut *(Kristalle)*; 4. separate; grade *(nach Korngrößen)*
Trenner m air-break disconnector
Trennerdungsschalter m *(An)* combination isolating earthing switch
Trennklinke f *(Nrt)* interruption [break] jack
Trennkontakt m 1. break contact; blocking contact; 2. *(Nrt)* spacing contact
Trennschalter m 1. disconnecting switch, disconnector; isolating switch; 2. *(Hsp)* air breaker, air-break disconnector; 3. *(Nrt)* interruption key
Trennschärfe f *(Nrt)* selectivity; discrimination
Trennschritt m *(Nrt)* spacing interval
Trennschrittfrequenz f *(Nrt)* space frequency
Trennschutzschalter m isolating switch

trennseitig *(Nrt)* on the spacing side
Trennstelle f test(ing) point; sectioning point *(eines Trenners)*
Trennstellung f 1. disconnected position *(eines Trenners)*; 2. *(Nrt)* splitting position
Trennsteuerschalter m *(An)* isolating control switch
Trennstrecke f 1. air break; 2. *(Hsp)* isolating distance; 3. circuit sever
Trenntaste f cut-off key
Trenntransformator m isolation transformer
Trennung f 1. *(Et)* disconnection; interruption; opening; isolation *(von Stromkreisen)*; 2. *(Nrt)* cut-off; spacing; 3. separation; grading *(nach Korngröße)*; 4. tearing *(Netzberechnung)*
Trennverstärker m 1. buffer [isolating] amplifier; 2. *(Nrt)* trap amplifier; distribution amplifier *(Antennentechnik)*
Trennzeichen n 1. *(Nrt)* break [cut-off] signal; 2. *(Dat)* separator; 3. *(Dat)* slash *(Darstellung:* \)
treppenförmig stepped, staircase-like *(z. B. Funktion)*
Treppenfunktionssignal n staircase signal
Treppengenerator m staircase generator
Treppenhausbeleuchtung f staircase lighting
Treppenschalter m landing switch *(für Treppenhausautomaten)*
Treppenwicklung f stepped winding, split(-throw) winding
Triac m *(Le)* triac, bidirectional triode thyristor
Trichterlautsprecher m exponential--horn loudspeaker, horn(-type) loudspeaker
Triebwagen m/**elektrischer** motor coach
Triebwagenzugeinheit f train-unit (motor) *(IEC 50-811)*
Triebwerk n *(Ma)* driving mechanism, power transmission equipment; engine *(Antriebsanlage für Luftfahrzeuge, Raketen)*
Trigger m trigger
Triggerbaustein m trigger module
Triggerdiode f trigger diode

Triggerkreis *m* trigger (circuit) *(zur Erzeugung von Schaltimpulsen)*
Triggerpegel *m* trigger [triggering] level
Triggerschaltung *f* 1. trigger (circuit) *(zur Erzeugung von Schaltimpulsen)*; 2. *(Dat)* toggle circuit
Triggerschaltung f//monostabile single-shot trigger circuit
Triggerung *f* triggering, trigger action
Triggerzündanlage *f* trigger starting system *(z. B. bei Leuchtstoffröhren)*
Trinistor *m* trinistor *(steuerbarer Si-Gleichrichter)*
Triode *f* triode, three-electrode valve [tube], triode valve
Tri-state-Gatter *n* three-state gate *(Schaltung mit drei Zuständen)*
Tri-state-Logik *f (Dat)* tristate logic
Tritt *m* 1. step; 2. footstep, footfall *(hörbar)* • **außer Tritt** *(Ma)* out-of-step
Trittschall *m (Ak)* impact sound [noise], footfall [footstep] sound
Trittschalldämmung *f* impact-sound insulation, footfall [footstep] sound insulation
Trittschallhammerwerk *n* tapping machine
Trittschallschutzklasse *f* impact insulation class
Trochotron *n* trochotron *(Schaltröhre)*
trocken *v* 1. dry; 2. *(Ak)* aphonic, acoustically inactive [inert], (acoustically) dead
Trockengleichrichter *m* dry [metallic] rectifier, dry plate [contact] rectifier
Trockenschleuder *f* centrifugal [spin] dryer
Trockenschrank *m* drying oven, (electric) dryer
Trockentransformator *m* dry-type transformer
Trockentrommel *f* drying drum [roll]; rotary dryer
trocknen *v* dry, desiccate, dehumidify; cure *(Isolierlacke)*
Trockner *m* drier, dryer, drying apparatus
Trog *m* trough; tank; tray
Trommel *f* drum, cylinder
Trommelabtastung *f* drum scanning
Trommelanker *m* drum(-wound) armature, drum rotor
Trommelfell *n* eardrum

tropenfest tropic-proof, tropicalized, resistant to tropical conditions
tropfwasserdicht drip-proof, drip-tight
tropfwassergeschützt drip-proof, drip-tight
Tropfwasserprüfung *f* drip-proof test
TSE-Beschaltung *f s.* Trägerstaueffektbeschaltung
T-Stück *n* T-piece, tee junction [connector], conduit tee *(Rohrverbindung)*
TTL-Steuerung *f (Ko)* TTL control, through the lens control *(Belichtungssteuerung bei Spiegelreflex-Kameras)*
Tulpenkontakt *m* contact cluster
Tumblerschalter *m* tumbler switch
Tunneldiode *f* tunnel [Esaki] diode
Tunneleffekt *m* tunnel effect, tunnelling (effect) *(Durchgang eines Ladungsträgers durch einen Potenzialwall)*
Turbogenerator *m* turbo-generator, turbine-generator, turbo-alternator, inductor-type synchronous generator
Türglocke *f//funkfernbediente* wireless door bell *(kein Kabellegen erforderlich)*
Turm *m* tower *(Antenne)*
Türschalter *m* door switch
Türschließer *m* door closer
Türsicherungsschalter *m* safety door-interlock switch
Türsprechanlage *f* door intercom system; door interphone
Twistor *m* twistor *(Festkörperspeicherbauelement)*
Twistorspeicher *m (Dat)* twistor memory [store]
Typbezeichnung *f* type designation
Typenraddrucker *m* wheel printer
Typenschild *n* type plate
Typotron *n* typotron *(Sichtspeicherröhre)*
Typprüfung *f* type test; prototype test

U

UBE s. Massen-E-Mail/unangeforderte
Überabtastung f oversampling
Überanpassung f overmatching
überbelasten v overload; overstress
überblenden v 1. fade [change] over, cross-fade, fade out and in, fade up and down *(Ton)*; 2. dissolve *(Film)*
Überblendregler m *(Ak, Fs, Nrt)* fading regulator, fader control(ler), fader
überbrücken v bridge; shunt, bypass; jumper *(durch Schaltdraht)*
Überbrückungsschalter m bypass switch; field breaking [discharge] switch
Überbuchung f oversubscription
überdecken v 1. sweep *(einen Bereich)*; 2. cover; mask; overlap; 3. *(Me)* overlay *(Photolithographie)*
Überdeckung f 1. overlap(ping), lap; covering; 2. *(Fo, Nrt)* blanketing *(durch Störsender)*; 3. *(Me)* overlay *(Photolithographie)*
Überdeckung f der Vorder- und Rückseitenstrukturen *(Me)* front-to-back overlay
Überdeckungsfehler m *(Me)* overlay error
Überdrehzahl f overspeed
übereinanderliegend overlapping
übereinstimmend conformal, conformable; corresponding; in accordance; matching *(sich gleichend)*
Übereinstimmung f conformity; correspondence; synchronization *(z. B. zeitlich)*; coincidence; match
Übereinstimmungsprüfung f cross check *(z. B. zwischen Schaltkreisentwurf und Entwurfslogik)*
Übererregung f overexcitation
Überflutung f flooding *(Routingprinzip, Grenzfall)*
Überführung f transfer; transmission; conversion
Übergabestelle f interchange point, point of interconnection
Übergang m 1. transition; 2. change(-over); 3. *(Me)* junction *(Übergangszone)*
Übergang m in Sperrrichtung vorgespannter *(Me)* backbiased junction
Übergang m/**induzierter** induced [stimulated] transition
Übergang m/**kegelförmiger** conical transition *(Hohlleiter)*
Übergang m/**legierter** alloy junction
Übergang m/**linearer** linear-graded junction
Übergang m/**optisch erlaubter** optically allowed transition
Übergang m/**stimulierter** stimulated [induced] transition
Übergang m/**verbotener** forbidden transition
Übergangselement n transition element
Übergangserscheinung f transient effect
Übergangsfassung f reduction socket
Übergangsfenster n *(Me)* via window *(zwischen zwei Verbindungsleitungsebenen)*
Übergangsfläche f 1. *(Dat)* interface; 2. *(Ph)* transition surface; 3. *(Me)* junction surface
Übergangsformstück n connecting duct *(Kabel)*
Übergangsfrequenz f 1. *(Nrt)* transition frequency; turnover [cross-over, change-over] frequency; 2. *(Me)* transit(ion) frequency
Übergangsfunktion f transfer function; transient function [response], (unit) step response
Übergangsprozess m *(Rt)* transient process
Übergangsspannung f *(Me)* junction voltage
Übergangsstecker m adapter plug, plug adapter
Übergangsstück n adapter
Übergangsverarmungsschicht f *(Me)* junction depletion layer
Übergangsverhalten n 1. transient response [behaviour, performance]; 2. transient characteristic, characteristic [unit step] response *(Kenngröße)*
Übergangsverzerrung f transient distortion; transient intermodulation
Übergangsvorgang m transient (phenomenon); transient process
Übergangsvorgänge mpl **beim Ein- und Ausschalten** make-and-break transients
Übergangswahrscheinlichkeit f transition probability

Übergangswiderstand m 1. transition resistance; contact resistance; structure footing resistance *(Freileitungsmast)*; 2. *(Me)* junction resistance

Übergangszeit f transition time [period]; transient time

Übergangszone f 1. transition region [zone, range]; 2. *(Me)* junction region [area]

Übergangszustand m 1. transient (regime); 2. activated state

überholen v overhaul, recondition

Überholprogramm n *(Dat)* overhaul program

Überhörfrequenz f ultrasonic [superaudible] frequency

Überkompensation f overcompensation

Überkreuzung f 1. overcrossing; overhead crossing *(beim Fahrdraht)*; 2. cross-over

überkritisch supercritical, hypercritical

Überladung f overload; overcharge, overcharging *(Akkumulator)*

überlagern v 1. super(im)pose; 2. *(Nrt)* heterodyne

Überlagerung f 1. super(im)position, interference *(von Wellen)*; 2. *(Nrt)* (super)heterodyning; 3. *(Me)* overlay

Überlagerungseffekt m super(im)position effect; beat effect

Überlagerungsempfang m *(Nrt)* (super)heterodyne reception, beat [double-detector] reception

Überlagerungsempfänger m *(Nrt)* (super)heterodyne receiver, superhet, beat receiver

Überlagerungsfrequenz f 1. heterodyne [beat] frequency; 2. *(Nrt)* supertelephone frequency

Überlagerungsprinzip n superposition principle; heterodyne principle

Überlagerungsschwingung f heterodyne oscillation; local oscillation

Überlagerungssegment n overlay segment *(Programm)*

Überlagerungssignal n/ **hochfrequentes** dither

Überlagerungstechnik f heterodyne detection (technique) *(Prüf- und Nachweisverfahren)*

Überlagerungstelefonie f superposing telephony

Überland(frei)leitung f (long-distance) transmission line, overhead transmission [supply] line

Überlappung f overlap(ping), lap *(z. B. in der Isolierwickeltechnik)*

Überlappungswinkel m overlap angle, commutating [commutation] angle

Überlappungszeit f overlap time; bridging time

Überlast f overload; overcharge *(Akkumulator)*; crushing load

Überlastbarkeit f overload capability [capacity]

überlasten v overload

überlastgeschützt overload-protected

Überlastschalter m overload circuit breaker

Überlastungsschutz m 1. overload protection; 2. overload protector [protective device]

Überlastungsstoßstrom m overload surge current

Überlauf m 1. spill-over, overflow *(Wasserkraftwerk)*; 2. *(Dat)* overflow *(z. B. des Zahlenbereichs, der Speicherkapazität)*; 3. *(Nrt)* overrun

Überlaufanzeige f *(Dat)* overflow indication

Überlaufbit n *(Dat)* overflow bit

überlaufen v *(Dat)* skip *(überspringen)*

Überlaufen v *(Nrt)* racing-over

Überlauffehler m overflow error

Übermittlung f *(Nrt)* transmission

Übermittlungsende n end of message

Übermittlungsfehler m *(Nrt)* message error

Übernahme f taking-over

Übernahmetaste f enter key

überprüfen v check, inspect; monitor

Überprüfung f 1. check; 2. *(Dat)* check-back

Überputzdose f surface-type box

Überputzschalter m surface switch

Überputzsteckdose f surface socket

Überrahmen m multiframe *(Pulscodemodulation)*

Überregelung f *(Rt)* overshooting

Überregelungsfaktor m overshooting ratio *(Verhältnis der Überregelung zum stationären Wert)*

Überreichweite f overshoot, overrange, over-coverage

Überschallgeschwindigkeit f

Überschallstrom *m* supersonic [hypersonic] speed, supersonic velocity
Überschallstrom *m* supersonic flow [stream]
überschalten *v* change over
Überschießeffekt *m (Me)* overshoot effect
Überschlag *m* 1. arc-over, spark-over, flash-over, breakover *(z. B. Funken, Lichtbogen)*; 2. estimate, estimation
Überschlagprüfung *f* flash-over test, spark-over test
Überschlagschutz *m* flash guard
Überschlagspannung *f* arcing [sparking] voltage, spark-over [flash--over] voltage; needle-point voltage *(Spitzenfunkenstrecke)*
50%-Überschlagspannung *f* critical impulse flash-over voltage
Überschlagstoßspannung *f* spark-over impulse voltage, impulse flash-over voltage
Überschlagstoßspannung f/50%ige 50% impulse flash-over voltage
Überschlagstrecke *f* spark-over path [distance], flash-over distance
Überschlagwechselspannung *f (Le)* power-frequency flash-over voltage
Überschlagweite *f* sparking distance [gap] *(eines Funkens)*
überschreiben *v (Dat)* overwrite
Überschreitung *f* 1. exceeding, overrange *(z. B. des Messbereichs)*, overtravel; 2. *(Dat)* overflow *(z. B. des Zahlenbereichs, der Speicherkapazität)*
Überschwingen *n* 1. *(Rt)* overshoot(ing); overtravel; 2. *(Fs)* ringing
Überseefernwahl *f (Nrt)* overseas dialling
Überseekabel *n (Nrt)* transoceanic cable
Überseeverbindung *f (Nrt)* transoceanic communication
Überseeverkehr m/drahtloser *(Nrt)* transoceanic radio traffic [service]
Übersetzer *m* 1. *(Dat)* translator; interpreter; compiler *(Programm)*; transcriber *(Codeumsetzer)*; 2. *(Nrt)* coder; decoder
Übersetzung *f* 1. translation; 2. *(Et)* transformation ratio
Übersetzungsanweisung *f (Dat)* directive

Übersetzungsfehler *m (Et)* ratio error *(in Prozenten)*
Übersetzungsprogramm *n (Dat)* translating program, compiling routine; assembler, assembly program *(von Programm- in Maschinensprache)*
Übersetzungsverhältnis *n* 1. *(Et)* transformation [voltage] ratio *(Transformator)*; turn(s) ratio *(der Windungen)*; 2. *(Ma)* transmission [gear] ratio *(Getriebe)*
Überspannung *f* overvoltage, excess(ive) voltage
Überspannung f/nicht periodische* non-periodic surge voltage
Überspannung f/transiente transient overvoltage
Überspannungen fpl kurzer Stirndauer fast transients *(im Nanosekundenbereich)*
Überspannungsableiter *m* overvoltage [surge] arrester, (lightning) arrester
Überspannungsbegrenzer *m* overvoltage limiter [suppressor], voltage surge protector
Überspannungsschutz *m* overvoltage [excess voltage] protection; surge protection *(Wanderwellenschutz)*
Überspielen *n* rerecording; tape dubbing *(Bänder, Kassetten)*
Übersprechdämpfung *f* cross-talk attenuation
Übersprechen *n* 1. cross talk, cross feed, *(sl)* spill-over; 2. cross-talk (noise), cross feed, *(sl)* spill-over
• **ohne Übersprechen** cross-talk--proof
Übersprechstörung *f* cross-talk interference
Überspringen *n* spark-over, flash-over *(von Funken)*
übersteuern *v* overmodulate, overdrive *(z. B. Elektronenröhren)*; override *(Impuls)*; overload
Übersteuerungsanzeige *f* overload [clipping] indication, over-indication
Übersteuerungsreserve *f* 1. power--handling capacity, crest factor capability, overload margin; peak--handling capacity; 2. *(Ak)* headroom
Überstrahlung *f* 1. *(Nrt)* overshoot [overthrow] distortion; 2. *(Fs)* bloom(ing)

überstreichen v sweep (over), cover; scan

Überstrom m overcurrent, excess(ive) current; surge current *(Stoßstrom)*; forward overload current *(beim Thyristor)*

Überstromauslöser m (Ap) overcurrent [overload] trip; series (overcurrent) trip *(mit direkter Strommessung)*

Überstromauslösung f overcurrent [overload] release, overcurrent

Überstromausschalter m overcurrent circuit breaker

Überstromrelais n overcurrent [overload, maximum current] relay

Überstromschalter m overcurrent [overload] switch; overcurrent [maximum] circuit breaker; line contactor [circuit breaker]

Überstromschutz m overcurrent [overload] protection

Überstrom-Unterspannungs-Schalter m overcurrent-undervoltage circuit breaker

übersynchron supersynchronous

Übertemperatur* f excess temperature, overtemperature; temperature rise

Übertrag m *(Dat)* carry, CY, carry-over

übertragen v 1. transfer; transmit; 2. radio *(durch Funk)*; broadcast *(Rundfunksendung)*; 3. *(Dat)* carry (over); 4. map *(Schaltkreisentwurf)*

Überträger m 1. transmitter; transformer; 2. *(Nrt)* repeating coil
• **ohne Überträger** transformerless

Übertrageramt n *(Nrt)* repeating station

Übertragsbit n *(Dat)* carry bit

Übertragskennzeichen n *(Dat)* carry flag

Übertragssignal n *(Dat)* carry(-over) signal

Übertragszeit f *(Dat)* carry(-over) time

Übertragung f 1. transfer(ence); transmission, transmitting; 2. *(Dat)* translation; transcription *(vom Band)*

Übertragung f/drahtgebundene *(Nrt)* wire transmission

Übertragung f/einseitig gerichtete *(Nrt)* unidirectional communication

Übertragung f/serielle serial transmission [transfer]

Übertragungsanlage f sound (transmission) system

Übertragungsbandbreite f transmission bandwidth

Übertragungseigenschaften fpl transmission properties

Übertragungseinheit f transmission unit

Übertragungsendezeichen n end-of--transmission character

Übertragungsfaktor m 1. transmission factor; sensitivity; 2. *(Rt)* transfer coefficient [factor]; 3. gain *(Verstärkung)*

Übertragungsfehler m (line) transmission error, message error

Übertragungsfehler--Sicherungsschema n *(Ko)* coding scheme, CS

Übertragungsfilter n transmission filter

Übertragungsfunktion f 1. *(Rt)* transfer function; 2. performance operator *(Operatorenrechnung)*

Übertragungsgeschwindigkeit f 1. transmission rate [speed]; 2. *(Nrt)* transfer rate, signalling speed

Übertragungsgewinn m transmission gain; transducer gain

Übertragungsglied n *(Rt)* transmission [transfer] element; block (link) *(im Blockschema)*

Übertragungsgüte f transmission quality [performance], transfer quality; merit *(im Funksprechbetrieb)*

Übertragungskanal m communication channel, (transmission) channel

Übertragungskapazität f transmission capability

Übertragungskurve f *(Ak)* response [fidelity] curve

Übertragungsleitung f transmission line

Übertragungsmaß n 1. transmission [transfer] constant; image transfer constant *(des Vierpols)*; propagation factor [constant]; 2. *(Ak)* sensitivity level

Übertragungsnetz n transmission network, primary transmission network, primary system

Übertragungsrate f *(Nrt)* transfer rate

Übertragungsrate f beim Herunterladen aus dem Internet *(Ko)* download rate

Übertragungsschalter m transfer switch

Übertragungsschicht f *(Dat)* physical

Übertragungsschlüssel 672

Übertragungsschlüssel m/**temporärer** (Ko) s. Übertragungsschlüsselerzeugungsalgorithmus A8

Übertragungsschlüsselerzeugungsalgorithmus m **A8** (Ko) key-generation algorithm A8

Übertragungsschnittstelle f/**programmierbare** programmable communication interface

Übertragungssystem n 1. transmission system; 2. (Nrt) communication(s) system

Übertragungstechnik f (Nrt) transmission technique

Übertragungsverhalten n transient response [characteristic]

Übertragungswagen m outside broadcast vehicle, OB van, mobile substation [transmission unit]

Übertragungsweg m (Nrt) communication path; transmission path (Graph)

überwachen v monitor; supervise, observe; control

Überwachung f monitoring; supervision, observation; control; checking

Überwachung f **des Sicherheitsabstandes** adaptive cruise control

Überwachung f/**entfernte** remote monitoring, RMON (Protokoll im Netzmanagement, auf SNMP aufbauend)

Überwachungsanzeige f control display

Überwachungseinheit f watchdog unit; watchdog monitor

Überwachungsgerät n monitoring instrument, monitor; surveillance instrument [device]

Überwachungskontakt m controlling contact (am Schaltgerät); detector contact (in Regelanlagen)

Überwachungsplatz m (Nrt) observation desk, supervisor's position [desk]

Überwachungsprogramm n (Dat) supervising program, supervisor, monitor program; check(ing) routine, checking program; tracing routine

Überweisung f transfer

Überweisungsfernamt n (Nrt) transfer exchange

überziehen v cover; clad (z. B. mit Metall); coat (beschichten)

Überzug m cover; cladding (z. B. aus Metall); (protective) coating; film

Überzugsmaterial n covering material; coating material

U-Bewertung f (Ak) U weighting

UCE s. E-Mail/unangeforderte kommerzielle

U-f-Regelung f terminal Volts/Hertz control

U-Graben-MOSFET m U-groove metal-oxide semiconductor field-effect transistor, U-groove MOSFET, UMOSFET

U-Graben-MOS-Transistor m U-groove metal-oxide semiconductor field-effect transistor, U-groove MOSFET, UMOSFET

UHF-Senderfrequenz f ultrahigh-frequency transmitter frequency

UHF-Stecker m (Ko) UHF connector (auch PL(-259)-Stecker; nur bis 300 MHz)

Uhr/rund um die around the clock (Tag und Nacht, 24h lang, durchgehend)

Uhrenschaltkreis m crystal-clock integrated circuit, crystal-clock IC

Uhrzeigersinn m clockwise direction

UKW (Abk. für: Ultrakurzwelle) very high frequency, VHF, v.h.f. (30 bis 300 MHz); ultrashort wave

UKW-Bereich m very-high-frequency range, VHF range [region]

UKW-Drehfunkfeuer n very-high-frequency omnidirectional range, VHF omnidirectional radio range, VOR

UKW-Empfänger m very-high-frequency receiver, VHF receiver

UKW-Träger m very-high-frequency carrier

UKW-Tuner m (Fs) FM tuner

ULA uncommitted logic array (nach Kundenwunsch verdrahtbarer Universalschaltkreis)

ULSI (Me) ultra large-scale integration

Ultrahochfrequenz f ultrahigh frequency, u.h.f., UHF (300 bis 3000 MHz)

Ultrahochfrequenzband n ultrahigh-frequency band

Ultraintegration f (Me) ultra large-scale integration, ULSI
Ultrakurzwelle f very high frequency, VHF, v.h.f. *(30 bis 300 MHz)*; ultrashort wave
Ultrapräzisionszerspanung f ultraprecision cutting
Ultraschall m ultrasonic [supersonic] sound, ultrasound
Ultraschallanemometer n sonic anemometer
Ultraschallecholot n ultrasonic (echo) sounder
Ultraschalllöteinrichtung f ultrasonic soldering equipment
Ultraschallprüfung f ultrasonic [supersonic] testing, ultrasonic flaw detection *(zerstörungsfreie Werkstoffprüfung)*
Ultraschallquelle f ultrasonic [supersonic] source
Ultraviolettspektrum n ultraviolet spectrum
Ultraviolettstrahler m ultraviolet lamp
Ultraviolettstrahlung f ultraviolet radiation
Ultraviolettstrahlungsmessgerät n ultraviolet radiation measuring instrument
Umbruchfestigkeit f (Hsp) cantilever strength
umcodieren v (Dat) convert
Umcodierer m (Dat) (code) converter
Umdrehung f revolution, rotation; turn
Umdrehungen fpl **je Minute** revolutions per minute *(technische Kenngröße für Drehzahlen oder Umlauffrequenzen)*
Umdrehungszähler m revolution [speed] counter
Umfang m 1. circumference, periphery; 2. dimension; volume; amount; 3. range; coverage
Umfangsgeschwindigkeit f circumferential velocity, peripheral velocity [speed]
Umfangslinie f peripheral line
Umflechtung f braiding
Umformer m converter *(z. B. für Energie)*; transducer; transformer
Umformung f (Et) conversion; transformation
umgeben v surround; enclose *(einschließen)*
Umgebung f environment

Umgebung f/**elektromagnetische** electromagnetic enviroment
Umgebungsbedingungen fpl ambient [environmental] conditions
Umgebungstemperatur f ambient [environmental] temperature
Umgehung f bypass
Umgehungsfilter n bypass filter
Umgehungsschalter m shunt switch
umhüllen v sheathe; case; jacket; cover
Umhüllung f 1. sheath; jacket; casing; enclosure; 2. sheathing; covering; serving *(z. B. für Kabel)*
Umkapselung f canning
Umkehr f reversal
Umkehrantrieb m (Le) reversible drive
umkehrbar reversible; invertible; reciprocal *(Wandler)*
umkehren v reverse, invert; return
umkehrend/nicht non-inverting
Umkehrgleichrichter m two-way rectifier
Umkehrschaltung f reversing circuit
Umkehrspanne f 1. (Mess) hysteresis error; 2. (Rt) incremental hysteresis *(nicht lineare Glieder)*
Umkehrtaste f (Nrt) reversing key
Umkehrung f reversal, reversion; inversion
Umladung f (Et) recharge, charge exchange
Umlauf m 1. (re)circulation, rotation; 2. (Dat) cycle; revolution; turn(over)
Umlaufbahn f trajectory
Umlaufbahn f/**geostationäre** (Ko) geostationary orbit *(äquatoriale Umlaufbahn in 35.800 km Höhe)*
Umlauffrequenz f rotational frequency; circulation frequency
Umlaufgeschwindigkeit f 1. rotation(al) speed; circulation speed, speed of circulation *(z. B. der Kühlflüssigkeit)*; 2. (Dat) cycle rate
Umlaufgeschwindigkeit f **eines Zeichens** character cycle rate
Umlaufkühlung f closed-circuit cooling [ventilation]
Umlaufzeit f rotation [turn-around] time; circulation time
umlegen v (Nrt) transfer *(ein Gespräch)*
Umlegungszeichen n (Nrt) transfer signal
umleiten v bypass

Umleitung f 1. redirection, alternative routing, rerouting; 2. bypass, by-pass
Umlenkrolle f idler [idle] pulley, idler
Umlenkspiegel m 1. (Laser) deflecting reflector, deviating mirror; 2. passive [plane] reflector (Antennentechnik)
Umluftheizung f heating by circulating air, recirculation air heating
Ummagnetisierung f remagnetization, magnetic reversal, reversal of magnetism; cyclic magnetization
Ummantelung f 1. jacketing, sheathing; cladding (mit Metall); 2. jacket, envelope, enclosure
umpolen v change [reverse] the polarity; commutate
Umpolung f 1. pole change, change [alternation] of polarity, polarity reversal (Polwechsel); 2. s. umpolen
Umrichter m (Le) converter, inverter; frequency changer [converter]
Umrichter m mit **Pulsweitenmodulation** pulse-width modulated inverter
Umrüststecker m convertible connector
umschalten v switch over; change over; commutate (Stromwendung); reverse
Umschalter m change-over switch, double-throw switch [circuit breaker]; two-way switch (für zwei Stromkreise); selector switch
Umschaltkontakt m change-over contact (element), double-throw contact, transfer [two-way] contact
Umschaltpunkt m switch point (z. B. auf Kennlinien); flip-over point (bei Schalthysterese)
Umschaltscheibe f shift disk (bei Schaltgeräten)
Umschaltschütz n change-over contactor
Umschalttaste f shift key (bei Schaltgeräten)
Umschaltung f 1. (change-over) switching; change-over, changing-over; commutation (Stromwendung); 2. (Nrt, Dat) escape
Umschaltungsfolge f switching [change-over] sequence (z. B. bei einem Zweipunktglied); tap-changing sequence
Umschaltzeichen n 1. (Le) commutation signal; 2. (Dat) escape character

Umschlag m Envelope (bei E-Mail)
umschneiden v rerecord (Magnetband); dub (mischen)
Umschnitt m rerecording (Magnetband); dubbing
umschreiben v (Dat) transcribe, copy
Umschwingthyristor m (Le) ring-around thyristor
Umschwingzweig m (Le) ring-around arm
umsetzen v convert; transform; translate (z. B. Daten); transpose (Telegrafie)
Umsetzer m 1. (Et) converter (unit); transformer; 2. (Dat, Nrt) converter, translator; coder
Umsetzereinheit f conversion unit
Umsetzung f 1. conversion; transformation; 2. (Dat, Nrt) translation
umspannen v transform
Umspanner m (Ee) transformer
Umspannstation f (Ee) distribution substation
Umspannungsverhältnis n transformation ratio
Umspannwerk n power substation, transformer [transforming] station, transformer substation
umspeichern v (Dat) restore, dump
Umspeicherprogramm n dump program
umsponnen/mit Baumwolle cotton--covered (Draht)
Umstellung f change-over; conversion
Umsteuerung f 1. (Dat) alternate routing; 2. (Ma) reversal, reversion (der Drehrichtung)
umtasten v shift
Umtastscheibe f shift disk (bei Schaltgeräten)
umwandeln v convert, change; transform; translate (Informationen)
Umwandler m converter (unit)
Umwandlung f conversion; transformation; translation (von Informationen); change
Umwandlungsgeschwindigkeit f conversion speed [rate]
Umwandlungsprogramm n (Dat) conversion [change] program
Umwandlungspunkt m transformation point [temperature], transition point [temperature]
Umweltbedingungen fpl environmental conditions

Umweltbelastung f environmental pollution
umweltfreundlich environment-friendly, environmentally acceptable
Umweltverträglichkeit f/ **elektromagnetische** (EMVU) environmental electromagnetic compatibility
umwenden v turn (over)
umwickeln v 1. wrap around; 2. rewind (neu wickeln)
Umwicklung f 1. wrapping; covering; 2. rewinding
UMZ-Relais n (Ap) independent [constant] time element, independent [definite] time-lag relay (Spannungsmeldezeitrelais)
unabgeglichen unbalanced, out-of--balance (z. B. eine Brücke)
unabgeschirmt unshielded, unscreened
unabgestimmt untuned, non-tuned
unabhängig 1. independent; self--contained; 2. (Rt) autonomous; 3. (Dat) off-line
unbearbeitet 1. (Me) as-fired (Chip); 2. (Rt) unconditioned; 3. (Ak) (sl) dry (Tonsignal)
unbelastet unloaded, non-loaded, off--load; unstressed
unbesetzt 1. vacant (z. B. Gitterplatz); unoccupied, unfilled (z. B. Energieniveau); 2. (Nrt) clear, free, disengaged, idle
UND n AND (Schaltalgebra)
UND-Funktion f AND function
UND-Gatter n AND gate, AND [coincidence] circuit
UND-Gatter n/**invertiertes** AND-NOT gate
UND-Glied n s. UND-Gatter
Undichtheit f leakiness
Undichtigkeit f leakiness
UND-NICHT-Gatter n AND-NOT gate, inhibitory gate, inhibiting circuit
UND-NICHT-Schaltung f s. UND--NICHT-Gatter
UND-NICHT-Tor n s. UND-NICHT--Gatter
UND-ODER-Schaltung f AND-OR circuit
UND-Operation f/**negierte** NAND operation
UND-Operator m AND operator
undotiert undoped

UND-Schaltung f s. UND-Gatter
UND-Tor s. UND-Gatter
undurchdringbar impermeable, impervious, impenetrable; proof
undurchdringlich impermeable, impervious, impenetrable; proof
Undurchdringlichkeit f impermeability, imperviousness
undurchlässig 1. impermeable, impenetrable, impervious; tight; 2. (Licht) opaque
UND-Verknüpfung f collation
Unfallaufnahmesystem n/**mobiles** mobile accident recording system
ungedämpft undamped, non-damped, non-attenuated
ungeerdet non-earthed [unearthed], (AE) ungrounded; floating (ohne Erdpotenzial)
Ungenauigkeit f inaccuracy, imprecision
Ungenauigkeitswinkel m (Fo) bad--bearing area [sector]
ungeordnet disordered, disarranged (z. B. Kristall)
ungerade odd, uneven
Ungerade-gerade-Prüfung f (Dat) odd--even check
ungeradzahlig odd-numbered
ungeregelt uncontrolled
ungeschützt unguarded, non--protected; bare (z. B. Draht); open--type (Gerät); unsafe (z. B. Daten); unsecured (z. B. Datei)
ungleich unequal
Ungleichförmigkeit f non-uniformity, discontinuity; notching ratio (beim Anfahren über stufenweise Spannungsänderung)
ungültig non-valid, invalid
Unhörbarkeit f inaudibility
Unicast n unicast (in eine Richtung)
Unicast-Adresse f/**aggregierbare globale** aggregatable global unicast address (Adresstyp bei IPv6)
Unicode n unicode (Zeichensatz--Standard, mit dem praktisch alle weltweit vorkommenden Sprachen ausdrückbar sind)
Unijunction-Transistor m unijunction transistor, double-base diode
unipolar unipolar, monopolar; homopolar

Unipolarfeldeffekttransistor *m* unipolar field-effect transistor

Unipolarmaschine *f* unipolar [homopolar] machine, acyclic machine

Unipolartransistor *m* unipolar transistor *(Feldeffekttransistor)*

unisoliert uninsulated

UNIVAC universal automatic computer

Universalmessbrücke *f* universal bridge, resistance-inductance--capacitance-bridge *(Wechselstrommessbrücke)*

Universalmessgerät *n* universal (measuring) instrument, multipurpose (measuring) instrument, multishot [universal] meter, multimeter

Universalmessinstrument *n* universal (measuring) instrument, multipurpose (measuring) instrument, multishot [universal] meter, multimeter

Universalmotor *m* a.c. commutator motor, universal motor

Universalrechner *m* general-purpose computer, universal [multipurpose] computer, main frame

Univibrator *m* univibrator, monostable [one-shot] multivibrator, monoflop

Univibratorkippschaltung *f* single-shot trigger circuit

unklar blurred *(Sprache)*

unkontaminiert non-contaminated

unmagnetisch anti-magnetic, non--magnetic; unmagnetized

unscharf 1. unsharp; blurred *(z. B. Fernsehbild)*; out-of-focus *(Optik)*; broad *(Rundfunk)*; 2. *(Rt)* fuzzy

Unsicherheit *f* uncertainty

Unstetigkeit *f* unsteadiness; discontinuity

Unstetigkeitsstelle *f* (point of) discontinuity *(Mikrowellentechnik)*

Unsymmetrie *f* asymmetry, dissymmetry; unbalance *(in Gegentaktverstärkern)*

Unterabtastung *f* undersampling *(unter Verletzung des Abtasttheorems)*

Unteramt *n (Nrt)* subexchange, subcentre, satellite [minor] exchange, dependent station

unterätzen *v* undercut

Unterbereich *m* 1. *(Mess)* subrange; subband; 2. Laplace domain, S plane *(Laplace-Transformation)*

unterbrechen *v* 1. interrupt, disconnect; isolate *(einen Stromkreis)*; break; open; cut off *(Stromversorgung)*; 2. *(Dat)* halt *(Programm)*

Unterbrecher *m* interrupter; disconnector; (circuit) breaker; contact breaker; cut-out

Unterbrecherfunke *m* interrupter spark

Unterbrecherkontakt *m* interrupter [interrupting] contact, break(ing) contact

Unterbrechung *f* 1. interruption, disconnection; break(ing) *(Kontakt)*; cut-out, cut-off; 2. s. Interrupt; 3. *(Nrt)* spacing *(Trennzeit)*

unterbrechungsfrei seamless *(z. B. Aufzeichnung, Brennvorgang)*

Unterbrechungslichtbogen *m* interruption arc

Unterbrechungsmaske *f (Me)* interrupt mask

Unterbrechungsmöglichkeit *f* 1. *(Nrt)* suspension facility; 2. *(Dat)* interrupt facility

Unterbrechungstaste *f* 1. break key; 2. *(Nrt)* interruption [cut-off] key

Unterdrückerkreis *m* squelch circuit

Unterdruckschalter *m* minimum pressure switch

Unterdrückung *f* suppression; rejection

Unterdrückungsfaktor *m* 1. rejection factor *(Maß für die Gleichtaktunterdrückung in Gegentaktmessverstärkern)*; 2. *(Nrt)* cancellation ratio

Unterdrückungsschaltung *f* squelch circuit

Untereinheit *f* subassembly *(Baueinheit)*

untererregt underexcited

Unterflurmotor *m* underframe-mounted motor *(IEC 50-811)*

Untergrundbeleuchtung *f* background lighting [illumination], back-lighting

unterhalten *v* maintain; service

Unterhaltungselektronik *f* entertainment [consumer] electronics, home electronics

Unterhaltungskosten *pl* maintenance cost

Unterkühler *m* subcooler, undercooler

Unterkupferung *f* copper undercoating, pre-copper plating *(Leiterplattenherstellung)*

Unterlage *f* 1. base, support; substrate;

Unterlagerungsfrequenz f subaudio frequency
Unterlagerungstelegrafie f subaudio telegraphy, superacoustic [infra-acoustic] telegraphy
Unternehmen-Kunde-Beziehung f business to consumer, B2C
Unternehmen-zu-Unternehmen--Beziehung f business to business, B2B
Unterprogramm n (Dat) subroutine, subprogram
Unterprogrammaufruf m (Dat) subroutine call
Unterprogrammbibliothek f (Dat) subroutine library, library of subroutines
Unterpulver-Lichtbogenschweißen n submerged arc welding
Unterputzanlage f buried [concealed] installation
Unterputzdose f flush device box, flush socket
Unterputzleitung f buried [concealed] wire
Unterputzschalter m flush [recessed] switch
Unterputzverlegung f buried [concealed] wiring
Untersatz m pedestal; (console) base; support
Unterschallgeschwindigkeit f subsonic speed [velocity]
Unterscheidungsvermögen n discrimination (Frequenzmodulation)
Unterschicht f 1. (Hsp) back-up material; 2. s. Unterlage; 3. sublayer
Unterschwingen n undershoot
Unterschwingung f/harmonische subharmonic
Unterseeboot-Navigation f (Fo) submarine navigation (mit OMEGA--Navigationsverfahren, wegen der großen Eindringtiefe sehr tiefer Frequenzen)
Unterseekabel n submarine [ocean] cable
Untersetzerschaltung f scaling circuit, scaler
Untersetzerstufe f scaling stage
Untersetzung f 1. scaling; 2. decimation (digital); 3. (gear) reduction
Untersetzungsverhältnis n step-down ratio (Transformator); reduction ratio (Getriebe)
Unterspannung f undervoltage
Unterspannungsauslöser m undervoltage trip [release]
Unterspannungsschalter m undervoltage circuit breaker
Unterspannungsschutz m undervoltage protection
Unterstation f (distribution) substation (Umspannstation); satellite substation
unterstrichen underlined (Symbol: U)
untersuchen v investigate, examine, analyze; test
untersynchron subsynchronous
Unterteil n base; fuse base (einer Sicherung)
unterteilen v subdivide; partition; sectionalize; split up
untertonfrequent infrasonic, subsonic
Untertonfrequenz f subaudio frequency
Untervermittlung f (Nrt) subexchange
Unterverteilerstation f (electric) power substation
Unterverzweiger m (Nrt) subcabinet
Unterwasserwellenausbreitung f (Nrt) underwater wave propagation (die Eindringtiefe elektromagnetischer Wellen steigt mit sinkender Frequenz, deshalb Längstwellen-OMEGA--Navigation für U-Boote)
Unterwerk n substation
ununterbrochen uninterrupted; continuous, steady-state
unveränderlich invariable; constant; fixed; stable
unverkappt (Me) unpackaged
unverlötet solderless
unverschlüsselt 1. plain (Telegramm); 2. (Dat) uncoded; absolute (Programmierung)
Unverständlichkeit f (Nrt, Dat) unintelligibility
unverstärkt unamplified
unverträglich incompatible
unverwechselbar non-interchangeable; non-reversible (z. B. Steckvorrichtung)
unverzerrt undistorted, distortionless
unverzögert undelayed, instantaneously operating
unverzweigt unbranched, non--branched
Unwucht f unbalance, out-of-balance

Update *n (Ko)* update *(siehe auch: Aktualisierung; Programmaktualisierung aus dem Internet; "live update")*
UPS uninterruptible power supply
Urband *n* master tape *(Studiotechnik)*
Ureichkreis *m* für die Bestimmung der Bezugsdämpfung/neuer *(Nrt)* new fundamental system for the determination of reference equivalents, NOSFER
Urladen *n (Dat)* boot *(eines Rechners)*; bootstrap [initial program] loading
Urlader-Protokoll *n* bootstrap protocol
Urspannung *f*/elektrische electromotive force, emf, internal voltage
Urspannungsquelle *f* voltage generator
Ursprung *m* 1. origin; 2. source *(Spannungsquelle)*
Ursprungscode *m* source code
Ursprungsdaten *pl* source data
Ursprungsprogramm *n* source [original] program
USART *(Dat)* universal synchronous-asynchronous receiver-transmitter
USB-Steckverbinder *m (Dat)* USB connector *(zum Anschluss von PC-Zubehör an den USB-PC-Bus)*
USRT *(Dat)* universal synchronous receiver-transmitter
U-Stromrichter *m* constant-voltage d.c. link converter
UT s. Unterlagerungstelegrafie
UV-Laser *m* deep ultra violet *(für hochauflösende Halbleitermaskenbelichtung)*

V

Vakuumableiter *m* vacuum arrester
Vakuumbedampfung *f* vacuum deposition [evaporation]; vacuum metallizing *(mit Metalldampf)*
Vakuumblitzableiter *m* vacuum lightning arrester [protector]
vakuumdicht vacuum-tight
Vakuumdruckimprägnierung *f (Ma)* vacuum-pressure impregnation, VPI
Vakuumdurchschlag *m* vacuum breakdown
Vakuumeffekt *m* vacuum effect [phenomenon]

Vakuumelektronenkanone *f* vacuum electron gun
Vakuumemissionsphotozelle *f* vacuum photoemissive tube
Vakuumentgasung *f* vacuum degassing [outgassing]
Vakuumentkopplung *f* vacuum decoupling
Vakuumfenster *n* vacuum window
Vakuumflasche *f* vacuum flask
Vakuumfunken *m* vacuum spark
Vakuumimprägnierung *f* vacuum impregnation [impregnating]
Vakuumsaugkopf *m* vacuum chuck
Vakuumschaltanlage *f* vacuum switchgear
Vakuumschalter *m* vacuum switch [interrupter, circuit-breaker]
Vakuumschaltlichtbogen *m* vacuum switching arc
Vakuumschütz *n* vacuum contactor
Valenzband *n* valence band *(Energiebändermodell)*
Valenzelektron *n* valence [bonding, outershell] electron
Valenzhalbleiter *m* valence semiconductor
V-Antenne *f* vee aerial, V aerial
VAr volt-ampere reactive *(Einheit der elektrischen Blindleistung)*
Varaktor *m* varactor, variable-capacitance diode, varicap, voltage-variable capacitor diode *(Halbleiterdiode mit spannungsabhängiger Kapazität)*
Variable *f* variable
Varianz *f* variance, mean square deviation *(Statistik)*
Variometer *n* variometer, variable [continuously adjustable] inductor, inductometer
Varioobjektiv *n* (variable-focus) zoom lens *(Objektiv mit veränderlicher Brennweite)*; varifocal lens, (variable-power) zoom lens *(Objektiv mit veränderlicher Vergrößerung)*
Varistor *m* varistor, voltage-dependent resistor
Varmeter *n* varmeter, reactive volt-ampere meter
Vaterplatte *f* original master, (metal) master *(Schallplattenmatrize)*
V-Blech *n* horseshoe electrode *(in Lichtbogenlöschkammern)*

VCM s. Fahrzeugregel- und Überwachungsmodul
VDE Abkürzung für: Verband deutscher Elektrotechniker
VDE-Bestimmung f VDE-regulation
VDT n video display terminal, VDT
Vektor m vector; phasor *(Operator)*
Vektordarstellung f vector(ial) representation, vector display
Vektordiagramm n vector diagram
Vektorfeld n vector field
Velozitron n time-of-flight (mass) spectrograph, velocity spectrograph
Ventil n valve *(hydraulisch, pneumatisch)*
Ventilableiter* m valve(-type) arrester, non-linear resistance [resistor-type] arrester, resistor-type lightning arrester
Ventilator m blower, (ventilating) fan, ventilator, cooling fan
Ventilatormotor m fan motor
Ventilbeschaltung* f *(Le)* snubber circuit
Ventildrossel* f *(Le)* valve reactor
Ventilelektronik f valve electronic *(zur Ventilbewegung im Verbrennungsmotor)*
ventilgesteuert valve-controlled
veränderlich variable; adjustable
verändern v vary, change, alter
Veränderung f variation, change, alternation
verankern v anchor, tie
Verankerung f anchorage, bracing; staying
veranschlagen v rate; estimate
verarbeiten v process; condition *(Signal)*; work; handle
Verarbeitung f processing, working; handling
Verarbeitungseinheit f processing unit, processor *(für Daten)*
Verarbeitungseinheit f/zentrale central processing unit, CPU
Verarbeitungsgeschwindigkeit f processing speed
Verarbeitungsschicht f application layer *(im ISO-Referenzmodell Konkretisierung der eigentlichen Nachrichtenübertragung, Ausführung der Aufgabe)*
Verarmung f *(Me)* depletion
Verarmungslasttransistor m depletion load transistor

Verarmungs-MISFET m depletion MISFET
Verarmungs(rand)schicht f depletion region [layer], depletion layer of barrier, exhaustion layer
Verarmungstyp m *(Me)* depletion type
Verästelung f ramification, treeing
verbessern v 1. improve; upgrade; 2. correct
Verbesserung f der Energieeffektivität energy efficiency improvement
Verbindbarkeit f routability *(von Leiterzügen)*
verbinden v 1. *(Et)* connect *(leitend)*; interconnect; 2. *(Nrt)* put through; 3. *(Me)* bond; 4. link; couple; join
Verbinder m connector
Verbindung f 1. connection; joint *(Verbindungsstelle)*; junction; 2. *(Dat)* link; 3. *(Me)* bond; 4. *(Nrt)* (inter)communication; connecting line; 5. connection; joining; junction; interlinking *(z. B. von Systemen)*; linkage *(im Programmablaufplan)*; 6. *(Me)* bonding
Verbindung f/digitale *(Nrt)* digital link
Verbindung f/drahtlose radio communication
Verbindung f/einseitig betriebene *(Nrt)* one-way link
Verbindung f/kabellose Bluetooth *(Hochgeschwindigkeitsdatenübertragung über kurze Entfernungen per Funk; kabellose Verbindung zwischen Geräten, z. B. PC und Peripherie)*
Verbindung f/leitungsgebundene *(Nrt)* line communication
Verbindung f/lötfreie solderless connection
Verbindung f/verzögerte *(Nrt)* delayed call
Verbindungsabweisung f *(Nrt)* call rejection
Verbindungsaufbau m *(Nrt)* trunking scheme; completion of calls
Verbindungsbus m interconnecting bus
Verbindungsdose f joint box, access fitting
Verbindungsdraht m 1. jumper, (inter)connecting wire; 2. *(Me)* bonding lead
Verbindungshalbleiter m compound semiconductor

Verbindungsherstellungssignal *f (Nrt)* call completion signal, CC signal
Verbindungskabel *n* (inter)connection cable, connecting [junction] cable
Verbindungsklemme *f* connecting terminal, lead clamp, bonding clip; binding post
Verbindungsklinke *f (Nrt)* multiple jack
Verbindungslasche *f* connecting link; splice piece
Verbindungsleiste *f* terminal yoke
Verbindungsleitung *f* 1. connecting lead [wire], interconnection line; 2. *(Nrt)* junction (line), trunking circuit, link [tie] line
Verbindungslöten *n* joint soldering
Verbindungsmuffe *f* connecting sleeve; cable-jointing sleeve
Verbindungsnippel *m* connecting pin *(z. B. zum Anstücken von Graphitelektroden)*
Verbindungsplan *m* 1. interconnection scheme; 2. *(Nrt)* junction [connection] diagram
Verbindungsplatz *m (Nrt)* B-position, incoming [inward] position
Verbindungsprogramm *n (Dat)* client *(zur Verbindung von einem Computer zu einem Server-Programm)*
Verbindungspunkt *m* connection [junction] point
Verbindungsschiene *f* connection [connecting, terminal] bar
Verbindungsschnur *f* 1. connecting [flexible] cord, flex, cord; 2. *(Nrt)* calling cord
Verbindungsstecker *m* connecting plug, connector
Verbindungsstelle *f* 1. joint; junction; cable joint; 2. *(Me)* bonding site; 3. thermojunction *(eines Thermoelements)*; 4. interface
Verbindungsstift *m* connecting pin
Verbindungsstöpsel *m* 1. connecting plug; 2. *(Nrt)* calling plug
Verbindungsstück *n* connecting [joining] piece; coupling; link; tie; bridging connector *(in Messbrücken)*
Verbindungstechnik *f (Me)* bonding technique
Verbindungswort *n* linkage word
verblassen *v* fade *(Farbe)*
Verblockung *f* interlock(ing)
Verbrauchereinheit *f* consumer unit

Verbraucherleitung *f* consumer's [service] main; service cable
Verbraucher-Zählpfeilsystem *n*, **VZS** *(Ee)* load reference arrow system
verbraucht dissipated; exhausted *(Batterie)*; used up
Verbundbauweise *f* sandwich construction
verbunden 1. connected, linked; 2. *(Dat)* on-line • **verbunden werden** *(Nrt)* get through
Verbunderregung *f* compound excitation
Verbundleiterplatte *f* printed circuit board sandwich
Verbundnetz *n* 1. interconnected network; 2. *(Ee)* integrated transmission system, intrasystem; interconnection *(Verbindung von Energieversorgungsnetzen)*; 3. *(Nrt)* mixed network
Verbundoberleitung *f* compound catenary equipment
Verbundplatte *f* sandwich panel; composite board *(Leiterplatte)*
Verbundröhre *f* multisection [multi-unit] valve, multiple-(unit) valve
Verbundsystem *n (Ee)* interconnected network of transmission lines, grid system
Verbundwahrscheinlichkeitsdichte *f* joint probability density, compound probability density
Verdampfung *f* evaporation, vaporization
verdecken *v* cover; mask
Verdeckung *f (Ak)* (auditory) masking
Verdichtbarkeit *f* condensability *(Dampf)*; compressibility
verdichten *v* 1. condense; compress; 2. compact *(z. B. einen Schaltkreis)*; pack *(Bauelemente)*
Verdichter *m* compressor
Verdichtung *f* 1. condensation; compression; 2. compaction *(z. B. eines Schaltkreisentwurfs)*; packing *(z. B. von Informationen)*
Verdichtungsgrad *m* 1. degree of compression; 2. *(Dat)* condensation
Verdopplungsschaltung *f (Le)* doubler connection
verdrahten *v* wire (up)
Verdrahtung *f* wiring, circuit [interconnection] wiring; cabling

Verdrahtungsbild n wiring pattern [configuration], wire pattern
Verdrahtungsentwurf m wiring layout [design]
Verdrahtungsplatte f wiring board; backplane *(für Rückverdrahtung)*
Verdrahtungsplatte f/**doppelseitige [zweiseitig gedruckte]** double-sided printed wiring board
verdrängen v displace; deplete
Verdrängung f displacement *(z. B. Stromverdrängung)*
verdrehen v twist
verdrillen v twist; transpose *(Drähte)*
Verdrillung f angular twist, twisting *(einer Litzenleitung)*; transposition *(Röbelstab)*
Verdrillungsmast m transposition pole *(Holz)*; transposition tower *(Stahl)*
Verdrosselung f choking, installation of chokes
Verdunkelung f black-out; darkening; dimming
Verdunkelungsvorrichtung f dimmer *(z. B. bei Lampen)*
Verdunstungskühlung f evaporative [evaporation] cooling
Vereinbarkeit f compatibility
Vereinbarung f *(Dat)* declaration *(Programmierung)*
Vereinbarungsanweisung f declaration statement
Vereinheitlichung f standardization; unification
vereinzeln v single; separate
Vererbung f inheritance *(Ableitungsverfahren bei der objektorientierten Programmierung)*
Verfahren n process, method; procedure, technique
Verfahren n **der finiten Elemente** finite-element method
Verfahren n **der integrierten Impulsantwort** integrated impulse response method, Schroeder method
Verfahren n **der kontinuierlichen Abtastung** scanning method
verflechten v interweave *(Litze)*; interlace *(z. B. Speicheradressen)*
Verflüssiger m liquefier *(für Gase)*; condenser *(Kälteanlagen)*
Verfolgung f tracking; tracing
Verfolgung f **böswilliger Anrufe** *(Nrt)* malicious call tracing

Verfolgungsradar n(m) tracking radar
verfügbar available
Verfügbarkeit f availability
Verfügbarkeitsrate f availability rate *(z. B. eines Generators)*
Verfügbarkeitszeit f availability time, up-duration, up-time
Verfügungsfrequenz f *(Nrt)* assigned [allotted] frequency
vergießen v cast; pour; compound *(mit Isoliermasse)*; seal *(z. B. Batterie)*
Vergiftung f poisoning
Vergleich m comparison
Vergleich m **von Bit zu Bit** bit-to-bit comparison
vergleichen v 1. compare; 2. *(Dat)* collate
Vergleicher m comparator
Vergleichsblock m reference block *(bei numerischer Steuerung)*
Vergleichsbyte n reference byte
Vergleichselektrode f comparison [reference] electrode
Vergleichsfrequenz f comparison [comparative] frequency; reference frequency
Vergleichsglied n *(Rt)* comparison [comparing] element *(beim Regler)*; deviation detector
Vergleichskalibrierung f comparison (method of) calibration
Vergleichsmaßstab m comparison standard; reference standard
Vergleichspegel m reference level
Vergleichspunkt m reference point *(im Regelkreis)*
Vergleichsschallquelle f reference sound source, sound power source
Vergleichsschaltung f 1. *(Mess)* comparator circuit; 2. differential connection *(Relais)*
Vergleichsspannung f reference voltage
Vergleichsspektrum n comparison spectrum; reference [standard] spectrum
Vergleichsstelle f reference junction *(eines Thermoelements)*
Vergleichsstrom m reference current
Vergleichsstromkreis m *(Nrt)* reference telephone circuit
Vergleichstest m compliance test *(z. B. zur Bestimmung des Wirkungsgrades)*

vergolden v 1. gild, gold-coat; 2. *(Galv)* gold-plate

vergossen sealed-in

vergraben v *(Me)* bury

Vergrößerung f magnification; enlargement; increase

Vergrößerungsfaktor m magnification factor *(Optik)*; enlargement factor

Vergrößerungsfehler m magnification error

Vergrößerungsglas n magnifying lens, magnifier

Vergussmasse f potting compound; cast(ing) compound; sealing compound [material]

Verhalten n behaviour; performance; response, action *(Regelung)*

Verhalten n/differenzierendes *(Rt)* derivative (control) action, D action

Verhalten n/dynamisches *(Rt)* dynamic behaviour [performance]

Verhalten n/integrierendes *(Rt)* integral (control) action, I action

Verhalten n/lineares linear performance *(z. B. eines Stromkreises)*

Verhältnis n ratio; proportion; relation

Verhältnistelemeter n ratio-type telemeter *(Fernmesseinrichtung mit getrennten Kanälen für Phase und Amplitude)*

Verifizierung f verification

verjüngt tapered, conic(al)

Verkabelung f cabling

Verkappungsschicht f *(Me)* encapsulation layer

verkapseln v encapsulate

Verkehr m *(Nrt)* communication; traffic

Verkehr m/gerichteter one-way traffic [operation]

Verkehr m/interaktiver *(Dat)* interactive mode

verkehren v/miteinander (inter)communicate

Verkehrsfrequenz f traffic frequency; working frequency

Verkehrsfunk m traffic (broadcast) program

Verkehrsfunkkennung f traffic program identification

Verkehrsfunksteuerung f traffic message control, TMC

Verkehrslärm m traffic noise

Verkehrslichter npl traffic lights *(Straßenverkehr)*

Verkehrsschreiber m (telephone) traffic recorder, recording demand meter

Verkehrssignalanlage f/rechnergesteuerte computer-controlled traffic signal system

Verkehrssimulation f traffic simulation

Verkehrsspitze f traffic peak, peak of traffic

Verkehrswelle f communication wave

Verkehrszeichenbeleuchtung f traffic sign lighting *(Straßenverkehr)*

verketten v chain, interlink; concatenate

Verkettung f 1. interlinking *(von Systemen)*; 2. *(Dat)* concatenation; 3. *(Dat)* daisy chain

Verkettung f/elektromagnetische electromagnetic linkage

Verkettungsoperation f link operation *(Programmierung)*

Verkleidung f casing, cover(ing), closing, sheath(ing), lagging, lining *(mit Dämmstoff)*

Verkleidungsblech n fairing plate

Verkleinerung f reduction (in size), diminution; scaling-down

Verkleinerung f des Bandabstands *(Me)* band gap narrowing

verknüpfen v (inter)link; interconnect

Verknüpfung f linkage; interconnection

Verknüpfung f/logische logical interconnection

Verknüpfung f/programmierte programmed interconnection

Verknüpfungsanweisung f *(Dat)* logic instruction

Verknüpfungsbedingung f *(Dat)* logic condition

Verknüpfungsbefehl m *(Dat)* connective [logical] instruction

Verknüpfungsglied n 1. switching [logical] element; 2. *(Dat)* link

Verknüpfungsoperation f *(Dat)* logic operation

Verknüpfungsschaltung f switching circuit; logic (assembly)

verlängern v extend; elongate

Verlängerung f extension; elongation; prolongation *(z. B. zeitlich)*

Verlängerungskabel n extension cable

Verlängerungsleitung f extension line [lead], continuation lead

Verlängerungsschnur f extension cord lead, *(AE)* extension cord

Verriegelung

Verlangsamung f slowing down; deceleration

Verlauf m 1. course, behaviour *(z. B. einer Kurve, einer Funktion)*; 2. run *(eines Kabels)*; 3. curve, characteristic

Verlauf m **der PC-Aktivitäten** *(Dat)* Recent *(Dateiordner, der alle PC--Aktivitäten automatisch speichert)*

verlegen v lay (out) *(Kabel)*; wire *(z. B. Drähte)*; install

Verlegung f laying *(Kabel)*; wiring *(Leitung)*; installation

Verlegung f/**auf Putz** surface mounting [wiring]

Verlegung f/**unter Putz** concealed installation wiring

verletzen v injure; violate *(z. B. Regeln)*

Verletzungsspannung f injury potential *(für Lebewesen)*

verlitzen v strand *(Draht)*

Verlust m 1. loss; 2. dissipation

Verlust m **am Übertragungsfaktor** loss in gain

Verlust m **durch Konvektion** convection loss

Verlust m **durch Lichtstreuung** optical--stray loss

Verlust m **durch Mikrokrümmung** microbending loss

Verlust m **in Durchlassrichtung** forward power loss

Verlust m **in Sperrrichtung** reverse power loss

Verlust m/**innerer** internal loss

Verlustanteil m dissipative component

verlustarm low-loss

Verlustausgleich m loss compensation

verlustbehaftet lossy

Verluste mpl loss(es)

Verluste mpl/**dielektrische** dielectric losses *(in Kondensator)*

Verluste mpl/**elektrische** electric losses

Verlustfaktor m loss factor; leakage factor

Verlustfaktorkennlinie f 1. loss factor characteristic; 2. *(Hsp)* power factor--voltage characteristic

verlustfrei lossfree, lossless; non--dissipative

Verlustkomponente f dissipative component

Verlustkonstante f *(Nrt)* damping constant

Verlustleistung f 1. dissipation (power), loss (power); power loss [dissipation]; 2. *(Ma)* stray [leakage] power

verlustreich lossy

Verluststrom m 1. lost current; 2. *(Hsp)* leakage current

Verluststromphasenwinkel m magnetic loss angle

Verlustwärme f dissipation heat; waste heat

Verlustwiderstand m dissipative resistance, (dissipation) loss resistance

Verlustwinkel m (dielectric) loss angle, loss tangent *(bei Dielektrika oder Wandlern)*; insulation power factor

Verlustziffer f loss factor [index], coefficient of loss

vermaschen v intermesh

Vermaschung f 1. intermeshing; 2. *(Rt)* interconnection

vermieten v *(Nrt)* lease *(Leitungen)*

vermindern v decrease; diminish; reduce, lower; degrade

Verminderung f decrease; diminution; reduction; degradation

Vermittlung f *(Nrt)* (circuit) exchange

Vermittlungseinrichtung f switching equipment

Vermittlungsplatz m switchboard [junction, operator's] position, attendant console

Vermittlungsrechner m switching processor; gateway *(zwischen verschiedenen Datennetzen)*

Vermittlungsschicht f network layer *(im ISO-Referenzmodell Festlegungen zur Vermittlung und zum Aufbau des Übertragungsweges)*

Vermittlungsschrank m switchboard

Vermittlungszentrale f/**digitale** *(Nrt)* digital switching center

Verneinung f negation

vernetzen v 1. cross-link *(z. B. Kunststoffe)*; 2. *(Nrt)* connect into a network

Vernetzung f 1. cross-linkage, (intermolecular) cross linking *(von Kunststoffen)*; 2. *(Nrt)* networking

verriegelnd/nicht non-locking

Verriegelung f 1. locking, interlock(ing), blocking; latching; 2. locking device [mechanism], latch • **mit Verriegelung** restrained-type

Verriegelungseinrichtung f interlocking device

Verriegelungskontakt m interlocking contact *(elektrische Verriegelung)*

Verriegelungsmechanismus m interlocking mechanism

Verriegelungsschalter m (inter)locking switch, key switch

Verriegelungstaster m locked control push button

Verringerung f decrease, diminution; reduction

Verröbelung f transposition

Verroebelung f transposition

Verschachtelung f interleaving, interlacing; nesting *(von Unterprogrammen)*

Verschalten n faulty connection *(wiring)*

verschiebbar shiftable; slidable; relocatable *(z. B. Programmadressen)*; scrollable *(z. B. Bildschirminhalt)*

Verschiebeankermotor m displacement-type armature motor

Verschiebebefehl m *(Dat)* shift(ing) instruction

Verschiebefrequenz f set-off frequency

Verschiebeimpulsgenerator m shift--pulse generator

verschieben v shift *(z. B. die Phase)*; set off; displace; slide; relocate *(Programmadressen)*; rotate *(z. B. Bits in einem Register)*; scroll *(z. B. Bildschirminhalte)*

Verschieberegister n *(Dat)* shift register

Verschiebung f 1. shift(ing); displacement; 2. offset

Verschiebungseinheit f *(Dat)* shift unit

Verschiebungsfaktor m displacement factor

Verschiebungsfluss m electric [displacement] flux

Verschiebungsfluss dichte f dielectric [electric] flux density

Verschiebungsoperation f *(Dat)* shift operation *(z. B. eines Schieberegisters)*

Verschiebungsstrom m displacement current, dielectric (displacement) current

Verschleiß m wear

verschleißbeständig wear-resistant; abrasion-resistant

Verschleißbeständigkeit f wear resistance; abrasion resistance

verschleißen v wear (out)

verschleißfest s. verschleißbeständig

Verschleißfläche f wearing surface

verschließen v/hermetisch seal (hermetically)

verschlossen/luftdicht hermetically closed [sealed]

Verschluss m 1. lock; seal *(hermetisch)*; cover, cap; shutter *(Optik)*; 2. closure; locking; sealing

Verschlussauslösung f shutter release

Verschlussdeckel m (cover) lid, lock cover

verschlüsseln v code, encode, (en)cipher; scramble *(Sprache)*

verschlüsselt/binär binary-coded

Verschlüsselung f 1. coding; encoding; scrambling *(Sprache)*; 2. s. Code

Verschlüsselung f/**opportunistische** opportunistic encryption, OE *(Betriebsweise von IPSec, die ohne vorherige Parameter-Vereinbarungen auskommen soll)*

Verschlüsselungsalgorithmus m **A5** *(Ko)* ciphering algorithm A5 *(A5 erzeugt aus dem Übertragungsschlüssel K_c und COUNT einen 114 bit langen Schlüsselblock A5(K_c,COUNT), der modulo2 zur Nachricht addiert wird; GSM-Standard)*

Verschlüsselungsgerät n coder, encoder, coding device; scrambler *(für Sprache)*

verschmieren v blur *(z. B. Fernsehbild)*

verschmoren v scorch *(z. B. Kabel)*

verschmutzen v contaminate; pollute

Verschmutzungsklasse f *(Hsp)* pollution [severity] level

Verschränken n *(Nrt)* interconnection, slipping

verschweißen v weld; seal *(besonders Kunststoffe)*

verschwinden v disappear; vanish

verschwommen 1. blurred; indistinct; 2. *(Rt)* fuzzy

versehen v provide; equip

Verseifung f saponification *(z. B. von Isolierölen)*

Verseilelement n stranded element; stranding element

versenkt flush-mounted

Versetzung f 1. displacement; offset; staggering; 2. dislocation *(Kristall)*

versorgen *v* supply; feed
Versorgung *f* 1. supply; 2. *(Nrt)* coverage
Versorgungsbetriebe *mpl* **(für Elektroenergie)** utilities
Versorgungsgebiet *n* 1. supply area; 2. *(Nrt)* service area, primary coverage area
Versorgungsleitung *f* supply line; feeder
Versorgungsspannung *f (Ee)* (power) supply voltage
verspannen *v* guy *(Masse)*
versprühen *v* atomize, spray
Verständlichkeit *f* intelligibility, articulation; audibility
verstärken *v* 1. amplify; boost *(z. B. Signale)*; fade up *(Funkwellen)*; 2. reinforce, strengthen; 3. intensify
Verstärker *m* 1. amplifier; intensifier; 2. *(Nrt)* repeater *(einer Richtfunkverbindung)*; booster
Verstärker *m*/**abgestimmter** tuned [resonance] amplifier
Verstärker *m* **für horizontale Ablenkung** horizontal amplifier, X-amplifier
Verstärker *m* **für vertikale Ablenkung** vertical amplifier, Y-amplifier
Verstärker *m*/**hochwertiger** high-fidelity amplifier
Verstärker *m* **mit ebenem Frequenzgang** flat-gain amplifier
Verstärker *m* **mit Rückführung** feedback amplifier
Verstärker *m*/**parametrischer** parametric [reactance] amplifier, mavar, mixer amplifier by variable reactance
Verstärkerabstand *m (Nrt)* repeater spacing
Verstärkeramt *n (Nrt)* repeater station
Verstärkerbucht *f (Nrt)* repeater bay
Verstärkereinschub *m* plug-in amplifier
Verstärkerfeld *n (Nrt)* repeater section
Verstärkerrauschen *n* amplifier noise
Verstärkerstelle *f (Nrt)* repeater station
Verstärkerstufe *f* amplifier [amplifying] stage, stage of amplification
Verstärkung *f* 1. amplification; boost(ing); (transmission) gain; 2. *(Nrt)* repeater gain; 3. (amplifier) gain *(Verstärkungsfaktor)*; 4. reinforcement, strengthening

Verstärkung *f*/**breitbandige** amplification with flat frequency response, broadband amplification
Verstärkungsfaktor *m* amplification factor [coefficient], gain (factor)
Verstärkungsglied *n (Rt)* amplification element, amplifying circuit
Verstärkungsgrad *m* amplification [gain] factor, degree of amplification
Verstärkungskurve *f* gain characteristic, amplification curve
Verstärkungsregelung *f* gain control
Verstärkungsrippe *f* stiffening rib
Verstärkungsschaltung *f* amplifying circuit
Verstärkungsziffer *f (Nrt)* repeater gain
Versteifung *f* stiffening, strengthening
Versteifungsrippe *f* stiffening rib
verstellbar adjustable
verstellen *v* adjust; shift
Verstellmotor *m* 1. servomotor, pilot motor; 2. brush-shifting motor
Verstellung *f* adjustment; shifting
verstimmen *v* detune, mistune, adjust tuning control
Verstimmung *f* 1. *(Ak)* detuning; 2. unbalance *(Brücke)*
Versuch *m* test, experiment, trial; run
Versuchsableiter *m* tentatively selected arrester
Versuchsamt *n (Nrt)* trial exchange
Versuchsanlage *f* experimental plant; pilot plant
Versuchsaufbau *m* 1. *(Me)* breadboard(ing) *(Schaltungsaufbau)*; 2. breadboard model
Versuchsdauer *f* duration of test [experiment]
Versuchslabor *m* experimental laboratory
Versuchsmethode *f* experimental method
Versuchsmuster *n* laboratory model
Versuchsverbindung *f (Nrt)* test call
Versuch-und-Irrtum-Methode *f* trial-and-error method
Vertauschung *f* commutation; permutation
verteilen *v* 1. distribute; 2. disperse
Verteiler* *m* 1. distributor, distribution board [frame] *(Schaltanlage)*; terminal box *(für Kabel)*; 2. *(Nrt)* junction box, patching bay

Verteiler* *m*/**gussgekapselter** iron-clad distribution board
Verteileramt *n (Nrt)* distribution centre
Verteilergestell *n* 1. *(An)* distribution frame; 2. *(Nrt)* repeater distribution frame
Verteilerkasten *m* distribution [distributing] box; link [conduit] box *(Installationstechnik)*
Verteilerpunkt *m* 1. distributing point; 2. *(Nrt)* switching point
Verteilerschalttafel *f* distribution [branch] switchboard
Verteilerstelle *f* distributor point
Verteilertafel *f* distribution [distributing] board, distribution panel
Verteilnetz *n* broadcast network
Verteilung *f* 1. distribution; 2. dispersion
Verteilung *f*/**spektrale** spectral distribution
Verteilung *f*/**statistische** statistical distribution, distribution of a random variable
Verteilung *f*/**zufällige** random distribution
Verteilungscharakteristik *f*/**spektrale** spectral characteristic *(z. B. eines Bildschirms)*
Verteilungskurve *f* distribution curve
Verteilungsproblem *n (Dat)* distribution problem
Verteilungsrauschen *n* partition noise *(Stromverteilung)*
Verteilungsschiene *f* distributing busbar, bus
Vertiefungsmaske *f (Me)* trench target
Vertikalablenkgerät *n* vertical time-base generator
Vertikalablenkplatten *fpl* vertical plates, Y-plates *(Katodenstrahlröhre)*
Vertikalablenkung *f* 1. vertical deflection [sweep]; 2. *(Fs)* field sweep
Vertikal-MOSFET *m* vertical metal-oxide semiconductor field-effect transistor, vertical MOSFET
Vertikalschalter *m* vertical break switch
verträglich compatible
Verträglichkeit *f* compatibility
Verträglichkeit *f*/**elektromagnetische** electromagnetic compatibility, EMC *(Teil der Störfestigkeit)*
verunreinigt contaminated *(z. B. Erdboden mit giftigen Chemikalien, mit Altlasten)*

Verunreinigung *f* 1. contamination; pollution; 2. impurity, contaminant, foreign substance
verursachen *v*/**einen (elektrischen) Durchschlag** cause breakdown
Verursacherprinzip *n* polluter-pays principle *(Umweltschutz)*
vervielfachen *v* multiply
Vervielfacher *m*/**photoelektronischer** photoelectronic multiplier, photomultiplier, multiplier phototube
Vervielfachungsschaltung *f* multiplication circuit
Vervierfacher *m* times-four multiplier, quadrupler
Vervollständigung *f* 1. completion; 2. complement
Verwaltung *f* administration, management
Verweilzeit *f* 1. time of stay, retention [holding, hold-up] time; 2. *(Ma)* dwell time
Verwendung *f* application, use
Verwendungsmöglichkeit *f* applicability, usability, application possibility
verwischen *v* blur *(z. B. Fernsehbild)*
verzeichnen *v* distort *(Optik)*
Verzeichnis *n* 1. list; register; schedule, table; 2. *(Dat)* directory
Verzeichnung *f* distortion *(Optik)*
verzeichnungsfrei distortionless, free from distortion
verzerren *v* distort; blur *(Sprache)*
Verzerrung *f* distortion
Verzerrungsfreiheit *f* freedom from distortion
Verzerrungsgeräusch *n* distortion noise
Verzinken *n* zinc-coating, galvanization
Verzinnen *n* tinning, tin-coating
Verzögerer *m* retarder; slug *(beim Relais)*
verzögern *v* 1. delay *(zeitlich)*; retard; 2. decelerate, slow (down)
Verzögerung *f* 1. (time) delay, (time) lag, lagging; retardation; 2. deceleration
Verzögerung *f* **des Phasenwinkels** *(Rt)* phase lag
Verzögerungsbereich *m* delay range, range of delay
Verzögerungsbit *n* delayed bit *(Maschinenfehler-Unterbrechungscode)*
Verzögerungseinheit *f* delay unit

Verzögerungseinrichtung f slow-down device
Verzögerungseinrichtung f/**thermische** thermal time element
Verzögerungselektrode f decelerating electrode *(Elektronenstrahlröhre)*
verzögerungsfrei free from delay [lag]
Verzögerungsglied n *(Rt, Nrt)* delay element [unit, component], (time-)lag element, lag unit
Verzögerungsleitung f delay line; delay cable *(Stoßspannungsmesstechnik)*
Verzögerungsleitung f/**digitale** digital delay line, DLL
Verzögerungsrelais n 1. time-lag relay, (time-)delay relay; 2. decelerating relay *(in Antriebssystemen)*; restraining relay
Verzögerungsschalter* m (time-)delay switch; definite time-lag circuit breaker
Verzögerungsschaltung f (time-)delay circuit, delay network, lag circuit; retarder
Verzögerungsspeicher m delay-line memory [store], circulating memory
Verzögerungsspule f retardation coil; delay reactor
Verzögerungswinkel m lag [delay] angle; retardation angle; current delay angle
Verzögerungszeit f 1. delay time, lag time; time delay [lag]; retardation time; propagation delay *(in Digitalschaltungen)*; 2. *(Me)* recovery time *(Sperrverzögerung)*; 3. decelerating time *(bei Antrieben)*
Verzögerungszeitkonstante f time constant of time delay
Verzunderung f scaling *(z. B. von Kontakten)*
verzweigen v/**sich** branch; ramify *(z. B. Kriechweg auf einer Isolation)*
Verzweiger m 1. tee junction; 2. distributor; distribution point, D.P.
Verzweigung f 1. branch(ing), ramification; junction *(Wellenleiter)*; bypass, by-pass; 2. s. Verzweigungspunkt
Verzweigungsalgorithmus m branch-and-bound algorithm *(Programmierung)*
Verzweigungsbefehl m *(Dat)* branching instruction [order]
Verzweigungspunkt m 1. *(Me)* branch(ing) point; junction point, node; 2. *(Nrt)* connection point; 3. *(Rt)* take-off point, pick-off point *(im Signalflussplan)*
Verzweigungssteckverbinder m cross connector
VFET m vertical field-effect transistor
V-Graben m *(Me)* V groove, V-shaped groove
V-Graben-MOSFET m V-groove metal-oxide semiconductor field-effect transistor, V-groove MOSFET, VMOSFET
V-Graben-MOS-Transistor m V-groove metal-oxide semiconductor field-effect transistor, V-groove MOSFET, VMOSFET
VHSI very high-speed integration *(> 50 - 100 MHz Taktfrequenz)*
VHSI-Schaltkreis m *(Me)* very high-speed integrated circuit
Videoaufnahme f video recording
Videoausgang m video (output) terminal, video interface
Videoband n video tape
Videobandaufnahme f video tape recording
Videoeingang m video (input) terminal
Videofilm m video film [movie]
Videofrequenzband n video frequency band
Videokamera f video camera
Videokamera f/**digitale** *(Ko)* digital camcorder
Videokassette f video cassette
Videokassettenabspielgerät n video (cassette) player
Videokopf m video head
Videoplatte f video disk
Videorecorder m video (tape) recorder, television recording unit
Videosignal n video signal
Videospeicherplatte f video disk
Videotelefon n videophone, video telephone; viewphone
Videotext m videotex, teletext
Vidikon n vidicon, vidicon camera [pick-up] tube
Vielachsensteuerung f multi-axis control
vieldeutig ambiguous; multivalued
Vielfachantenne f multiple aerial
Vielfachausgang m *(Dat)* multiple output; multiterminal

Vielfachausnutzung f (Nrt) multiplexing
Vielfachbetrieb m (Nrt) multiple operation
Vielfachbus m (Dat) multiple bus
Vielfaches n/**geradzahliges** even multiple
Vielfachfunkenstrecke f multiple spark gap
Vielfachfunktionschip m (Me) multiple-function chip
Vielfachinstrument n multipurpose instrument [meter], multirange instrument, multimeter, volt-ohm milliammeter
Vielfachkabel n (Nrt) multiple cable; bank cable (für Kontaktfeld)
Vielfachschaltung f (Nrt) multiple connection [teeing], multiplying
Vielfachsteckverbinder m multipoint [multiway] connector
Vielfachsteuerung f (Nrt) multiple unit operation (Zugsteuerung)
Vielfachzählung f 1. multimetering, multiple metering; 2. (Nrt) multiple registration
Vielfachzugriff m (Dat, Nrt) multiple access, multiaccess
Vielfaserkabel n multifibre cable
vielphasig polyphase
Vielpol m multipole
vielpolig multipolar, multipole
Vielpunktschweißstraße f/**automatische** automatic multiple-spot welding line
vielschichtig multilayer(ed)
Vielschichtkatode f multilayer cathode
Vielschichtleiterplatte f multilayer board
Vielsprecher m (Nrt) high-calling-rate subscriber
Vielspulenrelais n multicoil relay
vielspurig multitrack, multiple-track
Vielspursystem n (Dat) multitrack system
vielstellig multidigit
vieradrig four-wire
Vier-Bit-Speicher m quad latch
Vierbuchstabencode m four-letter code
Vierdrahtamt n (Nrt) four-wire exchange
Vierdrahtgabel f (Nrt) four-wire terminating set
Vierelektrodenröhre f four-electrode valve

Vierer m 1. quad (Kabel); 2. (Nrt) phantom circuit
Viererausnutzung f (Nrt) phantom utilization
Viererbetrieb m (Nrt) phantom (circuit) operation, phantom working
Viererbündel n quadruple [four--conductor] bundle, quadruplex bundle conductor (Kabel)
Viererleitung f (Nrt) phantom circuit
Viererpupinisierung f (Nrt) phantom loading
Vierfachbetrieb m (Nrt) quadruplex (system)
Vierfachbit n/**hexadezimal codiertes** hexadecimal-coded nibble (z. B. 1001 ≡ 9, 1110 ≡ E)
Vierfrequenzfernwahl f (Nrt) four-frequency dialling
Vierkanalbetrieb m four-channel (mode of) operation
Vierkanalbinärcode m four-channel binary code
Vierkursfunkfeuer n four-course beacon
Vierleiteranlage f four-wire installation [system]
Vierleiterkabel n four-conductor cable, four-core cable, cable in quadruples
Vierniveaulaser m four-(energy-)level laser
vierphasig quarter-phase
Vierpol m quadripole (network), four--pole network [circuit], four-arm network, four-terminal network, two--port (network)
Vierpolersatzschaltbild n four-pole equivalent circuit
Vierpolfrequenz f quadripole frequency
vierpolig quadripolar, four-terminal, four-pole, tetrapolar
Vierpol-Reihen-Parallel--Ersatzschaltung f hybrid equivalent four-pole network
Vierquadrantenbetrieb m (Ma) four--quadrant operation
Vierquadrantstromrichter m (Le) four--quadrant converter
Vierschichtbauelement n four-layer component [device], p-n-p-n component
Vierschichtdiode f four-layer diode, p--n-p-n diode
Vierschichttransistor m four-layer

transistor, p-n-p-n transistor, hook (collector) transistor
vierspurig four-track *(Magnetband)*
Vierspurmagnetband *n* four-track tape
Viertelwelle *f* quarter wave
Viertelwellenabstand *m* quarter-wave gap
Viertelwellen-Kontaktkolben *m* quarter-wave plunger, bucket piston
Viertelwellen-Schieber *m* quarter-wave plunger, bucket piston
Viertelwellen-Stabantenne *f (Ko)* quarter-wave rod antenna
Viertelwellenübertrager *m* quarter-wave transformer
Viertelwellenumformer *m* quarter-wave transformer
Viertelzollmikrofon *n* quarter-inch microphone
Virus-Ente *f* hoax virus *(vermeintlicher Virus, Schaden besteht oft in unnützer Verbreitung der Warnung)*
Vitrokeramikgehäuse *n (Me)* glass-ceramic package
V-Karte *f* control chart for coefficients of variation *(Leiterplattenherstellung)*
V-Kontakt *m* V-type contact
V-Kurve *f* V-curve *(Kennlinie der Synchronmaschine)*
VLAN s. LAN/virtuelles
Vliesverbundwerkstoff *m (Hsp)* composite fleece material
VLSI *(Me)* very large-scale integration
VLSI-Schaltkreis *m (Me)* very large-scale integrated circuit, VLSIC
VMOS-Struktur *f (Me)* V-groove MOS structure; vertical MOS structure
VMOS-Technik *f (Me)* V-groove MOS technology, V-MOS technology
Vocoder *m* vocoder, voice (en)coder *(Codiergerät für akustische Sprachsignale)*
Volladdierer *m (Dat)* full adder
Vollamtsberechtigung *f (Nrt)* direct outward dialling, direct exchange access
Vollausschlag *m (Mess)* full-scale deflection, full scale
vollgesteuert *(Le)* fully controlled
Vollgummischnur *f* all-rubber conductor
vollimplantiert *(Me)* all-implanted *(ausschließlich durch Ionenimplantation hergestellt)*

Vollkernisolator *m* solid-core (suspension) insulator
Vollpol *m* non-salient pole
Vollpol(synchron)maschine *f* non-salient pole machine, drum-type machine, cylindrical-rotor [round-rotor] machine
Vollschutz *m* complete protection
Vollspannungsmotor *m (Ma)* full voltage motor *(IEC 50-811)*
volltransistorisiert all-transistor(ized)
Vollwählbetrieb *m (Nrt)* full dial service
Vollwelle *f* full wave
Vollwellenimpuls *m* full-(im)pulse wave
Volt *n* volt, V *(SI-Einheit der elektrischen Spannung)*
Voltameter *n* voltameter, coulo(mb)meter *(Ladungsmengenmesser)*
Voltampere *n* voltampere, va, VA *(SI-Einheit der Scheinleistung)*
Voltamperemeter *n* volt-ampere meter, voltameter, VA-meter *(Scheinleistungsmesser)*
Voltamperestunde *f* volt-ampere hour, VAh
Voltamperestundenzähler *m* volt-ampere-hour meter
Voltmeter *n* voltmeter *(Spannungsmesser)*
Volt-Zeit-Kurve *f* volt-time curve
Volumen-CCD(-Element) *n* bulk charge-coupled device
Volumencoulometer *n* volumetric voltameter [coulometer]
Volumendurchschlag *m* bulk breakdown
Volumenleitfähigkeit *f* volume [bulk] conductivity
Volumenmikromechanik *f* bulk micromechanics
von-Neumann-Architektur *f (Dat)* microprocessor architecture *(Mikroprozessor-Architektur; gemeinsamer Adress- und Datenbus, Arithmetik/Logik-Einheit, ALU, software-Multiplikation; John von Neumann, ungarischer Mathematiker; *1903 Budapest, †1957; Gegenteil: Havard-Architektur)*
vorabgestimmt pretuned
Vorabgleich *m* preliminary adjustment
Vorableiter *m (Nrt)* forward protector
Vorabrufeinheit *f* prefetch unit

voraltern

voraltern *v* age before use; burn in
Voralterungsprüfung *f* burn-in *(Zuverlässigkeitsprüfung durch Betrieb bei erhöhter Temperatur)*
voraussagen *v* forecast, predict
Voraussetzung *f* assumption
Vorbedingung *f* precondition; prerequisite
Vorbehandlung *f* pretreatment, preparatory treatment, preparation, preconditioning
Vorbelastung *f* 1. initial load; base load; 2. *(An)* preceding load
Vorbelastungswiderstand *m* bleeder resistance *(für Gleichrichter)*
Vorbelegung *f* 1. *(Nrt)* pre-emption; 2. *(Me)* predeposition *(Aufdampftechnik)*
Vorbereitung *f* preparation; pretreatment; initialization
Vorbereitungszeit *f* lead time *(z. B. für numerisch gesteuerte Maschinen)*; preparation [make ready] time; set-up time
Vorbeschleunigung *f* preacceleration
Vorderflanke *f* leading edge *(Impuls)*
Vorderseite *f* front (side), face; component side *(Bauteilseite einer Leiterplatte)*
Vordruck *m* form, blank
Vordurchschlagstrom *m* prebreakdown (electric) current
voreilen *v* lead *(Phase)*; advance
Voreilung *f* lead(ing) *(z. B. des Phasenwinkels)*; advance
Voreilwinkel *m (Ma)* advance angle, lead [advance] angle
Voreinstellung *f* 1. presetting; 2. *(Mess)* pointing *(von Skalen)*; 3. *(Fs)* prefocus(s)ing
Vorentladung *f* predischarge; prebreakdown; pilot streamer *(Beginn eines Durchschlags)*
Vorentladungsbogen *m (Hsp)* precontact arc
Vorentladungsstrom *m* preconduction [predischarge] current *(Gasentladungsröhre)*
Vorerhitzer *m* preheater
Vorfeldeinrichtung *f* 1. *(Nrt)* outside plant equipment, out-of-area equipment; 2. *(Nrt)* pair gain system
Vorfeldscheinwerfer *m* apron floodlight
Vorfilter *n* prefilter, coarse-balance filter
Vorführprogrammierung *f* teach-in programming *(durch Vorführen der technologischen Operationen seitens des Bedieners)*
Vorfunkenstrecke *f* auxiliary spark gap *(in Ableitern)*
Vorgang *m* process; action, operation
vorgeben *v* 1. predetermine; preset; 2. *(Dat)* prestore *(z. B. Anfangswerte)*
Vorhalt *m (Rt)* derivative [rate] action, (phase) lead
Vorhalteinheit *f (Rt)* prediction unit
Vorhaltglied *n (Rt)* derivative [lead] element
Vorhaltregelung *f (Rt)* derivative(-action) control, D control, differential(-action) control
Vorhaltregler *m* derivative controller, differential(-action) controller
Vorhaltzeit *f (Rt)* derivative-action time, derivative [rate] time *(z. B. Kennwert für Regler)*
Vorheizen *n* preheating, preliminary heating
Vorhersagecodierung *f (Nrt)* prediction coding *(Ausnutzung der Signalkorrelation)*
vorimprägnieren *v* 1. preimpregnate; 2. *(Hsp)* precompound
Vorimpuls *m* 1. prepulse; 2. *(Nrt)* prefix signal
Vorlast *f* initial load
Vorlauf *m* advance; pretravel *(bei Schaltelementen)*; forward run
Vorlaufimpuls *m (Mess)* transmitted [incident] pulse
Vorlichtbogen *m* prearc
vormagnetisieren *v* premagnetize, bias
vormagnetisiert/nicht unbiased
Vormagnetisierung *f* magnetic bias(ing), bias magnetization, bias, bias(s)ing; presaturation
Vormagnetisierungskopf *m* premagnetization [bias] head *(Tonband, Videotechnik)*
Vormeldestromkreis *m (Nrt)* warning circuit
Vormerken *n (Nrt)* booking
Vorprozessor *m (Dat)* preprocessor
Vorprüfung *f* pre-acceptance inspection, preliminary test, pretest
Vorrang *m* precedence, priority
Vorranglogik *f (Dat)* priority [majority] logic

Vorrichtung f device, equipment; appliance
Vorrichtung f/direkt anzeigende direct-reading device
Vorrichtung f/kontaktlose contactless device
vorrücken v advance *(z. B. Zähler, Lochstreifen)*
Vorrücken v advance
Vorsatzstecksockel m valve adapter
Vorschaltdrossel f series reactor
vorschalten v connect in series; connect on line side
Vorschalteschrank m *(Nrt)* auto-manual exchange
Vorschaltfunkenstrecke f series spark gap
Vorschaltgerät n *(Licht)* series reactor, ballast
Vorschrift f specification; instruction; regulation(s)
Vorschub m feed; advance, advancement
Vorschub m/automatischer automatic feed, self-feeding
Vorschub m/feinstufiger sensitive feed
Vorschubeinrichtung f feeder *(z. B. für Lochband)*
Vorschubgeschwindigkeit f feed rate [speed]
Vorschubmotor m chart motor *(für Bandvorschub)*
vorspannen v *(Me)* bias; prime *(Gasentladungsröhren)*
Vorspannmusik f *(Fs, Ko)* prelude
Vorspannung f *(Me)* bias (voltage), biasing voltage [potential]; priming voltage
Vorspannungspegel m bias (voltage) level
Vorspannungsregelung f bias (voltage) control
Vorspannungszustand m/null zero-bias condition
vorspeichern v *(Dat)* prestore
Vorsteckstift m cotter pin
Vorsteuerung f *(Dat)* input control
Vorstrom m preconduction current *(Gasentladungsröhre)*
Vortriebskraft f propelling power, thrust
vorübergehend transient; temporary
Vorvakuum n initial vacuum, forevacuum

Vorvakuumpumpe f (vacuum) forepump, backing pump
Vorverarbeitungsprozessor m *(Dat)* preprocessor
Vorverstärker m preamplifier
Vorverstärkung f preamplification
vorverzerren v bias *(beim Schaltkreisentwurf)*; pre-emphasize *(Signalaufzeichnung)*
Vorverzerrung f 1. predistortion; pre--emphasis; 2. *(Nrt)* precorrection; bias *(Photolithographie)*
Vorwähler m 1. preselector; 2. *(Nrt)* subscriber's uniselector, minor switch
Vorwahlnummer f *(Nrt)* prefix
Vorwählziffer f *(Nrt)* access prefix
Vorwärmer m preheater
Vorwärmschrank m preheating cabinet [cupboard]
Vorwärtsauslösung f *(Nrt)* calling-party release, calling-subscriber's release
Vorwärtsblockierspannung f forward blocking voltage
Vorwärtsglied n *(Rt)* forward element [circuit] *(im Regelkreis)*
Vorwärtsregler m forward-acting regulator
Vorwärts-Rückwärts-Dekadenzähler m bidirectional decade scaler
Vorwärtsscheitelsperrspannung f *(Le)* crest-working forward voltage *(einer Diode)*
Vorwärtssperrzeit f circuit off-state interval
Vorwärtsspitzensperrspannung f circuit non-repetitive peak off-state voltage
Vorwärtsstrom m *(Me)* forward current
Vorwärtsstromverstärkung f forward--current gain
Vorwärtsübertragungsfunktion f *(Rt)* forward transfer function
Vorwärtsvorspannung f *(Me)* forward bias (voltage)
Vorwärtswahl f *(Nrt)* forward selection
Vorwärtszähler m up-counter, count-up counter
Vorwiderstand m 1. series resistor, (voltage) dropping resistor; ballast resistor *(bei Elektronenröhren)*; 2. *(Mess)* multiplier (resistor); compensating resistor *(Temperaturkompensation)*
Vorzeichen n sign

Vorzeichenanzeige f (Dat) sign indication

Vorzeichenumkehr f (Dat) sign reversal [inversion]

Vorzeichenumkehr f/modifizierte abwechselnde (Nrt) modified alternate mark inversion, MAMI *(0 und 1 vertauscht; 1 wird 0, 0000.. ergibt +1,-1,+1,-1; dadurch bei Nullfolge Takterhalt)*

Vorzeichenunterdrückung f sign suppression

Vorzugsrichtung f preferential [privileged, easy-axis] direction

Vorzugswert m preferred value *(z. B. bei Normreihen)*

Vorzündung f advance ignition

Voutenbeleuchtung f cornice lighting

VPE vapour phase epitaxy, VPE

V-Rille f V-groove

VS m virtual storage, VS

VSD very small devices

V-Stoß m V-joint *(z. B. beim Transformatorkern)*

VTL variable threshold logic

VTS video tuning system

Vulkanfiber n vulcanized fibre *(Isoliermaterial)*

VZS s. Verbraucher-Zählpfeilsystem

W

Wabenkondensor m honeycomb condenser [lens]

Wabenkühler m honeycomb radiator

Wabenspule f honeycomb [duolateral] coil, lattice-wound coil

Wachsen n growth, growing *(z. B. von Kristallen)*; increase

Wächter m automatic controller; watchdog, protective device; guard; sentinel

Wackelkontakt m loose connection [contact], defective [poor, intermittent, tottering] contact

Wafer m (Me) wafer *(Ausgangsmaterial für Chips)*; (semiconductor) slice

Waferritzen n wafer scribing

Waferscanner m scanning mask aligner

Wafer-stepper m wafer-stepper, wafer-stepping machine *(zur schrittweisen Projektionsbelichtung von Wafern)*

Wagenrücklauf m carriage return *(Fernschreiber)*

Wagenrücklaufcode m carriage return code

Wagen(vorschub)steuerung f carriage control

Wahl f 1. (Nrt) dialling; selection; 2. choice

Wahlabrufzeichen n (Nrt) proceed-to--select signal

Wählapparat m (Nrt) selecting apparatus

Wahlaufforderungston m (Nrt) proceed-to-dial tone

Wählbeginnzeichen n (Nrt) start-of--pulsing signal

Wahlbereitschaft f dialling standby

Wählbetrieb m (Nrt) automatic working

Wähleinrichtung f (Nrt) automatic [exchange] switching equipment, dial equipment selective mechanism

Wählen n 1. (Dat) selection; 2. (Nrt) dialling

Wahlendezeichen n (Nrt) number--received signal

Wähler m (Nrt) selector (switch)

Wählimpuls m (Nrt) dialling impulse

Wählimpulsgeber m dial pulse generator

Wählleitung f dial line

Wählliste f dial list

Wählnebenstellenanlage f/automatische (Nrt) private automatic branch exchange, PABX

Wahlschalter m selector [connector] switch

Wählscheibe f (Nrt) (telephone) dial, disk

Wählschiene f (Nrt) code bar

Wähltastatur f (Nrt) dialling keyboard

Wahltaster m (Ap) selecting control push button

Wählvorgang m (Nrt) dialling procedure, selective process

Wahlwiederholung f redialling, dialling repetition

Wählzeichen n (Nrt) pulsing [digital, numerical] signal

Wahrnehmung f perception; detection; observation; sensation

Wahrnehmungspegel m sensation level

Wahrnehmungsschwelle f threshold of sensation [perception]; detection threshold; visual threshold

Wahrscheinlichkeit f probability
Wahrscheinlichkeitsdichte f/**bedingte** conditional probability density
Wahrscheinlichkeitsdichtefunktion f probability density function
Wahrscheinlichkeitsfunktion f probability function
Wahrscheinlichkeitskurve f probability curve
Wahrscheinlichkeitsrechnung f probability theory [calculus], calculus of probability
Wahrscheinlichkeitsverteilungsdichte f probability distribution density
Walze f drum; roll; cylinder
Walzenanlasser m (An) drum starter, barrel controller
Walzenschalter m drum(-type) controller, controller *(Elektromotor)*; barrel controller [switch], drum switch
Wamoskop n wamoscope *(Bildwiedergaberöhre kombiniert mit einer Wanderfeldröhre)*
WAN *(Dat, Nrt)* wide-area network, WAN
Wandbeheizung f wall heating *(z. B. unter Verwendung von Heiztapeten)*
Wanddurchführung f wall bushing
Wandeinführungsisolator m wall lead-in insulator
Wanderfeld n travelling [moving] field
Wanderfeldendröhre f travelling-wave power tube
Wanderfeldlaser m travelling-wave laser, travelling-wave optical maser
Wanderfeldlinearmotor m travelling--field (induction) motor, asynchronous linear motor
Wanderfeldröhre f travelling-wave tube, TWT
wandern v travel *(Feld, Welle)*; move; migrate *(z. B. Ionen)*; drift *(z. B. Nullpunkt)*
Wanderstecker m wander plug, flit-plug
Wanderstöpsel m wander plug, flit-plug
Wanderwelle f 1. travelling wave; 2. surge *(Überspannungswelle)*
Wanderwellenantenne f travelling--wave aerial
Wanderwellenleitung f travelling-wave line
Wandheizung f panel heating *(Niedertemperaturstrahlungsheizung)*
Wandler m transducer *(z. B. Signalwandler)*; converter (unit); transformer *(für Strom oder Spannung)*
Wandlerelement n transducing [sensing] element *(eines Aufnehmers)*
Wandlerempfindlichkeit f transducer sensitivity
Wandleuchte f wall fitting
Wandmontage f wall [surface] mounting
Wandsteckdose f wall receptacle [socket], wall outlet (box)
Wärme f heat
Wärmeabführung f 1. heat dissipation [removal]; heat sinking; 2. power dissipation *(Verlustabführung in elektrischen Maschinen und Geräten)*
Wärmeableiter m heat sink
Wärmeableitung f heat dissipation [removal]
Wärmeabschirmung f heat shielding
Wärmeaustausch m heat exchange [interchange] • **ohne Wärmeaustausch** adiabatic
Wärmebehandlung f heat treatment
Wärmebeständigkeit f heat resistance; thermal stability [resistivity], heat--resisting quality
Wärmebeständigkeitsklasse* f temperature class, insulation class
Wärmedämmung f heat [thermal] insulation, thermic protection; insulation against loss of heat
Wärmedurchschlag m heat [thermal] breakdown, temperature-induced breakdown, breakdown due to thermal instability
Wärmefortleitung f propagation of heat
Wärmeimpulsschweißen n impulse heat sealing, thermal impulse welding
Wärmeisolation f heat [thermal] insulation
Wärmeisolator m heat insulator
Wärmekapazität f heat [thermal] capacity, capacity of heat
Wärmekonvektion f heat convection
Wärmekraftwerk n thermal power station [plant]
Wärmeleiter m heat [thermal] conductor
Wärmeleitfähigkeit f heat [thermal] conductivity
Wärmeleitung f heat [thermal] conduction
Wärmeleitwiderstand m heat conduction resistance
wärmen v warm (up), heat

Wärmeplatte f/elektrische electric warming plate
Wärmepumpe f heat pump
Wärmerauschen n thermal (agitation) noise, Johnson [resistance] noise
Wärmerohr n heat pipe
Wärmerückgewinnung f heat regeneration, recovery of heat
Wärmeschutz m 1. heat [thermal, thermic] protection, protection against heat; heat [thermal] insulation; 2. heat insulator; thermal protector
Wärmeschutzfilter n heat(-absorbing) filter, heat absorber; heat-protecting filter
Wärmesenke f heat sink
Wärmespeicher m/elektrischer electric heat accumulator, electric thermal storage heater
Wärmestrahlung f heat [thermal] radiation
Wärmeübergang m heat transfer
Wärmeübertragung f heat [thermal] transmission, heat transfer [convection]
wärmeundurchlässig adiathermic, athermanous, impervious to heat
Wärmeverlust m heat loss
Wärmewiderstand m thermal resistance
Wärmezufuhr f heat input; heat supply
Warmstart m hot start; hot start-up *(Kraftwerk)*
Warmwassergerät n/elektrisches* electric bain-marie
Warnlampe f warning [alarm] lamp; (panel) indicator lamp, pilot lamp *(an Schalttafeln)*
Warnton m warning sound
Warnung f beim Spurwechsel lane departure warning *(Auto)*
Warnungsbake f airport danger [hazard] beacon *(Flugsicherung)*
Wartbarkeit f maintainability
Warte f control room
Warte f/lärmgeschützte soundproof cabin; booth
Warteliste f *(Nrt)* waiting [queuing] list
warten v maintain, service *(unterhalten)*
Warteprogramm n *(Dat)* waiting program, queueing routine
Warteschaltung f 1. *(Dat)* queueing circuit; 2. *(Nrt)* holding circuit
Warteschlange f *(Dat, Rt, Nrt)* (waiting) queue, waiting line
Warteschlangenbehandlung f/stochastische faire stochastic fair queuing, SFQ *(Strategie zur Warteschlangenbehandlung)*
Warteschleife f wait(ing) loop
Wartesystem n 1. *(Dat, Rt)* queueing system; 2. *(Nrt)* delay system
Wartezeit f *(Nrt)* delay, waiting time
Wartezustand m 1. standby condition *(Bereitschaft)*; 2. *(Dat)* wait status, wait(ing) state, acceptor waiting mode; 3. *(Nrt)* camp-on
Wartung f maintenance; servicing
wartungsarm low-maintenance
Wartungsdauer f maintenance duration; maintenance outage time
wartungsfrei maintenance-free, service-free
Wartungszeitraum m maintenance interval, mean time between maintenance, MTBM
Wäscheschleuder f spin-drier, spin extractor
Wäschetrockner m (electric) clothes--drier, tumble-drier
Waschmaschine f/elektrische electric washing machine
Wasseraufnahme f water absorption *(z. B. von Öl)*
Wasserbaum m water [vented] tree *(Erscheinung in Kabelisolierungen)*
wasserbeständig water-resistant
wasserdicht water-tight, waterproof
Wasserdurchlässigkeit f water permeability *(z. B. von Isolierungen)*
wassergekühlt water-cooled
Wasserkraftgenerator m hydroelectric [waterwheel] generator, hydrogenerator
Wasserkraftwerk n hydroelectric power plant [station], water power plant
Wasserkühler m water cooler
Wasserschall m waterborne sound, hydrosound
Wasserschallaufnehmer m hydrophone, sonar receiver
Wasserschallempfänger m hydrophone, sonar receiver
Wasserstoffglimmentladung f hydrogen glow discharge
Wasserstofflampe f hydrogen (discharge) lamp, hydrogen arc lamp

Wasserstoff-Sauerstoff--Brennstoffelement n hydrogen--oxygen fuel cell, hydrox fuel cell
Wasserstoffschweißen n hydrogen welding
Wasserumlaufkühlung f circulating water cooling
wasserundurchlässig water-tight, waterproof, impermeable to water
Wasserzeichen n/**digitales** digital watermarking *(Technik zum Urheberschaftsnachweis bei digitalen Dokumenten)*
Watt n watt, W *(SI-Einheit der elektrischen Leistung)*
Wattkomponente f watt [active] component
Wattmeter n wattmeter, active power meter
Wattstundenzähler m watt-hour (demand) meter, (active-)energy meter
Weber n weber, volt-second, Vs *(SI--Einheit des magnetischen Flusses)*
Web-Maus f *(Dat)* wheelmouse *(zum Rollen über Internetseiten anstelle der Laufleisten-Benutzung mit Cursor; siehe auch: Scroll-Maus)*
Wechsel m change; alternation
Wechselanteil m alternating [pulsating, oscillating] component *(z. B. einer Spannung, eines Stroms)*
Wechselbetrieb m *(Nrt)* simplex operation [working], simplex; half--duplex operation
Wechselfeld n alternating [pulsating] field, a.c. field
Wechselgröße f alternating [oscillating] quantity
Wechselkontakt m change-over contact; double-throw contact
Wechselmagnetisierung f alternating magnetization
wechseln v change; alternate; shift *(Telegrafie)*
Wechselpolmaschine f alternating flux machine
Wechselrichter m *(Le)* inverter, d.c.-to--a.c. inverter [converter], inverted rectifier, rectifier inverter
Wechselrichter m/**lastkommutierter** load-commutated inverter
Wechselrichter m/**statischer** static inverter
Wechselschalter m change-over switch, double-throw switch; two-way switch *(Installationstechnik)*
Wechselschaltung f two-way wiring *(Installationstechnik)*
Wechselschließer m transfer contact
Wechselspannung f alternating voltage [potential], a.c. [AC] voltage
Wechselspannungskomponente f alternating component of voltage, a.c. (voltage) component
Wechselspannungsquelle f a.c. (voltage) source
Wechselsprechbetrieb m intercommunication system, intercom, two-way communication
Wechselsprechgerät n two-way communication headset
Wechselstrom m alternating current, a.c., AC.
wechselstromgespeist a.c.-powered
Wechselstrom-Gleichstrom--Stromrichter m *(Le)* a.c.-(to)-d.c. converter, alternating-current/direct current converter
Wechselstromgröße f a.c. quantity
Wechselstromkommutatormotor m *(Ma)* a.c. commutator motor
Wechselstromkomponente f alternating-current component, a.c. component (of current)
Wechselstromkreis m a.c. circuit
Wechselstromlehre f theory of alternating current
Wechselstromleistung f a.c. power
Wechselstromlichtbogenschweißen n a.c. arc welding
Wechselstromlokomotive f a.c. electric locomotive
Wechselstromlöschkopf m a.c. erasing head *(Magnetband)*
Wechselstrommotor m a.c. motor
Wechselstromreihenschlussmotor m a.c. series(-wound) motor
Wechselstromschweißgerät n a.c. welding set [equipment, unit]
Wechselstromsynchronübertragung f *(Nrt)* a.c. synchronous transmission
Wechselstromtelegrafie f voice--frequency (carrier) telegraphy, VFT
Wechselstromumrichter m *(Le)* a.c. converter
Wechseltaste f *(Nrt)* shift key
Wechseltemperatur f alternating temperature

Wechselwirkung 696

Wechselwirkung *f* interaction
Wechselwirkungsart *f* mode of interaction
Wechselwirkungsbereich *m* interaction range
Wechselwirkungseffekt *m* interaction effect
Wechselwirkungsenergie *f* interaction energy
wechselwirkungsfrei non-interacting
Wechselwirkungskraft *f* interaction force
Wechselwirkungsoperator *m* interaction operator
Wechselzeichen *n (Nrt)* shift signal, reversal
Weckdienst *m (Nrt)* alarm-call service, wake-up service
Wecker *m* (telephone) ringer, bell
Weckruf *m* wake-up call
Weckuhranschluss *m* sleep timer jack
Weg *m* path; course; route
Wegaufnehmer *m* displacement gauge [pick-up, transducer]
Weglaufen *n* drift; runaway
Wegmessgerät *n* position measuring device; displacement measuring device
Wegsuche *f* 1. *(Nrt)* path finding [search]; 2. routing *(beim Schaltungsentwurf)*
Wegwerfteil *n* throw-away part, disposable part, single-use part
Weiche *f* switch
Weicheiseninstrument *n* soft-iron instrument, moving-iron instrument, electromagnetic instrument
Weicheisenkern *m* soft-iron core
Weichkupfer *n* soft copper
Weichlot *n* soft [tin] solder
Weichlöten *n* soft-soldering
weichmagnetisch soft magnetic *(Werkstoff)*
Weißabgleich *m (Fs)* white balancing [balance]
Weißanteil *m* white content, whiteness
Weitbereichlautsprecher *m* wide-range loudspeaker
weitergeben *v* 1. pass; 2. *(Nrt)* relay, repeat *(mit Relais)*; 3. *s.* weitervermitteln
weitervermitteln *v (Nrt)* retransmit
Weitervermitteln *n (Nrt)* retransmission

Weitstreckennavigation *f (Fo)* long- -range navigation (system), loran
Weitverkehr *m* 1. *(Nrt)* long-range communication; 2. *(Nrt)* long-distance traffic
Weitverkehrsfernsprechsystem *n* long-distance telephone system, long- -haul telephone system
Weitverkehrsgespräch *n (Nrt)* long- -distance call
Welle *f* 1. wave; 2. *(Ma)* shaft
Welle *f*/**stehende** standing [stationary] wave
Welle *f*/**störende** interfering wave
Wellen *fpl*/**anomal polarisierte** abnormally polarized waves
Wellenabsorption *f* wave absorption
Wellenantenne *f* wave aerial; Beverage aerial
Wellenanzeiger *m* wave detector, cymoscope
Wellenausbreitung *f* wave propagation
Wellenauslöschung *f* wave quenching
Wellenbauch *m* antinode, (wave) loop
Wellenberg *m* wave crest [ridge], peak of wave
Wellendrehmoment *n* shaft torque
Wellenfilter *n* wave filter
Wellenform *f* waveform, wave shape
Wellenfortpflanzung *f* wave propagation, transmission of waves
Wellenfront *f* wave front *(z. B. bei Überspannungen)*
Welleninterferenz *f* wave interference
Wellenknoten *m* (wave) node, nodal point
Wellenkraftwerk *n* wave power station
Wellenlänge *f* wavelength
Wellenleiter *m* 1. waveguide *(Hochfrequenztechnik)*; 2. *(Ak)* wave duct
Wellenleiterdämpfung *f* waveguide attenuation
Wellenleiter-Moden *fpl* waveguide modes
wellenmechanisch wave-mechanical
Wellenoptik *f* wave optics
Wellenpaket *n* wave packet
Wellenperiode *f* wave period
Wellenreflexion *f* 1. wave reflection; 2. *(Fo)* wave clutter *(Seegangsstörung)*
Wellenschalter *m* wave [band] switch, wave(length) changing switch,

Wicklung

frequency-range switch *(Frequenzband)*; change-tune switch
Wellenschlucker *m* wave trap; surge absorber *(bei Übergangsvorgängen)*
Wellenspannung *f* 1. *(Ma)* shaft voltage; 2. ripple d.c. voltage, undulatory voltage
Wellensperre* *f* wave trap *(sperrt die Leitungsbahn für bestimmte Frequenzen)*
Wellenstirn *f* wave front *(z. B. bei Überspannungen)*
Wellenstrom *m* 1. shaft current *(angetrieben von der in einer rotierenden Welle induzierten Spannung)*; 2. pulsating d.c. current *(Mischstrom)*; ripple [undulatory] current
Wellenversatz *m* shaft misalignment
Wellenwicklung *f (Ma)* wave-type coil, wave winding, spiral winding
Wellenwiderstand *m* (characteristic) wave impedance, characteristic impedance *(Wellenleiter)*; natural impedance *(z. B. von Übertragungsleitungen)*
Welligkeit *f* ripple; waviness; corrugation
Welligkeitsanteil *m* ripple component
Weltraumfunkverkehr *m* space radio communication
Welt-Zeit *f* s. Zeit/westeuropäische
Wendefeld *n* commutating [reversing] field
Wendel *f* (coiled) filament *(Glühlampe)*; helix; spiral
Wendelantenne *f* helical [helix] aerial
Wendelheizkörper *m/frei abstrahlender* open-type coil heater
Wendelheizkörper *m/nicht eingebetteter* open-type coil heater
Wendelhohlleiter *m* helical [helix] waveguide
Wendelpotenziometer *n* helical potentiometer, spindle(-operated) potentiometer
Wendelschnur *f* coiled cord
Wendepol *m* commutating pole, interpole; auxiliary pole
Wendeschalter *m* reversing switch(group), (current) reverser
Wendeschütz *n* reversing starter
WENN-Anweisung *f (Dat)* if-statement
WENN-DANN-Verknüpfung *f* if-then

operation, conditional implication operation
Werbe-E-Mail *f/unaufgeforderte (Dat)* unsolicited commercial mail
Werbefernsehen *n* commercial [sponsored] television
Werkstoffermüdung *f* fatigue of materials
Werkzeugmaschine *f/numerisch gesteuerte* numerically controlled machine tool
Werkzeugmaschinensteuerung *f* machine-tool control
Werkzeugtasche *f* toolkit
Wert *m* value *(z. B. einer physikalischen Größe)*; quantitiy; magnitude; amount *(Betrag)*
Werte *mpl/abgetastete* sampled data
Wertebereich *m* range of values
Wertigkeit *f (Ch)* valence, valency
wetterfest weather-resistant, weatherproof
Wetterfunkstelle *f* radio weather broadcast station
Wettersatellit *m/meteorologischer* infrared atmospheric meteorological satellit *(Wetterstation)*
WEZ s. Zeit/westeuropäische
Wichtung *f* weighting *(Informationsverarbeitung)*
Wickeldraht *m* wrapping wire *(für Wickelanschlüsse)*; winding wire *(für Spulen)*
Wickelfaktor *m (Ma)* pitch factor, winding factor; chording factor
Wickelfläche *f* winding area
Wickelgeschwindigkeit *f* windig speed
Wickelkern *m* strip-wound core, bobbin core, (winding) bobbin; mandrel *(Drahtwendelung)*
Wickelkopf *m (Ma)* winding head, end--winding, overhang, coil end, end--turns, loop end
wickeln *v* wind; coil; reel *(z. B. auf Spulen)*; crimp *(Kontakttechnologie)*
Wickelraum *m (Ma)* winding space
Wickelschritt *m* winding pitch; back pitch *(Schaltschritt)*
Wickelstift *m* wrap(ping) post *(für Wire--wrap-Verbindung)*
Wickeltechnik *f (Me)* wire-wrap technique, wire wrapping *(für lötfreie Verbindungen)*
Wicklung *f* winding

Wicklungsisolation

Wicklungsisolation f winding insulation
Wicklungskapazität f (inter)winding capacitance, internal capacitance *(Spulen)*
Wicklungskurzschluss m interwinding fault
Widerhall m echo, reverberation
Widerstand m 1. resistance *(Größe)*; 2. resistor *(Bauteil)*
Widerstand m/magnetfeldabhängiger magnetic field-dependent resistor
Widerstand m/ohmscher ohmic [active] resistance
Widerstand m/spannungsabhängiger voltage-dependent resistor, varistor *(Halbleiterwiderstand)*
Widerstand m/spezifischer specific resistance, (electrical) resistivity
widerstandsbeheizt resistance-heated
Widerstandsbelag m 1. distributed resistance; 2. *(Hsp)* resistance per unit length
Widerstandsbremsung f resistance [rheostatic] braking, dynamic braking
Widerstandsdehnungsmessstreifen m resistance strain gauge
Widerstandselement n resistance [resistive] element *(aus Widerstandsmaterial)*; resistor element *(Widerstandskörper)*
Widerstanderwärmung f resistance heating
Widerstandsfähigkeit f resistivity; resistance, stability
Widerstandsfilm m resistive film
Widerstandsgeber m resistance transducer
Widerstandsheizkörper m resistance heating element
Widerstandsheizung f resistance heating
Widerstandskaft f 1. resisting force [power]; 2. drag force *(Strömungswiderstand)*
Widerstandskettenleiter m resistive ladder
Widerstandskomponente f resistance [resistive] component
Widerstandslichtbogenofen m resistance arc furnace
Widerstandsnetzwerk n resistance network
Widerstandsofen m resistance furnace
Widerstandspunktschweißen n resistance spot welding
Widerstandsrauschen n thermal [resistance, Johnson] noise
Widerstandsrauschen n/thermisches thermal [resistance, Johnson] noise
Widerstandsschweißgerät n resistance welder [welding unit]
Widerstandsspeicherofen m charge resistance furnace
Widerstandstemperaturfühler m resistance temperature probe [detector], temperature-sensitive resistor
Widerstands-Transistor-Logik f resistor-transistor logic, RTL
Wiederanlauf m *(Dat, Nrt)* restart
Wiederanruf m *(Nrt)* recalling, timed recall
Wiederanruf m/automatischer automatic recall
Wiederauffinden n retrieval *(z. B. von gespeicherten Informationen)*
Wiederaufladestrom m recharging current
Wiedereinfangen n recapture, retrapping *(z. B. von Elektronen)*
Wiedereinschaltintervall n reclosing interval
Wiedereinschaltrelais n reclosing relay
Wiedereinschaltsicherung f reclosing fuse
Wiedereinschaltsperre f *(Ee)* reclosing interlock
Wiedereinschaltung f 1. reclosure, reclosing; 2. reclosure antipumping device *(Relais)*
Wiedereinschaltung f/automatische autoreclosing, automatic circuit reclosing, automatic reclosure
Wiedergabe f 1. reproduction; 2. playback *(Platte, Magnetband)*; display *(optische Anzeige)*; restitution *(Telegrafie)*
Wiedergabeeinrichtung f *(Ak)* playback [replay] unit; display device *(Sichtanzeiger)*
Wiedergabegerät n reproducer; replay unit
Wiedergabekopf m playback [replay, reproducing] head
Wiedergabekurve f playback [reproducing] characteristic, fidelity curve

Wiedergabetreue f fidelity (of reproduction), faithfulness of reproduction
Wiedergabetreue f/hohe high fidelity, hi-fi
Wiedergabeverzögerung f (Nrt) restitution delay
Wiedergabezeit f reading [display] time (z. B. bei Sichtspeicherröhren)
wiedergeben v 1. reproduce; 2. play back, display [visuell]; 3. render (z. B. Farben)
Wiedergewinnung f recovery
wiederherstellen v 1. restore; 2. repair
Wiederholbarkeit f repeatability (z. B. von Messungen); reproducibility
wiederholen v 1. repeat; 2. (Dat) rerun, roll back (Programm); refresh (eine Information)
Wiederholprogramm n (Dat) rerun program [routine], roll-back routine
Wiederholpunkt m (Dat) rerun [roll-back] point (im Programm)
Wiederholtaste f repeat key
Wiederholung f 1. repetition; recurrence; 2. (Dat) iteration (des Programmschritts); retry
Wiederholungsbefehl m (Dat) repetition instruction, repetitive command, iterative order
Wiederholungsklinke f (Nrt) ancillary [auxiliary] jack
Wiederholungslampe f (Nrt) ancillary lamp
Wiederschließen n/**automatisches** auto-reclosing, automatic circuit reclosing
wiedervereinigen v recombine
Wiedervereinigungsprozess m recombination process (Ladungsträger)
Wiederzündung f reignition, restriking
Windgenerator m wind-driven (electric) generator, wind (turbine-)generator
Windkraftwerk n wind power station
Windnachführung f yawing (Drehen des Windkraftgenerators in die Windrichtung)
Windpark m/**Off-Shore** (OWP) off-shore wind-park (Windenergiepark der in der See steht)
Windung f 1. turn (einer Spule); 2. convolution
Windungsfluss m turn flux

Windungsisolation f (inter)turn insulation
Windungskapazität f interturn capacitance (Spule); self-capacitance (zwischen zwei Windungen)
Windungsverhältnis n turns ratio, ratio of transformation (Transformator)
Winkelabhängigkeit f 1. angular [angle] dependence; 2. (Ak) directional [angular] response
Winkelabspannmast m (Ee) dead-end angle structure [tower] (Stahl); dead-end angle pole (Holz)
Winkelabweichung f angular [angle] deviation
Winkelabzweigdose f angle conduit box
Winkelbeschleunigung f angular acceleration
Winkeldose f angle socket, angle (conduit) box
Winkelfrequenz f angular [radian] frequency, angular velocity, pulsatance
Winkelgeschwindigkeit f angular velocity [speed, rate]
Winkellagegeber m (Ma) angle position transducer, angle resolver
Winkelmaß n 1. angular measure; 2. (Et) phase constant (Leitungstheorie)
Winkelstecker m angle entry-plug
Winkelstellungsgeber m mit digitalem Ausgang shaft position digitalizer (an mechanischer Welle)
Winkelstück n (conduit) elbow (für Rohrverbindungen)
Winkelverschiebung f angular shift, angular displacement (bei Gleichlaufantrieben)
Winkelvoreilung f angular advance
Winkelvorlauf m angular advance
Wippanker m rocking armature
Wippe f rocker
Wipp(en)schalter m rocker(-dolly) switch, rocker-actuated switch
Wirbel m 1. curl (Vektorfeld); 2. eddy, whirl, vortex
Wirbelfeld n curl [rotational, vortex] field, circuital vector field
Wirbelsintern n fluid-bed coating, dip-coating in powder
Wirbelstrom m eddy [Foucault] current
Wirbelstromaufnehmer m eddy-current transducer

Wirbelstrombahn *f* eddy-current circuit
Wirbelstrombremse *f* eddy-current brake
Wirbelströme *mpl* eddies
wirken *v* act; operate
Wirkenergie *f* active energy
Wirkkomponente *f* active [effective, real, in-phase, watt] component
Wirklast *f* resistive [non-inductive] load *(ohmsche Last)*
Wirkleistung *f* active [effective, real, actual, wattful] power, true power [watts]; wattage *(Wattzahl)*
Wirkleistungsverlust *m* active loss, resistive loss
Wirkleitwert *m* (effective) conductance, active admittance
Wirkspannung *f* active voltage
Wirkstrom *m* active [real, in-phase, wattful] current, energy [watt] component of current
Wirk- und Blindleistungsschreiber *m* recording watt- and varmeter
Wirkung *f* action; effect
Wirkungsgrad *m* efficiency (factor)
Wirkungsweise *f* operational [operating] mode, (mode of) action
Wirkverlust *m* active loss, resistive loss
Wirkwiderstand *m* ohmic resistance *(Gleichstromwiderstand)*; active [effective, true] resistance
Wirtsgitter *n* host lattice
Wirtsrechner *m* host computer
Wischer *m* temporary line fault *(kurzzeitiger Fehler in Leitungen)*
Wischkontakt *m* wiping [wipe, momentary] contact
Wischrelais *n* flick contactor, impulse relay
Witterungsbeständigkeit *f* resistance to atmospheric conditions, weather(ing) resistance
Wobbelbereich *m* sweep [wobbling] range, sweep width
Wobbelbreite *f* sweep [wobbling] range, sweep width
Wobbelfrequenz *f* sweep [wobbling, warble] frequency
Wobbelgenerator *m* sweep generator [oscillator], wobbulator, wobbler
Wobbelhub *m* sweep range
Wohnungsinstallation *f* domestic installation

Wolframdrahtlampe *f* tungsten filament lamp
Wolframeinkristall *m* single crystal of tungsten
Wolframeinschmelzglas *n* glass for sealing in tungsten
Wolframelektrode *f* tungsten electrode
Wolframemitter *m*/**thorierter** thoriated tungsten emitter
Wolframfaden *m* tungsten filament
Wolframfadenlampe *f* tungsten filament lamp
Wolfram-Glas-Einschmelzung *f* glass--to-tungsten seal
Wolframgleichrichter *m* tungsten rectifier
Wolfram-Halogen-Kreislauf *m* *(Licht)* tungsten-halogen cycle, regenerative tungsten cycle
Wolframhalogenlampe *f* tungsten halogen lamp
Wolframheizfaden *m* tungsten filament
Wolframkatode *f*/**thorierte** thoriated tungsten cathode
Wolframkontakt *m* tungsten contact
Wolke-Erde-Blitzentladung *f* cloud-to--ground lightning flash
Wolkenelektrizität *f* cloud [atmospheric] electricity
Wolkenentladung *f* cloud (lightning) discharge, intracloud discharge
Wort *n* *(Dat)* word *(Folge von Zeichen)*
Wortadresse *f* *(Dat)* word address
Wortauswahl *f* *(Dat)* word selection
Wortauswahltechnik *f* *(Dat)* word selection technique
Wortdarstellung *f* *(Dat)* word representation
Worte *npl*/**je Minute** words per minute, WPM *(Maß für die Telegrafiergeschwindigkeit)*
Wortgeber *m* *(Dat)* word generator
Wortgenerator *m* *(Dat)* word generator
Wortlänge *f* *(Dat)* word length
Wortlaufzeit *f* *(Dat)* word time
wortorganisiert *(Dat)* byte-organized
Wortverstümmelung *f* *(Nrt)* clipping
Wright-Zähler *m* Wright meter, reason meter *(elektrolytischer Zähler)*
wuchten *v* balance
Wuchtmaschine *f* balancing machine
Würgelötstelle *f* soldered twisted joint, twisted soldered joint

Wurzelortskurvenmethode f root-locus method
WWW world-wide web, WWW

X

X-Ablenkplatten fpl X-plates, horizontal plates *(Katodenstrahlröhre)*
X-Ablenkung f horizontal deflection, X (axis) deflection *(Katodenstrahlröhre)*
X-Band-Frequenz f X-band frequency
x-by wire x-by wire *(Automobilbau, Funktionen die elektrisch realisiert werden)*
X-Einheit f X-unit *(Längeneinheit in der Röntgenspektroskopie; 1 XE = 10^{-13} m)*
Xenonblitzröhre f xenon flash tube
Xenonbogenlampe f xenon arc lamp
XLR *(Abk. für: screen-life return)* XLR *(dreipoliger Steckverbinder)*
X-Matrix-Leiterzug m X-matrix conductor *(geradliniger Leiterzug zwischen durchkontaktierten Bohrungen)*
X-Window n X-Window *(Standard zur entfernten Nutzung grafischer Oberflächen)*
XY-Darstellung f X-Y presentation
XY-Drucker m X-Y plotter
XY-Schreiber m X-Y plotter, graph [two-axes] plotter, XY-recorder

Y

Y-Ablenkplatten fpl Y-plates, vertical plates *(Katodenstrahlröhre)*
Y-Ablenkung f vertical deflection, Y (axis) deflection *(Katodenstrahlröhre)*
Yagi-Antenne f Yagi(-Uda) aerial
YAG-Laser m YAG laser, yttrium-aluminium-garnet laser
YIG yttrium iron garnet *(Lasermaterial)*
Y-Kanal m Y channel *(Oszilloskop)*
Y-Schaltung f Y-connection
Y-Signal n *(Fs)* Y-signal, luminance signal
Y-Verschiebung f Y shift
Y-Verstärker m Y-amplifier, vertical amplifier

Z

Z-Achse f Z axis
Zacke f 1. blip, pip *(Impuls)*; spike; peak *(Diagramm)*; 2. serration *(Verzahnung)*
Zahl f number; figure
Zahl f**/binäre** binary number
Zahl f**/duale** binary number
Zahl f**/ganze** integer (number)
Zahl f**/gerade** even number
Zahl f**/ungerade** odd number
Zählader f *(Nrt)* meter wire, M-wire; marked wire *(bei Kabeln)*
Zählcode m counting code
Zählcode m**/binär-dezimaler** binary-decimal counting code
Zähldekade f counting decade
Zähleinrichtung f *(Dat)* counter, counting device
zählen v count
Zahlenbereich m *(Dat)* capacity
Zahlenbereich m**/binärer** *(Dat)* binary number range
Zahlendarstellung f number representation [notation]
Zahlenfresser m number cruncher *(Computer zur Verarbeitung großer Zahlenmengen)*
Zahlengeber m *(Nrt)* impulse machine, (key) sender
Zahlenschreibweise f number notation
Zahlenwert m numerical value *(einer physikalischen Größe)*
Zahlenwertanzeige f digital display
Zähler m 1. counter, counting unit; totalizer; 2. (electric) meter; 3. *(Mess)* integrating meter [instrument], recorder; 4. *(Me)* scaler *(Impulszählung)*
Zähler m**/binärer** binary counter
Zähler m**/dekadischer** decade counter
Zähleranzeigegerät n counter presentation unit
Zählerausgabe f counter output [exit]
Zählerbaustein m counting module *(für Digitalmessgeräte)*
Zählereingang m counting input
Zählergebühr f meter charge
Zählerschrank m meter cupboard
Zählerstand m count; meter reading
 • **den Zählerstand ablesen** read the meter
Zählertaste f *(Nrt)* meter key

Zählerunterdrückung f (Nrt) non-metering, non-registering
Zählervoreinstellung f counter preset
Zählfaktor m (Me) scaling factor
Zählfolge f counting sequence
Zählfrequenz f counting frequency [rate]
Zählimpuls m count(ing) pulse; meter [metering] pulse; integrating pulse
Zählkette f counting chain
Zählröhre f counting tube, (decade) counter tube
Zählröhrenanzeige f count(ing) tube read-out
Zählschaltung f 1. counting [counter] circuit; 2. (Me) scaling circuit
Zahlton m (Nrt) pay tone
Zähl- und Druckwerk n (Dat) scaler-printer
Zählung f 1. count, counting; 2. (Nrt) metering; registering
Zählvorgang m counting operation; counting cycle
Zählwerk n count(ing) mechanism, counter; totalizer; meter
Zählwort n counter word
Zahn m **(im Blechpaket)** core tooth
Zahnspule f race track coil (bei Drehstrommaschinen)
Zangenstrommesser m clip-on ammeter
Zangenstromwandler m clip-on current transformer
Zangenverbinder m double brace (Leitung)
Zangenwandler m split-wire type transformer, split-core type transformer
Z-Bake f (Fo) zero marker, Z-marker beacon
Z-Diode f Z-diode, voltage-regulator diode, reference [Zener] diode
Zehnerkomplement n (Dat) tens complement
Zehnerstufe f (Nrt) tens digit
Zehnersystem n 1. decimal [decade] system; 2. base-ten system (Filterfrequenzreihe)
zehnstellig (Dat) ten-digit
Zehntausendersystem n (Nrt) four-figure system
Zeichen n 1. sign; mark; signal; symbol; 2. (Dat) character; label
Zeichenabstand m 1. (Nrt) spacing interval; 2. (Dat) character spacing

Zeichenabtastung f (Dat) mark sensing
Zeichenanzeiger m signal indicator
Zeichendichte f (Dat) packing density (Informationsdichte); character density (Anzahl der Zeichen je Längeneinheit)
Zeichendrucker m character [symbol] printer
Zeichenelement n 1. (Nrt) signal element [component], code element; 2. (Dat) character element
Zeichenentschlüsselung f (Dat) decryption
Zeichenerkennung f 1. (Dat) character recognition; pattern recognition [detection] (Mustererkennung); 2. (Nrt) signal recognition
Zeichenerkennung f/optische optical character recognition, OCR
Zeichenerzeugung f character generation
Zeichenfolge f 1. (Dat) character sequence [series]; 2. (Nrt) signal train
Zeichenfrequenz f (Nrt) signal frequency
Zeichengabe f (Nrt) signalling
Zeichengabe f/erzwungene compelled signalling
Zeichengeber m (Dat, Nrt) generator
Zeichengenerator m character generator
Zeichenkontakt m marking contact (Telegrafie)
Zeichenkontrollgerät n (Nrt) signal comparator
Zeichenleser m (Dat) character [mark] reader
Zeichenlochung f (Dat) mark-sensed punching
Zeichenmenge f (Dat) character set
Zeichensatz m (Nrt) character set
Zeichensatz m **für japanische Tastaturen** (Dat) Kanji
Zeichenschreibröhre f character-writing tube, character storage [display] tube
Zeichenschritt m code pulse, signal element
Zeichenübertragung f 1. (Dat) character transfer; 2. (Nrt) signal transmission
Zeichenumcodierung f character code translation
Zeichenunterbrechung f (Nrt) split

Zeichenverarbeitung f pattern processing *(von Flächenmustern)*
Zeichenverzerrung f *(Nrt)* signal [telegraph] distortion
Zeichenzahl f **pro Sekunde** characters per second, CPS *(z. B. als Kenngröße zur Beurteilung von Druckern)*
zeichnen v 1. draw; plot; trace; 2. mark
Zeichnung f drawing; plan; plot
Zeichnungslesemaschine f line tracer
Zeiger m 1. indicator; (meter) pointer, needle *(Messgerät)*; cursor; 2. phasor *(Zeigerdiagramm)*
Zeigerausschlag m pointer [needle] deflection, needle throw; pointer excursion
Zeigerdämpfung f pointer damping
Zeigerdarstellung f vector representation
Zeigerdiagramm n vector diagram; phasor diagram
Zeigerfunktion f phasor function
Zeigermessgerät n pointer-type meter, pointer instrument
Zeile f line; row *(Matrix)*
Zeilenablenkfrequenz f *(Fs)* line [horizontal] frequency
Zeilenablenkoszillator m *(Fs)* horizontal sweep oscillator
Zeilenablenkspule f *(Fs)* horizontal sweep [scanning] coil
Zeilenablenkung f *(Fs)* line [horizontal] sweep, horizontal deflection
Zeilenabstand m line(-to-line) spacing, row spacing
Zeilenabtastung f line scanning
Zeilenbreite f *(Fs)* line width
Zeilenbreitenregelung f *(Fs)* horizontal size control
Zeilendrucker m line printer
Zeilenfolgeabtastung f sequential scanning
Zeilenfrequenz f *(Fs)* line(-scanning) frequency, horizontal scanning frequency
Zeilenkipp m *(Fs)* line sweep
Zeilenkippgenerator m *(Fs)* horizontal time-base generator, horizontal sweep oscillator, line frequency generator
Zeilenoffset m *(Fs)* line offset *(Versatz)*
Zeilenregister n *(Dat)* line register
Zeilenrückschritt m *(Nrt)* reverse line feed
Zeilenschlupf m *(Fs)* line slip

Zeilenschwungradschaltung f *(Fs)* flywheel circuit
Zeilensprungabtastung f *(Fs)* interlaced scanning
Zeilensynchronisation f *(Fs)* line [horizontal] synchronization
Zeilensynchronisiergenerator m *(Fs)* horizontal sychronizing generator
Zeilenüberdeckung f *(Fs)* overlapping of lines
Zeilenunterdrückung f *(Fs)* line suppression
Zeilenvorschub m *(Dat, Nrt)* line feed
Zeit f **bis zum Ausfall/mittlere** mean time to failure, MTTF
Zeit f **bis zum Ausfall/mittlere freie** mean free time
Zeit f **bis zum Ausfall/stromlose** idle period
Zeit f **bis zum Ausfall/verkehrsreiche** *(Nrt)* busy hours
Zeit f **bis zum Ausfall/ verkehrsschwache** *(Nrt)* slack [light] hours, slack period
Zeit f **bis zum Ausfall zwischen Wartungen/mittlere** mean time between maintenance
Zeit f **/westeuropäische** *(WEZ)* Greenwich Meridian Time, GMT
Zeit f **/zentraleuropäische** central european time *(GMT + 1h)*
95%-Zeit f *(Rt)* setting time, response time to within 5% *(Kenngröße zur Beurteilung von Übergangsfunktionen)*
zeitabhängig time-dependent
Zeitablenkeinheit f sweep unit
Zeitablenkfrequenz f sweep frequency
Zeitablenkgenerator m sweep generator [oscillator], time-base generator
Zeitablenkung f sweep *(Oszillograph)*; time-base deflection
Zeitabstand m time interval [spacing]
Zeitauflösung f time resolution
Zeitaufteilung f *(Rt)* time-multiplex basis *(zur Übertragung mehrerer Signale auf einem Kanal)*
Zeitbasis f time base
Zeitbegrenzungsrelais n time-limit relay
Zeitbereich m time range; time domain *(Laplace-Transformation)*
Zeitbewertung f **"Impuls"** *(Ak)* impulse response, I weighting

Zeitdehner

Zeitdehner *m* sweep magnifier
Zeitdehnung *f* 1. sweep magnification; time dilatation; 2. extended time scale
zeitdiskret discrete-time; sampled-data
Zeitfolge *f* time sequence; timing cycle
Zeitfunktion *f* time function, (time) waveform
Zeitgeber *m* timing [time] generator, timer; master clock, clock
Zeitgeberbetrieb *m* fixed-cycle operation (*Betrieb in konstanten Zyklen*)
Zeitgeberfrequenz *f* clock frequency
Zeitglied *n* timing [time] element, time function element, timer
Zeitimpuls *m* timing [time] pulse, clock pulse
Zeitimpulsumwandler *m* time-pulse converter
Zeitimpulszählung *f* time-pulse metering, periodic pulse metering, p.p.m.
Zeitintegral *n* time integral
Zeitkonstante *f* time constant
Zeitkonstante *f* **der Regelstrecke** (*Rt*) loop constant
Zeitkonstante *f* **des Gleichglieds** (*Rt*) aperiodic time constant, time constant of the aperiodic component
Zeitkonstante *f*/**subtransiente** 1. subtransient time constant; 2. (*Ma*) direct-axis subtransient time constant
Zeitkonstante *f*/**transiente** transient time constant
Zeitkontrolle *f* time check
Zeitkontrollimpuls *m* time-control pulse, trigger timing pulse
zeitkritisch time-critical, critical with respect to time
Zeitlupe *f* slow motion
Zeitlupenkamera *f* high-speed camera
Zeitmarke *f* time mark(er), timing [event] mark
Zeitmarkengeber *m* time-mark generator, timing [event] marker; clock-pulse generator (*im Oszilloskop*)
Zeitmarkengenerator *m* time-mark generator, timing [event] marker; clock-pulse generator (*im Oszilloskop*)
Zeitmaßstab *m* time scale; time base
Zeitmesser *m* 1. time meter; chronometer; 2. time(-interval) measuring instrument, timing unit

Zeitmessung *f* time measurement; timing
Zeitmultiplex *n* 1. (*Nrt*) time(-division) multiplex; 2. (*Dat*) time sharing
Zeitmultiplextelegrafie *f* time-division (multiplex) telegraphy
Zeitmultiplexübertragung *f*/**asynchrone** asynchronous time-division multiplex transmission
Zeitplan *m* (time) schedule, time chart
Zeitplangeber *m* schedule timer
Zeitplanregelung *f* 1. time scheduling; 2. (*Rt*) time (schedule) control, program(med) control
Zeitplanregler *m* (*Rt*) time schedule controller, program controller; timer
Zeitraffer *m* time-lapse (equipment)
 • **im Zeitraffer zeigen** show speeded up
Zeitrafferkamera *f* time-lapse camera, camera for time-lapse motion
Zeitraffung *f* time scaling, acceleration
Zeitrahmen *m* (*Nrt*) frame, time-frame (*bei PCM-Multiplex*)
Zeitrelais *n* timing [time-invariant] relay, time-lag relay, time-delay relay
Zeitschachtelung *f* (*Dat*) time sharing
Zeitschachtelungsdatenerfassung *f* time sharing data acquisiton
Zeitschalter *m* time(r) switch, time-limit switch; time-delay switch, TDS
Zeitsignal *n* 1. (*Nrt*) time signal [tone]; 2. (*Me*) timing signal
Zeitstempel *m* timestamp
Zeitsteuerbaustein *m* (*Me*) programmable interval timer
Zeitsteuerung *f* timing; time-program control, time scheduled open loop control
Zeittakt *m* time clock
Zeittaktgeber *m* timer
Zeittaktzähler *m* time pulse counter
zeitunabhängig time-independent
zeitvariabel time-variant
Zeitverhalten *n* (*Rt*) time [transient] response (*bei Übergangsvorgängen*); dynamic response [behaviour]
Zeitverhältnis *n* time ratio
Zeitverlauf *m* time behaviour; (time) waveform (*z. B. eines Wechselsignals*)
Zeitverschiebung *f* time displacement
Zeitverzögerung *f* 1. time delay [lag]; gate-controlled time delay (*beim*

Einschalten eines Thyristors); 2. *(Rt)* dead time *(z. B. bei Signalübertragung)*
Zeitverzögerungsschalter *m* definite time-lag circuit breaker
Zeitvielfach *n (Nrt)* time multiple
Zeitvielfachsystem *n (Nrt)* time-division system
Zeitvielfachzugriff *m* time-division multiple access
zeitweilig temporary; transient
Zeitwelle *f* timing wave
Zeitzähler *m* 1. (elapsed) time meter; hour meter; 2. *(Nrt)* chargeable-time indicator, time check
Zeitzählung *f* timing, time metering
Zeitzeichen *n (Nrt)* time signal [tone]
Zeitzeichendienst *m (Nrt)* time signal service
Zeitzeichengeber *m (Nrt)* signal time transmitter; chronopher
Zeitzonenzählung *f (Nrt)* time and distance metering, time zone metering
Zelle *f* 1. cell; element; 2. booth; cubicle *(Schaltanlage)*; 3. *(Dat)* storage cell [location]
Zelle *f/binäre (Dat)* binary cell
Zellenbibliothek *f* cell library *(Schaltkreisentwurf)*
Zellenwurf *m* cell layout *(integrierte Schaltung)*
Zellenverdrahtung *f (Me)* cell-to-cell wiring
Zellmatrix *f* cell array
Zellsysteminformationskanal *m (Ko)* broadcast control channel, BCCH, cell broadcast channel, CBCH *(BTS → MS)*
Zener-Durchschlag *m* Zener breakdown
Zener-Effekt *m* Zener effect
Zentimeterwellen *fpl* centimetre waves
Zentimeterwellenerzeuger *m* centimetre-wave oscillator
Zentrale *f* 1. central station; control room; 2. *(Nrt)* (local) exchange
Zentraleinheit *f* central processing unit, CPU, processor
Zentralrechner *m* host
Zentralsteuerung *f* 1. *(Rt)* central(ized) control; 2. *(Nrt)* common control
Zentralumschalter *m (Nrt)* intercommunication switch
zentrieren *v* centre

Zentrierfassung *f* centring [centrable] mount
Zentrierfehler *m* centring [centration] error
Zentrifugaltachometer *n* centrifugal [flyball] tachometer *(mechanischer Drehzahlmesser)*
zentrisch central; centred
Zentrum *n (BE)* centre, *(AE)* center
Zerfall *m* 1. decay, disintegration *(Kernzerfall)*; 2. decomposition; 3. dissociation *(in Ionen)*
Zerfallskonstante *f* decay [disintegration] constant, decay coefficient *(Kernzerfall)*
Zerhacker *m* chopper, d.c.-(to-)a.c. chopper; vibratory converter
Zerhackerfrequenz *f* chopper frequency
Zerhackergleichspannungsverstärker *m* chopper-type direct-current amplifier
Zerhackertransistor *m* chopper transistor
zerlegen *v* 1. demount, disassemble *(in Einzelteile)*; 2. decompose; dissect; disperse *(z. B. Licht)*; separate *(z. B. Spektrum)*
Zerlegung *f* disassembling; decomposition; dissection; dispersion *(Licht)*
Zero-Reader *m* zero reader *(kombinierter Anzeiger in Flugzeugen)*
zerstäuben *v* 1. sputter; 2. atomize
Zerstäubung *f* 1. sputtering *(mit Ionenstrahl)*; 2. atomization, atomizing
Zerstäubungsbeschichtung *f (Me)* sputter coating
Zerstäubungstechnik *f* sputtering technique *(Dünnschichttechnik)*
zerstören *v* 1. destroy; 2. corrode *(oberflächlich)*
Zerstörungsverhalten *n* deterioration behaviour
zerstreuen *v* scatter, spread; dissipate *(Energie, Wärme)*; disperse *(z. B. Licht)*
Zerstreuung *f* scattering; diffusion; dissipation *(Energie, Wärme)*
zerteilen *v*/**in Chips** *(Me)* dice
Zertifikat *n* certificate
Zertifizierungsstelle *f* certification authority, CA
Z12F *(Nrt)* Trägerfrequenzsystem *n* für Freileitungen *(12 Kanäle)*

ZF-Trennschärfe *f (Fs)* intermediate-frequency selectivity
Zickzackdrossel *f* zigzag choke
Zickzackpunktschweißung *f* staggered spot welding
Zickzackschaltung *f* 1. zigzag connection (of polyphase circuit); 2. interconnected star
Zickzackstreufluss *m* zigzag leakage flux
Zickzackwendel *f* zigzag (spiral) filament, vee filament
Ziehbereich *m* lock-in range, pull-in range *(bei Frequenzen)*
Zieheffekt *m* pulling effect, pull-in (effect) *(Frequenzziehen)*
ziehen *v* draw *(z. B. Draht)*; pull *(z. B. Kristalle)*
Ziehgeschwindigkeit *f* pulling speed [rate], pull rate *(Kristallziehen)*; wire-drawing speed
Ziehkristall *m* pulled crystal
Ziehverfahren *n*/**vertikales** vertical-pulling technique *(Kristallziehen)*
Zielanflugeinrichtung *f (Fo)* homing device
Zielauffindung *f (Fo)* target location [detection]
Zielerfassung *f (Fo)* target acquisition [pick-up]
Zielpunkterkennung *f (Nrt)* multiconnection endpoint identifier
Zielsuchgerät *n (Fo)* accurate position finder
Zielverfolgung *f (Fo)* (target) tracking
Zielzeichen *n (Fo)* target blib [pip]
Zierlampe *f* decorative lamp
Ziffer *f* figure, numeral *(einzeln)*; digit, figure *(in einer mehrstelligen Zahl)*
Ziffer *f*/**binäre** binary digit
Ziffer *f*/**höchstwertige** most significant digit
Ziffer *f* **mit niedrigem Stellenwert** low-order digit
Ziffernanzeige *f* digital display [read-out], numerical [digital] indication
Ziffernanzeigeröhre *f* numerical display tube, digital [numerical] indicating tube
Ziffernadarstellung *f* digital notation [representation]
Ziffereneingabe *f (Dat)* digital input
Ziffernempfänger *m (Nrt)* digit receiver
Ziffernfolge *f* digit sequence
Ziffernfolgefrequenz *f* digit repetition rate
Ziffernquittungszeichen *n (Nrt)* digit acknowledg(e)ment signal
Zifferntaste *f* digit [numerical, figure] key
Ziffernzähler *m* digital counter
ZigBee *m* zigBee *(Funkstandard)*
Zimmerantenne *f* room [indoor] aerial
Zimmergerät *n* room [indoor] apparatus
Zipfel *m* lobe *(im Richtdiagramm)*
Zipfelumschaltung *f* lobe switching
Zischeffekt *m* hiss effect
Zischen *n* hiss *(z. B. Mikrofon)*
Zischlaut *m (Ak)* sibilant
Zischlautbegrenzer *m (sl)* de-esser
Zitierregister *n (Dat)* citation index
Zitterbewegung *f* trembling [vibratory, oscillatory] motion *(z. B. eines Bildes)*
Zittern *n (Fs, Nrt)* jitter *(z. B. eines Signals)*
Z-Markierungsfunkfeuer *n* Z-marker beacon, zero-marker beacon
Zollmikrofon *n* one-inch microphone
Zone *f* zone; region
Zone *f*/**tote** *(Rt)* dead zone [band]
Zone *f*/**verbotene** forbidden [unallowed] band, energy (band) gap *(im Bändermodell)*
Zonenbreite *f* phase spread [belt] *(bei Wicklungen elektrischer Maschinen)*
Zonendotierung *f (Me)* zone doping
Zonenfaktor *m (Ma)* spread factor
Zonenlochung *f (Dat)* zone punching
Zonenschmelzen *n* zone melting *(Kristalle)*
Zonenschmelzverfahren *n* zone-melt(ing) technique, floating-zone technique
Zonentarif *m* zone rate; block tariff
Zoom-Hebel *m (Ko)* zoom lever, zoom control *(bei Kameras mit Zoom-Objektiv)*
Zope *n* zope *(Applikationsserver-Software, Python)*
Z-Spannung *f* Zener voltage
Z-Strom *m* (continuous) Zener current *(der Z-Diode)*
Zubehör *n* 1. accessory [associated] equipment; 2. fittings; 3. ancillary
Zubringer *m (Nrt)* offering trunk
Zubringerleitung *f* 1. allotting circuit; 2. *(Nrt)* extension line [circuit]; offering trunk

zufällig accidental, random
Zufallsausfall m random failure
Zufallsauswahl f random sampling *(Statistik)*
Zufallsbelegung f *(Nrt)* random occupancy
Zufallsentscheidung f chance decision
Zufallsereignis n random event [phenomenon]
Zufallsfehler m random [accidental] error
Zufallsgenerator m random-check generator
Zufallsgröße f random quantity
Zufallsprogramm n *(Dat)* random program
Zufallsprozess m *(Rt)* random process
Zufallsrauschen n *(Rt)* random noise
Zufallsvariable f random variable
Zufallszahl f random number
Zufuhr f feed, supply
Zuführungskabel n leading-in cable, feeder (cable)
Zuführungsleitung f feed line, supply lead
Zuführungsvorrichtung f feed equipment *(z. B. für Lochkarten)*
Zug m 1. traction, tractive force; 2. tension; 3. pull(ing); draw(ing)
Zugang m access
Zugänglichkeit f accessibility
Zugangsberechtigungskarte f subscriber's identification module
Zugangseinheit f access unit
Zugangskennung f *(Nrt)* access code
Zugangsöffnung f access opening
Zugangsprotokoll n/**drahtloses** *(Ko)* WAP, wireless application protocol *(Internet-Zugang über Handy)*
Zug-Druck-Steckverbinder m push-pull connector *(besondere Kopplung bei Steckverbindern)*
zugelassen approved *(z. B. den Schutzbestimmungen entsprechend)*
zugelassen/nicht non-approved
Zugelektrode f pull electrode
Zugentlastung f 1. pull relief; 2. cord fastener, cord [cable] grip *(Vorrichtung)*
Zugkontakt m pull contact
Zugkontakt m **am Radumfang** tractive effort (at the wheel rim) *(IEC 50-811)*
Zugkraft f traction; tractive force [effort] *(z. B. des Magneten)*; thrust *(z. B. beim Linearmotor)*

Zugriff m *(Dat)* access
Zugriffsanforderung f access request
Zugriffsbit n reference bit
Zugriffsgeschwindigkeit f access speed
Zugriffskontrolle f/**verbindliche** mandatory access control
Zugriffskontrollliste f access control list, ACL *(zur Festlegung von Zugriffsbeschränkungen)*
Zugriffsprüfung f access check
Zugriffssteuerung f line control *(auf Leitung eines Kommunikationsnetzes)*
Zugriffszahl f accession number *(z. B. zur Literatursuche)*
Zugriffszeit f access time *(Speicher)*
Zugsammelschiene f train power supply line, heating train line
Zugschalter m pull switch, cord(-operated) switch
Zuladung f additional charge
zulässig permissible, allowable; tolerable
Zulassung f homologation
Zulassungsnummer f type approval number
Zulassungszeichen n conformity symbol
Zuleitung f 1. lead, lead-in (wire); 2. *(Nrt)* confluent link; 3. feed [supply] line; 4. feeding, supply
Zuleitungsdraht m lead wire, lead(ing)-in wire
Zuleitungsschnur f flexible lead
Zunahme f increase, rise; growth
Zündanode f ignition [igniting, starting] anode; exciting anode
Zündausfall m misfire *(bei Elektronenröhren)*
Zündeinsatz m ignition point
Zündeinsatzsteuerung f ignition phase control
Zündelektrode f 1. ignition [igniting, starting] electrode, igniter, starter; excitation electrode; 2. *(Hsp)* central electrode
Zündelektrodenstrom m igniter current
zünden v fire; ignite *(z. B. Elektronenröhren)*; strike *(Lichtbogen)*
Zünder m igniter
Zündfolge f *(Le)* gating sequence; firing order
Zündfunke m ignition [igniting] spark

Zündfunkengleichrichter *m* pilot spark arc rectifier

Zündfunkenstrecke *f* ignition spark gap, pilot gap *(in Stoßspannungsanlagen)*

Zündgerät *n* ignition set

Zündgruppe *f (Le)* ignition group

Zündimpuls *m* ignition [firing, starting] pulse

Zündimpulstransformator *m* ignition pulse transformer, peaking transformer

Zündkabel *n* ignition cable [lead]; coil lead *(von Zündspule zum Verteiler)*; (spark) plug wire *(vom Verteiler zur Zündkerze)*

Zündkennlinie *f* firing [control] characteristics *(Ignitron)*; gate characteristic

Zündkerze *f* (spark) plug *(Kraftfahrzeug)*

Zündkreis *m* 1. firing circuit; ignition [starting] circuit; 2. *(Fs)* unblanking circuit

Zündkreischarakteristik *f* ignition circuit characteristic

Zündpunkt *m* ignition point; breakover point *(z. B. beim Lichtbogen)*; timing point *(Kraftfahrzeug)*

Zündschalter *m* ignition [igniter] switch; firing key

Zündschloss *n (Ko)* ignition lock

Zündschlüssel *m* ignition key

Zündspannung *f* 1. ignition [igniting] voltage *(z. B. in Elektronenröhren)*; starting voltage *(z. B. in Gasentladungslampen)*; striking voltage [potential] *(z. B. eines Lichtbogens)*; 2. (gate) trigger voltage *(Thyristor)*; 3. *(Hsp)* sparking potential; breakdown voltage *(Funkenstrecke)*

Zündspule *f* ignition coil

Zündstrecke *f* ignition [starting, starter] gap *(Gasentladungsröhre)*

Zündstrom *m* 1. ignition [starting, firing] current *(z. B. in Elektronenröhren)*; arc start(ing) current *(Lichtbogen)*; 2. gate trigger current *(Thyristor)*; 3. *(Hsp)* breakover current

Zündung *f* 1. firing; ignition *(z. B. von Elektronenröhren)*; striking *(des Lichtbogens)*; 2. ignition (system) *(Kraftfahrzeug)* • **die Zündung einstellen** adjust the timing, time the ignition

Zündverzögerung *f* firing delay; ignition delay [lag], retarded ignition *(Röhre)*; gate-controlled delay (time) *(Thyristor)*

Zündwinkel *m* firing angle

Zündzeit *f* 1. firing time; 2. *(Le)* gate--controlled turn-on time *(Thyristor)*

Zunge *f* reed *(beim Zungenfrequenzmesser)*

Zungendrehzahlmesser *m* reed tachometer

Zungenfrequenzmesser *m* vibrating--reed frequency meter, (tuned-)reed frequency meter, reed gauge

Zungenkontakt *m* rubbing [wiping] spring contact; wedge contact; reed contact *(im Schutzrohr)*

Zungenlautsprecher *m* reed loudspeaker

Zungenschalter *m* reed switch

Zuordnung *f (Dat)* assignment; allocation *(z. B. von Speicherplätzen)*; coordination

Zuordnung *f* **der Funkfrequenzbereiche** allocation of frequency bands *(nach der Vollzugsordnung für den Funkdienst, VO Funk und DIN 40015)*

Zuordnungsliste *f* assignment [cross--reference] list

Zuordnungsprogramm *n (Dat)* assignment program [routine]

Zuordnungsspeicher *m* assignment store

zurückbleiben *v* lag; remain

zurückdrehen *v* turn back

Zurückdrehen *n* back-off *(z. B. eines Reglerparameters)*

zurückführen *v (Rt)* feed back *(z. B. Signale)*; return

zurückgewinnen *v* recover

zurückkrufen *v (Nrt)* call [ring] back, recall

zurückschalten *v* switch back

zurückschlagen *v* backfire *(z. B. Lichtbogen)*

zurückstellen *v* reset; restore *(Speicher)*; clear *(Zähler)*

zurückstellen *v*/**auf null** return to zero

Zusammenbau *m* assembly, assemblage; mounting

Zusammenbruch *m* breakdown *(z. B. Übertragungsstrecke, elektromagnetisches Feld)*

zusammenfügen *v* join; fit together *(Steckverbindung)*

Zusammenführung f 1. *(Dat)* junction *(Programmierung)*; 2. *(Me)* fan-in *(am Eingang)*
zusammenschalten v interconnect, connect together [up]; (inter)couple
Zusammenschaltung f interconnection
Zusammenstellung f 1. arrangement, composition; 2. assembly; 3. catalogue; schedule
zusammenwirken v **(mit)** interact with, act in concert
Zusatz m 1. additive (substance); 2. supplement; attachment; 3. *(Dat)* bypack *(zur Herstellung von Programmkompatibilität)*
Zusatzbit n extra bit
Zusatzblitz m booster flash; auxiliary flash
Zusatzfunktion f miscellaneous function *(eines Geräts)*; special function *(eines PC)*
Zusatzgenerator m booster
Zusatzgerät n accessory device [instrument], supplementary apparatus, add-on device
Zusatzheizung f/**elektrische** electric booster heating
Zusatzlampe f subsidiary lamp
Zusatzlogik f *(Dat)* additional logic
Zusatzmaschine f (positive) booster
Zusatzprozessor m/**numerischer** *(Dat)* numeric coprocessor *(auf dem MP-Chip)*
Zusatzschalter m booster switch
Zusatzsender m booster sender
Zusatzspannung f additional [boosting] voltage
Zusatzspeicher m *(Dat)* backing memory [store], secondary store, add-on memory
Zusatzteil n 1. *(Dat)* slave unit; 2. *(Me)* add-on device
Zusatzwiderstand m 1. additional [supplementary] resistance; 2. instrument multiplier *(zur Bereichserweiterung eines Messinstruments)*
Zustand m state, status; condition
Zustand m/**gelöschter** *(Dat)* clear condition
Zustand m/**gesperrter** cut-off condition
Zustand m/**gestörter** *(Rt)* disturbed state

Zustand m/**logischer** *(Me)* logic state [level]
0-Zustand m 0-state, zero-state *(binärer Schaltlogik)*
Zuständigkeitsbereich m communitiy *(u. a. beim Netzmanagement)*
Zustandsanzeige-Flipflop n *(Dat)* flag flip-flop
Zustandsbyte n *(Dat)* status [condition] byte
Zustandserkennung f state estimation *(Energiesystem)*
Zustandsraumdarstellung f state-space representation
Zustandsregister n *(Dat)* status register *(zur Zwischenspeicherung von Statusinformationen)*
Zustandswahrscheinlichkeit f state probability
Zuteiler n arbiter *(Bussystem)*
Zuteilung f assignment, allotting *(z. B. von Frequenzbändern)*, allocation *(z. B. von Speicherplätzen)*; arbitration *(im Bussystem)*
Zuteilungsbus m arbitration bus
Zutritt m access
Zuverlässigkeit f reliability, dependability
Zuverlässigkeitsdaten pl reliability data
Zuverlässigkeitsprüfung f reliability [dependability] test, reliability verification
Zuwachs m increment; increase
Zuwachsgröße f size of the increment *(z. B. eines Signals)*
zuweisen v allocate *(z. B. Speicherplätze)*; assign, allot *(z. B. Frequenzen)*
Zuweisung f allocation, assignment
Zuweisung f/**optimale** optimal allocation *(von Speicherplätzen)*
Zwangsabschaltung f forced outage
Zwangsauslösung f forced release, automatic cleardown
Zwangsbelüftung f forced ventilation
Zwangsführung f 1. *(Le)* self-commutation, forced commutation; 2. *(Ma)* restricted guidance
Zwangskommutierung f *(Le)* self-commutation, forced commutation
Zwangsumlauf m forced circulation (system)
Zweiachsentheorie f *(Ma)* two-axis

Zweiadressenbefehl

theory, direct and quadrature axis theory
Zweiadressenbefehl *m (Dat)* two-address instruction
zweiadrig double-wire, two-core, double-conductor *(Kabel)*
Zweibitschieberegister *n (Dat)* two-bit shift register
Zweideutigkeit *f* ambiguity
Zweidrahtbetrieb *m (Nrt)* two-wire operation
Zweidrahtverstärker *m (Nrt)* two-wire repeater [amplifier]
Zweielektrodensystem *n* two-electrode system *(Elektronenstrahlerzeugung)*
Zweieranschluss *m (Nrt)* two-party line system, dual subscriber connection
Zweierkomplement *n (Dat)* two's complement
Zweiersystem *n* base-two system *(Filterfrequenzreihe)*
Zweifachzeitablenkung *f* double time base *(Oszillograph)*
Zweifarbenlumineszenzdiode *f* two-colour light-emitting diode
zweifarbig two-colour(ed), dichromatic
Zweifrequenzbetrieb *m* double-frequency operation
Zweifrequenztriebfahrzeug *n* dual-frequency motor vehicle
Zweig *m* branch; leg; arm
Zweigamt *n (Nrt)* branch exchange
Zweigdrossel *f (Le)* arm reactor *(beim Wechselrichter)*
Zweigleitung *f* branch line
Zweigpaar *n* pair of arms *(beim Wechselrichter)*
Zweigprogramm *n (Dat)* branch program [routine]
Zweigstrom* *m (Le)* arm current, branch current
Zweikanal-Frequenzumtastung *f (Nrt)* double-frequency shift keying
Zweikanaloszilloskop *n* dual-channel oscilloscope
Zweikanalbandfilter *n* two-section bandpass filter
Zweikreisempfänger *m* double-circuit receiver
Zweikreisverstärker *m* double-tuned amplifier
Zweilagenwicklung *f* two-layer winding
zweilagig two-layer

Zweilaufregler *m (Rt)* two-speed controller *(mit I-Verhalten)*
Zwei-Leistungsschalter-Methode *f* two-breaker arrangement
Zweileiterkabel *n* two-conductor cable, twin-core cable, double-core cable
zweiohrig *(Ak)* binaural
Zweiphasenasynchronmotor *m* two-phase asynchronous motor
Zweiphaseninduktionsmotor *m* two-phase induction motor, Ferraris motor
Zweiphasenmittelpunktschaltung *f* two-phase centre-tap rectifier circuit *(Gleichrichter)*
Zweiphasennetz *n* two-phase system
Zweipol *m* two-terminal network, two-port
Zweipol *m/verlustloser* lossless two-terminal network
Zweipoldarstellung *f* two-port representation, two-terminal representation
Zweipolersatzschaltbild *n* Thévenin equivalent circuit *(einer offenen Messbrücke)*
Zweipolstecker *m* two-contact plug, two-pin plug, two-pole plug
Zweipoltheorie *f* Thévenin's theorem *(Satz von der Ersatzspannungsquelle)*; Norton(s) theorem *(Satz von der Ersatzstromquelle)*
Zweiprozessor-Konfiguration *f* dual processor configuration
Zweipulsbrückenschaltung *f (Le)* two-pulse bridge connection
Zweipulsgleichrichter *m (Le)* two-phase rectifier
Zweipunktbetrieb *m* on-off operation
Zweipunktregelung *f (Rt)* two-position control, on-off control, bang-bang control; high-low control *(Grenzwertregelung)*
Zweipunktregler *m (Rt)* two-position (action) controller, two-step action controller, on-off controller, bang-bang servo
Zweipunktrelais *n* on-off relay
Zweipunktverhalten *n (Rt)* two-position action, two-level action, on-off action
Zweiquadrantenantrieb *m (Le)* two-quadrant converter
Zweirampen-A-D-Wandler *m (Me)* dual-slope A-D converter

Zweirichtungs-HGÜ-System *n (Ee)* reversible HVDC system
Zweirichtungsthyristortriode *f (Le)* bidirectional triode thyristor
Zweirichtungstreppenspannungsgenerator *m* bidirectional staircase generator
Zweirichtungszähler *m (Dat)* bidirectional [reversible] counter
zweischichtig two-layer
Zweischichtlackdraht *m* dual-coat enamelled wire
Zweischichtwicklung *f* double layer winding
Zweiseitenband *n (Nrt)* double sideband
Zweiseitenbandbetrieb *m* double-sideband operation
Zweiseitenbandsystem *n* double-sideband system
Zweiseitenbandübertragung *f* double-sideband transmission
Zweispuraufzeichnung *f* half-track recording, two-track recording
Zweispurtonbandgerät *n* dual-track (tape) recorder, half-track recorder, two-track recorder
zweistellig two-digit, two-place
Zweistellungsschalter *m* on-(and-)off switch
Zweistiftsockel *m* bipin cap
Zweistiftstecker *m* two-pin connector
Zweistrahlelektronenstrahlröhre *f* **mit Maschenelektroden** double-beam mesh cathode-ray tube
Zweistrahlflächenspeicherröhre *f* graphechon storage tube
Zweistrahloszilloskop *n* dual-beam oscilloscope, double-beam
zweistufig two-stage, two-step
Zweitblitz *m/***fernausgelöster** *(Ko)* slave flash, remote ignited slave flash *(durch optischen Sensor)*
Zweitlieferant *m* second source
Zweitonmehrfrequenz *f* dual-tone multiple frequency, DTMF *(Tastwahlverfahren)*
Zweitonverfahren *n (Mess)* intermodulation method
Zweitor *n/***erdsymmetrisches** balanced two-port network
Zweiwattmeterschaltung *f* Aron measuring circuit
Zweiwegelautsprecher *m* two-way (loud)speaker system
Zweiweggleichrichter *m* double-way rectifier, full-wave rectifier
Zweiwegschaltung *f* 1. *(Le)* two-way circuit, double-way connection; 2. *(Nrt)* duplex telegraph circuit
zweiziffrig two-digit
Zwergglühlampe *f* miniature lamp
Zwergmikrofon *n* midget microphone
Zwergröhre *f* microtube, miniature tube, midget valve
Zwergsockel *m* pygmy [miniature] cap
Zwischenabtastbereich *m* interscan range
Zwischenamt *n (Nrt)* intermediate exchange [office]
Zwischenband *n* intermediate band, interband
Zwischenergebnis *n (Dat)* temporary [intermediate] result, subtotal
Zwischenergebnisspeicherung *f (Dat)* working storage
Zwischenfassung *f* (socket) adapter; lamp-cap adapter
Zwischenfrequenz *f (Nrt)* intermediate frequency, i.f., I.F.
Zwischenfrequenzabgleich *m* intermediate-frequency alignment
Zwischenfrequenzbandpassübertrager *m* band-pass intermediate frequency transformer
Zwischenfrequenzbildverstärker *m (Fs)* video intermediate-frequency amplifier
Zwischenfrequenzbreitbandausgang *m* wide-band intermediate-frequency output
Zwischenfrequenzdurchbruch *m* intermediate-frequency breakthrough [breakdown]
Zwischenfrequenzempfänger *m* superheterodyne [transposition] receiver
Zwischenfrequenzverstärker *m* intermediate-frequency amplifier
Zwischenfrequenzverstärkung *f* intermediate-frequency amplification
Zwischenglied *n (Dat)* link
Zwischengröße *f* internal state variable
Zwischenkreis *m* 1. intermediate circuit, buffer; 2. *(Le)* link
Zwischenkreisabstimmung *f*

Zwischenkreisdrossel*

intermediate circuit tuning, buffer tuning
Zwischenkreisdrossel* *f (Le)* interphase reactor, direct-current link reactor *(beim Wechselrichter)*
Zwischenkreisempfang *m* intermediate circuit reception
Zwischenlage *f* intermediate layer, interlayer, (inter)ply; inner [interconnecting] layer *(gedruckte Schaltung)*
Zwischenlagenverbindung *f* interply connection *(Mehrlagenleiterplatte)*
Zwischenleitungsanordnung *f (Nrt)* interstage line arrangement, link system
Zwischenraum *m* 1. space, spacing; interstice; gap; interval; 2. *(Dat)* blank *(Leerstelle)*; identifier gap *(Floppy-Disk)*
Zwischenschaltung *f* 1. interconnection; 2. *(Nrt)* cut-in
Zwischenschicht *f* intermediate layer, interlayer; interface (layer)
Zwischensender *m* intermediate [relay] transmitter; repeating station *(Rundfunk)*; retransmitter
Zwischensockel *m* (socket) adapter
Zwischenspeicher *m (Dat)* intermediate (data) store, temporary store [memory], buffer (store); scratch-pad memory; latch *(Speicherelement)*
Zwischenspeicherregister *n* temporary storage register, buffer register; scratch-pad register; latch register
Zwischenstecker *m* adapter plug, (plug) adapter; reducing adapter; intermediate adapter
Zwischenstelle *f (Nrt)* field equipment
Zwischenstellenschalter *m (Nrt)* subexchange switch
Zwischenstellenumschalter *m (Nrt)* interthrough switch
Zwischenstück *n* 1. adapter, connecting piece; reducing adapter; 2. spacer
Zwischenstufe *f* 1. intermediate [intermediary] stage, interstage; 2. *(Dat)* buffer stage *(Zwischenspeicher)*
Zwischenträger *m* 1. *(Fs)* subcarrier, intercarrier, intermediate carrier; 2. *(Me)* interconnector
Zwischenträgerfrequenz *f* subcarrier [intercarrier] frequency
Zwischenträger-Zwischenfrequenz- -Stufe *f* intercarrier intermediate- -frequency stage
Zwischentransformator *m* interstage [intermediate] transformer; adapter transformer
Zwischenverstärker *m* intermediate repeater [amplifier]; regenerative amplifier
Zwischenverteiler *m* 1. intermediate distributor; 2. *(Nrt)* intermediate distributing frame
Zwischenwahl *f (Nrt)* interdialling
Zwittersteckverbinder *m* hermaphrodite connector
Zyklotronwelle *f* cyclotron wave
Zyklus *m* cycle; period; closed chain *(im Graphen)*
Zyklusimpuls *m* cycle pulse
Zykluszahl *f (Dat)* cycle index
Zykluszähler *m (Dat)* cycle (index) counter
Zykluszeit *f* 1. *(Dat)* cycle time; 2. *(Rt)* sampling time
Zykluszeit *f* **des Speichers** memory cycle time
Zylinderkondensator *m* cylindrical [cylinder] capacitor
Zylinderspule *f* (electric) solenoid
Zylindersymmetrie *f* cylindrical symmetry
Zylinderwicklung *f* cylindrical [concentric] winding

Anhang / Appendix

Inhalt / Contents

Umrechnungstabellen / Conversion Tables	714
Längeneinheiten / Length units	715
Flächenmaße / Aerea units	715
Volumeneinheiten / Volume units	716
Gewichte / Weights	716
SI-Units / SI-Einheiten	717
Umwandlung von Temperatur / Conversion of Temperature	718
Constants / Konstanten	718

Umrechnung von Längenmaßen
Conversion of Thickness Units

	micro inches	mils	inches	Angstroms	microns	mm
micro inch	1	0,001	0,000001	250	0,025	0,000025
micron	40	0,04	0,00004	10 000	1	0,001
mil	1 000	1	0,001	250 000	25	0,025
mm	40 000	40	0,04	10^7	1000	1

Umrechnung von Energieeinheiten
Conversion of Energy Units

Energie / Energy	Joule	kWh	kcal	PSh	kpm
1 J = 1 Ws	1 Nm	$0{,}28 \cdot 10^6$	$0{,}24 \cdot 10^3$	$0{,}36 \cdot 10^6$	0,102
1 kWh	$3{,}6 \cdot 10^6$	1	860	1,36	$0{,}37 \cdot 10^6$
1 kcal	$4{,}19 \cdot 10^3$	$1{,}16 \cdot 10^{-3}$	1	$1{,}6 \cdot 10^{-3}$	426,9
1 PSh	$2{,}65 \cdot 10^6$	0,74	632,4	1	$0{,}27 \cdot 10^6$
1 kpm	9,81	$2{,}7 \cdot 10^{-6}$	$2{,}34 \cdot 10^{-3}$	$3{,}7 \cdot 10^{-6}$	1

Umrechnung von Leistungen
Conversion of Power Units

Leistung / Power	kW	J/s	kcal/h	PS	kpm/s
1 kW	1	10^3	$0{,}86 \cdot 10^3$	1,36	102
1 J/s	10^3	1	0,86	$1{,}36 \cdot 10^{-3}$	0,102
1 kcal/h	$1{,}16 \cdot 10^3$	1,16	1	$1{,}58 \cdot 10^{-3}$	0,119
1 PS	0,73	735,5	632,4	1	75
1 kpm/s	$9{,}81 \cdot 10^3$	9,81	8,43	$13{,}3 \cdot 10^{-3}$	1

Umrechnung von Druckeinheiten
Conversion of Pressure Units

Druck/Pressure	Pa	bar	at	Torr	atm	mm Ws
1 Pa = 1 kg/ms²	1	10	$1{,}02 \cdot 10^{-5}$	$7{,}5 \cdot 10^{-5}$	$9{,}9 \cdot 10^{-4}$	0,102
1 bar	100 000	1	1,02	750,06	0,987	$1{,}02 \cdot 10^4$
1 at	98100	0,981	1	735,56	0,968	$1 \cdot 10^4$
1 Torr = 1 mm Hg	133,32	$1{,}33 \cdot 10^{-3}$	$1{,}36 \cdot 10^{-3}$	1	$1{,}32 \cdot 10^{-3}$	13,599
1 atm	101 325	1,01	1,033	760	1	$1{,}03 \cdot 10^4$
1 mm WS	9,81	$9{,}81 \cdot 10^{-5}$	$1 \cdot 10^{-4}$	$7{,}36 \cdot 10^{-2}$	$9{,}68 \cdot 10^{-5}$	1

Längeneinheiten / Length units

1 inch (in.)   = 2,54 cm
1 foot (ft.)   = 12 inches = 30,48 cm
1 yard (yd.)   = 3 feet = 91,44 cm
1 mile (m.)   = 1609,34 m
1 fathom (fm.)   = 6 feet = 1,83 m
1 nautical mile (nm.) = 1852 m
1 Angström (A.)   = $1 \cdot 10^{-10}$ m
1 light year (ly.)   = $9{,}4605 \cdot 10^{15}$ m

Flächenmaße / Aerea units

1 square inch (sq. in.) = 6,43 cm2
1 square foot (sq. ft.) = 144 sq. in. = 929,03 cm^2
1 square yard (sq. y.) = 0,836 m2
1 acre (a.)   = 40,47 a = 4046,86 m^2

Anhang / Appendix

Volumeneinheiten / Volume units

1 cubic inch (cu. in.)	= 16,387 cm^3
1 cubic foot (cu. ft.)	= 0,028 m^3
1 cubic yard (cu. yd.)	= 0,765 m^3
1 register ton (reg. tn.)	= 2,832 m^3
1 pint (pt.)	= 0,568 Liter
(AE)	= 0,473 Liter
1 quart (qt.)	= 2 pints = 1,136 Liter
(AE)	= 0,946 Liter
1 gallon (gal.)	= 4,546 Liter
(AE)	= 3,785 Liter
1 bushel (bu.)	= 36,36 Liter
(AE)	= 35,24 Liter

Gewichte / Weights

1 ounce (oz.)	= 28,35 Gramm
1 pound (lb.)	= 16 ounces = 0,453 kg
1 assay ton	= 3,267 · 10^{-2} kg
(AE)	= 2,917 · 10^{-2} kg

SI-Einheiten / SI-Units

Kraft / Force

1 Newton = 1 N = 0,102 kg
1 pound-force per foot   1 lbf/ft = 14,5939 N/m
1 pound-force per inch   1 lbf/in = 175,1268 N/m

Festigkeit / Strength

1 N/mm^2 = 10,2 kg/cm^2

Magnetischer Fluss / Magnetic flux

1 Wb = 10^8 M   Wb = Weber, M = Maxwell

Magnetische Induktion / Magnetic flux density

1 T = 10^4 G   T = Tesla, G = Gauß

Radioaktivität / Radioactivity

1 Becquerel (Bq.)   1 Bq = s^{-1}
1 Curie (Ci.)   1 Ci = 37 · 10^9 Bq

Licht / Light

1 Lux (lx.)   1 lx = 1 lm/m^2
1 Lumen (lm.)

Energie / Energy

1 Joule (J)   1 J = 1 Nm
1 Calory (cal)   1 cal = 4,1868 J

Umwandlung von Temperatur von °F in °C und umgekehrt / Conversion of Temperature in °F to °C and vice versa

$°F = 32 + 9/5 \times °C$
$°C = 5/9 \, (°F - 32)$

Konstanten / Constants

Avogadro constant
$N_a = (0{,}268726 \pm 10) \cdot 10^{25} \, m^{-3}$

Boltzmann constant
$k = (1{,}380662 \pm 0{,}000043) \cdot 10^{-23} \, J/K$

British thermal unit
$1 \, BTU = 1{,}055056 \, Ws$

Coulomb
$1 \, C = 1 \, As$

Gravitation constant
$G = (66{,}732 \pm 0{,}0046) \cdot 10^{-12} \, Nm^2/kg^2$

Molar gas constant
$R_0 = (8{,}31441 \pm 0{,}00026) \, J/(K \, mol)$

Permeability
$_0 = 1{,}256637 \cdot 10^{-6} \, Vs/Am$

Permitivity
$= (8{,}85418782 \pm 0{,}00000007) \cdot 10^{-12} \, F/m$

Röntgen
$1 \, R = 0{,}258 \cdot 10^{-3} \, C/kg$

Stefan-Boltzmann-Constant
$= (5{,}66961 \pm 0{,}0017) \cdot 10^{-8} \, W/m^2 \, K^4$